JUNLIANXIAN YEARBOOK

筠连县年鉴

2018

筠 连 县 人 民 政 府 主办
《筠连县年鉴》编辑部 编辑

方 志 出 版 社

图书在版编目（CIP）数据

筠连县年鉴. 2018 /《筠连县年鉴》编辑部编. --
北京 : 方志出版社, 2018.9
ISBN 978-7-5144-3310-4

Ⅰ. ①筠… Ⅱ. ①筠… Ⅲ. ①筠连县 – 2018 – 年鉴
Ⅳ. ①Z527.14

中国版本图书馆CIP数据核字(2018)第224327号

筠连县年鉴（2018）

编　　者：《筠连县年鉴》编辑部
责任编辑：顾　洁

出 版 人：冀祥德
出 版 者：方志出版社
地址　北京市朝阳区潘家园东里9号（国家方志馆4层）
邮编　100021
网址　http://www.fzph.org
发　　行：方志出版社发行中心
电话（010）67110500
经　　销：各地新华书店
印　　刷：宜宾蕴彩印务有限公司

开　　本：889×1194　1/16
印　　张：27
字　　数：1051千字
版　　次：2018年9月第1版　2018年9月第1次印刷
印　　数：0001～300册

ISBN 978-7-5144-3310-4　定价：120.00元

领导调研

2月14日，省委常委、常务副省长王宁（左四）到筠连调研灾后重建、扶贫工作

3月2日，省委常委、省农工委主任曲木史哈（右二）到筠调研发展农村集体经济，助推脱贫攻坚

2月14日，市委书记刘中伯（右二）到筠连调研灾后重建、扶贫工作

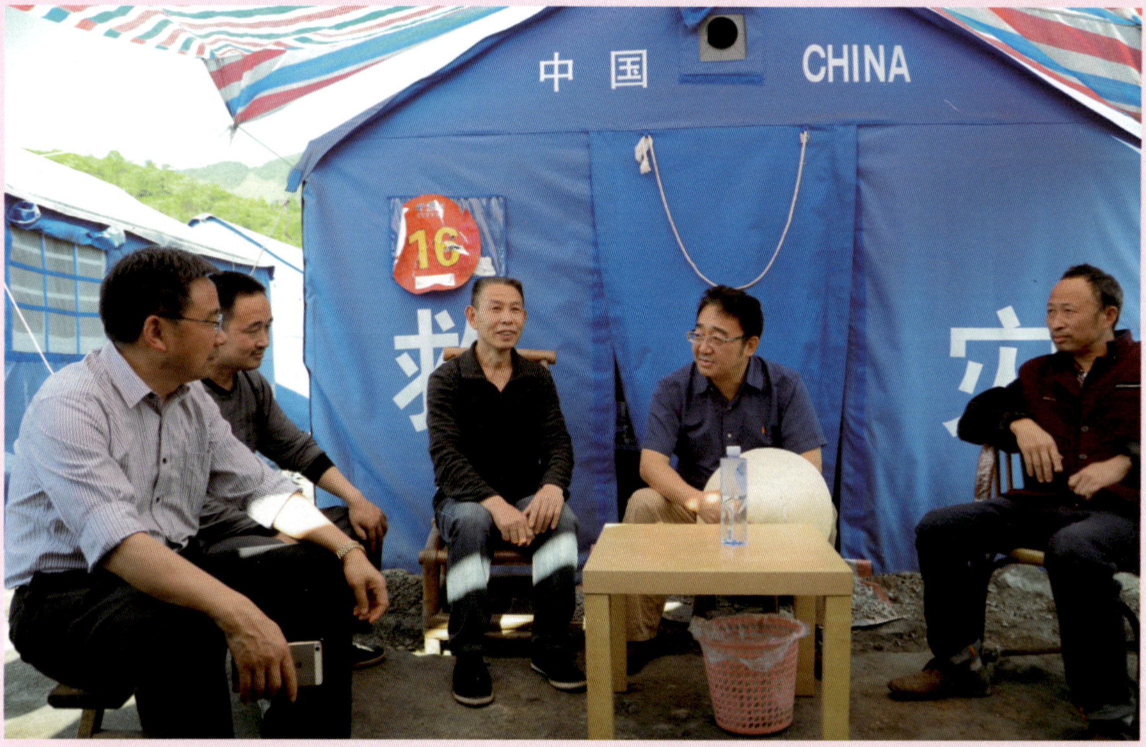

5月8日，省民政厅党组书记、厅长益西达瓦（右二）到筠连调研抗震救灾工作

6月29日，省政协地联委主任陈芳到筠连作《了解政协组织，当好政协委员》专题讲座

7月18-19日，市人大常委会主任陆振华（右一）到筠连调研华侨权益保护工作

1月28日，市委副书记、市长杜紫平（右一）到地震灾区查看灾情，看望慰问受灾群众

6月30日，市政协主席吕晓莉（右四）到筠连调研政协委员“我为扶贫攻坚做件事”活动开展情况

7月12日，省审计厅副厅长蔡文强（右三）调研筠连县脱贫攻坚工作

12月13日，省粮食局副局长伍文安（左四）到筠连检查指导粮食工作

9月22日，省委组织部副巡视员杨天利（中）到筠连开展抓党建促脱贫攻坚专项督导

2月20日，省总工会副巡视员陈黎（前中）率省考评组到筠连考核测评筠连创建第四届四川省文明城市工作

11月22日，市委常委、常务副市长宁坚（前右三）到筠连县调研

7月11日，市人大常委会副主任张家园（前右二）一行到筠连督导重点工作

7月4日，副市长、县委书记王萍（右四）率队到巡司镇调研巡司温泉二期工程项目建设

8月31日，市政协秘书长童叔刚（右二）到筠连调研县政协委员开展“我为扶贫攻坚做件事”活动情况

2月13日，市教体局局长伍小兵（中）到乐义乡黄金小学检查地震灾后开学工作

7月4日，县人大常委会主任何跃（中）到高坪苗族乡督导脱贫攻坚、防汛工作

7月13日，县长刘朝平（左一）调研河长制工作

4月6日，县政协主席黄静（右二）率队到“双千”工程联系企业（筠连县喀斯特旅游投资开发有限公司）调研指导景区建设工作

重要会议

1月4日，政协筠连县第第十五届第一次常委会议

1月23日，筠连县机关党建示范创建工作会

2月20日，筠连县创建第四届四川省文明城市工作汇报会

2月24日，筠连县县委班子成员向县纪委全会述责述廉会议

• 2月24日，筠连县乡（镇）县级部门党政主要负责人、乡（镇）县级部门纪检组织负责人向县纪委全会述责述廉会议

2月24日，中国共产党筠连县第十三届纪律检查委员会第二次全体会议

2月27日，县委书记听取下级党委（党组）、纪委（纪检组）党风廉政建设工作汇报会

3月2-3日，全省乌蒙山片区发展农村集体经济助推脱贫攻坚座谈会在筠连召开

3月17日，中国共产党筠连县第十三届委员会首轮巡察工作动员部署会

3月27日，筠连县政协2017年专题调研动员大会

4月11日，筠连县第三次全国农业普查行政村和乡镇普查表指标分解会

4月14日，四川省就业扶贫现场会在筠连召开

4月15日，海口市四川筠连商会成立暨第一届会员大会在海口市召开

5月4日，全省农村残疾人扶贫资金股权量化培训会在筠连召开

5月5日，筠连县深化拓展三项整改“回头看”工作推进会

5月5日，全县作风建设暨党风廉政建设社会评价工作会

5月17日，中共筠连县委与工商联、无党派人士2017年第一次双月协商会

5月19日，筠连县文化惠民扶贫专项联席会

5月23日，县政协民主测评动员会

5月24日，筠连县十六届人大常委会第4次会议

5月26日，筠连县法学会成立暨第一次会员代表大会

5月31日，筠连县传达学习省第十一次党代会精神会议

6月1日，全县宣传思想文化工作会议

6月7日，筠连县“双千”活动推进会

6月15日，县人大常委会听取县政府组成部门工作报告会

6月30日，筠连县纪念建党96周年座谈会

7月7日，筠连县统战工作会

7月14日，筠连县重点工作暨“块抓条保”工作会

7月19日，筠连县环保督察暨饮用水源保护问题整改工作推进会

7月19日，市委第五巡察组巡察筠连工作动员会

8月16日，中共筠连县委中心组（扩大）专题学习会

8月18日，筠连县投资促进工作培训会

8月23日，宜宾市“共圆中国梦 决战奔小康”脱贫攻坚先进事迹巡回报告筠连县报告会

8月24日，筠连县2017年度人才工作会

8月24日，筠连县新任干部集体廉政谈话会

9月7日，筠连县召开脱贫攻坚年度考核暨22个扶贫专项工作汇报会

9月13日，筠连县办公室系统工作培训会

9月13日，筠连县违法建设违法占地整治专项行动动员会

9月14日，市委第五巡察组巡察筠连工作汇报会

9月21日，筠连县“六五”普法总结“七五”普法暨依法治县工作推进会

9月25日，筠连县创建第十四届四川省双拥模范县工作推进会

9月27日，筠连县2017年三季度暨全年绩效目标任务促进分析会

10月16日，筠连县义务教育均衡发展接受市级复核评估汇报会

11月23日，中共筠连县委中心组（扩大）学习会

11月29日，筠连县普及“两车”技防精确护航平安“天眼”行动动员会

12月29日，中共筠连县委十三届四次全体（扩大）会议

筠州风采

1月13日，腾达镇丑柑品果节在海灯村举行

1月24日，腾达镇春风村举办第五届春晚

3月8日，全县庆祝三八节文体展演活动在玉壶广场举行

3月10日，筠连县第九届智慧李花节暨早茶节、影视剧《那年李花正开时》开机仪式在春风村举行

4月14日，国家安全日系列宣传活动

3月17-19日，四川•筠连第二届“筠州杯”全国钓鱼赛在定水河举行，图为选手比赛

4月29日-5月1日，四月八西部苗族“鸥彩节”在联合苗族乡格莵坝苗寨举行

4月30日，“川滇黔毗邻地区牛灯邀请友谊赛”在联合苗族乡革新村格莵坝苗寨举行

5月19日，筠连县组织开展应急救援综合演练

5月24日，筠连县“三下乡”走进沐爱镇棬坪社区

5月31日，宜宾学院-筠连县人民政府校地合作授牌签约

6月2日，筠连县举办2017年关爱留守儿童活动

6月4日，筠连县肉牛产业培训会

6月7日，华西集团到筠连县开展精准扶贫帮扶活动

6月8日，“爱心妈妈”行动在孔雀乡

6月15日，筠连县高山土猪养殖三方合作协议签约仪式在孔雀乡举行

6月16日，全县安全生产月宣传活动在县城拉开

6月16日，全县建档贫困村扶贫工作培训会在县城举行

6月20日，四川省扶贫基金会健康饮水扶贫工程捐赠仪式在县城举行

6月29日，省残联文化扶贫巡回演出在玉壶公园举行

7月4日，宜宾市第五届道德模范彭孝忠先进事迹宣讲报告筠连专场

7月7日，县人大代表“带头移风易俗 培育文明新风”签字活动

7月21日，团林苗族乡第二届彝族火把节在彝寨新村文化广场举行

7月23日，省委宣讲团到春风村开展十九大宣讲

7月24日，“中国农业大数据生态基地落户筠连签约仪式”在县城举行

7月25日，《农产品加工》专题讲座在县会议中心三楼会场举行

7月26日，筠连综治维稳国安工作部署暨网格化业务培训会

7月31日，公益电影《孙子去哪》在双腾镇神羊洞举行开机仪式

8月24日，筠连县第十届栋梁工程助学金发放仪式

9月4日，筠连县“身边好人”巡回报告会县委宣传部专场

9月15日，筠连县开展全国科普日活动启动仪式

9月18日，巡司天河温泉二期开工

10月26日，筠连县庆祝“九九”重阳节老干部座谈会

11月6日，筠连县“决战决胜脱贫攻坚”万人誓师大会在玉壶广场举行

11月6日，筠连县“决战决胜脱贫攻坚”万人誓师签名活动在玉壶广场举行

11月8日，第二届中国反刍动物营养与饲养技术研讨暨乌蒙山片区产业扶贫培训座谈会在筠连举行

11月8日，筠连获“中国黄牛之乡”，授牌仪式在筠连举行

11月8日，四川牛业学术交流会在筠连召开

11月8日，中国第六届畜牧兽医史学术研讨会在筠连举行

11月10日，中国（筠连）首届茶产业大数据高峰论坛在筠连举行

11月15日，川南•新经济创业创新孵化中心首批项目签约仪式

12月1日，筠连县县域电商品牌培育与农产品上行培训会在职中学术报告厅举行

12月13日，华西集团到筠连县开展精准扶贫活动

12月26日，筠连县“党外知识份子联谊会和新的社会阶层人士联谊会”成立大会在县城举行

地震重建

1月28日，市委副书记、市长杜紫平（正面中），市委常委、市委宣传部部长李敏（正面女）在乐义乡听取筠连抗震救灾工作汇报，部署抗震救灾、抗灾自救工作。

2月2日，副市长张平（左一）到乐义乡指导抗震救灾工作

1月28日，副市长、县委书记王萍（右三）到乐义乡检查抗震救灾工作

2月2日，副市长、县委书记王萍（中）再到乐义乡检查抗震救灾，慰问志愿者

1月28日，县长刘朝平（中）到乐义乡指导抗震救灾工作

乐义乡抗震救灾工作会

地震损坏农户房屋重建培训会

电力工人在安置点抓紧时间接线，确保通电

消防官兵宣传地震、抗震、救灾应急知识

受地震灾害群众积极抗灾自救

受地震灾害群众生活井然有序

受地震灾害群众临时居住点

受地震灾害群众积极搬运救灾物资

受地震灾害群众临时居住点

编辑说明

一、《筠连县年鉴(2018)》(以下简称本年鉴)的编纂坚持马克思列宁主义、毛泽东思想、邓小平理论、“三个代表”重要思想、科学发展观和习近平新时代中国特色社会主义思想,坚持辩证唯物主义和历史唯物主义的立场、观点和方法,实事求是地记录2017年筠连县国民经济和社会发展内容,体现了时代特色、地方特色和实践特色。

二、本年鉴由筠连县人民政府主办,旨在全面、系统、翔实地记载年度筠连县国民经济和社会发展的新情况、新成就和新经验,为各级党政科学决策及社会各界了解、认识、研究筠连,保存和积累地方历史文献资料,为筠连县经济社会的发展服务。

三、本年鉴分为彩图、正文两部分。彩图置于文前,正文包括大事记、筠连县综述、农林牧渔水利业、制造业、商品贸易与投资、规建城管与环境保护、交通运输与信息传输、金融、科技与教育、文广·体育与旅游、卫计、社会生活、中国共产党筠连县委员会、筠连县人民代表大会常务委员会、筠连县人民政府、中国人民政治协商会议四川省筠连县委员会、中国共产党筠连县纪律检查委员会、政府综合事务管理、政府经济综合管理、军事、法治、社会团体、乡(镇)简况、先进单位和人物、附录、索引共26个类目223个分目1611个条目约105万字,较上年新增了筠连县地震救援重建、筠连特色食品等分目。所收录的资料从2017年1月1日至2017年12月31日。

四、本年鉴的正文结构,基本按类目、分目、条目三个层次进行梯级设置结构。条目是年鉴的主要信息载体,正文中条目统一使用黑体字加【 】表示。正文文字,采用简化汉字表述,其计量单位、名称代号、标点符号、数字用法等均按国家新闻出版署、国家技术监督局的规定执行。正文数据,多数以统计公报为准,如乡(镇)的幅员面积、GDP总量、社会消费品零售总额、农民人均可支配收入、人口等;因个别单位统计口径不同,少量数据仍不尽一致;所有增加、增长、减少、下降等比较数据,非特别注明,均与上年同期的比较数据;在引用国民经济和社会发展的主要指标时,以附录所载的统计公报资料为准。

五、本年鉴按照筠府办发〔2018〕5号[《筠连县人民政府办公室关于做好〈筠连县年鉴(2018)〉编辑工作的通知》]要求,由各乡(镇)、县级各部门、各企事业单位、县属以上有关企事业单位、部分企业单位确定专人撰写出初稿,并经各级领导审核,加盖公章后收集,由《筠连县年鉴》编辑部编辑,反馈各撰稿单位补充,总编辑后再公开征求意见和县地方志编纂委员会成员、邀请相关人员对全书审校,最后再修改后送出版社印刷成书,资料翔实、准确、可靠。

六、本年鉴在不产生歧义的前提下,对部分机构名称用简称,如四川省简称省,宜宾市简称市,筠连县简称县,中国共产党筠连县委简称县委,筠连县人大常委会简称县人大,筠连县人民政府简称县政府,中国人民政治协商会议四川省筠连县委员会简称县政协,中国共产党筠连县纪律检查委员会简称县纪委,筠连县住房城乡规划建设和城镇管理局简称县规建城管局,筠连县人力资源人社会保障局简称县人社局、筠连县教育和文化广电局简称县教育文广局、筠连县经济商务信息化和科学技术局简称县经信科技局。

七、本年鉴收录的先进集体和人物,包括2017年度县委、县政府及以上表彰的先进集体和人员、年度内逝世的副县级及以上人员、高级职称人员、普通高校录取人员。因部分单位未按要求提供资料,以致缺载,请予见谅。

八、本年鉴的编辑出版是集体智慧的结晶,得到县委、县人大、县政府、县政协及各乡(镇)、县级各部门、各企事业单位(公司)、县属以上有关企事业单位、部分企业单位的大力支持和通力合作,在此一并致谢。由于我们水平有限且篇幅较大,图文虽已多次审核、校对和补充,仍难免有差错和疏漏之处,恳请指正。

《筠连县年鉴》编辑部

2018年7月

筠连县地方志编纂委员会

《筠连县年鉴》编辑部

《筠连县年鉴(2018)》参编单位及责任人

(排名不分先后)

单位	责任人
中共筠连县委办公室	罗吉义
筠连县人民代表大会常务委员会办公室	任永生
筠连县人民政府办公室	郭　刚
中国人民政治协商会议筠连县委员会办公室	陈　敏
中共筠连县委组织部	李　刚
中共筠连县委员会老干部局	王　玉
中共筠连县纪律检查委员会(监察局)	万家其
中共筠连县委宣传部	雷　敏
筠连县精神文明建设办公室	罗均伟
筠连县文学艺术界联合会	冯　勇
筠连县社会科学界联合会	汪富永
中共筠连县委统一战线工作部	贾圣君
中共筠连县委政法委员会	詹　立
中共筠连县直属机关工作委员会	刘小芹
中共筠连县委党校	刘　均
中共筠连县委机构编制委员会办公室	李　烈
中共筠连县委农村工作办公室	邓　朝
中共筠连县委政策研究室	宗德瑚
中共筠连县委党史研究室	刘道强
中共筠连县委群众工作局(筠连县信访局)	彭镜礼
中共筠连县委机要局	李　强
筠连县人民政府政务服务中心	申　宏
筠连县人民政府法制办公室	许银锋
中共筠连县委筠连县人民政府督查目标办公室	唐　敏
筠连县人民防空办公室	陈　龙
筠连县地方志办公室	李加强
筠连县人民政府应急管理办公室	彭绍华
筠连县民族宗教事务局	韩　亮
筠连县人民政府信息中心	李　彬
筠连县人民政府研究室	李　彬
筠连县烟草发展领导小组办公室	彭绍华
筠连县机关事务管理办公室	张忠伟
筠连县残疾人联合会	李文忠
筠连县档案局	周德琼
筠连县投资促进局	卜薪智
筠连县公安局	唐　勇

筠连县人民法院	伍崇辉
筠连县人民检察院	张　科
筠连县司法局	谢国刚
筠连县人民武装部	李培辉
中国人民武装警察部队四川省总队宜宾市支队三大队筠连县中队	罗升甫
中国人民武装警察部队筠连县公安消防大队	汪　伟
筠连县总工会	曾志钧
筠连县妇女联合会	刘谢润
筠连县工商业联合会(商会)	唐晓莉
筠连县科学技术协会	刘泽慧
共青团筠连县委员会	苏　丹
筠连县国家税务局	唐　智
筠连县地方税务局	郑　刚
筠连县安全生产监督管理局	陈正富
筠连县工商行政管理局	雷　霆
筠连县质量技术监督局	李再强
宜宾市住房公积金管理中心筠连县管理部	张　莉
筠连县食品药品监督管理局	沈辅君
筠连县供销合作社联合社	刘　华
筠连县教育和文化广电局	王贵才
四川省筠连县大中专招生领导小组办公室	蒋自林
筠连县粮食局	付　强
筠连县林业局	饶　永
筠连县体育局	黄　伟
筠连县气象局	韩家盛
筠连县水务局	陈　叙
筠连县农业局	秦建军
筠连县畜牧水产局	刘后林
筠连县审计局	兰　湘
筠连县统计局	余清羽
筠连县财政局	熊　平
筠连县发展和改革局	李泽明
筠连县扶贫和移民工作局	陈　旭
筠连县工业园区管理委员会	罗吉义
筠连县人力资源和社会保障局	段四海
筠连县经济商务信息化和科学技术局	段利勇
筠连县住房城乡规划建设和城镇管理局	裴人强
筠连县卫生和计划生育局	胡天顺
筠连县地震台	廖利平
筠连县红十字会	胡天顺
筠连县民政局	曹良伟
筠连县交通运输局	喻　鸿
筠连县国土资源局	李贵聪
中国人民银行筠连县支行	钟　健
中国农业银行筠连县支行	张家宇
筠连县农村商业银行股份有限公司	杨佳林
中国农业发展银行筠连县支行	张　彦

《筠连县年鉴(2018)》参编单位及责任人

宜宾市商业银行股份有限公司筠连县支行	张向东
中国邮政储蓄银行筠连县支行	王　莉
中国工商银行股份有限公司筠连支行	罗　亮
筠连县中成村镇银行	李启云
中国人民财产保险股份有限公司筠连支公司	吕光玉
中国人寿保险股份有限公司筠连县支公司	杨朝勇
中华联合财产保险股份有限公司筠连支公司	陈永兴
中国太平洋财产股份有限公司筠连支公司	李孝超
筠连县烟草专卖局(分公司)	龚小平
筠连县邮政分公司	谭天赠
中国移动通信集团四川有限公司筠连县分公司	蔡冬陵
中国电信股份有限公司筠连县分公司	张春雄
中国联合网络通信有限公司筠连分公司	周　强
中国铁塔股份有限公司宜宾市分公司筠连办事处	詹　剑
四川省盐业总公司筠连县支公司	李　权
筠连县自来水有限责任公司	江　敏
四川能投筠连电力有限公司	梁　兵
四川蓝伯特生物科技股份有限公司	田永奎
筠连森泰页岩气有限公司	张　伟
筠连县城市投资有限责任公司	邹小川
筠连县筠连镇人民政府	刘　沙
筠连县巡司镇人民政府	任　杰
筠连县腾达镇人民政府	罗　勇
筠连县双腾镇人民政府	应旭洪
筠连县沐爱镇人民政府	黄　峰
筠连县维新镇人民政府	邓国金
筠连县镇舟镇人民政府	卜光洪
筠连县大雪山镇人民政府	李章勇
筠连县蒿坝镇人民政府	邹林易
筠连县塘坝乡人民政府	李华伟
筠连县孔雀乡人民政府	郑家林
筠连县龙镇乡人民政府	刘振华
筠连县武德乡人民政府	邓文松
筠连县乐义乡人民政府	张会权
筠连县高坎乡人民政府	何　玲
筠连县联合苗族乡人民政府	杨　鸿
筠连县团林苗族乡人民政府	王永才
筠连县高坪苗族乡人民政府	王在均

目　录

大事记

综述

农林牧渔和水利业

制造业

商品贸易与投资

规建城管与环境保护

交通运输与信息传输

金 融

科技与教育

文广、体育和旅游

卫　计

社会生活

中国共产党筠连县委员会

筠连县人民代表大会常务委员会

筠连县人民政府

中国人民政治协商会议
四川省筠连县委员会

中国共产党筠连县纪律检查委员会

政府综合事务管理

政府经济事务管理

军　事

法　治

社会团体

乡(镇)简况

先进单位和人物

附　录

索　引

大 事 记

2017年筠连县大事记

1月

3日，中共筠连县委中心组（扩大）学习会在县会议中心召开，县委中心组成员，各成员单位学习秘书，各乡（镇）党委书记、纪委书记，县政府组阁局主要负责人共100余人参会。市政府党组成员、县委书记王萍主持会议并讲话。

12—13日，成都筠连商会会长孙会平率副会长、监理长一行20余人到筠连考察项目。市政府副市长、县委书记王萍，县委副书记、县长刘朝平，县委常委、常务副县李小林，县政府副县长钟声远及部门主要负责人参加。

13日，中共筠连县委中心组（扩大）学习会在县会议中心召开，县委中心组全体成员、各成员单位学习秘书，各乡(镇)党委书记，县级各部门主要负责人、相关企事业单位主要负责人200余人参会。市政府副市长、县委书记王萍主持会议并讲话。

17日，筠连县2017年春运工作会在县会议中心召开。各乡（镇）主要领导、分管安全工作领导和安办主任，县安委会成员单位主要负责人，浙江油气田西南采气厂、西南水泥厂、三鼎天然气公司、中石油加油站、中石化加油站、各烟花爆竹公司、各建筑施工企业、各运输公司等企业主要负责人参会。县政府副县长钟声远主持会议。

24日，腾达镇春风村第五届春节联欢会在龙塘组田家庆文化广场举行。

28日（除夕夜）凌晨2时46分，在北纬28.09度、东经104.72度发生4.9级中强地震，震中位于筠连县乐义乡中坝村，震源深度11千米。省地震局划定最高烈度为Ⅶ度，Ⅵ度区及以上183平方千米，涉及县内的维新镇、乐义乡、沐爱镇、镇舟镇、高坎乡、巡司镇等乡（镇）及珙县的上罗镇、沐滩镇、罗渡苗族乡，震中位于乐义乡中坝村，乐义乡、维新镇为地震极震区。地震发生后，省、市、县领导和专家分别就抗震救灾工作作出重要指示或赶赴乐义乡、维新镇灾区现场进行指导、研究，看望慰问受灾群众和干部职工。

30日，市政府副市长、县委书记王萍，县委副书记、县政府县长刘朝平，县委常委、纪委书记肖利，县委常委、常务副县长李小林，县委常委、县委办主任罗吉义率县政府办等负责人到县矿山救护队、县电力公司、县地震台、县应急办等检查应急管理工作。

2月

1日，中国共产党筠连县第十三届委员会第二次全体会议在县会议中心举行，县委委员30人、候补县委委员7人出席会议，有关方面负责人列席会议。全会由县委常委会主持。

13日，市教体局局长伍小兵到乐义乡黄金小学检查开学工作，副县长王永红陪同检查。

16—17日，市政府副市长、县委书记王萍率队赴陕西省安康市岚皋县、四川省遂宁市考察生漆、茶叶、旅游产业和肉牛发展、食品深加工、招商引资、新农村建设等。

20日，以省总工会副巡视员陈黎任组长，省文明办未成年人工作处副处长廖群、省工商局市场处副调研员沈立波、省公安厅消防总队培训基地工程师张友胜、省环科院干部邓超为成员的省考评组到筠连县考核测评创建第四届四川省文明城市工作。市政府副市长、县委书记王萍出席会议并讲话，市委宣传部副部长、市文明办主任周世纯主持汇报会，县委副书记、县长刘朝平汇报创建工作，县人大常委会主任何跃、县政协主席黄静等出席会议。

21—22日，市政府副市长、县委书记王萍，县委副书记、县政府县长刘朝平，县委常委、常务副县长李小林，县政府副县长何俊锋率县财政局、民政局、规建城管局、发改局和乐义乡、维新镇党委负责人到雅安考察学习地震灾后重建工作。

24日，中国共产党筠连县第十三届纪律检查委员会第二次全体会议在县会议中心三楼会场召开。县纪委委员；在筠连的县领导、县人民法院院长、县人民检察院检察长、县政协秘书长，县人民法院副院长、县人民检察院副检察长；各乡（镇）党委书记、乡（镇）长、纪委书记、专职纪委副书记，县工业园区纪工委书记、监察审计局党组书记、局长杨发成；县级各部门、县属及以上企事业单位党政主要负责人、纪检组组长（纪委书记、纪工委书记）、监察室主任；县特邀监察员；县纪委监察局部分老领导、机关各室（部、办)负责人及正、副科级纪检监察员共240余人参会。市政府副市长、县委书记王萍讲话。县委常委、县纪委书记肖利主持会议。

3月

2—3日,全省乌蒙山片区发展农村集体经济助推脱贫攻坚座谈会在筠连县召开。省委常委、农工委主任曲木史哈出席座谈会并讲话。市委副书记邓正权,市政府副市长、县委书记王萍,市政协副主席王光柱,县委副书记、县政府县长刘朝平出席座谈会或陪同考察。省委农工委副主任杨波主持座谈会。

13日,县中医医院(县城筠州中路2号)整体搬迁至原县人民医院旧址(县城中华街158号)。

15日,筠连县委政法工作会议在县会议中心召开,在筠连的县级领导出席会议;各乡(镇)党委书记、分管负责人、综治办主任或副主任,县直有关部门主要负责人,政法系统各单位除正常值班外的全体人员,政法系统作风监督员参会。市政府副市长、县委书记王萍出席会议并讲话。县委常委、县委办主任罗吉义主持会议,

17日,中国共产党筠连县第十三届委员会首轮巡察工作动员部署会在县会议中心三楼会场召开。县委巡察工作领导小组领导及成员,县委巡察工作领导小组办公室、各巡察组全体成员,县纪委、县委组织部领导班子成员,工业园区纪工委书记、监审局局长,县级各部门、县属及县属以上企业单位党政主要负责人、纪(工)委书记,县纪委党风政风监督室、信访室、案件监督管理室和第一、第二、第三纪检监察室负责人共120余人参加主会场会议。市政府副市长、县委书记、县委巡察工作领导小组组长王萍出席并讲话,县委常委、县纪委书记、县委巡察工作领导小组第一副组长肖利主持会议。分会场设在各乡(镇),各乡(镇)党委、人大、政府班子成员、纪委委员,乡(镇)各站、所、办主要负责人,村(社区)"两委"主要负责人在分会场参会。

17—19日,由中国钓鱼运动协会、市教育体育局、县政府主办,县委宣传部、县教育文广局、县体育局、县经信科技局承办的2017年"心拥碧水游钓神州"自然水域系列赛事第二站——中国·筠连第二届"筠州杯"全国钓鱼赛在县城定水河段举行,吸引各地400多名钓鱼选手参赛。17日,中在玉壶广场举行开幕式,国家体育总局社会指导中心三部主任、中国钓鱼运动协会副秘书长苏宝生,市政府副市长、县委书记王萍,市教体局局长伍小兵,中国钓鱼运动协会市场及产业委主任马英惠,中国钓鱼运动协会竞赛委主任郝卫东,市教体局副局长朱世凯,县委常委、县委宣传部部长雷敏,中国钓鱼运动协会市场及产业委副主任肖骁,中国钓鱼运动协会竞赛委副主任陈智,政协副主席张彬,县政府副县长王永红等出席。雷敏致辞,王萍宣布比赛开幕。

20日,"筠州教育"官方微信平台建成投入使用。

21日,亚洲开发银行GEF项目高级官员牛志明一行到筠连考察中国—全球环境基金干旱生态系统土地退化防治伙伴关系中国西部适应气候变化的可持续土地管理项目的进展。

同月底,筠连县第十届村(居)民委员会换届选举全面完成。该工作2016年12月启动,涉及257个村或社区。

4月

1日起,筠连县取消房屋转让手续费、白蚁防治费等涉企行政事业性收费12项,停征植物新品种保护权收费、认证费、检验费等涉企行政事业性收费23项,取消兴奋剂检测费、培训费等涉及个人事项的行政事业性收费4项,停征登记费、依申请提供政府公开信息收费等涉及个人事项的行政事业性收费2项。

11日,市人大常委会委员、市妇联副主席吴邦玉一行到筠连调研《中华人民共和国妇女权益保障法》《中华人民共和国反家庭暴力法》的贯彻落实情况,县人大常委会副主任刘乐君、古有奎,县政府副县长郭创锋等陪同。

同日,《地理标志保护产品·筠连黄牛》《国家地理标志保护产品·筠连粉条》团体标准审查会在筠连举行,与会11名专家听取标准起草组就标准编制情况汇报及相关说明,通过询问、答疑等形式,专家组一致同意通过该2个团体标准审查,要求尽快修改完善、公告发布。

13日,筠连县2017年学校安全工作会在县会议中心召开。11个县级部门主要负责人或分管领导,18个乡(镇)分管领导和各学校校长90余人参会。县委常委、县委宣传部部长雷敏,县政府副县长王永红作全面部署。

14日,四川省就业扶贫现场会在筠连县召开,乐山、宜宾、泸州等市的人社、就业负责人和贫困县的就业局负责人到筠连就业扶贫培训基地、"好牛贷"金融扶持推动贫困村产业发展的五凤村、新农村建设综合推进的春风村参观,学习筠连在就业扶贫工作上的创新经验和做法。

同日,国家肉牛牦牛产业技术体系首席科学家曹兵海、岗位科学家王之盛、研究员孙宝忠,四川农业大学教授左之才、彭全辉到双腾镇德胜村调研筠连"山繁川育、藏牛于户"庭院养牛模式发展,赞誉筠连为"中国南方肉牛产业扶贫第一县"。市政府副市长、县委书记王萍,市政府副秘书长李亚等领导陪同。

15日,筠连商会海口市分会成立暨第一届会员大会在海口市举行。县委副书记、县长刘朝平,县政协主席黄静、县政府副县长郭创锋等到会祝贺;海口市委统战部副部长李小平、市工商联党组书记唐火根等领导及会员代表100人出席会议。

22日,县政府副县长郑云代表筠连县在由省政府组织成都召开的全省残疾人事业工作会上作发言。

23日，副市长王力平一行到筠连工业园区、中医院、食药监局调研食品药品监管工作，市政府副市长、县委书记王萍，县委副书记、县政府县长刘朝平等陪同调研并出席汇报会

26日，市政协副主席王邦兴、林伦菊率队到筠连调研“扩大开放合作，加快建设内陆开放高地”。县政协副主席韩世全等陪同。

同日，县总工会在玉壶公园举办首届“中国梦·劳动美”庆“五一”职工书法大赛。

28日，县政府副县长钟声远带领县安监、食药监、卫计、教育文广、经信科技、工业园区办、交警等部门到中石油海瀛加油站、海瀛交通检查站、中石油浙江油气田西南采气厂、应氏骨科医院、百兴客运站等生产经营单位（场所）开展“五一”节前安全生产检查。

30日，“川滇黔毗邻地区牛灯邀请友谊赛”在联合苗族乡革新村格莌坝苗寨举行，由筠连县养牛协会、中国农业历史学会畜牧兽医史专业委员会主办，县内6支牛灯队参加“六牛争金赛”，县外4支牛灯队参加“友谊表演赛”。

29日—5月1日，2017中国·筠连四月八西部苗族“鸥彩节”——“我为格莌坝苗寨形象代言”在联合苗族乡革新村举行，评出榜果（苗语 Bangx gob，金花）1名、榜年（苗语 Bangx nyax，银花）2名、榜婕（苗语 Bangx ndongt，木花）3名，优秀奖6名

5月

4日，全省农村残疾人扶贫资金股权量化工作经验交流现场会在筠连召开。省残联党组成员、副理事长杨志远，市政府副市长、县委书记王萍，县委副书记、县政府县长刘朝平，市残联党组书记、理事长万云江，县委常委、县委统战部部长贾圣君，县政府副县长郑云出席现场会；全省股权量化试点的14个市（州）残联就业教育负责人和50个县（市、区）残联理事长等近130人参加现场会。

5日，县委办、县政府办印发《筠连县进一步整治城乡居民乱办滥办酒席的指导意见（试行）》，对举办酒席实施刚性约束。

8日，省民政厅党组书记、厅长益西达瓦率厅办公室、社会救助处、基层政权和社区建设处、区划地名处等负责人到筠连调研民政工作。

11—12日，市人大常委会副主任张家园带队的第四跟踪检查小组到筠连开展《四川省农村扶贫开发条例》，依法推进农村脱贫攻坚情况、“22个扶贫专项方案”牵头部门和重点涉及部门实施条例、制订实施相关“扶贫专项方案”及年度工作计划情况的跟踪检查。县人大常委会主任何跃，县委副书记李小林，县委常委、县纪委书记肖利，县人大常委会副主任代屏，县政府副县长郭创锋陪同；市政府副市长、县委书记王萍及县级22个专项牵头部门主要负责人、县脱贫攻坚领导小组办专职副组长参加座谈。

12日，筠连县第二届小学生乒乓球运动会在胜利街小学举办，比赛分男子团体、女子团体、男女单打3个组别，全县各小学校15支代表队、200余人参加比赛。

15日，筠连县2017年村（社区）党组织书记培训班正式开班，全县243个村支部书记、14个社区书记共260余人参加培训。

16日，筠连县脱贫攻坚工作现场推进会在县会议中心召开，县人大常委会主任何跃，县委副书记李小林、县人大常委会副主任代屏等出席，各乡（镇）主要领导和分管干部、贫困村党支部书记、第一书记共100多人参会。

17日，中共筠连县委与工商联、无党派人士2017年第一次“双月协商会”召开。

19日，全县应急救援综合实战演练、企业落实安全生产主体责任宣誓暨“三不伤害”签名活动在玉壶公园举行，全县煤矿、非煤矿山、危险化学品、烟花爆竹、建筑施工、交通运输、水电、商场、宾馆等180余家企业主要负责人、职工代表，各乡（镇）分管领导、安办主任，县安委会成员单位分管领导、安办人员共800余人参加。

22日，国家发改委等11个部委公布第三批返乡创业国家级试点名单，筠连县成功入选。

24—25日，省教育厅学校安全管理处调研员曾凡文、学校安全管理处副调研员石现容等督导检查专家组一行11人到筠连县义务教育均衡发展工作进行过程督导检查。县委副书记、县政府县长刘朝平，县人大常委会副主任代屏，县政府副县长王永红，县政协副主席张彬等全程参与。

25—26日，市总工会常务副主席孙践、副主席景洪伦率市总工会调研组到筠连调研工会改革等工作并召开座谈会，县委常委、县总工会主席贾圣君等陪同。

26日，筠连县法学会成立暨第一次会员代表大会在县会议中心召开。市委政法委副书记、综治办主任、市法学会常务副会长刘畅，县委常委、政法委书记詹立，县人民法院院长伍崇辉、县司法局局长谢国刚出席会议，法学会会员参会。

31日，筠连县传达学习省第十一次党代会精神会议在县会议中心召开，全体县领导，各乡(镇)党委书记和乡（镇）长，县级部门和企事业单位主要负责人，2017年预脱贫村村支部书记、第一书记、工作队长、农技员，筠连县第二届劳动模范参会。市政府副市长、县委书记王萍就筠连贯彻落实提出意见，县委副书记、县长刘朝平主持会议并作具体部署。

6月

1日，市政府副市长、县委书记王萍，县委副书记王涛，县委常委、县委统战部部长贾圣君，县委常委、县委办主任罗吉义率县发改、规建城管、财政、投资促进、国土资源等

负责人到海瀛工业园区调研项目建设。

2日,筠连县工商联餐饮商会在蜀亨酒店成立,要求打造好"味道筠连",利用好"筠商"的平台,将"味道筠连"推向全国。

3—5日,南方现代草地畜牧业推进行动项目暨肉牛产业综合技术专家讲座培训会在筠连举办,邀请四川省草原工作总站、四川农业大学动物科技学院、动物医学院、筠连县养牛协会10名专家进行实用技术专题主讲。筠连镇五丰村村组干部、实施农户和18个乡(镇)养牛大户、肉牛养殖家庭农场业主、合作社技术员245人参加培训。

6日,市督查组第一小组组长李林率市财政局、统计局、政府督查室、住建城管局、发改委、商务局人员到筠连督导调研上半年经济运行及重点项目推进情况。市政府副市长、县委书记王萍,县委副书记、县政府县长刘朝平,县委常委、县委办主任罗吉义参加会议或陪同调研。

7日,筠连县"双千"工作推进会议在县会议中心召开。全县87名"双千"活动联企干部,县国税局、地税局、人行筠连支行、工行筠连支行、农行筠连支行、农发行筠连支行、农商银行、商业银行筠连支行、邮储银行筠连支行、中成村镇银行、县电力公司、三鼎然气公司等负责人,县"双千"办人员参会。县委副书记、县长刘朝平提出要求。市政府副市长、县委书记王萍主持会议并讲话。

12—15日,美国世界茶博会美国拉斯维加斯举办,筠连小叶苦丁茶首次走出国门,亮相该会。

13日,全县2017年脱贫攻坚全覆盖督查工作安排暨视频培训会在县会议中心三楼召开,督查组全体成员,各乡(镇)有关负责人参会。县委副书记、县脱贫攻坚领导小组副组长李小林主持会议并讲话。

同日,省粮食局副局长伍文安、仓储处处长余波一行到筠连调研粮食工作。

15日,"2017北京·筠连产业扶贫项目洽谈会暨筠连农特产品推广会"在北京金龙潭饭店召开,推广会由县政府主办,县经信科技局承办,慧峰建设集团、国信优易数据公司、北京华商联合会、北京筠连商会协办。

20日,市人大常委会副主任张家园一行到筠连督察学习宣传贯彻省第十一次党代会精神和脱贫攻坚工作情况,县人大常委会主任何跃,县委常委、县纪委书记肖利,县委常委、县政法委书记詹立,县人大常委会副主任代屏,县政府副县长徐劲松,县政协副主席张彬等参加。

23日,省安监局局长孙建军率由省安监局、省财政厅、四川华西集团和宜宾学院组成的扶贫攻坚督导组到筠连检查督导脱贫攻坚工作,市政府副市长、县委书记王萍,市安监局局长陈良云,县委常委、县委办主任罗吉义,县政府副县长徐劲松等陪同。

24—25日,中宣部、中央文明办在山东省淄博市召开全国农村精神文明建设工作经验交流会,县政府副县长、县文明委副主任郭创锋应邀参会。

25日,市政府副市长张平率市相关部门到筠连检查指导脱贫攻坚和防汛工作,市政府副市长、县委书记王萍,县委副书记李小林,县政府副县长徐劲松陪同。

26—27日,筠连县村(社区)证明清理推进会在县政务服务中心召开。

28日,市委省第十一次党代会精神宣讲团到筠连宣讲。市纪委副书记、市监察局局长、市委宣讲团成员张琦作宣讲报告,市政府副市长、县委书记王萍主持报告会。

28—29日,由市、县人社局组织的"万名专家服务基层行动"服务团到筠连开展服务基层活动。

29日,省人大科教文卫委调研员周庆卫、周明举,市人大教科文卫委主任陈苏一行到筠连调研卫生工作,走访水茨村、春风村卫生站、腾达镇卫生院。

30日,筠连县委政协工作会暨庆祝筠连县政协成立60周年大会召开。省政协地方联络委主任陈芳、市政协主席吕晓莉、秘书长童叔刚及市政协有关委室出席大会;县四家班子领导,历届县政协老领导,政协机关退休职工,各乡(镇)、部门和企事业单位领导,历届县政协老委员代表,住筠连的市政协委员,县政协第十五届全体委员,县政协各专委会、联络委负责人参会。市政协主席吕晓莉一行还调研筠连脱贫攻坚工作。

同月,筠连县邮政分公司完成集团公司、省公司、市分公司要求的机构编制调整工作。

7月

4日,市政府副市长、县委书记王萍,县政协主席黄静,县委常委、县委宣传部部长雷敏、县政府副县长王永红率县财政局、县教育文广局、县交通运输局、县国土资源局、县水务局、县环境保护局、县规建城管局等部门负责人到巡司镇调研巡司天河温泉二期工程推进情况,并召开座谈会。

5日,市委群工局(市信访局)局长叶光明率市委督导组到筠连督导信访综治维稳工作。

6日,省政协地联委主任陈芳一行到筠连辅导县政协第十五届委员培训工作。县政协第十五届全体委员、住筠连的市政协委员和政协机关全体干部职工150余人参加培训会。陈芳还调研筠爱义工协会党建工作。

7日,市政府副市长、县委书记、县第一总河长、定水河河长王萍,县委常委、县委组织部部长李刚,县政府副县长郭创锋率县水务、环保、规建城管、龙镇乡、双腾镇、筠连镇等负责人开展河长制巡河工作。

同日,筠连县统战工作会议在县会议中心召开,市政府副市长、县委书记王萍,县委常委、县纪委肖利,县委常委、县委组织部部长李刚,县委常委、县委统战部部长贾圣君出席会议;各乡(镇)党委书记,分管党务、统战工作领导、组织委员(统战委员),县级各部门负责人参会。县委副书记李小林主持会议。

同日，由县人大常委会举办的全县各级人大代表“带头移风易俗培育文明新风”签字活动在县会议中心举行。

10日，筠连县2017年优秀年轻干部与人才递进培养计划第五期培训班开班仪式在县委党校举行，全县60名干部参加培训，县委副书记、县政府县长刘朝平授课。

同日，筠连县人大常委会人大代表视察脱贫工作专题动员培训大会召开，在筠连的市人大代表和部分县人大代表共80余人参会。

11日，市人大常委会副主任张家园率市级相关部门到筠连开展重点工作专项督导，县人大常委会主任何跃，县委副书记李小林陪同督导，县委常委、县政法委书记詹立，县委常委、县委宣传部部长雷敏，县委常委、县委办主任罗吉义，县人大常委会副主任代屏，县政府副县长郑云参加。

11—12日，省审计厅副厅长蔡文强到筠连调研审计工作、脱贫攻坚工作，市审计局局长李勤，县委副书记、县政府县长刘朝平陪同调研。县委常委、县纪委书记肖利，县人大常委会副主任代屏，县政协副主席韩世全出席汇报会，相关部门单位负责人参加汇报会。

12日，四川省草原科学研究院范康受该院党委书记、副院长刘汉中研究员委托，代表省农业厅迎检指导工作组到筠连督察指导畜禽养殖污染防治工作。

13日，县委副书记、县政府县长刘朝平，县委常委、县委宣传部部长雷敏，县政府副县长何俊锋率县水务局、县环保局、县规建城管等部门负责人到巡司河流域调研河长制工作，查看巡司河，了解各河段治理、管护、水土保持及绿化等。

同日，县委副书记李小林率县规建城管局、县国土资源局、县民政局、县发改局等部门负责人到乐义乡调研地震灾后重建工作，并主持召开灾后重建工作会。

14日，筠连县重点工作“块抓条保”推进会在县会议中心召开，各乡（镇）党委书记、县政府25个组成部门及22个专项牵头部门主要负责人等近60人参会。县委常委、县委组织部部长李刚部署工作，县委副书记李小林主持会议并讲话。

同日，省安监局机关党委副书记蔡兵文一行到筠连调研地质灾害防治、扶贫和安全工作等。

同日，首届品果节暨移风易俗文艺演出在腾达镇利坪村举行。

15日，武德乡举办首届“石龙湖·莲藕”旅游节。

16—17日，市政府副市长、县委书记王萍率队到贵州贵安新区北斗塆VR特色小镇、安顺黄铺生态植物园、国信优易贵阳基地考察。

17日，市人大常委会副主任余继红率市人大调研组到筠连调研乡（镇）人大主席团规范化建设工作。

18—19日，市人大常委会主任陆振华率市人大调研组到筠连调研华侨权益保护工作。市人大常委会副主任陈厚生，秘书长王历智参加调研，市政府副市长、县委书记王萍，县委副书记、县政府刘朝平，县人大常委会主任何跃，县委副书记李小林，县委常委、县政法委书记詹立等参加调研或出席座谈会。

19日，省卫计委调研组到筠连县调研创建省级健康扶贫工程示范县工作，调研组一行到县医院、县卫计局等地，通过查看资料、与医护人员和贫困患者交流等方式，了解县、乡、村健康扶贫工作运行。

同日，县政府副县长郭创锋率县环保、规建城管、水务等现场督导玉壶公园景观水体水质下降情况。

20日，省政府防汛抗旱指挥部办公室副调研员李洪舟率省交通运输厅、教育厅、地质环境监测总站人员到筠连督导地质灾害和防汛安全隐患排查防治工作。

同日，筠连县2017年第三季度安委会扩大会议召开，各乡（镇）主要负责人、安委会成员单位，相关部门和企业负责人参会。县委副书记、县政府县长刘朝平提出要求。

21日，筠连县2017年保密教育专题培训会在县会议中心三楼会场召开，市委保密委员会办副主任、市国家保密局副局长吴桂均为300余名保密干部作保密专题培训。

同日，团林苗族乡第二届彝族火把节在团林彝寨新村文化广场举行，共接待游客1万余人。

24日，中国农业大数据生态基地落户筠连签约仪式在定水广场举行。四川省大数据发展研究会、成都优易数据有限公司、四川大学农产品加工研究院、成都巨梁房地产开发有限公司、重庆阿泊罗哈实业有限公司、四川帅游通网络科技有限公司负责人，县四大班子领导及有关部门负责人参加签约仪式。市政府副市长、县委书记王萍致辞；县委副书记、县政府县长刘朝平分别与成都优易数据有限公司、四川省大数据发展研究会签署合作协议。

26日，县政协主席黄静到武德乡调研“三级联动”工作。

27日，县政协主席黄静率相关部门到武德乡、高坪苗族乡、蒿坝镇等督察烤烟生产工作。

28日，市政府副市长、县委书记王萍，县人大常委会主任何跃，县政协主席黄静，县委副书记李小林，县委党委、县人武部政委李培辉，县委党委、县委办主任罗吉义，县政府副县长郑云率队看望慰问县人武部、武警中队、消防大队官兵，走访慰问部分现役军人军属和退役军人。

31日，公益电影《孙子去哪》在双腾镇神羊洞景区举行开机仪式，县政府副县长郭创锋致辞。

同日，筠连县消防大队整体搬迁入驻筠连县消防站。

8月

3日，筠连县创建第十一届四川省双拥模范县工作会议在县会议中心召开，县四大班子领导出席会议，各乡（镇）及县双拥领导小组成员单位负责人120余人参会。

8 日，“中国好人”——腾达镇向阳村村民杨文全悉心照料 115 岁岳母李九连的感人事迹，在四川电视台新闻频道《四川好儿女》节目中播出。

9 日，市委常委、市政府常务副市长宁坚率市财政局、市国土资源局、市环保局等部门负责人到筠连调研重点工作。市政府副市长、县委书记王萍，县委副书记、县政府县长刘朝平，县委常委、县政府常务副县长李勇及县财政、环保、国土等负责人陪同。

10 日，宜宾市脱贫攻坚现场会在筠连召开。参与人员观看县村、企业和学校；市委副书记邓正权，市人大常委会副主任张家园，市政府副市长张平，市政府副市长、县委书记王萍，市政协副主席张世炜，县委副书记李小林，县人大常委会副主任郑世筠，政府副县长徐劲松等陪同参观和参会。

14 日，市督导组到筠连开展检查督导防汛减灾和地质灾害防治工作，时间 1 个多月。

15 日，县委副书记、县政府县长刘朝平率县政府办、国土资源局、水务局、教育文广局、电力公司负责人到巡司镇调研。

21 日，县委召开中心组(扩大)学习会议，以视频会议方式开到乡(镇)。市政府副市长、县委书记王萍，县委副书记、县政府县长刘朝平，县人大常委会主任何跃，县政协主席黄静，县委副书记王涛出席会议。会议通报扶贫领域典型案例，安排部署各项工作，就脱贫攻坚相关知识作进一步培训。

23 日，省农业厅纪检组组长李学东率省农业厅、市农业局组成的督导组到筠连督促指导农业工作。

同日，全市“共圆中国梦决战奔小康”脱贫攻坚先进事迹巡回报告团走进筠连。市政府副秘书长、市扶贫和移民工作局局长李毅出席，县委副书记李小林主持报告会。

24 日，筠连县第十届栋梁工程扶贫助学公益活动第一批助学金发放仪式在县会议中心举行。

30 日，省安监局党委专职副书记蔡兵文率派送第一书记黄银洲等到巡司镇西牛村开展脱贫攻坚工作。

31 日，四川省农业发展银行党委书记、行长熊钧率队到筠连就棚户区改造、脱贫攻坚、产业转型发展支持进行专题调研。市政府副市长、县委书记王萍，县委副书记、县政府县长刘朝平等陪同调研。

同日，市政协秘书长童叔刚率市政协联络委、人资环委、研究室负责人到筠连调研政协委员履职和界别活动开展情况，县政协主席黄静陪同调研。

9月

1 日，筠连县 2017 年金秋助学金发放仪式在县会议中心举行。

4 日，筠连县 2017 年新任副科级领导干部培训班在县委党校举行开班典礼，57 名新任副科级人员参加培训。

6 日，市人大常委会副主任余继红率队到筠连开展教师节走访慰问活动。县人大常委会主任何跃陪同。

7 日，筠连县脱贫攻坚年度考核暨 22 个扶贫专项工作汇报会在县会议中心召开。市政府副市长、县委书记王萍，县委副书记、县政府县长刘朝平，县委副书记李小林、县人大常委会副主任和部分县级部门负责人参会。王萍讲话、李小林部署脱贫攻坚工作，刘朝平主持会议。

同日，省财政厅财政信息中心主任王铮宇、厅信息中心科长郭锐到筠连调研易地扶贫搬迁资金管理信息系统运行试点工作。

7—21 日，中城临时市场商户整体搬迁至筠山都市市场经营，中城临时市场拆迁全面完成。

8 日，县委副书记、县政府县长刘朝平率县安监等负责人到煤矿企业生产一线，就落实企业主体责任、隐患排查整改、杜绝事故发生，开展安全大检查。

11—13 日，省委省政府防汛减灾和地质灾害防范工作督导第十二组副巡视员谢伟一行到筠连督导工作。

12 日，中共筠连县委与工商联、非中共党派人士 2017 年第二次“双月协商会”举行，听取县工商联、非中共党派代表人士、民主党派成员对全县脱贫攻坚工作的意见和建议。

13 日，全县违法建设违法占地整治专项行动动员大会在会议中心召开。会议明确目标、突出重点、加强领导、强化宣传，依法推进全县“两违”整治工作。

同日，国家统计局四川调查总队居民收支处处长肖成刚一行到筠连检查城乡一体化住户调查样本轮换和城乡居民收支调查工作。

14 日，市委第五巡察组巡察筠连县工作动员会在县会议中心召开。市委第五巡察组组长朱强就开展的巡察工作作动员讲话；市委巡察工作领导小组成员、市委巡察工作领导小组办主任张勇就做好巡察工作提出要求。市政府副市长、县委书记王萍主持会议并作表态讲话。

15 日，国家煤矿安监局行管司司长辛广龙率国务院安委会综合督查组到筠连督察安全生产大检查工作。安徽煤矿安监局纪检组组长张永成，四川省安办副主任陈德跃，副市长廖文彬，市政府副市长、县委书记王萍，县委副书记、县政府县长刘朝平等陪同。

18 日，巡司天河逍遥谷温泉旅游度假区开工，市政府副市长、县委书记王萍，县委副书记、县长刘朝平，县政协主席黄静出席开工仪式。

21 日，筠连县 2017 年政府廉政工作会在县会议中心召开，县级相关部门、各乡(镇)负责人参会。县委副书记、县长刘朝平讲话。县委常委、县政府常务副县长李勇主持会议。

21—22 日，民革宜宾市委主委、市政协副主席林伦菊一行到筠连监督脱贫攻坚工作，县政协主席黄静参加并主持座谈会。

22日，省委组织部副巡视员杨天利率省委组织部、市委组织部人员到筠连开展抓党建促脱贫攻坚专项督导。

同日，省质监局在成都市组织召开地标产品保护省级示范区创建工作专家论证会，筠连黄牛地标产品保护省级示范区创建申报获专家组论证审查通过。

26日，市人大常委会副主任张家园率督导组到筠连督导全市重点工作开展情况并举行座谈会。

27日，宜宾市脱贫攻坚帮扶工作推进会议在市委党校江南会堂举行。与会人员分两组到沐爱镇棬坪村、巡司镇西牛村、土房村、银星村参观。会上，市政府副市长、县委书记王萍作经验交流。

同日，筠连县2017年三季度暨全年绩效目标任务促进分析会在县政府会议室召开。承担2017年市委、市政府下达筠连目标的31个县级部门(单位)主要领导，及县委县政府督查目标办人员参会。县委副书记、县政府县长刘朝平主持会议。

29日，县委副书记、县政府县长刘朝平带领县安监局、县规建城管局、县教育文广局、消防大队、交警大队负责人到巡司镇检查节前安全生产，到西牛村督导脱贫攻坚工作。

30日，筠连县义务教育均衡发展重点工作推进视频会在县政府办召开。县教育文广局负责人及股室成员、各乡(镇)主要领导和分管领导、各校校长共120余人参会。

同月，筠连县全域推进“雪亮工程”建设正式启动。

10月

7日，县委副书记、县政府县长刘朝平到横山子检查站，看望慰问坚守岗位的一线公安民警、辅警和武警官兵。

10日，筠连县2017年“扶贫日”系列活动暨“百日攻坚”行动推进工作会议在县会议中心召开，会议部署2017年“扶贫日”活动，通报“百日攻坚”全覆盖督导发现的问题，安排脱贫退出验收和“百日攻坚”推进工作。县委副书记李小林、王涛出席并讲话。

同日，市委常委、市委统战部部长李学焦率市财政、交通运输、维稳办等负责人到筠连督察信访维稳工作。

同日，王家元作为时代楷模代表应邀出席“最美中国人——庆祝中国共产党第十九次全国代表大会胜利召开大型美术作品展”开幕式，参观全国“砥砺奋进的五年”成就展。

11日，省信访局副局长邓大江率队到筠连县中学等单位，督察“加强安保维稳，迎接中共十九大”等工作，市政府副市长、县委书记王萍，县委副书记李小林，县委常委、县政法委书记詹立，县政府副县长唐勇等陪同。

同日，筠连县新的社会阶层人士统战工作联席会议在县会议中心举行。

12日，筠连县“认真贯彻党内监督条例、扎实推进全面从严治党”宣讲会议在县会议中心举行。市政府副市长、县委书记王萍，县委副书记、县政府县长刘朝平，县人大常委会主任何跃，县委常委、县纪委书记肖利，县委常委、县政府常务副县长李勇，县委常委、县委统战部部长贾圣君，县委常委、县委组织部部长李刚，县委常委、县委宣传部部长雷敏，县委常委、县委办主任罗吉义等领导出席会议；市纪委第六宣讲组成员，县纪委领导班子成员，县人民法院、县人民检察院负责人，各乡(镇)党政主要负责人和纪委书记，县级各部门党组(党委)负责人和纪(工)委书记(纪检组组长)参会。市纪委常委胡宇芸作专题宣讲。县委副书记李小林主持会议。

13—14日，成都双流家具流通协会会长杨利带领31名企业家到筠连考察投资项目。

16日，县委副书记、县政府县长刘朝平代表县政府与大北农集团四川驰阳农业开发有限公司“50万头生猪循环农业生态养殖项目投资协议”，与北京慧峰建设集团股份有限公司“战略合作协议”在县会议中心签订。

同日，筠连县义务教育均衡发展接受市级复核评估汇报会在县会议中心召开。市政府教育督导委员会专职副主任、市教体局党委委员、总督学黄耀学率市复核评估专家组出席会议，听取汇报。县委副书记、县政府县长刘朝平作汇报。

17日，筠连县深化“两学一做”学习教育扎实开展“五项”整治工作专题会议在县会议中心召开。县委常委、县纪委书记肖利，县委常委、县委组织部部长李刚出席会议，各乡(镇)党委书记，县级各部门、部分县属及县属以上企事业单位负责人参会。市政府副市长、县委书记王萍作讲话，县委副书记李小林主持会议。

19日，筠连县首届县长质量奖评选活动正式启动。

20日，市“一县一区一品”文化品牌打造专家工作组到筠连县调研。

同日，县疾控中心获得省质监局颁发的检验检测机构资质认定证书。

23日，市委市政府决策咨询委员会主任葛燎原，副主任郑耀银、宋洪飞率课题调研组成员到筠连县调研渝昆高铁建设、金筠铁路转型工作和电子商务发展。

26日，筠连县2017年庆祝“九九”重阳节老干部座谈会在县会议中心召开，县委常委、县政府常务副县长李勇，县人大常委会副主任刘乐君，县政协副主任韩世全出席；在筠连的副县级及以上离退休干部，一般退休干部代表，县委老龄工作领导小组成员参加。市政府副市长、县委书记王萍和县委副书记、县政府县长刘朝平分别讲话。

同日，筠连县2017年贫困村退出、贫困人口脱贫验收考核培训会在县会议中心召开，县政府副县长徐劲松安排部署全县脱贫攻坚验收考核工作。县委副书记李小林出席会议并讲话。

同日，临沧市的中国茶业年会，筠连县被中国茶叶流通协会评为“全国重点产茶县”“全国10大生态产茶县”。

27日，县委中心组学习会在县会议中心召开，会议学习中共十九大精神，领会习近平新时代中国特色社会主义思想，把思想认识统一到中共十九大精神上来，部署宣传贯彻落实措施。

31日，第二届中国反刍动物营养与饲养技术研讨暨乌蒙山片区产业扶贫培训座谈会在县会议中心举行。农业部科教司产业处处长孙俊立，国家肉牛牦牛产业技术体系首席科学家、中国农业大学教授曹兵海，国家肉牛牦牛产业技术体系岗位专家孙宝忠，市政府副秘书长李亚，县委副书记、县长刘朝平参加座谈会。

11月

3日，筠连县传达学习中共十九大精神大会在县会议中心三楼会场召开。在筠连的县级领导，各乡(镇)党委书记、乡(镇)长，县级各部门、各企事业单位主要负责人参会。县委副书记、县政府县长刘朝平传达学习中共十九大精神。市政府副市长、县委书记王萍主持会议并讲话。

6日，宜宾市第五届“三江放歌”广场文艺演出筠连专场暨筠连县决战决胜脱贫攻坚万人誓师大会、全县决战决胜脱贫攻坚“万人誓师”活动在玉壶广场举行，由县委县政府、市委宣传部联合主办。

6—7日，由省卫计委组织、自贡市卫计委副主任章成带队到筠连督导检查免疫规划工作。

6—9日，县委常委、县委统战部部长贾圣君一行3人到甘孜州新龙县、雅江县看望慰问筠连援藏干部。

8日，筠连县获“中国黄牛之乡”授牌仪式在筠连举行。

同日，第六届中国畜牧兽医史学术研讨会在筠连召开，由中国农业历史学会畜牧兽医史专业委员会主办，研讨会主题为“弘扬中华牛文化”，表彰评选的优秀学术论文。中国农业博物馆《古今农业》杂志副主编徐旺生研究员、南京农业大学畜牧兽医史研究中心主任李群教授分别作《供给侧下的畜禽养殖品牌建设之道——文化培育》《弘扬牛文化，打响牛品牌，做强牛产业》报告，来自四川农业大学、成都农业科技职业学院、贵州师范大学、四川文理学院、西南民族大学、南京农业大学等院校的15名专家论文交流。

9日，中国文明网发布《第六届全国道德模范及提名奖获得者名单》。腾达镇党委副书记、春风村党支部书记王家元获“第六届全国道德模范之敬业奉献模范”荣誉。

10日，首届中国(筠连)茶叶大数据高峰论坛暨2017年中国茶叶流通协会茶产业专业委员会年会在定水广场举行。市政府副市长、县委书记王萍，国家信息中心大数据发展部副部长陈强，四川省大数据发展研究会会长杨志前，中国茶叶流通协会常务副秘书长朱仲海，县委副书记、县政府县长刘朝平等领导和嘉宾出席大会。还举行“川红故里”授牌仪式、《筠连茶人使命在路上》首发仪式。

13日，四川科技扶贫在线平台筠连县运管中心开用暨培训会在县会议中心举行，信息员、专家400名参加。

15日，2017浙川(筠连)商投资峰会暨川南·新经济创业创新孵化中心项目启动仪式在定水广场举行。集中签约6个项目，涉及智慧城市、招商引税、金融、股权投资等。市政府副市长、市工商联主席王力平出席启动仪式并讲话，市政府副市长、县委书记王萍致词，县委副书记、县政府县长刘朝平介绍筠连创业创新工作，市科技局局长陈元华介绍全市科技创新工作。

16日，筠连县中药材产业发展规划研讨会在县会议中心召开，邀请中国中医科学院中药研究所所长陈士林、中国科学院重庆分院生物医药与健康研究所所长杨大坚等20余名专家探讨筠连中药材产业发展。

18日，第11届“筠连红茶杯”全国业余乒乓球邀请赛开赛，云南、河北、内蒙古、江苏等42支代表队、200余名队员参赛，县委副书记李小林出席开赛仪式。

22日，市委常委、常务副市长宁坚一行在筠连县会议中心宣讲中共十九大精神，调研督导环境保护、脱贫攻坚、安全工作。市政府副市长、县委书记王萍，县委副书记、县政府县长刘朝平，县人大常委会主任何跃，县政协主席黄静，县委副书记李小林、王涛出席宣讲会；市政府副秘书长刘刚、刘阳及部分市级部门负责人，县委常委、县政府常务副县长李勇等陪同调研。

23日，市脱贫攻坚考核验收组2017年贫困村退出验收意见反馈会在县会议中心召开。市政府副市长、县委书记王萍讲话，县委副书记、县政府县长刘朝平，县人大常委会主任何跃，县委副书记李小林、王涛，县人大常委会副主任代屏，县政府副县长徐劲松，县政协副主席韩世全出席，市考核验收组组长、扶贫移民局副局长张秀丽主持会议。

28日，县委副书记、镇舟河河长李小林率县水务、财政、扶贫移民等负责人巡查镇舟河流域。

29日，筠连县义务教育均衡发展县省级督导评估汇报会在县会议中心召开。省教育厅安管处调研员曾凡文带队的省督导评估专家组出席会议，市政协副主席廖霆，县委副书记、县政府县长刘朝平参加汇报会。12月1日，省级督导评估意见反馈会在县会议中心召开，省教育厅安管处调研员曾凡文，省督学张鸣，市教体局副局长李小华，县委常委、县委宣传部部长雷敏，县人大常委会副主任代屏，县政府副县长王永红等，县级各部门、各乡(镇)主要负责人，各校校长参会。省级督导评估组宣布：筠连县达到义务教育发展均衡县标准。

同日，筠连县普及“两车”技防精确护航平安“天眼”行动动员会召开

12月

1日，筠连县“全省一体化政务服务平台”上线运行。

7日，筠连县委第一宣讲团宣讲中共十九大精神报告会在筠连镇举行，市政府副市长、县委书记王萍出席会议。

13日，筠连县召开2017年度脱贫攻坚工作成效考核综合评价暨2018年贫困县摘帽工作专题汇报会在会议中心召开，县委副书记李小林、王涛，县委常委、县委组织部部长李刚，县人大常委会副主任代屏，县政府副县长徐劲松，县政协副主席韩世全出席会议；乡（镇）主要领导，县级22个专项扶贫牵头部门和省级考核评价指标对应的县级部门主要负责人，县脱攻办各专职副组长和相关人员参会。李小林作讲话，李刚主持会议。

同日，省粮食局副局长伍文安带领仓储处处长余波一行到筠连调研粮食工作，市发改委副主任何军等陪同。

同日，南广河河长制工作推进会暨“一河一策”管理保护工作会议在县会议中心召开。县委常委、县委办主任、南广河河长罗吉义主持会议并讲话，县人大常委会副主任、南广河河长郑世筠出席会议。

14日，四川省精神文明建设表彰大会在成都市召开，市政府副市长、县委书记王萍，第六届全国道德模范、春风村党支部书记王家元应邀参加表彰大会。

同日，市医改办副调研员赵思云、科长李貌一行7人到筠连指导深化医药卫生体制改革工作。

15日，筠连县落实党内监督工作和实施“织网工程”工作推进会在县会议中心召开，各乡（镇）党委书记、纪委书记、组织委员，县级各部门党委（党组、党工委）主要负责人，工业园区管委会纪工委书记、监审局局长，部门纪委书记、纪工委书记（纪检组组长）参会。县委副书记李小林出席会议并讲话。县委常委、县纪委书记肖利主持会议。

同日，省审计厅党组成员、副厅长蔡文强率队到筠连调研指导审计工作，市审计局党组书记、局长杨发成陪同。县委副书记李小林汇报筠连经济社会发展及审计工作。

18日，中国音乐学院教授刘勇与成都信息工程大学、宜宾学院等8名专家到筠连调研苗族大唢呐。

19—20日，县十六届人民代表大会第二次会议在县会议中心举行。应到会县人大代表201名，实到会县人大代表183名。大会于19日下午举行预备会议，20日举行第一次、第二次全体会议。

20日，市政府副市长陈扬杰率市政府相关负责人到筠连调研产业发展、脱贫攻坚、旅游发展工作。市政府副市长、县委书记王萍，县委副书记、县政府县长刘朝平，县委副书记李小林陪同。

同日，县委副书记、县政府县长刘朝平率县政府办、安监局负责人到巡司镇调研脱贫攻坚工作，督导问题整改，检查小河煤矿。

22日，筠连县2017年脱贫攻坚成效考核评估推进会在县会议中心举行，县委副书记李小林、王涛，县委常委、县政法委书记詹立，县委常委、县委组织部部长李刚，县人大常委会副主任代屏，县政协副主席韩世全出席，各乡（镇）、各部门负责人参会。李刚安排部署驻村帮扶工作，县扶贫移民局介绍该次省级考核评估要求。王涛主持会议

26日，筠连县党外知识分子联谊会和新的社会阶层人士联谊会成立大会召开，市政府副市长、县委书记王萍，县委常委、县委统战部部长贾圣君，县人大常委会副主任代屏，县政协副主席韩世全出席会议，非中共党外知识分子联谊会和新的社会阶层人士联谊会代表及18个乡（镇）分管负责人参会。王萍作讲话，贾圣君主持会议。

27—30日，四川省脱贫攻坚成效第三方评估专家组在筠连开展脱贫攻坚成效评估。27日，四川省脱贫攻坚成效第三方评估专家组筠连评估工作汇报会在县会议中心举行，市政府副市长、县委书记王萍汇报脱贫攻坚工作成效，四川农业大学商学院院长、教授吴秀敏，县委副书记、县政府县长刘朝平，县人大常委会主任何跃，县政协主席黄静，县委副书记李小林、王涛等出席汇报会。

28日，县委常委、县政府常务副县长李勇带领县政府办、县安监局、县规建城管局、县公安局、县交警大队、县教育文广局、县食药监局、县消防大队等部门负责人开展节前安全生产检查。

29日，中共筠连县委十三届第四次全体（扩大）会议在县会议中心三楼会场召开，应到会县委委员35人，实到29人，符合规定人数；市政府副市长、县委书记王萍代表县委常委会作报告工作，强调要不忘初心、牢记使命，决胜整县脱贫摘帽，奋力开启筠连社会主义现代化建设新征程。与会人员分4个小组，围绕王萍的工作报告、刘朝平的讲话及《决定（审议稿）》进行讨论，并形成决定。王萍主持会议。

同日，筠连县2018年元旦“健康杯”迎春健身跑活动在玉壶广场举行，1千余人参加健身跑。

同日，筠连被省卫生计生委信息处评为2017年度全省医疗信息化应用示范县。

30日，筠连脱贫攻坚工作通过省第三方评估考核。

（李加强 夏启林 邱枫玲）

筠连县综述

筠连县概况

筠连县拥有筠商、玉壶井、苗族大唢呐、苦丁茶、五尺道五大文化名片和筠连苦丁茶、筠连红茶、筠连黄牛、筠连粉条四个国家地理标志产品保护，享有“中国苦丁茶之乡”“中国奇泉之乡”“中国黄牛之乡”“全国重点产茶县”“全国10大生态产茶县”“川南煤海”“川红故里”等美誉，是全国“春风精神”发源地、国家电子商务进农村综合示范县、省级革命老区、省级岩溶风景名胜区、省政府扩权强改革试点县、省政府少数民族待遇比照县。

【地理位置】筠连县位于四川盆地南缘，云贵高原北麓川滇结合部，地处北纬27° 50′ 37″ ~28° 14′ 28″，东经104° 17′ 45″ ~104° 47′ 20″。北界高县，东接珙县，南靠云南省威信、彝良县，西邻云南省盐津县。东西长48.5千米，南北宽43.4千米，辖区面积1256.35平方千米。最高海拔于东南部大雪山主峰1777.2米，最低海拔于东北部腾达沐滩河谷368.5米。县政府驻地筠连镇公园路98号，县城距省会成都市372千米、重庆市384千米、宜宾市89千米、云南省盐津县城44千米。

【政区】2017年，全县政区与2016年无变化，仍辖筠连镇、腾达镇、巡司镇、蒿坝镇、双腾镇、沐爱镇、维新镇、镇舟镇、大雪山镇、塘坝乡、龙镇乡、孔雀乡、武德乡、乐义乡、高坎乡、团林苗族乡、联合苗族乡、高坪苗族乡9个乡9个镇；设243个村民委员会、1578个村民组，14个社区、108个居民组。

【人口】公安户籍统计显示，全县2017年年末户籍总户数122049户，总人口451779人。其中城镇（居住在城区范围内）人口131590人，乡村（居住在农村片区）人口320189人；男性人口236734人，女性人口215045人，男女性别比为110.1。全县出生人数4355人，人口出生率10.17‰；死亡人数2588人，死亡率6.04‰；人口自然增长率4.12‰，符合政策生育率97.54%。年末常住人口33.27万人，其中城镇常住人口12.98万人。城镇化率39.02%。

【民族】筠连县民国时期有汉族、苗族、彝族、回族4个民族。新中华人民共和国成立后，随高县四、五、七区的划入及因工作关系调入人口，民族种类增多。2017年，全县有汉族、苗族、彝族、回族、壮族、蒙古族、满族、白族、土家族、羌族、哈尼族、傣族、维吾尔族、朝鲜族、瑶族、藏族、布依族、侗族、哈萨克族、黎族、傈僳族、佤族、土族、达斡尔族、撒拉族、毛南族、仫佬族共27个民族，总人口451779人。其中汉族424672人，占总人口的94%；26个少数民族27107人，占总人口的6%。苗族共24847人，占总人口的5.5%；彝族、回族、藏族、壮族、白族、满族、土家族、仫佬族等25个民族2260人。少数民族主要分布在高坪、联合、团林3个苗族乡及蒿坝、巡司、腾达、大雪山、双腾、乐义、镇舟、筠连镇等8个乡（镇）。

【历史沿革】筠连县历史悠久，旧石器时代，县境即有人类活动。秦统一六国以前，县境属“巴蜀本南外蛮夷地”一隅。秦始皇统一六国（公元前221年），筠连归大一统的中央王朝。汉高祖刘邦（公元前202年）建立汉朝。汉武帝建元六年（公元前135），置犍为郡（郡治今贵州省遵义县西）。汉武帝元封二年（公元前109），犍为郡属益州（州治今成都市）刺史部。汉武帝建元六年（公元前135）或元光五年（前130）置南广县（治今珙县沐滩乡傅家坝），县境属益州犍为郡南广县地。西汉王莽始建国元年（公元9年），王莽建立新朝，改益州刺史部为庸部，改犍为郡为西顺郡，县境属庸部西顺郡南广县地。西汉更始元年（公元23年），蜀地为公孙述割据，将庸部还名益州，西顺郡复名犍为郡，县境仍属益州犍为郡南广县地。汉建安二十一年（216），改犍为郡辖地为朱提郡，领朱提、汉阳、南昌、堂螂、南广5县，县境属益州朱提郡南广县地。魏文帝黄初二年（221）四月，刘备于成都称帝，分益州为21郡，朱提郡仍置，领县亦有南广，县境隶属与前无异。蜀汉延熙年间（238—257），于南广县立南广郡，县境归益州南广郡南广县，不久废郡存县，仍属益州朱提郡南广县。晋武帝泰始七年（271），合南中建宁、云南、古兴、永昌4郡置宁州（州治今云南曲靖市），并分朱提置南广，县境即属宁州南广郡南广县。西晋太康五年（284）撤销宁州，县境仍属益州朱提郡南广县。惠帝太安二年（303），恢复宁州建制，县境又属宁州朱提郡南广县。

晋怀帝永嘉五年(311)置南广郡属宁州,县境属宁州南广郡南广县。晋愍帝建兴四年(316)五月,废南广郡,县境属宁州朱提郡南广县。晋元帝永昌年间(322—323),南广又为宁州朱提郡属县。晋成帝咸康年间(335—342),李雄定宁州,又置南广郡,县境仍属宁州南广郡南广县。晋穆帝时(345—361)安西将军桓温平蜀,南广县地属东晋。隋文帝开皇十七年(597),隋讨平爨氏后,于南广郡旧地置协州(州治今云南省彝良县),县境属协州。隋炀帝大业初,废协州入开边县(县治今云南盐津县滩头),至后仍又荒废。

唐初,县境属戎州僰道县。武后时置筠州,领盐水、筠山、罗余、临居、澄澜、临昆、唐川、寻源8县。又置连州,领当为、都宁、逻游、罗龙、加平、清坎6县。后又置定州,领扶德、支江2县。该等州县均为羁縻。归附唐王朝,属剑南道(道治今成都市,后改剑南道西川)戎州都督府(府治今宜宾市)。唐天宝元年(742)改戎州为南溪郡。依旧都督领羁縻州36州,今县境在内。唐天宝七年(748),唐剑南节度使鲜于仲通被南诏打败,羁縻筠州、连州等地被南诏占领。唐德宗贞元四年(788),南诏归附,筠连地各州县仍属戎州羁縻。宋咸平四年(1001)将蜀地分为益、利、夔、梓4路,今县境内各羁縻州属梓州路(路治潼州府,今四川省三台县)戎州。唐徽宗政和四年(1114)改戎州为叙府。唐徽宗重和元年(1118)改梓州路为潼川府路。至北宋末,羁縻筠州、连州均属潼川府路(原梓州路)叙州府(原戎州)所辖。元世祖至元十五年(1278),于今县境内合原筠州、连州而置筠连州,并领腾川县(县治今筠连镇),不久省县入州。元世祖至元十六年(1279),筠连州直隶叙州府。元末顺帝至正二十年(1360)红巾军将领明玉珍据蜀称帝。在重庆建立大夏政权,历时11年,筠连州治地隶属依旧。

明洪武四年(1371)灭大夏,同年改筠连州为筠连县,县治今筠连镇,改设流官,隶叙州路。明洪武六年(1373)叙州路改为叙州府,筠连县隶叙州府。明洪武十年(1377)降高州为高县,将筠连县、珙县并入高县。明洪武十三年(1380)又恢复置筠连县、珙县,直隶叙州府。明正德十三年(1518)复置高州,仍领筠连、珙县2县。

清顺治十六年(1659)九月,筠连纳入清朝统治,县境人口稀少。至康熙中叶战乱才平定,曾由庆符县知县兼任筠连县知县,隶属一仍明制。清雍正六年(1728)对川、滇、黔3省边界进行较大调整,将镇雄、乌蒙、东川3府划归云南省,今四川南部疆界基本确定,将县属大、小楠木2园划归云南省镇雄州。清嘉庆七年(1802),筠连县属四川省川南永宁道(道治今泸州市)叙州府(府治今宜宾市)。清光绪三十四年(1908),改永宁道为下川南道,筠连县即属四川省下川南道叙州府。

民国元年(1912),中华民国成立,是年裁废道制,以府、州、厅直隶省政,筠连县直属四川省叙州府。民国2年(1913),实行撤府立道,筠连县属四川省下川南道(道治今泸州市)。民国3年(1914),改下川南道为永宁道(道治地同前),筠连属四川省永宁道。民国18年(1929)撤销道,筠连县直属四川省。民国24年(1935),四川省下设十八个行政督察区,筠连县属四川省第六行政督察区(区治今宜宾市)。

1950年1月9日,筠连县解放。同年1月,分四川为川东、川西、川南、川北4个行政公署,直隶西南大行政区。川南行政公署设泸州市,筠连县属西南大区(驻重庆市)川南行署宜宾专区,专署设宜宾市(县级)。1952年9月1日,恢复四川省,撤销西南大行政区和川南行政公署,筠连县属四川省宜宾专区。1953年10月,经宜宾专区行政公署批准,高县第四区(区治沐爱场)、第五区(区治落木柔场)、第七区(区治蒿坝场)所辖1个镇、20个乡、156个村划归筠连县。1968年8月,改宜宾专区为宜宾地区,筠连县即属四川省宜宾地区。1996年10月,经国务院批准撤销宜宾地区,设地级宜宾市,筠连属宜宾市管辖。

【地貌】筠连县地形整体呈南高北低态势,系四川盆地向云贵高原过渡地带。东南部大雪山主峰海拔1777.2米;东北部腾达镇沐滩河谷海拔368.5米,极差1408.7米。区内以县城、巡司、筠连镇古楼为中心的岩溶峰丛发育奇特,面积约36.86平方千米,有大小溶洞226处,其中以凉风洞、箱子洞、鸳鸯洞、母猪洞、仙人洞等较为著名。岩溶和地质构造对筠连地貌产生深刻影响,形成奇异多姿的低中山峡谷带坝地貌。

低山岩溶槽坝,海拔420~600米,面积0.76万公顷,占全县辖区面积的6.07%。包括筠连、巡司、双腾、塘坝、沐爱、乐义、高坎、大雪山等乡(镇)沿河两岸的十几个坝子。坝的两侧山峰挺拔,谷地宽阔平坦,长达数百米至数千米不等,地表多为坡积和冲积物。

浅切低山,海拔380~900米,面积4.32万公顷,占全县辖区面积的34.39%。包括筠连、腾达、巡司、武德、双腾、塘坝、沐爱、维新、大雪山等乡(镇)的部分区域。山头状如馒头,坡度较缓,间有溶蚀小盆地。地块大而平整,地表多为残积物质发育成的山地黄壤。

中切低山,海拔500~1000米,面积2万公顷,占全县辖区面积的15.96%。包括筠连、腾达、巡司、武德、乐义等乡(镇)的部分区域。主要是飞仙关组紫色砂岩、页岩,山岭绵延,地面起伏较大,坡较陡,地表多为残积物质。

中山深谷,海拔900~1777.2米,面积5.47万公顷,占全县辖区面积的43.55%。多在县境南部,包括蒿坝、龙镇、高坪、联合、大雪山、高坎、团林等乡(镇)的全部或部分地区。谷狭涧深,山坡陡峭,地面破碎,地表多为古生界泥岩砂岩的残积物发育而成的山地黄壤。

【水文】筠连县境内水系纵横,常年有水溪河31条,属长江上游上干段南广河水系的有镇舟河、巡司河、定水河、乐义河(浑水河)等河流共29条;属长江上游上干段金沙江水系的有头道河(即热坝河)、鹿井沟2条。较大河流有镇舟河、巡司河、定水河3条河流,镇舟河发源于筠连县南端与云南省威信县交界的大雪山北麓,巡司河发源于龙镇乡池塘沟的山王坳,定水河发源于龙镇乡白果村寒婆岭北麓。全县有巡司、县城、斯栗坡、上桥头、五道河五大泄水区,并有镇舟—大鱼洞、龙碗—凉风洞、大洞湾—小鱼洞、旋窝凼—黑风洞、卜好龙—斯栗坡等地下水系,主要出水点有玉壶井、大龙潭、凉风洞、温泉井、倒流水、小鱼洞、仙人井、清溪洞、鹿井、母猪洞等。

【气候】筠连县属四川盆地中亚热带湿润季风气候区,气候温暖、降水充沛、四季分明、冬暖春早、夏长秋短、霜雪较少。光热水资源丰富,适宜发展农、林、牧业及多种经济作物。

常年平均气温17.6℃,年际变化小,最高1998年和2002年18.6℃,最低1976年16.8℃,相差1.8℃,月际变化大,最热月7月26.5℃,最冷月1月7.3℃,差值19.2℃。地处海拔1777.2米的大雪山,常年平均气温为9.5℃;海拔368.5米的沐滩河谷,常年平均气温18.4℃。海拔每升高100米气温降低约0.63℃。

常年日照时数1064.4小时,占可照时数的25%。

海拔458米地区各温度段积温值为:0℃以上积温6464.9℃;10℃以上积温5580.2℃,初日在3月5日,终日在11月26日;10℃~20℃的积温4213.6℃,初日在3月28日,终日在9月23日。积温亦随海拔高度的不同而变化,海拔越高,积温越低。地温常年平均19.6℃,比同期气温年平均值17.6℃、高2.0℃,历年各月地温与气温差值,最小差值在12月为0.6℃,最大差值在7月为4.0℃。不同季节随土层深度变化而变化,冬、春两季随土层深度增加而略增,夏、秋两季随土层加深而略降,全年,地温除1月10℃以下,其余月均在10℃或10℃以上。

县内自然降水年际变化大,季节分配不均,常年平均降水量1111.7毫米,主要集中在5—9月,占全年降水量74%。年降水最多的在1973年达1534.5毫米,比常年偏多38%,最少年是1993年为695.9毫米,为历史记录最少值。月降水量平均最多是8月为218.2毫米,其次是7月为216.2毫米,最少是12月为22.9毫米。6—9月,月平均降水量都在150毫米以上,是蓄水的主要时期。受青藏高原对下游上空中、低层气流与"盆地效应"共同作用的结果,降水多夜雨,夜间雨量占全年降水量的60%以上,降雨日数占50%以上。

筠连属湿润地区,常年各月平均相对湿度在76%~86%,年平均相对湿度为82%,相对湿度亦有随海拔升高而增加的规律,在海拔1100米的蒿坝镇,年平均相对湿度可达90%以上。

常年平均风速1.0米/秒,各月静风最多,年平均静风风向频率36.4%,风向主要是西北风,其次为东北风和北风。当春季强寒潮影响或夏季强对流的雷雨天气发生时,常伴有短时风速大于等于17.7米/秒大风。

常年大风出现的频率以4月、5月最多,7、8月次之。总云量多年平均8.4成。最多年1982年8.8成,最少年1978年7.9成。筠连县0℃以上无霜期,年平均337天,最长365天,最短1990年271天。霜的初日多出现在12月17日左右,终日多在1月26日左右。

县境冬暖而雪日较少,平均每年降雪日数0.9天,平均初日多在1月中旬,终日在2月中旬。

县内一年四季均有轻雾出现,主要出现在雨后放晴的夜晚,因地面辐射散热,使近地层空气冷却饱和,常在后半夜到拂晓凝结致雾,清晨增浓,至10—11时逐渐消散,有时可持续到午后方散。雾日年平均10—15天,秋冬占全年的3/4,春夏占1/4。

2017年,全县平均气温17.6℃,与人工站历年平均气温持平;年极端最高气温37.2℃,偏低3.0℃;年极端最低气温0.5℃,偏高2.8℃。年总降水量1232.3毫米,偏多183.5毫米,偏多17%。年总日照时数1103.6小时,增加34.5小时,偏多3%。

【土壤】全县土壤有5个土类、6个亚类、17个土属、61个土种、114个变种。成土母质含7个系、25个组群。其中水稻土面积10926.67公顷,习惯面积5870公顷,占耕地面积的16.67%,主要分布在全县各乡(镇)沿河两岸。潮土土类土壤面积295.35公顷,习惯面积85.33公顷,占耕地面积的0.45%;紫色土系反映岩性的特殊土壤类型,含酸性紫色土1个亚类,2个土属、6个土种、12个变种,土壤面积15039.43公顷,习惯面积4468.68公顷,占耕地面积的22.95%,分布于县西北部的筠连镇、塘坝乡、孔雀乡,县东南的大雪山、联合、蒿坝、维新、巡司等乡(镇)。黄壤土属地带性土壤,全县面积最大,分布最广,总面积68679.6公顷,其中农业土壤面积39277.19公顷,习惯面积12413.14公顷,占全县耕地面积的59.93%。黄棕壤土面积6693公顷,占全县辖区面积的5.33%,主要分布在蒿坝镇香台山、大雪山镇大雪山、龙镇乡老君山等海拔1500米以上的山区。

【森林植被】2017年,全面推进各项林业工作,以抓好民生工程、创建国家森林城市、岩溶区石漠化综合治理等为重点。全年,义务植树80.2万株,完成营造林面积8306.67公顷,其中人工造林3000公顷、封山育林3040公顷、森林抚育1333.33公顷、低产低效林改造933.33公顷。新增森林面积1640公顷,林地保有量58226.67公顷,森林蓄积276.6万立方米,全县森林面积68133.33公顷,森林覆盖率54.25%,增加2.07个百分点。

【土地资源】经2010年全国第二次土地调查,全县土地总面积125635.07公顷。其中耕地36983公顷、占总面积的29.47%，园地6536.76公顷、占总面积的5.20%，林地64013.31公顷、占总面积的50.95%，草地870.50公顷、占总面积的0.69%，城镇及工矿用地4698.73公顷、占总面积的3.74%，交通运输用地1483.99公顷、占总面积的1.18%，水域及水利设施用地1648.57公顷、占总面积的1.31%，其他用地9480.85公顷、占总面积的7.55%。

【水资源】全县水资源总量为10.57亿立方米。7月、8月产水最多，1月、12月产水最少，夏秋两季产水最多，冬春两季产水最少，形成"冬干、春旱、夏洪、秋涝"的特征。在区域分布上，西南部产水最多，东北部产水最少，高山区产水最多，坝丘区产水最少；迎风面产水最多，背风面产水最少。水能理论蕴藏量11.7万千瓦，可开发利用能量42760千瓦。

【矿产资源】2009年，筠连煤田探明地质储量为35.82亿吨，占四川省煤储量的1/3，煤矿建设规模设计为740万吨/年。煤层气储量429.8亿立方米，测算页岩气资源量3000亿立方米，石灰石储量163亿吨，还有菱铁矿、褐铁矿、黄铁矿、盐、铜矿、耐火砖土、硅石、磷矿、辰砂、铸石原料、陶瓷原料等。

全县土质普遍含硒元素，1988年筠连茶叶送农业部、全国茶叶质量检验测试中心检测：茶叶含硒体积比浓度最高值1.18ppm，最低值0.36ppm，平均值0.63ppm，属富硒茶。

【生物资源】据不完全统计，全县有木本植物116科333种，其中乔木114种，小乔木50种，灌木87种，藤本25种，竹类17种，蕨类40种。按用途分：用材树79种，用材竹（笋材两用）9种，经济树46种，观赏木花类68种，其他117种；珍稀植物16种。野生动物共55种，其中珍稀野生动物10种。

全县野生植物中，共有珍稀植物16种，其中Ⅰ级珍稀4种，均属稀有物种，银杏（白果、公孙树、鸭掌梨）在县境零星分布，高坎乡红旗村茅斯沟生长树一株，树龄1000余年，直径约3米，树高27米；水杉在县境呈零星分布；红豆杉（紫杉）在龙镇乡龙塘村、车坪村，蒿坝镇中山村、水龙村等零星分布；珙桐（水梨子）在大雪山镇大雪山成片分布，总株数6630株。Ⅱ级珍稀植物12种，梓叶槭属濒危种；楠木（桢楠）、桫椤属渐危种；水青树、连香树（山白果）、伯乐树（钟锷木）、金毛狗、中国蕨、樟树、润楠、鹅掌楸、红豆树属稀有种。桫椤在腾达镇小溪村大龙溪一带成片分布、在大雪山镇长远村呈零星分布，全县约26560株。楠木（桢楠）在塘坝乡川丰村、木映村、芭茅坡林场、联合苗族乡政府等有小面积分布，其余乡镇零星分布。水青树在大雪山镇大雪山分布10株，伯乐树（钟锷木）在大雪山镇大雪山有2株，连香树、金毛狗、中国蕨、鹅掌楸、红豆树在县境内少量或零星分布，樟树、润楠在各乡（镇）均有分布。

【景观资源】筠连属四川盆地向云贵高原的过渡地带，地势南高北低。地貌奇异多姿，山峦层叠，槽坝平坦，田原锦绣，青山滴翠，奇峰异洞比比皆是，岩溶地貌发育奇特，人杰地灵闻名遐迩；群山中泉流飞瀑众多，地下大小溶洞数百个，属省级岩溶风景名胜区。

全县旅游资源有以生物景观、地学景观、水体景观、温泉景观的自然景观资源，以古建筑、古遗址、史前文化、龙碗大堰的人文景观资源，以苗族花山节、民族服饰、大唢呐芦笙的苗族文化风情，以休闲农业、名优特产品、手工艺品的产业景观；初步形成玉壶休闲观光区、温泉岩溶度假区、大雪山生态旅游区三大景区；正在打造腾达镇春风村中国云上石漠·春风花海旅游度假区、塘坝乡清溪沟茶文化主题公园、双腾镇中国西部洞群风景旅游区、古楼风景旅游区、川滇黔红色旅游筠连爱国教育基地等人文和自然景区。

2007年，经筠连县旅游及第三产业发展工作组和筠连新八景评选委员会多次到景区实地考察、踏勘、评审，评选出玉壶公园、温泉泉群、大雪山原始生态景区、古楼峰丛景区、芭茅坡森林公园、间歇潮涌泉、双腾岩溶洞群景区、仙人洞钙化梯田为筠连县"新八景"。加之腾达桫椤树群、巡司石林、高坎梯田、孔雀石刻、武德石龙湖等，构成多姿多彩的自然景观和人文景观。

（夏启林）

国民经济与社会发展

【国民经济概述】2017年是筠连县深入推进"十三五"规划，全面落实县第十三次党代会确定的发展目标，推进脱贫攻坚决战决胜和产业转型的关键一年。全县上下以习近平新时代中国特色社会主义思想为指导，以供给侧结构性改革为主线，创新发展理念，深挖县域经济发展潜力，破解发展难题，全县经济实现稳中向好发展，社会和谐稳定，民生持续改善。

经省统计局审定，全年实现地区生产总值（GDP）131.96亿元，按可比价计算，较2016年同期（下同）增长8.8%。其中第一产业增加值21.07亿元，增长3.9%；第二产业增加值73.24亿元，增长9.9%；第三产业增加值37.64亿元，增长9.3%。

全年，实现民营经济增加值86.83亿元，增长9.7%，占GDP的比重为65.8%，比2016年提高0.4个百分点。其中第一产业增加值7.39亿元，增长6.2%；第二产业增加值57.71亿元，增长9.8%；第三产业增加值21.73亿元，增长11.2%。

【农业和农村经济】2017 年，全县实现农林牧渔业总产值 36.1 亿元，增长 3.75%。

农业 全年农业实现产值 15.46 亿元，增长 6.18%。全年粮食作物总播种 34413 公顷，增长 0.17%；其中大春粮食作物播种 23622 公顷，增长 0.26%；小春粮食作物种植 10791 公顷，下降 0.03%。粮食产量 156846 吨，增长 1.19%；其中大春粮食产量 131869 吨，增长 1.34%；小春粮食产量 24977 吨，增长 0.39%。茶园面积 13587 公顷，生产茶叶 11500 吨。烤烟移栽 1734 公顷，收购烤烟 3250 吨。

林业 全年林业实现产值 1.56 亿元，增长 5.28%。全年义务植树 80.2 万株，完成营造林面积 8306.67 公顷，其中人工造林 3000 公顷、封山育林 3040 公顷、森林抚育 1333.33 公顷、低产低效林改造 933.33 公顷。全县新增森林面积 1640 公顷，林地保有量 58226.67 公顷，森林蓄积 276.6 万立方米，全县森林面积 68133.33 公顷，森林覆盖率 54.25%。

畜牧业 全年畜牧业实现产值 18.7 亿元，增长 1.67%。出栏肉猪 36.94 万头，下降 4.9%；出栏肉牛 4.4 万头，下降 1.3%；羊出栏 0.8 万只，增长 2.6%；家禽出栏 232.4 万只，增长 0.1%。肉类总产量 3.51 万吨，下降 3.6%，其中猪肉产量 2.61 万吨，下降 4.4%；牛肉产量 0.54 万吨，增长 1.9%；禽蛋产量 0.18 万吨，与 2016 年持平。年末，生猪存栏 24.44 万头，牛存栏 9.66 万头，羊存栏 1.05 万只，兔存栏 13.25 万只。

渔业 全年实现渔业产值 0.25 亿元，增长 6.2%。水产品产量 1729 吨，增长 6.4%。

农业生产条件 年末，全县有效灌溉面积 12780 公顷；年度综合治理水土流失面积 1900 公顷，累计治理水土流失 92200 公顷；年度解决农村安全饮水人口 0.72 万人，累计安全饮水人口 35.56 万人。年末，农业机械总动力 14.85 万千瓦。全年农村用电量 9000 万千瓦时，农用化肥施用量（折纯）4238 吨。年末实有耕地 36983 公顷。

【工业】2017 年，全部工业实现增加值 69.27 亿元，增长 9.7%。全县规模以上工业企业 44 户，其中煤炭企业 18 户。规模以上工业增加值同比增长 11.2%；实现主营业务收入 65.62 亿元，增长 29.06%；实现利润总额 7.27 亿元，增长 53.28%；实现利税总额 11.85 亿元，增长 41.39%。

【建筑业】年末，具有资质等级独立核算的建筑企业 9 个，其中施工总承包和专业承包企业 9 个。施工总承包和专业承包企业全年完成建筑业现价总产值 13.0 亿元，增长 37.8%；房屋建筑施工面积 121.6 万平方米，下降 8.3%；房屋建筑竣工面积 25.9 万平方米，下降 28.0%。

【固定资产投资】全年，全社会固定资产投资完成 109.37 亿元，增长 14.1%；其中固定资产投资 96.5 亿元，增长 9.7%。

全年房地产开发投资完成 11.27 亿元，增长 77.1%；其中住宅投资 8.27 亿元，增长 97.7%；商业营业用房投资 2.09 亿元，增长 34.8%；其他投资 0.91 亿元，增长 46.7%。商品房施工面积 148.8 万平方米，增长 11.6%；商品房销售面积 16.59 万平方米，增长 15.7%。

【国内贸易】全年实现全社会消费品零售总额 42.77 亿元，增长 13.1%。其中城镇市场实现零售额 29.68 亿元，增长 13.8%；乡村市场实现零售额 13.09 亿元，增长 11.6%。年度退出限上单位 8 个，新增 12 个，至年末有限额以上贸易单位（含个体户）46 个，其中限上贸易个体户 6 户。

【旅游】全年旅游接待 200.64 万人次，增长 20.49%。实现旅游收入 14.03 亿元，增长 30.03%。

【招商引资】全年招商引资到位资金 65.97 亿元，增长 4.7%。其中省外到位资金 42.39 亿元，增长 0.6%。全年新签亿元以上项目 20 个，履约 20 个，履约率 100%。

【交通运输业】年末，县境内公路总里程 1600 千米，其中等级公路 1250 千米。公路旅客周转量 41825 万人 / 千米，货运周转量 48547 万吨 / 千米；城市客运公交车 24 辆，出租汽车 30 辆。

【邮电业】全年，全县邮电主营业务收入 21981 万元，下降 1.32%。拥有固定电话用户 43078 户（含宽带用户），移动电话用户 295497 户，互联网注册上网用户 67351 户。

【财政】全年，全县财政总收入 9.04 亿元，下降 4.24%；地方公共财政预算收入 6.53 亿元，增长 8.94%。其中非税收入完成 4.05 亿元，增长 23.91%；基金收入完成 0.57 亿元，下降 66.23%。财政总支出 27.2 亿元，增长 0.85%；地方公共财政预算支出 24.92 亿元，增长 1.75%。

【金融】2017 年，全县金融机构各项存款余额 85.93 亿元，比年初增长 6.04%；金融机构各项贷款余额 51.11 亿元，比年初增长 10.94%。

【科学技术】全年，全县共申报省、市、县科技项目 16 个，其中申报省级项目 6 个，市级项目 10 个；申请各类专利 151 件，其中发明专利 25 件。

【教育事业】年末，全县有小学 10 所（不含村小），普通中学 34 所（含九年一贯制 24 所，初级中学 8 所，完全中学 2 所），职业学校 1 所，特殊教育 1 所，幼儿园 73 所（其中公办幼儿园 4 所）。在校学生 60511 人（含特殊教育 103

人),其中小学34790人(含特殊教育91人),初中16672人(含特殊教育12人),普通高中5929人,职业高中在校学生3120人。小学招生5982人,普通中学招生5853人,初中阶段升学率85.48%;普通高中招生1993人,职业高中招生2005人。全县有2486人参加高考,本科上线人数934人,本科上线率为37.57%,其中重点本科上线人数212人。拥有中小学专任教师3035人,全年引进教师22人、公招教师139人、安置免费师范生16人、按期转正特岗教师9人。

【公共文化】 全年,县内共有26个幸福美丽乡村农家文化院坝,61个贫困村村级文化活动室;22个电子阅报屏;19个市级示范农家书屋。年末,有图书馆1个,藏书量8.85万册,其中纸质藏书3.35万册、电子图书5.5万册;有农家书屋243个,其中市级示范农家书屋19个。

【体育事业】 2017年年末,全县有各级各类体育协会21个,各级社会体育指导员1079人,各类健身活动站点268个。全年培训三级社会体育指导员203名,二级社会体育指导员12名。

【广电事业】 年末,全县有线广播电视用户数26833户,其中数字电视用户26833户;广播综合覆盖率99%,电视综合覆盖率99%。有线广播电视传输干线总长720千米。

【卫生事业】 2017年年末,全县有医疗卫生机构386个,编制病床1196张,卫生技术人员1460人,其中执业(助理)医师483人。

【人民生活】 城镇居民 全年,城镇居民人均可支配收入31025元,增长8.8%。其中人均工资性收入13440元,增长13.7%;人均经营净收入11346元,增长4.7%;人均财产净收入2580元,增长4.0%;人均转移净收入3660元,增长8.1%。全县城镇居民人均消费支出18668元,增长5.6%。食品烟酒、衣着、居住、生活用品及服务、交通通信、教育文化娱乐、医疗保健、其他用品和服务类消费人均支出分别为6757元、1832元、3552元、1367元、2299元、1452元、845元、564元。城镇居民恩格尔系数36.2%。

农村居民 全年,农村居民人均可支配收入14060元,增长9.5%。其中人均工资性收入4253元,增长10.6%;人均经营净收入7255元,增长9.2%;人均财产净收入397元,增长10.5%;人均转移净收入2155元,增长5.9%。全县农村居民人均消费支出10730元,增长10.9%。食品烟酒、衣着、居住、生活用品及服务、交通通信、教育文化娱乐、医疗保健、其他用品和服务类消费人均支出分别为4385元、672元、2206元、700元、1304元、447元、734元、280元。农村居民恩格尔系数40.9%。

【环境保护】 年末,县辖区内的环境空气质量状况均达到《环境空气质量标准》(GB 3095-1996)二级标准。县境内出境断面水质均满足《地表水环境质量标准》(GB 3838-2002)Ⅲ类标准。区域环境噪声均符合《声环境质量标准》(GB 3096-2008)。

全年,全县二氧化硫削减3.98吨;化学需氧量削减173.67吨;氨氮削减14.71吨;氮氧化物削减1691.32吨。饮用水源水质达标率100%;城镇生活垃圾无害化处理率100%;城镇污水集中处理率81.8%。

全县有省级生态村4个、市级生态村224个、县级生态村236个,命名生态家园55490户。

【人口】 公安户籍统计资料显示,全县2017年年末户籍总户数122049户,总人口451779人。其中城镇(居住在范围内)人口131590人,乡村(居住在农村片区)人口320189人;男性人口236734人,女性人口215045人,男女性别比为110.1。全县出生人数4355人,人口出生率10.17‰;死亡人数2588人,死亡率6.04‰;人口自然增长率4.12‰,符合政策生育率97.54%。

年末常住人口33.27万人,其中城镇常住人口12.98万人,城镇化率39.02%。

【就业】 年末,城镇全部单位从业人员3.93万人,其中城镇非私营单位从业人员1.45万人,城镇私营单位从业人员2.48万人。年末,城镇新增就业人员5621人,城镇登记失业人员1437人,登记失业率3.88%。

【社会保障】 年末,全县有农村敬老院14所,社会救助福利中心和光荣院各1所,床位1082张;民办非营利性养老机构1所,床位60张;民办营利性养老机构2所,床位170张;养老机构床位共1312张。全县共有农村特困供养人员1011人,城市特困供养人员373人;城镇居民最低生活保障人数4729人,农村居民最低生活保障人数9838人。

年末,全县基本医疗保险参保人数39.12万人,其中城乡居民参保37.22万人,城镇职工参保1.9万人。城乡居民社会养老保险参保11.95万人;工伤保险参保职工11801人;生育保险参保职工10501人;失业保险参保人数6896人。

【公积金缴存】 2017年年末,全县住房公积金缴存总额105429.30万元,增长20.68%,住房公积金缴存职工13808人。年度住房贷款发放额7438.8万元,增长58.55%;年度住房公积金提取额13171.29万元,增长53.03%。

(周娟)

经济结构和经济效益

【产业结构】 2017 年，全年实现地区生产总值(GDP) 131.96 亿元，按可比价计算，增长 8.8%。其中第一产业增加值 21.07 亿元，增长 3.9%，对 GDP 增长的贡献率 7.2%，拉动 GDP 增长 0.6 个百分点；第二产业增加值 73.24 亿元，增长 9.9%，对 GDP 增长的贡献率 68.1%，拉动 GDP 增长 6.0 个百分点；第三产业增加值 37.64 亿元，增长 9.3%，对 GDP 增长的贡献率 24.8%，拉动 GDP 增长 2.2 个百分点。三次产业占 GDP 的比重为 16.0：55.5：28.5。

【非公有制经济】 2017 年，实现民营经济增加值 86.83 亿元，增长 9.7%，占 GDP 的比重为 65.8%，提高 0.4 个百分点。其中第一产业增加值 7.39 亿元，增长 6.2%，占整个民营经济增加值的比重为 8.5%；第二产业增加值 57.71 亿元，增长 9.8%，占整个民营经济增加值的比重为 66.5%；第三产业增加值 21.73 亿元，增长 11.2%，占整个民营经济增加值的比重为 25.0%。

【规模以上工业结构与效益】 2017 年，全县共有规模以上(以下简称“规上”)工业企业 44 户，其中煤炭企业 18 户，减少 2 户，占整个规上工业企业数的比重为 40.9%；非煤企业 26 户，增加 3 户，占整个规上工业企业数的比重为 59.1%。规模以上工业增加值增长 11.2%；增速比全市高 0.7 个百分点。分行业看，煤炭行业依然是全县工业的主要支撑，实现产值 50.6 亿元，占整个规上工业企业产值的 67.3%，下降 10.5 个百分点。

企业效益提高。全年，规上工业企业实现主营业务收入 65.62 亿元，增长 29.06%；实现利润总额 7.27 亿元，增长 53.28%；实现利税总额 11.85 亿元，增长 41.39%。

【农业结构】 2017 年，实现农林牧渔业总产值 36.1 亿元，增长 3.75%。其中农业实现产值 15.46 亿元，增长 6.2%；林业实现产值 1.56 亿元，增长 5.3%；畜牧业实现产值 18.7 亿元，增长 1.7%；渔业实现产值 0.25 亿元，增长 6.2%；农林牧渔服务业实现产值 0.17 亿元，占整个农业牧渔总产值的比重分别为 42.8%、4.3%、51.8%、0.7%、0.4%。

【消费结构】 2017 年，实现全社会消费品零售总额 42.77 亿元，增长 13.1%。其中城镇市场实现零售额 29.68 亿元，增长 13.8%，占社消零的比重为 69.4%，提高 0.4 个百分点；乡村市场实现零售额 13.09 亿元，增长 11.6%，占社消零的比重 30.6%，下降 0.4 个百分点。

【投资结构】 2017 年，全社会固定资产投资完成 109.37 亿元，增长 14.1%；其中固定资产投资 96.5 亿元，增长 9.7%。

分产业投资结构看，第一产业完成投资 7.58 亿元，增长 451.6%，占总投资的 6.9%；第二产业完成投资 50.5 亿元，增长 36.2%，占总投资的 46.2%；第三产业完成投资 51.3 亿元，下降 10.7%，占总投资的 46.9%。

在投资中，房地产开发投资完成 11.27 亿元，增长 77.1%；其中住宅投资 8.27 亿元，增长 97.7%；商业营业用房投资 2.09 亿元，增长 34.8%；其他投资 0.91 亿元，增长 46.7%。商品房施工面积 148.8 万平方米，增长 11.6%，商品房销售面积 16.59 万平方米，增长 15.7%。

【城乡居民收支结构】 城镇居民 2017 年，城镇居民人均可支配收入 31025 元，增长 8.8%。其中人均工资性收入 13440 元，增长 13.7%，占可支配收入的比重 43.3%；人均经营净收入 11346 元，增长 4.7%，占可支配收入的比重 36.6%；人均财产净收入 2580 元，增长 4.0%，占可支配收入的比重 8.3%；人均转移净收入 3660 元，增长 8.1%，占可支配收入的比重 11.8%。全县城镇居民人均消费支出 18668 元，增长 5.6%；八大类消费中食品烟酒、衣着、居住、生活用品及服务、交通通信、教育文化娱乐、医疗保健、其他用品和服务类消费人均支出分别为 6757 元、1832 元、3552 元、1367 元、2299 元、1452 元、845 元、564 元；占整个消费支出的比重分别为 36.2%、9.8%、19.0%、7.3%、12.3%、7.8%、4.5%、3.0%。城镇居民恩格尔系数 36.2%。

农村居民 2017 年，农村居民人均可支配收入 14060 元，增长 9.5%。其中人均工资性收入 4253 元，增长 10.6%，占可支配收入的比重 30.3%；人均经营净收入 7255 元，增长 9.2%，占可支配收入的比重 51.6%；人均财产净收入 397 元，增长 10.5%，占可支配收入的比重 2.8%；人均转移净收入 2155 元，增长 5.9%，占可支配收入的比重 15.3%。全县农村居民人均消费支出 10730 元，增长 10.9%。八大类消费中食品烟酒、衣着、居住、生活用品及服务、交通通信、教育文化娱乐、医疗保健、其他用品和服务类消费人均支出分别为 4385 元、672 元、2206 元、700 元、1304 元、447 元、734 元、280 元；占整个消费支出的分别比重为 40.9%、6.3%、20.6%、6.5%、12.1%、4.2%、6.8%、2.6%。农村居民恩格尔系数 40.9%。

(周娟)

精神文明建设

【公民道德建设】 2017 年，精神文明建设工作围绕习近平新时代中国特色社会主义思想，特别是习近平总书记关于社会主义精神文明建设的重要思想为指针，坚持以培育和践行社会主义核心价值观为根本，以“巩固文明城市创建成果”为统揽，深入整治城乡居民乱办滥办酒席，全面实施“现代春风”工程，推进创建“全域文明村镇”，推动公民思想道德建设、群众性精神文明创建、未成年人思想道德建设等工作不断取得新进展。

参加全国精神文明建设会。6月24—25日，县政府副县长郭创锋应邀参加由中宣部、中央文明办在山东省淄博市召开的全国农村精神文明建设工作经验交流会。9月12日，县委宣传部副部长汪富永应邀参加由中央文明办在宁夏回族自治区银川市召开的全国精神文明建设简报信息工作座谈会。

全国道德模范宣传。11月，中央文明委授予腾达镇党委副书记、春风村党支部书记王家元“第六届全国道德模范之敬业奉献模范”称号，在全国精神文明建设表彰大会上受到习近平总书记会见，成为宜宾市第一个“全国道德模范”。10月10日，王家元应邀参加“最美中国人——庆祝中国共产党第十九次全国代表大会胜利召开大型美术作品展”开幕式以及10月中国好人榜发布仪式暨全国道德模范与身边好人（四川·成都）现场交流活动、四川省精神文明建设表彰大会。

“中国好人”宣传。8月8日，“中国好人”腾达镇向阳村村民杨文全悉心照料115岁岳母李九连的感人事迹，在四川广播电视台新闻频道《四川好儿女》节目中播出。四是“美德少年”宣传。9月5日，宜宾市第三届美德少年、筠连县胜利街小学学生蔡承成的先进事迹，在四川广播电视台新闻频道《四川好儿女》节目中播出。

筠连“道德模范”“身边好人”宣传。9月22日，由县文明委主办，县委宣传部、县文明办、团县委、县妇联、县扶贫移民局等单位承办的“榜样的力量”——筠连县2017年“养成好习惯·形成好风气”进万家活动暨道德模范、最美少年、最美家庭表彰典礼，在县广播电视台演播大厅举行，县人大常委会副主任、县文明委副主任刘乐君出席并致辞。9月4日，筠连县“身边好人”先进事迹巡回报告会首场报告在县委宣传部举行，随后，到18个乡（镇）作巡回事迹报告暨乡风文明带头人培训，共有2000余人现场聆听报告会。

【农村精神文明建设】 城乡居民乱办滥办酒席整治。坚持“以城带乡、以乡促城”，整治城乡居民乱办滥办酒席。5月5日，县委办公室、县政府办公室印发《筠连县进一步整治城乡居民乱办滥办酒席的指导意见（试行）》，对举办酒席实施刚性约束；县委宣传部、县文明办通过县级媒体发出“反对乱办滥办酒席树立文明新风倡议书”。全县18个乡镇成立工作领导小组、发布整治公告，243个村、17个社区全面成立红白理事会、制订《红白事村规民约》。全年受理反映问题线索1200余条，查处制止乱办滥办酒席现象879起。

“全域文明村镇”创建。不断深化“筠连模式”的农村精神文明建设，构建起“一堂（道德讲堂）一站（学雷锋志愿服务工作站）一广告（核心价值观公益广告）、一会（红白理事会）一约（红白事村规民约）一整治（整治居民乱办滥办酒席）、一创（文明村镇、四好村创建）一评（文明家庭、星级文明户和道德模范、身边好人评选）一共建（城乡共建，以城带乡、以乡促城）”工作格局。全年全面实施“现代春风”工程，腾达镇春风村通过全国文明村镇复查，获评“四川十大幸福美丽新村”。大力推进“全域文明村镇”创建，县级以上文明乡镇实现全覆盖、文明村（社区）覆盖率达到66%。

经验交流。筠连作为全国美丽乡村建设示范县，应邀参加全国农村精神文明建设工作经验交流会、全国精神文明建设简报信息工作座谈会。

【未成年人思想道德建设】 2017年，继续实施“中华文化基因培育工程”，组织开展“我的中国梦”主题教育实践、“传承中华文化 共筑精神家园”青少年爱国主义读书教育和“绿色发展，健康成长”青少年夏令营等活动。县委宣传部被全国青少年爱国主义读书教育活动组织委员会、四川省精神文明建设委员会分别表彰为“全国青少年爱国主义读书教育活动组织优秀奖”“四川省未成年人思想道德建设工作先进单位”。胜利街小学学生蔡承成、罗皓文，第三中学学生母绪燕，第二中学学生王鹏共4人被宜宾市精神文明建设委员会评为宜宾市第三届美德少年，其中蔡承成参加2017四川省学习和争做美德少年活动。腾达镇中心校乡村学校少年宫和辅导员漆华英被四川省精神文明建设办公室、四川省财政厅、四川省教育厅表彰为“四川省优秀乡村学校少年宫”“四川省优秀乡村学校少年宫辅导员”。

加强娱乐场所和网吧整治，处罚违规接纳未成年人等违规经营行为，全年共检查商家714家次，网吧类案件立案查处6起，结案6起，共处罚2万元。

【文明创建】 2017年，筠连获“第四届四川省文明城市”称号。腾达镇春风村、塘坝乡幸福社区通过全国文明村镇复查考评，塘坝乡川丰社区获“第四届四川省文明村镇”称号，成功创建市级文明乡镇8个、文明村（社区）61个，县级文明乡镇10个、文明村（社区）65个。烟草筠连分公司获“第四届四川省文明单位”称号，成功创建市级文明单位8个、县级文明单位12个。双泉职业中学、第三中学、定水中学、团林苗族乡中心校获“第一届四川省文明校园”称号，创建市级文明校园5个、县级文明校园18个。王家元家规获评宜宾市首届“戎州好家规”，刘光本、朱定先2个家庭获“宜宾市文明家庭”殊荣。

【网络文明传播】 继续开展网络文明传播，全年筠连文明网发稿量为8388条，居全省同类网站前茅。编发精神文明建设工作简报《文明之窗》101期。

【志愿服务】贯彻落实《志愿服务条例》，开展“暖冬行爱传递”“四川志愿 携手圆梦”“互联网＋圆梦村小”等主题志愿服务活动。依托学雷锋爱心联盟，持续动员志愿服务组织到贫困村、到地震灾区，以“一助一”“一助多”“多助一”等形式开展脱贫帮扶、抗震救灾主题志愿服务活动。中国未成年人网面向筠连征集留守儿童微心愿185个，筠爱义工协会参与“‘8·8’九寨沟地震”救灾志愿服务活动，孔雀乡“爱心妈妈1+X”关爱帮扶农村贫困留守儿童做法全县推广。

（蒋蜀均）

城乡环境综合治理

【城乡综治概况】2017年，城乡环境综合治理工作按照县委办公室、县政府办公室《关于进一步深化城乡环境综合治理工作的意见》要求，结合迎接中央环保督察工作，以“十佳、十差”乡镇、村社评比活动为载体，实施城乡环境综合治理洁净化治理、城乡容貌秩序治理、城乡环境设施建设、绿化亮化提升、环境专项治理、公众文明素养提升“六大”工程，全面巩固国家卫生县城创建成果，极大改善乡村环境卫生面貌，为推进“绿色筠连、生态筠连、宜居筠连”建设进一步营造良好环境。

【“十佳十差”乡（镇）、村（社区）评比】2017年，筠连县城乡环境综合治理以“十佳、十差”乡（镇）、村（社区）评比为载体，推动城乡环境综合治理持续向纵深推进。按照《宜宾市城乡环境综合治理“十佳”“十差”乡镇（街道）、村（社区）考核评分标准》，督促各乡（镇）、村（社区）扎实开展城乡环境综合治理工作。全年，县治理办向市治理办推荐“十佳、十差”乡（镇）、村（社区）5次，每次推荐十佳、十差乡镇、村社各1个，市治理办结合平时暗访情况，随机抽查1个乡（镇）进行评选，获市治理办命名表彰的“十佳”乡镇1个（塘坝乡）、“十佳”村（社区）2个（武德乡共和村、筠连镇五凤村）、“十差”乡（镇）2个（沐爱镇、巡司镇）。

【非正规垃圾堆放点排查整治】2017年，按照中央、省、市治理办要求，全面排查全县非正规垃圾堆放点，重点排查城乡结合部、环境敏感区、主要交通干道沿线以及河流和水利枢纽等区域。其中以生活垃圾为主要成分的，调查体积在500立方米以上的堆放点；以建筑垃圾为主要成分的，调查体积在5000立方米以上的堆放点；以一般工业固体废物为主要成分的，调查体积在500立方米以上的堆放点；以危险废物为主要成分的，调查堆放重量3吨以上的堆放点；以离田（指农作物秸秆、农膜等）农业生产废物为主要成分的，调查体积在500立方米以上的堆放点。经排查，全县共有14处符合排查要求的非正规垃圾堆放点。县政府投入近800万元对县城老垃圾场封场进行治理，至年底已全面完成封场；其余13个乡（镇）非正规垃圾堆放点，结合中央环保督察要求，按照环保部门要求的砌筑围墙、生石灰消毒、黄土碾压等方式进行整改，其中腾达镇、孔雀乡非正规垃圾堆放点全面停止使用，其生活垃圾已运到县垃圾填埋场进行处理。

【农村生活垃圾分类和资源化利用】2017年，结合筠连县进入全国100个农村生活垃圾分类和资源化利用工作示范县契机，全力开展农村生活垃圾分类和资源化利用工作。11月7—8日，县政府副县长何俊锋带领县政府办、县规建城管局、县财政局、县经信科技局、县供销社、筠连镇、塘坝乡、孔雀乡、腾达镇有关人员到眉山市丹棱县、德阳市罗江县考察农村生活垃圾分类和资源化利用先进经验和做法，为全县开展农村生活垃圾分类和资源化利用积累经验。县域干线公路沿线的腾达镇、双腾镇、塘坝乡等乡（镇）试点，按照“户定点、组分类、村收集、镇转运、县处理”流程规范运行，制订农村生活垃圾分类标准，通过户、组、村（社区）、乡（镇）、县五级环环相扣，实现农村生活垃圾的无害化处理和资源化利用，为此县财政已划拨资金120万元。

【农村生活垃圾治理项目实施】2017年，筠连县实施“省级农村生活垃圾治理项目村”共10个，即筠连镇五凤、五陵，腾达镇泉水、丝栗，维新镇落箭，乐义乡花园，巡司镇黄荆，双腾镇两河，武德乡鱼池，塘坝乡川丰。省治理办每村安排专项资金8万元，用于项目村完善农村生活垃圾基础设施建设。实施过程中，县治理办联合县财政局对项目村开展督察。省级补助资金80万元已全部投入使用，县、乡（镇）财政投入经费66.88万元，村民自筹2.6万元，10个项目村投入农村生活垃圾治理建设资金149.48万元。10个村均成立有清扫保洁队伍，聘请清扫保洁员69人，对村内公路沿线、公共区域进行清扫保洁；新建垃圾收集池78个、宣传栏6个，购买垃圾箱423个、非机动车62台、机动车8台，整改简易垃圾填埋场1个。

（应元聪）

全面深化改革工作

【强化改革保障】一是努力营造氛围。编发《筠连改革动态》30期，其中《宜宾改革动态》《宜宾改革专报》采用7期、《四川改革专报》采编2期。承办全省乌蒙山片区发展农村集体经济助推脱贫攻坚座谈会等省市级改革现场会4场次，参加全省农村改革工作推进暨专题培训会、四川省2017年扶贫日主题活动暨社会扶贫工作推进会并作经验交流。二是强化督察助推任务落实落地。围绕全县转型发展工作重点，制订“目标责任单”明责任。坚持问题导向，发出“提示督办单”促整改。针对突出问题，下达“处罚督办单”强推进，督促干部履职尽责。全年共发出提示督办单3份，对责任单位指出问题6条，明确责任和整改时限。三是差异化考核层层压实主体责任。健全完善考核机制，实行差异化考核，层层压实主体责任，将考核结果纳入县委县政府年终目标绩效考核内容。

【各项改革有序推进】一是经济体制改革。认真落实稳增长、促改革、调结构、惠民生、防风险调控政策，系统推进全面创新改革发展。商事制度改革，实行“先照后证”，市场主体迅速增长，新增企业446户。就业创业工作，把高校毕业生就业摆在首位，共安排32名高校毕业生到基层工作。全面推进政务公开工作，公众对政务公开工作满意度大幅度提升。二是国有企业改革。对县国有资产进行逐步清理，实行县投运公司统一运营与管理。三是科技体制改革。全县3个众创空间获得市级认定授牌；申请专利15件。四是农业农村体制改革。建成幸福美丽新村49个。新型农业经营体系，完成农村土地确权颁证71576本、农房登记1057件、林权确权颁证90125本，土地流转面积增至2749.8公顷，培育专合社446个、家庭农场227个。开展供销合作社综合改革，进一步优化机关机构设置、职能配置。五是生态文明体制改革。制发《筠连县生态文明体制改革方案》，落实领导干部离任资产审计和领导干部生态环境损害责任追究办法。持续推进“绿色筠连、生态筠连、宜居筠连”建设，全县生态环境质量指数稳步上升。六是民主法治领域改革。开展企事业单位民主管理制度改革，职工代表参政议政意识和能力不断提高。深化残疾人“量服5335战略”，开展残疾人量服工作，得到省残联理事长毛大付高度评价。创新“一村四警”法治扶贫新模式，得到市政府副市长、县委书记王萍肯定性批示。七是文化教育卫生体制改革。教育专项投入资金1.29亿元，县内学校软硬件建设全面提升。开展县级公立医院综合改革，远程诊疗同比增长98%，家庭医生签约服务覆盖率达53%。八是社会体制改革。全域推进“雪亮”工程建设，全面建成以县、乡（镇）、村（社区）三级监控平台为主体的农村公共安全视频监控体系。全面深化公安改革，收缩、撤并派出所7个，整合机关部门3个，构建5大体系，进一步盘活警务资源。九是中国工产党的建设制度改革。推行“从严管党治吏20条措施”，获得市委书记刘中伯肯定性批示。实施“筠州英才”工程，发挥人才在深化改革、经济转型、脱贫攻坚、创新创业等的作用。十是纪律检查体制改革。推行贫困村一村派驻一名纪检干部、贫困户一户一张监督卡的“两个覆盖”，聚焦扶贫资金管理使用、扶贫项目精准落地、脱贫攻坚责任落实的“三项重点”，用铁的纪律为脱贫攻坚保驾护航，得到市委副书记、市政府市长杜紫平肯定性批示。

【引领创新发展】2017年，健全完善试点推进“5个1”（即1项试点、1名挂联县领导、1个牵头部门、1个推进方案、1套工作班子）机制。对2017年承担的11项试点开展自查评估，其中“省级医疗信息化应用示范县建设试点”等7项试点完成销号。一是市级庭审实质化改革试点，建立证据开示和庭前阅卷制度，充分发挥庭前会议的基本功能；完善证人和鉴定人出庭作证制度，为证人和鉴定人出庭作证建言献策。二是省级基层统计管理体制改革试点，优化机构设置，配齐配强工作力量，统计数据真实性切实提高。三是市级商事制度改革试点，建立完善相关制度，提高工商登记窗口工作的服务和管理水平，完善市场主体退出机制、一照多址登记机制。四是省级加强基层民政力量工作试点，成功探索设立村（社区）民政事务协理员创新机制，进一步加强基层民政建设，解决民政工作服务群众“最后一千米”问题。五是国家级电子商务进农村综合示范试点，筠连在淘宝、京东等电子商务平台注册的商户300余家，网络零售交易额实现1.68亿元。六是省级健康扶贫工程示范县建设试点，开展示范创建工作，因病致贫发生率由2011年的16.48%下降至2017年的2.6%。七是全省县级公立医院综合改革试点，开展综合改革，建立起维护公益性、调动积极性、保障可持续的医疗卫生运行新机制。八是省级医疗信息化应用示范县建设试点，建设县级人口健康信息平台，基层医疗卫生机构管理信息系统的基本医疗使用率、公共服务功能使用率均100%。九是省级人口健康网底服务工作助理（村医通）平台试点，加快医疗信息化建设，实现全县乡（镇）卫生院、村医数据报送“掌上一键通”。十是省级新产业新业态示范县建设试点，开展休闲农业和乡村旅游、农产品产地初加工、农村电子商务3种新产业新业态，形成农民多元化增收新格局。十一是市级脱贫攻坚医疗救助兜底试点，出台政策，建卡贫困户参保率100%，贫困患者县域内诊疗医疗费用个人支付占比控制在10%以内，贫困村卫生站设施进一步完善，已脱贫户继续享受相关医疗救助政策。

（胡泽生）

筠连“1·28”地震救援重建

【“1·28”地震测定】2016年1月至2017年2月底，县境地震频发。县地震台网测定，发生地震1484次，其中2.8级以上有明显震感的地震17次，分别为3.2级、2.9级、3级、3.7级、2.9级、3.1级、3.3级、3级、4.2级、3.7级、3.4级、4.3级、2.8级、3.4级、2.8级、4.9级、3.7级，受多次地震叠加影响，损失较大。

【“1·28”地震范围】2017年1月28日（除夕夜）凌晨2时46分，在北纬28.09度、东经104.72度发生4.9级，地震中强地震,震源深度 11 千米。省地震局划定最高烈度为Ⅶ度,Ⅵ度区及以上面积为 183 平方千米,涉及维新镇、乐义乡、沐爱镇、镇舟镇、高坎乡、巡司镇等乡(镇)及珙县的上罗镇、沐滩镇、罗渡苗族乡,震中位于乐义乡中坝村,乐义乡、维新镇为地震极震区。

【“1·28”地震烈度】“1·28”地震发生后,省地震局立即启动应急处置程序,安排 13 名专业技术人员组成地震现场工作队赶赴震区,开展地震现场应急处置和地震烈度调查评定工作。依据《地震现场工作调查规范》(GB/T 18208.3-2011)、《中国地震烈度表》(GB/T 17742-2008)等国家标准,地震现场工作队对震区 2 县的 10 个乡(镇)开展震害调查,采用 44 个调查点资料绘制形成“四川筠连4.9 级地震烈度图”。

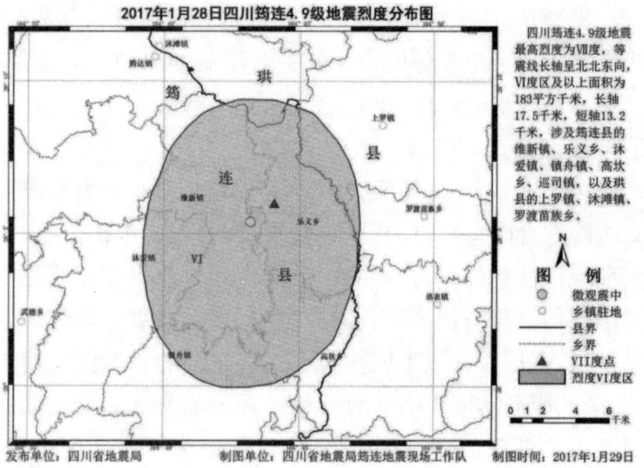

该次地震最高烈度为Ⅶ度,等震线长轴呈北北东向,Ⅵ度区及以上面积 183 平方千米,长轴 17.5 千米,短轴 13.2 千米,涉及筠连县维新镇、乐义乡、沐爱镇、镇舟镇、高坎乡、巡司镇,以及珙县上罗镇、沐滩镇、罗渡苗族乡。

该次地震震源深度较浅且受场地条件及前期多次地震叠加因素的影响,在乐义乡黄金村与白云村结合部存在Ⅶ度点,但面积较小,未形成区域。

该次地震主要特点是地震级别虽然较低,但震源浅,造成破坏性较大,其中乐义乡、维新镇受灾尤为严重。

【“1·28”地震损失】截至 3 月 1 日,全县共有 18 个乡(镇)4.55 万人受灾,5 人受轻微伤,紧急转移安置 1099 户、5031 人,饮水困难 5126 人。全县多处山坪塘、水渠和饮水工程受损,县乡公路多处高边坡坍塌、路面受损、桥梁开裂、路基沉陷等病害进一步发展、加剧,部分乡(镇)政府办公楼、村级活动阵地、教学楼、乡(镇)卫生院等公益设施不同程度损坏。全县累计因灾造成损失 36653.6 万元,其中家庭财产损失 19920.08 万元、农业损失 84.5 万元、工业损失 398.83 万元、公益设施损失 5646.44 万元、基础设施损失 9379.75 万元、省市县级文物保护单位损失 1220 万元、服务业损失 4 万元。

群众生活受影响情况 地震造成全县 18 个乡(镇)4.55 万人受灾,倒损房屋 10200 户,其中农房倒塌 17 户、44 间,严重损坏农房 1714 户、11680 间,一般损坏 8186 户、30219 间;城镇房屋(含城镇民房和公房)严重损坏 44 户 9683.9 平方米,一般损坏 239 户 11674.3 平方米。倒损房屋主要在乐义乡、维新镇、镇舟镇、巡司镇、武德乡。全县紧急转移安置 1099 户、5031 人,其中帐篷安置 1014 户、4684 人,投亲靠友等安置 85 户、347 人。

地质环境受影响情况 全县新增地质灾害隐患点 38 处,其中乐义乡 25 处、维新镇 9 处、沐爱镇 2 处、孔雀乡 1 处、高坎乡 1 处,共威胁生命安全 126 户、1531 人(含学校 2 所),有 4 个地质灾害隐患点需要及时排危,按《四川省抢险救灾工程项目管理办法》已排危除险。

交通受影响情况 地震造成交通损失 8386 万元。其中国道 G246(蒿坝镇平安段)滑坡损毁 0.3 千米;省道 S312(镇高路段)路面受损 5.2 千米,路基沉陷;县乡村公路路基受损 59.4 千米,路面受损 96.2 千米,桥梁受损 9 座、386 延米,隧道受损 1 处,主要分布于乐义乡、维新镇、沐爱镇、高坎乡、大雪山镇、腾达镇,涉及乐高路、乐冷路、维沐路、维乐路、腾维路、筠民路及部分村道。

水利设施受影响情况 地震造成水利损失 699.45 万元。主要分布在乐义乡、维新镇、高坎乡、腾达镇、孔雀乡、巡司镇等 11 个乡(镇)。地震造成乐义乡河堤 2 处裂缝,部分堤顶与地面脱裂,汛期前完成整治。小型农田水利工程,共受损水池 79 口、山坪塘 9 口、渠系 43 处。农村饮水工程,共受损水窖 229 口、供水管网 100.2 千米。乐义乡、维新镇、孔雀乡、巡司镇 4 处场镇供水站受损,具体为水源山坪塘 1 处、清水池 4 口、水处理池 2 处、抽水消毒设备 4 套、管网 1 千米,供水管理房损坏 152 平方米、围墙开裂 1 处、堡坎垮塌 1 处。

校舍受影响情况 地震造成 101 所中小学教学楼、教师宿舍、食堂等受损,主要分布在乐义乡、维新镇、镇舟镇、武德乡和高坎乡。其中严重损坏面积 14103 平方米,一般损坏面积 96552 平方米,损失 2873 万元。

乡(镇)卫生院和村卫生站(室)受影响情况 地震造成乐义乡、维新镇、沐爱乡、巡司镇等 11 个乡(镇)卫生院损坏 484 间、12246 平方米,损失 1014.81 万元;乐义乡、维新镇、镇舟镇等 5 个乡(镇)15 个村卫生站(室)损坏 60 间房屋、900 平方米,损失 16.94 万元,损失共 1031.75 万元。

文物受影响情况 地震造成乐义乡等 5 个乡(镇)8 处文物保护单位受损,其中 3 处省级文物(文化遗产)保护单位,5 处市级、县级文物保护单位,损失 1220 万元。乐义乡中坝村悬棺遗址 1/6 立面受损,出现垮塌;腾达镇王爷庙窗户松动、梁架不稳定、立柱拉撕、墙面脱落、砖瓦滑移渗漏,文峰塔塔身倾斜等;沐爱镇原沐爱县衙大院出现砖瓦和墙面脱落、梁架不稳;武德乡南华宫部分主体建筑出现断裂、破裂、错位;筠连镇隐豹关、凌云关和五尺道分别有石块松动下滑、墙面脱落现象，墙体有松动、垮塌的危险。

【地震安全性评价】3月中旬，县政府投资48万元，特请四川省地震局工程地震研究院高工何强、高工王世元一行11人到筠连地震现场工作20余天，对“1·28”地震极震区扎子拗断层空间展布与活动性进行勘查和现场划定。4月25日结论为：筠连“1·28”极震区及邻区位于四川盆地南缘，第四纪以来主要表现为缓慢的整体性抬升，差异活动不明显，新构造运动较微弱。综合地貌地质调查、浅层地球物理勘探、探槽等手段调查与探测综合成果，扎子拗断层长度20千米左右，跨乐义乡、高坎乡、珙县上罗镇为一条露出地表的断层，局部覆盖有较薄的残坡积层和洪积层，覆盖层厚度为1～2米，断层带宽5～20米。该断层最新活动时期为中更新世，不属于全新世活动断层，建议在该断层左右20米范围内新建房屋应对进行避让。

【震后救援】地震发生后，全县各项抗震救灾、灾后恢复重建工作有序推进，确保民心安定、社会稳定。一是救灾资金划拨。截至3月10日，县财政共筹集划拨救灾资金120万元，其中乐义乡100万元、维新镇20万元。二是救灾物资发放。筹备救灾帐篷1381顶，其中省民政厅下拨657顶、市民政局下拨600顶、县级筹集106顶、“壹基金”援助18顶，发放到乐义乡716顶、维新镇40顶。筹集棉被1205床，发放乐义乡1000床、维新镇205床。三是社会捐赠。2月2日，重庆蓝天救援队援助方便面50件、火腿肠4件。四川原点公益(壹基金)援助彩条布277件、帐篷18顶、睡袋70套、简易床70张。盐津县青年志愿服务队援助方便面150件、瓶装矿泉水950箱。宜宾村通公司援助方便面80件、食用油28桶、瓶装矿泉水80箱。中石油浙江油气田筠连公司捐款30万元。县总工会发文，通过县慈善总会向全社会倡议为灾区捐款，组织全县人民向灾区人员捐款捐物。截至3月5日，县慈善总会累计募集赈灾款164.84万元。四是救援车辆队伍。全县救援车辆全部安排到位，所有救援设备装车待命，食品等生活必须物资足额储备。县内驻军、应急队伍全部集结到位，全力做好次生灾害和再次地震救援准备。

【震后应急响应】省市领导指示　地震发生后，各级领导高度重视，靠前指挥。一是省委书记王东明，省委副书记、省长尹力，副省长邓勇、王铭晖分别做出重要批示，要求市、县两级加强指挥、调度，妥善做好灾后应对、受灾群众安置等抗震救灾工作。二是市委书记刘中伯，市委副书记、市长杜紫平，市委常委、市委宣传部部长李敏，市政府副市长张平、孙小川及市政府副市长、县委书记王萍，宜宾军分区刘权等市级领导先后作出批示，并到灾区一线视察、指挥抗震救灾工作，要求认真做好灾情核实、受灾群众安全安置、情绪安抚、舆论引导、排危排险、疫情防疫等工作。市防震减灾局局长王辉到县地震台查验县地震台相关仪器设备的运行情况。

快速启动应急响应　一是市政府副市长、县委书记王萍立即指示全面做好核实救灾工作，县委副书记、县政府县长刘朝平连夜带队赶赴地震重灾区乐义乡、维新镇指导开展救灾相关工作，慰问受灾群众。二是市政府和县政府立即启动《宜宾市防震救灾应急预案》《筠连县抗震救灾应急预案》，分别成立以市委副书记、市长，县委副书记、县长为指挥长的市、县抗震救灾应急指挥部，实施四级响应。县“1·28”抗震救灾应急指挥部下设综合协调、紧急救援、群众安置保障等11个工作组。并于1月28日下午6时召开指挥部紧急会议，全面安排部署抗震救灾工作。市政府副市长、县委书记王萍，县委副书记、县长刘朝平到灾区一线现场指导抗震救灾工作，对发现的问题及时与相关单位沟通，及时安排妥善处理，要求县级以上领导干部、各乡(镇)、县指挥部成员单位取消春节假期的休假，全力开展抗震救灾工作。三是省减灾委2月3日到筠连实地检查，于2月4日上午10时启动四级应急响应。四是市应急办发挥综合协调和应急响应。1月28日，市应急办原主任沈雪峰和市政府应急办副主任、兼任市指挥部办副主任的聂泰民一行到灾区指导抗震救灾；市、县应急办人员牺牲春节休假，不分昼夜指导统计受灾损失、及时传达上级领导批示等。2月6日，市应急办科长许志彬、科长万全一行4人专程到乐义乡查核灾情，调研灾区急需解决的困难和问题。

领导视察灾区　1月28日，市委副书记、市政府市长杜紫平，市委常委、市委宣传部部长李敏一行在乐义乡听取抗震救灾汇报，部署抗震救灾、抗灾自救工作；市政府副市长张平率队到乐义乡指导抗震救灾工作；市政府副市长、县委书记王萍率队到乐义乡检查抗震救灾工作；县委副书记、县政府县长刘朝平率队到乐义乡指导抗震救灾。1月30日，市政府副市长、县委书记王萍，县委常委、纪委书记肖利，县委常委、常务副县长李小林，县委常委、县委办主任罗吉义一行到县地震台督察抗震救灾工作，咨询地震仪器的工作情况，查看前期的地震目录，特别是“1·28”地震后余震情况，了解筠连县地震断裂带的走势。2月14日，市委书记刘中伯到灾区看望受灾安置群众，同时对抗震救灾工作作相关指示。市政府副市长、县委书记王萍，市民政局局长梁廷江，市住建局局长谢德龙，市防震减灾局局长王辉，县委副书记、县政府县长刘朝平，市国土资源局副局长陈皑等前往。4月25—28日，宜宾市防震减灾局危害防御科到乐义乡开展针对农村建房个体工匠的技能培训，涉及18个乡(镇)，主要向村组代表以及建筑工匠代表进行工程识图、抗震设防、地震相关知识等讲解。7月13日，县委副书记李小林率县规建城管局、国土资源局、民政局、发改局等负责人到乐义乡调研地震灾后重建，主持召开灾后重建工作专题会。7月18日，市发改委副主任易富君率市发改委、民政局、财政局等部门到筠连督导"1·28"地震灾后恢复重建工作。

省市地震专家到筠连 省地震局第一时间启动应急响应，于1月28日到灾区，开展应急处置工作。一是在1月28日、29日两次与国家地震台网中心视频连线会商，对地震的震情趋势进行分析研判。二是紧急调配一套地震观测设备，加强震区地震监测，提升余震监测能力。三是组成4个工作组，分别到震区对地震烈度、房屋破坏等情况进行调查评估。四是通过会商确定该次地震烈度为Ⅵ度，高烈度为Ⅶ度。省民政厅救灾处、救灾中心领导到震中乐义乡黄金村、白云村等查核灾情，指导抗震救灾工作。市公安局、市民政局、市消防支队等领导相继到灾区看望慰问受灾群众和抗震救灾一线工作的干部、公安干警，现场指导抗震救灾工作。2月15—16日，留学日本的雷兴林博士、省地震局监测中心副主任苏金蓉和中国地震局研究员赵永组成专家组一行到县地震台，了解地震监测设备运行情况，查阅地震相关数据，到摆房观察摆房内专业测震仪器设备的工作情况。专家组一行人到地震的震源地带进行实地考察。到维新镇考察ys108H7、H8、H9平台，到乐义乡考察其地质构造、地层、岩性实地，对受损严重房屋破裂方向等现场分析。

社会力量积极参与 地震发生后，筠连义工协会立即到震中乐义乡援助救灾工作，同时联系四川原点公益（壹基金）协会，援助彩条布、帐篷、睡袋、简易床等物资，协助物资发放、维护集中安置点清洁卫生等，在船景煤矿集中安置点建立儿童服务站，为受灾儿童提供教育帮助和心理辅导。重庆蓝天救援队赶到震中乐义乡，在安置点参与搭建救灾帐篷，挖排水沟、施救生猪等，并援助群众方便面等生活必须物资。宜宾市酒都义工协会组织义工队到乐义乡援助抗震救灾。盐津县青年志愿服务队、宜宾村通公司也积极为灾区提供物资援助。

倡导慈善捐款 县总工会发出筠连"1·28"地震抗震救灾慈善捐款倡议，由县慈善会负责接收，共收到捐款218.34万元，全部移交县财政。

企业积极抗震救灾 地震发生后，县工商联积极联系各商会捐款捐物，有的企业家甚至亲身投入抗震救灾中。成都筠连商会会长孙会平亲自带领会员4人赶到灾区救灾，筠连工商联执委杨钊等第一时间带着自己吊车和20余人赶到震中。北京商会会长、县工商联副主席文启江，苏州商会筹备组负责人、县商会副会长刘富强，上海商会贺长江、赵加秋第一时间到灾区慰问灾民。各地商会爱心人士也积极为全县地震灾区捐款，其中柯桥商会捐款10万元，成都商会、北京商会、上海商会均捐款2万元左右，江苏、青海、海南商会筹备组分别捐款1.5万元左右。工商联各执委也积极捐款，其中苏州筠连商会筹备组负责人刘富强捐赠7万（个人名义1万元、北京金榜题名基金会6万元），县工商联副主席（浙商大酒店）母光利捐款2万元，县工商联副主席李幼兰捐款1.5万元，筠连县鸿基建筑有限公司董事长、县工商联副主席龙武和北京市筠连商会会长文启江均捐款1.25万元。各商会和爱心人士积极响应，工商联筹到捐款40余万元。

【受灾群众安置】地震发生后，全县各乡（镇）党政主要负责人亲自抓，立即全面排查本乡（镇）人员及财产受损情况，并召集民兵应急队员实施帐篷搭建、秩序维护等应急措施，妥善安置受灾群众。县民政局、县卫计局、县畜牧水产局、县规建城管局、县公安局、县食药监局、县国土资源局、县交通运输局、县经信科技局等重点部门每天安排人员在灾区蹲守，全力做好伤员救治、物资发放、隐患排查、卫生及畜禽防疫、食品药品安全、交通安全、通信电力保障等，确保受灾群众住得安全、吃得放心、身体健康。截至3月10日，5名受伤人员得到有效救治。灾区学生、老人等重点群体全部疏散到安全地点，学生已正常上课。县政府紧急安排120万元救灾资金，县民政局筹集救灾帐篷1141顶、棉被2210床发到灾区发给群众，县内外慈善机构和志愿者捐赠18顶帐篷以及简易床、食品和饮用水等物资，乡（镇）自筹彩条布、防雨棚、简易帐篷等，确保对受灾群众做到"五有"。根据县抗震救灾指挥部的安排，各部门迅速对学校、道路、桥梁、水库、工矿企业、管道等基础设施开展排危除险；新增地质隐患点纳入监测范围。共转移安置1099户、5031人，其中帐篷安置1014户、4684人，投亲靠友等安置85户、347人。

【震后社会秩序维护】为维护灾区社会秩序稳定，确保抗震救灾和灾后重建顺利进行，县委、县政府于1月28日成立县抗震救灾社会维稳组，印发《筠连县"1·28"抗震救灾社会维稳工作方案》，并抽调在重灾区（乐义乡、维新镇）工作多年、熟悉灾区情况的在编在岗干部组成2个维稳工作小组（其中副处级干部4名、科级干部12名），每天工作在一线，深入村组开展慰问、思想引导和稳控工作，确保灾区社会稳定。截至3月10日，抗震救灾社会维稳各项工作有序开展，全县社会政治稳定和治安大局平稳。县公安局在各安置点设置临时警务室，安排40余名警力实行24小时值守，加强集中安置点的安全维稳，有效维护灾区交通和治安秩序。

【震后舆论导向】地震发生后，社情舆论对地震发生原因、救灾物资发放、受灾房屋鉴定等反应强烈。一是灾区群众普遍认为中石油页岩气放炮导致地震。震后乐义、维新等地盛传发生的地震系因中石油开采页岩气压力放炮、灌水所致，认为地震不是天灾而是人祸，群众和中石油矛盾尖锐，县政府庚即派出专门工作组全面引导。二是受灾群众特别关注对震后房屋受损鉴定、对救灾物资发放。三是地震谣言引起群众恐慌。1月29日晚，有一网民通过微信朋友圈发布筠连在30日凌晨3时20分左右将有6级以上大地震的虚假恐怖信息，被广大市民转播、散播，多个乡镇（含高县罗场等）居民到空旷地带躲避地震，造成恐慌、社会秩序混乱。该网民已被公安机关依法采取强制措施，并通过筠连同城网等县域自媒体网站发布辟谣信息，高速有效完成该次辟谣工作。县委宣传部舆情中心、县公安局网监大队采取24小时值班措施，密切关注地震网络舆情，及时向社会公开发布灾情信息，报道党委、政府开展抗震救灾工作情况，并正确引导社会舆论。

【震损农房鉴定】经市、县两级指挥部统筹协调，宜宾市建业工程质量检测有限责任公司、筑磊建筑技术咨询公司、四川华邦建筑工程质量检测鉴定有限公司、四川省衡定工程质量检测鉴定有限公司共4家专业鉴定机构于1月30日进入灾区开展危房鉴定，至3月10日鉴定结束，共鉴定6780户总面积1790722.26平方米。其中A级14户4764.72平方米、B级1877户518009.92平方米、C级3131户837436.42平方米、D级1758户430510.05平方米。

根据房屋鉴定结果进行调整安置，着手制订房屋加固维修或拆除重建方案，及时疏散转移危险区域的群众，为灾后重建打下基础。县国土资源局、县交通运输局、县水务局、县教育文广局、县安监局、县农业局、县林业局、县经信科技局、通信、电力等单位，迅速对主管行业的公共服务设施以及厂矿企业开展排查，迅速摸清灾情，分别采取除险避险措施。

【恢复重建规划】2月20日，县政府组织县应急办、县民政局、县规建城管局、县发改局、县财政局等部门先后到长宁县、雅安市学习地震灾后恢复重建工作经验。在借鉴两地灾后重建经验的基础上，结合受灾实际，聘请专业机构开展地质断裂带划定工作，重点围绕两个“三结合”（住房建设、基础设施和产业发展相结合，恢复重建、提升发展和脱贫奔康相结合），编制完成《筠连县“1·28”地震灾后恢复重建方案（送审稿）》，概算总投资158116.48万元，涉及城乡住房建设、公共服务设施建设、基础设施建设、产业规划重建、生态环境修复、地质灾害治理、防灾减灾7个大项、161个项目，上报省、市批准。

【恢复重建政策】5月4日，经县政府十六届第6次常务会议审议通过，以筠府办发〔2017〕39号印发《筠连县“1·28”地震灾后农村居民住房重建工作方案》《筠连县“1·28”地震灾后农村居民住房维修加固工作方案》，作为震损住房重建、维修加固政策指导依据。

【重建工作】成立筠连“1·28”地震灾后恢复重建领导小组，成立以市政府副市长、县委书记王萍为组长，县长刘朝平为第一副组长，各分管县长为副组长，相关县级部门和各乡（镇）政府主要负责人为成员的县“1·28”地震灾后恢复重建领导小组；领导小组办公室设在县发改局，由县委常委、县政府常务副县长李小林任办公室主任。

抽调人员参与灾后恢复重建。5月17日，县委办公室、县政府办公室联合印发《关于抽调干部参与地震灾后恢复重建工作的通知》，从部分乡（镇）、县级相关部门抽调31名干部到乐义乡、维新镇的23个村参与指导、督促灾后恢复重建工作，并明确抽调干部主要职责任务和管理考核办法。

争取政策和资金支持。在省、市领导和相关部门的关心、帮助下，共争取到上级资金5142万元，其中省级住房重建和维修加固资金1300万元、市级危房改造资金2300万元、市级恢复重建资金1542万元。

房屋恢复重建培训和指导。3月初，县规建城管局组织设计公司，结合县域农村住房建设风格和抗震设防要求，制订灾后重建住房建设图纸并下发各乡（镇）。4月24—28日，县规建城管局与市住建城管局和市建培中心衔接，邀请3名建筑行业专家到筠连，集中培训农民工匠及村镇管理人员，覆盖18个乡（镇），培训人员2000余人，专家组还到住房现场指导工匠如何施工作业，农户和工匠也认真听取专家提出的意见和建议，并就对相关的抗震设防要求进行询问，专家组也一一就相关要求进行解答，有效的提升工匠对抗震设防的施工技艺，加强灾后重建住房建设质量安全。至年底，完成重建新建197户，维修加固消除安全隐患3151户。

【灾后重建监督】县政府成立农房灾后重建监督指导小组，对受灾乡（镇）农房重建进行监督指导。4月初，县规建城管局也成立4个住房督查小组，主要负责指导乡（镇）住房质量建设和施工现场安全。每周到点督察指导1次，形成报告，并通知乡（镇）政府限期指导整改，保障农户住房建设质量安全。6月底，县规建城管局组织县内12家建筑公司专业人员成立7个灾后重建指导培训小组，加快推进乐义乡、维新镇灾后住房建设工作。8月初，县规建城管局再次派出指导小组到乐义乡、维新镇指导灾后重建住房建设，听取建房委员会农户及工匠主要关心的问题，解答农户提出的问题。至年底，住房督察小组指导工作已覆盖包括灾后重建在内的农房1000余户。

【恢复重建进展】发放“五书”（告知书、拆旧重建申请书、拆旧重建承诺书、放弃承诺书、地质灾害搬迁申请书）情况，全覆盖摸底调查。经统计，乐义乡、维新镇自愿接受政府补贴拆旧重建的D级农房396户，其中乐义乡201户、维新镇195户。

资金划拨和农房恢复重建、维修加固完成情况 截至12月19日，全县划拨D级危房重建资金692万元，启动住房重建农户 277 户，其中乐义乡 91 户（其中 53 户主体完工）、维新镇 186 户（主体完工 17 户、竣工 169 户）。划拨 B、C 级加固维修资金 1300 万元，启动住房维修加固农户 3729 户，其中乐义乡启动 2524 户（其中完工 2018 户）、维新镇启动 1205 户（其中完工 1143 户）。

学校恢复重建完成情况　全县纳入恢复重建的学校共 10 所，其中竣工 3 所、开工建设 6 所、正在前期工作 1 所；总投资 1468 万元，完成投资 676 万元。

农村及场镇供水恢复重建完成情况　乐义乡、镇舟镇、塘坝乡等乡（镇）农村及场镇供水恢复重建全面完成，安装管道 25.15 千米、整治泵站 1 座、整治供水站水厂 1 座，完成投资 103.41 万元。

乐冷路乡道改建工程完成情况　为进一步改善地震受灾严重乐义乡的道路设施，2 月，县交通运输局开工建设乐冷路乡道改建工程，总投资 420 万元，建设规模为 4.2 千米山岭重丘区四级公路，路基路面宽度 5 米。截止 9 月，乐冷路乡道改建工程全面完工，投资 420 万元。

【灾后畜牧业恢复】一是县畜牧水产局“1·28”抗震救灾应急工作领导小组，下设动物防疫工作组、畜禽生产恢复和发展工作组、后勤保障工作组，制发《关于切实做好灾后畜牧业生产恢复和发展的通知》，编印《震灾后动物疫病防控知识问答》免费赠送。二是及时处理废墟中清理出的死亡畜禽，重点做好死亡畜禽无害化处理和环境消毒；紧急做好动物主要疫病防疫免疫工作，加大饲料、兽药等投入品的销售、使用监管力度；继续推进动物疫病可追溯体系建设，继续建立健全规模场（户）养殖档案记录制度；抓住畜禽圈舍修复加固、扩建、新建之际，科学规划、合理布局，大力发展环保、生态、适度规模标准化健康养殖。充分发挥村级动物疫情观察员作用，努力提高养殖场（户）主动报告疫情的意识。三是组织县乡（镇）村三级畜牧水产人员，进村入户，加大动物疫病防控、畜禽圈舍修复加固、实用养殖技术的指导和推广力度，广泛开展畜牧科技助农减灾增收工作。重点帮助灾区畜禽养殖场（户）修复、加固，尽快恢复犊牛、仔猪、禽苗的生产和市场供应；引导畜禽养殖场（户）及时补栏、适时出栏。

【震区电力供应】地震发生。县电力公司立即启动公司应急处置程序，由值班领导带领相关部门人员赶赴受灾现场，积极配合政府开展救灾排危工作，及时恢复受灾片区的正常供电以及抢装灾区安置点的生活用电。

（县志办综合）

2017 年突发事件

【“2·7”红岩子交通事故】2017 年 2 月 7 日凌晨 5 时 35 分，在巡司镇梧桐村（小地名红岩子）发生 1 起交通事故，造成李某燕（女，20 岁，贵州修文县人）当场死亡，驾驶员周某齐（男，44 岁，四川洪雅县人）、刘某全（男，37 岁，云南彝良县人）、王某（女，32 岁，云南彝良县人，系刘某全妻子）3 人受伤。经调查，因驾驶员周某齐不熟悉道路情况，行驶到筠民路 9 千米 +100 米处时，操作不当，侧翻于公路右侧 50 米高的崖下(半坡处)。

【“8·25”暴雨洪涝灾害】2017 年 8 月 23 日晚上 8 时至 8 月 25 日早上 8 时，受东风扰动和地面冷空气共同影响，全县出现 1 次持续时间长、分布范围广、局部降水强度大的大暴雨天气过程，全县有 20 个站点累计降雨量超过 100 毫米，累计最大雨量出现在大雪山镇雪山村 189.7 毫米。截至 8 月 25 日中午 12 时，有 14 个乡（镇）受灾，受灾人口 5446 人，因灾紧急转移群众 523 人；农作物受灾面积 166 公顷，成灾面积 80.3 公顷，绝收面积 10.7 公顷；倒塌房屋 1 间，损坏房屋 71 间；公路中断 106 千米；桥梁损毁 3 座；堡坎塌方 2000 余方。此次大暴雨共造成直接经济损失 865.2 万元，其中农业经济损失 502.5 万元。

（米筠桂　夏启林　胡伟）

农林牧渔水利业

农业农村

【农业农村概况】2017年，全县农业农村工作牢固树立和践行“创新、协调、绿色、开放、共享”5大发展理念，围绕推进现代特色农业建设、农业供给侧结构性改革的目标，大力发展茶叶、肉牛、漆树、竹、中药材5大重点产业，着力推进一、二、三产业深入融合发展，全力打造“绿色筠连、生态筠连、宜居筠连”，实现农业提质增效和农民持续增收，为全面建成小康社会奠定坚实基础。

【全面深化农村改革】继续抓深化改革，农业农村新动能进一步释放。一是探索出集体经济发展“八大模式”，因地制宜深入推进集体经济发展，助力脱贫攻坚工作再上新台阶。在全县范围大力宣传推广土地流转保、农耕保、养猪保、肉牛养殖保等农业特色险种。人保财险筠连支公司积极开展支农支小融资业务试点，对从事种养殖业和农产品加工、储存、运输、销售的企业或新型农业经营主体推广低成本的“险资直投”业务，镇舟镇佳乐富养猪专合社获全市首笔50万元“险资直投”支农资金。3月3—4日，成功承办全省乌蒙山片区发展农村集体经济助推脱贫攻坚座谈会并作交流发言，县域集体经济发展八大模式得到省上充分肯定。二是进一步完善“县有中心、乡(镇)有点、村有站”的产权流转交易平台，均已挂牌正式成立，并配备工作人员专职或者兼职办理流转业务，进一步完善相关交易制度及规则。全年流转土地3.33公顷以上的共116笔，其中流转土地20公顷以上的29笔，流转产生费用1.59亿元，累计流转土地2749.8公顷、累计带动农户13229户、带动面积2600公顷。

【农民人均可支配收入快速增长】继续抓特色产业，农民持续增收机制进一步健全。着力实施茶叶、肉牛、林竹等支柱产业项目，促进农业产业转型升级，带动农民增收。加大对记账户的培训、扶持力度，指导记账户做好账目记录，力求真实反映收入情况。积极发挥政府主导作用，健全完善促进农民增收政策支持体系，加大财政支农力度，创新农村金融产品和服务，完善农产品价格形成机制，健全新型农业经营主体支持政策。制发农民增收工作考核办法，把考核结果作为乡(镇)、部门主要负责人评优、提拔、任用的重要参考。全年，全县农民人均可支配收入14060元，增加1220元，增长9.5%。筠连被评为2017年度全省农民增收工作先进县。

【壮大培育新型农业经营主体】继续抓龙头引领，农业产业化体系进一步形成。进一步强化“龙头企业+合作社+家庭农场+农户(贫困户)+集体经济”的利益联结机制，全年，新增销售收入2000万元的龙头企业1户，新增销售收入1000万元的龙头企业4户，新增销售收入500万元的龙头企业4户，新增家庭农(林牧)场122个、农民专合组织42个，有国家级专业合作社1家、省级专业合作社10家。新培育农业经营性服务主体，累计178个;新建种养循环标准化养殖场(小区)6个，建成4个3000亩(头)以上规模的农业示范园。筠连县被授予“川红故里”“2017年全国百佳生态茶叶示范县”“2017年度中国十大生态产茶县”“中国黄牛之乡”等荣誉称号，成功承办中国(筠连)首届茶叶大数据高峰论坛。

【扎实推进幸福美丽新村建设】2017年，继续全力推进幸福美丽新村建设，全年成功创建49个幸福美丽新村，腾达镇春风村获评“四川十大幸福美丽新村”。有序推进省级财政幸福美丽新村建设，1612万元专项资金全部用于21个贫困村基础设施及公共服务设施建设。大力推进“四好村”创建活动，持续深入开展整治城乡居民乱办滥办酒席不良风气行动，积极推进移风易俗，树立文明乡风、助力脱贫攻坚。全年，成功创建省级“四好村”10个、市级“四好村”43个、县级“四好村”52个。

(章毕琴)

农业农机

【农业概况】2017年，农业工作贯彻中共十九大精神和中央、省、市农村工作会议精神，紧紧围绕“科学发展，加快发展，加快推动筠连建成川南滇东北结合部经济强县”和“促进农业稳定发展，农民持续增收”两大主题，大力发展现代农业,稳定发展粮食生产,强力推进特色产业,积极开展农业产业精准扶贫,狠抓农业基础建设,确保农民持续增收,人均占有粮食稳定在400公斤以上,全年农业增加值增长5.5%,人均可支配收入1.1万元,增长9.7%,保持筠连农业和农村经济持续、稳健、协调发展。

【粮食生产】2017年,全县粮食播种面积3.44万公顷,总产量15.68万吨,增长1.19%。一是小春粮食作物总面积1.08万公顷,小春粮食产量2.49万吨,其中小麦1258公顷,产量2528吨;洋芋8953公顷,产量2.19万吨;胡豆420公顷,产量0.04万吨,豌豆160公顷,产量0.01万吨。小春经济作物油菜1633公顷,产量0.21万吨。小春蔬菜面积2040公顷,产量7.17万吨。小春其他作物青饲料267公顷。二是大春粮食作物总面积23622公顷,大春粮食产量13.18万吨,其中水稻6130公顷,产量4.25万吨;玉米13255公顷,产量7.01万吨;薯类3860公顷,产量1.80万吨;大豆373.3公顷,产量0.13万吨。大春经济作物,花生473.3公顷,产量0.09万吨;甘蔗46.7公顷,产量0.06万吨;烟叶1734公顷,产量0.34万吨。大春其他经济作物146.7公顷,产量0.01万吨。大春蔬菜1866.7公顷,产量6.23万吨。大春其他作物青饲料53.3公顷。

【茶叶生产】2017年,茶园新建改造2006.7公顷,种植茶叶面积累计13587公顷。全年茶叶总产量11500吨,增长7.8%,茶民人均茶叶收入1503元,增加335元。茶叶综合总产值18.01亿元,增长30.23%,其中第一产业(农业—鲜茶叶和茶园间套作)产值6.01亿元,增长28.48%;第二产业(工业)产值8.02亿元,增长45.28%;第三产业(商贸服务业)产值3.98亿元。全年生产名优茶4136吨,占全县产量35.27%、增长1.3%;产值5.41亿元,占全县总产值的67.46%、增长13.06%。全县有茶农4.78万户;有茶叶专业合作社26个,其中国家级示范社1个、省级示范社1个、市级示范社3个,社员1460个;茶叶加工企业69个,其中省级龙头企业3个、市级龙头企业4个、县级龙头企业4个。筠连县获中国茶叶流通协会授予的"全国重点产茶县""全国10大生态产茶县"称号。

【苦丁茶生产】2017年,全县有苦丁茶面积8000公顷,有加工企业29个,注册商标22个。全年苦丁茶产量2073吨,增长2.7%;产值32765.15万元。

【茶企参展】3月2日,组织醒世、乌蒙韵参加北京·宜宾早茶节。3月7—8日,组织且域12家茶企参加筠连李花节暨筠连早茶节展销活动。3月17—19日,组织醒世茶业、双星茶业、乌蒙韵茶业3家省级茶叶龙头企业参加中国宜宾·国际茶业年会(会前国际茶叶委员会主席伊恩.吉布斯品鉴乌蒙韵牌筠连红茶、圣星牌出口绿茶)。3月24日,组织醒世参加成都·宜宾早茶节。5月5—8日,组织醒世、双星等8家龙头茶企参加中国四川国际茶博会,宜宾市乌蒙韵茶业股份有限公司的乌蒙韵牌戚恩红茶获金奖、宜宾市双星茶业有限责任公司的圣星牌茶叶获消费者最喜爱茶叶品牌、筠连县六五茶业有限责公司的银山宏牌筠连红茶受到俄罗斯茶叶与咖啡生产者协会主席拉马兹. 钱图里亚的亲睐并购买2盒产品。5月18—21日,组织双星、乌蒙韵2家省级龙头企业参加首届中国国际茶博会。6月8—18日,醒世、双星、冬青御品3家茶企参加2017年美国世界茶业博览会。6月28—29日,参加省政府在旺苍县举办的川茶产发展助推产业扶贫工作会。7月25—26日,组织人员参加全省茶叶机采现场培训会。7月27—28日,参加宜宾市现代特色茶产业发展研讨培训会。8月29日,筠连县政府与中国茶叶流通协会签定合作协议。9月27日,组织全县9个重点茶企参加全市党建工作会银星村茶叶现场展示。10月26—27日,参加云南临沧由中国茶叶流通协会举办的中国茶业经济年会。11月10—11日,举办中国(筠连)首届茶产业大数据高峰论坛会并组织醒世、双星、乌蒙韵等11家茶企参加现场展示。11月17—20日,组织醒世、双星、乌蒙韵、冬青御品4家茶企参加2017年中国(四川)国际农博会。12月13—17日,组织双星、乌蒙韵、冬青御品、筠茶集团、茶马古道5家茶企参加2017北京 筠连产业扶贫项目对接洽谈会暨筠连农特产品推广会。

【茶产业推进】2017年,全县实施茶产业项目5个,分别推进情况为:一是省级财政2015年现代农业(茶叶)千亿示范工程项目300万元,于12月全面完成,先划拨210万元,验收后兑付90万元。二是2015年市级财政资金茶产业项目50万元,全面完成,兑付50万元。三是省财政2016年第二批现代农业推进工程项目资金200万元,已拨付48万元。1.建成茶叶良繁基地6.67公顷,正在实施。2.标准化茶园基地建设,正在实施。3.茶园基础设施建设,宽2米厚10厘米的生产道8千米,毛路完成,硬化完成1000米,其余正在招标中;基本完成生产用4立方米水池250个。四是2016年市级财政茶产业发展项目(20万元)——筠连县茗优茶叶专业合作示范社建设(15万元),整合用于沐爱镇兴隆贫困村茶叶产业发展,打捆整合其他资金,发展乌牛早茶园(5万元),按批复方案正在实施。五是2017年省级财政川茶产业发展项目——筠连县标准化机采茶园建设项目,投资200万元,建设机采茶园、绿色防控各133.33公顷。因县财政整合的50万元用于贫困村项目建设,按总投资150万元重新修改方案,已获县政府批复,采购黄板192800张金额19.28万元,购复合肥50吨、有机肥55.6吨金额45.96万元。

【红茶、苦丁茶品牌价值】2017年,经浙江大学农业品牌评估中心认定,筠连红茶证明商标区域公用品牌价值

7.66 亿元,由 2016 年的第 77 位上升到 2017 年的 73 位,并刊登在中国茶叶第五期。

【蚕桑生产】2017 年,全县新栽桑园 66.7 公顷,其中镇舟镇、沐爱镇桑园各 33.33 公顷,桑园累计 1333.33 公顷。发蚕种 11000 张,产茧 422.5 吨,蚕桑综合产值 5000 万元。开展养蚕科技培训 21 期,1000 人次,推广纸板方格簇 3 万余片。全县小蚕共育率 96%以上,自动化上簇率 99%以上。

【蚕桑项目推进】2017 年,全县实施蚕桑产业项目 5 个,分别推进情况为:一是市级财政蚕桑发展资金 20 万元,方案已通过县、市批复,新建桑园 20 公顷。二是桑枝食用菌项目,在沐爱镇金塘村建成 1 个 700 平方米桑枝食用菌种生产基地,生产 5.05 万袋菌种,免费发放给沐爱镇中坪村、金鱼村、金塘村、兴隆村的 176 户贫困户,户增收 300 元。

【水果生产】2017 年,全县果树面积 4133.33 公顷,新发展 200 公顷;产量 1.95 万吨,增加 0.08 万吨;产值 1.12 亿元,增加 0.14 万元。

【蔬菜生产】2017 年,全县蔬菜种植面积 3933.33 公顷,新发展 253.33 公顷;产量 13.5 万吨,增加 0.77 万吨;产值 5.21 亿元,增加 2.03 亿元。

【农业技术推广】一是新技术示范。全年,在筠连镇荆花村推广集中育秧 2 公顷,在乐义乡推广水稻直播技术 3.33 公顷,在武德乡共和村推广稻藕轮作 6.67 公顷,在武德乡小寨村推广稻鱼共生 0.67 公顷、推广稻鸭共栖 2 公顷。二是新品种试验。全年引进试验新优质水稻品种 3 个、红苕品种 5 个,储配优质水稻、特色红苕品种与技术。三是多年生水稻试点。已完成品种引进,在筠连镇石门村栽插 0.2 公顷。四是粮油适度规模经营。开展"大培训、大示范、大推广"三大行动,宣传好适度规模经营补贴政策和现代粮油产业经营知识,通过开展土地流转、合作(联合)经营、全程托管等方式,培育壮大职业粮农和种植大户。全年粮油适度规模经营 292.08 公顷。五是特色粮油高产创建示范区项目建设,全年建成 3 个示范区,即优质水稻 666.67 公顷、优质玉米 333.33 公顷、脱毒马铃薯 666.67 公顷,完成面积落实、技术培训和项目总结。六是民族村或贫困村优质马铃薯基地建设项目,推动马铃薯品种更新换代,马铃薯绿色栽培新技术推广普及。完成项目区的规划落实、种薯采购供应与标准化高产栽培技术制订。

【中低产田改造】一是高标准农田建设。以筠连镇和巡司镇的土地整理项目为支撑,结合石漠化综合治理和现代农业水稻的实施,完成 1106.7 公顷,占任务的 150.9%。二是测土配方施肥。以测土配方施肥项目为依托,推广测土配方施肥技术 4.41 万公顷次,占任务的 110.3%;推广配方肥面积 2.41 万公顷,占任务的 120.7%。还完成采集 300 个土样、50 户农户的施肥调查;完成肥效试验 5 个、示范展示 2 个,示范面积 1466.67 公顷;举办宣传培训 36 次,召开现场会 18 次,发放施肥建议卡 8 万余份;农作物的配方肥技术指导和推广工作。

【农业惠民行动】2017 年,全县实施的农业惠民行动项目有 6 个。

农村沼气碳减排收益分配(CDM 资金兑付)。全县应兑付农户 2680 户,有 2511 户农户获得减排收益 42611 元,完成 93.69%。余下未兑付的 169 户,已通知到各乡(镇),确保全面兑付。

2017 年推广的五个粮经复合产业模式,进展顺利。高坪苗族乡特色粮食基地采用"糯玉米 + 脱毒洋芋 + 蔬菜"模式,示范面积 73.33 公顷,其中沐爱镇金塘村采用"桑树 + 脱毒洋芋—蔬菜"模式,示范面积 21.33 公顷;武德乡长征村 2 组采用"砂仁 + 玉米"模式,示范面积;武德乡共和村、小寨村采用"稻藕轮作""稻鱼共生""稻鸭共栖"模式,示范面积 6.53 公顷,高坎乡川林核桃专合社采用"核桃 + 玉米(脱毒洋芋)—蔬菜"模式,示范面积 38.67 公顷。

耕地地力保护补贴资金兑付。按照上级要求制订严密的实施方案,已按时足额补贴资金兑现到农户。全年农业支持耕地地力保护补贴项目的补贴资金为 3148.76 万元。

新发展和培育新型经营主体工作,共培育新型经营主体新增 20 户。

"万亩地亿元钱"示范区建设。推广"糯玉米 + 脱毒洋芋 - 蔬菜"(另有"砂仁 + 玉米""果树 + 玉米""水稻 + 蔬菜""玉米 + 蚕桑 + 食用菌"等)为主的模式粮经复合模式总面积 800 公顷。

筠连县 2017 年现代农业发展工程项目(马铃薯生产基地建设),推广 333.33 公顷,补贴资金 100 万元,完成种薯调运。

【农作物病虫害防治】2017 年,全县主要粮经作物病虫害属中等发生年,发生面积 3.11 万公顷次,防治面积 3.12 万公顷次,挽回损失 25691.68 吨。

病虫害发生防治。一是水稻病虫害中等发生,发生面积 0.91 万公顷次,防治面积 1.1 万公顷次,占发生面积的 120.96%,挽回损失 13129.34 吨。其中螟虫发生 0.36 万公顷次,属中等发生;稻飞虱发生 0.35 万公顷次,属重发生;纹枯病发生 0.17 万公顷次,属中等偏轻发生;稻瘟病发生 60 公顷次,属轻发生;黏虫发生面积 233.33 公顷次,属轻发生。二是玉米病虫害中等发生,发生面积 1.14 万公顷次,防治面积 1.1 万公顷次,占发生面积的 96.25%,挽回损失

5537.91 吨。其中玉米螟虫发生 0.5 万公顷次，属中等发生；玉米纹枯病发生 0.93 万公顷次，属中等偏轻发生；玉米蚜虫发生 0.19 万公顷次，属中等偏轻发生；玉米锈病发生 480 万公顷次，属轻发生；玉米地老虎发生 0.23 万公顷次，属中等发生；玉米大小斑病发生 773 公顷次，属轻发生。三是茶叶病虫害中等发生，发生面积 0.87 万公顷次，防治面积 0.82 万公顷次，占发生面积的 94.25%，挽回损失 874.44 吨。其中茶叶小绿叶蝉中等发生，发生面积 0.34 万公顷次，防治面积 0.32 万公顷次；茶叶黑刺粉虱中等发生，发生面积 0.22 万公顷次，防治面积 0.2 万公顷次；茶蚜偏轻发生，发生面积 800 公顷次，防治面积 800 公顷次。四是小麦病虫发生面积 713 公顷次，防治面积 687 公顷次，占发生面积的 96.3%，挽回小麦损失 269.5 吨。其中小麦蚜虫发生 313 公顷次，属中等发生；小麦白粉病发生 240 公顷次，属中等发生；小麦赤霉病发生 73 公顷次，属中等发生。五是油菜病虫发生面积 487 公顷次，防治面积 473 公顷次，占发生面积的 97.3%，挽回油菜籽损失 60.23 吨。其中油菜蚜虫发生 300 公顷次，属中等发生；霜霉病发生 187 公顷次，属中等偏轻发生。六是柑桔病虫发生 687 公顷次，防治面积 647 公顷次，占发生面积 94.17%，挽回损失 2575.73 吨。其中柑橘叶螨发生 387 公顷次，属中等发生；柑橘虫害发生 300 公顷次，属偏重发生。

绿色防控措施。重点开展以筠连镇联络村、五凤村，沐爱镇尧坝村、兴隆村，双腾镇大山村及巡司镇银星村、杨柳村的玉米、茶叶绿色防控，共发放黄板、绿蓝板 25 万张，矿物油 2000 瓶，杀虫灯 20 台，赤眼蜂杀虫卡 38461 枚，有效地减少化学农药使用量。在高坪、蒿坝发放 68%精钾霜·锰锌 2000 袋，减小马铃薯晚疫病造成的损失。在全县推广黄板诱杀茶树黑刺粉虱、太阳能杀虫灯及生物导弹防治玉米螟等绿色防控技术，实施绿色防控示范片 2000 公顷，其中推广黄板诱杀茶叶黑刺粉虱、小绿叶蝉、蚜虫 533.33 公顷，应用生物导弹防治玉米螟 433.33 公顷，灯光诱杀水稻螟虫 363.67 公顷，灯光诱杀玉米螟虫 333.33 公顷，果园推广灯光诱杀害虫 333.33 公顷。全县范围内开展统防统治 12480 公顷。

宣传动员。通过多渠道、多范围推广普及农业科技知识，编印、发放各类技术资料 3.8 万份，手机发送病虫害防治信息 7.6 万条。

【植物检疫】 一是产地检疫和调运检疫。全县开展产地检疫 0 批次，调运检疫 8 批次，其中李子苗 103500 株、樱桃苗 20000 株、柑橘苗 5.03 万株，烤烟的调运检疫正在进行中。二是严格市场执法检查，防止检疫性有害生物传入。按照部省要求，针对蔬菜种子市场混乱、无证调运、检疫证不规范、冒充检疫证等情况。组织专职检疫员开展蔬菜种子检疫专项执法检查，于 4 月对全县蔬菜种子生产繁育的单位（基地）和经营大户进行分类登记造册，摸清全县情况，进行宣传，实行常规化检疫管理监督。4 月、5 月，检查登记单位，对检查中发现的问题及时进行批评教育，发出整改通知。开展专项检查 2 次，检查经营大户 6 个，检查种子 21 批次，发出整改通知 3 份。三是开展检疫法规宣传培训。9—10 月为宣传月，开展种子苗木经营户的检疫法规培训，培训 80 人次；开展种子生产经营人员、农民和专业技术人员植物检疫培训，培训 124 名。其间，以张贴、悬挂植物检疫宣传标语、横幅，开设宣传窗栏，制作宣传板报等形式，在种子经营门市部集中处、农贸市场、农产品批发市场等重点地区设立宣传点 3 个，共在电视台宣传 1 次，组织张贴、悬挂标语、横幅 45 条，开设宣传窗栏 1 个，制作宣传展板 2 块；派出植物检疫宣传车，开展巡回宣传咨询活动 3 次，发放资料 3000 余份。四是检疫性有害生物监测调查。在水稻生产区设 5 个稻水象甲监测点，在全县水稻产区的普查，严防稻水象甲的传入，未发现有稻水象甲发生。于 8 月在全县范围内开展柑桔黄龙病的普查，未发现有黄龙病的发生。

【农村经营管理】 农村土地经营权确权登记。全年共确权颁证面积 46248.13 公顷，正在对 18 个乡镇纠错、打印承包合同、承包档案装订工作，数据库数据再次汇交省上质检，已通过省上质检合格，农村土地承包经营权证书 72804 本，颁证率 92%。

农村集体产权制度改革。启动筠连镇五凤村、腾达镇春风村和新民村、双腾镇德胜村和走马村、塘坝乡幸福村共 6 个村试点，完成春风村农村集体产权制度改革。

农民负担监管。县农民负担监督领导小组制发《关于做好 2017 年度〈农民监督手册〉发放工作的通知》，确保 9 万多册“农民监督手册”按时发放到农民手中。

规范农村“一事一议”。配合财政做好“一事一议”项目 202 个奖补资金 1995 万元的落实，奖补资金全部落实到各乡（镇）。

农业承包合同管理。规范流转合同，引导农民按照“自愿、公平、有偿”原则进行土地流转，全县耕地流转累计 2749.8 公顷，新增土地流转面积 233.33 公顷，增长 12%。

接待农民群众来信来访和依法仲裁土地纠纷。共接待农民群众来信来访纠纷 262 件，县级接访 20 件，调查 4 件，其余由乡（镇）承担调解，其中回复“12345”市长热线 6 件全部办理。

农业基点调查。根据农业部、省农业厅部署的农业基点调查要求，建立农业基点 7 个。

农村专业合作社管理。全县经工商注册登记农村专业合作社，累计 446 个，新增 42 个；家庭农场累计 227 个，新增 93 个；培育蚕桑专业合作社 2 个（沐爱镇金塘村、金坪村），其中 3 万元以上养蚕大户 21 户。完成省级家庭农场数据库录入 66 个。全年申报省级示范农村专业合作社 1 个、市级 6 个。筠连县巡司银星茶叶专业合作社获国家扶持发展资金26万元。九是村务公开检查。会同县民政局、财政局、监察局对18个乡(镇)的村务公开进行大检查,使村务公开更加规范化、制度化。

【农机推广管理】2017年,新增提灌机械95台,机耕面积1.77万作业公顷,全县农机总动力增长2%,农业生产综合机械化水平35%。一是提灌维修。全年维修电力提灌站2台/75千瓦、维修改造机电提灌设备180台,共提水550万立方米,灌田4333.33公顷,保障农田灌溉不务农时,及时栽插。二是乡村机耕便民路建设。投入1720万元,新建乡村机耕便民路88千米。三是农机购置补贴。全年继续采用农户自主全额购机补贴到户的模式,购机农户的购机补贴资金已全部兑付。

【农机安全监管】2017年,全县在册拖拉机15台,年检拖拉机4台,注销1台。在册拖拉机驾驶人1596人,驾驶人持证率为100%,其中受理拖拉机驾驶员考试培训8期,新办驾驶证60个、期满换证105个、遗失补证7个、损坏换证1个、注销9个、高龄签证4个。按省、市安排部署,完成变拖300多台的甄别。农机维修点4处,停业3处。

农机安全宣传。开展咨询活动11场次,展出宣传展板和图片352幅,发放宣传材料8300余份,简报14篇(其中省农机监理网转发9篇、中国农机网转发1篇),发放短信3980条,培训农机驾驶人223人次。

农机安全责任制落实。认真贯彻农机安全生产的方针和政策,强化农机安全生产监管,全面落实农机安全生产责任制,有效预防和减少农机事故发生,确保人民群众生命财产安全。全年签订责任书227份,严格按照主体责任和"一岗双责"制度落实,能积极履行农机安全生产监管责任。

农机安全检查和隐患排查治理。全年共检查农业机械133台,检查农业机械维修企业19处/次,共出检查人员168人次,没有发现隐患。与县公安局、县安监局联合执法,上道路检查变型拖拉机安全6次,检查拖拉机50余台。全县没有发生一起农机事故。

【沼气安全管理】2017年,落实农村沼气安全培训经费3万元,印制农村沼气安全宣传挂图1万份、农村沼气安全手册5000份,制作安全警示标志3.5万张。开展安全生产培训151次,培训2282人次,到场镇宣传7次,发放8300份《沼气安全使用手册》和沼气安全使用挂图,提高广大沼气用户的安全防范意识和应急处理能力。对县内的沼气用户开展安全自查,发现问题及时解决。组织沼气技术人员43人次,走访沼气用户3877户,通过检查发现一般隐患41起,整治一般隐患41起,实现沼气安全生产全覆盖。

【农业行政执法】2017年,按照《中华人民共和国农业法》《中华人民共和国种子法》《农民负担管理条例》《中华人民共和国行政许可法》《农药管理条例》《植物检疫条例》等法律法规执法,保护农民群众的合法权益。1—10月,组织开展"绿剑护农"春季、夏季、秋季农资打假专项行动,共出动执法车辆60台次,执法人员180人次,检查15个乡(镇)。查处种子行政案件案件4件、农药案件11件,均办结。抽检玉米和水稻杂交种子20个,其中1个不合格,合格率90.5%。

【农产品质量安全】一是农产品检测,全年农产品检测数量852个。二是农残抽检,全年农残抽检样品共82个,无农残超标现象,抽检合格率100%。三是入驻农产品质量安全追溯系统企业10个,各企业均做到积极更新相关信息。四是科技示范推广基地建设,涉农企业"均奎商贸公司""筠姜"种植专业合作社,建成年度科技示范推广基地。设在高坎乡的"均奎商贸公司",引进新品种(冰脆李)66.67公顷、高山莲花白26.67公顷,采用良种选育、保温育苗、配方施肥、绿色防控、间套作栽培等技术,探索果蔬套种立体产业模式,建立"专合社租赁、农民工作"等新机制,促进利益共享、风险共担、互利互惠,应用新机具打草机除草。五是"三品一标"认证,全年完成申报绿色食品"春风李""鸡血李"2个,完成双星茶业4个绿色食品产品(圣星茗芽、圣星炒青、圣星毛峰、圣星雾毫)的复查换证。六是"五新"科技示范基地,建成"五新"科技示范基地666.67公顷,集中核心示范片建成33.33公顷,推广新品种1个、新技术1项、新模式1种、新机制1种、新机具1种。

【培训农民】一是培育新型职业农民计划107人,培训青年农场主1人;培训果蔬、粮油共25人;余下80人正在有序推进。二是农民实用技术培训8万人次,完成农民实用技术培训9.52万人次。三是联合通信部门对农民使用手机知识培训,重点是贫困户。联合移动公司对农民特别是贫困户进行手机知识的培训。

【农业产业精准扶贫】由农业局牵头组成的5个片区专家服务团和18个农业技术巡回服务小组,及时解决贫困村农业发展技术问题,协助编制种植、养殖等各类产业规划61个;61名驻村技术人员驻村共4054天,驻村平均天数66.5天,走访贫困户8391户次,做到户户见面,针对贫困户不同的条件制订不同的入户指导方案,引进种植示范户754户。同时,农技人员配合农业综合技术服务团成员开展巡回服务,共分级分类培训598次,培训12762人次,报送技术帮扶、技术培训、产业规划等信息386条。

【贫困村产业扶持基金管理】2017年,通过对筠连镇五凤村产业扶持基金使用管理的指导实践,形成并制发

《筠连县贫困村产业扶持基金使用管理细则》,获得省奖励基金 152 万元,并在全省推广。

【农业对口帮扶】 2017 年,继续对口帮扶沐爱镇兴隆村,推进兴隆村一组新村建设项目和兴隆村特种茶叶(黄金芽)建设项目。除开展科技帮扶外,农业局送去科技示范户肥料 20 吨(折资 6 万元)、马铃薯薯种折资 8.5 万元、农药折资 6 万元,生活慰问品折资 3 多万元、办公室设备折资 2 万元及捐款 1.37 万元。还将生产的 5.05 万袋桑枝食用菌菌袋免费发放给沐爱镇兴隆村、金鱼村、中坪村、金塘村 176 户贫困户,户均增收 3000 元以上,总产值 65 万元。

(黄永华、熊文芹)

林　业

【造林绿化】 2017 年,林业工作以抓好民生工程、创建国家森林城市、岩溶区石漠化综合治理等为重点,完成人工造林 3000 公顷,封育管护森林 3040 公顷,人工种草及改良 1526.67 公顷,巩固退耕还林成果 6433.33 公顷,有效管护国有林面积 908.33 公顷,森林质量精准提升 2266.67 公顷,森林覆盖率 54.25%,森林蓄积增长 3.98 万立方米,林地保有量 58000 公顷。全年,林竹产业综合产值 16.2 亿元(其中绿色食品加工业产值 0.5 亿元),农民林业人均收入实现 1609 元;林业招商到位 1.82 亿元,完成项目落地 3 个、包装项目 6 个。

【森林城市创建】 一是实施城市、农村、通道、水系、种苗"五大"森林工程。全年,新增城镇绿地 80 公顷,营造城郊森林 400 公顷,新建生态林 800 公顷,新建茶叶、蚕桑、水(干)果等特色经济林基地 600 公顷,建成现代林竹基地 4415 公顷,培育林业产业龙头企业 5 个、农民合作组织 31 家。二是加强道路可视范围绿化。新建水土保持林和河道景观林 143.33 公顷,建成杉木、漆树高标准示范苗圃各 1 个。三是加强县域内古树名木管理。对全县 88 株古树名木编号、设立标志牌并建立档案。全年,筠连县成功创建为市级森林县,腾达镇、双腾镇、大雪山镇、塘坝乡、武德乡 5 个通过市级验收;巡司镇、镇舟镇、龙镇乡、团林苗族乡、孔雀乡 5 个乡(镇)创建市级森林乡(镇)工作通过县级验收。

【森林资源保护】 2017 年,开展"利剑行动""守护绿川行动""禁种铲毒行动""一条龙式惩治破坏环境资源违法犯罪"等专项行动,办理各类涉林案件 42 件,其中刑事案件 28 件,刑事拘留 10 人,取保候审 13 人,逮捕 7 人,移送起诉 15 件 17 人;林业行政案件 14 件,处罚 14 人次,罚款 153523 元,没收各类原木 174.34 立方米、坑木 11.33 吨,没收野猪、猕猴等野生动物活体 35 只(头),救助猴面鹰、苍鹰等国家保护动物 6 只;铲除罂粟 24 株。

【林业改革】 2017 年,开展林权抵押贷款 4371.68 万元,经济林木(果)权证抵押贷款 286 万元,完成抵押贷款 4657.68 万元。办理经济林木(果)权证 71 本,流转面积 925.79 公顷。办理林地经营权流转证 1 本,流转面积 5.2 公顷。实施森林保险面积 22429.33 公顷,保险金额 17077.05 万元。全面完成巩固退耕还林成果 6433.333 公顷,有效管护国有林面积 908.33 公顷,补偿集体与个人所有公益林 21358.13 公顷。

【林业产业建设】 一是特色林业发展,全年新发展黄精、砂仁、半夏、淡竹叶等中药材 733.33 公顷,培育种植青蒿、黄栀子、淡竹叶、黄柏、砂仁、黄精、天麻 1400 公顷。建设漆树特色产业,新培育漆树产业基地 2333.33 公顷,新规划规模为 200 公顷现代林业产业示范园区 1 个;新发展林竹等特色经济林 620 公顷,种植青蒿 653.33 公顷;建立苗圃基地 33.33 公顷,引进漆树、大红袍等优良品种 4 个。二是"万亩林亿元钱"高效示范片核心区建设,带动全县现代林业建设向高质量、高品质纵深推进,林区基础设施建设不断夯实,现代林业产业得到快速发展。

【林业产业精准扶贫】 整合各类林业项目资金及贫困县财政奖励资金 2633.33 万元,用于林业生态扶贫。约 7700 户、2.88 万贫困人口在林业工程中获林业政策补助共 2112.4 万元。选聘生态护林员,每年在贫困人口中选聘生态护林员 468 人。建设四川科技扶贫在线平台,选派 21 名林业科技特派员,为提供贫困户提供林业技术咨询。

(金勇)

畜牧水产

【畜牧水产概况】 2017 年,全县畜牧业总产值现价实现 18.7 亿元,占全县农林牧渔业总产值 36.1 亿元的 51.8%;全县农村居民人均畜牧业可支配收入 5214 元,占全县可支配收入 14060 元的 37.1%。

全县高致病性禽流感、口蹄疫、高致病性蓝耳病、猪瘟群体免疫密度 95%以上,抗体检测合格率 70%以上,完成血清、病原样本采集和疫情监测工作,实现产地检疫率达 100%,屠宰检疫率达 100%。全面启动兽药 GSP,全县 58 户兽药经营户达标。屠宰运输及养殖环节"瘦肉精"排查检测无阳性反应。

2017年筠连县畜牧生产主要指标一览表

表1

主要指标	单位	2017年	比2016年±%
肉类总产量	吨	35109	-3.6
禽蛋产量	吨	1803	0
蜂蜜产量	吨	52	4
水产品产量	吨	1729	6.4
生猪出栏	万头	36.94	-4.9
生猪存栏	万头	24.44	-2.2
牛出栏	万头	4.40	-1.3
牛存栏	万头	9.66	7.1
家禽出栏	万只	232.45	0.1
山羊出栏	万只	0.80	0
肉兔出栏	万只	24.69	14.8

【肉牛生态循环产业】2017年,全县建成10头以上的养牛大户302户,建成100头规模标准化规模养牛场13个,建成50头规模肉牛家庭牧场38个,建成标准化养牛小区20个。注册肉牛产业公司4个、专合社3个,新增家庭牧场22个,新培育县级示范专合社5家、示范家庭农场4家,创建市级示范场2个、省级1个。启动有机牛肉认证,完成无公害畜产品复查换证,向阳农业公司入驻海瀛农产品加工园区建设2万头规模肉牛屠宰加工厂和牛文化主题公园项目的开工许可和环境评价等手续。

完成筠连镇五丰村200公顷优质牧草种养循环示范园建设,建成并投产标准化种养循环示范场3个,即慧兴农业公司标准化种养循环示范场、嘉岳农业公司维新镇自由村肉牛标准化种养循环示范场、筠连镇五丰村云丰组肉牛标准化种养循环示范场。推进建设示范场2个,即东东种养开发公司维新镇落箭村标准化种养循环示范场、向阳农业公司腾达镇向阳村肉牛标准化示范场。

争取项目资金1390.98万元,其中中央财政动物防疫资金建设项目131.41万元、省级财政现代畜牧重点县建设项目300万元、奶牛标准化养殖场建设项目80万元、肉牛良繁基地194万元、肉牛健康养殖扶贫示范项目50万元、现代农业生产发展(肉牛)项目100万元、农业公共安全与生态保护利用工程项目24.57万元、肉牛良种补贴建设项目15万元、市级财政肉牛繁育科技示范项目33万元、现代特色畜牧业项目20万元、灾后重建项目50万元、县级财政涉农统筹整合资金(肉牛)项目393万元。

全县引进母牛8033头,净增肉牛36967头。新增完成养牛贷款11750.53万元,全县共承保肉牛8993头。

【畜禽废弃物综合整治】全年对新建或在建的畜禽标准化养殖场、养殖小区和家庭农场,均严格按照环保新的标准和要求建设。对已建的畜禽标准化养殖场、养殖小区和家庭农场,均实施粪污处理改造治理工程,限期整改达标并完善环保备案等工作。

畜禽水产养殖整治。7月10日,对全县畜禽水产养殖进行摸底统计并建立台帐,各乡(镇)与养殖户签订"生态环保责任书",并根据整改内容发放整改通知书,明确整改时间和要求。至12月11日,完成整改1506户。

动物医疗废弃物处置。6月22日,制发《筠连县动物医疗废弃物处置方案》,至11月22日处理疫苗7213瓶、医疗废弃106.6公斤。三是办理中央环保举报件、省环保督办件和环保信访件。完成巡司镇西牛村举报件和镇舟镇"9.1"中央环保举报件整改并销账。4月1日起,全县先后已收到省市县交办的环保督查问题共28个,其他各类信访件35件,均已办结。

利用生猪调出大县奖励资金建设项目资金148.6万元,在镇舟镇实施完善畜禽养殖粪污环保设施,完成48户验收合格并兑现补助资金。

【国家肉牛产业技术体系科学家到筠连指导调研肉牛产业】4月14日,国家肉牛牦牛产业技术体系首席科学家曹兵海教授(中国农业大学)、岗位科学家王之盛教授(四川农业大学)、研究员孙宝忠(中国农业科学院北京畜牧兽医研究所)及四川农业大学教授左之才博士、彭全辉博士一行到双腾镇德胜村,实地调研"山繁川育、藏牛于户"庭院养牛模式发展,在德胜村四组,逐户查看陈光银、陈道前、陈道元、陈道永养牛情况,边看边向4户农户了解肉牛养殖的草料配备、饲养管理、疾病防治情况;在德胜村五组筠连县尖峰山种养专业合作社集中养牛场,了解筠连黄牛、以筠连黄牛为母本的杂交牛繁育情况进行。市政府副市长、县委书记王萍,市政府副秘书长李亚,市畜牧水产局局长罗才源、副局长程培光、机关党委书记张义琅,县委常委、县委组织部部长李刚,县政府副县长徐劲松陪同调研。

座谈会上,曹兵海与王之盛、孙宝忠一起在题名簿上留下赞誉筠连为"中国南方肉牛产业扶贫第一县"字迹,向大家介绍全国肉牛产业情况,肯定德胜村养牛情况,并与参会的筠连镇、腾达镇、双腾镇、沐爱镇、镇舟镇、武德乡的养牛村村主任、养牛大户、乡(镇)长互动,纠正养殖误区。曹兵海认为:养牛不能全靠体力养,应该靠脑力养,利用牛粪种植城里人想吃却吃不上的绿色蔬菜,实现农牧结合。多养牛多挣钱固然很好,但作为宜宾最发达的养牛村、养牛乡(镇),必须要"养牛应重在个体质量,不要片面追求群体数量;发展筠连黄牛,照样也能获得养杂交牛的收入"的超前意识。

"山繁川育、藏牛于户"庭院养牛模式是曹兵海教授2015年3月12—13日到筠连调研肉牛家庭养殖场(五丰村、五凤村)、规模养殖场(海纳农业开发有限公司旗隆养牛场)、加工企业(好牛旺凯旋食品有限责任公司精深加工车间)、川南肉牛交易市场(向阳农业开发有限公司)提出的筠连养牛模式,于2015年6月中国南方肉牛产业发展研讨会推广。

【地理标志保护产品筠连黄牛产业发展座谈会】4月25日，筠连县养牛协会举行地理标志保护产品筠连黄牛产业发展座谈会，全县涉牛农民专业合作社理事长、家庭农场主、公司法人共43人，及18个乡(镇)畜牧水产站负责人参加座谈会，县质监局、就业促进局、扶贫移民局、环保局、经信科技局、发改局、畜牧水产局、农办、县科协等部门领导出席。

县质监局通报全县地理标志保护产品（筠连红茶、筠连苦丁茶、筠连粉条、筠连黄牛)发展情况，对2016年质检总局批准的地理标志保护产品筠连黄牛申报、评审、公告等情况及管理办法进行介绍。就业促进局建议依托国家就业培训政策，加大地标产品筠连黄牛养殖技术培训力度。环境保护局股长戴羽列举筠连黄牛养殖过程中废弃物环保标准，建议大家完善废弃物科学处理设施，最好以种定养实施种养生态循环养殖。县农办税正银介绍县委县政府有关示范专合社、家庭农场及龙头企业申报条件，鼓励大家积极争创。筠连县养牛协会副会长兼秘书长曾均还通报以筠连黄牛为主的筠连县肉牛系列标准制定发布情况。其他部门，也介绍各自职责涉及筠连黄牛扶持政策，并与会合作社理事长、家庭农场主、公司法人就筠连黄牛养殖中存在问题相互交流妙招，对从事种养结合的生态循环养殖达成共识。

【川滇黔毗邻地区牛灯邀请友谊赛】4月30日，川滇黔毗邻地区牛灯邀请友谊赛在联合苗族乡革新村格蔸坝苗寨民族文化广场举行，分为“六牛争金赛”“友谊表演赛”，由中国农业历史学会畜牧兽医史专业委员会、筠连县养牛协会主办，由筠连县玉兔呈祥养生农庄、筠连县正兴兔业专业合作社承办。双腾镇桐榜村、武德乡冒鼓村、沐爱镇棬坪村、镇舟镇云岭村、团林苗族乡香樟村、联合苗族乡革新村6支牛灯队参加“六牛争金赛”；云南盐津县盐井镇、庙坝镇，贵州赤水市大同镇、珙县恒丰乡的4支牛灯队参加“友谊表演赛”，10支牛灯队寓意蓬勃发展的筠连县牛产业“十(食)全十(食)美”。

该邀请友谊赛“六牛争金赛”设牛气冲天金牛奖1名、牛气冲天银牛奖5名、“友谊表演赛”设名师园丁奖4名。经过现场表演和7名评委(筠连县文化馆刘良坤、筠连县作家协会刘荣魁、珙县恒丰乡文化站何保富、贵州赤水市大石盘苗寨张超文、云南威信县大山村萧发伟、筠连县养牛协会曾均、中国农业历史学会畜牧兽医史专业委员会王成)公正打分，“牛气冲天金牛奖”被联合苗族乡革新村牛灯队夺得；“牛气冲天银牛奖”被沐爱镇棬坪村(观音庙)牛灯队、镇舟镇云岭村(老协)牛灯队、武德乡冒鼓村牛灯队、双腾镇桐榜村(老协)牛灯队、团林苗族乡香樟村牛灯队收获。赤水市大同镇大石盘苗家牛灯队、盐津县庙坝镇(民政村)牛灯队、盐津县盐井镇桃子坪牛灯队、恒丰乡吉祥牛灯队获“名师园丁奖”。

【南方现代草地畜牧业推进行动项目暨肉牛产业综合技术专家讲座培训会】6月3—5日，南方现代草地畜牧业推进行动项目暨肉牛产业综合技术专家讲座培训会在浙商大酒店会议室举行，由县畜牧水产局、筠连镇五丰黄牛养殖专业合作社主办。邀请四川省草原工作总站、四川农业大学动物科技学院、动物医学院、筠连县养牛协会10名专家担任各实用技术专题主讲，其中4名专家属现代农业技术体系四川肉牛创新团队；南方现代草地畜牧业推进行动项目实施地筠连镇五丰村村组干部、实施农户，全县养牛大户、肉牛养殖家庭农场业主、农民合作社技术员245人以及18个乡(镇)畜牧水产站、县畜禽发展中心、县动物疫病预防控制中心、县动物卫生监督所负责人、县畜牧系统驻村农技员全程培训；县政府副县长徐劲松介绍全县肉牛养殖情况。

四川省草原工作总站副站长何光武研究员、科长李元华研究员分别介绍优质牧草品种选择、种植及饲草青贮、秸秆氨化技术；四川农业大学动物科技学院教授赖松家博士、副教授贾先波博士分别讲授黄牛改良与授精、现代肉牛育肥饲养管理技术；四川农业大学教授左之才博士、副教授沈留红博士分别主讲牛消化生理特点与疫病防控、母牛繁育饲养管理及母牛难产处置技术；筠连县养牛协会会长、高级兽医师王成介绍畜禽养殖废弃物综合处理法律法规；高级农技师赵阳均、省劳模陈道乾、养牛大户赵云分别介绍养牛经验。

【农业厅督察筠连畜禽养殖污染防治】7月12日，四川省草原科学研究院范康受该院党委书记、副院长刘汉中研究员委托，代表省农业厅迎检指导工作组到筠连督察指导畜禽养殖污染防治工作。

随机抽取筠连镇五丰村5组共9户农户、专合社养牛场2个进行督导，发现养殖场基本上没有粪污消耗台账，部分养牛户还有沼液外溢、粪便无雨棚等现象。范康当即要求养牛户立即整改，要求川农业函〔2017〕560号要求，做好全县畜禽养殖及污染防治情况摸底工作；凡属畜禽规模养殖户，必须立即下达整改通知书，限期做好整治工作。

【50万头生猪循环农业生态养殖项目签约】10月16日，县委、县政府与大北农集团四川驰阳农业开发有限公司“50万头生猪循环农业生态养殖项目投资协议”签约仪式在县会议中心举行。市政府副市长、县委书记王萍，县委副书记、县政府县长刘朝平，县委副书记李小林，县政府副县长徐劲松，大北农集团四川驰阳农业开发有限公司董事长杨阳、总裁吴勇、川东南战区总裁蒋文出席签约仪式；项目涉及的县级14个部门负责人见证签约，县委常委、县政府常务副县长李勇主持仪式。

“50万头生猪循环农业生态养殖项目投资协议”约定，大北农四川驰阳农业开发有限公司将在筠连县投资20亿元，完成种猪场（5000头父母代种猪场5个、2400头祖代场1个、1200头曾祖代场1个、200头公猪站1个）、商品猪代养场（农户自建、合建或改建260栋，达到年出栏规模50万头）、饲料厂（年产30万吨饲料厂1个）及种猪场配套设施建设（污水处理站7座、有机肥厂1个、循环农业种植园区7个）、生猪电子商务交易中心、屠宰深加工厂等内容。

【第二届中国反刍动物营养与饲养技术研讨暨乌蒙山片区产业扶贫培训会座谈会】 10月31日，由农业部科技教育司支持，中国畜牧兽医学会动物营养学分会、国家肉牛牦牛产业技术体系、国家奶牛产业技术体系、国家肉羊产业技术体系、国家绒毛用羊产业技术体系主办，四川省农业厅、四川农业大学、宜宾市政府承办的"第二届中国反刍动物营养与饲养技术研讨暨乌蒙山片区产业扶贫培训会座谈会"在县会议中心举行。农业部科技教育司产业技术处处长孙俊立，国家肉牛牦牛产业技术体系首席科学家、中国农业大学教授曹兵海，国家肉牛牦牛产业技术体系岗位专家、中国农业科学院北京畜牧兽医研究所孙宝忠研究员，内蒙古科尔沁牛业股份有限公司董事长李和、宁夏夏华肉食品股份有限公司董事长张文华等领导、专家、企业家，以及广安市、贵州毕节市、宁夏固原市等地知名企业家、畜牧专家莅临会议；县委副书记、县政府县长刘朝平，市畜牧水产局局长罗才源、副局长程培光，县委副书记李小林，县政府副县长徐劲松出席会议。观看县委县政府录制的《南丝路上傲然盛放的"牛奇葩"》筠连肉牛产业发展资料片。市政府副秘书长李亚主持会议。

会前，与会人员考察筠连镇五凤村、联络村、旗隆村，腾达镇水茨村"藏牛于户、山繁川育"庭院养牛模式的家庭农场、规模养殖场、交易市场、牛肉餐饮等，了解牛产业基地建设、品种选择、牧草种植以及牛粪利用等内容。曹兵海还对筠连县慧兴农业发展有限公司能繁母牛养殖基地示范场、济合农业科技有限公司母牛养殖与肉牛集中育肥场、向阳农业开发有限公司川南肉牛交易市场等存在问题进行现场指导。

刘朝平：介绍筠连肉牛产业发展情况：筠连确定肉牛产业为精准扶贫主导产业，提出"打造百亿综合产值肉牛产业"目标，按"千家万户搞良繁、新型主体做育肥、龙头企业创品牌、科研院校作支撑、政府服务搭平台"总体思路，积极推进"3·18·80"工程[即3个存出栏达1万头以上的示范带、18个存出栏达到5000头以上的示范区：以专业村为主体的以奖代补示范带、以适度规模养殖为主体的提质增量示范带、以少数民族地区为主体的扶贫开发示范带，以18个乡（镇）的80个村为适度规模养殖示范区]，初步形成养殖、加工、销售、餐饮、环保一体化经营发展格局；创新建立"1+4"产业工程、肉牛产业发展"1+N"联动机制；探索、总结、推广"借牛还牛"模式和曹兵海教授提出的"藏牛于户、山繁川育"庭院养牛模式。筠连肉牛获得全国无公害农产品认证、"筠连黄牛"国家地理标志保护产品。

孙俊立：筠连在职中设置畜牧兽医专业培养专业人才、依靠就业促进局培训养殖业短期实用技术人才等的发展牛产业做法，建议筠连继续重视牛产业发展的人才培养与保障，提高养殖技术培训的针对性，以大户系统培训辐射周边农户，使广大农村群众真正掌握实用技术。

曹兵海：筠连县牛产业的发展速度，已处全国前列，成为乌蒙山片区牛产业发展的领头羊，筠连应重视地标筠连黄牛发展，制订完善生产系列标准，掌握话语权。建议：一要坚持走肉牛品种差异化发展路子，利用川南山地黄牛培育筠连自己的肉牛品种。二要进一步提高肉牛发展的组织化、系统化、标准化程度。三是高度重视筠连黄牛品种选育和保护工作，立足宜宾、立足四川做好全产业链发展。四要整合资源、加强统筹，形成推动肉牛全产业链发展的整体方案；建立母牛溯源体系、肉牛生产标准体系、质量安全追溯体系，形成龙头企业带动农户的利益联结机制；扶持政策应着眼于全产业链建设，助推脱贫攻坚。

李和：筠连重视地标筠连黄牛发展走特色产业道路，表示只要筠连母牛达到30万头，他所在的科尔沁牛业第一个进入筠连县市场。

李亚：代表市政府感谢与会领导、专家、企业家对宜宾市特别是筠连县肉牛产业发展的大力支持与帮助，宜宾市特别是筠连县一定认真采纳大家的意见和建议，进一步结合自身实际，培育发展壮大肉牛产业，为脱贫攻坚和决战小康做出更大的贡献。

【川南山地黄牛提纯扩繁工作座谈会】 11月7日，由县养牛协会、县畜牧水产局倡议的"川南山地黄牛提纯扩繁工作座谈会"在筠连召开，由重庆市黔江区、雅安市荥经县、泸州市古蔺县、宜宾市珙县、筠连县畜牧（农业）局分管领导、畜牧站站长参加。交流各县（区）当地黄牛发展，共商共促川南山地黄牛及以川南山地黄牛为主的肉牛产业发展，签字同意组建协作组。

邀请到宜宾市畜牧水产局副局长、宜宾肉牛产业研究院院长、高级畜牧师冯应胜，宜宾市畜牧科技推广中心主任申洪兵研究员，泸州市畜牧站副站长、高级畜牧师敖富勇到会指导，表示将一直全力支持协作组工作。

筠连黄牛，属川南山地（黄）牛（《中国畜禽遗传资源志·牛志》）中最大的类群、品系，在筠连有悠久的种源史（1980年8月在今镇舟镇拱猪洞发掘的"筠连人"臼齿化石共生的17种动物就有"牛"，证明筠连在4万年前就有智人居住的同时就有牛的踪迹）。清嘉庆十七年（1812）《高县志》载：畜牛马为生……婚姻聘用马牛布匹，祭祖宗以宰盗取之牛为敬。民国37年（1948）6月《筠连县志》称筠连山牛，曰：山牛黄色，种山者畜之。1960年8月《宜宾农业（1949—1959）》定为"筠连黄牛"，此后的《筠连县志》《宜宾市志》均沿用该名至今。2005 年 1 月,筠连黄牛获农业部农产品质量安全中心全国无公害农产品（肉牛）认证(WCH0500242);2014 年 12 月,筠连被四川省质量技术监督局确认为省级农业标准化示范区;2016 年 7 月，筠连黄牛被国家质量监督检验检疫总局批准为国家地理标志保护产品。2017 年 11 月 8 日,中国农业历史学会畜牧兽医史专业委员会在筠连举行“中国黄牛之乡”授牌仪式。

【四川牛业学术交流会在筠连召开】 11 月 8 日，由四川省畜牧兽医学会养牛学分会、畜产品加工学分会主办，筠连县政府、宜宾市畜牧水产协会承办的四川牛业学术交流会在筠连举行,相关畜牧教授、博士、研究员、专家,省内各市(州)从事养牛学、畜产品加工学科研、教学、推广的科技人员、企业家,共 230 人参会;县委副书记、县政府县长刘朝平,县委副书记王涛、县政府副县长徐劲松出席会议;省畜牧兽医学会养牛学分会副会长兼秘书长王建文研究员主持报告会。

上午,与会人员参观筠连县“山繁川育、藏牛于户”养牛模式主要节点:筠连镇五丰村家庭农场、五凤村专合社集中养牛场、联络村肉牛良种繁育示范场、旗隆村济合肉牛育肥场、腾达镇水茨村川南肉牛交易市场

下午,与会人员在浙商大酒店聆听四川省畜牧兽医学会畜产品加工学分会会长、成都大学肉类加工四川省重点实验室主任王卫教授的《肉牛产业加工技术进展与产品开发》,四川省畜牧科学研究院王巍副研究员的《针对四川肉牛现有养殖技术的几点改进》，四川农业大学陈仕毅博士的《肉牛高效繁殖综合技术》,四川省草原科学研究院李平博士的《南方青贮饲料产业现状及技术要点》等的精彩报告。

【第六届中国畜牧兽医史学术研讨会】 11 月 8 日,中国农业历史学会畜牧兽医史专业委员会组织的第六届中国畜牧兽医史学术研讨会在筠连县举行,会议主题为“弘扬中华牛文化”。中国农业博物馆《古今农业》杂志副主编徐旺生研究员作《供给侧下的畜禽养殖品牌建设之道——文化培育》、南京农业大学畜牧兽医史研究中心主任李群教授作《弘扬牛文化,打响牛品牌,做强牛产业》报告,并与重庆普特生物药业有限公司合作表彰评选的优秀学术论文。来自四川农业大学、成都农业科技职业学院、贵州师范大学、四川文理学院、西南民族大学、南京农业大学等 15 名专家交流论文。

【“中国黄牛之乡”授牌仪式在筠连举行】 11 月 8 日,中国农业历史学会畜牧兽医史专业委员会在筠连举行“中国黄牛之乡”授牌仪式,该会副会长、中国农业博物馆研究员、《古今农业》杂志副主编徐旺生,南京农业大学教授、畜牧兽医史研究中心主任李群分别把“中国黄牛之乡”证书和“中国黄牛之乡”铜牌授给县委副书记、县政府县长刘朝平,县委副书记王涛。肯定筠连黄牛养殖历史久远(筠连人化石)、文化浓厚(茶文化、牛文化、苗文化)、数量较大(年存出栏占全市 70%以上),且县委县政府尤重发展,并获得国家地理标志保护产品。

四川省畜牧兽医学会副会长兼秘书长、四川省畜牧科学研究院副院长付茂忠研究员,四川省畜牧兽医学会养牛学分会会长、四川农业大学动物遗传研究所副所长赖松家教授,四川省畜牧兽医学会畜产品加工学分会会长、成都大学肉类加工四川省重点实验室主任王卫教授,四川省畜牧兽医学会养牛学分会副会长、西南民族大学青藏高原研究院副院长文勇立教授,四川省畜牧兽医学会养牛学分会副会长、四川省草原科学研究院副院长罗晓林研究员,四川省畜牧兽医学会养牛学分会副会长李自成研究员,四川省畜牧总站副站长李强博士,四川省阳平种牛场场长方绍华,宜宾市畜牧水产局副局长冯应胜高级畜牧师等见证授牌仪式并合影留念。

【新型职业农民培育】 2017 年，新型职业农民培育任务数为 84 人，仍委托宜宾职业技术学院负责培训。11 月 19 日至 12 月 3 日开展培训,其中集中课堂学习 5 天、集中外出参观 5 天、回筠连分组实践 5 天;共培训 107 人,其中青年农场主 1 人、果蔬茶种植 22 人、畜禽养殖 84 人。

【人大代表议案、政协委员提案办理】 8 月 1 日,人大代表议案、政协委员提案办理工作座谈会在畜牧水产局召开,邀请人大代表、政协委员共 20 人参加,听取议案建议、提案意见办理情况,对人大代表、政协委员所提问题进行汇报说明。畜牧水产局承办县十六届人大一次全会人大代表议案 1 件建议 7 件、十五届政协一次全会政协委员提案 2 件意见 2 件,涉及肉牛发展 7 件、乌骨鸡 1 件、畜禽养殖污染防治 4 件,满意度均 100%。

【畜牧产业精准扶贫】 2017 年，全面开展畜牧养殖技术培训,完成专家讲座、科技培训、技术指导服务 22000 余人次。驻村农技员完成 24 个贫困村的技术帮扶工作,曾均、王彬俊分别受到省市表彰。

邀请四川省农业厅、四川农业大学、中国农业大学、四川省畜牧科学研究院等科研院校专家，深入全县贫困村，现场开展技术扶贫培训 32 场次,受训人次 2680 人。

落实项目资金 44 万元,建成标准化养牛小区 1 个、标准化养猪小区 1 个。安排生猪调出大县奖励资金 10 万元,用于贫困户购买优质仔猪,标准为 200 元 / 头。县畜牧水产局职工为沐爱镇峨坪村贫困户捐款 12678.90 元。

（王成 曾均 樊平 尹利娟）

水　　利

【水务内设机构】2017年8月，根据筠机编〔2017〕46号文件，筠连县河道管理所更名为筠连县河长制办公室，仍属水务局下设正股级事业单位，增挂“筠连县河湖管理站”牌子。

2016年11月18日，根据筠机编〔2016〕51号文件，筠连县龙碗大堰管理所更名为王家沟水库管理所，并确定为财政全额拨款的公益一类事业单位，保留筠连县龙碗大堰管理所牌子，实行“两块牌子，一套机构”的体制。更名程序于2017年6月13日完成。

【农田水利基本建设】全年，全县投入资金15866.1万元(其中中央6631万元、省级206万元、市级110万元、县级7855万元、乡镇资金220万元，群众投入344.1万元、社会资金500万元)，完成目标的118.6%。投入工日360万个，完成目标的112.5%。新增供水能力100万立方米，完成目标的100%；新增灌面400公顷，完成目标的100%；恢复改善灌面2266.67公顷，完成目标的141%；新增节水灌面206.67公顷，完成目标的100%；水土流失治理完成20平方千米，完成目标的100%；新增供水受益人口1.9万人，完成目标的155.7%

【巡司场镇供水工程】于2013年12月动工的巡司镇供水及基础设施项目，总投资1818万元，资金为中央资金和地方配套资金；建设内容为新建日供水能力6000吨净水厂1座，配套建设取水设施及输配水管网10.35千米，水处理和水质检测设施设备采购及安装；经公开招投标由江西省城建建设集团有限公司中标承建。至2017年年末，已完成厂区主体工程、水处理及电气设备安装和输、配水管线安装，待备用水源管线工程变更的审批。

【县城供排水】2017年，县城供水总水量493.84万吨，销售水361万吨，增长5.2%，管网漏损率26.9%；总收入771万元，增长8.5%。查处违章用水16起、处罚水量715吨，挽回经济损失11506元。上交税金30万元，增长10%；固定资产总投入47万元，减少40%；上缴2016年代收污水处理费250万元。全年无安全责任事故发生。

水质检测。县城水质的监测委托县疾控中心检测出厂水2次/年，水质达标合格率100%；按月检测管网水，委托检测机构共检测14次，合格率均100%。

污水处理。筠连县生活污水处理厂完成污水处理量192万吨，自测COD减排量110吨、氨氮减排量14.8吨；污水处理运行负荷103.013%、设备完好率99%。

【抗旱应急水源工程验收】筠连县2014、2015年的抗旱应急水源工程于2017年11月22—23日由宜宾市水务局组织专家组进行竣工验收，验收组经过实地检查工程，听取项目法人、设计单位、监理单位、施工单位、质量和安全监督机构的汇报，查阅相关资料，对全县2014、2015年抗旱应急水源工程合同建设和运行情况综合评价，同意工程通过竣工验收。

【高效节水灌溉工程】2017年高效节水灌溉工程共投入省级财政水利发展专项资金450万元，于年末全面建成，共新建泵站1座、蓄水池5座、铺设管网46941米，新增高效节水灌溉面积140公顷，其中管灌120公顷、喷灌20公顷，可促进项目区水果、茶叶、蔬菜等的发展。

【水利工程维修养护】2017年省级财政水利发展专项资金水利工程维修养护项目总投资122.39万元(其中省级财政资金85万元、群众投劳折资37.39万元)，于2017年10月全面建成并通过县级验收。共维修整治小塘坝(山坪塘)1处、水库工程1处、小渠道9处、小泵站3处、其他工程(供水)6处，可改善和恢复项目区灌溉1140公顷，促进粮食增收。

【王家沟水库建设】王家沟水库是2011年8月8日开工的宜宾市中型水利工程，至2017年年末，累计完成投资35555万元，占计划的68.3%；堆石料填筑127万立方米，全面完成大坝心墙基座帷幕灌浆及新增固结灌浆，完成沥青混凝土心墙浇筑及过渡料填筑、断层处理工程、坝后干砌块石护坡、前坝坡护坡、大坝左右坝肩挂网喷护、量水堰工程完成溢洪道土石方开挖以及进水渠、控制段、泄槽段、消力池全部混凝土浇筑及出水渠混凝土浇筑的90%；完成大坝坝顶青石栏杆制作安装、溢洪道青石栏杆制作安装80%及溢洪道左右平台青石栏杆制作安装60%；新增坝后桥梁混凝土浇筑全部完成及引道工程50%。全部完成总干渠、放空洞、后溪取水隧洞以及放空导流、总干渠后溪取水隧洞金属结构安装。总干渠完成断颈山隧洞进出口边坡土石方开挖90000立方米；总干渠明渠土石方开挖70000立方米，断颈山隧洞掘进400米，新田塝隧洞全部贯通；山王包隧洞掘进14米；老干田隧洞掘进450米；明渠混凝土浇筑1000立方米；龙碗干渠渠道修复20千米。云胜干渠工程已进场，正在征地。

建设进程。1.一标段建设情况。该标段施工任务为放空(导流)隧洞、总干渠和后溪支渠取水隧洞建设任务，动武年末基本完成建设任务，正在组织相关验收工作。2.二标段建设情况。该标段施工任务为大坝工程及溢洪道工程建设。至年末，基本完成。正进行溢洪道尾水渠剩余部分混凝土浇筑，坝后新增桥梁引道工程土石方开挖，溢洪道左右平台青石栏杆制作安装，相关分部工程资料验收。3.金属结构标段情况。该标段施工任务为放空导流、总干渠、后溪取水隧洞及溢洪道的闸门安装，已完成放空导流隧洞总干渠取水隧洞、后溪取水隧洞的门轨、闸门、启闭机安装以及溢洪道控制段门轨安装。至年末，基本完成。4.大坝安全检测及水雨情监测标段情况。该标段施工任务为大坝坝体安全检测及水雨情监测，已完成大坝沥青混凝土心墙应力应变器9组的安装及监测；大坝45组外部观测点安装，左右坝肩校核基点及工程基点安装，坝体6组渗流观测仪器安装，左右坝肩6组渗流观测仪器安装，库区内阶梯水位标尺混凝土浇筑。至年末正在进行雨量站、水位站、水文站的建设。5.库周交通复建工程标段情况。该标段施工任务为新建4级公路5.60千米(其中桥梁2座)。至年末，全面完工。6.总干渠及龙碗干渠标段情况。总干渠及龙碗干渠施工、监理2016年2月17日在四川省政府政务和公共资源交易服务中心开标，确定中国水利水电第九工程局有限公司为王家沟水库总干渠及龙碗干渠施工标段施工单位，四川腾升建设工程项目管理有限公司为监理单位。至年末，完成总干渠断颈山隧洞进出口土石方开90000立方米、断颈山隧洞掘进400米、总干渠明渠土石方开挖70000立方米、新田塝隧洞进口土石方开挖500立方米，已贯通、老干田隧洞进口边坡土石方开挖1000立方米，隧洞掘进450米；龙碗干渠修复20千米。7.云胜干渠及支渠情况。施工单位已进场，正在征地。8.电气设备情况。施工单位进场，正在设备采购。

督促检查。2016年10月，川发改稽察函〔2016〕1493号文件，明确王家沟水库工程进度缓慢，导致部分中央资金闲置(7367万元，超过2年)，并限期3个月清理使用完毕，对限期未清理使用完毕的闲置资金将收回处理，且2017年不再安排中央投资资金。该事件影响程度深，范围广，县委县政府、县级各部门、王家沟水库各参建单位高度重视，成立王家沟水库工程建设稽察整改领导小组，统筹领导王家沟水库整改工作。2017年2月17日，王家沟水库在规定期限内顺利完成整改及相关汇报。

2016年12月，审计署驻成都特派员办事处到筠连对王家沟水库项目进行审计调查，发出审成特办函〔2017〕4号文件，指出王家沟水库存在项目工程进度滞后，逾期2年多仍未完工的问题。县委县政府高度重视，赓即制订整改措施，进行倒排工期、顺排工序、安排专人落实各项施工进度，整体进度推进明显，相整改方案获得审计署驻成都特派办的认可。

【后沟水库建设】后沟水库于2013年6月15日开工，是中国烟草总公司2012年前投资最大的烟草水源工程，至2017年年末，累计完成投资27638.76万元，占计划的87.48%，枢纽大坝建成，总干渠工程建设基本完成，武德干渠工程完成工程量的70%。

水库工程建设。枢纽工程主体完工，通过下闸蓄水验收。1.总干渠：变更后暗渠1910.45米，完成砼浇筑1842.96米。明渠200米，完成砼浇筑。林家屋隧洞266米、绔子房隧洞105.82米，完成衬砌。桂花树隧洞长1176.21米，完成洞1165.348米，进口洞身砼衬砌86米。绔子房渡槽10米、傍山渡槽50米、消洞渡槽30米、舒家屋渡槽60米，完成砼浇筑。其中傍山渡槽一跨槽身K2+410-k2+420段塌方损毁，无法修复，经多次查勘，研定变更为暗渠，已完成该段塌方土石渣清运。山溪渡槽完成60米底板砼浇筑。取水口节制闸完成一期混凝土浇筑。2.武德干渠：隧洞工程，至年末已贯通岩头上隧洞、新房子隧洞、大坪头A隧洞和B隧洞、陶田铺隧洞、冷杉湾隧洞、荒坡隧洞、狗颈子1号隧洞和2号隧洞、兔儿苞隧洞、杜家村隧洞。童家崖隧洞完成480米，孔明庙隧洞完成30米，扇子坝隧洞完成410米。狗颈子1#隧洞衬砌完成，狗颈子2#隧洞衬砌230米；陶田铺隧洞衬砌300米，岩头上隧洞衬砌200米。明暗渠工程，至年末完成明渠4600米、暗渠工程4200米。倒虹吸管工程，全部完成金久倒虹吸管180米，朱家沟倒虹吸管完成2700米。弃渣场工程，岩头上弃渣场、大坪头B隧洞出口弃渣场、童家崖弃渣场、小塝子弃渣场、陶田铺弃渣场、狗颈子弃渣场、兔儿苞弃渣场、汤水岩弃渣场正在施工。

库周公路建设。1.路基工程，至年末全面完成路基建设，全年完成挖土方10000立方米、挖石方25000立方米、浆砌挡墙3600立方米、砼挡墙6500立方米，排水沟完成1300立方米。2.桥梁、涵洞工程，至年末1、2号桥及涵洞全部完工。全年完成2号桥桥面铺装，1号桥上部结构及铺装、涵洞完成310米。3.路面工程，至年末路面已全面完工。全年完成手摆片石24409平方米、砼路面25665平方米，至年末仅护栏未安装。

督促检查。10月10日，市烟办、市水务局、市烟草公司查看后沟水库工程进度，要求加快工程进度，确保在节点工期内完成工程主体建设。10月12日，省烟草公司发出的下达《关于进一步加强水源工程项目建设管理的通知》"挂钩"文件，要求加强联合督导，落实项目整改；实行专项报告，全面掌握情况；做好统筹规划，降低"挂钩"影响。12月27日，市烟办、市水务局、市烟草公司到现场查看后沟水库工程建设，确保农民工工资支付，节假期间做好维稳工作。

【防汛减灾】4月7日和27日针对乡(镇)防汛人员开展两次培训，并发放防汛物资约30万元到18个乡(镇)。5月1日至10月31日防汛值班，共发生暴雨天气过程14次，其中100毫米以上降雨6次，发送预警信息53条，发送短信8449条，汇集雨情信息52843条，共转移人员904人，没有出现因暴雨导致人员伤亡情况。全年迎接省市专项检查9次，其中省级3次、市级6次。8月14日至10月31日，市防灾减灾督察组在筠连开展督察。向乡(镇)派出检查组2次，其中8月17日起县成立5个检查组对乡(镇)开展防汛隐患督察至汛期结束。

【防汛工程建设】一是双腾镇芭蕉沱防洪堤项目。于2016年12月29日经库选招标，确定施工单位为四川宝添建设工程有限公司，于2017年5月2日开工，7月10日完工，8月7日通过验收。二是2017年前的中小河流治理项目。至年末，已完成定水河塘坝乡段防洪堤和城区段防洪堤的竣工结算；镇舟河维新镇场镇段防洪堤正在完善增减变更审批和财评；巡司河巡司镇防洪堤，至年末已完善工程增减的变更财评，正在竣工结算。三是2017年投资的中小河流治理项目。因位置变更需重新初设报省水利厅再审批，8月7日省水利厅对定水河海银场镇段防洪治理工程和巡司河冒水段防洪治理工程的初设批复，12月11日完成招标并签订施工合同，施工单位已进场。四是“十三五”防洪治理项目设计单位采购于9月21日开标，由广东省水利电力勘察设计研究院中标，完成镇舟河大雪山场镇段防洪治理工程和定水河城区上游段防洪治理工程初设报告，正在送审。

【河长制工作】方案制订。2017年2月，筠连正式开展河长制工作。5月31日，县委办公室、县政府办公室印发《关于成立筠连县全面落实河长制工作领导小组设立第一总河长、总河长及其办公室的通知》，成立县河长制工作领导小组。6月7日，县委办、县政府办印发《筠连县全面落实河长制工作方案》，明确主要目标、实施范围、组织体系、工作职责、工作重点，涉及32个职能部门和41条具体职责，细化实化河长制6大任务，明确职责和任务分工及各项任务落实的时间节点。18个乡（镇）在6月30日前制发乡（镇）河长制工作方案。于9月，编制完成“清河、护岸、净水、保水”行动方案，并要求乡（镇）按方案要求开展工作。制订河长制工作考核、验收制度和方案。

组织体系建设。针对县域的6条河流，县级设立由县委、县政府、县人大、县政协副县级以上领导干部担任县级河长，乡（镇）设立由乡（镇）副科级以上领导干部担任乡（镇）河段长，村级设立由村支部书记或村主任担任村级河段长，全覆盖县域所有河（溪）流。全县共设立县级河长14名、乡（镇）级河段长36名、村级河段长236名。2月27日，县水务局组建水务局河长制工作领导小组，成立水务局河长制办公室，抽调局机关业务骨干具体负责河长制工作。8月3日，县委编办发文同意将县总河长办公室和县河长制办公室设置在县水务局，由县水务局的河长制办公室承办总河长办公室和县河长制办公室的具体业务。完善县、乡、村三级的河长制工作人员联络电话、QQ群和微信群。至年末，已报送县级信息简报20条，向市河长办报送简报26期。

制度建立。至年末，已建立《筠连县“河长制”例会报告制度》《筠连县“河长制”水生态综合治理信息化管理制度》《筠连县“河长制”工作督查（暗访）制度》《筠连县“河长制”工作投诉举报受理制度》《筠连县“河长制”重点项目推进制度》等制度。还建立有跨行政区的上下游、左右岸、区域间的协调机制的《筠连县“河长制”河道联防联治例会制度》。为使河长制工作中遇到的突出问题能及时得到处置和解决，建立县、乡（镇）河段常态化的工作机制，制订《筠连县“河长”巡河制度》。

任务细化实化。根据县域6条河流流域的具体情况，建立有“目标清单”“问题清单”“任务清单”“责任清单”的“四清单”制（即围绕水资源保护、水域岸线管理保护、水污染防治、水环境治理、水生态修复、执法监管6大任务，按照河流现状特点及存在问题，提出管理保护的总体目标和具体指标，形成“目标清单”；根据管理保护的目标，调查现状水资源、水环境和水生态方面存在的主要状况，分析存在的主要问题，建立“问题清单”；以问题为导向，研究各部门的主要任务，制订管理保护河流切实可行的措施方案，建立“任务清单”；在明确任务和措施方案前提下，进一步落实政府、社会、企业所有参与者的职责，根据责任情况监督各责任主体和参与部门履行职责落实情况，建立“责任清单”），并委托相关单位具体负责编制，其中四川水利电力工程建设监理中心负责乐义河、南广河、巡司河的编制，四川君信项目管理有限公司负责露金河（起于孔雀乡鹿井村，孔雀乡集中村出境流入云南盐津县）、镇舟河、宋江河（定水河）的“一河一策方案”编制，于8月24日提交初稿。

河长巡查。7月7日，市政府副市长、县委书记王泮带队开展河长制巡查工作。7月13日，县委副书记、县政府县长刘朝平巡河工作。其余4条河流的河长均进行各自负责河流的巡河工作，从村级河段长开始到乡级河段长，巡查管辖区域河段。村级河段长在乡级河段长巡河时报告自己负责河段的6项任务和4个清单巡查整改情况，乡级河段长在县级河长巡河时报告自己负责河段的6项任务和4个清单巡查整改情况。全年，河长和联络员单位共巡河29次。

河长制宣传。7月21日，在县级主要媒体公示县、乡两级河长，安装公示牌40块，制作乡级和村级河长公示牌240块。全年，在县电视台报道河长制工作进展12次，集中宣传和培训河长制工作2次，发放宣传单300余张，悬挂布标15条。

定水河城区段保洁。2月，完成定水河城区段保洁的劳务外包采购工作，从3月起由筠连县和易兴商贸有限公司负责管理，由县河长制办公室对河道保洁服务监督检查。经近1年的运行，定水河城区段总体较原来的保洁质量有所提高，河道卫生得到保障。

【水法规宣传】2017年，结合“科技下乡”“水法宣传周”等活动，发放《中华人民共和国水法》《中华人民共和国水土保持法》《中华人民共和国防洪法》《中华人民共和国城市供水条例》《城镇排水与污水处理条例》《最严格水资源管理制度》等资料。共出动宣传车 25 次，发放宣传资料 12 种 7000 余份，书写岩标、坎标 50 余条，接受群众咨询 1100 余人次。

【水政执法】2017 年，共办理（变更、注销）取水许可 29 件，累计保有有效取水许可证 92 件。出动执法人员 300 余人次，检查涉水事务管理对象 60 余处次，制发整改通知书 38 份，口头提出整改意见 30 次。审批水土保持方案 44 件；征收水资源费 48 万元。

【农村水电】2013 年起，响应国家节能环保发展政策，积极为县境符合条件的农村小水电争取国家资金投入改造，减少安全风险，提升企业效益。2017 年，继续争取到洞口水电站、毛家店水电站、红岩子水电站增效扩容改造工程的国家补助资金 80 万元。

【水利精准扶贫】全年，水利精准扶贫是实施农村饮水巩固提升工程，该工程为 31 个贫困村供水工程和插花贫困户饮水安全，共投入 1117 万元，其中中央省级 717 万元、县级 400 万元；用于解决全县年度 31 个贫困村及 149 个插花贫困村建档立卡贫困人口 8639 人的饮水安全。该工程于 10 月底前均全面建成，共新建水窖 277 口、维修水窖 2 口、水窖加盖 1 口、新建沉砂池 1011 口沉砂池，安装管道 1256350 米，实现年度存在饮水安全的脱贫人口 8639 人饮水安全全面达标。

【水务对口帮扶】2017 年，县水务局继续对口帮扶龙镇乡兴胜村、后溪村，制订实施方案，把兴胜村 22 户贫困户、后溪村 44 户贫困户分别按“一对一”落实到单位 44 位职工。全年，县水务局出资 35600 元、职工捐资 4185 元，用于兴胜村、后溪村集体经济发展、环境卫生整治、贫困户生产生活、年终慰问等。至年末，经省、市、县验收，兴胜村实现整村脱贫摘“帽”，贫困户 70 户、245 人实现脱贫。

（万玮）

烤烟生产

【烤烟目标】2017 年，全县烟叶目标为种植烤烟面积 1733.33 公顷，确保收购烟叶 3520 吨。因受天气影响，市烟草公司对筠连调减为收购烟叶 2750 吨。

【烤烟种植】2017 年，全县全面推进湿润育苗共 1733.33 公顷，签订电子合同 498 份，其中蒿坝烟站 242 份、高坪烟站 256 份。5 月，开展烤烟种植面积核查，共作废合同 3 户、调增面积 2 户、调减面积 1 户、新增合同 1 户，最终签订合同 496 户，面积 1473.733 公顷，涉及 13 个乡（镇）53 个种烟村，户均面积 2.96 公顷，其中 6.67 公顷以上合同 57 户。

【烤烟面积核实】一是按照省烟草公司对电子合同签订管理规定，县烟办、县烟草公司多次强调合同的严肃性，提前要求各种烟乡（镇）、烟站（点）对全县种烟农户进行摸底，收集烟农身份证号码、电话号码等多项基本信息，并核对，确保烟农基本信息的准确性。二是采用“GPS”测亩仪等手段，开展全县种烟面积核查，同时会同县烟草公司组成检查组，对所有覆盖地膜的烟田进行测量，抽查未覆盖地膜的烟田按照 30%比例，通过烟站全面核查和县烟草公司抽查，有效保证烟农种烟面积的真实性和烟农合同的真实、有效。全年，共调整电子合同 7 户，作废合同 3 户，调增面积 2 户，调减面积 1 户，新增合同 1 户。

【规模种植比例提高】一是县烟草生产办公室办多次会同县烟草公司，在各重点种烟村召开烤烟种植动员大、会，向烟农讲解年度优惠政策、回答烟农的疑问，同时拍摄宣传视频、印制“给烟农的一封信”，各站、点通过院坝会、技术培训会、走村串户等多种方式，积极宣传烤烟种植优惠政策，发放到烟农手中，全年共召开技术培训会 2216 人次，院坝会 73 次，张贴标语、发放宣传资料 2500 份。二是种烟地政府和村委会，通过多种流转方式，做好土地流转，提高适度规模种植比例。

【烟叶生产整体水平持续提升】2017 年，以做稳做优做精烤烟产业为目标，全面落实先进适用技术，使烟叶生产整体水平持续提升。一是优化品种和种植区域。严格选择适宜优质烟生长的生态环境，依据烟区生态条件、工业需求和品种适应性，选择正规烟叶品种，把劣杂品种消灭在育苗环节上，从源头上保证烟叶生长发育的良好环境，通过调整区域、优化农户和优化地块，有效地推动烤烟生产向产业化、规模化方向发展，采取 GPS 定位来核实种植地块和布局情况，确保烟地优化。二是落实生产标准和技术创新，全县湿润育苗推广率 100%。继续实施土壤改良和农家肥促腐技术，结合宽行窄株、合理密植要求，调整施肥思路，以追肥为主，看烟施肥，叶片喷施与底施相结合，促进烟株早生快发。全面推行小苗移栽、机械打窝技术，全县小苗移栽推广比例 100%。贯彻“预防为主，综合防治”的植保方针，以病虫害绿色防控体系为主线，提高烟草病虫害防治效果、效率、效益。加强水肥管理，通过发放水肥枪，增施光合菌肥，提高植株光合作用，促进烟株开片。在开展不适用烟叶处理、不断优化烟叶结构的同时强调科学采烤，重点加强对烟农成熟采收和科学烘烤的指导，智能化、密集型烘烤 100%，在保障特色烟叶风格上实现突破。三是继续加大优质烟叶生产示范。围绕“以点带面、辐射全区”的目标，共打造出各级优质烟叶生产示范片 38 处 1066.67 公顷，占全县落实面积的 72.38%，以“龙镇—合力—高兴—高坪—光明—红春—尖峰—山坝”704.33公顷标准化生产环线，更是以高标准、高质量的生产规模迎接省市烟草公司的数次检查。

【烟叶收购】截至11月9日，全县共收购烟叶2472.82吨，其中上等烟925.39吨、中等烟1413.07吨、下等烟134.36吨。收购资金57938374元，全县均价23.43元/公斤。

链接：苗山秀岭烟草专业合作社简介

苗岭烟草成立。为有效解决烟农流失、老龄化及烟区基础设施后续利用与管护等，成立筠连县高坪苗岭现代烟草专业合作社。一是规范组织结构，运用各个专业生产技术队开展劳动生产。二是规范政策扶持，规范、合理编制市县政府、各级部门及行业的支持政策和经济扶持方案。三是规范人员管理，分类管理加入合作社的496户烟农，对基地单元内按烟农基本情况、烤烟种植面积调配管理人员，实现各司其职、各尽其责的管理。

苗岭烟草经营管理。一是培育职业烟农队伍。通过专业合作社和自身技术人员定期开展培训，对烟农、烟区建档贫困户进行烤烟生产技术和经营管理技能方面的理论知识、实操技能培训，促进烟农提高生产技术水平和经营管理能力，实现贫困烟农和务工人员家门口打工挣钱。全年，培育职业烟农129名，职业烟农种烟面积占57.4%。1—9月按平均每亩请工13.8个计算，已累计实现烟叶职业烟农务工收入2450万元。

二是减工降本增收。通过建设专业化服务队伍，优化专业服务模式，推进机械化、工序化、一体化，降低劳动强度。全年县苗山秀岭烟草专业合作社和成都鑫绿蓉科技有限公司深化合作，该公司租种烤烟33.6公顷，整个生产全部由专业合作社进行专业化服务，合作社与该公司仅专业化服务合作业务额达到70余万元，纯收入5万元。同时合作社积极探索机械打窝、面向大农业进行机耕服务，实现收入13万元。

三是拓宽增收渠道。1.微生物有机肥生产。全年合作社通过与国科中农公司合作，生产复合微生物有机肥2000吨，实现业务收入400余万元，盈余18万元，同时为周边烟农带来大量工作岗位和务工需求。2.两场综合利用。利用育苗大棚闲置期间，种植新鲜时蔬、食用菌，同时合作社引进无土立体水培蔬菜种植体系，开展水培蔬菜种植，实现在不影响育苗的情况下生产蔬菜，立体利用育苗大棚空间。5—12月，各类蔬菜、食用菌累计销售1.36吨，销售额3.6万元，盈利0.9万元(合作社生产的蔬菜和食用菌采取线上、线下双线销售，打破现实和互联网销售间的隔阂，线上下单、线下配送已成为合作社销售的主要途径)。3.闲置烟地综合利用。第一种植高山蔬菜。利用烟地闲置期种植高山特色蔬菜，引导种植大户、家庭农场积极参与共同经营。鑫绿蓉公司蔬菜种植基地完成33.33公顷土地流转。9月，合作社和重庆美村农业开发有限公司达成合作意向，在筠连投资建设2660.67公顷榨菜种植基地。第二探索循环经济。依托宜宾学院，引导种植大户、家庭农场在冬闲烟地、轮作烟地种植“墨西哥玉米、黑麦草、光叶紫花苕”等牧草，形成“烤烟—牧草—肉牛—有机肥”的循环经济模式。全年实现轮作烟田产业化利用68公顷，前茬作物利用190.67公顷，引导合作社组织烟农试种牧草20公顷，养殖肉牛80余头，收入120余万元。

四是土特产“三销”。利用注册商标“土鲜森”“苗山秀岭”，开展展SC食品生产许可及绿色产品认证和“线上+线下”的O2O农特产品销售，合作社在宜宾有投资注册商贸公司1家、土特产实体销售店1家、淘宝店1家、微信微店1家。合作社生产的蔬菜、食用菌、烟农农家土特产均已上架销售，在宜宾烟区产生很大反响。经半年的试营业，营业额实现13.5万元。

(张惠)

扶贫移民

【脱贫攻坚概况】2017年，全县扶贫和移民工作紧扣“两不愁、三保障”“四个好”脱贫目标，强化组织领导、工作力量和督查督导，有效推进“六个精准”“五个一批”等中央、省委、市委、县委脱贫攻坚重大决策部署的做实落地，精准扶贫精准脱贫工作取得明显成效。全年完成26个贫困村退出，贫困人口脱贫2073户、8648人目标；累计审定退出贫困村37个，脱贫6993户、28776人，剩余贫困村24个，贫困人口3413户、13241人。年末，全县贫困发生率降到3.48%。

【财政专项扶贫资金安排使用】2017年，全县共争取到位各级财政专项扶贫资金7108.9万元，其中中央和省级4024万元、市级821万元、县级2263.9万元。

中央和省级资金4024万元的使用：一是2017年省级第一批财政专项扶贫资金2134万元，主要用于年度的预脱贫人口的产业扶持及对标补短。至年末已全面完成。二是中央和省级第二批财政专项扶贫资金887万元。其中中央资金556万元，用于易地扶贫搬迁贴息；省级财政专项扶贫资金80万元，用于维新镇沐阴村、巡司镇庆高村、镇舟镇马家村、塘坝乡双田村的资产收益扶贫项目(每村20万元)；省级财政专项扶贫资金251万元，用于扶持贫困户发展漆树和肉牛产业，至年末全面完成。三是省级住房建设分险基金610万元，用于补充全县61个贫困村的产业扶持发展基金和扶持贫困村的贫困户发展产业、弥补产业发展资金的短缺，至年末已全额发放到贫困户。四是2017年省级财政贫困村产业扶持基金奖励资金152万元，用于贫困村发展产业，至年末已全面完成。五是2017年中央财政专项扶贫资金(少数民族发展资金)81万元，其中50万元为腾达镇新民村开展肉牛产业基金试点，用于肉牛发展滚动资金扶持贫困户发展肉牛产业；30万元用于镇舟镇马家村(贫困村)公路建设，至年末已全面完成。六是2017年省级财政专项扶贫资金（支援不发达地区发展资金)40万元，主要用于乐义乡河坝村公路硬化补助，至年末已全面完成。七是2017年省级残疾人发展资金20万元，用于联合苗族乡贫困户开展资产收益扶贫，增加贫困户收入。八是2017年以工代赈项目资金100万元，主要用于联合苗族乡甜竹村大桥建设。

市级资金821万元的使用：一是市级第一批财政专项扶贫资金416万元。用于各乡(镇)对年度预脱贫人口和历年已脱贫的人口、贫困村等再次开展回头看、回头帮、实行对标补短、巩固脱贫攻坚成效、避免返贫现象以及被脱贫的现象出现，至年末已全面完成。二是市级贫困村产业扶持发展基金122万元，用于补充61个贫困村的产业扶持发展基金，每个贫困村2万元，至年末已全面完成。三是年度市级定点帮扶资金30万元。用于市级对口帮扶的筠连镇武陵村、石门村以及腾达镇新民村，帮助3个贫困村改善基础设施条件以及贫困户发展产业、实施人居环境改善。四是市级财政定点扶贫资金10万元定向用于高坪苗族乡麻园村的建圈资金，用于解决该村的贫困户养殖建圈，至年末已全面完成。五是市级第二批财政专项扶贫资金213万元，其中50万元用于沐爱镇骑龙村开展漆树产业资产收益扶贫模式，50万元用于筠连镇“1+8”脱贫奔康示范区开展资产收益扶贫模式，用以发展肉牛产业，解决产业发展与贫困户脱贫增收；83万元用于大雪山高峰村等10个偏远贫困村的对标补短项目，解决贫困村退出“一低五有”问题；6万元投入人寿保险公司，帮助贫困户购买小额人身意外保险；24万元用于贫困村第一书记驻村帮扶项目，帮助解决贫困户亟需解决的问题，至年末已全面完成。六是2017年市级第三批财政专项扶贫项目资金30万元，主要用于筠连镇五凤村肉牛产业发展项目，帮助贫困户发展肉牛产业，已全面完成。

县级资金2263.9万元的使用：一是县级预算第一批财政专项扶贫资金1681.9万元。按照《筠连县2014年、2015年已脱贫人口项目实施方案》，用于扶持2014年、2015年脱贫户发展种植业、养殖业和改善到户基础设施，进一步巩固脱贫成果、提高脱贫成效，项目覆盖贫困人口13517人。至年末已全面覆盖。二是县级配套资金174.7万元。其中配套中省第一批资金91.8万元、配套市级第一批财政专项扶贫资金82.9万元。三是全年易地扶贫搬迁第一、第二季、第三度贴息资金407.3万元。

【整合资金安排使用】2017年，全县整合第一批财政涉农资金6916.53万元。项目安排主要在4个方面。

基础设施方面。一是农村公路建设，村组道路改扩建12.5千米，村组道公路建设18千米，“1·28”地震贫困村受灾区公路建设10千米。二是贫困村便民路建设，贫困村便民路建设110千米。三是桥梁建设，贫困村大桥建设1座。四是水利工程建设，在贫困村供水工程新建30处，在贫困村小型农田水利工程养护2处，建设机电提灌站2处。

产业发展方面。一是种养殖业，扶持筠连镇、沐爱镇、联合苗族乡的贫困村、贫困户发展林业133.33公顷；扶持蒿坝镇、高坪苗族乡、联合苗族乡的贫困村、贫困户种植良种马铃薯33.33公顷；扶持全县贫困户发展能繁母牛、肉牛786头；扶持预脱贫人口发展扶持高坪苗族乡麻园村建设贫困户高山青椒产业基地26.67公顷；扶持筠连镇预脱贫户养牛183头。二是到户对标补短项目，针对2014年、2015年已脱贫人口13517人开展“回头看、回头帮”；针对年度预脱贫人口和历年已脱贫人口再次开展对标补短，共扶持4739人。

小额信贷贴息。鼓励贫困户利用扶贫小额贷款解决产业发展资金短缺问题，对年度全县小额信贷贷款贫困户3789户开展贴息，全年发放贷款7764.61万元，贴息402.14万元。

其他方面。一是易地搬迁生产设施建设，开展易地搬迁安置点养殖小区建设6个、对易地搬迁户5户开展养殖环境改善试点。二是贫困村“四好村”建设，开展扶贫新村建设21个，改善村容村貌，至年末已全面完成。三是医疗卫生计生条件改善，对43个贫困村的卫生室的医疗卫生条件进行改善，至年末已全面完成。四是文化体育活动条件改善，配套建设贫困村文化室的项目50个，至年末已全面完成。

【贫困村产业扶持发展基金注入】2017年，全县注入贫困村产业扶持发展基金4561万元。分别为：一是注入贫困村产业扶持发展基金的足额落实，全县61个贫困村每村足额落实贫困村产业扶持发展基金不低于52万元，共3247万元。二是注入插花贫困户产业扶持发展基金，为进一步做大做强产业扶持发展基金，为18个乡(镇)注入插花贫困户产业扶持发展基金每个乡(镇)30万元，共540万元。三是注入县级投入财政专项扶贫资金，调整市级住房建设分险基金234万元，补充非贫困村产业扶持发展基金，至年末县级投入财政专项扶贫资金774万元。

【贫困人口基本医疗保险全覆盖】根据《省卫计厅、人力资源社会保障厅、财政厅、民政厅、省扶贫移民局关于印发〈四川省建档立卡贫困人口医疗保障实施方案〉的通知》《四川省财政厅关于下达贫困人口参加2017年基本医疗保险个人缴费财政全额代缴政策省级补助资金的通知》，对建档立卡贫困户由财政全额代缴，省财政按照70%标准补助(105元/人)，剩余30%由县财政承担(45元/人)。根据《筠连县扶贫和移民工作局关于划拨建档立卡贫困户参加居民基本医疗保险资金的请示》《筠连县扶贫和移民工作局关于申请划拨新增建档立卡贫困人口代缴个人居民基本医疗保险的请示》，对全县建档立卡贫困人口基本医疗实现全覆盖，为贫困户代为购买城乡医疗保险，省级补助资金297.12万元，剩余部分资金全由县级财政承担。

【金融扶贫】筠连县自实施扶贫小额信贷政策以来，利用扶贫小额信贷分险基金撬动金融扶贫，县财政累计投入分险基金1200万元，累计发放小额信贷1.4亿元支持建档立卡贫困户发展生产，为贫困户稳定脱贫奠定基础。

【社会扶贫】一是扶贫日系列活动，在2017年“10·17”扶贫日系列活动中，全县机关工委承担组织动员县级党政机关、事业单位干部职工和驻筠连单位参与捐赠活动，此次活动中共募集捐款427728.5元，其中单位捐款228522元、个人捐款199206.5元。经信科技系统“扶贫日”募集活动动员企业扶贫募捐金额147730元。二是“就业援助行动”活动，共筹集助学资金28万元，举办5期培训班，培训人数300人。三是“金秋助学”活动，县总工会共筹集助学资金40.8万元，资助人数164人，其中资助困难职工家庭大学新生124人，延伸助学资助困难职工和困难农民工子女就读高中、中专(中职)40人。四是“雨露计划”，2017年，投入县级财政专项扶贫资金4.5万元，补贴贫困“两后生”60人。五是以“增智增收工程”“千会千村联万户工程”“百场万次科普引领工程”3项工程为载体助力脱贫攻坚扎实推进，以贫困村为主战场开展科技助力精准扶贫，充分发挥农技协示范引领作用，养牛协会、藤椒协会等6个协会结对帮扶6对，联系贫困户数120户，新发展培育农村专业技术协会2个、农村科普带头人2名，开展科普讲座1场，科普宣传活动52场次，发放资料10000余份，培训农民500余人次，助力脱贫90人。六是团县委持续推进助学工程，加大爱心助学、爱心助困力度，帮助贫困青少年群体缓解经济困难，其中“重啤宜宾”助学活动资助8名学生，争取到助学金1.6万元；四川烟草“诚至诚”助学活动资助学生4人，争取到助学金2万元。

【市级贫困村退出验收】2017年11月16—18日，市脱贫攻坚领导小组办公室副主任张秀丽带领市教育局、市交通局、市扶贫移民局等验收人员到筠连，采取抽查贫困村按照全覆盖验收方式进行退出验收，五凤村等28个贫困村顺利通过市级贫困村退出验收工作。

【市级贫困村退出第三方评估验收】2017年11月1—17日，宜宾学院管理学院毛国育教授带领相关验收评估组成员到筠连，采取抽查贫困村按照全覆盖验收评估方式进行第三方评估，五凤村等28个贫困村通过市级第三方评估考核检查工作。

【省级第三方评估考核】2017年12月27—30日，四川农业大学商学院院长吴秀敏带领四川农业大学相关评估组成员到所抽查贫困村按照全覆盖验收评估方式进行第三方评估，五凤村等28个贫困村通过省级第三方评估考核检查工作。

【移民工作】2017年，完成王家沟水库库底清理、工程移民分户电力设施复(改)建的工程建设工作，积极配合国土、业主、监理等部门完成相应的征地工作，完成云胜干渠及支渠招标工作，完成库周公路尾段1.2千米和新增库周公路2.79千米招标工作。

【县级相关扶贫工作会召开】2017年贫困村退出、贫困人口脱贫验收考核培训会 2017年10月26日，筠连县2017年贫困村退出、贫困人口脱贫验收考核培训会在县会议中心召开。副县长徐劲松对全县脱贫攻坚验收考核工作进行全面安排部署，县扶贫移民局对全年脱贫攻坚验收考核的程序和标准进行细致的解读和培训。县委副书记李小林强调，一是提高政治站位，切实增强责任感使命感,必须深入领会中央和省委、市委有关精神，充分认识抓好脱贫攻坚考核工作的重要性。二要严格标准程序，聚焦目标不偏向不散光，要准确把握目标任务、验收标准、工作流程。三要突出关键重点，整合力量添措施强弱项，要把“住上好房子”、人力发展集体经济、扎实抓好教育医疗扶贫、做深做细群众工作作为重中之重，务必整合力量，添措施、强弱项、补短板，全力冲刺。四要强化组织纪律，从严要求重规矩做表率，验收考核必须全面客观。发现问题必须限时整改。李小林希望各级部门要深刻理解、准确把握县委县政府的部署要求，抓好验收考核的每一个环节、每一项工作，实事求是地发现问题、解决问题，为全县脱贫攻坚再战再胜做出积极的贡献。

2017年贫困村退出验收筠连意见反馈会 2017年11月23日，筠连县2017年贫困村退出验收筠连县意见反馈会在县会议中心召开。市考核验收组组长、市扶贫移民局副局长张秀丽，各乡(镇)、县委政研室、县政府研究室、县委县政府目标督查室、22个专项和17个考核方案牵头部门主要负责人，脱贫攻坚办各专职副组长参加会议。张秀丽主持会议。张秀丽反馈筠连县2017年拟退出贫困村的验收情况及相关意见。要求，一要高度重视资料的完善性、严谨性和逻辑性，以对历史高度负责的态度确保贫困村脱贫攻坚资料完善规范。二要对滞后在建项目加快进度，确保12月底前完成。三要对标补短，积极探索村级集体经济发展壮大的有效途径，着眼长远谋划，结合各村实际精准定位，确保集体经济有活力、有持续性。四要结合走基层送温暖活动，进一步加强政策宣传，让脱贫攻坚各项政策和各级党委政府的工作举措深入人心。五要着重抓好教育保障，注重扶智与扶志一起抓，注重摆脱贫困与移风易俗齐步走，引导贫困家庭自立自强，通过从小细节、小习惯入手培养良好风气，加强艰苦创业、脱贫光荣、感恩奋进教育，用身边的脱贫故事激励贫困学生和贫困家庭自力更生决战贫困。王萍代表县四家班子感谢市验收考核组在筠连期间的辛勤工作与指导，表示筠连将按照考核组提出的意见和建议，认真梳理、逐项整改。要求，一是要不折不扣落实反馈意见，坚持问题导向，研究整改措施。二是要聚焦问题，精准施策，重点发力，进一步细化工作方案，补齐工作短板，确保整改到位。三是要持续加强政策宣传，用实在实干实绩实效迎接省上验收。

筠连县“中国社会扶贫网”推广应用培训会 2017年12月1日，筠连县“中国社会扶贫网”推广应用培训会在县会议中心三楼会场召开。县级相关企事业单位、各乡（镇）分管领导、扶贫干事、信息管理员和村级管理员，61个贫困村和96个非贫困村第一书记，县脱贫攻坚办专职副组长和全体职工参加会议。县委副书记李小林就如何做好“中国社会扶贫网”推广应用作强调，要凝聚共识，切实增强用好“中国社会扶贫网”的责任感紧迫感，把思想和行动统一到中央的决策部署上来，扎实推进全县“中国社会扶贫网”推广和应用；要下足功夫，坚决完成“中国社会扶贫网”推广应用的目标任务。针对近一段时间脱贫攻坚工作重点，李小林要求，立即抓好反馈问题的整改落实工作；聚焦聚力，充分做好省级验收评估和成效考核迎检工作。副县长徐劲松对“中国社会扶贫网”推广工作作安排部署，县扶贫移民局做“中国社会扶贫网”操作业务培训。

2017年脱贫攻坚成效省第三方评估工作汇报会 2017年12月27日，四川省脱贫攻坚成效第三方评估工作汇报会在县会议中心举行（四川省脱贫攻坚成效第三方评估专家组于12月27～30日在筠连开展脱贫攻坚成效评估工作），四川农业大学商学院院长、教授吴秀敏及省第三方评估评估专家组成员，县领导王萍、刘朝平、何跃、黄静、李小林、王涛、代屏、徐劲松、韩世全出席汇报会，县级各部门主要负责人参加汇报会。刘朝平主持汇报会。

王萍汇报全县脱贫攻坚工作成效，经精准识别，全县建档立卡贫困村61个，贫困人口较多的非贫困村96个，建档立卡贫困户10406户、42017人，其中扶持生产和就业发展一批10006户、28755人，移民搬迁安置一批2596户、9751人，低保政策兜底一批2433户、5271人，医疗救助扶持一批5181户、9473人。截至目前，已审定脱贫7024户、28588人，剩余贫困人口3413户、13241人，贫困发生率从上年底的5.67%降至3.5%，其中2017年退出26个贫困村、脱贫2073户、8648人，剩余24个贫困村计划下年退出，预脱贫2450户、9805人，贫困发生率控制在1%以下，实现整县脱贫摘帽。王萍表示：筠连始终把脱贫攻坚作为头等大事，聚焦“两不愁三保障”“四个好”目标要求，牢牢把握“六个精准”原则，大力实施“五个一批”行动，扎实推进脱贫攻坚工作。一是以精准要义贯穿脱贫攻坚，增强公信力；二是以制度建设强化政府责任，增强牵引力；三是以机制创新凸显部门帮扶，增强推动力；四是以真情联系提升扶贫队伍，增强战斗力；五是以广泛参与汇聚社会团体，增强凝聚力；六是以志技并举激活群众动能，增强内驱力。目前，经市、县分级验收，贫困人口2073户、8648人，26个贫困村退出达标，完成省下达任务。

吴秀敏指出，第三评估工作组将认真落实中央、省委、省政府对脱贫攻坚工作要求，以高度的政治责任感、使命感认真负责地做好该次脱贫攻坚省级第三方评估工作，以严谨求真、严格对标、客观公正、群众认可的原则全力做好该次工作。

刘朝平代表筠连县脱贫攻坚领导小组表态，一是高度重视该次评估工作二是积极配合，主动对接，为评估工作创造一个良好的环境；三是认真落实整改，对存在的薄弱环节和突出问题，不回避、不推诿、不敷衍，坚持高标准、严要求，集中人力、物力、财力和精力，积极查漏补缺，限时整改完善，不遗余力地全面解决存在问题。

（罗玲）

以工代赈

【工赈项目争取】 2017年，共争取到以工代赈类项目2个（即筠连县2017年易地扶贫搬迁项目、筠连县联合苗族乡甜竹大桥建设项目），总投资1.35亿元，其中财政预算内投资300万元、省预算内投资100万元、中央预算内资金1076万元、长期贴息贷款8138万元、地方政府债务资金2540万元、专项建设基金1373万元。

【工赈项目实施】 筠连县联合苗族乡集中安置点大桥建设项目，严格落实项目招投标制、监理制、合同制等制度，由四川省兴发规划建筑设计有限公司设计，四川路丰公路工程监理有限公司监理，四川省江安县交通建筑工程有限责任公司施工建设。

【工赈项目检查验收】 2017年，在项目建设过程中，县以工代赈办、乡政府和村民委员会按照各自的职能和职责对项目实施监管，形成县、乡、村“三级”联动的监督模式。至年末，联合苗族乡集中安置点大桥项目完工，已通过由县政府办、县发改局、县交通运输局、县财政局组成的县级验收小组验收。通过该项目的实施，打通安置点和场镇的链接线，解决集中安置点30多户易地扶贫搬迁户日常出行问题。

（李泽明 许奎 胡旭刚 罗斌彬）

制　造　业

制造业综述

【经信概况】 根据筠委发〔2014〕31号文件，将原筠连县经济商务信息化局和筠连县科学技术局合并，新成立筠连县经济商务信息化和科学技术局（简称县经信科技局），挂筠连县知识产权局牌子，为县政府工作部门，下属筠连县经济运行分析中心、筠连县生产力促进中心（挂"筠连县知识产权服务中心"牌子）2个事业单位。

2017年，县经信科技局以科学发展观为指导，按照县委县政府和上级主管部门的要求，紧紧围绕县委、县政府建设绿色、生态、宜居"三个筠连"总体方向，坚持"12456"发展思路不动摇，扎实工作、开拓创新，完善政策措施，加大科技投入，加强科普宣传，强化科技意识，与"十三五"相结合、与脱贫攻坚工作相结合、与人民群众现实要求相结合，各项工作取得明显成效。

【构建绿色产业发展体系】 全年，加快绿色产业发展体系构建，实现由传统农业向现代农业发展的突破，引导筠连黄牛产业大力发展，并延长筠连黄牛产业链；指导蓝伯特生物科技有限公司、凌盾生态农业科技开发有限责任公司、红军源竹业开发公司大力发展青蒿、漆树、竹笋产业。

【节能减排】 2017年，全面部署节能减排工作。广泛开展节能宣传活动，发布低碳环保宣传资料，推行绿色经济、绿色发展、可持续发展的理念，开展淘汰落后产能。全年，依法取缔位于大雪山、镇舟、武德、联合等乡（镇）的71家非法小造纸厂，推动"绿色筠连"健康发展。

【培育规上工业企业】 2017年，全县经济稳步发展，规模以上工业企业增加值增长11.2%，工业投资完成50.4亿元，其中技改投资完成25.88亿元。全年培育有三鼎天然气有限责任公司、宜宾市筠连县圣奇灵芝农业有限公司、筠连川煤芙蓉新维煤业有限公司、筠连县瑞鑫茶业有限责任公司、筠连县千秋茶业有限责任公司、世祥纯净水有限责任公司、筠连县筠山石材有限责任公司共7户企业为规上工业企业。

【培育新兴产业】 一是战略性新兴产业发展的突破，森泰页岩气有限公司日处理37万立方米LNG项目建成投产。二是培育新型工业业态，加快打造绿色食品加工重点县。立足于筠连的优势资源，依托筠姜开发项目、红薯深加工项目等21项重点工作，着力打造茶叶、肉牛、水粉等筠连特色农产品，全力培育"苦丁茶、筠连红茶、筠连黄牛、筠连粉条"4大地标品牌（筠连县筠州信诚商贸有限公司生产的"黄牛干巴"于5月6日与中国质量认证中心签订有机产品认证合同），培育龙头企业33个，其中省级4个、市级11个；建成标准化规模养牛场6个、肉牛家庭牧场6个、标准化养牛小区6个；注册农产品商标212件，其中省级著名商标4件、市级知名商标10件；"筠红"产品获北京·中国国际茶业博览会金奖，筠连红茶成为中国茶业博物馆首批入馆品牌。

（胡栋）

工业园区建设

【规划编制】 一是依法治定和调整产业园区控制性详细规划工作，在《四川筠连县巡司工业集中发展区规划（2009）》《宜宾市筠连县海瀛工业集中区西区控制性详细规划（2011）》基础上，针对不适合园区产业发展的实际，启动海瀛园区控制性详规编制前期工作，至年底完成测绘对没有测绘的45.87公顷土地。二是园区规划环评，在编制《宜宾市筠连县巡司工业集中区规划环境影响报告书（2009）》《筠连县海瀛工业集中区规划环境影响报告书（2010）》基础上，委托四川华睿公司开展巡司园区的跟踪环评工作，年末形成《关于工业园区规划环评执行情况的报告》，并通过省专家组初评。

【规划执行】 2017年，继续保持"一区三园"格局，即筠连县海瀛园区、巡司园区和规划中的镇舟园区。一是调整编制控制性详细规划。9月，市委市政府对工业园区的主导产业布局进行调整，园区管委会着手开展详规编制，已委托第三方机构编制主导产业规划、海瀛园区总体规划、详细规划。二是执行省市规划环评审查意见。坚持环保与市政设施先行原则，加大园区基础设施建设力度，进一步调整优化规划布局，严格执行省、市对海瀛、巡司园区“按照准入企业产业门类、环境门槛和清洁生产要求、水资源重复利用率、固体废物排放强度等环境门槛进行入园项目的引进及建设”的审查意见，妥善处理审查意见提出规划实施需要重视的相关问题。三是按照全市产业布局修订园区总规。已委托重庆银桥建设设计有限公司开展海瀛园区总体规划的调整编制，至年末，初稿文本形成并报已送领导。

【工作成效】 一是经济指标。全年，县工业园区固定资产投资共 17.2 亿元，其中园区企业投资 15.68 亿元、园区基础设施投资 1.52 亿元。园区营业收入 30.5 亿元，增长 30.9%；其中主导产业营业收入 6.3 亿元，比重 20.66%，增加 15.03 个百分点。园区规上工业总产值 24.6 亿元，增长 21.8%；规上工业企业增加值 11.5 亿元；规上工业企业综合能源消费量折标煤 21 万吨，规上企业用水量 130 千立方米。入园企业总户数 60 户，新增 7 户。二是基础设施建设。完成巡司园区筠巡快速通道二期工程项目、海瀛园区污水管网连通工程、瀛江河护栏工程（通过市安监验收）、环山通道（海峰至前锋段）和小湾子安置点道路及护栏工程。三是项目推进。以标准化厂房为主的精准扶贫孵化园、道路、综合服务中心、文化主题公园等软件和硬件配套基础设施的建设打包作为 PPP 项目实施，计划投资 4 亿元，至年末项目方案、资格预审方案已经政府常务会批准和县委常委会通过。

【工作创新驱动】 一是完善创新创业支持政策。2017 年，县委、县政府成立由县委书记任组长，县长、县委副书记、相关分管副县长任副组长的筠连县全面创新改革试验工作领导小组，印发《筠连县系统推进全面创新改革试验实施方案》《筠连县系统推进全面创新改革试验 2017 年工作计划》《筠连县推广四川省第一批全面创新改革试验 21 条经验实施方案》等。二是加强公共服务创新平台和产业协同创新体建设。在县政府与宜宾学院战略合作协议框架下联合建设学院——筠连县“创新创业基地”，全力推进基地建设；启动中国农业大数据基地和川南新经济创业创新孵化中心建设项目，成功举办“中国筠连首届茶产业大数据高峰论坛暨 2017 中国茶叶流通协会茶叶市场专业委员会年会和 2017 年浙川（筠）商投资大会暨川南·新经济创业创新孵化中心项目”启动仪式。县委常委会、县政府常务会、县委县政府主要及分管领导多次专题研究园区创新驱动或相关项目企业推进工作、部署相关工作。调整优化县政务服务中心、园区管委会企业服务中心职能，完成园区管委会办公场所从县城到海瀛园区的整体搬迁，梳理服务企业清单，建立企业基本情况及服务台账。三是强化园区创新创业载体。继续巩固宜宾村通科技网络公司作为“国家电子商务进农村综合示范县”的支撑和示范作用，成功引进四川天健海瀛科技有限责任公司、四川筠连优易数据有限公司作为园区创新创业载体。四是培育高新技术企业。搭建互联网创新创业平台，经认定四川蓝伯特生物科技股份有限公司为高新技术企业；引导和鼓励园区企业开展高新技术研发并向上申请专利，至年末，园区企业申请专利 23 件，获得授权专利 16 件，其中全年申请专利 6 项、获得授权专利 1 项。

【园区招商引资】 一是政策出台。县委县政府出台《筠连县扩大开放促进投资优惠暂行办法》《筠连县招商引资项目推进管理办法（试行）》《筠连县投资促进工作驻外分局管理办法（试行）》《筠连县招商引资接待管理办法（试行）》等，进一步优化投资环境和投资政策，促进投资便利化，提高招商引资质量和水平。同时园区管委会制订《筠连县工业园区招商引资工作方案》，编印汇集优惠政策、项目招商、产业链招商等的《海瀛产城融合工业园招商指南》，明确招商重点和招商工作机制，优化投资软环境，强抓服务机制，注重配套功能完善。至年底，园区招商引资引进市外到位资金 30284 万元。二是园区主导产业结构调整。筠连严格按照市委市政府《宜宾市工业园区主导产业发展纲要》确定的“生物医药产业重点发展中药材制品及其综合开发”主导产业，县政府专题会议确定拟在海瀛园区建 33.33 公顷医药产业园中园，引进 10 家医药企业，围绕 2021 年实现园区产值 200 亿元开展规划及招商。三是新包装项目，共新包装筠连县海瀛工业园区钓场建设项目、筠连县海瀛示范幼儿园建设项目、筠连县海瀛工业园花卉苗圃育苗基地建设项目、筠连县大型农产品交易市场、筠连县中药材产业基地建设及深加工项目共 5 个。三是入驻园区企业，全年入驻园区企业有宜宾市首牛食品有限公司、四川省富丹食品有限公司、溢春园食品有限公司、筠连县圣祥冷冻食品有限公司、四川天健海瀛科技有限责任公司、四川筠连优易数据有限公司、杭州华驭投资管理有限公司、筠连县魏四芗鲜食品有限公司 8 个家，协议总投资 1.86 亿元，项目全部落地。

【资源节约】 2017 年，县工业园区清理所辖海瀛园区、巡司园区土地利用情况，建立台账。至年末，工业园区利用土地共 166.08 公顷，其中海瀛园区建成 78.9 公顷、基础设施 17.68 公顷；巡司园区建成 49.35 公顷(、基础设施 20.15 公顷。园区内建成部分的单位投资强度为每亩 146.05 万元，单位产出强度为每亩 97.71 万元。

【园区安全】 2017 年，筠连县工业园区根据安全生产的动态变化，成立安全工作领导小组 5 个。一是护栏安装，投入经费 122 万余元，完成市级重大安全隐患“筠连县海瀛园区临河路段未安装护栏，易发生坠河事故，存在安全隐患"1200米的护栏安装。二是编制安全专篇,委托第三方机构编制完成海瀛园区、巡司园区安全发展规划、安全评价、应急救援预案。三是安全检查。安全日常巡查,建立安全生产责任制度、安全应急责任体系以及相关安全制度。开展"安全生产月"活动,督促企业落实安全宣传和教育培训,引导企业提高安全意识有效控制园区安全事故隐患。召开专题会议研究企业安全治理、防范意识等重点安全问题,对检查中发现的隐患,要求责令企业立即整改,对不能立即整改的,列出问题整改清单,限时完成整改。全年园区开展安全大检查8次、安全巡查20多次,发现安全隐患近100个,除1处(恒博包装厂房未验收)正在整改外,其余隐患全部完成整改。

【园区环保】 2017年,园区管委会成立环保工作领导小组,制发《关于2017年环境保护工作实施意见的通知》《关于进一步落实环境保护工作职责的通知》《关于完善环境应急防控体系建设的通知》《关于园区企业深入开展环保工作的通知》等,主动对接县环保局,着重从工业污水、生活垃圾、危险废物处置等入手,扎实开展网格化环境监管。认真推进环境信息公开,编制环境风险防范措施及应急预案,坚持以"绿水青山就是金山银山"的理念,继续做好园区环保应急体系建设,开展企业厂内清污分流专项整治,对园区内生产企业的雨污排水管网进行地毯式排查整治。全年集中环保检查9次,查出环保问题近30个,督促企业整改所有问题。有序推进园区规划环境评估的编制策划和跟踪环评工作,形成《关于工业园区规划环评执行情况的报告》,完成巡司园区跟踪环评的文本撰写,并通过省专家组初评。

(刘宇)

电力工业

【电力概况】 2017年,四川能投筠连电力有限公司(以下简称县电力公司)本着"以电改精神为方针,以股份公司的战略为核心,以县委、县政府的正确领导为发展导向,以两个效益为中心"的奋斗目标,改革创新,规范管理,生产成本有效管控,经营指标稳中有升,基本建设有序推进,党建及党风廉洁建设、脱贫攻坚等各项工作取得显著成效,产生良好的经济和社会效益。

【电力生产经营】 2017年,完成供电量4.17亿千瓦时,占年计划的86.5%,下降4.95%。综合线损率7.15%,占年度计划7.18%,下降0.03个百分点,下降0.68个百分点。实现营业总收入23466万元,占年计划的88.58%,下降10.09%。实现利润总额2983万元,占年计划的100.95%,下降22.11%;实现净资产收益率10.91%。

【电力设施建设】 2017年,省发改委下达农网升级改造投资904万元。该项目已完成现场整改、竣工验收以及结算资料编制。

【电力安全管理】 2017年,始终坚持"安全第一、预防为主、综合治理"的安全方针,牢固树立"以人为本、生命至上"的安全理念,以"强化红线意识、促进安全发展"为主题,认真贯彻落实安全生产工作一系列部署和要求。一是强化安全目标管理,加强组织领导,完善保障体系。落实安全责任制和安全"党政同责、一岗双责"责任制度,制订"安全生产目标责任书",把安全生产工作目标、责任层层分解落实到站(所)、班组和个人。二是规范隐患排查治理机制,完善隐患排查治理体系建设,全年共排查隐患78处,整改78处,共投入整改资金35余万元,共砍伐44958棵竹木。全年实现零事故。

【电力公司管理】 2017年是股份公司的改革深化年、标准化提升年、市场拓展年。县电力公司结合股份公司的战略部署,一是落实安全生产主体责任,确保全年无安全生产责任事故。二是多措并举确保电网可靠运行。三是围绕依法治企强力推进企业改革,创新经营模式,促进公司基础管理上档升级,树立公司对外窗口的良好形象,提升企业核心竞争力,全力打造现代能源服务企业。

(裴学东)

非煤矿山开采业

【非煤矿山概况】 2017年,全县非煤矿山企业52户,分布15个乡(镇),均为露天开采。开采矿种主要有建筑用料石灰石、石英砂岩、玄武岩、页岩、萤石矿。全年非煤矿山开采较为平稳,未发生任何重特大安全事故。

【石灰石开采】 2017年,全县石灰石非煤矿山45户,其中筠连镇11户、巡司镇7户、武德乡3户、蒿坝镇1户、高坪苗族乡1户、大雪山镇3户、高坎乡1户、镇舟镇3户、沐爱镇2户、乐义乡2户、维新镇3户、腾达镇4户、塘坝乡1户、双腾镇1户、联合乡1户。开采量较大的有筠连县诚实建材公司、巡司镇盛世建材采石场、沐爱镇开心采石场,年产量可达6万吨左右。

【页岩开采】 页岩开采企业1户,位于蒿坝镇。黄砂砂岩企业6户,其中腾达镇3户、双腾镇3户,主要为西南水泥厂供料,一部分销往夹江县瓷砖厂。

【非煤矿山建设】 2017年,在45家石灰岩矿山中,有43家实现中深孔爆破作业,机械二次液压破碎;2家实现机械无爆破切割。全部45家企业实现机械化铲装,机械化开采率加大，安全以及生产条件改善。

（伏大连）

筠连特色食品

【筠连粉条】 筠连粉条分产于四川省宜宾市筠连县，是以筠连红薯（又称甘薯、红苕）为主要原料，以现代加工技术结合传统工艺制作而成的淀粉粉丝，颜色为灰褐色或灰白色，丝条匀细、表面光洁，煮后晶莹透亮、口感滑腻、不断节、不浑汤，味道香甜等特点，深受人们的喜爱。以筠连粉条制作的“筠连水粉”“筠连炖鸡粉条”等小吃、名菜更是闻名遐迩、享誉全国。

筠连粉条于2016年7月获得国家地理标志保护产品。筠连粉条为红苕制成，筠连山地多盛产红苕，故多称为苕粉，在县城北郊及西南郊制作红苕粉条卖的农家户也很多。筠连红苕粉条在外小有名气，筠连籍人在外走亲戚或见客人或送礼时以特产粉条送人认为是体面的，既价钱不贵、花钱不多，送上一二十斤、几十斤，一大口袋、堆头大，认为也拿得起拿得出手。

筠连县种植红薯和加工红苕粉条已有数百年的历史，在历史发展过程中，筠连人民总结沉淀出一套独特的种植技术与加工工艺技术。

筠连粉条在制作工艺上，选取色泽鲜而白，无泥沙、无细渣和其它杂质，且无霉变，无异味的筠连红薯淀粉。先取少量红苕干粉于小型缸内拌冷水搅匀，迅速加入沸水用木竹棍或粗型筷子不断搅拌，成浓稠状的粉浆。待冷至50℃～60℃时，视生产量的多寡确定缸的大小与否，加大量干红苕粉用手用力压揉翻转成粉团，以手拿起粉团能自行向下成上大下小、匀速流动、不断节、无干粉颗粒、均匀的丝状为准。若粉团太干，则添加浓稠粉浆压揉翻转至达标粉团；若粉团太稀，则添加干红苕粉压揉翻转至达标粉团。再把粉团放入木质或铁质漏瓢中悬空用手拍进开沸水锅内形成生粉条，待生粉条煮熟捞进冷水缸进行水漂冷却，边拍边捞边漂。若是制作为筠连粉条的，则用竹竿进行均匀的摆放，在水分50%～60%时手工按条撕分、待晾晒到水分减至90%～95%，打捆包装存放，即成筠连粉条；若是制作筠连水粉的，则直接放入竹质筲箕里滤去多余水分，成为水粉以侯食客。

筠连粉条的加工场面大，粉丝较粗（相对于水粉），需晒晾干，然后捆成每把2.5公斤～5公斤便可挑上街叫卖，尤其在冬腊月，遍街都有挑筠连粉条卖的农民，家家也当置办粉条作为年货储备或年节送礼。多是送宜宾、成都、重庆等方向。其大量生产原因是各地人们喜烫火锅，而发水后的粉条是烫火锅少不得的菜品，因而加工成扁粉条远销各大中城市挤进火锅店的粉条作坊也增多了。筠连出现一些如新世纪、好而优、南方等专门生产粉条的企业，实行专业化生产。

筠连粉条用于烫火锅故是佳品，但筠连的粉条炖鸡却是一道筠连的特色菜。将乌骨鸡宰成块状放砂锅里，待到清炖脱骨，上桌前舀部分净鸡汤先煮一下发水粉条，盛在菜盆或大碗内再舀鸡块盖满便可端上桌成为主菜，是待客佳肴。

2017年，全县种植红苕2000公顷，未加工的红苕直接用作畜牧业饲料，年产红苕淀粉约3500吨，其中用于筠连粉条约2000吨、用于筠连水粉的约1200吨。筠连粉条每吨产值约2万元，红苕淀粉初加工成粉条的升值率为15～20倍，发展以筠连粉条为主的农副产品产业是筠连县富民强县的好门路。

（温涛　夏启林　夏文婷）

【筠连水粉】 筠连水粉是筠连县区域内独具特色美食，在川南、滇东北享有较高名气。成都、重庆、宜宾等地都有与筠连水粉类似的美食，名叫酸辣粉，但都不及筠连水粉地道好吃。原因是那些卖酸辣粉的大多是用干红苕粉条（丝）发软后烫煮来卖，吃起来较硬。

筠连水粉的发展历程、制作工艺与筠连粉条相似。

筠连水粉食用时将熟水粉放入开水锅内浸煮，用竹质或网状漏瓢捞起放入碗内，加入调料即制成水粉。可根据口味的不同，冒入不同的汤料制成酸辣水粉、麻辣水粉、三鲜水粉、鸡汁水粉、肥肠水粉、牛肉水粉等。最地道的数酸辣水粉与炖鸡水粉，酸辣水粉又叫素水粉，以醋与辣子红油为主要佐料，加酱油、味精、花椒面、葱花、碎米芽菜，最绝的是最后撒几粒油稣黄豆起到画龙点睛的作用，特点是酸辣咸鲜香，食后让人痛快；炖鸡水粉称为荤水粉，不放上述佐料，只是冒上炖好的鸡汤加几粒指头大小的带骨鸡丁，再撒上葱花，淡黄色的鸡油漂于汤上，缀以翠绿的葱花和乌黑的鸡丁让人垂涎，食欲大增，其特点为鲜美可口、色味俱具。

夜晚走在筠连街上，到处可见水粉摊，筠连水粉是筠连宵夜的主要食品，犹以青年女子居多。筠连水粉不仅是道美食，还在一定程度上带有一些家乡的认同，一些外出的筠连人往往会说“好想回家吃水粉哟！”

筠连的一些食品企业正在摸索将筠连水粉制成方便面式的食品，向全国推广。

（温涛　夏启林等）

【筠连黄牛】 筠连黄牛属地方良种，宜宾市唯一黄牛牛种，主产于乌蒙山北麓四川省筠连县、珙县、兴文县等，属川南山地（黄）牛。四川科学技术出版社2009年10月出版的《四川畜禽遗传资源志》、中国农业出版社2011年5月出版的《中国畜禽遗传资源志·牛志》中最大的类群、品系，四川科学技术出版社1998年12月出版的《筠连县志（1911—1985）》、方志出版社2010年11月出版的《筠连县志（198—2005）》、中华书局2011年11月出版的《宜宾市志（1911—2005）》对“筠连黄牛”发展进行了详细描述。

筠连黄牛体型紧凑结实，额扁平，牛角短，毛短，头部略粗重，角形不一，双角呈八字型或一字型，肢体端正，筋骨端正，筋腱明显，皮质坚韧，被毛黄褐色或黑色，少有杂色，四肢强健，蹄质坚实，行动快而稳。公牛 4 岁后可配种繁殖，母牛 3 岁后即可发情配种，一般 3 年 2 胎。春夏秋以放牧为主，冬季则以圈养为主，筠连黄牛主要作为耕地、运输的畜力工具使用。

1993 年起，筠连被列入四川省秸秆养牛示范县。1994 年 12 月，从四川阳坪种牛场引进 3 头西门塔尔公牛，开展筠连黄牛杂交改良。1996 年 12 月，策划并编制的《筠连县黄牛 124 工程项目建议书》；1997 年 5 月，先后通过省畜牧局、四川畜牧兽医学院（今西南大学荣昌校区）等单位专家学者鉴定。1997 年 6 月起，在四川省畜禽繁育改良总站指导下，正式开展黄牛细管冻精技术。1998 年 4 月，筠连被省畜牧食品局列入全省 15 个黄牛改良基地县，同时综合推广"秸秆氨化快速饲牛""黄牛细管冻精冷配""优质黄牛高效饲养""牛病综合防制""苗家黄牛干巴研制"等技术。同年 11 月，用"西门塔尔"细管冻精冷配筠连黄牛产生的杂交牛在联合苗族乡甜竹一社生产，犊牛初生重 16 公斤，体长 79 厘米、胸围 70 厘米、身高 70 厘米，成为宜宾市第一头细管冷配杂交牛。

2003 年 7 月初，筠连申报加强无公害畜产品，县畜牧兽医学会牛业专业委员会向省畜牧食品局提出认定为四川省无公害畜产品（肉牛）基地的申请，通过省畜牧食品局验收认定。2004 年 8 月，筠连被省畜牧食品局确定为全省 4 个无公害牛肉基地之一（宜宾市仅 1 个）。2005 年 1 月，筠连获农业部农产品质量安全中心颁发的全国无公害农产品（肉牛）认证证书（WCH0500242）。2016 年 7 月，"筠连黄牛"被国家质量监督检验检疫总局批准为国家地理标志保护产品。2017 年 11 月 8 日，中国农业历史学会畜牧兽医史专业委员会在筠连举行"中国黄牛之乡"授牌仪式。

2007 年起，县委、县政府大力实施"11115"（10 万亩优质烤烟产业带、10 万亩特色茶叶产业带、10 万头优质肉牛产业带、10 万亩优质芳香油产业带、5 万亩优质蚕桑产业带）工程、"5·20"（即 20 万亩特色茶叶产业带、20 万担优质烤烟产业带、20 万头只优质牛羊产业带、20 万亩生态经济林产业带、20 万亩生态旅游观光区）产业工程、肉牛产业"3·18·20"（即至 2020 年建成存出栏量 10000 头以上肉牛产业带 3 个、5000 头以上的示范区 18 个，至 2020 年肉牛存出栏达 20 万头以上）工程，强化肉牛特色产业培育。2017 年年末，全县牛存栏 9.66 万头，出栏 4.40 万头，肉牛产值 32615.2 万元。

（王成 夏启林）

【筠连椒麻鸡】 筠连椒麻鸡，已有 400 多年的历史。二十世纪中期，筠连县城街头不时有人挎着竹篮叫卖着几分或一角或几毛钱一点（块、坨）的椒麻鸡，到如今成为宾馆酒店的镇馆镇店之宝，更成为新时期全国各地筠连人的网红美食。2012 年 11 月，在宜宾市首届宜宾名小吃、特色餐饮名店、名优特产评选中，筠连椒麻鸡以其特有的麻辣爽口、鲜香味浓、色泽诱人、咀味悠长成为众多宜宾美食的一朵奇葩。2016 年 9 月，入选宜宾市八大"特色农家菜"。2017 年 12 月，入围"川菜弘川——2017 川菜挑战大赛"。

筠连椒麻鸡食材选用筠连乌骨鸡。筠连乌骨鸡，是筠连县汉族苗族人民经过长期自然选择形成的地方优良品种，1978 年 12 月，在筠连县团林苗族乡等地发掘白毛乌骨鸡；1996 年 2 月，四川省畜禽品种审定委员会将其与"沐川乌骨鸡""丰岩乌骨鸡"一起定为"四川山地乌骨鸡"公布保护。山地乌骨鸡开发与乌骨鸡发掘人、高级畜牧师刘兴辉（宜宾市畜牧站、宜宾地区畜牧站）的推介密切相关，20 世纪 80 年代初与筠连县畜牧兽医局高级工程师詹本奎在《筠连科普》上合作发表《筠连应大力发展乌骨鸡》（1983 年 3 月第 4 版），80 年代中期又在《（中国）家禽（杂志）》公开发表《川南山地乌骨鸡的生产性能》（1986 年第 6 期第 29 ~ 30 页）等论文，助推了筠连乌骨鸡发展。筠连乌骨鸡种质资源情况，已经收入《筠连县志（1911—1985）》和《筠连县志（1986—2005）》。

筠连乌骨鸡具有和"泰和乌骨鸡"等一样的药用价值，也具有乌皮、乌骨、乌肉、乌喙、乌爪等特征，是一种营养丰富、滋补强壮的珍品。乌骨鸡全粉水解后含有 18 种氨基酸，包括 8 种人体必需氨基酸，其中有 10 种比普通肉鸡的含量高，胡萝卜素和维生素 C 也均高于普通肉鸡，此外还含多种微量元素和常量元素，如钙、磷、铁、氯、钠、钾、镁、锌、铜等。

筠连椒麻鸡的做法：以选用 1.5 ~ 2 公斤左右的筠连农家自然放养的乌骨鸡为最佳。宰杀褪毛后，只在其腹部划一小口，小心翼翼地剜净鸡肚里的内脏，洗净待用。当铁锅里的水烧至开始冒鱼眼睛时，便将鸡放到锅里煮，加盖，每隔两三分钟翻一个面。为防止锅中的水沸腾，除文火外，还不断加冷水以淋的方式保持锅内的水不沸腾，一直使鸡在锅中保持"氽"的温度。大约十分钟左右，熄火焖一两分钟，从锅里捞出，马上浸在冷开水中，大约五分钟左右捞出，待温热时切成块状，则成筠连椒麻鸡的鸡块。经该法煮出的鸡，其肉质细嫩、绵软化口，吃起来也相当"嫩和"。

筠连椒麻鸡的配料（俗称蘸水）更为讲究，除有蒜泥、老姜汁、辣椒油、花椒面外，还有芝麻面、炒花生细末、麻油、小葱葱花、白糖等，再调配上等豆油、煮鸡的汤等，与块状鸡块拌匀，则"筠连椒麻鸡"成功，此法是鸡块与蘸水混匀，盛于大碗或盆中上桌；也可以将筠连椒麻鸡初胚、蘸水分别盛于碗中，食用时才"蘸"。

已工商注册的筠连椒麻鸡店子有曹氏口水鸡、雷七点椒麻鸡店、涛涛椒麻鸡店、姐妹椒麻鸡等，除县城外，筠连巡司、高县庆符、珙县巡场、兴文古宋、宜宾柏溪、翠屏南岸、浙江柯桥等地还有专营店。随着电子商务的普及，筠连椒麻鸡也开始网络销售。

（王成 温涛）

【筠连烧腊】 筠连烧腊是以筠连生猪的鲜猪头肉为主要原料经过特定的加工而形成的一道筠连所产的特色卤肉美食,其味道鲜美、肉香浓郁、营养丰富、肥而不腻,是一道知名的家常美食,小到家庭大到高级酒店,均能见到筠连烧腊身影,深受群众的喜爱,丰富筠连人民的饮食文化。

筠连人经商历史悠久,大约在明朝,利用茶马古道的便利开始形成赶马经商,倒买倒卖货物赚取差价,养家糊口、壮大家业,行走于上至周边的盐津、彝良、镇雄、威信、大关、昭通、毕节,下到宜宾、泸州、重庆、成都等,筠连有俗语:"肥田当不了瘦店子",道出筠连人发家致富的理念和对经商的总结,筠连烧腊伴随筠连人经商而产生。筠连烧腊传说起源于清朝中期。一般而言,经商人员一出门就是数天至几个月,如何解决经商人员路途的肉食成为一大难题。在冬春季节,经商人员的家人运用腌制腊肉的原理,将猪头去骨,把猪头肉煮熟带在经商路上食用。这样既可节约开支又方便携带食用,能保存一段时间,还能利用冬季宰杀年猪的猪头肉(在过去被当作猪内脏处理),筠连烧腊雏形因此形成。再经不断探索、总结创新,逐渐形成筠连烧腊特色,且一年四季均可食用。

筠连烧腊的主要原料种类有去骨新鲜猪头肉（猪耳、猪鼻、猪头面部肉)、猪肚、猪口条、猪脚、猪大肠、猪心、猪肘子以及禽(鸡、鸭、鹅)肉、牛肉等。所选生猪,主要是当地饲养的筠连黑猪(属盆周山地猪)及筠连黑猪与外来的大约克或长白等良种猪交配的杂交猪。

筠连烧腊的主要制用工艺:(1)选择新鲜猪头或猪肚、猪口条、猪脚、猪大肠、猪心、猪肘子、鸡、鸭、鹅、牛肉等;去骨,清洗腌制,猪肉去腥味。(2)猪头肉冷水下锅,大火烧开出去泡沫,四成熟起锅洗净待用。(3)冰糖加少量油(或少量水)熬制呈珍珠汁(糖色),加入高汤,下卤药包调味,再加入食材,卤熟待用。

筠连烧腊的味道如何,卤料调料很关键。筠连烧腊的卤料为选用多种香料熬制而成,在拌和烧腊的时候加点一点卤水,以使其味道会更加香浓。筠连烧腊主要佐料配制:(1)用于与肉混煮的卤料包(药材包)有丁香、广香、白芷、香叶、小茴、八角、三奈、紫草、毕拔、陈皮、草果、香果、广沙仁、灵草、桂皮、白扣、香茅草等。(2)用于调味的调料有生姜、冰糖、白糖、盐、酱油、醋、鸡精、味精、芝麻油、胡椒粉、大葱、葱、辣椒、芝麻、香油等。

筠连人吃"烧腊"成了一种习惯。不论大街小巷,都能见到"烧腊"摊点的踪影。每到下午四点左右,烧腊摊基本就开始摆了。家住外地的筠连人在返回时大多不会忘记顺便捎带点筠连烧腊,让家住地的朋友品尝。

筠连烧腊在县城有名的商家或摊点:城南市场工商银行旁、新华大桥桥头、城北路灯口等,在宜宾、成都、浙江柯桥等设有外销点,其中詹记筠州烧腊在宜宾城区设有专营店。

（范荣 夏文婷 王成）

【筠连黑凉粉 筠连冰粉】 筠连的凉粉并非外地作为小吃的凉粉,呈黑色,是一种夏天饮料,又是筠连的特色美食,远近闻名。

筠连黑凉粉是用一种叫凉草的植物煮水与红苕淀粉放少量碱加热搅拌加工成糊状,经降温凝固而成胶状。在无冰箱时代,当其降温凝固成胶状后置于箩筐、背篓,放入玉壶井水中再冷却,以侯食客。饮用时从泉水中捞出放碗内用竹片搅碎并加红糖水便可饮用。因凉粉墨黑如玉、晶莹剔透,享有"墨晶凉粉"的美名,筠连人习称黑凉粉。应该说昔日因有玉壶井而应运生出黑凉粉。玉壶井系县城的一泓清泉,冬暖夏凉,清凉甘冽。在冰箱、空调未进入家庭年代,一到夏天,整个玉壶井周边摆满卖黑凉粉摊摊,成了黑凉粉的世界。

筠连冰粉是用一种叫冰米子的植物搓揉胶冻而成,通体无色透明如冰一样,故得名,也是一种夏天饮料。吃法与黑凉粉一样。

筠连黑凉粉、筠连冰粉在食用方法上,既可单独食用,也可两者混合食用。

随着家电的普及,冰箱、冰柜也进入制作筠连黑凉粉的商家,加上玉壶井作为饮用水源设置栏杆进行保护,于是筠连黑凉粉开始离开玉壶井,进入一些小食店里或流动摊贩。夏天一到,筠连城里随处都能听到叫卖筠连黑凉粉的吆喝声。

（温涛）

【筠连糟黄瓜】 筠连糟黄瓜又名黄金瓜条等,属筠连咸菜类美食。筠连咸菜名声在外,其主打产品便是糟黄瓜。糟黄瓜系选用川南乌蒙山脉乳黄瓜和高山鲜红椒手工制成,口感脆嫩辣甜,咸鲜爽口,独有麻、辣、香、脆、鲜风味。

从明清时期起,筠连人就开始腌制糟黄瓜。因筠连山区有较多的喀斯特地貌,山势较高而冬天气温较低,蔬菜难种。筠连人见夏天瓜果齐全,特别是黄瓜易种且产量大,便将嫩黄瓜采摘后一个个分成条状,放在太阳下晒干;冬天蔬菜缺少时,就拿出来用冷水浸泡一段时间,伴上辣椒酱等食用,脆、辣、甜且清香可口的糟黄瓜因此而得名。昔日马帮经过筠连,常捎带"筠连糟黄瓜"于路上食用,故筠连糟黄瓜名传南丝绸古道。

改革开放初期,筠连县城各大小餐馆陆续开始选用高山嫩黄瓜和红辣椒,按照传统工艺制成糟黄瓜,作为一道佐餐咸菜免费上桌,得到人们喜爱。当时的"糟黄瓜"均为散装品,既不方便携带也无法保鲜。1996年,筠连建起第一家糟黄瓜厂,制作更加精细的糟黄瓜终于走上市场,以盒装、袋装、瓶装等形式一并上市,因其美观大方、方便携带,且保质期达8—12个月,受到消费者的青睐,产品迅速畅销省内外。

一盘盘糟黄瓜,逐渐闯出一片天地。筠连糟黄瓜已打造出"村夫""香茗""阿婆""好而优"等品牌。年销量超过2000吨,年产值逾5000万元,产品已远销美国、新加坡等地。

（温涛）

【筠连筠姜】产自四川筠连，筠姜的品种独特。筠连筠姜断面砸开后，呈现玻璃状的深棕色，故又名琥珀姜。

“筠姜”二字，源于清《成都通览》“成都之土产及各属之土产”筠连“筠姜”。《筠连县卫生志(1950—2011)》“中草药资源”的“筠连县部分中药资源名录·根茎类”中对“筠姜”的记载为：“根茎类：芦竹根、萆薢、土茯苓、当归、川芎、石菖蒲、黄龙须、白龙须、葛根、花粉、玄参、苦参、地苦胆、板蓝根、地榆、良姜、黄精、筠姜、干姜、大黄、南星、淮山、香附子、天冬、半夏、碎补、麦冬、乌豆、八爪金龙、首乌、八角莲、薤白、地宗、柿蒂等。(筠姜是筠连特产)”。

筠姜历史悠久，自有记载起，距今1300多年。唐显庆二年(657)的《新修本草》记载：“干姜：生姜，味辛，微温……生犍为川谷及荆州、扬州，九月采”。清《本草纲目拾遗》记载：“川姜：出川中，屈曲如枯枝，味最辛辣”，以上记录均是直指筠连筠姜这一品种。随着中医火神派即扶阳派的兴起，方药中大量使用筠姜配川附，取一守一走之意，相得益彰，也使筠姜的特殊价值为更多医者知晓并应用。四川卢火神卢崇汉(成都中医药大学教授、国家中医药管理局特聘学术传承人)非常推崇筠姜，认为筠姜跟一般生姜制成的干姜不同，筠姜温而不燥属温热，筠姜麻辣性没有干姜辣，能够入中一直达下，直接进入下焦。筠姜温补上中下三焦，还有回阳的作用，最适合搭配性味较燥的药材如附子类，也适合温补调理如制作姜枣饮。

筠连筠姜质地坚实，表面光泽自然，姜体饱满圆润，个头大，粉性足，纤维少，含辣素很高，姜味浓郁，是最适合中医药传统用途的生姜。筠连筠姜采用古法汉方，经特殊工艺炮制而成，姜块状色泽自然，肉质断面，较硬，使用时必须捣碎或者磨粉，药效才能充分显现。

筠连筠姜具有排汗降温、祛除风寒、健脾胃、防治肠胃炎、防治晕车、中毒急救、杀菌消炎、解酒、滋养头皮防头屑、延缓衰老、美容去疮、消除脚臭、调味增香等多重功效。筠连流传着“上床萝卜下床姜”“早上吃姜，胜过吃参汤；晚上吃姜，等于吃砒霜”“冬吃萝卜夏吃姜，不用医生开药方”“夏季常吃姜，益寿保安康”“四季吃生姜，百病一扫光”“一年之内，秋不食姜；一日之内，夜不食姜”“家备小姜，小病不慌”等诸多民谚。

（夏文婷 王成）

【筠连蛋圆子】蛋圆子在川南的历史比较悠久，俗称“头碗”，意为在宴席中必不可少而且必须上的菜。在筠连，“头碗”蛋圆子一被端上桌子，宾客齐下筷品尝，“头碗”是否美味，往往是评判整个宴席品质的标准。

筠连蛋圆子是传统的手工艺美食，没有加任何的添加剂、色素之类的化学原料，具有咸鲜、醇香、酥软、爽口特点，且不麻、不辣、不酸、不甜，食用性广泛。

筠连蛋圆子的制作，第一摊蛋皮，选购筠连的土鸡蛋，按照肉量多少进行打蛋，搅拌均匀成蛋汁待用。把铁锅预热，全锅面抹上熟猪油后，由另一人用舀子把搅拌蛋汁舀一舀倒进预热的铁锅内，厨师端着铁锅上下左右摇晃，让蛋汁分布均匀和受热均匀，很快，蛋汁就变成一张金灿灿的蛋皮。这个过程看似简单，却需要体力和深厚功力。蛋皮做好后，就开始做肉馅。第二做肉馅，猪肉要精选山地出产的黑猪肉，所选的猪肉不能太肥，也不能太瘦，把肉切成细小肉条放盆或大盆中备用。第三配佐料调味，在放有细小肉条放盆中，放入佐料。主要佐料为鸡蛋、细红苕粉、味精、盐、胡椒、花椒等。佐料的调配，每个厨师有自己掌握的配方。在盆中用手将小肉条与配料一起用力混合调匀，形成蛋圆子馅。第四烧水，根据蛋圆子量的多少选用大小不同锅，烧水至沸腾，待用。第五蛋圆子包裹。把蛋皮放在平整的菜板上，抹上少许蛋汁、蛋汁要均匀，放上蛋圆子馅，用手托着蛋皮把蛋圆子馅稍用力包裹压实成椭圆柱条，成为蛋圆子的初形，放入“蒸笼”中。再用细竹纤对包裹好初形蛋圆子蛋皮3个面上的不同位置稍用力戳出多个气孔，称放气，否则“蒸”出的初形蛋圆子会出现蛋皮粗糙、蛋圆子条断裂等。第六蒸蛋圆子，把放有初形蛋圆子的“蒸笼”抬起放入沸水的锅中“蒸”，时间十几分钟，“蒸笼”中蛋圆子就蒸熟，从锅中抬出，自然冷却，筠连蛋圆子制作成功。

冷却后的蛋圆子切成小块就可以食用；或可直接切成薄薄的小块放入盘中，上“蒸笼”蒸；或可用芋头、黄花、木耳或其他食料垫底，蛋圆子铺在面上，冒上高汤，再上“蒸笼”蒸，就成宴席上的第一道菜——头碗。

2016年7月，中国名厨技艺联盟四川分会主席、筠连籍厨师范荣作为20位中国名厨之一参加在法国巴黎举行的“中国非遗美食公益品鉴会”。其制作的蜀筠蛋圆子，在中国非遗美食(巴黎)国际邀请赛上，获得由中国烹饪协会、法国国际烹饪联合总会颁发的“特别金奖。”

随着电子商务普及，筠连蛋圆子也开始网络销售。

（温涛 夏启林）

【筠连月饼】筠连月饼历史悠久，且富硒富锌。相传清朝康熙年间，兵荒马乱后的四川人烟稀少，满目疮痍，税费难收，清康熙三十三年(1694)下诏从湖南、湖北、广东等地移民四川，麻饼的制作工艺由此进入筠连。通过传承发展，成为独具特色的筠连月饼。

筠连月饼与各流派月饼有明显不同。一是个头大重，直径一般为10～15厘米、厚约1厘米，单个重150～250克，呈圆柱体，外皮一面以芝麻缀其表、一面以模具花纹显表，内藏馅料丰富、松软适中，适合各年龄层次的消费者。二是馅料丰富，筠连月饼馅，均采用筠连特有的牛肉、猪肉、火腿、肉松、蛋黄、干果、水果等原材料，配以瓜条、桔红、砂糖、炒盐、花椒、食用油等辅料，不仅馅多，而且富硒、富锌、生态无污染。三是烤制特别，筠连月饼纯手工制作、木质模具压制，用炭火铁釜烤制，经过和面（称重）—制胚—包馅（称重）—包裹—压制成型等工序后置于铁板之上，下用炭火，上用预先烧红的大锅反扣烘烤，烤出的月饼色泽金黄、圆润饱满、酥皮清晰不乱不破、皮馅厚薄均匀，吃在嘴里唇齿留香、回味无穷。

筠连月饼的从每年的中秋前2个月就开始生产至中秋节结束。为突破节日消费的局限，县政府出台《筠连县名优农特产品营销和品牌打造意见》，扶持月饼产业创新发展，让筠连月饼成为消费者日常生活糕点。

筠连已有醒世筠子、汉月轩、刘香园、赖氏、胡氏、茶马古道、胡二娃、高氏、曹氏、糊婆婆等月饼企业40余家，创新推出了椒盐月饼、绿茶月饼、黑茶月饼、紫薯月饼、牛肉月饼、精肉月饼、熏肉月饼、火腿月饼、水果月饼、蛋黄月饼等10多种不同口感、不同风味、不同馅料的筠连月饼，以满足各地消费者不同口味需求。

筠连月饼凭借优良的品质和鲜明的地方特色，借助电商和物流，成功走出四川，进入北京、上海、广州等一线城市，设有专卖店、代销店，产品远销全国各地，深受广大所消费者喜爱。2017年，筠连月饼综合产值超过1亿元，成为南丝绸之路上绽放的产业之花。

（李彬 詹聪）

【筠连桐子叶泡粑】 筠连桐子叶粑粑是一种用米粉浆经发酵制作的特色美食，外地把它叫做发糕、白糕、蒸蒸糕、米粑等，而筠连人叫做泡粑。又因其形状及用材等不一样，又有白泡粑、碗儿粑、桐子叶粑粑等多种叫法。这种食品松软香甜，老幼咸宜，喜爱者众。筠连有两句民谣，一句叫"娃娃爱娃娃，老者爱粑粑"，老年人牙齿不好，爱吃的就是这种泡粑；一句是"钱少买不倒粑粑"，这是市场上买卖时的俗语，从这两句语，可以看出筠连人对粑粑的喜爱程度。在众多泡粑中最引为自豪的则是桐子叶包的猪油泡粑。

筠连桐子叶粑粑是选用筠连本地大米和少量糯米，先择去杂质、石子、沙粒后，经淘洗二三次、浸泡数小时，用石磨磨成米粉浆，然后静放置发酵。蒸时，在发酵后米粉浆放入生猪板油碎粒及红糖、白糖，用桐子叶包成等腰三角形状，放入蒸笼里大火蒸熟，便成了桐子叶猪油泡粑。出蒸笼时稣松泡绍、晶莹闪亮、黄金赶色、香甜适口，让人食后满嘴流油、食之不腻，吃了一个还想吃二个，这就是猪油泡粑给人的感受。桐子叶泡粑不仅用于食用，而且还用于形容人，有许多人称赞别人家孩子长得好，就说"这娃娃长得来象泡粑一样，泡稣稣的"。川剧《劝夫》中一句唱腔："人都说邱大少爷长得来是泡稣稣"，其喻意也是一样，可见人们对泡粑的可爱程度。做桐子叶猪油泡粑的桐子叶可选用鲜的也可用干的，其两者无差异。

筠连桐子叶粑粑是现做现卖，也可放于冰箱冷藏，一年四季都可以买到食用。尤其在每年的端午节，几乎是家家买桐子叶包泡粑，既自家食用又用以送人，体现一种浓浓的情谊。在外地端午节只是包棕子以纪念屈原，不知筠连人为何在端午节里除了包棕子外还做猪油泡粑?反正筠连就是这样一种风俗，一直沿袭传承至今。

随着人们物质生活的不断丰富，筠连城里开始出现做桐子叶泡粑的专业户，其中出名的有刘三姐、薛幺姨、阿里粑粑等，每年过节或周末人们外出探亲，总有人带上猪油泡粑以赠亲友，人们开着小车载着成袋的桐子叶猪油泡粑外出。

（温涛）

【筠连苗家黄牛干巴】 筠连的苗家也有美食，其中的苗家黄牛干巴就是代表。苗家黄牛干巴是筠连县高坪苗族乡(落木祥)槐树村九龙社苗族王文修老人用祖传的具有浓郁苗家特色的黄牛肉制品。该产品纯粹按黄牛自然特性加工，属富含硒绿色食品，一直作为落木祥苗族同胞益寿延年的佳肴。

筠连苗家黄牛干巴制作，选用3—6岁黄牛屠宰后，选肉色深红，纤维较长，脂肪筋膜较少，光泽有弹性，气味正常，外表微干，不粘手而且呈"大理石花纹"健康牛肉为原料。然后顺肌肉纹络将原料肉大块割下，洗尽血水后，再将牛肉沿纤维纹络切分成肉条，并在肉条中央穿一小孔以便吊起来炕烤。炕烤主要使牛肉水分蒸发，表面干燥防止细菌侵入。烘房的热源用木柴，忌用煤炭，否则易致牛肉色暗味变；炕时用明火而不能有烟。苗家黄牛干巴一般烘至九成五左右或软而不断即为成品苗家黄牛干巴。成品干巴，肉面干硬，为板栗色或板栗色泛红，刀口及中间的肉缝都封上口。上等的苗家黄牛干巴，肉厚膘肥，颜色较深，呈深板栗色，脂肪呈乳白色；干而柔软、组织致密、切片均匀、味道清香，无异味，咸淡适中。

筠连苗家黄牛干巴食用时，用40℃温水浸泡少许，然后加入少量精盐、砂糖放锅中煮熟；用刀切成薄片，色红艳，味香醇，拌入苗家特制佐料食用，营养丰富，老少皆宜。此外，还有炒、焖等多种吃法。

筠连的一些企业将筠连苗家黄牛干巴作为系列产品开发，已形成有"川苗""筠苗""筠奔"等品牌。

（温涛）

【筠连浑水粑】 筠连浑水粑是筠连一道绿色的美食，原材料取自绿色蔬菜和大米。筠连浑水粑通体晶莹翠绿，质感细腻绵糯，弹性十足，食之带有淡淡蔬菜清香。

筠连浑水粑制作，选用筠连本在大米和糯米，先择去杂质、石子、沙粒后，经淘洗二三次，在冷水中浸泡六个小时以上，蔬菜叶打成汁，蔬菜叶可选用冬寒菜叶、丝瓜叶、菠菜叶、胡萝卜等。将浸泡好的米放进石磨中，磨成米浆。将打好的蔬菜汁、石灰水，放入磨好的米浆中，加入适量的白糖，搅拌均匀后倒入一层蒸十分钟左右。再将米浆中加入黄糖、白糖、石灰水，倒入蒸好的第一层上，继续蒸十分钟。再第二层上倒入第一层用的汁，一般为三层，再继续蒸十分钟后可以起锅冷却。待冷却二十分钟后，即成了晶莹嫩绿的筠连浑水粑，再切成菱形、圆形等块状或者形状可依个人喜好而定。

浑水粑冷热均可食用，玛瑙般晶莹的质感，已经让人垂涎欲滴，送一口到嘴里，一股浓浓的丝瓜叶汁的清香，伴着若有若无的石灰水的碱味，柔柔地滑过舌尖，特有的弹劲平添几分咀嚼的乐趣，甜味再慢慢地软软化开来，回味悠长，唇齿留香……

（温涛）

四川能投筠连电力有限公司

【电力概况】2017年，四川能投筠连电力有限公司（以下简称县电力公司）本着"以电改精神为方针，以股份公司的战略为核心，以县委、县政府的正确领导为发展导向，以两个效益为中心"的目标，改革创新，规范管理，生产成本有效管控，经营指标稳中有升，基本建设有序推进，党建及党风廉洁建设、脱贫攻坚等各项工作取得显著成效，产生良好的经济和社会效益。

【电力生产经营】2017年，县电力公司完成供电量4.17亿千瓦时；售电量4.07亿千瓦时；综合线损率7.15%。

【电力设施建设】一是全面完工2015年新增农网改造升级工程。二是2016年第一批10千伏及以下项目累计完成投资5168.88万元（占投资计划的90%），已支付3876.04万元。三是完成2017年第一批农网项目的建设工作。四是完成788户易地搬迁贫困户安全可靠供电，及2017年扶贫专项工程。

【电力安全管理】全年，县电力公司未发生一般及以上责任性的人身伤亡、设备安全、职业健康和环境保护等方面的事故，全面完成安全生产目标责任。一是贯彻落实上级安全生产工作指示精神。组织召开专题会议，要求各部门、站所持续深入开展安全生产专项整治、隐患排查治理和风险防范工作。二是持续开展安全用电宣传。结合全国"安全月"宣传活动、股份公司"电力工程安全年"建设活动，县电力公司在4月14日、6月16日，采用现场提问、咨询、发放安全宣传物品等多种方式，在全县开展安全宣传活动，增强广大市民安全用电、依法用电及主动保护电力设施的意识，为广大市民更深入地了解掌握用电安全知识起到了良好的宣传效果。三是安全检查，开展"敬老院安全用电检查""今冬明春""双节、两会""隐患排查治理""汛期""国庆""中共十九大会议"的专项安全检查和每月的日常安全检查工作，共开展检查167次，派出人员303人次，检查发现各类隐患问题208项。对检查中发现的突出问题与薄弱环节，并要求各站、所高度重视，制订明确的整改计划，确保彻底消除各类安全隐患。

【汛期电力保障】进入汛期后，强化汛期安全生产工作县电力公司把各项工作细化、量化落实到人头。一是加强领导，提高认识，强化领导带班值班制度。为保障设备安全运行，积极与政府、气象部门联系，及时准确掌握最新气象信息变化情况，有针对性地制订防范措施，加强电网线路调度管控，备足抢修工具、材料及配备抢修车辆和现场应急电源，确保发生险情应急抢险队伍及时到位、物资调供到位。二是规范隐患排查治理机制，完善隐患排查治理体系建设，全年共排查隐患78处，整改78处，投入整改资金35余万元，砍伐修剪竹木共44958棵。

【内部管控】一是规范员工的考勤与薪酬发放。加强考勤管理，严格考勤，确保工作正常有序开展，形成制度化、常态化管理机制。做到考勤公正公平，不循私情，为发放员工薪酬福利提供可靠依据。二是完善基础管理体系。建全薪酬考核制度，规范员工信息档案管理，完善资料建档工作。三是加大基层员工的培训力度，提升员工的综合素质和操作技能。围绕"一个培训基地，一套培训积分体系，一支内训师资队伍，一个后备人才库"的"四个一"体系建设开展各项职业教育培训工作，制订年度培训工作计划，督促业务部门按计划开展各项培训，并对培训过程进行跟踪管理，各项培训有序开展。

【电力荣誉】2017年，县电力公司锐意进取，开拓创新，各项工作成效得到县委、政府和股份公司的肯定。县电力公司和个人分别荣获"农网规划建设先进集体""安全生产先进集体""先进工会组织""先进基层党组织"，电力公司党委书记、执行董事汪元春荣获能投集团"2017年度优秀管理工作者"、能投股份公司"2017年安全生产先进个人"称号。

（裴学东）

筠连县城市投资有限责任公司

【城投概况】筠连县城市投资有限责任公司（以下简称县城投公司）成立于2006年9月，由筠连县财政局、中国农发重点建设基金有限公司共同出资，注册资本为31455万元。主要经营城市、道路交通、旅游基础设施、环保项目、新农村建设项目、废旧矿山治理改造项目、棚户区改造建设项目、安置房建设项目（投资、融资、建设、管理）和经营性建设项目（投资、管理业务）；履行政府投资建设项目业主的职责，管理和经营政府赋予的资产。县城投公司设有董事会、监事会等机构，内部设有综合办、建设办、安置维稳办、扶贫办4个部门。

【返安房安置与办证】一是定水华庭安置。不断推进相关安置要求，根据规建城管局移交的拆迁资料，全年，完成拆迁户7户的安置，完成交房面积838.28平方米，其中门面6间面积280.54平方米、住房5套面积557.74平方米。至年末，城北A、B区段尚有4户的安置问题正在磋商和解决中。二是遗留问题的梳理及解决。城北B区段袁某某因所安置的几间门面不在同一水平线上问题，经相关工作人员与袁某某多次协商座谈，达成一致意见。定水华庭黄某某因拆迁与安置门面时间差要求补偿门面租金问题，经多方协调和多次座谈磋商，最终得以解决。三是办证等方面。县城投公司办证人员积极地对各区段市政返安房安置户的相关办证资料进行梳理并办理证件。至年末，已办理土房屋产权证26户。

【工程建设】 一是巡司中心小学校迁建工程，于2016年6月招标，由四川鸿腾建设集团有限公司中标修建。工程建筑面积18809.28平方米，总投资4097.75万元，项目主体已封顶。二是筠连县妇幼保健计划生育服务中心项目，总投资4557.87万元，建筑面积16797.44平方米。至年末所属单位工程中1单元封顶、2单元地上第二层浇筑混凝土、3单元地下室完成、4单元地上第二层浇筑混凝土。三是筠连县看守所建设项目，总投资4320万元，建筑面积13334平方米，至年末该工程房建主体全部封顶。四是筠连县基层就业和社会保障服务设施建设项目，总投资1381.58万元，至年末该工程房建主体全部封顶。

【融资投资】 一是鲁班山采煤区沉陷综合治理工程，向农发行申请中央专项基金8455万元。投入筠巡快速二期拆迁补偿及工程款4055万元、巡司小学迁建工程1866.83万元、巡司镇市政道路建设560万元。二是向中信银行贷款642万元无息贷款，用于保障性安居房工程。三是中华街棚户区改造项目，计划投资65000万元，向中国农发重点建设基金融资13000万元，本年向农发行贷款15000万元。年末，收购国资公司房款4833万元，缴纳契税及印花税195.74万元。

【城投对口帮扶】 县城投公司继续对口扶贫沐爱镇骑龙村。该村有建档立卡贫困户82户、356人，派出中层干部担任第一书记长期驻村，协助村支两委和贫困户共同制订村规划和户计划。积极解决村上的矛盾纠纷，帮助贫困户解决生产生活困难。全年，投入资金10224元，为骑龙村82户、356人贫困人口购买人身保险，为骑龙村办公室购置文件柜、文件架、办公电脑打印机等物品；现场向骑龙村82户贫困户发放米、油，折价16000余元。

（黄宇）

筠连县自来水有限责任公司

【自来水业绩】 2017年，县自来水有限责任公司（以下简称自来水公司）共售水361万吨，增长5%，总收入781万元，实现利润29.93万元，增长63%。缴纳各项税金34万元，增长20%。全年共查处违章用水16起，处罚水方7712立方米，挽回损失11506元，无安全责任事故发生。

【自来水内部管理】 自来水公司严格落实中央"八项规定""两个责任"，增强干部职工的责任意识、服务意识、效率意识。完善《城市供水突发事件应急预案》《党风廉政教育制度》《岗位廉政风险综合防控措施》。妥善解决群众问题，全年回复处理各类信访件9件，撰写工作简报15期，编发停水、节水等便民服务短信2.7万条。

【自来水营销服务】 一是加大收费征收力度，采取收费与抄表、收费与维修相结合方式，抄表人员每月在各自区域发放水费催缴单、协助水费回收，全年抄表率99%，水费回收率100%。二是制订水表管理制度，不定期对水表进行检查和抽查，及时更换损坏或运转不正常的水表，提高供水效益。1月，开通预存水费业务；3月，正式启动远程抄表。三是制订一系列抄表制度，明确工作责任和要求。明确抄表户数，对全年新增1292户用户合理划分区域。四是维修服务热线实行24小时接听，专人负责管网报漏信息的登记工作，记录报漏的时间、地点、联系电话等，做好回访。五是凡管道改造或主管维修需要停水，采用纸质、LED显示屏或短信方式及时准确的发布停水信息，让用户提前做好准备。

【管道安装与户表改造】 2017年，完成筠洲国际社区1～8号楼、14～15楼、筠州首座、纪检中心、县利民公租房及其他零星用户的安装共878户，与住户签订供用水合同206户。配合水务局改造筠连镇莲花的排洪沟，完成二水厂DN350输水管厂备用管道安装。投入12万余元对异地交流房和4.5万余元对西牛4～6组的管网增压改造。开展燎原新村聚居点给水管道改造工程。

【管道维修、查漏、改造】 2017年，维修管网543处，其中φ100～φ500主要供水管道查漏10处。完成φ90～φ250的铸铁球墨管PP-RPE管道维修25处和φ90—φ300的铸铁球墨管PP-RPE管道维修47处，确保群众正常用水。改造真武小区、小西街聋哑学校、莲花进修校至殡仪馆段等管道老化。全年更换15水表185只、20水表16只、25水表3只、40水表1只、100水表1只，减少因水表计量不准造成的损失。

【水厂管理】2017年，投入10万余元，对二水厂至城区 ф800主管网排淤排泥，检修阀门，修复阀门井，确保安全供水。充分调动抄表人员积极性，鼓励在工作、生活中多观察多留心，对发现的偷漏水行为及时反映和举报，严厉惩治偷漏水行为，营造良好的供用水秩序。定期开展查漏工作，每逢城区供水出现异常时，及时安排人员加班开展管网夜间巡查，确保城市供水管网安全运行。

【自来水对口帮扶】2017年，继续帮扶镇舟镇云岭村。一是解决用水困难，协助(镇)党委政府及村支两委衔接县交通局和县水务局，协调解决团林苗族乡至云岭村安装用水主管道，在5月将水引到云岭村。二是异地搬迁集聚点建设，提供优质水表420套，派人到异地搬迁集聚点全部安装到每户1表。三是驻村帮扶组组长江敏带领职工40余人，帮扶云岭村贫困户发展产业、看望慰问贫困户，为117户贫困户送去面条5公斤、玉米油5升。两次为云岭村二组房屋失火贫困户杨正宗协调筹集建房资金，并送上衣物等慰问品。

(李林)

四川省川南煤业有限公司鲁班山北矿

【北矿概况】四川省川南煤业有限公司鲁班山北矿(以下简称北矿)位于筠连县巡司镇盐井村三组。是四川省政府确立的重点工程建设项目，是列入全国十三个煤炭大基地规划内的筠连矿区开发建设的第一对大中型矿井。井田走向长5.9千米，倾斜宽3千米，面积为16.5平方千米。矿井年生产能力90万吨。地质储量9300万吨，工业储量9030万吨，可采储量7100万吨，服务年限67.5年。矿井于2002年11月开工，于2006年1月10日正式投产。

【北矿经营】2017年，北矿矿井生产原煤68.89万吨、掘进7743米、瓦斯抽采进尺23.9万米、瓦斯抽采3304.8万立方米、瓦斯发电4955.2万千瓦时，销售商品煤68.82万吨、平均发热量3866大卡、销售收入25539万元。

【北矿管理】北矿矿井机构设置“八部一科一处一室”，即生产部、机电运输部、地质测量部、人力资源部、供应部、煤销部、财务部、综合部、通风科、安监处、调度室；设有21个基层建制队。职工在册人数1270人。

2017年，鲁班山北矿以“苦练内功夯基础、抢抓机遇谋发展”为指导思想，坚守“安全红线意识”“依法治企、依法治矿”的底线思维，深入推进“党政同责、一岗双责、齐抓共管、失职追责”责任体系建设；以“一通三防”为主线，严格安全责任制和对标整改两个落实，认真开展“遏制重特大事故攻坚战”“一级安全生产标准化示范矿井建设”“职业卫生示范矿井建设”“安全大检查”“安全生产大整顿”、安全“体检”、“煤矿隐患排查治理长效机制建设专项”等活动，北矿矿井基本实现安全生产目标，安全周期达到2年零8个月。

【北矿要事】一是开展一级安全生产标准化建设，于10月28日通过国家煤监局专家组的验收。二是扎实开展职业卫生示范矿井建设，至年末已建成竣工，待监局验收。三是完成大巷运输“信、集、闭”系统和应急广播系统的安装并投入使用。四是完成13、14采区+450米变电所、35千伏变电所主变及高压开关更换、矿井永久排水系统。

(赵腾)

筠连川煤芙蓉新维煤业有限公司

【新维概况】筠连川煤芙蓉新维煤业有限公司(以下简称新维煤矿)位于筠连县维新镇，是四川芙蓉集团实业有限责任公司和中国华电四川珙县发电公司共同出资组建的股份制企业，设计建设总规模180万吨/天，采用一矿两井模式，由新场井田和维新井田组成，其中新场井设计生产能力60万吨/天、维新井设计生产能力120万吨/天。新场井于2016年5月取得安全生产许可证，已正式投入生产，2016年试生产原煤31. 5万吨，2017年生产原煤58. 7万吨；维新井已完成排矸斜井及井下主要运输巷的施工，副斜井于2015年10月21日与大巷贯穿，主斜井与总回风斜井2017年11月贯穿，完成总进尺7747米，因华电珙县公司暂停注资，已暂缓建设，只保留排水与通风系统。截至2017年12月底，新维煤矿完成投资206258万元，其中新场井103390万元、维新井102868万元。

【新维管理】新维煤矿采用股分制企业管理模式，设有董事会、监事会、经理层，董事长为芙蓉公司班子成员为肖绪华，经理层班子成员有8人(其中总经理、党委书记、纪委书记、财务总监、安全副总经理、生产副总经理、机电副总经理、总工程师各1名)，副总工程师设有5名，分别为财务总会计师、机电、采掘、地测、通风副总工程师各1名。设有13个科室部门，即安全监察部、通风防灾部、地质测量部、生产调度部、技术管理部、机电运输部、基建管理部、人力资源部、资产财务部、物资管理部、煤销管理部、行政管理部、党群工作部；配有8个基层队，即2个采煤队、3个掘进队、4个辅助队。有职工685人。

【新维安全工作】一是全年杜绝重伤及以上安全事故，至年末累计安全生产1767天，无一级非伤亡事故。二是瓦斯超限报警全年控制在指标内,没生煤层自然发火和煤与瓦斯突出事故。三是矿井安全生产标准化上半年达到老标准的一级,下半年按新标准达到芙蓉集团公司规划的二级水平,通过省煤监及专家组的等级评定及复查验收。

【新维经营】 2017年,新维煤矿生产原煤58.7万吨;掘进进尺6966米;打钻18.43万米;抽采瓦斯1571万立方米,瓦斯发电487.7万千瓦时。全年,新维煤矿共亏损3180万元。

(秦祖军)

筠连森泰页岩气有限公司

【森泰概况】 筠连森泰页岩气有限公司(以下简称森泰公司)成立于2012年,位于四川省宜宾市筠连县,由四川远丰森泰能源有限公司投资组建,总经理张伟,注册资金10000万元,总资产2.8亿元,员工78人;主要经营城市燃气供气项目、城市CNG站项目、LNG液化天然气厂、船舶改造项目的投资经营。

【森泰生产经营】 2017年,森泰公司生产LNG 61351.60吨,销售LNG61197.26吨,销售额22374万元,回款22393万元;全年30万立方米LNG装置有效运行355.71天,平均日产130.25吨,LNG耗电907度/吨;LNG耗气1506立方米/吨,水耗1.67方/吨。

【森泰管理】 森泰公司企业坚持合法合规治理的方针,加强合法合规管理工作;明确各职能部门的责任,增强自我约束能力,有效防范合法合规风险;完善合法合规管理制度及工作流程,促进公司业务规范、持续、稳健发展。二是强化企业管理体系标准化建设,结合发展的需要,为资本发展战略的实施提供规范化、标准化的管理制度保障,对原有的组织架构、职能职责、管理制度及工作流程重新进行统一修订和完善。三是认真学习政府相关优惠扶持政策,申报公司符合条件的各类项目资金,为企业经营减负。四是强化安全管理工作,全年,森泰公司的重伤、工亡事故为零,千人轻伤率在1‰(月均)以内;火灾、爆炸事故为零;重大、特大环境污染事故为零;重大消防、厂区交通、食品安全事故为零;事故隐患整改合格率100%,特种设备及安全附件依法检测合格率100%。无职业病。全员安全教育率100%,特殊工种持证上岗率100%。五是加强森泰企业文化建设,全年,森泰公司继续着重企业文化建设与企业管理相结合,努力营造"内和外顺"的文化氛围。用企业文化理念指导个人行为,达到符合企业发展的需要。森泰公司秉承"诚信、合作、创新、发展"的企业经营理念,坚持"发展企业、回报股东、成就员工、利及千秋"的企业宗旨,在清洁能源事业的发展道路上,真正做到"国家有益、社会有益,企业有益,员工有益",按承诺向社会提供相应的支持和帮助。全年向社会提供扶贫捐款5万元,发动职工向扶贫对象捐款2300余元。

【森泰要事】 一是向筠连县政府提交落实西部大开发税收优惠政策的协调报告,由发改局对企业是否符合国家鼓励类产业进行认定。二是与国土资源局签订了厂区51297平方米面积的国有土地出让合同,该宗土地出让金共1600万元。三是根据与筠连县人民政府签订的《筠连县页岩气利用项目投资协议书》及《2014年筠连县人民政府(第100期)会议纪要》,供地价按实际征地成本价执行,且前期的水、电、路、通信、宽带五通费用按协议规定由政府承担,加上征地补偿款、压覆矿、林地使用审核及规划论证报告等费用已由我公司垫付。申请政府落实前期征地垫付的资金及五通费用由政府审核后返还。四是加强与四川能投筠连电力有限公司沟通联系,取得直购电优惠0.014元/度,从2017年1月1日起执行,全年用电48218977度,减少电费67.5万余元。五是向县政府和其他政府部门汇报森泰公司在生产经营中存在的问题和困难,请县政府和其他政府部门帮助协调气源,解决筠连公司的问题和困难。县政府向中石油浙江油田公司和西南天然气销售公司发函,通过各级政府部门、领导们的关心支持,取得新增25万方/天气源指标的回函。

(潘跃聪)

四川蓝伯特生物科技股份有限公司

【蓝伯特概况】 四川蓝伯特生物科技股份有限公司(以下简称蓝伯特公司)位于筠连县海瀛工业园区,成立于2013年9月,注册资金4000万元。蓝伯特公司从煤炭行业转型发展现代科技产业,是区域实施产业转型升级战略的重点招商引资企业。蓝伯特公司产业快速稳健发展,得到省、市、县各级党委、政府、相关部门以及金融系统的高度重视和大力支持,同时受到各级新闻媒体的广泛关注及社会各界的高度好评。

蓝伯特公司依托川滇黔三省结合部丰富的中药材及天然产物资源,致力于天然植物提取物、日化产品、消毒产品的生产和销售,实行多元化产品开发战略,发展绿色循环经济产业链。

蓝伯特公司主要产品有青蒿素、青蒿油、青蒿蜡等植物提取物,衍生开发青蒿洗护系列产品、青蒿牙膏、青蒿本色纸等日化产品。

【蓝伯特生产经营】 至2017年，蓝伯特公司投资逾2亿元,并建有3.33公顷全国唯一的青蒿优良品种选育资源库;通过"公司+合作社+农户+基地"的发展模式,带动发展1333.33公顷青蒿种植基地，其中蓝伯特科技园占地面积4.67公顷;建有青蒿素、青蒿蜡、青蒿油等多功能植物提取物生产线以及青蒿手工皂生产线;年产青蒿素100吨的生产线,青蒿素市场占有率达30%。2017年,蓝伯特公司实现总产值6610万元。

【蓝伯特企业管理】 蓝伯特公司以基地建设、生产研发为工作重点,组建有财务部、研发部、生产部、基地部、市场部、法律部、人力资源部、后勤部、办公室共"8部1室"机构,全面启动各项工作。蓝伯特公司坚持"四化"互动("产业链条化、运转高效化、科技现代化、产品品牌化")的发展思路,以全新理念大力推进"互联网+现代农业"以及"互联网+现代生物科技产业"，实现企业成功转型和健康发展。

蓝伯特公司采取流转土地和"公司+合作社+基地+大户+小户"的发展模式,建基地、抓大户、带小户,做强做大产业基地。通过建立完善的原料基地、工厂、科研、市场体系,形成"一二三产业互动、全产业链运行"的发展机制。公司不仅为农民提供劳动岗位和技术服务,还免费提供化肥农药等支持，切实解决农民销售难、务工难、技术难等问题。

【蓝伯特成果】 2017年,蓝伯特公司成为全球基金(抗击艾滋病、结核病和疟疾的国际金融机构)青蒿素采购名录企业。2月,蓝伯特公司获宜宾市科学技术进步一等奖、宜宾市科技创新奖;10月，蓝伯特公司研发中心被评定为"四川省企业技术中心";12月,被认证为"国家高新技术企业";获"省级农业产业化重点龙头企业""省级林业产业化重点龙头企业"荣誉称号。至年底,蓝伯特公司已拥有核心专利16项(其中发明专利1项、实用新型14项、外观专利1项),合作开发专利20余项;拥有"蓝伯特""泰草堂""蒿本预炎""自然态度"等注册商标20余个。"泰草堂"品牌获中国中轻产品质量保障中心"中国3·15诚信企业"证书。

【蓝伯特要事】 蓝伯特公司分别与中国中医科学院中药研究所、四川大学、重庆理工大学药学与生物工程学院、宜宾学院化学与化工学院、广州中医药大学等院所确立产学研合作关系。同时,与广东新南方药业集团、广东罗浮山国药股份有限公司、江苏斯威森生物医药公司、上海迪赛诺药业有限公司等建立全面的战略及市场合作关系。

(邓杰)

商品贸易与投资

集贸市场管理

【集贸市场概况】2017 年，全县有 18 个城乡集贸市场，其中县城为城南市场、城北市场、筠山都市市场，均属专业化市场；乡(镇)为维新镇、大雪山、塘坝乡、武德乡、腾达镇、双腾镇、蒿坝镇、龙镇乡、乐义乡、巡司镇、沐爱镇、镇舟镇、高坎乡、高坪苗族乡集贸市场。

全县有规范化农贸市场 14 个，占地规模 3.47 公顷，经营面积 2.9 万平方米，摊位 1909 个，入场经营 1504 户，就业人员 1925 人，市场交易额 3.013 亿元，其中农产品交易额 22750 万元。新建高坎乡农贸市场 1 个，总投资 110 万元，建设面积 1200 平方米，新增摊位 150 个；塘坝乡、大雪山镇农贸市场完成升级改造。塘坝乡投资 30 万元，建成占地 1700 平方米农贸市场；大雪山镇投资 20 万元，建成 700 平方米农贸市场 1 个。

【县城农贸市场】2017 年，加强县城农贸市场管理，推进“省文明城市”“全国卫生城市”创建。根据方便居民生活的原则，结合城市建设总体规划，关闭中城临时农贸市场，提升城南、城北、筠山都市、定水 4 个农贸市场公共服务功能。强化城区农贸市场食品安全、环境卫生管理，规范市场经营秩序，规范城区农贸市场进出口摆摊设点，杜绝占道经营、以街为市现象。设立农产品交易区，搭建筠连农产品销售平台，推广微信电子商务支付方式，满足人民群众不断提高的生活需求。全年，筠山都市农贸市场获市级市场改造资金补助 8 万元 。

【专业市场】全县共有 4 个专业市场（廉溪苦丁茶专业市场、海瀛茶叶交易市场、百兴水果交易市场、水茨村川南肉牛交易市场)，全年全县茶园总面积达 13587 公顷，茶叶总产量 11500 吨，茶农 4.78 万户，茶叶专业市场为茶叶销售做出积极贡献。川南肉牛交易市场占地面积 2.67 公顷，是集肉牛交易、养殖、加工为一体的农业产业化企业，随着全县肉牛养殖规模的快速增长，川南肉牛交易市场交易量不断增加，全年实现肉牛交易 8000 余头，市场交易额超 0.5 亿元。

【城乡集贸市场环境综合治理】一是县工商局牵头，由县环保局、县公安局、县规建城管局等单位参与配合，共同开展城乡集贸市场治理行动，全年共出动执法人员 574 人次，检查集贸市场 149 个次。二是开展农贸市场食品安全专项整治行动 20 次。三是开展环境治理部门联合行动 7 次，拆除违规设置户外广告 24 幅，纠正违规停放车辆 75 辆，纠正骑门摊点经营 72 户，整治占道经营 59 户次，整治占用消防通道行为 58 户次。四是指导乡(镇)集贸市场环境综合治理，共开展指导 12 次。五是对全县 18 个农贸市场开展不定期安全生产隐患抽查整治工作。

【中城临时市场拆迁关闭】从 2016 年末起，县政府为解决中城临时市场的拆迁关闭问题，由县工商局牵头，多次组织召集县规建城管局、县公安局、消防大队、县食药监局、县国税局、县地税局等部门就中城临时市场关闭开展协调推进，与临时市场管理方先后谈判 8 次，为临时市场内经营户入驻筠山都市市场进行多方协调，中城临时市场上访问题和筠山都市市场上访问题全面化解。代县中城临时市场关闭工作领导小组拟定工作实施方案、临时市场限期停止使用通告，代县政府拟回复报告 6 次。于 2017 年 9 月 7 日启动关闭拆除中城临时市场工作，至 9 月 21 日，临时市场内经营户搬离完成，中城临时市场的拆迁工作全面结束，市政绿化工程施工完毕。

【筠山都市市场监管】一是为确保市场内经营秩序稳定，县工商局出动执法人员 25 人次，开展乡镇集贸市场脏、乱、差专项整治，取缔占道经营户 15 户，取缔骑门经营 8 户，责令整改环境卫生 3 户。二是按照“清洁化、秩序化、优美化、制度化”标准，协助经信部门抓好市场的规划建设和改造升级工作。三是开展重大节假日前食品安全专项整治行动，积极配合食品药品管理部门抓好集贸市场食品质量安全管理工作。

（刘熙　刘宗文）

商贸工作

【商务项目建设】一是拓展销售渠道项目 3 个。筠连县泓济大药房投资35万元新建面积100平方米药品零售店1个；宜宾醒世茶业有限责任公司投资35万元新建面积130平方米茶叶专卖店1个；宜宾市蜀建农业开发有限公司投资170万元建设油茶树基地1年，建成直营门店2个、油茶树电子商务销售平台1个。二是农贸市场新建和升级改造项目3个。筠连县塘坝乡投资30万元，建成占地1700平方米农贸市场；筠连大雪山镇投资20万元，建成700平方米农贸市场一个；高坎乡投资54万元，建成1000平方米农贸市场1个。三是商业综合体建设项目1个，筠连县华正房产有限责任公司投资300万元，对建筑面积为11713.18平方米的商业综合体筠连县筠都新天地A段商业中心进行装修。四是苦丁茶“冬青御品”品牌建设和市场拓展项目。筠连县冬青御品茶业有限责任公司投资150万元，入驻商超50家并在成都建设45平方米直营店1个。五是农特产品品牌推广项目20个。县政府组织投资982万元进行筠连农特产品品牌和市场推广。

【电子商务运行】一是县乡村三级电商公共服务体系建设。完成总面积4500平方米的集产品展示、电商培训、企业孵化、创业创新、会议宣传、品牌打造、产品溯源、电商公共服务运营技术支撑体系、企业集聚、农产品标准化推广应用等公共服务为一体的电子商务公共服务中心。二是县乡村三级物流体系建设。海瀛工业园区内建设县级物流集散中心1个、县级冷链物流集散中心1个，17个乡镇物流配送站（筠连镇由县级物流配送中心直接配送）、160个村级物流配送点。三是电子商务旅游平台建设。淘宝筠连特色农产品馆、去赶场、邮乐购、邮小宝、益农社、筠连旅游等平台运行良好。四是电商载体建设。筠连电商孵化基地已成功孵化小微型企业25家，带动就业岗位103个。五是成立电子商务协会。2016年10月9日成立电子商务协会，有会员37户，通过《筠连县电子商务协会章程》，实现对电商行业监督管理。六是引进中国农业大数据生态基地落户筠连。2017年7月24日，中国农业大数据生态基地落户筠连签约仪式在筠连县举行。

【商务项目争取】2017年，积极争取商务项目资金。一是获得省级内贸流通示范县项目资金600万元用于支持内贸流通企业项目建设、品牌建设和市场推广以促进内贸企业发展。二是2017年省级外经贸资金57万元用于支持外贸企业发展。

【商贸产业扶贫规划】2017年，继续实施商贸产业扶贫规划。县乡村三级物流配送体系、三级电子商务公共服务体系、农特产品企业市场拓展项目、贫困县招商引资和贸易促进平台等内容建设中。

【商贸展销】2017年，以“惠民购物全川行动”为平台，在宜宾成功举办“2017宜宾·筠连迎春年货及进口商品智慧型购物节”“筠茶飘香 香满戎州筠连茶叶品鉴会”“筠连县第二届月饼节暨名优农特产品展示展销活动”；县内成功组织企业参加“中国（筠连）首届茶产业大数据高峰论坛”“春风村李花节”“筠州杯·钓鱼赛”农特产品展销活动，开展促进消费、拉动内需的迎春购物月活动、以激活“暑期经济”消费为主的消费促进活动。

【外出参展】2017年，县经信科技局组织县域企业参加“川货全国行”系列活动，在北京成功举办“筠连县产业扶贫项目洽谈会暨农特产品推广会，组织5户企业参加2017川茶网购节暨宜宾走进春熙路线上线下体验活动、2户企业参加川货全国行·上海站、1户企业参川货全国行·广州站，推进“万企出国门”活动，重点组织2户企业参加第121届广交会、3户企业参加美国世界茶业博览会。通过系列活动的开展，帮助筠连名优农特产品企业实现现场交易额406万元、签订意向性订单1300余万元。

【经济运行监测体系建设】2017年，县经信科技局完善经济运行监测体系，进一步提升经济运行质量。一是科学分解落实经济发展的各项目标任务，明确职责。二是准确及时分析经济运行过程中存在的问题和困难，找出解决问题的办法和途径，提高经济运行的质量。三是在财政资金困难的形势下，充分考虑企业的实际困难，对企业统计人员实行工作补助，稳定统计人员队伍。

（林吉群）

商贸流通

【日用品批发】2017年，全县日用品交易主要集中在金鑫步行街、城南农贸市场，从事日用品零售的店铺70多家，尚未形成专业的批发市场，以街为市经营日用化妆品、小家电等，品种齐全，绿源超市、世纪华联超市、家乐超市主要承担县城日用品零售。

【日用品农家店建设】 2017年，加快全县标准化农家店建设步伐，完善农村商业网点建设，改善农村消费环境，满足广大农村市场需求。新建高坎乡农贸市场1个，总投资110万元，建设面积1200平方米，新增摊位150个；塘坝乡、大雪山镇农贸市场完成升级改造。塘坝乡投资30万元，建成占地1700平方米农贸市场；大雪山镇投资20万元，建成700平方米农贸市场一个。

【消费品零售业】2017年，全县完成社会消费品零售总额42.77亿元。一是超市销售起伏不大。筠连绿源超市、世纪华联超市、筠连加乐超市和部分小型日用品社区超市销售额增幅总体不高,超市零售价格全年稳定,年底有小幅上涨。二是专业零售发展平稳。中低档服装鞋类销售增幅微小,中高档服装鞋类销售增幅较往年有所下降。家电、摩托车和汽车销售变缓,家电销售行业发展较快,特别是数码产品,全县手机专卖店数量 80 余家,销售品牌和销售种类齐全。餐饮业同比下降,住宿业稳步增长,蜀亨、浙商、华都等大型酒店经营状况良好。

【电商销售】 2017 年,淘宝筠连特色农产品馆、去赶场、邮乐购、邮小宝、益农社、筠连旅游等平台运行良好,各平台、企业通过线下展销、线上销售、预购、众筹等多种形式开展农产品上行,全县触网企业 300 余家。O2O 体验馆展销筠连特色农产品,通过线上线下包装推广乡村旅游景点清溪沟茶文化主题公园、春风村等,乡村旅游蓬勃发展。特色农产品(红茶、苦丁茶、粉条、红豆腐、糟黄瓜、红薯粉、折耳根、腊肉等)、手工艺品、生活日用品等 SKU 达到 3000 余个,数十个特色农产品网络热销,全年全县电子商务交易额 10.9 亿元,增长 33.8%,直接或间接带动 11407 人创业就业。

【图书报刊发行】 2017 年,图书及报刊主要以新华文轩书店为主,其余为县城小型书店和报刊零售亭,报刊发行主要由邮政分公司进行。

【餐饮住宿服务】 2017 年,全县餐饮业竞争激烈,中餐仍以浙商大酒店、华都酒店、更生园酒店、蜀亨大酒店、金缘大酒店等为主,河滨道、府后街等街道的小型餐馆生意火爆,经营种类繁多,包括中餐、火锅、烧烤、海鲜、西餐厅等。连锁经营店有必来客快餐店、麦加乐面包房、华莱士快餐等,形成筠连快餐连锁竞争。全年酒店消费以大众宴席、中餐、火锅为主,餐饮业主要是大众化消费。

【特色饮食】 2017 年,全县饮食呈现多样化,筠连水粉、筠连椒麻鸡仍是消费者最喜欢的食品,县城的白老幺椒麻鸡、雷七点椒麻鸡、魏四芗鲜水粉较为出名。

【餐饮网络销售】 2017 年,全县餐饮网络销售发展迅速,以年轻消费者为主。全县餐饮微商 12 家,筠连私房菜、鑫荣家宴、徐二娘小吃店、筠连土特产店等特色店。

【宾馆住宿】 2017 年,浙商大酒店入住率高、清溪沟商务酒店、金缘大酒店、筠连木易蜀亨大酒店、天河温泉酒店、筠连宾馆全年入住率超过 50%,经营状况良好。明珠茶楼、洪川茶楼、大桥宾馆、广场宾馆、华容宾馆、定泉宾馆、一品红茶楼等 20 余户私人家庭式旅馆因方便快捷、价格便宜,占据一定市场份额。

(林吉群)

电子商务

【国家级电子商务进农村示范县建设】 筠连县自 2016 年 8 月成功申报为“国家级电子商务进农村示范县”后,加快推进项目建设。2017 年主要工作如下:

承办企业的确定　通过公开招投标,于 6 月 28 日完成“国家级电子商务进农村示范县”全部项目的招投标。县乡村三级电子商务公共服务体系建设、县乡村三级物流体系建设、冷链物流体系建设由宜宾村通网络科技有限公司中标,电子商务旅游建设由筠连县淘金创谷电子商务有限公司中标。

县乡村三级电商公共服务体系　一是建成总面积 4500 平方米的集产品展示、电商培训、企业孵化、创业创新、会议宣传、品牌打造、产品溯源、电商公共服务运营技术支撑体系、企业集聚、农产品标准化推广应用等公共服务为一体的电子商务公共服务中心。二是公共服务集网点托管、产品拍摄、创业孵化、品牌打造以及为乡镇、村级公共服务网点提供话费代缴、网络通讯、金融服务、农资电商服务等功能。三是在 18 个乡(镇)建成不低于 40 平方米,配备至少 1 个专职人员,具备电脑、电话、打印机、仓储、桌椅等设施设备的乡(镇)电子商务公共服务站,提供代买代卖、物流快递转运、生活便民缴费等服务。四是建成 160 个村级电子商务服务点,每个网点面积不低于 20 平方米,配备电脑、打印机、扫码机、桌椅、仓储等设施设备,提供便民缴费、代买代卖、快递收发等便民服务。至年末,电商服务站点月均销售额超 3000 元。

县乡村三级物流体系　全年,承办企业在海瀛工业园区内建设县级物流集散中心 1 个、县级冷链物流集散中心 1 个,17 个乡(镇)物流配送站(筠连镇由县级物流配送中心直接配送)、160 个村级物流配送点。乡镇覆盖率 100%,行政村覆盖率 65.8%,贫困村覆盖率 100%。其中,第一县级物流集散中心占地 2.67 公顷,包含快递物流仓库 2000 平方米,大型、农资物流仓库 2000 平方米,托运仓库 1200 平方米,室外堆场 5000 平方米。邮政、申通、圆通、中通、韵达、德邦、顺丰等物流快递企业相继入驻。至年末,县物流集散中心配置有三套物流分拣系统,共同配送货运车 4 辆,规划邮路 4 条初步实现物流配送中心的分拣、共同配送功能,物流配送成本显著降低,物流配送效率大大增强,县级物流配送中心至村级快递收发点 1—3 天完成配送。第二县级冷链物流集散中心占地 2 公顷,内含 10 个冷冻、冷藏、保鲜库,冷库建筑面积共 1000 平方米。冷链物流集散中心基本实现冷链仓储、快速检验检测、农产品加工于一体的现代化物流集散中心。

电子商务旅游　自成功申报全国电子商务进农村综合示范县后,个体、传统企业、电商平台蓬勃发展。第一,淘宝筠连特色农产品馆、去赶场、邮乐购、邮小宝、益农社、筠连旅游等平台运行良好。各平台、企业通过线下展销、线上销售、预购、众筹等多种形式开展农产品上行。全年，全县有触网企业300余家，触网率50%以上。打造020体验馆等，展示展销筠连特色农产品。通过线上线下包装推广乡村旅游景点清溪沟茶文化主题公园、春风村等，乡村旅游蓬勃发展。第二，农产品(红茶、苦丁茶、粉条、红豆腐、糟黄瓜、红薯粉、折耳根、腊肉等)、手工艺品、生活日用品等SKU达到3000余个，数十个特色农产品网络热销，全年全县电子商务交易额10.9亿元，增长33.8%，直接或间接带动11407人创业就业。

项目培训 从7月起，承办企业成立电商培训学校，多渠道与企业、专门机构合作对大学生村官、专业大户、加工企业管理人员、返乡农民工、建档立卡贫困户、网点服务人员进行电商普及性、金融通信便民服务等增值性业务技能培训，共开展培训144期、培训14029人次。

【电商载体建设】 2017年，筠连电商孵化基地已成功孵化小微型企业25家，带动就业岗位103个。从2016年9月设立“筠连县电子商务培训学校”至2017年年末，累计培训建卡贫困户人员、大学生、返乡农民工共10000余人次。

【流通领域电商应用】 推进农贸市场、商场超市、餐饮、家政等传统商贸流通向电子商务转型升级，推动醒世、绿品农业、妈妈的茶、圣奇灵芝合作社、青山绿水合作社等20多家企业和农业合作组织通过淘宝、京东、苏宁等平台开展网上营销，黄金白露、筠连粉条、苗家黄牛干巴、糟黄瓜、糯米蛋等10余款农产品成为网络热销品牌。

【电商考察学习】 4月24—28日，由县委常委、政法委书记詹立带队，组织财政局、交通局、扶贫移民局、经信科技局等相关部门负责人和电商企业代表到全国县域电子商务发展先进的浙江杭州市考察学习。

【成立电商协会】 10月9日召开筠连县电子商务协会成立，有会员37户，通过《筠连县电子商务协会章程》，实现对电商行业监督管理。

【地理标志申报】 筠连已取得筠连黄牛、筠连红茶、筠连苦丁茶、筠连粉条4个国家级地理标志保护品牌，拟申报“筠姜”为国家级地理标志

【农产品质量追溯体系】 5月4日，县委副书记、县政府县长刘朝平就合作建设筠连县农特产品质量追溯体系项目与杭州天演维真股份有限公司总经理任滨签订框架合作协议，严格保护筠连特色农产品品牌、质量。至年底，已完成醒世、双星、冬青御品茶叶3个基地溯源系统打造。

【品牌推广】 一是聘请顾问，聘请国家级电商项目评审专家、复旦大学电子商务研究中心副主任邵明博士为筠连发展顾问，并与其签订技术咨询合同，完成《筠连红茶、苦丁茶、粉条品牌推广实施方案》《筠连文创旅游推广实施方案》。二是农副产品销售体系项目方案。县经信科技局牵头制订《筠连县主要网销产品品牌打造的意见》报县政府审定通过，代县政府拟草的《筠连2016年工业企业、服务业企业考核结果及电商产业扶持、品牌培育打造补助方案》已经县政府十六届第6次常务会议审议通过，将“电子商务企业做大做强奖补”从20万元调增到25万元；按“三重一大”原则，提交县委常委会讨论通过。

【电商项目引进】 一是引进中国农业大数据生态基地落户筠连，7月24日，中国农业大数据生态基地落户筠连签约仪式在筠连县举行。中国农业大数据生态基地落户筠连，将充分发挥大数据作为生产力要素对跨行业领域和公共管理的支撑作用，推进筠连传统产业转型升级、县域经济加快发展。合作中，筠连将继续营造良好合作环境。二是引进“华驭创业创新”“筠人回筠孵化园”运营项目。依托双方自身资源和特色，结成战略合作伙伴关系，资源共享，优势互补，集聚创新创业人才、项目，引进培育高新技术产业，助推筠连县高新科技产业和创新创业的发展，为经济增长增添新动力。

(李明骏)

物流工作

【物流概况】 2017年，全县物流业以公路运输为主，物流企业多为第三方物流，主要以零担为主，承担经营水泥、煤炭、石材等大型物资以及蔬菜、茶叶、水果运输，物流业对全县经济社会发展的贡献日益凸显。县境有国道(G246)63千米，省道(S444、S312)83千米，县道100.62千米，乡村道路共1400千米以上，铁路18.72千米。全年，全县货运量749万吨、货物周转量48547万吨/千米，货运量呈上升趋势。

【国家级电子商务进农村综合示范县乡村三级物流体系建设】 全年，承办企业在海瀛工业园区内建设县级物流集散中心1个、县级冷链物流集散中心1个，17个乡镇物流配送站（筠连镇由县级物流配送中心直接配送）、160个村级物流配送点。乡镇覆盖率100%，行政村覆盖率65.8%，贫困村覆盖率100%。其中县级物流集散中心占地2.67公顷，包含快递物流仓库2000平方米，大型、农资物流仓库2000平方米，托运仓库1200平方米，室外堆场5000平方

米。邮政、申通、圆通、中通、韵达、德邦、顺丰等物流快递企业相继入驻。年末,县物流集散中心配置三套物流分拣系统,4辆共同配送货运车,规划邮路4条初步实现物流配送中心的分拣、共同配送功能,物流配送成本显著降低。县级物流配送中心至村级快递收发点1—3天完成配送;县级冷链物流集散中心占地2公顷,内含10个冷冻、冷藏、保鲜库,冷库建筑面积总计1000平方米。冷链物流集散中心基本实现冷链仓储、快速检验检测、农产品加工于一体的现代化物流集散中心。

【邮政物流】筠连县邮政分公司网点设置。全县有8个自办邮政局所、23个邮政代办所、6个邮亭,邮政便民服务站(村邮站)84个。

邮路设置 主邮路1条,单程162千米,转接邮路23条,单程384千米。县城投递人员5人,农村投递人员23人。主邮路1条(逐日班):筠连—巡司—沐爱—镇舟—落木柔—维新—腾达—六号信箱—双腾—塘坝—筠连,每日8时出发把进口邮件送到各支局,14时30分把全县出口邮件运到县城。支线邮路24条:筠连—海瀛、筠连—廉溪、筠连—古楼、筠连—大地、筠连—景阳、筠连—筠中、巡司—红星、巡司—礼义、巡司—武德、巡司—大乐、巡司—蒿坝、沐爱—沐义、沐爱—金銮、沐爱—中心、镇舟—高坎、大雪山—高坪、大雪山—团林、大雪山—自由、大雪山—东红、大雪山—解放、大雪山—联合、维新—乐义、双腾—龙镇、塘坝—孔雀、城区设置有3个段道,负责全城区的投递。

【快递物流】至年末,入驻筠连县有寄递物流、普通货物运输等企业共28家,其中寄递类15家、运输类13家,有运输车辆375台,从业人员达千人以上,此外还有各类小型物流企业近百家。物流企业均可收发全国各地货物,部分乡(镇)具备物流配送能力。寄递物流企业在大部分乡(镇)有加盟店或服务点近70个。全年收件22.5万件、派件96.08万件,平均成本9.83元。

【快递物流检验】全县寄递物流企业已做到100%先验视后封箱、100%实名收寄、100%通过X光机安全检查,全面推广和运用"四川省寄递e通",强化寄递物流企业实施先现场验视后封箱并加盖验视章、比对核实寄件人有效身份信息加盖验证章、通过X光机安检等关键环节监管,并拍照上传"寄递e通监管"平台备查,实现有轨迹可查,有源头可溯,确保寄递物流企业操作规范,杜绝寄递物流业违法违规事件发生,实现安全生产。

【普通货物运输企业】筠连县鑫宇物流运输公司,从事筠连至宜宾货运业务15年,为筠连最大的普通货物运输公司,有13辆车,每天3辆车往返宜宾筠连3次以上。随着电子商务发展,该公司运输业务剧增,2017年营业额超500万元,年均增长37%。筠连县世纪物流有限公司,从事货运业务9年,有12辆车,每天6辆车发往宜宾、云南昭通、彝良,为筠连重点货运公司。其他小型货运公司有5家,从事乡(镇)货运的车辆每天至少13辆。专业电商货运公司1家,即宜宾市村通网络科技有限公司。

【大型物资运输企业】2017年,全县大型物资运输公司有宜宾市铁龙运业有限公司、筠连县顺安物流服务有限公司、宜宾市度信贸易有限公司、筠连县和泰物流有限公司、筠连县大豪运业有限公司、宜宾市鑫马汽车贸易有限公司、筠连县兴达运业有限公司、筠连县四友运输有限公司、筠连县鸿运汽车运输有限公司、筠连县存科各类汽车修理厂、筠连县顺祥物流服务有限公司等13家,主要运输煤炭、水泥、石材等大型物资,总车辆375辆,货运总吨位4000余吨。

【现代物流管理】现代物流业是一个跨行业、跨部门、渗透性极强的综合产业。成立县物流工作领导小组,由县政府牵头,县商务、国土、规建、工商、税务、交通、银行等相关部门参加,主要负责现代物流业发展战略研究、重大物流基础设施项目的组织协调和相关政策的研制,明晰管理职责,精简管理流程。协调政府各部门合理分工、通力协作,共同促进和推动筠连物流业发展,进一步建立和完善"县—乡—村三级"现代物流体系。

【发展中的不足】一是物流企业规模偏小。全县物流企业规模小、档次低、实力弱、专业化水平低,家庭夫妻店的现象较普遍。行业缺乏功能齐全、竞争力强的物流骨干企业,专业化、规模化和信息化的第三方物流未出现,县域交通优势未得到发挥。二是行业内部恶性竞争。县内各物流企业大都单打独斗,采取各种手段吸引客户,有时甚至以牺牲自身利益为代价,造成行业内部竞相压价,形成恶性竞争。三是抵御风险能力脆弱。因缺乏专业化的第三方物流服务企业,在外的物流企业多以货运站、货运点等个体工商户形式存在,不具备企业法人资格,不能提供定制化的物流增值服务,市场风险抵御能力脆弱,随时可被激烈残酷的市场竞争所淘汰。四是行业发展氛围不浓。各物流企业普遍存在"重生产轻流通"落后观念,重视不够,优惠政策也难落实,缺乏现代物流业发展的强力保障。

(李明骏)

粮油贸易

【粮油供应】制订《筠连县粮食应急预案》,健全应急监测预警机制,结合放心粮油网络项目建设,完善粮油应急供应网点,初步建立覆盖各行政村的应急供应体系。收集全县4户粮油加工、转化用粮经营户月报经营相关数据,按照上级的粮食经营台账格式指导粮食企业和经营户正确填写、指导企业和经营户通过网络直报统计报表,对上报数据进行在线审核。从监测情况看,全年累计从生产者收购粮食0.65万吨、累计销售粮食0.59万吨,主要受种植结构调整和云贵等省外企业在宜宾收购等因素影响,市场粮源减少,全县粮食购销呈现总体回落态势;受到粮油供需、宏观经济等综合因素影响,全县主要粮食品种价格总体呈小幅波动。

【军粮供应】 2017年,军粮供应工作围绕"高质量保供应"中心,坚持"质量第一、服务第一、信誉第一""军供工作无小事"的理念,着力打造全天候军粮供应保障体系。完善军供网点,加快建设全天候军粮供应保障体系和平战结合的主副食保障平台,为驻筠连部队官兵出色地完成军事训练、战备执勤等军事行动提供军粮供应保障。

【粮油市场监管】 2017年,组织大规模检查3次,对排查出的隐患明确整改时限、整改责任人,形成倒逼机制,挂图整改,将隐患消除在萌芽阶段。一是政策性粮食监督检查,结合夏粮、秋粮收购市场实际情况,依照省、市开展夏粮秋粮收购专项执法检查要求,确定执法检查对象、区域和检查内容。在检查过程中,对4个乡(镇)主产粮食的收购网点和粮食经营企业的收购场所及收购油菜籽的加工作坊进行重点检查。开展夏粮、秋粮收购专项检查4次,出动执法人员36人次,累计检查粮食经营企业32个次,个体粮食收购经营者42个次,未发现任何违规行为。二是面向社会粮食流通监督检查,全年共开展各项检查30次,出动66人次,检查粮油经营户40个次。全年共查办案件2例,均为警告案件。通过严格程序,依法行政,规范操作,至年末,全县无一例案件被复议。三是开展市场成品粮销售质量、有无产品合格证、有无陈化粮流入口粮市场的等检查,并对经营场所环境卫生、店容店貌、包装堆码、分品种堆放等影响食品卫生安全情况进行检查登记,对不合乎标准的,督促整改。对国有粮食企业库存进行检查,确保县级粮食储备安全。公开粮食法规、政策规定,公开粮食行政许可审批办理程序,自觉接受社会监督,各项相关规范性文件及时报送备案机关备案;依法、公正、及时办理粮食行政许可审批事项,全年无因粮食部门过错责任受到投诉、曝光、媒体批评或行政复议、诉讼。

【科学储粮】 一是推广储粮新技术,全面推广电子测温、环流熏蒸和机械通风。二是推进信息化管理设施建设,结合实际,拟定建设规划,积极筹措资金,尽早实施。三是严格质量监管,实行粮食质量三级把关制度,确保入库质量达标。加强地方储备粮日常管理和监督检查,提高科学储粮水平。四是搞好储备粮轮换,结合国家托市收购政策,创新收购方式,多形式组织收购,最大限度地掌握粮源。

【仓储管理】 一是规范操作程序。修订完善储备粮合同管理、资格认定、轮换审批、质量检验、库存检查、出入库手续等业务管理制度,建立完善财务管理、人事管理及粮食购销公司内部岗位工作标准、仓储管理技术标准办法,细化、量化岗位职责和技术操作规范,形成完备的规章制度,汇编成册,悬挂上墙。把储备粮管理任务分解落实到每个时段、每个岗位,使每个员工都熟知应该"做什么、怎么做",实现仓储保管"一口清"。二是推行标准化管理。参照中储粮系统管理模式,统一印制仓库标志牌、保管专账、专卡。三是组织督查考核。从制度建设、标准化管理、队伍建设、仓储设施、库容库貌等方面,对储备库的规范化管理工作全面考核,实现工作监控日常化。

【粮油宣传】 一是集中宣传。5月,开展粮食流通行政执法宣传月活动,贯彻落实《粮食流通管理条例》和相关配套政策,以发放宣传单、有奖知识问答等形式宣传,提高群众对宣传月活动的重要性和必要性认识。二是日常宣传。围绕"规范粮食流通管理、确保粮食流通安全"主题,在粮食行业内部,重温《粮食流通管理条例》《粮食流通监督检查暂行办法》等相关政策,提高执法队伍的业务素质。针对粮食经营户、重点户,开展入户入店面对面座谈宣传,提高依法经营意识。在社会宣传,深入集贸市场、大米市场开展活动,采取悬挂标语横幅,播放宣传光碟,设立咨询台,组织现场问答等多种形式进行广泛宣传,累计发放宣传材料2000余份,"条例"小册子300余份。投入资金1万余元,在海瀛粮油工业园区利用发放文件、邮政编码牌、墙报、宣传单等形式,向社会宣传仓储物流设施保护的重要性和粮食安全知识。

【海瀛粮油工业园区利用】 总投资6000余万元,占地3.47公顷的海瀛粮油工业园区建成投入使用后,又先后进行低温库改造、仓储设施完善等,提升粮食储运能力。2017年,储存粮食14000余吨,进驻企业7家,仓储和厂房利用率80%以上;引进粮食企业进驻园区,培育粮食类龙头企业2个,引进电商企业2家,茶叶企业1家。全年调入稻谷12000余吨(其中代储国家储备粮6000余吨、托市收购6000余吨),县级储备粮2500吨。

【项目资金争取】 2017年,争取到粮食智能库建设省级资金23万元,继续推进粮库智能化升级改造。

【粮食对口帮扶】 2017年继续对口帮扶大雪山镇夏泉村,结对帮户24户,对口帮扶困难群众92人。参与村上的村道公路、文化广场建设、危房改造,全年组织单位职工捐款捐物及亲民惠民扶贫送温暖、献爱心活动3次，筹措物资资金2.5万余元，帮助困难群众解决生产生活问题。采取多种形式动员各方面力量筹资引资，协助夏泉村实施2017年省级财政幸福美丽新村建设，协调财政资金72万元，用于基础设施和公共服务设施建设，硬化公路2.4千米，新建便民路2千米，安装垃圾桶15个；协调上级资金4.2万元，用于文化广场建设，安装路灯54盏。产业扶持上，协助实施2017年第一批财政扶贫资金23.72万元，用于贫困户建圈和发展生猪养殖。危房改造上，协助实施危房改造14户，协调补助资金21.7万元

(詹霞)

烟草专卖

【烤烟生产】 2017年，全县全面推进烟苗湿润育苗1733.33公顷；签订电子合同496户，落实烤烟种植面积1473.73公顷，涉及13个乡(镇)的53个种烟村，户均面积2.97公顷。发放各类肥料1910.22吨，到位率100%，其中复合肥685.72吨、专用追肥97.96吨、硫酸钾293.88吨、硝酸钾97.96吨、有机肥734.7吨。

【无偿提供烟草物资】 2017年，县烟草专卖局向烟农无偿提供烤烟生产物资折款700.92万元，其中育苗物资(烟种、苗盘、棚膜、基质、防虫网)193.87万元、各类肥料438.3万元、各类农药植保设备68.75万元。

【烟基建设】 2017年，全县完成年度密集型烤房设备维修更换192座，投入维修更换资金73.924万元；采购育苗设施20个，行业补贴24.581万元。实施烟叶生产基础设施建设项目227个，投入资金928.96万元，建成水池350立方米5口，管网3条0.47千米，机耕道27条19.13千米。

【烟农培训】 一是县烟草公司多次会同县烟办，在各重点种烟村召开烤烟种植动员大会，向烟农讲解年度优惠政策，回答烟农的疑问，同时拍摄视频、印制《给烟农的一封信》，由各烟草站(点)通过院坝会、技术培训会、走村串户等多种方式，发放到烟农手中，宣传烤烟种植优惠政策，提高烟农积极性，全县共召开技术培训会、院坝会73次，培训2216人次，张贴标语、发放资料2500余份。

【种烟面积核查】 2017，通过多种流转方式，提高适度规模种植比例，全县规模种植比例占73%。按照省烟草公司对电子合同签订管理规定，各烟草站(点)对种烟农户进行摸底，收集烟农身份证号码、电话号码等多项基本信息并核对，确保准确性；采用"GPS"测亩仪等手段，核查全县种烟面积。县烟草公司会同县烟办组成检查组，测量对所有覆盖地膜的烟田行、未覆盖地膜的烟田按照30%的比例抽查，有效保证烟农种烟面积的真实性。

【种烟技术提升】 优化品种和种植区域 严格选择适宜优质烟生长的生态环境，依据烟区生态条件、工业需求和品种适应性，选择烟叶品种，下大力气、苦功夫把劣杂品种消灭在育苗环节上，从源头上保证烟叶生长发育的良好环境，通过调整区域、优化农户和优化地块，有效推动烤烟生产向产业化、规模化方向发展，采取GPS定位方式核实种植地块和布局情况，确保烟地优化。

落实生产标准和技术创新 全年全县湿润育苗推广率达100%。继续实施土壤改良和农家肥促腐技术，结合宽行窄株、合理密植要求，调整施肥思路，以追肥为主，看烟施肥，叶片喷施与底施相结合，有效促进烟株早生快发。全面推行小苗移栽、机械打窝技术，通过持续推广和技术培训，全县小苗移栽推广比例100%。加强水肥管理，通过发放水肥枪，增施光合菌肥，提高植株光合作用，促进烟株开片。全面贯彻"预防为主，综合防治"的病虫害植保工作方针，以绿色防控体系为主线，提高烟草病虫害防治效果、效率、效益。同时开展不适用烟叶处理、不断优化烟叶结构，强调科学采烤，加强对烟农成熟采收和科学烘烤的指导，100%实行智能化、密集型烘烤，力求在保障特色烟叶风格上实现突破。

继续加大优质烟叶生产示范 围绕"以点带面、辐射全区"目标，加大示范片、示范环线建设力度，做到人人有示范、处处有示范，示范片建设取得突破。全年全县共打造各级优质烟叶生产示范片38处，占全县落实面积的36.27%，以"龙镇—合力—高坪—红春—镇舟—山坝"704公顷标准化生产环线，以高标准、高质量的生产规模迎接省市烟草公司的数次检查。

【职业烟农培育】 2017年，通过合作社和自身技术人员定期开展培训，对烟农、烟区建档立贫困户进行烤烟生产技术、经营管理技能方面的理论知识、实操技能培训，促进烟农提高生产技术水平和经营管理能力，实现贫困烟农和工人家门口打工挣钱。全年培育职业烟农129名，培育烤烟产业工人600余名，职业烟农种烟面积占57.4%。1–12月按平均每亩请工13.8个计算，累计实现烟叶职业工人务工收入2450万元。

【烟草队伍管理】 2017年，县烟草专卖局进一步完善制度措施，强化对制度执行的监督检查，制订《烤烟生产分阶段检查考核办法》《烟叶板块功效挂钩考核管理办法》，通过管理考核落实岗位工作的过程把控，把管理工作做得更严格、更深入、更细致。进一步加强生产技术人员管理，保证烤烟生产工作的正常、有序、高效运行，烟叶科逐月安

排工作重点和各阶段工作重点，对照标准定期开展工作检查，及时发现问题，限期整改，并把检查结果与烤烟生产人员的效益工资挂钩，以维护制度的严肃性，有效激发烟草基层人员的工作积极性、创造性和行动力。创新“钉钉”管理模式，有效解决技术人员“下乡难到岗”考核的问题，杜绝懈怠、提振队伍士气。

【烟叶收购】 2017年，受自然灾害影响，部分烟农烟叶减产。全县烟叶收购在13个烟点进行，累计收购烤烟2472822公斤，其中上等烟925392.35公斤，中等烟1413064.85公斤，全县均价23.43元/公斤。同时联合合作社开展专业化分级散叶收购业务，全县在高坪、高兴、蒿坝3个收购点开展试点工作，共收购1147500公斤。

【收购烟叶服务】 一是改善烟站(点)条件，继续开展“四个一”(一个微笑、一声问候、一杯茶水、一顿便餐)服务烟农活动，为烟农营造良好的交售环境。针对严控烟叶质量的要求，向烟农及时做好宣传、解释以及后勤服务，避免因收购质量造成群体性事件，在收购期间，向烟农提供1120件方便。二是强化管理。收购前，县烟草专卖局制发预检预验实施方案、收购质量管理办法、仓储及调运管理办法、收购工作纪律，与各烟草站签订“烟叶等级目标责任书”“廉洁承诺书”，强化对预检预验、收购质量、烟叶调运及收购人员管理，保证收购工作顺利。三是强化预检。严把入户预检关、严防预检走过场，要求预检员加强对烟农分级技术指导，实行入户预检100%，减少混青、混色、混部、混级现象，确保预检后的烟叶达到部位清、颜色清、组别清，提高把内纯度，增加烟农效益。县烟草专卖局还开展预检电话抽查，确保预检人员出勤率和工作效果。四是强化巡检。严格要求各收购点，100%做到挂样对样收购、做到每日收购前平衡眼光，关仓后总结纠偏；在收购部位转换阶段，及时统一收购眼光，平衡收购标准。成立质量巡检小组，不定期到各收购点开展每月4次以上的巡查，对存在问题现场纠正，对问题较突出的烟点出具“整改通知书”，停称整改，并处罚。

【卷烟销售】 2017年，筠连烟草专卖局(分公司)共销售卷烟11989.29箱，占全年销售计划的100.33%，增加319.069箱，增长2.73%；完成销售收入30098.81万元，增加1910.81万元，增长6.78%；实现毛利7470.17万元，占毛利计划的103.75%，增加489.2781万元，增长7.01%。

【烟草执法】 2017年，县烟草专卖局查获各类涉烟违法案件171起，其中案值5万元以上案件13起(真烟案8起、假烟案5起)，查获违法卷烟220.95万支，涉烟案值146.19万元，上缴罚没款11.25万元。在公安机关的配合下成功破获“0707”销售非法卷烟网络案，捣毁假烟销售存储窝点8个，现场查获100余个品牌共71.55万支涉案卷烟，实物案值55.9万余元，假烟销售的银行卡、账册、账单若干，刑事拘留5人，逮捕1人，起诉1人。结案的2016年“1205”网络案件通过省烟草专卖局验收。

【烟草公益行动】 一是烟叶生产期间，向烟农免费提供种子、农药、肥料、薄膜等烟用物资，折合资金700.92万元。二是出资120万元，为烟农购买政策性保险。三是投入611万元，在筠连镇五凤村进行基础设施建设。四是为栋梁工程捐款3050元。五是向“1·28”地震灾区捐款9300元，其中分公司捐款3000元、职工捐款6300元。六是“扶贫日”捐款5万元，维修筠连镇石门村道路。七是向苗山秀岭烟草专业合作社的扶持项目捐款10万元。

【烟草对口帮扶】 2017年，继续精准帮扶蒿坝镇贫困户，在高坪村、中山村对贫困户进行一对一帮扶，帮扶54户贫困户。通过及时收集贫困户信息，根据贫困户现有技能水平及文化程度，分类进行帮扶，积极和村上联系，共同想法使贫困户通过养牛、养猪、养鸡、鸭鹅、种烟到帮种烟大户务工、政策兜底、学费减免等相应帮扶措施，帮助其解决生活、收入问题。全年全体职工上门拜访对口贫困户16次，送去米、油、衣物折资4.22万元、现金0.44万元。3月22日，为蒿坝镇中心校和合力村小学捐赠爱心包裹，折合资金0.23万元。出资6000元，为蒿坝镇贫困户购买团体小额保险。“扶贫日”捐款3800元。

(喻杰)

食盐管理

【盐业概况】 2017年，四川省盐业总公司筠连支公司(以下简称筠连盐业公司)有编制14人，在岗职工人数9人，离退休4人，病退1人。盐政稽查所在职6人，所长1人，稽查人员5人。筠连盐业公司和盐政稽查所两块招牌一套人员开展工作。

【盐业职能移交】 2017年，按《国务院关于印发盐业体制改革方案的通知》《四川省人民政府关于印发四川省盐业体制改革实施方案的通知》，筠连盐业公司积极参加盐业体制改革。于12月29日，筠连盐业公司向县食品药品监督管理局移交盐业监管职能(食盐质量监管监管)，向县经济商务信息化和科学技术局移交盐业监管职能(食盐行业监管)，并共向县经信科技局、食药监局移交案件188件、资料90份。

【食盐经营】 一是食盐供应。全县加碘食盐计划任务1250吨、工业加工用盐40吨，完成调运1400吨。全年，无脱销，保障人民生活用盐。二是拓展多种经营。全县建立川盐连锁店20个、川盐连锁专柜50个，并增加中粮荆楚花菜籽油，德花牌食用油、宜香牌大米等的多种经营。

（李权）

供销合作

【供销改革】 9月11日，县委县政府印发《关于深化供销合作社综合改革的实施意见》，明确未来五年全县供销合作社工作的指导思想、发展方向、目标任务、工作重点。

【为农服务平台建立】 一是实施"互联网+供销社"行动计划，发展农村电子商务，提升供销社综合服务能力。与宜宾村通公司合伙成立宜宾聚点电子商务有限公司，搭建为农服务平台和农村电商区域共享平台。至年末，宜宾聚点电子商务有限公司已建立县级运营中心1个、乡（镇）电商便民服务站18个、农村电商便民服务点160个，为农民生产生活提供方便。二是加强与"供销e家"、京东、阿里巴巴等线上平台的对接服务，采取"网络+实体"方式，打造"畾田网络平台+县级运营公司+乡（镇）电商服务站+村（社区）综合服务社"的便民服务体系。至2017年年底，建成覆盖18个乡（镇）的便民服务体系。

【农村合作经济组织联合会成立】 2017年11月24日，县委办公室、县政府办公室印发《关于建立筠连县农村合作经济组织联合会及乡（镇）分会的通知》文件，建立县农村合作经济组织联合会，将农村合作经济组织与各类为农服务组织有机联合，形成以农户家庭经营为基础、合作与联合为纽带、农业社会化服务体系为支撑立体式复合型现代农业经营体系，促进农业现代化和城乡一体化发展，助农增收，构建生产、供销、信用"三位一体"合作经济组织体系。

【县级农资储备制度建立】 按照"企业储备、银行贷款、财政定额补贴、市场化运作"管理原则，为起到预防农资价格过快上涨、农业生产救灾、贫困和边远地区调剂的目的，积极争取县财政支持，对一定数额的化肥、农药、农膜进行储备，以备急时之需。至年末，已与县内最大农资销售公司取得联系，双方就具体合作事宜整在协商，走签订合同程序。

【基层供销社建设】 一是强化对农民专业合作社的指导和管理，培养一批农村新型经营主体为农村一、二、三产业融合发展，助农增收奠定基础，其中宜宾醒世茶业有限责任公司、宜宾市双星茶业有限责任公司为省级龙头企业，筠连县顺阳山家庭农场、筠连县大雪山家庭林场、筠连县武德乡嘉运家庭农场、筠连县镇舟镇栗凤农场等为省级家庭农场。二是组织实施"基层供销社示范建设工程"，筹建基层示范社2个（即腾达海灯种植专业合作社、乐义民旺中药材种植专合社），由县供销合作联社牵头，采取与农民专业合作社共建、依托农村综合服务社（庄稼医院、经营服务网点）升级改建、结对帮扶援建等方式新建基层供销社，吸纳农民和各类新型农业经营主体入社。全年新建基层社20个，实现乡（镇）基层供销社全覆盖。

【农村适用人才培训】 2017年，依托市供销社培训中心、县级电商人才培训、职教中心等平台，共培训专合组织、农产品经纪人210人次。

【农村社会化服务能力强化】 整合原有经营网点，通过改造提升，规范发展农村社区综合服务社和庄稼医院，吸收成熟的农资、农药、日用消费品经营门店加盟，统一标识、整体包装，打造社区综合服务社和庄稼医院，推进农资连锁经营网点建设，重点对已建的农村社区综合服务社、庄稼医院逐步升级改造和后续服务。在条件成熟的农民专业合作社逐步推进电子商务平台建设，拓宽服务领域。全年，新建村级综合服务社45个。为各再生资源回收网点制订制度，健全服务公约，指导开展购销经营，改善人居环境，促进再生资源的循环利用。

【供销遗留问题解决】 2017年，针对供销系统的116名下岗职工在1985—1991年的养老保险断档，急需补缴的遗留问题。县供销社积极与县社保局等部门沟通，想办法与社保补缴对象取得联系，主动提供证据帮助符合条件的下岗职工补缴断档社保。至年末，已有81人补缴成功，其余因外出工作、迁居他乡、去世等各种原因，尚未取得联系。已联系到的人员均及时把补缴养老保险款转至补缴对象个人账户，解决大部分即将退休的生活困难的下岗职工因社保断档导致工龄缩短社保金减少的问题。与巡司镇、县残联、县民政局、县社保局等单位联系，向供销社改制前的困难职工王某某、黄某2人提供帮助、解决生活困难，有序推进供销社综合改革。

【供销社对口帮扶】 2017年，县供销社继续对口帮扶蒿坝镇平安村，按照驻村工作组"五个一"要求，宣传扶贫政策，帮助贫困户树立脱贫致富的信心，支持贫困户产业发展。全年，为平安村提供党建精准扶贫资金2万元，为贫困户购买人身意外险3000元，为贫困户购买米面油等物资共7000元，"扶贫日"职工爱心捐资单位捐款1000元。年末，平安村退出贫困村。

（杨晓琳）

投资促进

【投促到位资金】2017年，全县市外到位资金65.97亿元，完成目标的101.49%；省外到位资金42.39亿元，完成目标的103.40%；工业招商资金33.47亿元，完成目标的101.42%。

【投促重点督办项目】2017年，全县投资促进重点督办项目共14个，协议总投资36.17亿元。至年末，实际累计到位资金25.57元，完成目标的147.8%。

2017年筠连重点招商引资项目进展一览表

表2

序号	项目名称	计划(亿元)	完成(亿元)	完成率(%)	备注
1	天河温泉二期项目	2	2	100	开工
2	重庆黄浦建设（宜宾市）污水处理厂一期、二期工程项目	1	2.2	220	开工
3	筠连县木材加工及木炭制造项目	3.8	3.8	100	开工
4	博康医院升级改造项目	4.2	2	50	开工
5	筠连县龙庭城市广场项目	2	2.85	142.5	完成主体工程
6	雪山源洞藏白酒二期技改项目	1.5	2.72	181.3	开工
7	春风茶业茶叶基地示范园项目	1	1.65	165	开工
8	石佛山休闲旅游山庄项目	0.5	1.5	300	开工
9	筠连县淘金创谷项目	1	1.2	120	完成主体工程
10	四川方便水粉湿态包装项目	0.8	1	125	开工
11	筠州蜀业粉条加工项目	0.5	0.8	160	开工
12	茶叶加工技改项目	0.2	0.65	325	开工
13	筠连县春芦仓储农副产品服务项目	0.5	0.5	100	开工
14	筠连县大乌蒙电商网络平台项目	0.5	0.5	100	开工

【多举措招商引资】2017年，根据工作需要，调整配强县招商引资工作领导小组，将县委、人大、政府、政协四大班子领导及相关局级单位、乡（镇）全部纳入招商引资工作领导小组并落实任务、责任，统一部署推进招商引资项目。全年，全县党政班子外出招商超过200次，党政主要负责人外出招商80余次。

完善招引机制。优化投资促进政策，县政府印发《筠连县扩大开放 促进投资优惠暂行办法》《外来企业在筠连设立总部奖励补助的暂行办法》《筠连县招商引资项目推进管理办法》等优惠政策和办法，为到筠连投资兴业企业提供更多的便利和更强的吸引，推进全县招商引资。

严格目标考核。2017年，把招商引资考核任务分解到各部门、乡（镇），通过现场办公、联合检查、重点督察稽查等措施，确保招商引资项目推进。围绕“十三五”规划和肉牛、茶叶、漆树、中药材等产业，按照《筠连县扩大开放、促进投资优惠暂行办法》《外来企业在筠连设立总部奖励补助的暂行办法》《筠连县招商引资项目推进管理办法》等有序推进招商引资。

精准对接招商。围绕筠连产业特色及项目需求，聚焦长三角、珠三角、京津冀等地区。6月，重新遴选确定30人的专业招商队伍，按照市委要求，抽人组建8个招商分局，并外派到北京、上海、广州、福建、成都、重庆、昆明、杭州地开展定向招商，每个分局明确1名县委常委负责。重点抓住民营经济向内地转移的机遇，跟踪相关产业和项目，搞好项目对接。同时委托招商机构作为获取外资项目信息的重要渠道，6月，与华驭科技签订4年内培育项目不少于200个的合作协议。

力促落地见效。把在建、签约、在谈的重点项目统筹纳入招商引资重点项目协调推进工作机制，进行分级督促落实，构建项目协调推进“绿色通道”，加快项目落地、开工、建设。同时积极推广以商招商、驻点招商、“筠商”招商等经验做法，转换服务角色，从企业家、企业的角度出发思考投资促进问题，受到广大企业的一致认同，提升筠连投资知名度和晓誉度。

加强产业集群招商。立足筠连生态环境、自然资源等优势，做好对外产业承接，瞄准产业集群化做好大项目招商。凭借全县劳动力和工业基础，与河南合丰机械签订众鑫新材料产业园项目协议，在巡司工业园区建新型材料产业园，占地200公顷，总投资32亿元。依托良好生态环境和畜牧业发展基础，与大北农集团签订50万头生猪合作协议，总投资20亿元。

（向丽蓉）

规建城管与环境保护

住房和城乡规划建设

【规建概况】 2017年，住房城乡规划建设和城镇管理（以下简称规建城管局）工作以建设“绿色筠连、生态筠连、宜居筠连”为总体取向，正确把握用好中央“去产能、去库存、去杠杆、降成本、补短板”的重大机遇，以重大项目为重点，紧抓城市基础设施建设不放松、强化行业服务不动摇、严守建筑施工质量安全不懈怠。全年建成区面积新增1.11平方千米，城镇化率40.22%，增加2个百分点；城乡建设投资26.5亿元，建筑业产值13.0亿元，房地产开发投资11.26亿元。

【县房产管理局成立】 2013年1月25日，县委机构编制委员会以筠机编〔2013〕2号文件，批准筠连县房产管理所更名为筠连县房产管理局。2017年4月27日，县委机构编制委员会以筠机编〔2017〕4号文件，批准由原来的自收自支的事业单位纳入公益一类全额拨款事业单位，行政级别为副科级，属县规建城管局的下属事业单位。

【房产职责分离】 2017年3月，县房产管理所和县不动产登记中心联合制发《关于印发〈房屋交易和产权管理与不动产登记有关业务职能职责划分和办事流程〉的通知》，切实做好“登、管”分离的职责。9月，县房产管理局把房屋登记数据、县人民法院来函、房屋查询和查封、解封工作移交不动产登记中心。

【房产管理】 2017年10月，县委县政府印发《关于印发〈筠连县中华街片区棚户区改造工作方案〉的通知》，设立公房搬迁组，开展棚户区公房搬迁。12月，针对特殊人群制发《筠连县房产管理局廉租住房特殊安置办法》。

【城市规划成果】 《筠连县城南新区文化体育中心方案设计》，于5月由德国HLD建筑与城市设计（国际）事务所/重庆惠庭都市建筑设计事务所完成，文化体育中心位于城南新区，规划建设用地4.73公顷，总投资约2.0亿元，建筑分为室内、室外两个部分。

《筠连县为民综合服务中心方案设计》，于5月由信息产业电子第十一设计研究院科技工程股份有限公司完成，为民综合服务中心位于城南新区3–06地块，规划用地5617.16平方米，建筑为裙房加塔楼的建筑形式，建筑高度低于50米的办公房组成；总建筑面积24705.81平方米，容积率3.81，建筑密度37.84%，绿地率12.58%，地下机动车位36个。

《宜宾移动筠连生产调度用房工程设计方案》，于8月由正一集团设计有限公司完成，位于城南新区6–06（C），规划用地4000平方米，建筑由一栋五层的生产调度用房、一层的设备用房和门卫室组成，总建筑面积2766.46平方米（其中地上计容建筑2696.17平方米、地下设备用房建筑70.29平方米），核算其指标为容积率0.67，建筑密度14.34%、绿地率30%、建筑高度20.85米、地面停车位29个。

《筠连县巡司镇新时代幼儿园建筑设计方案》，于8月由宜宾精细建筑勘察设计有限责任公司完成，总用地面积7600平方米，建筑由三层教学楼和三层综合楼组成，总建筑面积6191平方米，其中教学楼建筑面积4709平方米，综合楼建筑面积1482平方米，容积率0.81，建筑密度29.9%，绿地率大于30%，车位数17个。

《筠连县强制隔离戒毒所及筠连县拘留所建设项目设计方案》，为县公安局“三所”建设项目的二期工程，于10月由核工业西南勘察设计研究院有限公司完成，在筠连县公安局“三所”项目建设用地范围内，一期工程建筑面积14686.12平方米、二期工程方案总建筑面积12288.68平方米，核算一、二期总建筑指标为总建筑面积26974.8平方米、总容积率为0.674、总建筑密度33.12%、总绿地率30%。

《筠连县环城森林公园规划设计概念方案》，于12月由重庆九禾园林规划设计建设（集团）有限公司完成，用地面积约1429公顷，环绕整个筠连县，打造以休闲和生活保育为主的城市郊野公园为设计重点，并基于环城公园在城市中祈祷把控城市山水格局、拓展城市休闲活动空间的价值与地位，提出建构以自然揽胜、旅游休闲、文化传承及特色产业体验为一体的生态环城公园。

【蒿坝镇总规和控规编制】 2017年，由上海千年城市规划工程设计股份有限公司负责编制设计的《宜宾市筠连县蒿坝镇总体规划（2015—2030）》《筠连县蒿坝镇镇区控制性详细规划》，年末，在县政府常务会上审议通过并实施。

【沐爱国家级城镇建设】沐爱镇于2013年、2014年分别被省住建厅、住建部评为省级试点镇和国家级建设重点镇。按要求，沐爱镇荷花池公园改建工程于2016年动工，2017年年末完成荷花池公园整体建设，景观绿化接近尾声，正在进行道路铺装工程。沐爱镇荷花池公园的整改完成，既提高沐爱城镇形象，又方便群众的生产生活。

【农村危房改造】2017年，按照县农村危房改造政策的要求和上级下达的任务，县规建城管局牵头实施全县农村危房改造，共投入政府资2853.5万元，涉及18个乡（镇）1558户，其中C级375户、D级1183户，至年末完成农村危房改造1163户。农村危房改造项目的实施，消除贫困户的住房安全隐患，改善贫困户的居住环境。

【农村人居环境调查和信息录入】2016年11月15日至12月31日，在18个乡（镇）开展农村人居环境调查和信息录入工作。录入内容有行政村基本情况、基础设施、公共环境、建设管理的4大类、42项指标及10项照片信息；调查人员到现场进行实地调查，按照信息表内容逐村、逐项采集信息并拍摄相关照片；工作要求现场调查要真实、客观反映情况，填写内容要全面，填报数据要准确，现场调查完成后，完成网上信息系统录入。经省级验收，全县农村人居环境录入的录入率为98%。5月23日，省住房城乡建设厅以川建村镇发〔2017〕353号对筠连县农村人居环境调查和信息录入工作以“以奖代补”方式奖励经费1万元。

【征收拆迁安置】一是城南新区段，涉及征收拆迁房屋279户，完成255户，征收房屋面积6.59万平方米，支付补偿款1.32亿元，完成城南新区统建区一期房屋拆除，燎原统建区、自建区方案的公示、意见收集及方案优化，研讨星星村统建方案。二是保健院区段，涉及征收拆迁房屋33户，已完成32户约5600平方米，支付房屋补偿款约338万元，交由城投公司进行拆除和房屋建设。三是完成滨河道廖某金房屋征收及拆除。四是煤都大道二期、城北C区段、府后街区段、天筠路区段已办理“产权证”90本，对府后街、煤二期、城北C区段、煤都三期等区段安置结算70余户。五是景阳中学迁建项目，完成房屋征收摸底及入户丈量，涉及被征收户21户，房屋面积6878.09平方米，配建面积158.96平方米，彩钢棚面积545.72平方米，完成原红权村办公室的征收并实施拆除。六是“筠州印象”相邻区域，征收完成调查摸底及测量，涉及6户，房屋测绘面积1957.7平方米，其中房屋面积1713.33平方米、配套面积174.77平方米、彩钢棚面积69.6平方米。七是完成定水广场对面4户农户的房屋征收及拆除工作。

【危旧房棚户区改造】一是新开工危旧房棚户区改造。全年新开工改造危旧房棚户区636套，完成投资10433万元，其中中华街片区棚户区改造新建426套（新建安置房213套、实行货币安置213套）；蒿坝镇棚户区改造120套，建设地点蒿坝镇老街，改造危旧房屋15500平方米；燎原城中村棚户区改造90套，建设地点筠连镇燎原社区，建筑面积9000平方米。二是续建危旧房棚户区改造共364套，完成投资1980万元，其中沐爱镇荷花社区棚户区改项目，改造274套，改造面积48687平方米，总投资1552.91万元，完成投资877万元，正在主体施工；燎原村棚户区安置房建设工程，改造90套，改造面积9000平方米，总投资2250万元，完成投资1103万元，正在主体施工。

【保障性住房建设与分配】一是廉租房租赁补贴。市下达廉租房租赁补贴980户，完成租赁补贴980户，其中新增30户。二是公租房分配和入住。全年安置公共租赁住房保障新就业无房职工337套，其中2014年公租房工程255套、2015年公租房筠连镇工程20套、2015年公租房维新工程22套、2015年公租房乐义工程10套、2015年公租房乐义工程15套、2015年公租房龙镇工程15套。

【住建安全监管】2017年，县规建城管局成立住建城管系统安全生产领导小组，加强局系统安全生产工作领导，下设办公室于建管股，积极落实省、市、县安全生产相关文件，制订安全大检查方案，组织人员定期对全县在建房屋建筑和市政工程、市政公用设施、城镇燃气设施、市政公园等进行安全生产检查，排查并督促整改安全生产隐患，全年开展安全检查38次，发现并整改安全隐患117处，整改市住建城管局安全检查发现的隐患5处。

【建筑企业】2017年，县境有建筑施工企业17家，其中新增施工总承包三级企业7家，即筠连县大一建筑工程有限公司、四川省满源聚建设项目管理有限责任公司、四川玉壶建筑工程有限公司、宜宾成杰建设工程有限公司、宜宾盛鹏建筑工程有限公司、宜宾市京正建筑工程有限公司、宜宾宇汐建筑工程有限公司；新增施工专业承包二级企业资质1家，即筠连县中合建设工程管理有限公司。

【涉建筑事项】一是注册建造师，全年新注册二级建造师47人、增项36人次，以增强全县建筑人才储备。二是建筑备案，全年办理房建类、市政公用设施类施工合同备案22件，施工图审查备案16份，竣工备案工程14个，规范全县建筑施工基本程序的备案。三是解决11起民工欠薪案件。

【招投标监管】 全年参加政府投资工程的招投标监管40次，招标控制价21900.53万元，实际中标价19211.03万元，节约财政资金2689.5万元，节约率为12.3%。

【建筑质量监管】 一是建筑安全检查，全年县建筑工程质量安全监督站开展建筑行业安全生产检查8次，全覆盖检查县城内所有工地，发现隐患40处，下发整改通知单32份，每次下发整改通知单均要求施工单位回复，验收合格后方进行下一步施工，整改率达100%。全年建筑工地新安装塔机5台，拆除6台。二是报监建筑工程监督，全年报监建设工程项目监督到位率100%、竣工验收合格率100%，没有安全事故的发生，实现"零"死亡目标。全年新增建筑工程报监项目25个，共91862.65平方米，其中市政工程4个，投资3545万元。报监在建工程项目28个，共48.5万平方米，其中市政工程4个，投资3545万元。三是竣工验收，全年竣工验收工程项目14个，共99501.5平方米，其中市政工程3个，投资5065.81万元。

【建筑执法】 2017年，为有效遏制和防范全县的私搭滥建、抢建行为，共查处各类违法违章建设194户，违法建筑面积16786平方米，发出责令停止施工通知书194份，限期拆除通知书194份，实施强制拆除21户，强制拆除面积3597平方米，保障城乡规划的顺利实施。

【建设项目行政审批】 2017年，全面开展网上办理许可事项。一是受理建设项目，全年共受理各类建设项目行政审批188件，其中建设项目选址意见书34件、建设工程用地规划许可证14件、建设工程规划许可证11件面积98962.03平方米，个人改建房屋22件面积4508.4平方米，建设工程施工许可证为9件。二是行政审批事项清理，全年进行行政审批事项清理工作3次，于12月31日向县政务中心报送清理结果目录，该次清理，保留行政许可事项22项，公共服务项目26项。三是主动跟踪服务。为重点企业和新落户的企业主动服务、跟踪服务，推进联办代办机制，帮助企业解决行政审批方面的疑难杂症。

【防震减灾工作】 一是完成编制《防震减灾"十三五"规划》，涉及进一步提升地震监测预报地震烈度速报与预警能力、加强抗震防灾安全体系建设、加强地震应急救援能力建设、防震减灾综合能力建设等方面的内容。二是成立防震减灾办公室。7月，成立以县规建城管局局长为主任的防震减灾办公室，配置办公室人员4名，加强防震减灾组织的领导。三是防震减灾科普宣传。全年共开展集中性法治宣传教育活动6次，发放防震减灾法律法规资料、地震知识、地震应急自救知识手册、防灾科普宣传贴画等资料共6万余份。四是成功申报防震减灾省级科普示范校1个（筠连中学），防震减灾市级科普示范校2个（塘坝中心校、景阳中学），防震减灾市级科普示范社区2个（城南社区、河西社区）。

（应元聪 师敏）

城镇管理

【园林单位创建管理】 一是对照创建省市级园林式单位、市级园林式新村等指标和要求，全年成功创建并验收合格的省级园林式单位2个（筠连县国税、筠连县第三中学）、市级园林式单位2个（筠连县财政局、武德乡人民政府）、市级园林乡镇3个（团林苗族乡、孔雀乡、高坎乡）、市级园林式新村1个（腾达镇春风村）。二是巩固"创卫""创文"成果，展现筠连城市形象，启动玉壶公园长廊建设项目。三是升级改造城区绿化景观，完成城区主干道、玉壶公园、广场等地段的绿化补植工作，补植三角梅、桂花等绿化植被5000余株，改善城市绿化环境。四是修剪维护全城区绿化景观、绿化带。五是完成新华大桥至县委、城南片区、城市道路主干道1260米的花箱摆放。六是在端午节、国庆节开展免费赠送花卉盆栽共1万余株。公园绿地服务半径覆盖率为80.9%。

【市政建设管理】 一是维修改造下水道，完成幸福街、府后街等下水道维修改造共200米。二是清理排污设施。对城区下水道、检查井、雨水篦的维护和化粪池清淤。全年共清理排污管道3850米，化粪池清淤136口，更换改造检查井、更换水篦子131套、更换井盖93套。三是城区市政照明的日常管理和维护，安排专人日常巡查和检修。全年共维修路灯360余盏，更换路灯配件时控开关、横电流、空开、交流接触器等1550件，更换线缆2080余米，维修景点亮化265次。安排电工每晚对城区路灯巡查，发现问题并及时维修，确保城市亮灯率96%以上。四是加强市政设施的巡查和养护，全年维修人行道地砖面积2500平方米。

【环卫建设】 一是完成筠连镇垃圾中转站建设工程的建设规划、用地补征等前期准备。二是完成塘坝乡生活垃圾收运转处理及设施配套项目工程建设的城乡生活垃圾处置项目立项、环评等前期准备。三是完成筠连镇城市老旧垃圾简易堆放场封场治理工程的主体工程建设。四是启动筠连镇水塘村城市生活垃圾填埋场大坝整改工程，确保在下年3月汛期前完成整改。

【环境卫生管理】 继续坚持每日完成市政道路环卫作业64万平方米，共清运垃圾3.8万余吨，及时维护更换破旧环卫设施，确保城市道路干净和生活垃圾日产日清。坚持对城区道路晴天每日冲洗2～3次洒水降尘作业，城区主干道每日采用机械化作业清扫，每日轮流对人行道进行冲洗，及时冲洗各类突发性污染。

【城管综合执法】一是城区夜市集中整治。安排执法人员对城区夜市摸底登记，坚持每天到夜市督察1次，对违规经营业主下达限期责令整改通知书，夜市的无序经营污染环境问题得到改善。二是占道经营管理整治。按照“以人为本”“堵疏结合”思路，突出重点，积极开展城市市容整治和日常管理，全年规范占道摊点2500余起。加强文明劝导，对主次街道、各农贸市场口的占道摆摊设点行为进行劝离规范，取得良好效果。三是城区广告牌匾整治。全年共拆除破损的户外广告牌52块、超规格广告牌25个、违规标识立牌26个，拆除不合规广告牌135个，清理或覆盖野广告、横幅600余处，拆除破损偏离灯杆广告200余块。四是餐饮油烟、露天烧烤整治。7—12月，由县规建城管局、环保局、工商局、食药监局、筠连镇抽调执法人员组成执法队伍，集中开展露天烧烤行为露头就打，强力规范、整治违法违规烧烤经营行为，切实解决危害群众健康的油烟污染问题。县城区共有67家餐饮业按规定安装油烟净化设备、30家烧烤店使用无烟烧烤车，占统计餐馆数90%以上。经过多次联合集中整治行动，全县餐饮油烟、露天烧烤整治工作成效显著。五是建筑渣土运输整治。除对县城区所有在建工地现场发放或张贴通告、电视媒体等宣传外，在重点区域立警示牌和安排专人定点全天守候，解决建筑垃圾乱倾乱倒、乱处置等环境卫生污染问题，树立优美城市形象。六是推进城市执法体制改革。根据《宜宾市深入推进城市执法体制改革改进城市管理工作实施方案》文件，代县委草拟《筠连县深入推进城市执法体制改革改进城市管理实施方案》，于12月22日经县委第十三届第48次常务会议审议通过，以县委县政府名义印发相关部门。

(应元聪 师敏)

爱国卫生

【健康教育】2017年，全县爱国卫生工作以健康教育宣传工作为核心，围绕世界卫生日、爱国卫生月、世界无烟日等活动，制发《中国公民健康素养66条》9000余份，县城内定期更换《健康教育宣传栏》60张。各乡(镇)、部门均相应成立健康教育领导小组，配备专(兼)职人员，形成完善的健康教育系统。中小学生健康知识知晓率93.5%，学生健康行为形成率91.2%；居民健康知识知晓率86.4%，健康行为形成率75.6%，基本技能掌握率74.7%。医院、学校、车站等公共场所设置醒目的禁烟标志，有专人负责禁烟劝导，并公布监督投诉电话。全年，团林苗族乡政府创建为“省级无烟单位”，联合苗族乡、孔雀乡、塘坝乡、乐义乡政府创建为“宜宾市无烟单位”。

【农村改厕】2017年，加大卫生厕所改造力度，投入卫生厕所建设和改建资金395.28万元，增加卫生厕所户4941户，卫生厕所普及率达80.4%；无害化卫生厕所普及率52.19%。全县累计卫生厕所户74771户。

【病媒生物防制】2017年，继续贯彻“环境治理为主、化学消杀为辅”的防制方针，动员组织群众参与“四害”消杀，抓好病媒生物防制工作。按照省、市爱卫办部署，开展春秋季灭鼠和夏秋季灭蚊、蝇、蟑螂活动，投入60万元，由中标专业公司在县城公共区域开展病媒生物消杀和防制设施建设，在居民小区、屠宰场、农贸市场、垃圾处理场、广场和公园安置灭鼠毒饵站800个，投放溴敌隆灭鼠毒饵2500千克、菊酯类灭蚊蝇药物500千克、杀蟑饵剂200千克、热雾剂200瓶，严控“四害”密度。

【卫生城镇乡村创建】2017年，广泛开展卫生城镇乡村创建工作，以创建卫生城镇乡村创建为载体，切实爱国卫生工作力度，进一步巩固和深化创卫成果，县爱卫办多次到创建乡(镇)、村(社区)开展指导，创建乡(镇)、村(社区)党政班子高度重视，加大基础设施投入，大力整治环境卫生。塘坝乡、孔雀乡创建国家卫生乡(镇)于10月24日通过省爱卫办暗访，塘坝乡暗访得分819分，暗访结论为通过暗访；孔雀乡暗访得分783分，暗访结论为基本通过暗访。全年，团林苗族乡、沐爱镇、龙镇乡成功创建为省级卫生乡(镇)，乐义乡、联合苗族乡成功创建为市级卫生乡(镇)，全县还创建有省级卫生村30个、市级卫生村30个。

【筠连获国家卫生县城命名】2017年6月23日，全国爱卫会下发《关于命名2014—2016周期国家卫生县城(乡镇)的决定》，北京市房山区韩村河镇等773个县城(乡镇)被命名为2014—2016周期国家卫生县城，筠连县位列其中。为巩固国家卫生县城成果，健全国家卫生县城创建长效管理机制，完善县城环境卫生综合治理机制，推进县城环境卫生管理规范化、制度化、法治化，确保国家卫生县城牌子“拿得住、留得下”，为建设“绿色筠连、生态筠连、宜居筠连”奠定坚实基础。

【筠连创国卫经验在全省推广】2017年6月14—16日，省爱卫办主办在德阳市召开的卫生城镇创建技术培训会上，筠连县汇编的《筠连县创建国家卫生县城各类管理标准汇编》(以下简称《管理标准》)得到全省推广学习，要求各市(州)参考借鉴《管理标准》，推动爱国卫生创建再上台阶。2015年，县委、县政府从发展大局出发，深入贯彻落实新时期爱国卫生工作意见，深入持久地开展创建国家卫生县城工作。为使各乡(镇)、部门、村(社区)掌握标准，更好地开展国家卫生县城创建，县创卫办对照《国家卫生县城标准》，对创卫涉及的市政园林、环卫、餐饮及公共场所卫生等行业的标准规范进行梳理，列出36项卫生标准，汇编成《管理标准》。

（应元聪 师敏）

环境保护

【环保概况】 2017年，环境保护工作以中央、省环境保护督察为契机，认真贯彻落实中共十九大精神，严格执行环境保护法律法规，对照目标要求，突出“四个确保”（确保做好环保督察迎检工作、确保辖区饮用水源安全、确保省级生态县建设任务全面完成、确保减排任务全面完成），强化“四个整治”（大气污染整治、水环境综合整治、土壤污染整治、农村环境综合整治），强力推进“六项工作”（强力推进环境保护“党政同责、一岗双责”责任制、环境保护执法和监管、项目资金争取、环境保护基础能力建设、环境保护宣传教育、精准扶贫），切实维护好筠连“天蓝、地绿、水净”的生态环境，环境质量指数在全省排名由55位上升到54位。

【环保机构设置】 2017年7月，根据筠机编〔2017〕31号、32号、33号文件，设立筠连县环境应急中心、筠连县环境宣传教育中心、筠连县自然保护区管理办公室，分别挂牌于县环境监察执法大队、县环境信息与统计中心、环保局建设项目管理与生态环境保护股。3个新设环保机构，均实施“两块牌子，一套人马”，行政级别均为股所级。

【环保基础能力】 一是落实乡村网格监管，把网格化管理延伸到村。二是监测能力建设，引进高层次人才2名，申请上岗考核，共参加11人，通过率91%；新申请扩项56项。三是监察执法能力建设，新增执法人员3名，结合利剑斩污、地下水专项执法行动，开展环境监察执法百日大练兵活动，有效地提升执法人员的能力和水平。

【减排总量】 2017年，共梳理出减排项目13个，其中燃煤小锅炉淘汰减排项目2个、水泥厂降氮脱硝工程项目1个、乡（镇）生活污水处理项目4个、畜禽养殖污染治理项目3个、屠宰场减排项目3个。全县全年COD削减173.67吨，完成市下目标的143.65%；NH3-N实际削减14.71吨，完成市下目标的102.08%；SO2实际削减3.98吨，完成市下目标的100%；NOx实际削减1691.32吨，完成市下目标的117452.78%。

【生态县建设】 一是省级生态县创建。在生态县建设通过省级技术评估后，启动省级生态县建设整改，已完成10项问题的整改，向省环保厅申请验收。二是开展生态细胞创建，全年完成14个市级生态村（社区）建设，即筠连镇桂花村、柏杨村、白花村、旗隆村、前丰村、犀牛村、水源村，巡司镇荷花村、杨柳村、西牛村、梧桐村，双腾镇黄角树社区，沐爱镇荷花社区，蒿坝镇蒿坝社区；完成14个县级生态村建设，即筠连镇桂花村、柏杨村、白花村、旗隆村、前丰村、犀牛村、水源村，巡司镇荷花村、杨柳村、西牛村、梧桐村，双腾镇黄角树社区，沐爱镇荷花社区，蒿坝镇蒿坝社区；完成6520个县级生态家园和1个县人居活动小区（筠州国际社区生态小区）创建。

【环保项目争取】 2017年，全县争取到各级资金项目2599.17万元，其中中央资金1400万元、省级资金951万元、市级资金248.17万元。

【环保督察】 推进环保督察迎检准备和问题整改工作。成立迎检领导小组，制订工作方案，完成迎检资料的收集和编辑目录并送交中央、省环保督察组审查。

深入宣传迎接中央环保督察工作。在《绿色煤都》上报道环保相关信息45条次、筠连电视台报道环保相关新闻49条、筠连新闻网报道环保信息30条、发布“双微”（微信、微博）32条、外宣稿件18条、挂设环保宣传横幅162幅、张贴海报137张、制作大型户外广告8处、LED显示屏60余处滚动播放环保宣传标语，营造良好的环保督察氛围。全面推进中央、省环保督察问题整改工作。中央环保督察涉及全县群众信访举报问题整改7个，其中5个已全部完成整改；余下2个正按方案有序实施，翌年完成整改。省环保督察反馈的具体问题83个，分别制订整改清单，逐一落实整改。县政府安排资金3000余万元，用于环保督察问题整改，多次召开整改推进会，强化督导，确保问题整改。其中81个已全部完成整改；余下2个正按方案有序实施，翌年完成整改。加强环保督察期间信访办理。对“12345”市民热线、110、来电来访、微信举报环保类信访工作统一调度、归口办理，设立环保类信访接待室，增设环保类信访举报电话（0831-7867903），规定办结时限和标准，共转办信访件73件，群众满意率得到很大提升。建立中央环保督察组转交信访案件办理专班，中央环保督察期间，共收到和办理中央第五环境保护督察组交办的信访案件3件，协助市相关部门办理中央第五环境保护督察组交办的信访案件4件，得到群众的认可。

开展对散、乱、污企业的清理整治，针对全县环保设施没有正常运行的木材加工厂11家、石材加工厂1家、砖厂11家、蜂窝煤厂4家、机制钢碳厂1家、屠宰加工企业1家，一律采取断电停产整改措施，督促整改或按程序关闭；对煤矿企业17家和畜禽养殖企业25家下达监察意见书整改。

【水源保护区监管】 一是严格执行水源保护区管理规定，抓好县城区饮用水源保护和管理。开展饮用水源保护专项检查,健全完善饮用水源保护区的长效管理,全面取缔饮用水源地一级、二级保护区内工业和生活排污口,禁止从事旅游、游泳和其他可能污染水体活动,查处污染和破坏水源的环境违法行为,禁止在保护区内新建、扩建与供水设施和保护水源无关的建设项目。二是强化监测,坚持每月监测县城集中式饮用水源,每半年1次监测对18个乡(镇)的25个集中式饮用水源点。全年监测结果表明,各项指标均符合《地下水质量标准》(GB/T14848-93)Ⅲ类水质标准,确保全县饮用水源安全。

【水环境综合整治】 2017年,继续强化水环境综合整治,保持好"碧水筠州"。一是开展纳污坑塘及溶洞专项排查专项行动,以土造纸坊、小煤矿为检查重点,加强惩治利用渗坑、渗井、溶洞进行偷排废水的违法行为,与县公安局、县经信科技局等部门配合,闭对雪山镇等乡(镇)的土造纸坊74家,对涉嫌违反水污染防治法的3家企业立案查处。二是加强重点污染源企业监管,对涉及废水的国家重点污染源监控企业2家、省重点污染源监控企业1家和宜宾市重点污染源监控企业1家实行24小时不间断监控,同时对2家国家重点污染源监控企业开展暗查夜查、双随机抽查和每季度1次的监督性监测,确保达标排放。三是加大污水处理设施的建设力度,县污水处理厂二期工程投入运行,开工巡司污水处理厂工程项目,双腾镇、团林苗族乡、武德乡二期污水处理站通过验收。全年地表水环境质量达到或好于Ⅲ类水体比例≧100%,无劣Ⅴ类水体。

【农村环境综合整治】 继续强化农村环境综合整治,努力打造"生态筠州"。一是推进农村面源污染防治,强化对畜禽养殖污染的整治,对畜禽污染较重的镇舟镇金钟、景阳、马家村118户直排户采取堵塞排污口、断直排污染源等措施,并对镇、村干部和养殖户开展畜禽养殖污染防治技术和环境保护法律培训,制订整改方案,对照方案完成养殖户190户的问题整改。二是实施农村环境综合整治项目。全面完成沐爱镇农村环境综合整治项目,正在实施筠连镇五凤村农村环境综合整治项目。三是开展节能减排。四川地宝生物科技有限责任公司筠连县牛粪生物年产3万吨有机肥项目完成建设,投入生产。

【大气污染防治】 继续强化大气污染整治,切实维护"天蓝筠州"。一是更换安装收尘脱硫装置。完成对西南水泥有限公司窑尾收尘器滤袋的更换。开展对砖瓦行业的专项整治工作,按照筠府办发〔2017〕118号,完成筠连县黄荆砖厂、巡司机制砖厂、塘坝乡成军砖厂、蒿坝镇金家河建材有限责任公司、蒿坝镇中坝红砖厂、沐爱镇四友建材厂6家砖瓦企业的硫塔安装工作。二是推广清洁能源。完成筠连县龙泉酒业有限公司、筠连县腾达宏森木材加工厂燃煤小锅炉淘汰,划定高污染燃料禁燃区,烟尘控制区的覆盖率超90%;同时开展秸秆禁烧工作。三是机动车尾气检测。8月30日起,县机动车尾气检测线投入使用,至年末车辆3073辆。全年,全县空气质量有效天数362天,优良天数为306天,增加9天;空气质量优良天数比例84.53%,增长3.43%。PM10平均浓度0.062毫克/立方米,与2016年持平;PM2.5平均浓度0.042毫克/立方米,减少0.003毫克/立方米,下降6.67%,完成市下目标。

【土壤污染防治】 继续强化土壤污染整治,积极打造"净土筠州"。一是加强生活垃圾无害化处理。以中央环保督察为契机,县政府投资500余万元,对13个乡(镇)垃圾填埋场采取修建围墙、挡墙、消毒、碾压、覆土、生态恢复等措施进行规范化整治。同时加强县城生活垃圾填埋场的监管,督促渗滤液处理设施的正常运行,确保达标排放。二是加强工业固体废物处置。对全县煤矿企业及28个非煤矿山开采过程中产生的固体废物进行综合整治,规范尾矿库建设,严格落实"三防"措施,及时覆土复耕,减少土壤污染,工业固体废物处置率100%。三是加强危险废物和辐射安全管理。严格监管全县25家医疗机构、28家汽车修理厂及6家危险废物产生单位,严格危险废物的储存、管理、转运及处置,严格执行危险废物转移联单制度,全县危险废物规范化考核达标率100%。四是实施《土壤污染防治行动计划筠连县工作方案》,编制完成《筠连县南广河流域关停矿山土壤修复项目建议书》,按省环保厅要求完成全县786个农用地土壤污染状况详查点位的核实,正向省环保厅争取资金准备实施。

【环境管理】 一是推进环境保护"党政同责、一岗双责"责任制。对照"党政同责、一岗双责"责任制和总量指标,制发《筠连县2017年生态环境保护实绩考核实施办法》,明确各乡(镇)、县级各部门的目标任务和奖惩办法,全面落实环境保护"党政同责、一岗双责"责任制。二是严格执行建设项目"三同时"制度,对符合国家产业政策和环保准入条件的建设项目,主动搞好协调服务,把好选址、审批、验收"三关"(即"选址关",新建项目的选址必须符合城市规划、环境保护规划;"审批关",申报项目须按要求编制环境影响报告书、环境影响报告表或填报环境影响登记表;"验收关",杜绝新污染源的产生)。严格执行环境影响评价,着力推进工程减排、结构减排、管理减排。全年共审批新建项目23个、验收14个、实施环境影响登记表备案项目113个。完善建设项目环评专家审查和公众参与机制,及时公开项目审批和"三同时"验收信息。三是加强环保网络安全管理,制订完善环保网络安全防范措施,升级增加手机短信报警功能,有效解决平台24小时在线值守问题。加强对2家国控企业(筠连县城市生活污水处理厂、鲁班山北矿)、3家省控企业(筠连县城市生活垃圾处理厂、四川筠连西南水泥有限公司、中国石油天然气股份有限公司浙江油田分公司西南采气厂)和1家市控企业(筠连川煤芙蓉新维煤业有限公司)的监管,严格执行污染源在线监测、监督性监测、比对监测及企业自行监测,确保企业污染防治设施及在线监控设施的正常运行,实现污染物稳定达标排放。全年企业自行监测结果公布率98%,自动监控传输有效率99.68%,位列全市第三。

【环保执法】 一是开展“惩治违法排污企业,保障群众健康”专项行动、环境安全大检查行动、“中高考禁噪”,严格按照《中华人民共和国环境保护法》、“水十条”“大气十条”“土十条”等法律法规,对重大环境违法案件,做好移交、移送、移办,多部门协同配合,共同惩治环境违法犯罪行为。二是开展环境保护大检查,通过夜查、暗查和交叉检查、“利剑斩污行动”专项执法和双随机工作。全年共出动执法人员1000余人次,执法车辆500余辆次,办理行政处罚案件49件,共处罚金410.7万元;征收排污费250.53万元。及时办理各类环保投诉124件,群众满意率100%。三是开展核辐射环境安全专项行动,出动车辆35车次,对1处野外使用放射源点及8家核技术利用单位开展专项检查。四是加强环境风险防范与应急管理工作,辖区内10家重点企业均编制应急预案并备案。

【环保宣传教育】 一是抓重点时段,多方式开展宣传。以3月综治宣传月、6·5世界环境日、12·4法治宣传日重点时段,在县城中心位置、乡(镇)集市向群众发放宣传资料,开通咨询热线电话,举办讲座、专题等,让广大群众积极参与环境保护工作。二是抓重点层面,全方位开展宣传。面向决策层宣传,利用向领导汇报工作或参加各种工作会议过程,向县级领导和部门领导进行宣传,争取领导层、决策层对环保法实施的关注、学习,使环保工作得到县“四大班子”领导的支持和县级部门的配合。面向企业宣传,争取企业的主支配合。通过举办企业业主和负责人培训班,同时要求环保执法人员和管理人员在对企业日常监督管理和环境执法过程中,向企业宣传讲解环保法律、法规,提高企业对执行国家环保法律、法规的认知程度,绝大多数企业变被动服从为主动执行。面向青少年宣传。开展“绿色学校”创建,举办环保法律、法规及环保知识的宣传讲座活动,开设环保科普园地,帮助青少年树立保护环境,从小事做起的理念。面向社会宣传。利用报刊、网络媒体等,开展“绿色小区”创评活动以点带面向广大群众宣传。全年围绕《中华人民共和国环境保护法》《中华人民共和国大汽污染防治法》及“水十条”“大气十条”“土十条”等法律法规,运用报纸、电视、网络等媒体抓住重点人群,在各重要地段设置展板30余块、悬挂宣传标语300余条,发放环境保护及秸秆禁烧知识读物4700余册、宣传画及资料10000余份、环保宣传袋10000余份。环境科学、环保法律知识的全面普及,引导公民形成“绿水青山就是金山银山”的生态环保理念。

【环保对口帮扶】 按照脱贫攻坚“五个一”的要求,严格落实环保局牵头帮扶单位的职能职责。一是开展帮扶工作36次、干部职工参与帮扶215人次。二是组织干部职工,开展节日慰问、爱心助学捐款、教师节慰问等捐款、捐物共4万余元。三是全年为高坎红旗、花山村协调小额信贷100余万元,为红旗村争取生态资金15万元。

(刘毅)

交通运输与信息传输

交通概述

【交通概况】 2010年9月，县政府机构改革，组建筠连县交通运输局，将县交通局的职责、原县规划和建设局承担的指导城市公共客运管理职责（含出租车行业管理）划入，不再保留县交通局。至时年末，交通运输局置一室二股（办公室、工程建设股、运输安全股），中共筠连县交通运输局委员会和中共筠连县交通运输局纪委为局党委和纪检机构，筠连县交通战备办公室和筠连县保护通信线路安全办公室挂靠县交通运输局。下属管理的事业单位有公路运输管理所、公路路政管理大队、公路养护管理段、农村公路项目管理处、筠连县城市交通运输管理所；下属管理的企业单位有宇顺汽车运输有限责任公司（含运输公司、汽车有限责任公司、客运公司3家独立公司）、顺欣运业有限责任公司、百兴公司筠连汽车客运站、筠连县筠州公交公司、筠连县兴达公司、筠连县筠都公交有限公司、四川宜宾戎通运输有限公司筠连鼎顺分公司、宜宾市戎辰运业有限责任公司筠连分公司。2017年年末，全系统职工250人，其中各类专业技术人员75人。

2017年，交通运输工作围绕构建外联内畅、覆盖城乡的交通网络总体要求，扎实开展交通运输系统各项工作，县域有国道1条（G246）全长63千米、省道2条(S312、S444)全长83千米、县道100.62千米、乡道268千米、通村水泥路1400千米，各类桥梁139座、总长3417延米[县道、乡道、桥梁减少原因：因县道巡牛路(X025)升格为G246国道；筠落路(XQ31)、落蒿路(XQ32)部分段升格为省道S312，珙筠路(XQ16)部分升格为省道S444，故县域县乡道、桥梁减少]。

2017年，交通运输工作获市委市政府"市级文明单位"市政府办"高速公路项目建设先进单位""干线公路项目建设先进单位""国省管养协调保障"先进单位、市交通局"交通运输安全生产优秀单位"等荣誉。

交通建设

【宜昭高速公路建设】 宜昭高速在筠连境的长度48千米，总投资56亿元。筠连主要负责征地拆迁等协调工作。2016年，县境内征地16.2千米，其中主线13.2千米、辅线3千米，面积113公顷，支付征地资金1.45亿元，共完成投资2亿元。因资金问题，2017年处于停工状态。

【交通基础设施PPP项目】 该项目含G246筠连县城绕城段新建工程、G246蒿坝至牛街提档升级改造工程、S444水茨至腾达升级改造工程、县乡道改造提升黑化工程、定水五桥、园区三期道路共6个子项。2017年12月12日，完成PPP招标工作。

【筠连至巡司快速通道建设】 筠连至巡司快速通道一期工程，全长9.5千米，总投资95000万元。2013年9月17日开工建设，至2016年完成投资26000万元，形象进度完成41%。因投资方资金短缺，暂停施工。2017年11月，完成对原工程的清算审计，并以PPP方式重启建设，投资36400万元，于2017年12月12日在四川政府采购网启动PPP资格预审工作。

筠连至巡司快速通道二期工程。该工程全长3.5千米，总投资15000万元。2014年4月开工建设，2017年8月建成通车。

【公路项目资金争取】 全年共争取12个项目，争取资金5.35亿元（其中国道246线筠连至川滇界段3.218亿元，到位9000万元；省道444线横山子到腾达段1.924亿元，到位5500万元；农村公路到位2080万元），至年末实际到位资金16666.8万元。

【G246干线公路】 筠连县境的国干线公路包括G246高县界至筠连海瀛段、G246筠连县城绕城段、筠巡快速通道一期工程、筠巡快速通道二期工程、G246巡司镇至蒿坝镇提档升级改造工程、G246蒿坝至牛街提档升级建设工程，总长63千米。

【通村水泥路建设】 2017年，全县下达计划共185.1千米，计划总投资9255万元。实际完成185.1千米，投资完成9255万元，投资来源为上级补助和地方自筹。至2017

年底，全县 243 个行政村已全部实现水泥路畅通。

【农村公路桥梁建设】2017 年，完成武德龙碗溪桥、腾达镇漆树坝桥的建设并投入使用；完成大雪山镇安岳桐梓河坝桥工程量的 75%、乐义乡宝圣桥工程量的 50%；腾达镇冒水孔桥完成施工招标；启动顺河桥、花园桥建设（在乐义至高坎公路建设）。

【农村公路改善工程】2017 年，完成乐义至冷水河通乡公路建设并投入使用；启动乐义至高坎公路建设（含顺河桥、花园桥）。

【公路养护管理】完成迎抗震救援、迎春风李花节召开、迎市城乡环境整治、迎全省就业工作现场会等临时任务 15 次。大力开展公路养护管理，完成路面保洁 126 千米，清理水沟 378 千米。开展道路隐患排查治理，投入 400 余万元，分别完成巡牛路渔箭沟段路面隐患整治，新安装波形护栏 6097 米、修复波形护栏和警示墩（197 个），完成“6.22”大雪山水毁工程主体工程，完成巡司至沐爱、镇舟沥青烂路整治和巡牛路合力口子水毁工程，完成环保督查问题整改工作（快速通道口道扬尘治理遮盖），完成全县行道树枯树排危、双腾酸草危岩垮塌排危、海银风貌整治过街管道治理工作。

运输管理

【公路货运】2017 年，全县新增货运车辆 60 台，年货运运输量共 749 万吨、货物周转量 48547 万吨 / 千米。

【公路客运】2017 年，全县完成客运量共 969 万人次、客运周转量 41825 万人 / 千米。

【惩治非法营运】2017 年，采取教育和处罚相结合，开展惩治非法营运活动。检查各类车辆共 4000 余辆，处罚金 24 万元；查获涉嫌非法运营 50 余辆，依法扣押处理 35 辆。开展惩治黑三轮执法 40 次，查扣无证黑三轮、电三轮共 130 余辆，其他各类不规范行为 200 余次。

【调整运输结构】2017 年，加快运输结构调整，转变运输增长方式，深化行业改革，强化安全监管，规范汽车维修行业管理，加强汽车客运站管理，规范驾校培训行为。全年检查维修企业 153 次，纠正处理不规范经营行为 10 次；培训驾驶学员 C1 类 3371 人、C2 类 110 人。

【城市公交管理】县内有筠都公交公司、筠州公交公司 2 家，有公交车辆 24 辆。其中筠州公交公司有 13 辆，在县城区域运行，全年行驶 90.1 万千米，客运量 324 万人次，连续第 9 年免费让市民乘坐；公交公司有 11 辆，在乡（镇）运行，行驶 55 万千米，客运量 50 万人次。全县有出租车 30 辆，全年安全行驶 36.7 万千米，客运量 15 万人次。全年，全县无重大伤亡事故、重大灾害事故发生。

【乡（镇）交管站管理】一是执法培训考试，组织各乡（镇）交管站的 36 人参加市交通运输局的行政执法换证考试培训，考试合格 36 人。二是加强乡（镇）交管站工作指导力度，实行交通执法“五统一”（统一执法标志标识、统一执法证件、统一执法服饰、统一执法车辆、统一执法场所外观），严把乡（镇）、村道建空区的管理，督促乡（镇）交管站把好村道公路建设质量关。乡（镇）交管站负责辖区内道路运输市场的管理，维护运输秩序，纠正违章运输行为，监督检查运价执行，调解当地公路运输业经济纠纷，开展经常性政策、法规和职业道德的宣传教育。

【交通安全】2017 年，开展“安全生产月”“双百安”活动，完成“百安活动”“安全生产月”“十一”及汛期各阶段重点行业和领域安全生产专项整治任务。全县交通安全生产百万车安全考核频率（肇事经济损失、死亡率、致伤率、责任事故率）4 项指标均低于省控指标，指标频率分别为责任事故率 0 次、死亡率 0 人、致伤率 0 人、肇事经济损失 0 万元，无道路运输源头管理责任事故。实现全年无道路交通安全责任事故。

交通法治

【交通执法】2017 年，县交通运输局参加专项宣传 6 次（综合集中宣传、防震减灾集中宣传、路政宣传月、治集中宣传、安全生产月集中宣传、国家安全集中宣传）发放资料 8000 余份，悬挂横幅宣传 15 幅，LED 不间断宣传 300 余天。入户巡查宣传 1386 人次，派遣巡查人员 2500 余人次，出动 420 余次巡逻车辆，及时清理路面违法行为 152 起，整治违章违规行为 71 起，惩治非法违法行为 42 起。开展县乡公路、公路附属设施、桥涵、隧道等专项巡查，16 次办理行政赔补偿案件 1 件。检测货运车辆 11681 辆，查处超限运输车辆 43 辆，强制卸载 713.7 吨；办理违法超限车辆信息抄告 43 件次，超限率控制在 2.0%以下。

【公路“三乱”治理】2017 年，继续坚持“标本兼治、综合治理”方针和“谁主管谁负责”“管行业必须管行风”原则，把治理公路“三乱”（乱设站卡、乱罚款、乱收费的非法行为）作为纠风工作的重点来抓，县交通系统具有行政执法主体资格的 2 个执法单位（县路政大队和县运管所），在法定权限范围内履行职责，开展执法工作，严格规范执法行为，加强执法队伍建设。执法人员在执法中严格执行执法风纪规范，实行人性执法、文明执法，有效预防违规和“三乱”现象。无一起执法过错、错案和行政诉讼，无“三乱”现象。

（尹丽鸿）

互联网管理

【网络舆情应对】 2017年，互联网管理工作切实加强舆论管控和网上宣传，积极引导网络舆论，传播社会正能量。一是加强网上舆论监管。县网信办继续落实7×24小时值班制度，强化舆情信息的监看、处置、登记，共监测处理对全县发展大局造成负面影响的网络舆情信息240余条；筠连县网络舆情发现、上报、处置等工作多次被市委网络安全和信息化领导小组办公室通报表扬。二妥善应对网络舆情。1月29日，成功处置涉筠连“1·28”地震微信朋友圈谣言信息，县网信办第一时间协同公安机关调查处理，并在官微及时发布辟谣信息，迅速消除该谣言信息带来的不良影响，确保社会稳定。

【网络舆论引导】 一是加强对属地网站、论坛、自媒体等的监管力度。全年共约谈县域民间网站、自媒体负责人6次。3月，开展属地网站落实主体责任专项检查，要求民间论坛、微博微信负责人对各自网络平台集中自查，全面清理政治类有害信息、虚假谣言、暴力血腥、低俗庸俗等内容。5月，组织对全县官方双微平台、筠连新闻网、筠连文明网等涉政治类负面信息进行全面清查，共发现并彻底清理9条相关信息。二是引导论坛、微博、微信、APP等平台言论，营造良好的网络舆论环境。全年共完成评论转发任务97次、共1070余条。积极举报违法与不良信息，共举报730条，获中国互联网违法和不良信息举报中心奖励4次、四川省互联网不良与违法信息举报中心1次。三是主动回应社会关切，积极引导突发事件、社会热点等形成的网络舆论。在涉筠连地震类事件中，“筠连电视台”“筠连发布”“筠连新闻网”等发布地震相关通告10条，及时通报地震受灾、救助开展等情况，第一时间针对“1·28”地震微信朋友圈谣言发布辟谣信息，积极回应公众关切，掌握新闻宣传和舆论引导主导权，确保社会稳定。

【传播正能量】 在《绿色煤都》、筠连电视台、筠连新闻网等县内媒体的重要版面、时段、页面开设法治、脱贫攻坚和核心价值观宣传栏，构建出和谐文明的网络环境。

在四川发布策划主题活动“脱贫成果首次献礼全国两会”中，2月，积极报送筠连特色农产品、精美手工艺品资料。其中高坪苗族乡报送“苗族刺绣”“苗族蜡染”被四川发布选中，在全国“两会”上集中展示，并在会后赠送给代表委员。

开展中共十九大宣传、省第十一次党代会网上宣传、2017“温暖中国”网络媒体新春走基层等系列网络宣传活动。首先，积极开展中共十九大宣传报道工作，营造出良好的舆论氛围。9月4日，筠连县“身边好人”先进事迹报告团历时2周，继续深入18个乡（镇）作巡回报告暨乡风文明带头人培训，把“身边好人”正能量传遍筠州大地；9月22日，举办“榜样的力量——筠连县2017年‘养成好习惯·形成好风气’进万家”活动，深入宣传“筠连榜样”先进事迹，迎接中共十九大胜利召开。在筠连城市广场、重要路段、机关、医院、学校、社区、出租车顶灯、公交车LED等投放十九大宣传标语4700条，在机关、医院、学校、社区等单位开班宣传专栏50个；创作文艺节目20个，组织开展文艺演出31场，开展读书征文、演讲等系列文化宣传活动27场，开展农村公益电影2900余场。中共十九大召开前后，《绿色煤都》、筠连新闻网、筠连电视台、筠连发布双微等媒体统一开设“砥砺奋进的筠连 喜迎中共十九大”“热烈庆祝中国共产党第十九次全国代表大会胜利召开”“深入学习宣传贯彻中共十九大精神 奋力推进宜宾新一轮大发展”等专题或专栏，积极宣传报道筠连各地、各部门收看中共十九大开幕会、学习贯彻中共十九大精神等情况，全年县内官方媒体宣传中共十九大报道120条以上，其中“统一思想认识 凝聚奋进力量——筠连县各地、各部门多形式收看中共十九大开幕会盛况”“筠连：民生为先砥砺奋进 铿锵而行攻坚克难”“新区高楼拔地起 魅力筠州展新颜”“筠连：山村‘坝坝运动会’喜迎十九大”等稿件在社会上引起强烈反响。其次，主流媒体统筹发力，积极做好省第十一次党代会网上宣传工作。转载《四川日报》《宜宾日报》及其所属新媒体平台的相关报道，以及宜宾代表团参会情况和各界干部群众收看省第十一次党代会直播情况等。《绿色煤都》、筠连电视台在重要版面（时段）开设省党代会专题，筠连新闻网转载省市相关报道40条，其中新闻头条4条；“筠连发布”政务双微发布相关图文信息70余条；筠连文明网转载省市相关报道10条；微信“大美筠连”发布相关图文信息10余条。再次，在春节前后，开展“2017‘温暖中国’网络媒体新春走基层”宣传活动。全县各单位、部门积极“走基层、送温暖”，通过官方媒体、微博微信等平台，多渠道营造出温暖和谐的春节氛围。金江网、宜宾新闻网、筠连新闻网、筠连文明网、宜宾发布、筠连发布、大美筠连等相关报道80余条。

“筠连发布”，坚持传播正能量、弘扬主旋律，在“十九大”“网络中国节”“我给家乡拍张照”“两会微表情”“四川省第十一次党代会”“脱贫攻坚”等话题下积极跟帖转发，引导网络舆论。大力宣传筠连的经济社会发展成效和亮点特色，内容简洁、接地气、传播力强。

【网络安全建设】 一是开展网络安全专项检查工作，

根据4月19日市网信办“做好服务保障中共十九大网络安全工作会”要求,针对检测出的问题,要求相关单位及时整改。按照“谁主管谁负责、谁运营谁维护、谁使用谁负责”的原则,进一步强化安全防范措施,完善网络安全应急预案。二是开展《中华人民共和国网络安全法》宣传活动。4—5月,在全县范围内借助“国家安全教育日”宣传、筠连“寻找最美声音”系列朗诵比赛、文化科技卫生“三下乡”等活动,通过悬挂宣传标语、设立咨询台、发放宣传资料等形式,在广大群众中掀起学习《中华人民共和国网络安全法》的热潮。三是开展“2017年国家网络安全宣传周”活动。9月18—24日,分为网络安全进校园、网络安全进短信、网络安全进机关、网络安全进企业、网络安全进村社和网络安全媒体宣传等部分,普及网络安全知识,提高广大干群网络安全意识和防护技能。

(姚洪攀)

电子政务内网建设

【涉密电子政务内网建设】 2017年,县委电子政务内网建设根据省、市网管中心对涉密电子政务内网建设的部署,全年完成涉密电子政务内网设计、监理及屏蔽机房建设招标工作,稳步推进涉密电子政务内网汇聚点及终端、新办公楼建设招标工作,严格按照上级网管部门的要求推进建设工作。

【强化信息管理】 加强门户网站及子站信息巡查工作,确保无失泄密事件发生、无敏感信息上网。继续做好软件下载、四川新闻、宜宾新闻、筠连新闻等栏目的信息维护上载工作。进一步加大信息报送工作力度,每天主动与县领导联系人及宣传部门、广播电视台联系,第一时间获取全县重要新闻信息,及时发布和上报。加强信息审核,对县级各部门、乡(镇)报送的信息,严格按信息审核制度流程进行处理,确保信息的准确性、真实性。及时向上级网管中心报送党政动态、图片和网建信息,向上级网管中心报送党政动态信息412条、被采用263条,图片新闻信息47条、被采用31条,网建信息27条、被采用14条,超额完成报送任务。

【加强设备检查】 严格执行设备检查检测制度,每天按时对服务器及网络设备进行检查,及时发现并处理故障。定期检查UPS、柴油机、空调、高清视频会议系统,及时更换老化配件和设备,保证各类设备正常运行,确保每次高清视频会议的顺利召开。委托县防雷中心对建筑和设备防雷设施开展安全检测,确保防雷设施完好,为应对雷雨天气做好充分准备。

【深化网络应用】 继续在各部门、乡(镇)推广公文交换、资料交换、公文查阅、短信平台等网络应用,积极与网站建设公司沟通,推出网络记事本等特色小应用,为广大内网用户的工作服务。

【开展业务培训】 2017年6月下旬,对全县各部门、18个乡(镇)电子政务内网操作人员共90余人,在县会议中心集中开展网络安全和应用操作培训,提高电子政务内网操作人员的技术水平。

(朱小龙)

政府公众信息网建设

【增设专栏】 2017年,县政府信息中心按省、市政府网站绩效评估指标体系要求,在政府门户网站新建专栏“社会救助”“电子商务进农村”“中央环保督察边督边改信息公开专栏”“执法监管”“就业创业”“开放数据”6个,发布电子政务信息8404条、发布政府网站管理工作报告12期。全县电子政务外网覆盖点增至76个,完成全县电子政务外网升级改造方案的制订。

【业务数据电子化】 完成县农村信息化平台、县煤监信息化平台建设及整合,实现业务数据电子化,为行政决策提供有力数据分析。

【无纸化办公平台及手机APP】 继续推广使用无纸化办公平台及手机APP功能,全县使用无纸化办公平台的单位增至179个,用户数2464个,开通无纸化办公平台手机APP用户数990个。全年无纸化办公平台流转资料77710份,提高政府部门行政效率,降低行政成本。

【完善政府信息公开目录体系】 2017年,完善政府信息公开目录体系,及时完成县政府信息公开更新。全年发布政府公开信息14012条,发布政府信息公开信息巡查通报12期。

(李化)

【“12345”市民热线办理】 一是责任落实。成立县“12345”市民服务平台建设及运行管理工作领导小组,落实分管领导和具体经办人员,推行各乡(镇)、各部门热线办理专人联系制度。二是通力协助抓落实。“12345”接到市民反映事项后及时分类和交办处置,对工作职能部门有交叉的事项及时给予联系协调,共同协商办理,对市民反映的敏感问题、重大问题,及时上报领导小组审定。三是加大监督考核力度。严格按照《筠连县“12345”市民服务平台运行管理绩效考核暂行办法》等文件,加强对承办单位受理、办理工作的指导和监督，使“12345”市民服务热线成为反映民意的重要渠道、联系群众的桥梁纽带、服务民生的有效载体。全年共受理种类“12345”市民服务热线5565件次，办结5438件、在办127件，其中举报投诉类1704件、求助类3543件、咨询类243件、意见建议类65件、其他10件，办结率97.72%，满意率96%以上，受到社会各界的好评。

（杨先念）

【**数字城管**】2017年，筠连县数字化城市管理指挥中心与宜宾市数管中心的视频实现互联互通，布局安装完成视频监控摄像头7个。全年，共受理案件19278件，立案19186件，结案18724件，结案率97.61%，在巡查人员案件上实现量与质的上升。

（应元聪 师敏）

筠连县邮政分公司

【**邮政概况**】2015年5月，按照集团公司“子改分”法人体制调整要求，筠连县邮政局正式更名为中国邮政集团公司四川省筠连县分公司。2017年6月，按国家集团公司、省公司、市分公司要求进行调整机构。调整后县邮政分公司下设综合办公室、市场营销部。市场营销部下设金融业务中心、渠道平台中心、包裹快递中心、集邮文化与传媒中心4个专业经营中心，综合办公室直管经警组，市场营销部直管发行网运揽投组；县邮政分公司下设支局3个、邮政所5个。主要经营业务有邮政储蓄、函件广告、报刊发行零售、速递、集邮、分销物流、电子商务、中邮物流、代理保险等业务。投递总长度约210千米，邮路2条，服务人口33万人，服务面积1254平方千米。2017年年末，共有员工127人，其中退休职工33人、合同工61人、劳务派遣人员23人、劳务承揽人员10人。

【**邮政经营业绩**】2017年，实现邮政经营业务总收入2344.46万元，完成年度目标的103.33%，增幅14%，收入绝对值超75.46万元。其中邮务类实现560.61万元，完成年度目标的94.54%，下降3%；代理金融业务收入实现1658.99万元，完成年度目标的105.94%，增长16%；快递包裹业务收入实现124.86万元，完成年度目标的113.51%，增长216%。

【**邮政企业管理**】一是抓好员工各类业务培训，开展岗位资格性持证培训、适应性培训、提高性培训，至年末，网点人员持证率100%。二是收支管理，在收入上做到“颗粒归仓”；在支出上，做到该开支的才开支，不该开支绝不开支；在分配上，公开、公平、透明，落实到每一个职工、奖惩分明。加强成本费用控制力度，在加强固定成本费用管理的同时，着力压缩各项可变成本费用和管理费用，严格控制通讯费、差旅费、办公费、会议费、业务招待费的支出，各部门实行费用成本制度，应付款进行审批单制度，采购实行购物审批单制度，全面做好预算工作，超费用不给予支付。加强邮件运输和车辆相关费用的管控，坚持压缩非生产用车，全面实现集中采购。加强对分销库存、欠费的检查和规范管理，降低欠费和库存带来的经营风险。三是安全生产，通过开展“全县代理金融网点风险等级评价”“全县邮政金融网点不规范经营专项整治”“邮政金融营业网点服务质量专项检查”“安全生产月”等活动，押运钞人员防抢防盗实战演练等，加强安全生产意识。

（吴艳秋）

中国电信股份有限公司筠连分公司

【**电信概况**】2017年，中国电信股份有限公司筠连分公司（简称电信筠连分公司）以党建为统领，坚持服务领先、不断打造客户满意的国有企业，持续推进转型“3.0”“012+”，形成新动力、新成就，以智慧城市建设为契机，引领全光网县打造，做实存量经营服务，提升差异化服务品牌核心竞争力，发力4G推进，实现天翼、宽带、电视业务规模效益发展，全县村村通光纤宽带、电信电视行政村243个，企业保持健康、稳定、可持续发展的势头，为打造“三个筠连”做出贡献。全年，电信筠连分公司内设综合支撑组1个、分局4个、农村支局6个，年末在册员工39人，退休员工16人；全年总收入4269万元。

【**宽带乡村建设**】2017年，电信筠连分公司投资900多万元进行宽带乡村建设，建成覆盖68个村。

【**电信经营管理**】一是推进企业发展转型战略。打造优秀企业文化氛围，坚持“自信、平等、开放、包容”的管理理念，以员工的成长推动企业发展，做强国有企业，围绕贴近实际、贴近群众、贴近生活的“三贴近”要求，树立以人为本、科学发展、公平竞争、诚信服务、廉洁从业、团结友爱的理念。二是开展职业道德和社会主义精神文明教育。在企业内部形成良好的职业道德风尚，塑造与现代企业相适应的行为文化，提升企业竞争实力，汇聚企业发展合力，形成积极向上的良好氛围。

【**电信企业文化**】一是深化企业文化建设，营造优良创建氛围。把服务社会、服务大众和人民群众是否满意作为服务工作的立足点，进一步彰显国企使命和责任。二是坚持诚信经营，维护用户合法权益。坚持“以人为本”，提升客户感知体验,让群众享受到优质、高效、便捷的通信服务,提高用户感知。三是开展创先争优活动,强化服务文化宣传。树立始于客户需求,终于客户满意的服务理念,提升客户对业务、产品的满意度,让服务领先成为企业文化核心内涵,形成人人参与、前后端协调的全员服务文化。四是牢记国企社会责任,加大农村信息化建设力度,全面推进宽带乡村建设和精准扶贫工作,全年,投资900多万元进行宽带乡村建设,有序推进"益农社""社社通"信息化建设,不断缩短农村与城市的信息化鸿沟。

【电信公益行动】 2017年,电信筠连分公司向省公司争取200万元,用于信息扶贫补贴光猫机顶盒,为4160户农民免费安装光纤宽带和光纤电视。

(葛德均)

中国移动通信集团四川有限公司筠连分公司

【移动基站建设】 2017年,中国移动通信集团四川有限公司筠连分公司(移动筠连分公司)加速推进全县4G高速网络时代,为"智慧筠连"建设打下坚实基础,结合网络覆盖情况,全年共新建2G基站2个、室内覆盖站点11个、4G基站72个,解决2G弱覆盖自然村1个、弱覆盖城区和乡(镇)小区83个;开通县城和乡(镇)4G基站56个、农村4G基站27个。年末,县城4G网络覆盖率99.5%、乡(镇)覆盖率97.26%、农村覆盖率85%。

【移动"宽带乡村"工程】 2017年,移动筠连分公司投入1000余万元,大力实施"宽带乡村"工程。至年末,完成78个行政村(含扩建)的光纤宽带和43个城区小区(含扩建)光纤宽带建设,实现城区光纤宽带覆盖率95%,乡(镇)宽带覆盖率98%、农村宽带覆盖率85%。

【移动业务经营】 2017年,移动筠连分公司以家宽、4G为核心,加快转型发展。一是做好市场转型。继续提升用户网络体验,抓好小区宽带发展,全年销售4G终端6万余台,拥有4G客户12万余户,新增家庭宽带用户1万余户。二是落实国家提速降费要求。发挥信息惠民、拉动信息消费、促进创业就业、推动经济升级方面的作用,推出系列降费举措,为客户提供优质优惠的移动信息服务,手机上网流量单价下降70%。根据工业和信息化部、国务院国有资产监督管理委员会等部门的要求,通过精心组织、周密部署,自2017年9月1日起,全面取消手机客户国内电话长途通话费和漫游通话费(不含港澳台地区)。三是落实实名制入网工作。即必须本人持本人身份证原件,通过二代身份证阅读器、人像采集办理入网,坚决落实"一个证最多办理五张号卡"规定。四是打造智慧政企平台。利用天网项目打造"平安筠连",提升筠连人民群众的幸福指数,通过信息化项目发展,全年新增专线建设300余条、物联网2000余张,以信息化产品带动全县能源、金融、公检法、教育信息化发展,为"十三五"纲要中的智能城市建设奠定坚实的基础。

【移动"黑卡"治理】 按照三部委、省通管局、省委宣传部、省公安厅的要求,移动筠连分公司开展手机卡实名制登记及"黑卡"专项治理。一是改进系统。通过人像比对系统、移动筠连分公司黑客检查等模式确保新入网100%实名制,达到无黑卡办理。二是强化管理。每周每月每季对实名制工作执行情况进行检查通报。三是落实责任。出现违规情况,所有涉及人员将被通报考核。对存量非实名制用户,通过短信、电话、公告以及上门办理等多种方式,有力地推进"黑卡"治理专项行动,全年移动筠连分公司整治黑卡2100余张。

【移动对口帮扶】 2017年,移动筠连分公司继续坚持"正德厚生,臻于至善"的企业文化,积极履行各项社会责任。全年移动筠连公司领导亲自带队开展扶贫慰问工作20余次,组织员工参与扶贫工作,组织公司员工捐款2700余元,向武德乡石泉村、民主村和童家村共计50户贫困户捐送食用油和大米。

(张鑫)

中国联合网络通信有限公司筠连县分公司

【联通业绩】 2017年,中国联合网络通信有限公司筠连县分公司(以下简称联通筠连分公司)按照上级公司"抓党建、促发展、控成本、转机制"工作部署,深入落实聚焦战略,以党建和企业文化建设促发展,坚持聚焦移动4G、家庭融合业务和创新互联网三大市场,截至11月,通信话务量较2016年增幅超过50%,收入增长8%,收入完成率102%,全市排名第一。

【联通网络建设】 2017年,联通筠连分公司新增敷设光缆约30千米,新增基站设备7套,3/4GUL基站7个,全县4G网络覆盖率85%,新增端口700余个。投资200万元建设网络宽带,为服务于用户奠定的基础。

【联通社会责任履行】 2017年,联通筠连分公司积极参与到全县社会管理和服务工作当中。一是作为中央企业驻地机构,积极参与到当地扶贫攻坚工作中,为贫困村捐建饮用水池和捐助必要扶贫项目资金。二是利用良好的网络服务，积极参与到家庭养老的通信服务。三是作为县综治成员单位，结合自有资源和平台，依托大数据等技术，为当地社会安全建设和防控提供有力支撑。

【联通服务】 一是完善企业文化体系，强化员工践行企业文化的自觉性，贯彻落实企业声誉提升和员工行为准则体系大讨论活动，传播正能量，增强凝聚力，提升企业声誉口碑和品牌形象。二是积极创新工会服务模式，丰富职工文化生活，畅享沟通渠道，密切基层和管理层的联系互动，切实解决职工面临的困难、操心、忧虑的实际问题。三是积极开展各项主题实践活动，充分发挥团组织生力军和突击队作用，关爱青工成长。

（王丽娜）

中国铁塔股份有限公司宜宾市分公司筠连办事处

【铁塔概况】 中国铁塔股份有限公司宜宾市分公司（以下简称宜宾铁塔）2014年11月26日成立，中国铁塔股份有限公司宜宾市分公司筠连办事处（简称宜宾铁塔筠连办事处）于2015年8月成立，立足共享经济和供给改革，迅速形成增量铁塔、站址资源及附属设施的建设维护能力，实现从通信行业“新秀”到服务地方发展“生力军”的转变，改变宜宾通信产业发展格局，对筠连区域经济发展产生积极影响。2017年，建成铁塔类基站209个。

【铁塔发展理念】 宜宾铁塔筠连办事处作为一家诞生于共享、根基在共享、发展靠共享的企业，坚持“开放合作、共建共享”，积极探索将行业内共享向社会共享推进，助推经济社会绿色发展、协调发展。从“共享”思路出发，宜宾铁塔把目标瞄准社会上众多的杆塔资源，共享杆塔资源不仅将极大降低通信行业的建设成本，更快满足通信行业网络布局需要，也符合绿色发展、协调发展的理念，开展“社会塔”向“通信塔”的探索和尝试，有效避免出现“多杆林立”现象，节约社会资源，美化城市环境。

【基站建设】 2017年，全县建设铁塔类基站209个，其中新建站17个、存量改造站192个，全年共建共享占比85.26%。10月，宜宾铁塔与国网宜宾供电公司签署战略合作协议，达成共享电力铁塔资源等的诸多共识，迈出社会杆塔资源共享的重要一步，筠连也将通过通信基站、路灯、环境监测、公安视频监控、LED广告、充电桩6项功能整合在同一杆体上，实现公用基础设施的高效复用和共享。全年无重伤、工亡、火灾事故发生。

【基站安全】 2017年，宜宾铁塔筠连办事处通过铁塔安全培训，举办培训2期，培训人员34人次，全员安全教育率100%。宜宾铁塔筠连办事处开展隐患检查459次，发现问题115个，发出限时隐患整改通知115份，至年末，落实隐患整改115个，事故隐患整改合格率100%。全年，重伤、工亡、火灾事故为零，重、特大环境污染事故为零，重大消防、基站交通为零。

【铁塔精准扶贫】 2017年，宜宾铁塔筠连办事处通过新建基站、存量改造站的方式，有效解决县境内乐义乡河坝村3组、武德乡新顺村8组、古楼长沙组、联合苗族乡红竹村1组、乐义乡中坝村6组、武德乡金门村2组、高坪苗族乡麻园村小湾组、孔雀乡新坪村、腾达镇海灯村、高坎乡大地村共10个贫困村落的手机信号覆盖问题，让贫困村的人民也能享受通信带来的便利。

（詹剑）

金　融

住房公积金管理

【住房公积金归集】 2017年，全县有377个单位建立住房公积金制度，缴存住房公积金职工13808人，全年归集住房公积金1.80亿元，累计归集住房公积金总额10.54亿元，住房公积金余额5.13亿元，住房公积金覆盖率91.55%。

【住房公积金提取】 2017年，宜宾市住房公积金管理中心筠连县管理部为全县21770名职工办理各种提取住房公积金13171.29万元，其中职工离、退休提取1526.12万元，职工购建自住房提取871.31万元，职工偿还住房贷款本息提取5780.85万元，职工装修自住住房提取217.10万元，职工调出市外提取51.24万元，大病提取27.58万元，职工与单位解除劳动关系提取3620.74万元，职工死亡提取94.02万元，子女购房提取父母公积金351.36万元，租房提取605.31万元，其他提取25.66万元。累计提取住房公积金总额5.31亿元。

【住房公积金贷款】 2017年，共支持231户缴存职工购买自住住房，全年发放住房公积金个人住房贷款7438.80万元，累计为3596户职工办理住房公积金贷款4.74亿元，贷款余额为2.83亿元。

【公积金对口帮扶】 2017年，继续对口帮扶团林苗族乡香樟村的8户建档立卡贫困户，共送去慰问金2400元，慰问品8份及爱心包裹6个。在“扶贫日”倡议职工捐款1350元。

（张莉）

中国人民银行筠连县支行

【金融业运行】 2017年，中国人民银行筠连县支行(以下简称人行筠连县支行)以“抓稳健，强基础，争先进”的工作目标，认真执行稳健中性的货币政策，落实金融改革各项措施，防范化解金融风险，全面提高金融服务和管理水平，扎实有效地推进工作，主动适应经济发展新常态，改进货币信贷政策实施方式，提升货币信贷政策实施效果，发挥好货币信贷政策在稳增长、促改革、调结构、转方式、惠民生中的积极作用，促进地方经济持续健康发展。

年末，全县存款余额859298万元，比年初增加48931万元，增长6.04%；贷款余额500258万元，比年初增加50394万元，增长11.20%。

随着煤炭行业平稳及国家对环境资源等政策调整，县域经济受到严重冲击，全县金融机构的不良贷款有所增长。2017年，全县金融机构对部分不良贷款进行拨离、核销处置，至12月末，处置不良贷款7026万元。

【金融业扶贫】 2017年，人行筠连县支行积极履行扶贫专项牵头作用，进一步推动全县金融精准扶贫工作。一是开展金融扶贫抽样调查，全面摸清全县建档立卡贫困户的金融需求、融资特点，了解贫困户对金融扶贫政策的掌握情况，提高金融扶贫工作的精准性、时效性。二是完善并落实金融机构“分片包干、整村推进”的扶贫小额信贷工作模式。把主要负责金融机构由筠连农商行、筠连村行、筠连邮储行3家调整为筠连农商行1家，并重新签订分片包干责任书。至12月末，累计发放扶贫小额信贷14307.13万元，累计贷款户数5050户，其中该年扶贫新增投放7757.61万元、贷款户数2559户。三是重点对年度计划退出的31个贫困村加大扶贫小额信贷支持力度，支行贫困户的产业发展，确保全县31个贫困村摘“帽”任务的完成。四是深入探讨和总结县域肉牛养殖助推脱贫攻坚的做法和经验，继续推进“1+N”利益联结机制。多次召开政银保等多方参与的座谈会，专题研究筠连县产业转型带动经济发展、助推脱贫攻坚遇到的难题。五是组织开展上门融资对接，为农户解决资金需求。在5月下旬组织筠连农商行开展系列与贫困户面对面的融资对接活动，该活动持续开展10天，实现18个乡(镇)全覆盖，成功签约农户103户，在家门口实现贷款338.8万元。

积极推动农村“两权”抵押贷款。至12月末，县农商银行、宜商行筠连支行共办理林权抵押贷款17笔，金额4554万元。为提高金融支持农村改革发展力度，发挥土地流转促农增收作用,全面规范有序推进土地流转收益保证贷款工作,代县委县政府拟草并印发《筠连县推进土地流转收益保证贷款工作的实施意见》,在县域引导建立和完善土地流转收益保证贷款的评估体系、市场交易体系和风险分担机制,进一步明确县各部门的责任,为土地流转收益保证贷款工作的开展打下坚实的基础。

【金融管理】 完善机制,维护区域金融稳定。加强县域金融稳定工作指导,为防范和化解金融风险,进一步健全金融风险防范长效机制。推动建立由县长任组长,常务副县长、分管副县长任副组长,县政府办、人行筠连县支行、县财政局、县国税局、县地税局、县工商局、县公安局、县发改局、各金融机构等18家单位为成员的“金融工作协调小组”,制发《筠连县金融工作协调小组及成员单位工作职责》,细化小组各成员单位的工作职责,及时传达贯彻上级行的金融方针政策,协助搞好银政企协作机制建设,切实维护区域金融稳定。

做好金融风险的防范和化解,加强对风险企业的监测。人行筠连县支行在经济下行压力比较大的情况下,增强金融稳定工作的紧迫感和责任感,牢牢守住不发生系统性区域性金融风险底线。继续加强对诉讼标的超过500万元;法人代表、高管人员被协助司法诉讼;各机构前十名不良贷款的企业实行风险监测管理,按照监测制度及时准确上报各报表资料。

加强存款保险业务学习,完成存款保险风险评级工作。一是继续组织相关人员参加存款保险知识的远程培训和学习,不断提高存款保险业务水平。二是组织相关人员完成存款保险的报表报送和投保机构的保费清收。三是做好地方法人金融机构的流动性监测。四是完成法人机构存款保险风险评级。在市中心支行的组织下,参与并完成对3家地方银行法人机构的风险评级工作。

强化对金融机构的综合管理。树立底线思维,狠抓重大事项报告管理,继续采取多种方式加强对金融机构重大事项报告制度执行情况的监督约束。加强统筹协调,做好综合评价,对金融机构的日常经营监管融入到综合评价工作中,将综合评价结果运用到各项优惠政策的落实中去,体现奖优罚劣的原则。至11月底,报告全辖银行业金融机构重大事项9次。

【反洗钱监管】 加强非法集资宣传,重点防控。一是成立非法集资宣传工作领导小组。各机构利用LED视频不间断滚动播放宣传标语,走进社区、校园等地开展非法集资进万家宣传活动,共印发资料6500余份。二是健全工作机制,助力金融稳定。推动建立健全县境金融机构非法集资防范工作机制,针对出现的非法集资苗头性情况进行跟踪。三是开展重点领域排查。坚持按月开展县域非法集资排查。每月与县政法委处非办、县公安局、县工商局等单位开展对辖内可疑企业的排查、走访,持续关注企业后续动态,切实维护域区金融秩序和社会稳定。

加大反洗钱监管力度。一是县政府办公室印发《关于建立筠连县反洗钱工作联席会议制度的通知》,健全反洗钱联席机制,明确工作责任。二是完成辖区6家银行和2家保险公司的走访。三是加大宣传力度,在全县营造反洗钱和反恐融资良好氛围。全年,人行筠连县支行组织2次银行、保险及学校参加的反洗钱知识宣传。四是继续组织全县银行业和保险业机构贯彻落实中国人民银行《金融机构大额交易和可疑交易管理办法》,准确把握政策和新形势下的监管重点、方法。五是建立健全重点可疑交易报告管理制度。

【征信管理】 一是加强开展《征信管理条例》的宣传力度。全年,与县农商银行联袂组织十多名宣传骨干,开展“征信知识到万家”“金融知识进校园”等宣传,将征信、反假币、助学贷款等金融知识送到广大民众、莘莘学子、辛勤园丁的身边。发放征信和反假币知识宣传资料、图片等5000多份。二是强化征信管理,杜绝违规查询。全年,全辖区内查询网点无违规查询现象,共开展个人信用报告查询3897次、企业信用报告查询164次,个人信用报告收费查询267次。收取超次查询费2670元,全部按时上划宜宾中心支行征信管理中心。

【国库管理】 一是严格会计财务管理。坚持“约法三章”,严肃财经纪律,认真落实财务预算管理要求,严格执行“五个严禁”,加强“三公”经费管理,严控财务风险。二是加强内部管理。修订完善多项内部管理制度,规范工作流程。做好安全保卫工作,坚持每月1次安全检查和节假日前安全检查;加强会议管理,严肃会议纪律,严格年度会议计划编报和审批程序;加强政务值班管理,坚持24小时值守,节假日及重大敏感时期安排负责人员带班值班,确保政令畅通;落实应急、维稳和信访工作要求,能够及时有效处置辖内发生的重大紧急事件并按规定上报;严格保密管理,未发生失泄密事件。

依法履行经理国库职责。组织对各级预算收入的核算,共组织预算收入38005笔72663万元,预算支出42524笔2731393万元,退库106笔268.15万元,更正业务45笔26180万元。修订完善支库应急工作预案,组织人员积极参与春节期间的抗震救灾,并对县财政2016年年终决算超库存发出支付令的情况进行剖析。

【金融服务】 积极开展“支付惠农”工作,努力打造一批在全县有影响力的助农取款示范站点,提升人民银行在农村支付市场的影响力。在县政府、县人行、宜宾村通科技有限公司等多方的参与下,2017年宜宾市商业银行筠连支行引进银联宜宾分公司共建成10个新型农村金融服务点，布放功能较为完善的助农取款机 10 台，利用电商网点平台的服务优势推进了金融服务的延伸。

加强人民币流通管理。大力开展人民币反假业务宣传，利用春风村李花节、“3·15”及 9 月四川省反假集中宣传月组织金融机构开展宣传活动。组织辖区现金业务人员参加货币防伪资格证培训及考试。抽调人员参加中心支行人民币收付业务检查，做好人民币流通的监测管理，按时报送各类报表报告。做好假币收缴的管理工作，规范反假货币信息系统操作，及时向中支上缴假币。加强农商行代理发行库的管理。至 11 月末，共办理商业银行取现业务 43 笔 32039 万元，交存现金业务 134 笔 51685 万元，其中完整券 38500 万元、残损券 13185 万元。

【人行支行自身建设】 2017 年，人行筠连县支行党组以中共十八届六中全会、十九大、中央纪委第七次全会、总分行以及宜宾中心支行党风廉政建设工作会议精神为指导，站在讲政治的高度，增强责任意识，强化责任担当，将全面从严治党要求落实到位。切实担当起风廉政建设主体责任，纪检组切实履行党风廉政建设监督责任，牢固树立不抓党风廉政建设就是严重失职的意识。党组按季召开专题会，听取各部(室)抓党风廉政建设工作情况汇报，研究党风廉政建设、风险防控等方面工作；支行坚持党组民主决策，严格做到“三重一大”事项集体研究决定。

(郭爱筠)

中国农业银行股份有限公司筠连县支行

【农行概况】 中国农业银行股份有限公司筠连县支行(以下简称农行筠连县支行)，下辖农行筠连县支行营业部、农行筠连县支行定水路分理处、农行筠连县支行筠州中路分理处 3 个营业网点以及煤都大道、筠州北路、巡司 3 个离行式自助银行网点。内设综合管理部、财会运营管理部、客户经理部。2017 年，在职员工 60 人，设有中共农行筠连县支行党委，下辖 5 个党支部(支行机关党支部、营业部党支部、筠州中路分理处党支部、定水路分理处党支部、离退休职工党支部)。

【农行业务】 2017 年年末，农行筠连县支行各项存款余额 14.72 亿元，其中对公存款余额 4.13 亿元，储蓄存款余额 10.59 亿元；年末各项贷款余额 9.62 亿元，贷存比 65.36%。不良贷款余额 700 余万元，占比 0.72%，不良贷款率由年初的 17.51%降至 0.72%；法人不良贷款全部出表清零。全年实现拨备前利润 2256.02 万元，实现拨备后利润 972.21 万元。惠农卡有效客户数 20542 张，新增 920 张；规模农户 35 户，新增 4 户，农户贷款余额 699.4 万元，涉农贷款余额 1.72 亿元；惠农通服务点覆盖率 75%。

【农行案防内控】 一是认真落实案防责任。成立案防工作领导小组，每季度召开案防工作领导小组会议 1 次，分析案防形势，部署案防工作。每两月召开案件查防会诊会议 1 次。在行务会议中对涉及到案件预防方面的问题进行及时分析、排查、部署。通过周例会、月例会、季度经营分析会等提醒督促其他班子成员落实好分管条线党风廉政建设、尽职监督检查、案件防控、员工“网格化”团队建设、重大突发事件处置等工作。二是推进警示教育体系化工作。制发《农行筠连县支行 2017 年党风廉政建设学习暨警示教育体系化实施方案》，明确指导思想、目的意义、教育对象、学习内容和工作要求，坚持开展理想信念教育、坚持开展党规党纪教育、坚持开展专题教育、坚持开展廉政党课教育等，由综合部督促指导全辖各部门、各营业网点开展学习暨警示教育体系化工作。三是加强重岗人员管理。为完善内控机制，防范操作风险，严格执行《中国农业银行关键岗位人员岗位轮换和强制休假管理办法》，加强对关键岗位人员管理，年初对关键岗位人员进行全面清理，制订关键岗位人员岗位轮换和强制休假方案，建立台账，制订轮岗计划，全年对达到岗位轮换的 12 名重岗人员及时进行岗位轮换。

【农行党建】 一是认真落实“一岗双责”。按“党要管党、从严治党”的方针，严守党委主体责任。年初，根据上级行要求，召开专题党委会，研究部署全行党建工作，并制订考核措施和方案，明确任务清单，责任到人、时间、质量，确保党建工作有条不紊开展。二是强化教育，提升素质。通过党委会、党委中心组扩大会、行长办公会、党支部会议、全行员工大会等开展法律法规、党规党章、习近平总书记系列讲话、各类规章制度的学习，增强中共党员干部的理论知识。三是推进基层服务型党组织建设。建立整顿慵懒涣散党组织常态化机制，按比例滚动开展整顿提升工作措施，将“党员示范岗”“党员窗口”落在实处。四是激励先进，树立榜样。表彰基层先进党组织 1 个、优秀共产党员 4 人，并通过党务宣传文化专栏大力宣传，弘扬传播正能量，在全行营造“比学赶超”的氛围。

【农行对口帮扶】 2017 年，农行筠连县支行继续对口帮扶高坪苗族乡麻园村，麻园村有建卡贫困户 63 户 285 人，其中帮扶 45 户 173 人。全年通过爱心捐款、特殊党费、工会经费、引进爱心企业捐赠等方式陆续向高坪苗族乡捐款、捐物近 10 万元。落实省分行专项帮扶资金 3 万元，用于支持对口贫困村建设基层党组织活动场所、帮扶慰问生活困难中共党员群众。

(姚菲)

中国农业发展银行筠连县支行

【农发行概况】中国农业发展银行筠连县支行（以下简称农发行筠连县支行）位于筠连镇真武路132号，内设办公室、客户业务部、会计结算部，成立支行党支部、工会等组织机构。紧紧围绕县委、县政府发展目标，加大贷款投放，提高经营管理水平。2017年年末，农发行筠连县支行有员工15人。

【农发行信贷支农】2017年，农发行筠连县支行累计投放支农贷款25000万元。其中投放中华街片区棚户区改造贷款15000万元；投放“十三五”易地扶贫搬迁项目过桥贷款10000万元，涉及搬迁人口9644人。

【农发行业务经营】2017年年末，农发行筠连县支行存款余额44516.6万元，较年初增长20702.8万元，日均存款余额37771.4万元，增长17073.5万元。贷款余额30189.2万元，较年初增长18450万元。重点建设基金余额21455万元。实现利润1154万元，增长650万元。

【农发行内部管理】2017年，农发行筠连县支行根据《部室及员工考核办法》，实行按月考核，按季实施绩效挂钩，鼓励全行员工努力工作，做出成绩。同时农发行筠连县支行党支部进一步落实党风廉政建设的主体责任和纪检监察的监督责任。全年未发生重大安全事故和经济刑事案件。

（严炬翔）

中国工商银行股份有限公司筠连支行

【工行概况】2017年，中国工商银行股份有限公司筠连支行（以下简称工行筠连支行）围绕县委、县政府经济建设，重点支持经济支柱产业、招商引资企业和城乡居民住房，重点培养客户的贷后管理意识和水平。

【工行经营业绩】一是存款方面，至年末，工行筠连支行各项存款余额57544.72万元，较年初（下同）增加5409.78万元，其中个人储蓄存款余额38536.93万元、增加6264.56万元，公司存款余额5103.02万元、增加1915.47万元，机构存款余额12943.61万元，减少3025.45万元；保证金存款942.31万元、增加255.21万元；同业存款18.85万元、减少0.01万元。二是贷款方面。至年末，工行筠连支行各项贷款余额79495.24万元，增加2213.98万元，其中个人贷款余额24396.12万元、增加2307.86万元，法人贷款余额55099.12万元、减少93.88万元。三是拨备前利润。至年末，工行筠连支行实现拨备前利润（净利润与风险准备金之和）2041.85万元。

【工行案防及内控】2017年，工行筠连支行继续重视案件防范和内部控制，定期召开内控案防分析会，查找问题、落实整改，组织员工观看警示教育影片，参加警示教育活动，增强员工合规意识。按月通报排查情况，没有发现问题。对出现的违规行为追究责任，专项检查高危和重点领域，有效防止操作风险和信贷风险的发生，全年无案件和重大差错发生。

【工行工作措施】一是主动宣传工行。为主动了解群众金融服务需求，全行员工走出办公室对客户主动宣传，使更多客户了解金融知识、了解工行。二是金融业务。为方便群众办理金融业务，不断加强渠道建设，大力推行自助机具，在营业大厅安装多媒体智能终端3台，兼具开户、挂失、实时转账、便民缴费等功能，明显降低客户在柜面办理业务的等候时间。三是继续免费为广大客户办理工银社保卡和ETC业务，方便客户的日常使用，为客户带来便利。四是劳动组合，合理调整劳动组合，在柜员人数少的情况下，最大限度对外开设窗口，确保柜面业务的顺利办理，把客户平均等候时间控制在8分钟内。五是强化考核，每日汇报工作成果，有效地进行压力传导，杜绝消极怠工。

【工行对口帮扶】积极参与扶贫工作，全行员工积极捐款捐物，全年捐款6800元，捐献物资价值5000元。利用休息时间走访贫困户进行脱贫政策宣传和帮扶，全年下乡26次。

（苏思齐）

中国邮政储蓄银行股份有限公司筠连县支行

【邮储概况】2017年，中国邮政储蓄银行股份有限公司筠连县支行（以下简称邮储筠连支行）学习贯彻中共十九大会议精神和省分行的各项战略部署，抓实各项工作。年末，有职工36人。

【邮储业务发展】2017年年末，邮储筠连支行各项存款余额192765万元，下降1687万元，其中储蓄存款余额158501万元，净增18753万元；公司存款余额34264万元，下降20440万元。信贷存量贷款规模39945万元，净增9036万元，其中小贷结余金额7149万元，净增47万元；个人商务贷款结余金额12842万元，净增1087万元；消费贷款结余金额14464万元，净增7112万元；小企业贷款结余7笔，净增2笔金额5490万元，净增790万元。

【邮储服务三农】2017年，邮储筠连支行继续把改善农村支付结算环境作为金融服务工作重点，加大对三农信贷投放力度。全年发放涉农贷款948笔17394.39万元，其中烟农贷款260笔、188.79万元，返乡创业贷款发放113笔、944万元，扶贫小额贷款发放76笔、141万元，家庭农场、合作社等贷款发放499笔、16120.6万元。

【邮储网点建设】继续扩大服务范围，提升自助服务质量，加强网点客户分流，全年，新增CRS机1台（离行式）、ITM机3台（支行营业部、汇鑫广场支行、巡司镇支行）。

【邮储内部管理】一是严格落实上级行对员工的考勤制度，定期或不定期抽查全体员工考勤，考核落实到人。二是强化管理部门履职能力，每月对网点进行日常检查，督促网点对查出的问题及时整改落实。三是严格成本费用支出，加大对易耗品的管控审批力度。四是加强业务知识培训力度，组织各种业务知识培训50余次，加强员工服务培训，强化网点服务转型，提高员工业务技能、风险防控能力。五是坚持办公会议制度，切实将各项工作督促到位。六是严格落实问责制度。

【邮储安全防范】一是每月召开邮银双方联席会，解决邮政金融资金安全、内控管理、业务制度执行中遇到的问题。二是严格执行《协助有权机关查询、冻结、扣划工作实施细则》等要求，及时配合县人民法院、县公安局、县人民检察院等司法查询、冻结、扣划工作，配合监管部门做好反洗钱、反假币工作，确保资金票款安全。三是加强重点岗位人员轮岗，通过外出参加培训、不定期对前台人员进行轮岗和强制休假等形式落实轮岗制度，全年共轮岗员工19人次。四是严格按照上级行关于员工行为排查相关要求，采取集中排查为主，日常排查为辅，领导面谈、家属座谈等方式，每季度排查1次，有效预防案件发生。五是每月对辖内网点进行1次人防、物防、技防等安全检查，对检查出的问题下达整改通知书，督促网点及时整改。六是每月组织员工开展安全知识培训，制订处置突发事件应急预案，组织防火、防抢演练，提高员工安全防范意识。

（付静）

四川筠连农村商业银行股份有限公司

【农商行概况】2017年，四川筠连农村商业银行股份有限公司（以下简称筠连农商行）坚持改制不改姓，坚守“城乡并重，深耕三农、聚焦三城，专注小微”的市场定位，不断巩固农村市场，扩大城郊市场，抢占城区市场；以强化风控管理为抓手，持续实施“风险控制年”活动，努力实现稳中求进、提质增效、风险可控，实现各项业务的健康可持续发展。年末，有在编员工182人，内设综合管理部、计划财务部、运营管理部、风险与合规部、审计部、零售业务部6个职能部门，直属营业部1个（含中小微客户金融中心、公司业务部），下设支行11个和分理处10个[其中设在金融服务空白乡（镇）分理处5个]。

【农商行业绩】2017年末，筠连农商行各项存款余额35.72亿元，比年初增加2.18亿元；各项贷款余额22.57亿元，比年初净增0.81亿元。

【农商行信贷服务】筠连农商行坚持服务实体经济的市场定位，全力支持县域肉牛产业、茶叶产业、旅游产业等，助力县域经济转型发展。2017年，累计发放各项实体经济贷款150601万元，增加20666万元，其中累计发放扶贫小额信用贷款7552.6万元，增加1196.6万元。

【农商行普惠金融】2017年，筠连农商行加强建设城乡绿色惠农渠道，专项安排网点建设、自助机设备和终端投入计划。至年末，共有ATM机51台、POS机223台、EPOS机290台、特约商户235户，设金融便民服务站273个，实现全覆盖，有新一代电子银行平台用户数42745户。

【“好牛贷”信贷】筠连农商行围绕县委县政府“1+N”发展肉牛产业思路，优化升级“好牛贷”信贷产品，养殖户无需担保抵押就能得到信贷支持，实现“你养牛、我出钱，你致富、我助推”的创新发展。至年末，累计投放肉牛养殖贷款33062.27万元，支持10585户农户养牛4.57万头（其中向建档贫困户投放8224.75万元，支持2072户贫困户养牛8500余头），为众多贫困户创业提供金融支撑。该举受到国务院行政人事司、省委书记王东明、各级党委政府的高度肯定，“好牛贷”信贷产品被四川银监局表彰为“银行业金融机构小微企业金融服务”三大特色产品之一。

【代理人民银行发行库运行】2015年12月2日，人民银行成都分行批准同意设立“人民银行宜宾筠连农村商业银行代理发行库”，筠连农商行由此成为全国第一家代理发行库的商业银行。通过健全制度，规范管理，至2017年底，代理发行库正常运行，业务过程中未出现差错。

（邓瑛）

宜宾市商业银行股份有限公司筠连支行

【商行概况】2017 年，宜宾市商业银行股份有限公司筠连支行(以下简称商行筠连支行)有网点 2 个,有行式和离行式自助服务点 4 个、农村金融服务点 10 个，辐射 10 个乡(镇),从业人员 21 人。

【商行筠连支行业绩】年末，商行筠连支行各项存款余额 35757.51 万元, 各项贷款余额 20114 万元，存贷比 56.2%。新增 POS 机 86 户、企业网银 33 户、个人网银 158 户、手机银行 1106 户、法人类基本账户 31 户。

【商行不良贷款清收化解】继续加强不良贷款的清收化解,坚决打好风险资产清收处置攻坚战。为锁定贷款风险,减少资产损失,遵照总行不良贷款清收转化指示,制订“三个一批”(诉讼清收一批、扶持化解一批、持续关注一批)的清收处置措施。逐一全面分析借款主体现行资产、负债、生产经营情况,制订并落实一户一策处置方案。

【商行内控管理和安全防范】一是落实内控案防责任,层层签订“案件防控安全保卫社会治安综合治理工作目标管理责任书”。二是落实管理责任,将案件防控和安全保卫工作压力层层分解,明确管理职责和义务。三是加强执行力检查,落实专人负责日常安全检查,实现案防安保工作有部门管、有人抓,全年无安全责任事故、经济案件发生。四是消防安全知识培训,强化员工的安全意识,保护员工的生命安全。11 月,邀请县消防大队教官对全体员工进行消防安全知识培训,并模拟在滚滚浓烟的“火灾现场”开展自救逃生、灭火器操作的演练,进一步强化员工的消防安全意识,

【商行转型】根据总行的零售转型措施，推动商行筠连支行的转型发展,存款结构得到较大改善。个人存款在总存款中的占比，由 2014 年（转型前）的 23.68%增长到 2017 年的 55.80%。落实“两进”(进乡镇、进农村)战略,面向农村市场的转型取得实质进展,至 12 月末,分别在沐爱镇、镇舟镇、大雪山镇等 10 个乡(镇)建立助农取款金融服务点,取款或转账交易 4123 笔,金额 382.6 万元。

【商行柜面改革】6 月,本着“千方百计做营销、万众一心求发展”的心态,主动试点柜面改革,采用选拔的方式把人员调整到营销岗位,从事专职营销。支行尝试性开展“社群营销”,围绕筠连门球协会、“坝坝舞”人群、建筑工地、农贸市场等集中群体针对营销。12 月末,围绕集中群体开卡 95 张、手机银行 10 户。销售理财产品 39 万元,“宜惠存”产品 51 笔,金额 462.79 万元。新增定期存款 90.54 万元。营销 POS 机 59 台。

【商行对口帮扶】2017 年，商行筠连支行继续对口帮扶塘坝乡双田村。一是定期召开“精准扶贫”工作领导小组例会,学习扶贫政策,为贫困户提供新的政策指引;分析帮扶对象遇到的问题,做到及时解决。二是积极参与“送温暖”“栋梁工程”等扶贫捐助活动,全年累计捐助现金 4 万元、财物 2000 余元。年末,塘坝乡双田村精准扶贫工作顺利通过省、市验收。

（吴金城）

筠连中成村镇银行股份有限公司

【村镇概况】2017 年,筠连中成村镇银行(以下简称村镇银行)牢记“立足区域、面向三农”的服务宗旨,全面实施乡村振兴战略,推进观念转型、组织转型和业务转型,业务发展和风险防控成效明显。

【村镇业绩】2017 年年末,村镇银行共开立账户 1780 户,支付密码器推广率 100%。各项存款余额 20245 万元,较年初增长 859 万元。各项贷款余额 14091 万元,其中农户贷款 273 户、9244 万元,“三农”贷款余额 12210.34 万元,“三农”贷款占贷款总额的 86.65%,切实践行“服务三农、助力小微”的社会承诺。

【村镇授信管理】一是完善规章制度。2017 年,重新梳理已建立制度,规范存在风险的流程,全年新增、变更制度近 50 个。二是加强信贷管理。落实授信业务的审查工作职责和审贷分离制度,坚持审查中的独立性,客户的主体资格、经营情况、信用状况、财务情况、贷款用途、担保方式等方面的合规合法性。三是落实放款审查。按照审批要求审查授信业务的审批有效性,审查通过审批的授信业务是否超过权限、是否是附加条件同意;对附加条件同意的授信业务,逐笔审查授信业务的附加条件是否落实,审查授信业务所使用协议、合同等法律文书的合法有效性。对已办妥授信业务的核保、批准、登记、交付及其他法定手续,落实审批条件且在审批至放款期间未发生违约的客户进行贷款发放。四是强化贷后管理。按季进行实地贷后检查,对授信业务进行分类,通过分类实践操作,提升客户经理及风险管理部员工的风险预测、风险分析和风险防范能力,形成“识别风险—发现问题—及时举措—改进信贷管理”的良性循环,为进一步改善信贷管理,提高风险防范水平,提高信贷资产质量奠定基础。

【村镇基础管理】 一是建立规范涵盖办公、会计、信贷、风控等各条线的制度、办法、流程。二是坚持各类会议制度。按照程序召开行长办公会、行务会、审贷会,以及案防会议、客户经理周会等。三是规范物品采购和财务报账。物品采购全部实现双人经办,出入库登记完整,严格执行费用管理办法和财务制度。四是加强档案管理。确定专门的部门、人员负责信贷档案管理。

【村镇风险防范】 一是规范信用业务流程。健全信贷管理相关办法,严把审核审批关,从严审查、把控风险。二是"三道防线"相互协作共同发力多维度强化操作风险管控。严格印章管理,完善《筠连中成村镇银行印章管理办法》,实行监控下管理,经有权审批人同意后使用。开展"票据及同业业务全面风险排查""非法集资及员工异常行为专项排查"等16项风险排查工作。重点加强账户、现金、重空(重要空白凭证)、印章、抵质押物管理及检查,定期开展110测试与安全检查工作。开展"防范操作风险教育年"学习活动,丰富案防教育内容,形成案防工作人人讲、共同提高学习的良好氛围。三是加强全员合规文化教育。定期组织合规培训、业务制度培训、客户经理、柜员培训等12次,有针对性的推进员工岗位规范和业务流程教育,明晰违规操作应承担的责任,教育员工熟知各项内控制度和案防安保要求。建立重要岗位人员轮岗和员工强制休假台账,员工轻微违规行为积分台账,将违规积分纳入到各级各类检查范围,并运用到违规处理、薪酬发放、评先晋级等工作中。四是加强安全保卫。开展消防安全培训,进行安全自查,完善各类应急预案,夯实安全生产基础。五是加强声誉风险的管理。建立舆情监测制度,确定兼职舆情监测人员。完善消费者权益保护工作机制,规范投诉处理流程,加强员工消保知识的培训教育,开展消费者权益保护知识进社区活动,开展社区金融宣传17次,进一步提升员工声誉风险防控能力。

【村镇服务】 一是做好柜面基础性工作,强化柜面营销。增强主动营销意识,积极对进店客户开展营销。二是提升优质服务水平。每周二、四定期开展优质服务培训和检查,切实提升优质服务水平。三是开展"金融知识下乡""金融服务宣传月"等活动,全年共计开展专项宣传活动10余次,进一步提高员工的金融知识和服务水平,提升村镇银行知晓度。

【村镇对口帮扶】 2017年,村镇银行继续围绕县域主导产业和区域性特色行业发展,以市场为导向,以产业化龙头企业为牵引,向产业链前端农户提供一体化的金融服务,村镇银行发放扶贫小额贷款余额86万元。继续对口帮扶孔雀乡新沟村,看望扶贫户、开展精准扶贫工作,在传统节日春节当日,村镇银行扶贫小组到贫困户家中陪贫困户吃一顿年夜饭饭,并送米送油到户,跟贫困户拉家常聊生活。主动帮扶扶贫对象的生产经营,所有贫困户贷款全是投向农户生产经营,养牛、养猪、养鸡种植蔬菜瓜果。

(刘哲)

中国人民财产保险股份有限公司筠连支公司

【人保财险概况】 2017年,中国人民财产保险股份有限公司筠连支公司(以下简称人保财险筠连支公司)共设有机构2个、乡(镇)工作站18个、村级协保点243个、兼业代理机构6个,网点覆盖全县。内设机构为经理室、综合部、非车险部、个人业务部、车商部、农村保险事业部/农村普惠金融事业部、出单分部、理赔分部、大病保险部,下设巡司镇营销服务部。

【人保财险经营险种】 人保财险筠连支公司经营险种有农业保险、机动车辆保险、短期人身意外伤害保险、短期健康保险、企事业单位财产保险、家庭财产保险、建筑和安装工程保险、货物运输保险、各项责任保险、信用保证保险、支农融资、城镇职工补充医疗保险、城镇居民大病保险、新农合大病保险等。

【人保财险业务发展】 2017年,人保财险筠连支公司按照总公司"第三步发展战略规划"总体要求,深入贯彻落实《国务院关于加快发展现代保险服务业的若干意见》《四川省人民政府关于加快发展现代保险服务业的若干意见》,切实履行社会责任。全年保险费收入实现5640.51万元,其中农业保险1601万元、机动车辆保险2103万元、短期人身意外伤害保险150万元、短期健康保险118万元、企事业单位财产保险8.15万元、家庭财产保险11万元、建筑和安装工程保28万元、货物运输保险1万元、责任保险178万元、信用保证保险5万元、城乡居民住房地震保险78万元、城镇职工补充医疗保险236.80万元、城乡居民大病保险1122.56万元。开展支农融资项目,成功在全市发放首笔支农融资资金50万元。

【人保财险理赔服务】 2017年,人保财险筠连支公司共受理理赔案件8642件,其中农业保险5855件、商业保险701件、城镇职工补充医疗保险403件、城乡居民大病保险1683件。赔付金额共3841.15万元(不含大病保险和城镇职工补充医疗保险),其中车险赔付2001万元、农业保险赔付1500万元、非车险赔付340.15万元。

【人保财险企业文化】 人保财险筠连支公司以“做人民满意的保险公司”为共同愿景，切实履行保险保障功能在县域经济发展中的社会责任，坚持以人为本，增强企业凝聚力和发展活力。为丰富职工文化生活，设阅览室，内有政策法规、业务图书、荣誉证书等10000余册；建乒乓球活动室，组织员工参加篮球、乒乓球比赛；开展郊游、登山、歌咏等文体活动。通过文化熏陶，强化职工爱岗敬业、无私奉献、奋力拼搏的信念。

【人保财险对口帮扶】 2017年，人保财险筠连支公司继续对口帮扶乐义乡河坝村，派驻第一书记1名。全年，人保财险筠连支公司领导干部多次深入开展调查，采取走访、座谈等形式结合实际，严格按照因户施策、一户一策的原则，制订科学合理的年度村级规划。认真落实“一户一结队”帮扶计划，宣传扶贫相关政策，倾听贫困户所急所需，了解贫困户存在的问题和困难，激励贫困户脱贫致富的信心和斗智，有效帮扶贫困户想办法、找出路、破难题，心贴心、面对面、实打实的履行应尽的社会责任。通过“帮困助难”“扶贫宣传”“送温暖”等各种活动，向河坝村捐款救助共30000元。筠连“1·28”地震发生，向县民政局慈善捐款50万元。

（李春刚）

中国人寿保险股份有限公司筠连县支公司

【人寿概况】 中国人寿的前身是成立于1949年的中国人民保险公司和1996年分设的中保人寿保险有限公司以及1999年成立的中国人寿保险公司。2003年，原中国人寿保险公司进行重组改制，变更为中国人寿保险（集团）公司。

1997年7月28日，经中国人民银行宜宾地区分行批准成立中保人寿保险有限公司宜宾市分公司筠连兼职代办站，成为筠连第一家专业化寿险机构；1999年，更名为中国人寿保险公司宜宾市分公司筠连兼职代办站；2000年，更名为中国人寿保险公司宜宾市分公司筠连营销服务部；2007年，更名为中国人寿保险股份有限公司筠连县支公司（以下简称人寿保险筠连县支公司）。

【人寿规范经营】 2017年，人寿保险筠连县支公司继续围绕“依法诚信合规”经营主题，以“创先争优”活动为载体，开展“为客户做得更好，为客户想得更多”服务活动，保证客户到人寿保险筠连县支公司后，能听见问候声、能喝到茶水、遇到问题有人解答，实现寿险收入6241万元。7月8日，为深化全体员工诚信合规经营意识，提高客户服务质量，切实防范经营风险，人寿保险筠连县支公司举办“寿险服务与诚信合规经营”专题培训，进一步夯实持续健康发展的思想基础，共培训200人次。

【人寿理赔】 2017年，人寿保险筠连县支公司继续坚持“诚信经营、用心服务”的服务宗旨，做到不惜赔、不滥赔、不漏赔。全年累计赔款、满期给付1320万元，其中意外伤害保险赔付198万元、医疗类保险赔付299万元、满期给付823万元，单笔最高赔款22.5万元。召开理赔服务会60场。

【人寿服务三农】 2017年，人寿保险筠连县支公司继续贯彻落实国务院、中国保监会提出的“把保险送到农村去”的战略方针扎实推进保险村和农村小额保险、农村扶贫保险、夕阳红老龄保险、妇女安康健康保险建设。在巩固已建保险村的基础上，在筠连、镇舟、沐爱、巡司、民主、腾达、维新、乐义、双腾、武德10个乡（镇），32个行政村，开展入户调查等工作，在18个乡（镇）全面展开，累计实现三农保费收入148万元。

【人寿对口帮扶】 2017年，人寿保险筠连县支公司继续对口帮扶联合苗族乡茶园村，每月至少1次到对口帮扶的贫困户家中。同时积极响应县委、县政府“送温暖献爱心”“扶贫一日捐”等扶贫捐赠活动。全年共派出280人次到村到户进行一对一帮扶，投入资金273327元，其中职工捐款1500元。

（詹晓红）

中国太平洋财产股份有限公司筠连支公司

【太平洋概况】 2017年，中国太平洋财产股份有限公司筠连支公司（以下简称太平洋筠连支公司）坚持以“效益为中心、市场为向导、客户为基础”的经营理念，按照太平洋保险公司集团公司“集团化管理、专业化经营、市场化运作”经营管理模式要求，努力进取，勇于开拓，积极适应新形式。

【太平洋业务】 太平洋筠连支公司在业务发展方面，抓住加快发展的有利时期，进一步调整优化业务与险种结构，采取有效措施，推动业务发展，提高效益水平。在深化改革方面，加大创新力度，进一步提高经营效益，推进个人营销方式。全年，太平洋筠连支公司保费收入实现955万元，赔付金额581万元。

【太平洋理赔服务】 2017年，太平洋筠连支公司以“极速、极易、极暖”客户体检为目标，打造专业的车险理赔服务，自助微信查勘，三分钟搞定，太好赔；修理无需垫付，公司直赔，全国通赔。损失在5000元以内的1小时内赔付、2万元以内的24小时内赔付，提供免费（100千米）道路救援。

（李孝超）

中华联合财产保险股份有限公司筠连支公司

【中华财险概况】 2017年，中华联合财产保险股份有限公司筠连支公司（以下简称中华财险筠连支公司）认真贯彻落实总、分公司的经营指导思想和经营方针，面对商车费改（商业车险条款费率管理制度改革）深化和宏观经济下行的双重挑战，全体员工奋力拼搏，全年保费收入580.28万元，赔款支出630.82万元。

【中华财险业务拓展】 全年，中华财险筠连支公司合理配置理赔资源，大力拓展车商渠道业务。全年车商渠道业务保费收入90万元，做好招标项目业务，成功承保筠连县公务车辆保险。

【“优赔增效”活动】 2017年，中华财险筠连支公司服务能力不断提升，一是抓理赔服务。加强理赔队伍的风险防范警示教育及业务技能培训；加大理赔人员绩效考核力度。二是抓基础管理，根据上级公司要求对员工进行严格培训，使中华财险筠连支公司员工全部通过岗位技术考试。三是抓服务优化。全年滚动结案率、退票率和未决赔款清理几项关键指标得到明显优化，特别是历史未决赔款清理实现了历史性的达标。

【防范经营风险】 按照上级公司的统一安排部署，全年开展防范和处置非法集资工作及宣传月活动、开展“四风”问题整治“回头看”工作、“两个加强、两个遏制”回头看自查和督导、非法经营保险业务警示教育。积极配合中国人民银行做好反洗钱非现场监管检查，增强全员反洗钱意识。通过一系列的检查清理和整顿，中华财险筠连支依法合规经营的执行力和控制力得到显著提升。

（陈永兴）

科技与教育

科技工作

【科技宣传及培训】2017年,科技宣传主要开展有“科技之春”“科技活动周”“科普宣传日”“科技三下乡”“双创”等宣传活动,本着节约原则,各部门、各乡(镇)结合自身工作实际,利用3·15消费者权益保护日、4·26世界知识产权日、5·15碘缺乏病宣传日、5·31世界无烟日、6·16安全生产咨询日、8·8全民健身日、9·3抗战胜利纪念日、12·9抗日救亡运动等,开展“绿色发展 脱贫奔康”“科技强市 创新奔康”“科技助力扶贫 科普点亮生活”“助力精准扶贫携手圆梦小康”“双创促升级 壮大新动能”等活动,把贴近百姓生活的科技技术、科技政策、科技创新等最新科技知识进入乡(镇)、走进企业、下到基层、送到千家万户,营造良好科技氛围。全年共出动科技人员295人次,开展科技宣传16次、举办科技培训22期、受训人数1.5万人次;发放各类宣传挂画、宣传图册、宣传单等资料4万余份,技术咨询1.5万余人次,接受免费义诊和健康咨询达1万余人次,各类活动受到人民群众好评;共上报市级科技信息45条,其中被科技厅网站采用1条、被市科技网站采用23条。

【科技项目申报管理】认真抓好各级科技项目的申报、审查立项、实施和管理工作。全年共申报年度省级项目10个,其中瑞鑫茶业、清和环保公司的申报项目通过专家评审;2016年申报的2017年度省级项目7个,省科技厅批准6个项目(以川科教〔2017〕34号、38号、153号下达),支持项目资金260万元。申报市级项目18个,市科技局批准10个项目(以宜财教〔2017〕28号、30号下达),支持项目资金100万元。

按照科技项目资金相关管理办法,充分发挥科技引领作用,督促各项目实施单位积极完成研究任务,会同财政局到实施单位,通过查看资料、基地调研、座谈等形式调查后,按项目实施进度,按3:4:3比例,分期划拨项目资金。开展对2016年实施的省、市、县科技扶贫项目进行中期评估,对项目实施单位在项目实施过程中出现的问题及时提出整改要求。组织2017年度项目实施单位及时完成结题验收。

筠连县2017年省级科技项目一览表

表3 单位:万元

编号	项目名称	项目承担单位	项目资金
2017NFP0163	筠连苦丁茶加工建设项目	筠连县冬青御品生态科技有限公司	40
2017NFP0161	赤灵芝G901现代科技种植技术示范与推广	筠连县春风圣奇灵芝种植专业合作社	40
2017NFP0024	四川筠连县绿色生态漆树产业技术集成与标准化、规模化、产业化示范	四川凌盾生态农业科技开发有限责任公司	80
2017NFP0162	乌蒙山区工夫红茶产业技术集成与示范	宜宾市乌蒙韵茶业股份有限公司	40
2017NFP0208	筠连低效茶园单产提升、红茶加工技术集成与示范	宜宾醒世茶业有限责任公司	30
2017NZYZF0040	筠连县科技扶贫在线平台建设项目	筠连县生产力促进中心	30
合计			260

筠连县2017年市级科技项目一览表

表4 单位:万元

编号	项目名称	项目承担单位	安排经费
2017NY015	筠连县科技扶贫综合服务平台建设	筠连县生产力促进中心	10
2017NY010	蔬菜种植示范基地建设	筠连县精福种植专业合作社	10
2017NY021-1	苦丁茶优良茶树新品种选育	宜宾醒世茶业有限责任公司	10
2017NY020-1	提高肉牛繁殖率关键技术推广示范	筠连县尖峰山种养专业合作社	10
2017NY020-2	筠连黄牛健康养殖技术集成与示范	筠连县田园养牛专业合作社	10
2017NY012	鹿茸灵芝现代科技种植技术示范与推广	宜宾市筠连县腾达圣奇农业有限公司	10
2017NY021-7	四川高香红茶加工技术项目研究	宜宾市乌蒙韵茶业股份有限公司	10
2017NY020-3	筠连黄牛中高档优质牛肉饲养技术示范	筠连县向阳农业开发有限公司	10
2017ZSY010-1	智慧旅游管理系统平台	四川帅游网络科技有限公司	10
2017NY24-2	茶叶籽油压榨提取技术研究	筠连县民生油茶种植专业合作社	10
合计			100

【知识产权工作】 2017年，继续坚持实施知识产权战略，进一步加大知识产权工作力度，以宜宾市创建"国家知识产权试点城市"工作为结合点，积极开展知识宣传，抓好专利申报，把"质与量"有机结合。一是开展知识产权上街咨询服务。4月26日，县经信科技局牵头开展以"创新创造改变生活 知识产权竞争未来"为主题的大型知识产权街头宣传咨询服务，县食药监局、质监局、工商局、农业局、林业局等10余个部门参加。通过悬挂画报、发放宣传资料、设置咨询台等形式，让居民了解知识产权就在身边，引导其学习知识产权知识、树立创新理念，营造浓厚的知识产权宣传氛围。二是专利申请服务。通过邀请专家、集中培训、实地指导等形式指导企业积极对自身知识产权申请保护，帮助解决专利申请所需经费，协调配合有关执法部门，严厉惩治各类假、冒、伪、劣等侵权和损害知识产权的违法行为。全年，完成专利申请151件，其中发明专利23件，累计完成专利申请450件，其中发明专利58件。三是培育贯标企业，以蓝伯特生物科技有限公司为试点，企业按照国标改造自身知识产权管理体系(简称贯标企业)，通过第三方机构的评审考察，获得知识产权管理体系认证证书，并获省级、市级"企业知识产权管理规范"实施项目资金补助共7万元，正在实施中。

【众创空间创建】 2017年，为向创业者提供良好的工作空间、网络空间、社交空间和资源共享空间，实现创新与创业相结合、线上线下相结合、孵化与投资相结合新模式，组织企业积极组建新型孵化载体(含众创空间)。全县有5家企业(村通、蓝伯特、双星、乌蒙韵、筠连百姓网)建立市级众创空间，并向市科技局递交申请。3月，双星、蓝伯特、村通公司被市科技局认定并授牌；其余企业通过整改。11月，市科技局再次组织专家进行考察认定2家(乌蒙韵、百姓网)。村通电商基地，被省科技厅认定为省级众创空间。

【高新技术企业培育】 2017年，通过走访调研，了解企业发展方向、产品介绍、专利申请等情况后，按照企业"高企"(高新技术企业)认定条件，企业具备注册成立1年以上，拥有一定的知识产权所有权，属《国家重点支持的高新技术领域》规定范围的，科技人员占比不低于10%，研究开发费用总额占比符合相关要求，企业高新技术产品收入占比不低于60%，企业创新能力评价达到相应标准。县经信科技局组织蓝伯特生物科技有限公司申报资料，积极向四川省科技厅提交申报，获四川省科技厅批准，成功申报为国家高新技术企业，高新技术产业产值1.12亿元。并把森泰页岩气有限公司作为下年度高新技术企业培育。

【产学研与技术合同登记】 2017年，为加强科技创新体系建设，增强自主创新能力，积极组织企业与各大专院校签订合同协议。至年末，联合正兴兔业与宜宾学院、彗兴农业与理工学院、向阳农业与省草科院、瑞鑫茶业与省农业科技院签订合作协议，帮助企业挖掘发布科技合作需求15项；鼓励向阳农业、田园专业合作社、尖峰种养专业合作社与县畜禽发展中心技术转移合作，完成技术合同交易130万元。

【四川科技扶贫在线平台建设】 一是在线平台建设。在四川省科技厅、宜宾市科技局的支持和帮助下，5月初，县委、县政府申请开通"四川科技扶贫在线"平台筠连运管中心；5月23日，被省科技厅批准筠连县作为2017年第一批开通建设的"四川科技扶贫在线"平台运行县。通过前期准备，严格按照省科技厅平台建设"六有"标准，及时落实机构、职能、场地、人员、条件、经费等，确保平台建设和运行所需信息收集录入工作按时完成。6月9日，成立筠连县"四川科技扶贫在线" 平台运行工作领导小组，6月27日，县委办公室、县政府办公室印发《筠连县"四川科技扶贫在线"平台运行实施方案》。7—10月，向农业局、畜牧水产局、林业局等单位共收集专家234名；向组织部收集信息员215名；向扶贫移民局收集建卡贫困户3822户。11月13日，培训61个贫困村的信息员以及县域内相关专家，让平台充分发挥引领帮扶作用。二是平台宣传。为使全县人民知晓平台的作用，多方探索宣传培训有效策略，向社会广泛宣传，利用县内大宣传活动(科普宣传日、"三下乡"活动等)，编印发放彩色宣传折页、简易宣传资料40000份。向领导宣讲，在全县产业扶贫推进会上，向县级领导、县级部门、乡(镇)主要负责人、所有扶贫第一书记介绍科技扶贫在线及平台建设情况。分类培训，向400多名专家或信息员进行培训。创建筠连科技扶贫在线QQ群、筠连科技扶贫简报等交流互动平台，宣传科技扶贫政策、在科技扶贫咨询中的好经验好作法。三是取得的成效。通过各类培训、宣传、宣讲，全年开展咨询服务759条、技术供给6条、产业支撑信息4条、供销连接信息2条。在线平台通过远程分诊，适时、快捷的解决贫困户的科技需求，成为老百姓脱贫致富的好帮手、科技人员工作的好助手、科技扶贫的好抓手。

(刘文操)

气象服务

【气候统计】 2017年，全县平均气温17.6℃，与人工站历年平均气温持平；年极端最高气温37.2℃，偏低3.0℃；年极端最低气温0.5℃，偏高2.8℃。年总降水量1232.3毫米，偏多183.5毫米，偏多17%。年总日照时数1103.6小时，增加34.5小时，偏多3%。

【灾害气象】 灾害性天气 2017年，全县遭受6次不同程度的灾害气象，分别为7月23日、25日遭受大风冰雹，6月22—23日、7月18—19日、8月7—8日、8月23—25日遭受暴雨、大暴雨袭击。全县18个乡(镇)不同程度受灾，受灾人口2.369万人，损坏房屋215间；农作物受灾面积1058.22公顷，其中成灾251公顷、绝收93.3公顷；损毁公路201.30千米、桥梁6座、电路2条；造成直接经济损失1562.38万元，其中农业369.7万元。

转折性天气 2月，有1次强降温天气过程，出现在19—24日，过程降温8.9℃，其中72小时最大降温7.6℃；2月降水量距平偏少31%，出现冬干。4月，有1次强降温天气过程，出现在19—21日，过程降温8.7℃。6月，有1次暴雨天气过程，日最大降水102.9毫米，出现在22日。10月，有1次秋绵雨天气过程，出现在10—26日。11月，有1次秋绵雨天气过程，出现在15—23日。

【地面测报】2017年，县气象局上报国家站资料传输及时率99.93%，排名全市第一；地面气象观测质量1199.86分，排名全市第二。全年地面测报工作无重大责任性事故，未使用超检仪器，上行气象信息传输及时、无缺报。

【气象预报服务】继续开展长、中、短期气象预报服务，全年共发布旬月预报35期，天气趋势预报12期，重要灾害性天气预报、转折性天气预报40余次，发布大雾、高温、寒潮、暴雨、干旱等重要灾害天气预警信息70次，农业气象专题服务报告31次，发送手机短信669402条，分别向县委、政府、应急办等发送天气预报300余次。

【人工增雨防雹】2017年，加强雹云监测，严格执行职守班和空域申请制度，及时指挥作业。全年共作业157炮次，发射人工降雨防雹炮弹2808发，没有发生冰雹灾害，确保烤烟生产收关。一是人影培训。3月，组织人影人员参加在筠连举办的全市人影培训班。8月25日，组织各炮点炮长到兴文县气象局参加全市人影炮长培训。二是高炮年检。年初请专家完成高炮年检，3月18日，全县所有经检测合格炮点正式出炮。10月，全县收炮。三是人影指挥平台改进。3月，升级换代县人影指挥平台，加强“一机四屏”显示系统功能性，检修炮点实时传输监控设备，增强人影工作的准确性、及时性。四是炮点管理。3月，修订炮点人影安全管理制度，划制所有炮点禁射区图。4月，完成全县炮点的防雷安全检测，为每个炮点配备消防器材。5月，添置炮点人员的雨衣、蚊香等生活用品。

【气象科普服务】一是组织建设，成立以分管副县长为组长的气象灾害防治领导小组，完善各乡(镇)、部分村(社区)气象信息服务站设立，明确气象信息服务站和气象信息员的职能职责，并纳入对乡(镇)的目标考核。二是科普宣传，3月23日世界气象日，在新华大桥头开展气象科普宣传咨询活动，讲解气象防灾减灾，发送科普资料2000份。5·12防灾减灾日、6月安全生产月分别进行气象减灾和防雷安全宣传活动。

【乡(镇)村农经网建设】一是各乡(镇)配有专职的气象防灾减灾信息员均兼职农经网信息服务工作人员。二是设置农经网信息发布专栏，按照市场信息、供求动态、掌上引资、农业科技分门别类，每周更新发布各类信息，供广大群众及乡(镇)、村的采集、分析和利用。三是气象信息传递，全年做到上传下达，接到重要天气信息时，第一时间通知领导、村干部及气象信息员，让广大群众第一时间知道天气变化情况，做好应急准备，不误农时和做好防灾减灾准备。全年上传供求信息121条、新闻120条、下载技术服务信息200条。

（黎艳）

防震减灾服务

【地震监测】2017年，筠连县地震台监测到筠连县及周边县发生1～4.9级地震活动共1979次，其中1～2.8级地震1958次，2.8级以上地震21次，其中发生在筠连12次，最大震级为4.9级。即1月15日18:05，在珙县(北纬28.16度，东经104.72度)发生4.2级地震，震源深度12千米。1月15日19:20，在筠连(北纬28.14度，东经104.73度)发生3.7级地震，震源深度10千米。01月15日19:29，在筠连(北纬28.16度，东经104.69度)发生3.4级地震，震源深度10米。1月18日22:35分，在筠连(北纬28.10度，东经104.76度)发生4.3级地震，震源深度5千米。1月20日04:12分，在筠连县(北纬28.15度，东经104.74度)发生3.4级地震，震源深度6千米。1月28日02:46，在筠连(北纬28.09度，东经104.72度)发生4.9级地震，震源深度11千米。2月2日08时34分，在筠连(北纬28.15度，东经104.70度)发生3.7级地震，震源深度10千米。4月5日18:34:58，在珙县(北纬28.28度，东经104.84度)发生3.3级地震。5月1日06:57:10.00，在珙县(北纬28.12度，东经104.87度)发生3.2级地震。4月29日22:20:43.0，在珙县(北纬28.16度，东经104.85度)发3.0级地震。5月4日13:40:20，在珙县(北纬28.18度，东经104.87度)发生4.9级地震。6月9日21:17:40，在珙县(北纬28.12度，东经104.86度)发生3.4级地震。6月26日08:47:43，在筠连县(北纬28.16度，东经104.67度)发生3.6级地震。7月30日08:04:07，在筠连县(北纬28.13度，东经104.68度)发生3.0级地震。

【观测设施】年末，县境内有1个地震台，地震宏观前兆观测点8个，安装有MH-2011A预警器的中小学17所，加强维护和管理安装在巡司镇、腾达镇、塘坝乡的3台MH-100地震烈度速报和预警仪。维新镇、乐义乡的地震宏观前兆观测点工作员每月按时上报监测日志，以便于更准确的掌握地震监测情况，如有异常，及时上报。

【地震异常、预测处置】 一是震情跟踪措施到位。制订《2017年度宜宾及川滇交界东部地区震情跟踪工作方案》，制订震情跟踪方案，保障震情跟踪顺利。严格执行24小时震情值班制度、领导带班制度，制订节假日前后震情保障工作方案，做到重大节日地震监测、震情强化跟踪工作到位。二是异常现象落实及时到位。严格按照省、市地震部门要求，对显著地震活动、重大宏微观异常及时组织进行现场落实和分析研究，编写异常落实报告，并及时将异常落实报告向上级部门报送。因县境连续发生5次3.0级以上地震，省地震局高度重视，1月20—21日，派出由研究员易桂喜，副研究员张致伟、叶有清组成专家组一行赶赴维新镇、乐义乡区域，对地震地质构造、地层、岩性实地调查，并收集相关资料。专家组还到4.2级、4.3级地震震中地区，对房屋受损情况进行现场调查。三是震情跟踪会商制度落实到位。县地震台在筠连"1·28"地震期间，共完成震情跟踪52次、紧急震情分析3次。参加宜宾市防震减灾局组织的2017年川滇交界半年会商。

【抗震设防并联审批】 2017年，按照《中国地震动参数区划图》(GB 18306-2015）确定地震基本设防烈度为Ⅵ度(地震动峰值加速度0.05克)，建全严格按照第五代区划图的抗震设防要求，新建的学校、医院等人员密集场所建设工程，按第五代区划图给出的加速度提高0.05克基础上，确定抗震设防参数进行设计和施工，确保新建、改建、扩建工程全部达到抗震设防要求。划定全县18个乡（镇）分为6度和7度设防，其中塘坝乡、龙镇乡、孔雀乡按7度设防峰值加速度为0.1，其余15个乡(镇)按6度设防峰值加速度为0.05。要求各乡(镇)、各部门、各单位结合各自实际，每年至少要组织开展一次群众性的防震避震应急演练，中小学校每学期组织一次地震应急疏散演练。为确保建设工程地震安全和重大建设工程和可能发生严重次生灾害的建筑工程及60、80米以上高层建筑的场地，须进入政务中心行政审批程序，严格依法开展地震安全性评价，按照评价要求进行抗震设防程序，严格依法开展地震安全性评价，按照评价要求进行抗震设防。

【防震减灾知识宣传】 5月12日，贯彻落实市防震减灾局《关于开展5·12防灾减灾宣传周活动的通知》，县防震减灾办在筠连县城区组织开展以"减轻社区灾害风险，提升基层减灾能力"为主题的大型宣传活动，副县长郑云到场主持活动。通过现场答疑，街道路口和广场LED屏幕播放地震知识，展出展板，发放防震减灾法律法规知识、地震知识日历、抗震设防顺口溜、《防震避震常识》、社区防震知识册子等方式，向全县人民群众传递防震减灾科普知识，活动共发放防震减灾宣传资料6类、1000余份，解答群众咨询60余人。

【防震减灾科普宣示范社区建设】 以加强防震减灾科普示范学校建设为重点，推进学校、社区的宣传教育格局。全年，共申报城南社区、河西社区、黄桷树社区3个市级防震减灾示范社区，申报成功中城社区、玉壶社区2个。

【地震台建设】 年末，筠连县地震台拥有数字模拟测震台网中心1个(地震监测仪器2套)，强震台1个、国家基准站(GNSS地壳形变前兆观测)GPS站台1个，北斗卫星定位站1个、防震减灾综合能力建设应急指挥中心1个(2016年9月通过省、市地震部门验收)，是宜宾市唯一有人值守的综合性专业台站。县地震台加强地震监测、前兆、强震等观测系统的运行维护，不断夯实监测预报基础，提高地震监测预报水平，确保地震数据资料的连续性、完整性、准确性，对川滇交界地震的监测发挥重要作用。

2017年，筠连县地震台在地震监测预报工作质量全国统评中，陆态网络筠连GNSS(地壳形变前兆观测)基准站观测数据质量获全国第三名、陆态网络筠连GNSS基准站通信质量获全国优秀；在全省地震监测资料分析评比中，资料分析获全省第二名、台站运行获全省第二名、综合评比获全省第二名；在全市园林单位创建评比中，获评"市级园林单位"荣誉称号。筠连县防震减灾办在四川省地震局市县防震减灾部门2017年度考核中被评为"2017年度工作创新单位"(全市仅3个)、地震台廖利平被四川省地震局评为"2017年度市县防震减灾工作年度考核先进个人"、地震台廖利平参与编撰的《2017年1月28日筠连4.9级地震烈度异常点震害特征初步分析报告》在《四川地震》(2017年3期)上发表。

(廖利平)

教育工作

【教育概况】 2017年，全县教育工作坚持以中共十九大精神为指引，围绕提高教育质量战略主题，以党的领导为坚强保证、以加强法治为可靠保障、以立德树人为根本任务、以促进公平为基本要求、以优化结构为主攻方向、以深化改革为根本动力，突出队伍中国共产党建设、义教均衡发展、普及高中、发展民办、教育信息化五大重点，加快推进教育创新发展、转型发展、绿色发展。

【幼儿教育】 2017年，全县省级示范性幼儿园1所，即筠连县第一幼儿园；已建乡(镇)中心幼儿园17所和县二幼;另外大部分校点均附设幼儿园(班)。全县有幼儿园 225 所,其中公办 154 所、民办 71 所。在园幼儿 15911 人,幼儿学前三年入园率 81.4%。

筠连县第二幼儿园,成立于 2017 年 7 月,位于筠连镇白鹤街国际社区旁,占地面积 3348 平方米,建筑面积 2584 平方米。

【九年义务教育】 2017 年,全县有公办初级中学 8 所、另有 2 所高完中附设有初中部,有小学 10 所(其中巡司镇凤祥小学为民办小学),有九年一贯制学校 24 所,有教学点 147 个,有特殊教育学校 1 所,共 192 个校(点)。

年末,全县义务教育阶段在校生共 51359 人,其中小学阶段在校生 34699 人、初中阶段在校生 16660 人。小学阶段的入学率 100%、辍学率 0.00%、完成率 99.3%;初中阶段的入学率 98.84%、辍学率 0.88%、完成率 97.49%。

2017 年,县委县政府继续推进解决农村义务教育若干问题项目建设工作,高度重视的义务教育项目建设,确保快速有序推进。至年末,全县实施"四大工程"(寄宿制学校、教师周转房、教师休息室、学生食堂建设工程)建设项目共 389 个,其中开工 389 个、开工率 100%,竣工 386 个、竣工率 99%。完成巡司小学整体搬迁,建筑面积 4875 平方米;海瀛小学等 3 个项目开工,建筑面积 3377 平方米。

为进一步规范义务教育学校管理, 于 2017 年 9 月 17 日,经中共筠连县委机构编制委员会以筠机编〔2017〕57 号文件批准对全县 26 所义务教育学校的名称进行变更。

筠连县 2017 年义务教育学校名称变更一览表

表 5

序号	原学校名称	更名后学校名称	更名后简称
1	筠连县定水初级中学校	筠连县定水初级中学	定水中学
2	筠连县民主中学校	筠连县民主初级中学	民主中学
3	四川省筠连县双泉职业中学校	筠连县双腾初级中学	双腾中学
4	筠连县腾达镇初级中学校	筠连县腾达初级中学	腾达中学
5	四川省筠连县景阳初级中学	筠连县景阳初级中学	景阳中学
6	筠连县维新中学	筠连县维新初级中学	维新中学
7	筠连县镇舟镇初级中学校	筠连县镇舟初级中学	镇舟中学
8	筠连县高坪苗族乡中心小学校	筠连县高坪苗族乡中心校	高坪中心校
9	筠连县沐爱镇中心小学校	筠连县沐爱镇中心校	沐爱中心校
10	筠连县维新镇中心小学校	筠连县维新镇中心校	维新中心校
11	筠连县腾达镇中心小学校	筠连县腾达镇中心校	腾达中心校
12	筠连县巡司镇中心小学校	筠连县巡司镇中心校	巡司中心校
13	筠连县镇舟镇中心小学校	筠连县镇舟镇中心校	镇舟中心校
14	筠连县筠连镇古楼小学校	筠连县筠连镇古楼小学	古楼小学
15	筠连县筠连镇廉溪小学校	筠连县筠连镇廉溪小学	廉溪小学
16	筠连县筠连镇景阳小学校	筠连县筠连镇景阳小学	景阳小学
17	筠连县筠连镇海银小学	筠连县筠连镇海瀛小学	海瀛小学
18	筠连县武德乡大乐小学校	筠连县武德乡大乐小学	大乐小学
19	筠连县大雪山镇解放小学校	筠连县大雪山镇解放小学	解放小学
20	筠连县沐爱镇金銮小学校	筠连县沐爱镇金銮小学	金銮小学
21	筠连县维新镇沐义小学校	筠连县维新镇沐义小学	沐义小学
22	筠连县大雪山镇自由小学校	筠连县大雪山镇自由小学	自由小学
23	筠连县蒿坝镇平安小学校	筠连县蒿坝镇平安小学	平安小学
24	筠连县双腾镇云胜小学校	筠连县双腾镇云胜小学	云胜小学
25	筠连县腾达镇大地小学校	筠连县腾达镇大地小学	大地小学
26	筠连县巡司镇礼义小学校	筠连县巡司镇礼义小学	礼义小学

【普通高中教育】 2017 年,全县普通高中有 2 所,即筠连县中学、筠连县第二中学。普通高中在校生共 5921 人,其中筠连县中学 4325 人、筠连县第二中学 1596 人。全县参加普通高考 2426 人(县内就读高考 2195 人、县外就读回县高考 231 人),上本科线有 934 人(含艺术类),上线率 38.49%,其中重上点本科线 212 人(考入复旦大学 3 人、上海交通大学 1 人)。全年普通高考本科上线人数大幅上升,创历史新高。

【职业高中教育】 2017 年, 县委县政府继续加大职业教育发展力度, 加强职业教育工作的领导和统筹。8 月 3 日, 筠连县职业技术学校启动 1 幢建筑面积 3158 平方米的学生公寓建设,投入资金 500 万元。完成职业技术学校二期工程的前期准备。年末, 县职业学校在校生共 3497 人。

2017 年, 县职业学校投入实验训练设备资金 200 万元,全部配齐开设的所有专业实训设备。信息化建设方面,投入资金 40 万元,购置 8G 电脑 90 台,拥有计算机机房 8 间、电脑 486 台,每台电脑均连通宽带网络,每间教室都装备班班通多媒体,全部连通网络;每间办公室全部配备电脑和打印机,实现办公自动化。县职业学校还实现电子监控全覆盖和广播系统全覆盖。

县职业学校积极开展社会成人技能培训,助力脱贫攻坚。全年开展社会成人技能培训共 29 期培训 4339 人次。实施筠连少数民族“9+3”免费教育。落实中职资助政策,切实解决困难学生上学问题。中央和地方政府继续共同出资设立中等职业学校国家助学金,主要资助具有中等职业学校全日制学籍的在校一二年级所有农村户籍的学生、县乡非农村户口的学生以及城市家庭经济困难学生的生活费开支,资助标准为每生每年 2000 元,按每年 10 个月逐月发放,共有 11169 人次学生受助,受助总额 223.38 万元。落实中等职业学校学生免学杂费政策,标准 2000 元 / 生年,共有 1730 人次享受,减免 346 万元。

【特殊教育】 2017 年,继续实行“三残”儿童随班就读措施,抓好特殊教育,为重度残疾儿童“送教上门”,提高义务教育普及程度。健全残疾儿童(少年)随班就读保障制度,全县“三残”儿童(少年)免费接受义务教育,所需经费由县财政专款解决。全年“三残”儿童(少年)在校学生 194 人,其中在县特殊教育学校学生 55 人,“三残” 儿童的综合入学率 94.63%、聋哑童入学率 100%、盲童入学率 91.89%、智力残疾童入学率 89.92%。在县特殊教育学校住读的残疾学生享受县政府每人每月 120 元生活费补助,按每年 10 个月逐月发放。

【民族教育】 2017 年,除 3 个苗族乡,另有蒿坝镇合力民族校、腾达镇新民民族校。县委、县政府在改善办学条件、资金投入、教师安置、“三免一补”方面继续予以政策支持。全县少数民族地区中小学已消除危房,教学用房满足教育需要。少数民族义务教育贫困学生优先享受住校生活补助政策。少数民族子弟接受义务教育程度达到全县义务教育普及程度平均水平。

【义务教育均衡发展检查】 5 月 24—25 日,省教育厅学校安全管理处调研员曾凡文、副调研员石现容一行 11 人到筠连县义务教育均衡发展工作进行过程督导检查。县委副书记、县政府县长刘朝平,县人大常委会副主任代屏,县政府副县长王永红、县政协副主席张彬等全程参与。6 月下旬至 8 月中旬,由分管教育的县领导、县政府教育督导室和教育行政主管部门负责人、义务教育均衡发展专干人员组成的 4 个督察组分片区对全县义务教育学校开展义务教育均衡发展工作专项督察,开展问题整改。9 月 24 日,县政府向市政府申请复核。10 月 16 日,筠连县义务教育均衡发展接受市级复核评估汇报会在县会议中心召开,市政府教育督导委员会专职副主任、市教体局总督学黄耀学率市级复核评估专家组出席会议,听取县委副书记、县政府县长刘朝平的汇报。10 月 24 日,市级复核评估组认定:筠连县达到“义务教育发展基本均衡县”各项指标要求。11 月 29 日,筠连县义务教育均衡发展接受省级督导评估汇报会在县会议中心召开,省教育厅安管处调研员曾凡文带队省督导评估专家组听取汇报,市政协副主席廖霆、县委副书记、县政府县长刘朝平等参加汇报会。12 月 1 日,筠连县接受“全国义务教育发展基本均衡县”省级督导评估意见反馈会在县会议中心举行,省级督导评估组宣布:筠连县达到“义务教育发展基本均衡县”标准。

【农村义务教育经费保障改革】 2017 年,全县继续全面落实“农村义务教育经费保障机制改革”等各项政策措施,努力促进农村义务教育均衡发展。

落实“三免一补”政策,全县义务教育阶段学生 51359 人全部免除学杂费 4117.77 万元、作业本费 170.38 万元,免费使用教科书(音乐、美术等教科书循环使用);按每生每年小学 1000 元、初中 1250 元的标准,全年向 4290 名农村义务教育阶段贫困寄宿生补助生活费,补助 508.06 万元。义务教育阶段建档立卡贫困户家庭上学子女为春期 3350 人、秋期 3404 人,全部免除教辅资料费,中晚餐费补助 214 万元。

实施营养改善学校 192 所(其中城区扩面 5 所),享受营养改善学生 51359 人,其中初中 16660 人、小学 34699 人,实现义务教育阶段学生营养改善计划全覆盖;实施“奶+X”模式学校 176 所,受益学生 43723 人;实施“食堂供餐”模式学校 13 所,受益学生 7636 人,占营养改善学生的 14.9%。

2017 年,全县投入义务教育总经费为 46154 万元、改善办学条件经费为 6182 万元,义务教育学校硬件建设为新增校舍 31780 平方米、改造危房 600 平方米、新增微机 2978 台、改建网络教室 29 间、多媒体教室 338 间。

【教育行政管理】 县教育文广局内设行政审批办公室,负责教师资格认定、民办教育学校、网络教育学校等行政审批工作。

县教师学习与资源中心、筠连中学、县二中、县三中、县职业技术学校的党政正副职和景阳初级中学、定水初级中学的党政正职由县委管理审批;景阳初级中学、定水初级中学的党政副职和双腾镇初级中学、民主初级中学、腾达初级中学、维新初级中学、镇舟初级中学、胜利街小学、希望小学、巡司镇中心校的党政正职由县委组织部审批;其余乡(镇)学校党政正副职、行政人员的考察任免权由县教育文广局审批。校长的考察、选拔、任命、日常管理、交流、考核等根据干部管理条例和工作需要均由县教育文广局负责组织。村级学校负责人由乡(镇)中心校或基点校任命。县教育文广局管理中学、乡(镇)中心校、基点校一级。村级学校由乡镇中心校或基点校负责管理。民办学校校长由董事会提名,报县教育行政主管部门审批。

推行“各级人民政府分项目按比例分担、经费省级统筹、责任市(州)落实、管理以县为主”的农村义务教育经费投入保障机制,全年全县教育经费实现“三个增长”。生均公用经费拨款达到省定标准,小学每人每年620元,初中每人每年840元。转移支付经费和上级拨付的学杂费、公用经费全额划拨到教育部门,教育部门及时划拨到学校,保证学校正常运转。教职工工资由县财政承担,按月足额发放。

教育主管部门在全县学校推行教职工工作"四测评一常规"考核制度、轮岗交流制度、规范教职工上下班制度、规范学校财务管理制度等规章制度。学校管理更加规范化、精细化,教职工的工作积极性明显提高。

【学校建设】 2017年,全县投入资金5847.5万元,新建校舍面积32380平方米共21个项目,其中学前教育4个、迁建1个、扩建2个、村小建设6个、其他8个。至年末,竣工项目12个,在建项目9个。

2017年,投入现代教育信息化工程建设资金共2638.6万元,其中教育设备设施投入2509.6万元(含教育融资租赁2040.7万元)、教育资源投入129万元。配置班班通155套,村级小学准标准化器材27套。

【民办教育管理】 依法加大民办教育管理力度,规范民办学校办学行为,规范民办教育管理。对符合办学标准的民办幼儿园或学前班颁发"办园(班)许可证",全年共办理民办教育办学许可证7所,其中民办幼儿园6所(筠连县景阳乐乐幼儿园、筠连县筠连镇燎原果果幼儿园、筠连县晨晨幼儿园、筠连县星辰幼儿园、筠连县蓝天幼儿园、筠连县巡司育禾麟幼儿园),培训机构1所(筠连县贝佳课外培训中心)。开展民办幼儿园教育清理整顿,依法取缔办学条件达不到要求的民办学校,全年共注销民办幼儿园2所(孔雀童欣幼儿园、巡司佳乐幼儿园)。

【师资队伍建设】 2017年,县委、县政府进一步加大师资补充力度,拓宽补充渠道,健全教师补充机制。采取公开考核招聘紧缺学科教师、向社会公开考试招聘教师、引进县外优秀教师、特岗教师、安置省属免费师范生等办法补充教师。全年补充教师220人,其中面向社会公开招聘教师139人、引进优秀大学毕业生23人(其中20人为艺体教师)、招聘特岗教师25人、安置省属免费师范生16人、正式聘用2014年招聘的农村义务教育学校特岗教师9人,引进外地教师8人。

全面落实义务教育教师绩效工资政策和乡村教师生活补助政策,确保义务教育教师工资与公务员工资平均水平持平。年末,全县有正式教师3732人,其中未评职称212人、初级1743人、中级1443人、高级334人。有乡村教师2910人,乡村教师补助按照《筠连县人民政府办公室关于印发〈乡村教师支持计划实施细则(2015—2020)〉的通知》精神,一般农村学校每人每月400元,艰苦地区农村学校每人每月450元,边远艰苦和少数民族乡农村学校每人每月650元标准发放,全年共发放经费1491.335万元,其中省级财政经费744.8万元。

【教师继续教育】 2017年,筠连被四川省国培班确认为"国培计划–2017"中西部国培项目县,培训项目为乡村教师培训团队研修40人、乡村教师送教下乡培训450人、网络与校本研修整合873人、教师工作坊研修350人,共有1713人参与该4个项目的培训。继续鼓励教师学历进修,全县教师参加本科学历进修有451人。实施中小学教师继续教育工程,健全并实施教师继续教育全员培训和校本培训制度,全年送培中小学教师540人,自培中小学教师近9000人次。在中小学开展师德师风提升活动,促进全县中小学教师师德水平的提高。坚持开展暑期全县教职工集中政治学习活动,加强教职工政策法规学习,提高全县教职工的依法执教水平。

【教师人事改革】 一是继续推行事业单位人事制度改革,学校工作定编定岗,实行聘用制。推行教师全员聘任制,制订教师聘任方案,明确岗位职责,采取一级聘任和二级聘任相结合的办法,坚持公开、公正、公平、择优、双向选择原则,打破岗位界限,教职工志愿选择岗位,体现自己的特长和价值。二是全面实施教师资格制度,面向社会开展教师资格认证工作。全年共认定教师资格344人,其中幼儿园107人、小学105人、初级中学132人。

【县内考试招生】 2017年,全县所有小学毕业生免试就近入读初中。初中毕业生会考、升学考试一并进行,由县教育文广局统一组织实施,统一阅卷。普通高中招生由宜宾市统一组织考试、录取,中职招生由县政府对市政府下达的计划分解,具体落实给各乡镇、学校,招生学校同时实行常年招生政策,应(往)届初、高中毕业学生均可"免试直升入学"。高(职)中毕业生由县招办统一组织参加全国高考,高考科目为"3+1",即语文、数学、外语加理科综合或文科综合。成人高校招生考试由县招办统一组织。普通高考、成人高考考试统一在筠连中学标准化考点。普通高考考生享受少数民族待遇县加分录取照顾政策。

2017年,全县共招收小学学生5985人、初中学生5851人、普通高中学生1900人、职高学生2112人。

【教育要事】 2月13日,市教体局局长伍小兵到筠连"1·28"地震灾区的乐义乡黄金小学等学校检查开学工作,查看受灾情况,关怀灾区师生。县政府副县长王永红等陪同。3月15日,县委副书记、县政府县长刘朝平,县政府副县长王永红实地了解各校办学条件、规模和效果,对城区及周边学校布局现状进行调研。3月20日,"筠州教育"官方微信平台投入使用。4月7日,筠连县首届中小学生足球联赛开赛,由县教育文广局、县体育局主办,设希望小学和筠连中学赛点，全县 28 支代表队、280 多名队员参加比赛。5 月 12 日，筠连县第二届小学生乒乓球运动会在胜利街小学开幕，比赛分男子团体、女子团体、男女单打 3 个组别，全县各小学校 15 支代表队、200 余人参加比赛。9 月 7—10 日，市政府副市长、县委书记王萍，县委副书记、县政府县长刘朝平等县领导分 18 个慰问小组到全县 48 所法人学校开展教师节走访慰问活动。

（袁春焰）

主要学校简介

【筠连县中学】 四川省筠连县中学（简称筠连中学）创建于 1940 年，初址位于筠连镇公园路，初名“筠连县立初级中学”。1950 年 11 月，更名为四川省筠连县初级中学校。1958 年开办普通高中。1960 年，经四川省教育厅批准为完全中学，定名为四川省筠连县中学。2009 年，筠连中学整体由公园路迁至城南定水河畔的新校区。校区占地 10.41 公顷，校园布局有教学区、运动区、生活区，分区明确，功能齐全，设施齐备，整洁优美。2017 年，设有教学班级 89 个，在校学生 5442 人，有教职工 308 人，其中特级教师、正高级教师、四川名师各 1 人，高级教师 84 人，国家、省、县级优秀教师、骨干教师 100 余人，研究生学历 7 人，学历达标率 100%。

筠连中学先后获得“四川省文明单位”“四川省卫生先进单位”“四川省德育工作先进单位”“四川省中小学实验教学示范学校”“四川省阳光体育示范学校”“四川省体育传统项目示范学校”“四川省家长示范学校” 等荣誉称号。先后有 10 余名学生考入清华大学、北京大学、复旦大学等全国著名重点高校，高考升学率一年一个新台阶，多次荣获宜宾市普通高中教学质量一等奖。

筠连中学从课堂入手，面向全体学生，开齐开足课程，采自身特有的“TJXS”教学管理模式促进教师专业化发展，用“五全六线七育八活动”的德育格局提高学生素质，安全教育“3 个 4”工作特色为全体师生的提升护驾保航。改革的是课堂，成长的是教师，受益的是学生，一年一度的运动会、艺术节、书画展、校园才艺大赛、社会主义核心价值观一系列主题活动等均为学生的个性发展提供平台，形成独有的“低进高出，自强不息，多元发展，拾级而上”办学特色。“一切为了学生，为了学生的一切”是筠连中学人办学理念，“自强不息、多元发展”是筠连中学人的办学特色，继续发挥教育示范作用，在川滇古丝绸之路上继续前进。

【筠连县第二中学】 筠连县第二中学始建于 1941 年，坐落于沐爱镇场镇南侧，学校由 A、B 两区构成，占地 8.7 公顷，建筑面积 4 万多平方米。创建时校名为“高县县立简易乡村师范学校”，校园包括民众教育馆、荷花池及池前的体育运动场、观音寺庙宇群和关帝庙 3 部分。1944 年 4 月，沐爱等地从高县析出成立沐爱设治局，学校的关帝庙校区划归设治局，改划木鱼山作教学区，更名为沐爱设治局局立初级中学，开始由师范教育向普通中学教育转轨。1948 年，沐爱设治局改为沐爱县，校名更为沐爱县立初级中学。1950 年 9 月起，筠连县第二中学校名先后更改为高县初级中学、高县第一初级中学、高县第二初级中学。1953 年 8 月，沐爱划归筠连后，并入筠连县中学。1958 年，复校后更名为筠连县沐爱初级中学。1985 年，经省教育厅批准，升格为全日制高级完全中学，更名为筠连县沐爱中学。2004 年 8 月，沐爱镇初级中学并入，更名为筠连县第二中学校。2017 年，在校学生 3300 多人，有教职工 217 人，中高级教师 108 人；省级优秀骨干教师 3 人、市级骨干教师 28 人、县级骨干教师 60 人。

第二中学校先后被授予“全国青少年校园足球特色学校”“全国青少年校园篮球特色学校”“省级卫生单位”“省级园林式单位”“市级文明单位”“市级绿色学校”“市级校风示范学校”“市思想政治工作先进集体”等荣誉称号。

第二中学校大事记：筠连“1·28”4.9 级地震发生，于 2 月 23 日向地震灾区捐款共 15348 元。3 月 17 日，实施学生营养供餐。10 月 16 日，通过省级阳光体育示范校复查验收。10 月 18 日，荣获宜宾市第二十届中小学生运动会篮球比赛初中组冠军。11 月 2 日，发放家庭经济困难大学新生入学资助金 13000 元，资助 22 名大学生。11 月 7 日，校园扩建工程动工，项目征地 3.53 公顷、总投资约 2000 万元，建设教学大楼、教师周转房、标准足球场。

【筠连县第三中学】 2004 年 8 月，经县政府批准，由巡司中学和巡司镇光明中学合并而成，占地 2.88 公顷。2013 年新征地 4.67 公顷，投资 3000 余万元进行学校的扩容建设，至年末完成主体工程建设。2017 年，在校学生 2100 余人，有教职工 154 人，其中高级教师 24 人、中级教师 58 人，有省、市级骨干教师和学科带头人 30 余人。

第三中学以“重德、博学、务实、尚美”为校训，以“德育为先、质量第一”为办学宗旨，以“和谐治校、质量立校、科研兴校、特色强校”为办学理念。坚持德育为先。在长期的德育探索中，以“一、三、五、七”的德育模式为载体，以“阳光体育活动”为特色，搞好德育工作。坚持质量立校，以“立德树人”为办学的目标。每年举办中学生田径运动会、“12·9”文化艺术节（包括球类比赛、书画比赛、创新制作比赛、演讲赛、卡拉 OK 赛、文艺会演等）为学生全面发展提供展示平台。先后获“四川省阳光体育示范学校”“四川省卫生单位”“宜宾市文明单位”“宜宾市加强和改进未成年人思想道德建设先进集体”“宜宾市校风示范学校”“宜宾市依法治校先进单位”“宜宾市应急管理示范单位”“宜宾市体育先进单位”“宜宾市后勤标准化建设先进单位”“宜宾市园林学校”“宜宾市教育体育系统环境友好节约型学校”“宜宾市先进基层党组织”“宜宾市文明校园”等称号。

第三中学要事:再征地3200平方米,用于足球场边坡挡土墙和预留书馆、学术报告厅位置;教育经费投入2321余万元,增添图书、购置各类仪器设备设施。3月24日,宜宾市教科所初中地理教学专项视导暨送教活动于在筠连县第三中学举行。3月31日至4月1日,召开第十三届筠连县第三中学中学生田径运动会。6月26日,筠连县“绿色发展 健康成长”夏令营活动在筠连县第三中学开营。11月30日,在义务教育均衡发展迎省检中,得到满分。全年获“四川省五四红旗团委”“省市县文明校园”“宜宾市二十届中小学生运动会跳绳比赛团体和表演赛第三名”“宜宾市爱路护路宣传教育示范学校”“宜宾市2017年唱普法歌曲讲法治故事光碟评审二等奖”等称号。

【筠连县职业技术学校】 筠连县职业技术学校,原名筠连县城南职业中学,于1986年经四川省教育厅、宜宾地区行政公署批准成立。学校原址位于城南环城路旁,于2009年迁入玉壶公园筠连中学原校址。2013年10月,迁入筠连镇莲花村六组和犀牛村五组,学校占地6.67公顷,校舍建筑面积40687平方米。2017年,设有30个教学班,在校学生1832人,有教职工90人,其中中学高级教师16人、中学一级教师29人。设有电子技术应用、数控技术、计算机应用、服装设计与工艺、酒店服务与管理、学前教育及汽车维修等专业。

【筠连县定水中学】 坐落于筠连镇城南新区,建于1995年9月,前身名筠连镇中学,为解决筠连镇普及九年义务教育初中阶段学生入学难而创建的学校。1996年,镇政府划拨土地1.6公顷建校。2017年,设19个教学班级,在校学生1088人,有教师70人,其中中学高级教师13人、省专家组成员1人、省级骨干教师2人,市专家组成员4人、市级骨干7人、县级骨干18人。

定水中学建有教学楼、综合楼、学生食堂、教师宿舍楼;有物理实验室2间、化学实验室2间、生物实验室1间、图书室2间、音乐室1间、美术室2间、微机室3间、多功能白板教室30间;学校藏书4万多册;有容纳150人左右的学术报告厅;有250米的标准环形塑胶跑道、篮球场4个、羽毛球场2个;乒乓球台10张;有单双杠、高低杠、肋木、云梯、羽毛球场等其他体育设施。先后获“四川省文明校园”“宜宾市阳光体育示范学校”“宜宾市园林单位”“宜宾市文明校园”“宜宾市法治示范学校”“宜宾市环境友好节约型学校”“宜宾市书香校园”等称号。

定水中学精神为“博爱、谦逊、担当、坚守”,学校校训为“定志达远,水容慧心”,办学目标为“让孩子获得成功,让教师得到发展”,学校校风为“同心同德,崇智尚新”,学校教风为“博学善导,润德启智”,学校学风为“敦品励学,敏慧善思”,形成校长负责制下的分工管理体系,突出定水之“水文化”的传承、创新和发展,向着“县内领先,市内一流的川南名校”迈进。

【筠连县景阳中学】 座落在县城东北景阳山下,于1978年8月,经宜宾地区行政公署批准成立。前身为清朝乾隆五十一年(1786)创建的腾川书院,1906年改书院为官立高等小学堂,1913年改学堂为筠连县立高级小学校,1928年改为县立第一高级小学校,1941年改为县立公办中心小学校,1950年改为筠连县中城镇第二完全小学校,1952年改称为筠连县人民街小学校,1978年8月更名为筠连县景阳初级中学校。1986年7月,撤销小东街小学,将其校址、校舍全部划入景阳初级中学,并设立民族初中班。1993年2月,经县政府批准,把人民街原进修校的校地、校产划归景阳初级中学。共占地8000平方米,建筑面积8323平方米。2017年,设7个教学班,在校学生251人,有教职工43人。

【筠连县双腾初级中学】 坐落于双腾镇两河村四组,创办于1972年,原名四川省筠连县双泉职业中学校,2017年更名为筠连县双腾初级中学,学校占地面积1.33公顷,建筑面积7976平方米,有2292平方米的教学楼1幢,学生食宿楼3幢,教师宿舍楼1幢。2017年,设有12个教学班,在校学生604人,有正式教职工57人,其中市级骨干3人、县级骨干7人,获国家级表彰2人次、市级表彰3人次、县级表彰9人次。

双腾初级中学先后获四川省文明校园、宜宾市绿色学校、宜宾市平安学校、宜宾市廉政文化示范校、宜宾市环境优美示范校、宜宾市文明校园等荣誉称号。

双腾初级中学以义教均衡为核心,大力抓实基础建设,义教均衡通过2017年四川省督导评估检查。

【筠连县胜利街小学】 建于1914年9月,原名筠连县初等女子小学校,是一所百年历史名校,是筠连县唯一的省级示范小学。建有音乐室、美术室、微机室、学生电子阅览室、学生图书阅览室、开放式书吧、学生实验室、学生科探室、学生科技实践园、学生法治宣传活动室等。2017年,设有教学班47个,在校学生2600多人,有教职工120人,其中有特级教师1人、高级教师9人,省级骨干教师4人、市级级骨十教师38人、县级骨干教师41人,大学本科学历62人、大专学历55人。

胜利街小学先后被获“四川省教师职业技能示范校”“四川省青少年科技示范校”“四川省科技活动先进学校”“宜宾市艺术特色学校”“宜宾市校风示范校”“宜宾市文明单位”称号。

通过参与或举办全国经典诵读、“华夏杯”“天池杯”“爱国杯”“国际黄金海岸杯”书画大赛、全国中小学生规范字大赛、香港第八届国际武术大赛、省中小学生综合素质竞赛、“三小”制作系列活动、中小学电脑设计制作、市小学生篮球运动会、小学生艺术人才大赛，“历史的选择”小学生讲故事比赛、市“传统节日”手抄报比赛等活动，为学生提供成长成材的舞台。

【筠连县希望小学】 坐落于筠州南路176号，创建于1996年9月6日，占地11933平方米，校舍面积总建筑面积6703平方米。有图书室、实验室、微机室、音乐室、美术室、多功能室。学校是教育部“班班通”工程的项目学校。校内新建200米塑胶环形跑道、2500平方米人工草坪足球场及篮球场1个，基本满足师生体育活动的需要。2017年，设有小学班级37个，在校学生2114人；有教职工109人，其中中高级职称教师59人、县级及以上骨干教师41人。

希望小学先后获“市级校风示范校”“市教师技能示范学校”“市教育科研示范学校”“市文明单位”“市卫生先进单位”等荣誉称号。

校园文化——浸润国学经典。希望小学是中国青少年发展基金会“中华经典古诗文诵读”工程试点学校，以“读千古美文，做少年君子”为主题，“坚持每天早晨20分钟伴奏诵读、坚持每周一节课师生共读、坚持每期开展诵读过级测试、坚持每年举办经典诵读汇报演出”已坚持了12年。2017年秋，增加每周集会的班级诵读展示、千人诵读工程、大课间国学武术操，使“百萌诵读”更加稳定、有效地发展下去，成为希望小学的文化名片。

校园特色——足球。希望小学小学生足球队建于2003年，2009年被宜宾市足协确定为校园足球训练基地，2013年被教育部确定为首批校园足球布点学校。连续14年代表筠连参加全市中小学生运动会（小学组）足球比赛，同时参加全市小学生足球联赛，共获冠军3次、亚军5次、季军2次。2014年，有3名队员被恒大足球学校录取。

【筠连县特殊教育学校】 创建于1992年，原名筠连县聋哑学校，借用教师进修校1间教室开班招生。1996年8月，县政府把原小西街小学校舍划归聋哑学校使用。2003年10月，经鉴定，小西街校舍已属危房停用，暂借用老教育办公楼上课。2014年8月，搬迁至筠连镇廉溪星星村四组的新校区。2015年更名为筠连县特殊教育学校。2017年，有在校聋生48人、在校培智学生43人、送教上门学生15人。有教职工32人，其中在编教师19人，特殊教育专业5人、市级骨干3人、县级骨干6人。

特殊教育学校是一所主要以招收听力障碍、智力障碍适龄残疾儿童为主的寄宿制学校，新校区占地面积3700平方米，建筑面积2745平方米，建有全塑胶操场1个，150米环形跑道、篮球场和羽毛球场，以及感觉统合训练室、律动教室、蒙台梭利教室、生活情景模拟教室、手工劳技教室、美术教室等功能教室。

特殊教育学校以“体育特长带动教学质量、体育特长促进学生发展”为办学特色，按照《聋校课程标准》《培智学校课程标准》开齐、上足课时，还大力抓好学校体育课质量、课间半小时锻炼、阳光体育1小时、体育兴趣小组等方面的工作。培养的体育特长生获各级冠军16人次、各级亚军20人次。2017年7月，从特殊教育学校毕业的聋哑学生杨春华获得土耳其世界聋奥会听力女子组1万米冠军。毕业学生中有4人考入大学、部分考入成都市特殊教育学校高中部和宜宾市特殊教育学校高中部就读，其余大部分学生走上就业岗位，实现个人生活的自理、自立。

【筠连县第一幼儿园】 全县唯一的省级示范幼儿。园始建于1950年，位于县城民主路一巷54号（原新华巷7号），原名筠连县新华街幼儿园。2010年10月，经县政府批准更名为筠连县幼儿园。2017年9月，再次更名为筠连县第一幼儿园。初建时仅2个班，在“文化大革命”中被毁，后办成小学，1987年，恢复为幼儿园，实行半日制。1996年秋期起办成全日制。2017年，开设有小、中、大教学班共10个，在园幼儿400余人，实行“两教一保”；有教职工49人，在编教师32人，教师学历达标率100%，大专及以上学历有30人，高级教师4人、一级教师9人。

第一幼儿园占地面积2766平方米。2007年，县政府投资近300万元按省级示范园标准实施改造，拆除原有校舍重新修建综合教学大楼，完善配套设施，建筑面积2485平方米，绿化面积800平方米，2010年9月竣工投入使用。充满童趣的欧式风格综合教学大楼有10个独立配套的活动室、寝室、卫生间，建有音体多功能活动室、美工活动室、办公配套用房、不同质地的活动操场、跑道、沙池、戏水池，以及A级食堂。先后获“四川省示范性幼儿园”“四川省餐饮服务食品监督量化分级管理A级单位”“宜宾市幼儿园保教质量三等奖”“宜宾市后勤管理先进集体”等称号。

【筠连县第二幼儿园】 成立于2017年7月，位于筠连镇白鹤街国际社区旁，占地面积3348平方米，建筑面积2584平方米，户外活动场地宽敞美观，配置各种安全有趣的大型玩具。2017年，设有9个班，在园幼儿277人；有教职工31人，在编教师12人，大专及以上学历12人，教师学历达标率为100%；高级教师1人、一级教师1人、二级教师5人、未定级5人。教师平均年龄29岁，是一支年轻的专业队伍。

（袁春焰）

招生考试

【普通高校招生考试】 2017 年，全县报考普通高校人数 2486 人，其中文科 1203 人、理科 1246 人、职教 37 人。本科上省控线 915 人(不含艺体、职教)，其中文科重点本科 49 人、一般本科 295 人，理科重点本科 207 人、一般本科 364 人。实录人数 2183 人(含艺体本科 93 人、职教本科 1 人)，占报考人数的 87%。筠连中学考入复旦大学 3 人、上海交通大学 1 人。

【成人高校招生考试】 2017 年，全县参加全国成人高校招生统一考试于 9 月报名、10 月考试。全县报名人数 1304 人，其中高中起点专科 605 人、专升本 699 人。上线 1165 人，其中高中起升专科的文科 144 人、理科 401 人，专升本 620 人，上线率 89%。

【高等教育自学考试】 2017 年，全县共举行高等教育自学考试 2 次，报名总人数 271 人，报名科次 550 科，其中"17.1"次报考科次为 193 科、"17.2"次报考科次为 357 科。单科合格的科次为 18 科。全年毕业 1 人。

【高中(中职)招生】 2017 年，全县招生工作有序开展。一是初中升高中，全县高中阶段学校(中职)招生考试报名总人数 5043 人，录取 1991 人，其中筠连中学高中 1446 人、筠连县第二中学 545 人。二是中职招生五年制大专，报名 78 人，录取 29 人，录取率 37%。三是报考三年制中专和职业高中的考生实行招生学校登记注册入学。

【考务考籍信息管理】 继续严格按考试规定，狠抓考务培训。考前组织考务培训，考务人员经培训合格才上岗。继续贯彻执行"统、严、细、准、早"要求，做好报名、资格审核、信息采集等工作。按照信息准确化、规范化要求，加强信息管理，继续实行网上信息采集、网上缴费(除中职外)和网上填报志愿。对各报名点的微机人员，加强信息采集和网上填报志愿的培训。切实做好教育考试安全保密工作，确保试卷、考生信息安全，全年全县没有试卷、考生信息泄密事件发生。

【考风考纪】 一是加强学习，提高认识。在考试前，安排全体人员学习教育考试的相关文件，明确招考工作的目的、意义和任务，强化思想素质。二是严格考试制度，严肃执法。对违纪舞弊者依"条例"处理决不手软。三是挑选政治素质好、业务水平高的教师担任监考。四是加强对监考教师的考风考纪教育、职业道德教育和法纪观念教育。五是实行每科考试前随机轮换监考教师的监考管理制度，制订对考务人员的考核办法。六是对考生实行严格"安检"和身份验证，在每间考场设置电子信号屏蔽设备。七是使用国家教育考试标准化考点，对考试全程监控，促进考试公平、公正。

(石勤)

文广、体育与旅游

文广新旅综述

【文广新旅概况】2017年，县教育和文化广电局(挂筠连县旅游和外事侨务局)承担的文化、广播、影视、新闻出版和旅游工作，按照县委县政府和上级主管部门的要求，突出“三个结合”(和十三五工作相结合、和脱贫攻坚工作相结合、和人民群众现实要求相结合)；按照脱贫攻坚标准，完成31个贫困村“有文化室”“有广播电视”建设，免费为2775户贫困户安装广播电视，完成文化惠民扶贫专项目标任务。举办4场“槐花飘香·文化惠民”文艺演出；开展送文化下乡90场，公益电影放映3208场。县文管所为全县不可移动文物安装监控系统，此举走在全市前列。全年共接待游客200.64万人次，增长20.49%，实现旅游收入14.03亿元，增长30.03%。广播电视台外宣完成中央级媒体9条、省级媒体13条、市级媒体281条，内宣完成电视新闻组稿1574条、广播新闻1574条；广播电视播出继续保持“零插播、零中断”记录。

【文广新旅要事】3月，院线电影《那年李花正开时》在腾达镇春风村开拍；5月，院线电影《孙子去哪》在神羊洞开机；6月，《筠连文化》系列丛书收官之作《影像流光》正式编辑；10月，全县文化惠民扶贫专项各项目标任务全面完成。

文艺创作与表演

【文艺创作】一是以节庆活动为平台，开展书法、绘画、摄影创作，如春风村李花节、广场系列文化活动等，让作者亲临现场，即兴创作。二是组织采风，邀请县内书法、绘画作者现场创作。三是加大电影、舞蹈、小品作品创作力度。院线电影《那年李花正开时》于3月在腾达镇春风村开拍、《孙子去哪》于5月在神羊洞开机，均完成拍摄进入后期制作。原创小品《深山有远亲》参加宜宾市戏剧小品比赛，获得好评。原创舞台艺术作品《鱼儿》获宜宾市庆祝建国68周年暨“养成好习惯、形成好风气”主题文艺演出优秀奖。四是《筠连文化》系列丛书收官作——《影像流光》于6月完成编辑修改总纂，交付印刷。

【文艺演出】2017年，县文化部门牵头组织，成功举办春风村鸡年春节联欢晚会、“文化惠民·槐花飘香” 系列广场文艺演出4场、春风村李花节、青少年才艺大赛、“我们的节日·乡镇文艺展演”“三江放歌·筠连专场”等大型文艺演出，观看人数达10多万人次。

【文艺下乡】继续坚持常年开展送文化下乡活动。一是参与县上组织的“三下乡”活动，开展送演出、送文化活动。二是组织开展各类专题文化下基层活动，如文化系统新春慰问演出、送文化进校园、社区，送文化到贫困村等，活动内容包括送文艺演出、文化遗产保护知识培训、群众文化辅导等。全年下乡演出90余场次，其中送文化到贫困村61场次，演出各类文艺节目600多个，观众人数达20余万人次，丰富基层文化生活。

【文化惠民扶贫专项行动】2017年，全面完成文化惠民扶贫专项行动涉及文化广电的各项工作任务。按照脱贫攻坚标准，完成31个贫困村的“有文化室”“有广播电视”建设，免费为2775户贫困户安装广播电视，完成文化惠民扶贫专项目标任务。组织开展年度摘“帽”贫困村农家书屋管理员培训31人次。完成年度摘“帽”贫困村31个的图书室规范建设；打造沐爱棬坪村、巡司土房村、银星村、西牛村4个农家书屋的升级改造示范点建设。

新闻出版

【新闻出版管理】一是加强对印刷企业、出版物经营单位的监管。全年完成县域印刷、复印企业和出版物经营单位年度核验，共年检印刷企业3家、包装装潢企业1家、民营书店5家、邮亭7家。二是委托市文广新局完成县域电子阅报屏建设5个。三是作品著作权登记，全年作品著作权登记共271件。

【农家书屋建设管理】完成260个农家(社区)书屋出

版物的更新补充，每个农家(社区)书屋更新补充出版物100册，共26000册。为每个农家(社区)书屋、综合文化站配备《中国共产党章程》《中国共产党第十九次全国代表大会文件汇编》等书籍2780册。组织开展2017年摘“帽”贫困村农家书屋管理员培训31人次。指导农家书屋每周开放时间20小时、社区书屋每周开放25小时以上；完成14个城镇社区书屋、31个摘“帽”贫困村农家书屋和18个乡镇综合文化站图书馆分馆建设；完成惠民书吧5个和二进农家书屋2个的建设；完成2017年摘“帽”贫困村31个的图书室规范建设；打造棬坪村、土房村、银星村、西牛村4个农家书屋的升级改造示范点建设。

【全民阅读活动】 开展筠连县2017年全民阅读日启动仪式暨“寻找最美声音、2017“我的书屋·我的梦”农村少年儿童阅读实践活动征文比赛、2017“传承中华文化，共筑精神家园”诗歌朗诵比赛、四川省“悦读家”系列活动、贫困村农民夜校阅读指导活动、优秀书香家庭、优秀读书组织、优秀阅读推广人评选、十九大报告精神宣传、送图书下乡、“农民读书月”、享受阅读·让梦飞翔(你读书我买单)、全民阅读“七进”等全民阅读活动。

【“扫黄打非”进基层】 在全县“扫黄打非”工作会上，确定2017年“扫黄打非”进基层为18个乡镇的试点19个(含中城社区)。全年，向全县试点的19个(含中城社区)发放“扫黄打非”法律法规简明读本9000余册、“‘扫黄打非’进社区进乡村关系大家和小家宣传单”1万余张。为18个乡(镇)制作“扫黄打非”办公室铜牌及相关制度、表册，为村(社区)制作“扫黄打非”工作站铜牌及相关制度、表册，扫黄打非网格化工作有序展开。

【“扫黄打非”行动】 2017年5月，由县委宣传部牵头，召开全县“扫黄打非”工作会。按照市“扫黄打非”领导小组要求，制订2017年筠连县“扫黄打非”工作安排。全县“扫黄打非”办联合相关部门先后开展有“扫黄打非·秋风2017”“扫黄打非·净网2017”“扫黄打非·清源2017”“扫黄打非·固边2017”“扫黄打非·护苗2017”专项行动，深化少儿出版物市场整治等专项行动，检查对县域内印刷复制业、出版物市场、互联网和新闻媒体行业，查处非法印制、发行邪教宣传品等行为。整治期间，出动执法车辆18辆次，执法人员380余人次，检查网络论坛16家次、书店和邮亭50家次、电子音像制品店25家次、印刷复制企业35家次。经检查，未发现有出售、传播淫秽色情信息的违法犯罪行为。

【文化市场执法】 2017年，筠连县全面推进文化市场综合执法规范化建设，扎实推进“扫黄打非”专项斗争深入开展，先后组织开展“扫黄打非·清源”“扫黄打非·固边”“扫黄打非·净网”“扫黄打非·护苗”“扫黄打非·秋风”5大专项行动，全年共出动执法人员400余人次，检查商家200余家次。开展网吧、演绎、娱乐、广电等领域综合整治行动，促进文化市场规范有序发展。特别加大对娱乐场所和网吧整治，严打违规接纳未成年人等违规经营行为。采取日常检查、集中行动与群众监督举报相结合，全年出动执法人员1600余人次，检查商家800余家次；共立案查处4家网吧，结案4家，处罚1.3万元。

县文化馆、县图书馆

【“两馆”配设】 筠连县文化馆、筠连县图书馆均属县政府主办、隶属县教育文广局管理的公益性文化事业单位，负责全县群众阅读活动、文化活动的组织辅导、公共文化服务、文化遗产的传承与保护等工作。

县文化馆使用面积2800平方米，文化馆编制19个，年末有职工18人。下设综合办公室、文化艺术部、调查研究部(非遗中心)、文物保护部。新文化馆设施、设备功能齐全，建有钢琴室、音乐室、美术室、书法室、文化理论培训室、“非遗”展厅及传习室、书画展厅及创作室、音乐制作室、录音棚、舞蹈房、健美操房、小剧场等。

县图书馆设编制8个，年末有职工7人，图书馆面积2000余平方米，馆藏图书30000余册(经清理后)，电子图书20000余册、报刊100余种。2017年，升级改造装修后，馆内各室由原来的外借室、报刊阅览室、电子阅览室、少儿阅览室、采编室、地方文献室、古籍室、自习室、书库以及多功能厅等整合为综合阅览室、少儿阅览室、电子阅览室、外借室、古籍室、地方文献室和多功能厅。全年，通过政府招标采购1194册馆藏书籍，已配送到位完成数据处理、编目上架。

【“两馆”服务】 坚持免费对外开放切实提高服务质量，举办群众文化艺术夜校，馆内场所免费向群众及社会团队开放，采用延时和错时上班形式推进服务工作。除做好馆内服务外，文化馆还深入镇乡学校、村(社区)、社会团体，指导基层文艺创作和组织文化馆(站)开展文化活动。

图书馆升级改造后，在一楼大厅开设惠民书吧，方便广大群众阅读。制订读者投诉管理制度，进一步提高服务质量。遵循图书分类排架规则对外借室和少儿图书室及报刊室进行全面倒架、整架，实现严密规范排架。深入到农家书屋、社区书屋开展业务辅导30余次，参加国家图书馆、省图书馆、市图书馆组织的各类业务培训，还派员参加国家图书馆学会组织的《中华人民共和国公共图书馆法》研修班，全面提升服务水平。

【“两馆”拓展功能】 2017年，县文化馆利用儿童节、青年节等，走进校园，指导学校文艺表演，并提供音响、灯光音乐等技术、设备支持。文化遗产知识宣传进贫困村、学校活动共10次，参与人数43000人次。到留守儿童聚居地慰问留守儿童，共慰问3000余人次。免费开办筠连县文化馆群众文化艺术夜校，开设舞蹈、音乐、软笔书法、普通话、摄影等类别的培训班9个共2期，招收学员500余名，于年末结业时举办学员成果汇报演出，得到广大群众好评。组织举办“青少年才艺大赛舞蹈类专场演出”，演职参加人数600余人；组织举办“关爱留守儿童残障人士文艺会演”；举办民族民间广场舞蹈大赛，来自全县乡（镇）文化文艺团队共21支队伍参加比赛。文化馆以提高县域爱好者的书法、摄影整体水平，在禹王宫后殿进行每月一次的书法沙龙活动，在文化馆筠竹厅开展每月两次的摄影沙龙培训，年终举办沙龙成果汇报展。

【“两馆”送文化下乡】 县文化馆会同教育和文化广电局文化股、筠州艺术团联合开展文化下基层活动，全年送文化下基层文艺演出100余场，开展文化遗产保护知识培训、群众文化文艺辅导、我们的中国梦、文化走基层·真情五为民、文化进万家、免费送春联、送年历等活动，下乡演员达6000余人次，惠及群众约42万人次。县文化馆和广播影视股、电影公司开展公益电影免费放映，播放公益电影3208场。

文物管理

【文物保护单位申报】 2017年，经过对武德乡“南华宫”、筠连镇“大梁子兵营遗址”和腾达镇“平寨王爷庙”3处县级文物保护单位的历史文化内涵进行深度挖掘、升级申报，于11月被宜宾市政府公布为市级文物保护单位。

【文物保护】 2017年，县文物管理所加大对县市级重点文物、文物保护单位的保护管理力度，对全县重点文物尤其是古建筑的消防安全进行隐患排查，有针对性地在“禹王宫后殿”“沐爱县衙署”等级别文物保护单位内召开古建消防安全工作现场会与各乡（镇）签订文物安全责任协议书，重点挖掘不可移动文物点的历史文化、建筑艺术、科学价值等文物内涵，完善文档、数据库。全年，文物管理所还特别加大文物安全巡查力度，共巡查文物点70次、400余处，及时发现问题、解决问题，确保文物点的安全状况第一时间掌握。

【馆藏文物安全】 依据《中华人民共和国文物保护法》及相关条例规定，对馆藏文物实施防火、防盗、防潮等保护。文物库房配有防盗门、防盗监控、防火灭火器、防潮防湿柜等设施，每天对文物库房进行检查，每周对馆藏文物进行安全检查2次以上，年末开展对馆藏文物的系统清理、规范、建档工作。县文管所还全县不可移动文物安装监控系统，该举走在全市前列。

【“非遗”工作】 完善全县“非遗”档案和数据库。

“非遗”调研申报，开展多次非物质文化遗产的普查调研和申报工作。全年成功把筠连应氏正骨技艺、筠连月饼制作工艺、苗家九大碗制作工艺、筠连蛋圆子制作工艺、筠连苗家牛灯、筠连苗家黄牛干巴制作工艺共6个“非遗”项目申报为县级“非遗”项目；韩德虎、黄勇分别成功申报为苗族大唢呐、筠连红茶制作工艺的市级“非遗”代表性传承人，刘一平成功申报（增补）为筠连红茶制作工艺县级代表性传承人。

“非遗”培训和传习。一是开展多项“非遗”培训和传习活动有苗族花山节、苗族大唢呐“非遗”传习活动，“文化下基层”文化遗产知识培训会、全县文化专干文化遗产培训工作会、文化遗产进校园活动、冬季文化遗产展览宣传暨苗族大唢呐传习活动。二是组织县内市级“非遗”项目——筠连红茶制作工艺”参加屏山中都镇油菜花文化旅游活动，组织“苗族刺绣”“筠连红茶制作技艺”“苗族大唢呐”3个“非遗”项目参加“2017成都国际‘非遗’节”，让筠连县的“非遗”传统文化得到更好的传播展示。

“非遗”展览宣传。利用各大节庆日积极开展的非遗展览宣传活动有国际博物馆日展览活动、中国文化和自然遗产日展览活动、助力精准扶贫文化遗产知识下乡宣传交流活动、文化进校园非遗图片成果展活动。

“非遗”管理。召开2017年筠连县非物质文化遗产项目传习传承工作总结会，坚持实行传承人考核机制，以与传承人签订考核协议书的形式制订具体化的考核要求，并依据传习工作的开展情况向传承人发放传习补助金，使传习经费能真正落到实处，全年发放传习补助金2.55万元。开展为期一个半月的“非遗”代表性传承人慰访工作，通过慰访，让传承人与文化部门之间建立起密切的联系和互相的信任，共同推动筠连的非物质文化遗产保护传承工作。

广播影视

【广播影视概况】 2017年，筠连对照目标任务，通过争取省市支持、自筹资金等方式加快农村广播电视事业建设，完成1980个自然村、2775户农村电视户户通建设任务，完成31个行政村的广播村村响安装工作，完成公益电影放映3208场次。全年四川省广电网络股份有限公司筠连分公司实现收入980余万元，完成下达的目标。

【地面波数字电视建设】 2017年，全县新建地波数字电视发射台2座（即乐义乡中坝村基站、筠连镇瓦店村基站），完成1980个自然村地面波数字电视设备的发放、安装及调试、用户设备端维护3600余台次。完成全县地面波数字电视基站日常维修200余次，卫星直播用户机顶盒维修300台次，仙人岩中央农村无线覆盖工程日常管理维修112台次。

【农村广播村村响】 2017年，农村广播"村村响"工作是一项重要的惠民便民工程，采用调频和共缆传输技术，实现农村广播"村村响"，共完成行政村31个的广播村村响安装，占目标任务的140%。

【数字电视整体转换】 2017年，继续深化有线电视数字整体转移工程，大力发展有线数字电视，至年末，全县有线数字电视总用户23118户，完成预期目标，各项创收任务均按进度完成。

【公益电影放映】 2017年，完成公益电影放映3208场次，完成全年目标任务的110%。

【广电安全播出】 2017年，以提高安全播出水平、促进事业发展为抓手，严格制度管理，强化人员培训，开展应急演练，狠抓广告规范，严格管理、认真监测、及时总结，做到安全播出年初有计划、每月有巡检，发现隐患限时整改，及时验收，保障广播电视安全播出。全年继续保持"零插播、零中断"的纪录。

【新闻主题报道】 2017年，筠连广播电视台牢固确立新闻立台、宣传强台的思想，始终坚持正确的舆论导向。加强新闻节目的可听性、可看性，提高新闻的时效性、信息量，在全面提高时政新闻的权威性和导向性的同时，更加关注民生、服务大众，认真做好《政协委员风采》《人大代表风采》《贯彻落实两会精神》《贯彻落实省第十一次党代会精神》《决战扶贫攻坚、筑梦同步小康》《真情帮扶、感恩奋进》《加强环境督查、保护绿水青山》《文旅启航、富民强县》《大众创业、万众创新》《践行社会主义核心价值观——美在身边》《践行两学一做、树立党员模范》《全力推进党风廉政建设》《产业转型、创新发展》《健康小贴士》《生活服务台》《热点聚点》等新闻主题报道类节目。

【电视广播专栏】 2017年，筠连广播电视台紧紧围绕县委县政府中心扎实开展工作，规范《筠连新闻》播出内容和形式，使新闻更接地气。专题栏目开设《荧屏透视》《财富道》《筠州色香味》《筠州神侃》《筠州新闻坊》《身边的故事》《文化长廊》《非常音乐》《快乐之家》《曲艺大观园》《筠子书声》等。播出广播栏目《筠州书声》《快乐之家》《非常音乐》《文化长廊》《曲艺大观园》《筠州神侃》和《筠子书声》共230期。

【筠连新闻播出】 2017年，筠连广播电视台紧紧围绕县委、县政府各个时期的中心工作，全力做好宣传报道工作。全年编写《采编简报》12期；完成电视新闻组稿1574条，广播新闻1574条；播出电视栏目《财富道》《身边的故事》《荧屏透视》《筠州色香味》共96期；制作专题片51部，播出实况录像录制并播出36场。

【新闻外宣】 2017年，完成中央级媒体9条、省级媒体13条、市级媒体281条的采用。在保证稿件数量的同时，更注重节目质量的提高，微视频《山的那边》荣获中国电视艺术家协会优秀作品第二名；广播长消息《易地扶贫搬迁政策：喜迁新居过上好日子》、广播新闻专题《第一书记陶峰：精准扶贫贫困村 重启村官之路》、电视新闻专题《最美姑娘杨家珊：无偿捐献遗体 让爱心传递下去》、电视原创歌曲《春风四季吹》、微视频《筠连粉条》在全市创优节目评选中获提名奖。新闻《四川建新村、百万人口将告别贫困》《办实事、惠民生、建设周转房，让农村教师安居乐教》分获宣传宜宾好新闻二等奖和三等奖；新闻报道《春风村乡村脱贫、点石成金》在全市新闻评比中获特等奖，新闻报道《山乡小伙当红娘：山货变网货，穷家"丑女"成"香饽饽"》《2015四川国际文化旅游节筠连分会场活动开幕》分获宜宾新闻二等奖和三等奖。

【广电采编人员管理】 广播电视台继续加强政治和业务学习，开展全方位多层次的培训，着力提升新闻从业人员的综合素质，多次派人员参加省、市业务骨干培训，收到良好效果，一批业务骨干脱颖而出。新闻部记者张华被市委宣传部授予"全市优秀新闻工作者"荣誉称号。

【广电提升节目质量】 县广播电视台加大稿件质量要求，由分管领导和总编室、新闻部、专题部负责人组成评审会，每天对播出的新闻、栏目进行打分，按照A、B、C、D四个档次进行打分，奖优罚劣，促进节目质量大提升。

（刘力 罗啸驰）

体　育

【群众体育】 2017年，全县有各类体育协会组织21个，各级社会体育指导员1079人，全民健身活动站点268处。组织开展群众体育活动人才培训2次、培训203人次，组织参加市级以上培训3次，培训乒乓球、健身气功、体育舞蹈、门球、广场健身操等社会指导员、裁判员、运动员共12人次。编印《全民健身知识手册》3000册，分发到干部、群众手中，提高全民健身意识，普及科学健身知识。坚持县、乡（镇）、村（社区）整体联动、分级组织和全面推进的群众体育原则，达到天天有健身人群、月月有赛事、重大节假日有全民健身大型集会的要求，共组织开展全民健身赛事活动50多次，参与人数6万余人次。完成免费开放体育场馆，体育锻炼6.5万人次。

【竞技体育】 2017年，开展运动竞技体育，加强竞技体育后备人才的培养和输送。全年省、市业余体校到筠连选材2次，输送体育后备人才3人。

【学校体育】 2017年，抓好"两课三操一活动"，推行《国家学生体质健康标准》实施计划，促进学校、家长、学生对健康身体素质的重视，协助学校举办校运会；推进体育教师专业职称评定、开展体育苗子选拔。

【体育场地设施建设】 2017年，继续推进全民健身工程建设，逐步完善县乡村三级全民健身网络。开工建设筠连县公共体育场跑道足球场建设项目1个，争取到县级全民健身中心建设项目1个。全年投入40.5万元，完成农民体育健身工程建设7个，改造全民健身路径1条，完成玉壶公园乒乓球场地改造。

【体育赛事】 2017年，成功举办县内大型体育活动10次。即2016年12月30日，举办元旦迎春健身跑活动。1月6日，举办"应国强骨伤医院杯"迎春业余足球赛。2月，举办"庆新春·我们的节日"全民健身系列活动、篮球赛、门球赛。3月8日，举办三八妇女节全县女子趣味运动会。3月17—19日，2017中国·四川·筠连第二届"筠州杯"全国钓鱼赛在玉壶广场举行开幕式、在定水河县城段举行比赛。5月1日，举办五一苗族全民健身趣味比赛。7月3日，在玉壶公园举办坝坝乒乓球公开赛。8月8日，举办8·8全民健身日启动仪式暨千人排舞展示。11月18日，举办宜宾市门球筠连站比赛和第十一届全国业余乒乓球邀请赛。各种大型活动推进群众性体育组织服务网络建设，实现群众体育社会化。

【体育彩票销售】 2017年，全县开设体育彩票销售网点共14个，体彩销售实现400余万元。

【体育对口帮扶】 2017年，县体育局筹措资金7万元，在双腾镇曹岭村进行党群众活动中心、农民体育健身工程建设。投入资金1万元，支持曹岭村村党建示范基地建设。筹措资金112万元、支持资金5000元，帮助曹岭村硬化4千米村道、新修组道公路2千米。向曹岭村捐赠价值1万余元的电脑等办公用品，为曹岭村小捐赠篮球、羽毛球、跳绳等体育器材折款1500元。走访慰问贫困户51户，送去大米、油，棉被等物资折款1.3万余元，资助2户贫困户子女入大学学费4000元。结对帮扶助学，送"爱心包裹"2400元。支持7户贫困户资金7000元，发展茶叶、养猪等项目。完成易地扶贫搬迁2户，已入住；完成贫困户危房改造11户。

（罗明）

旅　游

【旅游概况】 2017年，全县旅游工作坚持县委、县政府确定的创建"川南滇东北（乌蒙山）生态休闲度假旅游目的地"目标，围绕省市旅游工作重点和县委政府工作思路，结合筠连旅游实际，立足完善旅游"吃住行游购娱"六要素。同时大力发展乡村旅游，全面提高旅游产业整体素质和旅游业综合效益，不断促进筠连旅游经济的全面、健康发展。全年，全县共接待游客200.64万人次，实现旅游收入14.03亿元，增长30.03%。

【旅游管理】 县委县政府把旅游产业摆在重要位置，作为主打产业抓紧抓好抓落实。县委县政府主要领导高度重视旅游产业发展，定期听取旅游产业发展工作组关于旅游工作的汇报，亲自安排部署相关旅游工作。县委常委、县委宣传部部长雷敏任组长的旅游产业发展工作组决定旅游发展重大事项，统筹解决旅游产业发展中的困难和问题，县旅游和外事侨务局负责旅游日常工作，市旅游发展委、县委县政府加强旅游项目建设监督管理，实行每月一次的报告制，全面、准确了解旅游项目的进度，及时研究解决影响工程进展的困难和问题。

【旅游投资环境】 2017年，根据国家、省、市关于旅游发展相关政策的变化，结合全县旅游实际，进一步修订完善《关于加快旅游产业发展的实施意见》，初步拟定相关事实施细则，使其更加适应新常态下旅游发展实际，增强旅游企业到筠连投资开发旅游的信心。加强旅游市场和景区管理，代政府拟草并印发《筠连县农家乐管理暂行办法》《筠连县景区（点）管理暂行办法》《筠连县景区保护和开发管理暂行条例》等，旅游产业发展政策走向完善。

【重点旅游项目】 2017年，筠连实施的重点旅游项目共4个，即春风花海景区、西部洞群景区、天河温泉二期、清溪沟茶文化主题公园。

春风花海景区项目：该项目积极争创国家AAAA级旅游景区，至年末，已完成国家AAAA级旅游景区创建方案，通过省旅发委组织的景区质量与景观资源评估，相关硬件设施建设和软件资料准备正有序推进。

西部洞群景区项目：该项目积极争创国家AAA级旅游景区，至年末，已完成国家AAA级旅游景区创建方案，洞内暗河栈道、洞内游步道、洞内灯光、停车场、旅游厕所、游客集散中心、旅游标识标牌等项目建设有序推进。

天河温泉二期项目：该项目已完成土地租赁、房屋拆迁、方案设计等前期准备工作，并于9月18日举行开工仪式。至年末，完成景区围墙修建及部分场地平整。

【旅游设施建设】 2017年，主抓旅游公厕建设。完成清溪沟游客中心及春风村三块田AAA级公厕建设，已初步通过县旅游主管部门的验收。

【旅游宣传及营销】 一是抓旅游品牌打造。全年精心组织开展春节旅游黄金周、李花节、五一小长假、十一黄金周等系列活动，吸引省内外游客至筠连观光旅游，进一步提升筠连旅游影响力。二是抓旅游宣传推介。利用四川国际旅游交易博览会、川滇黔渝藏旅游交易会、宜宾早茶节、山水宜宾·全域乐游2017清凉之旅（长宁）营销大会、“三江邀明月·创业故乡行”知名川商进宜宾活动、中国（筠连）首届茶产业高峰论坛等大型节会进行旅游宣传，同时组织开展春节黄金周等系列宣传活动，吸引大量外地游客到筠连休闲体验、观光度假，有力提升筠连旅游的知名度。三是抓客源组织。及时兑现旅游发展相关政策和旅游开发协议约定，提高县内外旅行社组织到筠连游客的主动性和积极性，保障县外地游客客源的组织，促进旅游业的持续发展。

【旅游品牌创建】 一是推进旅游标准化建设。积极指导辖区内酒店、饭店开展星级饭店、绿色饭店、主题饭店创建工作，按照标准化要求完善景区配套基础设施。完善横山子至西部洞群、清溪沟旅游标识标牌制作安装29套。二是抓乡村旅游发展。围绕乡村旅游发展，培育精品村寨、特色乡村旅游经营业态，开展精品村寨、特色乡村旅游经营业态申报评定工作。评出星级农家乐3家（AAAAA星级1家、AAAA星级1家、AAA星级1家），评出妯娌乡村旅游精品特色业态经营点4个（精品农家乐园3个、精品生态鱼庄1个）。

【旅游专项扶贫】 制发《筠连县2017年旅游专项扶贫实施方案》《筠连县旅游专项扶贫“块抓条保”工作方案》，明确塘坝乡双田村创建省级乡村旅游扶贫示范村和全县打造8户乡村旅游民宿达标户的目标，根据计划有序推进旅游扶贫工作。11月22—23日，创建的省级旅游扶贫示范村和8户民宿达标户顺利通过省市专家的验收评审。

【旅游安全】 2017年，按照省、市关于抓好节假日期间旅游市场安全工作的相关要求，共开展旅游安全检查12次，其中应急培训2次、应急演练2次、联合执法检查4次、专项执法检查8次，确保全县旅游市场的稳定有序。积极落实提升游客满意度整改，制订整改方案并组织实施，不断提升旅游接待能力和服务水平。

（刘力 罗啸驰）

卫 计

卫计综述

【卫计概况】 2017年,全县共有医疗卫生单位408个、卫生计生监督执法大队1个,其中县级医疗机构3个(县医院、县中医院、县妇幼保健计划生育服务中心)、筠连县疾病预防和控制中心1个、乡镇卫生院18个、民营医院11个、乡(镇)社区卫生服务中心(站)2个、村卫生站共255个,村卫生室共79个、个体诊所38个。公立医疗卫生单位在编人员总数611人,其中卫生技术人员512人。在全县医疗卫生技术人员中,有注册执业医师391人、助理医师238人、注册护士603人、全科医生50人;全县本科及以上学历178人。全县共有病床1928张,其中县级801张、乡(镇)597张、民营530张。全年,通过公开招考卫生人才42名、引进卫生人才28名、签订农村定向培养医学生2人。

【卫计要事】 3月13日,县中医医院(县城筠州中路2号)整体搬迁至县人民医院旧址(县城中华街158号);3月16日,筠连被省卫生计生委信息与统计处确定为全省区域人口健康信息化示范县。6月29日,省人大常委会科教文卫委调研员周庆卫、周明举、市人大常委会教科文卫委主任陈苏一行到筠连调研卫生工作,走访水茨村卫生站、春风村卫生站、腾达镇卫生院。7月19日,省卫计委调研员梁志、杜超、周敏一行由市卫计委陪同到筠连督导创建省级健康扶贫工程示范县工作。9月12—13日,由省卫计委组织,省疾控中心信息所副所长聂莉带队到筠连督导检查传染病网络直报质量。10月20日,县疾控中心获省质监局的检验检测机构资质认定证书。11月6—7日,由省卫计委组织,自贡市卫计委副主任章成带队到筠连督导检查免疫规划工作。12月14日,市医改办副调研员赵思云、科长李貌一行到筠连指导深化医药卫生体制改革工作;12月25—26日,市等级评审专家组到筠连开展现场评审,县疾控中心初步通过二级乙等等级评审;12月29日,筠连被省卫生计生委信息处确定为全省医疗信息化应用示范县。

医政工作

【卫计职能调整】 4月,根据筠机编〔2017〕10号文件要求,县卫生和计划生育局把饭馆、咖啡馆、酒吧、茶座4类公共场所核发卫生许可证的职能移交由县食品药品监管部门一家许可、统一监管。于8月,完成职能转换的调整。

【医疗质量提升】 2017年,县卫生和计划生育局(以下简称县卫计局)为进一步加强医疗质量管理、规范工作程序,提高医疗质量水平,保障医疗安全。因原医疗质量控制小组人员变动大,调整麻醉科、检验科、放射科、药事科、内科、病案科、肾病科、院感科、儿科、妇产科、外科共11个和增加眼耳鼻咽喉、健康体检、护理3个医疗质量控制组,落实考核管理办法,开展医疗质量控制督导检查,推动医疗质量控制工作全面开展。

【医疗费用控制】 2017年,全县医疗单位诊疗量进一步增加,门诊增幅5%,住院增幅43%,县内就诊率90%,病床使用率95%。全县门诊次均费用117元,住院次均费用3469元,低于全市其他县(区)1000元左右。公立医院药占比28.89%,控制在市上要求30%的以内,个人卫生支出比控制在30%以内。

【医疗服务改善】 2017年,在全县开展医疗服务满意度调查,通过医德医风巡查和病人满意度调查,发放调查问卷153卷,收回问卷153份,病员满意率达95%。在全县医疗系统组织开展"进一步改善医疗服务行动计划",以人民群众看病就医感受最强烈的"看病难、看病贵、看病乱"为切入点,大力推进预约诊疗服务,优化布局流程,落实核心制度,改进医院门急诊服务模式,开展分级诊疗,推进优质护理,促进志愿服务,切实改善人民群众看病就医感受,并在医院开通贫困人口看病就医绿色通道。3月13日,县中医医院实现整体搬迁,大大改善中医医院看病、就医条件。

【医务人员规范管理】 优化退休医师执业注册,引导医务人员有序流动。完善医师执业注册管理,加强基层和边远贫困地区医师队伍建设。为全面提高全县医生综合素质，为基层提供优质的医疗服务，促进全县卫生事业的健康发展，分别于4月、5月举办全科医生知识培训、抗生素的合理使用、临床输液的相关知识培训。

【医师定期考核】 年末，开展2016—2017年度执业医师（助理医师）的定期考核工作。全县应接受定期考核医师617人，实际考核615人，合格612人，合格率99.18%。

【医师多点执业推进】 2017年，继续完善医师多点执业注册、备案、考核、评价、监管等政策，理顺医师、第一执业医疗机构和多点执业医疗机构三方的权、责、利关系。保障医师法定工作时间外开展多点执业，探索建立多点执业收入与第一执业医疗机构、多点执业医疗机构合理分成制度。建立医师培训评价制度，增加执业范围，解决人才匮乏问题。鼓励公立医院医师到基层医疗卫生机构执业或开设工作室，医师在乡（镇）开展多点执业，视为对口支援经历。全年共备案多点执业医师3人，累计备案多点执业医师共4人。

【医疗纠纷预防与处置】 2017年，为确保医疗纠纷能够得到及时有效公平公正的处理，县卫计局建立第三方调解制度，由既懂医又懂法的人员进入第三方调解组织，同时在医疗机构中抽调主治医师以上职称的医务人员进入医疗事故鉴定的专家库，为及时公平的处理医疗纠纷提供技术支持，促进医疗事故进行快速初评。继续保持依法惩治涉医违法犯罪行为的高压态势，严厉惩治医闹、伤医、杀医事件，开展创建"平安医院"，维护医院的正常秩序。进一步健全医疗纠纷预防与处置联席会议制度，落实医疗纠纷第三方调解制度。县医调委根据《中华人民共和国人民调解法》规定，依法开展医疗纠纷调解工作，全年共调解结案16件。

【白内障患者免费复明】 2017年，为逐步消除县内因白内障导致的可避免盲，大力开展复明手术项目，通过多方共同努力，经过筛查、体检、手术，全年顺利完成20例白内障患者的免费复明手术。

【贫困人口大病救治】 2017年，县卫计局联合民政、扶贫移民局共同制发《筠连县农村贫困人口大病救治专项方案》，进行贫困人口大病救治，全面开展七大病种救治的数据比对、公示和信息录入等工作，共完成七类大病救治32人。开展精准扶贫识别4万余人，识别率100%，全面实行"十免四补助"政策，全体医疗机构设立扶贫窗口，开展一站式服务率100%。开展巡回医疗活动6次，为基础群众服务600余人次。

【强化药品阳光采购】 继续强化药品阳光采购，落实100%网上采购药品、耗材等工作。全县公立医院设备、器械、试剂等全面进行网上采购，实行阳光积分考核，取得较好成绩。

【社会办医】 放宽准入规范审批。对社会办医疗机构取消具体数量、类别和地点限制，诊所、门诊部等医疗机构不设数量限制。鼓励社会办医向高水平、规模化、专业化、城市化方向发展，发展专业性社会办医院管理集团，优先支持社会力量举办非营利性医疗机构，鼓励举办二级以上口腔、眼科、儿科、妇产科、中医、康复、老年病、护理院、临终关怀等专科医院和第三方医学检查检验机构。

完善社会办医政策。为社会办医创造平等的用地环境，非营利性社会办医疗机构享受与公立医疗机构同等用地政策。对符合规定的社会办非营利性医疗机构自用的房产、土地，免征房产税、城镇土地使用税。对非营利性医疗机构免征行政事业性收费，对营利性医疗机构减半征收行政事业性收费。民办医疗机构用电、用水、用气与公办医疗机构执行相同的价格政策，按照法律法规和有关政策规定享受税收优惠。将提供基本医疗卫生服务的社会办非营利性医疗机构纳入政府补助范围，在临床重点专科建设、人才培养等方面，执行与公立医疗机构同等补助政策。出台全县进一步促进民营医院健康发展的实施意见。

完善监督管理机制。对社会办医疗机构按照"谁审批、谁负责"原则落实监管责任，实行与公立医疗机构统一的医疗质量、医疗安全、医德医风、诚信服务等考核和管理评价标准。探索建立"五位一体"监管体系，依法查处非法行医、超范围执业、租借执业证照开设医疗机构和出租承包科室等行为，严肃处理恶性医疗事故、骗取医保资金、虚假广告宣传、过度医疗、推诿患者等行为，实行医疗机构及从业人员不良执业行为记分管理，建立医疗机构及从业人员信用记录，纳入统一信用信息共享交换平台，对违规失信者采取行业禁入等惩戒措施。

中医中药

【全国名老中医传承室建设】 县中医医院申报2017年全国名老中医传承工作室建设，根据项目要求，确定项目专家为杨运贵中医主治医师。一是免费培养6名以上继承人，较好地掌握老中医专家的临床经验，以提高疗效。二是举办学习交流活动，围绕老中医专家临床经验，每季度组织开展1次学习、交流、讨论等人才培养相关活动，每年不少于4次，每次活动参加人数不少于10人。三是开展巡诊带教活动，定期到乡（镇）卫生院、村卫生室开展诊疗、带教工作，重点指导1名以上乡（镇）卫生院中医人员、2名以上乡村医生解决临床实际问题，每年巡诊活动次数不少于6次，每次活动时间不少于1个工作日。四是建立对口指导联系单位，已与巡司中心卫生院和2个村卫生室建立对口指导联系。

【中医药人员培养】 一是以泸州医学院附属中医院对口支援筠连县中医医院的契机，下派 1 人到武德卫生院开展对口支援工作，通过开展远程医疗、人才培养和贫困患者集中诊治等措施进行帮扶。二是中医人才引进，全县中医医疗机构新进专业技术人员 3 人，其中中医类专业 2 人。三是建立培训机制，制订基层中医药人才队伍培训计划，并创新培训机制，省、市级中医药教育项目完成率 100%。

【中医服务提升】 2017 年，县中医医院继续坚持依法执业行为，组织医务人员认真学习卫生法律法规，不断增强医务人员法治观念。一是继续强化医疗质量管理，加强对医疗文书的书写管理，提高病历书写水平。加大对病历书写的专项督查力度，使病历书写水平不断得到提高，病历书写合格率 95%。二是建立中医药特色重点专科 1 个（骨伤科），设置“治未病”科室，全面推进中医“治未病”健康工程，将中医“治未病”工程纳入全县健康产业。三是加强护理质量管理，开设优质护理示范工程，创建 2 个优质护理示范病房。四是完善医疗安全防范机制，落实医疗不良事件预警机制和防范措施。建立医疗缺陷管理工作制度并狠抓制度落实，继续加强医院感染管理，狠抓医院能力建设，不断拓展中医医疗业务范围。县中医医院通过狠抓医院能力建设，不断拓展中医医疗业务范围。随着县城医疗机构布局的变化，及时制订应对策略，找准切入点和突破口，做大做强中医业务总量，促进医疗业务持续增长。通过引进新技术，开展新项目，加大医疗设备投入力度，倡导让利于民、想为患者所想的观念，不开大处方。

全年县中医医院门诊 38260 人次，出院人次 3463 人次，业务总收入 1070.49 万元（其中药品收入 337.08 万元，占总收入的 31.49%），入院病人增长率 31.51%、出院病人增长率 26.5%、病床使用率 86.9%、医疗收入增长 44.05%。

【中医药产业发展】 一是打造中药材种植基地县，由中国中医科学院中药研究所编制完成《中医药健康服务业发展规划（2016—2020）》，规划期为五年，面积 2 万公顷，在 18 个乡（镇）推荐开展半夏、黄精、青蒿、淡竹叶、筠姜、天麻、砂仁、黄柏、佛手、金银花、太子参 10 个品种的中药材种植，打造中药材种植基地县。二是打造以中医为特色的康养旅游精品县，拟在春风村打造一个以中医为特色的康养旅游精品，全县初具规模的中医骨科专科医院（民营）已有 3 家。三是积极协助市上开展医院等级评审新标准的宣传培训和借鉴应用工作，充分发挥医院等级评审评价的“指挥棒”作用，不断推动医疗机构综合管理水平和服务能力的大幅度提升。通过培育发展新兴服务业，推动医养融合，以健康管理统领疾病的预防、治疗和康复，依托民营与公立医疗、健康和养老等各类服务机构，探索构建涵盖老年医疗保健、特需医疗、健康体检及咨询、美容健身的多元化、多层次健康服务产业链，有力推动全县中医药健康服务业发展。

链接：全县中药材产业发展规划研讨会

2017 年 11 月 16 日，筠连县中药材产业发展规划研讨会在县会议中心召开，县领导王萍、刘朝平、黄静、罗吉义、郑世筠、邓伟出席会议；邀请中国中医科学院中药研究所所长陈士林、中国中医科学院中药研究所博士李西文、中国科学院重庆分院生物医药与健康研究所所长杨大坚等 20 余名中药材专家到会指导，县相关部门负责人参加会议。

刘朝平代表全县人民感谢与会专家、企业家一行对筠连中药材产业的关心和帮助，介绍筠连中药材产业情况，研讨会为筠连中药材产业的发展提供更加科学的指导，也为双方合作打下坚实的基础。筠连将发挥中药材产业发展优势，从行政服务体系健全、科技合作机制完善、创新产业联动机制、环境资源得天独厚等，落实好帮扶政策和服务工作，最终通过企业引领、带动群众发展致富。

李西文作《筠连县中药材产业规划》说明。与会专家结合筠连中药材主要特点和优势，探讨中药材产业发展、分析存在的问题，就如何进一步加大政策扶持、明确发展重点、强化规划引导、加快基地建设、培育营销主体、搞好产销对接，充分的发言、交流和讨论，为推进筠连中药材产业健康发展等建言献策。

【中医药健康服务】 2017 年，全县 65 岁以上老年人和 0～36 个月儿童中医药健康管理目标人群覆盖率 50%，达到国家相关工作要求。

【农村中医药适宜技术推广】 由县卫计局分管领导亲自抓，县中医医院具体负责，开展全县农村中医药适宜技术推广应用人员的培训、技术指导、疗效评价工作。开展全县农村中医药人员中医药适宜技术培训共 18 期，培训人员 250 余人；组织中医药师资人员定期或不定期到乡（镇）卫生院和村卫生站开展中医药适宜技术推广的疗效评价和技术指导工作；积极帮助基层解决在中医药适宜技术推广中存在的问题。全年推广应用中医药适宜技术在 10 项以上，各乡（镇）卫生院基本能应用 10 项以上的中医药适宜技术为当地群众提供服务，同时还负责对辖区村卫生站中医药人员开展培训和技术指导。全县各乡村医生基本能够应用 6 项以上的中医药适宜技术为当地村民服务。县中医医院发挥中医药特色优势的措施，大力推广针灸、小针刀、拔罐、推拿、按摩、药熏、艾灸、水疗、理疗、贴敷等中医疗法为群众治病，发挥中医药“简、便、验、廉”作用，开展临床路径 6 个。

【中医科中药房规范化建设】 省级中医馆建设，高坎乡卫生院、镇舟卫生院、维新卫生院、塘坝卫生院、龙镇卫生院、孔雀卫生院分别申报 2017 年省级基层医疗卫生机构中医馆建设项目，并按项目要求开展工作。

中医科（室）建设，县社区卫生服务中心、乡（镇）卫生院全部设置中医科（室），均能运用10种以上中医药技术方法提供服务，覆盖面达到100%。其他医疗机构进一步规范和完善中医科中药房建设。基层医疗卫生机构提供中医药技术方法的种类数6种以上，基层中医药服务量达50%左右。县人民医院设置中医科并配置有中药房、中药煎药室等，开放床位40张。县中医医院设置有中医科、中药房、中医药室、中药饮片库房、中药煎药室等，中药煎药室人员每年健康体检一次，但暂无中成药调剂室和中药饮片调剂室，共设置床位100张，开放床位100张。社区卫生服务中心和乡（镇）卫生院均设置中医科配置有中药房。

特色中医科筹建，县中医医院从针灸理疗康复科等科室抽调相关人员筹建"治未病"科，并逐步完善服务流程，为公众提供中医特色健康保障服务模式，包括体质辨识、健康评估、健康信息库建设、中医健康指导和干预等中医特色健康保健服务。

基层卫生服务体系建设

【规划编制】 2017年，编制完成《筠连县中医药健康服务发展规划（2016—2020）》《筠连县"十三五"卫生计生事业发展规划》《筠连县"十三五"医疗机构设置规划（2016—2020）》《十二五县域医疗卫生服务体系规划》《"健康筠连2030"规划》，有利于全县十三五卫生计生事业的发展。

【基础设施建设】 一是县中医医院建设，争取到中央预算内投资建设资金5000万元，完成原县人民医院旧楼拆除、医学流程审查，正进行地勘和施工设计。二是沐爱区域医疗卫生次中心建设，8月动工，9月底完工投入使用，已拆除原旧院区危房旧楼，完成旧楼医学流程评审，建设资金44.43万元。三是加配设备，因历史原因，县卫计局下属单位的检验、影像、手术室、急救设备陈旧、损坏，部分设备缺失，全年共争取资金743万元，为下属单位增加配置6类68件设备。四是贫困贫村卫生站设备购置，7月，对31个预脱贫村的卫生站进行设备购置，共购买诊查床、药品柜、资料柜等医疗设备，投入资金16.82万元。8月初，所有设已全部下发到脱贫村卫生站。

【卫生人才队伍建设】 2017年，通过公招方式引进人才32人，通过考核招聘定向生引进人才25人，通过天使计划项目引进人才3人，通过调人引进3人。

【信息化建设】 一是数据互联互通，按照市卫生计生委规划，宜宾市区域人口健康信息平台与县卫生计生数据中心机房实现网络互联互通，全面实现市、县、乡（镇）三级网络互通格局。6—8月，配合专网整合工作，指导乡（镇）卫生院与宜宾本鼎公司签订软件运维协议，并对基层15家单位展开培训工作。全年15家医疗卫生机构基本启用基层医疗系统。二是远程诊疗，分别由成都和原（心电）、成都联众（LIS）、成都金盘（PACS）公司实施，年末完成对基层单位客户端的安装部署和培训工作。

基本公共卫生服务

【基本公共卫生目标】 县委、政府重视公共卫生工作，年初以县政府办名义印发《筠连县2017年基本公共卫生服务实施方案》，与乡（镇）政府签订目标责任书，对全年基本公共卫生服务工作进行部署，明确全年工作目标。县卫计局及时调整充实县级专家组，制发《筠连县卫生和计划生育局关于调整充实筠连县促进基本公共卫生服务均等化指导中心专家库的通知》《筠连县卫生和计划生育局关于做好2016年度基本公共卫生服务项目省级绩效考核的通知》《关于开展2017年基本公共卫生服务项目绩效考核暨全民预防保健体检督导的通知》等文件，力求工作取得更好成绩。

【基本公共卫生宣传】 全年，各级医疗卫生单位更新宣传专栏1595个，发放健康教育资料138194份，举办健康讲座1131次，开展健康教育咨询活动411次，累计参加健康教育及接受健康咨询19678人次。开展预防接种、传染病防治、各种地方病和慢性病防治、重大传染病防治等主题宣传活动16次，接待群众咨询2.3万余人，现场发放各种宣传资料10万余份，发放宣传物品（购物袋、中性笔等）4万余件。开展健康教育"五进五讲"活动1700余次，增强广大群众对卫生习惯、疾病预防、看病就医、政策减免、自我保健等意识。

【基本公共卫生培训】 外出培训。4月中旬，组织县卫计局卫生股相关人员、县均等化指导中心人员、18个乡（镇）卫生院、社区卫生服务中心负责人、分管领导及公卫科科长、公共卫生工作人员80余人参加在市疾控中心进行为期4天的国家基本公共卫生服务规范培训，由市级专家讲课，并考核通过，提高全县基本公共卫生服务能力和管理能力。

县内培训。3月，组织召开全县医疗机构负责人和公卫科长参加的基本公共卫生服务项目工作会，通报2016年工作情况，安排部署2017年工作。4月底至5月初，组织县基本公卫专家组专家分5个片区进行国家基本公共卫生服务规范培训，各项目实施单位负责人、公卫科长、公卫人员及乡村医生共300余人参加培训，增强基层基本公共卫生服务意识。全年先后组织召开公卫培训会6次，培训人员357人次；开展基本公卫业务指导和督导3次，半年和年终考核 2 次。针对各项目单位的综合管理、业务工作特别是重精管理、重大疾病防治等内容强化学习,保障全县基本公共卫生服务工作责任落实到人,稳步提升公卫人员服务能力和服务质量。

【基本公共卫生督导考评】 2017 年,为确保全县基本公共卫生服务工作的有序开展和稳步推进,县卫计局制发《筠连县基本公共卫生服务绩效考核办法》,定期或不定期对各项目单位进行督导考核。7 月,与高县卫计局组织两县公卫指导中心相关专家对基本公共卫生服务工作开展情况进行交叉督导检查和半年考核;11 月底至 12 月初,组织开展全县基本公共卫生服务项目工作督导和年终绩效考核。考评组按照《国家基本公共卫生服务规范(2012 版)》,对基本公卫项目实施单位的组织管理、12 个服务包、资料收集报送等工作内容进行考核,并深入乡镇、村就儿童、孕产妇、65 岁以上老年人、慢病、重性精神病人等重点人群的服务情况督导考核。通过督导考核考评,对考核评估过程中发现的先进经验和存在的问题进行认真总结,及时将好的工作经验传授给被督导单位,对发现的问题要求立即整改,促进国家基本公共卫生服务项目在筠连的实施,提高公共卫生服务补助资金的使用效率,使广大人民群众切实受益。

【基本公共卫生财务管理】 加强对基本公共卫生服务经费的管理,通过会管中心建立专户、确定专人、建立专账对经费进行集中管理。根据上级有关文件精神和对各项目实施单位的考核评估成绩,100%的兑现基本公共卫生服务补助经费。各项目实施单位剧也加强经费管理,用好、用活补助资金,没有出现截留、挤占和挪用现象,确保 40%的基本公卫经费用到村级。

【基本公共卫生中医药管理】 大力开展中医药服务工作,为辖区内 65 岁及以上常住居民、0～36 个月儿童、孕产妇、慢病患者提供中医药健康指导和管理,督导检查基层中医药服务情况 3 次。全年 65 岁以上老年人接受中医药健康管理服务 24202 人,老年人中医药健康管理率 63.1%;0～36 个月儿童接受中医药健康管理服务 11628 人,管理率 81.8%。

【家庭医生签约】 2017 年 4 月,县残联、县卫计局联合制发《关于筠连县全面开展基层医疗机构家庭医生团队与残疾人签约提供医疗服务及精准康复服务实施方案》;9 月,县卫计局、发改局、民政局等 9 个部门联合制发《筠连县 2017 年家庭医生签约服务实施方案》。全县 19 个基层卫生单位组建家庭医生团队 117 个分别与辖区 0～6 岁儿童、65 岁及以上老年人、建档立卡贫困户等人群签订家庭医生服务协议。

开展国家基本公共卫生免费服务包和提供基本医疗服务、精准康复服务包。至年末,已签约 0～6 岁儿童 27165 人、65 岁及以上老年人 30688 人、孕产妇 3315 人、高血压患者 18691 人、糖尿病患者 6510 人、肺结核患者 227 人、严重性精神障碍患者 1098 人、残疾人 10985 人、计生特殊家庭 586 人、农村建档立卡贫困人口 31748 人、城乡五保人口 7477 人、常住人口 207185 人。该项工作,由县卫计局全面负责,划片区责任制,不定期对 19 个卫生单位通过查阅文件资料、座谈、电话随访等进行专项督查,确保家庭医生签约按年度目标。

县级公立医院改革

【县级公立医院综合改革】 2017 年,进一步扩大改革覆盖面,制订巩固完善县级公立医院综合改革的实施意见、筠连县深化医药卫生体制改革 2017 年重点工作任务。完善医师多点执业注册、备案、考核、评价、监管等政策,理顺医师、第一执业医疗机构和多点执业医疗机构三方的权、责、利关系,保障医师法定工作时间外开展多点执业,探索建立多点执业收入与第一执业医疗机构、多点执业医疗机构合理分成制度,全年共备案多点执业医师 3 人,全县累计备案多点执业医师有 4 人。继续巩固完善县级公立中医医院综合改革,强化中医医院保持和发挥中医药特色优势,推动实现中医医院中药药品收入占药品收入的比例高于 50%、中药饮片收入占药品收入的比例高于 20%。积极推进以调整医疗服务价格、取消药品加成为重点的综合改革试点。

【编制人事制度改革】 按照四川省公立医院编制管理办法,在已有编制总量内合理核定公立医院编制总量,实行编制备案制、实行聘用制度和岗位管理制度。

【酬薪改革试点】 2017 年,合理确定薪酬水平,反映医务人员技术劳务价值,建立动态调整机制。优化收入结构,完善绩效工资制度。实行多劳多得、优绩优酬、同工同酬,并重点向临床一线、关键岗位、业务骨干和作出突出贡献的人员倾斜,合理拉开收入差距。严禁给医务人员设定创收指标,严禁将医务人员收入与医院药品、检查、治疗等收入挂钩。6 月,确定县人民医院为酬薪改革试点单位。11 月,县人民医院完成酬薪制度改革方案。

疾病预防控制

【疾控中心取得省级检验检测资质】 2017 年,县卫计局把检验检测机构资质认定工作列为年度重点,每月督促检查。县疾控中心于 6 月完成内部审核,7 月完成管理评审,8 月向省质监局提交资质认定现场评审申请书。9 月

2—3 日,县疾控中心通过省质监局资质认定现场评审组的现场评审;9 月下旬,疾控中心向省评审专家组提交整改报告,专家组通过后向省质监局递交整改资料;10 月 20 日,省质监局下发检验检测机构资质认定证书。

【疾控中心创建二级乙等达标】 2017 年 3 月,县疾控中心完成疾病预防控制机构等级评审达标建设自评,向市卫计委提交自评报告、评审申请。在县疾控中心等级评审工作推进过程中,加强督导检查。县疾控中心对标补短,完善相关工作资料,采购设备 23 台件投入使用,启动信息化建设工程并完成招投标。12 月 25—26 日,市等级评审专家组到筠连开展现场评审,初步通过等级评审(注:2018 年 2 月 5 日,市卫计委批准筠连县疾病预防控制机构二级乙等等级)。

【传染病防治】 2017 年,全县 26 个疫情报告单位共报告乙类、丙类传染病 19 种 630 例,报告发病数上升 3.28%,报告发病率 189.87/ 十万,较全市平均发病率低 20.25%,无甲类传染病发生。

2017 年常规疫情报告中,流行性腮腺炎上升 221.43%,乙脑上升 300%;百日咳的发病率下降 33.33%,无麻疹、风疹、流脑等疫苗针对性传染病病例。主动开展 AFP、麻疹和新生儿破伤风监测,共监测 3 家县级医疗机构 108 次,查阅门诊病例、住院病例 10.99 万例,无相关疾病的漏报、迟报病例。

【免疫规划接种】 2017 年,全县 0 岁组儿童应建卡 4579 人,已建 4579 人,建卡率 100.00%;儿童已建证 4579 人,建证率 100%,卡证符合率 100%。国家扩大免疫各类疫苗接种率均 99%以上。加强预防接种异常反应(AEFI)的监测、报告、处理工作,全年共报告疑似预防接种异常反应 23 例,其中一般反应 18 例、异常反应 5 例。疾控中心对各接种门诊建设进行不定时指导和督导。

【狂犬病防制】 2017 年,全县发生犬伤 2500 人,正确处理伤口 2500 人,正确处理伤口率 100%;全程注射狂苗 2500 人,全程注射狂苗 100%;注射狂犬病免疫球蛋白年度累计 901 人。无狂犬病例发生。

【规范结核病防治】 通过归口管理、乡(镇)督导追踪、加强健康教育等措施,全年共发现登记活动性肺结核病人 245 例,其中初治涂阳 59 例、复治涂阳 3 例、初治涂阴 183 例,同期病人系统管理率 95.72%。医疗机构病人报告数 130 例,收到医疗机构病人转诊单数 130 例,病人转诊率 100%,转诊到位 86 例,转诊到位率 66.15%。应追踪人数 44 例,追踪到位病人数 42 人,追踪到位率 95.45%。

【艾滋病防控】 2017 年,县卫计局代县委县政府草拟的《筠连县遏制与防治艾滋病"十三五"行动计划》《筠连县关于进一步加强艾滋病防治工作的实施意见》,经中共筠连县委十三届 47 次常委会议和筠连县政府十六届 23 次常务会议审议通过,并已贯彻执行。

《绿色煤都》报每周刊发艾滋病防治知识,筠连电视台等媒体在黄金时间和主要频道每月播出不少于 1 次的艾滋病防治知识节目或者公益广告。县人社局、党校、教师进修校把艾滋病防治政策与知识纳入主体班次和新进公务员轮训的培训内容。县司法局把《艾滋病防治条例》纳入普法的内容。县人社局、农业局、经信科技局等部门在农业科技培训、技能培训、创业培训中加入艾滋病防治教育内容,对农民和外出务工人员进行艾滋病防治知识宣传教育。县卫计局、县教育文广局、县工商局、县食药监局等部门组织宾馆、饭店、美容美发、洗浴、酒吧、网吧等公共娱乐场所经营者开展艾滋病防治知识宣传,对相关从业人员进行艾滋病防治知识的教育。县总工会、团县委、妇联、红十字会等群团组织结合自身工作特点,开展各类艾滋病防治知识的宣传教育活动。县公安局、县司法局做好监管场所被监管人员艾滋病防治知识宣传教育;依法严厉惩治卖淫嫖娼、非法采供血、贩毒和吸食、注射毒品等违法犯罪活动,依法惩治故意传播艾滋病和利用感染者、患者身份进行违法犯罪的活动,对监管场所的吸毒、卖淫、嫖娼人员和性病患者的强制检测。县宣传办牵头举办各类防治宣传活动,收集部门信息资料。

【地方病防治】 一是实施中财项目血检,完成 2500 张,完成率 100%,未检出阳性病例,县疾控中心血检站抽检阴性血片计划 268 张,完成抽检 268 张,抽检完成率 100%,无漏检和误检,并保存所有复检血片。全县血检未发现阳性病例。二是碘缺乏病监测,全县共检测 300 份儿童、孕妇家庭食用盐、尿碘含量,全县居民户碘盐质量总体情况良好。三是甲状腺监测,8 ~ 10 岁儿童甲状腺触诊发现 6 个 I 度肿大,建议进一步检查诊断。四是慢性丝虫病人随访,全年随访慢性丝虫病人 110 人次,发放毛巾、肥皂、防足癣药物 406 人份。对存活麻风病人 5 名随访 1 次,治疗肺吸虫患者 3 人。五是生活饮用水碘含量调查,以乡(镇)为单位开展生活饮用水碘含量调查,调查结果只有一个点生活饮用水水碘含量大于 10 毫克 / 升。

【卫生监测】 2017 年,完成职业健康体检 1931 人,从业人员健康体检 2281 人,对县城公共场所经营单位 71 家进行卫生知识培训;监测全县采集检验水样 517 个,处置食物中毒事件 3 起,重点对托幼机构 20 所、小学 56 所、中学 9 所进行摸底调查。组织体检煤矿企业、非煤矿山、工矿企业的职工 1931 人,未见异常 1922 人,占检查总人数的 99.53%;结果异常的 9 人,占检查总人数的 0.47%。在沐爱、腾达、镇舟、团林、塘坝5个乡（镇）的20个行政村开展农村环境卫生监测，采土壤样品共20份，出动技术人员10人，完成率100%。

【检验监测】 2017年，体检辅助检查从业人员2281人，职业工人1931人。完成检测水样517个，完成土壤监测20份样品，结核病痰培养共32份、其中6份阳性。全年对公共场所美容美发用具卫生监测共检测114份，检验项目细菌总数、大肠菌群、致病菌。全年对艾滋病人HIV初筛共371人，其中初筛阳性67人。碘盐监测共300份，检验项目碘酸钾。

妇幼保健

【机构整合】 全面完成县、乡妇幼保健和计划生育服务机构整合，县级建立妇幼保健计划生育服务中心，18个乡（镇）成立妇幼保健计划生育服务站，村级由卫生服务室承担妇幼健康服务，三级服务网络完善。

【妇幼宣传】 大力宣传贯彻执行《中华人民共和国母婴保健法》及其实施办法和新“两纲”要求，采用多种形式对各种妇幼健康专题活动开展上街义诊宣传；利用到社区、到校园健康教育讲座，下乡工作等机会向妇女干部群众开展宣传10余次，出动医务人员90余人次，发放资料24000余份。组织各乡（镇）卫生院开展相关健康教育活动，各级医疗保健单位编写妇幼卫生保健宣传科普专栏30余期、张贴宣传挂图100余张、标语30余条。

【妇幼督导培训】 开展妇幼计生服务机构职能培训，进一步加强妇幼保健和计划生育技术服务；着力开展妇幼健康服务人员技能培训，开展县、乡两级妇幼人员业务培训4次，培训人员220人次。分两轮强化复训乡、村妇幼人员，共530余人次。组织妇幼服务人员参加省、市业务培训和专项培训，参加省市培训6次，培训18人次。

【生殖健康服务】 2017年，全县免费普查生殖道感染人员22万余人次，发放避孕套22万只，群众生殖健康知识普及率95%以上。

【产前筛查】 继续开展孕妇产前筛查，加强各级产科机构相关人员的业务培训。全县10所产科机构均参加市上举办的产前筛查技术培训班。有8所机构开展该项工作，共筛查送检孕妇1435人，全县筛查率为31.33%，其中高风险112人，已按要求通知至市二院复查、确诊。

【新生儿筛查】 继续开展新生儿疾病筛查4580人，疾病筛查率99.43%；疑阳性共144张，已召回复采血片141张，召回复采率97.92%，经复查有G6PD确诊患儿8例，均在密切随访中。

【妇女病筛查】 2017年，全县妇女病普查普治应查人数55666人，实查人数46101人，其中查出患病人数17453人，妇女病普查率82.82%，查出疾病率37.86%，其中女性性病患病人数229例。患病率以阴道炎为首，其次为宫颈炎和子宫肌瘤。

【“两纲三网”监测】 开展新生儿城区产科医疗机构出生缺陷监测和全县“两纲监测”（即《中国妇女发展纲要》《中国儿童发展纲要》）工作，小儿“两病”（指先天性甲状腺功能低下、苯丙酮尿症）管理6600余人次，孕产妇系统管理4159人次，出生缺陷住院分娩发生数11例，发生率为0.24%。严格控制剖宫产指征，全年剖宫产率38.54%。从不同层面围绕生殖健康中心目标，强化《中华人民共和国母婴保健法》的执行力度。

【住院分娩补助】 2017年，组织孕产妇住院分娩补助专家组审核相关病历资料，各医疗机构把关严格、报账及时。全年全县农村户籍产妇数3638人，补助孕产妇2923人，补助金额共146.15万元，补助率80.35%。7月末，全省停止对该项目经费补助。

【母婴阻断】 继续实施预防艾滋病、梅毒、乙肝母婴传播阻断项目，开展检测、咨询。全年共接待检测对象艾滋病检测6602人次、梅毒检测6602人次、乙肝检测6602人次，其中确诊病例艾滋病2例、梅毒9例、乙肝阳性孕产妇197人，阳性所生儿童197人，阳性产妇所生儿童注射乙肝免疫球蛋白197人。

【妇幼成效】 2017年，全县孕产妇保健管理率98%，住院分娩率100%，新法接生率100%，产前检查率97.2%，产后访视率98.03%，母乳喂养率95.78%，孕产妇死亡率23.23/十万。新生儿死亡率3.02‰，婴儿死亡率4.88‰，5岁以下儿童死亡率6.97‰，新生儿破伤风发生率0，低体重儿出生率1.88%。5岁以下中（重）度营养不良发生率0.61%，3岁以下儿童管理率97.56%，7岁以下儿童管理率96.64%，健康教育覆盖率100%。出生缺陷住院分娩发生数11例，发生率0.24%。婚前医学检查4863人，婚检率74.15%。依法加强“出生医学证明”管理，做好领用、签发、登记、管理、使用等工作，做到专人保管、证章分开、专册登记，共办理“出生医学证明”5251份，及时签发率96.94%，报废1份，报废率0.02%。发放叶酸片33676瓶，占计划发放人数的96.77%。

项目建设与继续教育

【县级医疗机构建设】 2017年，县医院门诊大楼及地下停车场修建完成，进入消防综合验收后投入使用。启动县中医医院综合业务大楼建设项目，该项目已获得中央投资5000万元支持，正加快推进项目设计、预算等工作。

【乡(镇)卫生院建设】 2017年，完成蒿坝、大雪山、高坪、双腾、武德、乐义、沐爱、龙镇、孔雀、高坎、塘坝、镇舟12个乡(镇)中医馆建设，总投资200万元。启动巡司中心卫生院危房排危，总投资150万元。启动5个区域医疗次中心(沐爱、大雪山、巡司、蒿坝、双腾)建设项目，总投资5000万元；至年末，沐爱区域医疗次中心建设完成投入使用。开工2014、2015年23套周转房建设项目，建筑面积665平方米，总投资138万元，至年末完工23套，完成投资138万元，

【村卫生站建设】 完成2012年建设15个村卫生站900平方米维修加固、防水整改。完成2017年31个脱贫村卫生站基础设施建设和水、电、网络、化粪池等附属设施建设，设备全部配置到位，全部投入使用。

【科技创新】 全年，全县开展医学新业务、新技术4项、发表学术论文8篇。

【医学送培教育】 2017年，全县接受学历教育有212人；到省、市医疗机构进修半年以上15人；参加省、市各类短期培训学习78人次；县卫计局协调、组织开展新生儿感染性疾病继续教育培训1期，共86人参训，由首都儿科研究所主任医师李颖主讲。全年新办理好医生IC卡220张、好医生卡928张；所有在编在职管理、卫技类人员均参加人社局组织的年度继教培训学习。

地方病防治

【疟疾防治】 年初，县疾控中心制发《2017年疟疾防治工作实施方案》，明确疟疾防治工作的目标和任务。8月24日，在县疾控中心举办1期地方病防治技术培训班，各乡(镇)卫生院、县医院、县中医医院、县妇幼保健院共23家医疗单位的防保科长及镜检人员24人参加培训。全年中财项目血检任务2500张，完成2500张，占计划的100%，未检出阳性病例；中心血检站抽检阴性血片268张，完成抽检268张，抽检完成率100%，无漏检和误检，并保存所有复检血片，全县血检未发现阳性病例。8—10月，通过采取听取汇报、查阅资料、现场核查、访谈了解等方式，督导大雪山镇、孔雀乡、腾达镇、维新镇、双腾镇、沐爱镇6个卫生单位的疟疾工作，各单位未发现疟疾阳性病例，疟疾防治人员对外出人员发热血检意识明显增强，其中大雪山镇、孔雀乡、腾达镇、维新镇卫生院血片制作和染色治疗较好，及时上交血片、发热病人登记册和报表，血检任务完成率100%；开展全国疟疾宣传日的宣传工作。双腾镇、沐爱镇卫生院未开展全国疟疾日宣传工作；血片、发热病人登记册和报表资料上交不按时，发热病人登记册记录不全。

【居民家庭食用盐检测】 制发《筠连县2017年碘缺乏病监测项目技术实施方案》，组织相关科室和监测乡镇人员开展学习培训。按东、西、南、北、中确定5个监测点(即高坪苗族乡、乐义乡、沐爱镇、双腾镇、筠连镇)，主要监测5个监测点居民户及居住半年以上常住人口中的8～10岁儿童尿碘、盐碘含量、儿童甲状腺和孕妇尿碘、盐碘含量。监测点分别抽取60名8～10岁非寄宿学生(年龄均衡、男女各20个)和20名孕妇家中盐样。全县共检测300份儿童、孕妇家庭食用盐。监测结果为精盐300份，占100%；全县居民户碘盐质量总体情况良好。

【慢性丝虫病随访】 年初，制发《筠连县2017年慢性丝虫病患者关怀照料工作计划》，对全县29名存活慢性丝虫病患者开展关怀照料。8月，开展慢性丝虫病患者关怀照料的技术培训，共22人参训。乡(镇)卫生院和责任医生(防保医生)每季度到患者家中，按照世界卫生组织(WHO)推荐的淋巴水肿处理基本方法，教会患者或家属正确的清洗、防止和消除皮肤破损以及感染、抬高患肢、锻炼与穿鞋方法，教患者怎样正确洗脚保养，并对所有患者及家属开展健康教育，使患者生活质量提高。同时，每半年对患者进行腿围、腿围测量1次，共测量55次，了解患者腿围和患肢变化，按照五线法测量患者双腿围，观察有无真菌感染，询问全身和小便状况。全年为患者购买关怀物资按需免费发放给患者，具体为毛巾每人4张、肥皂每人4块、防足癣药物每人4包、达克宁2支。全年共随访109人次。年末，全县剩余慢丝病人29人(3月21日镇舟镇1患者死亡)。

【其他地方病】 2017年，开展存活麻风病人(共5名)随访1次。治疗肺吸虫患者3人。

卫生执法与监督

【乡(镇)卫生计生监督】 2017年，完成18个乡(镇)卫生计生办的挂牌，发文明确卫生计生办的职能职责。6月9日，召开全县卫生计生监督体系建设会，明确落实卫计办专兼职工作人员。6月12—16日由综合监督股、医政股、基层卫生股、卫生计生监督执法大队组成3个组，对18个乡(镇)卫生计生办人员监督执法工作进行现场指导，共开展各项业务培训4期，提高乡镇卫生计生监督队伍业务水平

和工作能力。

【个体诊所及乡村医生培训】4月，由县卫计局牵头，对全县个体诊所及乡村医生开展培训，培训对象为全县所有个体诊所及乡村医生共517人，参培率100%。

【职业病防治监督宣传】加大《中华人民共和国职业病防治法》等法律法规宣贯力度，4月25—30日组织开展《中华人民共和国职业病防治法》宣传周活动，发放《中华人民共和国职业病防治法》等各种宣传材料3450余份，接待咨询服务群众682人，职业健康检查85人。

【卫生监管档案化管理】2017年，县卫生和计生监督执法大队为新办的48家公共场所经营单位建立档案，开通公共场所卫生监督网，监督被监督单位信息档案，保障全县公共场所经营单位资料完善性、安全性。做好档案日常更新，及时增减，做到档案资料最新化。

【公共卫生监管】2017年，共监督检查各种类单位911家，监督覆盖率97.31%，监督频次2次以上，立案查处59起，罚款7.09万元，没收药品200余公斤。共监督检查372家医疗机构，监督检查982户次，发放监督意见书665份，县级医疗机构、民营医疗机构及17家乡（镇）卫生院，监督频次3次以上。开展落实传染病防治法等专项监督检查，完成对县级医疗机构、民营医疗机构、17家乡（镇）卫生院和部分诊所、村级医疗机构的专项检查。

【公共卫生培训】4月，组织举办个体诊所及乡村医生培训、卫生法律法规培训共3期210人次，并考试合格。组织乡（镇）卫计办执法工作人员的卫生法律法规及监督管理业务培训2次。开展法律“十二进”活动和“法治融入”节日活动，使卫生计生法律法规机关、进乡村、进社区、进村组，让更多的老百姓知晓有关卫生计生政策法规，提高群众自觉遵守卫生计生法律法规的自觉性。采取多渠道多种形式加大对卫生计生法律法规的宣传，6月下旬至7月上旬，与县食药监局、县工商局等9个单位联合开展“尚德守法共治共享食品安全”为主题的法治宣传，组队参加在文广局举办的食品药品法律法规知识竞赛。

【惩治非法行医专项行动】按照《中华人民共和国执业医师法》《医疗机构管理条例》等卫生计生法律、法规，严格履行监管、监督职责，严肃查处各级各类医疗机构及计划生育服务机构的违法行为；利用乡（镇）、村（社区）及各基层医疗卫生单位、公共卫生管理人员、卫生监督协管员提供的信息，及时组织执法活动，有力惩治非法行医。加强医疗机构负责人和广大医护人员的法治教育，提高其依法执业的意识。与各乡(镇)政府、卫计办、卫生院、派出所等部门协作，组织开展多次专项行动和联合执法行动，全面清理非法行医行为。全年立案查处非法行医12起，罚款2.53万元，取缔巫医、游医摊点11个，没收药品约200公斤、器械8件。

【医疗废物废水专项检查】2017年，组织监督执法人员对全县各级各类医疗机构开展多次医疗废物、废水的专项检查。全年开展对全县372家医疗机构的医疗废物、废水处置全覆盖式大检查2次，共出动车辆115辆次，出动监督人员3286人次，对发现的问题，以卫生监督意见书的形式提出整改要求，发放意见书300余份，立案查处医疗废物案件29起（其中简易程序15起），全部给予警告，共罚款2.8万元，已全部改正落实。

【公共卫生监测】2017年，全县有305家公共场所经营单位，除公共场所的候诊室、音乐厅外，已进行量化分级管理，其中B级场所4家（华都、浙商、金缘、蜀亨），C级场所218家。全年共监督检查288户，监督覆盖率94.43%，从业人员的健康证持有率98%，“五病”调离率100%。6月，联合县水务局、疾控中心、各乡（镇）卫计办人员对18个乡（镇）的集中式供水单位进行“地毯式”监督检查，并进行水质采样检测。卫生监督检查供水单位20家，持卫生许可证10家（自来水公司、清溪沟供水有限公司、城南供水站及巡司、海银、沐爱、大雪山、乐义、维新、武德供水站），持证率50%；持有健康证供、管水人员持证率85%，该次水质采样抽检结果所检指标全部合格；对未持证的供水单位下达监督意见书，把具体情况通报相关部门。生活饮用水共立案3件，结案3件，罚款共6000元。

【学校卫生监测】在春、秋季开学前后，对所有学校开展卫生监督检查，重点检查学校传染病管理、生活饮用水、教学环境、生活设施等，共检查中小学校及托幼机构211所（其中基点校及以上学校44所），下达卫生监督意见书146份。5月底，开展中、高考学校卫生专项检查，对设有中、高考考点学校和考生住宿点进行重点监督检查，主要检查传染病防控、生活饮用水及教学设施环境卫生、高考考生集中住宿场所等。

【“示范街区”创建】按照市卫计委及市卫计支队关于“公共场所打造示范街区工作方案”文件，由县卫生和计生监督执法大队负责制订“示范街区”打造实施方案，选择民主路进行“示范街区”打造，对照“三全”“三亮”“三化”要求和“示范街区”考评细则制订详细工作计划，宣传打造示范街区的重要意义。在被监管单位的协同配合下，达到“示范街区”要求。11月14日，通过市上“示范街区”验收，排名全市第四名。

【职业放射机构监督】全县有放射诊疗机构17家（其中拥有大型医用设备7家），职业病健康检查机构1家。采取日常检查和双随机抽查相结合的方式，自8月起按要求对职业放射机构进行监督检查，做到每日、每周按时报告监督检查。全年共监督放射诊疗机构17家，下达监督意见书3份，培训11人次。

【临床用血及特殊药品管理】 2017年，筠连无血站，取得医疗机构临床用血准入资格的医疗机构有10家。全年监督检查25户次，监督检查覆盖率100%，监督频次均2以上。共监督检查使用特殊药品的医疗机构15家，监督检查25户次，覆盖率100%，监督频次均2次以上。

【卫计行政审批】 一是电子化注册，全面开展各级各类医疗机构、医师、护士电子化注册工作，成立县电子化注册工作领导小组，制发《筠连县医疗机构、医师、护士电子化注册工作实施方案》，开展集中培训1次，现场督导检查3次。年末，全县电子化注册情况：激活系统中医师总数653人，个人账号激活数561人，激活完成率86%；护士数739人，个人账号激活数661人，账号激活完成率89%；存量数据清理有效医疗机构数401个、医师更改信息数6条。二是行政审批许可，共受理行政审批许可事项458件，其中办理公共场所卫生许可48件（其中美容美发业37、住宿业3、商场1、公共浴室浴足7）、医疗机构许可6件、供水许可1件、放射许可2件、医师执业注册134件（其中医师首次注册19、医师变更注册68、助理医师首次注册27、助理医师变更注册20）、护士执业注册250件（其中护士首次注册71、护士变更注册129、护士延续注册49、遗失补发1）、母婴保健技术服务执业许可有效期延续1件、乡村医生执业注册3件、乡村医生执业变更注册13件，全部办结，办结率100%。

【规范卫计行政权力事项】 2017年，认真清理规范全县卫生计生各类行政权力事项，按照《筠连县县级行政权力事项清单（2016年本）》和筠行审办〔2017〕29号要求，对照《筠连县行政权力责任清单（2017年8月调整）》的格式和内容认真清理、绘制相应流程图、编制报送行政权力清单，并予以公示。至年末，已在一体化政务服务平台认领、编辑、审核通过行政处罚202项、行政强制11项、行政征收1项、行政确认6项、行政给付3项、行政奖励16项、行政检查15项、其他行政权力5项、行政许可48项、公共服务事项11项；一体化政务服务平台录入许可事项20件。已录入到四川省政府信息公开目录管理系统257条信息；党政网公开16条信息；筠连县政府门户网站公开“双随机”抽查结果49条信息。

【惩治“两非”】 2017年，牵头组织相关部门开展筠连县查处违法违规应用人类辅助生殖技术专项行动，出动卫生监督员188人次（含卫生监督协管员），共检查医疗机构46家，在全县未发现医疗机构开展人类辅助生殖技术服务；未发现医疗机构和医护人员开展人类辅助生殖技术、采供精、采供卵和“代孕”相关服务。未发现“两非”违法行为。

【医疗美容服务专项整治】 2017年，牵头组织开展对全县医疗美容服务等非法行医专项执法检查，利用中央环保督查和打造示范街区大环境，摸排全县生活美容机构及医疗机构，加大医疗美容等非法行医的危害宣传力度，营造群众关注专项整治行动的社会氛围。共出动执法人员327人次，出动执法车辆23台次，发放宣传材料200多份，共检查单位120家，发放监督意见书17份。全县没有医疗机构开展医疗美容服务活动，也未发现生活美容机构开展医疗美容服务活动。

人口和计划生育

【目标任务】 2017年，全县出生人数4355人，符合政策生育率97.54%，高出市下达指标0.54%；政策外多孩控制率2.09%，控制在目标值（2.5%）以内。全年，婚前医学检查2058.5对，登记结婚2768对，执行情况为74.36%，完成占比106.22%；完成免费孕前优生健康体检1385对，完成占比100.94%；城乡符合生育政策计划怀孕夫妇免费提供孕前优生健康检查，目标人群覆盖率99%；落实避孕节育措施，免费计划生育基本技术服务落实率100%。实施全面两孩政策，推进计划生育服务管理改革，再生育审批及时率96%以上、省内异地协查及时回复率95%。现居流入人口信息采集率92%；户籍地流动人口信息采集率95%；信息采集入库率95.2%；流动人口婚育证明查验率98.55%；流入地重点信息提交率100%；流出地信息反馈率100%；新增流动人口卫生计生协会2个。出生人口信息上报完整率100%，与公安户籍系统和出生医学证明登记系统一致率98%。心理咨询服务完成150人次。

【奖特扶工作】 2017年，加大计划生育特殊家庭扶助，建立计划生育特殊困难家庭一对一帮扶制度、免费体检制度、走访慰问制度、就医优惠政策，妥善解决计划生育特殊家庭生活、医疗、养老金、精神慰藉等问题。对计划生育特殊困难家庭，联系领导及联系人进行走访了解生活的现状、生活中存在的难题，予以帮扶。计生奖、特扶工作基本实现常年申报制，规范确认程序，审核结果在乡（镇）和村及时公示。资金发放是由农商银行直接转到对象账户，资金发放率100%。农村计划家庭奖励扶助工作、特别扶助工作深得群众满意。

【新家庭计划—家庭发展能力建设】 根据市卫计委《关于印发〈宜宾市“新家庭计划——家庭发展能力建设”项目实施方案（试行）〉的通知》，按照工作基础好、积极性高、因地制宜、精心挑选的原则，确定在塘坝乡幸福村开展“新家庭计划——家庭发展能力建设”试点。至年末，制订实施意见，抓好贯彻落实，进入实施阶段。

（蒙文波）

社会生活

城乡人民生活

【城镇居民可支配收入】2017年，筠连县城镇住户调查资料显示：全县城镇居民人均可支配收入31025元，比2016年同期增长8.76%；(注：人均可支配收入＝工资性收入＋经营净收入＋财产净收入＋转移净收入)。一是工资性收入。国家工资政策调整，居民就业工资标准提高。全年城镇居民人均工资性收入13440元，占可支配收入比重的43.3%，其中人均工资收入12489元，人均实物福利133元，人均其他收入818元。二是经营净收入。县委、县政府积极引导和鼓励城镇居民自主创业，为城镇居民自主创业提供较好的经济环境，促进城镇居民在个体经营上的收入继续提高。全年城镇居民人均经营净收入11346元，占可支配收入比重的36.6%。三是财产净收入。城镇居民收入增加，促进投资行业的快速增加，全年城镇居民人均财产净收入2579元，占可支配收入比重的8.3%。四是转移净收入。2017年，国家加大对低保户、困难户家庭的社会救济力度，促进居民社会保障收入的提高；全年城镇居民人均转移净收入3660元，增长8.13%，占可支配收入比重的11.8%。

【居民消费结构】2017年，全县城镇居民八大类消费支出呈总体上升态势。全年，城镇居民人均生活消费支出18667元，增长5.6%。食品烟酒类，食品烟酒类支出仍是消费支出的大头，占城镇居民消费支出的36.2%。全县城镇居民人均食品烟酒类支出6757元，增长7.17%。衣着类，2017年，全县城镇居民人均衣着类支出1832元，增长25.9%。居住类，全县城镇居民人均居住类支出3552元，下降5.7%。其中人均租赁房房租支出55元，下降74.4%；人均住房维修及管理支出75元，下降64.8%；人均水电燃料及其他支出888元，增长0.7%；人均自有住房折算租金2533元，增长3.3%。生活用品及服务类，全县城镇居民人均生活用品及服务类支出1367元，增长28%。交通通信类，全县人均交通通信类支出2299元，下降7.8%。其中人均交通类支出1142元，下降26.4%；人均通信类支出1157元，增长22.7%。教育文化娱乐类，全县人均教育文化娱乐类支出1452元，增长39.4%。医疗保健类，全县人均医疗保健类支出845元，下降23.4%。其他用品和服务类，全县人均其他用品和服务类支出563元，增长25.4%。城镇居民恩格尔系数36.2%。

【农民人均可支配收入】2017年，筠连县农村住户调查资料显示：全县农民人均可支配收入14060元，增加1214元，增长9.5%。一是工资性收入。全县农民人均工资性收入4253元，增长10.6%，占农民可支配收入比重的30.2%。二是经营净收入。全县农民人均经营净收入7255元，增长9.2%，其中来自第一产业的经营净收入4512元，增长8.6%；来自第二产业的经营净收入670元，增长0.24%；来自第三产业的经营净收入2074元，增长13.7%。三是财产净收入。全县农民人均财产净收入397元，增长10.5%。四是转移净收入。全县农民人均转移净收入2155元，增长8.03%，政策性收入增加促进转移净收入增长。

【农村居民消费结构】2017年，全县农村居民人均消费支出10730元，增加1051元，增长10.9%。其中人均食品烟酒类支出4385元，增长5.9%；人均衣着类支出672元，增长8.9%；人均居住类支出2206元，增长17%；人均生活用品及服务类支出700元，增长26%；人均交通通信类支出1305元，增长17.5%；人均教育文化娱乐类支出447元，下降8.4%；人均医疗保健类支出734元，增长0.7%；人均其他用品和服务类支出281元，增长85.2%。农村居民恩格尔系数40.9%。

（何蕊宏）

就业服务

【就业概况】2017年，就业工作继续实施积极的就业创业政策、落实各项就业创业政策，动态消除零就业家庭。全年，城镇新增就业5621人，占市下目标的130.7%；失业人员实现再就业976人，占市下目标的139.4%；就业困难对象实现再就业412人，占市目标的137.3%；城镇登记失业率3.88%，控制在4.2%以内。

【高校毕业生就业创业】借助毕业季，强化政策宣传，县人才交流中心设立高校毕业生服务窗口，6—9月的学生毕业季，把握高校毕业生毕业报道的契机，把鼓励高校毕业生自主创业的政策文件及办理流程印制成册，对办理报到手续的每一位毕业生进行政策宣传；同时，还借助各类招聘会、孵化园、微信、QQ、新闻媒体等平台，将促进高校毕业生自主创业的优惠政策进行快速传播。全年促进高校毕业生实现创业32人，占市下目标的160%。

【就业失业登记】2011年起，全县实行全国统一的就业失业登记制度，对符合条件的人员办理就业失业登记证。2017年，共办理就业失业登记证1293本，其中认定就业困难对象519人。

【就业困难人员社会保险补贴】继续全面落实各项促进就业的优惠政策，促进下岗失业人员再就业工作。进一步落实县政府《关于进一步做好就业工作的通知》、县人社局《关于印发〈筠连县就业困难人员申请认定实施办法〉的通知》《关于进一步做好就业困难人员认定工作的通知》，鼓励失业人员自谋职业和自主创业、鼓励用人单位吸纳就业，对灵活就业的就业困难人员实行社保补贴；开展"社保援助"，对大龄就业困难对象实施就业援助。全年，经人社部门审核有1229名灵活就业的就业困难人员享受社保补贴，补贴财政资金519.12万元。

【企业招聘活动】一是召开公共服务专场招聘会。6月27日和29日，以"一人就业，一家脱贫"为主题的"2017年筠连县就业扶贫专场招聘会"活动分别在双腾镇、玉壶公园举行。2场招聘会共46家招聘企业参加，招聘岗位包括家政服务、保安、普工、茶叶制作等适合贫困劳动力就业的岗位465个，招聘会到现场求职应聘870余人，达成就业意向218人，其中贫困劳动力参加应聘人数120人，达成就业意向贫困劳动力21人。12月22日，在沐爱镇举办"宜宾临港智能终端产业园筠连县专场招聘会"，该次招聘会是筠连为临港智能终端产业园企业召开的第3次专场招聘会，共吸引沐爱、巡司、武德、维新、镇舟等1200余名求职者，各家企业招聘点前咨询者络绎不绝，经面对面洽谈，达成就业意向共448人次，其中朵唯73人、腾卓43人、京龙光电80人、格莱特88人、长江华云60人、炬实科技72人，鸿宇科技32人。全年共开展公共服务专场招聘会14场，占市下目标的140%，其中就业扶贫专场招聘会5场，占市下目标的125%。二是组织送岗位信息下乡入村。全年组织送岗位信息下乡入村共14场，占市下目标的116.7%。

【春风行动】1月29日、1月30日、3月8日分别在大雪山镇、沐爱镇、筠连镇龙庭广场举行2017年春风行动现场招聘会，均由县人社局、工商联、园区管委会、总工会、妇联、团县委主办，招聘会现场为求职人员发放《中华人民共和国劳动合同法》《致宜宾市外出务工人员的慰问信》《农民工维权手册》《农民工返乡创业政策宣传手册》、政策宣传年画、手提袋、劳动维权扑克牌、围裙等共3000余份，以帮助尽快实现就业；到招聘会的县内外企业共24家，提供管理、服务员、销售总监、操作工、文员等500多个工作岗位，达成就业意向252人。

【劳务开发】2017年，全县农村劳动力转移输出13.9万人，劳务收入19.8亿元。

【劳动技能培训】一是继续大力开展种养殖技术和电商培训，培训对象主要针对贫困劳动力。全年培训种养殖技术、电商7100人，其中培训贫困劳动力6072人。二是开展焊工、电工、厨师专业等品牌培训，共培训568人，其中贫困劳动力455人。三是培训掘煤工和特种行业人员982人，四是开展临港智能终端企业岗前培训1419人。

【返乡创业贷款分险基金】2017年，全县设立返乡农民工创业贷款分险基金，共240万元，专项用于金融机构向返乡创业群体包括贫困农民工发放创业贷款的风险分担补偿。至年末，全县各金融机构发放返乡农民工创业贷款共1915万元，用于返乡农民工开展种植、养殖、电商等创业。

【失业保险工作】一是认真落实失业保险援企稳岗工作，申报稳岗补贴1390人，补贴金额51.3万元。二是失业保险基金检查，全年检查享受失业保险待遇人数256人，占市下目标的128%。失业保险基金无违规违纪、挤占挪用现象。三是信息报送5篇，占市下目标的125%。

【公益性岗位】一是全面落实各项就业促进政策，促进就业工作的开展。积极开展公益性岗位，全县公益性岗位吸纳就业困难人员251人，补贴金额710.84万元。二是开发非全日制农村公益性岗位，强化就业兜底安置。以年度脱贫村和脱贫户为重点，对脱贫村至少开发5个农村非全日制公益性岗位，非贫困村开发公益性岗位2个，非全日制公益性岗位吸纳人员，每月每人给予400元岗位补贴。至年末共开发农村非全日制公益性岗位618个、兜底安置建卡贫困户劳动力就业618人，补贴276万元。

【公共就业管理及服务体系建设】一是用工信息发布。按规定开展春风行动、就业援助月、高校毕业生就业服务月、高校毕业生就业服务周、民营企业招聘周等活动，各项活动期间，人力资源市场和玉壶广场电子屏滚动播放用工信息135条次。二是岗位提供。全年就业人才服务机构公共服务进场3371人次,占市下目标的112.4%;提供岗位数1815个,占市下目标的113.4%;促进就业738人,占市下目标115.3%。三是农村劳动实名制动态更新率完成30%,超任务的25%。四是基层队伍建设。每个乡(镇)基层平台均已配备专兼职工作人员,共40人。8月,开展基层平台工作培训,参加人员60人次。同时,四川省就业服务管理信息系统、宜宾市社会保险管理信息系统已延伸到乡(镇)基层平台。

【农村劳动力实名制登记】2017年,贯彻落实宜宾市人才服务和就业促进局《关于开展农村贫困家庭劳动者实名制动态管理工作的通知》精神,制发县人社局《关于开展筠连县农村贫困家庭劳动者实名制动态管理工作的通知》,对乡(镇)劳动保障所工作人员进行专项培训。全年,动态调整54784人次。

【去产能企业职工实名制登记】2017年,根据省、市要求,在全县开展去产能企业职工的实名制登记工作。至年末,实名制登记和分流安置筠连县夏泉煤业有限责任公司、筠连县武德乡河坝煤业有限公司2家的职工1062人,并全部实名录入全省去产能企业职工实名登记信息系统。

(梁开勇)

人才交流

【人才档案保管】2017年,县人才交流中心共办理档案保管1215份,其中事业单位新聘人员档案174份(含教育系统新聘用人员份、其他事业单位新聘用人员份、调进人员50份);新增各类暂未就业人员人事档案1041份。至年末,累计保管流动人员人事档案9100份、机关事业单位干部档案2235份。

【档案管理】一是完善中心的各项制度建设,注重档案管理的安全性、规范化。二是完善《人事档案查询管理系统》《档案转递花名册》《档案接收登记花名册》《人事档案转递目录》等电子表册。三是进一步加大人才交流中心档案、资料的整理力度,做到档案、资料科学分类、规范有序、存取方便,为前来查询档案的单位和个人提供准确、全面的档案材料。四是及时、准确的把2235名事业单位人员的录用、转正定级、职称评定、工资晋级、学历晋升、变更或续签聘用合同等档案材料收集、整理、归档。

【人才服务】一是做好就业信息管理系统的数据录入和人员就业回访工作,对报到的950名高校毕业生和教育部门交换的160名实名制高校毕业生情况全部录入就业管理服务系统。二是通过网络发布招聘信息、现场张贴招考简章,为950名高校毕业生中有就业意向的人员提供事业单位招聘、公务员(参公人员)录用、企业招工等就业信息,帮助其就业,提供就业岗位400余个。三是指导帮助40名大学生创业,其中32名大学生成功创业,获得创业补贴32万元。全年,为各类档案代理人员出具档案代理、未就业、研究生招考等证明100余份;为150余名高校及中专毕业生办理户口迁移证明,出具调档函300余份;为220余名调动、进修、解除聘用合同、公务员录用、县外事业单位聘用、外出务工等人员转递个人档案材料。

(陈润)

社会保险

【养老保险扩面】2017年,县社保局全力提标扩面,促进各项参保和基金征收。全年,全县企业职工基本养老参保人数23401人,完成市下目标的100%;征收基本养老基金27328万元,完成市下目标的154%。支出基本养老金20689万元、丧葬抚恤金306万元。一是社会保险宣传活动,针对部分企业和单位不按时、按工资为劳动者参保等情况,县社保局开展社会保险专项宣传活动,累计发放各类宣传资料6万余份,接受群众咨询5000余人次。二是重点查处选择性参保、少报缴费基数等行为,力促应保尽保,至年末,欠职工生育保险费的学校44所进行补缴。三是严格做好养老保险补缴相关文件精神的落实,对申请补缴单位提供的资料,严格核实其真实性和完整性;对个体自愿补缴的,根据相关政策解释认真核实是否符合补缴条件。至年末,有20余名个体缴费人员按省人社厅《关于企业职工养老保险费缴纳有关问题的处理意见》办理补缴。

【基金征缴稽核】2017年,多次开展建筑项目参保实地稽核、多次走访多家建筑企业和建筑工地,通过实地宣传走访。至年末,有20项建筑项目参加工伤保险,参保人数1425人,共收保费285240.96元。开展社会保险费欠费清理工作,主要针对全县各参保学校欠缴职工工伤、生育、失业保险行为。4月,分别向44所参保学位单位发出限期补缴通知书,期满后又向银行查询各学校的账户余额,切实维护劳动者的合法权利。

【机关事业养老保险】2017年,全县机关事业养老参保单位66户、参公事业单位58户、事业单位215户,在职人员7068人,完成市下目标的102%。机关事业养老保险金征缴10936万元,完成市下目标的114%。职业年金征缴1761.63万元,完成市下目标的149%。退休人员2771人,发放退休金12582.38万元。

【城乡居民养老保险】2017年,全县城乡居民养老保险参保119500人,完成市下目标的100%,累计征收城乡居民养老保险金1182.95万元,累计发放4392.94万元。继续开展城乡居民养老保险参保人员生存调查，通过城镇职工养老保险系统与新型农村社会养老保险系统进行系统间信息和数据的比对、核查，针对疑似重复领取待遇人员，采取电话回访、下村上门了解、走访核实等方式，确保信息核实准确，有效地杜绝重复参保、虚报冒领养老金待遇等现象，在保障参保人员合法利益的同时，有力地维护社保基金的安全。

【工伤、生育保险】 至年末，工伤保险参保11801人，完成市下目标的100%，征收工伤保险金661万元，完成市下目标的114%；支出691万元。生育保险参保10501人，完成市下目标100%，征收221万元，完成市下目标的130%；支出181万元。

【退休审批及各项待遇支付】 2017年，全县审核并办理到龄退休人员1399人，全县累计享受养老保险离退休待遇63356人，其中企业离退休人员10530人，月人均养老金1892.17元。一是扎实开展领取养老金人员资格认证工作，至年末共完成资格认证8880人，认证率94.87%。对未认证人员480人进行养老金暂停发放。全年享受城镇居民养老保险待遇人数50775人，月人均养老金79.75元。二是严格按照《中华人民共和国劳动法》《工伤保险条例》《生育保险条例》规定指导工作，积极做好工伤赔付和生育保险待遇支付。全年，支出工伤待遇共6994866.25元，其中工伤医疗待遇支出1930817.85元、伤残待遇支出3439735.81元、工亡待遇支出1624312.59元；生育保险待遇享受人数252人，生育津贴总支出1101353.78元、生育医疗费用支出556008.21元。

【落实社保优惠政策】 一是按照《四川省人社厅关于阶段性降低我省社会保险费率有关问题的通知》和《四川省人社厅关于阶段性降低失业保险费率的通知》，全县企业职工基本养老保险费率从2016年5月起，由原来的20%下调为19%，在2015年已降低1个百分点基础上阶段性降低1%，其中用人单位缴费费率从1.5%降至0.6%，职工个人缴费费率从0.5%降至0.4%。二是执行《四川省人社厅关于2017年调整企业退休人员基本养老金的通知》，为全县按月领取基本养老金的企业退休人员9216人，增发养老金13105152元，月均增资118.5元。同时，因筠连属于少数民族待遇县，按照相关优惠政策对在筠连续参保20年以上的参保人员进行调资。全年共发放少数民族地区待遇的增发养老金人员1800人，发放金额645万元。

（刘芗）

医疗保险

【医疗保险基金征缴】 2017年，全县居民基本医疗保险参保人数372238人（特殊人群57155人，即建档立卡贫困人口41696人、五保等民政救助人员13107人、超龄失地农民2352人），城乡居民基本医疗保险参保率97%以上，完成市下目标的105.5%。个人基本医疗保险缴费每人每年120元或280元，占比21.4%；国家、省、市、县各级财政补助每人每年450元，占比78.6%。全年，全县筹集居民基本医疗保险基金共21316.6万元。

【医疗保险基金支付】 2017年，全县职工住院医疗保险基金支出1650.5万元，居民住院医疗保险基金支付12878.8万元，共14529.3万元，其中参保人员住院报销支付14027.7万元（市内住院支付11400.7万元、市外住院支付2627万元），精准扶贫医疗医保基金支付501.6万元。另外，还支付普通门诊统筹987.5万元、门诊特殊疾病160.9万元。大病保险支出1766.7万元（由人民财产保险公司支付）。政策范围内住院费用支付比例76.12%，有效缓解全县居民看病难、看病贵。

【医疗保险制度改革】 2017年1月1日起，筠连县执行《宜宾市基本医疗保险市级统筹实施办法（试行）》。9月，实现全国跨省就医直接结算，减少跑腿次数，切实为参保人提供方便、快捷的医疗服务。

【医疗保险政策】 2017年1月1日起，按照《宜宾市居民基本医疗保险暂行办法》和《宜宾市居民基本医疗保险实施细则》，执行如下政策：

（一）缴费标准:2017年居民医疗保险个人缴费标准设两档：第一档每人每年120元；第二档为每人每年280元。

（二）居民医保待遇：居民医保待遇包括住院医疗费用、普通门诊医疗费用、特殊疾病门诊费用报销，并按规定参加城乡居民大病保险和享受相应赔付待遇。每个参保居民在一个保险年度内，除大病保险赔付外，其余报销费用的总和最高限额标准为13万元。

（三）参保居民住院医疗费用报销比例：参保居民住院，符合居民医保政策报销范围内的住院费用，其起付线、报销比例按下表执行：

2017年筠连县参保居民住院医疗费用报销一览表

表6

类别		市内定点医疗机构级别			市外定点医疗机构级别	
		一级及以下	二级	三级	省内三级	其他
起付线（元）		200	400	900	1000	按住院总费用先由个人自费30%，剩余部分按40%报销
报销比例（%）	一档	85	75	50	40	
	二档	90	80	60	50	

（四）普通门诊：参保居民在参保地定点医疗机构发生的普通门诊费，一个保险年度内限额70元，家庭成员可共用，结余可跨年度结转使用（规定不能报销门诊除外）。

（五）门诊特殊疾病：一是参保居民符合特殊门诊疾病种类（第一类18种，第二类15种），经认定后，符合报销范围的费用按70%报销，第一类当年限额报销1000元；第二类当年限额报销3000元。二是特殊门诊费5种经审批后视同住院报销。

（六）住院分娩：住院分娩医疗费用限额补助标准为顺产500元、剖宫产1000元。多胞胎生育的，每增加一个婴儿，增加200元。病理剖宫产符合居民医保报销范围内费用按参保居民住院报销，不再享受限额补助。农村孕产妇住院分娩的，先执行农村孕产妇住院分娩专项补助，剩余部分的医疗费用再按前述款项规定核发限额补助，两项合并不超出住院总费用。

（七）参保居民转诊（院）的规定：一是在市内转诊转院的，应在办结转诊转院手续之日起3日内到转入医院办理入院手续。二是首诊在一级及以下定点医疗机构越级转诊到三级定点医疗机构（急危重症除外）的、首诊直接到三级定点医疗机构（急危重症除外）的，起付线不享受补差，符合居民医保政策报销范围内的住院费用，报销比例下降10个百分点。

（八）大病商业保险制度：被保险人在参保年度内单次或累计的住院医疗费用在按居民基本医疗保险规定报销后，个人负担超过5000元的，由居民大病保险分段按比例赔付。赔付比例为：5000元～30000元（含）的52%，30000元～60000元（含）的62%，60000元以上的82%。

【基金监管】 2017年，通过采取网络实时监管、现场巡查、不定期抽查等多种形式的监管手段，进一步规范医疗服务行为，确保基金安全。县医保局对全县17个乡（镇）卫生院、筠连镇社区卫生服务中心、3个县级医疗机构、9个民营医院及204个村卫生站进行现场监管，对违规医疗机构停业整顿1家次、扣减保证金22家次，共48000元；追回重点违规金额47625元。

【医疗保险政策宣传】 2017年，通过专题培训、发放宣传折页、年画等方式宣传基本医疗保险政策。全年，开展政策和业务培训1000人次，制作宣传栏200份，发放宣传资料31万余份。

【“两定机构”管理】 2017年，全县共有定点医疗机构30家、定点零售药房52家（简称“两定机构”），定点村卫生站204家。一是加强医药机构的协议管理，规范管理服务工作和定点医药机构医疗保险服务行为。二是强化日常监督管理，坚持日常检查为主、定期与不定期、经常性检查与重点检查、电话回访与实地回访相结合等方式加强医药机构的监管，不定期的对医药机构、参保人员的住院医疗费和门诊费使用的合理性、规范性进行稽核。全年，经审核，发现定点医疗机构的违规费用146万元，已全额拒付，并扣减违规定点医疗机构的履约保证金4.8万元，责令其限期足额补交。

【医疗救助兜底保障】 一是建档立卡贫困人口100%参加居民基本医疗保险。全年通过信息比对、清理，及时为41696名建档立卡贫困人口办理居民基本医疗保险参保缴费手续，并在医保信息系统里标识身份，确保参保率100%。二是落实建档立卡贫困人口县域内住院发生的政策范围内医疗费用，全部纳入居民基本医疗保险和大病保险报销范围，报销比例达到100%和不设起付线的医保扶贫政策。全年享受医保精准扶贫倾斜支付政策的贫困患者共8781人次，支付546.27万元。三是提高贫困患者门诊特殊疾病报销标准，开通绿色通道和到各乡（镇）开展认定，共为符合条件的400名未认定门诊特殊疾病贫困患者办理认定。全年贫困患者特殊门诊疾病报销508人次，报销金额107.23万元。四是落实市、县对建档立卡贫困患者在县域外就医进行扶贫医疗救助的政策，共救助贫困患者县域外就医683人次，救助124.49万元。

（宋书均）

社会事务服务

【婚姻登记】 2017年，共办理结婚登记3605对，离婚登记1149对。补发结婚证581例，补发离婚证99例。

【自然灾害发生】 2017年，全县发生自然灾害7起，其中地震灾害2起、暴雨洪涝灾害4起、山体崩塌1起，因山体崩塌造成死亡1人，受灾人口74832人，直接经济损失39958.3万元。

【防灾宣传】 2017年，开展“防灾减灾日”“国际减灾日”主题宣传活动，发放宣传资料2000余份。

【困难群众温暖过冬保障】 根据各乡（镇）困难群众的实际，县民政局全年下拨棉被1000床、棉大衣500件、棉衣裤400套、棉鞋100双，保障困难群众温暖过冬。

【城乡低保】 完善社会救助制度。建立困难群众生活保障协调机制，明确各成员单位职责。制发《关于做好困难群众基本生活保障工作的实施意见》，着力保障重点困难群体的基本生活。经县编委批准，成立社会救助家庭经济状况核对中心，健全社会救助申请家庭经济状况核对机制。制发《筠连县城乡低保工作责任追究暂行办法》，进一步提高城乡低保工作管理水平。

提高低保保障标准。以户为单位计算家庭收入，严格落实按户施保、按标补差、应补尽补等相关要求，做好应保尽保、应退尽退、动态管理。2017 年 1 月 1 日起，城市低保标准每人每月由 460 元上调至 500 元，农村低保标准每人每月由 275 元上调至 295 元。开展低保兜底“回头看”专项行动，共清退不符合城乡低保政策人员 3389 人，其中政策保 1762 人。至年末，全县共有城市低保对象 3686 户 4729 人，累计保障 61825 人次，发放低保金 2223.12 万元，月人均补助 359.58 元；共有农村低保对象 4791 户 9838 人，累计保障 105826 人次，发放低保金 2834.86 万元，月人均补助 267.87 元。

全面实现最低生活保障信息系统应用，结合城乡低保动态管理，及时对最低生活保障信息系统进行更新和完善，确保信息系统运用效能。

【城乡医疗救助】2017 年，共开展城乡医疗救助 3122 人次，支付救助金 393.97 万元；资助参保 8531 人次，支付参保资金 153.56 万元。对符合医疗救助条件的重点救助对象，经各类医疗保险报销后的政策范围内住院自负费用在年度救助限额内，救助比例 86%，重特大疾病医疗救助人次占直接救助人次比例 26%。

【特困帮扶】开展以医疗帮扶、生活帮扶、残疾人帮扶、教育帮扶、住房帮扶、死亡抚慰帮扶、护理补贴帮扶、就业帮扶为主要内容的特殊困难群众救助帮扶工作，累计帮扶 12172 人次，全年落实特殊困难群众救助帮扶专项资金 644 万元。

【临时救助】2017 年，完善临时救助机制，共临时救助城乡困难群众 1511 人次，发放临时救助金 79.61 万元，平均救助水平为 527 元，解决困难家庭生活。

【流浪乞讨人员救助】2017 年，认真开展“寒冬送温暖”等专项救助，下拨乡（镇）流浪乞讨救助资金 30 万元。全年救助流浪乞讨人员 283 人次。

【孤儿供养】2017 年 1 月 1 日起，机构供养孤儿基本生活养育标准由每人每月的 1246 元提高到 1300 元，社会散居孤儿基本生活养育标准由每人每月的 748 元提高到 810 元。至年末，全县有孤儿 62 人，放发孤儿养育经费共 75.61 万元。继续推动落实困境儿童保障政策，实施孤残儿童手术康复“明天计划”。

【关爱留守儿童】2017 年，建立农村留守儿童联席会议制度，积极开展“合力监护、相伴成长”农村留守儿童关爱保护专项行动。指导村（社区）完成“农村留守儿童委托监护责任确认书”的签订，共签订 8653 份。开展全县农村留守儿童信息平台录入，至年末录入合格 8653 人。

【民间组织管理】至年末，全县共有社团和民办非企业 125 个，其中新登记 12 个、变更登记 11 个、换证 101 个，年检 102 个。没有发现一起社会组织有违法违规现象，也没有一个非法社会组织。

【慈善工作】继续开展“福彩·慈善”帮困助学活动，帮助 11 名大中学生，发放 3.9 万元助学金。

【殡葬工作】一是加强春节、清明节期间群众祭扫活动的安全管理和服务保障工作，倡导文明节俭办丧事。二是加大惠民殡葬政策的落实力度，推动出台新的惠民殡葬政策，提高惠民标准，扩大受众范围。三是深化殡葬行风建设，强化殡葬服务站噪音扰民整治工作，提升殡葬服务机构管理服务水平，全年无各类责任事故发生。2017 年，全县火化遗体 132 具，土葬处罚 83 例，销售公墓 52 个。

（雷国翠 张鑫 熊金平 胡永武 李强 熊小锐）

老龄事业

【第三届全国“敬老文明号”创建】4 月，全县开展第三届全国“敬老文明号”和第五轮“四川省敬老模范县”创建工作，由县人民政府办公室印发《关于开展第三届“敬老文明号”创建活动的通知》，印发实施方案，召开创建大会，做好前期安排和部署。

【第五轮“四川省敬老模范县”创建】4 月，县人民政府《关于印发〈筠连县创建第五轮省级敬老模范县活动实施意见（2016—2019）〉的通知》，随后召开全县创建大会，正式启动创建工作。

【老龄事业十三五规划】2017 年，县老龄办启动编制《筠连县老龄事业发展“十三五”规划》，深入推进老龄事业发展。

【基层老年协会规范化】县老龄办按照市老龄办的工作要求认真开展创建示范性基层老年人协会活动，于 7 月，推荐上报有条件、有特色的基层老年人协会 5 个，部署、规范创建工作，营造良好创建活动气氛。10 月 19 日，市政府《关于授予市级“示范基层老年协会”称号暨十大“老有所为”群英奖的通报》，授予筠连镇白鹤村、巡司镇德面村、蒿坝镇蒿坝村、联合苗族乡革新村 4 个老年人协会为“市示范基层老年协会”称号，同时授予蒿坝镇蒿坝村老年人协会为“市十大‘老有所为’群英奖”。

【老年大学】 继续发展老年大学，推进老年教育。全县18各乡(镇)均成立有老年大学，各基层协会正积极探索成立老年大学，老年人受教育拓展。全年筠连县老年大学开设有10个科类、15个班、633名学员，11名"银龄助教"老师，教学工作有条不紊，为老年人搭建起"老有所学、老有所为、老有所乐"的平台。推荐筠连镇海瀛社区老年学校参与宜宾市"示范性基层老年学校"创建活动。

【老龄工作宣传】 一是做好物质慰问和精神慰问，组织干部职工深入基层，为贫困老人送去大米、食用油、衣服等物品，并开展形式多样的老年人文艺会演，宣传敬老爱老。老年大学开展庆祝中国共产党的生日文艺表演和庆重阳喜迎十九大文艺会演有500人参演，蒿坝镇老年协会成立30周年文艺表演等。二是宣传县优秀老年协会和优秀老龄工作者。拍摄蒿坝镇老年协会宣传视频，推荐蒿坝镇老协会会长谢召文参与省"最美老人"评选活动，推荐蒿坝镇蒿坝村老年协会参与宜宾市"长者风范·老有所为群英奖"评比活动蒿坝镇蒿坝村老年协会荣获"老有所为群英奖"。

【养老服务体系建设】 一是调整完善县养老服务体系建设领导小组，完成新增民办养老床位100张、维修改造公办养老机构床位200张，建成城市社区日照中心2个，为12800名困难家庭失能老人和80周岁以上高龄老人提供居家养老服务，完成市委、市政府下达民生工程(实事)目标。二是开展"养老院服务质量建设专项行动"，对全县民办养老院进行检查，提出整改意见和建议，及时整改。

【敬老院建设】 2017年，实施敬老院消防安全达标工程建设，协调财政解决资金119.11万元，对全县敬老院进行消防安全标准化设计，实施消防安全整改。

【高龄老人津贴】 2017年，提高老年龄高龄老人津贴标准。经县政府研究同意，县老龄办出台《关于提高80～89周岁老人长寿补贴金发放标准的通知》，80～89周岁老年人，长寿补贴金发放标准由每人每年200元提高到每年300元；90～99岁，每人每年1200元；100周岁以上，每人每年6000元。全年共为7705名高龄人员发放高龄补助金2151154元。

【五保供养】 一是开展城乡特困人员重新认定。4月起，在县城"三无"人员和农村五保户中，统一开展重新认定工作，清退不符合条件人员。至年末，全县有特困供养人员1384人。二是提高供养标准。自7月1日起，城市特困人员集中供养基本生活标准提高至780元/人·月，分散供养基本生活标准提高至680元/人·月；农村特困人员集中供养基本生活标准提高至650元/人·月，分散供养基本生活标准提高至550元/人·月。三是制订护理标准。自2017年12月1日起，完全丧失生活自理能力的特困人员照料护理标准为每人每月500元，部分丧失生活自理能力的特困人员照料护理标准为每人每月300元，具备生活自理能力的特困人员照料护理标准每人每月100元。

(万李 黄旭 李强)

中国共产党筠连县委员会

县委综述

2017年，县委团结带领全县广大党员干部和各族人民，深入贯彻落实中共十九大、省委十一届二次全会和市委五届二次全会精神，牢牢把握“稳中求进”工作总基调，始终保持专注发展战略定力，统筹抓好稳增长、促改革、调结构、惠民生、防风险工作，全县经济社会发展取得新成效。全年全县地区生产总值完成131.96亿元、增长9.3%，规模以上工业增加值增长11.2%，服务业增加值完成37.64亿元、增长9.3%，社会消费品零售总额完成42.77亿元、增长13.1%，全社会固定资产投资完成109.37亿元、增长14.1%，建筑业总产值完成12.996亿元、增长37.8%，财政一般公共预算收入完成6.5348亿元、增长8.94%，城镇居民人均可支配收入完成31025元、增长8.8%，农村居民人均可支配收入完成14060元、增长9.5%。

【以习近平新时代中国特色社会主义思想统揽全局】牢固树立“四个意识”，坚定“四个自信”，多次召开县委常委会议、中心组学习会议、宣讲报告会，专题学习中共十九大精神、习近平新时代中国特色社会主义思想，进一步坚定拥戴核心、维护核心、紧跟核心的政治自觉、思想自觉和行动自觉，认真践行“绿水青山就是金山银山”理念，坚定走绿色低碳循环发展道路，全面建设“四区”、全力打造“绿色筠连、生态筠连、宜居筠连”。

【经济结构不断优化】大力发展页岩气、煤层气等清洁高端成长型产业，建成2亿立方米页岩气产能，年产5亿立方米页岩气产能钻井项目加快推进，50万立方米LNG液化项目启动建设，全县复工复产地方煤矿17家。加快发展茶叶、肉牛、漆树、中药材、林竹等优势特色产业，获得“川红故里”“2017年度中国十大生态产茶县”“2017年全国百佳生态茶叶示范县”称号。创建清溪沟、神羊洞国家AAA级旅游景区和天河温泉二期等重点旅游开发项目有序推进，接待游客230万人次，旅游综合收入实现14.03亿元。依托国家级电子商务进农村综合示范县建设，大力推行“互联网＋农业”“筠商＋”销售模式，实现交易额15亿元。

【脱贫攻坚成效显著】统筹整合各类扶贫资金8.76亿元，投入2017年脱贫攻坚“对标补短”和2018年贫困县“摘帽”工作。坚持“三级联动、块抓条保”责任机制，探索推行“红黄旗”激励制度，创新“一纪四警”（即在61个贫困村，每村派驻1名纪检干部，派驻1个由县公安局、县人民检察院、县人民法院、县司法局等部门联合组建的“四警”工作组）法治扶贫机制，助推脱贫攻坚。长短结合发展茶叶、肉牛、漆树等特色优势产业，发放“好牛贷”“好茶贷”等贷款2.53亿元，多模式并行探索8种集体经济发展模式，全县61个贫困村产业扶持发展基金均达到50万元规模，五凤村产业扶持基金管理细则在全省推广。成功承办全省乌蒙山片区发展农村集体经济助推脱贫攻坚现场会、全省乌蒙山片区就业扶贫现场会、全省农村残疾人扶贫资金股权量化工作现场会、全市脱贫攻坚现场推进会、全市脱贫攻坚帮扶工作推进会。至年末，退出贫困村26个，脱贫8648人，经过市、县验收，完成省下达目标。

【经济动力不断增强】持续深化“项目年”活动，编制重点项目238个，市级重点项目9个完成投资66487万元，天河温泉二期项目、污水处理厂一二期工程项目及春风茶业茶叶基地示范等14个重点督办项目完成投资25.5亿元。印发《筠连县扩大开放促进投资优惠暂行办法》等系列招商引资优惠政策，选派30名干部组建8个片区招商分局驻外蹲点招商，打好“筠商”招商、以商招商、代理招商组合拳，至年末市外到位资金65.97亿元。扎实开展“进企业结对子解难题促发展”活动，干部深入企业1336人次，收集汇总企业困难问题232个，已协调解决187个。

【人居环境明显改善】城南新区河西路及管网完善工程、滨河景观工程、腾川路道路工程等重点项目加快推进，城区美化工程和玉壶公园、定水广场、迎宾广场配套工程全面完成。稳步推进城市执法体制改革。深化幸福美丽新村“五大行动”，全面推进“十佳、十差”乡（镇）、村（社区）评选，完成幸福美丽新村39个、省级财政幸福美丽新村21个建设，成功创建“四好村”县级52个、市级43个、省级10

个。持续实施"青山、碧水、净土、蓝天"四大工程，深入推进大气、水、土壤污染防治"三大战役"，扎实开展环保督察反馈问题整改，全面落实河长制，环境质量指数在全省排名由96位上升到54位。

【民生保障不断提升】 有序推进灾后恢复重建工作，及时印发《筠连县"1·28"地震灾后恢复重建工作方案》，完成D级危房改造222户，B、C级危房加固维修3161户。全面实施就业促进、扶贫解困、教育助学、社会保障等9大民生工程和19件民生实事，义务教育均衡发展通过省级验收。中华街片区和燎原棚户区改造工程有序推进，实施危旧房棚户区改造636套，建设公租房255套，实施农村危房改造1558户。文化体育中心、县级全民健身中心、社会救助福利中心、残疾人综合服务中心等惠民工程有序推进。积极推进农家文化大院和村(社区)文化活动室建设，农村广电宽带等实现全覆盖。协助做好渝昆高铁前期工作，筠巡快速通道二期全面建成并投入使用，王家沟水库枢纽工程、后沟水库总干渠和武德干渠主体工程完工，输变电站、农网改造等项目加快推进。

【改革开放不断深化】 认真对照全面创新改革试验"9张清单"，制订和落实改革工作台账，全面完成经济、农业农村、生态文明、民主法治、党的建设、纪检监察等九大方面180余项改革任务，改革经验被《宜宾改革动态》《宜宾改革专报》采用7篇，其中《四川筠连县出台"从严管党治吏20条"》《四川筠连县探索"一村四警"法治扶贫新模式》被《四川改革专报》采用并上报中央改革办。深入推进"大众创业、万众创新"，宜宾村通网络公司被认定为省级众创空间，蓝伯特生物科技、双星茶业等5家企业被认定为市级众创空间。与陕西省林科院、西安生漆涂料研究所、中国中医科学院中药研究所、四川大学、宜宾学院等科研院所合作，推动绿色食品加工、生漆和中药材产业发展；与民营企业500强华立集团旗下华驭公司合作建立筠连县创业创新孵化园，一期工程已签约企业20余家；与成都优易等公司合作成立宜宾筠连优易数据有限公司，成功举办首届茶产业大数据高峰论坛。

【社会发展和谐稳定】 支持县人大及其常委会依法行使职权，对重点工程、环境保护等开展视察或执法检查；支持政协和工商联依照章程履行职能，紧扣产业转型、脱贫攻坚等献计出力；支持群团部门参与中心工作，民族、宗教、侨务和对台工作进一步加强；国防动员、民兵预备役建设和双拥工作富有成效。有序推进公共法律服务体系和法治政府建设。建立健全矛盾纠纷多元化解协调机制，成功化解一大批信访案件，打赢中共十九大期间暨敏感时段安保维稳攻坚战。统筹抓好煤矿、非煤矿山、食品药品、道路交通、危化品、烟花爆竹等重点领域安全工作。未发生个人极端事件、暴力恐怖事件、重大治安案件、重特大安全事故和大规模群体性事件。

【政治生态明显优化】 坚持思想建党与制度治党相结合，推进"两学一做"学习教育常态化、制度化。认真落实意识形态工作责任制，推进社会主义核心价值观建设，成功创建第四届省级文明城市，王家元被评为第六届全国"道德模范"。全面完成5年储备培养300名优秀年轻递进人才目标，选派85名年轻干部到产业发展、脱贫攻坚、藏区、驻村、信访、招商引资"六个一线"脱岗锻炼培养。创新建立周记月考年评、激励奋发有为、能上能下、容错纠错、督查问责"五大机制"，激发全县干部干事创业激情。以"一区三带"全域统筹，强力推进"精准党建示范县"建设。扎实开展"三项整改"回头看和"1+3+6"精准督察，查处侵害群众利益不正之风和腐败问题64件、70人，违反中央八项规定精神18件、12人。坚持惩治腐败高压态势，发挥巡察利剑作用，处置问题线索321件次，立案审查172件，结案172件，给予党纪政纪处分169人，移送司法机关3人，挽回经济损失400余万元。标本兼治推进党风廉政社会评价，在全市上半年抽测中排名第一。

(郑琪)

县委重要决策

【关于批转《筠连县人大常委会2017年工作要点》的通知】 2017年3月1日，县委批转《筠连县人大常委会2017年工作要点》。1.坚定政治方向，在推动县委决策部署落实上谋求新作为。科学决定重大事项；依法行使人事任免权；着力推动脱贫攻坚。2.强化监督实效，在服务全县发展大局上贡献新力量。助推加快转型发展；加强财政预决算监督；深入推进依法治县。3.突出代表主体，在深化拓展代表工作上取得新成效。抓好代表学习培训；做好代表服务工作；不断提高建议质量。4.加强自身建设，在提升服务保障水平上实现新突破。加强人大自身建设；深化人大宣传工作；加强乡(镇)人大联系。

【关于批转《政协筠连县委员会2017年工作意见》的通知】 2017年3月11日，县委批转《政协筠连县委员会2017年工作意见》。1.加强学习，坚定正确履职方向。明确学习重点；狠抓组织实施；提升学习实效。2.围绕中心，着力服务转型发展。广泛开展协商议政；认真抓好民主监督；扎实做好参政议政；积极参与中心工作。3.汇聚力量，共同促进社会和谐。4.发挥优势，主动助力脱贫攻坚。5.宣传联谊，不断优化履职环境。6.强基固本，切实强化自身建设。加强政协委员队伍建设；加强专委会、联络委和界别建设；加强政协机关队伍建设。

【关于严肃党内政治生活严格党内监督持续巩固发展良好政治生态的决定】 2017年3月14日，县委印发《关于严肃党内政治生活严格党内监督持续巩固发展良好政治生态的决定》。1.牢固树立“四个意识”，坚决维护以习近平为核心的党中央权威。坚持党员理想信念；坚持党的基本路线；坚决维护党的领导核心；坚守党的政治纪律和政治规矩。2.始终践行党的群众路线，密切党同人民群众的血肉联系。牢固树立党的群众观点；切实做好党的群众工作；切实健全联系群众机制。3.严格执行民主集中制，不断提升党委班子科学化决策水平。始终坚持集体领导制度；始终坚持领导带头落实；始终坚持议事决策机制。4.充分发扬党内民主，推动形成兴齐气顺的政治氛围。严格执行党内民主原则和程序；充分保障党员权力；坚持党的代表大会制度。5.坚持正确选人用人导向，着力选优干部配强领导班子。鲜明选人用人导向；夯实选人用人基础；固话选人用人流程；匡正选人用人风气。6.坚持党的组织生活制度，不断增强党的组织生活活力。强化党员身份意识和组织观念；严格落实“三会一课”制度；坚持民主生活会和组织生活会制度；推动党员干部谈心谈话广泛看展；严肃认真开展批评与自我批评。7.约束和规范权力运行，永葆共产党人清正廉洁的政治本色。从制度上防治权力失控和滥用；坚持有贪必肃有腐必反；加强领导干部廉洁自律。8.坚持标本兼治，持续推进正风肃纪常态长效。大力抓好作风建设制度执行；大力强化领导干部家风建设；大力加强正风肃纪督促检查。9.大力弘扬担当精神，营造干事创业奋发有为的良好风尚。惩防并举推进干部“能上能下”；宽严相济健全容错纠错机制；注重激励关心关爱党员干部。10.健全党内监督体系，为全面从严治党提供重要保障。建立完善党内监督体系；全面整合多重监督力量；充分发挥监督保障作用；实施“关键少数”重点监督；强化领导干部示范带动；充分发挥巡察利剑作用。

【关于建立《筠连县环境保护“党政同责、一岗双责”责任制》的通知】 2017年3月24日，县委、县政府印发《筠连县环境保护“党政同责、一岗双责”责任制》。1.提高认识，增强环保责任。2.明确职责，细化监管要求。各乡(镇)党委、政府环境保护工作职责；县级各部门(单位)环境保护工作职责；直属各单位环境保护工作职责；审判、检察机关环境保护工作职责。3.加强领导，强化组织保障。成立筠连县环境保护委员会；建立环境保护工作联席会议制度；建立环境保护工作述职制度；开展环境安全隐患排查；强化目标考核工作。

【关于印发《筠连县贯彻落实四川省环境保护督察组督察反馈意见整改方案》的通知】 2017年4月28日，县委、县政府印发《筠连县贯彻落实四川省环境保护督察组督察反馈意见整改方案》。1.工作目标。对照问题，制订清单，夯实责任，确保按期整改到位；举一反三，认真自查，建立台账，全面解决环境问题；用好成果，巩固成效，完善机制，全力推进环境保护工作。2.工作措施。坚决贯彻落实环境保护法律法规和决策部署；深入推进绿色发展；坚决打赢“三大战役”；加强环保投入力度；加快整改突出问题；严格环境监督管理。3.工作保障。加强组织领导；强化责任落实；加强信息角度；强化督查督办；加强经费保障；严格考核问责。

【关于印发《筠连县法治政府建设实施方案(2017—2020)》的通知】 2017年6月6日，县委、县政府印发《筠连县法治政府建设实施方案(2017—2020)》。1.总体要求。2.具体措施和责任分工。依法全面履行政府职能；完善依法行政制度体系；推进行政决策科学化、民主化、法治化；坚持严格规范公正文明执法；强化对行政权力的制约和监督；依法有效化解社会矛盾纠纷；全面提高政府工作人员法治思维和依法行政能力；加强法治政府建设的组织保障。

【关于推进农业供给侧结构性改革激发农业农村发展活力的意见】 2017年6月20日，县委、县政府印发《关于推进农业供给侧结构性改革激发农业农村发展活力的意见》。1.优化供给结构，打造特色优势产业。强化优势产业基地建设；加快推进绿色食品加工重点县建设；全国推进国家级电子商务进农村综合示范县建设；抓住机遇打造乡村旅游业；推进科技成果转换支持农民工返乡创业。2.加大新型经营主体培育力度，激发农业农村生产力。加大龙头企业扶持力度；引导农民专业合作社规范发展；发展壮大家庭农(林牧)场；继续推动新型职业农民培训；完善农业社会化服务主体建设；强化利益联结。3.保障农产品质量安全，深入推进品牌化战略。健全农业农产品质量标准体系；改善农产品产地环境；全面实施品牌战略。4.强化农业基础建设实施，提高农业生产效率。扎实推进农田水利建设；完善农村公路交通网络；提升农业信息化机械化水平；健全农产品市场流通体系。5.改善农村人居环境，加快城乡一体化发展。推进幸福美丽新村建设，着力打造“特色小镇”；积极开展“四好村”创建工作；发展壮大农村集体经济；完善农村社会事业服务体系；提高乡村治理现代化水平。6.深入推进农村改革，增强农村发展动力活力。全面深化农村产权制度改革；持续增加农业投入力度；不断创新金融支农机制；统筹安排农业农村用地；着力推进供销合作社综合改革；积极开展农村改革试点试验；加大农业招商引资力度。7.夯实脱贫攻坚基层，加速脱贫奔康步伐。巩固已脱贫对象帮扶成果；全力脱贫攻坚确保完成目标任务；强化脱贫攻坚组织领导。8.切实做好“1·28”地震灾区重建工作。

【关于印发《筠连县国有林场改革实施方案》的通知】 2017

年6月27日，县委、县政府印发《筠连县国有林场改革实施方案》。1.筠连县国有林场基本情况。2.改革总体要求。指导思想；基本原则。3.改革主要内容。科学界定林场属性，将全县国有林统一划归县国有林场管理；合理核定岗位编制；完善社会保障体系；转变林场经营管理机制；加强森林资源监管。4.实施步骤。调查摸底（2016年6月底前完成）；制订改革实施方案（2016年8月底前完成）；精心组织实施（2016年10月底完成）；阶段性总结（2017年2月底完成）。5.支持政策。加强基础设施建设；完善财政支持政策；统筹项目资金支持国有林场改革；加大对国有林场基本公共服务的政策支持。6.保障措施。加强组织领导；明确工作责任；强化纪律保障；加强宣传引导。

【关于新形势下进一步加强和改进人民政协工作的实施意见】 2017年6月29日，县委印发《关于新形势下进一步加强和改进人民政协工作的实施意见》。1.充分认识新形势下进一步加强和改进人民政协工作的重要意义。2.大力推进人民政协协商民主制度化、规范化、程序化。坚持和完善协商制度；政协协商的主要内容；完善政协协商形式；健全政协协商工作机制；增强政协协商的实效；提高政协协商能力。3.进一步完善人民政协民主监督机制。明确民主监督的内容和形式；完善民主评议工作制度；坚持和完善"追踪问效"工作制度；完善特约监督员工作制度；完善情况通报工作制度。4.进一步提高人民政协参政议政实效。完善政协重点调研视察的工作制度；完善政协反映社情民意信息的工作制度；完善政协履职成果转化、督查、督办和反馈的工作制度。5.进一步重视和支持人民政协加强自身建设。加强思想、作风和组织建设；发挥民主党派人士、工商联、非中共党派人士在人民政协中的重要作用；加强政协委员队伍建设；加强政协界别建设；加强政协专门委员会建设；加强政协机关自身建设。6.进一步加强和完善党对人民政协工作的领导。建立健全党领导人民政协工作的制度机制；发挥政协党组在政协组织中的领导核心作用；加强人民政协理论研究和教育培训；营造重视和支持人民政协工作的良好氛围；切实为政协开展工作提供保障条件；加强监督检查。

【关于创建第十一届四川省双拥模范县的决定】 2017年8月2日，县委、县政府、县人民武装部印发《关于创建第十一届四川省双拥模范县的决定》。1.统一思想，明确目标。2.突出重点，明确任务。切实加强组织领导；抓好拥军优属工作；严格落实政策法规；积极推进军民共建；密切军政军民关系。3.强化保障，落实创建工作责任。

【关于2017年党风廉政建设和反腐败工作的意见】 2017年8月8日，县委、县政府印发《关于2017年党风廉政建设和反腐败工作的意见》。1.始终坚持正确政治方向，自觉同以习近平为核心的党中央保持高度一致。2.坚持正风肃纪、弘扬新风，推动党风政风和社会风气持续好转。3.坚持从严从实、标本兼治，不断巩固和深化反腐败工作成果。4.坚持重在日常、贵在有恒，确保党内监督取得实效。5.全面落实管党治党主体责任，不断巩固齐抓共管的工作格局。

【关于印发《中共筠连县委工作运行规则》的通知】 2017年8月31日，县委印发《中共筠连县委工作运行规则》。分总则、组织和成员、职责、组织原则、议事和决策、理论学习、行文制度、公务活动、联系基层和群众、督促检查、监督和追责、附则共12个部分。

【关于深化供销合作社综合改革的实施意见】 2017年9月11日，县委、县政府印发《关于深化供销合作社综合改革的实施意见》。1.准确把握深化供销合作社综合改革的总体要求。指导思想；目标任务；基本原则。2.拓展经营服务领域，增强为农服务能力。建立新型为农服务平台；创新农资服务保障体系；创新农业社会化服务方式；打造城乡社区综合服务平台；培育新型农业经营主体；加强农产品流通体系建设；探索开展农村资金互助合作；积极参与脱贫攻坚。3.加强基层组织建设，夯实为农服务基层。加快推进基层供销社建设；强化基层供销社合作经济组织属性；创新发展农民专业合作社；推进基层供销社与新型农业经营主体融合发展；加强对基层供销社的扶持 4.创新治理机制，构建县级联合社主导的行业指导体系。创新县供销合作联社治理机制；密切县供销合作联社和基层供销社关系；推进行业协会与供销合作社融合发展；理顺县供销合作联社与社有企业关系。5.加强组织领导，为深化供销合作社综合改革提供有力保障。落实领导责任；加大支持力度；加强供销合作社干部队伍建设。

【关于实施全面两孩政策改革完善计划生育服务管理的意见】 2017年9月16日，县委、县政府印发《关于实施全面两孩政策改革完善计划生育服务管理的意见》。1.提高认识，继续坚持计划生育基本国策不变。2.突出重点，统筹协调推进计划生育工作。稳妥实施全面两孩政策；全面提升计划生育优质服务水平；加强管理，全面提升计划生育工作水平；切实加强出生人口性别比综合治理；健全计划生育利益导向政策体系。3.强化措施，促进人才长期均衡发展。坚持党政一把手亲自抓、负总责；增强部门综合治理工作合力；强化目标管理责任制度考核和结果运用；严格实行"一票否决"；确保计划生育经费投入；加强基层网络和队伍建设；强化宣传引导；强化督导落实。

【关于旗帜鲜明讲政治进一步加强领导班子思想政治建设的意见】 2017年10月24日，县委印发《关于旗帜鲜明讲政治进一步加强领导班子思想政治建设的意见》。1.带头坚定政治理想，全面增强用习近平总书记系列重要讲话精神武装头脑的政治自觉。着力推进“两学一做”学习教育常态化制度化；着力加强理想信念和社会主义核心价值观教育；着力深化“实现伟大中国梦、建设美丽繁荣和谐四川（筠连）”主体教育活动。2.带头提高政治站位，全面树牢领导干部“四个意识”。坚定不移维护以习近平为核心的党中央权威和集中统一领导；坚定不移贯彻落实中央和省委、市委、县委决策部署；坚定不移树立以人民为中心的执政理念。3.带头加强政治能力训练，全面提高政治素养和专业能力。大规模开展学习培训；大规模开展干部实践锻炼；大规模开展联系服务群众活动。4.带头严明政治纪律，全面推进党风廉政建设和反腐败工作。推动作风建设常态化；保持惩治腐败零容忍；实现党内监督全覆盖。5.带头强化政治功能，全面调度各方面力量和积极性。充分发挥中国共产党总揽全局、协调各方的领导核心作用；充分发挥选人用人导向对政治生态的直接引领作用；充分发挥政治引领凝聚人心的作用。6.带头严肃党内政治生活，全面增强自我、净化自我、完善自我、革新自我提高的能力。严格执行民主集中制原则；严格落实中国共产党的组织生活制度；不断加强党内法规制度建设。7.带头加强政治文化建设，全面涵养风清气正的政治生态。大力弘扬共产党人价值观；大力培育健康的党内政治文化；大力营造和谐民主的党内氛围；大力加强家庭家教家风建设。8.带头强化政治责任担当，全面压紧压实管党治党责任。压紧压实抓党建强党建责任；压紧抓实抓班子带队伍责任；压紧压实抓考核促落实责任。

（徐田）

县委重要活动

【成都筠连商会到筠连考察交流】2017年1月12—13日，成都筠连商会会长孙会平率副会长、监理长等一行20余人到筠连县进行项目考察，观察学习，交流活动。12日，成都筠连商会一行参观醒世公司、村通筠连名优特产展示区、蓝伯特公司等，会员们品尝筠连红茶，观看筠连的各种名优土特产。由县委常委、县委统战部部长贾圣君及县工商联、投促局、经信局、国土局、园区办等陪同。13日，考察座谈会在会议中心举行，市政府副市长、县委书记王萍，县委副书记、县政府县长刘朝平，县委副书记李小林，县政府副县长钟声远及相关部门主要负责人参加会议。孙会平介绍到筠连的目的，商会名誉会长、莱克集团公司董事长康洪波介绍集团公司情况，准备利用筠连优势在县级城市试点，同时把全国各地的优秀企业产品引到筠连，把筠连县介绍出去。刘朝平作介绍，筠连正处于交通建设发展的爆发时期，高铁、高速公路从筠连路过，并设有站口，筠连地处成、渝、贵、昆交叉点，发展后劲十分大；筠连地方特色产品的质量好，主要是茶、中药材、黄牛肉、珍稀木材等，也正在逐步销往省内外并占领市场。县委、政府继续加大开放力度，加大引进渠道，“筠商之帮、走遍天下”，以多种模式、共享舞台、共同发展、实现“双赢”。王萍对成都筠连商会一行人员表示热烈欢迎，成都筠连商会把“筠商”和“筠商”的朋友们请到筠连考察投资，回报家乡、建设家乡，发展做出贡献，同时又将成都温江、筠连两地紧密联系在一起，互通信息，共同发展。王萍对项目落地作出重要指示，以县工商联为主、投促局为辅，对项目进行跟踪，协调服务。会上，县投促局、经信局、住建局、交通局等部门都作发言，支持项目落户筠连发展。成都筠连商会的成员也表示将宣传、推广筠连名优土特产，也愿意在温江设点、销售筠连产品。贾圣君主持会议。

【王宁到筠连调研】2017年2月14日，省委常委、省政府常务副省长王宁率相关部门负责人到筠连督导脱贫攻坚和经济增长推进情况工作。王宁强调，筠连要主动作为、加压奋进，推动经济社会又好又快发展。王宁一行到筠连镇五凤村，实地察看该村脱贫攻坚推进情况。对该村三方联动打造脱贫奔康产业带、建设“1+8”脱贫奔康综合示范区以及实施部分困难群众异地搬迁举措给予高度赞赏。王宁指出，脱贫攻坚是省委确定的“头等大事”，各级党委、政府要把脱贫攻坚作为“头等大事”来抓，上下一心抓落实，推动全年脱贫攻坚目标任务圆满实现。王宁强调，2017年筠连脱贫攻坚任务重，县委、县政府肩负着重大使命，一定要明确任务，落实责任，把脱贫任务分解到村到组到人，明晰脱贫责任、路径和时限；要扑下身子抓落实，通过集中精力、扎扎实实抓好“头等大事”，确保筠连县与全省、全市同步实现全面小康。王宁十分牵挂“1·28”地震灾后重建情况。强调，当务之急是抓紧做好灾后重建，特别是受灾群众的住房建设及教育、医疗等公共设施建设，让受灾群众尽快恢复正常的生产生活。市委书记刘中伯陪同督导调研，市政府副市长、县委书记王萍，县委副书记、县政府县长刘朝平参加相关活动。

【市人大检查组到筠连检查《扶贫开发条例》实施情况】2017年5月10—11日，市人大常委会副主任张家园率市人大常委会检查组到筠连检查《四川省农村扶贫开发条例》（以下简称《条例》）实施情况。张家园一行先后到腾达镇泉水村、孔雀乡中心村、塘坝乡双田村，通过实地查看、走访、查阅精准扶贫资料等方式对全县产业发展、新居建设、群众增收等情况及下一步工作进行详细了解，并到文才贵、陆青龙、邓大江、刘作金等10位贫困户家中检查精准脱贫工作开展情况；与贫困户们亲切交谈，询问其生产生活情况以及产业发展需求和实效，并就如何确保《条例》贯彻落实到实处、怎样瞄准“短板”精准发力、如何因地制宜发展产业、如何脱贫致富率先全面奔康等问题，与当地中共党员干部和贫困群众交流。鼓励其要树立信心，战胜困难。张家园要求各级部门和帮扶单位要进一步关心、帮助建档立卡贫困户的生产生活，不断拓宽帮扶渠道、方式和方法，把工作做细做实。

汇报会上，郭创锋就筠连贯彻落实《四川省农村扶贫开发条例》情况作汇报。市政府副市长、县委书记王萍表示，以该次跟踪检查为契机，深入贯彻落实检查组的指示精神，增强措施、主动作为，确保脱贫攻坚战役再战再胜。市人大常委会检查组通报该次检查的情况，并就今后的精准扶贫工作进行安排部署。张家园充分肯定筠连的精准扶贫工作，要进一步深化对扶贫攻坚工作的认识，了解扶贫攻坚任务的艰巨性、严峻性、长期性，顶住巨大的压力，克服疲劳的心理，时刻保持清醒的头脑，要进一步抓实现有的办法和措施，不断总结经验，不断创新和拓展思路，紧紧抓住“十三五”经济发展机遇和中央支持革命老区建设与脱贫攻坚的机遇，持续深入推进《条例》贯彻落实，立足精准发力、精准施策、精准见效，在精准脱贫工作中做到扶智育人、产业富民、制度兜底、能人带动，着力在盘活资源、改善基础条件、改革创新激发内生动力上实现攻坚突破，确保圆满完成目标任务。

王萍作表态发言，副县长郭创锋参加工作汇报会，县人大常委会主任何跃、县委副书记李小林，县委常委、纪委书记肖利陪同检查。县人大常委会副主任代屏陪同检查并参加座谈会。

【农村精神文明建设“筠连模式”获中央肯定】2017年6月24—25日，中宣部、中央文明办在山东省淄博市召开全国农村精神文明建设工作经验交流会，筠连县应邀参加会议。中共十八大以来，筠连县以培育和践行社会主义核心价值观为根本，以美丽乡村建设为主题，紧紧围绕脱贫攻坚，立足农村精神文明建设“735”工程(7个阵地、3支队伍、5项活动)被中宣部、中央文明办肯定为“筠连模式”并予推广的实际，坚持统筹城乡、以城带乡，巩固提升省级文明城市创建成果、努力争创全国文明城市，深入开展文明村镇、文明单位、文明家庭、文明校园创建，整洁、优美、文明、有序的城市环境基本形成，“经济发展、村庄漂亮、农民快乐、人人有德”的美丽乡村画卷初步绘就，城乡居民幸福指数不断提升。2013年，筠连县应邀在全国宣传干部学院举办的全国文明办主任培训班上，作题为《弘扬春风精神建设美丽乡村》的典型经验交流发言；2014年，全国文明村筠连县腾达镇春风村党支部书记王家元应邀参加全国农村精神文明建设工作经验交流会；2015年，应邀在全省农村精神文明建设现场推进会上，作题为《围绕“五字”深化筠连模式助力“四美”山区家园建设》的典型经验交流发言；2016年，应邀参加全国农村精神文明建设工作经验交流会。

【市委宣讲团到筠连宣讲省第十一次党代会精神】2017年6月28日，市委省第十一次党代会精神宣讲团到筠连宣传贯彻省第十一次党代会精神。市政府副市长、县委书记王萍主持报告会，市纪委副书记、市监察局局长、市委宣讲团成员张琦作宣讲报告。张琦以《深入学习省第十一次党代会精神，推动从严治党向纵深发展》为题，对省第十一次党代会精神进行全面准确、深入透彻的解读。王萍指出，宣传贯彻落实省第十一次党代会精神，要在把握精神实质上下功夫；全县各级党组织要把组织开展学习省第十一次党代会精神，作为现在和今后一段时期的重大政治任务，切实抓紧抓好，要在深入宣传上下功夫；要通过形式多样的宣讲宣传活动，让省第十一次党代会精神家喻户晓、深入人心，宣传部门要及时把各乡(镇)、各部门学习贯彻省第十一次党代会精神的好经验、好做法总结推广，要在学以致用上下功夫；要把学习贯彻省第十一次党代会精神与抓好现在各项工作结合起来，确保各项目标任务完成、社会和谐稳定。

县委中心组全体成员、各成员单位学习秘书，各乡(镇)党委书记、乡(镇)长、分管党务工作的领导干部，县级各部门副科级以上领导干部，县属及县属以上企事业单位主要负责人，省第十一次党代会精神宣讲团成员和市委坝坝宣讲团筠连成员聆听报告。

【省宣讲团到龙镇乡兴胜村宣讲省第十一次党代会精神】2017年6月21日，省委宣讲团专家组成员、省安办副主任、省安监局四川煤监局党组成员、机关党委书记谭功元到龙镇乡兴胜村党群服务中心作宣讲。副县长、县公安局党委书记、局长郑云，县委宣传部、县扶贫移民局、县水务局、龙镇乡政府人员及兴胜村部分村民代表共100余人聆听宣讲报告。

谭功元结合筠连实际，围绕“以习近平总书记系列重要讲话精神和治国理政新理念新思想新战略为统揽，建设美丽繁荣和谐四川”主题，重点围绕深刻认识和把握大会的时代背景和重大意义、党代会的主题、过去五年奋斗历程、以习近平总书记系列重要讲话精神和治国理政新理念新思想新战略统揽治蜀兴川全局的重要指导思想、推动治蜀兴川再上新台阶的宏伟蓝图、未来一段时期四川发展的重点任务及全面从严治党的重大部署6个方面进行浅出的宣讲辅导，帮助大家进一步加深对省第十一次党代会精神的学习理解，深化省委治蜀兴川决策部署的认识把握，进一步强化“四个意识”，切实把思想和行动统一到党代会精神上来，为全面推进全县综合发展凝聚正能量。

【吕晓莉到筠连调研脱贫攻坚工作】2017年6月30日，市政协主席吕晓莉率队到筠连调研脱贫攻坚工作。吕晓莉一行到孔雀乡黄泥村，实地查看富硒筠姜种植示范基地，听取基地负责人、县政协委员文韬就筠姜种植基地的发展情况。吕晓莉与种植基地正在劳作的农户亲切交谈，询问其在基地的劳作情况、劳动报酬以及报酬兑付等情况。吕晓莉指出，做为政协委员要认真履职，继续以饱满的热情积极投入到"我为扶贫攻坚做件事"活动中，要注意因地制宜，做好产业规划；要注重发展筠姜的深加工，提升其附加值真正带领农民致富。随后，吕晓莉一行到巡司镇玉壶茶业种植基地，查看黄金茶的种植情况，听取玉壶茶业公司负责人、市、县政协委员罗阳就茶叶种植以及带动农户就业情况的汇报。吕晓莉认为，筠连的地理气候很适合发展茶叶，茶叶是筠连的主要产业之一，筠连红茶也申请了国家地理标志产品，要想做大做强茶产业，需要有更多懂技术、敢革新的生产者。吕晓莉要求，作为一名市政协委员，希望罗阳能继续发扬技术优势，将玉壶茶业做大做强，在"我为扶贫攻坚做件事"活动中认真履职，带领更多的群众脱贫奔康。

市政协秘书长童叔刚、市政协科教文卫体委主任叶永刚、市政协人资环委主任张永红、市政协联络委主任杨卫建、市政协研究室副主任凌育璋，县政协主席黄静、县委副书记李小林等参加调研。

【市委督查组到筠连督导学习贯彻省第十一次党代会精神工作】2017年7月25日，宜宾日报社副总编辑张帆率队到筠连县督导学习宣传贯彻省第十一次党代会精神有关工作。督导组一行到腾达镇春风村实地查看宣传氛围营造情况，调阅有关资料，详细了解基层学习贯彻省第十一次党代会精神的具体措施和进展情况。督导组听取开展情况汇报，对督导情况作出反馈。张帆指出，筠连贯彻落实省第十一次党代会精神迅速有力、氛围浓厚、务实创新，有特色有亮点，希望在未来一段时间进一步加大学习宣传，认真提炼工作特色亮点。在全面学习宣传贯彻省第十一次党代会精神过程中，要注重传统宣传模式与新媒体宣传模式相融合，创新宣传，扩大影响力。要注重宣传内容本土化，贴近生活，接地气。要强化舆论宣传，引导干部群众深刻理解省党代会精神、拥护省党代会精神，维护健康的舆论生态。雷敏表示，全县将严格落实省第十一次党代会精神，找准着力点和落脚点，切实把省第十一次党代会的各项部署落到实处，用实实在在的优异成绩来检验贯彻落实省党代会精神的实效，迎接中共十九大胜利召开。县委常委、县委宣传部部长雷敏等陪同。

【宁坚到筠连调研重点工作】2017年8月9日，市委常委、市政府常务副市长宁坚率市财政、国土、环保等部门负责人到筠连调研重点工作。市政府副市长、县委书记王萍，县委副书记、县政府县长刘朝平等参加调研。

宁坚一行的第一站到宋江河筠连段检查河长制落实情况，通过看现场、听介绍，了解河道清理、沿线排污、制度落实等相关工作。宁坚强调要每周开展一次河道水质监测，加强河道景观保护，要确保泄洪能力不下降，建立完善河长制相关标示标牌。

第二站到海瀛工业园区内的城市生活污水处理厂二期，查看污水处理监测数据、污水处理后水质等情况。宁坚强调一定要把污水处理厂管理好、维护好、运行好、把好最后关。

第三站到五凤村，五凤村是2017年的计划脱贫村，宁坚十分关注该村的脱贫攻坚工作推进情况，在村干部的陪同下详细了解该村"一低五有""两不愁三保障""四好村"创建等情况。五凤村有71户贫困户，已经脱贫49户，计划脱贫22户，为实现全村脱贫摘帽，大力发展集体经济拓宽了脱贫路子，实现民富村强的新局面。在该村，宁坚还看望慰问贫困户赵显宗，鼓励其要多在政府的支持下度难关、树信心、搞产业，同时希望相关部门要多给予帮助。在看望慰问基层党员刘术能时，宁坚希望其要在群众中发挥基层党员的引领示范带动作用，搞好政策宣传，当好社会矛盾化解的调解员。

第四站到筠连镇中和村吉顺烟花爆竹批发仓库和塘坝乡兴旺煤矿检查安全。在烟花爆竹批发仓库查看仓库管理制度、消防设施、安全防范措施等，要求县安监局和企业负责人要把安全管理制度坚持好，把安全措施落实到位，坚决杜绝安全事故的发生。在兴旺煤矿，宁坚一行查看矿井地面安全生产管理，并通过监测系统了解井下矿工人数、生产矿井布局等情况。要求煤矿要加强安全防范，确保井下水、电、瓦斯安全；要增强风险意识，严格遵守安全生产制度、履职到位；要加强极端天气下的水灾、地质灾害防范；要遵守法律法规依法办矿、依法纳税。

第五站到筠连镇在建中的"1+8"脱贫奔康示范区优质肉牛繁育基地了解建设进展、养牛品种、排污处理、发展前景等肉牛产业发展情况。该基地有标准化牛舍3000平方米，一期能容纳优质肉牛及育肥牛500头。宁坚希望企业一方面要抓紧建设，早日正式投入使用；另一方面要加强科学化饲养完善相关配套设施。

【童叔刚到筠连调研政协委员履职和界别活动】2017年8月31日，市政协秘书长童叔刚率市政协联络委、人资环委、研究室相关负责人到筠连调研政协委员履职和界别活动开展情况。童叔刚一行先后到王家沟水库、龙镇乡兴胜村党群服务中心、双腾镇中心校，实地查看水库大坝施工及各项附属工程进展和校园环境、食堂、学生宿舍、软硬件设施建设情况，详细了解兴胜村党群服务中心建设进度、日常运行、活动开展及该村藤梨、肉牛等产业发展，并与相关负责人交流各项工作的开展。童叔刚指出，政协委员主体作用的发挥主要是党委、政府的重视和政协组织的积极作为，要充分发挥好政协委员履职的主体作用，搭建委员履职广阔平台；不断创新政协委员履职的考核机制、监督机制和激励机制，切实增强政协履职实效。希望县政协继续围绕中心谋划工作，进一步提高政协履职实效，更好地服务地方经济社会发展。县政协主席黄静等陪同调研。

【杨天利到筠连督导抓党建促脱贫攻坚】2017年9月22日，省委组织部副巡视员杨天利率省委、市委组织部人员一行到筠连开展抓党建促脱贫攻坚专项督导。杨天利一行到筠连镇联络村肉牛良繁基地、五凤村党群服务中心，腾达镇春风村党群服务中心，龙塘组茶园基地，通过实地查看、听取介绍等，详细了解视察村的脱贫产业发展、农民夜校、易地扶贫搬迁、村干部队伍建设等方面工作。市政府副市长、县委书记王萍，市委组织部副部长饶福勇，县委副书记、县政府县长刘朝平，县委副书记李小林陪同督导或参加汇报会。

汇报会上，王萍汇报筠连坚决贯彻中央、省委抓党建促脱贫工作精神和市委“加快建成政治坚定战斗力强的党建示范市”的部署，切实提高政治站位，把抓党建促脱贫攻坚作为履行管党治党责任的重要内容，以创建“精准党建示范县”为引擎，统筹党建资源、汇聚攻坚力量，推动脱贫攻坚取得阶段性胜利。王萍表示，下一步筠连将进一步压紧压实责任，全力确保人员到位、责任到位、工作到位、效果到位；进一步抓实抓好抓细，全力做到党政“一把手”亲力亲为、靠前指挥，始终冲在一线、干在一线，发挥好领导核心作用；进一步整改落实提升，以更加优异的成绩迎接中共十九大胜利召开。

杨天利认为筠连抓党建促脱贫攻坚工作引领作用明显、成效突出，推动党建工作与脱贫攻坚同频共振。“三级联动”凝神聚力，推动脱贫攻坚帮扶力量落地生根。“三位一体”统筹保障，推动党建资源向脱贫攻坚一线聚集针对性强，为打赢脱贫攻坚战提供了坚实的组织和人才保障。杨天利要求筠连要深化抓党建促脱贫的思想认识，不断推进农村基层党建组织建设，要在抓党建促脱贫攻坚工作中，加大党员与贫困户的沟通合作，让脱贫工作更专业、更科学；要在重点工作中找准抓党建促脱贫的着力点，激发贫困户内生动力，提高贫困户脱贫积极性；要通过督导检查，整改落实抓党建促脱贫工作中存在的问题，将责任层层落实，把工作同步规划，实现党建与脱贫攻坚、经济发展融合推进；要抓住重点工作的发力点，探索利益联结新机制，帮助群众持续增收，要继续坚持问题导向，沉下身子抓落实，针对问题一个一个发“点球”，推动“抓党建促脱贫攻坚”工作再上一个台阶，以优异成绩迎接中共十九大胜利召开。

【张家园到筠连督导全市重点工作】2017年9月26日，市人大常委会副主任张家园率督导组到筠连督导全市重点工作开展情况并举行座谈会。督导组分多个小组到乡（镇）、企业、社区、机关，督导筠连贯彻省党代会精神、经济发展、招商引资、脱贫攻坚、环境保护、安全生产、信访维稳、河长制等的落实情况。县委副书记、县长刘朝平，县人大常委会主任何跃，县委副书记王涛陪同实地督导或参加座谈会，县委常委、县委宣传部部长雷敏，县政府副县长邓伟，县政协副主席叶宗勇参加督导。

座谈会上，县委常委、常务副县长李勇代表县委政府，向张家园一行汇报全县七项重点工作的开展情况。刘朝平表示，筠连将针对督导问题认真梳理，抓紧整改落实，确保全市各项重点工作有序推进，以优异成绩迎接十九大的召开。张家园强调：一是提高政治站位，高度重视信访维稳工作。进一步规范信访工作程序，倒逼责任落实，通过处理信访问题，协调、化解社会矛盾，引导群众依法、合理、有序地反映诉求。要认真倾听信访人的意见和建议，妥善处理各类矛盾纠纷问题，为中共十九大召开营造和谐稳定的社会环境。二是要高度重视安全生产，要做到安全生产警钟长鸣，扎实开展安全生产大检查，切实加强基础安全能力建设，严格落实安全生产责任制，全面排查安全隐患，把安全生产工作重点，激励机制，考核重点放在安全生产第一线。三是要以扎实的作风推进和落实重点工作。要比照要求抓落实、直面问题抓整改、明确节点抓控制，确保各项工作按时保质“交账”。

【宁坚到筠连县宣讲中共十九大精神】2017年11月22日，市委常委、市政府常务副市长宁坚一行到筠连宣讲中共十九大精神宣讲会在县会议中心召开。市政府副市长、县委书记王萍，县委副书记、县政府县长刘朝平，县人大常委会主任何跃，县政协主席黄静，县委副书记李小林、王涛出席；市政府副秘书长刘刚，县四家班子在筠连的副县级以上领导，各乡（镇）、各部门负责人，县属及县属以上企事业单位主要负责人参加学习会。王萍主持宣讲。

宁坚从中共十九大的主题、主要成果，习近平新时代中国特色社会主义思想，过去五年的历史性成就和历史性变革，中国特色社会主义进入新时代，全国社会主要矛盾的变化，两个一百年奋斗目标的战略部署，全国经济社会发展重大战略部署，坚定不移推进全面从严治党8个方面，深入解读、全面阐述中共十九大报告的重大思想观点、重大理论创新、重大战略部署和重大意义。宁坚强调：一要高度重视，精心组织，迅速掀起中共十九大精神学习热潮。县委中心组要抓好学习，原原本本学、原汁原味学，认真刻苦学，学深悟透、融会贯通。各部门各乡（镇）要学本质，学精神，学内涵，推进学习贯彻持久开展，让十九大精神家喻户晓，人人皆知。各级领导干部要发挥带头作用，带头讲党课，把中共十九大精神讲清楚、讲明白，用广大群众喜闻乐见的形式，让大家听得懂、能理解、能落实。要抓好宣讲，组建好宣讲团，进企业，进机关，进农村，进学校，进社区，结合筠连实际抓好宣讲指导基层。二要学用结合，以更高的政治站位推进筠连各项工作开展。要狠抓转型升级，狠抓县域经济发展，加快发展新型工业，打造好能源开发，特色农产品加工两大产业。要搞好田园综合体建设，提振发展现代农业，实施农业生态化，品牌化。要健全农村社会服务体系和金融服务体系，推进农业农村经济发展。要全面发展第三产业，加快县内主要旅游线路打造，推动景城深度融合，推进生态旅游，康养旅游发展。三要下足绣花功夫，全力抓实脱贫攻坚工作。深入贯彻精准扶贫，精准脱贫，按照“两不愁”“三保障”“四个好”目标，确保31个贫困村，11129个贫困人口高标准退出。四要坚持绿色发展理念，建设长江上游绿色生态县。要全面深化改革，激活市场活力，增强内生发展动力，提高开放水平。要坚持以人民为中心，着力补齐民生领域短板。要推进城乡统筹发展，加快新型城镇化建设步伐。五要注重标本兼治，抓实从严治党工作，不断巩固和发展现在良好的政治生态。六要强化措施，务必完成好全年目标任务，紧盯目标不放松，对照市委市政府的目标任务，以问题为导向，攻坚克难，确保目标任务顺利完成。七要找到主攻方向，超前谋划，牢牢把握来年工作的主动权，要按照十九大的新部署，新要求，加强政策学习与研究，抓实对上争取，抓紧项目的包装、立项。新一年工作着重抓好贫困县摘“帽”，增大投资，切实抓好生态环境保护，不断增强民生服务保障能力。

（李笙瑾）

县委重要会议

【县委中心组专题学习市委五届二次全会精神】 2017年1月3日，中共筠连县委召开中心组(扩大)学习会，县委中心组成员，各成员单位学习秘书，各乡(镇)党委书记、纪委书记，县政府组阁局负责人共100余人参加。市政府党组成员、县委书记王萍主持会议。

王萍传达市委五届二次全会精神；县委常委、纪委书记肖利就“阳光问廉”提要求；县委常委、县委办主任罗吉义带头学习《省委省政府关于深化投融资体制改革实施意见》；与会人员集中观看浙江卫视、湖南卫视《今日聚焦》《每日聚焦》的相关视频资料。

王萍指出，全县各乡（镇）、各部门要懂政策、了解实情、分析原因，准确把握全会精神实质；要进一步增强思想认同和行动自觉，推动市委决策部署在筠连落地生根，加快建设“绿色筠连、生态筠连、宜居筠连”，为全市加快建设经济强市、区域中心大城市、区域交通枢纽城市、全面创新改革先行市、幸福美丽城市和党建示范市作出筠连应有的贡献。王萍强调，各级各部门要坚持问题导向做好“阳光问廉”工作，务必引起高度重视，提前思考、超前谋划，做好相关工作；充分认识“阳光问廉”工作的重要性和意义；要认真汲取市第一期、第二期“阳光问廉”案例教训，举一反三、深刻反思，针对重点领域、关键环节开展排查，针对存在的问题完善整改方案，明确整改时限，落实责任领导、责任部门和责任人员，切实整改到位；要做到“四个从严”统筹抓好贯彻落实，严肃问责追责，在工作中存在的违法违规违纪、慢作为、不作为、甚至乱作为行为，要依法依规依纪进行处理。

【县委中心组(扩大)学习会】 2017年1月13日，中共筠连县委召开中心组(扩大)学习会，传达学习市“两会”精神，研究谋划全县全面工作。市政府副市长、县委书记王萍主持会议并讲话。县委中心组全体成员、各成员单位学习秘书，各乡(镇)党委书记，县级各部门主要负责人、相关企事业单位主要负责人共200余人参会。

县人大常委会主任何跃传达学习市五届人大一次会议精神，县政协副主席韩世全传达学习政协宜宾市五届一次会议精神，各重点工作组、相关主导产业领导组负责人就各自分管工作进行交流发言。

县委副书记、县政府县长刘朝平要求，全县各重点工作组要迅速研究2017年工作任务，做到时间化、标准化，要讲担当、转作风、提速度，重点突出，特别重视招商引资、项目争取、产业发展、城乡环境的打造，做到用心用力，同时对几大农产业的规划、全产业链的打造，抓好产业基金组建，对接招商。在骨干交通项目上要寻求突破。组建好平台公司，用好用活金融资金，做到借人、借势、借力、借智。

王萍强调，一要认真学习、深刻领会，把握好市“两会”精神。要把学习、宣传、贯彻、落实市“两会”精神作为现在的重要任务，认真学习政府工作报告，尤其要深刻领会过去五年全市取得的巨大成就和启示经验，深刻领会大会提出的未来五年全市工作的目标，准确把握精神实质上下功夫。主动融入全市发展大局，抢抓发展机遇，推动全县经济绿色发展、转型发展、加快发展。二要抓住重点、创新形式，宣传好市“两会”精神。全县中共党员干部群众要充分认识学习宣传市“两会”精神的重大意义，切实把思想和行动统一到市“两会”精神上来，把智慧和力量凝聚到推动市“两会”确定的各项工作落实上来，尤其要创新形式、创新载体，立体式、全覆盖、快速度掀起学习宣传市“两会”精神的热潮。三要融会贯通、迅速行动，落实好市“两会”精神。要从全市发展大格局中分析和把握全县经济社会发展面临的机遇和挑战；要认真贯彻市委书记刘中伯在筠连代表团会议上的讲话精神，抓好关系全县经济社会发展大局的重点工作；要加强组织领导，贯彻从严要求，坚持以上率下，严格落实责任，坚持“三级联动”“重心下移、块抓条保”责任体系，把重心放在经济社会发展最前沿，进一步强化交通保障、人才保障、效率保障；要强化监督机制，进一步创新督查方式，确保监督实效，建立健全激励机制，不断提高各级干部谋划发展、优化发展、推动发展的能力，形成热情干事、激情创业的良好氛围，推动各项工作落实到位。

【纪委十三届二次全会】 2017年2月24日，中共筠连县第十三届纪律检查委员会第二次全体会议在县会议中心召开，县纪委委员参加会议；市政府副市长、县委书记王萍，县委副书记、县长刘朝平以及副县级以上领导干部出席会议；各乡（镇）党委书记、乡（镇）长、纪委书记、纪委副书记，县级各部门党政主要领导、纪委书记、纪工委书记（纪检组组长）、监察室主任，县属及县属以上企事业单位主要负责人，县纪委监察机关全体干部，县监察局特邀监察员列席会议。

县委常委、县纪委书记肖利代表中共筠连县纪律检查委员会第十三届委员会作《勇于担当忠诚履职，切实推动全面从严治党向纵深发展》报告，回顾总结2016年党风廉政建设和反腐败工作，安排部署2017年党风廉政建设和反腐败工作；县委常委、县政府常务副县长李小林，县委常委、县委政法委书记詹立，县委常委、县委组织部部长李刚分别就履行党风廉政建设主体责任制作述责述廉汇报，并现场接受纪委委员民主测评；沐爱镇、塘坝乡、县农业局负责人分别述责述廉，并接受纪委委员和与会人员的现场质询；王萍作重要讲话。肖利主持会议。

【县委十三届二次全体会议】 2017年3月1日，中国共产党筠连县第十三届委员会第二次全体会议在县会议中心举行。出席会议的有县委委员30人，候补县委委员7人；有关方面负责人列席会议。全会由县委常委会主持。

会议深入学习贯彻中共十八届六中全会、省委十届九次全会、市委五届二次全会和市委经济工作会精神，总结全县2016年经济工作，安排部署2017年经济工作，审议通过《中共筠连县委关于严肃党内政治生活严格党内监督持续巩固发展良好政治生态的决定》，对深入推进全面从严治党进行部署，动员全县各级党组织和广大党员干部，更加紧密地团结在以习近平同志为核心的党中央周围，始终保持坚强政治定力和专注发展定力，团结一心、攻坚克难，实干争先、富民强县，为全力打造绿色筠连、生态筠连、宜居筠连，决战决胜全面小康而努力奋斗。

【2017年县委政法工作会】 2017年3月15日，2017年筠连县委政法工作会议召开，在筠连的县级领导出席会议，县委常委、县委办主任罗吉义主持会议并传达习近平总书记和省、市主要领导就全面抓好政法工作所作的重要批示与重要讲话精神。县委常委、县委政法委书记詹立回顾总结2016年全县政法工作，安排部署2017年政法工作任务。

市政府副市长、县委书记王萍指出，2017年全县政法工作围绕中心、服务大局，把专项治理和系统治理、综合治理、依法治理、源头治理有机结合，一手抓现在、一手谋长远，政法工作理念有新提升，体制机制建设迈出新步伐，维护国家安全和社会稳定、社会治安综合治理、司法体制改革等各项工作取得新进展，平安筠连、法治筠连、过硬队伍建设取得新成效，为全县经济社会发展提供安全稳定的社会环境和坚强有力的政法保障。

王萍强调，现在筠连正处于加快转型发展的关键期，随着改革开放的深化、经济社会的转型和重大工程项目的全面推进，既有矛盾和新生矛盾相互交织，社会治安形势仍然严峻，基层治理能力有待进一步提升，政法工作面临新的困难和挑战。全县政法机关和广大政法干警一定要站在全局的高度，始终保持清醒头脑，做好各种防范应对准备，千方百计把基础工作抓扎实、把矛盾纠纷化解好、把安全漏洞堵塞住，为努力推动全县经济社会健康持续发展提供良好的社会环境和坚强的法治保障。一要进一步深化认识，切实增强做好政法工作的责任感和使命感；二要抓好各项重点工作，建设更高水平的平安筠连和法治筠连；三要强化组织和工作保障，推动全县政法事业健康发展。再强调，政法工作是党和政府工作不可或缺的组成部分，政法部门及广大干警是维护稳定的生力军。县委、县政府将以更大的力度支持政法部门的工作，继续加强政法系统各单位领导班子建设和干部队伍管理，切实加大经费投入，严格考核督办，为全面推进依法治县创造条件；县委政法委要加强对政法系统各单位的工作督导，及时协调解决工作中出现的问题；政法系统各单位要各司其责、各负其责、依法办案，加强协调配合、形成执法合力；县直有关部门、各乡（镇）要树立依法治县"全县一盘棋"意识，整体联动、整体发力，努力开创全县政法工作新局面。

王萍要求，全县政法系统各单位要认真落实习近平总书记提出的"政治过硬、业务过硬、责任过硬、纪律过硬、作风过硬"的总要求，进一步强化正规化、专业化、职业化建设，切实增强政法队伍创造力、凝聚力和战斗力。要信念坚定，始终同以习近平为核心的党中央保持高度一致；要执法公正，坚持法律面前人人平等，让每一起案件办理、每一个执法环节都能体现公平正义；要业务精湛，以正规化、专业化、职业化为方向，不断提升政法干警职业素养和专业水平；要执法为民，切实做到对群众深恶痛绝的事"零容忍"、对群众急需急盼的事"零懈怠"；要干事干净，大力推进公正廉洁执法，努力促进干警清正、队伍清廉、司法清明。

【县委首轮巡察工作动员部署会】 2017年3月17日，十三届筠连县委首轮巡察工作动员部署会以视频会议形式在县会议中心召开。县委巡察工作领导小组领导及成员，县委巡察工作领导小组办公室、各巡察组全体成员，县纪委、县委组织部领导班子成员，工业园区纪工委书记、监审局局长，县级各部门、县属及县属以上企业单位党政主要负责人、纪（工）委书记，县纪委党风政风监督室、信访室、案件监督管理室、第一第二第三纪检监察室负责人共120余人在主会场参加会议。各乡（镇）党委、人大、政府班子成员、纪委委员，乡（镇）各站、所、办主要负责人，村（社区)“两委”主要负责人在分会场参加会议。会议学习贯彻中央和省委、市委巡察工作精神,安排布置十三届筠连县委首轮巡察工作任务。市政府副市长、县委书记、县委巡察工作领导小组组长王萍出席并作讲话。县委常委、县委组织部长、县委巡察工作领导小组副组长李刚宣布县委巡察办和各巡察组人员任职名单,宣读“十三届筠连县委首轮巡察工作方案”。县委常委、县纪委书记、县委巡察工作领导小组第一副组长肖利主持会议。

【传达学习省第十一次党代会精神会议】2017年5月31日,筠连县传达学习省第十一次党代会精神会议在会议中心三楼会场召开,全体县领导,各乡(镇)党委书记、乡(镇)长,县级部门企事业单位主要负责人,筠连县第二届劳动模范,2017年预脱贫村村支部书记、“第一书记”工作队长、农技员参加会议。会议安排部署筠连贯彻落实省第十一次党代会精神措施。市政府副市长、县委书记王萍出席会议并讲话,县委副书记李小林带头学习《筠连县容错纠错暂行办法》《筠连县激励干部奋发有为十条措施(试行)》《筠连县推进领导干部能上能下实施细则(试行)》《筠连县督查问责机制》《筠连县关于加强县级领导干部信访工作责任制的暂行规定》《筠连县脱贫攻坚考评办法(暂行)》《筠连县人大常委会关于听取县人民政府组成部门工作报告的实施意见》7个文件。县委副书记、县政府县长刘朝平主持会议。

王萍传达学习省第十一次党代会精神,就筠连贯彻落实省第十一次党代会精神提出具体工作意见。王萍要求,一要认清形势,统一思想,深刻领会省党代会的精神。省委书记王东明代表十届省委所作的“工作报告”客观真实地总结过去五年取得的巨大成就,鲜明提出“建设美丽繁荣和谐四川”的发展定位、“决胜全面小康、建设经济强省”的奋斗方向、“五个再上新台阶”的目标要求,坚决以习近平总书记系列重要讲话精神和治国理政新理念新思想新战略为统揽,全面落实习近平总书记对四川工作重要指示精神。全县各级党组织和广大党员干部要深刻领会省党代会和省委书记王东明重要讲话的精神内涵,要认识到“工作报告”是一份维护核心、看齐追随的政治宣言,是一份砥砺奋进、拼搏实干的优异答卷,是路径清晰、措施有力的冲锋号令;要领会大会“政治坚定、站位高远”的核心思想、“统领全局、指向精准”的正确导向、“纪律严明、团结奋进”的良好风气。二要精心组织、广泛宣传,迅速掀起学习省党代会精神的热潮。各乡(镇)、各部门、各单位要把学习宣传贯彻省党代会精神与学习贯彻十八届六中全会精神、市第五次党代会精神、县第十三次党代会精神以及“两学一做”学习教育系统地结合起来,把学习省党代会精神作为现在学习的主要内容,认真组织集中学习。宣传部门要多形式宣传解读省党代会提出的总体要求、奋斗目标、具体任务。要把学习宣传贯彻省党代会精神与加快发展各项工作结合起来,使党代会精神真正成为筠连一切工作的行动指南。三要结合实际,突出重点,以省党代会精神推动全县各项工作再创新业绩。要持之以恒抓好项目工作,进一步完善项目清单、责任清单,加快推动签约项目落地、在建项目取得新进展、投产项目尽快投产见效;要持续深化“进企业、结对子、解难题、促发展”“双千”活动,严格树立“店小二”意识,定期不定期深入企业,及时掌握企业发展动态,切实为企业解决好资金、技术、信息、市场等难题;要全力以赴抓好脱贫攻坚“头等大事”,聚焦年度目标、对标脱贫标准,深化实施力量整合、资金整合、资源整合机制,确保全年实现31个贫困村摘“帽”、11129人脱贫的目标;要深入推进农业供给侧结构性改革,加速培育特色优势主导产业,培育壮大新型经营主体,深化农村产权制度改革;要坚持全面创新扩大开放,全面深化创新改革,全力以赴抓好招商引资,全面实施“双创”战略;要全面推进从严治党,持续抓实基层党建、教育监督、党建示范群、作风建设、惩治腐败各项工作,切实营造风清气正、崇廉尚实、干事创业、遵纪守法的良好政治生态。

刘朝平安排部署,一要围绕“时间过半、任务超过半”要求,全力冲刺全年目标任务。二要围绕全市二季度项目督导现场会,全力冲刺项目建设工作。三要围绕脱贫攻坚,全面抓好问题整改抢进度。四要围绕灾后重建,全面推进受灾民房维修和加固。五要围绕转型发展,全面推进招商引资工作。六要围绕教育均衡发展迎检,对标补差完善相关工作。七要围绕城乡环境综合整治,做好城建城管和房地产工作。八要围绕党代会精神贯彻,抓好党建示范县建设各项工作。九要围绕和谐稳定,抓好安全信访维稳各项工作。

【县委政协工作会暨庆祝县政协成立六十周年大会】2017年6月30日,筠连县委政协工作暨庆祝筠连县政协成立60周年大会在会议中心三楼会场召开。省政协地方联络委主任陈芳、市政协主席吕晓莉、秘书长童叔刚及市政协有关委室领导应邀出席大会;县委、县人大、县政府、县政协领导,历届县政协老领导,政协机关退休人员,各乡(镇)、部门和企事业单位领导,历届县政协老委员代表,住筠连的市政协委员,县政协第十五届全体委员,县政协各专委会、联络委负责人参加会议。县政协主席黄静回顾总结筠连政协60年来的工作成绩和经验;市政府副市长、县委书记王萍出席会议并讲话;县长刘朝平通报筠连县“十二五”期间经济社会发展情况;县政协委员唐亚军、文韬、张洪彬分别代表老委员、新委员和政协工作者作交流发言。县委副书记李小林主持会议。

王萍对筠连政协成立60年来,积极适应时代变化、与时俱进、认真履职,为推动全县经济社会发展和构建和谐筠连等方面所做的工作给予充分肯定和高度评价。要求:一是认真贯彻《中共四川省委关于新形势下进一步加强和改进人民政协工作的意见》精神，努力开创全县工作新局面。全县各级各部门和政协各级组织要认真贯彻落实县委《关于新形势下进一步加强和改进人民政协工作的实施意见》，着力增强政治协商实效、加大民主监督力度、提高参政议政水平。二是围绕中心服务大局，政协要在促进科学发展上有新作为。县政协和全体委员要服务于科学发展大局，充分发挥参谋智囊作用，多谋发展之策；充分发挥桥梁纽带作用，多搭发展之桥；充分发挥团结聚合作用，多聚发展之力。三是提升能力迎接挑战，政协要在自身建设上有新气象。政协组织要不断适应新形势，在学用结合上求创新，在队伍建设上强能力，在委员履职上见实效，努力做到与县委政府中心工作同心、同步、同目标。

陈芳对筠连县政协成立60周年表示热烈祝贺，对政协60年来取得的成绩给予高度评价。陈芳指出，筠连县政协成立60年来，在县委的坚强领导下，在市政协的具体指导下，积极投身经济社会建设，努力探索改革发展举措，围绕团结民主两大主题履职尽责，走过了光辉的60年历程，建立不可磨灭的历史功绩。

吕晓莉对筠连政协60年来所取得的成绩给予充分肯定的，同时希望：一是始终坚持党的领导，牢牢把握正确方向。二是始终坚持和发扬优良传统，传承握好接力棒。三是始终坚持服务大局，积极当好生力军。四是始终坚持精准要求，助力打好脱贫攻坚硬仗。五是始终坚持履职尽责，做有所作为的政协人。

【全县统战工作会议】 2017年7月7日，筠连县召开全县统战工作会议在县会议中心三楼会场召开，各乡（镇）党委书记、分管党务、统战工作的领导、组织委员（统战委员），县级各部门主要负责人参加会议；市政府副市长、县委书记王萍，县委常委、县纪委书记肖利，县委常委、县委组织部部长李刚出席会议，县委常委、县委统战部部长贾圣君对回顾2016年全县统战工作，安排部署2017年统战工作。县委副书记李小林主持会议。

王萍对2016年全县统战工作取得的成绩给予肯定，对2017年全县统战工作提出五点要求。一要始终保持政治定力，在推动民主政治建设中做出新贡献。二要始终专注发展定力，在促进全县经济发展中做出重要贡献。三要始终树牢团结定力，在维护社会和谐稳定中做出新贡献。四要始终狠抓统筹协调，形成共同推动统战工作的强大合力。五要始终狠抓自身建设，进一步树立统战部门良好形象。

【县委中心组(扩大)学习会】 2017年8月21日，县委召开中心组（扩大）学习会议在县会议中心三楼会场召开，会议以视频会议的形式开到乡（镇）级，会议通报扶贫领域典型案例，安排部署各项工作，并就脱贫攻坚相关知识作进一步培训。县委中心组全体成员及各单位学习秘书；县级对口帮扶单位主要负责人、驻村工作组组长、具体负责脱贫攻坚工作人员；脱贫攻坚各工作组专职副组长及全体工作人员参加会议，所有县领导出席会议。市政府副市长、县委书记王萍主持会议。

县政府副县长徐劲松就脱贫标准、精准识别、精准帮扶、精准退出、年度考核、档案规范管理6个方面的内容进行培训。肖利通报和分析了扶贫领域的违法、违纪典型案例，要求各级扶贫干部要引以为戒，各乡（镇）党委、政府要加强对扶贫干部的警示教育，强化扶贫资金监管，加大扶贫项目公示、督查力度。

县委副书记、县政府县长刘朝平要求，一是要以全年目标任务为导向，对标补缺，明确工作任务主动有序的开展工作。二是要以问题整改为导向，迅速消除欠账和存在问题，确保工作的有效性。三是要以脱贫攻坚为抓手，网格化走村入户，统筹做好农村工作。

王萍指出，召开脱贫攻坚专题中心组（扩大）学习会，通报典型案例，安排部署工作，开展脱贫攻坚业务培训，旨在深刻分析工作中存在的短板和问题，进一步压紧压实责任，不断提升工作成效。现在的关键是要找准问题、差距，采取强有力措施，加大工作力度，推进各项工作落实，确保如期完成目标任务。要求，一是锁定目标，明确任务，进一步增强抓实脱贫攻坚工作的责任感和紧迫感。二是理性研判、科学分析，切实增强打赢脱贫攻坚战的信心和决心。针对工作中存在的问题，大家务必高度重视，举一反三，严格按照“三级联动、块抓条保”责任体系，采取措施坚决纠正、认真整改。面对新形势，务必要更加清晰工作路径，更加明确责任，更加精准靶向，更加扎实基础。三是突出重点、抓住关键，切实推进脱贫攻坚再战再胜。全县脱贫攻坚已进入啃硬骨头、攻坚拔寨的关键期和冲刺期，能否实现全年脱贫攻坚再战再胜，直接关系着2018年全县是否能够脱贫摘“帽”总目标的完成。为此，要突出抓好精准施策统筹推进脱贫攻坚，壮大产业拓宽群众增收渠道，强化基础建设改善生存发展环境等方面的工作。四是加强统筹、强化责任，坚决打赢脱贫攻坚主动仗。脱贫攻坚就是一场硬仗，全县各级各部门要以高度的政治责任感和厚重的历史使命感，坚持问题导向，强化责任落实，以抓铁有痕的过硬作风，确保精准扶贫精准脱贫取得实效。

【全县人才工作会】 2017年8月24日，组织全县人才工作会议在会议中心召开，各乡（镇）党政主要负责人、县级相关部门负责人参加会议，县委副书记李小林，县委常委、县委组织部部长李刚，县人大常委会副主任古有奎出席会议。会议贯彻落实全市人才工作会议精神，安排部署全县现在和今后一个时期人才工作。县政府副县长徐劲松主持会议。

李刚传达全市人才工作会议精神，对做好全县人才工作提出意见。一是深入实施“筠州英才”工程，突出建好四支人才队伍。要围绕深化改革着力聚集一批党政综合人才，聚集一批脱贫攻坚实用技术人才，聚集一批产业转型的创新创业人才，聚集一批民生民本的社会事业人才。二是要建立人才政策支撑，开创人才工作新格局。要健全人才激励支持机制、考核评价机制、多元投入机制、人才关爱机制。三是要优化人才发展环境，提升人才集聚创业氛围。要不断的优化政策环境、服务环境、舆论环境、生活环境。

李小林强调，一是县委县政府历年都高度重视人才工作，多渠道、多方式、多层次的引进、培育、开发人才。现在经济发展进入新常态、经济供给侧结构性改革在深入推进。筠连也处在产业转型、新型工业培育、新经济增长点扶持的特殊时期，经济社会事务发展都离不开人才。二是要切实提高工作的实际成效。要围绕创新创业、脱贫攻坚聚才用才；要围绕深化改革聚才用才；要围绕提升干事创业激情、优化发展环境聚才用才。三是要严格党管人才原则，加强人才工作的组织保障，大兴识才爱才之风。

【市委第五巡察组巡察筠连县工作动员会】 2017年9月14日，市委第五巡察组巡察筠连县工作动员会在会议中心三楼会场召开。市委第五巡察组组长朱强、副组长罗晓玲，市委巡察工作领导小组成员、市委巡察工作领导小组办公室主任张勇，巡察组全体成员；县委、县人大、县政府、县政协党组领导班子及其成员，县人民法院院长，县人民检察院检察长，其他副县级以上领导干部，部分离退休县级老干部出席会议；县委巡察工作联络组领导及成员，县纪委监察局和县委组织部班子成员，各乡（镇）党委书记、乡（镇）长，县级各部门主要负责人，各人民团体、工商联主要负责人，驻县垂直管理部门、金融部门主要负责人，县级企事业单位主要负责人，部分县人大代表、县政协委员参加会议。

张勇指出，该轮巡察是中央新修改《中国共产党巡视工作条例》和新出台《关于市县党委建立巡察制度的意见》、新修订《被巡视党组织配合中央巡视工作规定》后，市委开展的新一轮巡察，必须高质量、高标准、高成效完成。筠连要深入学习领会中央、省委和市委关于巡视巡察工作的新要求，切实担负起全面从严治党的主体责任，做到旗帜鲜明讲政治，意志坚定讲忠诚，使命光荣讲担当，以政治定力和战略定力，从根本上净化党内政治生态，推动中央和省委决策部署在全市得到不折不扣贯彻执行，推动管党治党从宽松软走向严实硬。筠连广大中共党员领导干部要切实增强自觉接受监督的政治意识，充分信任、坚决支持配合市委巡察组工作，加强对巡察组的监督，共同完成好这次巡察任务。对妨碍、干扰巡察工作的行为，将依纪依规严肃处理、追究责任。

朱强指出，按照中央和省委对巡察工作的决策部署，市委扎实开展两轮巡察，市委5个巡察组对20个党组织进行政治体检，发现党的领导弱化、党的建设缺失、全面从严治党不力和违反中央八项规定精神等问题231个，发现问题线索81件，取得明显成效。筠连全体领导干部要提高政治站位，从全面从严治党战略高度，切实增强“四个意识”，认真贯彻落实市委巡察工作部署，积极支持、配合巡察组工作，共同圆满完成该次巡察任务；要以接受巡察为契机，严肃党内政治生活，强化全面从严治党主体责任，为各项事业不断发展提供根本保障。朱强强调，市委巡察组将坚决按照中央、省委和市委要求，全面履行党章赋予的职责，聚焦坚持党的领导、加强党的建设、全面从严治党，坚持以下看上，紧盯党组（党委）不放，突出“关键少数”，深入了解党组织和党员领导干部在尊崇党章、坚持党的领导、加强党的建设和落实党的路线方针政策方面情况，落实中央、省委和市委重大决策部署、学习贯彻省第十一次党代会精神和市第五次党代会精神情况，履行全面从严治党政治责任情况，坚决把政治巡察的要求落到实处。

市政府副市长、县委书记王萍在代表县委和县级领导班子作表态讲话，巡视、巡察是党章赋予的重要职责，是从严治党的重要手段，是党内监督的战略性制度安排，是推动全面从严治党向纵深发展的“尖兵”和“利剑”。全县上下要坚决贯彻落实中央、省委和市委的决策部署，主动配合市委第五巡察组开展工作，把该次巡察检查作为一次专题学习、查找问题、整改提高、完善自我的重要契机、重要平台、重要起点，在思想上高度重视，在行动上高度自觉，着力以对党负责、对人民负责、对筠连历史负责的态度，以端正的态度和良好的作风接受市委第五巡察组的巡察指导。要高度重视，自觉端正态度；要全力配合，自觉接受监督；要严守纪律，自觉遵规守矩；要认真落实，自觉立行立改。筠连将认真接受巡察组的监督检查，紧紧围绕全县发展思路，把筠连的各项工作做得更好，为全面建设“四区”、全力打造“绿色筠连、生态筠连、宜居筠连”做出积极贡献！

市委巡察组在筠连县工作1个月左右。巡察期间（9月14日至10月20日）设专门值班电话，专门电子邮箱，分别在县委、县人大、县政府、浙商大酒店、筠连镇政府、腾达镇政府、巡司镇政府、大雪山镇政府设置“巡察工作专用意见箱”，在浙商大酒店设立信访接待点，受理电话工作日为9：00—12:00、14:30—18：00。市委巡察组主要受理对筠连县县级领导班子及其成员和下一级领导班子主要负责人问题的举报和反映，重点是关于违反政治纪律、组织纪律、廉洁纪律、群众纪律、工作纪律、生活纪律等方面，其他不属于巡察受理范围的信访问题，按规定由县有关部门认真处理。

【“六五”普法总结“七五”普法暨依法治县推进会】 2017年9月21日，筠连县“六五”普法总结“七五”普法暨依法治县推进会在县会议中心召开。县委副书记李小林，县委常委、县委政法委书记詹立，县人大常委会副主任古有奎出席会议，各乡（镇）、县级各部门主要领导、分管领导和具体工作人员以及“一村四警”相关人员参加会议。会议贯彻省第十一次党代会精神和全省依法治省推进会精神，全面总结全县“六五”普法工作、安排部署“七五”普法暨依法治县工作，表彰普法工作先进集体和先进个人，相关单位就依法治县相关工作、网络安全进行业务培训。古有奎主持会议。

詹立要求，各级部门要围绕中心，服务全局，更加主动地承担起法治工作职责，全面实施“七五”普法规划。要分类施教，重点带动，切实抓住法治宣传教育重点对象，加强领导、健全机制，为全面实施“七五”普法规划提供有力保障。要深入推进依法治县工作，探索创新“一村四警”法治扶贫工作，进一步强化责任、创新举措、务求落实，开创全县建设法治筠连的新局面。

李小林强调，一要主动善为，在工作举措上加强创新。在工作思路上，要形成系统思维；在工作推进上，要坚持问题导向；在监督落实上，要紧盯和谐稳定。二是健全机制，在提高工作执行力上加强创新。要抓好领导带头机制，要进一步健全工作推进机制，要强化工作保障机制。三是压实责任，在检验工作成效上加强创新。要进一步鲜明目标导向，认真落实法治建设责任追究制度，牢牢抓住不落实的事，严格追究不落实的人，确保依法治县有力有效推进，取得实实在在的效果。要认真落实“谁执法谁普法”责任制，提高群众的感知度、参与度和认同感，切实增强法治宣传的实用性、实效性。

【继续深化“两学一做”学习教育扎实开展“五项”整治工作会】2017 年 10 月 17 日，筠连县继续深化“两学一做”学习教育、扎实开展“五项”整治工作专题会议在会议中心召开。市政府副市长、县委书记王萍，县委副书记李小林，县委常委、县委组织部长李刚，县委常委、县纪委书记肖利出席会议。各乡(镇)党委书记、县级各部门、部分县属及县属以上企事业单位主要负责人参加会议。李小林主持会议。

李刚就继续深化“两学一做”学习教育扎实开展“五项”整治工作的目标任务做安排部署，重点是：要深刻反思、充分正视自身问题，尤其是在学习教育、干部监管、作风建设、队伍建设、正风肃纪等方面；要立行立改、扎实开展专项整治，做到解决当下问题、着眼长远、实现巩固提升；要统筹兼顾、加强领导压实责任。

王萍强调，要真学深悟、要真做实做、要真查真改，把“两学一做”“五项整治” 工作始终贯穿于日常工作学习生活中。再次重申安排“两学一做”工作，主要是对标市委第五巡察组在筠连发现的问题，扎实推进全县“两学一做”的学习教育，推动从严治党向纵深发展，向一线延伸，不断构建营造良好的政治生态。王萍要求：第一是要扎实推进“两学一做”学习教育，凝聚干事创业思想自觉。没有严格的政治纪律、没有良好的政治生态，没有正气、没有好的精神状态，这个地方就会落后。推进“两学一做”学习教育的常态化、制度化，就是深入推进全面从严治党。要把从严治党坚持不懈地进行下去，就要坚持真学深悟、坚持真做实做、坚持真查实改。第二是要始终聚焦突出问题，凝聚抓好问题整改行动的自觉。就是要坚定政治站位、严守政治纪律、遵守政治规矩，就是要建立一套好的议事决策机制、形成一套正确高效的工作模式、营造一个健康的工作生态，展示优秀形象。第三是要全面改进干部作风，努力营造干事创业的风气。要把好的作风形成党员干部的优秀习惯，不论个人还是科室、不论一个单位还是一个系统、不论普通党员干部还是领导干部，都要在具体工作中增强责任心、干出值得群众记住、自己能回味的成效。

【县委中心组学习会】2017 年 10 月 27 日，筠连县委中心组学习会在县会议中心召开，县委中心组成员、各成员单位学习秘书参加会议。市政府副市长、县委书记王萍主持会议。

王萍带头学习习近平总书记在中国共产党第十九次全国代表大会上的报告和《关于参加市委会议有关注意事项进一步严肃会风会纪的通知》；县委副书记李小林带头学习《关于学习贯彻十一届省委常委会第 2 次会议精神的通知》。

王萍指出，2017 年及其以后的一个时期，要把深入学习宣传贯彻落实中共十九大精神作为首要政治任务，认真抓好学习、深入开展宣传，结合自身工作实际，坚决抓好贯彻落实。要求各乡(镇)、各部门要把中共十九大精神作为今后一段时期理论学习的重要内容，制订计划、列出专题，深入学习、融会贯通。要坚持领导干部带头学习，做好表率，深研细读，全面领会中共十九大精神。广大党员要原原本本学、反复持久学，切实做到真学真懂、真信真用。宣传部门、党校要精心组织好十九大精神的宣讲，对全县广大党员和干部群众做到全覆盖。要加强组织领导，充分利用各种形式和手段，精心周密部署，广泛深入宣传，迅速掀起学习中共十九大精神热潮。要紧密结合实际，研究制订学习计划、宣传方案和贯彻落实的具体措施，采取集中学习、研讨座谈、讲座辅导等多种形式，对十九大报告进行细致解读，切实做到学深悟透、入脑入心。要全面推进从严治党，始终把抓党建作为最大政绩，切实加强和改进新形势下党的建设，深入推进“两学一做”学习教育，全面落实激励奋发、能上能下、容错纠错等机制，持续抓好作风建设，继续保持惩治腐败高压态势，着力营造弊革风清政治生态。

【传达学习中共十九大精神大会】2017 年 11 月 3 日，筠连县传达学习中共十九大精神大会在县会议中心三楼会场召开。在筠连县级领导，各乡(镇)党委书记、乡(镇)长，县级各部门、各企事业单位主要负责人参加会议。市政府副市长、县委书记王萍主持会议并讲话，县长刘朝平传达学习中共十九大精神并安排部署相关工作。

王萍要求，一要深刻领会十九大的重大意义和重大成果，统一思想认识、提升政治站位。中共十九大是在全面建成小康社会决胜阶段、中国特色社会主义进入新时代的关键时期，召开的一次十分重要的大会，是一次不忘初心、牢记使命、高举旗帜、团结奋进的大会。大会宣誓的历史使命、作出的重大论断、提出的行动纲领、取得的重大成果，对于共产党团结带领全国各族人民，决胜全面建成小康社会、夺取新时代中国特色社会主义伟大胜利、实现中华民族伟大复兴的中国梦，具有划时代的里程碑意义。二要深刻领会十九大精神实质，把握精髓、融会贯通。十九大报告，站高谋远、气势恢宏、博大精深，是一个温暖人心、凝聚人心、振奋人心的好报告，是一个贯穿理论创新、实践创新、制度创新的好报告，是一个充满政治智慧、政治自信、政治责任的好报告，是共产党迈进新时代、开启新征程、续写新华章的政治宣言和行动指南，必须深刻领会其丰富内涵和精神实质。三要扎实抓好十九大精神的学习宣传贯彻，切实增强自觉性、坚定性。深入学习贯彻十九大精神，是2017年及其以后一个时期的首要政治任务，各乡(镇)、各部门要把中共十九大提出的新思想、新论断、新特点、新目标、新要求与筠连实际结合起来、与县第十三次党代会部署结合起来，采取有力措施，扎实抓好十九大精神的传达学习，迅速掀起学习贯彻十九大精神的热潮。四要坚定以习近平新时代中国特色社会主义思想统揽筠连各项工作，推动十九大精神在筠连落地落实。学习宣传贯彻十九大精神，关键要落实到具体行动上、具体工作中。全县各级党组织和广大党员干部要坚定以习近平新时代中国特色社会主义思想统揽筠连各项工作，紧紧围绕县第十三次党代会作出的战略谋划，找准着力重点，细化工作举措，推动落地落实。要始终把学习宣传贯彻中共十九大精神作为一项重大政治任务，坚定不移抓紧抓实，持续掀起学习贯彻热潮。同时要将贯彻中共十九大精神转化为做好现在工作的强大动力，在2017年度剩下的不到60天里，只争朝夕、争分夺秒、奋力冲刺，坚持把雷厉风行与久久为功结合起来，超额完成全年目标任务、认真抓好市委巡察组巡察发现问题整改、扎实推进扶贫攻坚工作、全力抓好项目建设工作、切实抓好安全生产和信访维稳工作、超前谋划2018年工作。

【机关党建全域示范创建工作会】2017年11月3日，筠连县机关党建全域示范创建工作会在县会议中心召开。市政府副市长、县委书记王萍，县委常委、县委组织部长李刚，县委常委、县纪委书记肖利出席会议，市直机关纪工委书记杨战龙到会指导；各乡(镇)党委书记、副书记，机关支部书记，县级各部门参加会议。县委副书记李小林主持会议。

李刚传达市委机关党建现场会、“1+4”工作法学习会暨机关党建全域示范创建工作精神，安排部署全县机关党建全域示范创建工作。

杨战龙指出，要以习近平总书记关于机关党建重要思想统揽机关党建各项工作，突出抓好市委赋予全市机关党建的3项重点工作，一要认真落实全面从严治党要求，推动“两学一做”学习教育常态化制度化。二要认真做好驻村帮扶工作，更加积极主动助力脱贫攻坚。三要加强党风廉政建设，巩固发展良好政治生态，坚持以改革创新精神推动省委意见、市委意见的落地生根。

王萍强调，一是中共十九大提出，中国特色社会主义已经进入新时代，中国共产党人要不忘初心，牢记使命，实现中华民族伟大复兴的伟大梦想，并深刻指出实现伟大梦想，必须深入推进党的建设新的伟大工程。机关党的建设是新时代党的建设的重要组成部分，在整个党的建设中具有非常特殊重要的地位。二是围绕学习贯彻中共十九大精神，深刻认识新时代抓好机关党建特别是全域示范创建工作的特殊性和重要性，用新时代党建最新思想和最新要求指导机关党建特别是全域示范创建工作。三是围绕“服务中心、建设队伍”核心任务，推动机关党建工作走前头、做表率，全县机关党的建设，必须把“走前头、做表率”作为总体要求，以改革创新精神提升机关党建水平。坚持把抓好党建作为最大政绩，抓紧抓实确保机关党建全域示范创建真落地真见效。四是做好机关党建全域示范创建工作，是各机关党组织和乡镇党委的迫切任务，一定要高度重视，各乡(镇)、各部门党委(党组)要以高度的政治自觉，把机关党建示范创建作为应尽之责、分内之事，以更加坚定的态度、更加有力的举措，把抓党建的主体责任层层压紧压实，一级带一级、层层落实到位，力求做到真管真严、敢管敢严、长管长严。

【县委全面深化改革领导小组全体会议】2017年12月6日，筠连县委全面深化改革领导小组第16次全体会议召开。县委全面深化改革领导小组组成人员、县委改革办班子成员、各专项小组办公室主任及相关部门(单位)负责人参加会议。会议传达学习市委深改组第15次、16次会议精神，通报市委督察组督察筠连改革工作推进情况，总结县委改革办1—11月的工作推进情况及工作部署，听取9个专项小组工作推进情况汇报；审议通过《关于创新机制推进水利支持幸福美丽新村建设的实施意见》《筠连县进一步深化司法体制和社会体制改革实施方案》等8个专项改革方案。市政府副市长、县委书记王萍主持会议并讲话。

王萍要求，一要进一步压紧压实改革重任。各牵头县领导要主动承担牵头抓总责任，既抓谋划部署，又抓督查督办；各部门(单位)负责人要主动承担推进落实责任，既抓协调推进，又抓任务落实。二要全力做好专项改革方案对接。坚持凡是省、市出台的专项改革方案，原则上都要对接，原则上都要经过深改组会议审议，对接时限原则上控制在3个月内的“三原则”，紧盯专项改革方案对接任务，全力确保方案对接不留空项。三要有力推动专项改革落地生根。要严格落实《专项改革方案督察考核制度》，坚持改革推进到哪里、督察就跟进到哪里；要严格落实《县领导直接抓方案落实制度》，坚持以上率下抓改革，带动各领域重落实、抓难点、攻难关、破难题；要严格落实《专项改革方案落实销账制度》，进一步完善专项方案销账程序、备案程序。四要持续推进改革试点先试先行。坚持做好试点项目争取、试点项目领导责任制健全、试点经验推广机制建立等“三项工作”，确保试点先行引领全县改革。五要全面提升改革工作实效。进一步健全改革工作经费保障机制，加强改革工作经费保障；进一步完善改革经验宣传推广机制，提升改革宣传工作的凝聚力；进一步健全改革工作会议机制，充分发挥改革工作会议的督促和导向作用。

【中共筠连县委十三届四次全体(扩大)会议】 2017年12月29日，中国共产党筠连县第十三届委员会第四次全体(扩大)会议在县会议中心召开，出席会议的有县委委员、候补县委委员，县纪委常委及有关方面负责人列席会议。全会由县委常委会主持。会议全面深入贯彻落实党的十九大、省委十一届二次全会、市委五届二次全会和中央经济工作会议精神，全面总结2017年工作，安排部署2018年工作，审议通过《中共筠连县委关于全面深入贯彻落实党的十九大精神决胜全面建成小康社会开启筠连现代化建设新征程的决定》，动员全县各级党组织和广大党员干部，坚定以习近平新时代中国特色社会主义思想为指导，不忘初心、牢记使命，决胜整县脱贫摘帽，奋力开启筠连社会主义现代化建设新征程。

（李笙瑾）

县委综合保障

【县委办概况】 2017年，县委办公室深入贯彻落实中共十九大精神，以习近平新时代中国特色社会主义思想为指导，紧紧围绕县委重大举措、重要任务和重点工作，认真践行习近平总书记“五个坚持”要求，主动谋划、积极作为，充分发挥参谋助手、协调能手、督促抓手、服务好手职能作用，为实现整县脱贫摘帽、决胜全面建成小康社会、全力打造“三个筠连”，奋力开启筠连社会主义现代化建设新征程做出积极贡献。

（邓青阳）

【办文办会】 2017年，县委办公室严格按照“精文简会”要求，注重从源头精简发文数量，以开展“公文处理无差错活动”为载体，严格把好以县委及其办公室名义发文的行文关、会签关、政策法规关、文字关和体例格式关，切实提高公文质量，确保公文运行规范化、制度化、科学化，全年，制发文件同比减少11%。严格遵照中央、省委、市委有关办会规定规范办会程序，在会议预案、材料准备、会议通知、会场布置、会间调度、会后整理、信息反馈等环节上精心组织，会议效率和质量大幅提升。全年服务县委常委会35次、县委书记专题会12次，牵头承办全县性重要会议32次，全县性会议同比减少5%。严格“上传下达”“下情上报”，协调抓好收文发文，共收办政务内网来文1902份，其中省级办件254份、市级办件731份、县级办849份及各类传真、送达、邮寄件68份。全面完成2017年度中央、省涉密文件的清退工作，签收2017年度中央、省级、市级密件90余次，办理涉密文件1305份。共办理各类会议通知120余次

（安君）

链接：全县办公室系统工作培训会

2017年9月13日，筠连县办公室系统工作培训会在县会议中心三楼会场召开，乡(镇)分管党政办公室工作的领导、党政办公室主任、具体负责文秘及信息报送工作人员，县级各部门单位分管办公室工作的领导、办公室主任、具体负责文秘及信息报送人员参会。会议传达学习市委紧急信息工作培训会议精神和《中共筠连县委办公室关于进一步加强突发事件信息报送工作的通知》文件要求，通报文秘、信息(含紧急信息)、应急工作中存在问题。

市委办公室综合信息室副主任孙浩、秘书科科长陈雅贤、政策法规科科长高鸿昌分别就党委信息写作、紧急信息报送、公文办理流程、办会规定和要求、党内法规、党内规范性文件备案等实用性知识进行全面培训。

县政府应急办公室主任彭绍华受副县长、县公安局局长唐勇委托对应急工作提出三个方面要求：一是进一步增强报送紧急信息的自觉性和主动性。二是规范治理，认真解决紧急信息报送工作中存在的突出问题。三是加强领导，落实责任，逗硬考核。

县委政策研究室主任宗德瑚受县委常委、县委办公室主任罗吉义委托宣读讲话稿，就如何做好办公室工作强调5点意见：一是强化“政治意识”，当好“忠诚卫士”。要坚定信仰，做好“服务员”；要忠于职守，做好“守门员”；要严谨细致，做好“质检员”；要找准定位，做好“情报员”。所有办公室干部要像“卫士”一样忠诚可靠，对领导忠心、对工作用心、对事业尽心，真正把工作当事业，把事业当生命。二是强化“奉献意识”，当好“参谋助手”。办公室干部要培养高尚情操、锤炼过硬作风、珍惜难得机遇，树立正确的价值观、苦乐观和无私奉献的精神，用心学习、用心积累、用心提高，在实践中增长才干、提升自己、拓宽眼界。“身在兵位，胸为帅谋”，真正“参”在点子、“谋”在关键处。三是强化“工匠精神”，当好“能工巧匠”。办公室干部要提升文稿质量、从严审核把关、精心筹备会议、抓好信息报送工作，发

挥“工匠精神”，努力打造文稿精品和艺术品。四是强化“综合协调”，当好“协调好手”。办公室干部要抓好关系协调、抓好日常运行、抓好责任落实、抓好后勤接待工作，当好单位的“千里眼”“顺风耳”，把任务传达好、把工作安排好、把环节衔接好，做到横向看齐、纵向落实，形成围绕中心、整体联动、互相配合的局面。五是强化“督促落实”，当好“督办能手”。办公室干部要勇于较真、敢于亮剑、创新方式，充分发挥办公室牵头作用，用好督促检查手段，围绕县委、县政府重大决策部署，逐项调查了解，有效运用督查结果运用，及时推动问题有效解决。希望参会人员认真学习、认真消化，力争在思想上有新启迪、在业务上有新收获、在能力上有新提升。

（李笙瑾）

【后勤服务】一是公务接待规范化。坚决贯彻执行中央八项规定和省、市、县十项规定，在公务接待中厉行勤俭节约，杜绝铺张浪费，以“定点”“对口”接待为突破，坚持“精细化”“个性化”“特色化”标准，精心制作接待方案，精细做好服务保障，全年完成接待省、市领导到筠连考察调研、督导检查109次，组织参与省、市大型现场会4次。二是后勤保障合理化。继续加强车辆管理、物资采购、环境卫生、安全保卫等工作，提高公务用车保障能力。坚持办公用品按需分配，合理利用，做到有的放矢，物美价廉，并及时做好固定资产登记。加强机关大院安全防控，严格安保绩效考核，健全机关安保预案，提高安保应急处置能力。加强机关食堂管理，保障就餐职工饮食安全。三是会务服务形象化。进一步规范会议中心工作人员的工作作风、仪容仪表、日常考勤、会场服务，不断提升会务服务能力。全年，县会议中心承接大小会议555场次。

（王明刚）

【信息工作】2017年，县委信息工作紧紧围绕县委和县委领导中心工作，本着“服务大局、及时高效、全面准确”的原则，认真抓好信息的撰写、采编和报送等工作，努力为市委及市委领导、县委及县委领导提供快捷、准确、优质的信息服务。一是紧扣目标，扎实工作，主要指标全面完成。全年向省委办公厅信息处报送30余条，被采用3条；向市委办公室综合信息室报送信息调研文章13篇，被采用9篇；报送党委信息239篇，被采用73篇；紧急信息报送46条，圆满完成市下目标。二是探索规律，把握关键，参谋作用有效发挥。着重吃透“上情”、摸清“下情”，全面搜集领导关注重点和群众反映热点相关内容，及时采编报送县域经济社会发展的典型经验和创新举措，为领导提供优质高效的决策参考。三是强化学习，苦练内功，服务水平不断提高。坚持把学习作为提高政治理论水平和业务能力的重要手段，认真积累新形势下重大理论、重大原则和重大改革措施等，重点学习信息选题重点、写作技巧、总结提升等内容，不断提高信息服务水平。

（李笙瑾）

【政策研究工作】2017年，县委政研室工作在市委政研室和县委领导下，圆满完成政策研究工作。一是抓制度强氛围。始终坚持县委对政策研究工作的领导，深入落实调研工作责任制，继续编刊《筠连调研》，切实强化调研成果的转化运用。全年编发《筠连调研》4期，刊发优秀调研文章62篇。借鉴外地经验，每月收集四川省88个贫困县、18个乌蒙山片区贫困县、5个市内产煤县在县域经济方面的新方法、新思路、新举措，呈送领导参考；根据雅安市地震灾后恢复重建工作学习考察，认真撰写出高质量的《赴雅安考察学习报告》，为筠连“1·28”地震的灾后恢复重建提供经验和有益指导。二是抓文稿提质量。以提高文稿思想性、针对性和指导性为目标，刻苦钻研、精益求精，切实提高文稿质量。全年共撰写文稿200余篇，其中调研报告5篇、领导讲话材料100余篇、工作汇报材料80余篇、理论文章材料15篇，其中41篇得到省市领导批示或肯定，《当好“四个排头兵”作践行十八届六中全会要求的楷模》《抓牢四个强化 严肃党内政治生活》《筠连旅游扶贫的探索与思考》《构建三大体系 推动筠连生态文明创新》《三大效应壮大集体经济》等17篇经验文章或调研报告在国家级、省级、市级刊物上发表。三是抓全局优服务。结合中央、省、市工作规划，围绕筠连改革发展实际，制发《筠连县2017年调查研究工作要点》，为全县各级各部门调研明确方向和范围，要求相关乡（镇）、部门和领导选准符合该行政区、本部门实际的课题开展调查研究，积极挖掘提炼新经验、新做法、新成果形成调研文章。主动加强与乡（镇）、部门的联系，指导乡（镇）和部门抓好调查研究工作和调研文章的撰写。全年，收到县级领导、各乡（镇）和县级各部门负责人的调研文章150余篇，连续6年荣获全市政策研究考核第1名。

（张先涛）

【信访工作】2017年，县委信访工作认真贯彻落实中央、省、市关于信访工作的决策部署，进一步落实信访工作责任制、信访维稳工作“一岗双责”制度，层层压实信访维稳工作责任，从严从实抓好各项工作落地落实，全力以赴做好各项工作，有效确保全县信访稳定大局，信访工作被评为全市第二名（并列）。全年，共受理群众来访1242批2921人次，其中个人访1130批、1440人次，集体访112批、1481人次；重访243批、535人次；群众进京非访2批、2人次，越级访1批、1人次；全体县领导每个工作日轮流到县群众工作中心接待来访群众共753批、1080人次。共受理各类网上信访168件次，其中网络投诉件99件、省委书记信箱7件、省长信箱26件、人民网留言36条。共办理案件24件，其中市联席会议办公室交办案件11件、“百日攻坚战”交办案件1件、市领导率带示范交办案件6件、市领导接访交办案件6件，已全部办结，办结率100%；息诉息访22件，息诉息访率91.7%。县委、县政府主要领导专题研究信访工作会议11次，召开信访工作联席会议27次。

主要工作,一是做好源头预防。始终坚持把群众路线贯彻落实到想问题、做决策、办事情的各个方面、各个环节,围绕信访突出问题,坚持抓早、抓小、抓苗头,集中开展大排查、大化解活动,切实做到“发现得早、化解得了、控制得住、处置得好”。二是畅通信访渠道。充分发挥网络信访平台的作用,不断提升网络信访事项办理质量,让越来越多的群众愿意通过网络信访平台反映问题、解决问题,努力减少走访和越级上访。坚持带头到群众工作中心接待来访群众,面对面地了解群众诉求、听取群众意见、解决群众困难。三是推动“事要解决”。严格按照“一个案件、一名领导、一套班子、一个方案、一抓到底”和“三到位一处理”工作要求,坚持真包、真管、真办,综合运用行政、经济、法律、社会等多种手段,综合施策,逐案化解和解疑释惑。同时进一步完善违法上访行为处置机制,提高违法信访行为处置率。四是做好应急处置工作。中共十九大召开期间,成立县十九大期间应急劝返接回处置工作专班,进一步提高应急处置能力,最大程度地预防和减少突发事件的发生,降低事件造成的危害和影响。五是加大信访维稳督察,问责追责力度。进一步健全完善督查问责追责工作机制,定期对全县乡(镇)、部门开展信访维稳工作专项督察,对在工作中因履职不力、工作不实造成不良影响和严重后果,造成较大负面影响的相关责任人员,严格按照《信访工作责任制实施办法》进行追责。

(邓康)

【督查目标工作】 一是围绕目标针对性开展督察活动。根据县委县政府目标督查办年初下达的目标任务,对各板块所涉及的各项任务指标认真梳理,采取现场督办与“周报进度”相结合的有效形式,及时将督办情况反馈主要领导并将领导批示、指示反馈相关承办股室,另按时每月收集各个板块的进度汇总呈领导阅示,重点针对脱贫攻坚、文秘信息、深化改革、农业农村和信访维稳的督察工作开展进度情况督察,形成重点项目月报制度。开展促农增收工作督察5次、脱贫攻坚工作督察12次。对主任办公会研究事项严肃抓督办,会后做任务分解,针对督办事项及向相关板块下发督办件落实。即时转办主要领导对群众信访件的批示,及时反馈,做到批则必查,查则必清,清则必果。二是突出县委督查部门的专项查办,抓督查促落实。对县委县政府督查室下发的每份《督查情况》《督查通报》都认真学习研读;对县委县政府督查室转发的每件督察事项都严肃对待,及时组织督查活动予以落实,并按照坚持程序、确保质量的要求,及时办结,按时上报,真正做到件件有回音,事事有落实。三是突出信访维稳工作,稳抓深化改革。切实强化信访制度的落实,用实际行动践行“三个代表”的重要思想,紧紧围绕县委、县政府的工作的重点,服务大局,努力做好的信访工作,加强源头访的治理,强化排查和化解关系群众切身利益的矛盾纠纷,着力预防和减少新的矛盾纠纷为重点。

(王明刚)

【保密工作】 2017年,保密工作紧紧围绕县委工作大局,认真贯彻落实《中华人民共和国保守国家秘密法》《中华人民共和国保守国家秘密法实施条例》,主动适应国家安全战略新要求和保密工作新常态,坚持党管保密和依法保密的有机统一,围绕中心、服务大局,以法治建设为基础,以“三大管理”为重点,以解决问题为导向,圆满完成各项目标任务,全县未发生失泄密事件。

机构健全,保密工作保障有力。及时调整县委保密委员会成员及办公室成员,指导乡(镇)、县级部门进一步配齐配强保密委(保密工作领导小组)成员,做到明确分管领导、明确重点涉密部门部位、明确专兼职保密干部的“三个明确”,确保保密工作有人抓、有人管、有人干。

以法律法规为基础,全面推进保密工作法治化。按照《中华人民共和国保密法》及其《中华人民共和国保守国家秘密法实施条例》和中办、国办关于《党政领导干部保密工作责任制规定》的要求,健全保密工作主体责任机制,确保保密工作职责任务落实。结合实际,制发《筠连县十三五时期保密事业发展规划》,积极组织实施。进一步加强与纪检监察、县委组织部、县委政法委、县公安局、县人民法院等部门的协调配合,形成保密工作合力,实现窃密泄密案件情报共享、案情互通,提高协作工作、协调查处、协同监管能力。把中央关于保密工作的方针、政策,党的保密纪律和保密法律法规列入党委(党组)中心组学习内容;常态抓好领导干部、保密要害部门涉密人员、党政机关专兼职保密干部、国家公务员及计算机信息系统管理人员保密法治教育。

以宣传培训为抓手,大力提升全民保密意识。制发《筠连县“七五”保密法治宣传教育规划》,在12·4法治宣传日,向全县公民开展保密法律法规知识宣传。6月9日,县保密局组联合相关部门,举办全县保密、密码管理和党政网工作相关人员进行专题培训班,全县18个乡(镇)、县级各机关企事业单位的保密干部和涉密人员90余人接受培训;7月21日,县保密委办和县国家保密局举办“筠连县2017年保密教育专题培训班”,邀请市委保密办副主任、市国家保密局副局长吴桂均专题授课,全县各机关、单位主要领导、保密工作分管领导及保密和涉密工作人员共300余人接受培训。开展完成《保密工作》等保密专业刊物167份的订阅。

强化保密管理,筑牢新形势下保密防线。制订保密自查自评、涉密工程保密管理、互联网门户网站保密管理、中省涉密文件资料保密管理、密码电报保密管理5项工作检查及督察实施方案,会同县密码管理局开展对全县互联网门户网站、计算机网络安全、登记备案制度、计算机保密管理、涉密文件管理等情况的检查2次;开展保密工作的管理对象、管理领域、管理范围全方位监督检查2次;开展定密管理、涉密网络、涉密测绘成果、国家统一考试等专项检查3次。认真落实窃密泄密案件责任倒查机制，依法严肃查处失泄密事件，确保国家秘密安全。

（胡智）

链接：筠连县2017年保密教育专题培训会

2017年7月21日，筠连县2017年保密教育专题培训会在县会议中心三楼会场召开，各乡（镇）党委书记，县级各部门和企事业单位主要负责人，分管保密工作领导，纪委书记（纪检组长）、纪委副书记，保密工作人员、党政网使用管理人员、非涉密计算机管理人员共300余人参加会议；市委保密委员会办公室副主任、市国家保密局副局长吴桂均作保密教育专题培训。县委常委、县委办公室主任罗吉义主持会议。

吴桂均结合科技信息化时代，充分运用典型案例，从保密工作面临的形式和任务、保密工作相关法规政策解读、机关单位公职人员做好保密工作的意见建议等方面，全方位、多角度、深层次系统地讲解保密工作相关知识。让与会领导干部和保密工作人员对保密工作的含义、内容、管理等方面有更深入的认识，对新时期做好保密工作有新的观点、新的做法和新的视角。县委机要局副局长刘小强就安全保密及法律责任等方面进行详细讲解。

县委常委、县委办公室主任罗吉义提出三点意见，一是高度重视，严防失密泄密。各单位要紧紧围绕全县经济社会发展目标和任务，突出重点，统筹兼顾，把保密工作纳入各单位重要议事日程，把加强保密安全与业务工作同研究、同部署、同检查、同落实，严查薄弱环节、明确主攻方向，强化防范措施、狠抓工作落实，着力解决保密工作中存在的突出问题，以全局意识统筹保密工作，以科学态度抓好保密工作，坚决防止失密泄密事件发生，为中共十九大召开奠定坚实基础。二是强化教育，抓好保密管理。各单位要深入开展保密宣传教育，进一步完善保密工作规章制度，抓好密级文件的管理和计算机、移动介质的保密管理，严格操作程序。认真研究和把握保密工作的新特点和新规律，积极开展保密知识培训，定期组织本单位干部学习保密的有关知识，切实增强技术防范能力和防窃密能力，从根本上消除涉密文件和信息的泄密隐患。三是狠抓督查，严格问责追责。各单位要建立保密检查长效机制，改进保密方法，注重检查实效，结合市、县保密工作专项检查和全年的工作重点，定期不定期开展督促检查工作，以查促管、以查促改，实行层层追责，使监督检查工作落到实处，充分发挥保密工作“保安全、保发展、促和谐”的重要作用。

（李筀瑾）

【防邪工作】2017年，全县防范和处理邪教问题工作严格按照习近平总书记及孟建柱等领导对反邪教工作的重要指示，认真贯彻落实中共十九大会议精神为指引，始终坚持“严密监控、把握政策、妥善处理、常抓不懈”的工作方针，继续保持反邪教工作高压态势，依法履职、改革创新，努力在深入推进依法治理邪教中开创新局面。

县委、县政府领导有高度的政治责任感和政治敏锐性。把依法治理邪教工作纳入重要议事日程，强化反邪教工作的责任感，形成“一把手亲自抓、分管领导具体抓、各部门各司其职”的工作格局，确保各项目标完成。年末，县委书记、县长和县委防邪领导小组正副组长在年度个人述职报告中，对开展反邪教工作进行陈述。

坚持用法治思维和法治方式推进防范处理邪教工作。把涉邪教重点人员纳入网格化管理平台，纳入社会治安综合治理体系，有效推进贯彻落实《关于进一步加强基层反邪教防控工作的意见》试点工作，完成市委防范处理邪教办下达的试点任务。

进一步健全完善“敏感日”防控工作机制，确保“敏感日”期间社会政治稳定。根据省、市防邪办的规定，完善五一、国庆、中共十九大等敏感日防控工作机制，确保全县无邪教人员聚集滋事、无上访事件、无插播事件的“三个目标”的实现。全年无邪教人员聚集滋事和上访事件的发生，辖区内反邪教斗争态势总体平衡。

已转化“法轮功”人员解脱工作。成立县已转化“法轮功”人员解脱工作协调领导小组，妥善做好县域已转化“法轮功”人员的解脱工作，依法分级分类开展教育转化，完成年度教育转化任务。

“无邪教乡村”创建工作常态化开展。积极开展对无邪教乡（镇）、村（社区）的指导工作，筠连镇中城社区成功创省级无邪教社区，验收双腾、巡司、腾达、维新、沐爱、镇舟6个镇10个村（社区）“创无”工作。狠抓基层反邪教工作的人员、责任、任务和措施落实，全面推动反邪教各项工作落实。

把反邪教宣传教育纳入乡（镇）大宣传大教育格局、纳入“法律七进”整体安排、融入大明家庭、文明校园、文明乡村、“四好村”创建活动。积极打造党校宣讲平台，对全县18个乡（镇）分管领导和各村（社区）支书、主任开展反邪教知识讲座。同时开学际走进校园，到筠连县中学、筠连职业中学、双腾中心校等开展知识讲座，师生们对如何抵御和防范邪教有新的认识，营造了良好的社会舆论氛围。扎实做好反邪教宣传教育，在县中医院、百兴车站、筠连三桥等人群集中地方，通过LED连续一周滚动式播放反邪教警示教育宣传标语，半年滚动播放标语80条次。利用警示教育宣传橱窗，搞好宣教工作，每季度更换各乡（镇）村（社区）警示教育宣传橱窗1次。在县电视台滚动播放电视连续剧《忏悔之门》，反邪教宣传教育声势大、效果好，营造浓厚的反邪、拒邪社会氛围。

（汪富敏）

【党史研究】党史资源利用。一是党史研究室以“服务发展、改善民生”为目标，开展专项资政研究并形成应用型资政成果（执政报告《关于筠连县决战决胜脱贫攻坚的对策建议》）得到市政府副市长、县委书记王萍和县委副书记王涛批示。二是会同县委宣传部、教育文广局、老促会、大雪山镇政府等部门为筠连红色资源建言献策，制作《筠连县红色革命遗址保护工作计划(初稿)》并上报审核。前往兴文县烈士陵园、刘复初纪念馆，长宁县余泽鸿纪念馆以及威信县烈士陵园、扎西会议纪念馆收集史料。收录整理的82名烈士目录信息供相关部门使用。三是与县茶品牌办公室通力合作，在党史资料中查寻有关筠连茶叶的史料及老图片，力争有据可考。多次查看筠连茶厂茶山的旧址新貌、走访制作茶艺老匠和茶品新秀，力求去伪求真。拜访省内外茶叶领域专家学者并交流探讨，以求专家引领力促成长。11月10日“川红故里”授牌仪式、《筠连茶人使命在路上》首发仪式在中国(筠连)首届茶产业大数据高峰论坛上获得圆满成功。

党史业务。完成《中国共产党筠连县历史第三卷(1978—2002)》的征求意见、修改工作。编辑出版《中国共产党筠连县委员会执政实录(2016)》《中共筠连县党史资料选编(1919—1949年)》《中国共产党筠连县党史资料汇编(中国工农红军川滇黔边区游击纵队在筠活动史料)》《筠州领路人——筠连县历任县委书记、县长》。

存史资政育人。一是党史档案整理。1月，县委党史研究室开启为期两周的党史档案清理，对近十年自存的文书、专辑、书刊、照片等档案资料分类清理，确保现存党史资料分布合理、查找便捷。全力支持《宜宾历史文化旅游指南》和乡(镇)地方志编纂工作，及时向相关部门及编纂人员提供方便，借阅相关党史资料，力求还原历史原貌。二是党史书刊赠送。7月，开展为期1个半月的党史书籍赠阅活动，向全县各乡(镇)党委、县委各部委、县级各部门党组党委(工委)赠阅各种党史图书500余册。三是党史宣教活动。组织观看《红旗漫卷西风》党史宣传片；配合全市“中国共产党领导的宜宾革命武装斗争图展——纪念中国人民解放军建军90周年”巡展筠连行动。

(何泽强)

组织工作

【组织概况】 2017年，县委组织工作深入贯彻落实全省、全市组织部长会议精神，紧扣市委“加快建成政治坚定战斗力强的党建示范市”战略部署，以创建“精准党建示范县”为统揽，全力实施“五大行动”，各项工作扎实有序推进、取得明显成效。干部管理、精准党建、农民夜校等工作得到市委组织部充分肯定；全省集体经济助推脱贫攻坚现场会、全市驻村帮扶工作现场会先后在筠连召开，“创新‘四准机制’，强力推进驻村帮扶工作”经验做法得到市委常委、市委组织部部长蒋刚肯定性批示。

【“两学一做”学习教育】 2017年，牢固树立“四个意识”，强力推进思想政治建设，坚定执行党的政治路线，严格遵守政治纪律和政治规矩，在思想和行动上始终同中央保持高度一致。

“两学一做”学习教育常态化制度化深入推进。制订推进“两学一做”(即学党章党规、学系列讲话，做合格党员)学习教育常态化制度化的实施意见，深入落实“三会一课”(即指定期召开支部党员大会、支部委员会、党小组会议，按时上好党课)基本制度，紧贴实际创新党课教育形式；推行党支部“一月一主题、一主题一测评”固定主题党日活动，推动学习教育常学常新。深化全视党规范管理，在机关党组织中开展“六有六化”规范化建设；巩固和扩大基层党建11项重点任务成果，健全党费收缴管理使用、防止党员失联、不合格党员及时处置等机制。持续深化党员队伍教育管理，新发展中共党员154名、转正中共党员98名。深化全方位激励关爱，健全定期慰问、动态帮扶机制，七一前后、春节期间，县乡两级先后走访慰问中共党员1200余人次。坚持“走基层”活动常态化，中共党员领导带头示范，紧扣经济转型发展、脱贫攻坚等，深入联系乡(镇)、村(社区)、企业等，访民情、帮民富。深化“三项整改”回头看，聚焦巡视组反馈意见，抓好突出问题整改落实。

领导班子思想建设持续强化。深化学习贯彻习近平新时代中国特色社会主义思想及中共十九大、省第十一次党代会、市委五届二次全会、县委十三届二次全会精神。县委先后印发《关于印发〈深化领导班子思想政治建设巩固发展良好政治生态工作方案〉的通知》《关于旗帜鲜明讲政治进一步加强领导班子思想政治建设的意见》；县委常委会先后进行专题研究或集中学习20余次，并邀请省委党校文大会教授、成都市委党校徐朴教授、市委党校常务副校长兰亚宾等专题讲授共26场。常态化开展思想理论、法纪、警示和先进典型“四项教育”，通过党校主体班、筠州大讲堂、县委中心组学习会等形式，组织全县400多名副科级以上干部，集中学习党章党规、中国共产党问责工作条例等。组织部分中共党员干部到市法纪教育基地、汉王山法纪教育基地等接受警示教育，听取先进事迹报告团的精彩报告5个，全县中共党员干部坚守正道、坚守原则、坚守规矩的政治觉悟进一步增强。继续抓好正风肃纪“9+4+1”专项行动，全力整改领导班子和干部队伍思想、组织、纪律、作风、制度建设等方面存在的突出问题，建立完善主要领导“五个不直接分管”等机制，推进全面从严治党要求落地落实，不断厚植良好政治生态土壤。

党内政治生活持续从严规范。认真落实党内政治生活《准则》和省委《决定》，加强党内政治文化建设，严格落实《市县党委工作运行规则》《乡(镇)党委工作运行规则》，健全党委议事规则，规范“三重一大”决策程序，完善中共党员领导干部讲党课、班子成员谈心谈话等制度，29名党员县领导到联系乡(镇)、村(社区)、企业等基层党组织讲授党课106场次。严格深化联系服务工作，广泛深入“走基层”，访民情、帮民富。采取“双重指导”方式，县乡两级分别派出指导员592人次，指导开展民主生活会、组织生活会、民主评议党员等基础工作。积极发展党内民主，健全党内情况通报、情况反映制度，在沐爱镇、大雪山镇探索乡（镇）党代会年会制和党代表任期制，促进基层党内民主科学化制度建设。

【基层党建工作】 2017年，坚持“抓基层夯基础”原则，突出精准、融合、示范理念，强力打造“面、域、群、点”的综合示范体系，为建强党建基础、助推脱贫攻坚提供坚强的基础保证。

深化“一区三带”党建示范群建设，全力打造“精准党建示范县”。持续实施精准党建行动，细化“四好”标准，用好“六多”方法，加大统筹力度，强化精准施策，构建党建与经济社会相融互动的党建工作格局。在农村，着眼党建与产业相融互动，全面升级改造51个村级活动阵地；创新探索8种路径发展壮大村级集体经济，促进集体持续增收、群众脱贫奔康；探索党群互动联结机制，构建“一核多元、合作共治”基层治理格局。在社区，推动传统社区党建与驻区单位、新型领域党建融合，着力构建精准化服务责任体系、精细化服务体系、精心化服务运行体系。在机关，以“五化”（即党员教育规范化、组织建设规范化、作风建设规范化、党内监督规范化、保障运行规范化）建设为抓手，全面开展机关党建“规范化建设大行动”。在国有企业，进一步健全党组织机构设置，理顺党建管理体系，强化国企党建政治领导、思想领导、组织领导三者的有机统一。在园区，强化工业园区党工委抓党建统筹力度，健全项目化工作机制、多方议事协调机制。在非公制经济组织和社会组织，开展“两个覆盖”攻坚行动、星级创建示范行动、“红领先锋”引领行动。在学校，突出强化党组织的领导权，进一步理顺党组织隶属关系，着重抓好中小学基层党支部规范化建设。

“一区三带”，即北部打造以县城为中心，涵盖筠连、巡司、腾达3个乡（镇），以茶叶、肉牛、农产品加工、商贸物流为主导产业的“三产融合党建核心示范区”；东部建设涵盖维新、乐义、高坎、镇舟、大雪山5个乡（镇），以肉牛、漆树、青蒿为主导产业的“农牧循环党建示范带”；中部建设涵盖武德、沐爱、团林、联合、高坪、蒿坝6个乡（镇），以高山烤烟、立体林竹为主导产业的“立体种植党建示范带”；西部建设涵盖双腾、塘坝、龙镇、孔雀4个乡（镇），以乡村旅游、茶叶、中药材为主导产业的“休闲康养党建示范带”。

选优育强基层干部队伍。聚焦基层党组织政治核心，完善村“两委”班子功能结构模型，对换届后的村（社区）干部和贫困村第一书记开展特色化、小班化“菜单式”专题培训。探索优秀村（社区）干部学历教育措施，开展社区社工专业人才培育计划，全面分流消化满2个聘期大学生村干部。从严发展中共党员，积极发挥乡（镇）青年人才在党支部的作用，重点抓好在青年工人、青年农民和“两新”组织等领域发展中共党员工作，全面消除连续三年未发展中共党员的村（社区）。开展“百千万”[即集中培训550名基层党支部书记，分批培训1000名党务（乡镇干部）工作者，分级培训10000名基层中共党员]培训行动，实现中共党员教育全覆盖。加大“两新”党组织干部队伍培育力度，推广“站点+学院”“站点+基地”“站点+电商”模式，全面提升基层中共党员干部能力素质。

整合扶贫力量助推脱贫攻坚。一是持续深化“五个一”帮扶力量日常管理，强化牵头单位和帮扶单位责任，完善协调运行、管理服务、联动考核“三大”机制。加强“第一书记”（从机关、企事业单位选派到贫困村、软弱涣散村的党组织担任第一书记；有建强基层组织、推动精准扶贫、为民办事服务、提升治理水平、发展集体经济5项主要职责）队伍建设，推行手机APP平台动态管理，严格落实调整审批、召回撤换制度，精心做好派驻期满后新一轮补充选派工作。二是加大“党员精准脱贫”示范工程，规范党建帮扶资金使用，在每个贫困村集中发展1～2项带动能力强、致富效益高的产业，在每个村建立1个以村党组织为核心的专业合作社，探索完善基层党组织服务脱贫攻坚的多种模式，推动集体经济持续健康发展。整合各类教育培训资源，推进“农民夜校”建设。

完善基层新型治理体系。持续抓好“抓乡促村”工作，健全村级党组织书记和村主任综合考评体系，充分激发基层干部敢闯敢拼精神。严格落实“四议两公开一监督”等制度，加快推动乡村和谐文明建设。开展新一轮“三分类三升级”活动，持续整顿软弱涣散基层党组织，继续深化优亲厚友、吃拿卡要等专项整治，重点整治“村霸”“蝇贪”等影响基层组织健康发展的问题。

健全党建责任执行落实机制。对标市委对县委党建工作点评意见和县委“一区三带”部署要求，逐级签订党建目标责任书，压紧压实党建主体责任。根据党组织层级和所属领域党建特点拟定责任清单，分别明确各级党（工）委和基层党组织书记抓党建工作的具体责任，明确相关职能部门在党建工作中的权责，促进党建目标任务明晰化、具体化。完善党建问题清单，从班子队伍、制度执行、产业引领、示范创建等多方位多层次开展基层党组织运行情况分析，找准问题点薄弱点，逐项落实整改责任、整改措施、整改时限。实行基层党建创新项目申报制和重点任务项目化管理，进一步健全党建考评联动机制，基层党（工）委书记和党（工）委党建工作年度考核与隶属支部党建工作情况挂钩，同奖同惩，倒逼基层党（工）委抓实工作督查考核和跟踪问效追责，推动工作落地见效。

【干部人才工作】 2017年，始终把能力素质建设作为重点，扎实开展“砺剑提质行动”，推动全县中共党员干部素质大提升、能力大突破。

建设凝聚力强的领导班子。一是加强换届后领导班子和干部队伍建设为重点，实行领导班子月分析、季研判制度，全年组织4轮集中研判，县委书记6次听取专题汇报。强化领导班子功能化选配，突出产业发展、脱贫攻坚、项目管理、招商引资等精准优化科级领导班子功能结构模型。全年集中调整干部5次，提拔重用111名选拔作风过硬、实绩突出、群众认可的干部，交流轮岗118名干部，选拔4名业务能力强、工作表现突出的优秀事业干部到专业性较强的副科级岗位任职，实现干部人才良性流动，增强干部队伍的活力。二是实行常态化研判，强化班子动态监管、考核评估、跟踪问效，及时研究解决班子存在问题，推动形成合力。探索从优秀事业人员中选拔聘任领导干部，选派20名事业单位干部到村担任“第一书记”，不断提升事业单位干部工作积极性、创造性。实行科学化运行，深入贯彻《中国共产党地方委员会工作条例》《中国共产党党组工作条例（试行）》，制发贯彻落实意见，组织专题集中学习5次，开展“三重一大”专项检查2次，对党委会议记录不规范的3名乡（镇）党委主要领导进行约谈。三是探索“退二线干部”管理机制，坚持“集中与分散”原则，对159名退出二线的科级干部集中统筹使用，有效发挥“退二线干部”的作用。

锻造战斗力强的专业型干部队伍。一是以提高新一届班子履职能力为重点，强化全县领导干部专业能力建设。制发《2017—2021年干部专业能力提升行动方案》，力争5年时间，建设适应筠连转型发展的干部人才队伍。分层分类抓好换届后大规模教育培训，全年选送120余人次干部到省市接受培训，县乡两级集中对5300余人次干部培训，覆盖率100%。突出抓好中共十九大精神和省第十一次党代会精神的全覆盖培训集中轮训，组织10个宣讲组进行集中宣讲；围绕筠连产业转型、创新发展，开展投资促进、创新改革、区域经济、现代旅游、脱贫攻坚、绿色发展等专题培训58次。深化优秀干部人才递进培养模式，组织实施第5批优秀干部人才递进培养，全面完成5年储备培养300名干部人才目标。二是利用筠州大讲堂、村级活动阵地等平台，立足政策宣传、形势教育、产业发展、脱贫攻坚等主题，打造“精品党课”“特色党课”，组织举办精准党建骨干培训班、村（社区）党支部书记和主任培训班、电子商务精准扶贫培训班及新任副科级领导干部培训班，上级调训任务完成率100%。三是选派85名年轻干部到产业发展、扶贫、藏区、驻村、信访和招商“六个一线”脱岗挂职、锻炼培养；向市委组织部推荐5名选调生到脱贫攻坚一线挂职锻炼。全年录用选调生2人，并按市委要求参加选调生初任培训。

完善公信力强的选人用人程序。完善《筠连县干部管理权限及任免程序暂行规定》，进一步明晰干部管理审批权限，规范干部任免工作程序。深入查找干部选拔任用工作“五个环节”的风险点和监督盲点，细化干部选任程序和政策，制订干部选拔任用风险防控办法，着力构建分段布控、分级预警、分层追责的选人用人风险防控体系。健全公示期间信访反映快查快办、干部选任全程放下、全程纪实机制，严把干部选任条件关、程序关、纪律关，严防干部“带病提拔”。结合巡察，开展选人用人专项检查，完善用人“负面清单”，严肃查处跑官要官、说情打招呼、违规插手干部选任等。持续整治超职数配备干部，落实整改计划，巩固超配整治成果，严防新超配和变相超配。

构建约束力强的监管格局。一是加强从严干部监督体系建设，健全干部监督联席会议制度、干部监督信息沟通办法、信访举报查核办法等机制。加大提醒、函询和诫勉力度，围绕脱贫攻坚、信访维稳等重点工作，对5个乡（镇）的35名党政班子成员进行提醒谈话。从严《条例》《准则》要求，集中对落实情况进行监督检查3次。注重加强对“一把手”的监督，开展“三重一大”集体决策制度和“五个不直接分管”制度贯彻执行情况专项检查，推行“双责联审”和乡镇党政“一把手”同步审计制度，对4个单位的5名领导干部进行任期经济责任审计。二是完善领导干部个人重大事项及时报告制度，建立全县436名科级干部个人事项报告档案；抓好“裸官”、违规办理和持有因私出国（境）证件、违规兼职专项整治，从严审查15名中共党员领导干部办理出境手续。以“新班子展示新形象、新一年再创新业绩”为主题，对全县436名科级领导干部全覆盖谈心谈话。全面推行公务员平时考核，实施“月考年评”考核办法，推动考核结果与目标绩效考核、年度考核挂钩。推进干部能上能下，结合干部作风集中整顿活动，集中调整11个软弱班子和53名干部。三是加强干部档案管理，全部审核完成全县科级领导干部、一般公务员（含参公人员）的干部档案，重新认定1281人，补充收集材料7000余份。

健全感召力强的激励保障机制。县委印发《筠连县激励干部奋发有为十条措施（试行）》，突出“9正1反”（即从畅通干部成长渠道、保障干部待遇权利等9个方面进行常态化激励关爱调动干部干事创业的积极性；同时对干部庸懒散浮拖等7类负面信息进行实时记录、动态管理，反向激发干部活力）双向激励相结合。制发《筠连县推进领导干部能上能下实施细则（试行）》，在选好用好优秀干部的基础上，对落实从严治党责任不力等15种情形的领导干部、不严格遵守党的政治纪律和政治规矩等22种情形的领导干部，以及对因年龄、任期等4类原因不能正常履职的领导干部作“下”行调整，畅通干部能“下”的渠道。制发《关于建立督查问责机制的通知》《筠连县容错纠错暂行办法》，重点解决干部庸政懒政怠政和不作为、乱作为等行为，同时包容在推进改革和体制机制创新中，先行先试出现的探索性失误和偏差行为，切实守住纪律“底线”。

构建吸引力强的人才工作格局。一是坚定实施“人才+”战略，为全县经济社会转型发展聚才引智、筑造强劲引擎。突出服务转型加快推进人才供给侧改革。聚焦改革发展，刚性措施加大人才引进力度，全年引进华东师范大学、中南大学等高校研究生24人、本科生320人;聚焦脱贫攻坚,立足茶叶、肉牛、漆树等产业,依托蓝伯特公司、电商孵化园等实践基地,培育农村实用人才3200人次;聚焦产业转型,通过校地合作、柔性引进、"人才+"项目等方式,与四川农大、省林科院、省畜牧研究院、西安生漆涂料研究所等深度合作,引进高层次人才项目6个,引进电商、环保、旅游、漆产业、肉牛养殖、茶叶精深加工等领域人才27人。二是突出开放合作,加快推进创新创业平台建设。构筑人才孵化市场化运作平台,县政府出资280万元与浙江海龟科技有限公司合作成立双创中心;举办首届茶叶大数据高峰论坛,建立中国首个"农业大数据基地";举办产业扶贫项目洽谈会,与中国农业特色产品组委会、中国茶文化研究院等专业机构建立合作关系,并成功签约6个项目;构建产学研用协同创新平台,鼓励蓝伯特公司、电商孵化园等企业与高校、科研院所合作,在人才培育、技术对接等项目上建立合作关系;构建返乡创业平台,建立集"产业研发、产业推广、产业发展"为一体的创业基地,加大返乡人才创业指导、创业培训、创业资助力度。三是突出环境优化,加快营造人才发展良好生态。制发《"筠州英才"工程建设的意见》《筠连县支持高层次人才创新创业的意见》,探索制订人才分类评价考核办法;研究制订"筠州英才"评选实施办法,启动首届20名"筠州英才"评选;深化党委联系专家人才制度,12名县委常委分别联系服务高层次人才53名;加快人才公寓建设,年末主体工程全面完工。

(钟婷)

机构编制

【党政群行政机关和乡(镇)编制】 2017年,全县乡(镇)机关行政编制为459个,与2016年持平;乡(镇)行政机关在职人数375人,减少2个人(因新增招考录用人员和乡(镇)充实配齐领导干部减少,退休及调出的增多)。党政群机关行政编制为505个,持平;党政群在职行政编制人数470人,因调动减少10人,未超编。政法专项编制373个,持平;政法在职人员330人,因人员调动、退休等减少4人。

【事业单位编制】 2017年,全县事业机构总数495个(含村小等教学点),持平。事业编制总数6622个,持平。

【政府职能转变工作】 根据县委办、县政府办《关于落实〈筠连县人民政府职能转变和机构改革方案〉及任务分工的通知》,2017年主要工作为:一是落实安全生产责任。根据四川省人民政府《关于进一步明确安全生产职责全面落实安全生产责任的通知》,按照"管行业必须管安全、管业务必须管安全、管生产经营必须管安全""谁主管谁负责"的原则,在既有"三定"规定已明确有关部门安全生产监管职责的基础上,进一步落实安全生产监管职责分工,县级各行业主管部门在本部门责任清单的"职责边界"栏目中补充列明其承担的安全生产监管职责,清晰各单位安全生产监管职责。二是落实环境保护职责。为进一步建立健全环境保护长效机制,按照环境保护"党政同责、一岗双责""管发展必须管环保、管生产必须管环保、管行业必须管环保"的原则,根据县委、县政府《关于建立〈筠连县环境保护"党政同责、一岗双责"责任制〉的通知》(筠委发〔2017〕5号),进一步落实环境保护职责,县级各部门在本单位责任清单的"职责边界"栏目中补充列明其承担的环境保护工作职责,清晰各部门环境保护工作职责。三是行业协会商会与行政机关脱钩试点。县民政局、县发改局会同县级有关部门完成行业协会商会与行政机关脱钩,出台实行一业多会的具体办法。县民政局、县发改局联合制发《全县性行业协会商会与行政机关脱钩试点工作方案》《关于转发〈全省行业协会商会与行政机关脱钩工作推进会纪要〉的通知》,9月启动行业协会商会与行政机关脱钩试点。至年末,完成第一批脱钩试点,涉及筠连县私营企业协会、筠连县个体劳动者协会、筠连县煤炭工业协会、筠连县质量协会、筠连县种子协会5个单位。

【编制改革创新试点】 一是机构设置调整,根据省委编办、省统战部、省民族宗教委《关于加强市县两级民族宗教工作力量》精神,及时调整中共筠连县委统一战线工作部和筠连县民族宗教事务局机构。调整后县民宗局与县委统战部合署办公,在政府保留名称,设民宗局局长1名(正科级,由县委统战部副部长兼任),将县政府办公室从事民族宗教工作的3名编制及其在编人员连人带编划转到县委统战部。5月,县民族宗教事务局办公室整体搬迁到县委统战部办公。二是职能调整。4月,以筠机编〔2017〕10号将县卫生和计划生育局对饭馆、咖啡馆、酒吧、茶座4类公共场所核发卫生许可证的职能调整由食品药品监管部门一家许可、统一监管。8月,完成职能转换的调整。三是职能剥离。12月,以筠机编〔2017〕74号将筠连县旅游和外事侨务局(在县教育和文化广电局挂牌)承担的旅游、外事侨务2项职能剥离,在县教育和文化广电局挂"筠连县旅游发展局""筠连县外事侨务局"牌子。

【相关重点领域改革】 2017年,根据上级部门的统一安排部署,积极协同群团、司法、文化、纪检监察、环境保护、自然资源、城市管理等相关重点领域的改革。

积极协同推进相关重点领域的改革工作。一是协同县委宣传部研究全媒体中心建设。二是协同县人民法院做好县人民法院上划管理的前期基础性工作。三是会同纪检监察和县人民检察院做好监察体制改革工作。四是协同公安机关推行大部门制和警力下沉的改革工作。五是会同县规建城管局、县公安局、县工商局、县食药监局等部门推进城市管理综合执法改革，启动对前期机构设置、人员现状、职责边界进行调研论证，为综合执法改革掌握第一手资料。

完善环境保护等管理体制。为进一步健全环境保护长效机制，按照环境保护“党政同责、一岗双责”“管发展必须管环保、管生产必须管环保、管行业必须管环保”的原则，根据筠委发〔2017〕5号文件，进一步落实环境保护工作职责：一是各乡（镇）、县级各部门切实履行文件明确的环境保护工作职责，并将其作为“三定”规定职责的补充；明确相应的内设机构和专（兼）职工作人员承担环境保护工作职责。二是县级各部门在本单位责任清单的“职责边界”栏目中补充列明其承担的环境保护工作职责，于8月31日前向社会公布。三是各乡（镇）、县级各部门在职责范围内做好环境保护工作的同时，支持配合环境保护部门和承担环境保护工作职责的部门共同做好环境保护工作；进一步健全环境保护责任制，在促发展、抓生产、管行业的同时，全面落实环境保护责任制；组织动员各方面力量参与、支持和监督环境保护工作，推动建立齐抓共管的环境保护工作格局。四是完善相应机构设置：1.在县人民法院行政审判庭增挂环境资源审判庭牌子；2. 在环境保护局环境监察执法大队增挂环境筠连县应急中心牌子；3. 在环境保护局环境信息与统计中心增挂筠连县环境宣传教育中心牌子；4. 在环境保护局建设项目管理与生态环境保护股增挂筠连县自然保护区管理办公室牌子。

【综合行政执法体制改革试点】 一是开展林业综合行政执法改革。深化林业行政执法体制改革，整合林业执法队伍，理顺林业行政执法体制机制，县委编办会同县林业局提出林业综合执法改革的相关建议意见，县政府办公室《关于印发〈筠连县林业综合行政执法改革实施方案〉的通知》，确定改革实施的方试、地域范围、权限范围。完善林业局与森林公安局的执法权力移交，由森林公安局统一行驶林业部门的行政执法权。至年末，正在实施中。二是城市综合执法试点。在上级对城市综合执法改革工作未启动前，县委编办会同县规建城管局、县公安局、县工商局等部门梳理城市综合执法中存在的问题，机构设置、人员编制、职责边界等为综合执法改革工作启动掌握一手资料，年底已完成前期调研。三是国土资源执法试点。执行国家国土资源宏观调控政策，严把土地闸门，严格国土资源执法，7月，县政府办公室印发《关于建立健全国土资源执法监管共同责任机制进一步加强国土资源管理的通知》，明确各乡（镇）政府及各部门的职责分工，在年底前建立健全土地执法监管共同责任机制。

【巩固和拓展扩权强乡（镇）】 根据县委、县政府《关于实施扩权强镇试点工作的实施意见》，继续在大雪山镇、塘坝乡的试点工作，多次到试点单位调研指导，分析总结试点成果，继续组织试点乡（镇）主要领导和分管领导探讨和外出考察学习扩权强镇工作，有序深化扩权强镇试点工作。针对试点乡（镇）的不同发展重点和工作实际，进一步细化县级部门下放的各类行政权力，县政府办公室《关于进一步细化扩权强镇试点乡镇扩权事项的通知》，加强对试点乡（镇）的指导。并对试点乡（镇）职能转变和机构设置提出指导意见：一是按照充分授权，权责统一；依法放权，便民高效；统筹发展，协调推进；因地制宜根据试点乡（镇）的产业发展、管理重点、今后的发展方向，提出县级部门应重点下放的行政权力，确保扩权强乡（镇）工作有的放矢，使试点乡（镇）能够接的住、落实得了，保证工作能够有效推进。二是优化党政办、执法和派出机构工作机构设置。三是整合农村经济技术服务中心、社会事务服务中心、政务服务、便民服务职能，试点乡（镇）均设立便民服务大厅，实行一站式办理，变“让群众跑路”为“我为群众跑路”。四是指导试点乡（镇）建立机构设置综合、管理扁平高效、人员编制精干、运行机制高效的新型基层行政管理体制。五是协调部门和乡（镇）加强县级派驻单位管理。试点乡（镇）提出对承接下放的权限在人员配备、资质、机构设置等的建议和意见，根据试点乡（镇）不同发展特点，调整设立有利乡（镇）推进重点工作的机构，整合相关机构，形成有利于乡（镇）工作的综合管理体制和合力，有序推进扩权强镇工作。六是在编制核定中考虑扩权强镇试点乡（镇）的工作需要，分别对大雪山增加行政编制4名、对塘坝乡增加行政编制3名，保障试点乡（镇）工作所需力量。

【动态调整完善责任清单】 安全生产责任清单调整并公布。根据省政府《关于进一步明确安全生产职责全面落实命案生产责任的通知》，按照“管行业必须管安全、管业务必须管安全、管生产经营必须管安全”“谁主管谁负责”的原则，在现有“三定”规定已明确有关部门安全生产监管职责的基础上，为进一步落实安全生产监管职责分工，县级各行业主管部门在本部门责任清单的职责边界栏目中补充列明其承担的安全生产监管职责。3月，完成县安监局、县发改局、县工商局、县教育文广局、县保密局、县国土资源局、县环保局、县交通运输局、县经信科技局、县粮食局、县林业局、县民政局、县民宗局、县农业局、县人防办、县人社局、县食药监局、县水务局、县司法局、县体育局、县卫计局、县质监局、县规建城管局共23个部门的责任清单调整并公布。

环境保护责任清单调整公布。为进一步建立健全环境保护长效机制，按照环境保护“党政同责、一岗双责”“管发展必须管环保、管生产必须管环保、管行业必须管环保”的原则，根据筠委发〔2017〕5号，落实环境保护工作职责，县级各部门要在本单位责任清单的职责边界栏目中补充列明其承担的环境保护工作职责。8月，完成县教育文广局、县安监局、县财政局、县残联、县档案局、县方志办、县发改局、县工商局、县保密局、县环保局、县国土资源局、县交通运输局、县经信科技局、县粮食局、县林业局、县民政局、县民宗局、县农业局、县人防办、县人社局、县审计局、县食药监局、县水务局、县司法局、县体育局、县统计局、县卫计局、县畜牧水产局、县质监局、县规建城管局共30个部门责任清单的调整并公布。

责任清单审核公布。12月底前,县委编办会同县法治办、县监察局、县政务中心对县级部门责任清单进行动态调整和审核公布。

【事业单位分类改革】深化拓展事业单位分类成效。按照中央、省、市有关要求逐步过渡,认真落实事业单位改革配套政策,针对不同类型事业单位实施相应的精准改革,先后制发《关于转发〈关于做好分类推进事业单位改革中人事管理和社会保障工作的实施意见〉的通知》《关于转发〈关于印发分类推进事业单位改革中财政配套文件的通知〉的通知》文件,积极推进承担行政职能事业单位改革,加强事业单位改革过渡期管理,严格控制进人计划,保证满足基本工作需要。

有序开展事业单位机构编制资源整合规范。按精简、效能原则,继续开展县属事业单位机构编制资源整合,分行业、分系统促进布局调整和规范管理。一是将林业局下属事业国有苗圃、林木种子园并入国有林场,保留国有苗圃、林木种子园牌子,国有林场为公益一类全额拨款事业单位,级别为股级。二是设立景阳中心卫生院,保留筠连镇社区卫生服务中心牌子,实施两块牌子一套人马,撤销筠连镇公共卫生管理中心和筠连镇社区卫生服务中心。三是同意筠连镇中心幼儿园、巡司镇中心第一幼儿园独立建制。四是将筠连县房产管理局与中介机构脱钩,纳入公益一类全额拨款事业单位。

面向基层一线,推进人才由"岗编一体"向"岗编分离"转变。一是加强农村基层组织建设,解决一些村"软、散、乱、穷"等问题,促进农村改革发展稳定,改进机关作风和培养锻炼干部,从县级机关下派一批优秀干部到村任第一书记,全县61个建档立卡贫困村和26个党组织软弱涣散村,均选派1名机关干部到村担任第一书记。二是会同县卫计局结合打造区域次中心卫生院建设为抓手,有序推进岗编分离的管理方式和事业单位法人治理结构建设。三是发挥退出领导岗位干部在全面建设"四区"、全力打造"三个筠连"中的作用:1.围绕全县中心工作、重点工作,选派退出领导岗位干部参与脱贫攻坚、信访维稳、环保督察、安全生产、招商引资、民生工程、城市建设、重点工程等工作;2.围绕中心工作、重点任务和群众反映的热点难点问题,组织退出领导岗位干部开展专题调研,为全县经济社会发展、科学决策提供咨询,发挥参谋助手作用;3.组织退出领导岗位的干部参与巡察、目标督察督办工作,对重大决策、重要政策、重点工作、重大活动等落实和推进情况进行巡察督导;4.安排退出领导岗位干部到贫困村担任"第一书记"、驻村工作组组长,助力脱贫攻坚,指导党建工作;5.安排退出领导岗位的干部协管某一方面的工作或承担某项重点工作任务。四是选拔优秀领导干部及教师、医生到甘孜、阿坝、凉山州挂职锻炼。

【事业单位登记管理服务标准化】事业单位日常登记证书换领。事业单位登记管理中的证书换领工作是一项常抓不懈工作,也是机构编制部门的一项重要工作。认真贯彻执行《事业单位登记管理暂行条例》和《实施细则》,使事业单位登记管理、证书换领工作逐步走上规范化、制度化、程序化的健康发展轨道。至年末,完成事业单位登记301个(含敬老院13个),完成新版法人证书换领100%。事业单位设立登记、登记事项变更,证书新领等全部在市编办电子政务中心予以公示。

如期完成2016年度事业单位年度报告公示。全县2016年末有事业单位287个,全部由国家机关举办。认真开展事业单位的法人年度报告公示工作,3月31日前,全县事业单位法人年报公示单位共296个(含利用国家资产举办的事业单位),实际网上年报公示单位296个,完成年度报告公示296个,公示率100%。

扎实推进机关、群团统一社会信用代码赋码。按照省、市开展机关、群团统一社会信用代码赋码工作部署,于2016年5月全面推开全县机关、群团统一社会信用代码赋码工作。2017年7月14日完成全县57个机关、5个群团、2个垂直机关的"统一社会信息代码"赋码颁证,赋码颁(换)证率100%。

事业单位信息抽查。制发《筠连县事业单位法人公示信息抽查实施细则(试行)》,组织开展事业单位法人公示信息抽查工作2批,对巡司镇农村经济技术服务中心等18个事业单位的事业单位法人公示信息抽查。主要采取书面审查、实地核查、网络监测等方式对事业单位法人公示情况进行抽查,重点检查登记事项、年度报告、证书、印章管理、编制情况等9个方面的内容。检查过程中,就各事业单位贯彻执行情况和工作中存在的问题梳理汇总,详细填写"筠连县事业单位法人公示信息实地核查记录",书面下达"事业单位法人公示信息抽查整改通知书""事业单位法人公示信息抽查整改反馈书",通过抽查,进一步加强对事业单位法人的监督管理,规范事业单位法人公示信息工作。

【网上名称管理】2017年,县委编办认真落实上级部署要求,多措并举顺利完成2017年度中文域名注册续费工作,进一步提升全县网上名称管理工作规范化水平。

【严控财政供养基数】2017年,认真贯彻落实中央、省委和市委精神,按照"本届政府任期内财政供养人员只减不增"要求,控编减编坚持在"严、控、调、管"("严"指严格政策措施、"控"指控制总量、"调"指动态调整、"管"指强化监督管理)上下功夫,围绕中心,全力保障党委政府重点工作，严格遵守全县行政编制数以市委编委下达的 1337 名为准,其中政法专项编制 373 名、使用编制 340 名,县级机关 505 名、使用编制 476 名,乡(镇)机关 459 名、使用编制 379 名;事业编制总数以 2012 年的 6589 名为准,加上群团置换编制、质监工商下划事业编制共 6622 名，使用编制 5672 名,均控制在总量内。

【实名制管理】一是完善机构编制实名制管理。加强日常数据维护,实时更新台帐,实现机构清、编制清、领导职数清、实有人员清。二是执行机构编制统计法规、制度、规范和标准,实施上级机构编制管理机关布置的统计调查任务,及时上报市编办实名制月报表,对月报表的统计数据真实性、准确性和完整性负责。三是及时办理上下编,做好机关事业单位养老保险参保审核工作。

【机构编制资源调配】2017 年，继续落实控编减编各项政策,优化机构编制资源配置。

严格程序。注重加强机构编制源头管理,严把审批关口,严格执行机构编制审批制度。

严格管理。准确掌握全县机关事业单位进出人员数据的变化,确保在编人员的有序管理。

严肃纪律。在全县机关事业单位建立开展防治"吃空饷"问题长效机制,开展督查工作。

管好管活。对职能减少的单位,按照"退二进一,保基本运行"的原则,严格控制进人,按规定核减、精简和收回编制;对职能增加的单位,适量增加编制数。严格执行机构编制限额,明确控制增量、盘活存量。

增编情况。坚持"围绕中心、服务大局",保障重点工作，共增编 109 名。一是增加重点建设项目办公室编制 2 名。二是增加筠连县第二中学编制 20 名、职业技术学校编制 30 名、希望小学编制 10 名、景阳小学编制 5 名、巡司镇中心校编制 20 名。三是增加县纪委行政编制 1 名、党员干部廉政教育培训中心事业编制 4 名,增加的编制全部用于县委巡察工作机构使用。四是增加地质灾害环境监测站编制 3 名。五是设立股级公益一类全额拨款事业单位(筠连县社会救助家庭经济状况核对中心),核定编制 2 名。六是设立股级公益一类事业单位(旅游信息中心),核定编制 2 名。七是将原设在筠连县防汛抗旱指挥部办公室挂牌机构"筠连县河道管理所"调整设置为水务局下设事业单位,更名为筠连县河长制办公室，增挂 "筠连县河湖管理站"牌子,设专职副主任 2 名(正股级),筠连县防汛抗旱指挥部办公室原有编制 4 名及在编人员一并划转到筠连县河长制办公室。八是增加扶贫移民培训中心事业编制 6 名。

编制核定。县医疗保险局核定事业编制为 23 名,核定不动产登记中心事业编制 25 名，核定机关事务管理办公室事业编制 6 名,保障重点领域重点工作的需求,且还有空缺。

减编情况。报县委编委批准,核减职能弱化、职能整合的部分事业单位编制,如公路养护段、安全生产巡查中心、土地储备整理中心、林业系统、农业系统、渔政站等。核减的事业编制保障中央省市重大决策以及保障重大民生、关键环节方面用编需求。

【机构编制纪律】2017 年，继续严肃执行机构编制纪律。一是县委、县政府主要负责人加强对机构编制工作的领导,严格控制机构编制,及时研究解决重大问题,确保机构编制纪律的落实。二是在日常工作中县纪检监察、县季组织部、县委编办、县财政局、县人社局、县审计局等部门,加强沟通协调,形成促进机构编制纪律执行的合力,共同维护好机构编制纪律的严肃性和权威性。三是在省审计局委托市审计局对筠连县书记、县长期满经济责任审计中,重点对机构编制工作的专项审计。四是机构编制管理纳入同级党委巡察内容,对各部门执行机构编制纪律的情况开展巡察。五是加强机构编制工作监督检查,纳入选人用人专项检查。形成监督检查机制,提高部门(单位)主要领导和机构编制干部遵守机构编制法律法规的自觉性。

【控编减编执行检查】一是建立健全考核和问责机制、监督检查工作制度以及违法犯规问题查处措施。全年与人社、财政、组织、纪委、审计 6 个部门联合在全县机关事业单位开展防治"吃空饷"问题长效机制建立情况专项督察工作,有效的控制"吃空饷"及机关事业单位乱借用人员的现象。二是加强计划外用工的管理,全面清理各单位计划外用工,符合使用规定的,重新规范,确保计划外用工的有序管理。三是严控基数。全县行政编制数以市委编委下达的 1337 名为准,其中政法专项编制 373 名、县级机关 505 名、乡(镇)机关 459 名;事业编制总数以 2012 年的 6589 名为准,加上群团置换编制、质监工商下划事业编制共 6622 名,均控制在总量内。四是动态调整。在县级编制总量内,向改革、职能调整要编制,确保党委政府中心工作、重点领域编制需求。调整工商、发改、经信科技等行政编制到教育、扶贫、安监等部门,民宗职能划转,县政府办行政编制调整到县委统战部。五是加强管理。按照《关于深入开展机构和人员编制核查全面推行机构编制实名制管理的通知》,进一步完善机构编制实名制管理,对全县机关事业单位实名制管理进行规范,与组织、人社等部门相互衔接、相互配套,人员进出必须先到编办申请用编计划,待批准后方可进人,且在人员调动后必须到编办进行"上编""下编",凭编办出具的"通知"到组织、人社部门再行办理行政关系转介、档案调动、工资转移。

【编制工作调研】2017 年，县编办积极到基层、到一线，强化调查研究，特别针对基础性、综合性和热点难点问题进行分析探讨，反映基层编制情况和工作设想，使机构编制工作更好的服务于地方经济发展、更好服务于调结构转型、更好服务于民生工程，形成调研成果。全年撰写工作信息（简报）17条，调研文章4篇。

（刘小兰）

宣传工作

【宣传概况】 中共十九大报告提出“加强党对意识形态领域工作的领导，党的理论创新全面推进，马克思主义在意识形态领域的指导地位更加鲜明”。县委认真落实宣传工作责任制，加强党对宣传工作的领导，全县宣传工作保持平稳向好态势。

【宣传工作主体责任】 2017年，按照中央和省委、市委的要求，宣传工作纳入县委工作的重要议事日程，做到与全县中心工作同统筹、同部署、同落实、同检查、同考核。3月20日，县委常委会专题研究宣传工作，县委常委、县委宣传部部长雷敏就2017年宣传工作做专题汇报，市政府副市长、县委书记王萍强调要强化“四个意识”，坚定“四个自信”，严格落实宣传工作责任制。5月9日，县委常委会研究宣传工作，市政府副市长、县委书记王萍就宣传工作做相关部署，提出相关要求，要主动作为，扎实工作为迎接省十一次党代会顺利召开做好思想准备。6月1日，在筠连县宣传思想文化工作会议上，县委副书记李小林通报宣传领域的情况。6月2日，县委办公室印发《关于成立筠连县意识形态工作责任制领导小组的通知》，进一步明确县委领导班子对全县宣传工作负主体责任，市政府副市长、县委书记王萍履行第一责任人责任，加强引导、亲自抓、带头管宣传工作，负首责；其他班子成员按照“一岗双责”要求，抓好分管部门、单位和职责范围内的宣传工作。县委常委、县委宣传部部长履行直接责任人责任，分管宣传工作，协助第一责任人抓好统筹协调指导工作。8月25日，县委常委会专题听取2017半年全县宣传工作情况报告，分析研究下半年工作，市政府副市长、县委书记王萍再次强调要加强党对宣传工作的领导，要牢牢把握宣传工作的主动权，巩固全县人民共同团结奋斗的思想基础。9月29日，召开全县加强宣传工作座谈会，通报上半年工作，部署下半年工作。

【强化宣传领域阵地的领导权】 2017年，进一步加强对宣传领域阵地的建设和管理，要求各个涉及宣传领域安全的部门共同协商完善互联网、各类学校、网吧、出版物市场、宗教活动场所等宣传阵地的管理办法。至年末，县网信办共监测处理负面网络舆情信息224条，完成评论转发任务92次1075条，撰写相关网评文章6篇；官微“筠连发布”在“中共十九大”“省第十一次党代会”“网络中国节”“我给家乡拍张照”“两会微表情”“脱贫攻坚”等话题下积极跟帖转发。加强对属地网站、论坛、自媒体等的监管力度，积极引导网络舆论，聚集社会正能量，营造风清气正的网络环境。至年末，县网信办约谈县域民间网站、自媒体负责人6次。

深入贯彻落实习近平总书记在哲学社会科学工作座谈会上的重要讲话精神，贯彻《四川省加快构建中国特色哲学社会科学的实施意见》，加强社会科学协会领导班子建设。严格规范各类报告会、研讨会、讲座论坛的审批审查，对文艺阵地、文艺组织、文艺队伍进行规范管理。5月10日，县委宣传部牵头召开筠连县公益广告宣传工作座谈会，明确全县公益广告宣传的职责分工、规划发布管理以及对户外公益广告宣传与管理的督查考核。认真学习宣传贯彻习近平新时代中国特色社会主义思想和中共十九大精神，努力学出觉悟、学出信仰、学出担当，推动各部门、各领域、各地区扎实开展学习宣传贯彻活动，努力在学懂弄通做实上下真功夫、实功夫。弘扬和践行社会主义核心价值观和中华民族优秀传统文化，社会主义核心价值观是当代中国精神的集中体现，结合新时代的要求继承创新，精神文明建设取得长足进步。严格落实意识形态工作日报、月报、季度报上报制度，在中共十九大期间密切关注宣传领域安全，每天向市委宣传部报告宣传领域的情况。

【优化基层宣传人才结构】 县委重视宣传思想文化部门领导班子建设，实行领导班子分析研判和功能化选配，全覆盖谈心谈话，了解班子运行状况和干部思想动态，及时研究解决班子存在的问题，不断选优配强领导班子。全年，对县委宣传部、县教育文广局领导班子进行调整，提拔1名业务能力强的人员担任县互联网信息办公室专职副主任，提拔1名教育工作经验丰富的人员担任县教育文广局总督学，提拔1名文化人员担任《绿色煤都》编辑部副主编，交流4名人员到县委宣传部、教育文广局任职，切实加强宣传思想文化部门领导班子建设。各乡（镇）、县级各部门也配备专门（兼任）的人员从事宣传思想工作。加强领导干部理论学习，县委组织部通过举办领导干部读书班、村（社区）主任培训班、精准党建骨干培训班、村（社区）党组织书记培训班。县委党校通过举办主题主体班、农民夜校和流动夜校，加强对筠连中共党员领导干部的教育培训，强化基层中共党员干部的理论武装。

【落实宣传工作责任制】 10月9日，县委县政府督查目标办、县委宣传部制发《关于开展意识形态工作专项督查的通知》，结合学习贯彻中共十九大、省第十一次党代会精神和党委（党组）中心组学习等内容。10月16日起，由县委宣传部牵头，会同县委办、县纪委、县委组织部、县直机关工委分6个小组对全县各乡(镇)、各县级部门落实宣传工作责任制进行专项督察检查，推动宣传工作落实到位，确保各县委常委、各乡(镇)党委、县级各部门党组(党委)班子成员把宣传工作作为民主生活会和述职报告的重要内容，接受监督和评议；纪检机关把落实宣传工作纳入执行党的纪律尤其是政治纪律和政治规矩的监督检查范围；组织部门把宣传工作情况纳入干部考核内容，作为评价使用和奖惩的重要依据；县精神文明办把落实党委(党组)宣传工作责任制情况纳入文明城市、文明单位考核评价内容。

【宣传领域活动】1月13日，县委召开中心组(扩大)学习会，传达学习市"两会"精神，研究谋划全县全面工作。县委中心组全体成员、各成员单位学习秘书，各乡(镇)党委书记，县级各部门主要负责人、相关企事业单位主要负责人共200余人参加会议。市政府副市长、县委书记王萍主持会议并讲话。

2月10日，中共筠连县委召开中心组(扩大)学习会，邀请农业品牌化智库——农本咨询创始人、首席专家贾枭作《区域农产品品牌化的若干分享》专题讲座。县委副书记、县政府县长刘朝平主持会议并讲话。

3月3日，由中共市委宣传部、市委讲师团主办，县委宣传部、县妇联、县妇儿工委承办的"三江人文大讲坛"在县会议中心三楼会场开讲，特邀国内顶级运动养生专家赵之心老师开展《关注女性体质健康》专题讲座，提前为全县妇女同胞送上"三八"节健康礼物。

5月21日，中共筠连县委召开中心组(扩大)学习会，邀请成都信息化技术应用发展中心主任助理但强，成都优易数据有限公司总经理夏珺峥和北京大学智慧城市研究中心博士、研究员、副主任尚进作大数据专题讲座。四川省大数据发展研究会会长杨志前到会指导并发表热情洋溢的演讲。县委副书记李小林主持会议。24日，县委宣传部、县教育文广局、县卫生计生局、县经信科技局、县司法局等15家部门(单位)组成的服务团至沐爱镇棬坪村，开展文化科技卫生"三下乡"集中服务活动。

6月28日，县委召开中心组(扩大)学习会，市纪委副书记、市监察局局长、省第十一次党代会精神市委宣讲团成员张琦作宣讲报告。市政府副市长、县委书记王萍主持会议并讲话。

7月14日，县委宣传部副部长、《绿色煤都》编辑部主编、县委宣讲团副团长汪富永到双腾镇、塘坝乡宣讲省第十一次党代会精神。25日，宜宾日报社副总编辑张帆带队到筠连督导学习宣传贯彻省第十一次党代会精神有关工作。县委常委、县委宣传部部长雷敏陪同。

8月3日，县委召开中心组学习会，市政府副市长、县委书记王萍作省第十一次党代会精神宣讲报告并主持会议。16日，中共筠连县委召开中心组(扩大)专题学习会，邀请到浙江海龟科技有限公司董事长傅智建作专题讲座。县委副书记李小林主持会议。21日，中共筠连县委召开中心组(扩大)学习会，通报全县扶贫领域典型案例，安排部署各项工作，并就脱贫攻坚相关知识作进一步培训。市政府副市长、县委书记王萍主持会议并讲话。

10月18日，中国共产党第十九次全国代表大会在北京隆重开幕，习近平总书记代表第十八届中央委员会向大会作报告。筠连县各党委(党组)中心组成员通过电视、广播和网络等渠道，积极收看大会开幕式盛况。20日，宜宾市委宣传部副部长高一川带领文化专家到筠连调研"一县一区一品"工作。

11月6日，由市委宣传部、市文化广电新闻出版局主办，县委、县政府承办的宜宾市第五届"三江放歌"广场文艺演出筠连专场暨筠连县决战决胜脱贫攻坚万人誓师大会活动在玉壶广场隆重举行。11日，腾达镇春风村党支部书记王家元所作的宣讲报告《我们走上改革创业春风路》，被中共中央宣传部表彰为2017年度"优秀理论宣讲报告"，这是继中宣部授予"时代楷模"荣誉称号后，王家元获得的又一殊荣。24日，由县委宣传部牵头，组织县教育文广局、卫计局、经信科技局等十多家单位到巡司镇土房村开展以"助力精准扶贫，携手圆梦小康"为主题的文化、科技、卫生"三下乡"集中服务活动。

12月5日，筠连县委宣讲团成员、县委宣传部副部长汪富永到团林苗族乡宣讲中共十九大精神，团林苗族乡全体干部职工及村组干部100余人参加。7日，以"助力精准扶贫，携手圆梦小康"为主题的文化、科技、卫生"三下乡"集中服务活动走进大雪山镇石龙村，由县委宣传部牵头，县教育文广局、县经信科技局、县卫生计生局等15个部门参加，雪山村、大榜村、石龙村的村组干部及全体中共党员参加会议。

(叶云龙 向梅)

统一战线

【统战概况】2017年，统战工作按照全市统战部部长会议"落实年、创新年、提升年"工作要求，学习贯彻中共十九大精神，认真落实全省统一战线深入贯彻省十一次党代会精神暨"两学一做"制度化常态化电视电话会议和全市统一战线"主动作为、争创一流"推进会精神，充分发挥统一战线重要法宝作用，为全面建设"四区"和打造"三个筠连"凝聚人心，汇聚力量。

【统战职能调整】根据上级要求，结合实际，制订统战部(民宗局)合署办公的"三定方案"上报县编委。经县编委批复，县委统战部(民宗局)新增3个行政编制、2名领导编制、3个内设股、3名正股级岗位和1名副股级岗位。各乡

(镇)分别成立以党委书记为组长的乡(镇)统战工作领导小组,18个乡(镇)党委配备统战委员,明确统战干事。县级部门(单位)明确1名科级中共党员领导干部分管统战工作。县委把统战工作对乡(镇)、部门的保证目标考核分值由3.5分调整为与县委组织部、县委宣传部同为9分。

【统战责任落实】结合县委公务员“周记月考年评”办法和“三项整改回头看”要求,制订“县委统战部职工周记月考年评考核暂行办法”,完善请销假等10个内部管理制度,全面实行职工人脸考勤和职工岗位AB岗制度,推行“五化”工作法,细化工作台账,明确牵头领导、具体负责人员和完成工作时限,按时间节点完成工作,切实提高了部机关工作效率,改进了工作作风。强化目标绩效考核,形成《筠连县:“一增强三分类”切实加强和改进基层统战工作》报告(“一增强三分类”:增强力量,分类考核、分类指导、分类培养),得到市委常委、市委统战部部长李学焦的肯定性批示。县委宣传部把统一战线理论和方针政策纳入宣传、新闻工作计划。县委党校把统一战线理论和方针政策纳入教学内容,在举办的干部递进人才培训班、党外干部、党外代表人士培训班、非公经济人士培训班中专题学习统一战线理论方针政策。加强对县民宗局、县工商联、县非公经济党工委、县台办和县台联工作的指导,形成县委统一领导,县委统战部门牵头抓总,各部门协调配合的统一战线工作大格局,切实推动中央、省委、市委和县委关于统战工作的要求落实到位。

【民宗局搬迁】2017年5月5日,根据筠委办〔2017〕19号文件,县民族宗教事务局并入县委统战部合署办公,民宗局行政级别仍为正科级。5月20日,县民宗局从县政府大院(老筠中)搬迁至县委统战部办公。

【统战合作】一是政治协商进一步规范化制度化常态化。规范建立县委与工商联、无党派人士“双月协商会”制度,使县委与工商联、无党派人士政治协商进一步规范化制度化常态化。经县委常委会审议通过,县委印发《关于印发〈筠连县探索构建社会主义协商民主体系实施方案〉的通知》,建立顶层设计的领导机构和工作机构,成立筠连县探索构建社会主义协商民主体系领导小组。二是异地商会筹建。县委统战部与工商联等部门加强对建立异地商会、行业商会的筹备和指导,全年新建海口、景德镇2个筠连商会,通过异地商会的宣传平台、联谊平台、招商平台的作用,助推筠连经济发展。

【统战活动】一是加强乡(镇)、部门统战组织建设。突出创建基层统战工作乡镇,把塘坝乡作为统战工作示范乡镇,按照“围绕中心、服务大局、发挥优势、汇聚智力、同心同行、全面小康”的工作思路,以“同心·幸福小康”工程为主题,按照“六有三抓”[即有机构、有队伍、有经费、有阵地、有制度、有考核;抓基础台账(党外干部、党外知识分子、非公经济人士、少数民族人士、侨胞、台胞、台属、乡村贤达、乡土人才)、抓教育培训、抓推荐使用]强基提升、引领思想共识推进美丽乡村建设的标准要求,扎实开展强基提升、团结引领、协商共识、聚力发展“四大行动”,在塘坝乡举行中国共产党统一战线史展览,建立同心联谊活动中心、同心文化广场等统战同心阵地。塘坝乡被市委统战部确定为全市统战工作示范创建乡(镇)。

实施统一战线“能力素质提升工程”。选派县委统战部干部职工、乡(镇)统战干部、党外干部、少数民族干部(含民族乡党政领导干部)、党外知识分子、非公经济代表人士、宗教界人士等15批次、36人次参加省、市各类培训、调训。召开全县统战干部业务政策培训会、统战宣传信息培训会、新的社会阶层人士统战工作座谈会等进行统战业务培训。首次举办党外干部、党外代表人士培训班、非公经济代表人士培训班。配合县人大、县政协对新履职的县党外人大代表、政协委员进行履职培训,提升筠连县统一战线成员素质。

【非中共干部培养】一是党外干部选任。认真贯彻《中国共产党统一战线工作条例(试行)》《四川省贯彻〈中国共产党统一战线工作条例(试行)〉实施细则》、市委贯彻《条例》《实施细则》若干意见,在党外干部的配备上积极为县委当好参谋助手。年末,全县党外干部从换届前的19名增加至44名,年内新提拔党外正科级1名、副科级12名,轮岗交流7名。其中县人大、政府、政协配备副处级党外干部4人;县级部门和乡(镇)配备正科级党外干部5人、副科级党外干部35人,其中县政府部门统计局任命1名党外女干部担任局长;教育文广、审计、统计、民政、环保、食药、安监等1/4以上的政府组成部门配备党外干部;县人民检察院、县人大常委会内设机构、县政协内设机构和县总工会、工商联等人民团体分别配备党外科级领导干部;县人民法院培养1名党外科级后备干部;向市委组织部、统战部推荐9名党外后备干部。二是党外干部选任调训。按上级调训要求,全年分别选送党外县处级领导干部钟声远、代屏,少数民族县处级干部韩世全,党外干部王元辉、党外知识分子陈琪琼参加上级组织的调训,完成上级调训任务,首次举办全县党外干部、党外代表人士培训班,对全县50余名党外代表人士、党外科级领导干部开展全员培训。

【非公经济统战】一是加大异地商会建设指导力度,促进非公有制经济健康发展,与工商联等相关部门加强对建立异地商会、行业商会的筹备和指导,4月,海口筠连商会在海口成立;6月,在景德镇成立景德镇筠连商会和筠连县餐饮烹饪行业协会(商会),新增商会会员300余名,在商会成立大会上还为筠连本土企业人家提供名优产品推介平台。二是继续开展"万企帮万村"感恩行动,非公企业和非公经济界为脱贫攻坚捐款捐物200余万元,筠姜专业合作社与孔雀乡黄泥村开展产业扶贫助农增收的效果明显,树立宣传文韬、何许成等创业创新、转型升级的典型人物,并形成先进材料上报。三是非公经济人士培养,注重对非公经济代表人士特别是年轻一代非公经济人士的培养教育,选派年轻的非公经济人士到浙大参加新时期工商联研讨班学习。全年,对拟推荐为县劳模的11名候选人、增补提名为县政协委员建议人选的19名非公经济代表人士开展综合评价。

【非中共知识分子培养】制发《2017年党外知识分子工作实施方案》《在全县党外知识分子中开展社会主义核心价值观主题活动的实施方案》,为党外知识分子发挥作用搭建平台。成立县党外知识分子联谊会的契机,开展全县党外副高职称和中层以上职务的党外知识分子调查,摸清党外知识分子基本情况,建立全县党外知识分子台账,掌握党外知识分子代表人士。11月26日,召开筠连县党外知识分子联谊会成立大会,选举第一届理事会成员。

【新的社会阶层人士工作】为全县新的社会阶层人士搭建联谊平台,进一步凝聚正能量。县委建立新的社会阶层人士统战工作联席会议制度,由县委统战部牵头,加强与相关部门的沟通协调,形成工作合力,全年召开联席会议2次。11月26日,成立新的社会阶层人士联谊会,选举第一届理事会成员。

县委统战部牵头制订《新的社会阶层统战工作联席会议成员单位工作职责》,在瑞龙律师事务所、玉壶律师事务所设立统战联络员。摸清全县新的社会组织和新的社会阶层人士情况,建立重点人士联系名单。全县共有2个律师事务所、有影响的新媒体8个、各类协会78个,纳入县委统战部联系的新的社会阶层人士151名,向市委统战部推荐新的社会阶层代表人士14名。邀请新的社会阶层代表人士和党外知识分子代表参加县委"双月协商会"。在新的社会阶层人士律师和党外法律工作者中开展同心·法治扶助"六大工程"。

探索在新媒体从业人员中开展"同心·好声音"活动,以"凝聚政治共识、齐走同心路,搭建服务平台、联结同心桥,奏响主旋律、唱响同心歌"为内容,开展新媒体从业人员的理想信念教育,牢固树立"四个意识",坚持"四个自信",听党话、跟党走。加强职业道德教育,树立社会责任意识;召开联谊会、座谈会,建立线上的意见建议反馈引导机制;做好代表人士的政治安排、社会安排;引导形成围绕"三个筠连"建设聚智献策的氛围,自觉净化网络空间,发布合法、健康、绿色信息,弘扬社会正能量,践行"爱家乡、赞筠连",为社会和谐稳定营造舆论氛围。8月8日,九寨沟发生7.0级地震后,筠连新的社会阶层代表人士、筠爱义工协会会长文韬带领义工前往灾区救灾,得到九寨沟县委、县政府的赞扬和感谢。

【对台工作】一是认真贯彻"一国两制、和平统一"的方针,加强与港澳爱国社团、台湾统派团体和华人华侨社团的联系,进一步壮大爱国力量,推动反"独"促统运动发展,加强与港澳台海外代表人士的联系,指导有关单位做好定居台胞、侨胞侨属工作。加强对台联工作的指导,健全台联各项规章制度,为台联理事会提供必要的工作经费;物色年轻优秀的台属增补为县台联理事会成员,充实对台工作力量,做好台胞台属的联系服务工作,最大限度争取人心,不断巩固壮大爱国统一战线。二是加强台胞台属的联系服务工作。春节,走访慰问县城内的知名台属;清明节期间,接待每年回乡探亲祭祖的筠连籍台胞王访贤。陪同参观家乡建设,邀请其参加县台联季度学习会,联谊联情,共叙亲情,共话家乡发展。9月27日,召开全县台胞台属中秋座谈会,县政府副县长唐勇向台胞台属通报上半年全县国民经济运行情况,听取台胞台属代表发言,县委常委、县委统战部部长贾圣君代表县四大班子向全县台胞台属和在台亲人致以中秋问候。主动融入新媒体,建立筠连县台胞台属微信群,宣传政策,互动交流,凝聚对台工作合力。进一步做好海外留学人员的调查摸底;提高对台工作在各乡(镇)、部门年终目标考核分值。

【民族宗教工作】组建由县委常委、县委统战部部长贾圣君任组长,县委统战部、县民宗局、县公安局、县民政局、县人社局等部门为成员的禁止针对民族歧视性做法监督检查工作组,对全县各乡(镇)、部门开展禁止出现针对少数民族的歧视性做法的监督检查。

建立快速有效的民族问题反馈机制,对涉及民族宗教的重大事件、重大问题第一时间报告、第一时间反应,及时化解存在的问题,全年成功调解少数民族纠纷1起。设立筠连县少数民族流动人口服务站,18个乡(镇)分别建立乡(镇)少数民族流动人口服务站,为少数民族民族地区争取少数民族项目资金486万元促进民族地区发展,协助团林苗族乡打造苗彝民族生态园,形成团林苗族乡社会主义核心价值观主题公园、民族文化长廊等民族团结进步教育示范点。8月11—18日,举办筠连县第十二期苗彝文化培训班,通过培养一批带动一批,进一步传承和弘扬民族文化。全年,调训少数民族干部、民族地区党政干部参加上级调训3批3人次。

建立县委宗教工作联席会议制度,进一步健全宗教工作联席协调机制,全年召开县委宗教工作联席会议2次。7月24日,在高坪苗族乡召开全县宗教"两乱"整治现场会,启动宗教"两乱"整治,全年拆除违建土龛、神龛26处。扎实推进"法律进寺庙"、开展"和谐寺观教堂"创建活动,举办2期"法律进寺庙"法治学习培训班;召开2次"法律进寺庙”工作推进会。落实由县民宗局局长担任县委统战部副部长，配备1名民宗局副局长。选送4名宗教干部参加全市宗教干部培训班学习，选送佛教教职人员7名参加全市佛教教职人员培训班学习；开展国歌国旗进宗教场所，引领宗教界人士爱国爱教。11月6—10日，由县委常委、县委统战部部长贾圣君带领县委组织部、县委统战部人员代表县委，赴甘孜州雅江县、新龙县看望慰问周金保等4名援藏干部。按时足额划拨援藏经费，协助援藏人才做好包虫病体检，发放援藏干部生活补助。

【党外知识分子联谊会和新的社会阶层人士联谊会成立】 2017年12月26日，筠连县党外知识分子联谊会和新的社会阶层人士联谊会成立大会召开，市政府副市长、县委书记王萍出席会议并讲话。

王萍为党外知识分子联谊会和新的社会阶层人士联谊会授牌，对两个联谊会的成立表示热烈祝贺，党外知识分子联谊会和新的社会阶层人士联谊会作为党和政府联系人民、团结党外人士、新的社会阶层人士的重要桥梁和纽带，要始终密切联系群众、关心民生民本、传递正能量，在关注民生、服务社会、促进和谐等方面肩负着重大责任和光荣使命。希望党外知识分子和新的社会阶层人士，一要有坚定的政治信念和崇高的人生追求。二要有爱岗敬业奉献社会的精神境界。三要有勇往直前追求卓越的拼搏精神，要充分发挥人才荟萃、智力密集的优势，切实把广大党外知识分子、新的社会阶层人士的思想和行动统一到县委的决策部署上来，为全县跨越发展建言献策。

会议传达学习中共十九大精神，审议通过《筠连县党外知识分子联谊会章程(草案)》《筠连县党外知识分子联谊会选举办法(草案)》和《筠连县新的社会阶层人士联谊会章程（草案)》《筠连县新的社会阶层人士联谊会选举办法（草案)》，选举产生全县党外知识分子联谊会和新的社会阶层人士联谊会第一届理事会会长、副会长、秘书长、常务理事和理事。黄鈞当选为党外知识分子联谊会第一届理事会会长、陈云当选为新的社会阶层人士联谊会第一届理事会会长。

（刘珊珊）

机关党建

【思想理论建设】 2017年，县直机关工委大力开展中共十九大精神及习近平总书记系列重要讲话精神的教育培训，突出抓好思想理论、法规警示和先进典型学习，增强中共党员干部党性意识、党纪党规意识，形成机关良好的政治生态。一是发挥县级干部的率带作用。结合“两学一做”“五个一”帮扶工作，副县级以上领导坚持双重组织生活，认真讲党课、做好联系贫困村工作等，起好示范作用。二是牵头组织科级干部中心组学习不走过场，坚持规范化、制度化和实效化，加强警示教育，以学有所思、学有所用、学有所效为基本要求，以干事创业、争创一流为检验标准，形成机关良好的学习风气和干事氛围。三是积极开展党务干部和中共党员教育培训。于4月、12月举办全县机关党务干部培训会。举办入党积极分子和预备中共党员培训，交流学习党史党章党规，邀请市直机关工委领导、市委讲师团、市委党校老师为机关党员干部授课。

【“六有六化”规范化建设】 2017年3月，根据筠连机关党建实际，开展“六有六化”（即有人抓，思想教育常态化；有阵地，组织生活主题化；有经费，保障工作实在化；有载体，先锋作用示范化；有细则，党建科目清单化；有目标，率带作用明显化）规范化建设。认真落实市委加强机关党建工作的意见，加快“五有”（即有固定场所、有设施设备、有党建文化、有管理制度、有门牌标识）标准化中共党员活动阵地，管理实现精细化、服务实现常态化、建设实现功能化、发展实现均衡化，全县基层党组织规范化建设取得明显成效。

严格执行中共党员领导干部讲党课、谈心谈话、双重组织生活、党性定期分析、民主评议党员等制度，规范党组织生活流程。依规做好机关党组织设置和换届工作，突出政治标准，办好入党积极分子和新中共党员培训班。

做好党费收缴、组织关系转接、党内关怀等常规工作，圆满完成新中共党员信息系统录入并使用，各支部年度党费收缴完毕。严肃处置“不合格”中共党员。健全中共党员档案资料管理及“三会一课”、专题组织生活会、困难中共党员老中共党员慰问关爱等制度。全年召开中共党员大会4次、举办党课4次、专题组织生活会2次、慰问困难中共党员老中共党员活动2次。

【党建示范项目化管理】 2017年，县直机关工委会同县委组织部以及党建工作专家（老师）拟定党建课题，采取党支部主动申报认领和县直机关工委安排办法结合，做到每个支部都有党建项目示范，力争出特色、出亮点。积极探索破解基层党建工作难题，提升基层党建工作水平的方法路径。县委办支部申报主题党日活动示范，县人大办支部申报“四型支部”创建，政府办支部认真“领导干部双重组织生活”规范，县委组织部支部开展“党支部阵地建设达标”，统战部申报“同心、幸福小康工程”，政法委支部开展“会前四学促党建”，通过各支部开展党建示范（创新）项目化建设，规范化建设基础进一步夯实，学习型党组织建设进一步深化，服务型党组织建设进一步推进，廉洁型党支部建设进一步加强。

【党建信息化建设】 2017年，按照中组部工作安排，在中共十九大前建成并试运行全国中共党员管理信息系统，县机关工委圆满完成辖区党组织和党员基本信息采集及入库工作，建立中共党员电子身份信息，运用信息系统开展业务应用，逐步推动组织工作信息化、规范化。全年，县机关工委系统已建立党的基层组织共4个，其中党委2个、党总支3个、党支部69个，中共党员总数1139名。党支部换届30次，新任职党支部书记25名。

【机关作风建设】 2017年，深化党风党纪教育，全面推进廉政文化“进机关”活动。各党总支(支部)认真组织中共党员学习贯彻《中国共产党廉洁自律准则》《中国共产党纪律处分条例》和习近平总书记在中纪委十八届六次全会上的讲话精神，深入推进党务公开，畅通党内监督、社会监督渠道。认真总结“三严三实”专题教育经验，全面落实《机关党员干部践行“三严三实”行为规范》，协助党组(党委)抓好专题民主生活会各项整改措施的落实，各党组织针对发现的共性问题对标补差，对照民主生活会要求进行规范，认真查摆自身存在的个性问题，积极补齐短板，完善民主生活会资料收集、整理和归档。在往后的民主生活会开展过程中，严格各项程序环节，确保民主生活会的严肃性、完整性、规范性。加强监督检查，积极配合抓好机关行政效能建设。坚持“一案双查”，推动“两个责任”全面落实。

链接：第二期机关党务干部培训会

2017年12月6日，筠连县2017年第二期机关党务干部培训会在县会议中心三楼会场举行。县级部门分管党务工作领导，县直机关党委、总支、支部书记、支委委员，县级部门党委机关支部书记共150余人参加培训。

市委党校教授许察金从中共十九大会议和十九报告的显著特点、十九大报告的新提法、新亮点和重大意义、十九大报告提出保障和改善民生等方面，作准确把握中共十九大报告精神实质的专题宣讲。

市直机关工委副书记熊辉林以新时代机关党建新要求新实践为题，从中央新要求、省委新部署、宜宾新实践、个人新感悟4个方面，既为大家讲授政策理论方面知识，又以生动鲜活的案例分析，具有可操作性。

【“两学一做”常态化、制度化建设】 以党总支、党支部为基本单位，以“三会一课”等党的组织生活为基本形式，以落实中共党员教育管理制度为基本依托，严格规定动作，抓实具体措施，教育引导广大中共党员在思想上、标准上和行动上始终向中央看齐，推进中共党员教育管理经常化。

“学”作为前提和基础，确保真学真懂。把学习中共十九大精神和党章党规与系列讲话统一起来，聚焦重点，创新方式，确保学有所获、学有所成。在内容上，认真学习党章党规，特别是《中国共产党党内政治生活若干准则》《中国共产党党内监督条例》，全面理解党的纲领要求；把习近平总书记系列讲话放在突出学习的位置，准确把握讲话的丰富内涵和核心要义。在方式上，采取集中学习、个人自学、专题研讨、党课辅导、集中宣讲和分类送学相结合的方式；把“做”作为重点和关键，以两个“条例”为遵循内容，以政治生活严、组织生活实、民主评议活、谈心谈话全、工作业绩优为标准，确保干在实处。

“做”出实效，建功环境兴县战略。持续深入反对“四风”，开展专项治理，强化正风肃纪，进一步加强对不作为、乱作为、慢作为等损害发展环境行为的查处问责力度，着力解决能力平庸、业务不精、作风漂浮、铺张浪费、创新意识不强的问题，切实解决好关系群众切身利益的问题、联系服务群众“最后一千米”问题，推动中共党员干部作风、社会风气持续向好。

建功“转型发展战略”，按照“跨二进三、连二连三”的思路，组织开展“转型发展我在行动”专题讨论，引导中共党员在推动产业转型升级、开展环境综合整治、优化基础配套设施的具体实践中争当先行者、排头兵，建功脱贫攻坚任务。把“改”作为核心和导向，确保真查真改。坚持问题导向，下功夫整治群众身边的不正之风，下功夫解决中共党员教育管理失之于宽、失之于软和党内生活庸俗化、随意化、平淡化等问题，让社会各界感受到中共党员干部的新变化。

深入查摆问题，以支部为单位，在深入学习研讨的基础上，组织中共党员干部以党章党规为镜子，通过自己反思找、同事相互找、领导帮助找、群众评议找等方式，找准查实自己在思想、组织、作风、纪律等方面存在的问题和不足，深刻剖析原因，列出具体清单，做到精准聚焦、有的放矢，对查出的问题清单，全面完成整改销账。

深化整改落实，把整改工作和党的群众路线教育实践活动、“三严三实”专题教育问题整改结合起来，坚持边学边改、即知即改，组织中共党员对照问题清单，采取销号整改的方式，有一件改一件，改一件销一件，确保问题整改落到实处，党内风气持续向好发展。

【机关党建全域示范创建】 深入贯彻落实省委、市委《关于进一步加强和改进机关党的建设的意见》、市委创建政治坚定战斗力更强党建示范市的工作部署以及市委4次机关党建现场会精神，3月24日，召开全县2017年机关党的建设工作会议；11月3日，召开机关党建全域示范创建工作会。制发《县直机关开展党建工作“六有六化”规范化建设实施方案》，对全县机关单位进行全覆盖机关党建规范化建设督察考核。培树一批机关党建示范创建先进单位，纪委、组织部、宣传部、县直机关综合大楼学习借鉴市直工委的共融共建共享模式；县国税局打造“筠税春风”品牌，突出党建业务共融发展；县人民法院把党建文化与岗位职责任务结合，推行六有六强化；县工商局提炼推广“153工作法”(即突出“一条”主线，切实强化党建工作领导；强化“五项”举措，提升机关党建工作水平；取得“三项”

成效,服务经济社会全面发展)。全县机关党建出现全域发展、精品递现、比学赶超的良好势头,切实发挥走前头、作表率的作用。至年末,全县机关45个党支部已建立党建示范项目或党建创新项目。

【"五个一"帮扶工作】 一是建章立制,落实领导责任。充分发挥联系县级领导的组织、协调、领导、督促作用,在资金整合、人员调节、职能统筹、政策支持等方面形成统筹协调力量;选优择强,精准选派人员,帮扶单位部署精准,充分考虑帮扶单位职能优势。二是扎实开展常态化督察。以帮扶部门、驻村工作组的时间到位、措施到位、效果到位、群众满意度提升为督察重点,不断探索督察工作的实效,拓展督察的深度、广度和力度。重点采取"督察通报实行发点球制,约谈后进单位或表现差的帮扶单位、驻村工作组成员"两项措施,对督察发现的问题及时通报和责令限期整改,全面完成帮扶工作任务。

(张丽)

老干部服务

【老干部概况】 2017年,全县有副县级以上离退休干部39人,其中离休干部8人(享受正县级待遇3人、副县级待遇5人),副县级及以上退休干部30人(副厅级4人、正县级12人、副县级14人);代管离休干部1人,代管副县处级退休干部2人。

【落实老干部政治待遇】 一是老干部思想政治工作。坚持每月1次的学习制度,组织老干部学习习近平总书记系列重要讲话及中央、省、市、县重大会议、重要文件的精神。邀请县发改局、县委宣传部、县委党校等单位领导或专家,围绕"脱贫攻坚情况""全国两会精神""习近平总书记系列讲话精神""中共十九大精神""一带一路""乡风文明建设"等主题,开展专题汇报、讲座14场次。二是落实有关老干部政治制度,落实县领导联系老干部制度、重大节日县领导走访慰问老干部、重大情况及时向老干部通报、老干部代表参加县委中心组学习等制度,重要会议、重大活动积极邀请老干部参与,重大决定认真听取老干部意见,重要工作和重点项目组织老干部视察。三是创新建立离退休干部党组织。本着"条块结合、资源共享、优势互补"的原则,由县委老干部局牵头,联合县直机关工委、人社局、老龄办等部门,建立"县委离退休干部党工委"。率先于全市成立异地党支部,4月组建筠连县退休干部驻成都党支部。抓好离退休干部"两项建设"示范活动,指导县人民法院离退休干部党支部创建为"两项建设"示范单位。

【保障老干部生活待遇】 一是高标准落实离休干部的公用经费,并明确规定财政预算给单位的离休干部公用经费全部发放给老干部本人作为生活补助。全年探望住院老干部35人次,为2名去世老干部妥善处理后事。发放困难帮扶资金48650元,切实把党的关怀送达给生活困难老干部或老干部遗孀。二是开展系列健康保健活动。统一组织老干部健康体检,委托社区医院健全老干部健康档案,指定专门医务人员跟踪服务,继续深化社区干部"心连心"一对一服务活动,每名社区干部联系2~3名老干部。三是规范建设老干部活动中心。新增标准化老干部活动中心1500多平方米,与原老干部活动中心划分为AB两区,新建成能布局科学合理、环境优美、交通方便的老干部活动中心,内设舞蹈室、书画室、阅览室、谈心室、学术报告厅等,增购各类书籍共1000余册,购置电脑、空调、投影仪、健身器材等设施设备。

【丰富老干部文体生活】 一是献策活动。组织老干部围绕县委中心工作,开展实地调研12次,收集老干部意见建议62条、调研报告5篇。召开"建言十九大和省第十一次党代会"调研讨论会,收集老干部意见建议38条,上报市上10条,其中黄绍林撰写的《切实加强食品药品监管工作,增强国民素质》的建议被评为全市金点子。二是志愿服务活动。全年共组建老干部志愿服务队32支,分别在帮困济贫、政策宣讲、党史国史教育、文化展演等方面弘扬正能量。成立"四队一员"(老专家技术服务队、老年人(老干部)文艺宣传队、"五老人员"宣讲队、"栋梁工程"服务队、"农民夜校"教员)深入基层一线开展志愿服务活动。三是"增添正能量"示范活动。开展老干部"访贫问苦"和老干部"传帮带"活动。四是助力脱贫攻坚工作。与县关工委、老促会、扶贫开发协会、科协等组织联系合作,为老干部在贫困村基层党建、产业发展、群众培训、困难帮扶等发挥作用,扎实开展"三项行动",发挥离退休老干部作用,助力全县脱贫攻坚。五是宣传工作。开通"筠连老干"微信公众平台,设有"流金岁月""汇聚正能量""晚霞情苑""工作动态""健康养生"5个栏目,全年"筠连老干"微信公众平台推出11期。

(黄章恒)

党　校

【干部培训】 2017年,县委党校举办各类培训班8个,即精准党建骨干班、村(社区)主任班、村(社区)党组织书记班、优秀干部人才递进培养计划第5期、新任副科班、电子商务精准扶贫班、党外干部和代表人士班、非公经济代表人士班，共培训学员 904 人次。

【宣讲活动】全年，党校 4 名教师参与中共十九大精神、筠连县解放思想大讨论活动、“两学一做”活动等宣讲活动。共参与 15 次宣讲，受众达 1200 人。

【送教下乡】全年，助力农村党建和脱贫攻坚工作，宣传党和国家的政策，提升农村中共党员群众的政策水平和发展的积极性。一是“流动党校”，2—12 月，开展“流动党校”送教下乡活动，到部分乡(镇)开展“送党课”“送脱贫理念”20 余次。二是农民夜校，开展农民夜校培训 20 余次。

【党校建设】2017 年，利用省委拨发专项资金 40 万元修缮教学楼楼顶、装修多媒体教室，采购电脑、音响、空调等教学设备。

【教学能力提升】全年，派出教师 4 人到中国人民大学、井冈山干部培训学院参加党校系统师资班培训。在宣讲中共十九大精神工作中，有 2 位教师进入市委讲师团、3 位教师进入县委宣讲团，组织 2 位教师参加市委党校举行的青年教师讲课比赛并获奖。教学培训中，邀请省委、市委党校领导和教授讲课，邀请市县领导讲课，提高授课质量，丰富授课内容，全年外请 20 人次。

【科研咨政】2017 年，县委党校完成市级科研课题立项结项 4 个、市级案例教学立项结项 1 个、市级咨政课题立项结项 4 个。入选市党校系统开展的征文活动文章 5 篇，获三等奖 1 篇，入选《求是——创新全国党校教师优秀论文精选》1 篇，入选《学习贯彻党的十八届六中全会精神——2016 年学术年会论文集》1 篇，入选《“绣花”功夫——四川脱贫攻坚案例选》1 篇，《宜宾日报》发表理论文章 1 篇，文章《被“卡”住的社会保障卡案例分析——筠连县高坎乡社保卡发放迟迟不到位被“阳光问廉”全媒体直播》得到市政府副市长、县委书记王萍的肯定批示。

【党校对口帮扶】2017 年，继续对口帮扶武德乡小寨村，了解其生活和产业发展状况，确保对口联系人每月至少走访慰问贫困户 2 次，为小寨村工作和产业发展提供资金 1 万元，送物资折 1.89 万元。“双千”活动中，每月至少 1 次到对口联系的联合正兴兔业开展服务调研活动，了解企业发展难题，帮助企业银行续贷 50 万元，并资助企业 5000 元开展技术培训。

（林旭兰）

筠连县人民代表大会常务委员会

人大综述

四川省第十二届人大常委会第24次会议决定，筠连县第十六届人民代表大会(以下简称县十六届人大)代表202名，筠连县第十六届人民代表大会常务委员会(以下简称县十六届人大常委会)组成人员25名。2016年11月11日，选举产生县第十六届人大代表202名。2016年12月16—19日，召开县十六届人大第一次会议，选举何跃为县十六届人大常委会主任，古有奎、刘君乐、郑世筠、代屏为副主任；选举(按姓氏笔画)石均、任永生、刘泽慧、李俊、李清卫、杨显林、何玲、何兴军、邹小川、宋向远、陈光贤、周德强、郑荣枢、徐勇、徐元永、郭琴、黄林、黄通其、彭远霓、潘玉霞20人为县十六届人大常委会委员。

县十六届人大第一次会议后，陈良云、曹旺、郑云3人因工作变动，调离本县行政区域，其代表资格终止。2017年12月8日补选李勇、唐勇为县十六届人大代表。至2017年年末，县十六届人大代表为201名。

县十六届人大第一次会议后，因工作需要，潘玉霞、何玲在县十六届人大常委会第3次会议辞去县十六届人大常委会委员职务。至2017年年末，县十六届人大常委会组成人员为23名。

县十六届人大常委会设工作机构5个，即县人大常委会办公室，设主任1人、副主任1人(3月前缺)；财政经济工作委员会，设主任1人、副主任1人；法治与社会事业工作委员会，设主任1人、副主任1人；人事代表工作委员会，设主任1人、副主任1人；农业工作委员会，设主任1人。设议事机构3个，即预算审查工作委员会、代表资格审查委员会、备案审查委员会。服务机构1个，即代表联络工作站。

筠连县人民代表大会会议

【县十六届人大第二次会议】 2017年12月19—20日，县十六届人大第二次会议在县会议中心举行。应到县人大代表201名，实到县人大代表183名。大会于19日下午举行预备会议，20日上午举行第一次、第二次全体会议。

会议主要议程：1.审议修改《筠连县人民代表大会议事规则》议案；2.听取县人民政府关于筠连县第十六届人民代表大会第一次会议代表建议、批评和意见办理情况的报告；3.听取县人民法院、县人民检察院和县人民政府组成部门2017年度履行安全监管职责情况报告。

筠连县人民代表大会常委会会议

【县十六届人大常委会第2次会议】 2017年2月16日，县十六届人大常委会第2次会议在县会议中心举行，应到会的县人大常委会组成人员25人，实到25人。列席会议的有：县人民政府县长，县人民法院、县人民检察院负责人，县人大常委会各工作机构负责人及相关工作人员，腾达镇、镇舟镇、塘坝乡、孔雀乡、龙镇乡人大主席。邀请参加会议的有：县政协联系人大工作的副主席。

会议主要议程：1. 传达四川省第十二届人民代表大会第五次会议精神。2.传达宜宾市第五届人民代表大会第一次会议精神。3.传达宜宾市第五届人大常委会第1次会议精神。4.审议通过《筠连县人大常委会2017年工作要点》。5.人事事项。会议免去李成毅的筠连县人民检察院检察员职务，任命郑云为筠连县公安局局长、郭刚为筠连县人民政府办公室主任、万家其为筠连县监察局局长、王贵才为筠连县教育和文化广电局局长、谢国刚为筠连县司法局局长、段四海为筠连县人力资源和社会保障局局长、兰湘为筠连县审计局局长、陈旭为筠连县扶贫和移民工作局局长、段利勇为筠连县经济商务信息化和科学技术局局长、喻鸿为筠连县交通运输局局长、熊平为筠连县财政局局长、裴人强为筠连县住房城乡规划建设和城镇管理局局长、余清羽为筠连县统计局局长、胡天顺为筠连县卫生和计划生育局局长、曹良伟为筠连县民政局局长、李泽明为筠连县发展和改革局局长、陈正富为筠连县安全生产监督管理局局长、李再强为筠连县质量技术监督局局长、沈辅君为筠连县食品药品监督管理局局长、雷霆为筠连县工商行政管理局局长、胡殿华为筠连县环境保护局局长、秦建军为筠连县农业局局长、饶永为筠连县林业局局长、陈叙为筠连县水务局局长。会议组织被任命人员向宪法宣誓，颁发任命书。

【县十六届人大常委会第3次会议】 2017年3月28日，县十六届人大常委会第3次会议在县会议中心举行，应到会的县人大常委会组成人员25人，实到24人。列席会议的有：县人民政府涉及会议议题的分管副县长，县人民法院、县人民检察院负责人，县人民政府办公室、县财政局、县司法局负责人，县人大常委会各工作机构负责人及相关工作人员，维新镇、蒿坝镇、乐义乡、高坪苗族乡人大主席和镇舟镇人大主席提名人选，县人大代表母光义、田元均、韦云红、林财青、彭良文。邀请参加会议的有：县政协联系人大工作的副主席。

会议主要议程：1. 传达宜宾市第五届人大常委会第2次会议精神。2.审议通过《筠连县人大常委会组成人员出席常委会会议请假办法》。3. 听取县人民政府关于筠连县2017年财政收支预算编制情况的说明。4.审议县人民政府关于提请审议《筠连县法治宣传教育第七个五年规划(2016—2020)》议案。5.审议通过《筠连县第十六届人大常委会代表资格审查委员会组成人员的决定(草案)》;6.审议通过《筠连县第十六届人大常委会预算审查工作委员会组成人员的决定(草案)》。7.审议通过《筠连县第十六届人大常委会规范性文件备案审查委员会组成人员的决定（草案)》。8.人事事项。会议同意何玲、潘玉霞辞去筠连县人民代表大会常务委员会委员职务；免去李清卫的筠连县人民代表大会常务委员会农业工作委员会副主任职务；任命李清卫为筠连县人民代表大会常务委员会农业工作委员会主任、何凯为筠连县人民代表大会常务委员会办公室副主任。会议组织被任命人员向宪法宣誓，颁发任命书。

【县十六届人大常委会第4次会议】 2017年5月24日，县十六届人大常委会第4次会议在县会议中心举行，应到会的县人大常委会组成人员23人，实到19人。列席会议的有：县人民政府县长，县人民法院、县人民检察院负责人，县人大常委会各工作机构负责人及相关工作人员，大雪山镇、武德乡、团林苗族乡、高坎乡人大主席，县人大代表王志刚、杨松、罗洪均、郭仕康、应国芹。邀请参加会议的有：县政协联系人大工作的副主席。

会议主要议程：1. 传达宜宾市第五届人大常委会第3次会议精神。2.审议《筠连县人大常委会主任会议关于提请审议〈筠连县人大常委会关于听取县人民政府组成部门工作报告的实施意见(草案)〉的议案》。3.听取审议《筠连县人民政府关于现代公共文化服务体系建设工作情况报告》。4.听取审议《筠连县人民政府关于全县重点水库建设管理情况的报告》。5.人事事项，会议免去李小林的筠连县人民政府副县长职务、方友田的筠连县人民法院审判员职务、付泽勋的筠连县人民法院流动人民法庭副庭长职务、刘俊的筠连县人民法院双泉人民法庭副庭长职务、刘云峰的筠连县人民法院落木柔人民法庭副庭长职务，任命付泽勋为筠连县人民法院巡司人民法庭副庭长、刘俊为筠连县人民法院落木柔人民法庭副庭长、刘云峰为筠连县人民法院双泉人民法庭副庭长、陈洪权为筠连县人民法院刑事审判庭副庭长、李顺军为筠连县人民法院审判员、李增强为筠连县人民法院审判员、曹建为筠连县人民法院审判员、胡晓艳为筠连县人民法院审判员、张建明为筠连县人民法院审判员。会议组织被任命人员向宪法宣誓，颁发任命书。会议表决通过《筠连县人大常委会关于听取县人民政府组成部门工作报告的实施意见》。

【县十六届人大常委会第5次会议】 2017年7月26日，县十六届人大常委会第5次会议在县会议中心举行，应到会的县人大常委会组成人员23人，实到20人。列席会议的有：县人民政府涉及会议议题的分管副县长，县人民法院、县人民检察院负责人，县人民政府办公室、县发展和改革局、县财政局、县扶贫和移民工作局、县教育和文化广电局、县环境保护局负责人，县人大常委会各工作机构负责人及相关工作人员，腾达镇、镇舟镇、塘坝乡、孔雀乡、龙镇乡人大主席，县人大代表苏杭、罗菊、彭良文、李能书、陶勇。邀请参加会议的有：县政协联系人大工作的副主席。

会议主要议程：1. 传达宜宾市第五届人大常委会第4次会议精神。2.传达宜宾市第五届人大常委会第5次会议精神。3.听取审议《筠连县人民政府关于筠连县2017年上半年国民经济和社会发展计划执行情况的报告》。4.听取审议《筠连县人民政府关于2017年上半年财政预算执行情况和财政工作的报告》。5.听取《筠连县人民法院2017年上半年工作情况的报告》。6.听取《筠连县人民检察院2017年上半年工作及职务犯罪侦防情况的报告》。7.听取《筠连县公安局2017年上半年工作情况及扁平化实战指挥体系工作报告》。8.审议《筠连县人大常委会主任会议关于提请审议〈筠连县人民代表大会常务委员会质询监督办法(试行)草案〉的议案。9.审议《筠连县人大常委会执法检查组关于跟踪检查〈四川省农村扶贫开发条例〉实施情况的报告》。10.审议《筠连县人大常委会执法检查组关于检查〈中华人民共和国固体废物污染环境防治法〉〈四川省固体废物污染环境防治条例〉实施情况的报告》。11.审议《筠连县人大常委会执法检查组关于检查〈四川省公共图书馆条例〉实施情况的报告》。会议表决通过《关于同意〈筠连县人民代表大会常务委员会质询监督办法(试行)〉的决定》。

【县十六届人大常委会第6次会议】 2017年8月8日，县十六届人大常委会第6次会议在县会议中心举行，应到会的县人大常委会组成人员23人，实到20人。列席会议的有：县人民政府涉及会议议题的分管副县长，县人民法院、县人民检察院负责人，县人民政府办公室、县人力资源和社会保障局负责人，县人大常委会各工作机构负责人及相关工作人员，双腾镇、镇舟镇、武德乡、乐义乡、高坪苗族乡人大主席。邀请参加会议的有：县政协联系人大工作的副主席。

会议主要议程：1. 通报市人大常委会主任陆振华到筠连调研华侨权益保障工作情况。2.通报市人大常委会副主任余继红到筠连调研县乡人大工作情况。3.人事事项。会议免去郑云的筠连县人民政府副县长、公安局局长职务；任命李勇为筠连县人民政府副县长，唐勇为筠连县人民政府副县长、公安局局长，任命王小鹏、应元帅、杨鸿谢家平为筠连县人民检察院检察员。会议组织被任命人员向宪法宣誓，颁发任命书。

【县十六届人大常委会第7次会议】 2017年9月20日，县十六届人大常委会第7次会议在县会议中心举行，应到会的县人大常委会组成人员23人，实到22人。列席会议的有：县人民政府涉及会议议题的分管副县长，县人民法院、县人民检察院负责人，县人民政府办公室、县委县政府督查目标办公室、县发展改革局、县财政局、县审计局、县住房城乡规划建设和城镇管理局、县扶贫和移民局负责人，县人大常委会各工作机构负责人及相关工作人员，维新镇、蒿坝镇、大雪山镇、团林苗族乡、高坎乡人大主席，县人大代表贾俊林、何洪顺、贾世琴、刘发才、杨廷章。邀请参加会议的有：县政协联系人大工作的副主席。

会议主要议程：1. 传达宜宾市第五届人大常委会第6次会议精神。2. 听取审议《筠连县人民政府关于筠连县2016年财政决算的报告》，审查批准《筠连县2016年县级财政决算》。3.听取《筠连县人民政府关于筠连县2016年度县级财政预算执行情况及其他财政收支的审计工作报告》。4.审议《筠连县人民政府关于提请审议〈转贷地方政府债券调整2017年财政预算方案(草案)〉的议案》。5.审议《筠连县人民政府关于提请审议〈筠连县2017年度财政涉农资金统筹整合用于脱贫攻坚资金使用方案(草案)〉的议案》。6.听取《筠连县人民政府关于筠连县第十六届人民代表大会第一次会议代表建议、批评和意见办理情况的报告》。7.审议《筠连县人大常委会主任会议关于提请审议〈筠连县人民代表大会代表向选民述职办法(试行)(草案)〉的议案》。8.听取《筠连县人民政府关于"1·28"地震灾后恢复重建情况的报告》。9.听取《筠连县人大常委会关于组织在筠市人大代表和部分县人大代表视察全县脱贫攻坚情况的报告》。10.听取《县人民检察院关于全面开展提起公益诉讼工作的专题报告》。会议表决通过《关于同意〈转贷地方政府债券调整2017年财政预算方案〉的决定》《关于同意〈筠连县2017年度财政涉农资金统筹整合用于脱贫攻坚资金使用方案〉的决定》《关于同意〈筠连县人民代表大会代表向选民述职办法(试行)〉的决定》。会议审查批准《筠连县2016年县级财政决算》。

【县十六届人大常委会第8次会议】 2017年11月9日，县十六届人大常委会第8次会议在县会议中心举行，应到会的县人大常委会组成人员23人，实到22人。列席会议的有：县人民政府涉及会议议题的分管副县长，县人民法院、县人民检察院负责人，县人民政府办公室、县发展和改革局、县财政局、县审计局负责人，县人大常委会各工作机构负责人及相关工作人员，巡司镇、镇舟镇、龙镇乡、乐义乡、高坪苗族乡人大主席。邀请参加会议的有：县政协联系人大工作的副主席和县委组织部负责人。

会议主要议程：1. 学习中国共产党第十九次全国代表大会会议精神。2.传达宜宾市第五届人大常委会第7次会议精神。3.听取《县人民政府关于2016年财政预算执行及其他财政收支情况处理结果的工作报告》。4.评选筠连县第十六届人民代表大会第一次会议代表优秀建议。5.审议《筠连县人大常委会主任会议关于提请审议补选筠连县第十六届人民代表大会代表的议案》。6.审议《筠连县人大常委会主任会议关于提请审议召开筠连县第十六届人民代表大会第二次会议的议案》。7.审议筠连县第十六届人民代表大会第二次会议议程(草案)、日程(草案)、有关名单(草案)等。

【县十六届人大常委会第9次会议】 2017年12月14日，县十六届人大常委会第9次会议在县会议中心举行，应到会的县人大常委会组成人员23人，实到21人。列席会议的有：县人民政府涉及会议议题的分管副县长，县人民法院、县人民检察院负责人，县人民政府办公室、县财政局负责人，县人大常委会各工作机构负责人及相关工作人员。邀请参加会议的有：县政协联系人大工作的副主席和县委组织部负责人。

会议主要议程：1. 传达宜宾市第五届人大常委会第8次会议精神。2.审议《筠连县人大常委会主任会议关于修改〈筠连县人民代表大会议事规则〉的议案》。3.审议《筠连县人民政府关于提请审议〈筠连县2017年地方政府债务限额方案草案〉的议案》。4.听取《筠连县人大常委会代表资格审查委员会关于补选筠连县第十六届人民代表大会代表资格审查报告》。5.听取《筠连县人大常委会代表资格审查委员会关于筠连县第十六届人民代表大会代表变动情况报告》。6.听取《筠连县人大常委会关于组织在筠市人大代表和部分县人大代表视察全县环境保护工作情况的报告》。7.审议任免案。会议免去邓培刚的筠连县人民法院行政审判庭庭长职务、刘俊的筠连县人民法院落木柔法庭副庭长职务、刘云峰的筠连县人民法院双泉人民法庭副庭长职务、杨顺成的筠连县人民法院民事审判庭副庭长职务、叶必权的筠连县人民法院审判员职务、郭均华的筠连县人民法院审判员职务、李伟萍的筠连县人民法院陪审员职务，任命杨顺成为筠连县人民法院双泉人民法庭庭长、刘俊为筠连县人民法院行政审判庭副庭长、曹建为筠连县人民法院落木柔法庭副庭长。会议组织被任命人员向宪法宣誓,颁发任命书。8.补选筠连县出席宜宾市第五届人民代表大会代表。会议表决通过《关于批准〈筠连县2017年地方政府债务限额方案〉的决定》,并将补选王荣焰为筠连县出席宜宾市第五届人民代表大会代表结果报市人大常委会代表资格审查委员会。

【县十六届人大常委会第10次会议】 2017年12月15日,县十六届人大常委会第10次会议在县会议中心举行,应到会的县人大常委会组成人员23人,实到21人。列席会议的有:县委组织部负责人。

会议主要议程:审议《筠连县人大常委会主任会议关于接受李小林辞去宜宾市第五届人大代表职务的议案》。会议表决通过《关于接受李小林辞去宜宾市第五届人大代表职务的决定》,并报市人大常委会代表资格审查委员会。

人大工作

【重大事项决定】 2017年,召开县人大常委会会议9次,听取审议"一府两院"专项工作报告12个,审议通过议案10个,作出决议、决定10项。依法任免国家机关工作人员62人次,接受2人辞去筠连县第十六届人大常委会委员职务,依法补选2名筠连县第十六届人民代表大会代表;接受1人辞去筠连县出席宜宾市第五届人民代表大会代表职务,依法补选1名筠连县出席宜宾市第五届人民代表大会代表。依法决定筠连县第十六届人大常委会代表资格审查委员会、预算审查工作委员会、规范性文件备案审查委员会组成人员;提请筠连县第十六届人民代表大会第二次会议修改《筠连县人民代表大会议事规则》。

【法律监督】 2017年,跟踪检查《中华人民共和国固体废物污染环境防治法》《四川省固体废物污染环境防治条例》实施情况,建议县人民政府进一步加强环保普法宣传和环境安全教育,充分发挥新闻媒体的舆论引导作用,凝聚全社会践行生态文明、建设宜居筠连的共识。检查《四川省公共图书馆条例》实施情况,听取县人民政府关于现代公共文化服务体系建设情况报告,建议县人民政府进一步加强乡村文化中心建设,充分挖掘地域文化资源,促进特色乡村文旅产业融合发展。检查《中华人民共和国妇女权益保障法》实施情况,建议县人民政府进一步加大宣传力度,优化就业环境,强化执法保障,营造全社会关心支持妇女权益保障的良好氛围。跟踪检查国务院《宗教事务条例》《四川省宗教事务条例》实施情况,建议县人民政府进一步加强宗教监督工作,规范宗教事务管理,严厉惩治非法活动,引导宗教人士服务筠连经济社会发展。检查《中华人民共和国网络安全法》《全国人大常委会关于加强网络信息保护的决定》落实情况,建议县人民政府进一步加大"一法一决定"宣传力度,加强网络信息安全教育,营造和谐文明的网络环境。继续跟踪《中华人民共和国安全生产法》贯彻落实情况,要求县人民法院、县人民检察院和县人民政府组成部门在县十六届人大二次会议上报告2017年履行安全监管职责工作,督促有关部门严格落实"三个必须"责任主体,加强安全隐患专项整治,深化重点行业源头管控,加大安全监管执法力度,确保全县安全生产形势总体稳定和人民群众生命财产安全。

【工作监督】 推动发展目标落实。围绕贯彻县第十三次党代会决策部署和"十三五"规划,制订《筠连县人大常委会关于听取筠连县人民政府组成部门工作报告的实施意见》。听取县人民政府25个组成部门未来五年工作规划、2017年工作计划和上半年工作完成情况报告。参与目标考核督察督办工作,审查县人民政府组成部门全年目标任务完成情况报告。制发《筠连县人大常委会质询监督办法(试行)》,进一步强化跟踪问效,努力推动全年目标任务的有效落实。

大力推进脱贫攻坚。按照县委脱贫攻坚统一要求,制发《深化"脱贫攻坚——人大代表再行动"实施意见》,建立代表联系贫困户帮扶台账,加强代表履职监督,发挥在筠连各级人大代表参与脱贫攻坚的积极作用。开展《四川省农村扶贫开发条例》跟踪执法检查;审查批准县人民政府关于2017年财政涉农资金统筹整合用于脱贫攻坚资金使用方案;组织代表视察贫困县摘帽"一低三有"、贫困村退出"一低五有"、贫困户脱贫"一超六有"硬件设施建设情况。建议县人民政府进一步加强扶贫条例宣传贯彻力度,不断增强全社会参与脱贫攻坚的法治意识、责任意识;进一步强化监督考核,督促各乡(镇)和部门按照"块抓条保"要求,对照标准补齐缺项短板,确保如期完成脱贫摘帽目标任务。

助推产业转型升级。围绕县委加快产业转型要求,调研肉牛产业、茶产业发展和海瀛工业园区建设,建议县人民政府进一步完善农村金融服务体系,壮大龙头企业、专业合作社、家庭农场等新型经营主体,着力通过"互联网+农业"打造特色农产品品牌;关心扶持现有企业发展,加大招商引资力度,培育页岩气开发利用、绿色食品精深加工等新兴产业,大力推进工业强县战略。积极参与"双千"(即千名领导干部联系千户企业"进企业、结对子、解难题、促发展")活动,加强对联系企业的帮扶指导和工作协调,支持联系企业瞄准市场、转型发展。调研侨商企业权益保护工作,建议县人民政府进一步加强与侨商会的联系,通过法律政策引导、服务帮扶指导,更好地发挥以侨搭桥、以侨引资、以侨促商的作用。

推进民生项目建设。调研筠连"1·28"地震灾后恢复重建工作,听取县人民政府关于"1·28"地震灾后恢复重建情况报告，建议县人民政府进一步加强受灾群众宣传引导，惩治造谣传谣，严防次生灾害，结合灾区实际加快推进恢复重建工作。调研宜彝高速公路(筠连段)建设，建议县人民政府积极争取上级支持，尽快解决项目推进中的困难，力争早日建成通车。调研王家沟水库、后沟水库建设，听取县人民政府关于全县重点水库建设管理情况报告，建议县人民政府进一步加强项目建设管理，保障工程建设质量，加快水库建设进度。

加强经济运行监督。听取审议2016年审计工作及审计处理结果情况报告，推进审计监督全覆盖。审查2017年上半年国民经济和社会发展计划执行情况报告、2017年上半年财政预算执行情况和财政工作报告，批准2016年县级财政决算、2016年财政存量资金安排使用方案、转贷地方政府债券调整2017年财政预算方案、地方政府债务限额方案。支持县人民政府加大重点民生项目投资，拉动全县经济发展，确保年度计划任务顺利完成。

【代表建议办理】2017年，继续坚持把代表议案建议办理作为代表履职保障的重要内容，采取会议交办、重点督办、目标考核、听取报告、办理表彰等方式，提升代表建议办理质量。全年，县十六届人大一次会议的138件建议全部办理回复，代表履职成果得到有效转化。开展代表优秀议案建议评选表彰，进一步激发代表依法履职热情。召开代表议案建议征集会，服务在筠连的省、市人大代表收集议案、建议，发挥上一级人大代表助推筠连经济社会发展的积极作用。

【乡(镇)人大工作】2017年，认真落实中央、省委、市委、县委加强县乡(镇)人大工作和建设的要求，制发县人大常委会组成人员联系乡(镇)人大主席团实施意见，邀请市人大常委会领导对乡(镇)人大主席团成员开展业务培训，每季度召开县乡(镇)人大工作联席会议，开展乡(镇)人大工作调研，不断加强督促指导，有力推进乡(镇)人大主席团“八有五化”“三本八册”建设。

“八有五化”，即有人员、有阵地、有经费、有制度、有活动、有记载、有创新、有作为；科学化统筹、规范化履职、法治化监督、常态化活动、制度化保障。

“三本八册”，即“三本”：来文登记本、发文登记本(印制主席团红头字文件)、会议记录本(代表大会记录本、代表大会主席团会议记录本、主席团例会记录本、代表开展学习活动记录本)；“八册”：选民登记册、代表花名册、代表履职情况登记册(代表先进事迹登记册)、代表联系选民花名册(代表联系对口帮扶贫困户花名册)、代表议案建议登记册(代表议案建议办理情况)、代表会议活动签到册(人民代表大会签到册、主席团例会签到册、代表开展活动签到册)、代表开展活动相册、信息简报登记册。

【信访工作】继续认真落实信访首问责任制、领导定期接访和信访包案制度。全年共接待转办群众来信来访300余件次，有力促进矛盾纠纷化解，维护社会稳定。

【人大自身建设】一是加强作风建设。深入贯彻“两学一做”常态化、“三项整改”回头看的要求，主动接受市委第五巡察组的巡察，扎实开展“五项”整治，严格规范“三会一课”、主题党日活动、谈心谈话等。持续深化党风廉政“一岗双责”，通过警示教育、廉政党课、签订承诺书等，牢固树立“四个意识”(政治意识、大局意识、核心意识、看齐意识)，切实增强“四个自信”(中国特色社会主义道路自信、理论自信、制度自信、文化自信)。以全域示范党建为契机，狠抓机关党建工作，把机关党建与业务工作同安排、同检查、同考核，有力实现人大“四型”(与时俱进的学习型、促进发展的服务型、依法行权的效能型、以人为本的和谐型)机关建设与全域示范党建的有机融合。

加强效能建设。以提升业务水平为重点，举办县人大常委会组成人员、机关干部职工培训会，参加省、市人大常委会的业务培训，加强与县外人大工作交流，推动人大工作与时俱进。加强会前学法，开展《四川省农村扶贫开发条例》专题培训，参与全市人大喜迎十九大法律知识比赛，进一步激发机关干部活力，提升工作效能。恢复编印《筠连县人民代表大会常务委员会公报》；制发《筠连县人大常委会组成人员出席常委会请假办法》；组织人大常委会组成人员带头向选民述职，切实发挥组成人员依法履职示范作用。

(简均全)

筠连县人民政府

县政府综述

2017年,县人民政府团结带领全县人民,砥砺奋进,全县经济实现稳中向好发展,社会和谐稳定,民生持续改善,完成县十六届人大一次会议确定的年度目标任务。全年全县地区生产总值(GDP)131.96亿元,增长8.8%;全社会固定资产投资完成109.37亿元,增长14.1%;规模以上工业增加值增长11.2%;社会消费品零售总额实现42.77亿元,增长13.1%;建筑业总产值完成13.0亿元,增长37.8%;财政一般公共预算收入实现6.53亿元,增长8.9%。城镇居民人均可支配收入实现31025元,增长8.8%;农村居民人均可支配收入达到14060元,增长9.5%。

【经济发展动能不断提升】 2017年,县政府紧密结合县情实际,成立8个产业小组狠抓8项重点产业,产业转型升级步伐不断加快,经济发展动能不断提升。

工业经济活力增强。全年,复工复产地方煤矿17对,煤炭产业产值实现45.49亿元,增长37.92%;淘汰落后产能,关闭地方煤矿3对。建材产值5.36亿元,增长37.28%。年产5亿立方米页岩气产能基本实现,50万立方米LNG液化项目启动,页岩气产值2.25亿元,增长50.25%。新增规模以上工业企业7户,规上工业企业累计44户,工业投资完成50亿元。茶叶加工、肉制品、青蒿素提取及系列产品开发等农产品精深加工业快速发展,农产品加工业产值实现7.11亿元,增长28.6%。新增民营企业364户,民间投资完成51.89亿元。

农业效益不断提高。新增耕地面积15.87公顷,粮食总产量15.69万吨,增长1.19%。大力发展特色农业,新建标准化茶园680公顷,茶叶综合产值21.71亿元;肉牛存出栏14.06万头,综合产值49.85亿元;新增漆树基地2333.33公顷,新增中药材产业基地733.33公顷;新增经济林竹666.67公顷,林竹产值15.5亿元;种植烤烟1734公顷,收购烟叶3250吨。培育县级以上龙头企业35个,新增家庭农(林牧)场122个,农业专合组织累计465个;新增"三品一标"农产品10个,新注册商标96件,成功申报筠连黄牛国家地理标志产品保护省级示范区。全县农林牧渔总产值完成36.1亿元,增长3.75%。筠连县获"川红故里""2017年全国重点产茶基地县""2017年中国十大生态产茶基地县""中国黄牛之乡"等称号。

第三产业稳步发展。有序推进春风村国家AAAA级旅游景区和清溪沟、神羊洞国家AAA级旅游景区创建工作;加强古楼峰丛、大雪山红色旅游生态景区等旅游项目包装和推介,全年旅游综合收入14.03亿元。筠连特色产品直营店和体验馆在全国开设95个,举办"商、贸、节、会"活动20余场次,建成"众创空间"5个,高新技术产业产值1.02亿元。加快推进国家电子商务进农村示范县,电商孵化园新入驻企业15户,在京东、淘宝等电商平台注册商户300余家,全县网络交易总额15亿元;深入推进"互联网+农业""筠商+",助推"工业产品下乡、农产品进城"。全县物流企业有28家,乡(镇)物流加盟点70个,带动就业上1000人。开展支农支小融资业务试点,全市首笔50万元"险资直投"支农资金落户镇舟镇佳乐富养猪专合社。金融机构存款余额85.93亿元,增加4.89亿元,增长6.04%;贷款余额51.11亿元,增加5.04亿元,增长10.94%。

深化"项目年"活动,狠抓项目编制、包装、入库,储备县重点项目238个。建立1000亿元县级项目储备库,实现分级负责、动态管理;新储备项目501个,总投资165.77亿元。全年新开工项目160个,总投资108亿元,完成投资44亿元。加大项目争取,共争取上级项目12个,总投资3.21亿元,其中无偿资金0.93亿元、低息资金1.21亿元。

重点项目加快建设。加快推进绿色生态漆产业融合发展、中华街片区棚户区改造等9个市级重点项目,完成投资6.64亿元。王家沟水库枢纽工程完成;后沟水库下闸蓄水,库周公路全面完工,总干渠、武德干渠主体工程基本完成。筠巡快速通道二期建成使用,筠巡一期续建挂网招标;快速推进国道G246线筠连县城绕城段新建工程、县乡道改善提升黑化工程、省道S444筠连段(水茨口至腾达)升级改造工程、G246线蒿坝至牛街提档升级建设工程、定水五桥新建工程、海瀛产城融合工业园三期道路工程PPP项目;做好渝昆高铁建设的前期协调服务工作。

招商引资力度加强。印发《筠连县促进投资优惠暂行办法》《外来企业在筠连设立总部奖励补助暂行办法》等政策,建立招商任务分解和考核机制;组建8个招商分局驻外招商，实施领导带头招商、代理招商、筠商招商；启动使用川南·新经济创业创新孵化中心、农业大数据生态基地等平台。全年签约落地项目27个，开工建设22个，竣工6个。招商引资到位资金68.25亿元，其中省外到位资金42.52亿元，工业到位资金34.6亿元。

发展环境不断优化。全面实施工商“五证合一、一照一码”登记，共颁证1974份。全面推行AB岗制度，创新开展政务服务“一窗一章”试点改革，取消、调整行政审批和公共服务项目50项，编印41项县本级与行政审批相关中介服务项目清单。加强与科研院校、各领域专家学者的合作，申请发明专利21件；成功举办2017北京·筠连扶贫产业洽谈会、首届中国(筠连)茶叶大数据高峰论坛、2017年浙川(筠)商投资洽谈会、2017年四川省牛业学术交流会等活动。2017北京·筠连扶贫产业洽谈会得到新华社客服端的推送，5小时点击量突破117万次，高平台宣传筠连。筠连获“四川最具投资价值城市”称号。

【聚力推进脱贫攻坚】 全县始终把脱贫攻坚作为头等大事和“第一民生工程”，聚焦年度目标任务，统筹资金8.76亿元，全面完成8648个贫困人口脱贫、26个贫困村退出的年度目标。全年实现788户易地扶贫搬迁户全部入住，提前实施595户的入住率达90%；全面完成退出贫困户危房改造、安全饮水项目；61个贫困村均按每村50万元建立产业发展基金，分别建立500万元的教育、卫生扶贫基金；继续推进“1+N”联动机制，累计发放扶贫小额信贷1.4亿元，“好牛贷”“好茶贷”等贷款2.53亿元；积极发展集体经济，筠连集体经济发展八大模式获得省上通报表彰。引导社会力量主动参与脱贫攻坚，募集社会捐赠款物1185.58万元，其中现金559.74万元。创建“四好村”131个，其中县级53个、市级43个、省级35个。全省乌蒙山片区发展农村集体经济助推脱贫攻坚座谈会、全省乌蒙山片区就业扶贫现场会、全省农村残疾人扶贫资金股权量化工作现场培训会、全市脱贫攻坚现场推进会、全市脱贫攻坚帮扶工作推进会在筠连召开。

【城乡发展要素不断完善】 一是协同推进城乡建设。完成《城市公共基础设施规划》《城市道路交通规划》《市政设施规划》，启动白塔山公园、烈士陵园、环城森林公园修建性详细规划编制。加快建设城南新区河西路及管网工程、滨河景观工程、腾川路道路工程、商业综合体等重点工程项目，全面完成城区美化、玉壶公园、定水广场、迎宾广场配套工程，验收污水处理厂二期主体工程。加快沐爱特色小镇建设，建成幸福美丽新村38个、省级财政幸福美丽新村21个，硬化乡、村公路189.1千米；改造集中供水工程5个，完成8个乡(镇)污水处理厂建设，引导农村人口向城市转移，城镇化率增长2.5%。二是统筹实施城乡治理。加强城市秩序治理，城镇乱停乱放问题得到有效整治，城市人居环境满意度不断提升。加强141垃圾填埋场治理，成功申报第五批中国传统村落5个，全面开展“十佳、十差”乡(镇)、村社评选，启动大雪山镇五河村、镇舟镇马家村国家级传统村落保护项目。推进城乡环境综合治理，开展城乡违法占地、违法建设专项整治，成功申报国家、省级、市级卫生乡(镇)各2个。

【生态文明建设成效显著】 以加强生态文明建设为主线，全力开展生态保护和生态治理，治理水土流失面积12平方千米，造林3000公顷，森林覆盖率54.25%。全面推进大气、水、土壤污染防治“三大战役”，梳理减排项目10个，全面完成主要污染物削减指标。空气质量优良天数增长1.06%。出境断面地表水环境质量达到或好于Ⅲ类水体，全县无劣Ⅴ类水体。全县集中式饮用水源均符合《地下水质量标准》及《地表水质量标准》Ⅲ类水质标准；全面推进河长制工作，治理宋江河(定水河)、镇舟河、巡司河等重点河流的水污染，依法取缔74家非法小土造纸厂，水环境质量持续改善。强化土壤污染治理，核实完成786个农用地土壤污染状况详查点位，治理镇舟、巡司、沐爱等地部分畜禽养殖污染重点村。认真开展中央、省环保督查问题整改，办理中央环保督查交办案件7件、转办案件73件，省环保督查反馈问题83个。加大沼气、天然气等清洁能源推广，机关节能减排全面完成。成功创建省级生态县，环境质量指数全省排名由96位上升到54位。

【社会发展环境和谐稳定】 全年，全县财政民生支出16.96亿元，占一般公共预算的73.13%，增长9.44%，群众获得感、幸福感、安全感不断提升。

有序推进灾后重建。全力开展筠连“1·28”地震抗震救灾和灾后恢复重建工作，转移安置受灾群众1099户5031人，筹集发放救灾帐篷1141顶、棉被2210床，划拨救灾经费120万元；及时做好次生灾害防治、房屋受损鉴定、舆情引导等工作。积极对上争取支持，共筹集5142万元投入农房维修重建等；受灾农房启动重建277户，完工222户；维修加固启动3729户，完工3161户。

教育事业迅速发展。推进义务教育均衡发展，投入教育资金51111万元，其中县财政44043万元，增长5.01%，全面推进农村薄弱学校改造、教育装备升级、“三免一补”等工作。开工建设校舍10.36万平方米，竣工9.46万平方米，新征地15.8公顷建设学生体育运动场馆。减免幼儿保教费941.43万元，免除51462名义务教育阶段学生学杂费、书本费、作业本费，免除高中(中职)学生学费554.95万元，资助经济困难家庭学生5108.18万元，发放高中(中职)助学金687.34万元。农村义务教育学生营养改善计划覆盖率100%，13所学校7600名学生实现食堂供餐。教育教学质量提高，高考本科上线915人，其中重点本科上线256人，均大幅增长。建档立卡贫困户子女实现“零”费用入学。

"全国义务教育发展基本均衡县"创建工作顺利通过省、市督导评估。

医疗卫生保障有力。有序推进县人民医院、县中医医院、县妇幼保健计划生育中心建设,沐爱区域医疗卫生次中心建成投入使用。深入推进县公立医院分级诊疗、取消药品加成、薪酬制度等改革,开展全民体检、婚检孕检,医疗卫生服务能力显著提高。筠连县被命名为2017年度省级医疗信息化应用示范县。

文体事业蓬勃发展。争取到中央项目资金1370万元,建设全民健身活动中心、公共体育场。有序推进县文体中心建设,完成31个预脱贫村文化室建设,农家书屋、农村文化广场等文化阵地有效运行;数字电视覆盖率、宽带覆盖率均100%。成功举办2017中国·四川·筠连第二届"筠州杯"全国钓鱼赛、第十一届"筠连红茶杯"全国业余乒乓球邀请赛等大型群众性体育活动9次。

民生保障日益完善。投入4.48亿元,深入实施9大民生工程和19件民生实事。城镇新增就业5621人,失业人员再就业976人,分别完成年目标的130.7%、139.4%,城镇登记失业率3.88%,控制在4.2%以内。多方筹资2.58亿元,全面解决3548名(2008年4月11日至2017年11月30日)被征地农民的社保。基本养老保险、工伤保险、生育险实现足额征收,机关事业单位人员养老保险实现应保尽保,共发放养老金3.45亿元;城乡居民医疗保险参保372238人,参保率99.9%,"一站式"医疗救助累计9850人次。实施棚户区改造636户,完成213套;公租房建设完成255套,农村安居工程完成1297户。加强民政救助,城市低保由每人每月460元提高到500元;全面落实"二线合一",农村低保由每人每月275元提高到295元,共发放城市居民低保金2223.12万元、农村居民低保金2834.86万元,发放困难残疾人生活补贴、重度残疾人护理补贴等补贴资金850万元。

社会治理不断加强。切实落实企业安全生产主体责任和政府安全监管责任,深入开展全国安全生产大检查,圆满完成国务院安委会安全督察工作,全力加强煤矿、非煤矿山、道路交通、消防、食品药品等重点领域安全监管,严厉惩治安全生产"非法违法"行为,全县安全事故死亡6人,占市下达指标的42.86%,未发生较大及以上安全事故。坚持县级领导干部接访和包案化解责任制,成功化解一大批信访案件,无大规模群体性上访事件发生。深化平安筠连"八大行动",深入推进依法行政和"七五"普法、法律"十二进"活动,人民调解调处成功率99.7%。率先在全市开展"大部门大警种""交治合一"改革;加大违法犯罪惩治力度,刑事案件发生率下降4.6%,破案率上升7.9%,治安案件查处率上升18.6%,刑事案件、治安案件全市发案率最低,电信诈骗案件实现"两升两降"。

【政府服务效能不断提升】 认真开展"两学一做"学习教育,加强政府系统干部服务意识、担当意识教育,推行对标管理和工作规范,深化政务服务和开展"双千"活动,政府服务效能有效提升。坚持政府常务会会前学规学纪学法,严格执行党风廉政建设和反腐败工作目标管理考核办法,坚定执行八项规定,"三公"经费下降。加强扶贫等民生领域的审计监察,主动接受各界监督,政府运行更加阳光高效。严格执行人大及其常委会的决议决定,积极办理人大代表建议和政协委员提案。进一步清理政府部门权力清单、责任清单、负面清单,坚持重要决策和重要工作前的法律咨询,严格执行项目合同、规范性文件合法性审查,不断提高依法行政水平。

(夏启林)

县政府重要决策

【全民健身实施计划(2016—2020)】 为更加广泛地开展全民健身运动,进一步提高全县人民的身体素质和健康水平,建设健康筠连,培养全县人民的健康生活方式,1月5日,县政府印发《筠连县全民健身实施计划(2016—2020)》,明确指导思想、发展目标、主要任务和保障措施。

【改善政府工作部门有关工作】 为进一步增强政府系统部门工作的规范化,更好服务和促进筠连经济社会发展,6月10日,县政府印发《关于改善政府工作部门有关工作的通知》,建立定期研究工作机制、强化乡(镇)联系协商、规范财务人员管理、加强对上工作联系、严格基层站所管理。

【加快推进国家地理标志保护产品产业化的实施意见】 根据《宜宾市人民政府关于加快推进国家地理标志保护产品产业化的意见》,8月7日,县政府印发《关于加快推进国家地理标志保护产品产业化的实施意见》,明确工作目标、工作措施等内容,施行时间至2020年12月31日。

【鼓励和引导开设"筠连小吃铺""筠连名优农特产品直营店""筠连茶叶体验馆""筠连黄牛体验馆"的实施意见】 为有效推广筠连小吃、筠连名优农特产品,帮助"筠连造"产品拓展市场,扩大"筠连造"产品的知名度、美誉度,提升筠连县整体品牌价值,8月22日,县政府印发《关于鼓励和引导开设"筠连小吃铺""筠连名优农特产品直营店""筠连茶叶体验馆""筠连黄牛体验馆"的实施意见》,明确指导思想、发展目标、工作重点、扶持政策等内容,自2017年8月22日起施行,至2018年12月31日止。

【创建地理标志产品保护省级示范区工作的实施方案】 为提升全县地理标志产品保护品牌价值,有效维护和使用公共品牌,促进黄牛特色产业提质增效,9月26日,县政府印发《关于印发〈筠连县创建地理标志产品保护省级示范区工作实施方案〉的通知》,明确总体目标、重点任务、保障措施和工作职责等内容。

【深化医药卫生体制综合改革试点方案】 为全面推进医药卫生体制改革,10月18日,县政府印发《关于印发〈筠连县深化医药卫生体制综合改革试点方案〉的通知》,明确总体思路、主要目标、重点任务、保障措施,为全面建成小康社会和脱贫攻坚提供有力健康保障。

【筠连县突发公共事件总体应急预案】 为进一步加强全县自然灾害、事故灾难、公共卫生、社会安全等各类突发公共事件的应对处置工作,11月6日,县政府印发《关于印发〈筠连县突发公共事件总体应急预案〉的通知》,明确乡(镇)、县级各部门、企事业单位在突发公共事件中的职责和地位,保证县、乡(镇)、县级各部门、企事业单位在突发公共事件应急处置中正确履行职责,充分发挥职能作用,高效、有序地开展各项处置工作,最大限度地减少人员伤亡和经济损失,维护社会稳定,自2016年11月6日起施行。

【促进建筑业和房地产业发展的实施意见】 为进一步促进全县建筑业和房地产业发展,推动经济社会转型发展,11月21日,县政府印发《关于促进建筑业和房地产业发展的实施意见》,明确指导思想、政策措施等内容,自2017年11月21日起施行。

【进一步加强和完善审计工作的意见】 为推动国家重大决策部署和政策措施的落实,促进全县深化改革和体制机制创新,维护经济秩序,更好地服务于经济社会持续健康发展,12月12日,县政府印发《关于进一步加强和完善审计工作的意见》,完善审计工作机制、充分发挥审计的监督和保障作用、狠抓审计发现问题的整改落实、提升审计能力、加强组织领导。

【加强农村留守儿童关爱保护工作的实施意见】 为进一步加强农村留守儿童关爱保护工作,深入贯彻落实《国务院关于加强农村留守儿童关爱保护工作的意见》《四川省人民政府关于进一步加强农村留守儿童关爱保护工作的实施意见》《宜宾市人民政府关于进一步加强农村留守儿童关爱保护工作的实施意见》精神,12月13日,县政府印发《关于进一步加强农村留守儿童关爱保护工作的实施意见》,从总体要求、基本原则、主要任务、保护机制、保障措施5个方面提出要求。

【深化县属国有企业董事会改革建立专职外部董事队伍的意见】 为更好推动县属国有企业董事会规范化建设,加快建立一支优秀的国有股权董事队伍,12月20日,县政府印发《关于深化县属国有企业董事会改革建立专职外部董事队伍的意见》,明确专职外部董事队伍的基本原则、专职外部董事的主要职责、基本任职条件、遴选方式等内容。

【鼓励和支持企业利用多层次资本市场发展壮大的若干意见】 为贯彻落实《国务院关于进一步促进资本市场健康发展的若干意见》《四川省人民政府关于发展多层次资本市场服务实体经济的若干意见》《宜宾市人民政府关于支持企业利用多层次资本市场发展壮大的意见》精神,进一步推动全县企业利用多层次资本市场做大做强,拓宽融资渠道,推动县域经济加快转型升级,12月26日,县政府印发《关于鼓励和支持企业利用多层次资本市场发展壮大的意见》,对指导思想、任务目标、重点工作、保障措施进行说明,自2017年12月26日起施行,有效期5年。

【乡村教师支持计划实施细则(2015—2020)】 根据《国务院办公厅关于印发乡村教师支持计划(2015—2020)的通知》《四川省人民政府办公厅关于印发乡村教师支持计划实施办法(2015—2020)的通知》《宜宾市人民政府办公室关于印发乡村教师支持计划实施细则(2015—2020)的通知》要求,1月5日,县政府办公室印发《关于印发〈乡村教师支持计划实施细则(2015—2020)〉的通知》,从总体要求、重点任务、组织实施3个层面提出要求,并成立县乡村教师支持计划领导小组。

【全域绿化筠连行动实施方案】 为贯彻落实省委十届八次全会和市委四届十二次全会精神,坚持走生态优先、绿色发展之路,加快建设"绿色、生态、宜居"筠连。根据《四川省人民政府办公厅关于印发大规模绿化全川行动方案的通知》《宜宾市绿化委员会办公室关于转发省绿委大规模绿化全川工作两个文件的通知》精神,1月20日,县政府办公室印发《关于印发〈全域绿化筠连行动实施方案〉的通知》,对全域绿化筠连行动的总体思路、目标任务、重点工作、保障措施等进行说明,并成立全域绿化筠连行动指挥部。

【财政预决算公开工作实施方案】 根据《中华人民共和国预算法》《财政部关于切实做好地方预决算公开工作的通知》《中共宜宾市委办公室 宜宾市人民政府办公室关于印发〈关于进一步推进预算公开工作的实施方案〉的通知》精神,4月10日,县政府办公室印发《关于印发〈筠连县财政预决算公开工作实施方案〉的通知》,明确财政预决算公开的基本原则、公开内容、公开时间、公开方式、公开格式、工作要求。

【林业综合行政执法改革实施方案】 为贯彻落实中共十八大和十八届三中、四中、五中、六中全会精神，深化林业行政执法体制改革，整合林业执法队伍，理顺林业行政执法体制机制，按照中央编办《关于印发开展综合行政执法体制改革试点工作意见的通知》、四川省人民政府《关于深入推进依法行政加快建设法治政府的意见》、四川省人民政府办公厅《关于开展综合行政执法体制改革试点工作的指导意见》、四川省人民政府办公厅《关于印发四川省林业综合行政执法改革方案的通知》、宜宾市人民政府办公室《关于印发宜宾市林业综合行政执法改革方案的通知》等要求，4 月 18 日，县政府办公室印发《关于印发〈筠连县林业综合行政执法改革实施方案〉的通知》，明确指导思想、基本原则、实施方式、范围和时间等内容，并成立林业综合行政执法改革工作领导小组。

【“十三五”卫生计生事业发展规划】 经县政府十六届第 5 次常务会议审议通过，5 月 31 日，县政府办公室印发《关于印发〈筠连县“十三五”卫生计生事业发展规划〉的通知》，明确规划背景、指导思想、基本原则、发展目标、发展任务、保障措施。

【中医药健康服务发展规划（2016—2020）】 经县政府十六届第 5 次常务会议审议通过，5 月 31 日，县政府办公室印发《关于印发〈筠连县中医药健康服务发展规划（2016—2020）〉的通知》，明确基本形式、总体要求、重点发展任务、保障措施。

【绿色筠连标准化体系建设行动方案（2017—2021）】 为全面助推绿色发展、建设美丽筠连，7 月 18 日，县政府办公室印发《关于印发〈绿色筠连标准化体系建设行动方案（2017—2021）〉的通知》，从主要目标、重点任务、保障举措 3 个方面提出要求。

（邱枫玲）

县政府重要会议

【全省乌蒙山片区发展农村集体经济助推脱贫攻坚座谈会在筠连举行】 2017 年 3 月 2—3 日，全省乌蒙山片区发展农村集体经济助推脱贫攻坚座谈会在筠连县举行。成都市、自贡市、泸州市、内江市、乐山市、眉山市、资阳市、广安市、南充市以及宜宾市各县（区）代表参加座谈会；省委常委、农工委主任曲木史哈，省委农工委副主任杨波，市委副书记邓正权，市政府副市长、县委书记王萍，市政协副主席王光柱，县长刘朝平出席座谈会或陪同参观考察。邓正权代表宜宾市汇报全市贯彻落实有关会议文件精神情况，以及全市发展农村集体经济助推脱贫攻坚的现状和推进措施。南充市蓬安县、广安市前锋区、乌蒙山片区 9 个贫困县，以及省委组织部、省财政厅等 4 个部门分别交流汇报发展农村集体经济助推脱贫攻坚的经验、现状、问题以及工作打算。杨波主持座谈会。

曲木史哈对各县在发展村集体经济助推脱贫攻坚工作中的有益探索和取得的成绩表示充分肯定。指出，现在全省发展农村集体经济助推脱贫攻坚虽然形成百花齐放、竞相发力的局面，但也还存在人才缺乏、底子薄弱、后劲不足等诸多问题，各级务必高度重视。强调，发展农村集体经济是提高党在农村的执政能力、农村党组织领导经济社会发展能力的必然要求，事关人民的生活幸福，必须高度重视发展农村集体经济。一是要用好用活产业扶持基金，帮助建档立卡贫困村尽快发展脱贫增收产业，增强其集体经济实力，实现贫困户稳定增收，绝不搞弄虚作假，欺上瞒下，数字脱贫。二是要要坚持因地制宜、因村施策，探索多种新型集体经济发展模式，大力发展新产业新业态。三是要盘活农村土地资源，建好利益联结机制，确保贫困户持续稳定增收。要不断完善农村集体经济发展的监管机制，做好风险防控。要着重培育农村新型管理能人、致富能人，充分发挥好返乡创业者、高校毕业生、成功人士的示范引领作用，充分发挥工商资本在发展农村集体经济中的“正能量”作用。

会前，与会人员前往四川省蓝伯特生物科技有限责任公司、筠连镇五凤村、塘坝乡幸福村、腾达镇春风村现场走访参观，了解筠连县发展农村集体经济助推脱贫攻坚工作情况。

【2017 年农业农村、脱贫攻坚、卫生计生工作会】 2017 年 4 月 7 日，筠连县 2017 年农业农村、脱贫攻坚、卫生计生工作会在会议中心召开。市政府副市长、县委书记王萍出席会议并作重要讲话。县委副书记、县政府县长刘朝平主持会议并讲话。县政协主席黄静，县委副书记李小林、王涛参加会议。李小林全面总结全县 2016 年农业农村、脱贫攻坚、烤烟工作，安排部署 2017 年农业农村、脱贫攻坚、烤烟工作。县委常委、县委宣传部部长雷敏总结 2016 年卫生计生工作并安排部署 2017 年卫生计生工作。

王萍强调，一是要高度重视该次会议安排部署的各项工作，始终把农业农村工作摆在各项工作的重中之重。要深刻认识农业农村工作始终是全县转型发展的重中之重，既是关键又是基础性工作，需要各级各部门，需要全体中共党员干部持之以恒抓牢抓好，唯有农业农村工作才是山区煤炭县转型发展的根本出路。全年要全力做好抗震救灾工作、到下年底的贫困县摘帽工作、产业转型升级工作。用好用活筠连现有资源，通过招商引资，通过寻求合作，用资源换资本、换技术、换项目，用发散思维激活筠连现有要素，推动“三农”工作再上新台阶。二是要始终坚持农业产业化这一主体，要突出筠连优势，做大做强特色优势产业，突出农特产品的宣传推广。要始终抓住农民增收这个关键,全力补短板,培育壮大经营主体和服务主体;要全力夯实卫生计生基础,紧扣深化医改和医疗扶贫两大重点,扎实推进妇幼健康、公共卫生服务、基础设施、疾病防控、队伍建设、计生综合服务等各项重点工作,推进全县卫生计生事业实现新发展、取得新成效。要始终扭住党建这个保障,推动农业农村发展迈上新台阶。

刘朝平要求,一是广泛宣传,深化认识,切实统一思想。二是要突出重点,狠抓关键,扎实开展农业农村、脱贫攻坚、卫生计生工作,要狠抓农民增收、深化农村改革、持续抓好新农村建设、要精准发力,高质量完成脱贫攻坚任务、要抓实抓好卫生计生工作。三是要明确责任,强化措施,全力推进农业农村、脱贫攻坚、卫生计生事业发展,要强化组织领导、加强农村社会管理、完善投入机制、强化督查考核。刘朝平还就抓好产业发展、招商引资、脱贫攻坚以及城乡环境综合治理等工作讲了意见。

【四川省就业扶贫现场会在筠连县召开】2017年4月14日,四川省就业扶贫现场会在筠连县召开,省就业局局长黄晓东、省扶贫移民局相关领导,市政府副市长、县委书记王萍等出席会议;乐山、宜宾、泸州等市(州)的人社、就业负责人和贫困县的就业局负责人参加会议。与会人员参观县就业扶贫培训基地、"好牛贷"金融扶持推动贫困村产业发展的五凤村、新农村建设综合推进的春风村,实地观摩学习筠连在就业扶贫工作上的创新经验和做法。县委副书记李小林主持会议。

筠连县的创新经验和做法:自精准扶贫工作全面启动以来,筠连紧紧围绕"就业一人脱贫一户"目标,创新工作机制,全面提升贫困劳动力就业创业能力,实现贫困户稳定就业增收。县委、县政府始终坚持把就业扶贫与加快区域发展相结合、与生态环境保护和人口控制相结合,着力解决瓶颈制约和突出矛盾,努力把筠连建设成为扶贫、生态与人口统筹发展示范区,努力打造绿色筠连、生态筠连、宜居筠连。成立全县脱贫致富职业技能培训领导小组,印发《筠连县贫困家庭技能培训和就业促进工作计划》《关于进一步做好新形势下农民工等人员返乡创业就业工作的实施意见》等文件,分类实施就业培训、创业扶持、产业带动、合作社和龙头企业吸纳、转移输出、公益性岗位兜底安置等措施。通过整合发改、财政、扶贫等部门产业发展、创业就业、金融支农等政策,促进就业创业。2016年,全县整合政策资金232万元,开展免费培训40197人次,发放创业补贴40万元惠及210人。一是扶贫就业培训上,筠连开展产业发展、转移就业、小微创业等"三项培训",以增强贫困群众就业能力。通过建立脱贫致富职业技能培训基地,在贫困村建立种植养殖实训基地,结合生漆、茶叶、肉牛、中药材等主导产业开展种植养殖实用技术培训,2016年开展种植技术培训22067人次、养殖技术培训15700人次,就业技能及短期实用技术培训2330人次。二是转移就业培训上,与宜宾市焊接协会、川大科技园等建立合作机制,2016年开展焊工、厨师、建筑工、电工、掘煤工、计算机等培训3122人次。在实施小微创业培训上,通过"请师来县、办班到乡、送教进村"等形式解决贫困群众技能培训需求,共培训3113人次,其中建档立卡贫困户386人。三是拓展就业渠道上,筠连搭建就业信息、创业服务、资金支持"三大平台",助力贫困群众实现就业。构建就业信息平台,依托就业信息网和筠连驻外商会和"十万筠商",通过"亲帮亲、友拉友"实现"一人就业、带出一帮、致富一方"。2016年举办招聘活动25场次,发布岗位信息4000余个,实现2292个贫困劳动力就业。四是构建创业服务平台上,筠连引进企业建立电商孵化园,培育龙头企业、专业合作社搭建创业就业平台等方式,实现265名贫困户通过发展种植养殖业、电商实现创业就业。五是构建资金支持平台上,通过整合创业担保等资金394万元建立返乡创业分险基金,创新"好牛贷""返乡创业贷"等金融产品。累计发放"好牛贷"贷款2.6亿元、"返乡创业贷"贷款1010万元,促进全县3400余名贫困劳动力就近就地就业。筠连还创新推出"产业+项目"带动、"转移+维权"输出、"兜底+救助"服务3种"模式",让贫困群众的就业有稳定保障。在"产业+项目"带动模式上,通过大力发展特色优势产业和实施重大项目建设,吸纳贫困劳动力就近就地就业该县生漆、茶叶、肉牛、中药材、绿色食品加工等主导产业解决3000余名贫困劳动力就业。在"转移+维权"输出模式上,筠连通过对外出务工人员开展专业技术培训,与宜宾市临港开发区、省外商会等建立劳务用工合作机制,提供固定就业岗位3000余个。在"兜底+救助"服务模式上,筠连印发《筠连县定向开发非全日制公益性岗位定向促进农村建卡贫困劳动者就业实施方案》,开发公益性岗位,对年龄大、残疾、家庭比较困难的贫困劳动力实行就业兜底安置。2016年,全县乡(镇)农村公益性岗位以及开发护林员、村级劳动保障协理员、畜牧发展员兜底安置贫困劳动力1105人,每月每人给予300元~400元岗位补贴。

【筠连脱贫攻坚工作现场推进会】2017年5月16日,筠连县召开脱贫攻坚工作现场推进会,县人大常委会副主任代屏,各乡(镇)主要领导和分管扶贫干部,贫困村党支部书记、第一书记共100多人参会。与会人员参观筠连镇五凤村、双腾镇德胜村,双腾镇中心校,通过实地查看、观看展板,深入农户,听取介绍等形式,详细了解易地扶贫搬迁、龙头企业带动、村集体经济、特色产业发展等情况,实地考察观摩建档立卡资料整理、产业扶贫落实等,听取相关负责人就精准脱贫、典型经验介绍,以及下一步脱贫攻坚工作计划的汇报,学习经验,查找不足,强化举措,补齐短板。脱贫攻坚推进会在双腾镇中心校召开,县扶贫移民局就全县脱贫攻坚工作进行总结、安排,筠连镇,武德乡负责人就脱贫攻坚工作进行交流发言。

县人大常委会主任何跃通报市、县人大常委会开展《四川省农村扶贫开发条例》执法检查中提出的问题，对脱贫攻坚工作提出建议。希望与会人员要深化政治意识和法律意识，认清形势，增强打赢脱贫攻坚战的责任心和紧迫感。要摸清底数，理清思路，切实把精准贯穿脱贫攻坚全过程；要突出重点，精准施策，确保脱贫攻坚措施落实到位；要明确职责，落实责任，推动脱贫攻坚取得实效。

县委副书记李小林作《认清形势主动作为 对标补短加压奋进 切实增强脱贫攻坚的责任感和紧迫感》的讲话，提出：一是要科学分析，认识形势，在直面问题中坚定全面打赢脱贫攻坚战的信心和决心，采取强有力的措施坚决纠正，认真整改，及时解决存在的问题。二是要突出重点，抓住关键，在整体推动中实现年度脱贫攻坚任务再战再胜。要坚持精准谋划为先导，以壮大产业为核心，以基础建设为突破，以完善服务为重点，以聚力"三资"为支撑，以宣传培训为抓手，以财经纪律为戒尺，以规范资料为标准。三要强化责任，加强统筹，在履职尽责中保证脱贫攻坚政治承诺的圆满兑现。

【南方现代草地畜牧业推进行动项目暨肉牛产业综合技术专家讲座培训会在筠连举办】2017年6月3—5日，南方现代草地畜牧业推进行动项目暨肉牛产业综合技术专家讲座培训会在浙商大酒店举办。四川省草原工作总站、四川农业大学动物科技学院、动物医学院、县养牛协会10名专家应邀担任各实用技术专题主讲。县畜禽发展中心、县动物疫病预防控制中心，县动物卫生监督所负责人，县畜牧系统驻村农技员，全县18个乡镇畜牧水产站，南方现代草地畜牧业推进行动项目实施地筠连镇五丰村村组干部、实施农户，全县18个乡镇的养牛大户、肉牛养殖家庭农场业主、农民合作社技术员等人参加培训。

四川省草原工作总站副站长何光武、科长李元华分别介绍优质牧草品种选择、种植及饲草青贮、秸秆氨化技术；四川农业大学动物科技学院教授赖松家、副教授贾先波分别讲授黄牛改良与授精、现代肉牛育肥饲养管理技术；四川农业大学教授左之才、副教授沈留红主讲牛消化生理特点与疫病防控、母牛繁育饲养管理及母牛难产处置技术；县养牛协会会长、高级兽医师王成针对重点介绍畜禽养殖废弃物综合处理法律法规，高级农技师赵阳均、省劳动模范陈道乾、养牛大户赵云分别介绍养牛经验。县政府副县长徐劲松出席培训会，介绍全县肉牛养殖情况。

筠连镇五丰村南方现代草地畜牧业推进行动项目，由2010年7月成立的筠连县五丰黄牛养殖专业合作社(2016年10月升为第八批农民合作社省级示范社)承担，四川省农业厅、省财政厅2015年7月下达。

【筠连县环境保护督察整改工作推进会】2017年6月8日，全县环境保护督察整改工作推进会在会议中心召开，贯彻落实中央环境保护督察决策部署，落实整改省环境保护督查组反馈意见。18个乡(镇)的党委书记、乡(镇)长以及县级各部门分管领导参加会议。县环保局带头学习县委文件、介绍"党政同责、一岗双责"责任制，县委常委、县委政法委书记詹立通报省环保督察组反馈意见及全县整改工作中存在的问题，部署下一步整改工作。县政府副县长何俊锋主持会议。

县委副书记、县政府县长刘朝平强调：坚持生态优先原则，保持筠连一方净土，服务"三个"筠连建设。一是认清形势，自觉增强做好环保工作的意识。要充分认识到环境保护政策就是工作要求、是做好工作的手段。二是正确理解国家环境保护政策，领会环保工作力度强、手段重、追责严的精神实质。三是坚持问题导向，全面全域整改环保问题。要以乡镇为主责、部门配合、县上督察的工作机制，建立问题清单，搞好问题整改、消除存量问题、防止新问题产生。四是坚持生态优先原则，保持筠连一方净土，服务三个筠连建设。要站在对自己负责、对后人负责、对子孙负责的高度对待环保问题。

【全市脱贫攻坚现场会在筠连召开】2017年8月10日，全市脱贫攻坚现场会在筠连召开，市委副书记邓正权出席会议并讲话；市人大常委会副主任张家园，市政府副市长、县委书记王萍，市政协副主席张世炜出席会议。县委副书记李小林，县政府副县长徐劲松，市级22个扶贫专项实施方案牵头单位负责人，各县(区)党委政府分管领导和扶贫移民局负责人参会。市政府副市长张平主持会议。

会前，参会人员先后到海瀛工业园区、筠连镇、双腾镇，参观考察脱贫攻坚相关工作。在海瀛工业园区，参会人员考察蓝伯特生物科技有限公司发挥龙头引领作用助推脱贫攻坚相关工作，并参观该公司青蒿、漆树优良品种繁育基地，以及"1+8"田园综合体建设。在筠连镇五陵村，参会人员检查贫困村"一低五有"推进情况，抽查贫困户"一超六有"落实情况。在双腾镇中心校，参会人员观看展板、听取汇报，详细了解标准中心校建设和贫困县"摘帽"、贫困村退出、贫困户脱贫等相关工作情况。

会议通报全市脱贫攻坚专项督查和暗访工作相关情况，要求各级各部门进一步坚持上下联动，层层抓好督导工作；进一步聚焦整改，着力解决好督导暗访发现的各类问题；进一步严格考核，促进脱贫攻坚工作落到实处。宜宾县安边镇英雄村、珙县珙泉镇、筠连县、市住建城管局分别作交流发言。

邓正权指出，会议主要任务是深入贯彻中央、省委、市委脱贫攻坚系列决策部署，认真总结年度以来脱贫攻坚工作成效，深刻分析存在的短板和问题，进一步聚焦目标、增添举措，压紧压实责任，不断提升脱贫攻坚工作实效，确保完成全年目标任务。要求，要聚焦目标找差距，始终保持打赢脱贫攻坚战的政治定力，不断夯实脱贫攻坚基础，不断细化精准帮扶措施，不断加强组织保障，使脱贫成果得到巩固提升。要聚焦效果强本领，全面提升脱贫攻坚工作水平，要深刻领会习近平总书记新时期扶贫开发重要战略思想和省委、市委系列重要决策部署，切实增强统筹推进脱贫攻坚的思想意识，把精准贯穿脱贫攻坚全过程。要聚焦任务抓攻坚，真正下足"绣花"功夫推进精准扶贫精准脱贫，聚焦"两不愁"，扎实抓好产业扶贫和就业增加，聚焦"三保障"，扎实抓好住房建设和教育医疗扶贫，聚焦"四个好"，扎实抓好精神文明建设。各地各部门始终要保持坚定的政治定力和昂扬奋进的精神状态，以决战决胜的勇气，坚持精准施策，力度不松，劲头不减。以更高的标准、更严的要求扎扎实实做好脱贫攻坚各项工作，以优异的成绩迎接中共十九大胜利召开。

【筠连县创建省双拥模范县工作推进会】2017年9月25日，筠连县创建第十一届四川省双拥模范县工作推进会在县会议中心召开，安排部署筠连创建全省双拥模范县工作。各乡(镇)、各部门负责人及相关人员参加会议。

县委常委、常务副县长李勇就如何创建双拥模范县创建工作强调，要以中央、省、市部署、要求为指导，切实增强新形势下做好双拥工作的决心和动力；要以创建全省双拥模范县为载体，切实将全县双拥工作推上更高台阶；要紧扣成功创建目标，统筹推进各项工作，围绕服务中心大局，实现地方发展和军队建设互促共进，坚持改革创新驱动，构建新型双拥关系；要以坚强领导、高效落实为途径，切实保障双拥创建圆满成功，要强化组织领导，形成工作合力，要强化宣传引导，营造良好氛围，强化考核督导，狠抓工作落实，以优异的成绩迎接中共十九大胜利召开。副县长、县公安局局长唐勇主持会议并宣读县创建第十一届四川省双拥模范县创建工作实施方案。会议还对创建工作任务进行分解。

【2017年安委会扩大会议】2017年8月24日，筠连县召开安委会扩大会在会议中心召开，再次安排部署全县安全生产大检查工作。各乡(镇)政府主要负责人、县安委会成员单位全体成员参加会议；县委副书记、县政府县长、县安委会主任刘朝平，县委常委、县政府常务副县长、县安委会常务副主任李勇，县政府副县长、县公安局局长唐勇出席会议。县安办主任、县安监局局长陈正富通报全县安全工作情况，安排安全生产大检查工作；县公安局、县国土资源局、县水务局、县规建城管局就各自行业安全生产工作作发言。刘朝平主持会议。

唐勇指出，要清醒认识安全形势、增强抓好安全生产紧迫感责任感，建立安全联合执法机制、企业和从业人员"黑名单"管理机制、执法检查信息互通机制、安全生产联合会商机制，严厉惩治安全生产违法违规行为，严格落实突发事件报送和处置规定，提升安全监督管理水平。

李勇部署全县安全生产大检查工作，并强调安全生产工作最大的隐患是思想上的麻痹大意，各乡(镇)、各部门务必克服麻痹大意思想，务必将安全责任落实到每个人每个岗位，务必加强监督监管，全面加强安全生产监督管理，确保安全生产大检查工作取得实效。

刘朝平指出，一要以安全生产零死亡为底线，切实强化各行业领域安全监管。二要以排查整治安全隐患为手段，全面深入开展安全生产大检查，有效预防各类事故发生。三要以打非治违为重点，坚决惩治违法违规行为，不断将打非治违工作推向纵深。四要以责任追究为落脚点，更好的落实企业安全生产主体责任和政府安全监管责任。五要突出行业特点和季节性规律，有针对性地抓好各行业领域安全生产大检查。六要严格落实领导带班和值班工作，按时报告和迅速处置各类突发事件。

【脱贫攻坚年度考核暨22个扶贫专项工作汇报会】2017年9月7日，筠连县脱贫攻坚年度考核暨22个扶贫专项工作汇报会在县会议中心召开。市政府副市长、县委书记王萍，县委副书记、县政府县长刘朝平，县委副书记李小林、王涛，县人大常委会副主任代屏出席会议；部分县级部门负责人参加会议。李小林安排部署脱贫攻坚工作。刘朝平主持会议。

刘朝平要求，一是要认真贯彻会议精神，确保压力层层传导。二是要摸清摘帽工作底数，加快推进各项工作。三是要加强督查力度，运用好督查结果。四是要做好脱贫指标监测，及时反馈存在问题。

王萍强调，要客观研判，形势逼人，思想认识上务必清醒，必须进一步坚定再战再胜的信心决心，创新思路举措，采取超常办法，真抓实干，加快进度，推动既定部署落到实处、见到实效；要盯紧任务、铆足干劲，推进措施上务必加码，确保2750户11129人达到"一超六有"标准、31个贫困村全部实现"一低六有"条件；要强化督查，加压督办，问责考核上务必逗硬。要把压力传导到位，各部门(单位)要始终把脱贫攻坚摆在重要位置，重点部署，严格实行"一把手"负总责的工作责任制，对照考核任务，按照三级联动"块抓条保"工作机制，层层落实脱贫攻坚责任，要把合力凝聚到位、任务落实到位，各部门务必高度重视，从严要求、从严督查、从严防范，及早及小查处不作为、慢作为、乱作为的现象，一旦发现坚决追究问责。

【全县违法建设违法占地整治专项行动动员大会】2017年9月13日，筠连县违法建设违法占地整治专项行动动员大会在会议中心召开。市政府副市长、县委书记王萍，县委副书记、县政府县长刘朝平，县人大常委会主任何跃，县政协主席黄静出席会议。

会议指出，该次"两违"整治专项行动要明确目标、突出重点、加强领导、强化宣传，依法推进“两违”整治工作，为筠连经济社会发展打造良好环境。时间为 2017 年 8 月 15 日至 2018 年 8 月 15 日，分专项行动准备、动员部署、调查核实、综合整治、总结完善 5 个阶段。整治专项行动成立以县委常委、常务副县长李勇为组长的领导小组，下设办公室和 6 个工作组，即日起开展工作。

王萍指出，大家要提升思想觉悟，深刻认识“两违”整治工作的重要性。切实加强组织领导，周密安排，加强协调配合，确保专项整治工作快速、有效推进。在整治过程中，要明确目标任务，全力推进“两违”整治的全覆盖。一要做到“两违”整治零容忍，二要做到调查摸底零盲区，三要做到两违问题零增量，四要实现和谐拆迁零冲突，五要做到依法惩处零容忍，六要实现宣传教育零死角，把相关政策向群众说清楚、讲明白，并加强曝光，通过正确的舆论引导，形成良好的舆论氛围。王萍要求，一是要确保组织领导和工作保障，二是要协调配合，三是要责任追究要到位，四要建立长效机制，实行规范管理、科学管理、长效管理。大家务必高度重视，精心组织，上下联动，密切配合，加快推进，确保 2018 年 8 月底完成“两违”整治。

刘朝平强调，一要消除思想上的怕，要理直气壮的开展工作，科学的执法。二是要消除政策的盲，各部门要充分利用法律协调配合。三是要形成合力和氛围，广泛宣传政策，形成良好的舆论氛围。四是执法过程要公正透明，执法结果要公正透明。五是要做到奖惩分明，对干得好的干部要予以表扬，做的不好的干部要予以惩处。

【“扶贫日”系列活动暨“百日攻坚”行动推进会】 2017 年 10 月 10 日，筠连县 2017 年“扶贫日”系列活动暨“百日攻坚”行动推进工作会议在县会议中心召开，县委副书记李小林、王涛，县人大常委会副主任代屏，县政府副县长徐劲松，县政协副主席韩世全出席会议；各乡(镇)负责人、县级各相关部门、县属及县属以上企事业单位主要负责人、县脱贫攻坚领导小组办公室相关人员参加会议。李小林主持会议。

会上，县教育文广局、县经信科技局、筠连农商行就 2016 年度“扶贫日”活动作交流发言。徐劲松通报筠连县 2016 年“扶贫日”系列活动开展情况，“百日攻坚”全覆盖督导发现的问题；安排部署 2017 年“扶贫日”系列活动，2017 年脱贫退出验收工作。

李小林指出，2017 年 10 月 17 日是全国第四个 “扶贫日”。开展“扶贫日”活动，为全县搭建一个有效的工作平台，动员和倡议县域各级机关、企事业单位、群众团体、社会各界人士积极予以支持、踊跃主动参与，共同为扶贫济困事业奉献爱心、贡献力量，加快全县贫困地区、贫困群众同步小康步伐。为确保 2017 年脱贫攻坚答卷按时交、不拖延，要围绕“增收、脱贫、摘帽”目标，按照“目标不变、标准不降、强势推进”的要求，紧盯硬目标、强化硬措施，倒排任务、紧逼工期、全力冲刺，全面打响脱贫攻坚秋冬季“冲刺战”。要坚持“三力”叠加合力攻坚、实行“三包”责任立体帮扶、实行“三单”管理明晰任务、完善“三项”机制筑牢基础、建立“三大”基地富民强县。李小林强调，面对全县年度 31 个贫困村退出、2750 户 11129 人脱贫任务的严峻考验，全县上下必须团结一心、众志成城，以“钉钉子”的精神抓落实，以“啃硬骨头”的态度抓攻坚，以“绣花”的功夫抓成效，打好“百日攻坚”冲刺战，以优异成绩，向中共十九大和全县人民交出一份脱贫攻坚的满意答卷!

【全市交警系统缉查布控应用工作现场会在筠连举行】 2017 年 10 月 15 日，全市交警系统“三个不发生”创建活动决战决胜暨缉查布控应用工作现场会在筠连举行。与会人员到海瀛执法服务站，实地观摩筠连公安交警反恐防暴演练以及服务站基础设施建设和管理情况。

县政府副县长、县公安局长唐勇致辞；市直属交管一大队、南溪区交管大队、筠连县交管大队作交流发言。会议还通报全市“三个不发生”创建活动情况、全市缉查布控工作开展情况。

市公安局党委委员、交警支队长雷克华强调，要肯定成绩提高信心；要破除迷信，解放思想，破除工作的惰性、思维惯性、行为的盲目性，切实增强推进系统应用的责任感和紧迫感；要瞄准短板，强化措施，全力以赴开展深化工作，切实推进建设进度，提升应用水平；要突出重点，狠抓关键，确保平安，瞄准“两客一危一货”严查严防不松懈，抓好缉查布控系统的灵活应用；要全力抓好队伍建设，要按照中共十九大安保工作要求，规范执法行为，抓好执法安全。

【第二届中国反刍动物营养与饲养技术研讨暨乌蒙山片区产业扶贫培训座谈会在筠连召开】 2017 年 10 月 31 日，第二届中国反刍动物营养与饲养技术研讨暨乌蒙山片区产业扶贫培训座谈会在筠连县会议中心举行。农业部科教司产业处处长孙俊立，国家肉牛牦牛产业技术体系首席科学家、中国农业大学教授曹兵海，国家肉牛牦牛产业技术体系岗位专家孙宝忠，市畜牧水产局局长罗才源，市政府副秘书长李亚，县委副书记、县政府县长刘朝平，县政府副县长徐劲松和内蒙、宁夏、毕节、广安等地知名企业家、畜牧专家一同参加座谈会。与会的领导和专家为筠连县肉牛产业发展提出宝贵意见。

刘朝平介绍，筠连按照千家万户搞良繁、新型主体做育肥、龙头企业创品牌、科研院校做支撑、政府服务搭平台的总体思路，从积极建立良种繁育基地、培育壮大新型经营主体、不断强化科学技术支撑、提升金融服务保障、推进绿色发展着手，力争用 3—5 年将筠连建设成为中国南方农区肉牛产业种养循环示范县、乌蒙山特色肉牛产业扶贫示范县、四川肉牛良繁基地示范县、宜宾市特色农业示范带肉牛产业核心示范区。

曹兵海建议,一是要坚持走肉牛品种差异化发展的路子,利用川南山地黄牛培育筠连自己的肉牛品种。要制订生产标准,掌握话语权。二是要进一步提高肉牛发展的组织化、系统化、标准化程度。三是科学做好品种选育,高度重视筠连黄牛品种选育和保护工作,立足宜宾、立足四川做好全产业链发展。四是政府要整合资源、加强统筹,形成推动肉牛全产业链发展的整体方案。要建立母牛溯源体系、肉牛生产标准体系、质量安全追溯体系,形成龙头企业带动农户的利益联结机制,政府扶持政策应着眼于全产业链建设进行调整,助推脱贫攻坚。

孙俊立希望筠连县高度重视肉牛产业发展的人才培养与保障,要坚持提高农村养殖技术培训的覆盖面,提高培训的针对性,以大户系统培训辐射周边农户,使广大农村群众真正掌握实用技术。

李亚感谢与会领导、专家、企业家对宜宾市特别是筠连县肉牛产业发展的大力支持与帮助,宜宾特别是筠连县一定认真采纳大家的意见和建议,进一步结合自身实际,培育发展壮大肉牛产业,为脱贫攻坚和决战小康做出更大的贡献。刘朝平汇报了全县肉牛产业发展情况,按照千家万户搞良繁、新型主体做育肥、龙头企业创品牌、科研院校做支撑、政府服务搭平台的总体思路,力争用3—5年将筠连建设成为中国南方农区肉牛产业种养循环示范县、乌蒙山特色肉牛产业扶贫示范县、四川肉牛良繁基地示范县、宜宾市特色农业示范带肉牛产业核心示范区。

【全县决战决胜脱贫攻坚万人誓师大会】2017年11月6日,由县委、县政府、市委宣传部主办,宜宾市第五届“三江放歌”广场文艺演出筠连专场暨筠连县决战决胜脱贫攻坚万人誓师大会在玉壶广场举行。大会通报表扬2016年驻村帮扶先进单位、优秀第一书记、优秀驻村干部和优秀农技员;举行乡(镇)、帮扶部门、第一书记、爱心人士和贫困户扶贫脱贫宣誓仪式;组织部门、企业等帮扶单位扶贫捐款以及参会人员“决战决胜”脱贫攻坚签名活动,各乡(镇)分会场也组织开展签名活动。

市脱贫攻坚领导小组办公室副主任徐秋华讲话,筠连县委县政府在经济下行回暖缓慢的大背景下依然满怀豪情、全力攻坚,在各级各部门的倾力帮扶、社会各方大力支援、各级帮扶干部真情帮扶下,贫困村面貌发生突变,贫困户生产环境明显改善、生活水平整体提高,全县脱贫攻坚取得阶段性胜利,为实现全县摘“帽”目标奠定坚实基础,筠连必将夺取脱贫攻坚战全面胜利。

刘朝平代表县委、县政府,对全县的脱贫攻坚所取得的成效和经验作简要总结,对筠连脱贫攻坚再出发战前动员。指出,2018年是全县整体脱贫摘帽的决战决胜之年,攻坚之路愈深其前进愈难,剩下的都是硬骨头,工作难度更大、责任更大、压力更大,已脱贫退出的成果还需巩固提升,防止返贫的任务十分艰巨。强调:在脱贫攻坚最后关口,全县上下要保持更加清醒的头脑,正确认识和科学研判目前脱贫攻坚的形势和任务,不忘初心,牢记使命,砥砺前行,既不可被取得的成绩冲昏头脑,更不被面临的困难所吓倒。号召,全县各族人民、社会各方力量、各界爱心人士要在精神上不懈怠,思想上不动摇,行动上不松劲,要求上不降低,以戒骄戒躁的作风、坚忍不拔的精神、“不破楼兰终不还”的坚强意志、“狭路相逢勇者胜”的姿态,一鼓作气决战决胜脱贫攻坚。

【首届中国茶叶大数据高峰论坛暨2017年中国茶叶流通协会茶产业专业委员会年会在筠连召开】2017年11月10日,首届中国(筠连)茶叶大数据高峰论坛暨2017年中国茶叶流通协会茶产业专业委员会年会在县城定水广场举行。市政府副市长、县委书记王萍,国家信息中心大数据发展部副部长陈强,四川省大数据发展研究会会长杨志前,中国茶叶流通协会常务副秘书长朱仲海,县委副书记、县政府县长刘朝平等各级领导和嘉宾出席大会。县人大常委会主任何跃,县政协主席黄静,县委副书记王涛,县委常委、县政府常务副县长李勇,县委常委、县委办主任罗吉义,县政府副县长王永红、钟声远、徐劲松等参加大会。

王萍指出,筠连茶叶发展历史悠久,茶文化底蕴浓厚。秦五尺道、塘坝古驿等都是茶叶历史发展的见证,四川红茶的根在宜宾,宜宾红茶的根在筠连。大数据是在尊重事物发展的客观规律基础上,充分发挥主观能动性的实践,大数据集约化、精准化、智能化、数据化特点为现代农业的发展开启“导航灯”,必成为中国现代农业的发展方向。传统的茶叶产业与大数据在筠连定水河畔交融碰撞,对筠连茶叶产业发展有着里程碑式的意义,必将推动筠连茶叶产业加快发展,造福45万筠连人民。王萍强调,在科技日新月异的时代,要充分利用大数据,不断推进振兴乡村战略,促进农业农村的转型升级,助力农村面貌大改善、农业产业大发展、广大农民大增收。通过茶叶大数据高峰论坛,帮助筠连拓展茶叶大数据发展思维,更加坚定筠连茶叶大数据发展的信心。

刘朝平推介,筠连茶文化历史悠久、筠连产茶可上溯至秦汉时期,早在唐代就是四川重要的产茶区之一。千百年来,筠连以盛产“早白尖”“黄芽茶”“功夫红茶”“筠连苦丁茶”等名优茶而久负盛名。筠连红茶代表产品“醒世·黄金白露”“乌蒙红茶”先后获国际茶叶博览会金奖,先后获评“筠连苦丁茶”“筠连红茶”两个地理标志保护产品;筠连也先后荣获国家级、省级茶叶示范县称号。至2016年,全县茶园总面积1.39万公顷,有茶叶初精制加工企业69个,茶叶综合产值18.01亿元。在旅游产业,筠连资源丰富、景观独特。至10月,全县旅游人数170.2万人次,实现旅游收入12.82亿元。

四川省大数据发展研究会会长杨志前宣布论坛开幕,

国家信息中心大数据发展部副主任陈强、四川省农业厅段新友分别发言。论坛上，20 世纪 50 年代曾在筠连工作的茶叶专家钟渭基讲述筠连早白尖的故事，四川省农业厅信息中心研究员钱亮主讲《"互联网 + 农业"实际应用》，中国茶叶流通协会秘书长朱仲海主讲《茶产业的发展与转型》，眼界科技创始人兼 CEO 吴展雄主讲《展望 VR 技术在茶产业中应用》，中兴云科技董事长王东明主讲《大数据技术的产业运用实践》。

大会还举行"川红故里"授牌仪式、《筠连茶人使命在路上》首发仪式、四川省大数据发展研究会农业大数据专委会成立的授牌仪式、农业大数据生态基地启用仪式。最后陈强、杨志前、王萍、刘朝平等领导一同触摸启动球，农业大数据生态基地启用。

【中国茶叶流通协会茶叶市场专业委员会三届三次会议暨四届一次会议在筠连召开】2017 年 11 月 10 日，中国茶叶流通协会茶叶市场专业委员会三届三次会议暨四届一次会议浙商酒店召开。县委副书记王涛，中国茶叶流通协会常务副秘书长朱仲海，中国茶叶流通协会副会长高晨生及专委会委员参加会议。

王涛代表县委致辞，介绍筠连茶产业发展的历史渊源，品牌打造情况以及茶叶产业发展情况。同时代表县委感谢与会茶叶专家和知名茶企业家莅临筠连考察访问，希望大家多为筠连茶产业发展建言献策。

与会专委会委员审议通过中国茶叶流通协会茶叶市场委员会三届三次会议工作报告，审议并通过中国茶叶流通协会茶叶市场委员会第四届组织机构名单，选举高晨生为中国茶叶流通协会茶叶市场委员会第四届主任委员。随后，在四届一次会议上，审议通过中国茶叶流通协会茶叶市场委员会第四届工作规划，审议并通过茶叶市场委员会下年工作计划。会议还充分听取与会委员对茶叶市场专业委员会工作的建议和意见。与会委员介绍各自茶企和茶叶市场的建设情况，为茶叶市场转型升级提出许多宝贵意见。与会委员畅谈到筠连茶产区参会感受，表示将全力帮助筠连茶品牌做好推广。

【全县 2017 年度脱贫攻坚工作成效考核综合评价暨 2018 年贫困县摘帽工作专题汇报会】2017 年 12 月 13 日，筠连县 2017 年度脱贫攻坚工作成效考核综合评价暨 2018 年贫困县摘帽工作专题汇报会在会议中心召开，县脱贫攻坚领导小组副组长李小林、王涛、李刚、代屏、徐劲松、韩世全出席会议；乡(镇)主要领导，县级 22 个专项扶贫牵头部门和省级考核评价指标对应的县级部门主要负责人，县脱攻办各专职副组长和相关人员参会。部分乡(镇)汇报 2017 年贫困村退出市级验收评估反馈问题整改落实情况，部分县级部门汇报 2018 年贫困县摘帽工作推进情况。李刚主持会议。

徐劲松要求，一是抓实问题整改落实，认真仔细核查贫困户帮扶手册、联系卡，下足"绣花"功夫，扎实做好对标补短，逐户逐人落实整改。二是做好迎接省级考核要求工作，精心组织迎检方案，做好汇报工作准备，抓牢"三率一度"。2018 年贫困县摘帽工作要抓早、抓巧、抓实、抓细。三是 2018 年的项目要加紧编报。四是全力推进漆树产业发展，打造"川红故里，国漆之都"。

李小林强调，一要掌握程序，抓住关键环节，准确把握脱贫攻坚考核工作的要求。精细领会验收指标，做好结果考核和过程考核的准备。精确把握考核验收程序和时间节点，现已完成市、县级验收，全力做好迎接省级评估验收。精心做好各项迎检工作，对照标准找差距，主动与上级汇报衔接，提高汇报质量。二要紧扣突出问题，聚力攻坚冲刺，全面补齐脱贫攻坚工作的差距短板。要迅速抓实"贫困户脱贫"查漏补缺，解决好脱贫户家庭收入、易地扶贫搬迁、教育、健康扶贫等问题；迅速抓实"贫困村退出"查漏补缺，确保贫困发生率、村集体经济、"1 路 2 室 1 网"达标；迅速抓实"精准帮扶"查漏补缺，贫困村"五个一"、非贫困村"三个一"帮扶力量再进村入户，走访中要做到"五知五要"；迅速抓实"群众满意度"查漏补缺，加大宣传引导，提高贫困户和非贫困户对国家政策、帮扶措施、脱贫成效等的认可度。三要提前思考谋划及早实施推进，着力打牢下年贫困县摘帽的工作基础。要早规划，明思路，定措施，要早行动，抓推进。同时要加大对"中国社会扶贫网"的推广和应用，要加大对漆树产业的推进，要细研究、早部署、重落实。

【筠连县产业扶贫项目洽谈会暨农特产品推广会在北京举行】2017 年 12 月 15 日，由县政府主办，县经信科技局承办，慧峰建设集团、国信优易数据公司、北京华商联合会、北京筠连商会协办的 2017 北京·筠连产业扶贫项目洽谈会暨筠连农特产品推广会在北京金龙潭饭店召开。邀请到中国扶贫志愿服务促进会、国家美丽乡村办公室、中国农业特色产品组委会、住建部中国工程建设标委会、中国茶文化研究院、全国茶叶流通协会北京心海公益基金会、中国老区建设促进会、中央电视台、新华社、世界华人投资联盟等单位和企业负责人共 120 余人参加。

县政府副县长钟声远致词。中国扶贫志愿服务促进会副会长王家华、中国农科院副院长雷茂、国家美丽乡村办公室主任魏玉栋、住建部中国工程建设标委会主任钟春、中国茶文化研究院院长罗大友作主题讲话。

县委副书记、县政府县长刘朝平，筠连位于五粮液的故乡宜宾，是乌蒙山片区贫困县，享有"中国奇泉之乡""中国苦丁茶之乡""川红故里"等美誉，境内煤炭储量 35.8 亿吨，页岩气储量 2500 亿立方米；建有标准生态茶园 1.4 万公顷，肉牛存出栏量约 18 万头，种植漆树 0.73 万公顷，有青蒿、黄精、重楼、石斛等中药材基地 0.33 万公顷，有笋竹等经济林 1.67 万公顷。盛产早白尖、功夫红茶、筠连苦丁茶等名优茶，筠连黄牛干巴、生态黑猪肉、筠连山地乌鸡、筠连水粉等特色小吃绿色生态；有筠连红茶、筠连苦丁茶、筠连粉条、筠连黄牛4个国家地理标志保护产品；生物、地学、水体、温泉景观资源富集；古建筑、古遗址、史前文化多样；苗彝民俗节庆、服饰、乐器等文化深厚；休闲农业、手工艺品等产业景观丰富。已初步形成玉壶休闲观光区、温泉岩溶度假区、大雪山生态旅游区3大旅游景区，是休闲旅游观光和投资开发的理想目的地。随着乡村振兴战略、农业供给侧结构性改革的深入实施，宜昭高速公路、渝昆高铁的修建，筠连将迎来更多的发展机遇。刘朝平还对煤炭综合产业、页岩气发电、茶叶全产业链、漆产业、竹笋深加工、旅游景区开发等项目做推介，并表示在土地政策、投资返税奖励、总部经济、大数据服务等给予企业最大、最优惠的政策支持和服务。刘朝平与企业签约6个项目，与重点企业进行扶贫项目投资洽谈。

中央电视台农业频道、新华社、《光明日报》《人民日报》、腾讯网、新浪网、今日头条、《四川日报》《宜宾日报》等媒体现场报道。

（肖平萍）

县政府重要活动

【电视剧《创神》剧组到筠连考察拍摄】 2017年1月3日，由嘉娱盛世（北京）影业集团董事局主席孙力民、香港TVB著名导演陈泽成、中国著名影视艺术家苏雅拉图等组成的电视剧《创神》剧组考察团到筠连实地考察。县委副书记、县政府县长刘朝平，县委常委、县政府常务副县长李小林，副县长钟声远出席见面会。

刘朝平介绍筠连县情、产业发展及旅游产业发展情况。筠连是全国“春风经验”的发源地，县内无烟煤储量35.82亿吨，页岩气探明储量280亿立方米，筠连黄牛、筠连红茶、筠连苦丁茶、筠连粉条属国家地理标志保护产品。筠连历史文化厚重，旅游资源丰富，飞瀑流泉、溶洞秀峰，处处是景。

孙力民：嘉娱盛世北京影视集团计划投资6亿元打造最具东方神韵的魔兽世界巨制《创神之天逾神兽》，由执导《花千骨》《老九门》的著名导演梁胜权执导，共68集。该剧以宜宾多个县区为拍摄地，计划在李庄建设影视基地，着重突出宜宾的酒文化、茶文化、民族文化等，该剧于7月开机，2018年暑期栏在湖南卫视等星台播出。该次走进筠连选取最佳拍摄背景为后期开机拍摄做准备。

见面会后，孙力民一行深入古楼峰丛景区、五尺道隐豹关、塘坝乡川丰村实地考察。中国建筑装饰协会，北京、广东部分企业代表，县投促局局、县农业局、县林业局、县教育文广局、团县委等部门负责人参加见面会或参加实地考察。

【杜紫平到筠连指挥抗震救灾】 2017年1月28日（除夕夜）凌晨2时46分，筠连发生里氏4.9级地震，震中位于乐义乡中坝村，震源深度11千米。截至1月28日13时，全县多个乡（镇）房屋受损严重，交通道路、电力通信、安全饮水等基础设施受损。

地震发生后，省委书记王东明，省委副书记、省长尹力，副省长邓勇、王铭晖庚即做出批示和要求。王东明批示“宜宾市和筠连县妥善做好灾后应对工作，特别要做好受伤群众救治和受灾群众过度安置工作，宜宾市要立即派出市领导带队的工作组到一线指挥、调度”。尹力批示“要做好伤员救治和监测预警工作，严防次生灾害发生并造成危害，确保当地群众过好年，重要情况及时报告”。市委书记刘中伯批示“市县两级要高度重视，确保灾区群众过上一个祥和的春节”。市领导要立即带领相关部门，深入受灾一线，检查灾情，看望和慰问灾区群众，做好受伤群众的医治和住房受损严重群众的转住安置与生活安排等工作。要会同地震等相关部门加强震情监测，要及时上报和向社会发布相关信息。

值班的市委副书记、市政府市长杜紫平作出批示：“筠连县迅速救助群众，查统灾情，维护社会稳定，确保全县人民群众过一个祥和稳定吉祥的春节”。随即，杜紫平召集市防震减灾局、市应急办、市民政局、市住建局等部门负责人，主持召开抗震救灾指挥部会议，全面安排部署相关工作，强调有关方面要进一步核实灾情，加强震情预测，做好房屋鉴定排危工作，严防发生二次灾害。会后，杜紫平率领有关部门负责人赶赴重灾区——乐义乡指挥抗震救灾，看望慰问当地群众。杜紫平在乐义乡召集市、县、乡相关部门负责人研究灾情时强调，要千方百计医治受伤群众，转移安置要到户、到人，核实灾情和房屋排危鉴定要精准，无一遗漏，要科学救灾，确保次生灾害防治到位、疫病疫情防治到位，切实维护社会稳定。

地震发生后，宜宾市政府迅速启动地震灾害事件应急响应（Ⅳ级响应），成立由市委副书记、市政府市长杜紫平任总指挥长的宜宾市筠连“1·28”抗震救灾应急指挥部，市级相关部门随即开展工作。市级先后调运500顶帐篷和1000床棉絮，并划拨200万元资金支援筠连和珙县开展抗震救灾工作，组织50名专家赶赴震区，全面做好受损房屋的排查、鉴定、排危等工作。

市委常委、宣传部部长李敏，市人大常委会副主任邓前卫，市政府副市长张平、孙小川，市政府副市长、县委书记王萍分别先后到灾区指导抗震救灾工作。

【省民政厅工作组到筠连指导抗震救灾】 2017年2月7日，省民政厅救灾工作组由救灾处处长王绪恩率队到筠连察看“1·28”地震受灾情况，举行抗震救灾工作会议。省民政厅救灾处调研员张科学，市民政局局长梁廷江，县委副书记、县长刘朝平，县人大常委会主任何跃，县政协主席黄静，县委副书记李小林，县委常委、县委宣传部部长雷敏，县政府副县长郑云及县级相关部门负责人参会。刘朝平向王绪恩一行汇报筠连“1·28”地震灾情及抗震救灾工作情况。

王绪恩对筠连的抗震救灾工作给予高度评价，认为筠连县委县政府在地震发生后的第一时间启动应急预案，反应迅速、措施得力、成效显著，最大限度地保障人民群众的生命和财产安全，把灾害带来的损失降至最低。王绪恩希望，一是坚持做好受灾群众转移安置工作，不能住人的房屋坚决不能住人。二是灾区农房受损程度鉴定必须依靠权威机构，做到不漏一户、不漏一人。三是科学严谨做好灾情评估，确保灾情核定准确。四是坚持做好舆论引导，做好灾区群众心理疏导与抚慰，努力引导群众自力更生陆续开展灾后恢复重建。五是高度重视震区各项安全工作，全力排查各项安全隐患，做好次生灾害排查监测工作。六是做好灾后重建的科学规划工作，把灾后重建与新农村建设结合起来，提高受灾群众的抗灾害能力。

【亚洲开发银行到筠连考察】 2017 年 3 月 21 日，亚洲开发银行 GEF 项目高级官员牛志明一行到筠连考察中国—全球环境基金干旱生态系统土地退化防治伙伴关系中国西部适应气候变化的可持续土地管理项目进展（简称 GEF 项目），GEF 项目属四川筠连县创新点项目。

上午，考察组一行到腾达镇春风村实地考察 GEF 项目实施情况。在春风村，牛志明一行详细了解 GEF 项目涉及的林下种养殖业发展情况，听取该村党支部书记王家元就春风村发展的情况汇报。国家林业局科技司处长冉东亚、GEF 项目中央项目办经理宋增明、省林业厅党组成员总工程师骆建国一同到筠考察。县委常委、常务副县长李小林，大常委会副主任古有奎，县政府副县长王永红，省林业厅，市县林业部门相关人员一同实地考察。

下午，在海瀛工业园区四川蓝伯特生物科技有限公司会议室，召开 GEF 项目考察座谈会。市政府副市长、县委书记王萍出席座谈会，县人大常委会副主任古有奎，省林业厅、市县林业部门相关人员及蓝伯特公司负责人参加座谈会。李小林代表县委、县政府致辞，县委常委、县委办主任罗吉义汇报全县 GEF 项目以及漆树产业发展情况。省林业厅相关人员汇报四川 GEF 项目实施情况，与会的国家、省、市专家就如何推进推广 GEF 项目发展做交流发言。省林业厅科技推广站站长李映平主持座谈会。

牛志明对春风村 GEF 项目实施给予高度肯定，认为春风人依托春风精神苦干实干，谱写石漠化治理成功经验，提高当地群众的生态意识，促进生态社会、经济效益的健康、循环发展。牛志明希望，要进一步搞好 GEF 项目可持续建设，不断完善项目建设内容，积极争取项目后期建设，在干旱生态系统退化土地防治、促进农民增收，促进农村发展和构建生态文明方面发挥更大的示范、辐射和带动作用，为其他同类地区的 GEF 项目提供经验和示范。

中国—全球环境基金干旱生态系统土地退化防治伙伴关系建立于 2002 年，是中国政府与全球环境基金在土地退化领域建立的第一个伙伴关系，旨在为中国西部地区减少贫困、抑制土地退化和恢复干旱生态系统。筠连创新点项目主要发展林下绿色产业，2016 年来，通过公司、家庭林场、村民等自筹资金稳步推进示范点项目建设。

【市检查组到筠连督导脱贫攻坚】 2017 年 3 月 23 日，市政府副秘书长李林率市财政局、国土局、统计局等部门到筠连实地调研督导脱贫攻坚工作。李林一行深入巡司镇杨柳村、筠连镇五凤村了解地质灾害搬迁、易地扶贫搬迁、贫困户生活改善、生产发展、聚居点建设以及村级集体经济发展情况。李林希望，要严格按照“兴业、家富、人和、村美”和“四好”创建标准，以“四好村”创建为统揽，积极开展创建工作，切实抓好村容村貌提升、农户室内环境改善等项目，要抓好环境整治，强化村容村貌提升、农户室内环境改善，优化人居环境，进一步引导群众养成好习惯、形成好风气；要积极探索集体经济多种发展途径，让更多贫困群众共享改革发展红利。市财政局、国土局、统计局负责人，县委常委、县委办主任罗吉义及部分县级部门负责人一同实地调研督导。

【《国家地理标志保护产品·筠连黄牛》团体标准通过审查】 2017 年 4 月 11 日，筠连县养牛协会在县政务服务中心会议室举行筠连县《地理标志保护产品·筠连黄牛》团体标准审查会，与会 11 名专家听取标准起草组就标准编制情况汇报及相关说明，县政府副县长钟声远、市质量技术监督局标准化科科长王顺强担任专家组正副组长。通过询问、答疑等形式，11 名专家一直同意通过《地理标志保护产品·筠连黄牛》团体标准审查，要求起草组尽快修改完善、公告发布。

筠连已发布 3 个企业标准(四川宜宾市畜旺饲料厂《肉牛精料补充料》、筠连县筠洲信诚商贸有限责任公司《黄牛干巴(腌腊肉制品)》、《手撕黄牛干巴(酱卤肉制品)》)，1 个团体标准(筠连县向阳生态种养专业合作社《春风肉牛养殖技术规程》)，1 个地方标准（《地理标志保护产品 筠连黄牛养殖技术规范》)，加上该次审查的团体标准(筠连县养牛协会《地理标志保护产品·筠连黄牛》)，基本上形成包括筠连黄牛在内的筠连县肉牛产业标准化体系，既增加全县养牛老百姓收入，又促进筠连县整个肉牛特色产业的持续稳定健康发展。

【《国家地理标志保护产品·筠连粉条》团体标准通过评审】 2017 年 4 月 11 日，《国家地理标志保护产品·筠连粉条》团体标准审查会议在县政府政务中心会议室召开。由县政府、市质监局、市出入境检验检疫局、县工业园区管委会、县质监局、县食药监局、县农业局、县林业局、县域企业9名专家组成的审查组对标准进行审查。专家审查组就标准的内容、格式以及标准实施现状等，对《国家地理标志产品·筠连粉条》团体标准进行系统全面地审查，一致同意通过《国家地理标志产品·筠连粉条》团体标准的审查。审查会后，标准编写组将按照评审专家意见对标准进行修改完善，按程序发布实施。

《国家地理标志保护产品·筠连粉条》的发布实施，将从原料选择、加工技术等方面指导企业规范生产高质量、高品质筠连粉条。同时也解决县域内粉条生产企业指导标准从无到有、"地理标志产品保护"专用标志无法使用的问题，为大力发展筠连粉条产业，加强筠连粉条作为筠连优质特色农副食品产品代表的品牌打造，营销推广以及规模扩大，加速筠连县粉条产业的转型升级，是促进全县经济持续发展和转型发展的重要举措。

【益西达瓦到筠连调研】 2017年5月8日，省民政厅党组书记、厅长益西达瓦率厅办公室、社会救助处、基层政权和社区建设处、区划地名处等负责人到筠连开展民政工作调研。市政府副市长、县委书记王萍，市民政局局长梁廷江，县委副书记、县政府县长县长刘朝平，县委副书记李小林等陪同调研。

在乐义乡震区安置点，益西达瓦与受灾群众代表座谈，听取恢复重建房屋的打算、存在的实际困难，表示将安排好救灾救济资金，帮助受灾特困群众解决好基本生活保障。要求县委、县政府加快恢复重建、养老服务体系建设，抓好村民自治、城乡低保、特困人员供养、优抚安置等工作，认真开展村(社区)民政事务协理员试点，推动民政工作和民政服务面向农村、社区，让农村每一位困难群众都能得到关爱和帮扶；要求乐义乡恢复重建工作在牛肉底完成。在乐义乡便民服务站，询问了基层民政办工作人员承担的职责，开展民政工作便民服务情况。

益西达瓦一行还看望慰问县民政局干部职工，要求民政干部带着感情做事，充满激情创业，在平凡的岗位上干出不平凡的成绩。

【省督导组到筠连督导脱贫攻坚工作】 2017年6月23日，省安监局局长孙建军率由省安监局、省财政厅、四川华西集团和宜宾学院组成的扶贫攻坚督导组到筠连检查督导脱贫攻坚工作。市政府副市长、县委书记王萍，市安监局局长陈良云，县委常委、县委办主任罗吉义，县政府副县长徐劲松等领导陪同督导。

督导组到双腾镇两河村，详细了解建档立卡贫困户致贫原因及精准扶贫的主要扶贫措施，走访聚居点13户建档立卡贫困户，了解帮扶责任人入户走访、帮扶到位情况、建档立卡贫困户对帮扶干部是否满意；实地察看村组路、入户路、村文化广场等建设，询问该村基础设施项目建设进展以及村后续产业发展情况。督查组对两河村的扶贫工作给予高度评价，在异地扶贫搬迁集中安置上做到群众自愿、科学规划、合理安置，在阵地建设上做到标准、节约、实用。孙建军指出，两河村虽已摘帽，但贫困户脱贫后的产业持续发展还需继续努力，镇村两级要开拓思路、科学规划、因户施策，让贫困户真正"富"起来。

【张平到筠连检查指导脱贫攻坚工作】 2017年6月25日，市政府副市长张平到大雪山镇石龙村检查指导脱贫攻坚工作。张平一行走访慰问石龙村李勇、李启友2户贫困户，进行亲切交谈，帮助其理脱贫思路、找脱贫出路，鼓励争取早日脱贫致富。在石龙村村办公室，该村支部书记详细汇报2017年如何实现贫困村退出和贫困户脱贫，汇报竹源春种植专合社的运行情况。张平详细查看石龙村脱贫攻坚的资料。张平肯定大雪山镇、石龙村在脱贫攻坚工作上付出的艰辛。指出工作还要更精细、措施还要更精准、脱贫成效还要更精准；要求，村两委要拓宽思路，想方设法壮大集体经济和搞好专合社，帮助贫困户实现持续增收，实现长远脱贫。市政府副市长、县委书记王萍，县委副书记李小林，县政府副县长徐劲松等陪同调研。

【蔡文强调研筠连脱贫攻坚工作】 2017年7月12日，省审计厅副厅长蔡文强到筠连调研脱贫攻坚工作。市、县审计局主要领导和塘坝乡党政主要负责人陪同调研。

蔡文强一行走访塘坝乡双田村部分贫困户，查看村容村貌、道路建设，了解肉牛、乌骨鸡、茶园等脱贫攻坚产业发展情况。蔡文强要求，一要保护好当地优美的自然生态环境，要有绿水青山就是金山银山的深刻认识，哪怕苦一点也不要牺牲生态环境来换取短期的经济效益。二要进一步加强基础设施建设，积极争取上级支持，打破交通瓶颈，带动当地经济发展，真正让农户富起来。三要进一步做牢做实脱贫攻坚工作，下足"绣花"功夫，坚持产业扶贫，扶贫与扶智相结合，确保帮扶工作见到实效。

【省卫计委调研组到筠连调研"创建省级健康扶贫工程示范县"工作】 2017年7月19日，省卫计委调研组到筠连调研筠连创建省级健康扶贫工程示范县工作。调研组一行到县人民医院、县卫计局等地，通过查看资料、与医护人员和贫困患者交流等方式，详细了解县、乡、村健康扶贫工作运行情况。

汇报会上，县委常委、宣传部部长雷敏介绍筠连健康扶贫工作基本思路。筠连县各级医疗卫生单位自觉把解决因病致贫、因病返贫的责任扛在肩上，把脱贫任务抓在手上，下足绣花功夫，坚决打赢健康扶贫攻坚战，成功创建全省健康扶贫工程示范县。县政府副县长王永红介绍全县健康扶贫工作情况。为做好健康扶贫工作，筠连县出台相应的健康扶贫配套政策，将医疗保障帮扶落到实处，同时实行对贫困人口大病分类救治和“先诊疗、后付费”结算机制，极大缓解了贫困患者的就医压力。

调研组对筠连卫生计生工作取得的成绩给予高度评价。要求全县从改善医疗服务质量入手，加强人才队伍建设，提高医疗服务水平，更好地服务人民群众。进一步加大健康扶贫惠民政策宣传力度，落实好贫困人口各项政策，让贫困患者真正得实惠。

【市督导组到到筠连检查督导防汛减灾和地质灾害防治】2017年8月14日，市督导组到筠连开展为期一个多月的检查督导防汛减灾和地质灾害防治工作。当天在会议中心举行工作汇报会。市督导组组长李书会，县委副书记、县政府县长刘朝平，县委常委、县政府常务副县长李勇，县政府副县长郭创峰及县级各部门主要负责人参会。县政府副县长徐劲松汇报全防汛减灾和地质灾害防治工作开展情况。

督导组传达市政府关于做好全市防汛减灾和地质灾害防治工作的各项要求。一是各级各部门认识必须到位，增加责任感和使命感。二是学习必须到位，加强对防汛减灾和地质灾害防治工作相关政策的学习与研究，做到政策清、情况明。三是责任落实必须到位，要把责任落实到具体单位和人员，层层压力传导，层层压实责任。四是工作措施必须到位，坚持工作重心下沉下移，要进一步提高防灾意识、细化防灾责任、全面落实防灾措施。五是履职和总结必须到位，对工作中发现的好机制好办法及时提炼总结，全力做好全年防汛及地质灾害防治各项工作。

刘朝平指出，市督导组到筠连检查督导对全县扎实开展好相关工作具有十分重要的意义。要求，一是要提高认识，高站位的落实和谋划好全年的防汛减灾和地质灾害防治工作。二是要配合好督导组做好检查督导工作，对督导组提出的要求要立行立改。三是全力做好督导组交办的各项工作，要将督导组提出的工作要求迅速传达贯彻好。四是要进一步绷紧防汛和地质灾害防治这根弦、做好监测预警预报、抓好重点区域重点部位隐患排查、做好值班值守工作、层层压实防汛减灾责任。

【蔡兵文到筠连调研脱贫攻坚工作】2017年8月30日，省安监局党委专职副书记蔡兵文率队到巡司镇西牛村开展脱贫攻坚工作。在西牛村，省安监局人事处副处长刘莹莹介绍下派第一书记黄银洲的基本情况，西牛村支部书记蒋定银汇报该村的脱贫攻坚情况，黄银洲作表态发言，巡司镇党委书记汇报巡司镇脱贫攻坚工作推进情况，并就做好下派人员的后勤保障工作做表态发言。还调研西牛村的脱贫攻坚产业发展，提出建议。

蔡兵文强调，一是要求黄银洲要加强学习，尽快进入角色，扎下根来和村支两委搞好西牛村的各项工作。二是精心组织好省安监局开展的贫困户机电工培训。三是各级领导干部务必统一思想、认清形势，高度重视地质灾害防治，高标准、严要求进行治理，从根本上解决安全隐患。

县政府副县长徐劲松代表县委县政府感谢省安监局到村帮扶指导，要求巡司镇党委政府、西牛村驻村干部做好后勤保障工作，按照要求完成脱贫攻坚工作。

【熊钧到筠调研】2017年8月31日，四川省农业发展银行党委书记、行长熊钧率队到筠连就棚户区改造、脱贫攻坚、产业转型发展支持进行专题调研。熊钧一行到中华街棚户区详细了解该区棚户改造的前期准备情况，还到农发行筠连县支行、蓝伯特公司考察调研。市政府副市长、县委书记王萍，市农发行党委书记、行长周志坚，县委副书记、县政府县长刘朝平陪同实地调研；县委常委、县委办主任罗吉义，县政府副县长邓伟等参加调研座谈会。

王萍、刘朝平对省农发行、市分行对筠连大力支持表示感谢，表示将进一步加强与农发行省、市分行的合作，积极推进项目规范运作、科学管理，实现银、政、民三方共赢。希望农发行省、市分行能在交通水利、旅游产业、科教文卫、棚户区改造、农业基础设施建设、易地扶贫搬迁和新农村人居环境改造等项目方面，大力关心支持筠连的发展，助推全县经济社会发展。

熊钧对筠连经济社会发展所取得的成绩表示肯定，希望筠连要整合现有资源，做好现有项目的规划，确保项目早日落地；要尽快编制好今后的重点项目，确保合作有项目支撑；要适应国家政策的变化，提前做好项目的准备工作，使项目顺利推进；要把棚户区改造及产业发展有机结合，建立更加长效的合作机制；要积极探索建立资金安全风险防控机制，搭建政府基金和银行资本合作的平台；要进一步做好对接合作，确保各项发展取得新成效。表示，省农发行将进一步加强对筠连棚户区改造集中安置房建设的关注和支持，进一步做好支农信贷工作，充分发挥农发行在金融扶贫工作中的作用，全力支持符合政策的项目建设，为助推脱贫攻坚做出应有的贡献。

【肖成刚到筠连调研统计工作】2017年9月13日，国家统计局四川调查总队居民收支处处长肖成刚一行到筠连检查指导城乡一体化住户调查样本轮换和城乡居民收支调查工作。县委常委、县政府常务副县长李勇，县政府副县长徐劲松等陪同调研。检查组一行到筠连镇五凤村，实地走访农民工返乡创业示范户和五凤牧场，对肉牛饲养规模、资金投入、市场行情、成本与效益分析，以及农民收入和肉牛监测工作落实等进行详细了解。到双腾镇沙坝村调查点，实地走访赵华兰轮换记账户，详细询问并核实其家庭基本情况、收支情况、和生活状况。

调查组一行肯定筠连在促农增收、改善农民生活水平上所做的努力，认为筠连统计调查的基础工作扎实、宣传工作到位、群众记账质量较好。肖成刚希望：一是要城乡居民收支调查工作，不但是党和政府、社会各界了解居民生产、生活状况的主要途径，也是调整最低工资标准、提高扶贫标准、确定个人所得税起征点、制订最低生活保障线等政策的重要依据，各级各部门要确保调查数据真实、准确。二是继续夯实基础工作，要扎实抓好基层业务培训，深刻领会城乡居民收支调查各项指标体系，收支账应该怎么记、什么时候记、什么该记、什么不该记要一一培训到位，要让每一个调查户都做到心中有数，进一步提升记账水平。同时要进一步加大入户指导力度，及时解决调查户记账过程中出现的问题，确保记账质量。

【国务院安委会综合督查组到筠连督查安全生产大检查工作】2017年9月15日，国家煤矿安监局行管司司长辛广龙率国务院安委会综合督察组到筠连督察安全生产大检查工作。安徽煤矿安监局纪检组组长张永成，四川省安办副主任陈德跃，市政府副市长廖文彬，市政府副市长、县委书记王萍，县委副书记、县政府县长刘朝平陪同督察。市安监局局长陈良云、市旅游发展委主任沈军、县政协主席黄静、县委副书记李小林参加汇报会，县人大常委会副主任代屏、县政府副县长唐勇参加汇报会或陪同。

督查组一行分两个小分队赴巡司二煤矿、小河煤矿，查看企业在贯彻落实中央安全生产的决策部署，督察党政在安全生产"党政同责、一岗双责、齐抓共管"责任制度落实、日常管理、机构设置和人员配备、设施设备保障、隐患排查治理、应急预案和演练等方面的情况，对发现的问题和隐患现场提出整改意见，把隐患消除在萌芽状态。督查组表示，筠连要高度重视，把这次综合督察作为一次难得的学习机会、认真严肃对待、主动接受督察；对督察发现的问题，立行立改，确保按要求及时整改到位；要结合实际，加强安全生产责任体系自上而下的传递能力，把责任落实到企业生产责任主体；要强化安全管理的专业化和精细化，树立专业化、精细化意识；要加强基础设施建设，加大员工专业培训力度，强化职业安全卫生管理；要严防死守、确保安全，企地配合、齐抓共管，继续保持筠连县安全生产稳中向好态势。

刘朝平汇报全县安全生产大检查工作，筠连按照中央、省、市安全生产工作安排部署，强化安全生产监管，严格落实安全生产责任，全县安全生产工作保持平稳态势；在安全大检查工作上，全县切实落实工作责任、全面开展安全检查、依法惩治违法违规行为，自7月安全大检查展开以来，筠连工矿商贸行业未发生生产安全责任事故。

王萍表示，筠连将以最坚决的态度深化认识，落实责任，从严管理，进一步健全安全生产制度，完善隐患整改方案，增添工作措施，切实抓好各项安全生产工作，确保全县不发生生产安全事故，为中共十九大胜利召开创造安全稳定的社会环境。

辛广龙指出，该次督察重点有大检查责任落实、严格监管执法、强化问题隐患整改、专项整治开展、严肃追责问责情况5个方面，督察大检查部署与落实情况，查找问题隐患，提出改进措施，推动安全生产工作不断提升。

【全市重点工作专项督导组到筠连督导】2017年9月26日，市人大常委会副主任张家园率督导组到筠连督导全市重点工作开展并举行座谈会。督导组分为多个小组到乡（镇）、企业、社区、机关实地督导省十一次党代会精神的贯彻情况、社会经济发展情况、招商引资工作开展情况、脱贫攻坚、环境保护、安全生产、信访维稳、河长制工作落实情况。县委副书记、县政府县长刘朝平，县人大常委会主任何跃，县委副书记王涛或参加实地督导或参加座谈会。市人大、市政府以及部分市级部门相关人员，县委常委、县委宣传部部长雷敏，县政府副县长邓伟，县政协副主席叶宗勇等一同督导。座谈会上，县委常委、县政府常务副县长李勇代表县委政府汇报筠连7项重点工作的开展情况。

张家园强调，一是提高政治站位，高度重视信访维稳工作，进一步压实责任，将信访工作责任贯穿到信访工作各环节，强化督查问责，树立失责必问、问责必严的鲜明导向，以责任落实推动工作落实；要进一步规范信访工作程序，倒逼责任落实，通过处理信访问题，协调、化解社会矛盾，引导群众依法、合理、有序地反映诉求；要认真倾听信访人的意见和建议，妥善处理各类矛盾纠纷问题，为中共十九大召开营造和谐稳定的社会环境。二是高度重视安全生产工作，安全生产工作关系着人民群众的生命财产安全，始终把抓好安全生产摆在全局工作的突出位置，让安全生产的理念深入人心；要做到安全生产警钟长鸣，扎实开展安全生产大检查，切实加强基础安全能力建设，严格落实安全生产责任制，全面排查安全隐患，把安全生产工作重点，激励机制，考核重点放在安全生产第一线。三是以扎实的作风推进和落实重点工作；要比照要求抓落实、直面问题抓整改、明确节点抓控制，确保各项工作按时保质"交账"，以优异的成绩迎接十九大的召开。

【伍文安到筠连检查指导粮食工作】2017年12月13日，省粮食局副局长伍文安、仓储处处长余波一行到筠连县检查调研粮食工作，市发改委副主任何军及相关人员的陪同。伍文安一行到海瀛粮油工业园区，通过实地查看、意见交流，详细了解粮食收购及储备、粮仓基础设施建设、库区安全和园区厂房利用等对企业整体工作推进情况。

伍文安指出，现在粮食行业安全生产形势不容乐观，点多面广责任重大，要进一步提高安全生产管理水平，建立健全安全生产管理制度和操作规范；按照"党政同责、一岗双责、齐抓共管"和"管行业必须管安全、管业务必须管安全、管生产经营必须管安全"的要求，进一步扩大粮食行业安全生产监管范围，建立完善的安全生产工作机制；强化"一规定两守则"的贯彻落实，把各项具体要求真正融入到作业与管理的每个环节。伍文安强调，双节临近，粮食部门要认真开展好安全隐患排查工作，分析隐患所暴露出的问题，加强岁末年初安全生产工作。在了解到筠连粮食购销公司的经营运转状况后，伍文安要求，要掌握粮食工作形势，真正思考如何“深化改革，转型升级”，拓宽经营范围，谋求新的发展途径，做到社会效益和经济效益齐头并进。何军要求筠连粮食工作继续依法行政、关注民生，将省粮食局领导的指示落到实处，努力推动全县粮食工作又好又快发展。

【蔡文强到筠调研指导审计工作】 2017 年 12 月 15 日，省审计厅党组成员、副厅长蔡文强率队到筠连调研指导审计工作，市审计局党组书记、局长杨发成陪同调研。蔡文强指出，筠连是省定贫困县，脱贫攻坚任务重，同时又是资源大县，页岩气资源十分丰富，要积极向上争取政策，与开采方建立利益共享机制，让资源转化为资本和资金助力脱贫；筠连生态环境好，农产品品质较好，要大力发展电商产业，打造本土农产品品牌，提升农产品知名度和美誉度，壮大经济增量和总量。蔡文强还宣讲中共十九大会议精神，一是深刻领会十九大召开的重大政治意义。十九大在中共党史上具有里程碑式的意义。科学社会是世界上一种成功思想，得到实践证明，对世界产生十分广泛和深刻的影响。二是深刻领会十九大会议取得的重大成果。形成实现强国梦的愿景和路线图，全面从严治党永不动摇。三是要用十九大精神统揽工作。宣传好、落实好十九大精神是筠连义不容辞的职责，要调整思路，用十九大精神激励干部群众，提高筠连的治理能力和水平。会上，县委副书记李小林汇报筠连县经济社会发展情况以及审计工作。

【陈扬杰到筠连调研指导】 2017 年 12 月 20 日，市政府副市长陈扬杰率市政府相关人员到筠连调研产业发展、脱贫攻坚、旅游发展。市政府副市长、县委书记王萍，县委副书记、县政府县长刘朝平，县委副书记李小林，县委常委、县委办主任罗吉义，县政府副县长王永红陪同调研。

陈扬杰一行首先到海赢工业园区，在蓝博特公司，陈扬杰参观产品展示区、漆树繁育基地，听取企业负责人对产业前景、产品功效、生产效益等的汇报。陈扬杰希望企业要优化生产线，科学合理管理企业，利用地理优势和资源优势，不断提高核心竞争力。要向现代设施农业、高效规模农业、产品深加工方向发展，培育壮大特色产业走向规模化、品牌化之路，争创品牌提高效益，努力实现建成“中国漆都”的宏伟目标。

在醒世公司，陈扬杰了解企业发展、销售情况，叮嘱企业负责人要整合品牌、降低成本，提高经济效益。尤其要发挥宜宾早茶的区域性品牌效应；要进一步开拓市场，把公司做大做强，凸显茶叶经济效益，带动更多的茶农增收致富。

在筠连镇五凤村、联络村肉牛良繁基地，与村负责人、贫困村第一书记交谈，了解肉牛饲养、党群服务中心建设、幼儿园建设以及脱贫攻坚工作情况。陈扬杰认为筠连作为全省优质肉牛产区，要坚持规模养殖不动摇，着手了解肉牛市场销售信息，健全相应的配套设施，要根据市场发展的需求，促进肉牛产业转型升级，壮大肉牛养殖基础，使肉牛养殖成为两村致富增收的支柱产业，促进农民增收。鼓励大家主动作为，用好扶贫政策措施，及时摘掉贫困的帽子，早日脱贫奔康。

在筠连中学，调研学校发展及师资配备，基础设施建设情况。

在古楼峰丛岩溶风景名胜区，听取景区规划及发展的介绍。指出古楼岩溶峰丛景区是筠连核心旅游资源，拥有峰丛、湿地、溶洞、温泉、古道等独特资源，随着筠连交通区位的逐步改善，要着力品牌建设，强化创建意识；着力旅游投入，强化运作意识；着力旅游招商，强化主体意识；挖掘特点、打造亮点，探索旅游营销新模式，提升旅游的吸引力和影响力。

（肖平萍）

县政府综合保障

【政府办概况】 2017 年，县人民政府办公室认真贯彻落实中共十九大精神，围绕“建成强县、率先小康”总体目标，紧扣“创新发展、协调发展、绿色发展、共享发展”工作主题，以建设绿色、生态、宜居“三个筠连”为总取向，坚持“12456”发展思路，“转型调结构、创新求实效”工作基调和县政府工作大局。一是按照求真务实、忠诚敬业、严谨高效的工作要求，充分发挥参谋助手、综合协调、督查督办、服务保障四大职能，突出办文、办会、办事 3 个重点，努力成为办文“大家”、办会“专家”、办事“行家”。二是坚持高标准、高质量扎实推进各项工作，牢固塑造“品牌”意识，追求“品牌”效应，取得“品牌”成效。县政府办公室的挂牌挂靠单位有县政府法治办、政务服务中心、地方志办、应急管理办、县委县政府督查目标办 5 个单位。

【公文处理】 2017 年，严格执行《党政机关公文处理工作条例》规定，围绕提升文、会、事办理质量，印发《关于进一步加强政府系统公文管理工作的通知》。一是规范代拟稿办理。理顺办公室内部文秘审核程序，制订代拟稿办理流程图，落实岗位责任，形成责任倒查机制；制订发文审核表格化办理清单，将公文常见差错列入表格，文件审核人员对照清单对进行审核，提升办文效率和质量；代拟稿发文实行预审制度，对发文的必要性进行审核；实行退文制度，对不符合办文要求的代拟稿予以退文。全年，县政府办代县政府或办公室名义制发各类文件共 444 件，下降

2.2%。二是规范来文办理。外部来文统一由内设办接收并进行把关、登记、中转，有效避免文件“体外循环”；资金请示文件直接报县财政局提出审核意见。全年，县政府办收到来文共1406件。三是利用无纸化办公平台办文。推广利用宜宾市无纸化办公平台，加大全县政府系统平台操作人员培训力度，培训乡(镇)、部门人员300余人次。

【后勤服务】一是加强机关财务管理。严格执行财务管理制度，加强预算管理，保障经费到位，确保机关有序运转；分设会计、出纳岗位，配备专业电脑及移动介质；坚持收支两条线、印鉴分开。坚持办公用品政府采购、比价采购、定点采购、审批采购，做到有的放矢、物美价廉。二是加强机关食堂管理，保障就餐职工饮食安全，全年无食品安全事件发生。三是加强机关后勤管理。加强办公用房调剂，严格按照办公用房使用面积标准安排使用，对全县办公用房进行适时调整和分配，完成对各单位办公用房的调剂工作。加强驾驶人员管理，对车辆统筹集中调度，执行公车管理规定，健全车辆使用预审、登记、维修管理制度。按照“厉行勤俭节约”“简化接待工作”规定，进一步规范接待审批、标准、经费开支、接待场所、接待项目。四是县政府总值班室，继续坚持24小时值班和县领导、政府办领导带班制度，规范值班应急处理程序，做好上情下达和下情上传工作，确保信息24小时畅通。

【政府办对口帮扶】县政府办公室继续牵头县安监、经信科技、县委编办、筠三中、巡司中心校、巡司幼儿园、礼仪小学、西南水泥厂、职中共同联系巡司镇，开展精准扶贫工作；继续对口联系巡司镇西牛村，县政府办与巡司镇一起研究制订脱贫攻坚计划，扎实推进扶贫工作。一是建立扶贫机制。成立政府办扶贫工作领导小组和驻村工作队，机关干部按县委县政府每月每人不少于2次的要求，全年，驻村工作队、机关干部到村帮扶共2000余人次。二是针对性扶贫。集中走访慰问活动，送去慰问金及物资折合0.93万余元，定向捐款2万元；开展各类专题学习、外出参观等10次，培训产业大户、致富带头人等320人次。三是基础设施建设。加大西牛村的基础设施建设力度，积极协调落实配套项目资金735万元，加宽硬化公路8.3千米、新建便民路16.8千米。以改善村民住房条件为出发点，争取项目资金229.2万元，实施易地扶贫搬迁工程18户，实施C、D级危房改造工程43户；争取项目资金25.5万元，全面完成推进村道公路美化绿化；投资27万元，高标准、高规格新建集办事服务、培训学习、感恩教育、图书阅览于一体的180平方米多功能党群综合服务中心，投资80余万元对党群综合服务中心周边附属设施建设，发挥阵地的综合效能。

【政府办队伍建设】一是抓学习教育，队伍素质持续提升。以“两学一做”学习教育活动为契机，认真组织中共党员干部认真学习党章党规、习近平总书记系列讲话精神，争做合格党员，通过学习教育，支部的示范引领能力得到进一步增强、党员的模范先锋作用得到进一步发挥，办公室整体工作能力和水平得到进一步提升。二是抓廉政建设，服务效能大幅提升。及时传达学习中央、省、市、县纪委全会精神和廉政建设会议精神，深入落实党风廉政建设主体责任，坚持常态化开展党风廉政教育，实施廉洁净化行动，组织干部职工学习《中国共产党廉洁自律准则》《中国共产党纪律处分条例》《中国共产党问责条例》等党规党纪专题学习，以学促廉，筑牢干部职工拒腐防变的思想防线。三是抓文明创建，整体形象全面提升。以创建第四届四川省文明城市为契机，对办公室整体环境进行改善，营造良好的工作环境。通过一系列创建活动，办公室整体素质和形象得到全面提升。

（肖平萍）

中国人民政治协商会议四川省筠连县委员会

政协综述

根据县委决定，中国人民政治协商会议筠连县第十五届委员会(以下简称“政协筠连县第十五届委员会”)由15个界别组成，委员名额187名，换届时协商产生148名(空缺39名，为工作需要在届中补充)；政协常委会组成人员33名，县政协第十五届委员会一次会议选举产生政协常委会组成人员32名(空缺1名党外副主席)，其中主席1名、副主席3名、秘书长1名、常务委员27名。

政协筠连县第十五届委员会机关设办公室、调研室、提案工作办公室、经济和社会办公室、委员联络委员会，分别负责日常事务、重要课题调研、提案办理、经济和社会发展任务、委员管理和服务。委员会下设文史学习、提案、经济、农业科技、文教体卫、法治群团与社会联谊6个专委会和筠连镇、巡司、双腾、沐爱、大雪山、维新、浙江柯桥7个联络委。

2017年县政协第十五届委员会共召开主席会13次、常委会10次，召开调研、视察、评议、协商座谈会、专委会、联络委工作会及宣传信息工作会等110次。

政协筠连县委员会常务委员会议

【政协筠连县第十五届委员会第一次常委会议】 2017年1月3日在县政协常委会议室召开。应出席会议的常委会组成人员32人，请假2人，实到30人；县委办、县人大办、县政府办相关领导和县政协机关全体干部列席会议。县政协主席黄静主持会议。

会议议程：1.审议通过县政协专委会合并、联络组更名和委员划分到专委会、联络委的建议。2.审议通过县政协人事任免事项。3.审议县政协2017年工作意见。4.通报县政协第十五届第一次全会对“一府两院”工作报告和32个政府职能部门2016年工作民主测评结果。5. 通报县政协主席、副主席工作分工情况。

【政协筠连县第十五届委员会第二次常委会议】 2017年2月13日在县政协常委会议室召开。应出席会议的常委会组成人员32人，请假5人，实到27人；县委办、县人大办、县政府办相关领导和县政协机关全体干部列席会议。县政协副主席韩世全主持会议。

会议议程：1.协商县委人事任免事项。2.传达学习省政协第十一届第五次全体会议和市政协第五届第一次全体会议精神。3.通报筠连“1·28”地震政协各级组织和委员参与抗震救灾捐款捐物等情况。

【政协筠连县第十五届委员会第三次常委会议】 2017年3月14日在县政协常委会议室召开。应出席会议的常委会组成人员32人，请假6人，实到26人；县委办、县人大办、县政府办、县委组织部相关领导和县政协机关全体干部列席会议。县政协副主席韩世全主持会议。

会议议程：协商县委人事调整和任免事项，对拟提拔的48名科级领导干部进行满意度测评。

【政协筠连县第十五届委员会第四次常委会议】 2017年5月12日在县政协常委会议室召开。应出席会议的常委会组成人员32人，请假10人，实到22人；县委办、县人大办、县政府办、县委组织部相关领导和县政协机关全体干部列席会议。县政协主席黄静主持会议。

会议议程：1.协商县委人事调整和任免事项，对拟提拔的21名科级领导干部进行满意度测评。2.专题协商《筠连县漆树产业发展规划》。

【政协筠连县第十五届委员会第五次常委会议】 2017年6月26日在县政协常委会议室召开。应出席会议的常委会组成人员32人，请假8人，实到24人；县委办、县人大办、县政府办、县外宣办等单位领导，政协各专委会、联络委负责人，县政协机关全体干部列席会议。县政协主席黄静主持会议。

会议议程：审议《政协筠连县委员会工作规则(审议稿)》《政协筠连县委员会常务委员会工作规则(审议稿)》《政协筠连县委员会主席会议议事规则(审议稿)》《政协筠连县委员会全体会议工作规则(审议稿)》《政协筠连县委员会提

案工作条例(审议稿)》《政协筠连县委员会关于开展民主监督问询工作的试行办法(审议稿)》。

【政协筠连县第十五届委员会第六次常委会议】2017年7月31日在县政协常委会议室召开。应出席会议的常委会组成人员32人,请假5人,实到27人;县政府副县长何俊锋、县人民法院院长伍崇辉、县人民检察院检察长张科应邀参加会议;县委办、县人大办、县政府办、县园区办、县财政局、县发改局、县水务局、县环保局、县经信科技局负责人,县政协各专委会、联络委负责人,县政协机关全体干部列席会议。县政协主席黄静主持会议。

会议议程:1.听取县政府关于全县2017年上半年经济社会运行情况通报。2.听取县人民法院上半年工作情况通报。3.听取县人民检察院2017年上半年工作情况通报。4.协商县委人事调整和任免事项,对拟提拔21名科级干部进行满意度测评。5.审议通过《政协筠连县委员会关于推进水环境治理、建设绿色筠连的调研报告(审议稿)》。6.学习《中华人民共和国水法》。7.传达贯彻四川省第十一次党代会精神。8.通报县政协上半年工作情况及下一步工作打算,对全县政协系统党风廉政社会评价工作进行再动员再部署。

【政协筠连县第十五届委员会第七次常委会议】2017年8月23日在县政协常委会议室召开。应出席会议的常委会组成人员32人,请假6人,实到26人;邀请县人大常委会副主任刘乐君出席;县委办、人大办、政府办、外宣办、发改局、财政局、规建城管局、交通运输局、经信科技局单位领导,县政协各专委会、联络委负责人,县政协机关全体干部列席。县政协副主席韩世全主持会议。

会议议程:1.学习《中华人民共和国环境保护法》。2.审议通过《政协筠连县委员会关于民主评议筠连县规划建设城管系统工作及作风建设的综合评议意见》《政协筠连县委员会关于大力发展农村电子商务 助推农民增收致富调研报告》《政协筠连县委员会关于筠巡快速通道建设情况的视察报告(审议稿)》。

【政协筠连县第十五届委员会第八次常委会议】2017年10月30日在县政协常委会议室召开。应出席会议的常委会组成人员32人,请假2人,实到30人;邀请县委常委、县政府常务副县长李勇出席会议;县委办、人大办、政府办、外宣办、纪委、民政局、环保局、环兴办、民宗局、卫计局、畜牧水产局等单位领导,县政协各专委会、联络委负责人,县政协机关全体干部列席会议。县政协副主席韩世全主持会议。

会议议程:1. 传达学习中国共产党第十九次全国代表大会会议精神。2.听取县政府关于全县重点工程和重要民生项目实施情况通报。3.听取县政府关于委员提案办理情况通报。4.听取县纪委监察机关关于党风廉政建设和反腐败工作情况通报。5.听取县民政局采纳落实县政协民主评议工作及行风建设所提意见建议的情况汇报。6.听取县环境保护局采纳落实县政协民主评议工作及行风建设所提意见建议的情况汇报。7.听取县环境兴县领导小组办公室采纳落实县政协"深化服务企业意识、优化经济发展环境"专题调研所提意见建议的情况汇报。8.听取县民宗局采纳落实县政协"少数民族待遇县政策执行情况"专题调研后所提意见建议的情况汇报。9.听取县卫生计生局采纳落实县政协专题视察"乡(镇)卫生院建设与管理"所提意见建议的情况汇报。10.听取县畜牧水产局采纳落实县政协专题视察"全县无公害肉牛产业发展情况"所提意见建议的情况汇报。

【政协筠连县第十五届委员会第九次常委会议】2017年12月11日在县政协常委会议室召开。应出席会议的常委会组成人员32人,请假8人,实到24人;县政协各专委会、联络委负责人和县政协机关全体干部列席会议。县政协主席黄静主持会议。

会议议程:1.协商县委人事调整和任免事项,对拟提拔重用21名科级干部进行满意度测评。2.黄静主席作中共十九大精神宣讲。

【政协筠连县第十五届委员会第十次常委会议】2017年12月26日在县政协常委会议室召开。应出席会议的常委会组成人员32人,请假6人,实到26人;县委常委、县委统战部部长贾圣君应邀参加会议,县委办、县人大办、县政府办、县外宣办、县卫生计生局相关负责人,县政协各专委会、联络委负责人和县政协办机关干部列席会议。县政协主席黄静主持会议。

会议议程:1. 协商政协筠连县第十五届委员会委员任免建议名单。2.审议通过召开政协筠连县第十五届二次会议的议程、决定、日程、特邀列席人员原则、秘书长、副秘书长、执行主席、各次大会主持人、各讨论组组长、副组长建议名单和提案截止时间等有关事项。3.审议通过政协筠连县第十五届委员会常务委员会工作报告、提案工作报告。4.通报政协筠连县第十五届二次会议筹备工作机构及人员名单和工作职责。5.审议通过《关于筠连县县级公立医疗机构改革工作情况的视察报告(审议稿)》。

政协重要会议

【专委会、联络委界别暨宣传信息工作会】2017年2月20日,县政协2017年专委会、联络委、界别暨宣传信息工作会在县政协会议室召开。县政协主席、副主席、秘书长,各专委会、联络委正副主任,各界别召集人,通联站全体成员，政协机关科级干部及受表彰的单位领导及先进个人参加会议。县委办、人大办、政府办负责人列席会议。会议传达学习省政协十一届五次全体会议和市政协五届一次全体会议精神，总结2016年政协专委会、联络委界别及宣传信息工作，安排部署2017年专委会、联络委、界别及宣传信息工作；宣读调整政协通联站成员的通知；表彰2016年度政协宣传信息工作先进个人9名、政协社情民意工作先进单位6个先进个人6人。通报县政协主席、副主席分工及县政协委员划分和任命各专委会、联络委、界别负责人情况。县政协主席黄静要求，一是夯实基础，求实创新，推动专委会、联络委、界别工作再上新台阶。二是深化认识，把握规律，增强做好宣传信息工作的责任感和使命感。县政协秘书长陈敏主持会议。

【政协筠连县第十五届委员会第三次主席(扩大)会】2017年3月3日，政协筠连县第十五届委员会第三次主席(扩大)会在县政协会议室召开，专题协商《筠连县公立医院法人治理结构试点工作实施方案》《关于打造区域卫生次中心实施方案》。市政协委员、县委常委、县委统战部部长贾圣君应缴参加会议；县政协主席会议组成人员、部分县政协常委和文教体卫委委员出席会议；县财政局、县人社局、县委编办领导，县卫计局班子成员及试点医院负责人，县政协机关科级干部，县政协各专委会负责人列席会议。会议听取县卫计局负责人《关于筠连县公立医院法人治理结构试点工作实施方案》《关于打造区域卫生次中心实施方案》情况汇报，县委编办、县财政局领导分别就两个实施方案涉及内容作补充汇报。与会委员从区域卫生次中心覆盖范围、医疗技术人才培养、医疗卫生事业财政投入、进一步细化实施方案等方面提出意见建议。县政协副主席韩世全主持会议。

【专题调研动员会】2017年3月27日，县政协2017年“筠连县民族乡(镇)脱贫攻坚情况”“推进水环境治理、建设绿色筠连”“大力发展农村电子商务、助推农民增收致富”专题调研动员会在会议中心召开。县政府副县长郭创锋应缴参加会议；3个专题调研课题的领导组成员、调研组全体成员，县委办、人大办、政府办相关负责人，县政协专委会负责人和政协机关全体干部参加会议。县政协副主席韩世全、张彬、叶宗勇分别安排部署3个专题调研工作。县政协主席黄静要求：一要高度重视，充分认识专题调研的重要意义。二要精心谋划，扎实做好专题调研的各项工作。三要协同配合，确保专题调研取得实效。郭创锋要求：调研组成员要以“严的要求、实的标准”“下真功夫、见好成效”，各乡(镇)、部门要高度重视，强化组织领导，做好保障服务工作，确保调研工作有序开展。县政协秘书长陈敏主持会议。

【“我为扶贫攻坚做件事”工作推进会】2017年5月10日，县政协“我为扶贫攻坚做件事”活动工作推进会在政协会议室召开。县政协主席黄静，副主席韩世全、张彬，县政协各专委会、联络委主任、副主任、各界别召集人及县政协机关全体干部职工参加会议。县政协秘书长陈敏传达市政协深入推进“我为扶贫攻坚做件事”活动暨进一步发挥界别作用工作会议精神，县政协办公室副主任黄丽萍就填报的相关表册和资料作解释说明，各专委会、联络委负责人就1—4月工作开展情况及下一步打算作交流汇报。县政协副主席韩世全主持会议。

【民主评议县规建城管局动员会】2017年5月23日，县政协民主评议县住房城乡规划建设和城镇管理系统工作及行风建设动员会在县会议中心召开。县政府副县长何俊锋应缴参加会议；县政协主席黄静，副主席韩世全、张彬、叶宗勇出席会议；部分乡(镇)主要领导，调研组全体成员，县政协各专委会、联络委、机关各委室主任，县规建城管局领导班子和下属机构、站(所)中层以上干部及行风监督员参加会议。县政协副主席张彬安排评议规建城管局工作。县政府副县长何俊锋就配合做好民主评议活动讲意见：一是提高认识，端正态度迎接民主评议。二是强化措施，全力以赴落实民主评议。三是把握契机，强力助推深化民主评议。县政协主席黄静作动员讲话，要求，一要充分认识该次民主评议的重要意义。二要注重把握民主评议四个原则，即公开公正、民主帮助、实事求是、注重实效。三要注重“两个加强”，抓好“两个坚持”，做好“两个发扬”，确保民主评议取得实效。县规建城管局局长裴人强作表态发言。县政协副主席韩世全主持会议。

【县委政协工作会暨庆祝政协成立六十周年大会】2017年6月30日，县委政协工作会暨庆祝筠连县政协成立六十周年大会在县会议中心召开。省政协地方联络委主任陈芳，市政协主席吕晓莉、秘书长童叔刚及市政协有关委室领导应邀出席大会；县委、县人大、县政府、县政协领导，历届县政协老领导、政协机关退休人员，各乡(镇)、部门和企事业单位领导，历届县政协老委员代表，住筠连市政协委员，县政协第十五届全体委员，县政协各专委会、联络委负责人参加大会。县委副书记李小林主持会议。

县政协主席黄静回顾筠连县政协成立60年的风雨历程、总结工作成绩和经验、展望美好未来和辉煌前景。县委副书记、县政府县长刘朝平通报筠连县“十二五”期间经济社会发展情况，对县政协长期支持政府工作所做的努力表示感谢。县政协委员唐亚军、文韬、张洪彬分别代表老委员、新委员和政协工作者作交流发言。

陈芳对筠连县政协成立60周年表示祝贺，对60年来取得的成绩给予评价：筠连县政协成立60年，积极投身经济社会建设，努力探索改革发展举措，围绕团结民主两大主题履职尽责，做出积极贡献，走过光辉的60年历程，建立不可磨灭的历史功绩。希望，筠连县政协在未来的工作中，继续发扬好的优良传统和作风，坚持党的领导，发扬社会主义民主，紧扣改革发展献计出力，充分发挥协商民主重要作用，广泛凝聚实现民族振兴的正能量，推进履职能力现代化建设，团结广大政协委员不断前进、开拓创新、不负重托、不辱使命，不断谱写政协事业新篇章。

吕晓莉充分肯定筠连县政协60年来所取得的成绩，希望，一是始终坚持党的领导，牢牢把握正确方向。二是始终坚持和发扬优良传统，传承握好接力棒。三是始终坚持服务大局，积极当好生力军。四是始终坚持精准要求，助力打好脱贫攻坚硬仗。五是始终坚持履职尽责，做有所作为的政协人。

市政府副市长、县委书记王萍对筠连县政协成立60年来为推动全县经济社会发展和构建和谐筠连所做的工作给充分肯定和高度评价。要求，一要认真贯彻《中共筠连县委关于新形势下进一步加强和改进人民政协工作的实施意见》精神，努力开创全县工作新局面。二是围绕中心服务大局，政协要在促进科学发展上有新作为。三是提升能力迎接挑战，政协要在自身建设上有新气象。

【政协举办委员培训会】 2017年6月29—30日，筠连县政协举办委员培训会在会议中心举行。筠连县政协第十五届全体委员、住筠连的市政协委员和政协机关全体干部职工共151人参加培训会。县政协副主席韩世全主持。

省政协地联委主任陈芳应缴到会并专题培训。陈芳就政协组织的诞生发展历程、主要职能及如何当好政协委员等方面为委员们做专题辅导报告。县政协提案办公室主任张洪彬、调研室主任汤正平分别就如何撰写好提案和社情民意作专题讲解。

【主席会专题协商两个规划】 2017年8月21日，县政协主席会专题协商《筠连县国有资本发展战略规划》《筠连县财源建设五年规划》在政协会议室召开。县政协副主席韩世全、张彬、叶宗勇，秘书长陈敏出席会议；县政协科局级干部列席会议。县财政局局长熊平对规划作专题汇报，对相关问题作解释和说明。参会人员对两个规划进行协商讨论，提出修改意见建议。县政协主席黄静主持会议。

【县政协民主评议县规划建设城管系统综合评议大会】 2017年9月5日，县政协民主评议县规划建设城管系统工作及行风建设综合评议大会在县会议中心召开。县政府副县长何俊锋应缴参加会议；县政协主席黄静，县政协副主席韩世全、张彬，评议组全体成员，县政协各专委会、联络委、机关各委室主任，县规建城管局领导班子和下属机构、站(所)中层以上干部及行风监督员，县纪委监察局、县委组织部、县委宣传部等单位领导参加会议。张彬代表县政协宣读对县规划建设城管系统民主评议的综合评议意见。县规建城管局局长裴人强作整改表态发言。何俊锋要求：一要对照不足，查漏补缺。二要建立机制，把握重点。三要强化推进，夯实局面，通过整改真正达到改进城市建设管理、提高城市建设管理水平的目的。黄静建议：一是细化整改措施，务求整改实效。二是强化学习培训，提升综合素质。三是加强行风建设，提高服务水平；四是加强跟踪督查，促使整改见成效。韩世全主持会议。

【社会各界人士座谈会】 2017年9月30日，筠连县政协2017年社会各界人士座谈会在县会议中心召开。市政府副市长、县委书记王萍，县委副书记，县政府县长刘朝平，县政协主席黄静，县委常委、县委统战部部长贾圣君，县人大常委会副主任刘乐君、县政协副主席叶宗勇应缴出席会议；全县离退休老干部代表，县政协各专委会、联络委、界别负责人，部分市、县政协委员，县级有关部门、企事业单位和乡(镇)领导，部分社会团体负责人及各界人士代表90余人参加会议。县政协副主席韩世全主持。

会议内容：1.县政协主席黄静致辞，从加强思想学习，打牢政治基础；主动履职作为，服务发展大局；围绕两大主题，力促社会和谐；积极推进"三化"建设，强化制度保障；加强自身建设，夯实履职之本5个方面作总结2017年政协履职情况。2.刘朝平通报全县2017年上半年经济社会运行和各项建设事业发展情况。3.参会人员发言，参会人员围绕县委、县政府的重点工作、脱贫攻坚、干部人事等方面积极发言，提出建议4条，会后还收到书面建议5条。4.王萍就各族各界人士如何加大参政议政力度、增强参政议政意识、提高参政议政能力，进一步促进筠连创新、跨越发展提出希望和要求。

【追踪问效2016年度部分B类提案督办会】 2017年9月27日，县政协2016年度部分政协B类提案追踪问效督办会议在县政协会议室召开。提案委员会全体委员、部分撰写提案的委员，县政府办、规建城管局、民政局等9个提案承办单位负责人参加会议，县纪委、县政府督查室等应邀出席会议。县政协副主席韩世全主持会议。

各提案承办单位负责人就2016年度各自承办政协B类提案的办理、副县长领衔督办提案批示及落实领导指示的情况、提案办理中存在的困难和问题作汇报。参会委员、对承办单位如何提高提案办理质量提出意见建议。会议对9个提案承办单位办理B类提案工作情况进行满意度测评。经测评，除1个提案有一票不满意外，其余提案均为满意或基本满意。

【提案办理工作民主测评会】 2017年10月27日，政协2017年提案办理工作民主测评会在县政协会议室召开。县政协副主席韩世全、张彬及秘书长陈敏、部分县政协常委会组成人员,提案委员会全体委员,专委会、联络委负责人,部分提案人,县委宣传部、交通运输局、林业局等11个承办2017年度重点提案和承办4件以上提案的单位负责人参加会议。交通运输局、林业局、经信科技局、扶贫移民局、农业局、体育局、县委宣传部、规建城管局、教育文广局、民政局、投资促进局11个单位对承办的提案分别从办理工作的组织领导、主要措施、办理效果、存在困难和问题及下一步工作打算等方面作通报,就提案办理工作好的经验和做法作交流发言。参会政协委员从提案办理工作态度、重要性的认识、办理形式、办理质量、办理成效、委员满意度等方面对11个提案承办单位的提案办理工作进行民主测评,11个承办单位测评的综合评价满意和基本满意率100%。张洪彬主持会议。

【筠连县政协中共十九大精神宣讲会】 2017年12月11日,筠连县政协中共十九大精神宣讲会在县政协会议室召开。县政协主席黄静出席会议并作中共十九大精神专题宣讲。县政协副主席张彬、秘书长陈敏、全体政协常委,县政协各专委会、联络委负责人和县政协办机关干部职工参加。

黄静作题为《为强起来聚合磅礴之力》的十九大精神宣讲,从中共十九大的主题和主要成果、习近平新时代中国特色社会主义思想、过去5年的历史性成就和历史性变革、中国特色社会主义进入新时代、中国社会主要矛盾的变化、"两个一百年"奋斗目标的战略部署、中国经济社会发展重大战略部署、坚定不移推进全面从严治党、坚持以习近平新时代中国特色社会主义思想为统揽9个方面进行宣讲,努力推动筠连发展再上新台阶。黄静要求,全县政协组织和广大政协委员要认真学习领会,用中共十九大精神指导实践,确保政协工作始终沿着正确的政治方向前进;要紧盯年初目标,抓紧查漏补缺,确保全年工作完美收官;要超前谋划2018年工作,各专委会、联络委、界别结合自身实际,筹划好各项工作的目标和推进措施,确保各项工作有序开展。

政协履行职能

【政治协商】 2017年,县政协围绕全县改革发展大局,牢牢把握团结和民主两大主题,以"服务转型发展、助力脱贫攻坚、促进社会和谐"为工作基调,锐意进取、主动作为,认真履行政治协商、民主监督、参政议政三大职能。县政协第十五届一次全会对"一府两院"工作报告、计划、财政预决算报告进行整体协商,县政协常委会对县委干部任免、政协人事任免、《筠连县现代漆树产业发展总体规划》进行专题协商,县政协主席会对《筠连县公立医院法人治理结构试点工作实施方案》《关于打造区域医疗卫生次中心实施方案》《筠连县国有资本规划》《筠连县财源建设五年规划》进行专题协商,协商更广泛、更丰富。听取并协商讨论县政府半年经济社会工作运行情况、全县重点工程和重要民生项目实施情况、提案办理情况的通报;听取并协商讨论县人民法院、县人民检察院半年工作情况以及县纪委党风廉政建设和反腐败工作等情况通报;专题听取县公安局全年工作情况汇报;听取县民政局、环境保护局等6个部门采纳落实县政协评议、调研、视察后提出意见建议的落实情况汇报。全年协商县委干部人事任免情况5次,对县委拟提拔和重用的111名干部进行满意度测评。

【民主监督】 县政协始终把民主监督作为人民政协的重要职能,积极探索民主监督新路子,强化提案督办,重视民主评议,反映社情民意,不断提高监督实效。

县政协第十五届一次会议期间收到提案104件(立案66件),意见38件,办理回复率100%;委员满意100件,占96%;基本满意4件,占4%,没有不满意件,提案作用得到充分发挥。一是坚持县委常委领衔督办重点提案。市政府副市长、县委书记王萍,县委副书记、县政府县长刘朝平在政协全会期间亲自审定重点提案10件,由县委常委领衔督办。其中王萍亲自签批督办《关于加快筠巡快速通道建设,促进地方经济发展的建议》(1号提案),刘朝平亲自签批督办《关于高标准规划环城林改造,打造休憩城市森林公园的建议》(2号提案)。二是坚持副县长领衔督办追踪问效提案。县政府副县长对2016年度《关于将人民街、中华街及景阳山打造川南民居风情旅游街区的建议》等9件B类提案进行追踪问效督办。县政协组织召开提案追踪问效督办会议,民主测评9个承办单位继续办理2016年B类提案工作,委员们表示满意,有效提升B类提案的转化落实。三是坚持提案办理民主测评。组织召开提案办理工作民主测评会,满意度测评2017年度办理提案较多和承办重点提案的单位,满意和基本满意率达100%。四是做好提案课题征集。召开提案课题征集会2次、征集到提案课题60余个,分别提交省、市、县政协全会;委托省政协委员代言提案5件,市政协筠连小组委员向市政协提交提案25件。对评选出的11件优秀提案和8个提案办理先进单位予以表彰。

民主评议监督有效。组织开展对全县规划建设城管系统的民主评议工作,重点围绕县规划建设城管系统近3年在贯彻政策法规、城市规划建设管理等工作情况、队伍及行风建设等方面开展民主评议。评议调研组通过调查了解,形成综合评议意见呈报市政协和县委,得到市政协主席吕晓莉及市政府副市长、县委书记王萍肯定性签批,促进规划建设城管系统各项工作。县政协还向县公安局、县规建城管局等6个单位推荐和选派6位特约监督员,特约监督员认真履行职责,助推各行业部门工作及行风建设。

社情民意关注民生民本。围绕群众关心关注的医疗、教育、卫生、社会保障等民生民本问题，召开2次社情民意课题征集会，共收集信息课题60条，编印8期社情民意报送县委，其中4条得到王萍、刘朝平肯定性签批，相关部门采纳落实意见建议。如《关于妥善处理计划生育手术并发症人员相关事宜的建议》，得到县卫生计生局的采纳落实。向市政协报送社情民意8条，其中《关于尽快复工宜彝高速公路的建议》得到市政协采用并转报市委市政府和省政协。表彰2017年度社情民意工作先进单位6个、先进个人5名。

【参政议政】 专题调研紧扣重点。一是重点课题调研。开展“大力发展农村电子商务、助力农民增收致富”“推进水环境治理、建设绿色筠连”“少数民族乡（镇）脱贫攻坚工作情况”3个专题调研，形成调研报告呈送市政协和县委，分别得到市政协副主席马利春、林伦菊和市政府副市长、县委书记王萍肯定性签批，相关部门认真采纳建议、切实完善措施，推动工作更好落实。如《推进水环境治理、建设绿色筠连专题调研报告》中提到的“加大县城污水厂现有管网改造，对现有合流制排水系统实施污水截流和收集、雨污分流，使城区污水基本实现全收集、全处理”的建议，县政府于9月投入800余万元，开展县城污水管网改造工程。二是开展追踪问效。县政协常委会议对2016年度开展的“深化服务企业意识、优化经济发展环境”“少数民族待遇县政策执行情况”2项专题调研进行追踪问效，所提意见建议得到县环兴办、民宗局的采纳和运用。三是配合市政协开展专题调研。配合开展“少数民族地区精准扶贫情况”“扩大开放合作，加快建设内陆开放高地”“农村电商助推农民增收致富”等。

专题视察突出热点。一是常委会视察。视察“筠巡快速通道建设情况”“全县公立医疗机构改革情况”。其中《政协筠连县委员会关于筠巡快速通道建设情况的视察报告》得到王萍、刘朝平肯定性签批。视察报告中提出的相关建议得到县交通局和交警部门的重视，对已通车的快速通道二期工程及时加装红绿灯，设置交通标识，保障周边群众的出行安全。二是政协专委会、联络委视察。经济委、法治群团和社会联谊委、农业科技委、筠连镇联络委、沐爱联络委等开展“筠连县不动产登记中心”“四川能投筠连公司工作情况”“筠连镇五凤村农村环境综合整治项目实施情况”“高坎乡产业发展状况”等视察，建言献策。

参与中心工作凸显成效。以强烈的责任感倾力投入全县重点工作。一是政协领导班子成员分别承担全县重大项目指挥部、重点工作组、重点招商项目、联系企业、联系乡（镇）、联系贫困村等工作。深入联系企业、联系乡（镇）调查研究，帮助基层解决困难问题，在参与全县经济社会发展中发挥积极作用。二是突出政协优势，加强与外地筠连商会的联系，积极协助海口、景德镇等地筠连商会的筹建。三是协力招商引资工作，积极宣传筠连，大力推荐筠连招商引资项目，牵线“筠商”返乡投资兴业，成功引进“筠商”投资组建“筠茶集团”，协调相关部门为招商企业提供咨询和服务工作。

专委会、联络委活动

【专委会、联络委工作】 完善专委会、联络委、界别工作制度和目标管理实施办法，印发《关于新形势下进一步发挥界别作用的实施意见》，加强对专委会、联络委工作的检查、指导、督促和考核。优化机构设置，对政协专委会和原乡（镇）片区联络组进行合并与更名，设置经济委、农业科技委、文教体卫委、法治群团和社会联谊委、提案委、文史委6个专门委员会，设置筠连镇、巡司联、双腾、沐爱联、维新、大雪山6个乡（镇）片区联络委。表彰2017年度先进专委会6个和先进联络委6个。

【委员行动】 开展委员履职行动。组织委员积极投身脱贫攻坚，开展“我为扶贫攻坚做件事”“四引四帮”（即“四引”：引导工商企业和社会资本、引导社会名流、引导回乡创业、引导专业人才；“四帮”：帮主导产业、帮基础设施、帮致富项目、帮解决困难）活动，委员真情帮扶，助力扶贫解困，帮助贫困群众解决实际困难。有148名政协委员联系帮扶贫困村61个，结对帮扶贫困户382户，协调落实帮扶项目30多个、银行及社会资金3800万元、个人捐资捐物20余万元，用于发展茶叶、林竹、肉牛等特色致富产业，从产业发展、就业创业、教育医疗、基础设施等方面展开帮扶，受益群众4.74万人。

政协委员“爱心行动”。以“1+1”结对帮扶，帮扶贫困家庭学生圆大学梦，县政协机关和政协委员共资助6名大学生3万元助学金；文韬委员为解放村贫困学生送去价值2万余元的温暖包。全体政协委员参与扶贫日捐款共4万余元；开展筠连“1·28”抗震救灾捐款，募集资金20.85万元。表彰2017年度优秀政协委员26名。

“筠商”助力脱贫攻坚。政协发挥联系社会各界广泛的优势，牵线搭桥，深化“筠商”参与脱贫攻坚活动。“筠商”中的政协委员和县内外“筠商”积极响应，以个人、企业、商会等名义，自愿与贫困村、贫困户开展结对帮扶，提供财力、技术、就业岗位等支持，在贫困村发展产业、捐资助教助学、改善基础设施，帮助贫困户找到产业发展、创业就业之路等，实现增收脱贫。其中在浙江省和乐山市经商办企业的钱勇委员，捐资修建双腾中心校教学楼，3月投入使用；蓝伯特公司总经理田伟委员，带动农户种植青蒿3300公顷、漆树8000公顷，产业覆盖16个贫困村；华正房地产公司总经理、华都酒店董事长李品正向筠连中学捐资20万元，用于贫困学生助学金和优等生奖学金。全年"筠商"参与51人，吸纳近2000个贫困劳动力就业，投资1200万元。

【文史资料及诗书画社】 2017年，举办筠连县政协成立60周年庆祝活动，县委召开庆祝大会，制作电视宣传专题片《风雨兼程六十载 开拓奋进谱华章》，编撰《筠连县政协履职成果汇集（2007—2016）》，举办"60周年庆"及"庆七一·迎十九大"书画摄影展，编印纪念画册。

政协自身建设

【宣传工作】 2017年，着眼履职氛围营造，抓实对外宣传。全年撰写政协工作简报129期，专委会、联络委信息5期，报送信息120篇，其中《夯实基层组织》《建言公立医院改革》等18篇信息被四川政协报采用。表彰2017年度政协宣传信息工作先进个人8名。完成《筠连政协年刊（2017）》编辑。加强联谊增进交流。参加"全市政协主席学习会"并作题为《立足实际 发挥优势 奋力开创政协工作新局面》交流发言，参加"市政协理论与实践研究会"，就如何开展好专委会对口协商作交流发言。昭通、盐津、威信、江安、屏山等市县政协分别到筠连，就"职业教育""农村电商建设""茶叶产业发展"等进行交流联谊。组织文艺节目《情绣苗山》参加市政协系统第二届艺术节暨2018年屏山彝族新年文艺晚会，深受好评。

【机构设置优化】 2017年12月，根据筠机编〔2017〕68号同意设立县政协办公室信息中心，为公益一类全额拨款股级事业单位，核定2名事业编制，设主任1名（正股），县政协办公室机构设置进一步优化。

经政协筠连县第十五届委员会第一次常委会议协商决定，对政协专委会和原乡（镇）片区联络组合并与更名，即政协法治群团委员会和社会联谊委员会两个专委会合并为一个专委会，更名为法治群团与社会联谊委员会。设置经济委、农业科技委、文教体卫委、法治群团和社会联谊委、提案委、文史委6个专门委员会。将政协各联络组更名为政协各联络委员会（简称"联络委"），设置筠连镇、巡司、双腾、沐爱联、维新、大雪山6个乡（镇）片区联络委和柯桥联络委员会。

（黄丽萍 陈洪吉）

中国共产党筠连县纪律检查委员会

纪检综述

【纪检概况】 2017年，全县各级纪检监察组织认真履职尽责，创新奋发工作，筠连纪检监察品牌建设成效凸显，切实履行管党治党政治责任，持续用力正风肃纪，旗帜鲜明惩治腐败，坚定不移推动全面从严治党向基层延伸，巩固风清气正政治生态，省纪委三度推广筠连纪检护航脱贫攻坚等工作经验，市委市政府主要领导批示肯定筠连管党治吏成果，全县党风廉政建设和反腐败工作综合目标考核跃列全市前五，筠连纪检监察工作迈入全市先进行列。

【监察体制改革】 2017年，根据中、省、市监察体制改革工作要求，制订《筠连县深化监察体制改革试点实施方案》。由县委负总责，县纪委负专责，各成员单位各司其责，形成合力。

纪检重要会议

【县纪委十三届二次全体会议】 2017年2月24日，中国共产党筠连县第十三届纪律检查委员会第二次全体会议在县会议中心三楼会场召开。会议主要任务：传达学习贯彻十八届中央纪委七次全会、省纪委十届六次全会、市纪委五届二次全会特别是中央总书记习近平、中央纪委书记王岐山、省委书记王东明、市委书记刘中伯重要讲话精神，回顾总结2016年全县党风廉政建设和反腐败工作，部署2017年工作任务。市政府副市长、县委书记王萍出席并讲话；县委常委、县纪委书记肖利主持会议，并代表中共筠连县纪律检查委员会第十三届常委会作《勇于担当 忠诚履责 切实推动全面从严治党向纵深发展》的报告。

肖利部署2017年纪检工作。一是强化制度落实，加强和规范党内政治生活。二是强化机制建设，压实全面从严治党政治责任。三是强化正风肃纪，努力构建作风建设新常态。四是强化执纪审查，持续巩固反腐败斗争压倒性态势。五是强化源头治理，规范权力运行制约机制。六是强化体制改革，提升监督执纪问责水平。七是强化队伍建设，努力打造纪检监察铁军。提出要固化“签字背书”、述责述廉、约谈、责任清单等工作成果，强化对各级党组织尤其是“一把手”履职尽责的监督。要编制《纪律审查工作指南》，规范纪律审查工作；要启动首轮巡察，有的放矢开展巡察工作；要综合运用“四种形态”，推进构建抓早抓小机制，建立从批评、约谈、警示、通报、诫勉直至纪律处分的处置制度链条；要以“严的纪律、实的作风、快的节奏、高的标准”打造筠连纪检监察品牌，创造一流工作业绩，切实推动全面从严治党向纵深发展。

王萍指出，县委坚决贯彻中央、省委、市委全面从严治党决策部署，切实担负管党治党主体责任，全面加强纪律建设，持续用力正风肃纪，旗帜鲜明惩治腐败，推动形成真管真严、敢管敢严、长管长严的工作格局。领导班子思想政治建设全面加强，党内政治生活规范有序，正风肃纪扎实推进，高压反腐成效明显，换届选举风清气正，源头治理取得实效，全县政治生态呈现新气象，良好政治生态总体形成。全县各级纪检监察机关和纪检监察干部聚焦主责主业，忠诚履职、积极作为，付出艰辛努力、做出重要贡献，值得充分肯定。同时，也要清醒看到全县良好政治生态虽然总体形成，但巩固发展的基础还不牢固，一些深层次问题尚未得到根本解决，不少方面还存在薄弱环节。“不敢腐”的惩戒机制需要持续强化，“不能腐”的防范机制有待健全完善，“不想腐”的思想自觉尚未全面形成，“勇担当”的精神状态亟待重新提振，巩固发展良好政治生态需要持续用力、久久为功。要认真贯彻中共十八届六中全会、十八届中央纪委七次全会，省委十届九次全会、省纪委十届六次全会和市第五次党代会、市委五届二次全会、市纪委五届二次全会精神，全面落实县第十三次党代会决策部署，始终保持坚强政治定力和惩治腐败定力。

王萍强调，一要始终坚持严明纪律、严守规矩，自觉增强政治意识、大局意识、核心意识、看齐意识，自觉在思想上政治上行动上同以习近平总书记为核心的党中央保持高度一致，时刻做到“心中有党、对党忠诚”，坚决维护以习近平总书记为核心的党中央权威。二要始终坚持正风肃纪、弘扬新风，不断以优良党风政风带动社风民风，以踏石留印、抓铁有痕的恒心和韧性抓下去，坚决防止反弹回潮，让好的作风成为中共党员干部的习惯，始终保持风清气正的良好局面。三要始终坚持严字当头、实字托底，步步深入、善作善成，不断巩固和扩大反腐倡廉建设成果，拿出滴水穿石的劲头、铁杵磨针的功夫，在坚持不懈、持之以恒中见常态、见长效，以治本的长效作用为治标巩固成果、根除病源。四要始终坚持利剑高悬、体系完善，不断增强党内监督的刚性与韧性，抓住"关键少数"，完善"舆论监督＋群众监督＋纪检监督"模式，积极开展"阳光问廉"，让铁规发力、制度生威。五要始终坚持党要管党、从严治党，在坚持中深化、在深化中坚持，全面落实党建工作责任制，在压实责任上加大力度、狠下功夫，使主动担责、认真履责、扎实尽责成为常态，在压实"两个责任"中巩固齐抓共管的工作格局。建立健全领导干部能上能下机制、容错纠错机制、干事创业激励机制，激发干部敢干事、干好事、多干事，营造干事创业的政治生态环境。

会上，3 名县委班子成员、3 名单位主要党政负责人、4 名纪检组织负责人向全会述责述廉，并接受县纪委委员的询问、质询和现场测评。会议围绕王萍的讲话、肖利的《工作报告(审议稿)》以及《决议(草案)》开展广泛讨论。表决通过《中共筠连县纪委第十三届二次全会工作报告》和《中共筠连县纪委第十三届二次全会决议》。

会议以视频会议形式召开。主会场设在县会议中心三楼场，县四大班子在筠连的县领导、县人民法院院长、县人民检察院检察长；县纪委委员；县政协秘书长、县人民法院副院长、县人民检察院副检察长；各乡(镇)党委书记、乡(镇)长、纪委书记、专职纪委副书记，县工业园区纪工委书记、监察审计局局长；县级各部门、县属及县属以上企事业单位党政主要负责人、纪检组组长(纪委书记、纪工委书记)、监察室主任；县特邀监察员；县纪委监察局部分老领导、机关各室(部、办)负责人及正科、副科级纪检监察员 240 余人参加。分会场在各乡(镇)，乡(镇)党委班子成员、人大主席团主席、政府班子成员、纪委委员，乡(镇)各站、所、办主要负责人，村(社区)"两委"负责人在分会场聆听会议。

【党风廉政建设工作专题汇报会】2017 年 2 月 27 日，筠连县县委书记听取下级党委(党组)、纪委(纪检组)党风廉政建设工作专题汇报会在县会议中心召开，各乡(镇)党委书记、纪委书记，县级各部门党委(党组)书记、纪委书记(纪检组组长)参加会议，并分别汇报 2016 年度党风廉政建设工作情况。市政府副市长、县委书记王萍出席会议对 2016 年度党风廉政建设情况进行针对性、实效性、指导性点评；王萍与乡(镇)和县级部门党委(党组)书记签订"党风廉政建设党委主体责任书"。县委常委、县纪委书记肖利与乡(镇)纪委书记、县级部门纪(工)委书记(纪检组组长)签订"党风廉政建设纪委监督责任书"。采取"听""评""签"三个环节，层层传导压力，力促筠连党风廉政建设工作再上台阶。肖利主持会议。

【作风建设暨党风廉政建设社会评价工作会】2017 年 5 月 5 日，筠连县作风建设暨党风廉政建设社会评价工作会在县会议中心以电视电话会议形式召开，县委、县人大常委会、县政府、县政协领导班子成员，县人民法院院长、县人民检察院检察长，各乡(镇)、县属及县属以上企事业单位党政主要负责人、纪(工)委书记(纪检组组长)，县级各部门负责人在主会场参加会议，市政府副市长、县委书记王萍出席主会场会议并讲话。县委副书记、县政府县长刘朝平主持会议。18 个乡(镇)党委班子成员、人大主席团主席、村(社区)"两委"主要负责人，政府班子成员全体干部职工，在分会场参加会议。

县委常委、县纪委书记肖利从"聚焦问题，立说立改，深入开展全县干部作风集中整顿工作；全力以赴，多措并举，以实际工作成效提升党风廉政建设社会评价满意度"两个方面对全县下一步抓实作风建设及党风廉政建设社会评价工作作具体安排。

【新任职领导干部集体廉政谈话会】2017 年 8 月 24 日，筠连县新任职领导干部集体廉政谈话会在县会议中心召开，新提任领导干部 78 名参加。县委常委、县纪委书记肖利出席会议并作讲话。会议强调，要始终坚定理想信念，守好为政之本；始终坚守纪律规矩，锤炼干净之躯；始终保持政治定力，担好份内之责。

【党风廉政建设社会评价工作交账冲刺会】2017 年 9 月 22 日，筠连县 2017 年党风廉政建设社会评价工作交账冲刺会在县会议中心召开，各责任主体就《筠连县 2017 年度党风廉政建设社会评价工作方案》(以下简称《工作方案》)责任落实情况进行现场述职"交账"，并部署第四季度社会评价冲刺工作。市政府副市长、县委书记王萍出席会议并作讲话。双腾镇、武德乡、孔雀乡、高坪苗族乡党委书记就乡(镇)履行党风廉政建设第一责任人作"交账"发言，县统计局、教育文广局、财政局、经信科技局负责人和纪委书记就党风廉政建设社会评价重点工作牵头单位代表作"交账"发言，县委常委、县纪委书记肖利，县委常委、县政府常务副县长李勇，县委常委、县委宣传部部长雷敏就《工作方案》中所承担的工作责任分别向县委述职"交账"。肖利通报全县社会评价工作督察情况，从深入开展动员，最大程度争取群众理解支持；坚持正面宣传引导，最大程度凝聚社会正能量；集中精力查找问题，全力以赴查漏补缺；凝心聚力标本兼治，全力冲刺确保效果 4 方面对社会评价工作进行部署。县委副书记、县政府县长刘朝平主持会议。

【深化国家监察体制改革试点工作小组会议】2017 年 12 月 6 日，筠连县深化国家监察体制改革试点工作小组会议在县会议中心召开。市政府副市长、县委书记、县深化国家监察体制改革试点工作小组组长王萍出席会议并作讲话，县深化国家监察体制改革试点工作小组全体成员参加会议，县委常委、县纪委书记、县深化国家监察体制改革试点工作小组副组长肖利主持会议并传达全国推开国家监察体制改革试点工作动员部署电视电话会议以及省、市相关会议精神，着重通报“认真领会改革精神，迅速组建机构拟制方案”“突出改革关键环节，平稳有序推进各项工作”“下一步的工作重点”3个方面的推进情况。

【落实党内监督工作和实施“织网工程”工作推进会】2017年12月15日，筠连县落实党内监督工作和实施“织网工程”工作推进会在县会议中心召开，县委副书记李小林，县委常委、纪委书记肖利，县委常委、县委组织部部长李刚出席会议；各乡（镇）党委书记、纪委书记、组织委员；县级各部门党委（党组、党工委）负责人，工业园区管委会纪工委书记、监审局局长，部门纪（工）委书记（纪检组组长）参加会议。肖利主持会议。

李刚就强化村级组织监督管理工作作讲话，部署《筠连县履行党风廉政建设责任制 落实党内监督责任工作手册》的具体工作。县民政局、财政局、县委组织部分别发言。

李小林强调，全面推进从严治党，落实责任是关键。无论是实施“织网工程”还是创建《筠连县落实党风廉政建设责任制和党内监督责任工作手册》，都是从严管党治吏，推动从严治党的有力抓手。全面明晰责任，狠抓责任落实的有力举措。从严管党治吏只有落实了责任，才会有压力、有动力、有目标，工作推进的好坏才有评判对象和标准，才能完成全面从严治党各项目标任务，推动全面从严治党迈向标本兼治。李小林要求，认清形势，要自觉担负起从严治党的政治责任，把责任稳稳扛在肩上，把压力层层延伸传导下去，狠抓责任落实；要坚持问题导向，找准落实工作责任的突破口，推进责任清单具体化、责任落实制度化、党内监督常态化；要坚守责任担当，抓好责任落实的关键点，增强政治意识，严守纪律规矩，把握“四种形态”，从严监督管理，强化工作举措，确保工作实效；要牢记宗旨、牢记使命，履好职、尽好责，充分领会好、传达好、贯彻好会议精神，以高标准、严要求将工作实施好、落实好，确保从严治党不走过场，不流于形式，为建设“四区”、打造“三个筠连”提供坚强的政治保障。

【纪检监察系统全覆盖谈心谈话会】2017年5月26日，筠连县纪检监察系统全覆盖谈心谈话会在县会议中心召开。各乡（镇）纪委书记、县级各部门纪检组组长(纪委书记、纪工委书记) 以及县纪委监察局全体干部职工参加会议。县委常委、县纪委书记肖利提出要积极应对派驻机构改革，着力夯实基层基础，以“严的纪律、实的作风、快的节奏、好的效果”推动全县纪检监察工作全面提升。县纪委副书记、监察局局长万家其主持会议，并传达市纪检监察组织队伍建设暨市管纪检监察干部谈心谈话会精神。

8月18日，筠连县纪检监察系统召开以“织密监督执纪问责网，筑牢脱贫攻坚防腐墙”为主题的纪检护航脱贫攻坚专题讨论会，县纪委副书记、监察局局长万家其从“强化监督，高效发现问题；强化执纪，严厉惩治腐败；强化问责，全面压实责任”3个方面提出贯彻意见。筠连镇、高坪苗族乡、县林业局、县卫计局等15个单位纪委（纪检组）负责人围绕精准监督助力打赢脱贫攻坚战，如何发挥纪检监察机关的监督执纪问责职能、惩治基层微腐败，确保扶贫政策落实，增强群众获得感等方面发表意见，并提出摸清家底、加强业务知识学习、强化宣传教育等12条建议。

8月29日，全县纪检监察系统干部到市干部廉洁教育馆接受廉政警示教育，随后召开全县纪检监察系统专题组织生活会。8名纪检组织负责人围绕“打铁还需自身硬”主题从政治修养、业务素质等4个方面发言。县委常委、县纪委书记肖利讲话，一是要增强“四种意识”，做到忠诚干净担当；二是要在作风上过得硬，做求真务实的表率；三是要在行动上见真章，做勇于担当的表率；四是要在自律上下功夫，做遵规守纪的表率。县纪委副书记、监察局局长万家其主持会议。

9月11日，全县纪检监察系统2017年度半年工作交账会暨打造纪检监察品牌建设推进会在县会议中心召开。县纪委监察局领导班子成员，各乡（镇）纪委书记、县级部门纪检组组长（纪委书记、纪工委书记）、县纪委监察局全体干部参加会议。会议以现场参观、交流发言形式，让与会人员了解掌握全县纪检监察系统2017年工作情况，安排部署脱贫攻坚护航行动、乡（镇）纪委规范化建设等纪检品牌建设工作，以期达到相互学习借鉴、更好推动工作落实的目的。县委常委、县纪委书记肖利作讲话。县纪委副书记、县监察局局长万家其主持会议。

惩治和预防腐败体系建设

【抓实“两个责任”】一是压实责任，制发《2017年党风廉政建设和反腐败工作意见》，将工作任务细化分解为5个大项34个小项，制作“两个责任”清单和落实党风廉政建设深化正风肃纪工作责任清单，对县领导履行“一岗双责”情况进行提醒，确保责任落实到位。组织18个乡（镇）、55个单位的负责人、纪（工）委书记（纪检组组长）分别与县委书记、县纪委书记签订主体责任书和监督责任书。组织3名县委常委、3名党政主要负责人、4名纪检组织负责人向县纪委全会述责述廉，并接受县纪委委员的询问和质询。二是党风廉政建设，制发实施《2017年度党风廉政建设社会评价工作方案》，共制发便民服务卡5万份、“社会评价温馨提示单”4期300余份，送达“责任清单”80余份、“督办单”20余份，推动20个单位落实问题整改。全年，在全市党风廉政建设社会评价民意抽测中排名第一，在全省抽测中排名第142位。

【深化正风肃纪】以严的标准、实的作风、快的节奏、好的效果为工作标尺，全力检视干部作风。全面完成宜宾电视台《阳光问廉》所涉问题的问责追责，创新开设“热点聚焦”新闻专题曝光栏目。全年，共开展专项督察15次，曝光13个单位7人，约谈相关责任人5人，对6个单位进行会议问廉。开展会风会纪专项整治，对各类会议开展督查40余次，制发通报4期、约谈3人。查处侵害群众利益不正之风和腐败问题64件、70人，给予党纪政纪处分68人，移送司法机关2人；查处违反中央八项规定精神案件18件、19人，给予党纪政纪处分19人；给予领导干部问责20件、48人；党内问责6件、7人。制发《筠连县容错纠错暂行办法》，对5名干部实施容错，对56名干部实施纠错。

【强化执纪审查】 一是继续坚持有贪必肃，保持惩治腐败高压态势。全年共受理信访举报161件，处置问题线索321件，立案审查172件，结案172件，给予党纪政纪处分169人、移送司法机关3人。二是坚持把纪律和规矩挺在前面，积极实践运用监督执纪“四种形态”。全年，纪检监察机关谈话函询或要求在民主生活会上作说明的有148人，给予党纪轻处分和组织处理147人，给予党纪重处分和重大职务调整11人，移送司法机关3人。三是规范纪律审查工作，制发《筠连县纪委案件审理“自我量纪”工作制度》，对33名违纪人员开展“自我量纪”工作，发挥案件审理教育作用。

【强化源头治理】 继续强化宣传教育，营造崇廉尚洁氛围。紧盯重要节点发送廉洁短信6000余条，依托“清廉筠连”微信公众号等新媒体，发布先进事迹、廉政教育警示案例200余条，共通报查处侵害群众利益典型案件64件；制作《检视干部作风》专题纪录片，召开扶贫领域干部警示教育大会，通报在扶贫领域的典型案例8件，用身边的人身边的事开展警示教育。在县食品药品监管局、县体育局开展“积极预防、系统治理”工作，梳理廉政风险问题7个，督促建立完善制度机制10项。

廉政风险防控专项抽查审计。制发《筠连县廉政风险防控专项抽查审计工作方案》，开展一级廉政风险岗位、“1·28”地震资金项目廉政风险防控专项抽查审计，共梳理廉政风险点129个，发现问题20个，提出整改建议23条，督促制订整改措施20余条。

深入推进行政权力依法规范公开运行平台和政务一体化平台工作。全年开展网上巡查140余次，制发通报8期、函询通知书14份。

扶贫领域系统防治工作。以实施“村干部廉洁扶贫”项目为抓手，运用“谈话函询”，筑牢“第一道”纪律防线。利用信访约谈、廉政提醒约谈、履职情况约谈等形式，共约谈140余人次。

【纪检护航脱贫攻坚】 围绕脱贫攻坚、安全生产、环境保护、信访维稳、抗震救灾等重点工作开展专项督查，全力整治干部作风，实施“织密监督执纪问责网、筑牢脱贫攻坚防腐墙”护航工程。全年，开展专项督查108次，发现问题199个，整改问题191个；开展61个贫困村“村财监审”工作，审计抽查项目153个，实地走访农户205户，责令整改问题46个，处置问题线索4件；开展“一村一名纪检干部、一户一张监督卡”活动，高效迅速发现问题，实现“拉长耳朵”“零距离”倾听基层声音。

巡察工作

【巡察机构】 2016年11月14日，成立县委巡察工作领导小组。12月16日，成立县委巡察机构，即中共筠连县委巡察工作领导小组办公室、中共筠连县委第一巡察组、中共筠连县委第二巡察组、中共筠连县委第三巡察组。

【首轮巡察工作动员部署会】 2017年3月17日，十三届筠连县委首轮巡察工作动员部署会在县会议中心三楼会场召开。会议的主要任务是学习贯彻中央和省委、市委巡察工作精神，安排布置十三届筠连县委首轮巡察工作任务。市政府副市长、县委书记、县委巡察工作领导小组组长王萍出席并讲话，县委常委、县委组织部部长、县委巡察工作领导小组副组长李刚宣布县委巡察办和各巡察组人员任职名单、宣读《十三届筠连县委首轮巡察工作方案》，县委常委、县纪委书记、县委巡察工作领导小组第一副组长肖利主持会议。

王萍指出，巡视、巡察是党章赋予的重要职责，是从严治党的重要手段，是党内监督的战略性制度安排，是推动全面从严治党向纵深发展的“尖兵”和“利剑”。中共十八大以来，中央和省委、市委坚持把巡视巡察作为深入推进党风廉政建设和反腐败工作的重要抓手，持续加大力度、保持强度、坚持法度、提高精准度，有力震慑了腐败，改进了作风，发挥利剑的震慑作用。全县各级党组织和广大中共党员领导干部要充分认识开展巡察工作的必要性、重要性和紧迫性，确保全县巡察工作顺利开展。要把开展巡察工作作为推动基层党组织落实全面从严治党的有效抓手，不断提高基层党组织自我净化、自我完善、自我革新、自我提高的主动性，推动基层管党治党从“宽松软”走向“严紧硬”。要立足密切党群干群关系，聚焦群众反映强烈的突出问题，通过巡察，把推进全面从严治党的各项举措在基层落实到位，让人民群众有更多的获得感和受益感。要抓好巡察整改，解决基层存在的突出问题，匡正基层风气、建立良好政治生态，提升基层党组织的战斗力和凝聚力，厚植党执政的政治基础。要从讲政治的高度抓好巡察工作，切实增强“四个意识”，联系“四个全面”，聚焦全面从严治党，紧扣“六项纪律”、紧盯“三大问题”、紧抓“三个重点”，充分发挥震慑作用，遏制效应，治本功能。王萍强调，一是坚持讲政治、挺纪律，准确把握巡察工作的基本要求；二是坚持高标准、严要求，确保全县巡察工作开好局、起好步；三是坚持聚好焦、点中穴，实现巡察监督精准发力；四是坚持立规矩、严管理，精心打造一支敢担当、善作为的巡察队伍。首轮巡察结束后，全面总结县委首轮巡察取得的成效，认真分析存在的不足和差距，及时增添举措、完善措施、补齐短板。要认真组织好县委的每一轮巡察，让每一轮巡察都成为看齐之巡、教育之巡、立规之巡，让震慑常在、利剑高悬。

会议以视频会议形式召开。主会场设在县会议中心三楼场，县委巡察工作领导小组领导及成员，县委巡察工作领导小组办公室、各巡察组全体成员，县纪委、县委组织部领导班子成员，工业园区纪工委书记、监审局局长，县级各部门、县属及县属以上企业单位党政主要负责人、纪(工)委书记，县纪委党风政风监督室、信访室、案件监督管理室、第一第二第三纪检监察室负责人120余人参加会议。分会场设在各乡(镇)，各乡(镇)党委、人大、政府班子成员、纪委委员，乡(镇)各站、所、办主要负责人，村(社区)“两委”主要负责人共650余人在分会场参加会议。

【巡察工作会议】 2017年6月5日，县委“五人小组”听取县委首轮巡察工作报告暨巡察工作领导小组第3次会议在县会议中心召开。市政府副市长、县委书记、县委巡察工作领导小组组长王萍，县委副书记、县政府县长刘朝平，县委副书记李小林，县委常委、县纪委书记、县委巡察工作领导小组第一副组长肖利，县委常委、县委组织部部长、县委巡察工作领导小组副组长李刚等出席会议，县委巡察办班子成员列席会议。会议听取县委3个巡察组就巡察县卫计局、县林业局、县食药监管局、县体育局、县档案局、县供销社的巡察情况报告。王萍主持会议。

8月11日，县委十三届第二轮巡察工作动员部署会在县会议中心召开。县委常委、县纪委书记、县委巡察工作领导小组第一副组长肖利出席会议并讲话。县委常委、县委组织部长、县委巡察工作领导小组副组长李刚宣读《十三届筠连县委第二轮巡察工作实施方案》。

12月25日，县委“五人小组”听取县委十三届第二轮巡察工作报告暨巡察工作领导小组第5次会议召开。市政府副市长、县委书记、县委巡察工作领导小组组长王萍，县委副书记、县政府县长刘朝平，县委副书记李小林，县委常委、县纪委书记、县委巡察工作领导小组第一副组长肖利，县委常委、县委组织部部长、县委巡察工作领导小组副组长李刚等出席会议，县委巡察办班子成员列席会议。会议听取县委3个巡察组就巡察巡司镇、双腾镇、武德乡、县民政局、县安监局、县经信科技局的巡察情况报告。王萍主持会议。

【政治巡察工作】 县级巡察。提早谋划，完成巡察机构组建，配齐配强巡察干部队伍。以习近平总书记系列重要讲话精神为镜子，以党章党规党纪为尺子，提高政治站位和政治觉悟，聚焦坚持党的领导、加强党的建设，紧扣“六项纪律”，紧盯党的领导弱化、党的建设缺失、全面从严治党不力等共性问题，以问题为导向，突出政治巡察。全年组织开展2轮巡察工作，完成对巡司镇党委、双腾镇党委、武德乡党委和县卫计局党委、县林业局党委、县食药监局党组、县体育局党组、县档案局党组、县供销社党组、县经信科技局党委、民政局党组、县安监局党组的巡察工作，发现党的领导弱化、党的建设缺失、全面从严治党不力等方面的问题196个、涉及具体问题499项，发现问题线索24件；清理清退违规资金43万余元，督促相关单位兑现惠民惠农资金6000余万元；共调整干部31人，免职4人、降级2人，辞退聘用人员4人。纪检监察机关初核巡察移送的中共党员干部违纪问题线索8件，立案查处3件3人(其中给予党纪处分2件2人、政纪处分1件1人)。

市级巡察。深入推进巡察整改落实工作，按时完成办理市级巡察交办任务。9—11月，市委第五巡察组巡察筠连的有关交办任务78件，至年末，经核查反映不属实作信访办结43件；反映部分属实35件，按第一种形态处置14件16人，重复件7件。

自身建设

【班子建设】 县纪委班子始终坚持民主集中制，坚持做到重大决策、重要干部任免、重大项目安排和大额度资金使用由县纪委常委会研究决定。继续坚持纪委委员列席常委会制度、有关部门领导旁听常委会议和监察局局长办公会议制度。2017年，共召开纪委常委会22次，监察局长办公会议9次。

【纪检内部巡察】 2017年，制发《筠连县纪检监察系统内部巡察实施方案》，明确6大方面巡察内容，成立2个巡察组，采用专项巡察和“搭车”巡察方式，对3个县级部门纪检组、6个乡(镇)纪委、2个委局机关科室开展全覆盖巡察，发现问题73个，提醒谈话13人、批评教育3人，已整改问题57个，完善纪检监察系统内部的监督机制。

【纪检队伍建设】 2017年，制发《〈促进乡(镇)纪委履责十项措施〉实施方案》《关于促进乡(镇)纪委履责的贯彻意见》，严格落实省市措施意见，完成乡(镇)纪委规范化建设。加大人员配备、分工备案、阵地建设、干部管理、履职考核等方面工作力度，切实推进全县乡(镇)纪委履责建设走上新台阶。加强关心教育培养，创新开办“学思践悟”讲堂，分层分类培训干部1000余人次，全面提升纪检监察干部的学习能力、履职能力和创新能力。

(罗家勋)

政府综合事务管理

政务服务

【政务概况】 2017年，县政府政务服务中心在编人员18人、工作人员50名。全县31个部门的179项行政许可和85项公共服务事项集中在大厅窗口办理，共受理各项行政许可(服务)项目12217件，办结12216件，平均办结时间0.37天，办理提速98.68%，按时办结率100%，现场办结率100%，提前办结率100%，群众满意率100%，投诉为0。全面完成省市行政审批事项，按时办结率100%。

【政务大厅功能分设】 县政务服务中心分设有便民服务区、公共服务区、“一窗一章”综合服务区和公共资源交易大厅。配备安装电子显示屏、LED全彩显示屏、大屏幕彩电、视频监控、安防系统等设施设备。便民服务区：设置服务窗口2个。商务窗口：为服务对象提供打印、复印、照相等便民服务；邮政窗口，为服务对象提供特快专递、证件邮寄等便民服务。公共服务区：设置服务窗口2个，主要办理公共服务事项。公安窗口，主要办理身份证、出入境管理、印章刻制审批等业务；国土窗口，主要办理土地登记、农村宅基地审批。“一窗一章”综合服务区：设置“一窗一章”综合服务区接件窗口和取件窗口各1个。公共资源交易大厅：设综合管理股、交易组织股、交易受理股、农村产权交易中心、农村产权评估中心。

【“放管服”改革】 一是代县政府办公室拟草印发《筠连县简政放权放管结合优化服务2017年重点工作任务表》，进一步明确全县2017年简政放权、放管结合、优化服务重点工作、责任分工和时间进度。二是全面清理规范行政审批中介服务工作，县政府办印发《关于进一步清理规范行政审批中介服务的通知》(筠府办发〔2017〕76号)，统筹安排部署清理规范行政审批中介服务相关工作。三是开展行政审批制度改革阶段性“回头看”，县级相关部门开展深入细致的自查整改，认真梳理各部门提出的意见建议，汇总上报市。四是积极推进相对集中行政许可权改革工作，按照省、市要求，积极参与相对集中行政许可权改革前期摸底调查，为下一步全面开展相对集中行政许可权改革奠定基础。五是认真做好全省一体化政务服务平台上线工作，全面完成平台事项认领、流程清单审核完善和监察点位设置等工作，于12月1日正式上线运行全省一体化政务服务平台。

【深化“两集中两到位”】 一是开展“两集中两到位”落实情况专项检查，按照市要求，积极做好自查清理工作，建立规范高效的审批运行机制，提高行政服务效能提供保障，确保进驻政务服务中心的审批事项到位、审批权限到位。二是先后多批次组织34个县级部门召开政务服务手册暨办事指南修订工作推进会，安排部署政务服务手册和办事指南修订，并摆在窗口显著位置供群众索取。三是升级改造公安局出入境管理窗口，将出入境管理窗口独立设置，拓展服务大厅面积和功能，提升政务服务中心标准化建设水平，促进政务服务的高效、便民。

【商事制度改革】 一是县工商局在“三证合一”的基础上，于2016年9月25日实施“五证合一、一照一码”登记，至年末已颁发加载统一社会信用代码营业执照1907份。2016年12月1日起，全面实施个体工商户营业执照、税务登记证、社会保险登记证“三证合一”登记，至年末核发“三证整合”个体工商户营业执照3901份。2017年3月1日起，对无债权债务和未开业企业实施简易注销登记，将原所需的8项登记材料缩减为4项材料，将原需要15个工作日的登记时限缩短至3个工作日，解决企业准入容易退出难的问题。二是继续推进“双随机一公开”监管工作，制订工作方案，公布县本级随机抽查事项清单，建立执法检查人员名录库和市场主体名录库，执法单位制订随机抽查实施细则，明确抽查依据、抽查主体、抽查方式、抽查比例和抽查频率，建立健全行政审批事中事后监管工作体系，切实规范市场执法行为。

【并联审批】 一是制发《筠连县人民政府政务服务中心行政审批绿色通道实施办法》，简化行政审批手续，提高审批效率、优化投资环境，为投资者提供更为优质、高效、便捷的政务服务，推动重大项目加快落地；进一步规范行政审批和政务服务绿色通道服务工作，提高行政审批效能。二是做好投资项目在线监管平台的运行管理,县政务中心与县发改局联合召开全县投资项目在线审批监管平台业务培训会,全面布置有关工作任务。并在服务大厅设置投资项目综合窗口,派专人负责投资项目办件批分,有效推进在线监管平台运行管理。全年在线审批监管平台累计申报投资项目 438 个,已确认赋码项目 438 个,占比 100%,其中审批类项目 179 个、占比 40.9%,备案类项目 258 个、占比 58.9%,核准类项目 1 个、占比 0.2%,已赋码项目涉及投资总额 1634112 万元。

【行权平台规范公开运行】 一是根据市政府《关于切实推进行政权力清单清理规范工作的通知》,组织县级行权部门对照《四川省权力清单(2016 年本)》清理县级行政权力。按"只减不增"原则清理本部门行政权力事项,印发《筠连县县级部门行政权力清单(2016 年本)》,对外公布 31 个县级部门 5149 项行政权力清单(未含行政许可事项)。二是由县政务服务中心牵头协调,县监察局、法治办、信息中心等单位各负其责、协调配合,相关行政权力部门具体负责的行政权力依法规范公开运行工作机制。全年共受理 471127 件,办结 469656 件,按时办结 469656 件,按时办结率 100%。

【基层便民服务规范化建设】 一是修建新政务服务中心的前期准备,督促指导乡(镇)开展拟新修建便民服务中心相关工作,整体推进基层便民服务中心基础设施建设。二是加强乡(镇)便民服务中心和村级代办点在场地建设、设施设备、窗口设置、公示公开、制度建设等的建设和整改。制发筠连县乡(镇)便民服务中心及代办点标准化建设示例图及相关制度,进一步促进规范化建设。三是对照贫困县摘帽验收标准和省、市加强基层便民服务建设要求,3 月 29—30 日,全面实地调查摸底 18 个乡(镇)便民服务中心的机构设置、场地建设、进驻事项、办事制度和经费保障等情况。5 月 18—24 日,会同县财政局、县扶贫移民局、县规建城管局等部门组成调研小组,到 18 个乡(镇)对便民服务中心达标建设情况进行精准摸底。代县政府拟草并印发《筠连县乡(镇)便民服务中心和村(社区)便民服务代办点升级达标建设实施方案》。全年启动新建乡(镇)便民服务中心 6 个、改造乡(镇)便民服务中心 12 个,有序推进村(社区)代办点 260 个的新建或改建。11 月底,联合县委县政府督查目标办、县扶贫移民等部门开展乡(镇)便民服务中心标准化建设督导检查,对工作推进缓慢及存在的问题提出整改意见。至年末,筠连镇、腾达镇、大雪山镇、镇舟镇、塘坝乡、孔雀乡、武德乡、高坎乡、联合苗族乡、团林苗族乡 9 个乡(镇)便民服务中心建设基本达标,维新镇、蒿坝镇便民服务中心新建主体完工,其余乡(镇)正在加快推进建设;村(社区)代办点完成 191 个,正加快建设 69 个。四是做好村(社区)证明集中清理有关工作,转发《宜宾市村(社区)证明事项清单》,印发《筠连县村(社区)证明事项服务指南》。

【公共资源交易】 一是职能全面整合。积极推进工程建设项目招标投标、政府采购等公共资源交易市场建设,圆满完成宜宾市国家电子招标投标改革试点工作。二是全面推行电子化交易。按照《宜宾市国家电子招标投标试点工作实施方案》,筠连于 2016 年 5 月起全面推行电子化交易。4 月 18 日,组织召开"筠连县 2017 年政府采购综合业务培训会",各乡(镇)政府、机关事业单位和团体组织的采购联络员、信息统计员共 170 余人参会。全年共发布政府采购信息 672 条,其中网上竞价采购信息 274 条;组织开标 336 次,其中网上竞价 137 次;完成政府采购项目 218 个,其中网上竞价 111 个;执行采购预算资金 163889451 元,实际采购支出 159415622 元,节约预算资金 4473829 元,节约率 2.73%。完成国有产权交易 30 宗,其中成套住房 21 宗,交易金额 6740310 元;完成工程建设项目(含比选)项目 120 宗,执行政府工程建设预算 37704.4 万元,实际工程建设支出 32249.22 万元,节约预算 5455.18 万元,节约率 14.47%;完成土地使用权和矿业权出让交易 4 宗,交易金额 3350 万元;完成政府采购 PPP 项目 3 个,其中服务类 2 个、工程类 1 个,投资概算 68790 万元。发布农村产权交易信息 4 条。

【政务要事】 2017 年 3 月 9 日,广安市邻水县公共资源交易中心主任杜春木率领邻水县公共资源交易中心、邻水县财政局采购股一行 4 人到筠连考察交流公共资源交易工作。3 月 13—14 日,市政务服务中心副主任李宏斌率高县、临港政务服务中心人员到筠连开展基层便民服务标准化建设交叉检查。4 月 17 日,组织召开筠连县投资项目在线审批监管平台业务培训会,县相关部门经办人员和县政务中心综合窗口人员参加培训会。4 月 18 日,市纪委副书记、监察局局长张琦一行到筠连检查指导政务中心和公共资源交易中心工作。6 月 26—27 日,组织召开全县村(社区)证明清理推进会。7 月 5 日,市公共资源交易服务中心副主任罗培超率市公共资源交易服务中心一行 3 人到筠连考察指导公共资源交易平台建设工作。12 月 1 日,筠连县全省一体化政务服务平台正式上线运行。

(杨先念)

县政府政策研究

【文稿起草】 2017 年,县政府研究室认真完成文稿起草工作。一是抓好县政府领导讲话、会议材料、汇报材料等重要文稿的起草工作,完成四川省乌蒙山片区就业扶贫现场会、全市集体经济现场会、全省残疾人资金股权量化现场会、全市肉牛产业发展“1+N”联动机制推进现场会、全市党建带脱贫现场会等经验交流材料10余篇；完成中国产业大数据高峰论坛、2017年浙川（筠）商投资洽谈会、2017北京·筠连县产业扶贫项目洽谈会暨农产品推介会等重要活动领导讲话材料20余篇。二是完成政策性文件的起草工作，《筠连县人民政府关于全面开展对标管理的实施意见》《筠连县人民政府关于改善政府工作部门有关工作的通知》等文件。三是完成“在线访谈”相关工作，起草《筠连县人民政府办公室关于印发筠连县政府门户网站“在线访谈”工作方案的通知》，分别组织县环保局、交通运输局、水务局、经信科技局、国土资源局等部门就环境保护、脱贫攻坚、电子商务系列内容进行访谈录制。全年，为政府主要领导、常务副县长撰写各类综合性和专业性会议上的讲话材料100余篇，文字总量超20万字，涵盖全县经济、民生、重点项目和经贸、教育、卫生、畜牧、财政、应急等多个方面。

【政务调研】2017年，县政府研究室积极协调配合，保质保量完成政务调研工作。一是完成市政府研究室组织的专项调研课题任务，起草上报承担的《宜宾肉牛产业核心区建设初探》课题。二是积极参与国家、省、市领导到筠连调研活动，完成国家大数据中心总经理夏珺峥、省民政厅厅长益西达瓦、常务副市长宁坚等领导到筠连调活动，形成《筠连县工作情况汇报》《筠连县民政工作情况汇报》等汇报材料。三是紧扣县委、县政府中心工作，抓住全县经济社会发展的重大问题，主动承办宜宾肉牛产业核心区建设调研课题，并作为市、县社科联课题抓好调研工作。完成《叠加农村金融创新举措 破解产业扶贫资金瓶颈》《系统创新金融扶贫机制 多方共赢加速脱贫奔康》等4篇调研文稿的撰写，其中《叠加农村金融创新举措 破解产业扶贫资金瓶颈》《以大思维推动大发展》2篇文章在《当代县域经济》发表。四是及时收集县政府领导和各部门、各乡（镇）调研成果，提炼完善调研文章上报市政府研究室，全年共上报调研文章24篇。

【《筠连政务》编辑】2017年，根据筠连的地域特点认真做好《筠连政务》编辑发行工作，全年共编发《筠连政务》（信息版）48期，《筠连政务》（综合版）7期。

（杨婷）

民政工作

【民政概况】2017年，民政工作坚持“民政为民，民政爱民”的新工作理念，努力开创民政事业新局面。县民政局下设办公室、救灾救济股、优抚安置股、社会事务股、低保股。下属事业单位有县烈士陵园管理所、县殡葬管理所、县婚姻登记处、县社会救助福利中心、县流浪乞讨人员救助站、县社会救助家庭经济状况核对中心，代管县老龄办。主要工作为救灾救济、城乡低保、城乡医疗救助、优抚安置、特困人员供养、养老服务体系建设、儿童福利、基层政权建设、社区建设、社团登记、福利企业、区划地名、殡葬改革、婚姻登记、老龄工作等。

【优抚工作】落实重点优抚对象抚恤补助标准自然增长机制。全年发放重点优抚对象优质抚恤资金13008人次1060.7万元，发放年满60周岁农村籍退役士兵生活补助金19708人次285万元，发放重点优抚对象优待金1036人89万元，兑现义务兵家庭优待金512万元，发放筠连籍现役军人立功奖励金42人1.44万元，发放3名国民党抗战老兵生活补助费3.96万元。二是开展优抚对象“大走访”，全年走访2691人，慰问困难优抚对象114人5.7万元，临时救助优抚对象40人3.3万元。三是优抚对象巡诊体检，协同市优抚医疗服务队，为全县优抚对象进行全面巡诊体检，共体检1475人，完成市下任务的107%。四是规范运行重点优抚对象医疗费“一站式”即时结算服务，为1014名重点优抚对象购买医疗保险费13万元，为449名重点优抚对象解决医疗补助金34万元，发放重点优抚对象门诊费993人25万元，从根本上解决优抚对象的“治病难”问题。五是把符合低保政策的困难优抚对象221户纳入最低生活保障，对生活困难的优抚对象进行临时救助。六是落实优抚对象建房和扶持生产项目资金30万元，解决重点优抚对象建房18户、扶持生产17户。

【退役安置工作】一是接收到位。2017年度，全县接收2016年秋冬退役的义务兵、复员士官和年度转业士官共165人。二是做好退役士兵档案接收和相关数据采集。县军安办逐个对165名退役士兵档案审查核对。完成1978至2014年退役士兵相关数据采集，共采集1223人。三是依据政策做好经济补助兑现。按照义务兵每年补助6000元、复员士官每年补助7000元标准，发放地方一次性经济补助155人367.6万元，并补助培训费11万元。四是安置符合政府安置工作的转业士官10人，已全部上岗。

【双拥工作】一是开展节假日慰问活动。在春节、“八一”期间，组织开展全县拥军优属活动，走访慰问驻军部队和优抚对象，向驻筠连部队、重点优抚对象发放慰问金和慰问品共23万元。二是双拥“四个一”活动。8月，结合庆祝建军90周年，组织开展表彰一批先进、宣传一批典型、解决一批困难、组织一台晚会的“四个一”活动。表彰双拥先进单位14个、先进个人23人（其中复员退伍军人16人）；解决优抚对象生活困难12人、解决重点优抚对象医疗补助230人。

【省级双拥模范县创建】开展创建四川省第十一届双

拥模范县活动，按照迎检工作“六个一”标准的要求，顺利完成创建工作汇报材料收集整理、摄制一部具有自身特色的创建工作电视专题片、编印一本反映创建工作的图文资料汇编、制作一组双拥创建工作图文展板10块、新建2处双拥文化设施、打造一批创建迎检示范点共6项工作，做好迎检准备和上报工作，待省双拥领导小组考核验收。

【第十届村(居)民委员会换届选举】 根据《四川省村民委员会选举条例》《四川省民政厅关于印发〈四川省第十届村居民委员会换届选举工作方案〉的通知》，按照县委、县政府的统一部署，县民政局组织承办换届选举动员会、培训会、督察会，编印《筠连县第十届村(居)民委员会选举手册》500册，深入乡村检查指导选举工作。从2016年12月启动至2017年3月底，全面完成257个村(社区)换届选举任务。5月22—25日，县委组织部、县委党校、县民政局举办筠连县2017年村(社区)主任培训班，对全县257个村(社区)主任和18个乡(镇)带队骨干280余人进行为期4天的集中培训，主要培训《中华人民共和国村委会组织法》、村务公开与民主监督村级财经管理、扶贫政策与任务、反邪防邪、城乡环境卫生与综合治理，农村精神文明建设，依法治村示范创建、人民调解与信访维稳、村集体经济管理、基层经验交流等。

【村级“两学四建”活动】 在全县开展“两学四建”活动，指导重新修订、完善村规民约(居民公约)。

【村(社区)治理】 加强村(社区)治理，做好“法律进乡村(社区)”，指导开展法治示范村(社区)创建，完成巡司镇土房村、腾达镇海灯村2个农村社区申报和检查验收。

【村(社区)务公开专项督察】 2017年，县民政局与监察、农业、财政局联合制发《筠连县2017年村(居)务公开实施方案》《村务公开整治督查方案》，于6—12月开展村务公开专项督察。随机抽查村(社区)的村务公开情况，及时与乡(镇)交换意见，指出存在问题，落实整改措施。

【村(社区)红白事整治】 2017年，指导各村(社区)成立红白事理事会，加强农村滥办乱办酒席的整治。

【区划地名普查与命名】 一是全面完成第二次全国地名普查的外业和内业普查任务，完成地名普查成果第一轮申报和《中华人民共和国标准地名词典》(简称国典)筠连地名词条的撰写。6月，通过市民政局验收，待省民政厅验收。二是完成筠连镇2条街道的命名和各乡(镇)地名标志、门牌号设置的检查验收。三是完成村级社会组织统一代码的申报。

【边界联检】 7月20日，组织召开筠连县、盐津县、彝良县、威信县行政区域界线联合检查工作座谈会。四县政府制订联检实施方案，于7月底对行政区域线进行实地踏勘，至年末完成对筠盐线、筠彝线、筠威线双交点的检查。四县民政局签署《平安边界共建协议书》，巩固勘界成果，加强行政区域界线规范化管理工作，确保边界地区的和谐稳定与经济发展。二是完成省民政厅组织的对川滇线地名和位置、走向再复核，并上报民政部核查。三是推进平安边界建设，全年无一例边界争议纠纷事件发生。

【村(社区)民政事务协理员】 一是县政府办公室以筠府办发〔2017〕34号印发《关于设立村(社区)民政事务协理员的通知》，设立村(社区)民政事务协理员，健全考核办法，明确选聘民政事务协理员的条件、工作职责、工作补贴。二是编写工作手册，对18个乡(镇)民政干部和257个村(社区)民政事务协理员共296人进行民政法律法规、民政业务培训，主要培训理论知识、岗位操作。理论知识包括涉及民政工作法律法规政策、民政职业道德、人际沟通技巧、社会救助、社会事务、社团登记、社区服务、婚姻登记、殡葬管理、基层政权、区划地名、优抚安置、救灾救济、劳动就业、社会保障、医疗保险、老龄工作、精准扶贫、计算机基础应用等；岗位操作培训结合协理员的本职工作进行。开班仪式上，县政府副县长、县公安局局长郑云作动员，县委组织部、县人社局、县就业局、县财政局、县民政局、县老龄办、职中负责人参加培训典礼。7月1日，村(社区)民政事务协理员正式上岗，率先在全市完成试点工作。三是健全考核办法。县政府办印发《筠连县村(社区)民政事务协理员考核办法》，以民政事务协理员的职责和所承担的工作任务为基本依据，对德、能、勤、绩、廉等情况进行全面考核，重点考核工作实绩。

【民政信访维稳】 2017年，继续认真落实领导接访、下访和包案制度，妥善做好涉军维稳工作，来信来访处理率100%，社会矛盾纠纷排查化解率100%，无到市上省进京非访人员。全年，全县民政系统未发生重大社会性事件和信访舆情，按时上报信访统计表。

【民政政策扶贫】 一是推进农村最低生活保障制度与扶贫开发政策有效衔接。加强低保制度与扶贫开发政策、医疗救助制度与卫生扶贫政策，以及救助对象、标准和管理的衔接，强化部门协作，健全工作机制，鼓励贫困群众在政府扶持下依靠自我奋斗实现脱贫致富。二是精准扶贫低保兜底政策执行。指导开展乡(镇)按低保兜底政策对2017年计划兜底对象全部进行入户调查，将符合条件的1744人纳入低保；对不符合低保兜底政策的494人，向扶贫移民局建议变更扶贫帮扶措施。三是落实“二线合一”政策。2017年1月1日起，农村最低生活保障线调到3540元/

年，高于国家扶贫标准3300元/年，全面实现“两线合一”。四是落实困难残疾人生活补贴。全年累计发放31085人次，发放补贴217.60万元。

（雷国翠 张鑫 熊金平 胡永武 李强 熊小锐）

公务员及事业单位管理

【公务员队伍建设】 2017年，县人力资源和社会保障局（以下简称县人社局）完成县级行政机关、乡（镇）机关工作人员年度考核和年度公务员（参公管理人员）统计工作。一是做好公开招聘（录）考试工作。完成2016年下半年公务员招录工作，计划招录69人，实际招录66人；开展2017年下半年公务员招录工作，计划招录45人，进入面试资格复审145人；完成2017年面向县外公开选调工作，选调录用1人；完成17人经“四类人员”选拔为乡（镇）副职的公务员登记、完成3人参公提拔为乡（镇）副职的公务员登记、完成25名任免职的提请、完成98名的任免、完成41人的转正定级和16人的中层干部任免。

【公务员队伍管理】 2017年，县人社局开展“加强职业道德建设，做人民满意公务员”网络全员培训，全年共培训1430人。对新录用的82名公务员开展公务员初任培训共5期。利用“人事工资管理系统”，对全县各类机关事业单位人员进行动态分类数据化管理，全面掌握全县机关事业单位编制及实有在编人员情况；认真贯彻落实县以下机关建立公务员职务与职级并行制度，对全县7名公务员符合副科级条件完成晋升职级工作。全面开展公务员“周记月考年评”平时考核试点工作。于3月29日在全市公务员管理工作会上作经验交流发言。加强公务员的日常管理和监督，强化公务员的“德、能、勤、绩、廉”考核，将“周记月考年评”平时考核与年度考核、领导班子考核、政府目标考核等有机结合。做好在全县机关事业单位开展防治“吃空饷”问题长效机制建立情况专项督察工作。组建筠连县机关公务员申诉公正委员会。开展记三等功工作，共有29人符合记三等功条件。

【公务员统计】 2017年，全县共有县、乡(镇)行政机关及参照公务员法管理事业单位70个，其中县级行政机关26个，乡（镇）行政机关18个、参照公务员法管理事业单位26个。至年末，全县县级行政机关、乡（镇）机关公务员共846人、参照公务员法管理事业单位工作人员211人。

【事业单位人事制度改革】 2017年，继续全面推行聘用制。除国家指令性安置任务、紧缺人才和涉密岗位外，新增人员一律公开招聘。

公开考核招聘。1.开展筠连县事业单位2017年第一次公开考核招聘工作人员资格审查、专业技能考核、体检、考察、公示、备案及确认聘用工作，确认聘用25人。2.开展事业单位2017年第一次公开招聘工作人员考试及聘用确认工作，确认聘用152人。3.开展事业单位2017年第二次公开招聘工作人员计划申报、网上初审等工作，计划招聘44人。4.开展2017年高校毕业生“三支一扶”计划招募网络报名资格初审、资格复审、面试工作，计划招募10名，最终招募0人。5.开展2017年四川省属师范院校免费师范毕业生的资格复审、体检、公示、考察及确认工作，确认符合条件的16名免费师范毕业生在筠连从事教育教学工作。6.开展从大学生村干部中考核招聘为乡（镇）事业单位工作人员工作，共考核招聘10人。7.开展2017年特岗教师的资格复审、体检、公示、考察及确认工作，确认符合条件的26名免费师范毕业生在筠连县从事教育教学工作。8.开展2017年农村订单医学生的招聘工作，最终聘用1人。9.开展2017年定向医学专科生的招聘工作，最终聘用24人。10.开展2017年考核引进高层次人才工作，经资格审查、面试、体检、考核、公示、备案，最终聘用18人。11.完成事业单位工作人员转正定级工作，共有274人转正定级工作。

继续实行聘用制管理。1.突出按需设岗，不断完善岗位设置。根据各事业单位职责、目标任务和人员队伍建设情况，进一步细化岗位设置管理，确保岗位任职条件清晰，岗位任务具体，岗位考核有依据。指导开展筠连县审计信息中心等8个单位进行岗位设置调整。2.突出公开择优，不断优化岗位聘用。严格按照岗位管理要求，对转正定级，转岗聘用，晋职晋级、高职低聘等进行办理，做到不超岗聘用，转岗聘用21人，高职低聘86人，晋升上一级职务353人，恢复聘用岗位55人。

继续实行合理化考核。1.分类实施考核。结合行业工作特点，将全县事业人员分为教育系统事业人员、卫生系统事业人员、机关事业人员进行考核。2.强化结果运用。全面考核机关工作人员的德、能、勤、绩、廉等情况，在事业人员考核中坚持“规范考核行为、严格考核程序、提高考核质量、注重考核结果应用”原则，将考核结果作为工作人员职务升降、职称评聘、工资级别晋升的重要依据。

继续实行全员式培训。1.搭建学习平台。首次携手宜宾市人才培训中心，通过“宜宾市专业技术人员继续教育网”完成5311人（管理人员）的公需科目培训。2.规范登记学时。要求各事业单位收齐考试合格证书，集中交到职称职位股，以30学时作登记。同时还将公需科目与单位的自主培训相结合，作为年度考核的依据之一。

【职称职考】 严格按照国家的规定，做好经济、计算机等级考试等各类职称考试的考试信息发布和咨询工作。

积极开展专业技术人员任职资格证办理工作，共办理初级证书183本、中级证书156本、高级证书76本。推进教师职称改革过渡专业技术职务资格证书的换发工作，办理高级证书272本、中级证书1359本、初级证书1505本。

指导开展机关事业单位技术工人技术等级考核和技师职务考评工作,共20人通过审核报名参加考试,其中技师4人参考、3人通过考试,高级工10人参考、8人通过考试,中级工4人参考、4人通过考试,初级工2人参考、1人通过考试。

专业技术职务任职资格推荐评审工作。教育系统取得高级教师任职资格99人、取得一级教师任职资格184人、取得二级教师任职资格117人、取得三级教师任职资格52人;水务局取得助理工程师任职资格3人;农业局取得高级农艺师任职资格1人;环保局取得助理工程师任职资格2人;林业局取得林业工程师任职资格1人;煤矿企业取得工程师任职资格9人、取得助理工程师任职资格8人;建筑企业取得工程师任职资格4人、取得助理工程师任职资格7人;卫生系统取得高级职务任职资格13人;广播电视台取得中级职务任职资格4人。

【工资退休管理】2017年,及时传达落实工资政策。贯彻完成县人民法院、县人民检察院的员额内法官、检察官和司法辅助人员的工资制度改革;贯彻落实政法机关工作津贴,贯彻落实人民警察法定工作日之外加班补贴,贯彻落实环境保护监测津贴;贯彻落实人民警察值勤岗位津贴。审批县公安局、县人民法院、县人民检察院、县森林公安局的警察法定工作日之外加班补贴;审批政法机关工作津贴。调整遗属生活困难补助标准116人。新录用人员核定394人。转正定级人员工资核定312人。审批机关事业单位工作人员工资变动1773人,审批教护龄津贴变动419人,审批事业单位工作人员工资标准调整17人,审批公务员晋升级别增加工资194人,审批机关工作人员晋升级别工资档次191人,审批事业单位正常晋升薪级工资4986人,审批县人民医院、中医医院、疾控中心、妇幼保健计生服务中心、房管局等单位浮动奖励性绩效工资;认定91名机关事业单位工作人员增加连续工龄的申请。审批人民警察警衔津贴变动83人,审批在职法官、检察官实行法官审判津贴、检察官津贴43人;审批病假期间工资待遇1人。审批机关事业单位工作人员被采取强制措施和受行政刑事处罚后工资待遇6人,印发遗属生活困难补助文件,新享受遗属补助3人;核定机关事业单位死亡职工身份39人。落实离退休政策,审批63名机关事业单位工作人员退休,备案251名机关事业单位工作人员视同缴费限认定表。

【人才资源统计】2017年年末,全县共有事业单位264个(2016年末为261个,新增筠连县审计信息中心、筠连县社会救助家庭经济状况核对中心、筠连县巡司镇第一幼儿园、筠连县第二幼儿园、筠连县河长制办公室,减少筠连县林木种子园、筠连县防汛抗旱指挥部办公室)。实有管理人才、专业技术人才和工勤人员5436人,其中县级2272人、乡(镇)级3164人。全县事业单位各类管理人才518人,其中县级400人、乡(镇)118人。全县事业单位各类专业技术人才4722人,其中县级1740人、乡(镇)级2982人。按职务划分:高级职务337人,中级职务1686人,初级职务2492人,未聘专业技术职务207人。按专业类别划分:工程技术人员127人,农业技术人员168人,科学研究人员3人,卫生技术人员586人,教学人员3673人,经济人员12人,会计人员25人,统计人员2人,图书档案、文博人员4人,新闻、出版人员27人,律师、公证人员1人,体育人员2人,艺术人员16人,其他人员76人。全县有事业单位工勤人员196人,其中县级132人、乡(镇)级64人。

【人员调配】2017年,县人社局共办理人员调动76名,其中调出公务员18人,调入公务员4人,调出事业单位工作人员31人,调入事业单位工作人员23人。完成事业单位62人的辞聘、解聘工作,公务员1人的辞退工作。

【人事档案管理】2017年,在确保所收集的文件材料齐全、完整的基础上,严格划分保管期限,录入归档,编写目录、定制件号,确保做到"分类整理科学、立卷归档及时"。全年整理完成2016年文书档案847件,其中永久806件、30年41件;完成原劳动局遗留档案1990—2003年永久160卷,长期145卷,2004—2006年永久12件,长期1100件的移交工作。为单位、个人提供档案查询200余人次。

【劳动人事争议仲裁】2017年,县劳动人事争议仲裁院共立案受理劳动争议案件96起,其中确立劳动关系争议37起、工伤待遇类争议45起、解除劳动关系经济补偿类争议11起、工资纠纷类争议3起。办结案件88起,其中撤诉案件8起、和解案件3起、仲裁调解案件5起、仲裁裁决案件72起,当期结案率为91.7%,共为劳动者挽回经济损失447.2万元,维护双方的合法权益。

【劳动监察执法】2017年,县劳动监察大队积极开展清理整顿人力资源市场秩序、劳动用工、农民工工资支付等专项行动。全年检查各类用人单位209户,企业劳动合同签订率95%。共受理劳动者投诉48件,其中经调查后协调处理41件、属源头性欠薪案件经调查处理后移送主管部门的3件、立案4件(已结案4件),涉及劳动者446人,为劳动者追回工资286万元,有力地维护劳动者权益,避免矛盾纠纷的深化。全年共受理市民热线"12345"8件、网上投诉2件、省人社厅督办件1件,协助行业主管部门处理案件17件,并逐一作好回复。

【劳动保障监察“两网化”】 2017年1月起,开展劳动保障监察“两网化”实施工作。成立“两网化”工作领导小组,制发《筠连县关于劳动保障监察“两网化”建设的实施意见》,进一步细化工作任务,明确各级单位的主要职责。建立起县级网格1个,乡(镇)网格18个,开展“两网化”专(兼)职人员业务培训指导,各级网格实现互联互通。各级网格对管辖区域内的用工单位进行基础信息数据的采集和录入,全县采集录入2059家企业(含个体工商户)用工信息数据,线上办案率100%。

“两网化”:即“网络化、网格化”的简称。劳动保障监察“两网化”是劳动保障监察工作实现网格化、网络化管理的新体制,主要是在建立劳动保障监察网格化的基础上,利用现代信息技术,汇集用人单位用工信息,建立用人单位用工信息数据库,整合全县劳动保障信息系统,建立数据比对、动态监控、分类监管、统一受理、统计分析、预警预测等主要功能的劳动保障监察监控管理平台,实现管理信息化、执法规范化和监管一体化,进一步提高劳动保障监察执法效能。

【基层平台标准化建设】 坚持点、线、面结合,典型带动,同步推进乡镇(街道)和村居(社区)平台标准化建设。在乡(镇)开展市级示范化建设,18个乡(镇)均建立基层就业和社会保障服务机构。至年末,筠连镇、腾达镇、塘坝乡、大雪山镇、镇舟镇、武德乡、孔雀乡、团林苗族乡、联合苗族乡、高坎乡、巡司镇建成基层就业和社会保障服务中心市级示范化建设。在村(社区)实施走中心村(社区)打造的思路,至年末,筠连镇玉壶社区、城南社区、中城社区已打造为基层就业和社会保障服务站市级示范点;筠连镇海瀛社区及银江村和五凤村、腾达镇冒水社区、蒿坝镇蒿坝社区、塘坝乡幸福社区、沐爱镇棬坪社区、巡司镇银星村、蒿坝镇高桥村、武德乡共和村、双腾镇沙坝11个村(社区)已完成建设,待验收。

坚持重部署、抓关键,上下联动力推平台标准化建设。为推进人社公共服务全域示范基层平台标准化建设工作,成立以分管副县长为组长的工作领导小组,制发《筠连县全面建设群众满意的人力资源社会保障公共服务体系工作实施方案》《筠连县基层平台标准化建设实施方案》。多次召开基层平台建设工作推进会力促贯彻落实。

(余梅)

行政监察

【脱贫攻坚监察】 2017年,县监察局实施“织密监督执纪问责网、筑牢脱贫攻坚防腐墙”护航工程,共开展专项督查108次,发现问题199个,整改问题191个;开展61个贫困村的村财监审,审计抽查项目153个,实地走访农户205户,责令整改问题46个,处置问题线索4件。

【正风肃纪】 继续认真解决发生在群众身边的“四风”和腐败问题,全年查处以侵害群众利益的不正之风和腐败问题为主的“四风”问题64件、70人,给予党纪政纪处分68人;查处违反中央八项规定精神案件18件、19人,给予党纪政纪处分19人;给予领导干部问责20件、48人,其中党纪政纪处分20人、组织处理28人;党内问责6件、7人,其中党纪政纪处分7人。

【行政权力监察】 继续深入推进行政权力依法规范公开运行平台和政务一体化平台工作,共开展网上巡查140余次,制发通报8期,制发函询通知书14份。

【矿业安全生产监察】 2017年,开展矿业安全监督检查80余次,发现各类问题10项60余条,重点问题整改回访回查4次;给予警示提醒3人、批评教育9人、通报批评7人、经济处罚7人、责令解聘1人。

(罗家勋)

督察目标工作

【督察概况】 2017年,县委县政府督查目标工作进一步推进政府职能转变和机构改革创新试点工作;稳步推进事业单位分类和事业单位年度报告改革工作;规范机构编制管理,用好、用活机构编制资源;严肃查处机构编制违纪违规行为,圆满完成年度工作目标任务。

【目标管理】 2017年,县委县政府督查目标办公室采取“每月交账”“书面提醒”“限期整改”“督查通报”等措施,强化目标管理,以十大主要经济指标、重点督办事项列为季度考核主要内容,对乡(镇)县级各部门季度考核设基础奖,年终考核设绩效奖,实行“按分计奖”,奖勤罚懒,大力调动干部职工的积极性。

全力抓经济指标。分类抓好经济各项指标,对各项指标实行按月收集、梳理,对完成较好的指标立足于“超”;对有一定欠账的指标立足于“赶”,对差距较大的指标立足于“补”。全年,全县各项经济指标取得较好成绩,其中城镇居民人均可支配收入增长率居全市第一位、建筑业总产值增长率居全市第三位、全社会固定资产投资增长率居全市第四位、社会消费品零售总额增长率居全市第五位、农村居民人均可支配收入增长率居全市第五位、规模以上工业增加值增长率居全市第八位。

民生工程完成。“九项民生工程”(含市上新增项)目标任务共82个小项全部完成,其中52个小项超额完成;“19件民生实事”目标任务共26个小项全部完成,其中11个小项超额完成。累计报送民生工程专项督查报告、自查报告22件次。

及时跟进定性指标。每月收集定性指标进展情况，并督促责任部门加强与市级主管部门的沟通对接，积极主动争取支持帮助。针对可能会被扣分的小项，立即查找根源，找准支撑材料，确保不扣分。

着力跟进县级指标。每月跟进县上下达的目标任务，对滞后的指标适时督查，定期通报，确保县级指标全面完成。

【督察督办】2017年，县委县政府督查目标办公室实行月督查、月通报、季考核制度。每月下发“督查通知”，采取定期与不定期、书面与实地、自查与抽查、明查与暗访相结合的方式对县委、县政府的重点工作进行督察，及时研究解决存在的问题，对推进工作滞后的部门(单位)下发督办通知。建立常态督办事项工作台账，按要求将每月的督察情况收集汇总送审后，指名道姓通报。制发《关于建立督查问责机制的通知》，采取提请约谈、大会检讨、通报批评、依规处理等措施，对推进工作不力的进行督察问责，将督察问责结果作为目标绩效考核的重要内容，形成一批有参考价值的工作报告，供县委、县政府领导决策参考。全年，共开展联合大督察11次，督察重点建设项目200余次，印制“督查专报”17期，下发“督查通报”21期、“督查通知”30期，印发或张贴《重点工作组进展情况》12期、《特色产业工作组进展情况》12期，向30余个部门(单位)、18个乡(镇)以“发点球”的方式下发“督办通知”69次。

牵头抓好全市重点工作督查整改及宜宾市三项重点工作督查问责整改等工作，确保整改到位。全年，上报市重点工作专项督查组整改报告1件、上报市三项重点工作督查问责小组整改报告14件。

【抓牢抓实“双千”活动】建立对“双千”活动联席会议制度、分类服务机制、问题清单机制，通过抓人才、抓项目、促转型“两抓一促”深化拓展“双千”活动，助力企业提质增效。“双千”活动办公室主任由原来的正科级干部调整为副县级领导兼任，副主任调整增加为11名科级以上干部兼任，联企干部由76名增至87名，联系企业由76个增加为87个，通过会诊号脉、对症下药、解决疑难，助推企业提速发展。全年，收集汇总87个企业共241个问题，已协调解决207个，正在协调34个，解决率85.89%。全年上报的51篇信息简报，被市上采用19篇；其中上报市“双千”办简报7篇、被采用4篇。

【建议提案办理】县委办公室 县政府办公室印发《关于做好县十六届人大一次会议代表建议和县十五届政协一次会议委员提案办理工作的通知》，对人大代表建议、政协委员提案的办理工作进行安排部署；印发《关于2016年人大代表建议政协委员提案办理工作先进集体和先进个人的通报》，对2016年度的10个建议、提案办理工作先进集体和13名建议、提案办理工作先进个人予以通报表扬。组织召开建议提案交办会1次，收集汇总办理人大代表建议138件、政协委员提案104件，按要求按时完成办理工作，其中代表和委员们表示满意的235件，基本满意的7件，没有不满意件。

【领导批示交办事项落实】围绕县委、县政府决策部署，强化县级领导批示交办事项的跟踪督办，确保县委、县政府决策部署落到实处。全年，整理编发“领导批示”11期，其中市政府副市长、县委书记王萍重要批示84件，县委副书记、县政府县长刘朝平重要批示95件，其他县级领导重要批示603件；“领导批示办理情况通报”10期，督促相关责任单位完成评论副市长、县委书记王萍重要批示74件，县长刘朝平重要批示87件，其他县级领导重要批示531件。

开展深化拓展三项整改“回头看”督察工作，获得县委办公室通报表扬。9月，按照市政府副市长、县委书记王萍在全县脱贫攻坚工作推进会上的安排，对县规建城管局及18个乡(镇)年度农村危房改造工作推进情况进行督察，拟制领导交办事项回复函，得到市政府副市长、县委书记王萍的肯定性批示。

(刘雪丹)

地方志编纂与应用

【年鉴编辑】一是省年鉴、市年鉴的筠连县部分稿件撰稿工作。县方志办经过初稿编辑、校对核查、征求意见、领导审核等程序，分别于5月17日、4月25日上报省年鉴编辑部、市志办。二是《筠连县年鉴(2017)》编辑工作。1月22日，县政府办公室印发《关于做好〈筠连县年鉴(2017)〉编辑工作的通知》，明确篇目设计、各参编单位职责、撰写条目、撰稿字数和交稿时间。采取边收稿边初审的“两同步”方式，待稿件收齐时，初审也基本完成。在稿件收集和初审中，发挥网络平台的优势，主动和各单位(部门)、各企业沟通，对稿件内容进行编辑核对、查漏补缺，6月中旬，完成总纂。随后向各参编单位征求意见，再对稿件修改校对。7月初，邀请专家和县内方志爱好者对年鉴稿件进行再完善。7月20日，召开年鉴稿件评审会，对稿件的条目设置、图片文字、框架结构、涉密内容等进行严格评审，着重把好质量关。再修改后，于8月初将《筠连县年鉴(2017)》交由国家级出版社，在11月中旬正式印刷出版。全书共26个类目220个分目1495个条目90余万字。

【乡(镇)志编纂】根据《筠连县2016—2020年乡(镇)志编纂规划纲要》(筠府办发〔2016〕37号)，全年完成《团林苗族乡志》《联合苗族乡志》《高坎乡志》，及2016年未完成的《塘坝乡志》的编纂出版。年初，县志办就与4个乡政府负责人沟通协调,多次由县志办负责人带队到4个乡指导乡(镇)志编纂、提出建议,从经费支持、业务指导、资料收集等推进乡(镇)志编纂。

【旧志整理】 继续推进旧志整理工作,全县4部旧志中仅剩《筠连县志(同治版)》未校核整理。文字录入基本完成,计划通过购买社会化服务的形式,邀请市、县历史文化专家或学者对最后该旧志进行初次点校,为开展下一步校注工作做好准备,力争在规定期限内按时出版发行。

【市县年鉴发行】 全年,共发行《宜宾市年鉴(2016)》105册、《筠连县年鉴(2016)》215册。

【中国《名村志》申报】 根据中国地方志指导小组《关于印发〈中国名村志文化工程实施方案〉的通知》和省、市地方志办公室要求,经县领导同意,将腾达镇春风村作为"中国名村工程"进行申报,并于5月17日向市地方志办公室上报中国《名村志》文化工程申报表,待审批。

【方志资政育人】 一是开展赠书活动。向图书馆、机关、学校等单位和县级领导干部赠送县志年鉴,倡导读志传志用志,使志鉴的价值得以实现、功能得以发挥,有效推进方志治理体系和方志治理能力现代化,方便群众掌握县情、创新创业。二是开展宣教活动。11月3日,举办"话筒里的方志"演讲比赛,提高地方志工作的知晓率,来自乡(镇)、部门的14名参赛选手参加比赛。

【"话筒里的方志"演讲比赛】 11月3日,在县政府会议室举行筠连县"话筒里的方志"演讲比赛,来自乡(镇)、县级部门的14名选手参加比赛。县委常委、县政府常务副县长李勇,县政府党组成员、县政府办公室主任郭刚到会指导,参赛者围绕"做好地方志工作,践行党的十九大精神"主题,表达讲忠诚、守纪律、做标杆,不忘初心、继续前行的坚定意志。经过角逐,评出一等奖1名、二等奖2名、三等奖3名、优秀奖8名。

【其他工作】 3月,完成2016年度《宜宾市精准脱贫图鉴》(筠连部分)内容的编纂工作,收集筛选上报图片169张及文字资料。4月,完成《治川史鉴》(筠连部分)内容的编纂和上报。5月,完成《宜宾历史文化旅游》(筠连部分)内容的编纂工作,收集筛选上报图片30张、文字资料2万余字。9月,《宜宾市乡镇概览》(筠连部分)内容的编纂工作,经两次修改、补充,收集筛选上报图片381张、文字资料11万余字。

(邱枫玲)

档案管理

【档案资源体系建设】 2017年,县档案局按照国家档案局第9号令规定,依法做好到期档案接收进馆工作,全年接收(县委组织部、水务局、巡司镇等49个单位档案)共5986卷、2543件档案(注:档案在2014年前以"卷"为单位、2014年后改"件"为单位),其中民生档案2453卷、1952件。加大特色档案资料征集力度,共征集接收织布机、特色商标等特色档案资料50件、现行文件51件。

【档案安全体系建设】 继续加强档案安全体系建设,严格落实档案安全责任制,"九防"措施到位。开展国家重点档案的抢救和保护工作,对10291卷(袋)国家重点档案实行特殊库房管理。新装监控设备4组、添置干粉灭火器16个,新购置档案密集架175立方米、档案目录柜3个、资料架2组,构筑人防、物防、技防"三位一体"综合防范体系,确保档案实体和档案信息安全。

【档案利用体系建设】 加强档案利用体系建设,完善《筠连县档案馆检索体系一览表》,落实《四川省国家档案馆民生档案异地查档跨馆服务办法》。全年接待查档利用者1526人次,利用档案3349卷(件)次,提供资料利用305册,为编写修志、工龄认定、房产、林权、婚姻等提供证明材料5820页。通过政府信息公开档案馆查阅点,接待公众查询157人次。

【档案法治建设】 以6·9国际档案日、12·4法治宣传日等为契机,向群众发放印有"档案——我们共同的记忆"纸杯10000个、《档案馆简介》图册2100册。6月12日,召开《中华人民共和国档案法》颁布30周年座谈会,邀请县人大、政协领导出席并讲话。联合县监察局、县人社局、县政府法治办制发《关于开展档案工作规范化管理执法检查的通知》,对筠连镇、高坎乡、县委组织部、第三中学、县运输公司等34个单位进行档案执法检查,提升依法行政能力。

【档案规范化管理】 2017年,县档案馆通过省二级标准复查验收。开展机关、企事业单位档案规范化管理创建、复查、晋升工作,全年完成档案工作规范化管理创建1个(县招生办),复查单位16个(财保公司、农发行、人民银行、农行、县国土资源局、县林业局、县委组织部、县质监局、县社保局、县疾控中心、县供销社、蒿坝镇、双腾镇、武德乡、百兴公司、宇顺公司)。

【重大建设项目档案工作】 以重大建设项目档案管理

登记为基础，以档案执法检查、专项检查、档案目标管理为手段，加强与项目主管单位的联系和协作。加大对重大建设项目档案工作的监管和服务，推进重大建设项目档案管理工作，对棚户区改造项目、筠巡快速通道二期工程等项目进行检查指导。

【档案信息化建设】 按照“存量数字化、增量电子化”的战略，抓好数字档案馆（室）建设，投入9万元，对2009年前的婚姻档案开展数字化工作，全年共完成255913页。开展国家重点档案目录体系建设工作，全年完成文件级著录2.5万条。进一步完善电子档案进馆制度，严格按照要求对进馆电子档案审核把关，确保电子档案安全有效。

【档案文化产品开发】 利用馆藏档案资料，积极开发形式多样的档案文化产品。与县党史办共同完成《筠州领路人》《中共筠连县党史资料选编》《中国共产党党史资料汇编》。《茗香醉筠州——川滇茶马古道上的筠连茶业》档案编研项目获得省档案局批准。制作档案展示柜13个，将馆藏档案文化在档案局门厅处进行固定展出，方便群众了解档案文化。

（韩佳芳）

民族宗教事务

【民族分布】 2017年年末，全县有汉族、苗族、彝族、回族、壮族、蒙古族、满族、白族、土家族、羌族、哈尼族、傣族、维吾尔族、朝鲜族、瑶族、藏族、布依族、侗族、哈萨克族、黎族、傈僳族、佤族、土族、达翰尔族、撒拉族、毛南族、仡佬族27个民族共451779人。其中汉族424672人，占总人口的94.0%；26个少数民族27107人，占总人口的6.0%。苗族24847人，占总人口的5.5%；彝族、回族、藏族、壮族、白族、满族、土家族、仡佬族等25个民族2260人。少数民族主要分布在高坪、联合、团林3个苗族乡及蒿坝、巡司、腾达、大雪山、双腾、乐义、镇舟、筠连镇8个乡（镇）。

【民宗机构沿革】 1950年1月7日，詹天浩等前往高县迎接中国人民解放军第二野战军十八军五十四师一八零团团长郭红泰率领的解放军。9日，中国人民解放军进驻筠连县城，筠连县解放。1月10日，筠连县人民政府成立，郭红泰任县长。同月，成立中共筠连县委员会，陆续建立秘书处、县委组织部、县委宣传部、县纪委、县委统战部等工作部门，民族管理职能在县委统战部。1986年6月，成立筠连县民族事务委员会。1993年6月，筠连县民族事务委员会办公室被确定为正科级单位。1995年11月，筠连县民族事务委员会与县委统战部合署办公，主任由分管民族工作的副部长兼任。1996年8月，“筠连县民族事务委员会”更名为“筠连县民族宗教事务委员会”。2001年9月机构改革，筠连县民族宗教事务委员会从县委统战部分离出来，成立筠连县民族宗教事务局，挂靠县人民政府办公室，熊永君任副局长主持工作；2003年3月至2010年9月，熊永君任局长。2010年9月机构改革，再次将筠连县民族宗教事务局由原挂靠县人民政府办公室改为挂牌县人民政府办公室，局长由政府办主任罗吉义兼任至2010年12月底。2011年1月至2016年11月，由韩亮担任筠连县民族宗教事务局局长。2016年11月，筠连县第十五届人民政府第112次常务会议研究决定，由筠连县人民政府办公室主任郭刚兼任民宗局长至2017年3月。2017年3月机构改革，县民宗局从县人民政府办公室分离与县委统战部合署办公，县委统战部副部长韩亮兼任民宗局局长。于5月20日，县民宗局从县政府大院（老筠中）搬迁至县委统战部办公。

【民族地区项目争取】 2017年，县民宗局向省、市、县争取到位资金486万元，其中省级156万元、市级150万元、县级180万元。

省级项目。1.省级支援不发达地区发展资金40万元，用于硬化乐义乡河坝村村道公路。2.省级少数民族发展资金81万元，用于修建镇舟镇马家村公路30万元、腾达镇新民村肉牛养殖51万元。3. 争取至省民族事业发展资金35万元，解决大雪山镇高峰村林农组产业路修建15万元、解决联合苗族乡革新村文化广场建设20万元。

市级民族地区专项扶持资金150万元。1.民族教育专项扶持资金40万元，用于团林苗族乡中心校配套设施建设。2. 团林苗族乡长岭村凉风至凹田公路拓宽整治25万元。3.大雪山镇高峰村少数民族组公路修整硬化21万元，联合苗族乡甜竹村四组公路建设30万元。4.购置筠连县苗学会民族文化活动道具4万元。5.用于3个民族乡工作经费共30万元。

县级民族地区专项扶持资金180万元。1.基础设施建设资金126.5万元，其中维修整治武德乡石泉村2组公路12万元，巡司镇西牛村10公顷油茶产业发展项目15万元，龙镇乡卜好村1组民族地区公路维修8万元，双腾镇南田村生活便民路(4千米) 新修8万元，打造腾达镇新民村民族文化广场文化费4.5万元，团林苗族乡安装变压器和架设高压输电线路13万元，高坪苗族乡东风村道路维修整治10万元，乐义乡沙地村公路后续工程6万元，高坪苗族乡便民服务中心建设50万元。2.民族和宗教工作经费53.5万元。全县高、职中少数民族困难学生生活补助4万元，升入大、中专少数民族学生补助8万元，少数民族患重特大疾病或自然灾害补助4万元，县苗学会民族文化研究、调研经费5万元，民族宗教慰问和宗教工作经费8万元，省委省政府慰问包装袋制作费1.5万元，蒿坝水龙、乐义白云、团林大埂、高坪英雄、腾达新民、巡司沙林花山节3

万元(各 5000 元),少数民族文化培训费 6 万元,苗族传统婚俗礼义研究录制 14 万元(苗学会)。

【民族地区项目管理】 认真选择和组织实施项目,加强专项资金的管理,做到有限资金效益发挥最大化,资金运行安全化。规范项目资金管理,严格申报、审批、招投标、实施、监督程序和项目实施后的归档管理。全年,上级各部门及县财政支持全县民族地区发展资金共 486 万元,所有项目于年内全面组织实施,资金全额划拨到项目实施乡(镇),并投放到项目工程。

【民族地区经济发展】 2017 年,联合、高坪、团林 3 个苗族乡农业总产值分别实现 4391.6 万元、5529 万元、4115 万元。工业总产值分别实现 1455 万元、21814 万元、552 万元。粮食总产量分别 10979 吨、3226 吨、4500 吨,人均可支配收入分别 13810 元、13787 元、13261 元。

【民族地区基础设施建设】 高坪苗族乡新建公路 4.8 千米,硬化公路 20.48 千米。建成生活污水处理站 1 个,铺设雨污管道 4.6 千米;建成简易生活垃圾填埋场 1 个、公共厕所 1 个、生活垃圾处理站 1 个、安装分类果皮箱 50 个;实施安全饮水项目 1 个,新建水池 5 口、维修水池 2 口,新增供水管网 37.5 千米。维修整治河道 0.37 千米,新建和维修桥梁 2 座,启动英雄村排隧道清淤疏浚工程。新增用电农户 68 户,新建供电线路 6.3 千米,改造升级供电线路 5.3 千米,升级变压器 2 台。

联合苗族乡投入 1168 余万元,硬化公路 11 千米,其中花树村公路 5.5 千米、甜竹村公路 5.5 千米,投资 330 万元;新建公路 7 千米,其中红春村 3 千米、茶园村 2 千米、革新村 2 千米,投资 140 万元;维护全乡道路 20 余千米,投入 80 万元;新建易地扶贫搬迁集中安置点 1 个,占地 2 公顷,可安置人口 500 余人,已安置 100 余人,集中安置点配套基础设施有文化广场、大桥、安置点亮化、绿化、美化,投资 500 余万元;新修便民路 19 千米,投资 18 万元。水利建设投入 100 余万元,新建水池、水窖 20 余口,蓄水量 1000 立方米,安装饮水管道 10 余万米。

团林苗族乡实现村、组道通达工程,行政村光纤通达率力争 100%,农村家庭宽带普及率 80%。完成农村安全饮水工程建设。

【民族节庆活动】 春节期间,在县境各苗族比较集聚的 6 个地区举办苗族花山节,各苗族地区花山节节目内容丰富,场面非常壮观。除筠连苗族同胞参加外,云南彝良、盐津、威信等县的部分苗族同胞也自发组织到县域的各花山场参加花山节。苗族花山节经过近百年的发展,已逐步形成丰富多彩、独树一帜的苗族文化空间,特色鲜明、文化底蕴深厚。以苗族文化特有的开放和宽容和谐的精神,打造出一个多元化文化和谐共处的文化生态环境,促进民族和谐、宗教和顺,并对推进文化尤其是民族文化的健康发展产生重要影响。2017 年端午节,高坪苗族乡组织承办高坪端午苗场节。7 月 21 日,筠连第二届彝族火把节在团林苗族乡彝寨新村文化广场举行,"彝族火把节"独具当地文化特色的文艺表演、趣味比赛、火把节狂欢、跳达体舞等活动。同时,还举办独具民族文化特色的唱山歌、刺绣、蜡染、大唢呐等节目,展示当地的特色文化、丰富旅游文化的内涵,弘扬了民族文化,民族文化不断发扬光大。

【民族文化传承】 2017 年 7 月,连续举办 2 期民族文化培训班。一是在县城对党的民族政策、苗族文化的基础知识、基本礼仪、苗族歌舞以及苗族芦笙曲调的吹奏进行培训。二是在维新镇西陵村专门举办为期 1 个月的芦笙吹奏培训。两次共培训 120 余人。

【民族文化搜集整理】 利用少数民族各类传统习俗、节日等,举办苗族花山节、彝族火把节等较往年更为丰富多彩的民族文化活动。

县民宗局、县教育文广局安排专项资金弘扬和发展少数民族文化,对筠连民族优秀传统文化进行搜集整理。2017 年,由青少年活动中心和文化馆共同出资 6.5 万元,出版《筠连芦笙基础》《筠连苗绣技艺》书籍。

由苗学会组织着手搜集整理苗族婚俗和丧葬礼义等相关优秀传统民族文化,至年末基本获取第一手资料,待时机成熟,再编辑成书,以便传承。

选择部分民族风情浓郁、生态环境优良、基础设施完善的村进行科学规划、集中打造,大力发展以农家乐为主的乡村休闲旅游,以民族手工艺为主的商贸流通业,把苗彝风情文化旅游培育成为民族经济新的增长点,为下一步更好更全面的挖掘和弘扬民族文化打下坚实的基础。

【民族关怀】 2014 年筠连被省政府批准为享受少数民族地区待遇县后,省政府每年安排 20 万元、市政府每年安排 10 万元少数民族地区春节慰问金,对少数民族地区困难群众进行春节慰问。

2017 年,慰问贫困户 1500 户,每户慰问金额 200 元。县民宗局在少数民族专项扶持资金中安排 8 万元春节慰问金,慰问全县宗教界人士和少数民族困难群众;安排 8 万元,对 37 名升入大、中专的少数民族学生补助(本科 14 名、专科 23 名);安排 4 万元,补助全县高中生活困难少数民族学生;安排 4 万元,对少数民族同胞患重特大疾病和遭受重大自然灾害进行补助;安排 5 万元与苗学会对民族文化进行挖掘、整理、传承;安排 3 万元对全县 6 个乡镇(高坪苗族乡、团林苗族乡、蒿坝镇、乐义乡、蒿坝镇、腾达镇)春节花山节进行补助,每个乡(镇)补助 5000 元;安排 6 万元,开展民族文化培训。

【民族政策落实】2014年,享受少数民族待遇县批准以来,落实政策最为突出的是高考学生加分政策。全县高考学生(包括汉族生)均享受高考加分政策。

2017年,全县参加高考的少数民族学生59人,大专以上加分上线58人,不加分上线的55人。加分上本科线14人,不加分上本科线10人。

对民族地区,加大资金投入力度,对非民族乡的少数民族地区资金进行倾斜。全年,省民宗委和市民宗局共投资136万元对非民族乡少数民族贫困地区的公路建设进行维修整治和改造。县民宗局在180万元县级民族地区专项扶持资金中安排127万元作为种养殖业和基础设施发展资金,对3个苗族乡和6个少数民族较多的乡(镇)进行扶持。通过逐步加大对民族地区基础设施建设和产业扶贫,民族地区经济社会事业得到快速发展。

【少数民族干部培养】至2017年年末,全县有在职少数民族公务员32人,占全县公务员总人数的2.6%。其中县处级领导干部2人、少数民族正科级领导干部10人、副科级领导干部4人。在职少数民族公务员年龄结构,30岁以下3人、30~35周岁3人、35~40周岁3人、41~45周岁2人、45~60周岁22人。在职少数民族公务员文化程度,研究生1人、本科19人、大专12人。有在编事业少数民族131人,占全县事业人员总人数的2.4%,其中教师109人、其他事业人员22人,教师占全县少数民族事业人员的83%。

【宗教场所】筠连县批准开放的宗教活动场所有巡司镇十龙寺、筠连镇普渡寺、筠连镇白尼寺、筠连镇潮泉寺、筠连镇天宁寺、腾达镇佛来寺、腾达镇观音寺、沐爱镇药王寺、双腾镇金川寺、大雪山镇天山寺共10个,教职人员36人,信教群众近3万人。县内依法登记的固定宗教活动处所10个均能正常的开展合法的宗教活动,基本能满足信教群众的宗教生活需求。

【宗教事务管理】一是加大"法律进寺庙"宣传力度,为全县10个依法登记的固定宗教活动处所制作国务院《宗教事务条列》和各项宗教法律法规及政策宣传传单,张贴各项依法治寺标语。二是宗教领域广泛开展"五个认同"(对伟大祖国的认同、对中华民族的认同、对中华文化的认同、对中国共产党的认同、对中国特色社会主义的认同)教育、"国旗进寺观教堂"等爱国主义教育和民族团结进步教育;开展党的方针政策和法律法规宣传教育,始终用社会主义核心价值观来引领和教育宗教界人士和信教群众。6月23日,县民宗局联合县司法局、县委防邪办、县住建城管局、县国土资源局等部门在筠连镇普渡寺召开筠连县"法律进寺庙"法治学习培训会;参加培训的有18个乡(镇)分管领导、佛教协会全体成员、依法登记宗教活动场所10个的住持和所有教职人员,部分居士代表和信教群众共100余人。7月19日,县委统战部、县民宗局在筠连镇普渡寺召开法律进寺庙工作推进会,全县各依法登记宗教活动场所负责人参加,贯彻全国、全省、全市宗教工作会议精神。三是依法管理宗教事务,全力维护宗教领域和谐稳定,积极协调化解各类矛盾纠纷,妥善处理宗教热点、难点问题。组织开展宗教场所基本情况统计,对全县乱修乱建寺庙和民间信仰场所进行排查和清理统计,对宗教"两乱"(乱修寺庙,乱塑神像)进行整治。同时,坚决抵制和惩治非正常宗教活动,特别对自由传教、乱发展信徒和私设聚会点等非法活动进行严密关注,从而杜绝非法宗教在全县蔓延和渗透。

【全县性宗教工作会议】8月3日,县委、县政府召开全县宗教工作会议,参加会议的有全县18个乡(镇)主要领导和分管领导,县级各部门主要负责人。会议由县政府县长刘朝平主持,市政府副市长、县委书记王萍出席会议并作重要讲话。县委常委、县委统战部部长贾圣君传达全市宗教工作会议精神,安排部署全县宗教工作。会后,县委统战部出台一系列关于进一步加强宗教事务管理的文件,建立健全宗教工作联席会议制度,加强对宗教工作三级网络的建设和宗教三支队伍的建设。

【民宗对口帮扶】2017年,县民宗局继续参与对口扶贫高坪苗族乡东风村,全村有贫困户12户、55人,县民宗局对口帮扶6户。全年到贫困村帮扶20次,帮助村委支委分析贫困原因,发展规划、制订措施,支持贫困户建设资金1.6万元;支持村委支委办公桌椅折资5000余元,支持办公用品资金6000元;安排维修公路资金10万元,为东风村硬化2.5千米水泥路打好底子,至年底,高坪苗族乡东风村水泥硬化路面已全面打通,彻底解决东风村村民出行难问题。

(熊大琼)

突发事件应急管理

【突发事件概况】2017年,全县应急管理工作严格按照突发事件"发现得早,控制得住,处置得好"的指导思想和总体要求,全力做好全县各类突发性公共事件的应急处置和应急管理工作。至年末,共发生一般突发事件48起(因统计口径变化,本年度一般事件发生起数和伤亡人员数较2016年有增加),无较大以上突发事件发生,共造成35人死亡,与2016年相比(下同)增加15人,上升75%;失踪1人,增加1人;受伤(入院治疗)27人,增加11人,上升68.75%。共造成各类直接经济损失40119.58万元,增加37024.46万元(主因地震影响),上升1196.22%。

【应急预案管理】一是11月6日,修订完成并以县政府名义印发《筠连县突发公共事件总体应急预案》,。二是修订完善预案,县政府办公室印发《筠连县火灾事故应急处置预案》《筠连县重污染天气应急预案(2016年修订)》《筠连县集中式饮用水水源污染事故应急预案(2016修订)》《筠连县突发重大动物疫情应急预案(修订)》《筠连县突发地质灾害应急预案(2017年修订)》《筠连县突发公共事件医疗卫生救援应急预案》《筠连县突发环境事件应急预案》7个县级专项应急预案。三是专门研究讨论制订县级机关单位办公应急供电预案,确保县级相关部门(单位)正常办公用电需要。四是指导和督促各乡(镇)、县级有关部门(单位)及时修订完善相关应急预案,报县应急办备案。

【应急队伍演练】继续加大应急演练,提高队伍应急处置能力。全年共进行各类应急演练648次,其中应急救援综合演练1次,非煤矿山应急演练38次,反恐应急处突演练1次,教育系统开展防暴反恐、防震、防火灾等各类演练590次,乡(镇)开展了防汛、地质灾害避险应急演练18次。5月19日,由县安委会主办,县安监局、应急办、团委、总工会、食药监局、交通运输局、消防大队承办,县人民武装部、县公安局、县国土资源局、县水务局、县民政局、筠连镇等12个部门(单位)在玉壶广场联合开展"筠连县2017年应急救援综合演练"。演练由县政府副县长、县安委会副主任钟声远任指挥长,具体指挥调度各方应急救援处置力量,完成8个科目的演练。县政府副县长王永红受县委副书记、县政府县长刘朝平委托,对该次演练总结。

【应急保障投入】一是财政投入。2017年度,县政府专门安排突发公共事件应急处置预备金1000万元,为应对突发事件处置提供资金保障。二是及时发放御寒应急物资,共发放应急御寒棉被1000床、棉大衣500件、棉衣裤400套。三是完善学校安全设施,投入222.8万元,在180个校点安装校园视频监控摄像头1453个;投入49.95万元,配齐学校安保器材;投入8万元,为学校购买灭火器1500多个。四是加大消防和综合应急救援装备储备,投入资金60万元,为县消防(综合应急救援)大队采购4G单兵图传、6部数字移动电话、棉被等灭火救援器材及装备。

【监测预警机制】一是扩展突发事件信息渠道,在110、119、120、122,县级部门、乡(镇)报送突发事件的基础上,全县243个村、14个社区均设有突发事件信息员。二是巩固气象预警预报机制。县气象局利用SWAN、MICAPS、雷达以及预警短信发布等平台建立气象预警预报系统,实现预警短信及时发布。全年共发布预警信号61期,其中大风蓝色4期、大雾橙色2期、雷电黄色33期、暴雨黄色13期、暴雨橙色5期、高温橙色4期,所有预警信息通过县应急办、县防汛办、县地灾办值班电话、应急QQ群等方式及时通知到各乡(镇)、各村组、各在建工地、各重要监测点,有效减少灾害造成的损失。三是监测预警能力建设。继续维护17所重点中小学地震预警信息系统接收终端设备,发挥地震来临时提前发出预警的作用;健全完善涉林突发事件监测预警机制,建立监测预警责任区(村)243个,落实监测责任人1458人,全年无森林火灾事故发生;全县274个地质灾害隐患点监测员均配备手摇报警器、手持喇叭、手电筒、卷尺等监测器材,强化隐患点防灾监测手段和临灾避险转移措施,实现全年地质灾害零伤亡目标。

【汛期会商和巡察】一是自8月11日起,坚持每天召开防汛减灾和地质灾害防治工作会商调度会议,对防汛减灾和地质灾害工作情况进行研判。二是建立日常巡察制度,完善巡察、监测台账,有针对性对山洪灾害易发区、地质灾害监测点、水电站、水库、重点防洪场镇和全部在建工程进行每周1次巡察,建立问题清单,立即整改。三是汛期成立5个督导组,从贯彻落实省、市地质灾害隐患排查和防汛减灾工作会议精神及部署、防汛责任制、应急工作机制、防汛重点部位度汛措施落实等四个方面进行全面检查督导,确保汛期无因灾造成人员伤亡事故发生。

【应急值班值守】继续执行县、乡(镇)两级党政主要领导带班制度。在主汛期间,各乡(镇)、县级相关部门(单位)的党政一把手全天候(含节假日)在岗带班严防值守。县应急办、县政府总值班室保持24小时电话畅通并有人值守,确保及时接听和上报突发事件信息,传达领导指示、批示,协调调度处置力量及时有效。

【突发事件信息报送】继续坚持每天向市政府总值班室零报告制度,切实做到"有事报事,无事报平安"。9月25日,县政府办公室印发《筠连县突发事件信息报送工作制度》,再次明确突发事件信息报告责任主体和时限,避免相互推诿、多头报送、数据不统一等问题。

【应急处置】继续加强应急处置,确保社会稳定。至12月19日,全县共发生各类突发事件48起,其中影响较大的有"1·28"乐义乡4.9级地震、"2·7"巡司镇梧桐村交通事故、"6·22"暴雨洪涝灾害、"7·2"乐义乡山石坠落、"8·25"暴雨洪涝灾害等突发事件。均及时启动相关应急预案,采取有效措施,迅速处置,最大限度地减少人民群众生命财产损失,确保社会平稳安定。

【应急知识宣传培训】继续加强防灾减灾和应急知识宣传培训,增强干部和群众自救互救处置能力。一是大力开展防灾减灾和应急知识宣传培训。全年共进行各类防灾减灾和应急知识宣传培训230期、13823人次,其中县应急办开展应急知识宣传培训5期、2360人次、县国土资源局邀请3家地勘单位开展地质灾害防治知识宣传培训157期、5016人次、县安监局开展安全知识宣传培训48期、4327人次、县水务局开展防汛减灾知识宣传培训20期、2120人次。通过举办应急宣传培训,增强干部和群众自救互救能力,进一步减少灾害造成的损失。二是积极主动参加省、市举办的应急培训。1月1—3日,宜宾市举办全市第一响应人培训班(第三期),县应急办组织4个乡(镇)和5个部门(单位)有关人员11人参加培训,参加培训人员全部取得结业证书。11月21—24日,县政府应急办彭绍华参加全省应急管理专题培训。

【应急"十三五"体系规划】 "十三五"时期,为进一步提升全县突发事件预防与应急处置能力,切实保障人民群众生命和财产安全,为全面建成小康社会提供良好环境。10月30日,县政府办公室印发《筠连县"十三五"应急体系建设规划》,内容有前言、现状与形势、总体思路和目标、主要任务、重点项目、保障措施6个部分。

(米筠桂 夏启林 胡伟)

政府信息管理

【市长与网民的办理】 2017年,继续开展"市长与网民""县长信箱"信访件的办理,畅通群众信访渠道,提高信件办理质量,提高政府工作透明度和群众的参与度。全年收到"市长与网民"信访件212件,办结212件,办结率100%;收到"县长信箱"信访件174件,办结174件,公开发布105件。

【政务信息采编】 2017年,围绕县域社会重点、经济热点、时事焦点、发展基点,切实抓好互联网+、产业转型发展、招商投资、精准脱贫攻坚、城乡建设、民生工程等重点领域信息资源,根据全县的地域特点、工作亮点、社情民意,紧扣"关注点"、狠抓"闪光点"、挖掘"增长点",撰写有情况、有分析、有对策建议的信息材料。全年,共编发《筠连政务》(信息版)48期,采用信息480条;上报市政府政务信息550余条,被市信息公开和电子政务办公室采用140条。

(李化)

机关事务管理

【涉改车辆后续处置】 2017年,县机关事务管理办公室根据《宜宾市机关管理局关于同意筠连县保留公务用车过户的批复》《筠连县人民政府办公室关于公务车制度改革后保留车辆过户的通知》《筠连县公务用车制度改革涉改车辆处置方案》要求,县本级保留的机要通信用车、应急用车、接待用车65辆、调研用车均已过户县机关事务管理办进行统一管理,保留公务用车全面完成过户。

【公务用车管理】 保留车辆使用管理。对县本级、乡(镇)及10个执法部门保留车辆,严格按照《筠连县公务用车保留车辆管理办法》及公务用车管理要求全面进行规范管理,除涉及国家安全、侦查办案等有保密要求的特殊工作用车、已喷涂相应执法标志的车辆外,其余保留车辆均张贴统一的"公务用车"标识。县本级保留车辆编制、车辆登记全部集中到机关事务管理办公室实行统一管理、统一调度,并根据部门分布情况实行分点服务方式。

过渡性车辆服务中心运行。车改后,筠连启动了公务用车过渡性服务工作,过渡性服务中心车辆暂由机关事务管理办公室管理调度,过渡时间为5年。

完成全县2018—2020年公务车辆定点保险项目采购。通过公开招标,最终确定中国人民财产保险股份有限公司、中华联合财产保险公司为中标单位,负责全县公共机构的公务车辆保险的定点承保。公务车辆定点保险实施后,全面规范统一保险费率,利于对定点保险车辆的监管,节约"三公"经费,加强公务用车的规范管理。

【公共机构节能管理】 强化宣传、营造氛围。坚持宣传引领,以公共机构节能宣传周、全国低碳日、世界水日、中国水周等主题宣传活动为契机,组织开展"工业低碳发展"——走进工业园,积极上报信息、简报,被国家、省、宜宾市机关事务管理局采用进行报道。

完善考核办法。按照《中共筠连县委筠连县人民政府目标绩效管理领导小组关于补充下达县委县政府目标绩效考核任务的通知》下达公共机构节能工作的"2分目标考核分值"和《宜宾市机关事务管理局关于印发〈宜宾市公共机构节能工作目标考核办法〉的通知》要求,经县政府第十六届第19次常务会议讨论通过,筠连县公共机构节能工作协调小组办公室制发《筠连县公共机构节能工作目标考核办法》,对全县公共机构节能工作的进行量化考核。

"绿色机关"暨节约型公共机构创建。根据中央、省、市相关安排部署,坚决落实绿色发展要求,以开展绿色建筑行动、绿色办公行动、绿色出行行动、绿色食堂行动、绿色信息行动、绿色文化行动"六大绿色行动"为载体,按照县政府办印发的《筠连县"绿色机关"暨节约型公共机构创建工作方案》(筠府办发〔2017〕129号)要求,全域推进全县"绿色机关"暨节约型公共机构创建申报工作,于10月30日前全部收齐。

【党政机关办公用房管理】 根据《机关事务管理条例》

《中共中央办公厅、国务院办公厅关于党政机关停止新建楼堂馆所和清理办公用房的通知》(中办发〔2013〕17号)、《党政机关办公用房建设标准》(发改投资〔2014〕2674号)、《四川省省直机关办公用房管理办法》等有关规定,进一步加强对党政机关办公用房的规范使用和规范管理。按照党政机关办公用房使用相关规定,对全县办公用房进行适时的调整和分配,严格按照办公用房使用面积标准安排使用,完成对机关单位办公用房的调剂工作。对县民宗局等单位腾置的办公用房,进行调剂和分配使用。

【领导干部周转房管理】 建立健全周转房管理各项规章制度,实施精细化管理,狠抓周转房餐饮、物业管理和环境建设。建立专项工作台账,以便更好地开展服务工作、注重加强服务质量的提升。

【机关资产管理】 加强党政机关国有资产管理,有序推进机关资产集中统一管理工作,进一步规范资产处置和整合利用,会同有关部门加强机关资产管理制度建设,逐步建立行政事业单位资产配置标准体系。完善以产权管理为核心的资产管理机制和规章制度,建立完善机关资产配置标准,建立资产管理来源可循、使用状态可查、去向可追、责任可究的全过程追溯体系。强化服务意识,优化监管流程,提高监管效率。推进资产处置事项网上办理,强化对产权转让、资产出租出借、资产报废等事项监管,健全资产管理制度体系和资产损失排查机制,严格责任追究。

【机关后勤服务保障】 加强全县党政机关食堂管理工作,制订筠连县食堂管理办法,制发《筠连县机关事务管理办公室关于印发〈筠连县党政机关食堂厉行节约反对食品浪费工作成效评估暂行办法〉的通知》,加强党政机关食堂制度建设、食堂用餐管理,倡导崇尚节俭、科学饮食、健康消费的生活理念和饮食习惯,提高党政机关食堂精细化管理水平,增强党政机关工作人员厉行节约反对食品浪费的意识。组织机关食堂参加"宜宾市首届机关食堂职业技能大赛"。

配合完成市机关事务管理局安排和县政府、县政府办安排的各项后勤任务、接待工作。"1·28"地震救援期间,全力配合做好车辆调度和办公室值班值守,为抗震救灾的提供车辆保障,将机关事务后勤工作落到实处;完成全省乌蒙山片区发展农村集体经济助推脱贫攻坚座谈会相关接待工作、第九届李花节相关后勤保障;参与市机关事务管理局完成全省机关事务管理的接待工作。

(李方)

政府经济事务管理

经济综合管理

【经济管理概况】2017年，全县地区生产总值(GDP)实现131.96亿元，按可比价计算，比2016年(下同)增长8.8%。其中第一产业增加值21.07亿元，增长3.9%；第二产业增加值73.24亿元，增长9.9%；第三产业增加值37.64亿元，增长9.3%。三次产业对经济增长的贡献率分别为7.2%、68.1%、24.8%，分别拉动GDP增长0.6、6.0、2.2个百分点；三次产业占GDP的比重为16.0∶55.5∶28.5。全年人均地区生产总值39674元，增加2939元，增长8.7%。全社会固定资产投资实现109.37亿元，增长14.1%。地方公共财政收入完成6.53亿元，增长8.9%。社会消费品零售总额42.77亿元，增长13.1%。城镇登记失业率3.88%。城镇居民人均可支配收入实现31025元，增长8.8%；农村居民人均可支配收入实现14060元，增长9.5%。人口自然增长率4.12‰。城镇化率39.02%。

【农业经济】2017年，全县农林牧渔及服务业总产值36.1亿元，增长3.75%。农业实现产值15.46亿元，增长6.18%；全年粮食产量156846吨，增长1.19%。茶园面积13587公顷，生产茶叶11500吨；烤烟移栽面积1734公顷，收购烤烟3250吨；年末有效灌溉面积12.78千公顷，综合治理水土流失面积1900公顷。年末实有耕地36983公顷。林业实现产值1.56亿元，增长5.28%；新增森林面积1640公顷，森林蓄积276.6万立方米，全县森林面积68133.33公顷，森林覆盖率54.25%。畜牧业实现产值18.7亿元，增长1.67%。肉类总产量3.51万吨，下降3.6%。渔业产值实现0.25亿元，增长6.2%；水产品产量1729吨，增长6.4%。

【工业经济】2017年，全部工业实现增加值69.27亿元，增长9.7%；规模以上工业实现增加值增长11.2%，实现营业务收入65.62亿元，增长29.06%；实现利润总额7.27亿元，增长53.28%；实现利税总额11.85亿元，增长41.39%。

【第三产业】积极开展拓市场、促消费活动，第三产业蓬勃发展，限额以上贸易单位(含个体户)46家。社会消费品零售总额实现42.77亿元，增长13.1%。其中城镇市场实现零售额29.68亿元，增长13.8%；乡村市场实现零售额13.09亿元，增长11.6%。大力推进天河温泉度假区、神羊洞旅游景区和古楼景区建设；推进旅游标准化建设，开展传统村落、“产镇融合”特色小镇建设，发展乡村旅游，旅游市场进一步规范。全年旅游接待200.64万人次，增长20.49%；实现旅游收入14.03亿元，增长30.03%。交通运输业发展快速。年末境内公路总里程1600千米，其中等级公路1250千米。公路旅客周转量41825万人/千米，货运周转量48547万吨/千米；城市客运公交车24辆，出租汽车30辆。全年邮电主营业务收入21981万元，下降1.32%。全年，金融机构各项存款余额85.93亿元，比年初增长6.04%；金融机构各项贷款余额51.11亿元，比年初增长10.94%。

(李泽明 许奎 胡旭刚 罗斌彬)

发展调控

【经济运行】2017年，县发展改革局注重正确把握国内外政治经济形式变化趋势，分析研究全县国民经济运行总体态势并及时提出专项调研报告、季度经济形式分析报告和经济社会发展应对建议，为县委、县政府提供决策参考。县人大审议通过《筠连县2017年国民经济和社会发展计划执行情况与下年国民经济和社会发展计划草案的报告》《筠连县2017年上半年国民经济和社会发展计划执行情况的报告》。

【投资和项目建设】2017年，按照“四个一批”编制完成全县重点项目建设计划，确定项目238个，总投资1013.2亿元，年度计划投资78.6亿元。全年完成全社会固定资产投资109.37亿元，增长14.1%；其中固定资产投资96.5亿元，增长9.7%。第一产业完成投资7.58亿元，增长451.6%，占总投资的6.9%；第二产业完成投资50.5亿元，增长36.2%，占总投资的46.2%；第三产业完成投资51.3亿元，下降10.7%，占总投资的46.9%。

筠连至盐津客货两用铁路前期工作进展顺利，完成预可研评审；完成宜昭高速公路（筠连段）筠连镇、腾达镇境内高速公路用地房屋、土地丈量，征用土地100公顷，线路长16.1千米，支付征地拆迁费1.3亿元。渝（重庆）昆（昆明）高铁在筠连设立站点的可研方案通过专家组评审并获得批复；筠巡快速公路一期工程，完成投资1050万元，占预计投资的3.5%，二期工程完工，剩余9.6千米因投资方资金链断裂，现场暂停施工；县乡道黑化工程完成投资1亿元，占预计投资的100%；文化体育中心等项目预计投资0.5亿元，正在开展场地平整，占预计投资的100%；筠连镇燎原安置区改造工程完成投资0.5亿元，正在主体工程施工，完成目标的100.9%；筠连县天河温泉二期工程完成投资0.5亿元，土地流转工作完成，启动项目工程建设，修建施工围墙，占预计投资100%；筠连县富农林业竹子竹笋种植加工项目完成投资1.01亿元，占预计投资的101.2%；筠连县绿色生态漆产业融合发展项目完成投资1.51亿元，占预计投资的100.67%；中华街片区棚户区改造工程完成投资15174万元，占预计投资的101.2%。

【对上争取项目】 2017年，县发改局共争取到发改口的中央、省、市各类项目共12个，总投资32132万元，其中上级无偿资金9257万元、低成本资金12095万元。

链接：项目工作专题会

2017年8月30日，筠连县召开项目工作专题会在县会议中心召开，县长刘朝平，县委常委、常务副县长李勇出席会议，县发展改革局、县经信科技局、县工业园区管委会等24个经济部门主要领导参会。县发展改革局通报至8月29日各部门申报省、市重点项目申报工作情况及讲解申报条件，安排部署申报省、市重点建设项目工作。李勇主持会议。

刘朝平指出，项目是经济工作的重要抓手，抓经济就是抓项目，要充分认识重点项目的重要作用。一要提高思想认识。各部门要强化行业政策学习，围绕政策变化、重点规划，结合县情，迎难而上、攻坚克难，谋划出一批好项目。二要强化工作作风。各部门要加强与项目业主的衔接，积极主动为项目建设服务，充分保障项目要素。国土局要积极盘活土地资源，用足用活政策，保障项目建设用地需求；有关部门要充分挖掘政策红利，加强与上级部门的衔接，采取多种措施，积极争取资金支持。三要抓好经济转型。各部门要充分认识2017年之后五年县域经济发展对全县转型发展的关键作用。大开放聚焦大要素，大产业实现大转型，大奉献推进大落实，全力以赴推动全县经济结构转型升级。

【社会事业】 科学技术事业。全年共申报省、市、县科技项目16个，其中申报省级项目6个，市级项目10个。申请各类专利151件，其中发明专利25件。

教育事业。年末，全县有小学10所（不含村小），普通中学34所（其中九年一贯制24所、初级中学8所、完全中学2所），职业学校1所，特殊教育1所，幼儿园73所（其中公办幼儿园4所）。在校学生60511人（含特殊教育103人），其中小学34790人（含特殊教育91人）、初中16672人（含特殊教育12人）、普通高中5929人、职业高中在校学生3120人。小学招生5982人，普通中学招生5853人，初中阶段升学率85.48%；普通高中招生1993人，职业高中招生2005人。全县有2486人参加高考，本科上线人数934人，本科上线率37.57%，其中重点本科上线人数212人。拥有中小学专任教师3035人，全年引进教师22人、公招教师139人、安置免费师范生16人，按期转正特岗教师9人。

公共文化。全年县境共有幸福美丽乡村农家文化院坝26个、贫困村村级文化活动室68个、电子阅报屏22个；有县级图书馆1个，藏书量8.85万册，其中纸质图书藏书量3.35万册、电子图书5.5万册；有农家书屋243个，其中市级示范农家书屋19个。

体育事业。年末，全县有各级各类体育协会21个，各级社会体育指导员1079人，各类健身活动站点268个。全年，培训三级社会体育指导员203名，二级社会体育指导员12名。

广电事业。年末，全县有线广播电视用户数26833户，其中数字电视用户26833户，增加3715户；广播综合覆盖率99%，电视综合覆盖率99%；有线广播电视传输干线网络总长720千米。

卫生事业。年末，全县有医疗卫生机构408个，编制病床1196张，卫生技术人员1460人，其中执业（助理）医师483人。

其他社会事业。实施棚户区改造工程，启动货币安置，与276户居民签订货币安置补偿协议，开工建设274套。围绕“智慧筠连”目标，建成筠连县农业大数据中心、数字化指挥中心基础平台。

【工程项目招投标】 继续严格执行《中华人民共和国招标投标法》《四川省国家投资工程建设项目招标投标条例》等法律法规规定，坚持公开、公平、公正和科学择优原则，严格招标投标程序。全年，共监督工程项目122个的招标（比选）工作，控制价总额43018.07万元，中标价总额37110.914万元，节省资金5907.156万元，资金节省率13.73%

【节能减排】 2017年，县行政区划内的环境空气质量状况均达到《环境空气质量标准》（GB 3095-1996）Ⅱ级标准；县境内出境断面水质均满足《地表水环境质量标准》（GB 3838-2002）Ⅲ类标准；区域环境噪声均符合《声环境质量标准》（GB 3096-2008）。全年，二氧化硫削减3.98吨；化学需氧量削减173.67吨；氨氮削减14.71吨；氮氧化物削减 1691.32 吨。饮用水源水质达标率 100%；城镇生活垃圾无害化处理率 100%；城镇污水集中处理率 81.8%。

【生态建设】一是省级生态县创建。自生态县建设通过省级技术评估后，立即启动省级生态县建设整改，已完成 10 项问题的整改，向省环保厅申请验收。二是开展生态细胞创建，全年完成筠连镇桂花村、柏杨村、白花村、旗隆村、前丰村、犀牛村、水源村，巡司镇荷花村、杨柳村、西牛村、梧桐村，双腾镇黄角树社区，沐爱镇荷花社区，蒿坝镇蒿坝社区共 14 个市级生态村（社区）建设；完成筠连镇桂花村、柏杨村、白花村、旗隆村、前丰村、犀牛村、水源村，巡司镇荷花村、杨柳村、西牛村、梧桐村，双腾镇黄角树社区，沐爱镇荷花社区，蒿坝镇蒿坝社区 14 个县级生态村建设；完成 6520 个县级生态家园和 1 个县级人居活动小区（筠州国际社区）创建工作。

【改革开放】2017 年，积极推进行政审批制度改革，取消、调整行政审批和公共服务项 50 项；大力推进机构改革和扩权强镇试点工作，调整和整合政府机构 10 个；深化工商登记制度改革，实行注册资本认缴登记制度，创新实施乡（镇）统计工作统一管理试点、企业注销登记改革试点、工商窗口品牌创建试点、一照多证登记试点工作。至年末，共颁发“五证合一、一照一码”营业执照 1974 份，“两证整合、一照一码”营业执照 4289 份；推进农村体制改革，实行“多权同确”，农房不动产统一登记制度，全年已登记 23 件。深化国有企业和科技体制改革，坚持创新驱动，省科技厅下文批准将蓝伯特生物科技有限公司为全省 2017 年高新技术企业单位。深化文化教育卫生体制改革，大力推进国家级改革试点——县级公立医院改革、“村医通”平台试点、全省医疗化信息平台建设试点，在县人民医院和县中医医院先行试点，“村医通”平台试点和全省医疗化信息平台建设试点初见成效。进一步完善招商引资激励机制，选派 30 名干部组建 8 个招商分局驻外蹲点招商，引入华宇金控资本控股公司为煤炭企业融资，充分利用“西博会”“茶博会”等大型招商活动平台，实施“代理招商”“驻外招商”等模式，积极承接产业转移，着力引进一批投资强度大、科技含量高的实力型企业和战略投资者。全年，通过“中外知名企业四川行”与“西博会”等平台新签约项目 20 个，金额 91.37 亿元。

（李泽明 许奎 胡旭刚 罗斌彬）

国有及国有控股经济

【国资概况】2017 年，全县有国有及国有控股企业 2 家，即筠连县自来水有限责任公司、四川能投筠连电力有限公司限公司；有国有独资公司 3 家，即筠连县国有资产经营有限公司、筠连县粮食购销公司、筠连县城市投资有限责任公司。筠连县自来水有限责任公司承担县城自来水供应，四川能投筠连电力有限公司限公司承担全县的电力供应。筠连县国有资产经营有限公司主要经营管理全县行政企事业单位国有闲置厂房、土地和行政事业单位经营性门面等国有资产；筠连县粮食购销公司负责县级粮食储备及粮食安全管理；筠连县城市投资有限责任公司承担县政府出资市政项目建设。

【国资构成】根据 2007 年国有资产占有产权年检核定，筠连县自来水有限责任公司股权比例为实收资本总额 111.9 万元，其中国家资本 95.659 万元，占 85.49%；个人资本 16.241 万元，占 14.51%。国有独资公司实收资本总额 2500 万元，其中筠连县国有资产经营有限公司 500 万元，筠连县城市投资有限责任公司 2000 万元。

【国资经营状况】2017 年，四川能投筠连电力有限公司限公司在册职工 224 人，资产总额 51463 万元，负债总额 24684 万元，营业收入 23774 万元，实现利润 2290 万元，上缴税金 2742 万元。筠连县自来水有限责任公司在册职工 81 人，资产总额 1271 万元，负债总额 1016 万元，营业收入 742 万元，实现利润 30 万元，上缴税金 30 万元。筠连县国有资产经营有限公司，资产总额 19441 万元，负债总额 14327 万元，营业收入 49 万元，利润 60 万元（含投资收益）。筠连县粮食购销公司，资产总额 892 万元，负债总额 892 万元；全年购入县级储备粮 2500 吨。筠连县城市投资有限责任公司，资产总额 96244 万元，负债总额 34148 万元，实现利润 1 万元。

（黄永超）

国有资产监管

【经营性国有资产监管】2017 年，筠连县国有资产经营有限公司经县政府授权继续加大对县域经营性国有资产监管力度。一是成功拍卖规建城管局、城投公司移交的住房 1 批次，盘活资产 442.8 万元，上缴县财政。二是采取招标协议形式出租国有经营性门面资产 52 间，实现收益 48 万元。三是上报川交所国资公司定向融资方案，得到批复。四是继续在川能投履行股东和监事职责，实现分红 57.5 万元。五完成资产确权 4 个单位，上缴县财政税费 1 亿元。

【行政事业单位资产监管】2017 年，认真履行行政事业单位国有资产管理制度建设、处置审批及监督检查等职能，规范全县行政事业单位国有资产处置，维护国有资产的安全和完整，保障国家所有者权益。

提升全县行政企事业单位国有资产管理信息化水平，规范管理流程，组织全县行政、事业单位开展国有资产和产权登记工作培训。对全县机关企事业单位负责资产管理人员进行系统培训财政部2014的《地方行政单位国有资产处置管理暂行办法》，提高行政事业单位依法履行国有资产管理、国有资产使用和处置。

完善国有资产管理信息系统建设，为提升全县行政事业单位国有资产管理信息化水平，夯实管理基础，规范管理流程，逐步实现资产动态管理，更新资产管理系统，实现国有资产动态监督和管理。

开展全县行政事业单位国有资产和产权登记工作，复核全县105个一级、二级事业单位的资产，逐步发放产权登记证书，规范行政事业单位国有资产管理、使用和处置。

加强国有资产处置的审批工作。全年，认真审核同意22户行政事业单位符合国家资产报废规定的公务车辆、办公设备等报废处置申请。

（黄永超）

民营经济

【民营经济概况】2017年，全县新增民营企业384户，累计1945户。全年全县民间投资546297万元，占全社会固定资产投资比值为50.0%；民营经济增加值增长值为9.7%，民营经济增加值占GDP比值为65.8%。按照一、二、三产业合理分配原则，全年筛选上报23户企业入库宜宾市重点民营企业库，累计进入市重点民营企业库的在库企业有101户，增长率29.48%。

【现代企业制度试点】根据《四川省人民政府办公厅关于印发促进民营企业建立现代企业制度实施方案的通知》《四川省民营经济领导小组关于印发四川省推进1000户重点民营企业建立现代企业制度工作方案的通知》《宜宾市人民政府办公室关于贯彻落实促进民营企业建立现代化企业制度实施方案的意见》，充分发挥现代企业制度对促进筠连民营企业发展的重要作用。于9月20日，召开全县民营企业建立现代企业制度宣传工作会，选定蓝伯特、泓硒泉、村通科技、天河旅游、醒世茶业、双星茶业、华正房产、鸿基建司、清溪沟现代农业开发、帅游网络科技、百兴商贸、德瑞传媒、来和商务、喀斯特旅游共14家民营企业作为建立现代企业制度试点企业。其中蓝伯特、泓硒泉、村通科技、鸿基建司、清溪沟现代农业、帅游网络、喀斯特旅游7户企业经市政府考核认定为建立现代企业制度达标企业。组织29家企业的管理人员参加宜宾市促进民营企业建立现代企业制度培训班一、二期培训。

【民营经济工作】2017年，县工商局密切结合全县“双千”工作，加强对民营企业的走访，共走访民营企业20余次，发现企业问题10个，至年末成功协调解决9个。

（刘宗文）

统　计

【定期报表】县统计局认真做好2016年年报和2017年定期报表工作，提高统计数据质量。

重点专业定期报表扎实开展。以GDP核算为龙头，夯实各专业、各部门核算基础数据，着力提升统计数据质量，确保GDP核算更加真实准确地反映全县经济总量。做好“四上专业”（规模以上工业、规模以上服务业、限额以上贸易、资质以上建筑业和房地产业）及劳动工资统计联网直报数据采集、审核、汇总和上报等工作。

常规统计专项调查有序推进。按照上级部署，完成县内农业农村经济统计、畜禽监测统计、基本单位统计、文化产业统计、人口统计、妇儿两纲监测统计、景气调查、非公有人才调查、投入产出调查、社情民意调查、成品油调查、旅游统计、三农投资统计、乡镇信息统计、园区统计、科技统计、工业生产者价格调查、限额以下商业抽样调查、规模以下工业调查、能源统计、城乡住户一体化调查、“三新”专项统计调查等专项调查和监测工作。

统计分析科学研判提升服务水平。加强统计分析及信息撰写，挖掘统计信息资源，全方位、深层次、多角度地提供统计信息资料。完善指标数据汇总评估、综合分析研究，每月及时汇总各部门、各专业经济指标数据，改版编印《统计月报》手册，全面分析每个季度经济运行情况。

【农业普查】2017年，积极推进全国农业普查，全面完成各阶段任务。一是全面完成普通户、规模户、农业生产单位现场入户、登记上报及普查数据复查审核工作。二是全面完成行政村、乡（镇）开展普查联网直报工作。三是全面完成全县农业普查数据事后质量抽查与验收。四是完成国家农普办农普工作回头看异常数据查询核实。五是完成各级评优评先资料收集、审核和上报。

【统计改革试点】2017年，筠连县作为全省深化统计改革“县级以下统计工作统一管理试点县”，按时完成各项改革内容，得到省市统计局高度认可，筠连试点工作被选作四川统计内刊中改革试点经典案例进行宣传。年末，已完成机构设置、人员选配等试点主要工作，实现乡（镇）统计站“统一名称挂牌、统一机构设置、统一设施配套、统一建设指导、统一业务管理”，乡（镇）统计人员实现“统一文件认定、统一业务培训、统一人才培养、统一考核管理、统一选拔储备”。

【生猪监测】全县共有监测户682户，其中规模户21

户、散户661户，分布在8个乡（镇）10个监测小区，每个监测小区设1名监测员，按照市调查队监测要求，在国家平台进行数据录入和上报。全年，通过多方面的努力，积极到国家统计局四川省调查总队争取到生猪调出大县中央财政奖励资金148.6万元。

【服务业统计监测】 涉及全县农业、交通、商业、金融和保险、计算机服务、租赁业等多个行业，通过监测统计为第三产业发展提供重要的基础依据，县统计局结合本县实际完善全县监测方案，并组织实施监测工作。

【能源统计监测】 加强对规模以上工业能源统计的业务培训，按照统计基础工作的"六有"（有机构、有人员、有资格、有制度、有台帐、有电脑，设置相应工作机构，落实和配备相应工作人员）要求，进一步夯实能源统计监测工作，切实提高能源统计数据质量。

【文化产业监测】 按照省市要求及时调整领导小组，负责统计工作的组织领导和重大问题的协调，并下设办公室在县统计局，负责方案的制订以及组织实施。

【城乡住户调查】 2017年，按照国家省、市调查方案和专业要求，开展5年一次住户样本大轮换。认真学习方案，优化调查方法，经过宣传动员、培训指导、摸清情况、选户定户，记账试记各个环节，全面完成省点140户、县点120户调查户的开户和试记账培训。全年，县住户调查省点共150户，其中城镇住户60户，分布在4全镇；农村住户90户，分布在1个乡、5个镇。县住户调查县点170户，其中城镇住户50户，分布在5全镇；农村住户120户，分布在8个乡、4全镇，每个调查小区设1名调查员，按照省市要求做好数据质量审核、业务培训、乡（镇）资料上报规范、省市访户工作、数据录入编码审核和错误修改等工作。

【统计分析】 围绕县域经济发展和"建成川南滇东北结合部经济强县"重点，开展统计分析和预警预测，撰写筠连县与川南七县经济指标比较专题分析1篇，全年撰写统计分析25篇、调研文章4篇，统计信息150余篇，为县委、县政府和相关部门提供分月、分季度经济统计数据和决策咨询建议。

【目标任务审核】 2017年，围绕县委、县政府的工作重点，增强服务意识，提升服务水平。年初，配合县发改局、投促局、财政局等部门负责对行业发展、重点项目暨招商引资目标任务的检查考核、综合评分，形成年度考核实施细则，提交县委、县政府审定。配合相关部门将GDP、工业增加值、城镇居民人均可支配收入和农民人均可支配收入等目标，分解到各乡（镇），提交县政府审定，做到目标具体化。配合县委县政府督查目标办做好全县各乡（镇）和部门的数据审核、评估、上报和督察。做好各乡（镇）和县级部门关于市、县政府目标任务执行情况的审核报送工作；及时向县政府提供全年季度和每月各种目标中应由统计部门提供的各项经济主要统计数据。

【统计法治建设】 2017年，按照依法治县的要求，将统计法治建设工作摆上重要议事日程，作为重点来抓。通过建立健全领导、目标、监督和奖惩4个机制，夯实统计基层基础工作。一是"一把手"亲自抓法治建设，对法治建设重要工作亲自部署、重大问题亲自过问、重点环节亲自协调、重要任务亲自督办。二是统计系统学法全覆盖，全年召集统计系统人员集中学法2次。三是强化新法新规学习，强化《统计法实施条例》《违规干预统计记录制度》等法律条文制度集中贯彻学习。8月17日，组织全县各乡（镇）、各部门负责人及分管领导集中学习"条例"，全面落实"记录制度"的贯彻执行。四是开展经常性的执法检查，全年立案2件，结案2件，无罚款。

【统计对口帮扶】 2017年，积极落实县统计局帮扶责任。每月组织全体职工到帮扶村走访，帮助制订脱贫计划、落实帮扶措施，及时发现和解决贫困户的生产生活困难。联系腾达镇官井村、新民村的贫困户共54户，投入帮扶资金5万余元（其中单位帮扶资金3万元、职工个人捐款捐物折资2万余元），年末，新民村通过整村脱贫验收。

（李书英）

审　计

【审计概况】 2017年，审计工作围绕"四个全面"战略布局，进一步落实国务院关于加强审计工作意见，紧扣县委县政府中心工作和上级部署，突出审计重点，转变审计方式，深化审计职能，发挥审计监督作用。全年组织完成审计项目28个、领导交办政府投资备案项目103个，审计查出违规金额195万元、管理不规范金额36979万元，审计处理处罚3795万元，促进有关问题整改落实4056万元，审计挽回（避免）损失188万元，审计核减政府工程建设投资2325万元。移送纪检监察机关给予党纪政纪处分12人（含3名正科级），移送司法机关追究刑事责任1人。提出并督促落实审计建议60条，建立规章制度15项。提交或撰写审计专报、审计要情、信息简报等94篇，得到领导批示、各级采用信息62篇次。

【财政预算执行审计】 2017年，开展县本级财政预算执行审计、税收政策执行和地税局专项经费管理使用审计、工商局和质监局部门预算执行审计。代县政府向人大常委会汇报县本级财政预算执行情况，将审计发现预算单位无预算支出挂账 24477.33 万元、置换债券 13980 万元未及时置换等问题反映并督促整改，得到县领导肯定。

【经济责任审计】 通过强化沟通协调、集中学习交流，提升经责审计质量和经责审计成果的运用。完成县质监局局长李再强等 6 位干部经济责任审计。审计发现的交通运输局班子违规决策套取 14.52 万元用于置换单位公车问题线索移送县纪委，有 3 名正科级受到党纪处分。

【民生项目和重点专项资金审计】 配合市审计局完成 2016 年保障性安居工程跟踪审计，发现存在不符合条件对象享受保障性住房租赁补贴、公租房闲置 1 年以上未分配等问题，并督促问题涉及单位对审计发现问题逐一整改。

实施“1·28”地震灾后恢复重建资金全过程跟踪审计，出具两阶段跟踪审计报告。跟踪审计中发现的食品类救灾物资滞留、危房恢复重建进度缓慢等问题，以“审计专报”形式及时报县委、县政府，得到领导高度重视，已督促部门和乡（镇）及时整改。

开展 2012—2016 年度森林生态效益补偿金审计。审计中发现巡司、腾达等 13 个乡（镇）补偿基金中有 51.49 万元滞留未及时兑付给受益户，责成县林业局督促整改；发现 9 名村干部涉嫌私分、侵占森林生态效益补偿资金 9.24 万元的违规违纪线索，移送纪检监察机关处理。

配合省、市审计组对筠连县的专项审计。通过强化向省、市审计机关的汇报、请示，赢得认可和理解。

【固定资产投资审计】 大力推进 “三转”（投资审计转方式、转职能、转思路），突出政府性投资建设项目审计的监督作用。全年完成政府投资及交办重点建设备案审计项目 103 个，审减项目金额 2325.52 万元。移送工程建设过程中违纪线索 2 条，追究其纪律责任，对业主单位及行业主管部门形成震慑力。

【扶贫审计】 对 2016 年度扶贫资金和扶贫政策落实情况审计。利用大数据审计方法，交叉比对各部门系统中所有贫困户的信息，实现扶贫审计全覆盖。发现部分扶贫项目实施进度缓慢、扶贫资金 3275.55 万元未及时报账等问题，及时向县委县政府报告，县委县政府将乡（镇）扶贫资金报账情况纳入对乡（镇）年终目标绩效考核。审计中发现的村干部涉嫌收受贿赂、村干部家属违规享受农村危房改造补助款和违规向农民收费等违法违纪问题 3 个，及时移送县人民检察院或纪检部门处理。

【审计信息化建设】 一是争取县委在审计局新增设审计信息中心机构。县委编办以筠机编〔2017〕3 号批复设立股级事业单位审计信息中心，核定增加事业编制 2 名。4 月 27 日，审计信息中心在审计局挂牌成立。二是加大数据采集力度。完成 18 个乡（镇）和 48 个县级一级预算单位电子数据的采集工作。

【行政事业内审人员培训】 9 月，县审计局和财政局联合举办为期 2 天的“全县行政事业单位内部审计人员及财务人员”培训班，参加培训的行政事业单位内部审计人员、一级预算单位财务人员共 120 余人。

【审计对口帮扶】 县审计局继续联系帮扶塘坝乡双田村，全年审计局班子定期召开脱贫攻坚专题会议 4 次，干部职工走村入户 192 人次。派出中层干部 1 名到贫困村担任第一书记，对 9 户贫困户做到精准帮扶、一户一策，争取到贫困户享受异地扶贫搬迁政策 3 户，争取打水窖 1 口解决 1 户贫困户生产生活用水问题，协调解决贫困村断头路的硬化问题，落实帮扶资金 3 万余元。

（陈锐）

价格管理

【价格管理】 2017 年，县物价局加强价格监管，全县价格总水平的基本稳定。开展涉企收费专项检查、药品价格专项检查，与经信、盐业等 8 部门联合开展食盐对专项检查、商品房销售明码标价等专项检查。充分发挥“12358”价格举报电话 8 起，办结 8 起；来信来访 7 件，办结 7 件；价格咨询 12 件，办结 12 件；“12345”市民热线反映价格收费情况 10 件，办结 10 件。

【价格监督】 2017 年，县物价局加强价格监督检查。一是扎实开展建材价格专项整治。领导小组召开价格提醒告诫会 1 次，检查组共出动巡查人员 20 人次，重点检查全县较大的石粉、水泥、红砖和钢材等建材生产、经营者 32 家，发放易地扶贫搬迁建材价格提醒告诫函 55 份，明令禁止操纵建材市场价格等价格违法行为，且明确违者将依法从重处罚。二是根据国家发改委的取消、停征一批行政事业性收费文件，对全县重要涉企收费部门执行情况进行检查，共检查县级部门 7 个、行业协会 4 个，并存在问题部门下达整改通知书，要求限期整改。

【教育收费检查】 2017 年，开展教育收费专项检查，发现存在问题有少数学校教辅资料费超标准，没有严格执行省市文件规定的标准，票据由新华文轩事后补开给学生；部分中心校学前班收费不规范，没有向学生提供正式收据；个别学校将教师用书、单元试卷、寒暑假园地统一纳入学生代管费中进行列支。针对检查中发现的学校存在的问题及不规范现象，督促学校及进纠正，及时整改，对没有限期整改的按相关规定处理。

【价格投诉办理】 充分发挥"12358"价格违法行为举报的作用。全年共接到各类举报、信访、咨询37起。其中接到"12358"价格举报电话8起，办结8起；来信来访7件，办结7件；价格咨询12件，办结12件；12345市民热线反映价格收费情况10件，办结10件。

【价格认证】 2017年，认真做好价格认证工作，完成各类鉴证案件73件，鉴证金额45.32万元，同时为国家机关提供价格咨询20余次。

（李泽明 许奎 胡旭刚 罗斌彬）

质量技术监督

【质量影响力指数】 2017年，质量影响力指数是市政府下达的新指标，包含环境质量、工程质量、服务质量、产业质量、产品质量5大质量。县质强办向县政府请示，将质量影响力指数纳入作为各相关部门的年终目标考核指标，分解下达目标，认真落实每项工作。积极协调相关部门及企业，完成2014—2017年的基础数据采集工作，居全市第五名。分管县领导组织主持召开质量专题会议3次（质量影响力指数培训会、质量工作推进会、质量目标考核督查会）。加强信息宣传，制发《质量强县信息快报》26期。

【质量管理】 地标产业化。加大地标产品产业化工作，推进地标产业发展，县政府成立国家地理标志保护产品产业化工作领导小组；代政府起草印发《关于加快推进国家地理标志保护产品产业化的实施意见》《"筠连红茶""筠连苦丁茶""筠连粉条""筠连黄牛"地理标志产品保护管理办法》；成功申请创建省级地标产品示范区。组织全县17家地标产品生产企业召开国家地理标志保护产品专用标志使用培训会，帮助指导醒世公司、青山绿水专业合作社等12家企业做好地标产品专用标志使用申报，已有9家通过国家质检总局批准；积极协调，帮助企业向市政府申请地标产业化专项资金补助。

质量管理与监督。修订《县长质量奖管理评定办法》，4月，筠连县2017年质量技术监督业务工作会议召开，98家企业参会议，部署质量监管。开展《宜宾市"十三五"质量发展规划》、县长质量奖评选等质量知识培训学习。摸底调查工业企业状况，建立全县工业产品企业档案。开展针对全县水泥、饮料瓶、钢化玻璃等82家生产企业生产的11大类产品的监检工作。

市场准入。严格市场准入，做好筠连西南水泥有限公司、四川泓硒泉饮品有限公司生产许可证年审，并开展巡查，做好证后监管工作。

【首届县长质量奖评审】 4月，召开首届县长质量奖动员大会。5月，组织县域6家企业参加卓越绩效管理培训。8月，组织企业到市长质量奖获奖单位交流学习。11月，启动筠连县首届"县长质量奖"评选。通过资料评审、现场评审，评选出"县长质量奖"企业5家及个人5名获得奖励。通过县长质量奖的评审促进企业提升质量意识，导入卓越绩效管理模式，提升质量水平。

【质量标准化建设】 标准编制。联合畜牧水产局、工业园区管委会等单位，指导制订2个团体标准（即《地理标保护产品 筠连粉条》《地理标保护产品 筠连黄牛》）；指导筠连县枫林木炭制造有限公司制订《机制炭企业标准》，使筠连的机制炭由被动出口变为直接出口创汇。

质量对标。通过对企业调查，确定四川蓝伯特生物科技股份有限公司、四川筠连西南水泥有限公司作为全首批开展"质量对标建设"的企业，指导企业以行业标准、国家标准、国际标准和国外先进标准为参照，开展质量对标，查找不足，提升质量。

质量标准化。代县政府拟草《绿色筠连标准化体系建设行动方案（2017—2021）》。召开专题会议，专题培训近百家企业，部署企业标准自我声明公开工作及标准化工作，督促企业严格按程序在标准平台上的自我声明公开。加强对蓝伯特公司漆产业的指导，推进省级绿色漆产业农业标准化示范区建设和全国漆产业技术委员会的成立。

【计量工作】 计量技术机构及检验检测机构的监督检查。制订年度计量监督计划，对法定计量技术机构1家（即筠连县计量检测所）、授权计量技术机构3家（即筠连森泰页岩气有限公司、中国石油天然气股份有限公司浙江油田公司西南采气厂、宜宾市源滨质量检测有限公司）、检验检测机构7家（即筠连县环境监测站、四川中证法医学司法鉴定所、宜宾市晨睿机动车检测服务有限公司、筠连县国权质量检测有限责任公司、宜宾市红双商贸有限公司、筠连县鑫瑞机动车检测有限公司、四川瀛江机动车辆检测服务有限公司）开展计量监督检查。对7家检验检测机构和1家CCC强制性产品获证企业开具监督检查发现问题确认表，下达监督检查发现问题整改意见表，限期予以整改，并跟踪验证，验证通过后，下发整改完成意见确认表。通过专项整治行动，检验检测机构主动加强业务学习，确保县域内检验检测机构管理体系有效运行。

民生计量监督检查。开展元旦、春节、五一、十一等节日市场计量监督检查工作，共检查集贸市场2家，检查经营户125家、在用计量器具127台件；开展集贸市场计量器具免费检定，免费检定计量器具265台件，保障菜篮子计量准确。抽查餐饮业2家，抽查计量器具2台件；抽查商场超市3家，检查计量器具27台件；抽查宾馆2家，检查计量器具2台件，受检合格率100%；抽查医院2家。

专项计量监督检查。一是组织召开全县加油站计量管理能力提升工作会，对全县22家加油站开展专项计量监督检查，针对存在问题向9家加油站下达“加油站专项计量监督检查发现问题确认表”“加油站专项计量监督检查发现问题整改意见表”，9家加油站均在规定时间内完成整改，向社会作出诚信计量公开承诺，提交《加油站专项计量监督检查发现问题后整改确认表》到县质监局验证。二是对筠连县三鼎天然气有限公司、筠连县自来水有限公司、居民小区（国际社区、定水华庭）开展水表、燃气表民生计量专项检查。

强检计量器具备案及检定。指导帮助企业、医疗机构、超市等完成强检计量器具备案工作，至年末共完成强检计量器具备案95家。开展全县计量器具强制检定，共检定计量标准和工作用计量器具11097台件，其中用于贸易结算的计量器具7122台件、用于安全防护的计量器具3675台件、用于计量标准器具300台件。

【质监认证工作】 有机产品认证。为创办省级有机产品认证示范县，组织召开筠连县有机产品认证工作推进会，邀请中国检验认证集团专家指导有机产品认证创建、申报工作。到联合、塘坝、双腾和筠连县正兴兔业专业合作社、筠连县冬青御品生态科技有限公司实地指导有机产品认证创建、申报工作，为企业有机产品认证提供技术保障。明确将筠连县冬青御品生态科技有限公司、筠连县筠洲信诚商贸有限责任公司作为申报有机产品认证对象，邀请中国检验认证集团的专家深入基地进行技术指导，提升有机产品生产规模和品质，探索“产品+企业+产业+基地”“研发+企业+推广+保护”等发展模式，2家企业均已与中国检验认证集团签订《有机产品认证合同》，已启动。

加强CCC认证企业监管。对县内有1家（即筠连县理想钢化玻璃制品厂）CCC强制性产品获强制性产品认证企业。开展监督检查，进行强制性认证知识宣传教育。

【质监行政审批与执法】 2017年，市质监局新授权特种设备使用登记行政许可项目办理，县质监局及时做好行政许可事项清理，重新完善4项（即修理计量器具许可、最高等级计量标准考核、特种设备作业人员资格认定、特种设备使用登记）行政许可项目的一次性告知书、政务服务手册及工作流程图。共办理特种设备注册使用登记证7个，其中电梯6台、压力容器1台；共办理行政许可证发证105个，其中新办特种设备人员作业证59个、换证41个、社会公用计量标准5个。结合“质检利剑”扫雷专项行动、“质检利剑”秋风行动，开展建材、特种设备、食品相关产品、电能表、医疗计量器具等专项整治。共办理质量技术监督违法案件11件，结案10件，移交公安机关立案处理1件，无复议和诉讼案件。

【特种设备安全】 强化宣传，3月，召开全县特种设备安全工作会议，与各特种设备经营、使用单位签订“目标管理责任书”。大力普及特种设备安全知识，开展特种设备“进企业，进社区，进学校”活动，结合“百安活动”“安全生产月活动”。

强化特种设备检验。检验锅炉5台、压力容器59台、起重机械20台、电梯136台、压力管道100.2千米。

加强特种设备作业人员培训，杜绝无证上岗操作。共培训发证特种设备作业人员59人，其中安全管理人员16人、锅炉水处理工3人、压力管道12人、压力容器20人、起重机械3人、场内机动车（叉车）5人。

“打非治违”专项整治活动。共下达“特种设备安全监察指令书”29份，对发现的安全隐患，责令企业立即整改。在环保安全督察中，县质监局负责每小时10蒸吨以下燃煤锅炉的管理。经检查，共注销燃煤锅炉16台。

【制定实施团体标准】 2017年，根据《中华人民共和国标准化法》及标准化改革要求，大力发展团体标准。牵头制定并实施团体标准共5个，即《国家地理标志保护产品·筠连粉条》《国家地理标志保护产品·筠连黄牛》《春风李子技术生产规程》《春风茶叶种植技术规程》《春风肉牛养殖技术规程》，居全市第一。

【指导农业标准化示范区】 2017年，联合畜牧、林业、农业等部门，从标准、质量体系等各方面，加大对农业标准化示范区的指导，发挥示范区引领作用，确保产业增效农民增收。至年末，全县拥有国家级农业标准化示范区2个，即春风综合体、筠连苦丁茶；拥有省级农业标准化示范区5个，即筠连黄牛、香桂、联合生态兔、春风综合体、绿色漆产业，居全市第一。

【质监资金争取】 2017年，县质监局积极向上争取资金132万元，其中省级质量技术监督专项资金40万元、获批国家地理标志产品称号市级补助资金40万元、质量技术监督定向财力转移支付资金11万元、国家地理标志产品产业化发展市级专项补助资金41万元。

【质监对口帮扶】 2017年，继续对口帮扶维新镇周坪村。一是帮助指导周坪村制订年度脱贫攻坚计划，联系协调部门完成周坪村10.3千米道路硬化工程、解决周坪村集体经济发展项目、解决周坪村饮水质量安全工程等。二是开办好“农民夜校”，邀请县畜牧水产局、沐义小学、顺阳村黄牛养殖专业合作社等对贫困户进行理论和实践培训，让贫困户掌握理论知识和实用技能。三是强化帮扶力量，牵头维新镇、沐义小学、周坪村举办脱贫攻坚工作会商，组织质监局帮扶人到周坪村结对贫困户家中开展帮扶工作每月1次以上；同时严格对照脱贫攻坚验收标准“两不愁”

"三保障""一超六有""四个好"等开展对标补差，查漏补缺工作。至年末，周坪村通过省、市、县三级的脱贫攻坚验收。（邓锐）

食品药品监督管理

【食药监职能增加】 2017年4月，以筠机编〔2017〕10号将县卫生和计划生育局对饭馆、咖啡馆、酒吧、茶座4类公共场所核发卫生许可证的职能调整由县食品药品监管部门一家许可、统一监管。于8月，县食品药品监管局完成承接4类公共场所（饭馆、咖啡馆、酒吧、茶座）监管职能。12月29日，县食品药品监管局完成承接筠连盐业公司的食盐质量监管职能。

【食品监管】 至年末，全县有持证食品生产企业42家，持证食品经营户2603家（其中餐饮服务单位1075家），"三小"备案登记589户。

加强日常监管，指导经营者建立食品从业人员健康检查、培训制度，督促做好进货查验、索证索票、购销台帐登记，定期清理库存、不合格产品，引导合法规范经营。

开展专项整治，以白酒、粉条、竹笋、茶叶、果蔬5大类食品为重点，开展"双清双查"、保健食品、食品生产企业飞行检查、网络订餐、"地沟油"等各类食品安全专项整治28次，排查和消除食品安全隐患263处。全年出动执法车辆825台次，执法人员2632人次，监督检查食品生产企业和生产小作坊236家次、餐饮服务单位1650家次、食品流通经营户2680家次。

开展食品抽检，扩大抽检品种、单位及基层的覆盖面，完成食品监督性抽验260批次，完成农贸市场快检530批次。

【药品、医疗器械、化妆品监管】 全县有药品批发企业2家，药品零售连锁门店106家、化妆品经营单位130家。开展药品流通领域专项整治行动、药品"双随机"及飞行检查等专项整治12次；开展药品、化妆品抽检，完成药品监督性抽检68批次；上报药械、化妆品不良事件报告244例，新办零售药店11家均通过GSP认证，完成22家药店GSP跟踪检查。在各类药品、医疗器械、化妆品市场监管中，出动执法车辆216台次，执法人员1020人次，监督检查药械批发企业46家次、药械经营使用单位867次、化妆品经营单位256次。

【大型活动食品安全保障】 2017年，完成"1·28"地震震区食品药品安全保障供应工作，出资购买50瓶"84消毒片"及1000余元感冒、消炎药送往受灾安置点，预防地震灾区二次灾害疫情发生，动员全体干部职工捐款共4000元，完成沐爱食品药品监督管理所灾后重建工作。完成"筠州杯"全国钓鱼比赛、"脱贫攻坚"现场会、"两会"、中高考等大型活动食品安全保障22次，确保全县重大政治经济活动有序开展。

【"五化"监管】 一是"网格化"更细致。提高"亮证经营"覆盖面，确保无监管盲区。二是"程序化"更有序。清理权力清单382项，细化流程步骤，行政许可、执法检查、行政处罚等工作程序52个。三是"痕迹化"更规范。在规范档案管理方面，对各类痕迹化资料，强化分类、规范归档。全年共报送农村集体聚餐备案表1943次。四是"常态化"更长效。全县3000余家监管对象全覆盖监管常态化。倡导"看笑脸"消费，全县食品经营量化分级率90%。五是"信息化"更透明。完成675家餐饮单位"明厨亮灶"建设。全年在县政府门户网、政府信息公开目录管理系统、政务微博、微信等主动公开政务信息362条。

【食药监宣传培训】 2017年，组织开展食药监业务培训和从业人员培训集中培训20次，培训5000余人次；建成食品药品安全科普宣传站5个，发放食品药品宣传资料20000余份，受益群众5000余人。开展食品安全宣传周现场竞答、药品安全宣传月篮球比赛等系列宣传活动，受众达2万余人，食药安全"我参与、我维权、我受益"的社会共治氛围浓厚。

【食药监建设】 一是开展党建全域示范工作，打造纵向50米、横向100米党建文化长廊，新增党建活动室和青年之家，阵地得到强化。充分利用文化长廊和阅览室，扎实培育和践行社会主义核心价值观。二是启动5个基层所规范建设，以实现有阵地、标识统一、管理规范、人员充实、设备完善的基层食品药品监管良好运转。年末，在建中。三是争取到中央预算内投资项目1个（县级食品快速检验车），中央预算内投资106万元、县级配套资金27万元，市食药监局已完成统一招投标。

【食药稽查执法】 一是受理举报投诉，通过"12331"食品药品投诉举报热线、"12345"市民热线共受理举报投诉106件，处理106件，回复106件，回复率100%；二是在各类食品药械专项整治中，查处违法案件47起，罚没金额18万元，有效保障公众饮食用药安全。三是加强"两法衔接"（食品药品行政执法与刑事司法的衔接）工作，全年发现并向公安机关移送涉嫌犯罪案件4件，案件移送率100%，稽查执法工作在全市保持前列，受到省、市食药监局高度评价。

【食药监对口帮扶】 2017年，县食药监管局继续对口帮扶镇舟镇尖峰村。全年，开展研究扶贫工作15次，召开村组干部座谈会6次，干部职工定期走访慰问贫困户，切实为困难群众解决吃水、就医、建房等实际问题50余个。助推产业发展，帮助成立旗祖专业合作社，引进板栗和"舞茸"两大主要产业。策划举办"10·22"尖峰板栗品尝推介会，实现2500公斤尖峰板栗一售而空(得到市委主要领导肯定性批示)。在"栋梁工程""爱心包裹""扶贫月""冬季送温暖活动"中，单位和职工捐款送物合计5万余元。

(江颖静)

工商行政管理

【商事登记制度改革】 2017年，县工商行政局继续深化商事登记制度改革，激发市场主体快速发展，降低市场准入门槛，市场主体数量明显增长。一是扎实推进内资企业"五(三)证合一、一照一码"登记制度改革，实现"一网互通、一照通用"。全年共颁发内资企业"五(三)证合一、一照一码"营业执照1862份。二是认真贯彻个体工商户"三证整合"登记制度。累计核发"三证整合"个体工商户营业执照3684份。三是完善市场主体退出机制，积极推进企业简易注销登记改革，全年，通过国家企业信用信息公示系统申请简易注销网上申请简易注销登记的企业57户。四是深入推进行政审批改革，于7月1日正式启动全程电子化登记，实现"互联网+政务服务"。全年，共办理全程电子化登记37户，占公司登记比例30.32%。新增个体户5613户、注销1985户；新增企业659户、变更企业529户次、注销企业259户；新增农专社97户、变更农专社21户次、注销农专社6户；新增农庭农场52户、变更家庭农场21户、注销家庭农场1户。

内资企业"五证合一、一照一码"：即指在企业和农民专业合作社已实现"三证合一、一照一码"(整合组织机构代码证、税务登记证、营业执照，由工商行政管理部门核发一个加载统一社会信用代码的营业执照，组织机构代码证、税务登记证不再另行发放)的基础上，再整合社会保险登记证和统计登记证，实行"五证合一、一照一码"登记模式，由工商行政管理部门核发加载法人和其他组织统一社会信用代码的营业执照，组织机构代码证、税务登记证、社会保险登记证、统计登记证不再另行发放。

个体工商户"三证整合"：即指将个体工商户登记时依次申请，分别由工商行政管理部门核发的营业执照、税务部门核发的税务登记证、社保部门核发的保险登记证，改为一次申请，由工商行政管理部门核发一个加载统一社会信用代码的营业执照。营业执照同时具有原营业执照、税务登记证、社会保险登记证的功能，税务、社保部门不再发放税务登记证和社会保险登记证。

【市场主体监管】 年报公示工作，采取提前部署、强化责任、优化服务、多方宣传等多项举措，大力开展年报公示工作，努力构建公平竞争的市场环境。全年，全县企业年报率为99.39%；农民专业合作社年报率为99.40%；个体工商户年报率为96.51%。

"双随机"抽查工作，采取明确责任、建立机制、规范程序、加强培训等措施，做好"双随机"(即在监管过程中随机抽取检查对象、随机选派执法检查人员)抽查工作，采取随机抽取检查对象、随机抽取执法检查人员的方式，对企业在全国企业信用信息公示系统上公示的即时信息和年报信息进行抽查，对抽查中发现问题的企业进行列入经营异常名处理，全年共对235户企业的即时信息进行抽查，抽查中发现67户企业未对即时信息公示，经责令已全部改正；对43户被抽查企业公示的年报信息检查。检查发现，公示信息正常的24户，占55.8%；隐瞒真实情况、弄虚作假的7户，占16.3%；通过登记的住所(经营场所)无法联系的7户，占16.3%；不予配合情节严重的5户，占11.6%。

股权出质登记，全年共登记6件，出质股权数额16500万元，被担保债权数额57345万元。

【市场执法行动】 一是先后开展"红盾春雷行动2017"、惩治侵犯"五粮液"注册商标专用权行动、新型网络传销违法犯罪活动专项惩治工作、禁毒严打整治工作、扫黄打非专项行动、清理整顿投(融)资理财信息咨询公司行动、防范非法集资宣传月活动、惩治和处置非法集资行动、烟草市场专项整治行动等。全年共立案查处经济违法案件89件，案值金额170余万元，罚没款57万元。二是开展物流行业专项整治，共查办案件34件，罚没款34000元。三是按照公用企业限制竞争执法工作要求，接当事人举报工行、农行涉嫌侵犯消费者权益，出动执法人员20人次，对工行、农行经营行为开展取证调查工作。

【合同管理与服务】 全年向市推荐21户企业开展市级"守合同重信用企业"公示；开展涉农合同法律知识宣传培训2次，发放培训资料200份，解决涉农合同疑问4个，清理涉农不公平格式条款1条。开展动产抵押登记14件，抵押物价值8209.28万元，融资金额3025万元。

【商标品牌战略】 一是宣传商标法律知识，加强行政指导，引导企业增强商标品牌意识，发挥企业品牌建设的主体作用。全年全县注册商标申请226件，实际注册96件，全县注册商标累计835件。二是推进商标富农工作。一方面探索、完善和创新商标战略发展服务机制，加强绿色食品商标品牌培育创建，指导企业申报3个"市知名商标认定"注册商标；另一方面加强对地理标志证明商标注册、运用和管理的指导，正与县畜牧水产局、县农业局、县食药监局等部门开展"筠连黄牛""筠连粉条""筠姜""筠连烧腊"的证明商标注册，以及"筠连小吃"的集体商标注册。

【广告管理与服务】召开广告部门联席会2次，查处广告违法案件和虚假宣传案件共4件，罚款金额20.6万元。

【整顿规范网络交易秩序】一是召开筠连县网络市场监管局际联席会议，制订《筠连县网络市场监管局际联席会议工作规程》《筠连县2017网络市场监管专项行动方案》。二是落实《四川省营业执照电子链接标识管理暂行规定》，全县建档企业网站（店）22户，已全部申领电子链接标识并全部公示主体信息（全部亮标）；共受理取消网站（网页）4户。三是扩大监管范围，积极探索微信平台、微信公众号监管模式，适应新形势下工作要求，加强对微信公众号等自媒体的广告发布监测。

【"红盾护农"行动】深入推进"红盾护农"行动，加强商品质量定向监测，开展检查行动7次，出动执法人员77人次，检查农资经营户257户次，检查农资商品72批次，开展农资商品质量监测检7次，查农资广告42幅次，查处5件侵犯商标注册专用权（含违法使用注册商标）案件，处罚金额8.5万元。

【工商对口帮扶】2017年，继续对口帮扶孔雀乡中心村，派驻第一书记2名，干部职工25名对口帮扶中心村的50户建卡贫困户，召集个私协，联合企业家，整合社会力量共同扶贫，构建"大扶贫"模式。前后捐款捐物共23万余元，出动车辆400余台次，走村入户2000余人次，为中心村50户贫困户"抓产业、育能力、创环境、兜穷底"。至年末，经省、市检查评估，孔雀乡中心村实现整村摘"帽"、贫困50户实现脱贫。

（刘宗文）

国土资源管理

【土地资源】2017年年末，全县土地总面积125635.07公顷。其中耕地36983公顷、占总面积的29.47%，园地6516.62公顷、占总面积的5.19%，林地63980.8公顷、占总面积的50.93%，草地869.95公顷、占总面积的0.69%，城镇及工矿用地4799.67公顷、占总面积的3.82%，交通运输用地1493.06公顷、占总面积的1.19%，水域及水利设施用地1687.85公顷、占总面积的1.34%，其他用地9337.41公顷、占总面积的7.43%。

【矿产资源】筠连煤田探明煤炭地质储量35.82亿吨，占四川省煤储量的1/3，煤矿建设规模设计740万吨/年，无烟煤资源总储量29.09亿吨。煤层气储量429.8亿立方米，测算页岩气资源量3000亿立方米，石灰石储量163亿吨。还有菱铁矿、褐铁矿、黄铁矿、盐、铜矿、耐火砖土、硅石、磷矿、辰砂、铸石原料、陶瓷原料等。全县土质普遍含硒元素，1988年筠连茶叶送农业部、全国茶叶质量检验测试中心检测：茶叶含硒体积比浓度最高值1.18ppm，最低值0.36ppm，平均值0.63ppm，属富硒茶。

【耕地保护】2017年，县国土资源局严格落实国家"最严格的耕地保护制度"，履行耕地保护职责，全面完成永久性基本农田划定工作，确保耕地保有量。与各乡（镇）签订三级基本农田"保护责任书"，向农户发放基本农田保护卡，确保全县的36949.71公顷耕地红线和29430公顷基本农田不减少。完成《筠连县土地利用总体规划（2006—2020）》《筠连镇土地利用总体规划（2006—2020）》及其他一般乡（镇）土地利用总体规划的调整完善，通过省、市政府审批。

【重点建设项目用地】2017年，依法按程序全力保障重点产业项目、社会发展项目、民生项目用地需求，保证全县保障性安居工程和招商引资项目用地。一是加快建设用地的报批工作，全年报批建设用地26.81公顷，其中城市建设用地报批21.81公顷、村民宅基地报批5.0公顷。二是加快推进G246（原S206）、省道（S444）、宜昭高速等重点项目用地报批的前期工作。

【征地拆迁及补偿安置】规范土地征收程序，依法实施征地拆迁，按照"两公告一登记"的征地程序，确保筠连的城市建设、重点项目、民生工程、基础设施工程、基础教育工程和保民生的项目有序推进和项目落地。全年，对城南新区、海瀛工业园区、巡司工业园区、G246（原S206）、宜昭高速公路、景阳中学迁建、宋江河（定水河筠连段）治理、王家沟水库、后沟水库及其枢纽工程等项目实施征地拆迁，共征收土地62公顷，签订"房屋拆迁协议"99户，房屋拆除61户，兑付"三费"补偿和房屋拆迁补偿费12573.65万元。清理自2008年4月11日至2017年11月30日所有征地项目的失地农民应参加失地农民养老保险而未参保人员4219人，实行精准清理、严格把关，做到应保尽休，共统筹养老保险、医疗保险、失业保险资金37195.37万元。

"两公告一登记"：即征收土地的市、县人民政府在收到省或国务院征用土地批准文件之日起10个工作日内进行"征用土地公告"，国土行政主管部门根据省或国务院征用土地批准文件批准的"征用土地方案"在征用土地公告之日起45日内以村为单位进行"征地补偿、安置方案公告"，被征地农村集体经济组织、农村村民或其他权利人应当在征用土地规定的期限内持土地权属证书（土地承包合同）到指定地点办理征地补偿登记手续。

【土地利用管理】全年加强土地批后监管，严格建设用地备案，强化用地合同管理，提高土地节约集约利用水平。严格执行土地“招拍挂”出让制度。全年拍卖挂牌出让土地8宗27.92公顷，收取土地出让金1830.83万元、滞纳金346.66万元，共2177.49万元。

【矿政管理】 继续推进市场化配置资源，完成《四川省筠连县矿业权设置方案（非煤露采矿种）》《四川省筠连煤炭国家规划矿区矿业权设置方案（修编）》的编制。全年，新增采矿权“招拍挂”1宗，成交价款133万元；延续和变更（含扩大矿区范围）矿山20宗，办结采矿许可证20宗，收取采矿权价款2796.93万元；征收矿产资源补偿费52.22万元、采矿权使用费5.3万元；征收矿山地质灾害恢复治理保证金缴纳入库270.87万元。

【地质灾害防治】 完善地质灾害防控机制，明确应急指挥机构、防御灾害重点与措施等，坚持汛期24小时值班值守。代县政府拟草印发《筠连县2017年度地质灾害防治方案》。全年开展地质灾害避让应急演练274次，参加人数3380人，发布汛期预警信息100余次。巡查地质灾害隐患点280余处，完成地质灾害避让搬迁安置40户，补助搬迁资金280万元，确保群众生命财产安全。

【不动产登记】 坚持“便民利民、优质高效”原则，加强制度建设，建立窗口管理制、岗位责任制、首问责任制、一次性告知制、限时办结制等规章制度，与县房管局沟通协调，完成不动产统一登记数据整合，实现信息互通共享。全年受理不动产登记业务5907件，办结5907件，其中不动产登记查询2517件、不动产权证书1617本（国有建设用地使用权登记13件、房地一体不动产登记1604件）、不动产登记证明1773本。

【土地监察执法】 继续以动态巡查、卫片执法检查为重点，严厉惩治国土资源违法行为。全年开展动态巡查1076次，发现各类违法违规行为98件，立案查处18件，收缴罚没款40.34余万元，对违法行为单位或个人均实施行政处罚，制止率100%。

【煤矿分布及产能】 2017年，全县有中、小型煤矿企业23家，其中国有煤矿2对，即鲁班山北矿、新维煤矿新场矿井；地方煤矿21对，分布在12个乡（镇），其中设计年产能为21万吨的煤矿有6对、设计年产能为15万吨的煤矿有8对、设计年产能为9万吨的煤矿有7对。

【非煤矿山分布及产能】 2017年，全县非煤矿山企业总量为58家，分布15个乡（镇），涉及矿种有石灰石、砂岩、玄武岩、页岩。石灰岩矿有46个，其中设计年产能159万吨的水泥用石灰岩1家（即四川芙蓉集团实业有限责任公司筠连县关刀石石灰岩矿），设计年产能30万吨的建筑石料用灰岩1家（即宜宾弘博贸易有限责任公司腾达镇石灰岩采石场），其余均为10万吨及以下小型矿山；玄武岩矿3个，其中设计年产能40万吨的玄武岩1家（即筠连三益矿业有限责任公司玄武岩采石场），其余均10万吨及以下小型矿山；页岩矿1个，黏土矿1个，砂岩矿7个。全县大部分采石场实行中深孔爆破作业，机械化开采率加大，部分非煤矿山实施标准化建设。全年，开采较为平稳，未发生任何重特大安全事故。

【国土宣传】 2017年，利用“4·22”地球日、“6·25”土地日、安全生产月、国土资源相关会议等契机，通过播放音像、展板展示、发放资料等形式，对土地管理、矿产管理、不动产登记、地质灾害防治等知识进行宣传，发放宣传册6700余份，出动宣传车3次。

【国土信访维稳】 信访维稳，进一步畅通信访渠道，做好群众来信来访，抓好信访维稳工作，坚持“权为民所用、情为民所系、利为民所谋”“和谐是大局”工作理念，坚持领导干部接访下访包案、机关党员干部开展接访、走访、下访活动，了解社情民意，融洽党群干群关系。

信访件办理。扎实开展信访基础业务，积极推进网上信访受理事项，做好“12345”市民热线、“局长信箱”等网上受理办理工作。全年共接待群众来访10批14人次，收到群众来电来信2件，办理“12345”市民热线52件，领导干部共接待群众来访25批次，带案下访5次，收到市县转来信访件27件（其中6件属重复访），均已按时办结，信访件办结率100%、息诉止访率90%。

风险评估。全面推行社会稳定风险评估和大调解工作，矛盾纠纷排查化解率90%以上，针对排查出的问题，及时交办，依法处置，切实解决群众的合理诉求。

【农村土地整治专项扶贫】 2017年，按照县委、县政府精准扶贫工作部署，代县委、县政府拟草印发《筠连县2017年农村土地整治专项扶贫工作实施方案》并组织实施。县国土资源局承担的年度22个扶贫专项项目为巡司镇西牛村土地整理项目，该项目是经《宜宾市国土资源局关于2016年度第一批农村土地整理项目立项的通知》立项批准建设的土地整理项目，项目建设总规模173.63公顷，新增耕地15.84公顷，建成高标准基本农田150.20公顷，总投资486.3万元。至年末，已完成土地平整工程涉及旱地坡改梯面积3.62公顷，格田整理32.12公顷，水田整理25.25公顷，旱地整理73.38公顷；建灌溉与排水工程渠道3条1690.9米，蓄水池4口，田间道配套路边沟640米；建田间道路工程田间道3.0米宽3条4517.7米，生产路（0.8米宽混凝土）11条4224米；其他工程涉及新建标志牌一座，小标示牌28个。新增耕地通过县级初步验收，正组织资料送审计。

【国土对口帮扶】2017年，县国土资源局继续对口帮扶武德乡胜利村，坚持干部职工每月落实帮扶措施2次，局领导班子每2个月研究脱贫攻坚工作1次，主要领导每季度召集乡政府、村支两委、驻村工作组研究脱贫攻坚工作1次，驻村工作组组长每周召集乡政府、村支两委研究脱贫攻坚工作1次。全年，武德乡胜利村“一低五有”“一超六有”“两不愁三保障”均已达标，市、县已验收通过并公示。

（谢先堂）

安全生产监督管理

【安监概况】2017年，县安全生产监督管理深入贯彻习近平总书记、李克强总理关于安全生产工作的重要讲话和指示批示精神，认真落实中央、省、市的决策部署，坚持底线思维和红线意识，全面落实“党政同责、一岗双责、齐抓共管、失职追责”要求，以“减少事故总量，遏制一般事故、杜绝较大事故”为目标，全县安全生产形势持续稳定向好。全年共发生生产安全事故7起、死亡6人，事故死亡数占市控制指标的42.86%，其中生产经营性交通事故6起，死亡5人；地方煤矿事故1起，死亡1人，占市控制指标的50%；事故总量得到有效控制，连续5年未发生较大及以上生产安全责任事故。

【过剩产能化解】2017年，加大化解煤炭行业过剩产能和非煤矿山关闭工作力度，县财政划拨专项资金，积极引导企业主动关闭，完成夏泉煤矿、河坝煤矿、平安煤矿和双腾镇李子坳采石场、莲花采石场的关闭，其中化解煤炭产业关闭煤矿超过市政府目标1个。

【安全责任落实】2017年，组织召开县安委会扩大会6次，召开安全生产大检查、煤矿、非煤矿山、危险化学品、烟花爆竹等会议21次，部署各季度及重点时段的安全生产工作。县安委会、县安办制发安全生产指导性文件156个。组织开展安全生产综合督查2次，促进乡（镇）、部门履行安全监管职责：一是明确领导安全职责。明确所有县级领导联系对口联系乡（镇）安全生产工作；落实县级领导挂包煤矿及部门领导、工程技术人员相关职责，完善煤矿安全监管责任链；健全“一矿一工作组”，实现矿井24小时全覆盖监控。二是充实驻矿安监员力量。招聘25名驻矿安监员，及时分配到矿开展驻矿盯守，督促企业严格落实安全生产法律法规。三是严格监督问责。会同监察局、县人民检察院对安全生产工作进行督查问责，对履职不到位的按规定进行严肃处理。

【安全经费投入】一是安全工作经费投入。在2016年预算987万元的基础上，再追加349万元，各乡（镇）投入安全生产工作经费205.8万元。二是安全隐患整治经费投入。全年投入各类安全隐患整治经费8057.12万元，主要用于地震灾害、地质灾害治理、避险搬迁、防汛等，有效降低安全生产事故发生。三是安全设备投入。投入115万元购置消防器材装备；投入200万元为县矿山救援队购置呼吸器、应急救援车等，提升安全应急救援保障能力。

【安全生产检查】2017年，按照国务院、省、市安全生产大检查工作的安排部署，县政府安委会制发《筠连县安全生产大检查实施方案》，成立以县长任组长、分管副县长任副组长、各行业主管部门主要负责人为成员的全县安全生产大检查领导小组，设立6个综合督察组，督察各乡（镇）、各部门的安全生产大检查工作。7月20日，召开第三季度安委会扩大会，动员部署全县安全生产大检查工作。8月3日，召开脱贫攻坚、安全、信访等工作会议。8月24日，召开县安委会扩大会，对安全生产大检查及相关工作进行再安排、再部署。9月15日，国务院安委会安全生产大检查第22综合督查组由安监总局行管司司长辛广龙带队到筠连督察安全生产大检查工作开展情况。10月22日，国家安监总局王力争专员率国务院安委会安全生产大检查“回头看”督察组到筠连就安全生产大检查工作开展“回头看”督察。通过扎实深入安全生产大检查，确保全县在中共十九大前及会议期间安全稳定。

【重点领域专项治理】巡查检查煤矿企业650矿次，查出安全隐患3640条，督促整改3549条，查处安全生产违法违规行为为12件，罚款175.7万元。

检查非煤矿山313矿次，查出安全隐患621条，督促整改安全隐患607条，查处安全生产违法违规行为为9件，罚款18.98万元。

开展道路交通非法营运、“治乱缓堵”等专项整治，共查处各类交通违法行为35747起，行政拘留24人；查获非法运营50辆，依法扣押35辆，罚款24万元；查处超限车辆60辆，强制制裁980.44吨。

检查危险化学品和烟花爆竹企业、经营点348家次，查出安全隐患88条，督促整改安全隐患81条，查处危险化学品违法违规行为4件，罚款2.58万元。查处非法生产烟花爆竹4起，收缴成品30余万发，烟花火药52公斤，提起诉讼2人。查处非法储存烟花爆竹案件8起，收缴非法储存烟花爆竹产品600余件。

检验锅炉5台，压力容器59台，起重机械20台，电梯136台，压力管道100.2千米，下达安全监察指令书共29份，注销燃煤锅炉16台。

开展消防安全联合执法检查12次，检查单位1563家，发现并整改一般火灾隐患2634处，整改重大火灾隐患

1处,责令"三停"(停止施工、停止使用和停产停业)24家、临时查封23家、行政拘留9人。

督促整改餐饮、食品流通、药品经营企业问题隐患103条,立案查处食品药品违法案件21件,结案6件,罚款8.13万元,移送公安机关侦办4件。

严格落实汛期24小时值班、领导带班等制度,全面排查全县258个山洪灾害危险区,针对性开展转移避险演练,提升群众安全意识和自救技能;做好各级应急预案的完善和物资储备。

查处非煤矿山涉嫌越界开采案件9件,罚款19.8万元;聘请地勘单位全覆盖开展地质灾害隐患大排查,落实监测监控人员270名,发放监测经费151.2万元;投入468.33万元整治腾达镇水茨村2处地灾工程;投入427万元实施61户地质灾害避险搬迁安置;争取省级地质灾害综合防治体系专项资金1786.9万元。

【隐患排查治理】 2017年,组织各乡(镇)、部门开展重大安全隐患排查,排查并向市安办报重大生产安全事故隐患13项。市安办下达挂牌整治重大事故隐患4项,均完成整治。建立重大隐患排查分级挂牌督办制度和重大隐患档案台帐,做到责任、措施、资金、时限、预案"五落实":即各类企业必须落实"党政同责"要求,明确董事长(法人代表)、党组织书记、总经理对本企业安全生产工作共同承担领导责任;必须落实安全生产组织领导机构,成立安全生产委员会,由董事长(法人代表)或总经理担任主任;必须落实安全生产"一岗双责",明确所有领导班子成员对分管范围内安全生产工作承担相应职责;必须落实安全生产报告制度,定期向董事会、业绩考核部门报告安全生产情况,并向社会公示;必须落实安全管理力量,依法设置安全生产管理机构,配齐配强注册安全工程师等专业安全管理人员],定期消除事故隐患,推进隐患排查治理体系建设。指导企业落实隐患排查治理信息系统自查自改自报工作,企业信息填报完成率和录入率、隐患排查整改和上报率、制订标准清单和相关制度上报率等均按要求完成。

【惩治非法违法生产】 2017年,为杜绝煤矿非法违法行为,有效发动群众举报煤矿非法生产经营建设行为,举报奖励金额由3万元提高到10万元,加大对非法违法生产行为的举报奖励力度,在全社会形成"打非治违"高压态势。全年共查处煤矿违法违规案件12件,罚款175.7万元;查处非煤矿山违法违规案件9件,罚款18.98万元;查处危化品违法违规案件4件,罚款2.58万元;查处非法生产烟花爆竹4起,收缴成品30余万发,烟花火药52公斤,查处非法储存烟花爆竹案件8起,收缴非法储存烟花爆竹产品600余件;查处消防违法违规案件88件。

【安全项目建设】 2017年,完成筠连县水洋煤业有限责任公司(水洋煤矿)、筠连县镇舟镇利兰煤业有限责任公司(利兰煤矿)二级安全生产标准化示范矿井建设;完成筠连县兴旺煤业有限责任公司(兴旺煤矿)三级安全生产标准化市级示范矿井建设,其余12对煤矿通过二级或三级标准化验收。完成筠连县镇舟镇利兰煤业有限责任公司(利兰煤矿)瓦斯抽采示范矿井建设和职业卫生示范矿井建设;完成水洋煤矿、汪家沟煤矿市级安全文化示范企业建设。完成非煤矿山视频监控系统建设,

【安全社区建设】 4月18日,县推进办组织塘坝乡、龙镇乡、孔雀乡、高坎乡到宜宾南岸街道办事处参观学习安全社区建设经验。7月25日,邀请市安全社区专家到塘坝乡新建市级安全社区、沐爱镇复评省级安全社区指导;县促进办整合相关部门资源全力支持塘坝乡、沐爱镇安全社区建设。11月29日,市安全社区建设评审组对塘坝乡市级安全社区建设现场评定并顺利通过;沐爱镇通过省级安全社区书面复评。塘坝乡、沐爱镇被评为宜宾市安全社区、四川省安全社区。督促指导巡司镇完成省级安全社区备案工作。

【宣传教育培训】 强化工人安全知识培训。全年共培训煤矿工人2817人、非煤矿山管理人员158人、危险化学品管理人员84人、人员密集场所管理人员26人、烟花爆竹从业人员242人。

强化煤矿技术培训。聘请重庆煤科院专家到筠连对全县煤矿企业机电矿长、监控员进行瓦斯监控系统设置、调校等方面专项培训;外聘专家对全县煤矿总工、技术人员进行业务知识和专业技能安全培训。

强化监管人员业务和职责职能培训。组织产煤、产矿乡(镇)主要领导、分管矿领导和安办主任进行煤矿、非煤矿山、危险化学品、建筑、交通、消防、山地灾害、防汛等业务培训和现场教学,提升基层一线管理人员的安全业务水平;邀请市安全监管局领导向全县涉煤乡(镇)和煤矿矿长讲授安全生产法律法规知识和法律责任。

开展青年职工安全知识竞赛。4—5月,县安委会、县委宣传部、县总工会、团县委等联合组织全县6000余名干部及企业职工参加青年职工安全知识有奖竞答和竞赛,其中10人获得有奖知识问答奖,巡司镇获知识竞赛一等奖,经信科技局、维新镇、联合苗族乡获二等奖,镇舟镇、教育文广局、国土资源局、高坎乡获三等奖。5月19日,组织180余家企业代表和县、乡(镇)安全监管人员共800余人参加落实安全生产主体责任宣誓暨万名职工"三不伤害"签名活动启动仪式;组织22家单位300余人参加全县应急救援综合演练,提升应对灾害指挥决策能力、快速反应能力、协同处置能力、综合应急救援能力。

开展"6月安全生产月暨宣传宣传咨询日"活动,县主要活动现场布置展板120余块,发放安全知识宣传单或手

册38种共3万余份、安全知识宣传画册160余套2500余张、安全宣传手袋2000个、安全警示光碟1000余份、安全宣传毛巾1000余张，千余名群众参加现场安全咨询。同时，各乡（镇）也开展有针对性的“安全宣传咨询日”活动，采取多种方式宣传安全知识，营造安全氛围，提升安全意识，将“安全生产月”各项工作推向高潮，营造群众人人参与、人人支持的良好氛围。

【职业健康工作】一是组织开展职业健康基础建设示范创建活动，在西南水泥厂、利兰煤矿开展基础建设示范企业创建，已经市安全监管局验收。二是组织开展职业病危害严重企业现状评价，全县有15家企业开展职业病危害防治评估，其中3家企业接受省安监局的考核评比。三是职业健康“三同时”，组织作业场所开展职业病危害申报，职业病危害因素检测，接触职业病危害因素劳动者的职业健康检查、可能产生职业病危害的新改扩建项目的职业健康“三同时”，职业健康“三同时”达到90%。全年，全县未发生职业病危害群体性事件，或因职业病防治工作不力，造成严重社会负面影响的事件。

【安监队伍建设】一是通过聘请专家授课方式，以理论与实践相结合为重点，现场为乡（镇）安全生产分管领导、安办工作人员及站（所）人员就煤矿、非煤矿山、危险化学品、建筑、消防、交通、防汛、地质灾害等行业业务知识进行培训，直观讲解各行业安全生产监管重点和难点，有效提升基层监管人员业务水平。二是邀请市安委会专家对乡镇、部门安全监管人员就新形势下安全生产工作要求，乡镇、部门如何履行安全监管职责，安全生产领域改革发展意见的重要内容以及安全生产责任追究等内容进行讲解，提升基层安全监管人员依法履职意识和能力。三是招聘25名驻矿安监员派驻煤矿，开展24小时盯守。四是组织32名职工参加全市安监系统军事培训。

【安监对口帮扶】2017年，县安监局继续对口帮扶巡司镇杨柳村，巩固杨柳村整村脱贫成果。一是组织职工开展春节慰问、春耕走村入户，指导督促产业脱贫项目实施。二是针对性的制订2017年脱贫攻坚工作方案，落实杨柳村“四好新村”设计和项目实施建设。三是组织贫困村民到镇舟镇马家村学习养牛经验，组织村支“两委”人员到高县考察学习脱贫攻坚工作及村级阵地建设。四是投入资金1万元开展杨柳村党支部党建示范脱贫项目。五是有序推进杨柳村3户、12人脱贫任务及帮扶措施。六是争取省安监局划拨专项资金，会同扶贫移民局在全县开展送技能到基层、助力脱贫攻坚活动，安排110名贫困户参加电工、挖掘机、铲车特种作业人员培训。七是12月13日，省安监局局长孙建军到巡司镇西牛村以“凝心聚力，感恩奋进，在西牛村脱贫攻坚中作出更大贡献”为主题的党课报告。

【矿山救援】2017年，县矿山救援队签订煤矿救护协议22对，非煤矿山55个、4700立方米LNG储罐区1个。严格按照《矿井预防性检查制度》的原则、方法、步骤、统筹安排，协调处理，深入井下开展矿井预防性检查。一是煤矿复工复产入井侦察18个矿井，查出安全隐患290条，提出合理化建议50条，共出动车辆18台次，人员150人次。二是开展煤矿瓦斯排放7矿次，解放巷道9200余米，出动车辆14台次，人员103人次。三是开展预防性安全检查7矿，检查出安全隐患140条，提出合理化建议60条，出动车辆7台次，参加人员56人次。四是启封密闭16道，恢复巷道3850余米，出动车辆18台次，人员162人次。五是检查永久性关闭煤矿6个。

（陈永刚 何刚）

财政管理

【预算收入】2017年，全县实现一般公共预算收入65349万元，增长8.52%。其中税收收入24854万元，占比38.03%，下降9.73%；非税收入40495万元，增长23.91%。分征收部门为：国税完成11993万元，地税完成12811万元，财政部门完成40545万元。

【预算支出】2017年，全县实现一般公共预算支出249233万元，完成调整预算的100%。按照“保运转、保民生、转变财政支持产业发展方式”的原则，优化财政支出结构，盘活财政存量资金，继续加大对“三农”、教育、社会保障、医疗卫生、文化等民生领域的投入力度，全县财政涉及民生的相关支出16.96亿元，占一般公共预算支出的68.05%，增长9.44%，各项民生政策的落实保障有力。

主要项目支出为：1.一般公共服务支出20021万元，增长2.61%。2.公共安全支出11257万元，增长26.91%。3.教育支出51637万元，增长5.74%，其中县级财力安排44043万元、增长5.01%。4.科学技术支出1688万元，增长7.93%，其中县级财力安排1408万元、增长1.44%。5.文化体育与传媒支出2634万元，下降12.90%，主要是年度农村公共文化服务体系建设上级补助减少763万元。6.社会保障和就业支出33824万元，下降7.81%。7.医疗卫生与计划生育支出21836万元，下降23.85%。8.节能环保支出15948万元，增长26.54%，主要是年度中央省市下达关闭煤矿补助增加支出14390万元。9. 城乡社区事务支出7668万元，增长22.45%，主要是年度地方政府债券安排城南新区和巡司滨河景观工程建设项目12400万元。9. 农林水事务支出42343万元，增长2.74%，其中县级财力安排23983万元、增长11.82%。10. 交通运输事务支出12825万元，下降15.86%。11. 资源勘探信息等事务支出5689万元，增长94.76%。12. 国土资源气象事务等支出4900万元，增长

124.67%。年度新增建设用地土地有偿使用费对应安排的支出从政府基金纳入一般预算增加支出 1050 万元，上级补助地质灾害防治资金增加 1965 万元。13.住房保障支出 11385 万元，增长 8.72%。

【预算收支平衡】2017 年，全县财政预算收支平衡。全县一般公共预算收入共 268616 万元，其中一般公共预算本级收入 65349 万元、上级返还性补助 -4955 万元、一般性转移支付 115816 万元、专项补助 62659 万元、地方政府一般债务收入 26400 万元、加上 2016 年结转结余 2761 万元、调入预算稳定调节基金 232 万元、调入资金 354 万元。全县一般公共预算支出共 268616 万元，其中一般公共预算支出 249233 万元、债务还本支出 3500 万元、上解支出 3825 万元、安排预算稳定调节基金 7209 万元、年末上级补助专款结转结余 4849 万元。

【政府性基金预算收支】2017 年，全县政府性基金预算收支平衡。全县政府性基金预算收入 29623 万元，其中政府性基金预算本级收入 5695 万元、上级专项补助 1918 万元、地方政府专项债务收入 21500 万元、2016 年结余 510 万元。全县政府性基金预算支出 29623 万元，其中政府性基金预算支出 23086 万元、债务还本支出 6000 万元、调出资金 354 万元。

【对上争取资金】2017 年，争取到上级一般性转移支付补助 115816 万元，增长 11.13%；专项转移支付补助 62659 万元，增长 12.67%。做好增量债券建设项目申报和对接工作，争取到增量债券资金 38400 万元，增长 22.68%。

【惠农支出】2017 年，全县支农资金预算投入 19018.15 万元，其中中央省级资金 14900.19 万元、市级资金 1431.5 万元、县年初预算资金 2686.46 万元，本级财政农业专项资金增幅达 10.23%。

稳步推进耕地地力保护补贴、退耕还林等惠民补贴兑现工作。全年省级下达筠连耕地地力保护补贴资金共 3148.76 万元，及时与项目主管单位衔接，制订实施方案，核实全县耕地实际面积，7 月，补贴资金 3167.28 万元（含 2016 年结余资金 14.81 万元、县级配套 3.71 万元）通过“一卡通”全部补助到农户手中。省级退耕还林资金 823.14 万元下达到专户，主管单位根据实际情况进行兑付。

涉农资金整合。2017 年，筠连被纳入全省贫困县开展统筹整合使用财政涉农资金试点县，可对省级及以下财政安排用于农业生产发展和农村基础设施建设等方面的资金统筹整合使用。全年，统筹整合使用财政涉农资金使用方案脱贫攻坚领导小组审批后完成上报，整合财政涉农资金 98120149.33 元，其中符合整合要求的省级资金 66498350 元、市级资金 11175000 元、县级资金 20446799.33 元。

集中精力抓好一事一议、幸福美丽新村、乌蒙新村项目建设财政投入。1.县一事一议上级财政奖补资金共 1995 万元，根据各镇乡村情实际情况下达资金额度分配方案，各乡（镇）根据额度情况、村民积极性、农民负担等各项指标综合从项目库中选取项目申报项目，年末乡（镇）申报的项目通过农村综合改革小组办公室会议评审，资金已通过大平台到各乡（镇）组织实施。2.2017 年，省级下达筠连县幸福美丽乡村项目资金共 1612 万元，根据实际情况实际，编制完成年度美丽乡村共 21 个新村聚居点方案，已通过实际评审，资金通过大平台下达到乡（镇）组织实施。3.加大肉牛养殖、茶产业财政扶持力度，大力发展现代农业。围绕产业转型目标，全年县级将继续稳步推进肉牛、茶叶产业发展，各级财政安排用于肉牛产业发展资金 1250.98 万元，现代农业推进工程项目川茶产业发展项目 150 万元。

【民生工程保障】2017 年，在保证基本公共服务合理需要下，确保九大民生工程和十七件民生实事资金需求。

扶贫解困。全年有效整合资金 9812 万元，集中财力抓好一事一议、幸福美丽新村、乌蒙新村项目建设投入，继续稳步推进肉牛、茶叶等现代农业生产发展。落实精准扶贫资金 9852 万元，重点用于易地扶贫搬迁、贫困村产业扶持基金、建档立卡贫困子女上学兜底和健康扶贫等。至年末，贫困村产业扶持基金规模达 3324 万元，插花贫困户产业扶持基金规模达 783 万元，每贫困村超过 52 万元。落实城乡居民医疗救助资金 2535 万元，解决城乡困难群体看病难问题。落实残疾人扶持资金 845 万元，用于重度残疾人护理、贫困生活补贴、康复、就业、托养。

教育助学。落实“三免一补”，免除义务教育学校学生学杂费、书本费和作业本费 4285 万元，寄宿贫困学生生活补助费 301.75 万元，家庭经济困难中职学生资助 341.35 万元，家庭经济困难普高学生资助 369.9 万元，学前教育困难儿童资助 402 万元。落实 20.65 万元，兜底贫困户子女就学保障。落实 5027.44 万元，实施营养改善计划，惠及学生 44351 名。落实 6399 万元，解决筠三中、巡司中心校、海瀛小学迁建和全县义务教育学校教仪设备购置。落实 3724 万元，推进农村义务教育薄弱学校校舍及教师周转宿舍建设。落实 1364 万元，发展学前教育。

医疗卫生。落实 12000 万元，用于 5 个片区医疗次中心、县医院妇外大楼、中医院建设。落实公共卫生服务资金 3215 万元，提高全县基本公共卫生服务水平和全民保健。落实 83 万元，取消县级公立医院药品加成。落实 779 万元，实施基本药物制度改革。落实 282 万元，用于食品安全能力建设和开展食品安全监管。

社会保障。落实城乡低保资金 4630 万元、城乡居民养老保险资金 5146 万元、城乡居民医疗保险资金 2155 万元、社会养老服务体系建设资金 426.61 万元。

就业促进。落实就业补助资金1970万元,用于全县待业人员职业培训补贴、社会保险补贴、求职创业补贴、贫困地区返乡创业贷款分险基金等。

百姓安居。落实7312万元，实施棚户区改造。落实2853.5万元,实施农村危房改造。落实2469万元,用于地质灾害综合防治体系建设。

民生基础设施。落实3046.51万元,新建农村公路55千米。落实289.73万元，实施公路路侧护栏安保。落实1068万元,巩固提升农村饮水安全。

生态环境。落实自然生态保护资金316.5万元、天然林保护资金100万元、退耕还林资金974.48万元、重点流域水污染防治资金1523万元、乡(镇)场镇污水处理资金318万元、城乡环境综合治理资金300万元,推动"绿色筠连、生态筠连、宜居筠连"建设。

文化体育。落实文化体育资金1413.19万元,实施文化惠民,建设农家书屋和农村公共文化服务体系,确保广播电视村村通和"两馆"免费开放。落实2811万元,推进县文体中心建设。全年完成31个预脱贫村文化室建设,农家书屋、农村文化广场等文化阵地有效运行。

【盘活存量资金】 继续盘活财政存量，动态清理存量资金,确保应收尽收,调整支出结构不合理造成的存量,提高资金效率。全年收回财政存量资金12500万元,其中重点项目支出3299万元、消化历年无预算支出挂账9201万元。专项清理财政对外借垫款,收回财政对外借款638.55万元,按程序审批后,将往年收回结余资金作为财力消化垫付款11287.63万元。

【债务管理】 经省财政厅核定，县第十六届人大常委会第9次会议审议批准，全县地方政府债务限额212630万元。年初全县地方政府债务余额159999万元,省财政厅核定当年新增重大基础设施建设项目债券转贷资金债务38400万元，减去当年消化债务988万元，当年净增债务37412万元,年末债务余额197411万元,没有突破限额。进一步优化债务期限结构,争取到置换债券资金9500万元,累计完成104300万元存量债务置换,置换率94.47%。

【政府与社会资本合作(PPP)】 全县增加采购PPP咨询机构2家。全年完成项目入库6个，概算总投资22亿元。完成采购PPP项目1个(即筠连县交通基础设施建设PPP项目),该项目包括G246线(原S206)线筠连县城绕城段新建工程、县乡道改善提升黑化工程、省道S444筠连段(水茨口至腾达)升级改造工程、G246线蒿坝至牛街段提档升级建设工程、定水五桥新建工程、海瀛工业园区四期道路工程6个项目。

链接:2017年PPP项目推荐会

2017年9月5日，筠连县2017年PPP项目推荐会在县会议中心召开。副市长、县委书记王萍,县长刘朝平出席会议;县委常委、县委办主任罗吉义、副县长邓伟参加会议。会上,相关负责人介绍年度筠连PPP项目的基本情况及边界条款。来自中煤第三建设集团有限公司、中国葛洲坝集团股份有限公司向家坝施工局等近30家企业的代表和县域各项目的实施单位进行具体的情况交流,表示出对PPP项目浓厚的兴趣。县委常委、常务副县长李勇主持会议。

刘朝平介绍县情,指出PPP项目对推动全县基础设施及公益设施建设具有重要意义,是推动全县经济社会持续健康发展的重要举措。县级各部门务必高度重视,细化工作责任，要把学到的先进理念和方法运用到实际工作中去,尽快形成几个可复制、可推广的实施范例,助推更多更好的PPP项目落地,努力开创县政府与社会资本合作工作新局面,为经济社会发展打造新动力、新引擎。希望各企业家在了解筠连的PPP项目后，与相关单位进行深入磋商,早日牵手并签订合作协议,达到双赢的目的。

全县2017年度推出交通基础设施PPP打包项目投资6.88亿元、县职业技术学校二期工程建设项目2.21亿元、县文化体育中心项目2.8亿元、县景阳片区棚户区改造项目11.65亿元,4个项目总投资23.54亿元。

【政府采购监管】 继续强化政府采购活动监管。在采购前,加强采购计划备案环节预算编制、需求论证、采购方式审核和评审专家抽取管理;在采购后,加强履约验收、付款报账资料审核。配合做好机动车保险、居家养老服务、雪亮工程、电子商务进农村示范县、学生营养餐、公路建设PPP等采购项目落地,协调处理好采购活动中当事人反馈问题。全年,完成9家社会代理机构入筠连备案审核监管,完成政府采购监管内控机制建设自查报告、省委省政府十项制度回头看采购自查整改报告、政府采购信息公开自查报告编报工作，参加全省政府采购代理机构监督检查考评。全年,县财政共审核备案单位采购计划329个,单位申报采购预算135618.22万元,核定采购预算135597.6万元(其中网上竞价297.05万元、批量集中采购165.02万元),审减资金20.61万元。采购代理机构累计执行283个采购项目,预算采购资金24027.42万元(未含2个PPP项目采购预算105200万元),实际采购金额23120.99元,节约采购资金906.43万元,节约率3.77%。

【财政投资评审】 完善台帐管理制度，制订评审项目动态统计表,建立限时办结工作制度。对资料齐全、符合评审要求的项目,送审金额200万元以内的,原则上15个工作日内完成;送审金额200万元以上的,原则上20个工作日内完成;对政府交办的较急的招标控制价项目,原则上不超过10个工作日。全年,共完成评审报告325个,送审金额142510.58万元,审定金额116378.99万元,审减金额

26131.59万元，审减率18.34%。其中变更工程69个，送审金额6911.15万元，审定金额5900.41万元，审减金额1010.74万元，审减率14.62%。

【财政改革】一是深化公务卡改革。全年预算单位公务卡办卡1266张，公务卡消费150.21万元，增加5.15万元，增长3.55%；现金支付847.97万元，减少55.65万元，减幅6.16%。严格公务卡消费强制结算目录，扩大公务卡适用范围，提高公务卡消费比例；强化预算执行动态监控和现金管理，拒绝单位违规支付行为，"三公"经费下降8.62%。二是推进预决算公开。认真落实《关于进一步推进预算公开工作的意见》实施方案和预算公开具体操作规程，制发《筠连县预决算公开工作实施方案》，依法及时、规范、全面公开2017年预算和2016年决算。三是跟进财税改革。完成环境保护税改革前期工作；完成水资源费改税前期调查报表工作。

【财政监督检查】一是贯彻中央八项规定，推动监督检查常态化。结合预决算公开专项检查，开展切实解决"三公"经费支出过大、乱发钱物及变相公款旅游问题整治。组织开展"全面严肃财经纪律、严格部门预算管理"专项检查，开展滥发奖金工资补贴专项整治整改、"顶风违反中央八项规定精神仍时有发生，防止超预算安排公务接待费"问题专项检查。完成县委巡察组交办的林业局、档案局、双腾镇政府专项检查任务。二是继续开展私设"小金库"问题整治，制发《筠连县"小金库"专项治理工作方案》，结合财政会计信息质量检查、财政资金安全检查、非税收入专项检查、内部控制制度检查等，对工商局、残联、档案局、农业局、筠连镇政府，双腾镇政府，塘坝乡政府7个单位开展"小金库"专项检查，未发现私设"小金库"行为，对检查中发现的单位会计基础不规范等问题处以行政警告、罚款，责令限期整改。三是解决村级组织财务管理混乱问题。制发《筠连县切实解决村级组织财务管理混乱问题专项治理工作方案》，协同农业局制发《关于进一步加强和规范村级财务管理工作的通知》，村级资金实行专户管理。协同县委组织部、农业局开展村组干部财务知识培训1期。指导各乡（镇）财政所按照《筠连县乡镇财政资金监管工作抽查巡查工作制度》对村级资金实施抽查巡查，强化村级财务日常监管。坚持扶贫资金月检月报制度，会同相关部门全面自查全县四项扶贫基金管理和使用情况，重点检查2015年后财政扶贫专项资金项目建设、资金管理使用情况和项目实施情况，开展集中清理截留套取挪用财政专项资金工作，及时纠正存在问题。

【会计事务】按照《四川省财政厅关于开展行政事业单位2017年度内部控制报告编报工作的通知》《宜宾市财政局关于开展行政事业单位2017年度内部控制报告编报工作的通知》要求，迅速开展全县行政事业单位内部控制报告编报工作，全县150个行政事业单位按要求进行系统填报、自我评价、总结上报等工作。

【政府性基金和行政事业性收费清理规范】根据财政部 国家发改委《关于清理规范一批行政事业性收费有关政策的通知》的要求，联合县国土资源局、县规建城管局、县农业局、县林业局、县环保局、县水务局、县食药监局、县质监局、县交通运输局、县公安局、县发改局等部门对全县政府性基金和行政事业性收费进行清理、规范。自2017年4月1日起，取消房屋转让手续费、白蚁防治费等涉企行政事业性收费12项，停征植物新品种保护权收费、认证费、检验费等涉企行政事业性收费23项；取消兴奋剂检测费、培训费等涉及个人事项的行政事业性收费4项，停征登记费、依申请提供政府公开信息收费等涉及个人事项的行政事业性收费2项。

【基建投入与管理】强化资金监管，严格按照审批程序划拨资金，及时跟踪项目单位资金的使用效益，绩效评价沐爱小城镇建设项目、发改局石漠化项目、乡（镇）污水处理项目等，监督单位执行各项财经政策，提高使用效益。

严格审批拨付资金，全年审核拨付22299.69万元，其中交通农村公路建设资金7100万元、市政建设资金1750万元、石漠化治理资金89.33万元、安全饮水工程262.24万元、污水处理资金168.28万元、社会就业保障资金429.84万元、水库资金12500万元（其中王家沟水库6200万元、后沟水库6300万元）。

【乡（镇）财政管理】2017年，持续推进乡（镇）财政管理改革，从组织领导、财政改革、资金监管、队伍建设、基础管理5方面细化指标，一是加强乡（镇）财政规范运行，提高乡（镇）财政管理水平。全年，县财政划拨到乡（镇）财政所资金共24314万元，增长8.38%。其中对乡（镇）财政体制补助13801万元，义务兵优待金、三支一扶、大学生村官工资等结算补助3892万元，专项补助6621万元，县财政对乡（镇）的专项补助主要用于脱贫攻坚、场镇街道维护、环境卫生整治、乡风文明建设、安全生产监管、维稳信访调解、关心下一代、农村基层组织活动、公共服务运行等。二是加大县级财政资金补助力度，推进乡（镇）基础设施、场镇街道维护、环境卫生整治、乡村文明建设、安全生产监管、维稳信访以及农村公共服务等工作，提高乡（镇）财政保障能力，确保乡（镇）政权运转财力需要和公共服务及履职能力。三是培训，组织乡（镇）财政工作人员开展大平台操作、账务处理、乡（镇）财政资金监管、村级财务管理、涉农资金及项目报账等培训，提升财政干部业务技能和综合素质。组织人员参加省级培训，提高乡（镇）财政工作人员依法理财、依法管理水平，完成省财政厅年度乡（镇）财干部培训。

【扶贫专项资金保障】因地制宜制订扶贫产业基金管理办法。全年全县贫困村产业扶持基金规模达3324万元，每贫困村平均54.5万元，超过52万元的要求。插花贫困户产业扶持基金规模达783万元。根据省、市相关要求，结合筠连实际制发《筠连县贫困村产业扶持基金管理实施细则》，至年末，已划拨贫困村产业扶持基金3324万元、插花贫困户产业扶持基金783万元到乡(镇)实施项目。

牵头制订小额信贷分险基金管理办法。根据省、市相关文件要求，制发《筠连县扶贫小额信贷实施细则》，全县小额信贷基金规模1200万元，与3家银行签订合作协议按1:10比例放大，至年末全县已累计完成贫困户贷款发放14011.73万元。

完成扶贫资金项目的编制。按人均2000元标准安排用于年度预脱贫贫困户产业发展，已划拨1835万元到乡(镇)实施。年度县级财政专项扶贫资金(含2014、2015已脱贫人口发展资金)1681.9万元。

基准使用财政专项扶贫资金。全县年度财政专项扶贫资金6446.9万元，严格按照省、市、县《财政专项扶贫资金管理办法》，精准使用财政扶贫资金，确保财政专项扶贫资金投放到贫困村、贫困户。

着力扶贫攻坚，落实县级扶贫配套资金。年初县级预算扶贫资金1580万元，年初县级预算扶贫资金1000万元，增幅58%，全年县本级一般公共预算收入增幅2%，完成县本级财政年初预算安排的财政专项扶贫资金增幅达到本级一般公共预算收入增幅20%以上的任务。

【财政资金安全制度建设】继续深化内控制度建设，筑牢财政资金安全保障机制。

配合相关部门制发《筠连县财政专项扶贫资金管理办法》《筠连县卫生扶贫救助基金使用管理办法》《筠连县流浪乞讨人员救助补助资金管理办法》《筠连县贫困村产业扶持基金使用管理实施细则》《筠连县扶贫小额信贷分险基金管理实施细则》等制度，制发《筠连县财政局"小金库"专项治理工作方案》《筠连县财政局切实解决村级组织财务管理混乱问题专项治理工作方案》《筠连县财政局开展"三公"经费专项治理工作方案》，规范财政资金管理使用行为。

修订完善财政信息公开管理办法，全面梳理公开财政预决算、三公经费、专项资金、行政职权和办事服务流程。贯彻落实《四川省行政权力依法规范公开运行电子监督办法》，根据新修订的政府采购货物和服务招投标管理办法、会计法动态调整财政行政权力，通过平台依法规范公开，广泛接受社会监督，努力打造阳光财政。

加强内控管理，全年，按照中央省市要求，指导全县150个行政事业单位完成内部控制报告编报工作，选取财政局机关农业股和政府采购监督管理股、抽取全县10个单位、乡(镇)开展内控检查，督促指导单位整改。

【财政专项扶贫资金管理办法】2017年11月16日，为进一步规范财政专项扶贫资金使用和管理，提升资金使用效益。依据国家和省市有关扶贫开发方针政策，结合实际，制发《筠连县财政专项扶贫资金管理办法》，该办法分总则、预算安排与资金分配、资金支出范围与下达、资金管理与监督、附则，共5章34条，自发文之日起执行。

【财政信息公开】县财政局本着"为民服务""阳光财政"原则，全年主动公开政府信息共260条，其中政策文件25条、工作动态30条、重要会议5条、执法监督6条、公示公告30条、预决算及"三公"经费35条、专项资金40条、政府采购与招投标47条、行政事业性收费5条、其他财政信息5条、其他信息32条。全年无因政府信息公开申请行政复议、提起行政诉讼情况。

【财政对口帮扶】2017年，县财政局继续对口帮扶大雪山镇槐坪村、大榜村。结合槐坪村、大榜村自然生态条件，配合抓好贫困户发展养殖业，鼓励贫困户因地制宜发展养殖业增加收入。协调落实槐坪村项目资金80万元，完成易地扶贫搬迁2户；财政局共300余人次到槐坪村、大榜村开展以贫困户、残疾人、留守儿童为重点捐赠对象的帮扶活动，捐赠价值12000元的大米、白糖、食用油等生活物资。"扶贫日"机关和干部职工捐款12365元。组织开展栋梁工程、爱心包裹捐赠活动，捐款12000元。

【财政要事】2017年2月24日，省财政厅办公室综合科副科长李洵、财政厅农业处综合科副科长吴昊洋、四川日报记者李岩及市财政局办公室副主任钟涛、农业科副科长蔡博一行到筠连镇五凤村、双腾镇德胜村开展财政扶贫攻坚政策推进落实情况采访调研工作，县财政局副局长章兆伟等陪同。9月7日，省财政厅财政信息中心主任王铮宇、信息中心科长郭锐到筠连调研易地扶贫搬迁资金管理信息系统运行试点工作情况，肯定筠连易地扶贫搬迁资金管理信息系统试点工作。12月26日，毛主席诞辰124周年纪念日，县财政局党组、机关支部及中共党员到大雪山镇开展"'扶贫送温暖 雪山砺党性'暨城乡党建结对共建特色主题党日"活动。

(黄永超)

国家税收征管

【国税组织收入】2017年，国税工作以组织收入、征管改革、纳税服务，党的建设、队伍建设等为重点突破，各方面工作皆取得突出成效。全年,县国家税务局共组织税收收入2.72亿元,增长36.17%,增收7224万元;县级一般预算收入1.2亿元,增长57.38%,增收4325万元。税收总收入和县级收入同比增幅和增收均创近4年的新高。一是强化风险管理,开展纳税评估工作。全年累计评估入库税款639.05万元,任务准期完成率100%、任务准确率100%。二是开展专项整治,加大税款清缴力度。全年清理新欠760万元,增加453万元,新欠清理率72.30%;清理2016年陈欠336万元,增加317万元,全年欠税变动率下降2.93%。三是加强税务稽查,增强税收执法刚性。着力整顿税收秩序,通过辅导自查、随机抽查、专项检查、案件协查入库税收769万元,稽查选案准确率100%、准期结案率100%、入库率100%。

【国税征管改革】 一是全国首创“模糊查询”开票技术。在全国率先开展“模糊查询”开票技术工作的探索,获国家税务总局局长王军批示和各级领导肯定。进一步落实税务系统“放管服”改革,营造筠连更加宜商宜业和谐征纳环境。二是有序推进征管转方式。作为全省征管基础事项规范6个试点单位之一,以分级分类管理为核心,由存续的税收基础事项部门实行分重点纳税企业、分行业和统筹个体工商户的管理模式,全面提升税收征管效能。三是全面深化国地税合作。互派干部进驻办税服务窗口,互通协作,着力“一窗一人”联合办税。联合清理税收数据,全面完成税户普查工作,综合认证率排名全市第3名。

【国税纳税服务】 一是落实税收优惠政策。2017年,共实现税收优惠政策1.03亿元,其中减免税5534万余元,办理出口退税152.51万元。二是提升纳税服务质效。组织开展结构性减税政策培训、小微企业纳税辅导等各类培训辅导活动20余次,编发宣传册3000余份。三是优化税收营商环境。配合开展国家税务总局经济税收工作,组织团队实地调研10余次,向国家税务总部提出经济招商引资税收建议5条。促成招商企业税收落地,提升纳税人满意度,进一步优化县域营商环境。下半年县国税局纳税人满意度在全省209个测评单位中居第26名,综合位列全市第2名。

【国税党的建设】 一是做实党建基础工作。坚持党建引领贯穿税收工作,始终借助“三会一课”“七点半课堂”等学习中共十九大精神,深入开展“两学一做”学习教育,全年开展学习活动45次,参加学习500人次,学习习总书记重要讲话、中共十九大报告等内容60余篇。构建党组、党委、支部、党员“四位一体”的党建工作格局,全面打造条块结合的基层党建模式,抓实党组统筹、党委统揽、支部统管与党员自管,推动全面从严治党向纵深发展。二是做亮党建特色工作。与春风村开展组织联建共建,将“支部+基地+窗口”共建模式深化发展为“三联三促”特色党建工作法,促春风党建新发展;阵地联创,促春风平台新拓展;实事联办,促春风服务新局面,培树形成“筠税春风”党建特色品牌被省国税局表彰认定并授牌。县国家税务局被确定为国家税务总局征管和科技发展司基层党建对口联系点,共同开展“转方式 走基层 强党建 喜迎中共十九大”主题党日活动。三是做好党建扶贫工作。切实强化基层党组织的政治功能和服务功能,实施党委牵头,工青妇带动,党员先锋队服务的“1+3+N”扶贫模式,精准对焦脱贫攻坚,建立“一对一”对口帮扶手册,坚持一户一策,结对精准帮扶,县国家税务局被表彰为全省国税系统第一批脱贫攻坚先进集体。

【全市国税系统党建工作现场会】 1月12日,全市国税系统党建工作现场会在筠连召开,市国税局党组成员、总经济师、机关党委书记吴忠源率市国税局机关党委、机关党办负责人出席,全市各县(区)国税局和直属单位党建工作分管领导、机关党委书记、党支部书记及党办主任近100人参加会议。会议总结全市国税系统2016年党建工作,安排部署2017年党建工作。唐智代表县国税局党组作党建工作经验交流和党建品牌培树交流,徐秀云代表县国税局作精准扶贫经验交流。

(詹凤翔)

地方税收征管

【地税收入】 2017年,地方税收征管工作围绕市地税局“稳位增效”工作总基调,克服宏观经济形势下行压力持续加大、实体经济发展困难、营改增全面实施、结构性减税政策不断推进等因素影响,坚持绩效管理,狠抓措施落实,全力组织地税各项收入。全年共组织各项地方税务收入17686万元,其中税收入库15565万元、基金附加入库2121万元,县级一般预算收入12812万元。

【地税税收执法】 一是强化执法监督。在推动依法治税进程中,严格履行“四个亲自”(重要工作亲自部署、重大问题亲自过问、重点环节亲自协调、重要案件亲自督办)职责,实行选案、检查、审理、执行四环节分离,强化对税收执法权的监督制约。二是健全监督机制。开展行政审批清理工作,审批时效平均缩短30%。三是惩治涉税违法行为。采取“拉网式”方法,全面开展清理漏征漏管户行动。全年共检查纳税人16户，组织企业自查150户，实现查补收入总额1221.05万元，其中稽查直接查补收入272.14万元、辅导自查收入948.91万元。四是强化税收风险防控。全年处理涉税风险纳税人共340户，查补入库税款343.32万元，加收滞纳金24.59万元。

【税收征管】2017年，全面推进核心业务变革，提升税收征管质效。一是“两税”开征。按照省、市、县部署，全力做好环境保护税和水资源税开征前期准备，制订环境保护税和水资源税征收工作实施方案，“两税”开征工作已全部准备就绪。二是企业所得税征管。形成按季预缴、年终汇算清缴的管理机制。全年汇算清缴2016年度企业133户，辅导纳税人补缴税款333.90万元。三是个人所得税征管。全年入库个人所得税2555万元，其中工资薪金所得个人所得税1492万元，增收433万元，增幅40.89%，占税收总额的10.03%；深入推进个人所得税全员全额明细扣缴申报工作，累计年所得12万元以上个人所得税自行申报165人，增长35%，增加43人，入库税款281万元。个人所得税每月明细申报覆盖率均97.5%以上。四是加强自然人股权转让所得税征收管理，制发《自然人个股转让所得税征收管理工作办理流程》，与县工商局合作及时获取股权转让信息，严管股权转让涉税事项，减少税源流失。五是开展协税护税。细化分工，严格考核，进一步加强信息管税，推进政府部门之间信息共享，为构建综合治税格局、地方税收收入规范运行奠定基础。六是开展耕地占用税和资源税清理。把税收清理作为挖潜增收重要切入点，开展违法建设违法占地整治专项行动，全年共清理入库耕占税2007万元、入库矿产资源税326.44万元。

【地税纳税服务】一是贯彻落实国务院6项减税措施，完善首问责任、限时办结、预约办税等制度，及时发布纸质和电子的最新优惠政策解读。全年，全县享受各类税收减免优惠政策企业5781户，减免税收5816万元。二是持续开展“便民办税春风行动”。围绕便捷提效，切实提升办税效率，提高纳税人满意度。三是落实办事流程，明晰部门职能，全面简化纳税程序，精简表、证实“窗口受理，内部流转，限时办结，窗口出具”，通过调、单、书，减少涉税手续和环节。四是优化办税环境，开展纳税人满意度测评和纳税人服务需求调查工作，加强纳税信用评价结果应用，以征信互认为基础，加强税银互动，助力小微企业发展。五是推进国地税合作，索推进国地税“一窗式”服务。开展国地税联合执法，推进国地税涉税信息共享。“一窗式”联合办税已正式运行。

（周万刚）

军　事

筠连县人民武装部

【人武概况】 2017年，县人武部以迎接中共十九大召开、学习宣传贯彻中共十九大精神为主线，牢固确立习近平强军思想指导地位，着眼听党指挥铸军魂，备战打仗强能力，调整改革抓主业，依法治军保稳定，军民融合促发展，各项工作稳步推进、有效落实。县征兵办被市政府、宜宾军分区表彰为大学生征兵工作先进单位，人武部机关党支部被省军区表彰为先进基层党组织，大雪山镇、乐义乡武装部被宜宾军分区表彰为基层建设先进武装部。

【思想政治建设】 以迎接中共十九大召开、学习宣传贯彻中共十九大精神为主线，结合“维护核心、听从指挥”主题教育和“两学一做”学习教育常态化制度化，分层次带头学习中共十九大精神6次，参加军地辅导授课6次，为200余名专武干部、民兵预备役人员辅导中共十九大报告5次，为高坎乡100余名干部群众宣讲中共十九大精神。全面深入学习领会习近平新时代中国特色社会主义思想、习近平强军思想，原原本本学习党章党规，扎实开展“新体制、新职能、新使命”和“政治工作发挥生命线作用”大讨论，组织开展专题学习讨论、上党课、承诺亮诺、民主评议党员、重温入党誓词活动，进一步树牢军魂意识，确保党对军队绝对领导。开展全面深入贯彻军委主席负责制学习教育。

【应急应战能力建设】 紧跟国防动员系统调整改革步伐，充分发挥“六部”职能，战备训练、国防动员和民兵建设取得明显进步。坚持党委议训、主官抓训，围绕“1·28”地震救援、森林防火、地质灾害救援、防汛抗洪4个重点，认真做好遂行多样化任务准备。组织召开民兵组织整顿工作专题会议2次，着眼民兵转型建设要求，优化队伍结构，提升专业队伍建设水平。

全年共出动民兵800余人次，参与“筠连县2017年防汛应急演练”、民兵综合应急连抢险紧急集结和救灾演练、年度民兵训练，指导腾达镇、塘坝乡、乐义乡开展救援演练。“1·28”地震发生后，人武部迅速启动应急预案，组织132名应急民兵第一时间到达震中，开设应急指挥所，连夜参与救援，搭建安置点帐篷78顶，转移安置群众65户310人，协助搬运救灾物资若干。

【党委班子和干部队伍建设】 坚持把纪律和规矩挺在前面，坚持大项经费开支、重要工作部署、重大问题决策和干部推荐任免，严格执行民主集中制原则，都经党委集体研究决定。开好“两学一做”专题民主生活会，落实双重组织生活制度，班子成员带头参加党小组会议、带头缴纳党费、带头批评与自我批评。加强干部队伍建设，做好“军改”中干部转业、转改文职人员工作，现役干部能够安心筠连、建设筠连。全年，提拔1名科长，推荐1名干部到分区重用，1名专武部长、1名武装干事重用提拔。

【征兵工作】 2017年，抓好征兵工作，输送高质量兵员，以高中应届毕业生和高考上线青年为重点，18周岁男性公民兵役登记率100%。到县域普通高中和职中，发放宣传资料6000份，发送征兵短信20万条，在县电视台滚动播放征兵宣传片。召开任务部署会、推进会3次，抓好征兵体检站建设，协调县政府购买30台电脑、9台空调、30套桌椅和相关药剂。向人武干部职工、乡（镇）专武干部、体检医生、公安民警等征兵工作人员通报廉洁征兵违纪违法情况，发放廉洁征兵卡800张，签定廉洁征兵责任书56份，聘请68名专职廉洁征兵监督员，向应征青年、家长发放问卷调查500余份。全年，圆满完成征集新兵任务。经国征办认定，全县大学生征集比例为54%，未有一例举报，实现依法征兵、廉洁征兵和优质征兵。

【依法治军 从严治军】 坚持以习近平主席全面依法治军、从严治军重大战略思想为指导，以上级文件规定为依据，保持大抓安全稳定工作的强劲态势，确保单位高度稳定和集中统一。落实安全教育规定，把上级有关安全指示要求汇编成册，下发给干部职工，广泛开展“条令学习月”“百日安全竞赛活动”，形成“安全我有责、稳定我尽责”良好氛围。开展安全工作大检查和民兵武器装备仓库专项清理整治，对查找出的问题隐患及时整改。把落实中央军委“禁酒令”当成听从号令、服从命令的政治任务来抓，第一时间组织干部职工原文学习上级指示、第一时间张贴

“禁酒令”告示、第一时间将“禁酒令”制成卡片发到干部职工手中，坚决抓好贯彻落实。

【参建参治】人武干部职工和民兵预备役人员，广泛参与全县中心工作。协调处理涉军维权2起，较好地维护军人军属权益。在脱贫攻坚工作中，指派李正到高坎乡大地村担任第一书记，班子12次到高坎乡研究脱贫计划、扶贫调研、脱贫评估、推进易地扶贫搬迁、十九大精神宣讲等，积极协调产业发展、基础设施建设等，完成大地村硬化公路6千米，协调相关部门对贫困户孤女李雪梅开展教育扶持，牵头为失火贫困户郑友书筹款1万余元并申请易地扶贫搬迁另建新房。积极参加“1·28”地震捐款、栋梁工程、爱心包裹、扶贫日捐款等活动，共捐款3万余元。

（干代武）

中国人民武装警察部队四川省总队宜宾市支队三大队筠连县中队

【中队概况】2017年，中国人民武装警察部队四川省总队宜宾市支队三大队筠连县中队（以下简称筠连中队）坚持以习近平总书记新时代强军思想为指导，以贯彻落实纲要为依据，以抓好经常性基础性工作落实为重点，进一步强化政治意识、忧患意识、使命意识和责任意识，狠抓落实，促进各项任务圆满完成。县中队建设取得好成绩，2012—2017连续6年被四川总队评为基层建设先进中队，得到地方政府和部队上级党委的充分肯定。

【中队沿革】筠连中队历经4次变革。1950年1月，组建吕国人民解放军筠连县大队。1952年4月，改编为中国人民解放军四川省筠连县公安大队。1955年7月，改为筠连县民警中队，直属宜宾地区武警大队领导。1982年6月，改为中国人民武装警察部队四川省总队宜宾市支队三大队筠连县中队（注：2018年1月1日，改为中国人民武装警察部队四川总队宜宾支队执勤四大队筠连中队）定名至今。县中队是部队上级党委直接领导下的一支重要武装力量，担负着看守所固定目标执勤、维护筠连社会稳定以及处置各类突发事件、抢险救灾等急难险重任务。

【中队政治建设】筠连中队在政治思想建设上，以强化官兵思想根基为重点，狠抓思想政治和文化建设，确保官兵理想信念坚定，思想稳定，安心部队服役。

突出“改革强军”线。结合“两学一做”学习教育活动，围绕“改革强军”主题，扎实开展学习党章党规和总书记习近平系列讲话精神，以“五红”活动为载体，提升官兵思想素质，打牢官兵举旗铸魂、履行使命的思想根基。全年组织专题讨论7次，每人体会文章10篇。

抓住“经常性教育”弦。坚持把大道理讲小、把小道理讲实，注重用身边人、身边事说事析理，针对季节性特点和官兵实际，着力在“筑牢思想、敏感扑捉、正确对待、说透道理”上下功夫。新兵下连时，为使新兵尽快适应新环境，消除陌生感，充分运用“三互”“双四一”“一帮一、一对红”等载体，结合“深知兵、真爱兵、育好兵、带好兵”教育整顿活动，开展集体性大谈心活动，使各级端正态度改变认识，保证和谐融洽的内部氛围。老兵退伍时，通过研究老兵稳控部队，确保老兵思想稳定，安心尽责，“四个珍惜，一个懂得”专题教育，使满服役期老兵懂得热爱中队、遵章守纪、无私奉献。

活用“官兵”主体。一是用身边典型，上士炊事班长许小飞，属县中队兵龄最长，但没有摆老资格也没有放松要求，依然晋升前后一个样，在炊事岗位上默默付出，在工作生活中能事事树榜样、做表率，是战士心中的典型，县中队教育引导官兵以其为榜样，向其学习，使教育贴近官兵接地气。二是提升官兵内涵，围绕强军目标，着力培养“四有”新一代革命军人，叫响“努力学习，严守法纪，创先争优，从我做起”口号，在建队育人上下功夫，用党的创新理论成果筑牢军魂，利用周末及节假日开展篮球比赛、歌唱比赛等健康向上的群体性文化活动培育血性，利用春节、雷锋日等时机参加地方建设提升官兵品德修养。三是以培训各类骨干、成立兴趣小组等形式，利用驻地资源，在“八一”、春节等节庆，与共建单位举办警民联欢活动，与图书馆建立流动图书站拓宽官兵知识面，积极参与驻地公祭活动缅怀先烈，进一步坚定官兵的理想信念，引导官兵做一个有灵魂、有血性、有品德、有本事的新一代革命军人。

【中队军事训练】注重科学施训。筠连中队紧密结合兵员结构，做好调查研究，科学制订训练计划，合理安排训练时间，本着“以任务需求抓训练”的原则，突出抓好干部骨干组训、专勤专训及重难点科目训练。注重强化应急小组和应急班训练，挑选军政素质较全面的官兵按照“一句话命令加补充指示”进行经常性的带情况紧急拉动演练，不断提升应急班和应急小组的快速处置能力。

严格执行“八落实”标准。深入贯彻《军事训练八落实标准（试行）》，严格落实标准。针对县中队骨干队伍能力素质薄弱的实际，制订干部骨干军事训练方案，集中训练，有效提高干部骨干的训练质量，提高组训能力。科学安排教练员分工，严格按照分管科目组织训练，控制后勤人员参训时间，及时抓好补训、复训。建成训练大棚，为强化军事训练提供保障。

注重“五小练兵”。利用饭前加操和夜间训练时间，突出分训和补训环节，克服训练中的工学矛盾，充分发挥“五小练兵”的作用，因地制宜，见缝插针，运用多种形式进行辅助训练，开展各类小竞赛，形成每天训练比效率、每周会操比成绩的模式。抓好技能、智能、体能、心理素质和作风纪律训练，打牢官兵素质基础。

【中队后勤保障】2017年，筠连中队坚持后勤建设聚焦战斗力标准，严格落实财经管理制度，不断提升后勤建设层次。一是建强后勤队伍。突出抓好司务长、炊事员、卫生员、军械员和“四小工”等人员的培训和管理，培育自豪感和责任心，使其明职责、懂技术、能履职，抓好司务长管理、炊事员培训和“四小工”作用发挥。二是严格财经管理。落实各项财经制度，确保经费使用有理有据，每笔开支都用在官兵身上。三是优化营区环境。始终把营造“栓心留人”的环境放在重要位置，立足现有条件，调动官兵一起动手，及时修剪草坪和果树等，利用菜地，让官兵体验农作生活，培育官兵艰苦奋斗意识。及时更换厨房燃气灶，为炊事员操作创造更好的空间。

【中队战备执勤】2017年，筠连中队紧贴任务实际，扎实开展专勤专训，提升官兵执勤能力。一是突出监门哨“新”形势，监门哨的上勤对县中队是“新”的挑战，为做好监门哨执勤工作，针对新的执勤形势勤研究、勤请教、勤训练，有效提高监门哨执勤哨兵的处置能力，保证目标安全。二是严格落实执勤制度，县中队2名干部在夜间查哨上，坚持每晚必查2次，监督哨兵履行好职责。及时完成哨位执勤平台的升级改造，为官兵提供良好的执勤环境。三是狠抓军事训练。县中队形成良好的训练氛围，整体军事水平得到较大提升，带动官兵训练积极性，提升官兵处置能力。四是临时勤务圆满。全年，圆满完成筠连“1·28”抗震救灾任务、横山子武装设卡勤务共3起，得到上级和地方党委政府的高度认可。

【中队双拥共建】筠连中队官兵始终牢记总书记习近平提出“武警部队既成为能打胜仗的威武之师，又要成为人民群众爱戴的文明之师”的要求，为筠连创建双拥模范城积极作为，深入开展双拥共建活动。时刻树立“军队要走在精神文明建设前列”的思想意识，大力开展拥政爱民见行动活动，参与驻地精神文明建设，连续保持市级文明单位、卫生单位称号。坚持在重大节假日到烈士陵园缅怀先烈，开展爱国主义教育、义务清扫街道、慰问留守儿童、看望孤寡老人、宣传国防知识等活动，先后与驻地21个单位结成警民共建单位。发扬人民军队“听党指挥、能打胜仗、作风优良”传统，视人民为父母，把驻地当故乡，甘于吃苦、乐于奉献，安心警营，恪尽职守，为维护筠连的社会稳定而努力奋斗。

（章华智　刘英杰）

人民防空

【人防概况】筠连县人民防空办公室是参公全额预算事业单位，挂牌挂靠在县政府办公室。2016年10月，调整为股级单位，由县政府办公室副主任分管。2017年，人民防空工作继续坚持“长期准备、重点建设、平战结合”工作方针和“与经济建设协调发展、与城市建设相结合”的原则，认真贯彻《中华人民共和国人民防空法》和中共中央、国务院《关于加强人民防空工作的决定》及全国、省、市人防会议精神，推进依法行政、宣传教育和自身建设，较好地完成年度工作任务。

【人防宣传】2017年，继续抓人防法律法规知识普及和全社会人防意识提升，积极宣传《中华人民共和国人民防空法》《中华人民共和国行政许可法》《四川省〈中华人民共和国人民防空法〉实施办法》等法律法规和中共中央、国务院《关于加强人民防空工作的决定》等有关文件精神。结合“5·12全国防灾减灾日”“9·18”防空警报试鸣，与县电视台合作，播放防空防灾、减灾救灾知识专题片，以街头法治宣传等形式宣传人防知识，共发放人防宣传材料1200余份。开设“人防知识”专栏和人防专题讲座，在《绿色煤都》上刊发防空防灾知识、人防信息。继续开展人防知识“五进”（进机关、进学校、进企业、进社区、进场镇）活动，进一步提高群众的人防法律法规知晓度，增强市民的国防人防意识。

【人防易地建设】2017年，继续贯彻落实《关于加强人民防空工作的决定》《关于加强人民防空建设的意见》等有关文件精神，开展《筠连县城区人防工程规划》编制，于12月送专家征求意见。人防行政许可按规定进入县政务中心人防窗口办理。按照“以建为主、以收促建”方针，严格人防易地建设费收取。全年办理人防易地建设许可3件，收取人防工程易地建设费106.09万元

【人防通信指挥系统建设】继续做好防空警报器的日常维护管理，明确警报器所在单位的管理责任，确定具体管理人员，坚持每月检查1次、每季维护1次，确保鸣响率、音响覆盖率均100%。按照市人防办要求，认真开展一年一度的“9·18”警报试鸣工作。继续加强人防应急救援队伍建设，积极与相关部门配合，开展人防组训工作，调整充实人防专业队伍。

（杜华春）

交通战备

【交战概况】2017年，完善组织机构建设，制订交战护线措施，加强国防交通专业保障队的建设。有汽车运输、路桥抢修及交通管制3支交通专业保障队伍，每队各50人，对从事运输生产、超限治理工作的交通战备职工，实行半军事化管理。

（尹丽鸿）

法 治

政法委与综治

【维稳工作】2017年，县委政法委贯彻落实中共十九大和中央、省、市政法工作会议精神，牢固树立深度的忧患意识，坚持稳中求进工作基调，以预测、预防、预警为目标，以联动融合、开放共治、依法治理、科技支撑理念为引领，着力解决社会治理的源头性、基础性问题，深入推进平安筠连、法治筠连、过硬队伍建设，全力做好维稳工作，维护全县社会和谐稳定。

狠抓敏感时期维稳安保。聚焦中共十九大、全国全省全市“两会”、省第十一次党代会、“一带一路”高峰论坛、名酒文化节等重要敏感时段，落实“三个常态化”（即隐患排查、整改落实、督促检查）要求，以“五个坚决防止发生”（即坚决防止发生有影响的政治事件，坚决防止发生暴力恐怖袭击事件，坚决防止发生大规模群体性事件和规模性进京到省集访，坚决防止发生重大治安刑事案件和群死群伤重大安全事故，坚决防止发生有较大影响的负面舆情事件）为目标，深入开展“创平安迎盛会”七大专项行动（即维护政治安全专项行动、特定利益群体诉求攻坚化解行动、涉恐隐患排查整治专项行动、涉稳矛盾隐患排查化解专项行动、公共安全防护专项行动、网络舆情控处专项行动、网络安全集中整治行动）等，加强风险预测预警预防，开展非法集资、涉军群体、“三生”群体、征地拆迁、房地产开发等重点领域、重点群体大摸排大化解和影响社会稳定矛盾问题摸排调研专项行动，守住“五个不发生”（即不发生重大政治事件、不发生暴力恐怖事件、不发生重大刑事案件、不发生重大群体性事件、不发生公共安全事件）等，实现中共十九大召开期间“零”到省、“零”进京工作目标。

强化涉稳问题排查化解。在全县开展重点领域矛盾纠纷和涉稳问题专项化解行动，全年共排查出突出涉稳问题15件，落实稳控化解措施15件；在县维稳工作平台滚动排查梳理出不稳定因素785条，涉稳2095人，其中督办785条，化解730条，化解率93.0%，全县维稳工作平台以147.12分位居全市第三；专题分析研究稳定形势，撰写《维稳情况分析报告》11期。

继续推行“三书督改”制度。全年到乡（镇）、重点部门开展信访维稳督导3次，对县级重点部门和乡（镇）下发“维稳建议书”14份、下发文件督办11件涉稳问题。

扎实推进稳定风险评估。主动防范化解稳定风险，全年召开风险评估工作推进会2次，对残联康复中心建设、县医院外妇大楼建设等95个事项进行社会稳定风险评估，评估率100%。

强化分析研判。县委维稳办贯彻落实中央、省委、市委、县委关于维稳工作的系列决策部署，坚持常态化月研判和特殊问题、重大问题专题研判，扎实抓好维稳工作，发挥“参谋”的作用，召开维稳形势月研判会12次、专题稳控工作会30余次，形成《维稳情况分析报告》12期。

强化督察督办。在各敏感节点，县委维稳办按照“平时督办和罚办，临时还得帮办和包办，不仅督导还要指导”要求，到乡（镇）、重点部门开展信访维稳督导3次，对发现的问题责令属事属地部门及时整改，确保涉稳苗头事件能在发生之前化解稳控。

强化值班备勤。落实重大节假日和敏感时期、重大活动期间，特别是中共十九大，全国、全省、全市“两会”期间领导带班、值班制度和信访维稳信息零报告制度，确保社会政治稳定。

【综治工作】矛盾纠纷多元化解体系建设。县委政法委制发《建立完善人民调解与治安调解衔接联动机制的实施方案》，健全“公调对接”调解机制，完成筠连镇派出所入驻人民调解工作室规范化建设。5月26日，筠连县法学会成立，建立县法学会会员参与调解制度，组织会员参与征地拆迁、环境保护、劳动争议、医疗纠纷、交通事故等15个重点领域专业调解体系建设，促进矛盾纠纷调解专业化发展。全年矛盾纠纷多元化解工作信息系统录入383件，调解成功率99.5%；全县矛盾纠纷多元调解9107件，调解成功率99.6%。

网格化服务管理体系建设。县委政法委严格落实双向考核制度，督促基层派出所、司法所和乡（镇）卫生院对上报信息及时签收、处置。全年网格化信息平台录入特殊人群信息7698条；登记寄递物流点79个、治安重点场所143个、安全生产重点场所98个、消防安全重点场所94个，共处置治安隐患90起。

立体化社会治安防控体系建设。县综治委每月召集乡(镇)综治委、县级相关部门围绕全县社会治安重点地区和突出社会治安问题开展专题分析研判，督促乡(镇)、县级相关部门对分析研判的问题开展集中整治。适时开展治安重点场所整治，全面完成"两车天眼"技术防盗系统免费安装任务，全县"两车"盗窃案件明显下降。组建维稳应急队100人，建立由民警、特巡警队员组成的快反突击队；组建乡(镇)治安巡逻队围绕重要节点和重点目标、部位、场所、区域，定时定点定员巡逻，确保全县社会秩序平稳健康发展。

特殊人群服务管理体系建设。建立流动人口信息申报点365个，管控类、关注类房屋维护率分别99.3%、99.4%，落实"以奖代补"经费32万元。

"雪亮工程"建设。县综治委开展调研、论证和规划，形成设计规划方案。3月，县政府第十六届4次政府常务会议、县委第十三届25次常委会议，审议通过筠连县"雪亮工程"建设设计规划方案。10月，全域推进"雪亮工程"建设启动。至年末，完成"雪亮工程"前端点位、县级平台项目和建设监理招标工作，建设全面铺开。

社会治安群众满意度工作。深入开展校园及周边安全、危爆物品寄递物流管理、惩治和处置非法集资、禁毒防艾、扫黄打非等综治专项工作，不断增强群众安全感和满意度。县综治委(办)坚持每月对18个乡(镇)和综治成员单位的平安建设满意度电话抽测，对连续两月排名靠后的乡(镇)、单位，启动县委政法委书记约谈该乡(镇)、单位主要领导机制。全年约谈工作不力的乡(镇)领导9个。全县平安建设群众满意度以综合测评总分84.14分的成绩位居全市第3，列入全市一流方阵。

落实领导责任制。县委县政府印发《筠连县平安建设和社会治安综合治理领导责任制实施细则》，进一步压紧压实"关键少数"综治领导责任，落实"党政同责""一岗双责"和市委"三个常态化"工作要求。进一步完善综治(平安建设)工作考核体系，建立健全科学的社会治安综合治理工作考核评价指标体系，对乡(镇)、县综治成员单位综治工作实行"月综合、季评查、半年督导、年终考评"制度。通过日常检查、专项督导、明查暗访相结合的方式，加强对各项工作落实情况的检查督导，有力促进综治工作稳步推进。

严厉惩治黑恶势力、暴力犯罪、侵财性犯罪、黄赌毒等违法犯罪。全年，全县共立刑事案件1067件，破案443件；立治安案件2199件，查处2199件。批准逮捕178件、249人，起诉229件、341人。审结一审刑事案件241件、346人，判决生效215件、295人；审结一审民事案件1784件，审结一审行政案件33件；执结案件901件；安置刑释解教人员326人，帮教326人。

加强特殊人群服务管理体系建设。建立流动人口信息申报点365个，管控类、关注类房屋维护率分别99.3%、99.4%，落实"以奖代补"经费32万元。

全域推进"雪亮工程"建设。县综治委开展调研、论证和规划，形成设计规划方案，3月，县政府、县委先后召开第十六届4次政府常务会议、第十三届25次县委常委会议，审议并通过筠连县"雪亮工程"建设设计规划方案。10月，全域推进"雪亮工程"建设正式启动。至年末，完成"雪亮工程"前端点位、县级平台项目和建设监理招标工作，"雪亮工程"建设全面铺开。

抓实社会治安群众满意度工作。深入开展校园及周边安全、危爆物品寄递物流管理、铁路护路、惩治和处置非法集资、禁毒防艾、扫黄打非等综治专项工作，不断增强群众安全感和满意度。县综治委(办)坚持每月对18个乡(镇)和综治成员单位的平安建设满意度情况进行电话抽测，对连续两月排名靠后的乡(镇)、单位，启动县委政法委书记约谈该乡(镇)、单位主要领导机制。全年约谈工作不力的乡(镇)领导9个，帮助其分析原因，督促限期整改。全县平安建设群众满意度以综合测评总分84.14分的成绩位居全市第3。

落实组织领导责任制。县委县政府印发《筠连县平安建设和社会治安综合治理领导责任制实施细则》，进一步压紧压实"关键少数"综治领导责任，落实"党政同责""一岗双责"和市委"三个常态化"工作要求。县综治委进一步完善综治(平安建设)工作考核体系，建立健全科学的社会治安综合治理工作考核评价指标体系，对乡(镇)、县综治成员单位综治工作实行"月综合、季评查、半年督导、年终考评"制度。通过日常检查、专项督导、明查暗访相结合的方式，加强对各项工作落实情况的检查督导，有力促进综治工作稳步推进。

【国家安全工作】2017年，全县国安工作把防范和抵御"颜色革命"，维护政治安全和政权安全作为重点，依托综治维稳平台，围绕热点、突发事件以及海外利益保护、网络安全、反宗教渗透、媒体、国防军工、征地拆迁、涉军群体等方面开展情报信息搜集工作。全面掌握"两个涉外"信息；协调乡(镇)、县公安局、县国土资源局、县规建城管局等部门清理整治重点区域周边环境。深入调查研究，把握经济下行给社会稳定带来的影响，推进深化"社会政治稳定风险评估"工作，为中共十九大和省十一次党代会胜利召开做出贡献。积极做好"戎城快讯"社情资料报送，上报情报信息11篇、国安简报24期、文件11份、工作报告3期、会议纪要2期、工作调研2期。利用"文化三下乡"平台大力宣传国家安全法律法规，开展全民国家安全教育日宣传活动。悬挂宣传标语60余条、张贴墙体喷绘90余处、陈列展板30余块、LED显示屏50余处、发放各类宣传资料3万余份、接待群众咨询5000余人次、推送国家安全知识短讯18000余条。收到方案总结120余篇，简报、图片资料240余条。

【政法队伍建设】坚持从严治警，公正廉洁，大力加强政法队伍建设工作。以“两学一做”学习教育常态化制度化三项整改“回头看”和“四对照四提升、做忠诚卫士”专题教育活动为载体，加强政法干警意识形态建设，落实全面从严治党，深入推进责任落实、思想政治、履职能力、纪律作风和领导班子建设。

【法治扶贫】2017年，创新开展“一村四警”法治扶贫工作，抽调县人民法院、县人民检察院、县公安局干警和县司法局人员共111名，分别为每个贫困村配备4名联系干警，“四警”依托农村技能培训、农民夜校等平台，指导开展法治骨干、人民调解员等培训和矛盾化解、秩序整治等工作。全年，“四警”共为民办实事260余件、帮助人民群众解决实际困难116个。

【政法对口帮扶】2017年，县委政法委继续对口帮扶村蒿坝镇高桥村精准扶贫各项工作。全年，县委政法委共捐款14200元，为39户贫困户送去大米、油等慰问品；发展榨菜810公顷，协调解决3户贫困户的低保及2户的危房改造，修建便民路10千米。协调项目资金100万元，其中“三建三改”45户、39万元；发展养牛18头和仔猪522头、实施易地搬迁30户、建组道公路（通7、8组）2千米。

（吴孝刚）

法治政府建设

【依法行政】2017年，法治政府建设工作按照中共中央、国务院及省、市相关文件要求，制发《筠连县法治政府建设实施方案（2017—2020）》《筠连县2017年度法治政府建设工作安排》，各项工作有序推进并取得阶段性成果。

清理行政审批服务事项。开展行政审批项2016年末置条件目录的全面清理核查，对外公布县本级第一批取消的行政审批项置条件181项，规范行政审批项置条件495项。完成对入驻县政务服务中心行政审批、公共服务和其他审批项目的法定时限、承诺时限清理工作。

推进企业简易注销登记。自2017年3月1日起，对无债权债务和未开业企业实行简易注销登记，解决企业准入容易退出难的问题。

规范行政执法行为。召开行政执法与行政诉讼工作培训会，邀请县人民法院、县人民检察院专家，集中培训全县新申领行政执法证件人员。制发《关于开展行政执法案卷评查工作的通知》，选取县安监局、县环保局等8个县级行政执法部门的案卷进行集中交叉评查。

“两法”（即行政执法、刑事司法）衔接工作。制发《关于进一步加强行政执法与行政司法衔接工作的意见》《行政复议应诉与行政审判工作联系制度》《关于加强非诉行行政案件执行检察监督工作协作配合的若干意见（试行）》，完善行政机关、公安机关、检察机关、审判机关信息共享和案情通报制度，推动行政执法机关及时向公安机关移送涉嫌犯罪案件。全年各行政执法机关向公安机关移送涉嫌犯罪案件6件，公安机关立案4件。

加强规范性文件管理。健全规范性文件制订过程中的调研、论证、合法性审查等制度。把公众参与、专家论证、合法性审查、集体讨论作为制订规范性文件的必经程序。组织专门力量对规范性文件进行清理，共清理出以县政府及县政府办公室名义印发的规范性文件102件，其中废止31件、继续有效56件、拟修改15件，清理结果已通过政府门户网站对外公布。

动态调整行政权力清单。组织县级相关部门对照《四川省权力清单（2016年本）》清理本部门行政权力事项，对外公布31个县级部门、5149项行政权力清单（不含行政许可事项）。

【行政复议】调整充实行政复议委员会组成人员，制发《行政复议六项工作制度》，发挥复议委员会在指导行政复议、协调处理重大、疑难复议案件的作用。全年，代县政府受理行政复议案件共5件，其中维持2件、撤销2件、责令履行法定职责1件。

【行政诉讼】继续坚持行政机关负责人出庭应诉，积极办理县政府作为被告的行政诉讼案件。全年共办理县政府作为被告的行政诉讼案件4件，其中驳回再审申请1件、正在审理3件。

【行政调解】严格落实《筠连县行政调解工作暂行规定》《筠连县行政调解工作制度》等规定，加大“大调解”联调和综合治理协调力度，最大限度地化解各类行政争议。全年共受理行政调解案件193件，调解成功191件。

【合法性审查】严格执行《筠连县人民政府重大行政决策规则》，所有重大行政决策事项、重要文稿和重大合同、协议必须经政府法治部门进行合法性审查，未经合法性审查或审查不合法的，不得提交会议讨论，不得作出相关决策。全年通过县政府法治办进行合法性审查的事务和文件共96件次，确保政府行政决策合法合规。

【领导干部学法】制发《2017年度筠连县人民政府常务会议会前学法学纪计划》，将《中华人民共和国网络安全法》《中华人民共和国民办教育促进法》等24部法律法规以及《中国共产党党内监督条例》《中国共产党问责条例》等12部党纪党规列入县政府常务会议会前学法和学纪内容，并邀请法学专家或部门领导带头学习。全年，县政府常务会议开展学法、学纪共27次。

（朱光才）

公　安

【公安概况】 2017年，公安工作围绕中共十九大安保维稳主线，以贯彻落实"亮剑保平安、忠诚迎盛会"等系列专项行动为载体，全体民警克服反恐安保叠加增长、信访维稳压力持续加大等多重困难，高标准完成"1·28"抗震救灾、省第十一次党代会、"一带一路"峰会、金砖国家领导人厦门峰会、建军90周年、中央环保督察、国务院安委会综合督查等重大安保活动。

【平安筠连建设】 2017年，县公安局立足科技支撑、落实圈层布防，围绕城市核心区、护城卡点、环县边界区域梯次部署环城护县、立体化防控"三道防线"。突出城市核心区防控，构建环城护县第一道防线；突出护城卡点建设，构建环城护县第二道防线；突出环县"微卡口"建设，构建环城护县第三道防线，通过微卡口、天网监控点发现嫌疑人轨迹12起，破获"2·4"延某等人门面系列盗窃案、"5·17"冯某等人跨省系列盗窃摩托车案、"12·14" 列某等系列盗窃案件50余起。全年刑事发案656件，下降4.6个百分点，特别是十九大期间治安案件环比下降38%，刑事案件下降34.8%。

有序推进"百日平安会战"，开局良好。至10月，全县刑事案件发案下降26.7%，破案率53.9%、提升7.9个百分点，其中成功破获2011年"2·4"黄某华被杀案、2008年"3·22"杜某德故意杀人案、2017年"7·19"胡某潮故意杀人案、2017年"9·24"刘某等故意伤害致人死亡案以及"10·28"双尸命案等7起命案。全年查处治安案件763起，拘留662人，绝对数增长105人，提升19个百分点；强制隔离戒毒85人，增长16人，提升23个百分点。

【破案打处】 2017年，开展命案侦破、"打盗抢、反诈骗""雷霆"等专项行动。全年，全县刑事发案656件，下降4.6个百分点；破案377件，破案率57.4%、提升14.2个百分点。十九大期间，治安案件环比下降38%、下降66%，刑事案件下降34.8%。10月，全县刑事案件发案下降26.7%。全年，查处治安案件763起，拘留662人，提升19个百分点；强制隔离戒毒85人，提升23个百分点。"雷霆行动"位居全市第二。

【维护稳定】 对照省公安厅、市公安局提出的"五条底线""三个不发生""六个零"硬任务、硬要求，从严从细从实从优落实刚性措施，、召开战备部署会议7次，不折不扣执行市公安局决定，在重要时段网状布警，最大限度压减发案。10月18—24日治安案件、刑事案件同比分别下降66%、34.8%，10月全县刑事案件同比下降26.7%。在关键时刻总攻冲刺，牵头全面构建救治、救助、监护、监管、处置"五同步"的重性精神病人长效管控机制，重性精神病人率先"清零"。在会议期间强力处突，妥善处置"10·15"胡汉某意外死亡事故、"10·20"雷安某大众医院意外坠楼事故。全年，严密掌控重点人员的动态轨迹，全县共排查涉稳重点人员285人、"三生"人员153人、"善心汇"非法传销人员1482人、邪教人员535人，排查群体65个。收集并上报预警信息136条，成功预警和参与劝返进京上访6人、到省上访29人、到市上访116人，处置突发事件3起、苗头25起，坚决防止大规模群体性聚集和规模性到省进京上访发生、坚决防止重大网络负面舆情发生，为全县经济保驾护航。

【公安改革】 2017年，公安改革全面深化，以"构建科技信息化支撑的实战化指挥体系建设"为龙头，把5大项17个重点改革有机统筹、充分融入，围绕"1255"(一个科技信息化支撑的实战化指挥体系、两级警务指挥纵向贯通、五套改革辅助运行、五大基干有效保障)建设思路，探索构建体现实战特点、符合实战要求的以实战化指挥体系建设为引领的现代警务运行机制，主动试验、大胆实践。

科技信息化支撑实战指挥体系建设。推动情指一体，指挥中心、网安大队、情报中心整合为"情指中心"，网侦、情侦、图侦三大科技手段实现整合集约；成立图侦中队和情报委员会，明确情报联络员27人，开展"日分析、周研判、月评估"工作。完善各项实战指挥机制，成立联合指挥部，下设指挥调度专班、情报研判专班、技术保障专班；确定2名专职指挥长、1名兼职指挥长；筠连镇派出所建成勤务指挥室，实行"1+3+N"指挥工作机制。

两级警务指挥纵向贯通。搭建"可视指挥"平台，投入1619万元，完成监控布点268个和机位466个的"天网"投入使用；完成视频共享综合平台、图综平台建设；"两车天眼行动"，全年建成2338台，完成率18.7%。分5年建设的"雪亮工程"，建成点位1650个，以边界接入方式融入"天网"平台，确保实战指挥"看得见"。改造完成350兆数字基站5个，升级公安大数据基础设施。投入673万元，购买移动警务通63台、执法记录仪100套，确保实战指挥"联得通"。

五套改革辅助运行。1.完善城区特巡警动态巡防处警机制。组建150人的特巡警大队，由县财政保障经费，针对城区专业化巡防落实情勤对接，推动情报研判、信息预警、指令下达一体运作。2.完善派出所警务运行机制。整合16个派出所为9个中心派出所，明确派出所的重心工作、基础工作、治安防控考评权重的占比在70%以上。3.完善多警种合成作战体系。明确发生大要案件、紧急突发事件，全局统一指挥、多警种全面融合、集约合成作战，强力处置突发事件。4.完善专业化侦查破案机制。分别建立大要案件侦查破案机制，刑侦、禁毒、经侦等部门警力统一接受牵头部门调度，指挥中心提供网侦、图侦、情侦等技术手段支撑，开展专业化侦查破案。5.推进技术手段建设，(1)整合"天网"、卡口、人像车辆识别系统资源以及6家单位视频监控资源，推进公安大数据深度应用。(2)强化情侦手段应用，针对性控发案能力明显提升，全年共发侵财类案件296起、下降6.62%，其中入室盗窃、盗窃“两车”、扒窃、“两抢”警综平台登记警情分别下降37.81%、52.33%、39.28%、37.5%。(3)加强刑侦手段建设，完成108和109手机数据分析平台建设。(4)打牢网侦基础，建成公共无线网络前端点位430个。5.狠抓图侦建设，在城区主要场所安装人脸识别系统，建成车辆卡口系统抓取点54个，可查询车辆在全城的行驶轨迹，一旦发现监控区域有违法犯罪警情正在发生，值班人员可立即通过监控语音喊话，制止或驱散闹事人群。

五大基干有效保障。1.交治合一改革，交警大队的外设5个中队，除筠连镇中队外，另4个中队警力下沉到驻地，中队长同时兼任驻地派出所副所长，覆盖原区域。2.完善公安队伍职业保障体系，建立县级公安机关公用经费正常增长机制，明确从2017年起按每年每名民警增长公用经费1000元的标准逐年递增；落实民警2016年7月至2017年12月的执勤津贴；经县政府十六届第23次常务会议研究通过，制发《关于规范公安机关警务辅助人员管理工作的实施意见》，时间为2018—2021年，明确公安民警与辅警数配置额度，乡(镇)派出所辅警每人每年补助1万元，按每人每年3000元的基准逐年递增；明确公安公益性岗位编制数，由县财政按照每人每年3000元的标准逐年递增。3.推进执法规范化建设，加强执法培训和执法监督，投入60余万元，新建的涉案财物保管中心、物证管理中心已使用，对9个派出所功能分区升级改造完成8个。4.推进“公调对接”模式。通过城区试点，聘请2名专职人民调解员，完善公调对接相关制度，采取“底薪+补助”方式落实报酬，每名调解员月工资2000元，每成功调解1起一般纠纷补助50元，成功调解1起难度较大的纠纷经研究给予补助，自9月18日启动至年末，成功调解31起，成功率89%。5.强化基层基础工作。围绕实有人口登记率不低于98%目标，扎实开展“一标三实”，至年末实有人口登记管理率98%，完成率100%；围绕社会治安状况满意度不低于78%，强化矛盾纠纷化解、社会化禁毒、治安防控和安全隐患排查整治，提升群众安全感和满意度。

【社会化综合评价】县公安局围绕“日常宣传、三级回访、警情处置、治安防控”等重点，采取“四个强化”措施扎实推动2017年度社会化综合评价工作，取得全市第3名、全省28名的成绩。

强化日常宣传，营造全民参与“浓氛围”。制作媒体宣传资料，通过微信、微博等平台广泛传播；制作微视频在城区醒目LED显示屏上滚动式宣传；印制4万余张宣传卡片，向全县群众发放；制作256份大型展板，在各行政村(社区)以及大小生活区、学校等人口密集场所悬挂宣传；各派出所通过在辖区召开院坝会、村组会等，广泛宣传公安综合评价；县公安局专门组织召开人大代表、政协委员、全体民警座谈会宣传公安综合评价工作。

强化三级回访，构筑警民和谐“连心桥”。责任民警对每日警情、案事件、窗口服务情况进行回访，拉近群众距离；对产生的不满意评价，部门负责人及时改进方法，对群众进行二次回访，与群众再沟通；分管局领导研究产生不满意评价的原因，对不满意群众逐一再回访、再沟通，最大限度消除群众误解。全年共回访警情、案事件、窗口服务近3000条。

强化警情处置，实现警务“高效能”，按照“三快”(到场快、处警快、回访快)要求提升警情处置效能。“到场快”，城区警情严格执行“就近区域1分钟赶到现场；根据实际需要，周边警力3分钟跟进现场，指挥长5分钟到达指挥协调，遇到重大案事件相关警种10分钟汇集现场”的快速反应机制。“处警快”，推行网格接警、巡警送警、所队处警的“一条龙”式快速处警模式，有效避免派出所疲于奔命，影响工作效率。“回访快”，对所有接处警、案事件、窗口服务做到百分之百预回访，原则上要求当日事，当日回访。

强化治安防控，提升人民群众“安全感”。围绕中共十九大安保维稳主线，先后开展“雷霆—1”“三惩治一整治”“亮剑保平安 忠诚迎盛会”等专项行动，“盗抢骗”等多发性侵财案件呈两位数下降，命案侦破率100%，为中共十九大胜利召开营造良好的社会治安秩序。突出反恐维稳、矛盾纠纷排查、严格惩治、安全监管等重点工作，在“百日平安会战”中，刑事、治安发案下降率分别为19.4%、27.7%，全力确保社会治安大局持续平稳，以有效的治安防控增强群众安全感，提升群众满意度。

【交通管理】2017年，全县道路交通安全形势总体平稳，未发生一次死亡3人以上的交通事故。先后开展城区交通秩序集中整治、淘汰黄标车和老旧车整治、酒驾集中整治、非法营运集中整治、城市交通“治乱缓堵”系列行动、“查隐患、强管理、保安全”集中整治等，严厉惩治超限超载、超速、酒后驾驶、无证驾驶、乱停乱放等违法行为。全年共接警2687起、下降6.05%，立案办理995起、增长1.32%，死亡22人、下降8.33%，受伤64人、上升1.28%，直接经济损失130.52万元、下降16.84%。惩治处理各类交通违法行为为47835起，其中一般程序915起、客车超员7起、货车超载90起、超速4800起、饮酒驾驶368起、醉酒驾驶19起、无证驾驶288起、扣押电瓶三轮车94辆、查处电瓶二轮车193辆、扣押非法安装动力装置人力三轮车74辆、查扣机动车2393辆。办理机动车注册登记4569辆，转移、变更、抵押等业务6529辆，检验机动车1942辆；受理机动车驾驶证登记317人，补换领驾驶证3764人；淘汰老旧车678辆，黄标车223辆。

【网安工作】2017年，以网上舆情和有害信息巡查处置、网站管理、网吧管理、公共无线网络建设为着力点，以网侦科技支撑破案为突破口，以“惩治黑客入侵和侵犯公民个人信息”案等专项行动为契机，制订“24小时”巡查网络舆情工作制度，及时发现并妥善处置网络舆情，确保网上网下治安秩序平稳。强化对网络社区管理，落地查证网上重点人员、活跃人员，并通报相关职能部门进行落地管控。全年巡查情报信息1027条，舆情引导首页1994条，开展落地查证38人，交办落地查证5人；实施分类管理全县网站50余家，安全执法检查22家重要信息系统和重点网站；建成公共无线网络前端430个。主侦和配侦刑事案件65件，破获刑事案件65件，抓获犯罪嫌疑人42人。办理涉网治安案件18件，警告并罚款处理18人。

【看守所工作】 2017年，以监所安全为中心，以严格执法、文明管理为主线，推进看守所“五化建设”和拘留所“三项重点工作”，保障被监管人员合法权益，保证刑事诉讼和行政执法活动的顺利。全年收押犯罪嫌疑人360人，其中刑事拘留287人、逮捕37人、其他原因入所36人（含临时寄押8人）；出所380人，其中投送监狱148人、刑满释放63人、取保候审监视居住96人、投送少年管教所1人，其他原因出所72人（其中临时寄押带走17人）。开展提审、提讯1678次；开展律师会见111次，其中预约会见5次；开展家属会见355次；开展安全大检查24次，各种事故演练5次；接待来访群众、在押人员家属共22次。县拘留所被公安部评为三级拘留所。

【公安队伍建设】 继续坚持从严治警、从优待警，在中共十九大安保中，全体民警发扬不怕苦、不怕累的精神，圆满完成安保维稳任务。县公安局被省委政法委、省维稳领导小组、省人社厅表彰为“2016年度四川省维护稳定工作先进集体”；“雷霆行动”排位全市第二，市“2016年‘打防控’一体化烟草专卖管理新体系建设”先进集体、“2016年度禁毒工作目标绩效管理”一等奖优秀单位、因“1·28”抗震救灾被市公安局党委荣记集体三等功。市公安局党委对筠连“荣记个人三等功”1名；县委县政府对县公安局“荣记集体三等功”，对县公安局联合指挥部荣记集体嘉奖、荣记个人三等功2名、荣记个人嘉奖10名。县公安局党委对成绩突出的2个专案组、43位民警记战时嘉奖、36名辅警予以表彰。

（曹梦）

中国人民武装警察部队筠连县公安消防大队

【消防概况】 2017年，中国人民武装警察部队筠连县公安消防大队（以下简称县消防大队）认真学习十九大精神，加强部队思想政治建设和义务建设，改进和加强消防监督管理工作，推进公共消防基础设施建设和消防队伍、装备建设。县政府投入消防经费256万元，消防设计审核25个、消防设计备案13个、消防竣工验收18个、消防竣工验收备案16个、开业前消防安全检查5个；接警出动120起（其中火警93起、抢险救援17起、社会救助10起），出动警力1278人次，出车213台次，保护人民群众财产2000余万元，为驻地创造良好的消防环境。

【消防政治建设】 按照“班子带队伍，队伍促发展”的思路，加强县消防大队班子建设。贯彻落实民主集中制，凡是需集体把关的问题不擅做主张。坚持每周组织生活制度，开展政治学习，增强班子成员的党性和综合素质。开展民主生活会和党员民主评议等活动，及时发现和纠正班子及班子成员的缺点和不足。全年召开民主生活会2次，开展中共党员学习25次。

【消防安全责任落实】 持续推进消防工作责任制落实，层层签订消防安全目标责任书，实行消防责任目标管理。将消防目标责任细化、分解到乡(镇)政府和职能部门，采取签订消防安全责任状方式，建立消防安全责任网络。

【消防隐患排查】 开展火灾隐患排查整治，完善“政府牵头、部门联动、行业自律、社会参与”的隐患排查整治工作格局。以重大火灾隐患集中整治专项行动为抓手，集中排查整治人员密集场所、在建工地、“三合一”场所等火灾高危单位消防安全隐患，开展公共聚集场所、高层地下建筑、“百日平安会战”行动、“亮剑”行动、中小学校舍安全工程等消防专项整治。全年，检查单位2255家，发现火灾隐患3870余处，督促整改火灾隐患3820处，下发责令改正通知书1522份，下发行政处罚决定书88份，临时查封33家，责令停产停业32家，罚款211500元。

“三合一”场所，即住宿与生产、仓储、经营1种或1种以上使用功能违章混合设置在同一空间内的建筑。

【宣传教育】 一是贯彻落实国务院《消防安全责任制》，宣传《全民消防安全宣传教育纲要》，大力开展“七进”（即进机关、进社区、进企业、进学校、进农村、进家庭、进网站）和家庭消防安全“五自查四应会”（即“五自查”：查危险火源、查疏散通道、查消防器材、查电器设备、查电气线路。“四应会”：会报火警与火患、会使用消防器材、会处置初期火灾、会火场逃生自救）活动。二是利用传媒机构、广告公司、社会艺术团体等媒介，通过火灾案例宣传、典型火灾隐患曝光、易懂安全常识普及，扩大消防宣传的覆盖面。三是推进“消防安全教育示范学校”创建活动，把“平安筠连”作为一项基础性工作，引导居民提高自身防火意识，提高群众自防自救能力和消防安全意识。

【群防群治】一是调整消防大队监管重点单位名单，确定消防安全重点单位77家，完成“春节”“两会”“十九大”安保等重大节日的值勤保卫任务。二是把派出所消防监督工作纳入考核。三是乡(镇)政府加强农村消防工作，在乡(镇)实施“四个一”(即一百米消防水带、一台手抬消防机动泵、一口消防水池、一支义务消防队)工程，农村火灾隐患得到整治。四是独立接警、快速反应，努力向专业化发展，最大限度保护人民的生命财产安全。

【入驻新消防站】2017年7月底，筠连县消防站已成功搬迁入驻新消防站。

(冯潇月)

检　察

【刑事检察】一是严厉惩治各类刑事犯罪。全年，侦监部门共受理公安机关提请批准逮捕各类刑事案件140件、175人，经审查批准逮捕98件、121人，不捕42件、54人。办理一批严重影响人民群众生命财产安全的刑事犯罪案件，批准逮捕盗窃案件36件、46人、毒品案件21件、28人。全年审查案件批捕率71.1%，得到市人民检察院领导肯定。依法履行公诉职能，向县人民法院提起公诉177件、238人，不起诉6件、12人，移送市人民检察院审查起诉8件、9人，起诉到人民法院的案件均作有罪判决，确保案件质量。

【未成年人检察】一是依法公正办理未成年人犯罪案件。全年共受理批准逮捕未成年人犯罪案件13件、14人，批准逮捕7件、8人，不批准逮捕6件、6人；受理移送审查起诉未成年人犯罪案件15件、17人，向县人民法院提起公诉10件、10人，酌定不起诉1件、2人，移送市人民检察院1件、1人。二是保障涉罪未成年人的合法权益。完成县人民检察院未检办案区“指南针工作室”建设，包括心理疏导室、多功能室、、未检办案区已、具备讯(询)问、听证、宣告、心理疏导等功能，并聘请心理咨询师对2名未成年犯罪嫌疑人及1名性侵案件的未成年被害人进行心理矫治。三是开展形式多样的未成年人犯罪预防工作，开展法治进校园活动4次，组织学生观摩毒品案件庭审1次；发挥新媒体宣传作用，开通专门用于未成年人犯罪预防宣传的微信公众平台“筠检法治阳光”微信公众号，至年末推送信息数十条，关注度达数百人次，取得良好的效果。

【民事审判监督】全方位出击，办理民事行政监督案件。全年共办理裁判结果类监督案件5件，发出再审检察建议3件，在全市率先办理虚假诉讼案件2件。办理诉讼过程违法情形监督类案件2件。办理督促行政机关依法履职类案件5件，其中向相关部门发出检察建议并得到采纳2件。办理支持起诉类案件5件，发出支持起诉书5份。办理民事行政执行活动监督案件4件，发出检察建议4件，均得到县人民法院采纳。

【行政诉讼监督】2017年，检察机关全面开展提起公益诉讼工作，县人民检察院积极向县委汇报，市政府副市长、县委书记王萍作出肯定性批示。筠连县第十六届人大常委会第七次会议专题听取检察长张科代表县人民检察院作的《关于全面开展提起公益诉讼工作的专题报告》。大力开展非诉行政检察监督，与县人民法院、法治办联合制发《关于加强非诉行政案件执行检察监督工作协作配合的若干意见(试行)》。

【立案和侦查活动监督】一是以公安机关开展受案立案“两统一”为契机，重点监督群众反映强烈的公安机关报案不接、接案不受案不立案、不按期作出是否立案决定、立而不侦、侦而不结，以及公安机关违法动用刑事手段，违法立案、插手经济纠纷等情形，共监督侦查机关立案3件、3人，纠正侦查活动违法4件，追漏犯罪嫌疑人5人、犯罪事实1件。二是继续开展“破坏环境资源犯罪专项监督活动”“危害食品药品安全犯罪专项监督活动”，监督行政机关移送涉嫌犯罪案件至侦查机关立案侦查4件、4人，并适时向社会公众通报典型案例，营造重拳惩治破坏环境资源犯罪和危害食品药品安全犯罪的良好舆论氛围。

【刑事审判监督】一是依法行使抗诉权，向县人民法院提起抗诉案件1件，该案二审正在审理中。二是以召开专题研讨会、组织参加示范庭、开展听审评议、落实“四类人员”出庭等方式，积极推进庭审实质化改革。3月，与县人民法院组织示范庭公开审理张某某盗窃一案，取得较好的效果。

【刑罚执行和监管活动监督】2017年，县人民检察院刑执部门每月驻看守所均超过16日，受理在押人员约见156次，入监巡视检察145次，组织参加安全大检查10次，与管教干部研究工作52次，参加看守所狱情分析会8次，召开联席会议5次。向监管场所发出纠违通知6份，向公安局发出强制医疗纠违1份，向县司法局发出纠违通知12份，提出变更被监管人员强制措施11份，采纳率100%。全年，县人民检察院刑执部门立案查处筠连县看守所“7.19”监管事故背后的段某某涉嫌滥用职权案。

【职务犯罪查办预防】县人民检察院反贪局坚持“标本兼治、惩防并举”的方针，加大查办和预防职务犯罪力度，促进反腐倡廉，严厉惩治贪污受贿、渎职侵权等职务犯罪，开展形式多样的职务犯罪预防教育。

查办贪污贿赂犯罪案件。全年，受理贪污贿赂类职务犯罪案件线索共15起，立案查办贪污贿赂类职务犯罪12件、14人，其中受贿犯罪案件11件、11人、贪污犯罪案件1件、3人。侦查终结并移送公诉部门审查起诉12件、14人，起诉至人民法院11件、11人，人民法院作有罪判决5件、7人（含往年案件3件、5人）。

立案查办反渎职侵权案件。立案查办县森林公安局大雪山派出所副所长吴某某、协警聂某某徇私枉法案，已侦查终结并移送公诉部门。与反贪部门加强协作，共同办理窝串案，其中查处的筠连县综合执法大队受贿窝案9件9人，得到市政府副市长、县委书记王萍的肯定性批示。

职务犯罪预防。全年开展预防宣传8次、接受预防咨询22件、警示教育讲座5场，发出检察建议1份，形成预防调研6份、惩治和预防职务犯罪年度报告1份，介入重点工程建设项目3个，提供行贿犯罪档案查询180余次，涉及工程建设、招标投标和重大物资采购事项162项。选准调研课题，撰写的《筠连县人民检察院2014—2015年度惩治和预防职务犯罪综合报告》在最高人民检察院反贪总局三局组织的年度报告评选活动中获评为“百优年度报告”。

【人大代表、政协委员的联络】扎实开展走访人大代表工作，全年检察长走访省人大代表3次，县人民检察院党组走访人大代表、政协委员15人次，累计征求人大代表对检察工作的意见及建议20余条；主动向县人大、政协报告检察工作的重要部署、重大进展以及重大活动4次；邀请人大代表、政协委员调研反贪工作1次，参与听庭评议1次，组织座谈会1次，参观检务公开硬件建设及监所检察工作1次。自觉接受人民监督，收到政协委员提案1件（已回复），向人大常委会和政协机关报送检察工作信息、调研理论文章和相关资料145份。

【社会矛盾的检察化解】一是畅通群众诉求渠道，坚持检察长接待日制度。全年共受理并办理涉法涉诉信访案件40件。检察长亲自接待涉法涉诉信访案件12天，接待来访共45人次。二是开展举报线索初核与不立案线索审查，对1起实名举报2名城管综合执法大队工作人员犯罪的线索展开初核工作，并将该案件移送反贪部门办理，开展3件不立案线索审查。三是办理刑事申诉、国家赔偿案件。全年共立案复查、公开审查不服人民检察院处理决定和不服人民法院生效刑事裁判申诉案件共2件，当事人均息诉罢访。依法办结1起国家赔偿案件，得到赔偿请求人的理解与认同。办理国家司法救助案件5件，发放救助金3.6万元，使刑事被害人或亲属在第一时间得到救助。

【人民监督员选任管理改革】2017年，四川省启动人民监督员选任管理改革，县人民检察院认真落实省人民检察院、省司法厅《深化人民监督员制度改革实施方案》，加强与县司法行政机关沟通协调，配合司法行政机关做好人民监督员选任、培训、管理和案件监督等工作，有序推进县人民检察院人民监督员选任管理改革各项工作。按照《四川省人民检察院关于进一步加强人民监督员监督工作的意见》，人民监督员工作继续保持原有的工作态势，对人民检察院直接立案侦查案件应当纳入人民监督员监督的11种情形，继续开展监督。严格落实监督范围、监督程序和知情权保障要求，准确把握人民监督员监督范围，按照规定程序和要求规范开展案件监督工作。

【检务公开】充分利用检察微信、微博、门户网站，实施向社会各界公开检察动态，增强检察工作透明度；同时严格按照《筠连县人民检察对外宣传信息管理办法》规定，规范宣传信息发布流程，确保信息质量。加强对门户网站的日常管理，制订门户网站管理办法、检察微博管理办法。贯彻落实《四川省检察机关舆情引导及应急处置暂行办法》，规范涉检舆情的监测、研判和应对处置办法。全年，在新浪微博（筠连检察）共发送检察信息93条，粉丝3325人，微信（筠连检察）发布信息32条，有粉丝145人。在筠连县人民检察院门户网站发布信息35条。

【技术与信息】案件管理科学规范。1.严把案件进出口关，全面推进流程监控和检务公开。2.强化对涉案款物的监管，指定专人负责，对所有涉案款物实行专门台账管理，实现涉案财物的“扣”“管”分离。3.开展案件质量评查，贯彻落实绩效考核。建立《筠连县人民检察院业务运行态势分析制度》，对案件进行定期分析研判，梳理和汇总执法办案过程中的突出问题，有利于进一步规范司法行为。

检察技术有效服务检察业务，司法警察有效保障执法安全。全年办理技术性证据审查案件5件，按“全面、全部、全程”的要求做好讯问职务犯罪嫌疑人全程同步录音录像12件，以及做好鉴定人管理、网络办公办案技术保障，确保网上办公办案系统安全。司法警察全年出警执行警务48人次；参与办理反贪自侦案件14件、14人次；反渎案件2件、3人次；执行拘留强制措施16人次；执行逮捕10人次；协助调查取证62人次；提解、押送、看管犯罪嫌疑人、被告人66人次；送达法律文书24人次；协助处理突发事件4人次；协助政法委安全维稳4人次。在出警履职中，严格执行“三个凡是”，明确责任界线，确保检察办案做到“四无”，有力的保障检察办案安全。

信息调研有效提供决策参考。完善检察信息、调研奖惩激励机制，撰写各类简报、情况反映、业务研究共205篇，其中被市人民检察院办公室采用综合信息5篇、单条信息11篇；被市级以上媒体采用97篇，其中省级媒体采用30篇、国家级媒体采用19篇。

【检察队伍建设】坚持把思想政治建设放在首位，紧密结合“两学一做”制度化、常态化的要求，结合“三项整改‘回头看’”工作，集中力量抓好检察队伍“四对照四提升 做忠诚卫士”专题教育工作。通过党组中心组学习、干警集中学习、专题讨论等形式，树牢“四个意识”，增强“四个自信”。全年共组织党组中心组专题学习4次、干警集中学习9次，干警撰写心得体会25篇。

推进检察人员分类管理改革。按照最高人民检察院、省人民检察院、市人民检察院的部署，迅速推进检察官员额制改革和人员分类定岗，对县人民检察院45名干警全部分流。严格落实检察官员额配置制度和员额检察官管理机制，把16名员额内检察官配备到各个业务条线。严格员额检察官入额标准和程序，落实科学的常态遴选、退出和日常管理机制。完善检察人员绩效考核评价机制，协同有关部门全面推进检察机关“三类人员、两种待遇”工资改革，建立《检察官检察辅助人员绩效考核实施细则（试行）》《关于检察官、检察辅助人员绩效考核奖金分配办法（试行）》，充分调动各类检察人员工作的积极性和主动性。

加强学习、争优创先。开展“身边的典型”选树活动，以岗位练兵与竞赛活动相结合，不断提高队伍业务水平。1.组织干警参加各种培训，落实全省基层检察人员轮训工作，保障应训参训率继续保持100%。县人民检察院1名干警参加全国检察机关法警集训练兵，获1000米跑项目第一名、4×10米跑项目第二名、个人综合成绩第三名。4名干警到浙江大学进行为期7天的检察业务培训，全检察院45名干警均按时保质保量完成最高人民检察院网络培训。2.打造“书香筠检”文化品牌，使检察文化建设更富有特色。共举办专题讲坛4期、读书沙龙6次，推送“书香筠检”微信信息10条，其中被市人民检察院采用2条。

（蒋孟川）

法　院

【法院概况】2017年，县人民法院工作围绕“努力让人民群众在每一个司法案件中感受到公平正义”的目标，履行宪法和法律赋予的职责，审判执行工作再上新台阶、司法改革迈出新步伐、司法为民实现新突破、队伍建设取得新成效，为促进全县经济社会发展提供有力的司法保障。认真履行审判职能，全面规范司法行为，突出抓好队伍建设。全年共受理各类案件3998件，上升28.8%；审执结3859件，上升29.8%；结案率96.5%，审判执行工作取得新业绩。

【刑事审判】2017年，共受理刑事案件208件，审结204件，判处罪犯279人，其中判处五年以上有期徒刑21人。一是依法严惩妨害社会公共秩序、危害公民人身财产安全的犯罪，审结非法治造枪支爆炸物、故意伤害、强奸、“两抢一盗”等类案件129件，判处罪犯179人。审结全县首例客车超载危险驾驶案件、首例知识产权犯罪案件、首例虚假诉讼案件，审结王某、杨某等16名被告人在公共场所（“国会KTV”）聚众斗殴等重大案件，有力维护社会秩序、经济秩序和司法秩序。二是严惩贪污贿赂犯罪，重点惩处脱贫攻坚领域职务犯罪，审结贪污贿赂案件15件，判处罪犯16人。审结县综合执法大队系列受贿案。审理的民政局低保股胡某某玩忽职守案，入选2017年度四川省高级人民法院脱贫攻坚领域职务犯罪典型案例。

【民商事审判】2017年，共受理民商事案件2117件，审结2059件。审结民间借贷、买卖合同、金融借款等类案件1076件，保护诚实守信，制裁违约失信，维护交易安全。妥善审理婚姻家庭和继承纠纷案件422件，依法保护老人、妇女、儿童权益，有效维护婚姻家庭稳定。一是开通涉农案件审理“绿色通道”，快速审结涉农民工案件258件、劳动争议案件94件，最大限度保障农民工合法权益。二是开展诉非对接和多元化解工作，设立速裁调解合议庭，与县司法局联合制发《律师参与调解工作实施办法》，对县域涉煤企业和房地产企业案件激增、易激化矛盾实际，探索涉房地产企业和涉煤企案件的类案调解模式，共妥善调解该类案件588件，消除群体性信访隐患。

【行政审判】2017年，受理行政案件75件，审结75件，其中撤销具体行政行为2件，确认具体行政行为违法、判决重新作出具体行政行为1件，驳回原告起诉和诉讼请求8件，既监督行政机关依法行政又支持行政机关依法行权。一是开展行政协调，促进行政争议实质化解，经协调后当事人主动撤诉24件。二是推进行政机关负责人出庭应诉，被诉行政机关负责人出庭应诉率100%。三是加强司法与行政的良性互动，定期发布行政审判情况、年度报告，向行政机关提出司法建议2条，培训行政执法工作人员500余人次，促进行政机关提高执法水平。四是做好环境资源案件审理，推进生态文明建设。经批准，县人民法院设立环境资源审判庭。推行刑事、民事、行政“三合一”归口模式，审结环境资源案件28件，探索运用补种复绿等替代性修复方式，努力实现法律效果、社会效果和生态效果的有机统一。

【案件执行】2017年，受理执行案件1598件，执结1521件，执行到位标的9771.5万元。一是探索执行工作新方式，建立“网络查控为主、线下查找为辅、惩戒为补”的新型办案模式，利用司法查控系统查询被执行人的银行、车辆等信息3000余人次；在淘宝网上进行司法拍卖，成功20件次，成交额464万元，平均溢价率2.9%。二是加大对拒执行为的惩治力度，对138名“老赖”公开曝光，发布失信被执行人名单104人，促使35名被执行人自动履行债务；对有履行能力但拒不履行的23人，决定实施司法拘留，其中6人全案履行完毕。三是开展“执行大会战”集中攻坚行动，集中兑现农民工工资、工伤赔偿金等2166万余元，集中约谈公务员、事业单位工作人员12人，查封房产16套。

【司法为民】 继续坚持以透明、便民、利民为宗旨，以满足群众多元诉讼需求为目标，着力创新诉讼服务模式。

诉讼服务中心和服务点建设。按照“开放式、低柜台、人性化”服务要求，扩建人民法院机关诉讼服务中心，建成3个法庭诉讼服务点。根据筠连家事纠纷、涉农纠纷、涉少数民族纠纷案件较多的特点，打造以“和”“耕”“融”为主题的特色调解室3间，助力息诉解纷。除审判、调解的外，其他102项诉讼事务全部在诉讼服务中心集约办理，为群众提供更加方便快捷的“一站式”服务。

探索“互联网+”的诉讼服务新方式。县人民法院建成网上诉讼服务中心，启用诉讼材料集中收转平台，当事人或律师可在县城诉讼服务中心提交所有材料，不需再往返其他县（区）人民法院或各派出人民法庭递交材料。至年末，已办理远程立案审查案件11件、跨域立案4件。安装虚拟导诉机，提供法律法规查询、诉讼费计算、案件信息查询等功能服务。建成远程接访系统，避免当事人舟车劳顿之苦。

加强司法公开和法律宣传。利用门户网站、官方微信、官方微博等新平台推动裁判文书、案件流程、执行信息、庭审直播的“四公开”，在裁判文书网上公开文书和信息4828件次，文书公开率100%。通过短信平台、“12368”语音信箱等向当事人发送案件流程节点信息3000余条，在中国庭审公开网等公开庭审133件。加大法律宣传力度，共发放资料2000余份，巡回审理结案124件。

聚焦全面打赢脱贫攻坚战，开辟贫困户维权“绿色通道”，建档立卡贫困户一律免交诉讼费，并“优先受理、优先审理、优先执行”，全年共依法为贫困户免收诉讼费12万余元，发放司法救助金14万余元。

【司法公信】 一是全面落实法官员额制，县人民法院工作人员分为员额法官、辅助人员、行政人员三类，分别占比31%、48%、13%，保证在审判一线工作人员占比87%。二是深入落实司法责任制，明确独任法官或者合议庭自行签发法律文书，落实“让审理者裁判，由裁判者负责”。全年，直接由独任法官或合议庭裁判的案件比例为99.9%。三是探索完善监督管理制度，针对“四类案件”发现难、启动难、监管难、留痕难的实际，制发实施《“四类案件”监督管理办法》，实现监管权力清单化、监管方式平台化、监管责任公开化，做到“放权不放任、监管不缺位”。全年共发现、申报“四类案件”135件，经审定后进入监管程序126件，其中25件提交专业法官会议或审委会讨论，无1件被改判或发回重审。筠连人民法院“四类案件”监管机制得到市中级人民法院、省高级人民法院的肯定，并作为最高人民法院20个司法改革典型案例在全国人民法院推广。

【法院队伍建设】 2017年，组织书记员技能评比、庭审观摩、法警集训等11次，开设“筠州法苑”讲坛，邀请上级专家讲课4次，举办各类讲坛7期，组织各类培训400余人次，选送23名优秀干警到法律院校学习，组织观看警示教育片4次，梳理廉政风险点11个；开展审务督察和作风巡查8次，进一步端正干警的工作作风、纪律作风和生活作风。认真办理投诉举报案件，全年未发现违法违纪问题。

【法院对口帮扶】 2017年，县人民法院继续对口帮扶维新镇田坝村。全年，法院党组专题研究对口帮扶6次，选派17名熟悉农村、工作能力较强的干警与田坝村65户贫困户结对帮扶。协调各单位落实相关扶贫资金政策，捐款20000元支持田坝村产业发展，引导村民发展肉牛、土鸡等产业。严格落实易地搬迁政策，引导贫困户做好拆旧复耕复垦、功能完善等工作。积极做好小额信贷、好牛贷等惠民政策的宣传，配合田坝村开展“四好村”创建。年末，田坝村贫困户人均收入4000元以上。

（郎寒斌）

司法行政

【司法概况】 2017年，司法行政工作以中共十九大精神和习近平新时代中国特色社会主义思想为指导，始终坚持“136”工作思路，坚持立足职能、围绕中心、服务大局，坚持目标导向、问题导向、结果至上，坚持实干担当、追赶超越、勇争一流，创新出彩，狠抓各项工作目标任务落实，认真履行司法行政工作职能，全力推动筠连司法行政工作服务中心大局实现新突破、取得新成效。

【依法治县】 抓落实，确保依法治县工作顺利进行。全县上下认真贯彻落实中央和省市县“七五”普法工作部署要求，把法治工作作为事关全局的战略任务来抓好抓实，以建设“法治筠连”为目标，以“法律十二进”为载体，领导干部学法、农村普法、青少年法治教育及依法治理，为推进全县经济社会发展营造良好的法治环境。加强与县委宣传部等责任部门（单位）的沟通协调，及时掌握工作动态，整合力量推进任务落实，互相配合解决难点重点问题，各项工作任务扎实推进。

抓平台、重载体，形式多样开展法治宣传工作，以“法律十二进”为载体，通过发放资料、设立咨询专区、以案释法、法治宣讲等开展法治宣传工作。深入开展讲法治故事、唱法治歌曲、赏法治图片、读法治文章、传法治声音、搞法治调研、释法治案例、建法治文化广场（长廊、专栏）等活动，营造依法治县良好氛围，掀起推进依法治县建设、法治筠连活动的高潮，营造学法、用法、敬法、守法的浓厚社会氛围。健全“学法、找法、靠法、守法”平台，实现普法订单式、找法便捷式、靠法信任式、守法自律式，进一步促进法治工作具体化、实体化。

抓创建，统筹推进“法律十二进”示范点创建，与“法律十二进”牵头单位通过走访调研和座谈讨论，提出年度法治示范创建工作计划表。同时，将开展基层法治示范创建活动，与卫生城市、文明城市等创建活动有机结合，同规划、同部署、同推进，确保法治在基层有声有色、不留死角。

取得的成效。全年共开展学法用法考(测)试178次，参加45847人。举行“法律进学校”活动5次，发放法治教育宣传手册1000余份，开展“青少年模拟法庭”2次。共编印普法读物17种5600册，发放普法读物17种2400册；制作普法用品25种，发放2700件；发布法治微博12条，法治微信30条，推送法治短信(彩信)50条，发布法治手机报27期。共创编法治文艺作品16件，拍摄法治微电影4部，法治文艺演出29场次，放映法治电影280场次，报刊电视广播刊登播出法治文章(节目)30篇(期)，推送法治公益广告520条。共开展法治宣传活动60余次，法治讲座100余次、公证助力精准扶贫8次，法律援助1646次。开展法治宣传100场次，开展法律体检30件(次)；为村民及村集体组织提供法律意见100余条，修订完善村规民约60余件。

【普法宣传】 2017年，将法治宣传融入业务工作、中心工作，各级各部门、各基层单位将法治宣传工作和日常工作、中心工作同安排、同部署，将法治宣传融入传统节日，有力确保普法工作落到基层、落到实处，取得在在的效果。“3·8”妇女节开展反家暴主体宣传活动、“3·15”消费维权知识竞赛、“4·15”开展国家安全法主体宣传活动、“5·4”青年节知识竞赛、“6·5”日环境日宣传活动、六一儿童节期间各学校举办青少年法治教育系列活动，筠连县消防大队开展“11·9”消防宣传活动等。

【多元化调解机制】 2017年，实行多轨并行，构建多元化人民调解机制。一是构建边界联调协作体系，与云南盐津等县沟通联系，构建边界矛盾纠纷联防联调协作机制，落实“联防、联调、联治”，做到信息共通、纠纷共调，把边界矛盾纠纷调解从“几不管”变为“共同管”，成功调解省际边界矛盾纠纷案件60余起。二是主动联系县民宗局、团林、高坪、联合3个苗族乡，动员“乡土法杰”参与打造独具特色苗乡调解委员会，参照传统的“族规”“家法”，引导和推动制订符合当地实际的村规民约和调解制度20余项，3个苗族乡的矛盾纠纷调解成功率由76%左右提高到98%以上。三是协同县公安局，在筠连镇试点，打造“党政主导、公安主抓、司法指导、社会协同、公众参与”的“公调对接”机制，成功调解民事纠纷及轻微治安案件24起，预防民转刑案件6起。四是抓好医疗纠纷专业调解，成功调解医患矛盾纠纷案件20余件次。全年，共人民调解矛盾纠纷1839件，调解成功1836件，成功率99%以上，调解协议涉及金额467.03万元。

【法治扶贫工程】 实施“六大同心工程”(法治宣传引领、法律服务利民、法律援助惠民、人民调解安民、对口帮扶为民、服务集体经济组织)，以“脱贫攻坚、法治同行”同心扶助工程为主题。全年，向61个贫困村制作张贴法治扶贫联系牌，向5438户贫困户发放贴心卡，为500名法治扶贫志愿者配备宣传帽、宣传衣，向贫困户发放宣传围裙、宣传手提袋各2000余份；组织律师、公证员、法律工作者累计到村工作200余次，与61个贫困村签订法律顾问协议书；签订村干部感恩承诺书244份，农户感恩承诺书2473份。

开展“同心·法治宣传引领工程”。定期到贫困村开办法治讲座、法律咨询、法律“体检”、法律“会诊”，指导贫困村开办法治宣传专栏和举行专题普法活动，有针对性地开展法治宣传，普及法律知识。

开展“同心·法律服务利民工程”。实施“一村一法律顾问”全覆盖。开展“公证助力精准扶贫”活动，落实公证便民各项措施。与贫困村干部签订“遵法守法、规范用权”承诺书，防控扶贫资金使用风险；与贫困户签订“遵法守法、感恩自强”承诺书，增强贫困户的法律意识和内生动力。

开展“同心·法律援助惠民工程”。全县贫困村和贫困户法律需求全部纳入法律援助优先保障，帮助困难群众免费打官司，降低群众维权成本。

开展“同心·人民调解安民工程”。法律顾问担任兼职人民调解员，根据基层调解组织的安排，指导和参与矛盾纠纷排查调处工作，及时化解一批矛盾纠纷问题和信访突出问题。

开展“同心·对口帮扶为民工程”。每个律师、公证员、基层法律工作者都明确一户对口帮扶贫困户，并制订可行的贫困户帮扶方案，建立一户一策的帮扶台账。

开展“同心·服务集体经济工程”。发挥专业优势，针对贫困村集体和个人开展脱贫致富项目、村(社区)企业在转型升级、知识产权、劳资纠纷等方面遇到的实际问题，定期组织法律体检，及时防范法律风险。

【基层司法】 2017年，全县各级调解组织共调解纠纷2611件，调解成功2582件，调解成功率98.8%，防止纠纷激化3066件。建立规范化法律援助工作站2个(武德乡、团林苗族乡)，完善法律援助工作站21个、法律援助联系点257个，新增法律援助工作站1个(县劳动人事争议仲裁院工作站)，发放法律援助便民联系卡14300余张，开展大型法律援助宣传活动52场次。

进一步增强群众的法律援助意识，扩大法律援助的社会影响，使法律援助更加适应社会弱势群体的需要。同时结合各种节日、宣传日做好宣传，通过报纸、广播、电视台等新闻媒体，营造良好的舆论氛围，畅通法律援助信息，为法律援助广泛深入人心奠定基础。

进一步规范法律服务，召开全县律师暨基层法律工作者整改会，提出明确要求，完善公证律师及基层法律服务工作管理体制，健全律师执业准入、执业状况评价和执业奖惩等机制，落实扶持保障律师的各项政策措施。加强律师事务所党组织建设工作，建立党支部2个，培养积极分子2名。

进一步健全法律服务机制，发挥司法行政职能，找准服务的切入点和结合点，深化各类法律服务专项活动。进一步完善“一小时法律援助服务圈”，法律服务“绿色通道”等机制，努力打造一支高素质、高业务水平的法律服务队伍，为广大群众特别是社会弱势群体排忧解难。

坚持监管与服务并重，提升法律专业人员自律意识。以职业操守、职业纪律、大局意识等为重点加强教育引导，决不允许枉顾职业道德、职业操守而唯利是图，开展为期3个月的教育整顿，=学习《司法部关于黑龙江森耀律师事务所违法违规执业情况的通报》《四川省司法厅转发〈司法部关于公证执业“五不准”的通知〉》等文件120余人次，组织律师专题教育座谈会50余人次。

【法律服务】 2017年，以“双千企业”、重大项目法律需求为重点，四川瑞龙律师事务所、四川玉壶律师事务所共担任法律顾问36家，办理各类法律事务383件。筠连县公证处共办证523件。强化能力提升，司法局领导带队到宜宾丰宜律师事务所参观学习11人次，组织律师参加“我为脱贫攻坚做点事”演讲比赛并取得良好成绩，组织律师档案执法检查2次，完成年检注册26件次。强化管理和服务并重的理念，一方面严格监管，另一方面强化服务，帮助律师协调解决问题9个。

【法律援助】 2017年，全县完成法律援助共2592人(次)，占市下达目标的225.39%，增长1.73%，其中办理法律援助案件327件，接待来访咨询1750人次，来电咨询188人次，为受援人避免和挽回损失523万余元。

【社区矫正和安置帮教】 全年共接收社区矫正服刑人员851名，解除矫正657名，至年末在册社区矫正服刑人员194名，接受委托调查54件。开展社区矫正工作业务培训6次，培训200人次。司法局登记在册刑释解教回归人员323名，安置率100%，帮教率为100%，重新违法犯罪率为0，脱管率为0。

强化基层基础，提升执法影响力。成立筠连县社区矫正执法大队和18个乡(镇)矫正执法中队，已建成规范化社区矫正执法中队13个，建立社区服务基地18个，建成就业基地1个、警示教育基地1个，增强社区矫正执法影响力。进一步规范落实司法e通，开通率100%，实现科技化和科学化管理。狠抓业务建设，由主要领导带队、组织社区矫正执法大队和部分司法所负责人等10余人到南溪区学习交流，邀请县人民检察院反渎职侵权局领导宣讲渎职犯罪预防。狠抓考核管理，社区矫正纳入乡(镇)党委政府目标考核。

强化监管创新，提升刑罚执行力。创新制订实施《筠连县司法局社区矫正监管每月交账制度》，丰富矫正教育载体、方式和手段，由领导带队组织社区服刑人员到汉王山监狱等接受警示教育50余人次，组织集中教育250余人次；聘请退休政法干警、社会志愿者等10人参与社区矫正工作。建立定期排查、逐个筛查制度。排查出的问题和隐患30多个已整改到位，尤其排查处置十九大期间的不稳定因素5个。落实社区矫正心理矫正计划，为194名社区服刑人员开展心理健康普查，对筛选出的3名存在严重心理问题的人员开展一对一个案辅导，有效防范风险。

强化重点管控，提升隐患排查力。对重点人员重点监控的1名精神病患者和29名重点监管对象实施有效的管控和排除隐患，实行每天电话询问，每周走访了解，每月会诊分析。十九大期间、“一带一路”高峰论坛等时期，社区服刑人员实行每日报告、每天电话、微信位置共享、视频等方式进行监管，确保稳定可控。至年末，给予社区服刑人员警告处分56人次、撤销缓刑4人、撤销假释1人，给予治安处罚2人、收监执行6人。

强化科技支撑，提升监管精准度。建成筠连县社区矫正监管中心，对184名服刑人员做到实时监控，投入近10万元为136名社区服刑人员配备司法E通装备，即时定位和监控社区服刑人员。实现监管流程网上操作，社区服刑人员信息化系统全面投入使用，请销假以及入矫、解除矫正都在OA平台操作，做到人防和技防有机结合，实现网络全覆盖。

【司法对口帮扶】 一是严格落实帮扶责任。班子成员、职工齐走访入户帮扶13次，走访入户1000余人次，帮助贫困户解决协调贷款、安全饮水、易地搬迁、通信设施等具体问题35个，帮助贫困户解决矛盾纠纷48起。第一书记樊萍全脱产驻村、驻村工作组组长许虎，研究解决具体困难和问题，，确保组织到位、制度到位贫困户和村组干部满意度98%以上，每名干部帮扶1名贫困户，做到责任到人。二是加大扶贫投入。制订帮扶方案和计划，帮助贫困户协调小额贷款53万元、产业发展资金39.7万元(养牛54头、养猪131头、养鸡665只)，村道硬化和村阵地建设300余万元。司法局投入中共党员示范项目、电视机、被子等日常用品、特殊困难户补助材料费等共8.6万余元。帮助贫困户王孝书法律援助达成11万元赔偿协议并部分履行，组织为特殊困难户余腾华、郑友书等捐款5.4万余元。

(何英明)

社会团体

筠连县总工会

【**技能竞赛**】一是制发《筠连县职工职业技能劳动竞赛细则》,进一步规范劳动竞赛,有序、有力、全方位地开展劳动竞赛,培育技术能手。二是举办各项技能竞赛,提高职工技术水平。举办第一届采茶技能大赛,、共有17支队伍参赛,覆盖茶业行业企业70余家,评出个人奖、团体奖各6名、优秀组织奖6个,采茶能手3名。组织开展、水泥行业职工技能竞赛活动,有200余名水泥行业职工参加巡检、维修、中控、质控等、比赛,按工种分别评出前6名,创造直接经济600余万元。组织开展电力行业抄表、维修等、技能比赛,有300余名职工参与比武,分别评出先进单位、先进个人各6名。组织电子商务、掘煤工等数十个工种的技能比赛,按项目评选表彰前3名。三是筠连县冬青御品茶业有限公司李国章茶艺工作室成功创建为市级高技能人才创新工作室,被市劳动竞赛委员会授牌。

【**劳动模范评选命名**】2017年3月5月,在全县各行业、各阶层中开展筠连县第二届劳动模范(先进工作者)评选活动,通过层层选拔、推荐、调查、公示,命名14名为"筠连县第二届劳动模范"、评选"筠连县先进工作者"6名。

【**关爱职工活动**】一是开展"四季送"活动。全年慰问和帮助共2000余名职工(含困难职工),发放现金和物资折现136万余元,其中送清凉看望坚守酷暑职工800余人、金秋助学164人、生活救助或医疗救助等919人。二是民生工程。至10月底,完成城镇失业人员再就业217人,开展下岗失业人员职业培训386人,资助家庭困难职工子女上学271人,安排专项66.4万元为符合条件的建档困难职工提供每人每年300元~1000元生活和医疗救助。三是提升工会干部素质。专题培训80余名基层工会干部,邀请省、市专家授课。外派专职工会干部到发达地区拓展培训。对全县工会干部中学历不到大专的,鼓励其取得大专文凭,在规定时间内取得大专学历的给予一定补助。

【**凝聚职工活动**】一是创建"职工书屋""农民工文化驿站"。全年创建"职工书屋"10个,"职工书吧"2个,"农民工文化驿站"2个。二是"工会宣传月"活动。通过电视台、街头集中宣传等形式,宣传《中华人民共和国工会法》《中华人民共和国劳动合同法》等法律法规。"五一"期间,拍摄5名一线职工、劳动模范的专题片,在筠连电视台专题"劳动者风采"播放。三是文体活动。开展有"青春同行,等你相伴"缘聚"2·14"青年联谊会、"三八"期间的第二十届"巾帼杯"门球赛和"我运动、我健康、我快乐"主题的女职工趣味运动会、2017年全民读书日启动仪式暨寻找最美声音决赛、首届"中国梦·劳动美"庆"五一"职工书法大赛等16场,参与职工12000余人次。四是新安装LED显示屏对工会法、十九大内容进行日常宣传,报送各类信息60条。五是开展"为爱汇聚,拥抱未来,无毒无悔"的禁毒宣传教育及形式多样的宣传教育活动。六是组织开展志愿者服务活动,对"'1·28'地震灾区"进行关爱,同时开展关爱留守儿童志愿活动。

【**基层工会建设**】一是及时召开县工会全委会议,调整充实县总工会领导班子,配齐班子成员。二是按时对基层工会组织进行换届、调整,配齐内设机构,全年指导改选基层工会27个。三是及时新建工会组织。全年指导新建基层工会组织10个,发展会员600余人,其中农民工550人,同步建立经费审查委员会和女职工委员会。至年末,全县基层工会有741个,涵盖企业(个体经营户)共1328家,覆盖面100%;有工会会员69993人,会员入会率98.5%。四是基层工会规范化建设。制发《关于在镇乡、社区工会开展规范化建设工作的通知》《关于进一步加强镇乡、社区工会工作的通知》,在全县乡(镇)深化"党委政府支持好、组成网络健全好、履行基本职责好、指导帮助基层好、服务职工群众好、围绕中心开展工作好"规范化建设,进一步完善规范化建设的申请、验收和复查工作机制,明确规范化建设内容和相关经费补助标准,对验收合格的乡(镇)、社区、企业工会给予1万元~3万元的经费补助。全年成功打造腾达镇政府工会、冒腾达镇水社区工会、腾达镇春风村工会、沐爱镇棬坪社区工会、塘坝乡川丰社区工会、蓝伯特工会等示范典型,有效带动全县基层工会规范化建设。

【**基层工会管理**】2017年,对基层工会进行网格化管理。以乡(镇)为一个区域范围,以村(社区)为一个网格划分单位,以若干个企业为一个联网组合,把乡(镇)工会划分成介于村(社区)和企业的若干个网格,设立工会网格工作站,作为县总工会联系网格点和村(社区)工会的联络机构,成为工会工作基本单元,授村(社区)工会委托管理和协调网格内各种类型的工会组织,服务广大职工。全年建成网格工作站18个,覆盖率100%。

【职工普法维权】 一是“七五”普法,在县城和乡(镇)开展8次《中华人民共和国劳动合同法》《中华人民共和国职业病防治法》《女职工劳动保护特别规定》等法律法规的宣传咨询,发放各种宣传资料2万余份。二是与筠连县玉壶律师事务所3名律师签订聘用合同,聘用为职工维权律师团成员,为困难职工提供法律咨询64人次。全年各级工会接待信访案件91件,均全部办结。县总工会接待信访案件5件,办理完结5件。三是劳动合同签订检查。会同县人社、工商联等制发《关于建立劳动人事争议仲裁委员会“三方驻会”制度的意见》,进一步规范完善三方协商机制,明确工作程序和职责。会同县人社、经信科技等单位联合开展“劳动法律监督行动”,对规以等106户企业的劳动合同签订进行情况检查,结果显示国有及国有控股、规上工业企业签订较好,少数民营企业签订不及时。

【工会对口帮扶】 2017年,县总工会继续对沐爱镇尧坝村开展精准扶贫工作,及时更换、派驻第一书记,调整工作组组长,保证精准扶贫工作不脱节。帮扶联系人每月不少于1次到贫困户家了解生产生活情况,及时理清思路、找准脱贫路子,投入帮扶对口扶贫村资金近8万余元。年末,在2016年整村脱贫摘“帽”的基础上,对剩余12户贫困户采取种植、养殖、就业散工、公益性岗位等措施,已超越贫困线,实现全脱贫。

(张成华)

共青团筠连县委员会

【青少年思想文化建设】 开展“五四”主题活动。5月4日,开展纪念五四运动98周年主题团日活动暨筠连县青年职工安全知识决赛,表彰2017年优秀团干部和团员,通过主题团日活动,弘扬青年文化,凝聚青年思想。

选树青年先进典型。开展寻找“最美少年”活动。通过宣传优秀少年感人励志事迹,形成学习感动、宣传感动、理解感动、懂得感动和品味感动的浓厚氛围。认真组织安全生产示范岗、青年安全生产标兵、青年文明号的评选和推报活动,其中四川筠连西南水泥有限公司烧成组、四川蓝伯特生物科技股份有限公司青蒿素精制工序班、筠连川煤芙蓉新维煤业有限公司通风瓦斯队被评为宜宾市2017年度青年安全生产示范岗;四川筠连西南水泥有限公司制造分厂组长舒平、筠连川煤芙蓉新维煤业有限公司主办科员李俊强被评为宜宾市2017年度青年安全生产标兵,进一步激励全县广大青年锐意进取,建功立业。

加强青少年理想信念教育。在各级中小学团队中开展以“红领巾与共青团”为主题的党、团、队组织意识衔接教育活动、“不忘初心跟党走我为团员上团课”团课评选活动。在六一儿童节和“十·一三”建队日,开展红色歌曲传唱、诗歌朗诵、少先队知识抢答等主题教育,丰富共青团主题活动。开展“扬先烈精神,颂爱国情怀”主题教育,激发广大青年弘扬爱国主义精神。“五四”期间,组织各级团组织开展“五四”系列活动;助残日期间,协助开展筠连县第27次“全国助残日”志愿助残服务系列活动,营造浓厚的帮贫扶残和团结友爱的氛围。“一二·九”纪念学生爱国运动,组织各级中小学开展系列纪念活动,进一步增强学生的光荣感、责任感和使命感。

【青年人才培养工程】 搭建青年就业平台。1月,联合县人社局、园区办、总工会、妇联在汇鑫广场联合举办“筠连县2017年就业扶贫现场招聘会”,提供岗位600余个,达成就业意向300余人。实施“逐梦计划”,募集到机关事业单位和国有、私有企业岗位110个,帮助70余名大学生实习。

扶持青年自主创业。积极参与筹建川南·新经济创业创新孵化中心(该项目定位为川南与浙东地区产业资源促进平台、川南地区双创服务平台和区域性新经济示范平台),于11月15日启动。推荐筠州网站建设项目青年创业团队、School网上超市购物平台青年创业团队、换客网站项目青年创业团队参加“宜宾商行杯”第四届宜宾青年创新创业大赛;推荐宜宾市德瑞文化传媒有限公司执行董事文韬、筠连县向阳农业开发有限公司总经理罗斌为SYE宜宾市办会员、四川省青年创业促进会会员;推荐创业青年杨传英等3人参加四川省第三期农村青年电商培训示范班;推报县筠爱义务工作者协会参加筠连县创投大赛,有效提高筠连创新企业的知名度和创业青年对创业新思维、新知识的接纳度。

服务青年技能提升。根据全县经济发展,将培训与青年创业、就业有机结合,以劳动力市场需求为导向,以能力培养为基础,以市场化、项目化运作为手段,整合社会和团属资源,依托促进城乡青年创业就业培训项目,根据市场需求和青年特点确定培训内容。开展“互联网+青春力量+精准扶贫”电子商务培训,提升青年创业的相关知识水平,降低创业失败风险。

【优化青少年成长环境】 进一步加强预防青少年违法犯罪和未成年人保护工作,推进重点青少年群体服务管理。开展“5·12”防灾减灾日应急知识宣传活动、以“拥抱青春,拒绝毒品”为主题的“6·26”国际禁毒日大型禁毒宣传活动、以“现身说法做警示,法治教育伴成长”为主题的青少年法治教育活动,联合公安局、妇联等相关单位开展“禁毒宣传进校园”活动。开展“共青团与人大代表、政协委员面对面”活动,通过考察、调研、网络等途径,收集青少年普遍性的利益诉求,拓宽青少年向人大代表、政协委员反映诉求的渠道。利用“三下乡”集中服务活动,开展法律宣传教育活动,宣传《中华人民共和国未成年人保护法》《中华人民共和国预防未成年人犯罪法》《青少年自护知识》,提高青少年法治意识和法律素质。

【青年联系交流】 1月,开展“暖冬行,爱传递”关爱贫困留守儿童爱心活动,联合县妇联等相关单位在联合苗族乡举办“心手相连,爱在冬季”爱心服务活动,在塘坝乡双田村开展“看望慰问送温暖”精准扶贫服务活动。2月14日,联合浙江油田公司西南采气厂(筠连)团委组织开展“‘青春同行,等你相伴’‘2·14’青年交友联谊会”,促进企地的沟通交流。

【青春助困创和谐工程】 一是开展助学工程。加大爱心助学、爱心助困力度,帮助贫困青少年群体缓解经济困难,其中“重啤宜宾”助学活动资助学生8名,争取到助学金1.6万元;四川烟草“诚至诚”助学活动资助学生4人,争取助学金2万元;募集到栋梁工程资金44.25万元、“关爱基金”资金6.7万元,资助学生共98人。二是开展暑期志愿服务活动。启动2017年“情暖童心”关爱留守儿童及贫困家庭子女暑期志愿服务活动,涉及8个乡(镇)共9个服务点,活动20天,有51名来自高校的志愿者参与,整个关爱活动覆盖520余名留守学生(儿童)。在胜利街小学和城南社区开展“爱心暑托班”暑期志愿服务活动,活动服务城区缺少看管学生(儿童)160余名。三是关爱载体丰富多样。6月,联合县委宣传部、县教育文广局、县妇联举办“槐花飘香 文化惠民”关爱留守学生(儿童)专场文艺演出,为留守学生(儿童)搭建自我展示的平台,推进全县关爱留守学生(儿童)工作。

【青年志愿者行动】 一是开展志愿服务活动。3月5日,启动“精准关爱,青春同行”学雷锋志愿服务月系列活动,开展“慰问抗战老兵,传承川军精神”志愿服务活动,包含创建文明城市、关爱留守学生、关爱残疾人、敬老爱老、医疗义诊、普法宣传等。

参与安全社区创建。组织青年志愿者参与省、市安全社区创建,定期对新招募的社区志愿者展开培训,招募社区志愿者200余人,服务群众2万余人;开展“共青团爱心助考”志愿服务活动,为高考学子免费发放矿泉水及学习用具等用品,助力高考;举办以“关爱留守儿童,共建和谐社会”为主题的关爱地震灾区留守儿童送爱心活动;开展“春运志愿行,温暖回家路”春运志愿服务活动;组织志愿者协助做好“1·28”地震志愿服务、群众应急安置工作。组织志愿者在县城内开展安置30个旧衣环保回收箱公益行动;积极组织青年志愿者开展“相约园区,绿色同行”义务植树节活动。

【团的组织建设】 一是团的自身建设。一手抓传统领域、一手抓新兴领域,一手抓组织覆盖、一手抓活力提升,提升团的服务能力。全年发展团员1600余名,推优入党12名。二是团的新媒体工作,提高团县委微博、微信在青年中的知晓率,做到把团旗插到互联网上、把共青团的工作和建设覆盖到网上、把共青团员的先进性和担当延伸到网上。三是提升团干部自身素质。开展“学习总书记讲话,做合格共青团员”教育实践工作,提升团干部的素质。

【参与社会工作】 一是助力“扶贫攻坚”行动。联合县委宣传部等部门举办“助力精准扶贫,携手圆梦小康”文化科技卫生“三下乡”集中服务活动,引导青年关注贫困问题。二是强化关爱阵地建设。全年,团县委建立星级留守学生之家2所,通过提升留守学生之家的质量和硬件服务设施进一步强化关爱阵地建设。

(高怡)

筠连县科学技术协会

【全民科学素质行动】 2017年,县科学技术协会抓好《全民科学素质行动计划纲要》的实施,把科普工作和《全民科学素质行动计划纲要》工作纳入党政机关目标考核。加强与大众媒体的合作,充分利用报刊、广播、电视开展科普宣传,同县教育文广局、规建城管局合作在筠连电视台、玉壶广场电子屏幕每天播放“科普大篷车”节目,科协负责定期提供涉及农业技术、科学养生、节约能源等节目内容。每周一期,全年52期,每期15分钟,每周一在20点10分和23点10分首播,每周二、周五12点30分、20点10分和23点10分重播。

【科普“站·栏·员”建设】 一是同县教育文广局在筠连有线电视台黄金时段播放《科普大篷车》节目。二是改善公民科学素质条件。对龙镇乡等乡(镇)的11个村建设科普惠农兴村“站、栏、员”,完成市下达目标。更换筠州文化小广场、玉壶广场、筠连镇5个社区、筠中河滨道200米科普画廊的科普宣传知识内容3次。“科普中国e站”落地应用推动基层科普信息化建设,全县首个“乡村e站”在龙镇乡兴胜村建成,首个“社区e站”在筠连镇中城社区建成,让政策法律、科普知识、科技扶贫等内容及时传播给广大群众。组织科技工作者、农民等共3000人参加“全国农民科学素质网络知识竞赛”活动。

【"基层科普行动计划"实施】 在全县14个社区,以提高社区居民科学素质为目的,利用科普宣传栏、科普展板、科普宣传车开展科普宣传活动。在筠连镇中城社区、双腾镇黄桷树社区等制作科普宣传栏40米。筠连镇河西社区、双腾镇黄桷树社区被市科协、市文明办命名为第五批宜宾市科普示范社区。新发展农村专业技术协会2个(筠连县大雪山御龙油料牡丹种植协会、筠连县花卉苗木种植协会)。组织筠连县筠洲信诚商贸有限责任公司科协和筠连县六五茶叶有限责任公司科协开展"讲、比""建家"和"科普示范企业"创建等活动,组织2个企业开展"将、比"活动,采纳实施合理化建议4条。组织科技工作者开展科技创新、技能培训、合理化建议、科技咨询等活动。收集专家科技信息,完成"苦丁红茶""苦丁黄茶"2项市级"金桥工程"项目。

【群众性科普活动】 反对邪教宣传活动。1月6日,联合中城社区等十多家单位在新华大道开展以"崇尚科学、反对邪教"为主题的迎新春活动,发放科普法律资料、日历挂图等1000余份。5月在河西社区、9月在玉壶社区等地开展反对邪教宣传活动。

"科普宣传月"活动,3月15日,县委宣传部、县科协等单位在玉壶公园广场开展第二十二届"科技之春"科普宣传月活动。

"科技活动周"活动,5月20日,与筠连镇河西社区等单位在筠连镇河滨广场开展"科技活动周"活动。

"四下乡"活动,4月26日,县科协和县妇联等单位在池子球场开展文化、科技、卫生、法律"四下乡"活动。

"三下乡"集中服务活动,5月24日、11月24日、12月7日县科协、县委宣传部等15个相关单位分别在沐爱镇棬坪村、巡司镇土房村、大雪山镇石龙村联合举办科技文化卫生"三下乡"集中服务活动。

大型科普系列活动,9月15日,联合中城社区等40余单位在池子球场开展2017年全国科普日启动仪式暨"科技助力扶贫、科普点亮生活"大型科普系列活动,主场举办"科普大篷车"集中宣传、专家送科普进社区、科普文艺表演、科技成果展示、科技咨询等系列活动,全县18个乡(镇)也开展宣传活动。全年共举办科普专题讲座10场次,发放宣传资料15000余份(册),展出展板、挂图50余幅,赠送科普宣传袋300余个,医疗义诊500余人次,受益群众15000余人。筠连县"科普日"主题活动被中国科协表彰为"2017年全国科普日优秀活动"。

【青少年科普主题活动】 2017年,组织科技辅导骨干教师22人参加市科技培训,外出观摩省级创新大赛现场培训。在青少年科技创新大赛中,获省级奖项2项(其中县希望小学《苗族大唢呐知多少》入围全国科技优秀项目);获市级奖项17个(其中一等奖4项、二等奖3项、三等奖10项),有14名辅导员老师获得市竞赛指导奖和优秀科技教师奖。6月1日,在维新沐义小学校举办县青少年科普法治教育系列宣传活动。6月2日,在乐义小学联合举办关爱地震灾区留守儿童送法律、送科技、送爱心系列宣传活动。

【科技扶贫战略】 推进农业产业发展,帮助农民群众脱贫致富。一是6月带领县花卉苗木种植协会到贵州省龙里县实地考察调研刺梨种植情况,在沐爱镇等地新种植刺梨苗基地1.33公顷。二是结合农业、农村、农民对金融服务的需求,县科协与县邮储银行开展"银会合作"贷款工作,全年"银会合作"发放贷款102笔金额1873余万元,为农户办理贴息资金5.5万元。三是对口龙镇乡兴胜村顺利脱贫摘帽。帮助建强村党支部,建好村党群服务中心,建好"科普e站"和科普图书室,赠送科普图书1000册。

(费丽)

筠连县妇女联合会

【妇女素质提升行动】 2017年,县妇女联合会为推动农村妇女顺应电商发展潮流,县妇联、县就业局联合举办电子商务培训班,培训贫困妇女53名和返乡女农民12名。以"三八维权周""科技三下乡""12·4法治宣传日"等节日活动为契机,宣传《中华人民共和国反家庭暴力法》《中华人民共和国妇女权益保障法》《中华人民共和国婚姻法》等法律法规,提升广大市民法律意识。制发《筠连县妇联关于开展2017年"书香筠连·阅读筠州"全民阅读进家庭活动通知》,向全县家庭发出"全民阅读进家庭"倡议书,与醒世茶业联合举办"品醒世红茶·做书香女人感恩母亲节"阅读活动,引导妇女们在书香里陶冶情操,提升素质。

【巾帼建功行动】 一是加大对家庭农场、合作社、农村电商、小微企业、家政服务等指导力度,在各乡(镇)培育妇女居家灵活就业示范基地,乐义乡沙地村刘付兰、筠连镇五凤村黄仁芬、沐爱镇兴隆村胡常英3个家庭被宜宾市妇联命名为宜宾市妇女居家灵活就业示范基地。二是深化各类精神文明创建活动。向四川省文明办推荐优秀家庭1户,参加四川省文明家庭评选;6户家庭被宜宾市妇联命名为"宜宾市最美家庭",8户家庭被县妇联命名为"筠连县最美家庭";向县总工会推荐5名女性参加县劳模评选。三是持续开展"巾帼建功"活动,开展各类岗位比赛12次,300余名妇女参赛,比技能、提素质。推荐县国税局办税服务大厅为省级巾帼文明岗。

【巾帼维权行动】 一是坚持做好群众来电、来信、来访办理工作,依法维护妇女儿童合法权益,共办理信访案件

40余件，来访群众满意率95%以上。二是完善社会化维权协调机制，依托设在乡（镇）司法所的婚姻家庭纠纷调解中心，做好广大妇女婚姻家庭纠纷调解工作。在市妇联指导下，组织开展“巾帼维权法治大讲堂”筠连县专场活动，组织50名妇女学习《中华人民共和国反家庭暴力法》《中华人民共和国妇女权益保障法》《中华人民共和国劳动保障法》的相关维权知识。与县人民法院、县人民检察院开展“法治进社区”活动，到玉壶社区、城南社区等开展“反家庭暴力”讲座3场，有居民78名集中听讲座。

【幸福家庭行动】 继续以家庭为阵地，开展精神文明引领建设工作。一是寻找“最美家庭”，联合县纪委、县委宣传部、县直机关工委、县文明办、县网信办等，在全县开展寻找“最美家庭”活动，指导全县各妇联组织召开寻找“最美家庭”动员会，提升寻找“最美家庭”活动知晓率，实现243个村、14个社区“妇女之家”寻找活动全覆盖。3月，表彰最美家庭12户。二是家风家教宣讲，组织由市县学校高级讲师组成的“母亲课堂”宣讲组到乡（镇）、社区、学校开展宣讲10场次，传播“孝爱亲和廉”家庭美德和优良家风家教。引导群众弘扬良好家风家教，践行优秀家规家训，500名家长聆听讲座。

【妇联强基固本行动】 2017年，全面完成243个村、14个社区妇联组织的改建，将村妇代会改建为村妇联，选举产生村妇联主席257名、兼职副主席140名、执行委员1621名。257个村（居）委班子中有女性，其中村（居）委委员213人，村（居）支委委员47人。完成乡（镇）妇联组织区域化改革工作，积极引导符合条件的“两新”（新经济组织和新社会组织）组织和非公企业建立妇联组织。建设“妇女儿童之家”，村（社区）组建率100%。

【妇联惠民行动】 一是精准脱贫行动。为对口帮扶的大雪山镇高峰村贫困户捐助现金和物资3万余元。指导高峰村种植红花大油茶53.33公顷、白芷13.33公顷，新修便民路13千米、新修村道公路5.8千米，危草房改造9户，“三建三改”30户。二是继续深化“代理妈妈关爱留守儿童”行动，6月在乐义乡开展“关爱地震灾区留守儿童”活动，30余名“代理妈妈”“代理爸爸”陪伴孩子们度过儿童节。三是开展“心手相连、爱在冬季”暖冬行动，为留守儿童和残疾人发放米、油、衣物、鞋、文具等慰问品1万余元，现金4000元。

（陈珊珊）

筠连县工商业联合会（商会）

【强培训促企业家素质提升】 工商联高度重视企业培训，得到县委副书记、县政府县长刘朝平2次批示，充分肯定工商联在企业培训、企业调研、推荐筠连名优特产品所做的工作。6月，组织非公企业参加市委统战部、市工商联在浙江大学举办的宜宾市新时期工商联工作研讨班学习。8月25日，工商联组织12位企业家参加宜宾市特邀浙江大学金小刚教授做的“互联网+”专题培训会。9月7—8日，组织企业家进行电子商务精准扶贫培训，培训内容为农村电商发展趋势与精准扶贫、农产品上行、电商农产品的品牌打造、电商村级服务点建设与运营等。11月28日至12月1日，县委统战部、工商联、经信科技局联合举办非公经济人士代表37人参加为期4天的培训，邀请宜宾学院陈云刚教授就“国际国内经济形式”分析，市委党校常务副校长兰亚宾对中共十九大精神做深度解读，县委常委、县委统战部部长贾圣君对新时期统战工作的形势和要求进行讲解，组织非公经济人士代表到临港经济开发区实地考察学习。县委副书记、县政府县长刘朝平参加“筠连县构建‘亲’‘清’新型政商关系座谈会”，介绍上海等先进地区的经济模式，鼓励企业家多学习，多创新。

【积极参政议政】 工商联组织会员参与县委与工商联、无党派人士“双月协商会”，工商联会员共参加5次双月协商会，专题协商党风廉政建设、脱贫攻坚、企业产业转型升级、发展绿色食品产业打造绿色食品加工重点县、交通基础设施建设等工作。从2016年底至2017年年初，工商联党组按县委统战部要求对拟任政协委员的30余名非公有制经济人士进行综合评价和组织考察，其中筠连20多人、异地4人。工商联的提案被县政协评为优秀提案。

【调研筠连企业和名小吃】 3—9月底，分别对县域内的建筑行业、农副产品加工业、汽修厂、宾馆服务业、民营医院等近40家非公有制企业进行调研走访，就企业导向、企业发展中遇到的问题和企业家进行沟通和交流，将调查结果和建议上报县委、县政府。为发展筠连名小吃，推动打造“味道筠连”，县工商联多次赴江西景德镇、成都、海口、安徽六安等地，对筠连名小吃进行调研，撰写“如何打造‘筠连地方名小吃’”等报告，获县委、县政府重视。县政府出台《关于鼓励和引导开设“筠连小吃铺”“筠连名优农特产品直营店”“筠连茶业体验馆”“筠连黄牛体验馆”的实施意见》，得到商界的积极响应。

【异地商会建设】 通过努力，2017年分别建立四川筠连成都商会、海口筠连商会、景德镇筠连商会。副市长、县委书记王萍，县委副书记、县政府县长刘朝平，政协主席黄静等县领导到成都、海口、景德镇等参加商会成立大会，号召在外筠商回乡投资创业，同时组织县茶联盟及20多位在筠连企业家到现场，展示和推荐筠连县名优土特产品。县工商联与成都温江区工商联结成“友好合作单位”，该项工作得到县委、县政府、县政协、市工商联领导的充分肯定，副市长、市工商联主席王力平批示“筠连县这次工作做得好，让广大在异地发展的筠商们很有归属感，凝聚了在外筠商”。县委县政府高度重视异地商会筹建和宣传推广筠连名优特产品，县财政划拨27万用于商会筹建和宣传筠连名优特产品，该项工作得到副市长、市工商联主席王力平的高度评价，并批示希望其他区（县）工商联学习借鉴。

【行业商会建立】 6月2日，筠连县工商联餐饮商会在蜀亨酒店成立，县委统战部部长贾圣君，县工商联全体班子成员、民政局、经信科技局主要领导参加，县委常委、县委统战部部长贾圣君指出，该餐饮商会的成立，起到一个里程碑的作用，要团结、协作、打造好“味道筠连”，利用好“筠商”的平台，将“味道筠连”推向全国。

【强化企业法律维权】 工商联年度多次到企业进行普法培训，分别对华正房产开发有限公司、泓硒泉、鸿基建筑有限公司、泰山石料厂等企业宣讲法治，对公司管理层进行合同法、公司法培训。助推《四川省依法治省纲要》落实，提升民营企业家遵纪守法和法律风险防范能力，9月28—29日，工商联组织企业家到泸州参加川南片区民营企业法治培训，各参会人员均表示收获很大，希望多组织企业家参加类似活动。

【工商联招商引资】 1月12—13日，成都筠连商会会长、副会长、秘书长一行20余人到筠连考察项目，莱克集团公司准备利用筠连优势在县级城市做个试点，至年末该项目因土地因素暂时搁浅。4月10日，浙江省四川商会会长罗相斌在柯桥四川商会会长、筠连工商联副主席母光利的邀请下，率浙江省四川商会考察团共30余人到筠连投资考察，考察团企业家代表分别就投资意向以及对全县的特色亮点分别做了点评。4月23日，县政协主席黄静带领工商联、经信科技局领导参加安徽省四川商会第二届会员代表大会，介绍筠连基本县情，发展潜力巨大的煤炭、页岩气、石灰石、玄武岩等能源产品升级开发的战略考虑，以及红茶、苦丁茶、肉牛、青蒿素、生漆等产业在基地建设、品牌打造、产品研发及产品精深加工方面开展共同合作的热切期盼；对极具开发潜质的古楼峰丛、大雪山自然生态区、巴茅坡森林公园、秦五尺道等自然历史景观进行旅游资源开发打造的迫切需求。安徽商会、福建商会均有客商主动与筠连参会人员进行项目对接，主要对筠连县的农特产品品牌打造、电子商务、现代物流业等项目表达较为浓厚的合作意愿，年末，宜宾市大创食品有限公司，投资概算500万元火锅底料项目已落地并完成工商注册。工商联还承担逸养三生集团公司到筠连对古楼峰丛风景区投资开发项目的招商引资洽谈，分别赴西昌、成都对逸养三生集团有限公司进行项目实地考察，为县委、县政府到成都与四川省“一带一路”协会进行招商投资洽谈作前期准备工作。11月15日，县委、县政府举办2017浙川（筠）商投资暨川南·新经济创业创新孵化中心项目启动仪式，工商联组织在县内、县外工商联担任副主席、常委、执委的30多名企业家，在异地筠连商会担任会长、副会长、秘书长等30多名企业家到场参加启动仪式，极力配合县委、县政府做好会务后勤服务工作。

【“筠商”对接精准扶贫】 组织“筠商”与贫困村、贫困户精准对接。贫困户与“筠商”建立利益共同体，确保贫困户包盈不包亏，稳定增收，努力实现贫困村、贫困户脱贫。鼓励和引导“筠商”对贫困村、贫困户开展帮扶，提高当地贫困人口收入。

【推动“百企帮百村”】 动员企业实施帮扶工作，已有3家企业推进产业扶贫。其中重庆商会副会长胡毅在塘坝乡、维新镇发展筠姜，政协委员文韬在孔雀乡发展筠姜，帮助贫困户发展生姜产业。组织企业家进行产品捐赠，其中宜宾市金马农机销售有限公司董事长、翠屏区工商联执委杨英为孔雀乡新沟村捐献价值5000元的2台农机，希望小学老师刘敏为孔雀乡新沟村孩子捐献36个书包。全年“筠商”累计捐款捐物超过70万元，对61个贫困村开展帮扶，辐射带动贫困户8740户。

【新筠商网络和微信平台建设管理】 2017年，完善“新筠商”网络和微信平台建设，受到企业家、相关领导的好评，县级领导加入微信群，了解非公人士的心声、面对面进行交流。与县妇联一起共建“筠连女企业家”微信平台并完善管理制度，体现出网络平台的统战性、经济性和民间性，及时弘扬正能量，抵制不良倾向，使之成为企业家与县委、县政府连接的桥梁和纽带。

【工商联宣传报道】 一是微信平台，在“新筠商”微信群宣传法律法规，宣传党和政府发展非公经济的政策，使企业做到明法，懂法，健康发展。二是科学管理宣传教育，引导企业科学管理，建立完善现代管理体系，帮助企业做强做大。三是对企业普法宣传，帮助企业规避法律风险，用法律为企业经营发展保驾护航。四是加强对扶贫、异地商会筹建、招商引资、依法治县等方面的宣传报道。全年，在省工商联等各大网站上共投稿25篇、采用25篇。

【工商联对口帮扶】 工商联继续孔雀乡新沟村，机关干部每月至少1次到新沟村开展扶贫工作。一是帮助村支“两委”做好脱贫攻坚发展规划，完善对28户贫困户的帮扶责任制度。二是指导贫困户环境整治、资金使用上进行帮助。县工商联在办公经费中挤出7000元，用于孔雀乡新沟村办公室及贫困户的懒、散治理，为2户贫困户购买2头仔猪、50只小鸡进行饲养及生活必需品。

（蒋新荣）

筠连县残疾人联合会

【量服工作】2017年，县残联全面开展“量体裁衣”式残疾人服务，对不同类别的残疾人结合自身特点开展个性化服务。

“以会代训”夯实基础，组织召开全县和各乡（镇）的培训会。除县级组织乡（镇）召开2次培训会和“量服”业务知识考试外，各乡（镇）还对村（社区）进行“一对一”培训，确保培训效果，共召开118次“量服”分析会。

“专题分析”破解难题，组织召开县、乡（镇）、村（社区）三级每月“量服”分析会。7月起，每月召开全县、乡（镇）、村（社区）“量服”分析会，对各业务板块的问题拟出清单，制订解决方案，乡（镇）及时整改。

“量服讲堂”拓展视野，开办每周一次的职工“量服讲堂”。以领导、职工讲课、聘请专家授课等方式，进行“量服知识”培训、讨论和交流学习，实现以讲促学。

“兑现补助”留住人才，提高残疾人工作者待遇。除县级对村（社区）残协专职委员每人每月补助100元外，提高乡（镇）、村（社区）残疾人工作者“量服”录入手机通讯补助标准，由2016年的每人每月50元提高到60元。

“软硬兼顾”激发活力，在办公设备方面，投资50余万元为每个乡(镇)配备台式电脑、打印机及“量服”分析会专用的投影设备，解决办公设备不给力之忧。在绩效考核方面，根据《筠连县乡〈镇〉残疾人工作绩效考核办法》，制订乡（镇）量服录入补助办法，并严格考核，按年终考核结果排位分等级给予补助，做到惩罚分明、鼓励先进、鞭策后进。至年末，全县录入平台残疾人共14912人，个性化需求14912人、个性化服务落实14912人，提供各项个性化落实服务131955项次，人均落实4.52项次，做到“精准量服”，确保“量服5335”战略落地落实。

【残联民生工程】2017年，全县投入450余万元开展残疾人民生工程项目，有5517人实现城乡残疾人居家灵活就业，为720户农村贫困残疾人扶贫解困，救助44人贫困家庭脑瘫儿童、适配贫困残疾人辅助器具869件、救助贫困家庭重度听力儿童15人。开展残疾人家庭无障碍改造80户，为5825名重度残疾人发放护理补贴等7项民生工程，完成率130%以上。

【残疾人政策】2017年，以县政府的名义印发《筠连籍残疾人运动员参加国内重大体育比赛奖励办法》，以提升广大残疾人运动员积极性，鼓励其继续发扬筠连残疾人顽强拼搏的体育精神，激励全县广大残疾人体育工作者和相关单位培养、输送更多高水平的残疾人体育后备人才；还印发有《筠连县困难肢体残疾人辅具适配补助办法》《筠连县残疾学生“温暖助学工程”实施办法》。以县残联名义先后制发有《贫困残疾人适龄生育妇女救助帮扶办法》《建档立卡贫困残疾人生活补助办法》《困难残疾人特殊补助实施办法》《救助贫困精神残疾人实施办法》《扩大重度残疾人护理费用补贴对象实施办法》《扶持农村贫困残疾人发展肉牛养殖产业实施办法》《扶持农村贫困残疾人发展野猪养殖产业实施办法》《扶持农村贫困残疾人发展生态兔养殖产业实施办法》《扶持农村贫困残疾人发展灵芝乌骨鸡养殖产业实施办法》等扶助奖励优惠优待政策。

【残疾人政策宣传】开展宣传活动，在“全国助残日”“国际残疾人日”及其他重大节日，通过咨询、义诊、组织座谈会、上门慰问、制作专题片等方式，宣传有关法律法规、残疾人优惠优待政策，开展向贫困残疾人、向受灾残疾人送温暖慰问活动。印制发放《筠连县残疾人学习读本》1000册，让每位残疾人了解其最迫切、最需要关心的优惠优待政策、相关法律法规以及残联工作的开展情况。组织慰问活动，以“走基层”和精准扶贫为主线，开展“温暖万家行”系列活动，协调18个乡（镇）残联，通过文化下乡、走访慰问、实地察看、民情恳谈等方式，面对面、心贴心地慰问1326名贫困残疾人，送去爱心物资3500余件，解决所需所盼问题。

【残联体育工作】2017年，县残联积极备战下年全省第九届残疾人运动会，筛选出3名优秀残疾人运动员到南溪区集训。

【残联教育工作】实施“温暖工程”助学项目，惠及在校中小学及大专院校残疾学生348名，发放助学补助金4.64万元。资助大专院校残疾新生8名，每人入学补助3000、4000元，补助2.7万元。县残工委成员单位22个向县特殊教育学校捐资共8.51万元。

【残联就业工作】2017年，继续扩大残疾人就业，帮助残疾人居家灵活就业，以个体就业、庇护性就业和从事家庭手工业、发展种植业、养殖业等就业形式实现城乡残疾人居家灵活就业5517人。开展残疾人培训，先后举办盲人保健按摩师培训班、残疾人电子商务培训班、肉牛养殖技术培训班、乌骨鸡养殖技术培训班，让残疾人掌握更多技能，共有280余名残疾人参加培训。严格征收残保金，征收残疾人就业保障金，配合县财政局、地税局，加大残疾人就业保障金征收力度，提高保障金征收基数，全年征收残疾人就业保障金387万元。

【残联康复扶贫】2017 年，共救助贫困家庭脑瘫儿童 53 人，其中康复训练 23 人、配置辅助器具 30 人，为贫困肢体残疾人免费适配假肢 12 人，选送 4 名聋儿到市语训中心康复培训，为 11 名残疾人儿童验配助听器。实施精神残康复救助项目，补助贫困精神病患者免费服药 97 人。组织 5 名视力残疾人在宜宾县城盲道进行定向行走训练。为贫困残疾人免费配发辅助器具 876 件。为残肢及身体状况符合假肢装配要求，且享受最低生活保障和建档立卡的贫困残疾人可享受假肢装配补助，补助贫困适龄生育妇女 1 名生育费用 1000 元。

【残疾人维权援助】县残联完善残疾人维权体系建设，落实维权工作机构和工作人员，按县残联—县有关部门(乡或镇)—县残联[即县残联专人接件，及时处置残联可以处置的维权诉求；对部分不能处置的，及时与相关部门或乡(镇)联系，共同商讨处置方式；县残联将处置意见转告诉求的残疾人，并协助相关部门落实]的工作模式，缩短残疾人诉求解决时间，提高维权服务效率。全年接待来信来访 200 余人次、法律咨询服务 30 人次，为所有来访人员耐心解答问题，发放《残疾人学习读本》，让其了解相关政策；有关法律咨询问题，转介到法律援助中心，督促其为所有来访人员解决实际问题；执行补贴政策，严格按照《筠连县残疾人优惠优待实施办法》，对符合享受政策条件的残疾人发放各种补贴，如残疾人扶贫对象生活补贴、重度残疾人护理费用补贴等，做到应发尽发，让残疾人朋友真正感受到党和政府的关怀，使残疾人优惠优待政策走上制度化轨道，优惠优待政策更加贴近残疾人。

【残疾人综合服务中心建设】县残疾人综合服务中心是集残疾人康复、教育、培训、就业、文体、信息交流和办公为一体的多功能综合服务中心，配备适合残疾人身体障碍的特殊设施设备，能为残疾人提供各种康复服务和无障碍服务等功能，至年末，主体工程完工。

【残联队伍建设】一是严格目标考核，将残疾人工作纳入县政府目标管理考核，认真实施对乡(镇)残疾人工作目标设定和考核办法。二是完善信息公开，健全残联政务公开信息平台，及时发布政务信息，同步建设县残疾人联合会网站，重要工作、信息向社会公开。三是加强内部管理，建立健全工作规章制度，制订《目标绩效奖金考核方案》《计划外用工人员和公益性岗位用工人员工作标准实施办法》，调动职工积极性起到奖勤罚懒，提高为残疾人服务的意识。四是提高思想素质，在全县残联系统通过开展"两学一做""只争朝夕 再创辉煌 我为残疾人工作献计献策""提素质 转观念 改作风 争一流""讲政治 讲纪律 讲贡献""作为一个残疾人工作者 做最好的我"等解放思想大讨论活动和残联系统职工民主生活会，统一全县残疾人工作者的思想认识，凝聚残疾人工作者奋发有为共识，提高全县残疾人工作队伍素质。

【残联要事】4 月，县残联在全省残疾人事业工作会议上作经验交流，得到省政府的高度评价。5 月，由省残联组织的"全省农村残疾人扶贫资金股权量化工作经验交流现场会"在筠连召开，筠连残疾人工作得到与会领导和与会人员的高度评价。8 月，省残联理事长毛大付在《筠连县残疾人联合会关于 2017 年深化'量服 5335'战略开展精准量服工作情况的报告》上作出重要批示："筠连县委、县政府对深化'量服'高度重视，措施有力！既有务实管用的办法，又有结合县情的创新举措，更有敢为人先、追求一流的目标，还有很好的保障条件，值得全省各地借鉴学习"。12 月，县残联在全市残疾人事业大会上作经验交流。

（李沁）

筠连县社会科学界联合会

【社科活动】2017 年，县社科联主要开展社科研究、社科普及、社科管理等工作，团结带领社科成员单位和社科工作者，围绕事关全县经济社会发展的重要领域、重点课题开展社科专题调研，为县委县政府提供决策参考。三是开展"增强法治意识·建设法治筠连"主题征文，6—7 月，联合县法治办、县司法局主题征文活动，共收到原创作品 25 件，评出 11 件优秀作品。四是参与市、县"进一步更新思想观念、转变工作作风，推动宜宾新一轮大发展"主题征文，为宜宾发展贡献智慧和力量。

【社科研究】整合县思想政治工作研究委员会及县委政研室、县政府研究室，县人大、县政协课题调研组，共同调研和分析，科学解读全县经济、政治、文化、社会、生态建设和党的建设中的重大问题，推出更多有社会影响、有理论深度、有创新和应用价值的优秀理论和学术成果。全年，召开专题学习研讨会 5 次。

开展 2017 年县级社科规划立项课题管理，确定县级课题 13 个，其中《以供给侧结构性改革推动筠连绿色发展的思考》《宜宾肉牛产业核心区建设初探》《实施容错纠错促进干部干净干事的机制与路径研究》《以党的思想建设新部署为指导，创新基层宣传思想文化工作》4 项课题获市社科规划立项。

向《三江新论》等省市刊物推荐社科成果，共在市级及以上媒体发表或获奖的理论(调研)文章 20 余篇，市政府副市长、县委书记王萍撰写的《抓牢四个强化严肃党内政治生活》《构建三大体系推动筠连生态文明创新》分别在省级刊物《四川党的建设》《当代县域经济》上发表，县委副书记、县政府县长刘朝平撰写的《叠加农村金融创新举措 破解产业扶贫资金瓶颈》在《三江新论》2017年第1期上刊登，县委常委、县委宣传部部长雷敏撰写的《基层宣传思想文化工作聚力脱贫攻坚的思考》在《三江新论》2017年第6期上刊登。

【社科普及】 一是利用“科普宣传月”“科普宣传周”“科普宣传日”等平台，组织社科工作者和学会协会，开展“三下乡”活动，共开展相关活动6次，发放科普资料6000余份。二是利用广播、电视、互联网、报纸等媒体，宣传普及社科知识。三是以“七大讲堂”、中心组学习会等为载体，开展社科人文知识讲座，邀请农业品牌化智库——农本咨询创始人贾枭讲解“区域农产品品牌化的若干分享”，大数据专家但强、夏珺峥、尚进讲解“智慧政务、智慧产业园区管理、智慧城市建设”，浙江海龟科技集团董事长傅智建讲解“创业梦想从筠连出发”，成都市委党校教授黄国华讲解“社会主义协商民主”，让广大干部和社科工作者的思想更解放、视野更开阔、兴趣更浓厚。四是扩展社科交流普及平台，县委会议中心、县委宣传部道德讲堂、县教育文广局青年活动中心、筠连县中学工会之家、腾达镇春风村党群活动中心、塘坝乡幸福村农民夜校、筠连镇五凤村党群活动中心、筠连县西南水泥有限公司工会之家获批建立首批市级宣讲基地。

（刘冬梅）

筠连县文学艺术界联合会

【文艺活动】 2017年，筠连县文学艺术界联合会（以下简称县文联）组织各文艺团体和文艺工作者，围绕“深入生活、扎根人民”主题实践活动。县委宣传部、县文联举办“庆‘七一’迎十九大书画摄影展”，县文联举办“中国梦·劳动美”职工书法大赛，县文联、县政协联合举办“庆祝县政协成立60周年书画摄影展”，县书法家协会举办“筠连县首届‘筠连红茶杯’书法作品展”，县舞蹈家协会参加县第四届民族民间广场舞大赛，县舞蹈家协会参加宜宾市第六届中老年艺术节，县诗书画研究院与县餐饮烹饪行业协会举办“庆七一暨筠连县餐饮烹饪行业协会成立书画笔会”，中国书法家协会会员、县书法家协会副主席刘吉强草书作品获宜宾市第十二届阳翰笙文艺奖铜奖。

【文艺创作】 县舞蹈家协会“筠之韵艺术团”编排的舞蹈《茉莉花开》代表筠连参加宜宾市第六届中老年艺术节文艺演出获得好评。县舞蹈家协会“筠之韵艺术团”参加县第四届民族民间广场舞大赛，获一等奖。县作家协会主席刘荣魁的旧体诗《贺诗刊创刊六十周年》刊发于《诗刊》（2017年增刊子曰第一期）、《咏雪八首》刊发于《中华辞赋》（2017年7期），实现县域旧体诗词上国家级大刊的突破。刘荣魁的组诗《故乡的雨雪，在我心头》刊发于四川诗歌学会主办的《四川诗歌》（2017年第3期）、组诗《那年，你曾和我约定》刊发于《文学高地》（2017年春季卷）、小说《菜啊菜哦》刊发于《宜宾文学》（2017年3期）。县作家协会王玉、黄芳、詹岆、刘荣魁的诗歌分别刊发于《宜宾文学》（2017年第2、3期）。县作家协会会员袁秀丽的《春天里》（散文）刊发在《宜宾日报》（2017年2月23日）、《那些年，有你相伴》（散文）刊发在《宜宾晚报》（2017年4月24日）、《那一抹惹眼的绿》（散文）刊发在省级校园刊物《当代职校生》（2017年第7、第8期）等。县诗书画研究院周玉杰草书《自作诗一首》入展宜宾市书法家协会“宜宾市第一届草书作品展”、摘写《习近平经典语录》入展“第四届中国廉政文化书画展——四川展”；县诗书画研究院周玉杰、付华松的书法、摄影作品入展2017年“四川省中医药书画摄影大赛”。县诗书画研究院黄平川入展宜宾市书法家协会，《汉·礼器碑》入选“宜宾市书法临碑临帖展”。

【文艺交流】 一是开展跨省市、跨区县间文化交流活动，组织作家、书画家、摄影家27名到兴文交流学习，县文联主办“相约楠苑·暮春雅集”川滇两省三县书画家采风笔会活动，开展“深入生活·扎根人民——走进僰人粮仓高坎梯田”创作采风活动。县摄影家协会组织会员参加市摄协举办的长宁、高县摄影交流活动。县政协诗书画社与珙县同仁开展交流活动。县诗书画研究院组织会员到高县和云南盐津交流采风学习。县诗书画研究院邀请四川省著名篆刻家胡平、田磊一行4人到筠连作学术交流。二是个人活动。县书法家周玉杰应邀参观四川师范大学成都美术馆举办《第三届四川少儿美术书画作品联展》，并与成都书法家、篆刻家胡平、顾彦先生交流；县书法家周玉杰、李正义书法作品应邀参加高县忠孝文化节书画展。富顺县诗词学会一行10人，到筠连与县诗词楹联协会开展诗词学术交流。筠连县摄影家协会组织县摄影家16名赴重庆潼南、四川阆中古城采风活动。县诗书画研究院周玉杰应邀到绵阳、成都与当地书法家艺术交流。县书法家组织会员到珙县开展交流学习。县诗书画研究院与宜宾市中山书画院开展交流学习，与常务副院长、宜宾市书法家协会副秘书长李定奎，诗人何昌权、云南省盐津县诗人何为民作艺术交流。

【文联队伍建设】 县文联有主席1人，秘书长1人，副秘书长1人，委员35人，有作家协会、书法家协会、舞蹈家协会、摄影家协会、政协诗书画社、诗词楹联学会、诗书画研究院，会员480余人。全年县诗书画研究院院长周玉杰选派参加中国西部书法人才培训，县作家协会推荐2名加入市作家协会。县摄影家协会新增省摄影家协会会员1人、市摄影家协会会员5人。县诗词楹联学会新增省诗词楹联家协会6人。县诗书画研究院周玉杰、熊金平参加省硬笔书法家协会换届，周玉杰当选常务理事。

（钟建）

筠连县个体劳动、私营企业协会

【个私协会概况】 2017年，全县个体劳动者协会（以下简称个协）有会员8302个；私营企业加入私营企业协会（以下简称私协）102户。

【非公企业团建创新示范点】 2017年年末，全县建成423户个私企业团支部，开展政治教育学习讨论会议6次，参加360余人；开展全民健身活动6次；制发个协党支部简报4期、个协简报6期、个协团支部简报8期，团工委简报2期。建成筠连县博康医院、宜宾村通网络科技有限公司、四川蓝伯特生物科技股份有限公司、筠连县未来之星幼儿园、县个私协、筠连县来和商务有限公司（筠连百姓网、助残志愿者协会）、宜宾市德瑞文化传媒有限公司（筠爱义工）7个非公有制企业团建创新示范点。

【协会党支部团支部】 全年，协会党支部和团支部开展"两学一做"学习教育、学习贯彻中共十九大精神讨论等会议6次，参加人员360余人。

【法律知识宣传】 全年，县个协、私协开展"学法、知法、用法、守法"宣传教育活动5次，发放普法读本200本。参加"法律进民企业"活动6次，开展"诚信守法企业"示范创建活动1次，参与企业60余家。

【协会活动】 与邮储银行筠连支行、中成村镇银行、农商银行制订联席会议制度，搭建银企融资平台3个。至年末，实现76户贷款、1850万元，提供招商引资服务3次，提供人才信息服务3次。配合县畜牧水产局、就业局、烹饪协会技术培训3次，开展人才培训3次。开展"3·15"活动法律维权服务1次。组织会员支持企业调整结构、转型升级、提质增效，完成民间投资439890万元。县个协携手企业参与创办的县青年志愿者协会、县筠爱义工协会、筠连跑团等社会组织，联合开展跑步运动等全民健身活动6次。3月，参加中国四川筠连第二届"筠州杯"钓鱼邀请赛及农特产品展销活动，成交额5万余元。6月下旬组织篮球队伍参加全市工商系统篮球比赛。

【个私协公益行动】 积极参加全县的扶贫日、决战决胜脱贫攻坚万人誓师大会、光彩助学、助残日、慰问老兵、乐义乡地震救灾、九寨沟地震救灾、中华慈善日、"10·18光彩服务日、敬老月等活动10余项，个协、私协共捐赠各类物资价值28万余元。

（刘宗文）

筠连县红十字会

【募捐募集】 2017年6月，县红十字会获得成都大唐电缆有限公司捐款5万元，存放在红十字会专用账户。10月16日，收到成都润利鑫置业有限责任公司定向捐款2万元，用于筠连镇五凤村村民郑良伍家庭的生产生活。全年共接收省红十字会调拨救灾帐篷120套。

【卫生救护培训】 7月10日—9月10日，县红十字会配合县安监局在塘坝、沐爱开展卫生救护培训，共有360人进行卫生救护培训和考核工作。

【博爱家园—精准扶贫项目】 "博爱家园—精准扶贫"为省红十字会在团林苗族乡大梗村实施的项目，主要用于贫困人口生计发展。4月，大埂村划拨生计基金项目款20万元，项目有序开展中。5月22日，县红十字会对项目实施开展检查督促，发现存在的问题，已向乡、村两级提出改进意见。至年末，完成栏杆大门至大梗村小学2000米公路加宽1.7米，购买鸡5000只、猪85头、牛16头。

（蒙文波）

乡(镇)简况

筠连镇

【筠连镇概况】 筠连镇位于县境西南部，属县辖镇，是县人民政府驻地。镇人民政府驻学士路150号，地处北纬28° 10′，东经104° 39′，平均海拔400米，辖区面积131.41平方千米，辖33个村224个村民小组、7个社区112个居民小组。东临腾达镇、巡司镇，南靠双腾镇、武德乡、塘坝乡，西连云南省盐津县牛寨乡、兴隆乡，北通高县羊田乡、罗场镇、蕉村镇。

2017年，全镇耕地2543公顷；镇境公路通车里程115.9千米，其中县乡道38千米、村组道77.9千米；年末，全镇公安户籍总户数33589户106761人，其中男性53764人、女性52997人，城镇(居住在城区范围)人口59698人、乡村(居住在农村片区)人口47063人；全年出生1724人、死亡1010人，迁入431人、迁出920人。镇政府统计，有外来人口6615人。民族构成以汉族为主，同时有蒙古族、回族、藏族、苗族、彝族、壮族、布依族、朝鲜族、满族、瑶族、白族、土家族、哈尼族、傣族、黎族、傈僳族、拉祜族、羌族、仡佬族等民族在域内居住。

2017年，筠连镇地区生产总值实现292720万元，社会消费品零售总额实现190928万元。全镇城镇居民人均可支配收入32304元，增加2667元；农民人均可支配收入14495元，增加1258元。

【筠连镇工业商贸经济】 2017年，筠连镇坚持经济发展为核心，突出强调持续性、可复制的发展之路。一是着力打造"区域性竞争优势"的产业发展。突出发展工业主导的三大产业结构体系，以服务海瀛工业园区建设和服务企业为重点，推进工业经济发展。全年，实现工业增加值141530万元，企业销售额和利润率实现双增长；招商引资9500万元，涉及电商、物流、房地产、旅游等多个领域，强化工业发展多样化，提升企业发展活力。二是以乡村振兴为主导，努力构建城乡一体化发展的新型企业发展模式。深化农产品加工、农业观光旅游等产业发展，构建农业促工业，工业反哺农业循环发展格局。三是发挥城市基础服务作用，以城市配套建设为依托，布局物流、餐饮、住宿等产业链，促进第三产业的发展。

【筠连镇农业和农村经济】 一是构建畜牧业的产销一体化格局。立足该镇丰富的牧草资源，在五丰、五凤等贫困地区大力发展肉牛养殖，通过基础设施建设、扶贫政策补贴等方式，成功打造一批肉牛养殖示范区，形成较为强势的肉牛供给区域优势。二是突出新农村建设与农村发展的有机结合。探索"政府主导、社会出资、群众投劳、共建共享"的新农村建设模式，以政府惠民政策撬动社会资金，推进项目入村到户，助力打造农村发展新风尚。成功实施道路入户项目、石漠化治理工程、产业发展项目等多项重点工程，惠及群众近3万人。三是依托区域优势特色，突出产业差异化发展模式。依托各地自然环境、人文、产业基础等优势，发挥各地农业发展活力，努力打造"一村一品"的差异化发展格局。五丰村探索出"山繁川育，藏牛于户"的适度规模养殖肉牛发展模式；红江村推行笋材两用林致富渠道；桂花村继续发挥茶叶、甘蔗区域优势；联络村、莲花村实施红苕粉条、面条、糯米粉加工，成功打造"村夫""好而优"等优势品牌。

【筠连镇基础设施建设】 一是幸福美丽新村建设。幸福美丽新村建设在红江、五丰、五凤等15村实施。开展风貌整治、党群服务中心、文化广场、农民夜校等建设，惠及群众近5万人，丰富群众的文化娱乐活动，提升群众的精神风貌。二是推进海瀛"1+8"国漆文化公园。在海瀛前丰、海丰、金凤等村推进漆树产业，建设国漆文化主题公园，打造集休闲文化、理论教育、旅游观光、农产品加工于一体的文化产业中心。年末，海瀛1+8国漆主题公园已全部规划完毕，进入全面建设阶段。三是依托脱贫攻坚，开展基础设施建设。开展乌蒙山连片扶贫开发项目，总投资1000万元，在旗隆、荆花、白花、水源4村开展基础设施建设、产业扶贫建设、政策扶贫政策等，年末初步完成并验收；打造易地扶贫搬迁集居点10个，54户易地扶贫搬迁全部入住；脱贫426户1666人，皆得到妥善安置。

【筠连镇新农村建设】 一是全面规范33个村党群服务中心基础建设。在33个村打造集思想教育、文化娱乐、技能培训于一体的党群服务中心。年末,全镇33个村党群服务中心功能布局完善,并投入使用。二是开展农民夜校。将农民夜校与脱贫攻坚、政治教育等结合,组建由镇、村、企业共同组成师资库,集中开展对农民技能培训,强化农民法律意识、致富意识。全年,共举行农民夜校800余次,农民思想意识、工作技能、文化水平等得到大幅度提升。三是突出产业发展为引领。以创新利益联结机制为重点,探索集体经济发展新路子,成功打造以燎原村为示范的"两集中、三收益"土地流转型创收,以五凤村、五陵村试点的"补改股、补改借"创收,以红江村为试点的"园联村、促双赢"创收等一批可借鉴、能复制的发展新模式,实现村集体经济总量增长、效益提高、实力增强的目的,逐步形成多元化、特色化良好发展格局。

【**筠连镇社会事业**】一是社会管理创新提升。建立具有特色的网络化、发散式"1+5"(即以社会治安综合治理委员会为统揽,建立"大调解协商、信访维稳综治、便民利民服务、公共文化渲染、农业产业发展"五大中心,并向外辐射到村组的管理服务网络)社会管理新模式。二是医疗计生。独生子女父母奖励金兑现率100%,优质服务率100%,免费孕前优生健康检查298例;全民体检参与率逐年上升,全民参保率超过95%,基本实现参保全覆盖。三是最低生活保障。做好城乡低保、特困人员供养、救灾救济、高龄津贴、残疾人补贴等民生工作。年末,全镇有低保户1873户、2993人,其中农村低保301户、527人,发放低保金共200余万元,城镇低保1572户、2466人,发放低保金共1169余万元;特困供养老人163人,农村五保107人,发放供养金53.35万元,城镇三无56人,发放供养金38.99万元;享受高龄津贴人员共1601人,发放2.4万元。残疾人3723人,残疾人补贴139475元。

【**筠连镇非公有制经济**】认真贯彻落实"加快非公有制经济发展"政策方针,健全服务保障体系,推动民间资本迅速进入市场,站稳脚步。立足海瀛工业园区、乡村振兴战略等,加快推动一批非公有制企业的高速发展。煤炭、建材、石粉等企业,通过技术升级、设备更新、人员培训等,不断发展壮大。农副产品加工不断优化原材料供给质量,生产能力和销售能力稳步提升。

【**筠连镇新设社区**】2017年,经县委县政府同意,筠连镇新成立海瀛社区和廉溪社区。其中海瀛社区主要负责海瀛片农转非居民、海瀛工业园区职工等,因海瀛社区与银江村因地域相邻、产业交融的现状,以党建为引领,共建共驻共享,成功将银江村与海瀛社区打造成海瀛联合党支部。实施农民夜校、市民夜校、职工夜校三校合一的教学模式,打造具有独特地理区域优势的农民夜校。廉溪社区主要负责自筠连中学(三桥)至国际社区的市民、廉溪片区农转非人员、古楼片区部分农转非人员,以"廉溪书堂"为特色,开展居民夜校建设,培养一大批青年书法爱好者。

【**筠连镇征地拆迁**】围绕重点项目抓好征地拆迁工作,服从和服务于全县转型跨越发展大局,抓好征地拆迁第一要务,完成征地拆迁工作。全年完成县委县政府交办的各项重点项目的征地拆迁工作,土地征收40.88公顷,落实2000多人的征地拆迁失地农民保险,征收房屋67栋、83户,征地拆迁支付资金3900万元,基础设施建设完成项目24个,安置拆迁户和困难群众134户。

【**筠连镇城乡环境综合整治**】2017年,坚持以"绿水青山就是金山银山"的理念,落实好环境保护"党政同责""一岗双责"制度,大力开展城乡环境综合治理。一是围绕企业发展与环境保护的矛盾点,做好关停一批、整改一批。对环境污染严重、影响群众生产生活的企业开展关停、迁移等。对存在一定污染,但能通过企业整改达到环保要求的企业,下达整改通知书,限期整改落实。二是与村社区、重点企业签订环境保护责任书。把农村环境整治作为环保工作的重点,督促各村切实履行职责,强力推进农村生活污染、畜禽养殖污染治理,严防工业污染向农村转移。全年处理"12345""12369"平台环境污染投诉60余起,检查督导散乱污企业50余次,接受中央环保督查1次、省环保督查5次。

【**筠连镇扶贫工作**】2017年,全镇脱贫426户1666人,易地扶贫搬迁54户207人,五凤村、五陵村整村退出。承办省市县脱贫攻坚现场会7次,迎接各级检查数次,受到各级领导认可。一是强化精准识别,深入排查贫困户中应纳入低保兜底家庭情况,落实低保兜底的制度保障。认真梳理贫困边缘户、农村低收入家庭具体情况,对照"一超六有"标准,做好精准识别和动态调整,保障贫困人口的全覆盖。二是强化精准帮扶,根据贫困户家庭人口结构、地域位置、集体经济发展等,逐户商议探讨帮扶措施,从住房、产业、教育、饮水等方面切实保障贫困户的基本生产生活,增强贫困户的致富意识,加大产业发展政策倾斜力度,促进贫困户真正脱贫。三是强化扶贫力度,将农民夜校作为助推农村脱贫致富的重要阵地,结合各村产业基础和发展特色,制订详细的培训计划,将种养殖技术培训作为农民夜校重要内容。加大帮扶单位、帮扶责任人、驻村农技员等帮扶力度,确保扶真贫、真扶贫。

【**筠连镇领导人名录**】

党委书记　陈　涛
副书记　李　辉(3月前)
　　刘　沙
　　串　凯(市下派,3月前)

李加林(12 月起)
姚　林(挂职,7 月起)
纪委书记　苏　炜
武装部长　李　辉(3 月前)
余昌俊(12 月起)
人大主席　杨显林
镇　长　刘　沙
副镇长　胡成洋(3 月前)
刘成顺
周晓芳(女,12 月前)
余昌俊(6 月起)
组织委员　李加林(12 月前)
张龙生(12 月起)

(母绪梅)

巡司镇

【巡司概况】巡司镇原名巡司场，是南丝绸路上的一个古驿站,因明代设“三垒巡检司”故名。清初属禄南乡(治巡司场),民国 24 年(1935)属县二区,民国 28 年(1939)裁区,直属县改为巡司乡,解放初复置二区,设巡司乡,1958 年更名为巡司人民公社,1984 年废人民公社复称巡司乡,1992 年 10 月撤区并乡建镇,由巡司、礼义两乡合并为巡司镇。2007 年,经宜宾市政府批准成立巡司工业集中区。巡司镇地处北纬 28° 06′,东经 104° 33′,是筠连煤田的中心区域,是规划的筠连县城“一城两中心”的“经济中心”,是金筠铁路的重点站所在地。镇政府驻地巡司场,距县城 15 千米,距宜宾中心城区 103 千米。巡司镇东接维新镇,南靠武德乡、沐爱镇,西接筠连镇,东北连腾达镇,海拔 418 ~ 707 米,辖区面积 90.4 平方千米,辖 22 个村、151 个村民小组,2 个社区、7 个居民小组。巡司镇属槽坝山区地带,地势东南高,西北低,巡司河流经全境,流域土质肥沃,中部河谷走廊地势平坦,属喀斯特地貌。

2017 年年末,巡司镇公安户籍总户数 15636 户、总人口 52782 人,其中男性 27343 人、女性 25439 人,城镇(居住在城区范围)人口 30647 人、乡村(居住在农村片区)人口 22135 人;全年出生 721 人、死亡 389 人,迁入 123 人、迁出 441 人。民族构成以汉族为主,同时有回族、苗族、彝族、壮族、布依族、满族、侗族、瑶族、土家族、哈尼族、黎族、傈僳族、水族、土族、么佬族等民族在域内居住。

2017 年,巡司镇地区生产总值实现 227399 万元,社会消费品零售总额实现 96987 万元。全镇城镇居民人均可支配收入 31863 元，增加 2550 元；农民人均可支配收入 14222 元,增加 1234 元。

【巡司工业经济】2017 年,坚持工业强镇战略不动摇,加大安全管理投入。页岩气开采在巡司建钻探井 7 口;筠巡快速通道二期建成投入使用；有序推进筠三中扩建、中心校迁建。9 月 18 日,天河二期开工建设,完成迁建火车站办公楼。全年,全镇工业增加值总量 158670 万元;规模以上工业增加值实现 120910 万元，规模以上工业企业销售收入实现 386900 万元，规模以上工业企业销售利润总额实现 92800 万元,增速 15%;服务业生产总值 51751 万元;完成固定资产投资 185503 万元，完成技改投资 50605 万元,招商引资完成 45000 万元。

【巡司农业和农村经济】持续推进以发展“3 万亩出口茶示范基地,1 万亩红脆李,5 千亩柑橘”为代表的特色主导产业。稳定粮食生产,总产量 2.1 万吨。新发展良种茶叶 200 公顷,良种茶叶累计 2200 公顷,实现产值 2.1 亿元。建成以芦丰为核心的红脆李基地 700 公顷，产值 600 万元;建成以新街为核心的柑橘基地 400 公顷。新建肉牛养殖 100 头规模养殖场 1 个、家庭农场 2 个、肉牛扩群增量 5 户,新增能繁母牛 3000 余头,全镇肉牛存栏 8616 头,其中能繁母牛 4213 头,出栏 3156 头,产值 2218 万元。新建存栏 300 头以上养猪场 1 个,生猪存栏 32956 头,出栏 32298 头。引进谷之风生态农业有限公司发展种养殖业,流转土地 46.67 公顷,全面启动种养殖项目。年末,全镇有种植、养殖专合组织 35 个,家庭农场 28 个,农业企业 15 家,带动农民人均年均增收 820 元。

【巡司基础设施建设】加快镇道升级改造、自然村通水泥路建设步伐,实施农村安全饮水、农村清洁能源及沼气建设工程,完善城镇基础设施和公共服务设施。开展诗画乡村建设,全面开展场镇和农村环境整治,对重点路段、重要节点实施绿化、美化工程,实施农村生活垃圾专项治理行动,不断提升人居环境,努力建设“望得见青山、看得见碧水、记得住乡愁”的诗画乡村。发动家家户户种树养花、打造美丽庭院,积极打造美丽乡村精品村、美丽乡村风景线、美丽民居景观带。

【巡司社会事业】2017 年，全镇农村义务教育工程完成率 100%,义务教育阶段学生“三免一补”覆盖率 100%;开展留守儿童暑期关爱活动,切实保护妇女儿童的合法权益和地位;加强青少年思想道德教育,以五·四、六·一、八·一等节日为契机,深入开展爱国主义教育。开展“阳光低保”行动,进一步规范城乡低保管理,实现动态管理下的“应保尽保”,至年末全镇享受最低生活保障待遇 1348 人;新型农村和城镇居民社会养老保险覆盖 13534 人,全镇发放社保卡 36444 张,新农合参合率 86.3%。80 周岁以上高龄老人生活补助落实 832 人，实现高龄老人生活补贴制度全覆盖。全面落实残疾人扶助工作,已办证 2189 人,其中重度残疾人 701 人、三四级残疾人 1488 人,发放重度残疾人福利费用补贴 80 万元；扶持农村残疾人发展生产 52 户，发放 3.8 万元，发放建卡贫困残疾对象生活补贴 112 人。居家就业扶持野猪发展 24 户，每户补助 1000 元。春节期间"温暖万家行"慰问残疾人 110 户，资金 9.23 万元，输送 4 人到县残联学习盲人按摩，转移就业。

【巡司安全管理】 2017 年，巡司镇以煤矿安全生产为重点，切实抓好全镇煤矿和非煤矿山安全生产工作。采取系列保障安全生产的措施，镇政府与各村（社区）、各企业签订安全生产责任书；制订责任目标考核细则，健全安全生产责任考核体系；建立健全应急救援体系，完善《巡司镇应急救援预案》，组织应急救援演练；加强安全监管队伍建设，落实安全监管责任人员。对煤矿、非煤矿山、山地灾害、道路交通、人员密集场所、建筑安装、特种设备、中小学校、危险化学品、民爆器材和烟花爆竹、医疗卫生、农机等 10 多个重点行业和部门的安全生产进行专项整治。全年共组织煤矿、非煤矿山、危化品、道路交通、地质灾害、消防、防汛等各类检查 210 余次，重点汛期安全检查 2 次，检查安全隐患 520 余处，下达隐患整改指令书 180 余份，提出整改意见 248 条。开展春节、"五一"、"两会"、清明、端午、国庆、中秋、中共十九大等关键时期的安全大检查，开展道路交通安全综合整治行动，积极开展安全生产月活动等。

【巡司社会综合管理】 一是召开镇村两级干部及镇直单位负责人、信访专干、村治保主任、公安干警动员会，为做好十九大期间的信访维稳工作夯实基础；二是制订《巡司镇关于开展"信访维稳百日攻坚"活动工作方案》和《巡司镇开展重大涉稳问题排查化解百日大会战工作方案》；三是抓好矛盾纠纷排查信息报送。全年，通过"三调解"解决纠纷 30 件，其中巡司法庭参与调处纠纷 20 起，成功调解 19 件，调解成功率 93%；接待群众来访 230 件 530 人次，办理群众信访 160 余件，办理上级交办信访案件 20 件；开展专项整治行动 24 次，整治社会治安重点区域 78 次；"平安细胞工程"创建率 90%以上。

【巡司扶贫工作】 2017 年，围绕县政府"找产业、育能力、创环境、兜穷底"工作思路，扎实推进脱贫攻坚工作。全年，巡司镇实现贫困 643 人的脱贫，完成贫困杨柳村的"脱贫摘帽" 工作。全镇经精准识别有易地扶贫搬迁对象 275 户、1066 人。2017 年度计划 33 户、148 人易地扶贫搬迁户实施住房修建，投资 369.4 万元，政府补助 336.4 万元，贫困户自筹资金 33 万元，于 12 月建成。庆高村、沙林的整村推进扶贫开发项目通过县级验收，发放"好牛贷"扶贫贷款累计 922 万元，贫困户的"造血"能力增强；插花贫困户生产生活条件改善到户，项目验收并兑付补助。

【巡司镇领导人名录】

党委书记　文　璋
副书记　任　杰
　付艳平（女）
纪委书记　付艳平（女）
武装部长　刘　奎（8 月前）
　王海涛（7 月起）
人大主席　何　玲（女，3 月前）
　应元林（12 月起）
镇　长　任　杰
副镇长　刘　奎（7 月前）
　黄　东
　聂昌文
　胡　健
组织委员　肖　阳

（王萍）

腾达镇

【腾达概况】 腾达镇位于筠连县东北部，1992 年 10 月撤区并乡，由原腾达乡和大地乡合并而成，东以南广河为界与珙县沐滩镇相邻，南与巡司镇、维新镇毗邻，西接筠连镇，北连高县蕉村镇。镇政府驻地王合村 7 组，距筠连县城 23 千米，距宜宾市中心城区 112 千米。辖区面积 98.31 平方千米，辖向阳村、水茨村、春风村、千秋村、海灯村、利坪村、小溪村、新民村、官井村、建设村、王合村、泉水村、龙井村、新合村、丝栗村行政村共 15 个、村民小组 107 个，冒水社区（农村社区）1 个、村民小组 12 个，平寨社区（城镇社区）1 个、居民小组 4 个。

腾达镇政府工作机构设有党政办、经发办、社事办、财政所、农业服务中心等部门，驻镇单位有派出所、卫生院、林业站、畜牧站、供电所、邮政所、筠连农商行腾达分行等 9 家。

2017 年年末，腾达镇公安户籍总户数 7563 户、总人口 29091 人，其中男性 15631 人、女性 13460 人，城镇（居住在城区范围）人口 6984 人、乡村（居住在农村片区）人口 22107 人；全年出生 396 人、死亡 235 人，迁入 54 人、迁出 203 人。民族构成以汉族为主，同时有蒙古族、回族、藏族、苗族、彝族、壮族、布依族、土家族、哈尼族、黎族、傈僳族、佤族等民族在域内居住。

2017 年，全镇实现生产总值 38080 万元，社会消费品零售总额 11005 万元。全镇城镇居民人均可支配收入 31114 元，增加 2543 元；农民人均可支配收入 14092 元，增加 1223 元。

【腾达工业经济】 2017 年，规模以上工业增速超过 50%，规模以上工业企业销售收入实现 2269 万元，规模以

上工业企业利润总额实现430万元。完成固定资产投资4.2亿元;技改投资1.3亿元;招商引资2.5亿元,新包装推出招商引资项目2个,上报招商引资信息14条。全年项目储备总投额50亿元,包装储备500万元以上项目23个。发放特色产业发展贷款1588.2万元;成功创建“�山青”石材品牌,产值4100万元。

【腾达农业和农村经济】持续大力发展特色产业。新建成连片发展基地4个,1.新发展海灯晚芦连片种植629.67公顷,已投产285公顷,在海灯村、小溪村、新民村、丝栗村栽植海灯晚芦苗木287.33公顷,不知火桔子57.33公顷;2.在利坪村建成133.33公顷连片梨子种植基地;3.利坪村中药材种植发展200公顷天麻,春风村中药材种植4.67公顷、半夏和黄精6.67公顷;4.发展生态茶园基地,建种植黄金芽、龙井43、乌泥早生态茶园基地800公顷。共发展李子800公顷、梨子400公顷、桂花400公顷、茶花80公顷、海灯晚芦400公顷、不知火橘200公顷、桂圆40公顷、枇杷20公顷、茶叶1333.33公顷。

全镇耕地保有量2743.52公顷,基本农田保护面积2330.57公顷。投资600万元,在官井、龙井、新合、泉水村高标准农田建设266.67公顷。

肉牛存栏12253头,年出栏3348头,净增加肉牛3002头;出栏生猪28545头;水产品产量201吨。

【腾达基础设施建设】一是扎实推进水利建设,新建沉沙池41口、水窖38口、饮水管道27千米。二是交通改善,新建及硬化村组道路37.6千米,新建泥结碎石路13.8千米,新建产业便民路20.3千米。全面加强通讯,实现“村村通网络”。

【腾达新农村建设】2017年,腾达镇成功创建冒水、水茨、官井3个省级“四好村”;成功创建向阳、建设、海灯、小溪4个市级“四好村”;成功创建海灯村、小溪村、建设村、新民村4个县级“四好村”。成功创建利坪、建设、海灯3个省级幸福美丽新村。泉水新村建设完成并验收,新民新村建设完成。春风获“四川百强名村”“四川十大幸福美丽新村”。

【腾达文旅产业发展】坚持乡村旅游与观光农业互动发展。举办海灯晚芦品果节,打响“海灯晚芦”品牌,带动增加农民收入60万元。6月30日,在新民村文化广场举行“精准脱贫 感恩奋进”暨庆“七一”为主题文艺演出,宣传党的精准扶贫、党风廉政建设、法律知识等政策法规。7月7日,在春风村文化广场举行以“共筑小康路·喜迎十九大”为主题的春风村深入学习贯彻省第十一次党代会精神暨第八届品果节开幕式。7月14日,在利坪村以“梨果飘香倡树新风”为主题开展首届品果节暨移风易俗文艺演出,打造“七月雪 早脆蜜”利坪梨子品牌,增加农民收入40万元。

【腾达安全生产】2017年,始终把安全生产作为经济社会发展的重要任务来抓,以零死亡为永久目标,获得省级安全社区示范乡镇。继续深化省级安全社区,对全镇13个县级和8个镇级山体灾害点全面认真的排查,每个地灾点值守人员每日一报;全天候监测辖区内4个重点监测企业;对其他19个企业进行不定期全面检查;对非煤矿山行业检查15次,共整改安全隐患20余起,未出现私挖乱采现象、未出现1起安全事故。

【腾达社会事业】2017年,全镇城乡居民养老保险应参保人数8703人,占年度目标的98.76%;应缴费3230人,占年度目标的94.64%。参加居民基本医疗保险26056人,占年度目标的100.2%;医疗免缴2172人。城镇新增就业187人,劳务输出和转移8745人,劳务收入1.2亿元,农村劳动力实名信息入库率90%以上;培训贫困农村劳动力231人,创业培训375人,培训实用技术150人次,农村贫困人口录入总数641户2321人,社保卡发放16789张;无偿献血150人次。全镇享受五保88人、低保750人、重度残疾339人、高龄补助482人,发放医疗救助补助16.107万元、救灾救济补助19.45万元。全镇村级电商服务站建成17个。

【腾达第十届村(居)支部换届选举】1月,第十届村(居)支部换届选举。依据《中共腾达镇委员会关于印发〈村(社区)党组织换届工作的实施方案〉的通知》开展选举工作,共选举产生村(居)支部书记17人、支部副书记1人(春风村)、支部委员34人,按期圆满完成村(居)支部的换届选举工作。

加强组织领导,周密部署落实。在全县动员会后,召开党委会议研究部署腾达镇村(社区)党组织换届选举工作,成立以党委书记陈刚为组长的村(社区)党组织换届选举工作领导小组,设立专门办公室,组建5个村(社区)党组织换届选举工作督导组,负责对各村(社区)党组织换届选举工作的具体指导。制发换届选举工作方案和严肃换届纪律工作方案,详细制订《腾达镇村(社区)党组织换届选举工作清单》,对换届选举程序、步骤和注意事项等工作以提示单形式书面下发到各村(社区),具体指导到每一个环节。

深入宣传教育,严明工作纪律。认真开展“两学一做”学习教育活动加强宣传教育,引导广大党员、干部、群众增强民主法治意识,正确对待换届选举,依法有序参与竞争。镇村组织开展以严肃换届纪律为主题的警示教育活动40余次,就换届纪律要求和换届选举政策法规,特别是对省市县委组织部提出的“五严明五严禁”“十条禁令”的纪律要求进行认真学习，并多次组织镇村干部、两代表一委员、党员代表观看警示纪录片《镜鉴》，营造风清气正的换届纪律。印制“五严明五严禁”“十条禁令”宣传单5000余份、悬挂宣传横幅10幅、书写岩标30余处，利用镇村干部工作QQ群、微信群等广泛开展换届纪律宣传。开展以“严肃换届纪律，保证风清气正”为主题的承诺活动，以镇党委、村党组织、换届工作人员、参选人员、全体中共党员5个层次就换届纪律进行承诺，做到严明换届纪律家喻户晓、深入人心。

认真开展审计，严格考核评议。成立由镇纪委、财政所等组成的专项村级财务审计小组，到各村（社区）开展任期村级财务审计工作，客观公正摸清各村（社区）实情，为村“两委”换届顺利进行打下坚实基础。镇指导组分赴各村考核评议原村“两委”干部，通过民主测评、座谈、谈心谈话等，准确把握干部思想动态，深入走访群众，对可能出现违反换届纪律的思想倾向和行为，密切关注并有针对性地及时加以解决，消除影响村支“两委”换届选举工作的隐患和萌芽问题，评议结果作为选人用人的重要依据，镇党委还根据考核评议情况对各村换届工作实行“一村一策”，确保村“两委”换届工作顺利进行。

充分发扬民主，规范操作步骤。在“两推一选”中，镇党委要求各村充分发扬民主，尊重中共党员和群众意志。在每次党员推荐、群众推荐、组织考察和大会选举工作开展前，针对性地对指导组成员开展业务培训，各指导组逐村开展工作，并统一印发会议议程、选票、计票单、报告单、提示单等，由指导组对到会人数、会场纪律、会议程序严格把关，确保工作步骤规范有序，程序合法有效。

【腾达第十届村（居）民委员会换届选举】 2017年2—3月，根据《筠连县第十届村（居）民委员会换届选举工作实施方案》精神，依法稳妥有序开展换届选举工作，确定2月8日为选民公布日、2月13日为初步候选人张榜日、2月23日为正式候选人张榜日、2月28日为正式选举日；个别村（社区）因特殊情况确需提前或推迟的，须经村（居）民会议或村（居）民代表会议讨论同意后，由镇政府报县换届选举工作指导小组批准。全镇共选举产生村（居）民委员会主任17人、委员43人，按期圆满完成村（居）民委员会的换届选举工作。

【腾达扶贫工作】 2017年，全镇完成139户、528人的脱贫目标，11月新民村整村退出工作通过市县验收。全年实施易地扶贫搬迁51户、144人，其中贫困村15户、42人，插花贫困户36户、102人；完成C级危房改造7户、D级危房改造45户。新民村饮水工程建设完成，全村用自来水；插花村饮水安全工程安装管道55400米、修建沉沙池44口、水窖9口600立方米。

【腾达镇领导人名录】

党委书记　陈　刚
副书记　罗　勇
　　李志强（12月前）
　　郭　宇（女，12月起）
　　王家元
纪委书记　李志强（12月前）
　　郭　宇（女，12月起）
武装部长　胡　平
人大主席　应元林（7月前）
　　王云顺（7月提名）
镇　长　罗　勇
副镇长　李　健（10月起）
　　唐亚军（3月前）
　　胡　平
　　郭　宇（女，12月前）
组织委员　谢　军（7月前）
　　潘　攀（7月起）

（曹义）

双腾镇

【双腾概况】 双腾镇位于县域西南部，镇政府驻地双河场，距县城14千米，地处北纬28° 06′，东经104° 27′，辖15个村92个村民小组、1个社区3个居民小组。镇境东连武德乡，西南抵龙镇乡，西邻塘坝乡，北接筠连镇，辖区面积87.23平方千米，海拔455～1048米。

2017年，全镇耕地面积1265公顷，林地5872.65公顷，森林覆盖率66.12%。年末，全镇公安户籍总户数5821户、总人口24055人，其中男性12666人、女性11389人，城镇（居住在城区范围）人口4669人、乡村（居住在农村片区）人口19386人；全年出生312人、死亡153人，迁入59人、迁出152人。民族构成以汉族为主，同时有回族、苗族、彝族、白族、土家族、傈僳族、仡佬族等民族在域内居住。

2017年，双腾镇继续坚持“12345”工作思路，全力推进各项工作。全年，双腾镇生产总值完成29944万元；社会消费品零售总额实现6491万元。全镇城镇居民人均可支配收入30791元，增加2464元；农民人均可支配收入14165元，增加1241元。

“12345”，即明确一个发展定位：建设能源新城后花园，打造生态农业示范镇。努力实现两大目标：建成川滇结合部生态示范镇，先于全县实现小康社会。突出三个重点：以特色产业为主，在精深品牌上下功夫；以民生为导向，统筹城乡一体化下功夫；创新社会管理，推进党建科学化管理水平上下功夫。建设四个核心区：以茶叶为主的产业核心区；以黄牛养殖为主的畜收发展核心区；以苦竹为主的特色经济林竹核心区;以生态旅游为主的生活体验核心区。打造五大产业基地:打造茶叶、苦笋、肉牛、乡村旅游、劳务输出产业基地。

【双腾工业经济】2017年,双腾镇有工业企业16个,企业员工178人。其中采矿场4个,年产石料、黄沙51万吨;木材加工厂5个,年产2300立方米3;电厂4个,年发电量110万度;砖厂1个,年产100万匹;苦笋加工厂1个,年产25万瓶。

【双腾农业和农村经济】2017年,双腾镇耕地1265公顷,其中田50.8公顷、旱地1214.2公顷,粮食总产量9645吨。苦丁茶种植面积累计1200公顷,年产量1050.15吨,与2016年持平,实现产值9012万元。绿茶种植累计1640公顷,产量1180.25吨,实现产值6300万元。苦竹栽种累计700公顷,产量4386吨,实现产值1314万元。肉牛存出栏9810头。烤烟实际移栽面积41.33公顷,产量81吨,产值165.20万元。

【双腾基础设施建设】新修建硬化德胜村水泥路5千米、曹岭村4千米、柏胜村2千米,基本实现村村通水泥路。完成德胜村安全饮水蓄水池4口,各50立方米,埋设1000米管道,插花贫困户建安全饮水蓄水池3个。完成定水河走马村芭蕉坨段防洪河堤建设,长280米;完成4个村农网升级改造,电网体系初步形成;投资百万元的污水处理厂项目竣工。开展“三网融合”,通信能力得以提升;开展城乡环境综合整治,确保场镇交通畅通,治理场镇车辆乱停乱放,新增交通劝导点8个,增加场镇区域交通劝导员2名。争创省级重点小城镇建设,有序推进新农村建设。场镇规划高起点,由新加坡Pencile公司设计,至年末完成设计。两河村被评为省级“四好村”。

【双腾社会事业】一是教育,有教学点14个,教职工148人,在校生3050人,其中17个初中班841人、52个小学班1662人,19个幼儿学前班547人,适龄儿童入学率100%。二是文化,有文化站1个,各类书刊5600余册,文化站配有标准的阅览室、图书室和会议室,共举办培训班4期。有文化广场2个,占地500平方米,参加各类活动人员2万余人次。建有15个村及1个社区图书阅览室,共藏书2.8万余册,其中8个村还配备远程教育网点。三是卫计,有医疗机构21个,其中镇卫生院职业(助理)医师8人,床位20个;村卫生室15个,乡村村医15人。全年征收社会抚养费9.5万元,奖励扶助对象91人,兑现奖励资金107880元,育龄妇女普查率95%。四是社会保障,城乡居民医疗保险参保21249人,参合率96.45%;城乡居民基本养老保险参保7539人;农村居民最低生活保障671人;城镇居民最低生活保障14人。五是民政,有城乡低保306户685人,其中农村671人(405人为建卡贫困户)、城镇14人,兑付低保资金206.11万元;享受五保待遇62人,兑付五保养老金28.7万元;优抚对象63人,兑付优待金62.6万元;现役军人95人,兑付优待金15.93万元;共发放各种救灾救济金11.0万元。

【双腾劳务开发】2017年,有外出务工人员8759人,以村级活动室为依托,组织农民工培训18次,培训1500余人。签订劳动合同率95%,务工收入1.354亿元。

【双腾旅游产业】神羊洞旅游核心区“中国西部岩溶洞群”的景区建设全面进入运营阶段,景区内1.88千米旅游道大川洞—闸口洞旅游道、天生桥—情人谷旅游道贯通。全年接待旅游3万余人次,收入220万元。

【双腾环境治理】全镇建有管理队伍1支、5人,保洁队伍1支、20人。全年投入30万元,对双河场镇周边环境和各进出口通道环境进行常态化管理。

【双腾依法治镇】2017年,共调解各种纠纷125件,调解率96%,接洽来信来访32件,已办结32件。开展“七五普法”的宣传、“法律十二进”活动、“6·26”全国禁毒日宣传、“12·4”全国法治宣传等,共印发各种法律法规宣传资料2万余份。

【双腾扶贫工作】全镇共有建卡贫困户614户、2555人,有德胜村、两河村、云丰村、曹岭村4个贫困村。2017年有脱贫129户、515人,德胜村实现整村脱贫摘“帽”。

【双腾镇领导人名录】

党委书记	韩宗明(苗族)
副书记	刘　均(3月前)
	胡青龙
	应旭洪(3月起)
纪委书记	胡青龙
武装部长	袁　力(3月前)
人大主席	李　俊
镇　长	刘　均(3月前)
	应旭洪(6月起)
副镇长	袁　力(3月前)
	刘　燕(女)
	刘　琴(女,12月起)
	陈实夫
	孙浩铭
组织委员	张子龙

(李晓芳)

蒿坝镇

【蒿坝概况】蒿坝镇位于县境南大门，属两省三县（筠、彝、盐）结合部，镇政府驻地蒿坝场，距县城50千米，处北纬27° 54′ 、东经104° 32′ ,东邻团林苗族乡、高坪苗族乡，西界彝良县牛街镇楠木村、盐津县庙坝乡茨竹村及龙镇乡卜好村，南与云南彝良牛街镇、柳溪苗族乡接壤。辖区面积97.91平方千米，镇境地势南北低，东西高，地形复杂，整体呈不规则瓦背地貌，平均海拔1100米。辖15个村、1个社区、111个村（居）民小组。

2017年年末，全镇公安户籍总户数5153户20267人，其中男性10951人、女性9316人，城镇（居住在城区范围）人口2034人、乡村（居住在农村片区）人口18233人；出生397人、死亡152人，迁入97人、迁出123人。民族构成以汉族为主，同时有苗族、彝族、壮族、布依族、土家族等民族在域内居住。

2017年，蒿坝镇地区生产总值实现71049万元，社会消费品零售总额实现6862万元。全镇城镇居民人均可支配收入30426元，增加2435元；农民人均可支配收入14069元，增加1209元。

【蒿坝工业经济】2017年，进一步深化企业改革，发挥企业生产优势，着力拓宽延伸优势产业链，加快技改扩能，加大力度推进民营经济发展，一手抓地方经济发展，一手抓安全生产。全年，全社会固定资产投资16056万元，其中技改投资5773万元，完成煤矿技改扩能投资557万元，镇域内1个煤矿技改扩能全面启动，设计生产能力15万吨。

【蒿坝农业和农村经济】2017年，着力广辟经济增长的途径，着力培养增收增效的产业，继续巩固烟草、竹笋、肉牛等成型产业。全年粮食产量10051吨，劳务输出和转移699人，劳务收入1亿元，烤烟产量1325吨，牛肉出栏3401头，生猪出栏36011头。

【蒿坝基础设施建设】一是实施村级公益事业一事一议财政奖补项目，投资220万元，其中财政奖补110万元、筹劳折资110万元，建成道路10.91千米，其中组道4.91千米、便民路6千米。水利建设，埋设安全饮水管线1.5千米，堰塘水窖1口；建桥梁1座。二是实施易地搬迁基础设施建设项目，投资840.664万元，1.道路建设，新建组道公路4千米，改扩建组道公路1.8千米、硬化组道公路15千米，维修组道公路6千米，维修生产道1.8千米；2.建广场堡坎50米；3.建河堤503米、建排洪沟0.3千米；4.水电及附属设施，安水表69户、安电表69户；5.公共设施：群众文化广场平场及硬化5170平方米，广场路灯2盏，绿化330平方米，安全防护栏杆1800米。

【蒿坝社新农村建设】一是基础设施：垃圾处理场1处、垃圾池12个，安路灯50盏，建便民路1千米、公路1.5千米。二是公共服务设施：广场建设300平方米，改造村办公室风貌590平方米。三是农村安居工程，完成危房改造75户，开展职工帮扶困难户活动。四是突出产业引领，探索“政府投入撬动社会资金，项目建设带动群众投工投劳，政府引导带动群众主体作用发挥”的方式和机制，有力推进省级新村建设项目、整村扶贫项目和“四大产业基地”建设，即以高桥、高龙、高兴、高坪、合力、中山等村为主的1万亩烟蔬轮作基地；以水龙村为主的竹笋基地建设1666.67公顷；以核桃、车李子、黄桃为主的生态经果林基地200公顷；生猪、肉牛稳步发展，全镇绿色农畜产品基地建设进入新阶段。五是项目引领。全面完成省级新村示范县项目和水龙孽龙坝、高石核桃坪和平安新村建设项目，其中平安省级新村建设在全县第一个完成。整合“一事一议”项目资金110万元，重点打造各村文化广场，继续整修村组道、建设便民路，形成入户便民路、村组道路、乡镇联网路、出省通道四级路网联网畅通的格局。六是优美环境。不断完善城乡环境治理机制，出台专门考核办法，坚持日常保洁与专项行动结合，重点整治与全域治理结合，加强群众维护环境卫生的意识，新建场镇农贸市场1个、停车场2个，完成污水处理厂维修升级和垃圾填埋场的规范管理，场镇及农村卫生形象进一步提升，顺利通过市上城乡环境卫生考核。

【蒿坝社会事业】一是文体教育。农村义务教育均衡发展达标，蒿坝女篮获全市中学生运动会女篮冠军，中心校范钦刚获中央电视台2017年体坛风云人物大众体育精神奖。有在校学生3231人、在园幼儿635人。，成功举办第三届高山之光民间文化艺术节，基层群众文体生活丰富多彩。二是卫生计生。坚持卫生正确导向，夯实基层基础，扎实开展计生依法行政，获得县委县政府卫生计生工作流动红旗。加强计划生育法治宣传，有效控制人口增长，人口增长维持低生育期。三是社会保障。全面开展社保卡清理，全民参保有序推进。新农保参保5544人，全面实施居民医保，连续2年获县委县政府表扬。四是落实最低生活保障，实行“阳光低保”、精准低保，做好救灾救济、医疗救助等工作，敬老院运行正常，服务质量不断改善，扎实开展残疾人“量服”工作。五是全民健康体检，确保贫困户不漏一户，其他农户全覆盖。六是精神文明建设，有效治理农村滥办酒席，弘扬核心价值观，聚集社会正能量。七是老龄工作喜获省、市表彰，老协会谢召文被评选为“四川最美老人”。

【蒿坝安全维稳】通过创新“大安办”机制，统一管理煤矿、地质灾害、防洪防汛、食品药品、道路交通等11项安全工作,分时段调整工作重心,确保安全工作整体推进。完善煤矿责任追究、问题发现、落实整改等机制,建立警示警醒、驻矿盯矿、日巡夜查、专题约谈、专项核查、台账管理等制度,把"严、细、常"落实到具体监管工作中,巩固良好安全生产形势。强化对7个山地灾害监测点的监测监报,开展地质灾害应急避灾培训。信访维稳上,深化完善"镇、村、组、户"四级大调解的信访工作体系,开展"大接访"和"信访积案化解"活动,落实定期排查、领导包案、责任追究等制度。按照"化解老问题,杜绝新问题"的思路,主要领导主动接待上访群众,积极协调相关部门,严格把关处理方案,维护全社会的稳定。

【蒿坝扶贫工作】 2017年,按照贫困村"一低五有"和贫困户"一超六有"标准,扎实对标补短,全面推进平安村整村退出和112户、534人的脱贫工作。进一步落实产业扶贫、金融扶贫、设施扶贫、社会扶贫、房屋改造等政策,开展贫困户"回头看""回头帮",推进中心校、卫生院的升级提档和便民服务中心建设。完成高石村整村扶贫项目和年度易地搬迁建房150户,建房和配套基础设施建设2000万元,完成C级危房改造15户、D级危房改造60户,获县委县政府脱贫攻坚季度考核流动红旗和综合考核第三名。

【蒿坝镇领导人名录】

党委书记　邹　涛
副书记　邹林易
　　徐　琴(女,3月前)
　　王殿均(3月起)
纪委书记　王殿均
人大主席　龚衷麟
镇　长　邹林易
副镇长　王运林
　　赵华强
组织委员　程立才

(苏丹)

沐爱镇

【沐爱概况】 沐爱镇位于县境中部,地处北纬28°02′03″~28°05′00″、东经104°37′30″~104°41′15″,东接维新镇,南邻镇舟镇、团林苗族乡,西接武德乡,北靠巡司镇。沐爱镇政府驻地沐爱场,距县城30千米。辖区面积79.36平方千米,平均海拔600米,辖18个村、1个社区,共145个村民组。

2017年年末,全镇公安户籍总户数9497户37802人,其中男性19912人、女性17890人,城镇(居住在城区范围)人口10372人、乡村(居住在农村片区)人口27430人;全年出生557人、死亡246人,迁入79人、迁出209人。民族构成以汉族为主,同时有苗族、彝族、壮族、布依族、侗族、白族、土家族、哈尼族、黎族、佤族、水族、仡佬族等民族在域内居住。

2017年,沐爱镇围绕"产业兴镇、城建靓镇、文化活镇"总体目标,主动作为,保持发展定力,工业、农业及农村、扶贫等项目取得明显成效。全年,全镇地区生产总值实现98526万元,社会消费品零售总额实现52408万元;社会固定资产投资总量实现3.7亿元;财政一般公共预算收入实现1686.2万元。全镇城镇居民人均可支配收入实现30982元,增加2480元;农民人均可支配收入完成14042元,增加1218元。

【沐爱工业经济】 大力实施"工业强镇"战略,全镇工业增加值总量51700万元。全镇工业以煤炭、页岩气等能源行业为主导,继续稳步推进页岩气勘探开发,建成页岩气井场共66个、钻井347口,产能1亿立方米;森泰页岩气有限公司7万立方米LNG和30万立方米LNG两套液化天然气(LNG)生产能力10万吨/年,民用气输送能力1200万立方米/年。工业单一仍是全镇工业发展的主要制约因素。为推动经济持续发展,激发经济新增长点,加大综合市场竞争力,进一步稳定煤矿、非煤矿山、水电生产,着力强化工业支撑,以可持续发展为取向,以绿色生态资源为基础,突出能源综合开发和特色农产品精深加工。煤矿安全生产死亡人数1人。

【沐爱农业和农村经济】 2017年,沐爱镇耕地1933.33公顷,其中水田700公顷、旱地1233.33公顷,粮食产量12980吨,森林覆盖率32%。一是实施"产业兴镇"战略,积极推进"茶桑果漆牛"五个万亩(头)特色产业发展。至年末,全镇茶叶种植800公顷、蚕桑种植666.67公顷,果树种植433.33公顷,漆树种植1000公顷,肉牛存出栏12967头,促进农民增收成效明显。二是完成金銮村现代农业项目,整治土地14.53公顷。持续壮大"五金"肉牛养殖核心循环经济产业园产业,基础条件持续改善。在石林村进行乡村振兴示范点,发展不知火等水果66.67公顷。三是围绕筠连打造"国漆之都"目标,打造漆树产业核心示范区。近两年,积极与蓝伯特公司合作,采取"公司+农户"形式,整合退耕还林后续工程、现代林业、公益林、扶贫等项目资金,动员群众新种植漆树333.33公顷。四是农业生产发展贷款额超过8000万元,其中扶贫小额贷款314.01万元、"好牛贷"发放1357.44万元,有效推动金融促产业发展。

4月17日,经县科协批准,筠连县花卉苗木种植协会在沐爱镇成立,有会员120人。

【沐爱基础设施建设】 城镇建设,实施"城建靓镇"战略，以建设国家级重点小城镇为契机，按照城镇总体规划和控制性规划，投资486.5万元的荷花池改造项目主体工程基本完成，全面完成筠二中扩建、过境公路征地工作。有序推进沐爱古街改造及新建项目前期工作，在年度市级试点镇考核排名中获第五名。全年，完成农村危房改造70户；硬化城乡道路11.9千米，新建便民路81千米，新建沉砂池31口。推进页岩气入户，沐爱场镇及周边村实现页岩气入户，有燃气用户2500余户。实施绿化亮化，在社区、兴隆、棬坪、金銮等村安装太阳能路灯100余盏。

推进生态环境建设，建成污水处理厂二期工程，全面完成棬坪、团结、石林环境连片整治项目，新建垃圾房6个，增添户用垃圾桶1320个、公用垃圾箱160个、大型垃圾收集箱6个、垃圾转运车2辆，建沼气池1座、沼液贮存池1座、沼渣储存干化池1座。

【沐爱新农村建设】 全年，成功创建金塘村、金鱼村、沿河村、尧坝村4个为幸福美丽新村，成功创建兴隆村、峨坪村、南坪村、沿河村4个为县级"四好村"，成功创建尧坝村、金銮村、团结村3个为市级"四好村"，团结村成功创建为省级"四好村"；争取到省级财政92万元，成功打造省级财政幸福美丽新村——峨坪村聚居点。实施文明村镇创建，沐爱镇成功创建市级文明镇，金溪村、团结村、沿河村、尧坝村、金銮村成功创建县级文明村。

【沐爱社会事业】 教育工作，狠抓义务教育均衡发展，镇内有中学1所、小学2所，至年底，在校学生4800余人。制发《关于进一步推进义务教育均衡发展的实施方案》《迎接四川省人民政府义务教育均衡发展督导评估工作实施方案》，成功通过省级义务教育均衡发展验收。

计生，全镇已婚育妇女7018人，全年出生人口557人，出生率12.29‰，符合政策生育率97.59%，死亡246人，死亡率7.32‰，自然增长率4.96‰。义务献血任务130人，完成156人；孕前优生健康检查完成114对，占目标的110%。流动人口总数5746人，其中流出5702人。

社保就业，全镇新型农村合作医疗保险参保31077人，办理失地农民购买养老险269人，其中购买社保237人。组织开展贫困劳动力培训447人、普通劳动力培训344人、电商培训90人、临港智能终端培训123人、品牌培训55人，完成全日制公益性岗位和农村非全日制公益性岗位申报，其中全日制公益性岗位在岗人数18人，非全日制公益性岗位在岗人数45人。

文化体育，实行"文化活镇"策略，完成感恩广场、法治广场、廉政广场、奋进广场及石林村文化大院建设。成功创建兴隆村、棬坪村为市级职工书屋。常态化推进村（社区）文化室、农家书屋、社区书屋免费开放。建成兴隆、峨坪2村基层综合文化服务中心，完善峨坪村、兴隆村文化室、图书室功能布局以及行政广播"村村响"，完成763户建档立卡贫困户"户户通"安装。协调开展贫困村送文化下乡活动3场次。

民政，通过普查和精准识别，取消低保46户，新批低保110户，至年末有城乡低保共778户，城市低保109户发放低保金76万元，农村低保669户发放低保金494万元。医疗救助43人，发放救助金13余万元；救灾救济138户484人，发放救济资金107800元，其中85%以上为五保户、低保户、建卡贫困户和重点优抚对象；临时救助109户、381人，发放临时救助金8万余元，其中70%以上是低保、五保户、建卡贫困户。年末，有农村五保户123人，发放五保供养金78万余元。发放现役军人优待金15000元，组织优抚对象免费体检163人次，报批60岁以上农村籍退伍士兵生活补助13人。

残疾人，全年新办残疾证196人（录入系统），复审残疾证510人（调整系统），发放残疾人扶贫对象生活补贴607人次，发放生活补助48万余元。残疾人量服服务平台信息录入1109人，手机录入率100%，入户率90%，需求、落实完成100%。

【沐爱省级安全社区建设】 自2014年通过"四川省安全社区"验收初评后，沐爱镇秉持"以人为本""人人都平等享有安全、健康、和谐的权利"的理念，按照资源整合、全员参与、持续改进的要求积极开展安全社区建设持续改进工作。2017年，围绕"7+N"改进建设工作，全镇安全社区建设工作成效得到巩固，顺利通过省级安全社区的复评。

建立安全管理制度，结合沐爱镇实际修订并完善《安全社区管理制度》，明确安全社区建设责任制度、经费投入保障制度、会议制度等13项管理制度，为安全社区建设奠定坚实的制度保障。

建设安全文化阵地，加大资金投入，以现有设施为载体，制作宣传栏、消防实物橱窗、打造宣传点、制作温馨提示牌等方式，打造涉及交通、消防、工作场所、居家、老年人、残疾人、社会治安、学校、儿童等安全知识和带实物体验功能的安全文化阵地及文化长廊，供居民休闲娱乐时参观学习，增强安全知识。

建设一条安全示范街，加大资金整合，以新街现有设施为载体，制作宣传栏、增加安全知识提示、制作用电（用气）安全须知、宣传海报、健身器材温馨提示、安装消防安全实物橱窗、打造宣传点的方式，打造一条涉及交通、消防、工作场所、居家、老年人、残疾人、社会治安、学校、儿童等安全知识和带实物体验功能的示范街，供居民及过往人员学习和体验。

建设一所安全示范学校，整合教育系统资金，以沐爱中心校现有设施为载体，制作宣传栏、打造宣传点、营造较为浓厚的安全文化氛围，整改校内安全隐患，改善校内安全条件，供学校师生和家长学习，力争实现小手拉大手的传播效果。

开展企业安全生产标准化和安全文化建设,督促广顺烟花爆竹仓库、门坎滩电站、98煤矿、开心采石场、三毛采石场等企业完成标准化建设。

规范一份隐患排查表,由镇建设办统一制订安全隐患排查一览表,供各站所、各村(社区)、各生产经营单位规范使用,定期由安办人员督促各单位完善内容

建成一支专业的应急救援队伍,整合现有的志愿者队伍和民兵应急队,选拔180名青壮年组成镇应急救援专业队伍。邀请县红十字会人员对180名应急救护人员进行专业知识和应急常识培训,提高大家的应急技能。

【**沐爱省级卫生乡镇创建**】自2014年成功创建"宜宾市级卫生乡镇"后,积极争创"省级卫生乡镇"。通过努力,于2017年11月成功通过省级的验收,获得"省级卫生乡镇"的荣誉称号。

【**沐爱扶贫工作**】沐爱镇有建档立卡贫困户763户、3214人,有峨坪村、尧坝村、金坝村、骑龙村、兴隆村5个贫困村。贫困村有建卡贫困户406户、1776人,其中峨坪村101户、447人,尧坝村69户、289人,金坝村57户、299人,骑龙村82户、371人,兴隆村97户、370人;非贫困村13个,贫困户357户、1438人。按照"一低五有"贫困村退出及"一超六有"贫困户退出标准,抓好脱贫攻坚工作。2017年,全镇631人脱贫攻坚人口通过扶贫专项项目、产业扶持基金、易地扶贫搬迁、新农合报销和小额信贷等项目发展产业,保障年度脱贫的贫困人口人均纯收入稳定在3500元以上,631人全部实现有义务教育保障、基本医疗保障、住房安全保障、生活用电保障、广播电视保障、安全饮用水保障。

有效整合2014年、2015年、2017年一二批项目资金,推动全镇440户贫困户改善生活条件和发展产业。

易地扶贫搬迁快速推进,任务为77户、262人,其中集中安置65户、215人,分散安置12户、47人,已全部完成搬迁入住。提前实施61户、242人,其中集中安置46户187人,分散安置15户、55人,集中安置同属全镇集中安置点,年末基本完成搬迁入住。

党建脱贫示范项目加快推进。先后在骑龙村发展生猪养殖示范项目、尧坝村发展葡萄种植示范项目、金坝村能繁母牛养殖示范项目、峨坪村肉牛养殖示范项目、兴隆村早茶种植示范项目进展顺利。

贫困村顺利退出。全面完成峨坪、兴隆2村脱贫摘"帽"目标,兴隆村已脱贫340人,贫困发生率1.2%;峨坪村已脱贫407人,贫困发生率1.5%。

【**沐爱镇领导人名录**】

党委书记　邓　朝(3月前)
　　　　　何兴军(3月起)
副书记　黄　峰
　　　　江祖琦
纪委书记　李文华
武装部长　周　季(8月前)
人大主席　黄通其
镇　长　黄　峰
副镇长　路　辰
　　　　周　季(3月前)
　　　　罗小林(女,6月起)
　　　　钟　雄(6月起)
组织委员　万家华

(张利超)

维新镇

【**维新概况**】维新镇位于筠连县城东南部,镇政府驻地小河社区,距县城32千米,地处北纬28°08′,东经104°41′。东邻乐义乡,南接高坎乡,西连沐爱镇、巡司镇,北靠腾达镇和珙县的沐滩乡,辖区面积73平方千米,海拔407~1156米,辖16个村、115个村(居)民组。

维新镇属亚热带季风气候,地形狭长,系低中山地貌,镇舟河流经镇域腹地,惠泽九村,流域两岸低山槽坝,为粮经作物主产区,农作物主要有水稻、玉米、小麦,经济作物主要有烤烟、茶叶、林业等。镇内公路交通发达,维(新)腾(达)、维(新)乐(义)、维(新)镇(舟)公路贯通全境。镇内商贸活动活跃,物产丰饶,尤其是煤炭资源和页岩气储量丰富。

2017年,全镇耕地1238.6公顷,退耕还林326.67公顷,森林覆盖率41%。全镇通车村15个,通车组112个。有中学1所、中心校1所、基点校1所、村小学12所;教职工246人(含村小教师),在校学生2707名,学龄儿童入学率100%。有卫生机构1个,医务人员20人,床位15张;村卫生室15个,乡村医生15人。年末,全镇公安户籍总户数6542户、总人口26882人,其中男性14294人、女性12588人,城镇(居住在城区范围)人口11008人、乡村(居住在农村片区)人口15874人;全年出生362人、死亡251人,迁入63人、迁出196人。民族构成以汉族为主,同时有回族、苗族、彝族、壮族、布依族、白族、黎族、拉祜族、仡佬族等民族在域内居住。

2017年,维新镇地区生产总值实现166323万元,社会消费品零售收入实现8674万元;规模以上工业增加值实现44180万元,规模以上工业企业销售收入实现97955万元,规模以上工业企业利润总额实现11292万元,完成固定资产投资96085万元,完成技改投资24605万元;招商引资完成15000万元。全镇城镇居民人均可支配收入实现30391元,增加2484元;农民人均可支配收入完成14620

元,增加 1281 元。

【维新工业经济】2017 年,狠抓重点产业,产业转型升级步伐不断加快,工业经济活力增强。刘家祠、王家沟、福利 3 对煤矿复工复产,煤炭产业产值实现 13.2 亿元,增长 25.2%;淘汰落后产能,关闭琼兴煤矿、六八煤矿 2 对。页岩气开采稳步推进,修复 H7 平台,H7、H8、H9 井进入生产阶段,完成东云村四组煤层气井场征地,在建顺阳村一组煤层气井场。

【维新农业和农村经济】大力发展特色农业,巩固和发展东云、西林村优质茶叶,新发展田坝村等茶叶 333.33 公顷,茶叶综合产值实现 700 余万元;新增肉牛 3000 余头,肉牛存栏 12000 余头,综合产值 3000 余万元;成功招商落地的东东养殖有限公司和自由村嘉岳农业发展有限公司 1500 头规模肉牛养殖场投入使用。种植烤烟 46.67 公顷,收购烟叶 85 吨。新增家庭农(林)场 1 个,发展农业专合组织共 29 个。

农业产业转型升级。加快建设项目型新农村,顺利实施周坪村、沐阴村整村扶贫项目;打造产业型新农村,突出扶持肉牛、茶叶、烤烟等特色产业,产业集群效应不断凸显。建设"一村一品牌"新农村,以西林村富硒富锌生态茶为代表的茶产业不断壮大,新发展田坝千亩种植园,全面实施茶园绿色防控,全镇茶叶种植面积 1333.33 公顷,实现产值 1200 余万元。新华村肉兔养殖已初具规模,已发展养殖户 8 户,存栏种母兔 2000 余组,全年出栏商品兔近 1 万只,实现产值 50 余万元。落箭村红豆杉育苗 2 公顷共 100 万余株,其中 1 万余株用于制作盆景销售。占地 3.67 公顷的蒲潭沟生态活水鱼为代表的水产业建成投产,以中华鲟等品种为代表的商品鱼约 5 万尾,可实现年产值 300 余万元。

【维新基础设施建设】场镇建设,完成小城镇建设规划和街道亮化工程;建成规范农贸市场,并投入使用;深入推进城乡环境综合治理,城镇乱停乱放问题得到有效整治,人居环境满意度不断提升。

基础建设,加大道路交通建设投入,改善交通条件,硬化田坝村、沐阴村、周坪村公路共 17.3 千米。加快小河污水处理厂建设,新建水池水窖 72 口,沉沙池 102 口,农村饮水安全不断巩固提升。投入 130 万元资金,完成公坪、菜坪、自由、清泉等村公路整治,及自由至梅家凹隧道亮化等"一事一议"项目。投入 180 万元资金,完成周坪村和沐阴村广场绿化、亮化、硬化等工程项目。稳步推进危房改造,全面按照政策实施危房改造 119 户。

公共服务,投资 300 万元,新建 2100 平方米的公租房投入使用;完工便民中心建设主体建设;平等村、沐阴村、西林村等 8 个新建党群服务中心投入使用,完成小河社区、清泉村党群服务中心升级改造,有序推进新华、山坝党群服务中心建设。镇卫生院门诊大楼主体完工;投入 54.4 万元,修建新华、田坝、周坪、菜坪、山坝、平等、安全、顺阳共 8 个村卫生室。

【维新新农村建设】一是创建工作。成功创建东云、田坝、自由 3 个村为市级"四好村",沐阴、周坪、落箭 3 个村为县级"四好村",全域创建文明村镇,通过验收,实现生产发展、生活宽裕、乡风文明、村容整洁、管理民主。二是移风易俗。维新镇在全县率先开展移风易俗、树立新风尚行动,大力整治城乡居民乱办滥办酒席行为,各村成立红白理事会,制订《红白喜事理事会章程》,组织村民制订村规民约,强化措施加强监管,着力整治大操大办、滥办乱办酒席等不良风气。全年,全镇召开会议 82 次,制作标语 72 幅,开展劝导 54 次,自愿不办 121 次,审批 40 次,减少 61.8%,节约开支 109.6 万元,全镇居民大操大办、乱办滥办酒席的不良风气得到有效抑制,杜绝铺张浪费、炫富攀比等陋习,营造出风清气正、安定和谐、文明有序的社会氛围。三是环境保护。贯彻环境保护基本国策,认真执行环境保护法律、法规,以节能减排为中心,全面开展环境保护工作,共查处环保隐患 10 起、治理 10 起、治理合格率 100%。出境水质达到国家二级排放标准,无"十小五"企业,没有发生污染信访事件。

【维新社会事业】一是教育事业。深入推进义务教育均衡发展,全面推进农村薄弱学校改造、教育装备升级、"三免一补"等工作。加快建设沐义小学、平等小学校舍,主体即将完工。免除义务教育阶段学生 2619 名的学杂费、书本费、作业本费。农村义务教育 14 所、2619 名学生营养改善计划覆盖率 100%,实现食堂供餐。建档立卡贫困户子女实现"零"费用入学。"全国义务教育发展基本均衡县"创建工作顺利通过省、市督导评估。二是医疗卫生。有序推进镇卫生院功能完善。全民体检、婚检孕检深入开展,医疗卫生服务能力显著提高。三是文体事业。完成周坪村、沐阴村文化室建设,农家书屋、农村文化广场等文化阵地有效运行;数字电视覆盖率、宽带覆盖率均达 100%。四是民生保障。全面完成 595 名失地农民的社保工作。城乡居民医疗保险参保 23192 人,参保率达 101.72%。落实民政救助,城市低保由每人每月 460 元提高到 500 元;全面落实"二线合一"工作,确保 23 户、26 人城市低保、316 户 658 人农村低保。有序推进敬老院和日间照料中心建设,发放困难残疾人生活补贴、重度残疾人护理补贴等补贴资金 62.6 万元。

【维新社会治理】安全生产监管成效明显,切实落实企业安全生产主体责任和政府安全监管责任,深入开展全国安全生产大检查;全力加强煤矿、非煤矿山、道路交通、消防、食品药品等重点领域安全监管,严厉惩治安全生产

“非法违法”行为,全镇未发生安全生产事故。坚持镇党政领导干部接访和包案化解责任制,成功化解一大批信访案件,无大规模群体性上访事件发生。加强法治政府建设,深入推进依法行政和“七五”普法、法律“十二进”活动,人民调解调处成功率99.7%。加大违法犯罪惩治力度,刑事案件发生率下降20%,破案率上升30%,治安案件查处率上升25%,刑事案件、治安案件全县发案率最低,电信诈骗案件全面实现“两升两降”。

【维新“1·28”地震灾后重建】 2017年1月28日凌晨2时46分32秒筠连发生4.9级地震,乐义乡为震中,维新为重灾区,加之1月15日3.7级和3.4级地震、1月18日4.3级地震、2月2日3.7级地震、5月4日珙县4.9级地震的多震叠加,筠连县受损严重。

为尽量减少群众财产损失,尽量避免群众遭受次生灾害,迅速反应,积极主动作为。全力开展“1·28”地震抗震救灾和灾后恢复重建工作,转移安置受灾群众232户523人,筹集发放救灾帐篷27顶、棉被179床;及时做好次生灾害防治、房屋受损鉴定、舆情引导等工作。积极对上争取支持,共筹集770万元投入农房维修重建等工作;实施土地增减挂钩项目,助推灾后重建有序推进。至年末,核查确认受灾农房恢复重建户287户,其中放弃85户,启动恢复重建202户(完工167户、动工17户、未动工18户);核查确认维修加固户1336户,其中放弃84户,启动维新加固1252户(完工1133户、动工62户、未动工57户)。

【维新扶贫工作】 全面整合扶贫人力资源,选优配强扶贫工作队伍,发挥“五个一”“三个一”帮扶力量作用,实行“帮扶责任人+承包人”模式,全力构建联动协作机制,引导干部群众找准脱贫方向,严格按照“两不愁”“三保障”“四个好”标准,对照“一低三有”“一低五有”和“一超六有”开展脱贫攻坚工作。一是全面完成脱贫任务,全镇脱贫139户、523人,人均可支配收入3500元以上,沐阴村、周坪村2个贫困村成功脱贫摘“帽”。二是易地扶贫搬迁,实施搬迁181户、615人,兑付建房到户资金1441.75万元,解决181户住房安全问题。三是发挥扶贫贷款作用,全镇贷出扶贫小额信贷1130万元,解决产业发展资金不足问题,促进产业发展。

【维新镇领导人名录】

党委书记　江宗涛
副书记　邓国金
　　　　刘凤忠(女)
纪委书记　张文军
武装部长　余　强(6月前)
　　　　汤学楷(7月起)
人大主席　刘建军
镇　长　邓国金
副镇长　余　强(6月前)
　　　　李孝金
　　　　张来筠
　　　　汤学楷(7月起)
组织委员　宋书宽

(陈花　梁喻翠)

镇舟镇

【镇舟概况】 镇舟镇位于县境东南部,镇政府驻地镇舟场,距离县城42千米,距宜宾市占心城区131千米。地处北纬28° 01′,东经104° 39′,东与高坎乡连界,南与大雪山镇相邻,西倚团林苗族乡,北与沐爱、维新两镇接壤,辖区面积63.18平方千米,辖7个村、30个村民小组,1个社区、4个居民小组。镇舟河由南向北横穿注入南广河,筠民公路由北向南穿境地,筠连—洛表公路在境内通过。镇舟镇煤炭资源丰富,量大质优,石灰岩地貌占全镇面积的2/3,素有“煤石之乡”的美誉。

2017年,全镇耕地面积1076.7公顷,林地面积5560.9公顷,森林覆盖率51.22%。全镇通车里程265千米,其中县乡道22千米、村道95千米、组道148千米。全镇辖区内有学校10所,其中中学1所、小学7所、幼儿园2所。有镇文化站1个,书刊2368册;医疗机构23个,其中镇卫生院1个、村医疗卫生站19个、村卫生室3个,卫生技术人员30人。年末,公安户籍总户数6193户22442人,其中男性11739人、女性10703人,城镇(居住在城区范围)人口1085人、乡村(居住在农村片区)人口21357人;全年出生325人、死亡114人,迁入32人、迁出194人。民族构成以汉族为主,同时有蒙古族、苗族、彝族、壮族、布依族、满族、土家族、哈尼族、水族等民族在域内居住。

2017年,镇舟镇地区生产总值实现102091万元,社会消费品零售总额实现10384万元。,规模以上工业增加值增速12%,规模以上工业企业销售收入实现230316万元、利润22541万元。固定资产投资45262万元,其中技改投资40721万元;完成招商引资10000万元。全镇城镇居民人均可支配收入实现30541元,增加2496元;农民人均可支配收入完成14492元,增加1257元。

【镇舟工业经济】 镇舟镇煤炭储量丰富,素有“煤石之乡”之称,工业经济以煤炭、石粉加工为工业支柱产业,有工业企业7家。2017年,规模以上工业增加值增速12%,规模以上工业企业销售收入实现230316万元、利润22541万元。固定资产投资45262万元,其中技改投资40721万元。全镇煤矿、非煤矿山投入技改40721万元,逐步实现机械化、半机械化开采,全年生产过关煤24.2万吨。

【镇舟农业和农村经济】 进一步巩固和调整产业结构，构建“一村一品”优势特色农业产业村，培育尖峰板栗、马家肉牛、金钟景阳生猪、云岭蚕桑李子、政兴山油茶等，促进农业和农村经济可持续发展。至年末，尖峰村种植板栗 433.33 公顷、云岭村种植李子 133.33 公顷、蚕桑 66.67 公顷、政兴村种植山油茶 53.33 公顷，马家村肉牛存栏 1686 头，金钟景阳生猪存栏 11237 头。全年，全镇生猪存栏 15766 头，肉牛存栏 3132 头，小家禽存栏 30411 只。

【镇舟招商引资】 镇舟镇拓宽渠道，完善措施，加大宣传力度。招商引资到位 1 亿元，引入四川地宝生物有机肥有限责任公司、筠连县致标家具有限公司 2 家企业进驻。

【镇舟基础设施建设】 一是农网升级改造。完成 8 个村农网升级改造。二是水利建设。新建水窖 23 口，安装饮水管 6.43 万米。三是交通建设。投资 100 万元改建村组公路 17.5 千米，投资 190 万元对马家村 6.5 千米公路硬化，投资 28 万元新建便民路 14 千米。四是环境整治。投资 178.6 万元，修建沼气池、沼液池和化粪池 238 口，投资 53 万元对金钟村粪坑进行治理，关闭辖区内小纸厂 4 家、整改完成 4 个煤矿污水处理设施。

【镇舟新农村建设】 投入 72 万元，对马家村进行幸福美丽新村建设；投入 10 万元，对景阳村进行新村提档升级建设。

【镇舟社会事业】 一是卫生计生，全镇新型农村医疗保险参保人员 18365 人。符合政策生育率 95.72%，独生子女父母奖励金兑现率 100%。二是社会保障。坚持“应保尽保、规范运作、分类施保、动态管理”原则，全面清理辖区内低保对象及特困对象，共有低保户 350 户、525 人（其中城镇 38 户、53 人），月发放低保金 14.95 万元；特困人员集中供养 4 人、分散供养 80 人，月供养金 4.71 万元；发放临时困难临时救助 8.04 万元。向义务兵家属发放优待金 21.80 万元。三是残疾人工作。组织 2 名残疾人参加电子商务培训，7 名残疾人参加养殖培训，为符合条件的 250 名重残申请护理补贴 159390 元，为 4 名精神病病人申请免费服药。四是养老保险。完成参保 5269 人，加快推进养老服务体系建设，完成敬老院维修改造及兴徙社区日间照料中心和困难老人、失能老人居家养老服务。

【镇舟城乡环境综合治理】 一是以前进、景阳、尖峰、金钟、马家村新农村建设为契机，对集居点、“一河两路”（镇舟河、镇高公路、筠民公路）沿线进行环境集中整治和风貌塑造，不断改变城乡环境。二是整合资金 40 余万元，聘请 20 名专兼职保洁员，垃圾清运车月均清运 100 车次，重点整治“十乱”（垃圾乱扔、摊位乱摆、车辆乱停、广告乱贴、工地乱象、垃圾乱到、污水乱泼、牲畜乱养、杂物乱堆、家什乱放）等损害镇容镇貌环境的行为，提升城乡环境形象。

【镇舟扶贫工作】 全镇有建档立卡贫困户 689 户、2697 人。2017 年，全镇完成贫困户 100 户、489 人脱贫，贫困村马家村完成脱贫摘“帽”。一是用好县级选派的贫困村“第一书记”，并在镇机关内选派 4 名职工到非贫困村担任“第一书记”。二是住房保障。全年投资 915.8 万元实施易地扶贫搬迁 106 户、404 人，投资 140 万元实施危房改造。三是加大产业发展扶持力度。补助财政专项扶贫资金 90 万元，发展肉牛 175 头；补助财政专项扶贫资金 107.03 万元，发展仔猪 903 头；补助财政专项扶贫资金 5.13 万元，发展豪猪 13 头、小家禽 748 只；补助财政专项扶贫资金 17.97 万元，发展种植牧草等产业 27.75 公顷。

【镇舟镇领导人名录】

党委书记	李　烈（3 月前）
	熊明泽（苗族，3 月起）
副书记	卜光洪
	张　强
纪委书记	张　强
武装部长	王绍举
人大主席	应旭洪（3 月前）
	李　辉（6 月起）
镇　长	卜光洪
副镇长	王绍举
	陶世艳（女）
	陈廷才
	申　义
组织委员	熊　林

（吴国丽）

大雪山镇

【大雪山概况】 大雪山镇位于筠连县南部，北纬 27°56′04″～27°59′09″、东经 104°38′44″～104°46′56″，地处川滇两省四县集合部，与滇东北接壤，坐落于乌蒙山系余脉的彝良、威信、筠连、珙县四县交汇处；东临珙县王家镇，南靠云南省彝良县、威信县，与联合苗族乡相连，西邻团林苗族乡，北与镇舟镇接壤。镇政府驻落木柔场，距县城 50 千米，于 2006 年 7 月，由原解放乡和落木柔镇建制调整合并而成，辖区面积 90.28 平方千米，辖 22 个村、1 个社区，89 个农业组、7 个居民小组。

2017 年，全镇耕地 1156.5 公顷，森林覆盖率 75%。年末，全镇公安户籍总户数 6800 户、总人口 26578 人，其中男性14258人、女性12320人,城镇(居住在城区范围)人口5093人、乡村(居住在农村片区)人口21485人;出生623人、死亡182人,迁入84人、迁出173人。民族构成以汉族为主,同时有白族、布依族、藏族、侗族、高山族、黎族、苗族、土家族、彝族、壮族等民族在域内居住。

2017年,大雪山镇国内生产总值完成36703万元;社会消费品零售总额实现13829万元。规模以上工业增加值实现8543万元;完成固定资产投资25526万元;技改投资10039万元,招商引资14946万元,项目包装入库50085万元%,新包装推出招商引资项目3个。全镇城镇居民人均可支配收入实现30937元,增加2502元;农民人均可支配收入完成13970元,增加1235元。

【大雪山工业经济】2017年,以"强工、重农、兴旅、繁商"的经济发展格局为抓手,加大产业结构调整力度,努力探索产业发展新途径。剑鱼洞洞藏酒业存量1500吨,总值1.5亿元以上。乐添富乐园村茶厂完成建设,就地加工生产自由片区茶叶。枫林机制木炭制造有限公司创建市级龙头企业。总投资8000万元的筠昌木业入驻大雪山镇,投入生产。年末,全镇有水电企业16个,水泥制品加工企业2个,非煤矿山企业2个,木材加工企业7个。

【大雪山农业和农村经济】2017年,大雪山围绕产业经济发展新常态,结合镇域区位优势,以做大林竹产业、茶叶产业、畜牧产业为主攻目标,新发展标准化肉牛养殖场2个,生猪养殖场12个,土鸡养殖专业大户175户。以打造解放片以林竹产业为代表的乌蒙山1.33万公顷竹产业链的建设,打造自由片茶叶产业为代表的茶叶基地建设,以打造民主片畜牧产业为代表的畜牧养殖基地建设。烤烟生产。全镇烤烟种植重点村2个,烤烟移栽46.67公顷。林业产业。完成退耕还林和生态林管抚优培5800公顷,其他经济林木150公顷。发展以雪山村、五河村为代表的笋材两用林,全年出售各类竹笋320余吨,产值3000余万元。成立大雪山镇竹源春专合社,参加全县农产品展销会。种植漆树120公顷。引资兴办林产品加工企业,实现林产品效益的最大化。自由木炭加工厂利用锯末烧制木炭,实现对木材资源的综合利用。茶叶生产。继续以大雪山乌蒙茶种植生态园区为突破,在乐园、天堂、春井、秋英等茶叶生产重点村推广茶叶良繁改造,新种植良繁茶200公顷,收购干茶575吨;培育专业大户36户,茶叶生产协会组织茶叶采摘技术培训,提高茶叶采收质量,指导辖区4个茶厂进行茶叶深加工,提高产品质量。畜牧业。坚持以大户引领闯市场,农户散养壮规模,全面推进畜牧产业的快速发展,发展养殖户150户,养殖肉牛3018头;新培育年出栏100头以上肉牛养殖场2个、年出栏500头生猪养殖场2个、年出栏1000头生猪养殖场1个,形成一批懂经营、会管理的畜牧营销队伍。全年,生猪出栏17800头、存栏6800头,新增黄牛2600头,出栏3250头,家禽存栏12万只、出栏13万只,畜牧收入3080万元。

2月23日,经县科协批准,大雪山御龙油料牡丹种植协会成立,有会员260人。

【大雪山基础设施建设】2017年,加大城乡环境综合治理整治力度,建成1500平方米的农贸市场,新建场镇公共厕所1个、停车场1个;投资20余万元,整改对场镇污水处理厂,确保其正常运行;依法对辖区内13个村56家小纸厂实施关闭;畜禽养殖污染治理有序推进。争取到80万元,改建场镇饮水,改善场镇2000余人的饮水安全;争取到50余万元,新建水窖10口、安装水管4万米、保证高峰等村2000余人安全饮水。投入10万余元,维修两江的两江大堰、曹家埂大堰、艾下大堰,海湾村大河坝大堰、迎风村黑塘大堰,满足66.67公顷农田灌溉。完成高峰、夏泉、石龙3个贫困村硬化公路12.5千米。

【大雪山新农村建设】2017年,全面完成2015年省级财政新村建设——东红村新村建设工程项目扫尾工程。2016年省级财政新村建设——石龙村,农房风貌整治36户、安装路灯30盏、修建便民路1.9千米的建设项目,全面实施公路新建硬化、防洪堤、广场、公厕、休闲凉亭等项目。确定2017年幸福美丽新村建设——天堂村、乐园村、海湾村建设方案,正有序推进,入户硬化路建设已完工,"三无"问题正在解决,C级、D级危改造、易地扶贫搬迁及群众自建等方式推进。完成2017年省级财政新村——高峰村、夏泉村实施方案编制并报批,建设已启动。创建省、市、县级"四好村"的安乐、冬燕、乐园、马蹄、东红、两江、石龙、天堂、夏泉9各村正按照方案和住上好房子、过上好日子、养成好习惯、形成好风气的"四好"标准有序实施。

【大雪山特色旅游资源】大雪山系云贵高原乌蒙山余脉,原始森林成片集中,原始森林面积16000公顷(含威信县的部分面积),其中筠连境内约3000公顷,筠连主峰(海拔1777.2米)坐落于大雪山镇境内。大雪山生态园区森林覆盖率98%以上,有珙桐等国家保护植物14种,豹熊等国家保护动物18种,被誉为"原始生态王国,世界珙桐故乡",水利资源十分丰富。大雪山集自然景观和人文景观于一体,被誉为世界珙桐故乡、世界蕨类植物王国、四川省级生态园区、中国青少年科学探险考察基地等,大雪山景区内红军烈士陵园占地面积1.7公顷,设为爱国主义教育基地。

【大雪山社会事业】一是教育事业,全面完成全镇中小学14所学校21个项目的教师住房、学生食堂等建设,基本实现校园美化、净化、硬化标准。二是卫生计生。新建村级卫生室9个,新型农村合作医疗全面覆盖。三是村级阵地建设,改善村集体办公条件,方便群众办事。四是社会保障,有321户522人纳入最低生活保障,特困供养人员79人,享受各类优抚166人,计生奖特扶84人。

【大雪山扶贫工作】 2017年,大雪山镇有147户、624人脱贫通过验收,系统标注111户、472人脱贫,石龙村、夏泉村、高峰村整村退出通过验收,完成年度减贫目标。根据县下达年度减贫目标,大雪山镇围绕贫困村退出"一低五有",贫困户脱贫"一超六有"的考核指标,有序推进基础设施建设、产业项目发展、安全住房保障等方面工作。一是贫困村村道硬化17千米,新建便民路5千米,实现贫困村组组通硬化路、户户通便民路。二是贫困村村级公共服务设施改善,新建夏泉村、高峰村党群服务中心,把原石龙小学改造为石龙村党群活动中心。三是完成石龙村、夏泉村、高峰新村建设,改善群众生产生活条件。四是针对2017年计划脱贫户安排发展种养殖业资金126.4万元,对2014、2015年已脱贫户安排发展增收产业资金120.95万元,通过项目的实施,群众收入得以增加,生活更有保障。五是支持贫困户申请扶贫小额贷款608.96万元,支持贫困户发展增收产业。六是实施易地扶贫搬迁42户148人(计划内28户、91人,计划外14户、57人),实施危房改造128户,安排对标补差资金改善已脱贫户住房条件,贫困群众的住房得以保障。

【大雪山镇领导人名录】

党委书记　刘　伟
副书记　李章勇
　　李　艳(女,3月前)
　　毛　俊(3月起)
纪委书记　李　艳(女,3月前)
　　毛　俊(3月起)
武装部长　毛　俊(3月前)
　　韦云松(3月起)
人大主席　张会银
镇　长　李章勇
副镇长　毛　俊(3月前)
　　韦云松
　　李成毅
　　陈　林
组织委员　袁　静(女)

(郭义芳)

武德乡

【武德概况】 武德乡位于县境东南面,乡政府驻地吴家坝,距县城28千米,地处北纬27° 97′ 22″ ~28° 05′ 41″,东经104° 32′ 20″ ~106° 36′ 76″,东邻沐爱镇,南接蒿坝镇,西至双腾镇,北靠巡司镇。辖区面积100.62平方千米,海拔550~900米,属丘陵山地地区,辖17个行政村、1个社区共128个村(居)民小组。

2017年年末,全乡公安户籍总户数6787户、总人口29877人,其中男性15893人、女性13984人,城镇(居住在城区范围)人口0人、乡村(居住在农村片区)人口29877人;全年出生610人、死亡185人,迁入55人、迁出152人。民族构成以汉族为主,同时有苗族、彝族、壮族、瑶族、土家族、黎族等民族在域内居住。

2017年,武德乡地区生产总值实现80359万元,全社会消费品零售总额实现5484万元。全乡农民人均可支配收入完成14014元,增加1204元。

【武德工业经济】 2017年,全乡工业增加值总量57348万元,完成固定资产投资33112万元。投资项目储备总投资额53亿元,其中包装储备500万元以上项目24个,新注册投资100万元以上的企业1个。招商引资5426万元,新包装推出招商引资项目2个,民间投资1.1亿元。

【武德农业和农村经济】 2017年,全乡粮食总产量11245吨,落实长征村、金门村烤烟种植39公顷,产量65吨。在鱼池村建成瑞鑫茶业精加工基地1个,鱼池村、民主村、冒鼓村等村建成连片茶叶基地466.67公顷;在小寨村、共和村、解放村等村建成连片花椒基地433.33公顷;在中华村、童家村、解放村等村建成连片李子基地100公顷、桃基地10公顷。年末,全乡茶叶栽种突破1000公顷,年产值超9000万元。林下肉牛养殖基地,全乡生猪存栏20561头、出栏36005头,肉牛存栏8812头、出栏3550头。全乡规模化水产养殖13.33公顷,年产200吨水产品,年产值300余万元。

【武德基础设施建设】 一是交通建设,新增硬化路里程42千米,便民路49千米,龙碗溪大桥贯通。二是水利建设。新建水窖17口、沉砂池62口、铺设管道87.6千米,解决134户661人贫困人口的安全饮水问题。三是党群服务中心建设。新建13个村党群服务中心3000平方米,硬化综合文化广场12000平方米,加强党与群众的联系,也为广大群众提供休闲娱乐的平台。

【武德新村建设】 2017年,投入72万元,完成金门村、胜利村县级新村建设。创建共和村、鱼池村2个省级"四好村",创建解放村、新顺村2个市级"四好村"。

【武德社会事业】 实施教育助学工程,"两免一补"做到"应免尽免""应补尽补"。开展"阳光低保"行动,全乡享受最低生活保障待遇277户、540人。新型农村和城乡居民社会养老保险覆盖 9562 人,参加城乡居民医疗保险 24833 人,新农合参合率 83.03%。落实 80 周岁以上高龄老人生活补助 523 人,实现高龄老人生活补贴制度全覆盖。落实残疾人扶助工作,已办证人员 909 人(其中重度残疾人 384 人),发放重度残疾人福利费用补贴 25.5 万元;专门开展农村贫困残疾人产业扶贫,其中发展肉牛养殖 37 人,阳光家园 20 人,居家灵活就业 23 人,温暖万家行 40 人,温暖助学 13 人。

【武德综合治理】一是制定目标责任考核细则,与各村、各企业签订安全生产责任书;建立健全应急救援体系,完善《武德乡应急救援预案》。二是抓好重点行业和部门的安全生产。开展检查 2068 次,排查安全隐患 294 处,其中当场整改 247 处、责令限期整改 47 处。开展道路交通专项治理 4 次,清理报废车辆 20 余辆,全年安全实现零死亡。三是信访接待。共排查出涉稳矛盾纠纷和疑难信访案件 32 件,接待来访咨询 124 起,为妇女、老人、困难家庭等弱势群体提供法律援助咨询服务 76 次。调解处理各类矛盾纠纷 720 件,其中乡调委会调解成功 37 件、村组调委会调处 683 件,通过协商口头化解 612 件,形成书面调解协议 71 件。四是推进平安建设和网格化管理。积极抓好禁毒和防邪工作,形成人人知晓毒品危害、人人参与禁毒防邪的工作格局。全年接收社区矫正人员 2 名。

【武德扶贫工作】一是易地扶贫搬迁。完成 32 户、96 人的房屋建设,拨付资金 290 万元,全部搬迁入住。二是组织脱贫技能培训 1000 余人次。三是发放财政产业扶贫资金 304.1 万元,新增扶贫小额贷款额 700 万元,贫困群众造血能力显著提升。四是完成 700 人的脱贫任务及金门村、胜利村脱贫摘"帽"任务,通过检查验收。

【武德乡领导人名录】

党委书记	李立萍(女)
副书记	钟　勇(3 月前)
	应　露(女)
纪委书记	吴顺海
武装部长	吴　钊(5 月前)
	张　冰(5 月起)
人大主席	王云顺(7 月前)
乡　长	钟　勇(3 月前)
副乡长	罗安世
	吴　钊(5 月前)
	邓文松(主持政府工作,3 月起)
	张　冰(6 月起)
	胡柏川(12 月提名)
组织委员	龙远波

(周兴霞)

塘坝乡

【塘坝概况】塘坝乡位于县境西部边缘,地处北纬 28° 04′,东经 104° 23′,西接云南省盐津县,南靠孔雀乡,东连双腾镇,北邻筠连镇,乡政府驻地塘坝场,距县城 17 千米,距宜宾市中心城区 109 千米;辖区面积 31.67 平方千米,海拔 500~1400 米,辖川丰、木映、幸福 3 个农村社区和柑子、新农、平阳、双田 4 个村共 45 个村民小组。

2017 年,全乡耕地面积 650 公顷,森林覆盖率 61.5%。年末,全乡公安户籍总户数 2489 户、总人口 10043 人,其中男性 5228 人、女性 4815 人,城镇(居住在城区范围)人口 0 人、乡村(居住在农村片区)人口 10043 人;全年出生 132 人、死亡 70 人,迁入 23 人、迁出 53 人。民族构成以汉族为主,同时有苗族、彝族、侗族、白族、黎族等民族在域内居住。

2017 年,全乡地区生产总值实现 33006 万元,社会消费品零售总额实现 4176 万元。全乡农村居民人均可支配收入 14416 元,增加 1251 元。

【塘坝工业经济】2017 年,全乡规上工业增加值 16850 万元,增长 12.1%,销售收入实现 29356 万元,利润总额 4365 万元;全社会固定资产投资总量实现 23246 万元,增长 74.96%。

【塘坝农业和农村经济】坚持因地制宜、因村施策,在柑子村、新农村新发展漆树 100 公顷、苦丁茶 66.67 公顷,在坪阳村新发展云南白口姜 6.67 公顷,在柑子村新发展泥鳅养殖 1.33 公顷,在贫困村双田村新发展黄金芽茶和安吉白茶 8 公顷、中药材 7.33 公顷、山油茶 13.33 公顷。引进冬青御品茶叶公司在幸福村建成苦丁茶加工厂,协同古道筠红公司建设优质茶叶基地,研发打造名优茶,提升塘坝新茶叶的品质;成立松友茶果、农友苦丁茶、仙雾山种植专业合作社,带动全乡农业产业向集约型经营和规模化方向发展;蒙顶山茶叶交易所正式挂牌运营,交易金额 1500 余万元,川香韵粉条加工厂项目于正式投产,加快塘坝农特产品的开发。

【塘坝基础设施建设】2017 年,投资近 100 万元,完成新农村、平阳村活动阵地和幸福村文化广场建设;投资 20 万元整治清溪沟河道,投入近 40 万元对河道、排水沟、化粪池、污水处理厂等进行全面整治。投入近 100 万元开展环境卫生整治和创建国家级卫生乡镇,确保市容环境整洁、街道路面平整、市场交通秩序井然,创建国家级卫生乡镇资料通过省级初核。全面完成贫困村基础设施及各村易地搬迁基础设施建设。

【塘坝新农村建设】结合美丽乡村建设项目、村级“一事一议”项目，整合交通、水利、林业、农业等部门资金：一是完善公路两旁、村民聚居点和旅游接点绿化带建设，打造旅游小景观。二是投入40万元，在木映—双田公路沿线和街道，栽植桢楠、银杏、连香树、三角梅、中国红、海棠花、万寿菊、火炬花、大月季等绿化品种共44800株；利用废旧轮胎栽植花卉，绿化环境成为一大特色亮点，美丽塘坝建设如火如荼。三是推进“醉美乡村、康养福地”建设，按照“四好村”的标准和要求，加快项目建设，改善群众的生产生活条件，让美丽乡村处处可见。

【塘坝乡村旅游建设】发挥塘坝古驿文化和民俗文化特色，创新“旅游+”模式，推动农业、林业与旅游、文化、康养等产业深度融合，培育有清溪沟茶文化主题公园、禾苑生态度假区、泉水鱼庄3个旅游企业，农家乐18家和民宿5家，完成清溪沟茶文化主题公园创国家AAA级旅游景区，全面铺开木映柑橘、玫瑰园观光旅游项目。启动仙雾山旅游规划编制，有序推进柑子村赶家坪溶洞、幸福—木映漂流、川丰湿地公园、双田房车和户外露营等旅游项目招商前期工作。整合幸福美丽新村建设和旅游扶贫项目资金，推进双田村市级乡村旅游示范村建设，已通过检查验收。

【塘坝招商引资】引进建成幸福茶厂，引资实施清溪沟茶文化生态园三期工程建设，启动圣齐灵芝基地建设。完成固定资产投资项目入库9个，概算2.4亿元；包装储备500万元以上项目27个，招商引资13000万元，完成投资4000万元，不断包装新项目向外推介，引进业主开发。

【塘坝社会事业】一是教育事业。义务教育均衡发展，适龄学生入学率100%，乡村教育资源趋于合理、教学质量逐步提升。二是卫生事业。扎实推进医疗保险、社会养老保险工作，加强乡卫生院和村卫生室建设，努力解决群众就医难的问题。三是文体事业，健全村级活动阵地和文化服务体系，组织开展庆“七一”、安全生产月、重阳节登山、廉政文化进村社文艺表演等活动，不断满足广大群众文化体育活动需求。实现村村全覆盖且功能逐步优化，农村住房安全率90%以上，安全饮水率95%以上。四是民生政策落实。民政救助、劳动就业、惠民政策等民生项目政策全面落实，落实易地搬迁、危房改造等58户，按时兑现各种补贴政策，及时安排发放医疗救助、救济救灾资金，全年发放民政优抚、救助等131.63万元，开展和选送参加劳动技能培训400余人次，转移输出60余人。

【塘坝综治维稳】坚持“安全第一、预防为主、综合治理”的方针，落实安全生产企业主体责任和政府监管责任，从微观层面构建教育、控制、运行、保障四大制度体系，坚持每月一例会一排查一治理一督促，从严从实抓好煤矿、非煤矿山、道路交通、食品药品、森林防火和地质灾害、防汛等重点领域安全工作，为全乡安全社区创建打下坚实基础。聚焦重点人群，开展矛盾纠纷排查、“无非正常上访乡”创建和便民服务，成功化解吴某英“三跨三分离”等信访积案。借助政法系统“雪亮工程”和公安系统“天网工程”，全面推进立体化治安防控体系建设，强化社会治安综合治理，妥善平息突发事件。

【塘坝扶贫工作】2017年，全乡扶贫解困富有成效。不断争取扶贫项目和资金，实施完成扶贫易地搬迁和产业扶贫工程，完成贫困村双田村的整村推进扶贫项目建设，双田村脱贫摘“帽”工作通过省上的检查验收。

【塘坝乡领导人名录】

党委书记	张　皓
副书记	李华伟
	杨春林
纪委书记	杨春林
武装部长	邹修才
人大主席	李成付
乡　长	李华伟
副乡长	韩贵超（苗族）
	邹修才
	钟志琳（女，5月前）
	余　强（6月起）
组织委员	苏位鸿

（黄勇）

孔雀乡

【孔雀概况】孔雀乡位于川滇交界地，县境西南部边缘，处北纬28° 00′，东经104° 22′。东邻龙镇乡，南与云南盐津县庙坝乡接壤，西面与云南盐津县盐井镇交接，北连塘坝乡。年平均气温14.8℃，年均降水量1260毫米，光照充足、雨量充沛。乡政府驻中心村，距县城34千米，距宜宾市中心城区123千米，海拔600～1400米，辖区面积52.76平方千米，辖11个村、57个村民小组。

2017年，全乡耕地面积1271.59公顷，森林面积3766.67公顷，森林覆盖率71.39%。年末，全乡公安户籍总户数2156户、总人口8581人，其中男性4628人、女性3953人，城镇（居住在城区范围）人口0人、乡村（居住在农村片区）人口8581人；全年出生280人、死亡82人，迁入40人、迁出67人。民族构成以汉族为主，同时有苗族、布依族、土家族、哈尼族、黎族、傈僳族等民族在域内居住。

2017年，孔雀乡党委政府按照中央、省、市、县的各项决策部署,凝心聚力抓经济,不遗余力惠民生,综合实力明显增强,生态环境更加优化,基础设施更加完善,保障体系更加健全,成功创建四川省卫生乡镇、市园林乡镇、市卫生乡镇、市文明乡镇。孔雀乡地区生产总值实现24291万元,社会消费品零售总额实现2838万元,固定资产投资完成12542万元,招商引资完成1000万元。全乡农民人均可支配收入13557元,增加1165元。

【孔雀农业和农村经济】 传统产业。及时兑现耕地地力保护补贴114.6万元,提升农民种粮积极性,全乡粮食产量达4700吨,粮食产量持续稳定。足额兑现退耕还林补助、公益林补助共51.11万元,新增森林面积156.67公顷,林业创收能力不断增强。巩固发展烤烟种植,种植烤烟31公顷。发展传统养殖业,全年生猪存出栏28832头;新增肉牛2017头,肉牛(羊)存出栏7336头;家禽存出栏117260只。

特色产业。加快特色优势产业发展,产业发展后劲不断增强。加大对永生天麻种植专业合作社的扶持力度,引进筠连县富硒筠姜种植专业合作社、绿源农业等企业,加快中药材种植产业发展,在新沟、鹿井、黄泥、集中、龙川等村种植天麻、七叶树、重楼、黄精等中药材53.33公顷。采用"店铺+公司+农户"模式,构建生猪产销一体化产业链,在成都、重庆开办"筠州高山生态猪"品牌直营店16家;孔雀高山生态猪远销省城,大幅提升孔雀高山生态猪的品牌附加值和知名度。加快绿化园林及花卉苗木基地建设,引进筠连县兴龙园林绿化有限公司,在鹿井村建成樱花、红枫等苗木种植基地33.33公顷。强力推进肉牛产业发展,充分利用小额信贷、产业扶持资金、"好牛贷"等金融惠民政策,引进向阳农业公司以"公司+农户"模式带动贫困户发展肉牛养殖,每年每头牛让贫困户增收1000元以上。

探索创新发展模式。鼓励创新集体经济发展模式,不断发展壮大集体经济,年末全乡已有中心、黄泥、新沟、帅家、龙泉5个村拥有集体经济,发展模式呈现多元化模式。中心村通过村农家服务中心场地出租、产业扶持资金入股获取创新型收入等形式,年收入2.94万元;黄泥村通过土地流转、产业扶持资金入股等形式,年收入1.15万元;新沟村通过村活动场地出租、产业扶持资金入股等形式,年收入0.76万元。

【孔雀基础设施建设】 村级阵地建设。整合新农村建设资金、易地扶贫搬迁基础设施建设资金等200余万元,完成新沟、黄泥、鹿井、龙泉党群服务中心建设,平原村党群服务中心正加快建设。投入10余万元,对中心村党群服务中心进行改扩建。建成的党群服务中心设有文化室、卫生室,配套文化广场、文化宣传栏、健身器材等附属设施,村级阵地设施设备更加完善,惠民功能不断增强。

以易地扶贫搬迁为载体,争取到739余万元,硬化村组道公路24.55千米,涉及中心、新沟、黄泥、龙川、凤牌、兴坪6个村,改善全乡交通现状。争取到资金1300余万元,实施村道公路硬化41.78千米,其中中心村场镇至炒米顶出川公路2.8千米、中心村1组1.25千米、黄泥村村道硬化3千米、新沟村村道硬化4千米、平原村村道硬化8.5千米、龙川村至凤牌村排山坳7.7千米,兴坪村5.8千米村道硬化工程和场镇过境公路工程即将完工。争取到一事一议资金90万元,整治完工中心、新沟、黄泥、集中、帅家、龙泉、龙川、兴坪、凤牌9村的村组道14千米。投入10万元,完成集中村市级财政新村便民路建设5千米。实施安全饮水工程,新建沉沙池43口,水窖5口,安装安全饮水管道3.9万余米,解决全乡2000余人饮水困难。协调帮扶单位县电力公司安排资金150余万元,实施中心村、黄泥村的农网升级改造工程,易地扶贫搬迁及新村建设电网改善工程,全乡农网升级改造实现全覆盖。加快通信设施建设,协调通信企业完成龙川、凤牌、兴坪等村通信网线延伸工程。

【孔雀新农村建设】 争创国家卫生乡镇建设,投入资金40余万元,已通过省爱卫办专家组暗访,待接受现场技术评估。推进国家环保督察问题整改,完成场镇生活垃圾填埋关闭、污水处理厂整改、集中式引用水源地整改,持续推进畜禽污染治理。开展城乡环境综合治理,投入资金30余万元,加强场镇、公路沿线、河流、农贸市场等区域环境卫生整治。投入资金90余万元,推进老街过境公路硬化、老街污水管网改造、老街通信电缆下地改造、场镇绿化美化亮化,场镇形象明显提升。加快农村危房改造,推进68户建档立卡贫困户危房改造。新沟村、鹿井村创建县级"四好村",龙泉村、中心村、鹿井村创建市级"四好村"。鹿井村、平原村创市级卫生村,新沟村、黄泥村创建省级卫生村。

【孔雀社会事业】 一是教育、医疗卫生。投入40余万元扩建运动场地0.21公顷。配合县级相关部门,全面推进农村薄弱学校改造、教育装备升级、"三免一补"等工作,通过省级义务教育均衡发展验收。新卫生院完成整体搬迁,就医环境明显改善,开展婚检孕检,医疗卫生服务能力显著提高。全年全民体检2884人,全乡新农合参保7105人。二是民政、残联。全年,新增农村低保40户、108人,共有农村低保户126户、303人,城镇低保4户、4人,农村特困24户、24人,城市特困17户、17人,通过入户调查、审核,实现农村低保"应保尽保"。组织退伍军人和重点优抚对象26人参加体检。敬老院完成床位改建40张。重度残疾人138人,发放重残补助97260元。三是惠民政策。新型农村养老保险参保3398人,享受待遇1169人。加强就业培训力度,贫困户短期技术培训195人,临港智能终端就业培训95人,电商培训58人,厨师培训50人。

【孔雀扶贫工作】一是产业扶贫。全方位抓产业脱贫，争取上级财政扶贫资金226.95万元，支持贫困户养殖肉牛157头、生猪942头、小家禽1290只，种植茶叶2.53公顷、林竹牧草20公顷；协调银行发放扶贫小额信用贷款276.2万元，扶持贫困户发展生猪、肉牛、筠姜等产业，带动贫困户人均收入增加1000元以上；支持贫困户建圈1677平方米，实施人居环境改善85户，新建入户便民路6163米，有效改善贫困户生产生活条件和人居生活环境。二是易地扶贫搬迁。全年实施64户、211人，建成鹿井村、新沟村2个易地扶贫搬迁安置点，投入建房资金496.55万元，安置点按照“建起来、搬进去、留得住、能发展”的规划建设，其中安置点基础设施投资260余万元，主体工程与附属配套同步发展。三是完成减贫任务。对照2017年度目标，按照贫困村“一低五有”、贫困户“一超六有”标准，年末贫困村黄泥村、新沟村通过市级验收检查，黄泥村通过市第三方评估，黄泥村、新沟村接受省级脱贫攻坚成效交叉检查，68户、311人预脱贫户通过县级验收合格并脱贫。

【孔雀乡领导人名录】

党委书记	曹　莉(女)
副书记	郑家林
	罗　勇(3月前)
纪委书记	刘付相
武装部长	罗　勇(3月前)
	林元宗(7月起)
人大主席	马　霞(女)
乡　长	郑家林
副乡长	刘　波
	严　熠(女,7月前)
	林元宗(7月起)
	聂海松(6月起)
组织委员	李　建

(张德湘)

龙镇乡

【龙镇概况】龙镇乡位于筠连县城西南边缘和川滇交界的老君山西北下沿，乡政府驻地龙塘沟，地处北纬27°59′，东经104° 24′，距县城33千米。东与双腾大兴村、兴田村接壤，南与云南省盐津县交界，西与孔雀乡相连，北连双腾镇曹岭村。海拔800～1668.4米，辖区面积69.59平方千米，辖8个村、60个村民小组。

龙镇乡海拔较高，属中山峡谷地貌，年均气温13℃，年均降雨量1500毫米。白果村寒婆岭是定水河的发源地，龙镇河折西北流，卜好龙潜入地下，至大兴一带与桐埲、平安、磊乐的地下水相汇，在双腾镇桐埲村小河蒜泥坡山麓下排出，为龙碗大堰的源头，多年平均流量2.58立方米/秒。老君山是县城西南边缘最高山峰，系川滇交界山，主峰老君山玉皇顶海拔1668.4米。粮食作物主产水稻、玉米、红薯、土豆等，经济作物主要有茶叶、烤烟、黄豆、辣椒、梨等，植物资源以林木、竹为主，有桢楠、猴树、银杏、白香、马林光等珍稀树种，珍稀动物主要有两栖类木槐、野猪等，有珍稀鸟类白鹤、喜雀等，有林下资源绿色食品薇菜，蕨粉等天然绿色保健食品。

2017年，全乡耕地677.93公顷，与2016年有所减少，森林面积5494.82公顷，森林覆盖率78.96%。年末，全乡公安户籍总户数2461户、总人口9740人，其中男性5236人、女性4504人，城镇(居住在城区范围)人口0人、乡村(居住在农村片区)人口9740人；全年出生146人、死亡95人，迁入18人、迁出77人。民族构成以汉族为主，同时有苗族、彝族、瑶族、黎族、傈僳族等民族在域内居住。

2017年，全乡国内生产总值10609万元，社会消费品零售总额实现3556万元；财政一般预算收入896万元，财政一般预算支出853万元。全乡农民人均可支配收入14017元，增加1204元。

【龙镇工业经济】2017年，全乡社会固定资产投资4.4亿元；工业投资4265万元；技改投资1747万元；社会消费品零售总额3651万元；包装储备500万以上项目26个，预计投资3.5亿元；完成招商落地项目1个，引资1000万元。

【龙镇农业和农村经济】龙镇作为林业大乡，立足地域优势，坚持“围绕产业抓党建，抓好党建促发展”的总体思路，做好林下经济这篇文章。一是争取林业政策支持，全乡有公益林1066.67公顷、退耕还林246.67公顷、后续产业233.33公顷，兑付财政补助资金185万元。二是加大林下产业扶持力度，围绕林下中药材、生猪和肉牛产业，共投入产业资金200万元，新建圈舍2000平方米，新造方竹266.67公顷、漆树53.33公顷，林下中药材总面积120公顷；肉牛出栏2380头，生猪出栏1.2万头；优质木材2900立方米，实现产值约6000万元；烤烟种植80公顷，产值700万元。

【龙镇基础设施建设】围绕群众生产生活密切相关的路、水、电、网，不断改善基础设施水平。投资200余万元，升级改造场镇污水处理厂和农贸市场，采购果皮箱100个，修建垃圾池20个，划定标准停车位50个。硬化库周公路1.2千米，硬化村组道公路12.7千米，新建便民路12.5千米。投入“一事一议”资金100万元，维修整治公路30千米。实施安全饮水项目54个，新建水池18口、维修水池12口，新增供水管网75.5千米，维修整治河道15千米。王家沟水库枢纽工程完工，完成库底清理并验收，主干渠龙镇段正施工，完成搬迁安置人口105人，生产安置人口467人。

【龙镇社会事业】一是教育事业，投资200万元，乡中心校扩建学生活动场地5000平方米进入施工阶段；购买60万元的教学设备、图书；"两免一补"基金、扶贫助学资金发放15万元。二是医保收缴，有1447名贫困、低保、重残和优抚对象享受到医保免缴政策，收缴医保资金111.9万元，医保参保率96%。四是民政，全面实施低保提标扩面工作，开展"阳光低保"行动，进一步规范城乡低保管理，实现动态管理下的"应保尽保"，建立农村老年人基本生活保障制度；全面落实残疾人扶助工作，投入资金200余万元。五是加油站选址已确定，用地指标已报省国土资源厅审批。

【龙镇综合治理】一是扎实推进"网格化"管理服务和"大调解活动"，强力推进"雪亮工程"建设，共安装监控设备48个，率先完成"两车技防"工程。不断加强社会治安综合治理和民事调解工作，社会矛盾纠纷排查及时，健全乡、村、组三级信访网络体系，信访工作实行领导包案、限期化解，有效消除社会不稳定因素。二是发挥派出所治安联防作用，严厉惩治"两抢一盗"、黄、赌、毒违法犯罪行为，促进社会和谐和稳定。

【龙镇安全工作】一是加强组织领导，提高责任意识。乡成立安全工作领导小组，与各村、各单位签订安全生产责任书，把安全生产责任通过责任书的形式予以明确，使安全责任层层落实。二是加强安全检查，提高整治力度。坚持"安全第一，预防为主，综合治理"的方针，认真落实例行检查和专项检查，严密排查，覆盖全面，不留死角、不走过场，排查出的问题即时整改，不出纰漏，不出事故。三是大力做好安全生产宣传教育工作。通过悬挂宣传横幅、宣传单、防汛演习等形式，大力宣传安全生产，提高干部群众的安全意识。

【龙镇扶贫工作】围绕"六个精准"总体要求，始终坚持"五个一批"和"富民与强乡并重、产业带动与精准造血并进"的具体路径，进一步推进精准扶贫工作落实落地。2017年，全乡投入扶贫产业项目三批次资金179.06万元，实施易地扶贫搬迁22户、80人、实施C级D级危房改造85户、省级地质灾害搬迁12户，有1316个贫困人口享受医疗救助，有253个贫困人口享受低保兜底扶持，解决747个贫困人口安全饮水问题，发放扶贫小额信贷132.3万元。围绕"一低五有""一超六有"的总目标，以产业发展和人居环境改善为主要抓手，增强群众主体作用、感恩意识和满意度，圆满完成兴胜村的整村脱贫和全乡357个贫困人口脱贫的任务，顺利迎接县级验收、市级第三方评估和验收、省级第三方评估和考核。在插花贫困村落实安全饮水、产业发展、易地扶贫搬迁及配套基础设施等项目，插花贫困村贫困户54户、202人达到"一超六有"标准顺利脱贫。扎实开展"回头看""回头帮"，落实产业和基础设施项目，对脱贫群众收入进行再核算，对项目成效进行再评估，坚决杜绝返贫。

【龙镇乡领导人名录】

党委书记　王渊博
副书记　严维烨(7月前)
　　刘振华(7月起)
　　张家彬(挂职)
　　李　彬(3月前)
　　陈　萍(彝族,12月起)
纪委书记　陈　萍(彝族)
武装部长　刘　松
人大主席　田定国
乡　长　严维烨(7月前)
　　刘振华(8月起)
副乡长　刘　松
　　刘文科
　　雷章萍(女,8月起)
组织委员　周小丽(女)

(章彬彦)

乐义乡

【乐义概况】乐义乡位于筠连县东南方向，地处北纬28°2′55″～28°9′20″，东经104°43′21″～104°46′48″，东邻珙县上罗镇，南邻高坎乡，北接维新镇，西与珙县中山乡接壤。清时属高县所辖，称安宁乡义一甲、义二甲、义三甲，民国初于场置团，民国18年(1929)置乡，民国24年(1935)设乐义联保，民国28年(1939)复置乡，民国34年(1945)归沐爱设治局，民国37年(1948)归沐爱县，1950年仍归高县，1958年改名乐义公社，1984年复名乐义乡，1992年10月撤区建乐义乡。乐义乡是筠连县与云南省威信县相连接最近通道和两地贸易往来的中间站，是国家洛表采煤区、乐义采煤区和维新采煤区的结合部。乐义乡政府驻地乐义场，场镇经沐爱到县城47千米，经腾达到县城44千米，经珙县中山到筠连县城40千米。海拔400～1156.6米，五子顶最高峰1156.6米。辖区面积44.4平方千米，辖中坝、黄金、白云、花园、沙地、河坝、陶坪、宝圣8个村62个组。

2017年，全乡耕地面积698.93公顷。年末，全乡公安户籍总户数3574户15011人，其中男性8043人、女性6968人，城镇(居住在城区范围)人口0人、乡村(居住在农村片区)人口15011人，全年出生210人、死亡145人，迁入17人、迁出96人。民族构成以汉族为主，同时有蒙古族、苗族、彝族、壮族、布依族、侗族、白族、土家族、傈僳族、仡佬族等民族在域内居住。

2017年，乐义乡地区生产总值实现39654万元，社会消费品零售总额实现5551万元。全乡农民人均可支配收入完成14482元，增加1244元。

【乐义工业经济】 2017年，社会固定资产投资实现47905万元，其中工业投资17800万元，技改投资13544万元；引进新注册投资100万元以上的企业1个；招商引资完成1485万元；新包装推出招商引资项目2个。强化对煤矿、非煤矿山等的日常巡查力度，确保安全生产；通过协调和沟通，营造良好投资环境，确保各类企业能够顺利落脚，实现产业结构的优化调整。

【乐义农业和农村经济】 2017年，始终坚持产业结构的优化调整，工业经济加速转型。大力发展香桂、核桃、肉牛、漆树、黄精等产业，规模不断发展壮大，产业结构逐步优化；落实种粮补贴、农资综合直补、良种补贴、农机具补贴等惠农政策，有效促进粮食增产、农民增收，农业的基础性地为进一步巩固。

【乐义基础设施建设】 2017年，通过统筹民宗、涉农、易地扶贫搬迁基础设施建设等项目资金，硬化道路23千米；通过扶贫、水务等专项资金，新建水池4口，沉沙池25口，铺设管道4万米，解决群众吃水难问题。

【乐义新农村建设】 争取到花园村省级幸福美丽新村建设项目资金72万元，黄金村市级幸福美丽新村建设项目资金39万元，加快新农村建设工作。

【乐义社会事业】 教育事业，严格标准，推动全乡教育事业迅速发展。深入推进义务教育均衡发展，积极配合县级相关部门，全面推进全乡农村薄弱学校改造、教育装备升级、“三免一补”等工作，至年末黄金小学在建中，新建改造完成村小5所，通过省级义务教育均衡发展验收。

社会保障。全乡城乡居民养老保险实现参保人数3713人，缴费人数601人；完成城乡居民基本医疗保险12082人；劳务输出和转移5970人，劳务收入16629万元；农村劳动力实名信息入库率100%；农村贫困人口录入总数877人。

民政工作，全乡新批最低生活保障户数11户、21人，最低生活保障户数225户、522人，月发补差114260元；对74名享受最低生活保障对象的残疾人发放困难补助5180元；解决五保(三无)供养54人，发放五保金423960元；实施医疗救助39人次，救助金额65517元。对183名困难人员实施临时救助286443元，对3名孤儿实施孤儿生活补贴发放39600元，对8名困难人员实施特殊困难帮扶4000元。发放农村籍退役士兵68名补助168480元，发放现役军人义务优待金159076元，对入伍大学生补助10614元。“八一”期间，慰问重点优抚对象7名，发放慰问金2300元。

【乐义“1·28”地震损失】 2017年1月28日凌晨2时46分32秒4.9级地震，以乐义为震中，加之筠连县境内1月15日3.7、3.4级地震、1月18日4.3级地震、2月2日3.7级地震、5月4日珙县4.9级地震的多震叠加，受损严重，造成全乡5人受伤，3000余户、15000余人受灾，其中1000余户农房严重受损，多处基础设施也严重受损，乐义乡中心校及村小、派出所、卫生院、敬老院等房屋不同程度出现墙体开裂，楼顶漏水等现象；各村水池、管道均不同程度受损。

【乐义“1·28”地震灾后重建】 地震发生后，为尽量减少群众财产损失，尽量避免群众遭受次生灾害，尽快推进灾后重建工作，迅速反应，积极主动作为。

以群众生命财产安全为首要。组织力量迅速入户开展安全排查，做好群众安置、转移和安全隐患检查排除、生产生活物资、基础设施保通等工作，协调上级部门、组织各方力量建立临时安置点，统筹安排社会救援力量有序开展过渡性临时安置工作。

及时启动房屋安全性鉴定。协助市级房屋鉴定专家对全乡房屋安全进行鉴定，按照要求针对鉴定出的B级、C级、D级危房分村公示并及时上报经公示后的相关情况。

根据抗震设防要求，协调县规建城管局按照90平方米、120平方米、150平方米3类共4种风格设计图纸提供重建对象选用，联系市、县建筑专家对灾后房屋新建、加固和维护工作的技术培训；协调县规建城管局、县国土资源局对地震引发的住房隐患、地质灾害点进行排查治理；协调县水务局对人畜饮水困难情况进行处理；协调民政部门加大对全乡的民政救济力度。

稳步推进灾后住房重建。制作“五书”全覆盖摸底D级危房户新建房意愿并做好指导，制订“1+X”联系工作机制，发动135名村组干部、中共党员、知名人士包户联系受灾户，宣传补助政策，入户动员，指导农户按照有关要求及时开展灾后房屋重建、加固和维护工作。

制订灾后重建工作责任清单，分条块明确工作任务、时限、责任领导和人员。

积极配合县派驻工作组开展相关工作。主动与县上抽调参与灾后重建工作组加强工作联系，积极配合工作组入户开展工作，加大灾后房屋新建和维修加固动员、指导工作。至年末，全乡灾后重建B级、C级基本完成维修加固，上报县级有关部门并进入组织验收阶段；D级住房重建工作稳步推进中，受灾群众反映的房屋鉴定、灾后重建等问题已及时上报县政府和县级有关部门,并争取相关处理方案。

【乐义扶贫工作】 乐义乡有沙地村、花园村、河坝村3个贫困村(其中沙地村2016年退出),贫困户453户、1705人(其中沙地84户、344人,花园89户、351人,河坝44户、180人)。2017年,始终把脱贫攻坚作为头等大事和"第一民生工程",聚焦年度目标任务,严格对照贫困村退出"一低五有"、贫困人口退出"一超六有"标准,扎实推进各类扶贫项目落实落地。面对地震带来的严峻形势和影响,统筹兼顾抗震救灾与脱贫攻坚。全面完成贫困户96户、343人脱贫年度目标;47户、166人易地扶贫搬迁户已全部入住;全面完成退出贫困户危房改造、安全饮水项目;继续推进"1+N"联动机制,累计发放扶贫小额信贷570.32万元、"好牛贷"645.55万元。创建县级"四好村"1个。按照"对标补短"要求,落实资金198.3万元,确保年度脱贫人口如期脱贫和巩固已脱贫人口脱贫成效。至年末,全乡脱贫326户、1240人,未脱贫户137户、466人。

【乐义乡领导人名录】

党委书记	兰 毅
副书记	江祖济(12月前)
	王 俊(3—12月)
	罗 洁(女,3月前)
纪委书记	罗 洁(女,3月前)
	何云波(3月起)
武装部长	董 熠(3月前)
	刘光彬(5月起)
人大主席	钟学兰(女)
乡 长	江祖济(12月前)
副乡长	李品华(3月前)
	董 熠(3月前)
	王 俊(3月前)
	李 莉(6月起)
	刘光彬(6月起)
组织委员	聂多森

(刘波)

高坎乡

【高坎概况】 高坎乡位于筠连县东部边缘,乡政府驻地高石坎,距离县城57千米,距宜宾市中心城区16千米,地处东经104° 46′,北纬28° 00′。东与珙县洛表镇为界,南与大雪山镇、镇舟镇接壤,西与维新毗邻,北与乐义乡相交。海拔500~1196米,辖区面积32.36平方千米,辖8个村、42个村民小组。

政府机关设党政办、扶贫办、财政所、社会事务服务中心、经济发展办公室、农业服务中心。

2017年,全乡耕地476.8公顷,森林覆盖率56%。有农商行代办点1个;有乡中心校1所,村小4所,在校初中生143人、小学生616人。有乡中心卫生院1所,村卫生室(站)8所,卫生技术人员14人,乡村医疗防保网络、疾病防控、医疗救助能力得以巩固、完善和提高。有乡文化站1个,村文化站8个,藏书共37800册,全年免费开放。年末,全乡公安户籍总户数1694户、总人口6856人,其中男性3737人、女性3119人,城镇(居住在城区范围)人口0人、乡村(居住在农村片区)人口6856人;全年出生83人、死亡69人,迁入18人、迁出48人。民族构成以汉族为主,同时有苗族、彝族、布依族、傈僳族等民族在域内居住。

2017年,高坎乡党委、政府紧紧围绕"1236"[即"1"明确一个定位:打造四川最美梯田小镇;"2"做好两篇文章:生态农业(5000亩梯田大米、5000亩经果林、5000亩林下养殖)、生态旅游(梯田、银杏、仙女潭、争创国家AAA级旅游景区);"3"建设三个高坎:生态高坎、美丽高坎、幸福高坎;"6"六大行动:脱贫攻坚、精准党建、产业发展、生态环保、信访维稳、安全生产]发展思路,牢固树立"跳起来摸高、跑起来办事"的工作理念,以"说了算、定了干、干就干好"的工作作风和"实干苦干、快抓快干、干好干成"的工作精神,以打造"四川最美梯田小镇"为目标,奋力开创"僰人粮仓、梯田小镇"的新局面。全年,基本完成高坎梯田创建"四川省风景名胜区"申报和规划设计工作,"秋收中的高坎梯田"被央视二台、四川电视台、宜宾电视台及其他多家新闻媒体宣传报道;全乡地区生产总值实现24078万元,社会消费品零售总额实现4517万元。全乡农民人均可支配收入完成13681元,增加1187元。

【高坎工业经济】 2017年,完成社会固定资产投资2亿元,其中工业投资8000万,技改投资3500万元。完成项目储备总投资额30亿元,其中包装储备500万元以上项目10个;完成项目入库6个、11481万元;完成新注册100万以上落地企业1个。对外招商引资对接6次,完成招商引资3000万元,新包装推出招商引资项目2个(凤凰村银杏基地建设和高坎乡梯田有机大米)。

【高坎农业和农村经济】 2017年,积极鼓励因地制宜种植冰脆李、核桃、猕猴桃等特色产业,栽种银杏2万多株26.67公顷,种植猕猴桃33.33公顷、核桃100公顷,种植李子33.33公顷、茶叶80公顷、烤烟66.37公顷。黄牛产业发展,新增肉牛1500头,全乡黄牛养殖5300头,有4个100头以上的黄牛养殖大户。

【高坎基础设施建设】 2017年,完成红旗、花山、大地3个贫困村和凤凰村以及县级示范点(红花)党群服务中心建设。完成凤凰村、花山村、红旗村新村建设并验收，新建卫生室4个、文化室4个、文化广场4个、民居改造30余户、安装路灯80余盏，完成银杏大道初建。完成大地村4.3千米、花山村5千米、红旗村5.5千米通村公路硬化，新建和整治村组道路30余千米，乐义—高坎公路硬化工程进场施工，大雪山—高坎公路硬化完成招投标。花山村—顺利村国土整治、五星村场口高峰岩和红旗村中村榜地质监测点纳入省国土资源厅重点整治项目，预算投资1580万元。实施新建13口沉砂池和5000米管道安装，协助完成水务局12口水池的招投标。争取"一事一议"项目资金95万元，解决村民出行难、无活动场所的问题。

【高坎新农村建设】2017年，扎实推进美丽乡村建设，完成凤凰村、花山村、红旗村新村全面建设并通过验收，新建卫生室4个、文化室4个、文化广场4个、民居改造30余户、安装路灯80余盏，完成银杏大道初建。开展城乡环境综合整治，成功创建市级"园林乡镇"，红旗村、花山村为市级"生态建设村"，红花村、顺河村为市级"卫生村"，五星村、凤凰村这市级"四好村"，红旗村、花山村、五星村为县级"四好村"。

【高坎招商引资】2017年，加大招商引资力度。招商引进项目2个，引进资金3000万元，上报招商信息12条。

【高坎安全维稳】启动市级"安全社区"创建，强化社会治安防控体系建设，加强群防群治巡逻，群众满意度明显提升。落实安全生产责任制，强化安全生产宣传教育培训，围绕煤矿、非煤矿山、交通、烟花爆竹、森林防火、地质灾害监测、食品药品等领域，开展安全大检查，全年未发生重大安全事故，实现零死亡目标。开展接访和走访工作，全面排查和包案化解矛盾纠纷，全年未发生群体越级非访事件，被评为十九大期间信访维稳工作先进集体。

【高坎扶贫工作】2017年，全乡脱贫攻坚工作实现三大目标：41户184人脱贫、花山村退出贫困村、全乡贫困发生率降至3.83%。发挥司法局、环保局、农商行等帮扶单位力量，创新开展"法治扶贫""生态脱贫"，在花山村、红旗村投入50余万元生态建设，为5户贫困户提供法律援助，其中红旗村贫困户王某书通过法律援助获赔11万元的法治扶贫典型在央视二台、四川电视台及其他市级以上新闻媒体作专题宣传报道。危房改造投入资金114万元，惠及64户；政策兜底发放114万元，实现应保尽保；完成48户贫困户易地扶贫搬迁、40户贫困户危房改造。产业就业扶贫，加大金融扶贫力度，1—9月，完成扶贫贷款135万元、好牛贷600万元。在"回头看""回头帮"中安排83.9万元，鼓励2014年、2015年已脱贫和2017年预脱贫群众发展生产。开展实用技术培训和创业培训16次、600余人次，提供针对贫困群众的公益性岗位31个。迎接市委督导组专项督查2次，县级全覆盖督查和目标考核督查12次。10月，在市第三方监测评估全覆盖检查中取得较好成绩。

【高坎乡领导人名录】

党委书记	熊明泽(苗族,3月前)
	钟　勇(3月起)
副书记	张明华(苗族)
	陈　兰(女)
	何　玲(女,3月起)
纪委书记	陈　兰(女)
武装部长	王　军
人大主席	万光君
乡　长	余清羽(女,2月前)
	何　玲(女,6月起)
副乡长	胡　旭
	王　军
组织委员	何长江

（刘松）

团林苗族乡

【团林概况】团林苗族乡位于筠连县南部，地处北纬27° 54'00"～27° 59'25"，东经104° 34'30"～104° 39'11"，乡政府驻地庙坝，距县城55千米，距宜宾市中心城区144千米。东临大雪山镇，南接联合苗族乡、高坪苗族乡，西靠蒿坝镇、武德乡，北界沐爱镇、镇舟镇。全乡地形复杂，山高坡陡、群山环抱，形成三山两沟四坡的地形，海拔650～1560米，辖区面积46.22平方千米。辖长岭、华新、杉新、大埂、香樟、新阳、新中、火花村8个村、45个村民组。

2017年年末，全乡公安户籍总户数2178户、总人口9742人，其中男性5225人、女性4516人，城镇(居住在城区范围)人口0人、乡村(居住在农村片区)人口9742人；全年出生229人、死亡67人，迁入31人、迁出63人。民族构成以汉族为主，同时有苗族、彝族、布依族、满族、土家族、瑶族等民族在域内居住，系筠连彝族主要居住区。其中苗族2146人，占总人口的22.03%。

2017年，团林苗族乡地区生产总值实现6195万元，社会消费品零售收入实现364万元。全乡农村居民人均可支配收入13549元，增加1164元。

【团林工业经济】2017年，团林苗族乡完成固定资产投资10445万元，工业投资3980万元，实现社会固定资产投资增长11.5%，民营经济增加增速8.8%，民间投资额0.9亿元。

【团林农业和农村经济】 2017年，全乡粮食种植605.47公顷；新种植大竹53.33公顷、茶叶73.33公顷、佛手柑20公顷、楠竹23.33公顷；烤烟种植40公顷，产量75吨；肉牛存栏量5650头，出栏2200头。农业产业发展贷款600万元，其中新增扶贫小额贷款291万元。劳务输出和转移1460人，劳务收入1500万元。

【团林基础设施建设】 2017年，投入33.75万元，新成脱贫村村道硬化水泥路路基长7.5千米、宽7.5米，通过县级验收；投入2034738元，完成脱贫村村道硬化水泥路长7.5千米、宽7.5米。投入5.85万元，完工农村脱贫人口安全饮水工程配套工程。投入10万元，建成聚居点污水处理工程；投入4.5万元，建成聚居点石材安全防护栏。投入2.4万元，建成文化广场堡坎80立方米，投入使用。投入2万元，完成文化广场20平方米水冲式公共厕所改造；投入99982元，完工村级文化活动室装修。投入4680元，完工退出村卫生室通水、电、网络、排污等公共服务设施工程(第一批)。

【团林新农村建设】 一是完成建设后沟水库枢纽工程、总干渠工程、库周公路。二是加快新农村建设，完成大埂村、新阳村公路硬化及新建工程，重点打造新阳村聚居点。

【团林社会事业】 全面实施新型农村养老保险和城乡居民基本医疗保险，切实开展社会救助和社会优抚。严格贯彻执行人口和计划生育政策。坚持教育优先发展。推进健康惠民工程，新农合参合率98%以上。抓好新型农村养老保险，民政低保，就业，扶贫等工作。排查矛盾纠纷78起，调处78起，调解率100%，调解成功65起。

【团林第二届彝族火把节】 7月21日，团林苗族乡第二届彝族火把节在彝寨新村文化广场举行，共接待游客1万余人。“彝族火把节”以“贯彻省第十一次党代会精神，倾力打造生态苗乡康养团林”为主题，举行独具团林苗族彝族文化特色的文艺表演、趣味比赛、火把节狂欢、跳达体舞等活动，演出独具民族文化特色的唱山歌、刺绣、蜡染、大唢呐等节目，展示团林苗族乡特色文化，传承民族传统文化，营造民族团结、社会和谐的浓厚氛围。

【团林扶贫工作】 全乡有贫困户221户、861人(含特殊人群)，主要分布在大埂村、新阳村、杉新村、华新村，年末全面完成脱贫任务。2017年预脱贫77户、262人，通过产业发展、外出务工等途径，经全面排查，义务教育全部保障，所有贫困户已购买医疗保险，所有贫困户安全住房和生活用电有保障、有广播电视；年度易地扶贫搬迁对象为97户、346人，任务为21户、80人，提前实施20户、59人，已全部搬迁入住及拆旧复垦。县下达C、D改计划80户，实施贫困户18户，年末有15户主体完工。大埂村、香樟村、新阳村村卫生室建设完工，完善配备相关医疗设备，已投入使用，医生已入住；文化室已建设完工，完善软硬件设施，投入使用；通信网络实现全覆盖。

【团林苗族乡领导人名录】

党委书记	刘小芹(女)
副书记	王永才(苗族)
	江祖济(12月起)
	罗德才
纪委书记	罗德才
武装部长	张　冰(5月前)
	郑万江(5月起)
人大主席	万光海(12月前)
乡　长	王永才(苗族)
副乡长	张　冰(5月前)
	郑万江
	李　鹏
组织委员	肖　遥

(周艳)

高坪苗族乡

【高坪概况】 高坪苗族乡位于筠连县境最南端，地处北纬27° 52′，东经104° 34′，乡人民政府驻地落木祥，距县城72千米，距宜宾市中心城区161千米。北界县境团林苗族乡，南临云南省彝良县洛旺苗族乡，东接县境联合苗族乡，西毗云南省彝良县柳溪苗族乡，地处5个苗族乡交通中枢。辖区面积33.6平方千米，辖槐树农村社区和麻园、英雄、先锋、东风4个行政村、34个村民小组。

2017年年末，全乡公安户籍总户数2152户、总人口8150人，其中男性4366人、女性3784人，城镇(居住在城区范围)人口0人、乡村(居住在农村片区)人口8150人；全年出生623人、死亡182人，迁入84人、迁出173人。民族构成以汉族为主，同时有苗族、彝族、壮族、土家族等民族在域内居住。其中苗族2250人，占总人口的27.61%。

2017年，全乡地区生产总值实现29974万元，社会消费品零售总额实现3208万元。全乡农民人均可支配收入完成13467元，增加1157元。

【高坪工业经济】 2017年，乡辖区的黄金岩煤矿，属规模以上工业企业，实现利润3498万元，全年全乡完成工业投资4768万元，其中技改投资2549万元，乡境未发生人员伤亡和其他较大以上安全生产事故。

【高坪农业和农村经济】烤烟、蔬菜、黄牛为高坪苗族乡乡的农业支柱产业。2017年，全乡种植烤烟306.67公顷，产量575吨；利用乐农专业合作社的带动，全乡种植脱毒洋芋413.33公顷、蔬菜153.33公顷；全年新增肉牛1032头，肉牛存出栏5328头，出栏1739头。

【高坪基础设施建设】2017年，围绕群众生产生活密切相关的路、水、电、网，不断改善基础设施水平。积极争取和整合项目资源，新建和维修桥梁2座，新建公路4.8千米，硬化公路20.48千米。建成生活污水处理站1个、铺设雨污管道4.6千米；建成简易生活垃圾填埋场1个、公共厕所1个、生活垃圾处理站1个、安装分类果皮箱50个；理顺垃圾搜集、转运和处理机制，健全垃圾转运、垃圾填埋、生活污水处理、农贸市场管理制度；建成专（兼）职的环卫、垃圾转运、农贸市场监管、生活污水处理、垃圾填埋管理队伍。实施安全饮水项目1个，新建水池5口、维修水池2口，新增供水管网37.5千米；维修整治河道0.37千米，启动英雄村排隧道清淤疏浚工程。新建供电线路6.3千米，改造升级供电线路5.3千米，升级变压器2台。

【高坪社会事业】全面落实义务教育均衡发展，保学降辍取得显著成效，建成中心校学生食堂，学校标准运动场项目完成征地等前期工作。稳步推进卫生院扩建项目，建成输液治疗室、周转房等设备设施。推进全民参保，居民基本养老保险覆盖2280人，基本医疗保险参保6771人。建成区域性养老服务中心，建立运行管理制度。开展临时救助50户、自然灾害救助21户；低保做到应保尽保，为119户城乡居民提供最低生活保障。供养特困人员20名。坚定“绿水青山才是金山银山”的发展理念，推进畜禽养殖污染和散乱污企业治理，建成生活污水处理站和简易垃圾填埋场，环境保护从观念、制度到设施均上一个新台阶。推进移风易俗，整治乱办滥办酒席成效明显。实施文化惠民工程，实现乡村两级文化站、文化活动广场全覆盖，村级图书阅览室全部免费开放。苗族“花山节”影响力进一步提升，民俗文化骨干队伍基本形成，群众自发的文化娱乐活动基本实现常态化。槐树村、英雄村成功创建县级文明村，刘会有被评为县级“道德模范”，王永涛被推荐为“筠州英才”。

【高坪扶贫工作】2017年，投入扶贫产业项目资金4批次，购买肉牛204头、生猪523头，新建圈舍1395平方米，实施易地扶贫搬95户、343人，危房改造贫困户60户，贫困学生123名得到资助，贫困人口69人享受医疗救助，贫困人口36户89人享受低保兜底扶持，解决贫困人口1171安全饮水问题，发放扶贫小额信贷211.2万元，在“扶贫日”募集捐款6800元。在插花贫困村落实安全饮水、产业发展、易地扶贫搬迁及配套基础设施等项目，插花贫困村贫困户26户、136人达到“一超六有”标准顺利脱贫。围绕贫困村“一低五有”总目标，以产业发展和人居环境改善为主要抓手，不断增强群众主体作用、感恩意识和满意度，麻园村通过市级验收和省级第三方评估顺利退出贫困。先锋村开展“回头看、回头帮”，落实产业和基础设施项目，对脱贫群众收入进行再核算，对项目成效进行再评估，坚决杜绝返贫。

【高坪苗族乡领导人名录】

党委书记	王朝辉（苗族）
副书记	王在均（苗族）
	王智航
纪委书记	王智航
武装部长	陶　峰
人大主席	李田钟
乡　长	王在均（苗族）
副乡长	陶　峰
	郑　骏
组织委员	陈虹全（10月前）

（何爱平）

联合苗族乡

【联合概况】联合苗族乡位于县境东南边缘，北纬28°03′～28°06′，东经104°32′～104°36′，东邻大雪山镇，南接云南省彝良县，西邻高坪苗族乡，北与团林苗族乡接壤，辖区面积38.91平方千米，海拔610～1400米。乡政府驻地滥坝，距县城58千米，乡政府驻地有珍稀树种桢楠和皂角，桢楠树龄500年以上，树高达20多米，胸径1.5米左右，春夏两季有数百只白鹤在桢楠树上栖息、繁衍。辖8个行政村35个农业社，其中花树村3个社、甜竹村5个社、联新村3个社、革新村5个社、光明村6个社、茶园村6个社、红竹村4个社、红春村3个社。

2017年，全乡耕地1157.19公顷，森林覆盖率33%。年末，全乡公安户籍总户数1764户、总人口7119人，其中男性3819人、女性3300人，城镇（居住在城区范围）人口0人、乡村（居住在农村片区）人口7119人；全年出生167人、死亡49人，迁入22人、迁出46人。民族构成以汉族为主，同时有黎族、苗族、土家族、瑶族、白族、布依族、彝族等民族在域内居住。其中苗族3555人，占总人口的49.94%。

2017年，联合苗族乡粮食作物以玉米、水稻、小麦、马铃薯、红薯为主，经济作物以烤烟、茶叶、蚕桑、中药材、竹笋、竹木著名，其中烤烟产量、产值居全市前列，有烤烟生产“万担乡”之称；畜牧业有猪、牛、羊、白毛乌骨鸡等，拓展的格蔸坝养藏香猪、生态兔初具规模。全乡地区生产总值8041万元，社会消费品零售总额414万元。全乡农民人均可支配收入13810元,增加1198元。

【联合工业经济】乡内工业以水电为主,有5座电厂,即革新电厂,装机容量160千瓦,年发电量48万千瓦时;龙大坝电厂,装机容量100千瓦,年发电量32万千瓦时;山谷地电厂,装机容量250千瓦,年发电量90万千瓦时;阴山岩电厂,装机容量175千瓦,年发电量58万千瓦时;高涧槽电厂,装机容量200千瓦,年发电量80万千瓦时。2017年完成招商引资1100万元,新包装项目2个,报送招商引资信息简报12条。

【联合农业和农村经济】2017年,全乡粮食播种面积1203公顷,总产量5219吨,人均占有541公斤。全年,生猪存栏8619头、出栏5858头,黄牛存栏4512头、出栏5858头,活家禽存栏18600只、出栏12200只,肉兔存栏53510只、出栏56510只。新造林385.67公顷(含造方竹、雷竹),其中林竹335公顷。

【联合竹基地建设】2017年,按照打造2000公顷竹基地的目标,在红竹、红春、光明、茶园、花树村已种植方竹1000公顷的基础上,2017年,新发展种植方竹1000公顷。全乡累计竹林总面积2000公顷。

【联合基础设施建设】一是交通建设,投入330万元,硬化公路11千米,其中花树村、甜竹村各5.5千米;投入140万元,新建公路7千米,其中红春3千米、茶园2千米、革新2千米。投入80万元,对维护全乡20余千米道路;投入18万元,新修便民路19千米。二是集中安置点建设,投入500余万元,新建易地扶贫搬迁集中安置点1个,占地2公顷,能安置人口500余人,已安置100余人,配套有文化广场、大桥、亮化、绿化、美化。二是水利建设,投入20万元,新建水池、水窖20余口,蓄水量1000立方米;投入80余万元,安装饮水管道10余万米。

【联合新农村建设】2017年,全乡投资130万元新村建设甜竹村、花树村2个村,风貌改造甜竹村34户农户,新建配套文化室、活动室、文化广场、垃圾池、凉亭等;花树村新村建设新建配套文化室、活动室、文化广场、垃圾池、凉亭等项目。

【联合烤烟生产】2017年,全乡烤烟移栽4550公顷,其中千亩连片2个,500亩以上连片31个,全年收购烟叶625吨,其中上中等级烟叶595吨,占总产量的95.20%;产值2000余万元(含农特税、肥料、不适用烟叶等补助)。

【联合社会事业】一是教育,全乡有学校5所,其中九年一贯制学校1所、村级小学4所,有初中班8个学生408人,小学29个班学生927人,学前班5个班267人;初中正式教师26人,小学正式教职工28人。教育部门投入900余万元,主要用于教职工工资五险、购买教学仪器、周转房的启动等。二是卫生,乡内有医院1所、村卫生室8所,从事人员16人;0~7岁儿童,预防接种1106人次,其中男571人、女535人,预防接种1948针次;建立健康档案6539人,全年联合苗族乡全民体检2512人次,其中贫困户1321人次;完成基本卫生服务均等化指标,农村新型合作医疗的参合率超90%,医疗保险兑现率100%。卫生院投资200余万元,新建住院楼两层。三是社会保障,对五保户、优抚对象、特困户均全面救济;全面推进残联工作,支持残疾人创业发展;农村困难群众生活基本实现"应保尽保"。四是地利保护补贴,直补款项及时足额兑现到农户手中,全乡地利保护补贴率100%。

【联合养殖业发展】2017年,以格莵坝生态兔养殖基地为龙头,带动周边养殖业发展壮大,建成养兔场1处、养猪场1处,面积8公顷,年出栏肉兔近6万只,成为筠连最大的养兔基地;成功申报为国家级无公害兔,已注册"格莵坝苗寨""苗乡秀色"等商标养殖加工肉兔。格莵坝生藏香猪以优质瘦肉型猪为母本,通过统一生态饲喂方式,肉质优良,以其生态养生特质享誉市内各区县。

【联合安全生产】牢固树立安全意识,细化安全责仟,深入推进安全隐患排查治理,对私挖滥采、地质灾害、道路交通、非煤矿山等安全生产监管实行条块结合、无缝覆盖,确保安全监管落到实处。一是整治私挖滥采,通过巩固乡、村、组、巡山人员、农户"五道防线"综合治理私挖滥采机制,盯死抓牢,确保无一例私挖滥采行为发生。二是道路交通安全大检查,着重治理人为的安全隐患(车辆超速、超载、超员、无证行驶、违章载人、公路上堆放杂物等行为),排查治理自然的垮山、塌方等安全隐患。三是食品安全,推行农村家宴申报制度,加强对亚硝酸盐、野生蘑菇等知识宣传,保障舌尖上的安全。四是加大地质灾害群防群测力度,对8个县级检测点,实现全年不间断监测,动员农户避险搬迁5户,其中红竹村4户、光明村1户,最大限度的保障群众生命财产安全。五是强化消防演练力度,提升百姓应急逃生能力。

【联合牛灯节】联合苗族乡的牛灯节源头是很多年前的一个元宵节,乡域的耕牛发生疫情。为让耕牛的病情能好起来,朴实的农民们纷纷在牛栏里点燃特制的"油灯",在田野上插香祈祷,没想到之后得疫情的耕牛便重现活力。此后,每年正月十五,点"油灯"、插香烛,祈祷来年六畜兴旺、五谷丰登、百姓平安(后演变为插红烛,称为"牛灯")的风俗,代代传承,谁家插得多持续时间长,寓意谁家收成好福气好,形成联合苗族乡特有的元宵节风俗——赛牛灯。现联合苗族乡人民把这牛灯节传统节日原汁原味传承,每年正月十五联合苗族乡牛灯协会都组织人员到每家每户进行牛灯表演,送去节日的问候和祝福。

4月30日,川滇黔毗邻地区牛灯邀请友谊赛在联合苗族乡革新村格茆坝苗寨民族文化广场举行,分为"六牛争金赛""友谊表演赛",由中国农业历史学会畜牧兽医史专业委员会、筠连县养牛协会主办,由筠连县玉兔呈祥养生农庄、筠连县正兴兔业专业合作社承办。双腾镇桐榜村、武德乡冒鼓村、沐爱镇棬坪村、镇舟镇云岭村、团林苗族乡香樟村、联合苗族乡革新村6支牛灯队参加"六牛争金赛";云南盐津县盐井镇、庙坝镇,贵州赤水市大同镇、珙县恒丰乡4支牛灯队参加"友谊表演赛",10支牛灯队寓意蓬勃发展的筠连县牛产业"十(食)全十(食)美"。

【联合欧彩节】 欧彩节俗称选苗族美节,联合苗族乡为促进苗绣的发展和苗家儿女的交流,淳朴的苗家人民通过苗家未婚女子的着装打扮、才艺表演、苗家刺绣技术展示,选拔出长相较好、身材匀称、多才多艺的优秀苗家姑娘。

4月29日至5月1日,"2017中国·筠连联合苗族乡格茆坝苗寨四月八西部苗族'鸥彩节'——我为格茆坝苗寨形象代言"在联合苗族乡格茆坝苗寨举行,主办单位为筠连县苗学会、筠连县民族文化促进会、筠连县养牛协会;承办单位为联合苗族乡格茆坝苗寨;合作单位为筠连百姓网、筠连县槐花艺术团;策划单位为云南省威信县九黎文化传播有限责任公司。活动前,通过《我为格茆坝苗寨形象代言》苗家鸥彩"榜果"选美网络投票,产生出8名苗族选手,另4名选手由组委会的挑选重新晋级,共12人参赛。选手通过走秀(3个小项)、才艺展示(5个小项)、知识问答(1个小项)的展示,通过专业评委打分、大众评委打分,选手最终得分 = 专业评委打分 × 70%+ 大众评委打分 × 30%。从高分到低分评出榜果(苗语 Bangx gob,金花)1名、榜年(苗语 Bangx nyax,银花)2名、榜婕(苗语 Bangx ndongt,木花)3名、优秀奖6名。

【联合扶贫工作】 全乡有贫困户362户1624人,全部精细化纳入"五个一批"帮扶计划,编制3个贫困村村规划。2017年,完成脱贫解困9户、445人,开展2014、2015年已脱贫户"回头看""回头帮",全面巩固提升63户266人,发挥脱贫攻坚的贫困村"五个一"和非贫困村"三个一"工作机制;花树村完成整村退出,贫困发生率低于3%,集体经济收益8000余元。

【联合苗族乡领导人名录】

党委书记	刘宗远(苗族)
副书记	杨　鸿(苗族)
	李丽萍(女)
纪委书记	李丽萍(女)
武装部长	胡春华
人大主席	潘星华
乡　长	杨　鸿(苗族)
副乡长	林　伟(3月前)
	胡春华
	何弟松
组织委员	黄宜楷

(罗林)

先进单位和人物

2017 年度国家部委、中共四川省委、四川省人民政府及省级部门表彰的先进单位

(单位提供,排名不分先后)

筠连县　中国农业历史学会畜牧兽医史专业委员会命名为“中国黄牛之乡”
筠连县　中国茶叶流通协会命名为“川红故里”
筠连县　中国茶叶流通协会表彰为中国十大生态产茶县
筠连县　中国茶叶流通协会表彰为全国重点产茶县
筠连县　中国国际茶博会组委会表彰为中国四川国际茶博会优秀组织奖
县科协　中国科协办公厅表彰为 2017 年全国科普日活动工作考核优秀单位
腾达镇　中国国家标准化管理委员会表彰为第八批全国农业综合标准化示范区
大雪山镇　教育部表彰为 2017 年国防教育特色学校(自由小学)
县委宣传部　全国青少年爱国主义读书教育活动组委会表彰为第二十四届全国青少年爱国主义读书教育活动组织优秀奖
县规建城管局　国家地震台表彰为在地震监测预报工作质量中陆态网络筠连 GNSS(地壳形变前兆观测)基准站观测数据质量全国第三名(地震台)
县规建城管局　国家地震台表彰为在地震监测预报工作质量全国统评中陆态网络筠连 GNSS 基准站通信质量全国优秀单位(地震台)
县教育文广局　中国电视艺术家协会评选为 2017 年优秀作品第二名(微视频《山的那边》)
筠连县　省委办公厅表彰为 2013 年度全省“三农”工作先进县
筠连县　省委办公厅表彰为 2017 年度全省农民增收工作先进县
筠连县　省委办、省政府办表彰为完成 2016 年度全省维护社会稳定工作目标先进县
筠连县　省委办公厅、省政府办公厅表彰为完成 2016 年度全省维护社会稳定工作目标先进县
筠连县　省文明委授予第四届四川省文明城市
筠连县　2017 第八届 C21 论坛组委会、华西都市报、封面新闻表彰为“四川最具投资价值城市”(指导单位为省经信委、省住建厅、省商务厅、省质监局、四川日报报业集团)
筠连县　省就业服务管理局表彰为全省农村劳动力实名制信息管理工作成绩突出单位
筠连县　省就业服务管理局表彰为全省园区企业用工监测工作成绩突出单位
筠连县　省卫生计生委信息与统计处表彰为全省区域人口健康信息化示范县
筠连县　省卫生计生委信息与统计处表彰为全省医疗信息化应用示范县
县残联　省人社厅、省残工委表彰为全省残疾人工作先进单位
县残联　省残联、省卫计委表彰为“四川省 0~6 岁残疾儿童筛查工作成效突出先进单位
县残联　省残疾人联合会表彰为“量服组联”工作成绩突出单位
县残联　省残疾人联合会表彰为“宣传、文化、体育”工作成绩突出单位
县法院　省高级人民法院、省人社厅表彰为 2017 年四川省法院系统先进集体

县法院	省高级人民法院、省人社厅表彰为2017年四川省法院系统先进集体(民事审判庭)
县法院	省高级人民法院表彰为2017年度全省法院调研工作先进单位
县法院	省高级人民法院表彰为2017年度全省法院信息化工作先进集体
县财政局	省财政厅表彰为2016年度部门决算工作先进单位
县林业局	省林业厅表彰为2016年度国家重点林木良种基地省级考核全省第二
县林业局	省林业厅表彰为2017年新一轮现代林业重点县考核良好
县公安局	省委政法委、省维护稳定领导小组表彰为四川省维护稳定工作先进集体
县公安局	省公安厅表彰为全省公安机关执法示范单位
县公安局	省公安厅表彰为全省公安机关执法质量考评优秀单位
县委宣传部	省文明委授予第四届四川省未成年人思想道德建设工作先进单位
县委统战部	省委统战部表彰为2017年度全省统战工作实践创新优秀成果奖(论文《实施“同心·幸福小康”工程，聚力建设“美丽乡村·幸福家园”》)
县规建城管局	省地震局在全省地震监测资料分析评比中资料分析全省第二名(地震台)
县规建城管局	省地震局在全省地震监测资料分析评比中台站运行获全省第二名(地震台)
县规建城管局	省地震局在全省地震监测资料分析评比中综合评比获全省第二名(地震台)
县规建城管局	省地震局表彰为市县防震减灾部门2017年度考核中工作创新单位(全市仅3个)(防震减灾办)
县规建城管局	省市政市容协会表彰为四川省2017年度环卫行业会员单位先进集体
县教育文广局	省爱国卫生运动委员会命名为四川省卫生单位
第三中学	省文明委命名为第一届四川省文明校园
定水中学	省文明委命名为第一届四川省文明校园
双泉职中	省文明委命名为第一届四川省文明校园
筠连镇	省委、省政府命名为2017年度省级“四好村”(五丰村)
筠连镇	省委、省政府命名为2017年度省级“四好村”(垫泥社区村)
巡司镇	省委、省政府命名为2017年度省级“四好村”(银星村)
巡司镇	省总工会、省人社厅、省企业家协会、省企业联合会、省工商联命名为首批四川省区域性集体协商示范单位
腾达镇	省委、省政府命名为2017年度省级“四好村”(春风村)
腾达镇	四川农业博览会组委会表彰为2017四川省十大幸福美丽新村(春风村)
腾达镇	省文明办、省教育厅、省财政厅表彰为四川省优秀乡村学校少年宫(中心校少年宫)
沐爱镇	省残疾人联合会表彰为2016年度深化“量服”工作示范乡镇
沐爱镇	省委、省政府命名为2017年度省级“四好村”(棬坪社区村)
镇舟镇	省妇联表彰为2017年全省妇联基层组织示范乡镇
镇舟镇	省委、省政府命名为2017年度省级“四好村”(前进村)
双腾镇	省委、省政府命名为2017年度省级“四好村”(沙坝村)
维新镇	省委、省政府命名为2017年度省级“四好村”(顺阳村)
蒿坝镇	省委、省政府命名为2017年度省级“四好村”(高兴村)
蒿坝镇	省委、省政府命名为2017年度省级“四好村”(高龙村)
武德乡	省委、省政府命名为2017年度省级“四好村”(共和村)
塘坝乡	省文明委授予第一届四川省文明村镇(川丰社区村)
塘坝乡	省委、省政府命名为2017年度省级“四好村”(木映村)
塘坝乡	省委、省政府命名为2017年度省级“四好村”(幸福社区村)
塘坝乡	省委、省政府命名为2017年度省级“四好村”(川丰社区村)
大雪山镇	省委、省政府命名为2017年度省级“四好村”(雪山村)
联合苗族乡	省委、省政府命名为2017年度省级“四好村”(红春村)
团林苗族乡	省文明委授予第一届四川省文明校园(乡中心校)
团林苗族乡	省委、省政府命名为2017年度省级“四好村”(杉新村)
蓝伯特	省厂事务公开联席会议表彰为四川省职工民主管理示范班组(蓝伯特生产部)
烟草筠连分公司	省文明委命名为第四届四川省文明单位

筠连华都酒店 省人社厅、经信委、教育厅、农业厅、商务厅、省总工会、团省委表彰为2017年首届“四川工匠杯”职业技能大赛主赛场决赛支持单位

2017年度国家部委、中共四川省委、四川省人民政府及省级部门表彰的先进个人

(单位提供,排名不分先后)

王家元 中央宣传部、中央文明办、中央军委政治工作部、全国总共委、共青团中央、全国妇联评为全国敬业奉献模范(腾达镇春风村)

黄 伟 国家体育总局评为2013—2016年度全国群众体育先进个人(县体育局)

杨文全 中央文明办评为“中国好人”(腾达镇向阳村)

王劲松 最高人民检察院评为全国检察机关“万名侦防能手”人才(县人民检察院)

范钦刚 中央电视台评为2017年体坛风云人物大众体育精神奖(蒿坝镇中心校)

何 平 省委、省政府评为2016年度全省脱贫攻坚“五个一”驻村帮扶优秀第一书记(市工商局,驻五凤村)

曾 均 省委、省政府评为2016年度全省脱贫攻坚“五个一”驻村帮扶优秀农技员(县畜牧水产局,驻解放村)

陈 践 省政法委、省人社厅评为全省综治工作先进个人(县政法委)

吴加芹 省委农村工作领导小组评为全省“十二五”以来农业科技创新先进个人(县经信科技局)

母 莉 省人民检察院评为2016年全省检察机关先进个人(记个人二等功,县人民检察院)

廖利平 省地震局评为2017年度市县防震减灾工作年度考核先进个人(县地震台)

刘泽慧 省科学技术协会评为2016年度科普工作先进个人(县科协)

陈珊珊 省妇儿工委评为四川省实施妇女儿童发展纲要先进个人(县妇联)

陈建华 省人社厅为四川省人力资源社会保障系统窗口单位优秀服务标兵(县人社局)

龚学武 省审计厅办公室评为全省审计机关“审计人风采”书法摄影比赛一等奖(县审计局)

乐长斌 省市政市容协会评为全省2017年度环卫行业会员单位先进个人(县规建城管局)

吴祥英 省市政市容协会评为全省2017年度环卫行业会员单位先进个人(县规建城管局)

张 立 省绿化委员会、省人社厅授予四川省绿化奖章(县林业局)

母 丽 省文明办评为2017年度学雷锋主题活动知识竞赛先进个人(县委宣传部)

喻 杰 省文明办评为2017年度学雷锋主题活动知识竞赛先进个人(烟草筠连分公司)

赖健中 省公安厅监所管理总队评为2016年度全省公安监所优秀管教民警(县公安局)

漆华英 省文明办、省教育厅、省财政厅评为全省优秀乡村学校少年宫辅导员(腾达镇中心校)

张航银 省文明办评为2017年1月四川好人(县向阳农业开发有限公司)

朱定先 省文明办评为2017年5月四川好人(大雪山镇海湾村)

李多强 省人社厅、经信委、教育厅、农业厅、商务厅、省总工会、团省委评为2017年首届“四川工匠杯”职业技能大赛主赛场决赛中式烹调二等奖(全省第3名)(华都酒店)

2017 年度市级部门表彰的先进单位

（单位提供，排名不分先后）

筠连县　市政府表彰为 2016 年接受安置退役士兵工作单项考核先进县
筠连县　市委办、市政府办表彰为 2016 年度投资促进工作绩效考核二等奖
筠连县　市委办、市政府办表彰为 2016 年度党政“一把手”环保目标考核及政府环保绩效考核一等奖
筠连县　市委办、市政府办表彰为 2016 年度党政“一把手”环保目标完成单位
筠连县　市委办、市政府办表彰为 2016 年度污染减排工作中绩效考核先进责任单位（一等）
筠连县　市委办、市政府办表彰为生态市创建工作绩效考核先进责任单位（一等）
筠连县　市委办、市政府办表彰为 2016 年度环境质量持续改善绩效考核中空气环境质量工作先进责任单位（一等）
筠连县　市委办、市政府办表彰为 2016 年度环境质量持续改善绩效考核中水环境质量工作先进责任单位（二等）
筠连县　市委办、市政府办表彰为完成 2016 年度全市维护社会稳定工作目标优秀县
筠连县　市委办、市政府办表彰为完成 2016 年度全市社会治安综合治理目标优秀县
筠连县　市委办、市政府办表彰为 2016 年度投资促进工作先进单位二等奖
筠连县　市委办、市政府办表彰为 2016 年度政府环保绩效考核先进单位一等
筠连县　市委办、市政府办表彰为 2016 年度污染减排绩效考核先进责任单位一等
筠连县　市委办、市政府办表彰为 2016 年度环境质量持续改善绩效考核先进责任单位
筠连县　市委办、市政府办表彰为 2016 年度生态市创建工作先进责任单位一等
筠连县　市政府办表彰为 2016 年度就业和社会保障目标考核完成县
筠连县　市政府办表彰为 2016 年度法治政府建设工作优秀县
筠连县　市政府办表彰为 2016 年度就业和社会保障目标考核完成县
筠连县　市人社局表彰为 2016 年度人力资源和社会保障工作综合目标考评完成县
筠连县　市卫计委表彰为 2016 年度人口和计划生育目标管理考核一等奖
筠连县　市委办、市政府办表彰为组织参加第十六届中国西部国际博览会的投资促进、展览展示活动中做出突出贡献的县
筠连县　市委办、市政府办表彰为组织参加第十六届中国西部国际博览会的投资促进、展览展示活动中做出突出贡献的工业园区
筠连县　市委农工委表彰为 2016 年度农业农村综合目标考核先进县
筠连县　市委农工委表彰为 2016 年度农民增收工作先进县
筠连县　市委农工委表彰为 2016 年度农村改革工作先进县
筠连县　市委农工委表彰为 2016 年度新农村建设工作先进县
筠连县　市委农工委表彰为 2016 年度精准扶贫工作先进县
筠连县　市委办、市政府办表彰为 2017 年度全市“三农”工作先进县
筠连县　市委办、市政府办表彰为 2017 年度全市“五个专项”工作之农村改革工作先进县
筠连县　市委办、市政府办表彰为 2017 年度全市“五个专项”工作之新农村建设工作先进县
筠连县　市委办、市政府办表彰为 2017 年度全市“五个专项”工作之脱贫攻坚工作先进县
筠连县　市委办、市政府办表彰为组织参加第十六届中国西部国际博览会突出贡献县
县　委　市委办表彰为 2016 年度全市党委系统公文处理《市委工作简报》优秀采编单位
县政府　市委办、市政府办表彰为创建国家森林城市先进集体
县政府　市政府表彰为 2016 年度接收安置任务完成先进县政府
县委办　市委办表彰为综合考评先进单位
县委办　市委办表彰为 2016 年度党委信息工作先进县委办公室

县委办　　市委办表彰为2016年度全市党委系统公文处理优秀单位
县委办　　市委办表彰为2016年度全市党委系统好公文二等奖[《中共筠连县委关于学习“时代楷模”争做“王家元式”优秀共产党员的决定》(筠委发〔2016〕10号)]
县委办　　市委办表彰为2017年度全市党内法规工作优秀单位
县委办　　市委办表彰为2017年度党委信息工作先进县(区)委办公室
县委办　　市委农工委表彰为2016年度先进县(区)农工委(办)(县委农工办)
县委办　　市委政研室表彰为2016年度县(区)委政研室调研工作先进单位(县委政研室)
县人大办　市人大常委会表彰为2017年度综合考核情况一等奖
县政府办　市委、市政府命名为2016—2018年度宜宾市文明单位
县政府办　市委办、市政府办表彰为2016年度脱贫攻坚先进帮扶单位
县政府办　市政府办表彰为2016年度政府系统办公室督查目标工作先进单位(目标办)
县政府办　市政府办表彰为2016年度政府系统办公室政务办理工作先进单位(研究室)
县政府办　市政府办表彰为2016年度政府系统办公室调研工作先进单位(研究室)
县政府办　市政府办表彰为2016年度全市应急管理绩效考核合格单位(应急办)
县政府办　市委党史研究室、市方志办表彰为2017年度综合成效二等奖(县方志办)
县政府办　市委党史研究室、市方志办表彰为2017年度乡镇志编纂工作成效突出单位(县方志办)
县政府办　市委党史研究室、市方志办表彰为2017年度信息工作成效突出的单位(县方志办)
县政府办　市政府政务服务中心表彰为2017年全市政务服务和公共资源交易系统“继续前进,全面提升”庆祝“三八”节文艺展演比赛三等奖(县政务中心)
县政府办　市政府政务服务中心表彰为2017年全市政务服务和公共资源交易系统“继续前进,全面提升”庆祝“三八”节文艺展演比赛优秀组织奖(县政务中心)
县政府办　市妇女联合会表彰为2017年度宜宾市三八红旗集体(县政务中心)
县政府办　市政府政务服务中心表彰为2017年度全市县(区)政务服务中心业务工作绩效考核二等奖(县政务中心)
县政协办　市委、市政府命名为2017—2019年度宜宾市文明单位
县政协办　市政协表彰为2017年度政协工作成绩特别突出单位
工业园区　市委办、市政府办表彰为2017工业园区综合考核评价二等奖
工业园区　市委办、市政府办表彰为在第十六届中国西部国际博览会投资促进活动中作出突出贡献园区
县人武部　市政府、宜宾军分区表彰为2016年征兵工作先进单位
县科协　　市委、市政府命名为2017—2019年度宜宾市文明单位
县科协　　市科学技术协会表彰为2017年度宜宾市金桥工程优秀组织单位
县科协　　市科学技术协会表彰为2017年度科协系统先进单位
县科协　　市科学技术协会表彰为2017年度科协系统办公室工作先进单位
县科协　　市科学技术协会表彰为2017年度科协系统宣传工作先进单位
县科协　　市科学技术协会表彰为2017年度科协系统财务工作先进单位
县科协　　市科学技术协会表彰为2017年度科协系统综合统计工作先进单位
县科协　　市科学技术协会表彰为2017年度科普工作先进单位
县科协　　市科学技术协会表彰为2017年度青少年科技教育工作先进单位
县科协　　市科学技术协会表彰为2017年度科普惠农兴村建设先进单位
县总工会　市总工会表彰为全市2017年目标考核一等奖
县总工会　市总工会表彰为“尊法守法.携手筑梦”法治宣传先进单位
县总工会　市总工会表彰为“争当优秀劳动争议调解员和法律援助工作者”竞赛活动先进单位
县总工会　市总工会表彰为全市2017年经审工作一等奖
县总工会　市总工会表彰为全市2017年财务工作规范化建设行第二名
县纪委监察局　市委、市政府表彰为宜宾市“六五”普法先进集体
县纪委监察局　市纪委表彰为2017年度全市纪检监察工作目标考核先进单位
县委政法委　市委、市政府表彰为宜宾市六五普法先进集体
县委政法委　市委政法委表彰为全市政法队伍建设专项工作优秀组织单位

县委政法委　市委、市政府命名为2016—2018年度宜宾市文明单位
县委组织部　市委、市政府命名为2017—2019年度宜宾市文明单位
县委组织部　市委办、市政府办表彰为2016年度脱贫攻坚先进帮扶单位
县委组织部　市委组织部表彰为2016年度全市党的建设工作一等奖
县委组织部　市委组织部表彰为2016年度全市组织工作一等奖
县委组织部　市委组织部表彰为宜宾市农民夜校示范基地
县委宣传部　市委宣传部表彰为2016年宣传思想文化工作目标任务考核理论武装工作先进单位
县委宣传部　市委宣传部表彰为2016年宣传思想文化工作目标任务考核新闻舆论工作先进单位
县委宣传部　市委宣传部表彰为2017年度思想政治工作组织奖
县委统战部　市委统战部表彰为2017年年度县区党委统战部考评二等奖
县委统战部　市委统战部表彰为2017年度全市统战宣传工作先进单位
县委统战部　市委统战部表彰为2017年度全市统战工作实践创新优秀成果奖(论文《实施"同心·幸福小康"工程，聚力建设"美丽乡村幸福家园"》)
县委统战部　市委统战部表彰为2017年度全市统战理论政策研究创新成果二等奖(论文《筠连县全面推进协商民主建设的新探索》)
县机关工委　市直机关工委表彰为2016年度县(区)机关党建工作综合考核二等奖
县机关工委　市直机关工委办表彰为2016年市直机关党建调研课题评选优秀奖
县机关工委　市直机关工委表彰为2017年度县(区)机关党建工作综合考核一等奖
县机关工委　市直机关工委表彰为2017年度县(区)机关党建全域示范创建工作考核先进单位
县残联　市残工委表彰为2016年度全市综合绩效考核第一名
县残联　市残工委秘书处表彰为2017年残联办公室工作先进单位
县残联　市残工委秘书处表彰为2017年残疾人维权工作先进单位
县残联　市残工委秘书处表彰为2017年残疾人康复工作先进单位
县残联　市残工委秘书处表彰为2017年残疾人教育就业工作先进单位
县残联　市残工委秘书处表彰为2017年残疾人组织工作先进单位
县残联　市残工委秘书处表彰为2017年残疾人宣传文化工作先进单位
县财政局　市财政局表彰为2017年全市会计监督检查工作一等奖
县财政局　市财政局表彰为2017年财政扶贫资金专项检查工作二等奖
县财政局　市人民政府命名为宜宾市园林单位
县发改局　市发展改革委表彰为2017年1—3月全社会固定资产投资工作先进
县粮食局　市委、市政府、宜宾军分区命名表扬为2016年度拥军优属先进单位
县安监局　市政府办表彰为2016年度安全生产工作绩效考核先进单位
县安监局　市安监局表彰为2016年度全市安监系统安全生产监管工作先进单位
县卫计局　市委、市政府、宜宾军分区表彰为2016年度拥军优属先进单位
县审计局　市委、市政府命名为2017—2019年度宜宾市文明单位
县审计局　市审计局表彰为2016年度审计业务工作目标绩效考核合格单位
县审计局　市审计局表彰为2017年度"现代审计"宣传工作先进单位
县审计局　市审计局表彰为2017年度"扶贫审计"单项考核优秀单位
县林业局　市林业局表彰为2016年度县(区)林业目标绩效考核先进单位
县林业局　市委、市政府命名为2017—2019年度宜宾市文明单位
县林业局　市委办、市政府办表彰为创建国家森林城市工作先进集体
县林业局　市政府表彰为宜宾市2012—2016年保护发展森林资源目标考核第一
县林业局　市林业局表彰为2017年行政执法案卷评查优秀单位
县林业局　市林业局表彰为集体林地承包经营纠纷调处工作考评先进单位
县林业局　市林业局表彰为2017年度区县林业目标绩效考核优秀单位
县农业局　市政府表彰为2017年优质专用杂交玉米新品种筛选与推广一等奖
县农业局　市农业局表彰为2016年县(区)农业工作目标绩效考核完成单位

县国税局　市委、市政府表彰为宜宾市"六五"普法先进集体
县地税局　市地税局表彰为2016年度"营改增"和资源税全面改革工作突出单位
县地税局　市地税局表彰为2017年稽查工作先进单位
县档案局　市委、市政府表彰为2016—2018年宜宾市文明单位
县档案局　市档案局表彰为2016年档案工作目标综合考核一等
县法院　市中级人民法院表彰为2016年度全市审判管理工作一等奖
县法院　市中级人民法院表彰为2016年度司法技术工作一等奖
县法院　市中级人民法院表彰为2016年度执行工作开展情况通报表扬
县法院　市中级人民法院表彰为2016年度司法统计工作先进单位
县法院　市中级人民法院表彰为2016年度裁判文书公开工作先进单位
县法院　市中级人民法院表彰为2016年度全市法院审判管理工作一等奖
县法院　市中级人民法院表彰为2016年度调研工作先进单位
县法院　市中级人民法院表彰为2016年度信息工作先进集体
县法院　市中级人民法院授予为集体三等功(司法警察大队)
县法院　市中级人民法院表彰为2016年度争创"两个一流"工作先进单位
县法院　市委、市政府表彰为宜宾市"六五"普法先进集体
县法院　市委、市政府命名为2017—2019年度宜宾市文明单位
县司法局　市委、市政府表彰为宜宾市"六五"普法先进集体
县司法局　市依法治市领导小组办公室、市司法局命名为第一批市级"法律十二进"(法律进机关)示范点
县公安局　市公安局纪委办公室表彰为2016年度县公安局落实党风廉政建设责任制第一等次
县公安局　市公安局国保支队表彰为2016年度工作目标任务第三名(国保大队)
县公安局　市公安局表彰为2016年全市公安工作目标绩效考核先进单位
县公安局　市烟草市场经济秩序整顿工作组表彰为2016年"打防控"一体化烟草专卖管理新体系建设先进集体(经侦大队)
县公安局　市禁毒委员会表彰为2016年度禁毒工作目标绩效管理一等奖(禁毒大队)
县公安局　市公安局表彰为2016年全市公安工作目标绩效考核二等奖
县公安局　市公安局表彰为"亮剑"专项行动成绩突出的集体嘉奖
县公安局　市公安局授予筠连县公安局集体三等功
县公安局　市政务服务中心表彰为优秀示范单位(治安大队)
县公安局　市政府政务服务中心表彰为2017年度政务服务优秀示范窗口(县公安局窗口)
县经信科技局　市政府办表彰为2016年度商务工作目标考评先进单位
县经信科技局　市工业强市领导小组办表彰为2017年全市经济运行监测工作成绩突出单位
县经信科技局　市科技领导小组办表彰为2016年度全市科技工作优秀单位
县交通运输局　市委、市政府、宜宾军分区表彰为2016年度爱国拥军模范单位
县交通运输局　市委、市政府命名为2017—2019年度宜宾市文明单位
县交通运输局　市交通运输局表彰为2016年全市交通运输依法行政评议考核第五名
县交通运输局　市政府办表彰为2016年交通建设高速公路建设先进单位
县交通运输局　市政府办表彰为2016年干线公路建设完成单位
县交通运输局　市政府办表彰为2016年农村公路建设完成单位
县交通运输局　市政府办表彰为2016年国省管养协调保障先进单位
县交通运输局　市政府办表彰为2017年全市交通运输依法行政评议优秀单位
县交通运输局　市总工会表彰为集体协商示范单位(筠州公交公司)
县教育文广局　市教育和体育局表彰为2016年度县(区)教育体育部门综合目标考核全面完成单位
县教育文广局　市政府表彰为宜宾市第十次哲学社会科学优秀成果优秀奖
县教育文广局　市委、市政府、宜宾军分区命名表扬为国拥军模范单位(县筠州艺术团)
县教育文广局　市广播电台表彰为2017年度提名奖(广播长消息《易地扶贫搬迁政策:喜迁新居过上好日子》)
县教育文广局　市广播电台表彰为2017年度提名奖(广播新闻专题《第一书记陶峰:精准扶贫贫困村 重启村官之路》)

县教育文广局　市广播电台表彰为2017年度提名奖(电视新闻专题《最美姑娘杨家珊:无偿捐献遗体 让爱心传递下去》)
县教育文广局　市广播电台表彰为2017年度提名奖(电视原创歌曲《春风四季吹》)
县教育文广局　市广播电台表彰为2017年度提名奖(微视频《筠连粉条》)
县教育文广局　市广播电台表彰为2017年度宣传宜宾好新闻二等奖(新闻《四川建新村、百万人口将告别贫困》)
县教育文广局　市广播电台表彰为2017年度宣传宜宾好新闻三等奖(新闻《办实事、惠民生、建设周转房,让农村教师安居乐教》)
县教育文广局　市广播电台表彰为2017年度宣传宜宾新闻二等奖(新闻《山乡小伙当红娘:山货变网货,穷家"丑女"成"香饽饽"》)
县教育文广局　市广播电台表彰为2017年度宣传宜宾新闻三等奖(新闻《2015四川国际文化旅游节筠连分会场活动开幕》)
县教育文广局　市广播电台表彰为2017年度全市新闻特等奖(新闻《春风村乡村脱贫、点石成金》)
筠连中学　市委、市政府表彰为宜宾市"六五"普法先进集体
双泉职中　市文明委命名为宜宾市首届文明校"
第三中学　市文明委命名为宜宾市首届文明校园
定水中学　市文明委命名为宜宾市首届文明校园
县规建城管局　市政府命名为2017年度宜宾市园林单位
县规建城管局　市委办、市政府办表彰为创建国家森林城市工作先进集体
县规建城管局　市政府命名为市级园林单位(地震台)
县畜牧水产局　市畜牧水产局表彰为2016年畜牧水产工作综合目标考核先进单位
县食药监局　市食安委表彰为2016年度食品安全工作先进单位
县食药监局　市食品药品监管局表彰为2017年不良反应监测工作先进单位
县食药监局　市食品药品监管局表彰为2017年专项整治行动先进单位
县食药监局　市食品药品监管局表彰为2017年度县(区)食品药品监督管理目标绩效先进单位(第二)
县人社局　市人社局表彰为"创业先锋""创业典型"宜宾赛区选拔赛的"创业典型"先进单位
县人社局　市人社局表彰为首届"宜宾创翼"青年创业创新大赛组织工作先进单位
县人社局　市人才服务和就业促进局表彰为2017年全市就业扶贫载体建设工作先进单位(县就业局)
县人社局　市人才服务和就业促进局表彰为全市就业扶贫培训工作先进单位(县就业局)
县人社局　市人才服务和就业促进局表彰为全市农村公益性岗位开发管理工作先进单位(县就业局)
县环保局　市委办、市政府办表彰为2016年环境保护责任目标考评一等奖(党政"一把手"环保目标考核)
县环保局　市委办、市政府办表彰为2016年环境保护责任目标考评一等奖(政府环保绩效考核)
县环保局　市委办、市政府办表彰为2016年度污染减排工作绩效考核先进责任单位一等奖
县环保局　市委办、市政府办表彰为2016年度环境质量持续改善绩效考核一等奖(空气环境质量工作)
县环保局　市委办、市政府办表彰为2016年度环境质量持续改善绩效考核二等奖(水环境质量工作)
县环保局　市委办、市政府办表彰为2016年度生态市创建工作绩效考核一等奖
县环保局　市环保局表彰为2016年度全市环保系统业务系统业务综合目标考核一等奖
县环保局　市环保局表彰为2016年度全市环保系统办公室工作综合考核先进单位
县环保局　市环保局表彰为2016年度全市环保系统办公室工作文电会办理考核先进单位
县环保局　市环保局表彰为2016年度全市环保系统办公室工作后勤保障考核先进单位
县环保局　市环保局表彰为2016年度环境执法大练兵活动先进集体
县环保局　市环保局表彰为2016年度环境监测工作考核二等奖
县民政局　市民政局表彰为2016年度优抚医疗巡诊工作先进单位
县民政局　市民政局表彰为2016年度民政单项工作先进单位(优抚工作)
县民政局　市民政局表彰为2017年度优抚医疗巡诊工作先进单位
县民政局　市委、市政府、宜宾军分区表彰为2016年度拥军优属先进单位
县老龄办　市老龄办、市文明办表彰为2017年敬老月活动优秀组织奖
县工商局　市委、市政府命名为2017—2019年度宜宾市文明单位

县工商局　市工商局表彰为2016年度年报工作先进单位
县工商局　市委宣传部表彰为2017年度身边雷锋 时代榜样——“岗位学雷锋先进集体”
县工商局　市工商局表彰为“红盾春雷行动2017”先进集体
县工商局　市人民政府政务服务中心表彰优秀示范窗口(工商局窗口)
县质监局　市政府表彰为2016年质量工作绩效考核第四名。
筠连镇　市委、市政府表彰为宜宾市“六五”普法先进集体
筠连镇　市委、市政府、宜宾军分区表彰为2016年度爱国拥军模范乡镇
筠连镇　市委办表彰为2016年度党委信息工作优秀乡镇
筠连镇　市委办、市政府办表彰为完成2016年度全市社会治安综合治理工作目标先进乡镇
筠连镇　市委办、市政府办表彰为完成2016年度全市社会治安综合治理目标平安建设先进乡镇
筠连镇　市委、市政府命名为2016年度市级“四好村”(五丰村)
筠连镇　市委、市政府命名为2016年度市级“四好村”(垫泥社区村)
筠连镇　市委、市政府命名为2016年度市级“四好村”(白鹤社区村)
筠连镇　市委、市政府命名为2016年度市级“四好村”(联络社区村)
筠连镇　市委、市政府命名为2016年度市级“四好村”(燎原村)
筠连镇　市委、市政府命名为2017年度市级“四好村”(五凤村)
筠连镇　市委、市政府命名为2017年度市级“四好村”(五陵村)
筠连镇　市委、市政府命名为2017年度市级“四好村”(前丰村)
筠连镇　市委、市政府命名为2017年度市级“四好村”(红江村)
筠连镇　市委、市政府命名为2017—2019年度宜宾市文明乡(镇)
筠连镇　市委、市政府命名为2017—2019年度宜宾市文明村(垫泥村)
筠连镇　市委、市政府命名为2017—2019年度宜宾市文明村(普高村)
筠连镇　市委、市政府命名为2017—2019年度宜宾市文明村(燎原村)
筠连镇　市委、市政府命名为2017—2019年度宜宾市文明村(桂花村)
筠连镇　市委、市政府命名为2016—2018年度宜宾市文明村(五丰村)
筠连镇　市委、市政府命名为2016—2018年度宜宾市文明村(五凤村)
筠连镇　市委、市政府命名为2016—2018年度宜宾市文明社区(河西社区)
筠连镇　市委、市政府命名为2016—2018年度宜宾市文明社区(城南社区)
筠连镇　市委、市政府命名为2017—2019年度宜宾市文明社区(玉壶社区)
筠连镇　市委、市政府命名为2017—2019年度宜宾市文明社区(中城社区)
筠连镇　市委、市政府、宜宾军分区表彰为2016年度爱国拥军模范社区(城南社区)
筠连镇　市总工会命名为“示范职工书屋”(城南社区工会职工书屋)
筠连镇　市总工会命名为“示范职工书屋”(五凤村工会职工书屋)
腾达镇　市委、市政府、宜宾军分区表彰为2016年度拥军优属先进乡(镇)
腾达镇　市委、市政府命名为2016年度市级“四好村”(春风村)
腾达镇　市委、市政府命名为2016年度市级“四好村”(冒水社区村)
腾达镇　市委、市政府命名为2016年度市级“四好村”(水茨村)
腾达镇　市委、市政府命名为2016年度市级“四好村”(官井村)
腾达镇　市委、市政府命名为2017年度市级“四好村”(向阳村)
腾达镇　市委、市政府命名为2017年度市级“四好村”(海灯村)
腾达镇　市委、市政府命名为2017年度市级“四好村”(小溪村)
腾达镇　市委、市政府命名为2017年度市级“四好村”(建设村)
腾达镇　市总工会命名为“示范职工书屋”(冒水社区工会职工书屋)
腾达镇　市总工会命名为示范点(冒水社区工会农民工文化驿站)
腾达镇　市委、市政府命名为2017—2019年度宜宾市文明村(冒水社区)
腾达镇　市委、市政府命名为2017—2019年度宜宾市文明村(新民村)
腾达镇　市委、市政府命名为2017—2019年度宜宾市文明村(官井村)

腾达镇　市委、市政府命名为2017—2019年度宜宾市文明村(海灯村)
巡司镇　市委办、市政府办命名为全市维护社会稳定工作先进乡镇
巡司镇　市委办、市政府办表彰为完成2016年度全市维护社会稳定工作目标先进乡镇
巡司镇　市委、市政府命名为2016—2018年度宜宾市文明村(银星村)
巡司镇　市委、市政府命名为2017—2019年度宜宾市文明村(德面村)
巡司镇　市委、市政府命名为2017—2019年度宜宾市文明村(土房村)
巡司镇　市委、市政府命名为2017—2019年度宜宾市文明村(梧桐村)
巡司镇　市委、市政府命名为2017—2019年度宜宾市文明村(庆高村)
巡司镇　市委、市政府命名为2017—2019年度宜宾市文明村(芦丰村)
巡司镇　市委、市政府命名为2017—2019年度宜宾市文明村(杨柳村)
巡司镇　市委、市政府命名为2016年度市级“四好村”(银星村)
巡司镇　市委、市政府命名为2016年度市级“四好村”(土房村)
巡司镇　市委、市政府命名为2017年度市级“四好村”(四方村)
巡司镇　市委、市政府命名为2017年度市级“四好村”(杨柳村)
巡司镇　市委、市政府命名为2017年度市级“四好村”(上游村)
巡司镇　市委、市政府命名为2017年度市级“四好村”(德面村)
巡司镇　市委、市政府命名为2017年度市级“四好村”(和平村)
沐爱镇　市委、市政府、宜宾军分区表彰为2016年度拥军优属先进乡镇
沐爱镇　市委办、市政府办表彰为完成2016年度全市社会治安综合治理目标平安建设先进乡镇
沐爱镇　市委办、市政府办表彰为完成2016年度全市社会治安综合治理工作目标先进乡镇
沐爱镇　市科协表彰为2017年度科普工作先进单位
沐爱镇　市委、市政府命名为2017—2019年度宜宾市文明乡(镇)
沐爱镇　市委、市政府命名为2016—2018年度宜宾市文明村(棬坪社区村)
沐爱镇　市委、市政府命名为2017—2019年度宜宾市文明村(金銮村)
沐爱镇　市委、市政府命名为2017—2019年度宜宾市文明村(石林村)
沐爱镇　市委、市政府命名为2017—2019年度宜宾市文明村(骑龙村)
沐爱镇　市委、市政府命名为2017—2019年度宜宾市文明村(兴隆村)
沐爱镇　市委、市政府命名为2017—2019年度宜宾市文明村(金龙村)
沐爱镇　市委、市政府命名为2016年度市级“四好村”(棬坪社区村)
沐爱镇　市委、市政府命名为2017年度市级“四好村”(尧坝村)
沐爱镇　市委、市政府命名为2017年度市级“四好村”(团结村)
沐爱镇　市委、市政府命名为2017年度市级“四好村”(金銮村)
沐爱镇　市小城镇建设工作领导小组办公室表彰为市级重点镇、试点镇2016考核第五名
维新镇　市委、市政府命名为2017—2019年度宜宾市文明乡(镇)
维新镇　市文明委命名为宜宾市首届文明校园(沐义小学)
维新镇　市委、市政府命名为2016年度市级“四好村”(顺阳村)
维新镇　市委、市政府命名为2017年度市级“四好村”(自由村)
维新镇　市委、市政府命名为2017年度市级“四好村”(田坝村)
维新镇　市委、市政府命名为2017年度市级“四好村”(东云村)
维新镇　市委、市政府命名为2017—2019年度宜宾市文明村(顺阳村)
维新镇　市委、市政府命名为2017—2019年度宜宾市文明村(安全村)
维新镇　市委、市政府命名为2017—2019年度宜宾市文明村(沐阴村)
维新镇　市委、市政府命名为2017—2019年度宜宾市文明村(平等村)
维新镇　市委、市政府命名为2017—2019年度宜宾市文明村(新华村)
维新镇　市委、市政府命名为2017—2019年度宜宾市文明村(西林村)
维新镇　市委、市政府命名为2017—2019年度宜宾市文明村(自由村)
维新镇　市委、市政府命名为2017—2019年度宜宾市文明村(东云村)

维新镇 市委、市政府命名为2017—2019年度宜宾市文明村(落箭村)
维新镇 市委、市政府命名为2017—2019年度宜宾市文明村(山坝村)
镇舟镇 市委办、市政府办表彰为完成2016年度全市社会治安综合治理目标平安建设先进乡镇
镇舟镇 市委办、市政府办表彰为完成2016年度全市社会治安综合治理工作目标先进乡镇
镇舟镇 市委、市政府命名为2016年度市级“四好村”(前进村)
镇舟镇 市委、市政府命名为2017年度市级“四好村”(景阳村)
镇舟镇 市委、市政府命名为2017年度市级“四好村”(云岭村)
镇舟镇 市委、市政府命名为2017—2019年度宜宾市文明村(尖峰村)
镇舟镇 市委、市政府命名为2017—2019年度宜宾市文明村(马家村)
蒿坝镇 市委办、市政府办表彰为完成2016年度全市社会治安综合治理目标平安建设先进乡镇
蒿坝镇 市委办、市政府办表彰为完成2016年度全市维护社会稳定工作目标先进乡镇
蒿坝镇 市民政局表彰为优抚医疗巡诊先进单位
蒿坝镇 市委、市政府命名为2016—2018年度宜宾市文明村(高桥村)
蒿坝镇 市委、市政府命名为2016—2018年度宜宾市文明村(高兴村)
蒿坝镇 市委、市政府命名为2016—2018年度市级“四好村”(高兴村)
蒿坝镇 市委、市政府命名为2016—2018年度市级“四好村”(高龙村)
蒿坝镇 市委、市政府命名为2016—2018年度市级“四好村”(高桥村)
蒿坝镇 市委、市政府命名为2017—2019年度市级“四好村”(水龙村)
蒿坝镇 市委、市政府命名为2017—2019年度市级“四好村”(蒿坝村)
蒿坝镇 市委、市政府命名为2017—2019年度宜宾市文明村(合力村)
蒿坝镇 市委、市政府命名为2017—2019年度宜宾市文明村(齐心村)
双腾镇 市委、市政府命名为2016—2018年度市级“四好村”(沙坝村)
双腾镇 市委、市政府命名为2016—2018年度市级“四好村”(走马村)
双腾镇 市委、市政府命名为2017—2019年度市级“四好村”(两河村)
双腾镇 市委、市政府命名为2017—2019年度市级“四好村”(鱼井村)
双腾镇 市委、市政府命名为2017—2019年度市级“四好村”(酸草村)
双腾镇 市委、市政府命名为2017—2019年度宜宾市文明村(大山村)
双腾镇 市委、市政府命名为2017—2019年度宜宾市文明村(两河村)
双腾镇 市委、市政府命名为2017—2019年度宜宾市文明村(沙坝村)
双腾镇 市委、市政府命名为2017—2019年度宜宾市文明村(德胜村)
大雪山镇 市委、市政府、宜宾军分区表彰为2016年度拥军优属先进乡镇
大雪山镇 市委、市政府命名为2017—2019年度宜宾市文明乡(镇)
大雪山镇 市委、市政府命名为2016—2018年度市级“四好村”(雪山村)
大雪山镇 市委、市政府命名为2016—2018年度市级“四好村”(安乐村)
大雪山镇 市委、市政府命名为2017—2019年度市级“四好村”(马蹄村)
大雪山镇 市委、市政府命名为2017—2019年度市级“四好村”(乐园村)
大雪山镇 市委、市政府命名为2017—2019年度市级“四好村”(冬燕村)
大雪山镇 市委、市政府命名为2017—2019年度宜宾市文明村(雪山村)
大雪山镇 市委、市政府命名为2017—2019年度宜宾市文明村(迎丰村)
大雪山镇 市委、市政府命名为2017—2019年度宜宾市文明村(天堂村)
武德乡 市政府命名为宜宾市园林式单位
武德乡 市委、市政府命名为2016—2018年度宜宾市文明乡镇
武德乡 市委、市政府命名为2016—2018年度市级“四好村”(共和村)
武德乡 市委、市政府命名为2016—2018年度市级“四好村”(鱼池社区村)
武德乡 市委、市政府命名为2017—2019年度市级“四好村”(解放村)
武德乡 市委、市政府命名为2017—2019年度市级“四好村”(新顺村)
武德乡 市委、市政府命名为2016—2018年度宜宾市文明村(共和村)

武德乡	市委、市政府命名为2017—2019年度宜宾市文明村(中华村)
乐义乡	市委办、市政府办表彰为2016年度全市维护社会稳定工作先进乡镇
乐义乡	市委办、市政府办表彰为完成2016年度全市维护社会稳定工作目标先进乡镇
塘坝乡	市委办、市政府办表彰为完成2016年度全市社会治安综合治理目标平安建设先进乡镇
塘坝乡	市委办、市政府办表彰为完成2016年度全市社会治安综合治理工作目标先进乡镇
塘坝乡	市委、市政府命名为2017—2019年度宜宾市文明乡(镇)
塘坝乡	市委、市政府命名为2016—2018年度宜宾市文明村(木映村)
塘坝乡	市政府政务中心表彰为2017年度最佳乡镇(街道)便民服务中心先进单位
塘坝乡	市委、市政府命名为2016—2018年度市级“四好村”(木映村)
塘坝乡	市委、市政府命名为2016—2018年度市级“四好村”(幸福社区村)
塘坝乡	市委、市政府命名为2016—2018年度市级“四好村”(川丰社区村)
塘坝乡	市委、市政府命名为2016—2018年度市级“四好村”(柑子村)
塘坝乡	市委、市政府命名为2017—2019年度市级“四好村”(新农村)
塘坝乡	市委、市政府命名为2017—2019年度宜宾市文明村(柑子村)
塘坝乡	市委、市政府命名为2017—2019年度宜宾市文明村(双田村)
龙镇乡	市科协表彰为2017年科普工作先进单位
龙镇乡	市委、市政府命名为2017—2019年度市级“四好村”(龙塘社区村)
龙镇乡	市委、市政府命名为2017—2019年度市级“四好村”(兴胜村)
龙镇乡	市委、市政府命名为2017—2019年度宜宾市文明乡(镇)
龙镇乡	市委、市政府命名为2017—2019年度宜宾市文明村(金狮村)
龙镇乡	市委、市政府命名为2017—2019年度宜宾市文明村(龙塘社区村)
孔雀乡	市委、市政府命名为2017—2019年度市级“四好村”(龙泉村)
孔雀乡	市委、市政府命名为2017—2019年度市级“四好村”(中心村)
孔雀乡	市委、市政府命名为2017—2019年度市级“四好村”(鹿井村)
孔雀乡	市委、市政府命名为2017—2019年度宜宾市文明村(新沟村)
孔雀乡	市委、市政府命名为2017—2019年度宜宾市文明村(龙泉村)
孔雀乡	市委、市政府命名为2017—2019年度宜宾市文明村(鹿井村)
孔雀乡	市委、市政府命名为2017—2019年度宜宾市文明乡(镇)
高坎乡	市委、市政府命名为2017—2019年度市级“四好村”(凤凰村)
高坎乡	市委、市政府命名为2017—2019年度市级“四好村”(五星村)
高坎乡	市委、市政府命名为2017—2019年度宜宾市文明村(凤凰村)
高坎乡	市委、市政府命名为2017—2019年度宜宾市文明村(红旗村)
高坪苗族乡	市委办、市政府办表彰为完成2016年度全市维护社会稳定工作目标先进乡镇
高坪苗族乡	市委、市政府命名为2017—2019年度市级“四好村”(先锋村)
高坪苗族乡	市委、市政府命名为2017—2019年度市级“四好村”(槐树社区村)
高坪苗族乡	市委、市政府命名为2017—2019年度宜宾市文明村(槐树村)
高坪苗族乡	市委、市政府命名为2017—2019年度宜宾市文明村(麻园村)
高坪苗族乡	市委、市政府命名为2017—2019年度宜宾市文明村(先锋村)
高坪苗族乡	市委、市政府命名为2017—2019年度宜宾市文明村(英雄村)
联合苗族乡	市委、市政府命名为2016—2018年度市级“四好村”(红春村)
联合苗族乡	市委、市政府命名为2017—2019年度市级“四好村”(红竹村)
团林苗族乡	市政府命名为2017年度宜宾市园林式单位
团林苗族乡	市委办、市政府办表彰为完成2016年度全市社会治安综合治理目标平安建设先进乡镇
团林苗族乡	市委办、市政府办表彰为完成2016年度全市社会治安综合治理工作目标先进乡镇
团林苗族乡	市委、市政府表彰为2016—2018年度宜宾市文明村(新阳村)
团林苗族乡	市文明委命名为宜宾市首届文明校园(乡中心校)
团林苗族乡	市委、市政府命名为2016—2018年度市级“四好村”(杉新村)

团林苗族乡　市委、市政府命名为2017—2019年度市级"四好村"(华新村)
团林苗族乡　市委、市政府命名为2017—2019年度宜宾市文明乡(镇)
团林苗族乡　市委、市政府命名为2017—2019年度宜宾市文明村(华新村)
团林苗族乡　市委、市政府命名为2017—2019年度宜宾市文明村(杉新村)
团林苗族乡　市委、市政府命名为2017—2019年度宜宾市文明村(新中村)
团林苗族乡　市委、市政府命名为2017—2019年度宜宾市文明村(火花村)
团林苗族乡　市委、市政府命名为2017—2019年度宜宾市文明村(香樟村)
醒世公司　市委办、市政府办表彰为在第十六届中国西部国际博览会招商招展中作出突出贡献企业
醒世公司　市委办、市政府办表彰为在第十六届中国西部国际博览会贸易促进中作出突出贡献企业
蓝伯特公司　市委、市政府表彰为宜宾市"六五"普法先进集体
联通筠连分公司　市委、市政府命名为2016—2018年度宜宾市文明单位
移动筠连分公司　市委、市政府命名为2016—2018年度宜宾市文明单位
老区建设促进会　市委、市政府、宜宾军分区命名表扬为2016年度拥军优属先进单位
中国人寿筠连公司　市委、市政府、宜宾军分区命名表扬为2016年度拥军优属先进单位

2017年度市级部门表彰的先进个人

(单位提供,排名不分先后)

刘朝平　市委办、市政府办评为2016年度民生工程绩效考核先进个人(县政府办)
刘朝平　市委办、市政府办评为创建国家森林城市先进个人(县政府办)
张忠伟　市委办、市政府办表彰为2016年度脱贫攻坚优秀第一书记(县环保局)
何均虎　市委办、市政府办表彰为2016年度脱贫攻坚优秀第一书记(市社科联)
杜华春　市委办、市政府办表彰为2016年度脱贫攻坚优秀第一书记(县人防办)
张　宏　市委办、市政府办表彰为2016年度脱贫攻坚优秀第一书记(县国税局)
曾　强　市委办、市政府办表彰为2016年度脱贫攻坚优秀第一书记(县人民检察院)
何　钰　市委办、市政府办表彰为2016年度脱贫攻坚优秀第一书记(县交通局)
王　煜　市委办、市政府办表彰为2016年度脱贫攻坚优秀第一书记(县人社局)
胡守焰　市委办、市政府办表彰为2016年度脱贫攻坚优秀扶贫干部(县扶贫移民局)
章兆伟　市委办、市政府办表彰为2016年度脱贫攻坚优秀驻村干部(县委组织部)
唐晓莉　市委办、市政府办表彰为2016年度脱贫攻坚优秀驻村干部(县工商联)
何忠云　市委办、市政府办表彰为2016年度脱贫攻坚优秀驻村干部(县林业局)
何　敏　市委办、市政府办表彰为2016年度脱贫攻坚优秀驻村干部(县社保局)
黄丽萍　市委办、市政府办表彰为2016年度脱贫攻坚优秀驻村干部(县政协办)
安　平　市委办、市政府办表彰为2016年度脱贫攻坚优秀驻村干部(县委巡察办)
江波涛　市委办、市政府办表彰为2016年度脱贫攻坚优秀农技员(县农业局)
李　均　市委办、市政府办表彰为2016年度脱贫攻坚优秀农技员(县农业局)
罗　涛　市委办、市政府办表彰为2016年度脱贫攻坚优秀农技员(县农业局)
万家云　市委办、市政府办表彰为2016年度脱贫攻坚优秀农技员(县农业局)
杨廷荣　市委办、市政府办表彰为2016年度脱贫攻坚优秀农技员(县农业局)
周春荣　市委办、市政府办表彰为2016年度脱贫攻坚优秀农技员(县农业局)
王彬俊　市委办、市政府办表彰为2016年度脱贫攻坚优秀农技员(县农业局)

江波涛　市委办、市政府办表彰为2016年度脱贫攻坚优秀农技员(县农业局)
段　毅　市委、市政府评为宜宾市“六五”普法先进个人(县财政局)
沈辅君　市委、市政府评为宜宾市“六五”普法先进个人(县食药监局)
樊　萍　市委、市政府评为宜宾市“六五”普法先进个人(县司法局)
刘　俊　市委、市政府评为宜宾市“六五”普法先进个人(县人民法院)
李　超　市委办、市政府办表彰为创建国家森林城市先进个人(县交通运输局)
毛正祥　市委办、市政府办表彰为创建国家森林城市先进个人(县林业局)
张　芳　市委、市政府、宜宾军分区表彰为拥军优属先进个人(县人社局)
曹　章　市委、市政府、宜宾军分区表彰为拥军优属先进个人(县委宣传部)
文德奎　市委、市政府、宜宾军分区表彰为拥军优属先进个人(县财政局)
李培辉　市委、市政府、宜宾军分区表彰为拥政爱民先进个人(县人武部)
刘文锦　市委办、市政府办表彰为2016年度投资促进工作先进个人(县投资促进局)
安　君　市委办表彰为2016年度全市党委系统公文处理优秀个人(县委办)
胡　乔　市委办表彰为2016年度县(区)委办公室先进个人(县委办)
安　君　市委办表彰为2016年度县(区)委办公室先进个人(县委办)
杨　洁　市委办表彰为2016年度党委信息工作优秀个人(县委办)
胡世刚　市委办评为2017年度全市党内法规工作优秀个人(县委办)
陶　凯　市委全面深化改革领导小组表彰为2016年度全市全面深化改革工作先进个人(县委办)
胡　乔　市委政研室表彰为2016年度县(区)委政研室调研工作先进个人(县委办)
王　兰　市委办评为2017年度党委信息工作县(区)优秀个人(县委办)
吴德强　市委办评为2017年度县(区)委办公室优秀个人(县委办)
安　君　市委办评为2017年度县(区)委办公室优秀个人(县委办)
徐　武　市烟草市场经济秩序整顿工作组评为2016年“打防控”一体化烟草专卖管理新体系建设先进个人(县公安局)
谢　韧　市烟草市场经济秩序整顿工作组评为2016年“打防控”一体化烟草专卖管理新体系建设先进个人(县公安局)
范亚飞　市烟草市场经济秩序整顿工作组评为2016年“打防控”一体化烟草专卖管理新体系建设先进个人(县公安局)
许　华　市公安局授予“亮剑”专项行动个人嘉奖(县公安局)
刘　威　市公安局授予“亮剑”专项行动个人嘉奖(县公安局)
李　林　市公安局授予“亮剑”专项行动个人嘉奖(县公安局)
赖智华　市公安局授予“亮剑”专项行动个人嘉奖(县公安局)
刘　康　市公安局荣记个人三等功(县公安局)
曹立华　市公安局荣记个人三等功(县公安局)
陈代金　市公安局荣记个人三等功(县公安局)
黄　浩　市公安局授予全省第一届武装越野比赛嘉奖(县公安局)
蒋　炜　市公安局荣记个人三等功(县公安局)
易元彬　市公安局评为全市优秀教官(县公安局)
宋　宇　市公安局荣记个人三等功(县公安局)
赖智华　市公安局荣记个人三等功(县公安局)
彭　莉　市政务服务中心评为2017年度政务服务标兵(县公安局)
蒋蜀均　市老龄办、市文明办评为宜宾市2017年“敬老月”活动先进个人(县委宣传部)
蒋蜀均　市互联网信息办公室评为宜宾市首届“网络正能量榜样”(县委宣传部)
胡立川　市委、市政府评为宜宾市“六五”法治宣传教育先进个人(县教育文广局)
程全美　市关工委、市精神文明办、市老干局、团市委评为市关心下一代工作“先进工作者”(县教育文广局)
张　华　市委宣传部评为予2017年度全市优秀新闻工作者(县教育文广局)
陶　涛　市总工会评为“争当优秀劳动争议调解员和法律援助工作者”竞赛先进个人(县总工会煤矿安全群众监督员)
杨科伟　市审计局、市审计学会评为2017年度全市审计能手评选之业务类审计能手(县审计局)
龚学武　市审计局评为“庆七一 审计人风采”摄影书法作品评选之摄影类一等奖(县审计局)
龚学武　市审计局评为“庆七一 审计人风采”摄影书法作品评选之书法类二等奖(县审计局)

龚学武　市审计局评为“庆七一 审计人风采”摄影书法作品评选之书法类三等奖(县审计局)
廖　鑫　市交通运输局2017年全市交通运输依法行政评议优秀执法人员(县交通运输局)
黄承彪　市地税局评为2017年全市地税系统脱贫攻坚优秀第一书记(县地税局)
张旭伟　市委组织部评为2016年度全市组织系统信息工作先进个人(县委组织部)
曾　强　市委、市政府评为2016年度脱贫攻坚先进个人(县人民检察院)
吴成洪　市人民检察院评为2016年全市检察机关先进个人(记个人三等功一次,县人民检察院)
邬　均　市人民检察院评为2017年全市检察机关个人嘉奖令(县人民检察院)
陈　践　市委政法委评为全市2017年“打防控”烟草专卖管理新体系建设先进个人(县政法委)
陈　践　市综治委评为2012—2016年度“平安宜宾”先进个人(县政法委)
罗　迪　市中级人民法院评为2016年度司法技术工作成绩优异人员(县人民法院)
王兴度　市中级人民法院评为2016年度司法技术工作成绩优异人员(县人民法院)
黄圆圆　市中级人民法院评为2016年度司法统计工作先进个人(县人民法院)
曹　建　市中级人民法院评为2016年度调研工作先进个人(县人民法院)
郝中燕　市中级人民法院评为2016年度宣传工作先进个人(县人民法院)
平一惠　市中级人民法院评为2016年度信息工作先进个人(县人民法院)
曾本胜　市中级人民法院授予2016年度个人三等功(县人民法院)
史艳霞　团市委评为2017年度宜宾市优秀共青团员(县人民法院)
刘泽慧　市委政协员会评为2017年度优秀市政协委员(县科协)
刘泽慧　市科学技术协会表彰为2017年度科普惠农兴村先进个人(县科协)
罗光友　市科学技术协会表彰为2017年度科普工作先进个人(县科协)
罗光友　市科学技术协会表彰为2017年度科协系统宣传信息工作先进个人(县科协)
王　健　市司法局评为2016年度县(区)司法行政工作先进个人(县司法局)
袁　旷　市司法局评为2016年度司法行政信息宣传暨政务公开先进个人(县司法局)
余宋敏　市依法治市领导小组评为宜宾市2016年度法治示范人物(县司法局)
耿　毅　市司法局评为2016年全市司法行政系统调研文章评审三等奖(县司法局)
刘宗文　市工商局评为2016年度全市系统政务信息宣传调研工作先进个人(县工商局)
刘宗文　市工商局评为2017年度全市系统政务信息宣传调研工作先进个人(县工商局)
王克强　市工商局评为2017年度全市系统政务信息宣传调研工作先进个人(县工商局)
田小虎　市工商局评为“红盾春雷行动2017”先进个人(县工商局)
罗晓琴　市人民政府政务服务中心评为政务服务标兵(县工商局)
蔡承成　市文明委评为宜宾市第三届美德少年(胜利街小学三年级7班)
母绪燕　市文明委评为宜宾市第三届美德少年(第三中学初2018级7班)
王　鹏　市文明委评为宜宾市第三届美德少年(第二中学初三10班)
罗皓文　市文明委评为宜宾市第三届美德少年(胜利街小学三年级4班)
胡立川　市委、市政府评为宜宾市“六五”普法先进个人(胜利街小学)
胡百中　市委、市政府评为宜宾市“六五”普法先进个人(浙江油田公司筠连片)
杨佳林　市委办、市政府办表彰为2016年度脱贫攻坚爱心扶贫先进个人(农商银行)
钱　勇　市委办、市政府办表彰为2016年度脱贫攻坚爱心扶贫先进个人(乐山万兴投资有限公司)
王亚运　市委办、市政府办表彰为2016年度脱贫攻坚优秀扶贫干部(华西集团)
陈毅萍　市委办、市政府办表彰为2016年度脱贫攻坚爱心扶贫先进个人(来和商贸有限公司)
文　韬　市委办、市政府办表彰为2016年度脱贫攻坚爱心扶贫先进个人(筠爱义工协会)
陈　涛　市委办、市政府办评为创建国家森林城市先进个人(筠连镇)
陈　涛　市委、市政府、宜宾军分区命名表扬为爱国拥军模范(筠连镇)
苏　炜　市委办评为2016年度党委信息工作乡镇优秀个人(筠连镇)
肖正才　市文明委授予宜宾市第五届道德模范(筠连镇白鹤村老协会)
赵阳均　市委、市政府评为宜宾市“六五”普法先进个人(筠连镇五丰村党支部)
陈　蓉　市文明委授予宜宾市第五届道德模范(宜宾醒世茶业有限公司)

钟兴田　市委办、市政府办表彰为2016年度脱贫攻坚励志脱贫先进个人(筠连镇红江村)
刘光本　市文明委授予宜宾市文明家庭(腾达镇向阳村,刘光本家庭)
杨文全　市文明委授予宜宾市第五届道德模范(腾达镇向阳村)
陈　刚　市委、市政府评为宜宾市"六五"普法先进个人(腾达镇)
何　玲　市委、市政府评为宜宾市"六五"普法先进个人(巡司镇)
周　莉　市委、市政府、宜宾军分区表彰为拥军优属先进个人(巡司镇)
明　朗　市委、市政府、宜宾军分区表彰为拥军优属先进个人(蒿坝镇)
陈道乾　市委办、市政府办表彰为2016年度脱贫攻坚爱心扶贫先进个人(双腾镇德胜村)
刘　俊　市委、市政府评为宜宾市"六五"普法先进个人(双泉法庭)
王志刚　市委办、市政府办表彰为2016年度脱贫攻坚爱心扶贫先进个人(沐爱镇荷花社区)
李友才　市委办、市政府办表彰为2016年度脱贫攻坚励志脱贫先进个人(维新镇沐阴村)
朱定先　市文明委授予宜宾市文明家庭(大雪山镇海湾村,朱定先家庭)
李立萍　市委办、市政府办表彰为2016年度脱贫攻坚优秀扶贫干部(武德乡)
黄　杰　市委、市政府、宜宾军分区表彰为拥军优属先进个人(武德乡)
樊　萍　市委、市政府评为宜宾市"六五"普法先进个人(武德司法所)
张永金　市委办、市政府办表彰为2016年度脱贫攻坚励志脱贫先进个人(武德乡解放村)
罗中财　市文明委授予宜宾市第五届道德模范(龙镇乡联合村)
罗仕运　市文明委授予宜宾市第五届道德模范(龙镇乡联合村)
付泽香　市委办、市政府办表彰为2016年度脱贫攻坚爱心扶贫先进个人(孔雀乡中心校)
曹　莉　市委办、市政府办表彰为2016年度脱贫攻坚优秀扶贫干部(孔雀乡)
余　强　市委办、市政府办表彰为2016年度脱贫攻坚优秀驻村干部(塘坝乡)

2017年度中共筠连县委　筠连县人民政府 表彰的先进单位

(单位提供,排名不分先后)

一、筠连县首届县长质量奖获奖企业

宜宾醒世茶业有限责任公司
宜宾市双星茶业有限公司
四川泓硒泉饮品有限公司
筠连县筠洲信诚商贸有限责任公司
四川鑫普建筑安装工程有限责任公司

二、2016年度全县残疾人工作先进单位

(一)2016年度残疾人工作目标综合考评先进乡镇

沐爱镇人民政府
镇舟镇人民政府
腾达镇人民政府

(二)2016年度残疾人工作先进单位

县财政局
县地税局
县残疾人联合会
县民政局
县扶贫移民局
县卫生计生局
县委编办
县总工会
县司法局
县人民医院
县特殊教育学校

(三)2016 年度社会助残先进集体

筠州助残志愿者协会

三、2017 年度全县残疾人工作先进单位

(一)2017 年度残疾人工作目标综合考评先进乡镇

筠连镇人民政府　　蒿坝镇人民政府

双腾镇人民政府

(二)2017 年度残疾人工作先进单位

县委宣传部　　县教育文广局

县财政局　　县规建城管局

县民政局　　县地税局

县扶贫移民局　　县农村商业银行

县司法局　　县职业技术学校

县公安局　　县特殊教育学校

县总工会　　县人民医院

县卫生计生局　　县残疾人综合服务中心

县发展改革局　　筠连镇五凤肉牛专业合作社

县投资促进局　　筠连县东云山猪养殖农场

(三)2017 年度社会助残先进集体

筠州助残志愿者协会　　筠连县曹开云中医养生馆

(四)2017 年度先进残疾人专门协会

筠连县盲人按摩协会

四、2017 年度森林防火先进集体

(一)森林防火"六有"乡(镇)建设先进集体

塘坝乡人民政府　　沐爱镇人民政府

筠连镇人民政府　　孔雀乡人民政府

团林苗族乡人民政府　　巡司镇人民政府

龙镇乡人民政府　　联合苗族乡人民政府

(二)森林防火先进集体

县人民政府办公室　　县交通运输局

县人民武装部　　县森林公安局

县人民检察院　　电信筠连分公司

县林业局　　武警筠连县中队

县委宣传部　　筠连县应急救援大队

县教育文广局

五、创建"人民调解规范化乡镇"活动

(一)经检查考核合格的乡(镇)

筠连镇　　塘坝乡

腾达镇　　孔雀乡

沐爱镇　　乐义乡

维新镇　　龙镇乡

蒿坝镇　　高坎乡

镇舟镇　　高坪苗族乡

大雪山镇　　团林苗族乡

武德乡　　联合苗族乡

(二)经检查考核基本合格的乡(镇)

双腾镇

巡司镇

六、筠连县第四届筠州文艺奖组织奖

县委宣传部

县作家协会

县书法家协会

七、2017 年人大代表建议政协委员提案办理工作先进集体

县委办公室

县政府办公室

县委组织部

县财政局

县农业局

县公安局

县林业局

县教育文广局

县卫生计生局

县扶贫移民局

县畜牧水产局

八、2016 年度县乡换届和基层党建工作先进单位

(一)县乡换届工作先进单位

筠连镇

维新镇

蒿坝镇

大雪山镇

塘坝乡

龙镇乡

县委办公室

县人大常委会办公室

县政协办公室

县纪委

县委组织部

县委宣传部

县委统战部

(二)2016 年度基层党建工作先进单位

筠连镇党委

巡司镇党委

孔雀乡党委

塘坝乡党委

腾达镇党委

大雪山镇党委

县公安局党委

县水务局党委

县卫生计生局党委

县直机关工委

九、2016 年度生态环境保护实绩考核结果

(一)乡(镇)

1.一等

腾达镇

蒿坝镇

沐爱镇

高坪苗族乡

联合苗族乡

2.二等

双腾镇

大雪山镇

塘坝乡

龙镇乡

孔雀乡

乐义乡

高坎乡

3.三等

筠连镇

巡司镇

维新镇

镇舟镇

武德乡

团林苗族乡

(二)县级部门

1.一等

县委办公室
县人大常委会办公室
县政府办公室
县政协办公室
县纪委(县监察局)
县委组织部
县委县政府督查目标办公室
县环境环保局

2.二等

县委宣传部
县人民检察院
县人民法院
县财政局
县发展改革局
县教育文广局
县统计局
县林业局
县工商局
县公安局

3.三等

县规建城管局
县经信科技局
县水务局
县农业局
县卫生计生局
县交通运输局
县国土资源局
县畜牧水产局

(三)合格企业和专合社

四川筠连西南水泥有限公司
鲁班山北矿
宜宾清河环保科技股份有限公司
县城市投资有限责任公司
筠连县尖峰山种养专业合作社筠连(川南)黄牛养殖场
中石油浙江油田分公司西南采气厂(筠连)

十、2016年度人口和计划生育工作先进集体

(一)人口和计划生育部门履职先进集体

县委办公室
县人大常委会办公室
县人民政府办公室
县政协办公室
县纪委(县监察局)
县委组织部
县委政法委
县委宣传部
县委统战部
县公安局
县人民检察院
县人民法院
县审计局
县卫生计生局
县财政局

(二)流动人口计划生育服务管理工作先进集体

县卫生计生局
县公安局
县交通运输局
县质监局
县规建城管局

(三)计划生育"三结合"工作先进集体

县民政局
县卫生计生局
县司法局
县国土资源局
县农业局

十一、2015—2016年度全县全面深化改革工作先进集体

县纪委(监察局)
县委组织部
县委政法委
县财政局
县卫生计生局
县国土资源局
县环境保护局
县司法局
县工商局
县农商银行
大雪山镇人民政府
塘坝乡人民政府

十二、2016年度招商引资目标考核结果

(一)2016年度招商引资工作先进单位

1.先进乡(镇)

巡司镇
维新镇
腾达镇
塘坝乡
双腾镇

2.先进部门

县委办公室
县国土资源局
县政府办公室
县交通运输局
县委政法委
县水务局
县工业园区管委会
县统计局
县发展改革局
县投资促进局
县财政局
县工商业联合会
县经信科技局
县农商银行
县规建城管局

(二)2016年度招商引资特殊贡献企业

宜宾村通网络科技有限公司
筠连县红军源竹业开发有限公司
宜宾市恒博包装有限公司
宜宾市筠连县腾达圣奇农业有限公司
筠连县冬青御品生态科技有限公司

十三、2016年度信访工作目标考核成绩突出集体

(一)乡(镇)

1.一等次

筠连镇党委、政府
镇舟镇党委、政府
巡司镇党委、政府
团林苗族乡党委、政府

2.二等次

维新镇党委、政府
孔雀乡党委、政府
塘坝乡党委、政府
高坎乡党委、政府

3.三等次

腾达镇党委、政府
龙镇乡党委、政府
武德乡党委、政府
高坪苗族乡党委、政府

(二)县级部门(单位)

1.一等次

县委办公室
县公安局
县政府办公室
县安全监管局
县人民法院

2.二等次

县经信科技局
县国土资源局
县环境保护局
县工商局
县司法局

3.三等次

县规建城管局
县水务局
县交通运输局
县民政局
县农业局

十四、筠连县中共十九大维稳信访安保工作突出集体

(一)集体三等功

县委政法委
筠连镇党委
县委群工局(县信访局)
巡司镇党委
县公安局

(二)集体嘉奖

县委办公室
县人力资源社会保障局
县人大常委会办公室
县规建城管局
县政府办公室
县卫生计生局
县政协办公室
县安全监管局
县纪委(县监察局)
县公安局联合指挥部
县委组织部
武德乡党委
县委宣传部
维新镇党委
县委统战部
乐义乡党委
县人民法院
孔雀乡党委
县人民检察院
高坎乡党委

十五、2016年工业和服务业企业目标考核先进单位

(一)经济运行先进单位

1.年度工业经济先进单位

筠连县六五茶业有限责任公司
筠连县新世纪印刷厂
四川省筠连县玉壶生态茶业有限责任公司
筠连县镇舟镇利兰煤业有限责任公司
宜宾市双星茶业有限责任公司
筠连县夏泉煤业有限责任公司
宜宾醒世茶业有限责任公司
筠连县景阳柏香林煤矿

2.年度商贸流通业先进单位

筠连县金塔加油站
筠连县筠洲信诚商贸有限责任公司
宜宾巨航电子工程有限公司
筠连县浙商大酒店有限公司
筠连县青山绿水茶叶专业合作社
筠连县筠红商贸有限责任公司
筠连县中和汽车商贸有限公司
筠连县天厚加油站

(二)纳税先进单位

筠连县凤凰煤业有限公司
筠连县九龙煤业有限公司
筠连县水洋煤业有限责任公司
筠连县黄金岩煤矿
筠连县维新镇刘家祠联办煤矿
筠连县浙商大酒店有限公司

(三)品牌培育先进单位

县经信科技局
县工业园区管委会
县质监局
宜宾市双星茶业有限责任公司
县食品药品监管局
宜宾醒世茶业有限责任公司
县畜牧水产局

(四)优秀成长企业

筠连县凤鸣茶业有限公司
宜宾市乌蒙韵茶业股份有限公司
宜宾市筠连县嘉木茶叶有限责任公司
宜宾市大乌蒙网络科技有限公司
筠连县冬青御品生态科技有限公司
筠连县来和商贸有限公司
宜宾市弘博贸易有限责任公司
筠连县濠阳汽车有限责任公司
筠连县红军源竹业开发有限公司

(五)科技成果先进单位

四川蓝伯特生物科技有限责任公司
宜宾市筠连县腾达圣奇农业有限公司
筠连县筠连镇白鹤林产品加工厂

(六)专利申请先进单位

四川蓝伯特生物科技有限责任公司
筠连县乌蒙韵茶业有限责任公司

四川省茶马古道生物科技有限公司

(七)项目建设先进单位

宜宾市筠连县腾达圣奇农业有限公司

四川蓝伯特生物科技股份有限责任公司

筠连县瑞鑫茶业有限责任公司

筠连县筠红商贸有限责任公司

宜宾市弘博贸易有限责任公司

筠连县清溪沟旅游开发有限责任公司

筠连县枫林木炭制造有限公司

筠连县红军源竹业开发有限公司

四川泓硒泉饮品有限公司

(八)电商公共服务平台建设先进单位

宜宾市大乌蒙网络科技有限公司

(九)电子商务企业做强做大先进单位

腾达镇人民政府

县经信科技局

(十)培育壮大电商经营主体先进单位

筠连县沐爱镇农娃干鲜店

宜宾醒世茶业有限责任公司

(十一)电子商务示范企业

四川帅游电子商务有限公司

宜宾村通网络科技有限公司

(十二)优秀网上商城

筠连县胡莱商贸有限公司(筠连同城网)

筠连县喇叭团

(十三)优秀网店

筠连县青山绿水茶叶专业合作社

筠连县沐爱镇农娃干鲜店

筠连县妈妈的茶农业有限公司

(十四)电子商务专业知识培训先进单位

宜宾村通网络科技有限公司

十六、2016年全县法治工作先进集体

(一)先进乡(镇)

筠连镇

塘坝乡

腾达镇

高坎乡

(二)先进单位(部门)

县人大常委会办公室

县交通运输局

县委政法委

县卫生计生局

县人民法院

县司法局

县人民检察院

县国税局

县经信科技局

共青团县委

县公安局

县妇女联合会

(三)先进村(社区)

筠连镇五凤村

腾达镇平寨社区

筠连镇五丰村

沐爱镇棬坪村

筠连镇白鹤社区

塘坝乡川丰社区

筠连镇玉壶社区

高坎乡红旗村

腾达镇春风村

(四)先进企业

筠连县百兴客运站

宜宾村通网络科技有限公司

浙江油田西南采气厂

(五)先进学校

四川省筠连县中学

筠连县胜利街小学

筠连县筠二中学校

腾达镇中心校

四川省筠连县职业技术学校

维新镇沐义小学校

(六)先进寺庙

天宁寺

十七、筠连县2016年度脱贫攻坚“五个一”驻村帮扶工作先进集体

县委办公室
县直机关工委
县人大常委会办公室
县人民法院
县政协办公室
县农业局
县纪委(县监察局)
县扶贫移民局
县委政法委
县工商局

十八、2016年安全生产目标考核结果

(一)一类单位

1.优秀单位

镇舟镇
县食品药品监管局
县安全监管局

2.先进单位

筠连镇
县公安局(含交警大队、消防大队)
巡司镇
县交通运输局
维新镇
县国土资源局
县水务局
县规建城管局

(二)二类单位

1.优秀单位

沐爱镇
县委组织部
高坎乡
县委宣传部
县委办公室
县委县政府督查目标办公室
县人大常委会办公室
县政府应急办
县政府办公室
县经信科技局
县政协办公室
县教育文广局
县纪委(县监察局)
县农业局

2.先进单位

孔雀乡
县工业园区管委会
武德乡
县卫生计生局
乐义乡
县林业局
高坪苗族乡
县质监局
蒿坝镇
县工商局
县委编办

3.合格单位

塘坝乡

(三)三类单位

1.优秀单位

腾达镇
县人民检察院
团林苗族乡
县人民武装部
联合苗族乡
县环境保护局
县委政法委
县民政局

2.先进单位

龙镇乡
大雪山镇
双腾镇
县发展改革局

县人力资源社会保障局
县总工会
县审计局
共青团县委
县财政局
县妇女联合会
县司法局
县气象局
县体育局
武警筠连县中队
县供销合作联社

十九、2011—2015 年全县法治宣传教育先进集体

(一)先进乡(镇)

腾达镇
镇舟镇
沐爱镇
塘坝乡

(二)先进单位

县委办公室
县卫生计生局
县人大常委会办公室
县统计局
县政府办公室
县审计局
县政协办公室
县食品药品监管局
县纪委(县监察局)
县质监局
县委统战部
县安全监管局
县委政法委
县工商局
县工业园区管委会
县卫生和计生监督执法大队
县财政局
县地税局
县经信科技局
共青团县委
县公安局
县工商业联合会
县人社局
县妇女联合会
县交通运输局
蒿坝镇卫生院
县环境保护局
维新镇卫生院

(三)先进村(社区)

筠连镇城南社区
沐爱镇棬坪村
筠连镇白鹤社区
塘坝乡川丰社区
镇舟镇兴徙社区
腾达镇春风村
高坪苗族乡槐树社区
团林苗族乡大埂村

(四)先进企业

筠连县百兴商贸有限责任公司
浙江油田西南采气厂

(五)先进学校

筠二中
胜利街小学
筠三中
武德乡中心校
筠连县职业技术学校
龙镇乡中心校
定水中学

二十、2016 年度目标管理考核结果

(一)乡(镇)

1.优秀乡(镇)

镇舟镇
维新镇
孔雀乡
蒿坝镇
高坎乡
巡司镇
高坪苗族乡

2.合格乡(镇)

筠连镇
沐爱镇
联合苗族乡
大雪山镇
塘坝乡
乐义乡
腾达镇
团林苗族乡
双腾镇
武德乡
龙镇乡

(二)党群部门及法检两院

1.优秀单位

县委办公室
县委组织部
县委宣传部
县委政法委
县纪委(县监察局)
县委统战部

2.合格单位

县人民检察院
县科学技术协会
共青团县委
县委党校
县人民法院
县直机关工委
县妇女联合会
县工商业联合会
县总工会

(三)县政府序列

1.优秀单位

县政府办公室
县教育文广局
县环境保护局
县交通运输局
县经信科技局
县工业园区管委会
县财政局
县公安局
县扶贫移民局
县规建城管局
县发展改革局
县工商局
县统计局

2.合格单位

县投资促进局
县农业局
县残疾人联合会
县质监局
县水务局
县畜牧水产局
县林业局
县民政局
县粮食局
县安全监管局
县人力资源社会保障局
县审计局
县司法局
县供销合作联社
县食品药品监管局
县体育局
县卫生计生局
县档案局
县国土资源局

(四)省、市直属单位

1.优秀单位

县国税局
烟草筠连分公司
县地税局
电信筠连分公司

2.合格单位

人行筠连支行
县公积金管理部
县气象局
邮政筠连分公司
移动筠连分公司

2017年度中共筠连县委 筠连县人民政府表彰的先进个人

(单位提供,排名不分先后)

一、筠连县首届县长质量奖获奖个人

李　毅　四川筠连西南水泥有限公司副总经理
张　伟　筠连森泰页岩气有限公司总经理
刘一平　宜宾醒世茶业有限责任公司技术总监
蔡万龙　四川泓硒泉饮品有限公司厂长
刘　强　宜宾市双星茶业有限责任公司质检部门经理

二、2016年度全县残疾人工作先进个人

(一)2016年度残疾人工作先进个人

罗兴强　县残疾人联合会
许永麓　县残疾人联合会
罗　丹　县残疾人联合会
叶明方　县财政局
胡天顺　县卫生计生局
邹小川　县城投公司
卜薪智　县粮食局
陈大聪　孔雀乡残联
潘　珊　沐爱镇残联
吴小红　巡司镇残联

(二)2016年度社会助残先进个人

陈毅萍　筠连县来和商务有限公司
吴孝金　梦金园吴记珠宝
陈　昭　松乐机麻

三、2017年度全县残疾人工作先进个人

(一)2017年度残疾人工作先进个人

叶明方　县财政局
胡天顺　县卫生计生局
邹小川　县城投公司
刘文锦　县投资促进局
段四海　县人力资源社会保障局
詹团结　县就业局
张　杰　县人民医院
郭　军　县规建城管局
陈光萱　县地税局
石　秋　蒿坝镇卫生院
曹　章　县委宣传部
冯丹丹　县残疾人联合会
刘　洁　县残疾人联合会
蒋红英　县残疾人联合会
姚　林　筠连镇党委
卜光洪　镇舟镇人民政府
李章勇　大雪山镇人民政府
罗　勇　腾达镇人民政府
唐小华　筠连镇残疾人联合会
徐宗芹　筠连镇残疾人联合会
黄夏辉　沐爱镇残疾人联合会
潘　珊　沐爱镇残疾人联合会
张　棋　蒿坝镇残疾人联合会
胡帮云　双腾镇残疾人联合会
易定华　维新镇残疾人联合会
李　莉　高坎乡残疾人联合会
孙存来　孔雀乡残疾人联合会
艾书正　龙镇乡残疾人联合会

(二)2017年度村(社区)先进残协专职委员

周绍洪　筠连镇燎原村
赵友涛　筠连镇五凤村
彭源浩　筠连镇中城社区
陶光军　巡司镇道溪村
金　琦　巡司镇光明社区
黄　平　沐爱镇棬坪村

潘用文　沐爱镇尧坝村
杜加友　龙镇乡卜好村
贺邮邦　孔雀乡凤牌村

(三)2017年度社会助残先进个人

袁稔惠　康贝大药房
刘　琴　助残志愿者
李莲英　筠连县心空间音乐厅
陈长春　筠连县洁城家政服务有限公司

四、2017年度森林防火先进个人

(一)县级机关森林防火先进个人

肖成彬　县人民武装部
周　华　县森林公安局
严曾权　县人民检察院
方绍生　武警筠连县中队
应永权　县委宣传部
毛鹏举　筠连县应急救援大队
郑　旺　县公安局
郑跃均　大雪山片区林业工作站
何兴才　县教育文广局
李从敏　沐爱山片区林业工作站
吴付均　县交通运输局

(二)乡(镇)森林防火"六有"规范化建设先进个人

余昌俊　筠连镇人民政府
刘光彬　乐义乡人民政府
胡　平　腾达镇人民政府
宋书宽　维新镇人民政府
罗安世　武德乡人民政府
韦云松　大雪山镇人民政府
赵华强　蒿坝镇人民政府
申　义　镇舟镇人民政府
刘　琴　双腾镇人民政府
王　军　高坎乡人民政府
韩贵超　塘坝乡人民政府
何弟松　联合苗族乡人民政府
刘　松　龙镇乡人民政府
郑　骏　高坪苗族乡人民政府
聂海松　孔雀乡人民政府
李顺松　团林苗族乡人民政府
徐　会　沐爱镇人民政府

五、筠连县第二届劳动模范

瞿品会(女)　筠连县中学教师
张　伟　筠连森泰页岩气有限公司经理
赵阳钧　筠连镇五丰村党支部书记
王启腾　筠连县瑞鑫茶业有限责任公司经理
彭　军　筠连县人民医院副主任医师
陈希斌　筠连县腾达圣奇农业有限公司经理
朱永帅　宜宾村通网络科技有限公司经理
冯小洋　四川筠连农村商业银行双腾支行行长
黄　俊　四川能投筠连电力有限公司综合部部长
陈　倩(女)　四川省筠连县地方税务局工作员
刘　江　筠连县环境卫生管理所驾驶员
文　韬　筠连县定水公社特色食堂负责人
赵　洪　筠连县公安局乐义乡派出所民警
赵云津　筠连县筠玺广告有限责任公司经理
熊远怀(苗族)蒿坝镇水龙村村民委员会主任
刘发连(女)　四川省筠连县菜家湾养殖专业合作社理事长
刘孝前　腾达镇海灯村新滩组组长
黄传富　乐义乡沙地村民委员会主任助理
付泽香(女)　筠连县孔雀乡扶贫办工作员
刘元秋(女)　宜宾醒世茶业有限责任公司销售员

六、筠连县见义勇为荣誉公民

李小江　筠连县高坎乡红花村4组村民
吴祖诂　筠连县巡司镇盐井村4组村民

七、筠连县第四届筠州文艺奖获奖作品及作者

(一)文学、文艺评论、综合性文艺作品

序号1;作者:罗啸驰;名称:一路走来;时间:2016年9月;刊出(获奖、入展、出版):由团结出版社出版;类别:书籍(专著)

序号2;作者:刘宇仁;名称:盘老大为民偷天火;时间:2015年3月;刊出(获奖、入展、出版):由黄河出版社出版;类别书籍(专著)

序号3;作者:王玉;名称:自述;时间:2016年10月;刊出(获奖、入展、出版):发表在《安徽文学诗歌年选(2016)》;类

别:文学(省级)

序号 4;作者:周玉杰;名称:正值清风好读书;时间:2015 年 4 月;刊出(获奖、入展、出版):入编《作家报》编辑的《当代作家新创作选粹二〇一四散文百家精选》;类别文学(省级)

序号 5;作者:秦奋;名称:我的奶奶;时间:2016 年 11 月;刊出(获奖、入展、出版):发表在《四川日报·天府周末·原上草》;类别:文学(省级)

序号 6;作者:邓雪梅;名称:沧桑岁月似花儿开放;时间:2015 年 1 月;刊出(获奖、入展、出版):发表在《宜宾日报》B2版;类别:文学(市级)

序号 7;作者:江祖芳;名称:生日回思;时间:2015 年 6 月;刊出(获奖、入展、出版):发表在四川具有较大影响力的文学期刊《中国乡土文学》第三期;类别:文学(市级)

序号 8;作者:刘荣魁;名称:筠连赋;时间:2015 年 7 月;刊出(获奖、入展、出版):收入《宜宾文化系列丛书·诗韵宜宾》;类别:文学(市级)

序号 9;作者:袁秀丽;名称:分别,是为更好相聚;时间:2015 年 10 月;刊出(获奖、入展、出版):在宜宾市人力资源和社会保障局、宜宾市文化广电新闻出版局、宜宾市劳务开发暨农民工工作领导小组办公室、宜宾市文化馆联合主办的"非常梦想"宜宾市农民工原创作品大赛中,荣获杂文类一等奖;类别:文学(市级)

序号 10;作者:罗强;名称:母亲的生日;时间:2015 年 11 月;刊出(获奖、入展、出版):发表在《宜宾日报》第 1636 期 B2版《金沙》副刊上;类别:文学(市级)

(二)书法、美术

序号 1;作者:黄贵源;名称:雄鹰展翅;时间:2015 年;刊出(获奖、入展、出版):发表在四川省文联主办的刊物《现代艺术》;类别:美术(省级)

序号 2;作者:高杰;名称:春山半是茶;时间:2016 年 12 月;刊出(获奖、入展、出版):宜宾市第十届"酒都风情"美术比赛中荣获优秀奖;类别:美术(市级)

序号 3;作者:曹宜筠;名称:铁骨生春;时间:2016 年 10 月;刊出(获奖、入展、出版):宜宾市第十届"酒都风情"美术比赛中获得"三等奖";类别:美术(市级)

序号 4;作者:刘吉强;名称:书法作品;时间:2016 年 12 月;刊出(获奖、入展、出版):四川省文化厅、省人社厅等单位举办的四川省第二届农民工原创文艺作品大赛中荣获书法类一等奖;类别:书法(省级)

序号 5;作者:陈传坤;名称:书法作品;时间:2016 年 12 月;刊出(获奖、入展、出版):四川省文化厅、省人社厅等单位举办的四川省第二届农民工原创文艺作品大赛中荣获书法类三等奖;类别:书法(省级)

序号 6;作者:罗鸿运;名称:书法作品;时间:2016 年 12 月;刊出(获奖、入展、出版):四川省文化厅、省人社厅等单位举办的四川省第二届农民工原创文艺作品大赛中荣获书法类三等奖;类别:书法(省级)

序号 7;作者:陈景春;名称:硬笔书法;时间:2016 年 7 月;刊出(获奖、入展、出版):入展四川省硬笔书法家协会、锦绣天府塔主办的"深入开展'两学一做'学习教育四川省第四届硬笔书法艺术展";类别:书法(省级)

序号 8;作者:刘泽奎;名称:硬笔书法;时间:2016 年 7 月;刊出(获奖、入展、出版):入展四川省硬笔书法家协会、锦绣天府塔主办的"深入开展'两学一做'学习教育四川省第四届硬笔书法艺术展";类别:书法(省级)

序号 9;作者:熊金平;名称:硬笔书法;时间:2016 年 7 月;刊出(获奖、入展、出版):入展四川省硬笔书法家协会、锦绣天府塔主办的"深入开展'两学一做'学习教育四川省第四届硬笔书法艺术展";类别:书法(省级)

序号 10;作者:韦代均;名称:硬笔书法;时间:2016 年 7 月;刊出(获奖、入展、出版):入展四川省硬笔书法家协会、锦绣天府塔主办的"深入开展'两学一做'学习教育四川省第四届硬笔书法艺术展";类别:书法(省级)

序号 11;作者:周玉杰;名称:冰鉴斋印稿;时间:2016 年 8 月;刊出(获奖、入展、出版):入展四川省书法家协会主办四川省第六届篆刻艺术作品展,并入编《四川省第六届篆刻艺术作品展作品集》;类别:书法(省级)

序号 12;作者:刘良坤;名称:孙中山法治名言;时间:2016 年;刊出(获奖、入展、出版):宜宾市依法治市领导小组办公室、宜宾市文学届艺术联合会举办的宜宾市"法治文化"书法比赛中获三等奖;类别:书法(市级)

序号 13;作者:张文泉;名称:习近平总书记关于加快建设社会主义法治国家论述篇;时间:2016 年 9 月;刊出(获奖、入展、出版):入展宜宾市依法治市领导小组办公室、宜宾市文学届艺术联合会举办的宜宾市"法治文化"书法比赛作品展览;类别:书法(市级)

序号 14;作者:吴鹏;名称:姜夔词;时间:2016 年 10 月;刊出(获奖、入展、出版):宜宾市第十届"酒都风情"书法比赛中获得"三等奖";类别:书法(市级)

序号 15;作者:许自刚;名称:"刘方平诗";时间:2016 年 10 月;刊出(获奖、入展、出版):宜宾市第十届"酒都风情"书画

摄影展中获“优秀奖”;类别:书法(市级)

序号16;作者:汤庭华;名称:沁园春·雪;时间:2016年6月;刊出(获奖、入展、出版):宜宾市书法家协会、宜宾市教育和体育局、中国邮政集团公司宜宾市分公司联合举办宜宾市第一届“教育之光”师生书法评比活动中荣获教师硬笔组一等奖;类别:书法(市级)

(三)音乐、舞蹈、小品、曲艺

序号1;作者:教育和文化广电局;名称:苗彩彝红;时间:2016年10月;刊出(获奖、入展、出版):宜宾市第十届“酒都风情”舞蹈比赛中获得“二等奖”;类别:舞蹈(市级)

序号2;作者:教育和文化广电局;名称:勤俭节约树新风;时间:2016年10月;刊出(获奖、入展、出版):宜宾市第十届“酒都风情”舞蹈比赛中获得“优秀奖”;类别:曲艺(市级)

序号3;作者:刘良坤;名称:传宗接代;时间:2015年7月;刊出(获奖、入展、出版):宜宾市委宣传部、宜宾市文化广电新闻出版局主办宜宾市第十一届戏剧小品比赛《传宗接代》获三等奖;类别:小品(市级)

序号4;作者:赵雨曦;名称:守望梦想花开;时间:2016年;刊出(获奖、入展、出版):宜宾市文化广电新闻出版局主办的宜宾市第二届戏剧小品作品比赛获三等奖;类别:小品(市级)

(四)摄影

序号1;作者:张芸;名称:丹霞夕照;时间:2016年12月;刊出(获奖、入展、出版):在中国摄影协会主办的刊物《中国摄影报》刊发;类别:摄影(国家级)

序号2;作者:黄先文;名称:雾;时间:2015年6月;刊出(获奖、入展、出版):发表在四川省文联主办的刊物《现代艺术》;类别:摄影(省级)

序号3;作者:王元丰;名称:晒幸福;时间:2016年10月;刊出(获奖、入展、出版):宜宾市第十届“酒都风情”摄影比赛“一等奖”;类别:摄影(市级)

序号4;作者:黄永桥;名称:春风花海;时间:2016年12月;刊出(获奖、入展、出版):宜宾市旅游和外事侨务局、宜宾市旅游协会、宜宾市旅游摄影协会共同举办“宜宾十佳乡村旅游摄影点”图片征集活动获“十佳奖”,具有较大影响力作品;类别:摄影(市级)

序号5;作者:廖成强;名称:法治宣传走入大街;时间:2016年9月;刊出(获奖、入展、出版):宜宾市依法治市领导小组办公室、宜宾市文学艺术界联合会、宜宾市摄影家协会联合举办的“法治宜宾”摄影比赛中获优秀作品;类别:摄影(市级)

序号6;作者:罗强;名称:法治宣传进乡村;时间:2016年9月;刊出(获奖、入展、出版):宜宾市依法治市领导小组办公室、宜宾市文学艺术界联合会、宜宾市摄影家协会联合举办的“法治宜宾”摄影比赛中获优秀作品;类别:摄影(市级)

序号7;作者:张洪彬;名称:希望的田野;时间:2016年;刊出(获奖、入展、出版):宜宾市第十届“酒都风情”书画摄影展活动中荣获优秀奖;类别:摄影(市级)

序号8;作者:姜玉林;名称:水墨筠山;时间:2015年7月;刊出(获奖、入展、出版):收入在《宜宾文化系列丛书水墨宜宾》;类别:摄影(市级)

八、2016年度县乡(镇)党委书记抓党建工作述职评议考核优秀个人

陈　涛　筠连镇党委书记
曹　莉　孔雀乡党委书记
文　璋　巡司镇党委书记
陈　刚　腾达镇党委书记
王渊博　龙镇乡党委书记

九、2016年度人口和计划生育工作先进个人

(一)人口和计划生育部门履职先进个人

郭　刚　县政府办公室主任
万家其　县纪委副书记、县监察局局长
陈　旭　县扶贫移民局局长
段四海　县人力资源社会保障局局长
江剑波　县交通运输局党委副书记、副局长
兰　湘　县审计局局长
王贵才　县教育文广局局长
胡殿华　县环境保护局局长
饶　永　县林业局局长
段利勇　县经信科技局局长
熊　平　县财政局局长
曾志钧　县总工会常务副主席
谢国刚　县司法局局长
周德琼　县档案局局长
卜薪智　县投资促进局局长
李文忠　县残疾人联合会理事长

郑　刚　县地税局局长
刘泽慧　县科学技术协会主席
刘谢润　县妇女联合会主席
苏　丹　共青团县委副书记

(二)流动人口计划生育服务管理工作先进个人

邓　希　县卫生计生局工作员
杨俊颖　县公安局治安大队户政科科长
解廷凤　县交通运输局工作员
贾丽萍　县质监局工作员
赵　君　县规建城管局工作员

(三)计划生育"三结合"工作先进个人

雷国翠　县民政局办公室主任
袁　旷　县司法局办公室主任
晏逐容　县农业局办公室副主任
古在芝　县统计局办公室主任

十、2015—2016年度全县全面深化改革工作先进个人

宗德瑚　县委办公室副主任、县委政策研究室主任、县委改革办常务副主任
申　宏　县政务服务中心主任、县公共资源交易中心主任
徐元永　县人大常委会法社工委主任
周国强　县人力资源社会保障局副局长、县委改革办副主任
陈世其　县扶贫移民局副局长
王顺华　县经信科技局总经济师
杨　涵　县纪委办公室主任
陈　波　县纪委第二纪检监察室主任
牟永立　县委党建办副主任
秦　波　县委组织部干部监督室主任、县委巡察工作领导小组办公室副主任(兼)
吴孝刚　县委政法委社管中心副主任
王　芳　县委政法委办公室工作员
苏端义　县国土资源局执法监察大队大队长
张　伟　县国土资源局工作员
黄　霞　县水务局办公室工作员
张跃均　县财政局PPP中心工作员
李　萍　县经信科技局办公室工作员
彭亦潇　县依法治县办公室工作员
翁宛佳　县委宣传部办公室工作员
罗啸驰　县教育文广局办公室工作员
焦国辉　县环境保护局环境监察大队工作员
赵　君　县规建城管局办公室工作员
张　皓　塘坝乡党委书记
任明忠　大雪山镇社会事务办公室主任

十一、2016年度招商引资工作先进个人

陈　涛　筠连镇党委副书记、镇长
李章勇　大雪山镇党委副书记、镇长
王绍举　镇舟镇党委委员、武装部长、副镇长
曹　莉　孔雀乡党委书记
徐　勇　县人大常委会财经工委主任
张洪彬　县政协提案办公室主任
刘　辉　县委组织部部务委员
黄　枚　县纪委常委、党风政风监督室主任
张择君　县委外宣办(县政府新闻办)副主任
江友龙　县委农村工作办公室工作员
黄加燕　县投资促进局工作员
应爱武　县环境保护局总工程师
朱光才　县政府法治办工作员
罗光华　县畜牧水产局畜禽发展中心主任
杨科伟　县审计局副局长
陈元明　人行筠连支行原行长
曹　章　县委宣传部副部长、县委外宣办(县政府新闻办)办主任、互联网信息办主任
燕　青　县粮食局流通管理股股长
刘　聪　县质监局副局长
罗晓琴　县工商局企业注册监督管理股股长

十二、2016年度信访工作成绩突出个人

(一)乡(镇)

李　辉　镇舟镇人大主席(筠连镇党委原副书记、人武部原部长)
余正琼　巡司镇群工办工作员
周怀君　腾达镇安办主任
胡青龙　双腾镇党委副书记、纪委书记
刘忠平　沐爱镇综治办主任
江宗涛　维新镇党委书记
刘作元　蒿坝镇综治办负责人
李　刚　镇舟镇信访办工作员
毛　俊　大雪山镇党委副书记
钟　勇　高坎乡党委书记(武德乡党委原副书记、原乡长)
邓　启　乐义乡人事干事、信访办工作员
陈　萍　龙镇乡纪委书记
赵云忠　塘坝乡综治办主任
郑家林　孔雀乡党委副书记、乡长
王　军　高坎乡副乡长、人武部部长
张一琳　高坪苗族乡司法所工作员
王　稳　联合苗族乡信访办工作员
陈明高　团林苗族乡纪委副书记、社事办主任

(二)县级部门(单位)

万　燕　县委办公室工作员
石　均　县人大常委会人代委主任
刘振华　县政府办公室副主任
陈洪吉　县政协办公室副主任
詹婷婷　县纪委信访室副主任
张旭炜　县委组织部干部二室主任
姚明沁　县委宣传部宣传股负责人
钟　韬　县委政法委维稳办工作员
胡泽华　县人民法院立案庭庭长
邬　均　县人民检察院控申科副科长
周玉林　县发展改革局价格监督检查所所长
顾学智　县公安局特巡警大队民警
杨　松　县公安局国保大队民警
邹　炜　县公安局信访和群众工作科科长
周国强　县人力资源社会保障局副局长[县委群众工作局(县信访局)原副局长]
王化府　县安全监管局纪检组组长
罗　峰　县人力资源社会保障局办公室主任
程　俊　县农业局农村经营管理站站长
赵　敏　县审计局纪检组组长
朱志军　县林业局办公室主任
张　鑫　县民政局办公室副主任
梁　惠　县国土资源局信访办工作员
黄　璇　县环保局环境监察执法大队副大队长
张淑芬　县规建城管局信访办主任
尹丽鸿　县交通运输局办公室主任
胡光鑫　县司法局法律援助中心负责人
江颖静　县食品药品监管局办公室副主任
汪富永　县委宣传部副部长、《绿色煤都》编辑部主编(县水务局党委原副书记、原纪委书记)
王　锐　县教育文广局党委委员
詹华生　县教育文广局信访办工作员
刘祖荣　县财政局办公室主任
邓　忠　县经信科技局纪委书记
黄　斌　县卫生计生局办公室工作员
刘　琴　县粮食局工作员
杨　勇　县畜牧水产局副局长
朱永宽　县总工会副主席
杨　容　县妇女联合会工作员
许永麓　县残联综合办主任
曲　潇　县工业园区管理委员会工作员
汤　洁　县直机关工委办公室主任
曹世禾　县统计局总统计师
詹凤翔　县国税局工作员
罗光友　县科学技术协会副主席
林旭春　县委党校办公室工作员
杨　杨　县体育局工作员
郝　飞　县工商局工作员
唐　洪　县经信科技局副局长(县工商业联合会原副主席)

十三、2017年人大代表建议政协委员提案办理工作先进个人

石　均　县人大常委会人事代表工委
张洪彬　县政协办公室
应永权　县委宣传部
刘雨欣　县人民检察院
刘小兰　县委编办
江友龙　筠连县新农村建设综合服务中心
郝从刚　县国土资源局
刘　毅　县环境保护局
苏良均　县司法局
聂　兵　县质监局
刘雪丹　县委县政府督查目标办公室
杨冬梅　筠连镇
李田钟　高坪苗族乡

十四、筠连县党的十九大维稳信访安保工作突出个人

(一)个人三等功或记功

彭镜礼　县委办公室副主任、县委群众工作局(县信访局)局长
雷　霆　县工商局局长
刘谢润　县妇女联合会主席
陈　践　县委政法委副书记
周国强　县人力资源社会保障局副局长
韩　科　筠连镇派出所所长
刘　威　特巡警大队大队长
罗中华　筠连镇国土资源所所长

(二)个人嘉奖

罗　勇　县规建城管局纪检组组长
李春奇　县国土资源局副局长
袁　力　县交通运输局副局长
何忠云　县林业局党委副书记、纪委书记
邹小川　县城投公司经理
龚小平　烟草筠连分公司经理
刘　熙　县经信科技局商务综合股股长
胡永武　县民政局优抚安置股股长
黄　璇　县环境监察执法大队大队长
李德清　县农业局农机安全监督管理站站长

钟　韬　县委政法委(县委维稳办)工作员
邓　康　县委群工局(县信访局)工作员
郝家强　县扶贫移民局工作员
詹华生　县教育文广局工作员
李明春　县司法局司法助理员
李华伟　塘坝乡党委副书记、乡长
王云顺　腾达镇党委委员、人大主席提名人选
龚衷麟　蒿坝镇党委委员、人大主席
李田钟　高坪苗族乡党委委员、人大主席
潘星华　联合苗族乡党委委员、人大主席
肖　阳　巡司镇党委委员、组织委员
万家华　沐爱镇党委委员、组织委员
胡青龙　双腾镇党委副书记、纪委书记
汤学楷　维新镇党委委员、武装部长、副镇长
毛　俊　大雪山镇党委副书记、纪委书记
何云波　乐义乡党委委员、纪委书记
陈　萍　龙镇乡党委委员、纪委书记
肖　遥　团林苗族乡党委委员、组织委员
张图强　筠连镇人民政府群工办主任
聂昌恒　镇舟镇人民政府交管办主任
周平富　县国保大队大队长
王茂林　县治安管理大队副大队长
易元彬　县警务指挥中心教导员
赖智华　筠连镇派出所教导员
黄　欣　大雪山镇派出所所长
曾志兵　镇舟镇派出所副所长
黄迪煜　筠连镇派出所民警
詹成松　巡司镇派出所民警
邹　伟　腾达镇派出所民警
朱　林　双腾镇派出所民警

十五、2016年工业和服务业企业目标经济运行监测先进个人

(一)一等次

胡丽容　筠连县新田煤业有限责任公司
陈晓霞　筠连县景阳柏香林煤矿
段　菊　筠连县凤凰煤业有限公司
张保华　四川筠连西南水泥有限公司
卿　松　筠连森泰页岩气有限公司
廖　侠　四川省川南煤业有限责任公司
母会兰　筠连县天河温泉酒店
陆玲玲　筠连县众盛贸易有限责任公司
罗　丽　筠连县金塔加油站
葛　威　筠连县家乐超市
汤　洁　筠连县远大电器商行
陈云海　四川友意商贸有限公司
赖　洁　筠连县浙商大酒店有限公司

(二)二等次

朱泉泉　筠连县弘硒泉饮品有限公司
徐丽华　筠连县枫林木炭有限责任公司
张　薇　筠连县鑫龙家具有限责任公司
陈　燕　筠连县鸿鹄商贸有限责任公司
李明波　筠连县赢江木易蜀亨酒店

十六、筠连县2016年法治工作先进个人

罗小林　县委办公室原信息股股长
姜　群　县人大常委会办公室法社工委副主任
朱光才　县政府法治办工作员
李晓东　县政协办公室工作员
詹婷婷　县纪委(县监察局)审理室主任
肖开友　县委非公经济组织和社会组织工委专职副书记
向　梅　县委宣传部办公室工作员
黄春梅　县委统战部工作员
吴孝刚　县委政法委社会管理服务中心副主任
刘云峰　县人民法院落木柔人民法庭原副庭长
李文勋　县直机关工委副书记
李伟龙　县依法治县领导小组办公室工作员
蒋红英　县残疾人联合会工作员
黄亚盼　县委党校工作员
刘仕清　县发展改革局政策法规股股长
王　竹　县财政局工作员
杨振宇　县教育文广局工作员
刘若愚　县规建城管局执法大队副大队长
熊金平　县民政局社事股股长
李　洪　县国土资源局执法大队副大队长
尹丽鸿　县交通运输局办公室主任
黄书忠　县林业局林政股副股长
胡　萍　县水务局党支部书记、行政办副主任
吴建霞　县卫生计生局综合管理监督股副股长
杨科伟　县审计局副局长
樊　萍　县司法局法宣股负责人
李书英　县统计局工作员
汤　敏　县食品药品监管局工作员
吴明仕　县安全监管局政策法规股股长
赵林贤　县质监局法规股股长
刘兴勤　县工商局政策法规股股长
王友林　县民宗局工作员

向丽蓉　县投资促进局办公室副主任
黄　浩　县粮食局执法大队队长
熊祝君　县扶贫移民局办公室副主任
关　键　县畜牧水产局渔政站副站长
张　娜　县国税局工作员
罗惠文　共青团县委办公室主任
陈姗姗　县妇女联合会工作员
蒋新荣　县工商业联合会原副主席
李　辉　筠连镇原党委副书记、原武装部长
王　健　巡司镇司法所原副所长
陈　刚　腾达镇党委书记
黄　宇　沐爱镇司法所司法辅助员
李明春　维新镇司法所司法助理员
刘作元　蒿坝镇综治办负责人
陈　炯　镇舟镇司法所原副所长
易　凤　大雪山镇司法所原所长
李立萍　武德乡党委书记
邓　勇　乐义乡司法所所长
陈广松　龙镇乡司法所司法辅助员
蒋六萍　孔雀乡城建办主任
蒋运容　联合苗族乡司法所司法助理员

十七、筠连县2016年度脱贫攻坚“五个一”驻村帮扶工作先进个人

(一)优秀第一书记

杨如翠　县委统战部主任科员，乐义乡沙地村党支部第一书记
杨腊梅　县委党校工作员，武德乡小寨村党支部第一书记
陶　峰　高坪苗族乡党委委员、武装部长、副乡长，沐爱镇峨坪村党支部第一书记
胡柏川　《绿色煤都》编辑部副主编，团林苗族乡新阳村党支部第一书记
石　勇　县公路运输管理所副所长，巡司镇庆高村党支部第一书记
李文刚　县投资促进局工作员，筠连镇五凤村党支部第一书记
黄　浩　县粮食局粮食流通执法大队队长，大雪山镇夏泉村党支部第一书记
卿小燕　财险筠连支公司副总经理，乐义乡河坝村党支部第一书记
黎礼志　县人民医院副院长，武德乡金门村党支部第一书记
严大培　县疾控中心副主任，孔雀乡新沟村党支部第一书记

(二)优秀驻村干部

徐秀云　县国税局党组成员、副局长，高坪苗族乡先锋村驻村工作组组长
李文勋　县直机关工委副书记，双腾镇云丰村驻村工作组组长
周晓芳　筠连镇政府副镇长，五凤村驻村工作组成员(巡司镇庆高村驻村工作组原成员)
宋金培　县委巡察办主任，塘坝乡双田村驻村工作组原组长
陈世其　县扶贫移民局副局长，大雪山镇石龙村驻村工作组组长(武德乡小寨村驻村工作组原组长)
查志敏　县人民武装部政工科科长，高坎乡大地村驻村作组组长
张家彬　龙镇乡党委副书记，龙镇乡兴胜村驻村干部
罗安世　武德乡政府副乡长，武德乡金门村驻村干部
贾咏梅　县工业园区管委会工作员，筠连镇五陵村驻村工组成员
练小玲　县人民法院党组成员、政治处主任，维新镇田坝村驻村工作组组长

(三)优秀农技员

黄仕刚　县畜牧水产局工作员，镇舟镇云岭村农技员
刘端贵　县畜牧水产局工作员，孔雀乡中心村农技员
蒋科林　县畜牧水产局工作员，维新镇平等村农技员
向贤明　县畜牧水产局工作员，武德乡小寨村农技员
李小华　县农业局工作员，乐义乡沙地村农技员
裴仁刚　县农业局农广校副校长，筠连镇五陵村农技员
袁德权　县农业局蚕桑站站长，双腾镇云丰村农技员
钟　玲　县农业局工作员，塘坝乡双田村农技员
母　俊　县农业局工作员，高坎乡花山村农技员
王泽均　县农业局工作员，团林苗族乡新阳村农技员

十八、2011—2015年全县法治宣传教育先进个人

陈　炯　县委办公室工作员(原镇舟司法所所长)
徐元永　县人大常委会法治工委主任
朱光才　县政府法治办工作员
黄丽萍　县政协办公室副主任
肖开友　县委组织部办公室主任
周国彬　县纪委常委、县纪委信访室主任
罗　勇　县互联网信息办专职副主任
吴孝刚　县委政法委社会管理服务中心副主任
熊洪书　县委统战部原副部长、县委台湾工作办公室(县政府台湾事务办公室)原主任
韩　亮　县委统战部副部长、县民宗局局长
周国强　县人力资源社会保障局副局长
袁月良　县委群众工作局(县信访局)副局长
许永麓　县残疾人综合服务中心综合办主任
曲　潇　县工业园区管委会工作员
黄丽宏　县财政局工作员
詹庚一　县经信科技局党委副书记
邹　炜　县公安局法治大队群众和信访工作科科长
罗　旋　县教育文广局教育支部书记、教育股副股长
李俊臣　县劳动保障监察大队工作员
师　敏　县规建城管局办公室副主任
陈　波　县不动产登记中心主任
何加强　县环境保护局环境监察执法大队科员
杨兴昆　县农业局工作员
李　廷　县水务局办公室主任
汤朝先　县卫生计生局行政审批股工作员
龚学武　县审计局办公室副主任
耿　毅　县司法局法宣股负责人
李　平　县统计局副局长
汤　敏　县食品药品监管局政策法规股工作员
凌　全　县安全监管局执法大队大队长
赵林贤　县质监局法规股股长
高传良　县路政大队路政员
魏　燃　县疾控中心主任
朱　旭　县卫生和计生监督执法大队办公室主任
游　杰　县地税局副局长
苏　丹　共青团县委副书记
刘泽慧　县科学技术协会主席
蒋新荣　县工商业联合会原副主席
李远雄　筠连镇政府综治办工作员
杨　云　筠连司法所所长
王　健　巡司司法所副所长
彭天会　腾达司法所司法助理员
韩宗明　双腾镇党委书记
吴　伟　县公安局刑侦大队大队长
李　鑫　县工商局沐爱镇工商所副所长
余　强　塘坝乡副乡长提名人选
李　昭　维新镇沐义小学教务处副主任
石靖川　维新镇卫生院院长
石　秋　蒿坝镇民族卫生院院长
毛　俊　大雪山镇党委副书记、纪委书记
江祖济　乐义乡党委副书记、乡长
李良泽　龙镇乡中心校副校长
张　皓　塘坝乡党委书记
黄　欣　大雪山镇派出所所长
王　军　高坎乡党委委员、武装部长、副乡长
张一琳　高坪苗族乡司法所司法助理员
蒋运容　联合苗族乡司法所司法助理员
何　勋　团林苗族乡司法所司法辅助人员
兰　刚　筠连县中学副校长
胡芹义　筠连县第二中学政教处主任
张胜均　筠连县职业技术学校政教处副主任
丁荣锋　宜宾村通网络科技有限公司副总经理

沈俊林生平事迹简介

沈俊林(1931.8—2017.1),男,汉族,四川省宜宾市筠连县人。退休前任县政协副主席、县委统战部部长。

1931年8月,沈俊林出生于宜宾市筠连县。1950年5月前,在家读书和务农。文化程度初中。1952年9月12日入党,1950年5月参加工作。

1950年5月至1951年8月,任莲花公社犀牛村农会文教部长、莲花公社犀牛村村长。1951年8月至1956年1月,任共青团巡司区团工委干事、副书记、组织干事、组织委员。1956年1月至1967年1月,任中共筠连县委组织部干事、副部长。1967年1月至1970年4月,在"文化大革命"期间受审查,在大梁子"五七"干校劳动。1970年4月至1971年10月,任筠连县革委办事组副组长。1971年10月至1973年5月,任筠连县革委政工组副组长。1973年5月至1984年1月,任中共

筠连县委组织部副部长。1983 年 4 月起，兼任筠连县政协常委。1984 年 1 月至 1989 年 6 月，任中共筠连县委统战部部长。1989 年 6 月，经中共筠连县委组织部批准，沈俊林提前退休，享受县处级副职生活待遇。

沈俊林是一个具有坚定共产主义理想信念，对党忠诚的老党员干部，热爱党的事业，在退休后的二十多年里一直关心统战工作、关心着全县的发展。即使卧病在床，依然按时交党费，也每天坚持看书、看报、看电视，尤其是新闻联播。只要身体条件允许，县委统战部党支部组织开展的任何活动，从不迟到早退，以一个普通职工的身份按时参加学习讨论，围绕中心积极发言，充分表面自己的观点和态度。在干部职工以及邻里中具有较高威信。

沈俊林能自觉维护改革发展稳定大局，正确理解、积极宣传党和国家大政方针，自觉践行社会主义核心价值观，心态积极，能以历史的眼光、辩证的思维正确看待经济、社会发展中出现的矛盾和问题，正确看待党内风气，正确看待周围的人和事，在社会主义经济建设、政治建设、文化建设、社会建设、生态文明建设和党的建设中做出新贡献，严以律己，保持和发扬党的优良传统作风。能正视问题，不人云亦云，不信谣不传谣，随时都能在政治上、思想上和行动上与党中央保持高度一致。

沈俊林认真贯彻执行上级的各项决策部署，有着强烈的事业心和责任感，一生对党的事业勤勤恳恳，始终牢记全心全意为人民服务党的宗旨，永远做人民的勤务员的精神值得每一个党员干部和退休干部们学习。

2017 年 1 月 15 日，沈俊林因病在筠连县人民医院逝世。

（中共筠连县委统战部供稿）

马联春生平事迹简介

马联春（1930.6—2017.6），男，苗族，筠连县沐义乡（1992 年并入维新镇）人，高小文化，1953 年 6 月参加工作，1954 年 6 月加入中国共产党。县人大常委会副主任。

1930 年 6 月，马联春出生于筠连县沐义乡（1992 年并入维新镇）。

1953 年 6 月至 1955 年 6 月，马联春任乐义乡百花村（今花园村）村长、农会主任。1955 年 6 月至 1956 年 2 月，任沐义乡临时支部书记。1956 年 2 月至 1956 年 10 月，任沐爱区副区长。1956 年 10 月至 1959 年 7 月，任沐爱区副区长、区委委员。1959 年 7 月至 1960 年 1 月，任沐爱区区长。1960 年 1 月至 1961 年 8 月，任沐爱区区委副书记。1961 年 8 月至 1964 年 11 月，任沐爱区区委书记。1964 年 11 月至 1965 年 3 月，任景阳区区委书记。1965 年 3 月至 1971 年 9 月，任双河区（1981 年改名为双泉区）区委书记。1971 年 9 月至 1978 年 8 月，任巡司区区党委委员、区委书记、区革命委员会主任。1978 年 8 月至 1981 年 5 月，任中共筠连县委常委、县委农工部部长。1981 年 5 月至 1981 年 12 月，任筠连县人大常委会副主任。1981 年 12 月病休。

马联春作为组织重点关注和培养的少数民族干部，参加工作后，主动接受党的教育，积极向书本学习、向群众学习，努力提升自己的业务素质和文化水平，在工作中敢于自我批评、自我完善。

马联春在基层任职期间，热爱事业，廉洁从政，关心同志，勤勤恳恳，任劳任怨。特别是在全县重点水利工程——龙碗大堰的修建过程中，深入工程一线，身先士卒，身体力行，以不怕苦、不怕累的革命精神投入建设工作，为建成龙碗大堰贡献自身力量。

马联春在大是大非面前，政治思想坚定，顾全大局，坚持原则，是一名合格的共产党员。

2017 年 6 月 5 日，马联春在筠连县病逝。

（县人大常委会办公室供稿）

2017 年筠连县获高级职称人员一览表

（单位提供，排名不分先后）

表 7

姓名	工作单位	职称名称	评审机关	审定时间
廖　强	四川省筠连县中学	高中地理	宜宾市中小学高级教师职务评审委员会	2017 年 12 月 25 日
李小峰	四川省筠连县中学	高中美术	宜宾市中小学高级教师职务评审委员会	2017 年 12 月 25 日
王鹏宇	四川省筠连县中学	高中物理	宜宾市中小学高级教师职务评审委员会	2017 年 12 月 25 日
黄家秀	四川省筠连县中学	初中英语	宜宾市中小学高级教师职务评审委员会	2017 年 12 月 25 日
应国翠	四川省筠连县中学	初中语文	宜宾市中小学高级教师职务评审委员会	2017 年 12 月 25 日
郭昭敏	筠连县大雪山镇自由小学	小学数学	宜宾市中小学高级教师职务评审委员会	2017 年 12 月 25 日
周云高	筠连县大雪山镇自由小学	初中物理	宜宾市中小学高级教师职务评审委员会	2017 年 12 月 25 日
余正才	筠连县大雪山镇自由小学	初中政治	宜宾市中小学高级教师职务评审委员会	2017 年 12 月 25 日
黄　芳	筠连县第二幼儿园	幼儿教育	宜宾市中小学高级教师职务评审委员会	2017 年 12 月 25 日
罗顺均	筠连县第二中学校	高中体育	宜宾市中小学高级教师职务评审委员会	2017 年 12 月 25 日
杨道秋	筠连县第二中学校	高中物理	宜宾市中小学高级教师职务评审委员会	2017 年 12 月 25 日
周昆玉	筠连县第二中学校	初中语文	宜宾市中小学高级教师职务评审委员会	2017 年 12 月 25 日
杨绍芬	筠连县第二中学校	高中语文	宜宾市中小学高级教师职务评审委员会	2017 年 12 月 25 日
胡芹义	筠连县第二中学校	高中语文	宜宾市中小学高级教师职务评审委员会	2017 年 12 月 25 日
徐宗秀	筠连县第三中学	初中化学	宜宾市中小学高级教师职务评审委员会	2017 年 12 月 25 日
钟学宇	筠连县第三中学	初中语文	宜宾市中小学高级教师职务评审委员会	2017 年 12 月 25 日
谢　勇	筠连县第三中学	初中语文	宜宾市中小学高级教师职务评审委员会	2017 年 12 月 25 日
代绍晴	筠连县第三中学	初中语文	宜宾市中小学高级教师职务评审委员会	2017 年 12 月 25 日
屈　定	筠连县第三中学	初中政治	宜宾市中小学高级教师职务评审委员会	2017 年 12 月 25 日
刘　莉	筠连县第一幼儿园	幼儿教育	宜宾市中小学高级教师职务评审委员会	2017 年 12 月 25 日
王　毅	筠连县第一幼儿园	幼儿教育	宜宾市中小学高级教师职务评审委员会	2017 年 12 月 25 日
张　茜	筠连县定水初级中学校	初中体育	宜宾市中小学高级教师职务评审委员会	2017 年 12 月 25 日
陈立新	筠连县定水初级中学校	初中语文	宜宾市中小学高级教师职务评审委员会	2017 年 12 月 25 日
高家忠	筠连县蒿坝镇中心校	小学数学	宜宾市中小学高级教师职务评审委员会	2017 年 12 月 25 日
郑　超	筠连县教师学习与资源中心	初中数学	宜宾市中小学高级教师职务评审委员会	2017 年 12 月 25 日

续表 7

姓名	工作单位	职称名称	评审机关	审定时间
舒代芬	筠连县筠连镇古楼小学	初中英语	宜宾市中小学高级教师职务评审委员会	2017 年 12 月 25 日
胡 容	筠连县筠连镇古楼小学	初中语文	宜宾市中小学高级教师职务评审委员会	2017 年 12 月 25 日
曾宪永	筠连县筠连镇古楼小学	小学语文	宜宾市中小学高级教师职务评审委员会	2017 年 12 月 25 日
卢科强	筠连县筠连镇海瀛小学	初中数学	宜宾市中小学高级教师职务评审委员会	2017 年 12 月 25 日
罗 莉	筠连县筠连镇海瀛小学	小学语文	宜宾市中小学高级教师职务评审委员会	2017 年 12 月 25 日
周 艳	筠连县筠连镇景阳小学	初中英语	宜宾市中小学高级教师职务评审委员会	2017 年 12 月 25 日
卜绍强	筠连县筠连镇景阳小学	初中语文	宜宾市中小学高级教师职务评审委员会	2017 年 12 月 25 日
王松涛	筠连县筠连镇廉溪小学	小学科学	宜宾市中小学高级教师职务评审委员会	2017 年 12 月 25 日
詹本华	筠连县筠连镇廉溪小学	初中生物	宜宾市中小学高级教师职务评审委员会	2017 年 12 月 25 日
王袖梅	筠连县筠连镇廉溪小学	小学数学	宜宾市中小学高级教师职务评审委员会	2017 年 12 月 25 日
付利萍	筠连县筠连镇廉溪小学	初中语文	宜宾市中小学高级教师职务评审委员会	2017 年 12 月 25 日
龚文艺	筠连县筠连镇廉溪小学	小学语文	宜宾市中小学高级教师职务评审委员会	2017 年 12 月 25 日
肖 辉	筠连县筠连镇廉溪小学	小学语文	宜宾市中小学高级教师职务评审委员会	2017 年 12 月 25 日
刘安太	筠连县孔雀乡中心校	小学数学	宜宾市中小学高级教师职务评审委员会	2017 年 12 月 25 日
李明松	筠连县龙镇乡中心校	初中数学	宜宾市中小学高级教师职务评审委员会	2017 年 12 月 25 日
杨大银	筠连县龙镇乡中心校	小学语文	宜宾市中小学高级教师职务评审委员会	2017 年 12 月 25 日
蒋 慕	筠连县民主中学校	初中英语	宜宾市中小学高级教师职务评审委员会	2017 年 12 月 25 日
王小妮	筠连县沐爱镇中心校	小学数学	宜宾市中小学高级教师职务评审委员会	2017 年 12 月 25 日
张 勇	筠连县沐爱镇中心校	小学语文	宜宾市中小学高级教师职务评审委员会	2017 年 12 月 25 日
余小彬	筠连县沐爱镇中心校	小学语文	宜宾市中小学高级教师职务评审委员会	2017 年 12 月 25 日
叶晓峰	筠连县沐爱镇中心校	小学语文	宜宾市中小学高级教师职务评审委员会	2017 年 12 月 25 日
黄 文	筠连县沐爱镇中心校	小学语文	宜宾市中小学高级教师职务评审委员会	2017 年 12 月 25 日
万云辉	筠连县沐爱镇中心校	小学语文	宜宾市中小学高级教师职务评审委员会	2017 年 12 月 25 日
潘厚金	筠连县沐爱镇中心校	小学思品	宜宾市中小学高级教师职务评审委员会	2017 年 12 月 25 日
应元均	筠连县沐爱镇中心校	小学思品	宜宾市中小学高级教师职务评审委员会	2017 年 12 月 25 日
康 宁	筠连县双腾初级中学	初中生物	宜宾市中小学高级教师职务评审委员会	2017 年 12 月 25 日
郝家奎	筠连县塘坝乡中心校	小学数学	宜宾市中小学高级教师职务评审委员会	2017 年 12 月 25 日
肖 春	筠连县塘坝乡中心校	小学数学	宜宾市中小学高级教师职务评审委员会	2017 年 12 月 25 日
陈 昌	筠连县塘坝乡中心校	小学语文	宜宾市中小学高级教师职务评审委员会	2017 年 12 月 25 日
田联勇	筠连县腾达镇初级中学校	初中历史	宜宾市中小学高级教师职务评审委员会	2017 年 12 月 25 日
郭宗华	筠连县腾达镇初级中学校	初中数学	宜宾市中小学高级教师职务评审委员会	2017 年 12 月 25 日
刘建坤	筠连县腾达镇初级中学校	初中物理	宜宾市中小学高级教师职务评审委员会	2017 年 12 月 25 日
杨 丽	筠连县腾达镇中心小学校	小学数学	宜宾市中小学高级教师职务评审委员会	2017 年 12 月 25 日
文 强	筠连县腾达镇中心小学校	小学语文	宜宾市中小学高级教师职务评审委员会	2017 年 12 月 25 日
付巍堂	筠连县腾达镇中心小学校	小学思品	宜宾市中小学高级教师职务评审委员会	2017 年 12 月 25 日
万 祎	筠连县维新初级中学	初中语文	宜宾市中小学高级教师职务评审委员会	2017 年 12 月 25 日
徐 伟	筠连县维新镇沐义小学	小学数学	宜宾市中小学高级教师职务评审委员会	2017 年 12 月 25 日
刘 飞	筠连县维新镇沐义小学	初中物理	宜宾市中小学高级教师职务评审委员会	2017 年 12 月 25 日
李国松	筠连县武德乡大乐小学	小学数学	宜宾市中小学高级教师职务评审委员会	2017 年 12 月 25 日
王有军	筠连县武德乡大乐小学	小学语文	宜宾市中小学高级教师职务评审委员会	2017 年 12 月 25 日

续表 7

姓名	工作单位	职称名称	评审机关	审定时间
陶明亮	筠连县武德乡中心校	小学语文	宜宾市中小学高级教师职务评审委员会	2017 年 12 月 25 日
苏 斌	筠连县希望小学	小学数学	宜宾市中小学高级教师职务评审委员会	2017 年 12 月 25 日
代 秋	筠连县希望小学	小学数学	宜宾市中小学高级教师职务评审委员会	2017 年 12 月 25 日
詹菊华	筠连县希望小学	小学数学	宜宾市中小学高级教师职务评审委员会	2017 年 12 月 25 日
王 雁	筠连县希望小学	小学数学	宜宾市中小学高级教师职务评审委员会	2017 年 12 月 25 日
曹 川	筠连县希望小学	小学体育	宜宾市中小学高级教师职务评审委员会	2017 年 12 月 25 日
马晓兰	筠连县希望小学	小学体育	宜宾市中小学高级教师职务评审委员会	2017 年 12 月 25 日
马永康	筠连县希望小学	小学语文	宜宾市中小学高级教师职务评审委员会	2017 年 12 月 25 日
李从军	筠连县希望小学	小学语文	宜宾市中小学高级教师职务评审委员会	2017 年 12 月 25 日
谢 兰	筠连县巡司镇第一幼儿园	幼儿教育	宜宾市中小学高级教师职务评审委员会	2017 年 12 月 25 日
胡华强	筠连县巡司镇礼义小学	小学语文	宜宾市中小学高级教师职务评审委员会	2017 年 12 月 25 日
张元庆	筠连县巡司镇礼义小学	小学语文	宜宾市中小学高级教师职务评审委员会	2017 年 12 月 25 日
龚 岐	筠连县巡司镇中心校	小学数学	宜宾市中小学高级教师职务评审委员会	2017 年 12 月 25 日
文 芹	筠连县巡司镇中心校	小学数学	宜宾市中小学高级教师职务评审委员会	2017 年 12 月 25 日
宋达芬	筠连县巡司镇中心校	小学数学	宜宾市中小学高级教师职务评审委员会	2017 年 12 月 25 日
刘小静	筠连县巡司镇中心校	小学数学	宜宾市中小学高级教师职务评审委员会	2017 年 12 月 25 日
肖明全	筠连县巡司镇中心校	小学数学	宜宾市中小学高级教师职务评审委员会	2017 年 12 月 25 日
周 燕	筠连县巡司镇中心校	小学语文	宜宾市中小学高级教师职务评审委员会	2017 年 12 月 25 日
石光柄	筠连县巡司镇中心校	小学语文	宜宾市中小学高级教师职务评审委员会	2017 年 12 月 25 日
张 波	筠连县镇舟镇初级中学校	初中数学	宜宾市中小学高级教师职务评审委员会	2017 年 12 月 25 日
袁昌剑	筠连县镇舟镇初级中学校	初中数学	宜宾市中小学高级教师职务评审委员会	2017 年 12 月 25 日
李友云	筠连县镇舟镇初级中学校	初中物理	宜宾市中小学高级教师职务评审委员会	2017 年 12 月 25 日
尹宗良	筠连县镇舟镇中心校	小学数学	宜宾市中小学高级教师职务评审委员会	2017 年 12 月 25 日
李孝彬	筠连县镇舟镇中心校	小学数学	宜宾市中小学高级教师职务评审委员会	2017 年 12 月 25 日
杨应奎	筠连县镇舟镇中心校	小学语文	宜宾市中小学高级教师职务评审委员会	2017 年 12 月 25 日
赵 林	筠连县镇舟镇中心校	小学思品	宜宾市中小学高级教师职务评审委员会	2017 年 12 月 25 日
刘 奇	四川省筠连县景阳初级中学	初中数学	宜宾市中小学高级教师职务评审委员会	2017 年 12 月 25 日
路次秋	四川省筠连县景阳初级中学	初中英语	宜宾市中小学高级教师职务评审委员会	2017 年 12 月 25 日
邓 丽	四川省筠连县职业技术学校	高中地理	宜宾市中小学高级教师职务评审委员会	2017 年 12 月 25 日
宋国娟	四川省筠连县职业技术学校	职教信息技术	宜宾市中小学高级教师职务评审委员会	2017 年 12 月 25 日
黄 勇	四川省筠连县职业技术学校	职教数控	宜宾市中小学高级教师职务评审委员会	2017 年 12 月 25 日
康二林	四川省筠连县职业技术学校	高中数学	宜宾市中小学高级教师职务评审委员会	2017 年 12 月 25 日
张继红	四川省筠连县职业技术学校	高中英语	宜宾市中小学高级教师职务评审委员会	2017 年 12 月 25 日
万大佳	四川省筠连县职业技术学校	高中语文	宜宾市中小学高级教师职务评审委员会	2017 年 12 月 25 日

2017年筠连县普通高校录取一览表

（县招生办提供，排名不分先后）

表8

序号	姓名	录取学校	录取专业	录取批次	备注
1	陈　煜	邢台职业技术学院	建筑装饰工程技术	专科批	高职
2	严　其	哈尔滨剑桥学院	学前教育	本科二批	统招
3	黄思阳	民办四川天一学院	护理	提前录取	高职单招
4	师和媛	四川科技职业学院	学前教育	专科批	高职
5	张礼萍	四川希望汽车职业学院	汽车营销与服务（汽车营销）	专科批	高职
6	雷婷婷	西昌学院	英语	本科二批	统招
7	刘美麟	西华师范大学	人力资源管理	本科一批	统招
8	牟琪琪	四川文理学院	翻译	本科二批	统招
9	卢秋君	宜宾学院	汉语言文学	本科二批	统招
10	付　伟	西华大学	旅游管理	专科批	高职
11	郑雅文	四川工程职业技术学院	商务英语	专科批	高职
12	任嘉欣	毕节职业技术学院	护理	专科批	高职
13	周　丽	四川应用技术职业学院	旅游管理	专科批	高职
14	郭　必	四川科技职业学院	城市轨道交通运营管理	提前录取	高职单招
15	罗中尧	南充职业技术学院	会计	专科批	高职
16	余世海	泸州职业技术学院	应用电子技术	专科批	高职
17	张斯捷	西南科技大学	会计学	本科一批	统招
18	韦玉林	萍乡学院	会计	专科批	高职
19	郭玉梅	宜宾学院	公共关系学	本科二批	统招
20	杜孟莎	厦门大学嘉庚学院	电子商务	本科二批	统招
21	陈　萧	四川文理学院	汉语言文学	本科二批	统招
22	罗　济	四川科技职业学院	汽车运用与维修技术	提前录取	高职单招
23	陈云飞	四川科技职业学院	建筑工程技术	提前录取	高职单招
24	潘高橙	四川工商学院	市场营销	专科批	高职
25	谢宏敏呐	四川农业大学	资产评估	本科一批	统招
26	周孟婷	四川工业科技学院	物流管理	专科批	高职
27	刘定娟	广州民航职业技术学院	航空物流（航材贸易与管理）	专科批	高职
28	郭宗会	四川文化艺术学院	汉语	专科批	高职
29	胡倩倩	绵阳师范学院	园林	本科二批	统招
30	孙伟鸿	西华师范大学	英语	本科一批	统招
31	周　为	四川科技职业学院	会计	提前录取	高职单招
32	苏鈺烜	西华大学	汉语国际教育	本科二批	统招
33	贾学文	四川汽车职业技术学院	汽车制造与装配技术	专科批	高职
34	余蔺绡	天津工业大学	法学	本科二批	统招
35	郝家玉	温州肯恩大学	工商管理类（中外合作办学）	本科一批	统招

续表 8

序号	姓名	录取学校	录取专业	录取批次	备注
36	苏　玥	湖南财政经济学院	会计学	本科二批	统招
37	李青烊	安徽大学	电子商务	本科一批	统招
38	刘　莉	成都东软学院	资产评估	本科二批	统招
39	胡庆国	武警警官学院	应用心理学(武警机动分队指挥)	本科提前批	统招
40	曹晨曦	重庆大学	英语	本科一批	统招
41	罗丽莎	武汉理工大学	金融学	本科一批	统招
42	李卓恒	达州职业技术学院	计算机网络技术	专科批	高职
43	宋紫悦	四川大学锦江学院	汉语言文学	本科二批	统招
44	潘默苏	西南财经大学天府学院	财务管理	本科二批	统招
45	张素梅	四川文化艺术学院	文化产业管理	本科二批	统招
46	聂山青	四川电子机械职业技术学院	工程造价	专科批	高职
47	郑　雨	四川信息职业技术学院	汽车电子技术	专科批	高职
48	刘安荣	成都农业科技职业学院	作物生产技术	专科批	高职
49	刘洪江	四川职业技术学院	语文教育	专科批	高职
50	黄　霞	四川艺术职业学院	公共文化服务与管理	专科批	高职
51	许洪森	内江职业技术学院	汽车制造与装配技术	专科批	高职
52	陈星延	河南推拿职业学院	中医骨伤	专科批	高职
53	黄　菊	四川化工职业技术学院	食品生物技术	专科批	高职
54	钟佳城	铜仁职业技术学院	建筑工程技术	专科批	高职
55	尹　兰	成都信息工程大学银杏酒店管理学院	会展经济与管理	本科二批	统招
56	谢　凤	四川文轩职业学院	学前教育	专科批	高职
57	罗忠志	四川长江职业学院	移动通信技术	提前录取	高职单招
58	徐　菲	南阳农业职业学院	学前教育	专科批	高职
59	聂金鑫	成都文理学院	学前教育	专科批	高职
60	叶兴宇	四川职业技术学院	语文教育	专科批	高职
61	刘　莉	长沙职业技术学院	特殊教育	专科批	高职
62	何廷院	西安邮电大学	行政管理	本科二批	统招
63	邓小秋	成都学院	特殊教育	本科二批	统招
64	吴　香	雅安职业技术学院	中医学	专科批	高职
65	陈虹旭	泸州职业技术学院	应用英语(外贸英语)	专科批	高职
66	赵小虹	成都职业技术学院	酒店管理	专科批	高职
67	苏光敏	广安职业技术学院	语文教育	专科批	高职
68	刘　玉	西昌学院	商务英语	本科二批	统招
69	黄　盼	达州职业技术学院	中医学	专科批	高职
70	王　丽	内江师范学院	汉语言文学(宜宾市)	免费师范本科	统招
71	李　冰	西南财经大学天府学院	会计	专科批	高职
72	詹智会	川南幼儿师范高等专科学校	学前教育	专科批	高职
73	张建华	四川托普信息技术职业学院	会计	专科批	高职
74	李婷婷	成都中医药大学	市场营销	本科二批	统招
75	黄　汝	泸州职业技术学院	旅游管理	专科批	高职
76	卜　亮	内江职业技术学院	汽车营销与服务	专科批	高职
77	周　红	达州职业技术学院	临床医学	专科批	高职
78	郭小盟	四川机电职业技术学院	环境工程技术	专科批	高职
79	朱建强	四川长江职业学院	汽车检测与维修技术	提前录取	高职单招
80	李　铭	四川化工职业技术学院	药品生产技术	专科批	高职

续表 8

序号	姓名	录取学校	录取专业	录取批次	备注
81	李　波	四川长江职业学院	汽车检测与维修技术	提前录取	高职单招
82	朱怿萱	四川工商学院	电子商务	本科二批	统招
83	韦　梅	民办四川天一学院	护理	提前录取	高职单招
84	邹晓翠	南通师范高等专科学校	语文教育	专科批	高职
85	陈　艳	四川职业技术学院	经济信息管理	专科批	高职
86	郭德荣	四川幼儿师范高等专科学校	小学教育	专科批	高职
87	吴欣玥	铜仁幼儿师范高等专科学校	学前教育	专科批	高职
88	付　欢	成都信息工程大学银杏酒店管理学院	数字媒体技术	本科二批	统招
89	刘佳会	江西环境工程职业学院	建筑室内设计	专科批	高职
90	李付昆	重庆电子工程职业学院	市场营销	专科批	高职
91	荣　获	绵阳职业技术学院	汽车检测与维修技术	提前录取	高职单招
92	陆威桦	四川工商学院	电子商务	专科批	高职
93	杨　欢	泸州职业技术学院	旅游管理	专科批	高职
94	罗大明	齐齐哈尔高等师范专科学校	特殊教育	专科批	高职
95	王炼炼	眉山职业技术学院	市场营销	提前录取	高职单招
96	钟莲花	四川科技职业学院	学前教育	专科批	高职
97	石　杰	四川科技职业学院	工商企业管理	专科批	高职
98	张焕明	四川司法警官职业学院	刑事侦查技术	专科批	高职
99	杨　娟	泸州职业技术学院	语文教育	专科批	高职
100	郑　飞	四川文化产业职业学院	文化市场经营管理	专科批	高职
101	潘　伟	川北幼儿师范高等专科学校	学前教育	专科批	高职
102	王　研	成都理工大学工程技术学院	会计	专科批	高职
103	刘昌郭	四川华新现代职业学院	会计	专科批	高职
104	贾俊峰	四川化工职业技术学院	软件技术	专科批	高职
105	许志文	广安职业技术学院	建筑工程技术	提前录取	高职单招
106	郭志涛	四川国际标榜职业学院	社区管理与服务	专科批	高职
107	何明翠	巴中职业技术学院	小学教育	专科批	高职
108	李龙艳	成都文理学院	电子商务	专科批	高职
109	张忠芳	成都农业科技职业学院	物流管理	专科批	高职
110	雷　亮	广安职业技术学院	机电一体化技术	提前录取	高职单招
111	罗　毅	四川中医药高等专科学校	中医学	专科批	高职
112	刘文涛	成都工贸职业技术学院	电子商务	专科批	高职
113	聂　鑫	桂林电子科技大学	移动通信技术	专科批	高职
114	母鑫鑫	南充职业技术学院	学前教育	专科批	高职
115	熊华鑫	四川水利职业技术学院	畜牧兽医	专科批	高职
116	李申刚	四川工业科技学院	车辆工程	本科二批	统招
117	黄欢欢	四川民族学院	英语	本科二批	统招
118	师　志	成都工业职业技术学院	移动应用开发	专科批	高职
119	刘宏伟	成都理工大学	市场营销	本科二批	统招
120	牟雨蒙	西华师范大学	汉语言文学	本科一批	统招
121	刘清萍	成都中医药大学	工商管理	本科二批	统招
122	李星廷	四川科技职业学院	计算机网络技术(智能网络技术)	专科批	高职
123	高汇川	四川卫生康复职业学院	医学美容技术	专科批	高职
124	赵　萍	泸州职业技术学院	旅游管理	专科批	高职
125	李孟芹	广安职业技术学院	动漫制作技术	专科批	高职

续表 8

序号	姓名	录取学校	录取专业	录取批次	备注
126	郝玉婷	四川艺术职业学院	文化市场经营管理	专科批	高职
127	黄庆军	四川科技职业学院	学前教育	专科批	高职
128	王　彬	成都文理学院	法律事务	专科批	高职
129	方嘉正	重庆水利电力职业技术学院	电力系统继电保护与自动化技术	专科批	高职
130	刘一凡	四川汽车职业技术学院	汽车车身维修技术	专科批	高职
131	杨雨佳	四川现代职业学院	酒店管理	提前录取	高职单招
132	王　英	四川科技职业学院	护理	专科批	高职
133	黄　楷	四川大学锦江学院	行政管理	本科二批	统招
134	刘昌敏	广安职业技术学院	语文教育	专科批	高职
135	苏未林	达州职业技术学院	护理	专科批	高职
136	黄　蕊	成都纺织高等专科学校	国际经济与贸易	专科批	高职
137	郑　敏	四川科技职业学院	学前教育	专科批	高职
138	杨　珊	内江职业技术学院	电子商务	专科批	高职
139	陈修丽	宜宾职业技术学院	财务管理	提前录取	高职单招
140	胡　敏	四川科技职业学院	学前教育	专科批	高职
141	尹　清	四川信息职业技术学院	物联网应用技术	专科批	高职
142	王明英	川北幼儿师范高等专科学校	英语教育	专科批	高职
143	郝小荣	西华大学	英语	本科二批	统招
144	温元江	四川托普信息技术职业学院	汽车营销与服务	专科批	高职
145	文安相	四川司法警官职业学院	刑事执行	专科批	高职
146	赵　鑫	四川中医药高等专科学校	医学美容技术	专科批	高职
147	周　浪	四川文理学院	财务管理	本科二批	统招
148	陈晓芳	南充职业技术学院	计算机应用技术	专科批	高职
149	李　杨	南充职业技术学院	计算机应用技术	专科批	高职
150	何　睿	四川幼儿师范高等专科学校	学前教育	提前录取	高职单招
151	罗　鸿	宜宾学院	思想政治教育	本科二批	统招
152	钟　丽	雅安职业技术学院	语文教育	专科批	高职
153	张茂英	六盘水职业技术学院	护理	专科批	高职
154	刘昌玉	川南幼儿师范高等专科学校	学前教育	专科批	高职
155	李其敏	铜仁职业技术学院	数字媒体应用技术	专科批	高职
156	赵玉秀	成都文理学院	会计	专科批	高职
157	王玉茂	四川化工职业技术学院	应用化工技术	专科批	高职
158	游远航	西南财经大学天府学院	会计	专科批	高职
159	张　蕊	四川现代职业学院	法律事务	提前录取	高职单招
160	郑　鑫	泸州职业技术学院	英语教育	专科批	高职
161	宋金煜	四川托普信息技术职业学院	会计	专科批	高职
162	温小芹	广安职业技术学院	小学教育	专科批	高职
163	田银飞	四川现代职业学院	会计	提前录取	高职单招
164	黄　莉	四川中医药高等专科学校	医学美容技术	提前录取	高职单招
165	刘云燕	宜宾学院	语文教育	专科批	高职
166	杨　敏	四川护理职业学院	护理	专科批	高职
167	鲁秋霜	重庆青年职业技术学院	会计	专科批	高职
168	燕　丽	四川大学锦城学院	金融学类	本科二批	统招
169	陶　艳	成都师范学院	历史学	本科二批	统招
170	廖　芹	广安职业技术学院	物流管理	专科批	高职

续表 8

序号	姓名	录取学校	录取专业	录取批次	备注
171	谢雨欣	四川幼儿师范高等专科学校	小学教育	专科批	高职
172	吴　涛	大连职业技术学院	学前教育	专科批	高职
173	王乙晴	绵阳师范学院	语文教育	专科批	高职
174	刘　萍	四川化工职业技术学院	会计	专科批	高职
175	张　静	西华大学	电子商务	专科批	高职
176	周　围	眉山职业技术学院	学前教育	专科批	高职
177	王　琴	西南财经大学天府学院	旅游管理	专科批	高职
178	邹文英	民办四川天一学院	汽车营销与服务	提前录取	高职单招
179	周　东	广州城市职业学院	国际贸易实务	专科批	高职
180	张会林	成都工贸职业技术学院	数控技术	专科批	高职
181	黄立夫	电子科技大学成都学院	计算机应用技术	专科批	高职
182	林津玉	攀枝花学院	护理学	本科二批	统招
183	何仙会	达州职业技术学院	护理	专科批	高职
184	曾　艳	四川工商学院	会计学	本科二批	统招
185	罗义芹	四川信息职业技术学院	市场营销	专科批	高职
186	汤　燕	四川工商学院	学前教育	本科二批	统招
187	王相琳	川南幼儿师范高等专科学校	语文教育	专科批	高职
188	彭元巧	常德职业技术学院	电子商务	专科批	高职
189	邓传鑫	四川水利职业技术学院	水政水资源管理	专科批	高职
190	朱　海	内江职业技术学院	水利水电建筑工程	提前录取	高职单招
191	余明忠	巴中职业技术学院	小学教育	专科批	高职
192	李志鹏	巴中职业技术学院	小学教育	专科批	高职
193	谢林虎	乐山职业技术学院	会计	专科批	高职
194	罗水清	四川信息职业技术学院	电子信息工程技术	专科批	高职
195	毛扶权	绵阳师范学院	应用心理学	本科二批	统招
196	罗　丹	江苏工程职业技术学院	计算机应用技术	专科批	高职
197	汤　敏	成都信息工程大学银杏酒店管理学院	物流管理	专科批	高职
198	罗　杨	四川科技职业学院	学前教育	专科批	高职
199	甘　旭	四川信息职业技术学院	电子信息工程技术	专科批	高职
200	邹　芹	宜宾职业技术学院	文秘	专科批	高职
201	王　洪	四川文理学院	行政管理	本科二批	统招
202	赵利红	四川工商学院	英语	本科二批	统招
203	郝　洁	雅安职业技术学院	临床医学	专科批	高职
204	张　珊	四川城市职业学院	汉语	提前录取	高职单招
205	万祖茂	成都职业技术学院	审计	专科批	高职
206	秦巾定	雅安职业技术学院	财务管理	专科批	高职
207	李　蕊	四川现代职业学院	电子商务技术	提前录取	高职单招
208	毛扶强	四川航天职业技术学院	汽车检测与维修技术	专科批	高职
209	张　丹	四川民族学院	汉语言文学	本科二批	统招
210	王　俊	成都文理学院	法律事务	专科批	高职
211	黄　帆	成都工业职业技术学院	会计	专科批	高职
212	江先梦	成都医学院	护理学	本科二批	统招
213	刘丽娟	四川外国语大学成都学院	英语	本科二批	统招
214	余安琴	四川工商学院	会计学	本科二批	统招
215	李文香	广东工贸职业技术学院	国际经济与贸易	专科批	高职

续表 8

序号	姓名	录取学校	录取专业	录取批次	备注
216	熊小芳	川南幼儿师范高等专科学校	学前教育	专科批	高职
217	黄　强	西南科技大学城市学院	土木类	本科二批	统招
218	郭晓菊	四川机电职业技术学院	信息安全与管理	专科批	高职
219	夏春春	四川航天职业技术学院	应用电子技术	专科批	高职
220	余　娇	雅安职业技术学院	临床医学	专科批	高职
221	贾　兰	巴中职业技术学院	小学教育	专科批	高职
222	陈璐语	四川中医药高等专科学校	药品经营与管理	提前录取	高职单招
223	罗春燕	四川大学锦城学院	人力资源管理	本科二批	统招
224	刘杉杉	宜宾学院	汉语国际教育	本科二批	统招
225	郑　旭	四川应用技术职业学院	护理	专科批	高职
226	牟凤婷	绵阳师范学院	信息管理与信息系统	本科二批	统招
227	杨武林	四川建筑职业技术学院	建筑经济管理	专科批	高职
228	尹修宇	四川传媒学院	网络新闻与传播	专科批	高职
229	任国英	川北幼儿师范高等专科学校	建筑经济管理	专科批	高职
230	刘云秋	达州职业技术学院	药学	专科批	高职
231	赵　洋	四川汽车职业技术学院	新能源汽车技术	专科批	高职
232	肖许玲	四川文轩职业学院	会计	专科批	高职
233	何　英	四川建筑职业技术学院	法律事务(建筑工程法律事务)	专科批	高职
234	张　杰	四川文轩职业学院	会计	专科批	高职
235	周江萍	电子科技大学成都学院	电子商务	专科批	高职
236	谢天润	四川机电职业技术学院	机械制造与自动化	专科批	高职
237	何芳婷	成都文理学院	英语	本科二批	统招
238	袁　梦	川南幼儿师范高等专科学校	学前教育	专科批	高职
239	李萍香	西南财经大学天府学院	会计	专科批	高职
240	詹钰莹	四川文轩职业学院	高速铁路客运乘务	专科批	高职
241	李志翔	江苏卫生健康职业学院	健康管理	专科批	高职
242	李云寒	四川长江职业学院	工程造价	提前录取	高职单招
243	凌　会	四川中医药高等专科学校	药学	专科批	高职
244	赵　庆	四川汽车职业技术学院	汽车电子技术	专科批	高职
245	张　立	四川大学锦江学院	汉语言文学	本科二批	统招
246	谢　双	四川长江职业学院	市场营销	提前录取	高职单招
247	李菲飞	成都纺织高等专科学校	旅游管理	专科批	高职
248	黄　镒	民办四川天一学院	护理	专科批	高职
249	张　衡	阿坝师范学院	文秘	专科批	高职
250	危　烁	四川机电职业技术学院	机电设备维修与管理	专科批	高职
251	何　德	四川机电职业技术学院	铁道交通运营管理	专科批	高职
252	黄　润	重庆旅游职业学院	旅游管理	专科批	高职
253	李孟蓉	四川华新现代职业学院	商务管理	专科批	高职
254	王励梅	达州职业技术学院	临床医学	专科批	高职
255	钟梦玲	达州职业技术学院	临床医学	专科批	高职
256	王　珊	雅安职业技术学院	特殊教育	提前录取	高职单招
257	聂小松	四川长江职业学院	酒店管理	提前录取	高职单招
258	张慧敏	四川文化产业职业学院	影视多媒体技术	专科批	高职
259	徐秀伟	洛阳职业技术学院	临床医学	专科批	高职
260	王光群	巴中职业技术学院	护理	专科批	高职

续表 8

序号	姓名	录取学校	录取专业	录取批次	备注
261	钟文健	四川机电职业技术学院	工程测量技术	专科批	高职
262	张朝聪	重庆城市职业学院	酒店管理	专科批	高职
263	王玉兰	成都职业技术学院	旅游管理	提前录取	高职单招
264	杨容玲	成都工业职业技术学院	物流管理	专科批	高职
265	张旭东	四川科技职业学院	汽车运用与维修技术	专科批	高职
266	郭佳丽	重庆财经职业学院	投资与理财	专科批	高职
267	母宛丽	成都职业技术学院	旅游管理	提前录取	高职单招
268	罗艳霞	成都职业技术学院	商务英语	专科批	高职
269	彭欣扬	四川文轩职业学院	学前教育	专科批	高职
270	吴健涛	四川托普信息技术职业学院	计算机网络技术	专科批	高职
271	陈维禧	四川长江职业学院	工程造价	提前录取	高职单招
272	胡美玲	眉山职业技术学院	小学教育	专科批	高职
273	熊　静	乐山职业技术学院	物流管理	专科批	高职
274	黄梁成	内江职业技术学院	市场营销	专科批	高职
275	赵小玲	阿坝师范学院	历史教育	专科批	高职
276	田子夜	四川托普信息技术职业学院	幼儿发展与健康管理	专科批	高职
277	王文静	四川信息职业技术学院	汽车营销与服务	专科批	高职
278	杨　茜	眉山职业技术学院	英语教育	专科批	高职
279	黄雪梅	宜宾学院	工商管理	本科二批	统招
280	李　琳	四川文化产业职业学院	图文信息处理	专科批	高职
281	姚文英	成都工业职业技术学院	物流管理	专科批	高职
282	冯　林	四川机电职业技术学院	电子商务	专科批	高职
283	苏　珊	四川城市职业学院	学前教育	提前录取	高职单招
284	余　霞	眉山职业技术学院	学前教育	专科批	高职
285	朱　萍	四川机电职业技术学院	会计信息管理	专科批	高职
286	陈　冉	四川托普信息技术职业学院	幼儿发展与健康管理	专科批	高职
287	刘　芹	成都文理学院	学前教育	专科批	高职
288	李　葱	四川旅游学院	旅游管理	本科二批	统招
289	王吴叶	随州职业技术学院	医学美容技术	专科批	高职
290	陈　婷	四川信息职业技术学院	会计	专科批	高职
291	苏昌林	四川中医药高等专科学校	护理	专科批	高职
292	刘　旭	四川大学锦江学院	工程管理	本科二批	统招
293	黄付容	阿坝师范学院	汉语言文学	本科二批	统招
294	杨清华	四川职业技术学院	会计	提前录取	高职单招
295	母旭东	四川长江职业学院	计算机网络技术	提前录取	高职单招
296	田　琼	四川理工学院	人力资源管理	本科二批	统招
297	郭晓林	雅安职业技术学院	口腔医学技术	专科批	高职
298	倪利萍	四川民族学院	学前教育	本科二批	统招
299	周　旭	湖南理工学院	朝鲜语	本科二批	统招
300	赖丹萍	内江职业技术学院	幼儿发展与健康管理	专科批	高职
301	陶　青	川北幼儿师范高等专科学校	语文教育	专科批	高职
302	张　威	沧州医学高等专科学校	临床医学	专科批	高职
303	刘小雨	四川城市职业学院	汉语	提前录取	高职单招
304	师跃鸿	成都理工大学工程技术学院	工程造价	本科二批	统招
305	张　陪	川北幼儿师范高等专科学校	语文教育	专科批	高职

续表 8

序号	姓名	录取学校	录取专业	录取批次	备注
306	黄冬梅	川北幼儿师范高等专科学校	现代教育技术	专科批	高职
307	江　山	陕西旅游烹饪职业学院	烹调工艺与营养(中餐方向)	专科批	高职
308	刘　涛	西华师范大学	地理科学(宜宾市)	免费师范本科	统招
309	王　琳	四川管理职业学院	会计	专科批	高职
310	李林峰	石家庄医学高等专科学校	医学检验技术	专科批	高职
311	张海燕	四川机电职业技术学院	健康管理	专科批	高职
312	文廷嘉	民办四川天一学院	护理	提前录取	高职单招
313	李　艳	四川工业科技学院	国际经济与贸易	本科二批	统招
314	杨　萍	四川现代职业学院	会计	提前录取	高职单招
315	王天强	乐山职业技术学院	光伏发电技术与应用	提前录取	高职单招
316	景小波	四川现代职业学院	电子商务	提前录取	高职单招
317	罗　敏	沈阳城市建设学院	工商管理	本科二批	统招
318	赵友义	四川机电职业技术学院	机电设备维修与管理	专科批	高职
319	何宗强	电子科技大学成都学院	影视多媒体技术	专科批	高职
320	何宗全	四川工业科技学院	新能源汽车技术	专科批	高职
321	黄　涛	四川文理学院	小学教育(宜宾市)	专科提前批	高职
322	李石香	四川现代职业学院	移动通信技术	提前录取	高职单招
323	陈相珊	广安职业技术学院	学前教育	专科批	高职
324	吴孝永	四川工程职业技术学院	焊接技术与自动化	提前录取	高职单招
325	李顺旭	四川师范大学	汉语言文学(宜宾市)	免费师范本科	统招
326	舒练淋	泸州职业技术学院	英语教育	专科批	高职
327	邓焰红	西南科技大学	翻译	本科二批	统招
328	付江永	四川工业科技学院	工程造价	本科二批	统招
329	文　雪	乐山职业技术学院	会计	专科批	高职
330	徐　萍	眉山职业技术学院	畜牧兽医	提前录取	高职单招
331	陈言婷	雅安职业技术学院	中药学	专科批	高职
332	杨　涵	四川长江职业学院	互联网金融	提前录取	高职单招
333	郭民主	广安职业技术学院	医学检验技术	专科批	高职
334	谢睿灵	四川交通职业技术学院	房地产经营与管理	提前录取	高职单招
335	柳昌梅	四川城市职业学院	汉语	专科批	高职
336	陈思琳	成都文理学院	学前教育	专科批	高职
337	谭　静	成都纺织高等专科学校	旅游英语	提前录取	高职单招
338	刘　欢	苏州经贸职业技术学院	会计	专科批	高职
339	文　欣	重庆第二师范学院	商务经济学	本科二批	统招
340	钟林峰	四川工商学院	工程造价	专科批	高职
341	詹　丽	四川师范大学	历史学(宜宾市)	免费师范本科	统招
342	任戌华	四川外国语大学成都学院	酒店管理	专科批	高职
343	张　英	广西幼儿师范高等专科学校	语文教育	专科批	高职
344	谭远鑫	重庆化工职业学院	食品检测技术	专科批	高职
345	舒绪兰	成都师范学院	新闻学	本科二批	统招
346	田玉梅	成都文理学院	电子商务	本科二批	统招
347	李远宏	成都文理学院	电子商务	本科二批	统招
348	吴玉瑶	南充职业技术学院	语文教育	提前录取	高职单招
349	张婷婷	宜宾职业技术学院	商务管理	提前录取	高职单招
350	徐晓飞	西南科技大学城市学院	外国语言文学类	本科二批	统招

续表 8

序号	姓名	录取学校	录取专业	录取批次	备注
351	周　玉	四川现代职业学院	财务管理	提前录取	高职单招
352	罗　丽	成都理工大学工程技术学院	资产评估	本科二批	统招
353	李　乐	四川商务职业学院	金融管理	提前录取	高职单招
354	白友翠	四川现代职业学院	市场营销	提前录取	高职单招
355	张艺洁	成都文理学院	汉语	专科批	高职
356	母小容	阿坝师范学院	英语	本科二批	统招
357	唐祖瑛	四川工业科技学院	会计	专科批	高职
358	刘玉婷	西南医科大学	中西医临床医学	本科一批	统招
359	刘成秋	绵阳师范学院	英语	本科二批	统招
360	郑鸿尹	西南财经大学天府学院	会计	专科批	高职
361	王家孟	四川汽车职业技术学院	汽车检测与维修技术	专科批	高职
362	王叶沙	广西幼儿师范高等专科学校	学前教育	专科批	高职
363	赵心灵	川北幼儿师范高等专科学校	会计	专科批	高职
364	刘成飞	成都师范学院	新闻学	本科二批	统招
365	彭顺红	四川文轩职业学院	学前教育	专科批	高职
366	白婕艺	南充职业技术学院	语文教育	专科批	高职
367	闵　霞	雅安职业技术学院	中医学	专科批	高职
368	甘　汗	四川长江职业学院	建筑工程技术	提前录取	高职单招
369	张会生	成都东软学院	物流管理	本科二批	统招
370	陈　宇	达州职业技术学院	建筑工程技术	提前录取	高职单招
371	杨禹琴	四川外国语大学成都学院	商务英语	专科批	高职
372	张丽平	西南科技大学城市学院	工商管理类	本科二批	统招
373	詹传鑫	四川托普信息技术职业学院	计算机网络技术	专科批	高职
374	杨　涛	四川航天职业技术学院	建筑工程技术	专科批	高职
375	黄飞燕	西南科技大学城市学院	金融学类	本科二批	统招
376	王　铜	四川机电职业技术学院	铁道信号自动控制	专科批	高职
377	刘万杰	内江师范学院	汉语言文学(宜宾市)	免费师范本科	统招
378	张德洋	四川司法警官职业学院	刑事侦查技术	专科批	高职
379	罗晓红	西华师范大学	历史学(宜宾市)	免费师范本科	统招
380	任　鑫	西昌学院	国际经济与贸易	本科二批	统招
381	王泳行	四川传媒学院	网络与新媒体	本科二批	统招
382	胡贵祥	四川师范大学	地理科学(宜宾市)	免费师范本科	统招
383	张　鑫	四川长江职业学院	汽车检测与维修技术	提前录取	高职单招
384	詹成艳	西南交通大学希望学院	工程管理	本科二批	统招
385	罗　镜	成都学院	会计学	本科二批	统招
386	黄清松	四川长江职业学院	建筑工程技术	提前录取	高职单招
387	王　勇	达州职业技术学院	建筑工程技术	专科批	高职
388	詹本玉	成都理工大学工程技术学院	英语	本科二批	统招
389	杨雪梅	南充职业技术学院	语文教育	专科批	高职
390	胡青山	乐山职业技术学院	中医学	专科批	高职
391	刘雨睿	宜宾学院	汉语言文学	本科二批	统招
392	周奇林	西华大学	英语	本科二批	统招
393	詹　雪	成都学院	学前教育	本科二批	统招
394	郭舒馨	西南财经大学天府学院	会计	专科批	高职
395	林　静	武汉工程大学邮电与信息工程学院	国际经济与贸易	本科二批	统招

续表 8

序号	姓名	录取学校	录取专业	录取批次	备注
396	刘　烨	成都理工大学	市场营销	本科二批	统招
397	罗欢欢	成都理工大学工程技术学院	工程管理	本科二批	统招
398	陈　键	四川长江职业学院	会计	提前录取	高职单招
399	朱小梦	重庆科创职业学院	物联网应用技术	专科批	高职
400	郑昌芹	四川长江职业学院	建筑工程技术	提前录取	高职单招
401	李艳玲	四川幼儿师范高等专科学校	小学教育	专科批	高职
402	周俊秀	西南财经大学天府学院	会计	专科批	高职
403	江东林	成都中医药大学	护理学	本科二批	统招
404	苏容容	成都学院	学前教育	本科二批	统招
405	杨益权	成都航空职业技术学院	汽车制造与装配技术	专科批	高职
406	胡　志	成都学院	英语	本科二批	统招
407	马　列	西南医科大学	中医学	本科一批	统招
408	周　旭	西南财经大学天府学院	采购管理	本科二批	统招
409	李　艳	成都师范学院	汉语言文学	本科二批	统招
410	胡宗琪	成都理工大学工程技术学院	会计学	本科二批	统招
411	文小杰	绵阳师范学院	地理科学类	本科二批	统招
412	先俊强	四川大学锦江学院	会计学	本科二批	统招
413	严琪栾	重庆三峡医药高等专科学校	中医骨伤	专科批	高职
414	龚　蕊	四川财经职业学院	会计	专科批	高职
415	詹婷婷	成都中医药大学	中医养生学	本科二批	统招
416	吴国伟	西南财经大学天府学院	数字媒体技术	本科二批	统招
417	李　炜	成都航空职业技术学院	汽车制造与装配技术	专科批	高职
418	李林波	镇江市高等专科学校	法律事务	专科批	高职
419	陈佳纹	西华大学	英语	本科二批	统招
420	陈秋梅	云南师范大学商学院	汉语言文学(商务文秘、新媒介文本采编、语文教学方向)	本科二批	统招
421	杨　理	成都理工大学	政治学与行政学	本科二批	统招
422	詹婷婷	成都师范学院	汉语言文学	本科二批	统招
423	贾　婷	重庆工商大学派斯学院	汉语言文学	本科二批	统招
424	张俊锋	成都中医药大学	护理学	本科二批	统招
425	苏端静	内江师范学院	工商管理类	本科二批	统招
426	叶兴敏	西华大学	思想政治教育	本科二批	统招
427	李思宇	川北医学院	中西医临床医学	本科一批	统招
428	唐　玉	西华大学	日语	本科二批	统招
429	陈延韬	四川大学锦江学院	国际经济与贸易	本科二批	统招
430	詹金龙	成都学院	学前教育	本科二批	统招
431	邹　伟	成都理工大学	市场营销	本科二批	统招
432	白孟松	四川大学锦江学院	会计学	本科二批	统招
433	王　义	四川理工学院	工商管理	本科二批	统招
434	刘雪梅	西南科技大学	法学	本科一批	统招
435	杨　松	重庆交通大学	工商管理类	本科一批	统招
436	郝燕苹	哈尔滨幼儿师范高等专科学校	学前教育	专科批	高职
437	郝　萍	海南师范大学	地理科学	本科二批	统招
438	李金涛	成都文理学院	市场营销	本科二批	统招
439	冯定华	西华师范大学	政治学与行政学	本科一批	统招
440	郭富娟	四川理工学院	工程造价	本科二批	统招

续表8

序号	姓名	录取学校	录取专业	录取批次	备注
441	游　旭	重庆师范大学	小学教育	本科二批	统招
442	万　伟	绵阳师范学院	地理科学类	本科二批	统招
443	王元聪	山东师范大学	法学(包含法学专业及其律师方向、智慧财产法方向)	本科一批	统招
444	蒲梓恒	四川农业大学	信息管理与信息系统	本科一批	统招
445	王　涛	成都理工大学	经济学	本科一批	统招
446	陈素仪	四川旅游学院	数字媒体技术	本科二批	统招
447	张吉新	成都中医药大学	工商管理	本科二批	统招
448	刘　丽	乐山师范学院	英语(宜宾市)	免费师范本科	统招
449	陈　蕊	四川师范大学	历史学(宜宾市)	免费师范本科	统招
450	舒　链	成都学院	汉语言文学	本科二批	统招
451	郝明珠	浙江传媒学院	新闻学	本科二批	统招
452	蔡廷君	山东大学	工商管理类	本科一批	高校专项
453	郑世彤	天津财经大学	会计学(注册会计师)	本科一批	统招
454	母茜梅	四川师范大学	法学	地方专项	统招
455	母先秀	四川外国语大学成都学院	商务英语	本科二批	统招
456	陈熠豪	成都信息工程大学	人力资源管理	本科一批	统招
457	谢梦洁	四川师范大学	英语	本科一批	统招
458	刘紫燃	中华女子学院	英语	本科二批	统招
459	蒋锐华	西南科技大学城市学院	外国语言文学类	本科二批	统招
460	程捷琳	南京理工大学	英语	本科一批	统招
461	罗荣超	复旦大学	历史学类	本科一批	高校专项
462	汤廷蕾	重庆师范大学	学前教育	本科一批	统招
463	游天航	重庆理工大学	经济学类	本科一批	统招
464	刘　芹	西华师范大学	小学教育(宜宾市)	免费师范本科	统招
465	肖寒碧	西南医科大学	英语	本科二批	统招
466	王庆华	西华大学	汉语言文学	本科一批	统招
467	熊　锐	内江师范学院	法学	本科二批	统招
468	陈迁任	四川师范大学	法学	本科一批	统招
469	闫崇姗	云南师范大学	人文地理与城乡规划	本科二批	统招
470	聂丽佳	咸阳师范学院	地理科学	本科二批	统招
471	黄　萍	厦门理工学院	投资学	本科二批	统招
472	田　青	四川文化艺术学院	文物与博物馆学	本科二批	统招
473	余正鲜	成都师范学院	英语(宜宾市)	免费师范本科	统招
474	詹乐梅	广安职业技术学院	语文教育	专科批	高职
475	刘晓玲	四川幼儿师范高等专科学校	小学教育	专科批	高职
476	罗春燕	乐山职业技术学院	会计	专科批	高职
477	周其秋	四川文化产业职业学院	市场营销	专科批	高职
478	郭兰英	宜宾职业技术学院	模具设计与制造	专科批	高职
479	廖永川	四川工业科技学院	机械类	本科二批	统招
480	赵　庆	西南财经大学天府学院	金融学	本科二批	统招
481	高　乐	西南医科大学	护理学	本科二批	统招
482	饶雪婷	四川工业科技学院	工商企业管理	专科批	高职
483	贾　琳	泸州职业技术学院	市场营销	专科批	高职
484	黄启东	四川文理学院	汉语言文学(宜宾市)	免费师范本科	统招
485	赵　英	四川文理学院	文化产业管理	本科二批	统招

续表 8

序号	姓名	录取学校	录取专业	录取批次	备注
486	徐兴德	成都学院	广播电视学	本科二批	统招
487	万仲秋	成都学院	工商管理	本科二批	统招
488	郑燕苏	川南幼儿师范高等专科学校	语文教育	专科批	高职
489	赵紫豪	成都农业科技职业学院	数字媒体应用技术	专科批	高职
490	黄　强	成都理工大学	政治学与行政学	本科二批	统招
491	张　艳	成都学院	学前教育	本科二批	统招
492	韦　维	成都理工大学工程技术学院	财务管理	本科二批	统招
493	徐　义	成都学院	学前教育	本科二批	统招
494	邬寿连	重庆工贸职业技术学院	药品生产技术	专科批	高职
495	郑　洁	达州职业技术学院	临床医学	专科批	高职
496	徐利利	南充职业技术学院	小学教育	专科批	高职
497	胡　彦	四川托普信息技术职业学院	软件技术	专科批	高职
498	赵小英	成都学院	小学教育	本科二批	统招
499	陈　鑫	西华师范大学	思想政治教育(宜宾市)	免费师范本科	统招
500	杨　润	宜宾学院	法学	本科二批	统招
501	张恩菊	成都工业学院	物流管理	本科二批	统招
502	陈慧贤	成都学院	护理学	本科二批	统招
503	赵仲德	巴中职业技术学院	小学教育	专科批	高职
504	赵德芳	四川民族学院	英语	本科二批	统招
505	段江红	北京物资学院	工商管理	本科二批	统招
506	孙德聪	成都理工大学工程技术学院	财务管理	本科二批	统招
507	宋青玲	西南交通大学希望学院	财务管理	本科二批	统招
508	周　敏	四川文理学院	汉语言文学	本科二批	统招
509	罗　静	绵阳师范学院	审计学	本科二批	统招
510	李成妃	川北幼儿师范高等专科学校	现代教育技术	专科批	高职
511	罗　莉	成都东软学院	财务管理	本科二批	统招
512	骆　瑛	绵阳职业技术学院	发电厂及电力系统	专科批	高职
513	李虹宾	上海建桥学院	网络与新媒体	本科二批	统招
514	王紫嫣	成都理工大学工程技术学院	应用英语	专科批	高职
515	罗友莉	厦门华厦学院	环境艺术设计	专科批	高职
516	刘跃军	四川工商学院	电子商务	专科批	高职
517	何泽东	四川师范大学	教育技术学(宜宾市)	免费师范本科	统招
518	刘　超	四川民族学院	财务管理	本科二批	统招
519	黄　丽	四川工商学院	会计学	本科二批	统招
520	廖秋霞	绵阳师范学院	信息管理与信息系统	本科二批	统招
521	潘　伟	成都中医药大学	中医学	本科提前批	统招
522	王　莉	四川幼儿师范高等专科学校	语文教育	专科批	高职
523	胡光俊	四川工程职业技术学院	物流管理	专科批	高职
524	周相芬	西南交通大学希望学院	英语	本科二批	统招
525	万　燕	成都学院	学前教育	本科二批	统招
526	黄婷婷	绵阳师范学院	学前教育	本科二批	统招
527	郑　秀	成都学院	法学	本科二批	统招
528	李华勇	西昌学院	汉语言文学	本科二批	统招
529	孟　英	阿坝师范学院	思想政治教育	本科二批	统招
530	叶玉丽	四川农业大学	政治学与行政学	本科一批	统招

续表 8

序号	姓名	录取学校	录取专业	录取批次	备注
531	胡天伟	成都学院	小学教育	本科二批	统招
532	师　瑞	四川工商学院	英语	本科二批	统招
533	胡秋芸	宜宾学院	小学教育	本科二批	统招
534	张睿敏	南充职业技术学院	旅游管理	专科批	高职
535	赵玉婷	宜宾学院	汉语言文学	本科二批	统招
536	郭　波	宜宾职业技术学院	食品生物技术	专科批	高职
537	李华芹	四川民族学院	旅游管理	本科二批	统招
538	黄晓翠	川南幼儿师范高等专科学校	语文教育	专科批	高职
539	贾梦林	四川外国语大学成都学院	国际商务	本科二批	统招
540	邓小波	四川信息职业技术学院	机电一体化技术	专科批	高职
541	陈洪英	广安职业技术学院	应用化工技术	专科批	高职
542	杨丽婷	广安职业技术学院	英语教育	专科批	高职
543	邹　鸿	广安职业技术学院	英语教育	专科批	高职
544	黄小义	成都农业科技职业学院	园林技术	专科批	高职
545	李朝秋	四川商务职业学院	商务英语	专科批	高职
546	黄　浩	成都文理学院	汉语言文学	本科二批	统招
547	李　欣	川南幼儿师范高等专科学校	语文教育	专科批	高职
548	牟　伟	成都文理学院	证券与期货	专科批	高职
549	陈　敏	四川商务职业学院	商务英语	提前录取	高职单招
550	李永红	广安职业技术学院	英语教育	专科批	高职
551	周裕荧	广安职业技术学院	学前教育	专科批	高职
552	牟　宇	四川职业技术学院	小学教育	专科批	高职
553	应元起	川北幼儿师范高等专科学校	语文教育	专科批	高职
554	杨先洪	四川职业技术学院	旅游英语	专科批	高职
555	罗秋玉	雅安职业技术学院	茶艺与茶叶营销	提前录取	高职单招
556	闵绿林	重庆三峡职业学院	市场营销	专科批	高职
557	任玉琳	内江职业技术学院	畜牧兽医	专科批	高职
558	潘　会	四川信息职业技术学院	应用电子技术	提前录取	高职单招
559	黄佳雨	宜宾职业技术学院	铁道机车	专科批	高职
560	杨光青	湖南工程职业技术学院	道路桥梁工程技术	专科批	高职
561	文　闻	四川华新现代职业学院	文秘	专科批	高职
562	徐晓洁	西南交通大学希望学院	英语	本科二批	统招
563	徐友凤	宜宾职业技术学院	酿酒技术	专科批	高职
564	周　阳	四川长江职业学院	物联网应用技术	专科批	高职
565	陶用林	宜宾职业技术学院	机电一体化技术	专科批	高职
566	舒　敏	四川科技职业学院	护理	专科批	高职
567	张定其	宜宾职业技术学院	建筑装饰工程技术	提前录取	高职单招
568	应肇红	民办四川天一学院	汽车运用与维修技术	提前录取	高职单招
569	邵方艳	宜宾职业技术学院	建筑装饰工程技术	提前录取	高职单招
570	张　芹	四川三河职业学院	护理	专科批	高职
571	温正均	成都理工大学工程技术学院	计算机应用技术	专科批	高职
572	刁明付	四川三河职业学院	建筑工程技术	专科批	高职
573	游爱萍	宜宾职业技术学院	物流管理	专科批	高职
574	饶春兰	四川国际标榜职业学院	护理	专科批	高职
575	刘洪洋	内江职业技术学院	作物生产技术	提前录取	高职单招

续表 8

序号	姓名	录取学校	录取专业	录取批次	备注
576	熊攀梅	四川现代职业学院	市场营销	专科批	高职
577	田孟琼	四川国际标榜职业学院	软件技术(游戏动漫制作技术)	专科批	高职
578	顾　敏	四川机电职业技术学院	会计信息管理	专科批	高职
579	胡　楠	民办四川天一学院	护理	提前录取	高职单招
580	杨　铠	宜宾职业技术学院	财务管理	提前录取	高职单招
581	朱俊霖	民办四川天一学院	计算机应用技术	提前录取	高职单招
582	杨　润	重庆海联职业技术学院	旅游管理(航空旅游服务)	专科批	高职
583	胡仕会	内江职业技术学院	旅游管理	专科批	高职
584	闫小米	四川三河职业学院	建筑工程技术	专科批	高职
585	刘维巧	广安职业技术学院	应用化工技术	专科批	高职
586	李　愉	宜宾职业技术学院	商务英语	专科批	高职
587	杨秋霞	四川应用技术职业学院	学前教育	专科批	高职
588	何　威	宜宾职业技术学院	电子商务	提前录取	高职单招
589	李　姣	四川文化传媒职业学院	艺术教育	专科批	高职
590	罗响红	四川三河职业学院	会计	专科批	高职
591	胡秋红	四川长江职业学院	人力资源管理	专科批	高职
592	江西川	民办四川天一学院	建筑工程技术	提前录取	高职单招
593	杜林林	四川信息职业技术学院	汽车检测与维修技术	专科批	高职
594	刘富琴	民办四川天一学院	护理	提前录取	高职单招
595	万洪昌	四川化工职业技术学院	安全技术与管理	提前录取	高职单招
596	张　愉	四川华新现代职业学院	汽车检测与维修技术	专科批	高职
597	刘建中	宜宾职业技术学院	数控技术	提前录取	高职单招
598	詹　会	西南交通大学希望学院	会计	专科批	高职
599	邓朝芹	四川艺术职业学院	文秘	专科批	高职
600	汤　健	宜宾职业技术学院	工程造价	提前录取	高职单招
601	郑　庆	宜宾职业技术学院	园林工程技术	提前录取	高职单招
602	刘国先	宜宾职业技术学院	财务管理	提前录取	高职单招
603	杨　鑫	南充职业技术学院	通信技术	提前录取	高职单招
604	刘成海	宜宾职业技术学院	茶树栽培与茶叶加工	专科批	高职
605	曾炳醇	民办四川天一学院	汽车运用与维修技术	提前录取	高职单招
606	蒋一梅	四川文轩职业学院	学前教育	专科批	高职
607	郑　丽	民办四川天一学院	旅游管理	提前录取	高职单招
608	周万华	四川三河职业学院	建筑装饰工程技术	专科批	高职
609	刘晓桐	内江职业技术学院	作物生产技术	提前录取	高职单招
610	罗　雪	南充职业技术学院	语文教育	提前录取	高职单招
611	张　迅	民办四川天一学院	市场营销	提前录取	高职单招
612	朱云波	鹤壁职业技术学院	医学影像技术	专科批	高职
613	熊宗正	西南科技大学城市学院	汽车制造类	专科批	高职
614	陈鑫会	四川工商学院	市场营销	专科批	高职
615	魏沿竹	黑龙江司法警官职业学院	司法警务	专科批	高职
616	詹　敏	四川文化传媒职业学院	旅游管理	专科批	高职
617	官海南	四川希望汽车职业学院	汽车营销与服务(汽车营销)	专科批	高职
618	江　艳	宜宾职业技术学院	市场营销	专科批	高职
619	王　杰	内江职业技术学院	幼儿发展与健康管理	专科批	高职
620	骆　芹	宜宾职业技术学院	财务管理	提前录取	高职单招

续表 8

序号	姓名	录取学校	录取专业	录取批次	备注
621	周　烨	宜宾职业技术学院	市场营销	专科批	高职
622	詹　芹	四川工商职业技术学院	环境工程技术	专科批	高职
623	王玉澜	内江职业技术学院	财务管理	专科批	高职
624	艾龙均	民办四川天一学院	财务管理	提前录取	高职单招
625	李埴华	四川文轩职业学院	汽车运用与维修技术	专科批	高职
626	邵青青	宜宾职业技术学院	建筑装饰工程技术	提前录取	高职单招
627	杨小兰	巴中职业技术学院	小学教育	专科批	高职
628	刘锐强	荆州职业技术学院	口腔医学技术	专科批	高职
629	罗　强	宜宾职业技术学院	电子信息工程技术	专科批	高职
630	叶红霞	民办四川天一学院	市场营销	提前录取	高职单招
631	刘忠波	四川托普信息技术职业学院	汽车检测与维修技术	专科批	高职
632	韦伍强	民办四川天一学院	工程造价	提前录取	高职单招
633	郭　欢	四川商务职业学院	软件与信息服务	提前录取	高职单招
634	付　玉	四川化工职业技术学院	计算机网络技术	提前录取	高职单招
635	周恩会	内江职业技术学院	园林技术	专科批	高职
636	郑　羽	四川化工职业技术学院	测绘地理信息技术	提前录取	高职单招
637	胡如海	民办四川天一学院	市场营销	提前录取	高职单招
638	周　俊	四川华新现代职业学院	会计	专科批	高职
639	张小飞	四川化工职业技术学院	测绘地理信息技术	提前录取	高职单招
640	牛章林	四川三河职业学院	建筑工程技术	专科批	高职
641	李寒婷	四川化工职业技术学院	软件技术(虚拟现实技术)	专科批	高职
642	李奉君	广安职业技术学院	学前教育	专科批	高职
643	陈　洁	南充职业技术学院	小学教育	提前录取	高职单招
644	舒晓容	眉山职业技术学院	食品检测技术	提前录取	高职单招
645	邵方忆	宜宾职业技术学院	财务管理	提前录取	高职单招
646	胡岩腾	宜宾职业技术学院	酿酒技术	专科批	高职
647	胡柳叶	宜宾职业技术学院	发电厂及电力系统	提前录取	高职单招
648	袁启芹	四川艺术职业学院	文秘	专科批	高职
649	周　琴	绵阳师范学院	汉语言文学	本科二批	统招
650	黄泽林	防灾科技学院	汉语言文学	本科二批	统招
651	林晓松	四川农业大学	电子商务	本科一批	统招
652	伍　平	四川大学锦城学院	国际经济与贸易	本科二批	统招
653	聂榆璐	成都东软学院	电子商务	本科二批	统招
654	朱晓静	川南幼儿师范高等专科学校	小学教育	专科批	高职
655	孙梦微	西南交通大学希望学院	英语	本科二批	统招
656	刘淑欣	海南师范大学	新闻传播学类	本科二批	统招
657	饶　林	成都师范学院	汉语言文学	本科二批	统招
658	梁　源	四川旅游学院	商务英语	本科二批	统招
659	许顺淇	四川司法警官职业学院	刑事执行	专科批	高职
660	凌天宇	成都文理学院	汉语言文学	本科二批	统招
661	苏宇琦	湖北经济学院	新闻传播学类	本科二批	统招
662	谢卓言	长江大学	广播电视学	本科一批	统招
663	郝小艺	四川农业大学	英语	本科一批	统招
664	郝　梦	四川农业大学	汉语言文学	本科一批	统招
665	李　科	四川民族学院	汉语言文学	本科二批	统招

续表 8

序号	姓名	录取学校	录取专业	录取批次	备注
666	罗茂林	常州大学	商务英语	本科一批	统招
667	黄　静	成都文理学院	法学	本科二批	统招
668	李茂宇	川北幼儿师范高等专科学校	英语教育	专科批	高职
669	牟　义	盐城师范学院	法语	本科二批	统招
670	李　超	宜宾学院	语文教育	专科批	高职
671	黄浩东	宜宾学院	法学	本科二批	统招
672	李　万	成都理工大学	市场营销	本科二批	统招
673	李冰旭	成都理工大学工程技术学院	税收学	本科二批	统招
674	郝心瑞	四川工业科技学院	国际经济与贸易	本科二批	统招
675	罗春生	攀枝花学院	会计学	本科二批	统招
676	徐　熊	四川大学锦城学院	电子商务	专科批	高职
677	何思佳	苏州大学文正学院	档案学	本科二批	统招
678	史　炎	广安职业技术学院	语文教育	专科批	高职
679	郝海刚	金华职业技术学院	电子商务	专科批	高职
680	涂世鑫	乐山职业技术学院	导游	专科批	高职
681	黄芯悦	西华大学	文化产业管理	本科二批	统招
682	陈金梅	西华师范大学	社会工作	本科二批	统招
683	蔡文静	四川旅游学院	日语	本科二批	统招
684	张露怡	四川工商学院	英语	本科二批	统招
685	汤　平	成都师范学院	历史学	本科二批	统招
686	韩竹君	四川文理学院	物流管理	本科二批	统招
687	代　萍	上海旅游高等专科学校	酒店管理	专科批	高职
688	詹承娇	苏州大学文正学院	英语	本科二批	统招
689	朱佩玉	成都文理学院	汉语言文学	本科二批	统招
690	邵宇熙	四川大学锦城学院	国际经济与贸易	本科二批	统招
691	文德福	廊坊师范学院	国际经济与贸易	本科二批	统招
692	李秋松	成都文理学院	法学	本科二批	统招
693	朱燕红	四川外国语大学成都学院	英语	本科二批	统招
694	张浩东	四川农业大学	市场营销	本科一批	统招
695	杜佳慧	湖南警察学院	法学	本科二批	统招
696	杨　婧	上海商学院	酒店管理(国际酒店集团订单班)	本科二批	统招
697	李　骋	重庆理工大学	经济学类	本科一批	统招
698	胡冰洁	西南大学	公共管理类	本科一批	统招
699	李　林	成都理工大学	政治学与行政学	本科二批	统招
700	周　菲	成都学院	工商管理	本科二批	统招
701	卜　素	苏州科技大学	工商管理	本科二批	统招
702	杨洪旭	宜宾学院	思想政治教育	本科二批	统招
703	钟雪婷	西南财经大学	电子商务(支付结算方向)	本科一批	统招
704	左　琳	成都职业技术学院	工商企业管理	专科批	高职
705	单　梦	绵阳师范学院	应用心理学	本科二批	统招
706	王　文	西昌学院	行政管理	本科二批	统招
707	聂中行	成都学院	商务英语	本科二批	统招
708	郑江梅	成都师范学院	物流管理	本科二批	统招
709	牟世秋	成都学院	英语	本科二批	统招
710	郝钟荥	宜宾学院	语文教育	专科批	高职

续表 8

序号	姓名	录取学校	录取专业	录取批次	备注
711	宋　茜	攀枝花学院	法学	本科二批	统招
712	邓　伟	成都农业科技职业学院	农业装备应用技术	专科批	高职
713	罗子承	西南财经大学天府学院	休闲服务与管理	专科批	高职
714	魏秋鸿	川南幼儿师范高等专科学校	小学教育	专科批	高职
715	张腾益	四川工商学院	人力资源管理	本科二批	统招
716	陈庆华	成都学院	汉语言文学	本科二批	统招
717	龚中芳	四川中医药高等专科学校	中医学	专科批	高职
718	郑　涛	泸州职业技术学院	小学教育	专科批	高职
719	王　苹	成都文理学院	汉语言文学	本科二批	统招
720	刘　敏	乐山师范学院	小学教育(宜宾市)	免费师范本科	统招
721	叶　飞	成都文理学院	会计学	本科二批	统招
722	陈丽梅	宜宾学院	汉语言文学	本科二批	统招
723	廖粒成	西华师范大学	地理科学(宜宾市)	免费师范本科	统招
724	母茂丽	四川文化艺术学院	公共事业管理	本科二批	统招
725	王承丽	四川职业技术学院	语文教育	专科批	高职
726	邱晓芹	四川工业科技学院	国际经济与贸易	本科二批	统招
727	黄　鑫	四川工商学院	英语	本科二批	统招
728	詹明明	重庆师范大学	音乐表演(流行音乐方向)	本科一批	统招
729	魏清政	四川文化艺术学院	设计学类	本科一批	统招
730	詹　雪	四川美术学院	数字媒体艺术	本科提前批	统招
731	詹　涛	成都学院	广播电视编导	本科一批	统招
732	雷　敏	四川音乐学院	音乐表演[声乐(美声、民族唱法)]	本科一批	统招
733	罗大智	四川文化艺术学院	音乐表演(流行演唱)	专科批	高职
734	文兴香	北海艺术设计学院	环境设计	本科一批	统招
735	肖　潇	西南财经大学天府学院	产品设计	本科一批	统招
736	徐振华	成都学院	艺术设计类(中外合作办学)	专科批	高职
737	王镜婷	四川师范大学	服装与服饰设计	本科一批	统招
738	张　明	四川文化传媒职业学院	民航安全技术管理	专科批	高职
739	沈锶语	成都学院	广播影视类(中外合作办学)	专科批	高职
740	曹语晴	成都师范学院	美术学	本科一批	统招
741	梁欣轶	吉林动画学院	动画	本科一批	统招
742	田思恩	成都理工大学工程技术学院	英语	本科二批	统招
743	郝中洁	景德镇陶瓷大学	产品设计	本科提前批	统招
744	黄　帅	四川交通职业技术学院	艺术设计	专科批	高职
745	詹成英	四川艺术职业学院	图书档案管理	专科批	高职
746	韦海波	重庆科创职业学院	物联网应用技术	专科批	高职
747	周　宇	成都师范学院	美术教育(宜宾市)	免费师范艺体专科	高职
748	彭昱涵	四川工商职业技术学院	环境艺术设计	专科批	高职
749	张　艺	四川幼儿师范高等专科学校	美术教育	专科批	高职
750	陈小林	四川传媒学院	广播电视编导	本科一批	统招
751	倪雪婷	广西幼儿师范高等专科学校	学前教育	专科批	高职
752	江宇齐	四川师范大学	音乐表演(器乐)	本科一批	统招
753	田　敏	四川文轩职业学院	图书档案管理	专科批	高职
754	刘玉婷	北海艺术设计学院	视觉传达设计	本科一批	统招
755	罗海源	四川文化艺术学院	音乐表演(民族、美声唱法)	专科批	高职

续表 8

序号	姓名	录取学校	录取专业	录取批次	备注
756	曹秋苹	川南幼儿师范高等专科学校	语文教育	专科批	高职
757	张丽梅	四川幼儿师范高等专科学校	老年服务与管理	专科批	高职
758	郭茂林	成都信息工程大学银杏酒店管理学院	电子商务	专科批	高职
759	杨金花	四川文轩职业学院	学前教育	专科批	高职
760	汤宗鑫	四川司法警官职业学院	刑事执行	专科批	高职
761	曾乙洪	四川长江职业学院	建设工程管理	提前录取	高职单招
762	聂　慧	南充职业技术学院	数字图文信息技术	专科批	高职
763	杜小芹	内江师范学院	音乐学	本科一批	统招
764	杨秋菊	四川幼儿师范高等专科学校	旅游管理	专科批	高职
765	张梦琳	四川音乐学院	艺术史论	本科一批	统招
766	谢媛媛	南京航空航天大学金城学院	视觉传达设计	本科一批	统招
767	杨惠心	四川师范大学	音乐学	本科一批	统招
768	王　钦	四川文化传媒职业学院	音乐表演	专科批	高职
769	廖信燚	西昌学院	美术学	本科一批	统招
770	郭清清	吉林动画学院	视觉传达设计	本科一批	统招
771	张　莉	四川工商学院	视觉传播设计与制作	专科批	高职
772	周　肖	四川音乐学院	音乐表演[声乐(美声、民族唱法)]	本科一批	统招
773	刘　艳	西南交通大学希望学院	铁道交通运营管理	专科批	高职
774	陈亭宇	中华女子学院	环境设计(室内陈设设计)	本科一批	统招
775	付思宇	四川艺术职业学院	艺术设计	专科批	高职
776	罗庆花	武汉交通职业学院	产品艺术设计	专科批	高职
777	胡莉丽	四川科技职业学院	学前教育	专科批	高职
778	张鹏飞	宜宾职业技术学院	数控技术	提前录取	高职单招
779	何锡涛	四川现代职业学院	电子商务	提前录取	高职单招
780	杨凤英	宜宾学院	艺术设计	专科批	高职
781	陈　馨	绵阳职业技术学院	服装与服饰设计	专科批	高职
782	熊　婷	川南幼儿师范高等专科学校	美术教育	专科批	高职
783	余晓虹	内江师范学院	播音与主持艺术	本科一批	统招
784	杨　丹	苏州工艺美术职业技术学院	动漫设计	专科批	高职
785	詹润钒	四川交通职业技术学院	产品艺术设计	专科批	高职
786	胡凯锋	四川管理职业学院	市场营销	专科批	高职
787	李华华	四川传媒学院	新闻采编与制作	专科批	高职
788	陶薪宇	四川托普信息技术职业学院	视觉传播设计与制作	专科批	高职
789	王白云	四川艺术职业学院	音乐表演(声乐)	专科批	高职
790	刘本琳	西南财经大学天府学院	环境设计	本科一批	统招
791	张　燕	辽宁传媒学院	视觉传达设计	本科一批	统招
792	李灵欣	四川文化产业职业学院	产品艺术设计	专科批	高职
793	丁仁强	四川电影电视学院	影视编导	专科批	高职
794	邓　敏	川北幼儿师范高等专科学校	美术教育	专科批	高职
795	刘　霞	川南幼儿师范高等专科学校	音乐教育	专科批	高职
796	何　莹	云南大学滇池学院	播音与主持艺术	本科一批	统招
797	汤晨皓	四川西南航空职业学院	民航安全技术管理	专科批	高职
798	刘　焱	西南石油大学	广播电视编导	本科一批	统招
799	阳　敏	四川大学锦江学院	汉语言文学	本科二批	统招
800	曾思清	四川文理学院	环境设计	本科一批	统招

续表 8

序号	姓名	录取学校	录取专业	录取批次	备注
801	胡郁敏	哈尔滨广厦学院	环境设计	本科一批	统招
802	詹 颖	广安职业技术学院	移动互联应用技术	专科批	高职
803	何杨逸	四川工业科技学院	旅游管理类	本科二批	统招
804	钟梓月	四川文化艺术学院	美术学类	本科一批	统招
805	刘 真	四川建筑职业技术学院	建设工程管理	专科批	高职
806	刘紫琦	西华师范大学	学前教育	专科批	高职
807	张 杨	四川幼儿师范高等专科学校	美术教育	专科批	高职
808	陶昕暐	四川音乐学院	广播电视编导	本科一批	统招
809	李家法	攀枝花学院	视觉传达设计	本科一批	统招
810	张志豪	成都纺织高等专科学校	视觉传播设计与制作	专科批	高职
811	黄 义	广东财经大学	产品设计	本科一批	统招
812	陶 霞	成都文理学院	汉语言文学	本科二批	统招
813	黄琦琦	西华大学	视觉传播设计与制作	专科批	高职
814	徐腊梅	四川文理学院	美术学(宜宾市)	免费师范艺体本科	统招
815	李雨莎	四川传媒学院	音乐学	本科一批	统招
816	金 铭	阿坝师范学院	音乐学	本科一批	统招
817	李润芬	四川音乐学院	艺术史论	本科一批	统招
818	郑丽华	四川民族学院	音乐学	本科一批	统招
819	李祝薪	四川大学锦江学院	视觉传达设计	本科一批	统招
820	谢维雨	四川幼儿师范高等专科学校	酒店管理	专科批	高职
821	曹 丽	四川艺术职业学院	游戏设计	专科批	高职
822	李广琴	四川幼儿师范高等专科学校	音乐表演	专科批	高职
823	罗 英	四川职业技术学院	学前教育	提前录取	高职单招
824	周小芳	川南幼儿师范高等专科学校	美术教育	专科批	高职
825	胡 容	川北幼儿师范高等专科学校	环境艺术设计	专科批	高职
826	赵 燕	川北幼儿师范高等专科学校	美术教育	专科批	高职
827	张久燕	电子科技大学成都学院	动画	本科一批	统招
828	杜 宇	四川传媒学院	戏剧影视美术设计	本科一批	统招
829	郑 杨	四川音乐学院	录音艺术	本科一批	统招
830	饶 芹	绵阳师范学院	音乐学	本科一批	统招
831	潘云强	宜宾职业技术学院	园林工程技术	专科批	高职
832	平潘霞	山东师范大学	美术学	本科一批	统招
833	闫莉萍	成都职业技术学院	艺术设计	专科批	高职
834	张启燕	西南财经大学天府学院	环境设计	本科一批	统招
835	杨 静	泸州职业技术学院	艺术设计	专科批	高职
836	刘峻铖	冀中职业学院	小学教育	专科批	高职
837	李科晋	四川音乐学院	影视动画	专科批	高职
838	郑利萍	四川文化艺术学院	设计学类	本科一批	统招
839	李晓慧	四川幼儿师范高等专科学校	美术教育	专科批	高职
840	熊 静	广安职业技术学院	美术教育	专科批	高职
841	贺文齐	成都文理学院	播音与主持艺术	本科一批	统招
842	张琼丹	攀枝花学院	服装与服饰设计	本科一批	统招
843	黄蓝薪	成都纺织高等专科学校	服装与服饰设计	专科批	高职
844	董 芹	宜宾学院	音乐学	本科一批	统招
845	饶承永	阿坝师范学院	美术学	本科一批	统招

续表 8

序号	姓名	录取学校	录取专业	录取批次	备注
846	赵梦珊	西南财经大学天府学院	数字媒体艺术设计	专科批	高职
847	谭新乐	成都师范学院	音乐学	本科一批	统招
848	李科英	川北幼儿师范高等专科学校	环境艺术设计	专科批	高职
849	周　会	广安职业技术学院	美术教育	专科批	高职
850	饶义洪	四川传媒学院	动画	本科一批	统招
851	李志杰	成都东软学院	产品艺术设计	专科批	高职
852	陶丹丹	四川文化产业职业学院	环境艺术设计	专科批	高职
853	胡嘉蝶	西华师范大学	音乐学	本科一批	统招
854	贺　遴	成都艺术职业学院	音乐表演(声乐)	专科批	高职
855	刘　波	四川传媒学院	艺术与科技	本科一批	统招
856	李汶馨	广安职业技术学院	美术教育	专科批	高职
857	陈　鱼	泉州工艺美术职业学院	室内艺术设计	专科批	高职
858	周　婷	宜宾学院	音乐学	本科一批	统招
859	向云东	四川传媒学院	产品设计	本科一批	统招
860	董安琪	乐山师范学院	播音与主持艺术	本科一批	统招
861	黄玉琴	宜宾职业技术学院	数字媒体艺术设计	专科批	高职
862	张中华	四川艺术职业学院	动漫设计	提前录取	高职单招
863	杨保玉	川北幼儿师范高等专科学校	环境艺术设计	专科批	高职
864	周顺华	四川化工职业技术学院	工业过程自动化技术	专科批	高职
865	解显川	四川艺术职业学院	动漫设计	专科批	高职
866	周德灵	四川文化传媒职业学院	环境艺术设计	专科批	高职
867	肖明浩	成都艺术职业学院	广告设计与制作	专科批	高职
868	曹腾丹	川北幼儿师范高等专科学校	音乐教育	专科批	高职
869	饶小鹏	西华师范大学	音乐表演	本科一批	统招
870	贺冬梅	四川文化艺术学院	音乐表演(流行演唱)	本科一批	统招
871	李函林	乐山师范学院	音乐表演(流行演唱声乐)	本科一批	统招
872	林德珊	阿坝师范学院	音乐表演	专科批	高职
873	罗倩雯	成都艺术职业学院	舞蹈表演	提前录取	高职单招
874	詹成权	四川文化传媒职业学院	艺术教育	专科批	高职
875	李润垒	西华大学	舞蹈表演	本科一批	统招
876	张　旭	四川文理学院	舞蹈表演	专科批	高职
877	潘　旭	西南交通大学希望学院	城市轨道交通运营管理	专科批	高职
878	曾义文	重庆文化艺术职业学院	音乐表演	专科批	高职
879	马　良	大庆职业学院	汽车运用与维修技术	专科批	高职
880	刘丽华	陕西理工大学	音乐学	本科一批	统招
881	郭小英	宜宾学院	音乐学	本科一批	统招
882	廖　艳	重庆师范大学涉外商贸学院	音乐表演(声乐)	本科一批	统招
883	汤泽英	重庆海联职业技术学院	旅游管理(航空旅游服务)	专科批	高职
884	董晓燕	云南大学滇池学院	音乐表演	本科一批	统招
885	罗　骏	四川幼儿师范高等专科学校	音乐教育	专科批	高职
886	张　鹏	内江师范学院	音乐表演	本科一批	统招
887	刘　磊	四川民族学院	音乐教育	专科批	高职
888	周宇航	宜宾职业技术学院	工程造价	提前录取	高职单招
889	罗茂秋	成都艺术职业学院	音乐表演(声乐)	提前录取	高职单招
890	杨祖琴	四川文化传媒职业学院	舞蹈表演	专科批	高职

续表 8

序号	姓名	录取学校	录取专业	录取批次	备注
891	姜晓雪	成都艺术职业学院	音乐表演(声乐)	专科批	高职
892	刘荣瑞	四川现代职业学院	机械设计与制造	专科批	高职
893	李　博	西华师范大学	音乐表演	本科一批	统招
894	赵　静	四川民族学院	音乐学(宜宾市)	免费师范艺体本科	统招
895	刘亚妮	云南大学滇池学院	音乐表演	本科一批	统招
896	贾宇松	四川电影电视学院	播音与主持	专科批	高职
897	刘洪秋	宜宾学院	音乐学	本科一批	统招
898	熊　觅	四川文轩职业学院	工商企业管理	专科批	高职
899	应骐吉	四川文化产业职业学院	音乐表演	专科批	高职
900	宋青青	西昌学院	音乐学	本科一批	统招
901	周春林	川北幼儿师范高等专科学校	音乐教育	专科批	高职
902	叶　莉	成都师范学院	音乐学	本科一批	统招
903	李成雨	阿坝师范学院	音乐表演	专科批	高职
904	苏友芬	四川民族学院	舞蹈学	本科一批	统招
905	付彦童	四川文化艺术学院	音乐表演(流行演唱)	本科一批	统招
906	牟秋娥	沈阳大学	音乐学	本科一批	统招
907	万净净	四川工商学院	舞蹈学	本科一批	统招
908	任　睿	西南民族大学	音乐表演(声乐)	本科一批	统招
909	周　芹	四川幼儿师范高等专科学校	音乐教育	专科批	高职
910	范亚东	西华师范大学	音乐表演	本科一批	统招
911	雷竞祁	重庆资源与环境保护职业学院	污染修复与生态工程技术	专科批	高职
912	郭召琴	西华大学	舞蹈表演	本科一批	统招
913	郭谢雯	四川电影电视学院	影视编导	专科批	高职
914	郑翔鹤	四川传媒学院	播音与主持艺术	本科一批	统招
915	艾绍峰	成都艺术职业学院	影视编导	专科批	高职
916	叶思汝	四川传媒学院	数字媒体艺术	本科一批	统招
917	陈泳霖	四川电影电视学院	表演艺术	专科批	高职
918	彭园琴	四川电影电视学院	音乐表演	本科一批	统招
919	曹苡樵	四川传媒学院	广播电视编导	本科一批	统招
920	张艺舰	四川传媒学院	环境艺术设计	专科批	高职
921	陈　曦	四川传媒学院	录音艺术(音乐录音与综艺节目声音制作)	本科一批	统招
922	罗　怡	海南热带海洋学院	音乐学	本科一批	统招
923	刘欣宇	常州大学怀德学院	产品设计	本科一批	统招
924	杨佳媛	西南科技大学城市学院	设计学类	本科一批	统招
925	卢思桐	四川司法警官职业学院	刑事侦查技术	专科批	高职
926	邓秋培	四川民族学院	体育教育	本科一批	统招
927	干怀俊	四川国际标榜职业学院	社会体育	提前录取	高职单招
928	孙自强	四川理工学院	体育教育	本科一批	统招
929	赵扬兵	四川工商职业技术学院	休闲体育	专科批	高职
930	陈小龙	四川长江职业学院	健身指导与管理	专科批	高职
931	詹成兵	四川民族学院	社会体育指导与管理	本科一批	统招
932	王茂淋	四川工业科技学院	社会体育指导与管理	本科一批	统招
933	贺斟涵	吉林体育学院	体育保健与康复	专科批	高职
934	雷煜辉	四川文理学院	体育教育	本科一批	统招
935	何小龙	四川托普信息技术职业学院	汽车检测与维修技术	专科批	高职

续表 8

序号	姓名	录取学校	录取专业	录取批次	备注
936	高　旭	宜宾学院	社会体育指导与管理	本科一批	统招
937	张宇豪	巴中职业技术学院	小学教育	专科批	高职
938	李保佳	四川电子机械职业技术学院	建筑工程技术	专科批	高职
939	吴　勇	四川长江职业学院	汽车检测与维修技术	提前录取	高职单招
940	罗　志	四川国际标榜职业学院	社会体育	专科批	高职
941	孙　靖	四川长江职业学院	市场营销	提前录取	高职单招
942	罗源烽	达州职业技术学院	临床医学	专科批	高职
943	钟　琴	内江师范学院	体育教育(宜宾市)	免费师范艺体本科	统招
944	郝中敏	川北幼儿师范高等专科学校	体育教育	专科批	高职
945	杨　燚	西南财经大学天府学院	软件技术	专科批	高职
946	郭术涛	重庆科创职业学院	工业机器人技术	专科批	高职
947	陈　焯	广安职业技术学院	保险	提前录取	高职单招
948	应　鹏	四川长江职业学院	计算机网络技术	专科批	高职
949	刘让浪	四川外国语大学成都学院	体育运营与管理(国际高尔夫运营与管理)	专科批	高职
950	魏　来	广安职业技术学院	保险	提前录取	高职单招
951	程志鹏	宜宾学院	社会体育指导与管理	本科一批	统招
952	文　萍	南昌职业学院	社会体育	专科批	高职
953	郭术勤	四川西南航空职业学院	高速铁路客运乘务	专科批	高职
954	徐洪伟	四川信息职业技术学院	机械设计与制造	专科批	高职
955	唐子清	成都体育学院	体育教育	本科一批	统招
956	苏友洪	四川长江职业学院	社会体育	提前录取	高职单招
957	周　芹	绵阳师范学院	体育教育	本科一批	统招
958	朱星宇	四川托普信息技术职业学院	市场营销	专科批	高职
959	钟启松	成都学院	体育教育	本科一批	统招
960	胡运林	四川理工学院	体育教育	本科一批	统招
961	文鸿燕	四川文化传媒职业学院	动漫制作技术	专科批	高职
962	韩　永	四川工业科技学院	社会体育指导与管理	本科一批	统招
963	黄成剑	四川科技职业学院	电子竞技运动与管理	专科批	高职
964	刘　彪	四川国际标榜职业学院	社会体育	专科批	高职
965	肖宣林	阿坝师范学院	社会体育	专科批	高职
966	叶明亮	四川国际标榜职业学院	社会体育	专科批	高职
967	王　均	成都中医药大学	社会体育指导与管理	本科一批	统招
968	王　萍	四川国际标榜职业学院	社会体育	专科批	高职
969	龚春会	雅安职业技术学院	会计	专科批	高职
970	田凤芹	西安欧亚学院	健身指导与管理	专科批	高职
971	刘青月	四川信息职业技术学院	物流管理	专科批	高职
972	杨贵芳	漳州城市职业学院	学前教育	专科批	高职
973	王金廷	四川电子机械职业技术学院	电子商务	专科批	高职
974	聂志勇	成都体育学院	体育教育	本科一批	统招
975	刘　中	四川国际标榜职业学院	健康管理	专科批	高职
976	张万杰	四川传媒学院	电子竞技运动与管理	专科批	高职
977	赵义明	广安职业技术学院	保险	提前录取	高职单招
978	胡秋森	西华师范大学	体育教育	本科一批	统招
979	曹　静	西华师范大学	体育教育	本科一批	统招
980	李舒琪	重庆电信职业学院	休闲体育	专科批	高职

续表 8

序号	姓名	录取学校	录取专业	录取批次	备注
981	李世明	四川理工学院	体育教育	本科一批	统招
982	钟璐遥	川北幼儿师范高等专科学校	体育教育	专科批	高职
983	苏　印	四川工业科技学院	社会体育指导与管理	本科一批	统招
984	周桢杰	四川司法警官职业学院	刑事侦查技术	专科批	高职
985	毛　爽	四川工业科技学院	社会体育指导与管理	本科一批	统招
986	段俊炜	四川文理学院	社会体育指导与管理	本科一批	统招
987	杜东洋	四川文理学院	体育教育	本科一批	统招
988	周　雪	成都中医药大学	社会体育指导与管理	本科一批	统招
989	段易彬	成都文理学院	法律事务	专科批	高职
990	朱发伟	阿坝师范学院	体育教育	本科一批	统招
991	黄乾均	四川文理学院	体育教育	本科一批	统招
992	周远松	阿坝师范学院	体育教育	本科一批	统招
993	何建东	乐山师范学院	体育教育	本科一批	统招
994	黄月兰	南昌职业学院	社会体育	专科批	高职
995	蒋万英	南昌职业学院	社会体育	专科批	高职
996	侯其香	成都体育学院	体育教育	本科一批	统招
997	罗雪萍	绵阳师范学院	体育教育	本科一批	统招
998	夏　伟	乐山职业技术学院	中药学	专科批	高职
999	刘浩荡	宜宾学院	体育教育	专科批	高职
1000	胡　涛	湖北国土资源职业学院	数字媒体艺术设计	专科批	高职
1001	徐梦雨	成都艺术职业学院	空中乘务	提前录取	高职单招
1002	熊启明	四川外国语大学成都学院	体育运营与管理(国际高尔夫运营与管理)	专科批	高职
1003	罗　涛	四川工业科技学院	社会体育指导与管理	本科一批	统招
1004	刘　杰	民办四川天一学院	护理	专科批	高职
1005	唐华勇	四川工业科技学院	社会体育指导与管理	本科一批	统招
1006	向长春	宜宾学院	体育教育	本科一批	统招
1007	李申勇	重庆信息技术职业学院	软件技术	专科批	高职
1008	黄　东	四川幼儿师范高等专科学校	体育教育	专科批	高职
1009	刘　静	四川民族学院	体育教育	本科一批	统招
1010	田云碧	巴中职业技术学院	小学教育	专科批	高职
1011	胡澜涛	石家庄人民医学高等专科学校	口腔医学	专科批	高职
1012	张丽萍	西华师范大学	体育教育	本科一批	统招
1013	胡冰洁	宜宾学院	体育教育	本科一批	统招
1014	胡　杨	宜宾学院	体育教育	本科一批	统招
1015	曾　敏	四川电子机械职业技术学院	市场营销	专科批	高职
1016	詹成松	四川华新现代职业学院	会计	专科批	高职
1017	徐　钞	四川农业大学	休闲体育	本科一批	统招
1018	向　敏	成都农业科技职业学院	园林工程技术	专科批	高职
1019	刘鸿飞	四川长江职业学院	移动通信技术	专科批	高职
1020	周　林	重庆信息技术职业学院	软件技术	专科批	高职
1021	魏思银	四川文理学院	社会体育指导与管理	本科一批	统招
1022	王宗顺	四川希望汽车职业学院	汽车智能技术(汽车智能系统检测与维修)	专科批	高职
1023	母兵鹏	四川农业大学	社会体育指导与管理	本科一批	统招
1024	郭椿义	四川民族学院	体育教育	本科一批	统招
1025	邱天奎	四川艺术职业学院	文化市场经营管理	专科批	高职

续表 8

序号	姓名	录取学校	录取专业	录取批次	备注
1026	蒋冬梅	四川文理学院	体育教育	本科一批	统招
1027	郑万林	四川工业科技学院	社会体育指导与管理	本科一批	统招
1028	袁加兴	河南信息统计职业学院	计算机应用技术	专科批	高职
1029	鞠雪梅	四川工业科技学院	社会体育指导与管理	本科一批	统招
1030	黄书言	成都农业科技职业学院	水产养殖技术	专科批	高职
1031	熊　敏	乐山职业技术学院	会计	专科批	高职
1032	周　萍	四川民族学院	社会体育指导与管理	本科一批	统招
1033	牟永辉	四川工业科技学院	新能源汽车技术	专科批	高职
1034	彭招淋	三门峡职业技术学院	康复治疗技术	专科批	高职
1035	黎紫微	铜仁职业技术学院	会计	专科批	高职
1036	杨书云	宜宾学院	体育教育	本科一批	统招
1037	周　奎	民办四川天一学院	汽车运用与维修技术	提前录取	高职单招
1038	李　伟	四川民族学院	体育教育	本科一批	统招
1039	徐泽鑫	四川外国语大学成都学院	体育运营与管理(国际网球运营与管理)	专科批	高职
1040	王　山	阿坝师范学院	体育教育	本科一批	统招
1041	刘治豪	四川农业大学	休闲体育	本科一批	统招
1042	黄健洋	四川师范大学	体育教育	本科一批	统招
1043	何孟秋	四川工程职业技术学院	会展策划与管理	提前录取	高职单招
1044	陈雪航	四川国际标榜职业学院	社会体育	专科批	高职
1045	陈雪霜	四川工程职业技术学院	市场营销	提前录取	高职单招
1046	吴　霞	四川西南航空职业学院	空中乘务	专科批	高职
1047	黄　敏	四川工程职业技术学院	酒店管理	提前录取	高职单招
1048	唐思莲	四川工程职业技术学院	市场营销	提前录取	高职单招
1049	钟俊驰	电子科技大学成都学院	空中乘务	专科提前批	高职
1050	潘盅锫	四川卫生康复职业学院	护理	专科批	高职
1051	黄恩柯	山东大学	社会体育指导与管理	本科一批	统招
1052	何丽华	成都体育学院	体育教育	本科一批	统招
1053	刘林鑫	绵阳师范学院	体育教育	本科一批	统招
1054	吴　昊	四川国际标榜职业学院	投资与理财	提前录取	高职单招
1055	胡　庆	民办四川天一学院	市场营销	提前录取	高职单招
1056	陈恩邦	四川司法警官职业学院	安全防范技术	专科批	高职
1057	黄　晨	成都学院	计算机科学与技术	本科二批	统招
1058	魏德力	雅安职业技术学院	中医学	专科批	高职
1059	石柯宇	成都医学院	生物医学工程	本科二批	统招
1060	胡　浪	成都工业学院	软件工程	本科二批	统招
1061	李贵林	成都工业学院	工业设计	本科二批	统招
1062	罗　丹	西华大学	工程造价	专科批	高职
1063	黄武毅	四川文理学院	审计学	本科二批	统招
1064	闫欢环	曲靖医学高等专科学校	护理	专科批	高职
1065	李晓桦	绵阳职业技术学院	电气自动化技术	专科批	高职
1066	杨　涛	四川理工学院	工程造价	本科二批	统招
1067	李　丹	川北医学院	药学	本科二批	统招
1068	邱　洁	重庆城市管理职业学院	物业管理	专科批	高职
1069	李远生	成都东软学院	资产评估	本科二批	统招
1070	钟　丽	川北幼儿师范高等专科学校	小学教育	专科批	高职

续表 8

序号	姓名	录取学校	录取专业	录取批次	备注
1071	王合佳	重庆理工大学	电子信息类	本科一批	统招
1072	平　薏	阿坝师范学院	物理教育	专科批	高职
1073	聂宏伟	西华师范大学	物理学	本科一批	统招
1074	杨小勤	宜宾职业技术学院	市场营销	专科批	高职
1075	曹丽华	成都农业科技职业学院	畜牧兽医	专科批	高职
1076	黄小敏	四川理工学院	环境工程	本科二批	统招
1077	郑周捷	成都医学院	医学检验技术	本科二批	统招
1078	聂青青	西昌学院	风景园林	本科二批	统招
1079	罗学毅	四川理工学院	电子信息工程	本科二批	统招
1080	段品先	天津理工大学中环信息学院	机械电子工程	本科二批	统招
1081	张桉瑞	西昌学院	环境科学与工程	本科二批	统招
1082	李钶雨	重庆电子工程职业学院	工程造价	专科批	高职
1083	罗浚人	南京审计大学	市场营销	本科一批	统招
1084	张恩钰	四川民族学院	园艺	本科二批	统招
1085	万川纳	四川农业大学	给排水科学与工程	本科一批	统招
1086	钟佩窈	成都师范学院	数学与应用数学	本科二批	统招
1087	杨　建	成都中医药大学	生物科学	本科二批	统招
1088	白浩松	宜宾职业技术学院	建筑设计	专科批	高职
1089	袁传野	成都医学院	医学检验技术	本科二批	统招
1090	赵　宇	西华大学	土木工程	本科一批	统招
1091	郭宇帆	东北农业大学	水利类(工学Ⅴ)	本科一批	统招
1092	向华杰	宜宾学院	数学与应用数学	本科二批	统招
1093	张诗蓓	成都中医药大学	医学检验技术	本科一批	统招
1094	黄　庆	重庆师范大学	英语	本科一批	统招
1095	马雪芥	温州大学	电气工程及其自动化	本科二批	统招
1096	赵家兴	成都职业技术学院	互联网金融	专科批	高职
1097	汤　寒	西南科技大学	知识产权	本科二批	统招
1098	周妍宏	宜宾学院	数学与应用数学	本科二批	统招
1099	严宇杰	西南石油大学	机械设计制造及其自动化	本科一批	统招
1100	贾凯雯	南开大学滨海学院	公共事业管理	本科二批	统招
1101	罗　宏	四川水利职业技术学院	水利工程	专科批	高职
1102	罗婷怡	成都信息工程大学	会计学	本科一批	统招
1103	郭停停	西昌学院	语文教育	专科批	高职
1104	龚建磊	四川现代职业学院	工业过程自动化技术	专科批	高职
1105	杜佳洁	成都信息工程大学	网络工程	本科一批	统招
1106	张翊豪	四川农业大学	农业电气化	本科一批	统招
1107	先　维	四川科技职业学院	软件技术(网络软件技术)	专科批	高职
1108	程　镐	四川农业大学	工程管理	本科一批	统招
1109	李心蕊	四川大学锦城学院	财务管理	本科二批	统招
1110	李禹岑	北华大学	测控技术与仪器	本科二批	统招
1111	黄焜祥	成都中医药大学	药学	本科一批	统招
1112	肖心瑶	浙江工商大学	计算机类	本科一批	统招
1113	石楚琪	四川大学	医学技术类	本科一批	统招
1114	饶　灿	华东理工大学	会计学	本科一批	统招
1115	詹友生	眉山职业技术学院	小学教育	专科批	高职

续表 8

序号	姓名	录取学校	录取专业	录取批次	备注
1116	陈秀英	南充职业技术学院	物流管理	专科批	高职
1117	方　林	成都学院	自动化	本科一批	统招
1118	何吉香	四川工商职业技术学院	市场营销	专科批	高职
1119	舒　波	四川长江职业学院	物流管理	专科批	高职
1120	李瑞松	四川大学锦江学院	计算机应用技术	专科批	高职
1121	詹雅如	四川护理职业学院	护理	专科批	高职
1122	吴朝容	川北幼儿师范高等专科学校	科学教育	专科批	高职
1123	苏友钱	四川长江职业学院	会计	提前录取	高职单招
1124	钟时兴	四川理工学院	食品质量与安全	本科二批	统招
1125	肖从容	四川中医药高等专科学校	药品生产技术	提前录取	高职单招
1126	杜胤松	四川三河职业学院	会计	专科批	高职
1127	詹　波	四川职业技术学院	会计	提前录取	高职单招
1128	罗良才	四川工程职业技术学院	航空材料精密成型技术	专科批	高职
1129	郑　菲	川北幼儿师范高等专科学校	科学教育	专科批	高职
1130	刘　波	四川长江职业学院	物流管理	专科批	高职
1131	刘　伟	四川民族学院	会计	专科批	高职
1132	廖茂林	四川电子机械职业技术学院	机电一体化技术	专科批	高职
1133	詹淑臣	绵阳职业技术学院	复合材料工程技术	专科批	高职
1134	刘　青	成都职业技术学院	助产	专科批	高职
1135	张莉阳	巴中职业技术学院	小学教育	专科批	高职
1136	杨成斌	喀什大学	环境科学	本科二批	统招
1137	周　坤	成都信息工程大学银杏酒店管理学院	工程造价	本科二批	统招
1138	黄国英	攀枝花学院	助产	专科批	高职
1139	詹成泉	四川职业技术学院	汽车营销与服务	提前录取	高职单招
1140	何则君	成都工业学院	软件工程	本科二批	统招
1141	杜秋菊	成都文理学院	应用统计学	本科二批	统招
1142	闵　涵	重庆商务职业学院	会计	专科批	高职
1143	李云龙	四川职业技术学院	机电一体化技术	专科批	高职
1144	肖　丽	绵阳职业技术学院	建筑材料工程技术	专科批	高职
1145	赵巧玲	四川电子机械职业技术学院	会计	专科批	高职
1146	刘炳兴	成都东软学院	物联网工程	本科二批	统招
1147	肖　敏	四川旅游学院	中西面点工艺	专科批	高职
1148	李科艳	四川工业科技学院	酒店管理	本科二批	统招
1149	杨红叶	四川中医药高等专科学校	中医学	专科批	高职
1150	刘益江	四川长江职业学院	云计算技术与应用	专科批	高职
1151	母先菊	雅安职业技术学院	医学美容技术	专科批	高职
1152	刘　润	黑龙江司法警官职业学院	司法警务	专科批	高职
1153	许忠洋	电子科技大学成都学院	智能产品开发	专科批	高职
1154	刘波涛	四川邮电职业技术学院	移动通信技术	专科批	高职
1155	刘家英	南充职业技术学院	工程测量技术	专科批	高职
1156	范洪祥	四川工商职业技术学院	电子商务	专科批	高职
1157	江　冬	西昌学院	制药工程	本科二批	统招
1158	曹　然	四川机电职业技术学院	建筑电气工程技术	专科批	高职
1159	吴亚倩	廊坊卫生职业学院	护理	专科批	高职
1160	曾左芹	达州职业技术学院	药学	专科批	高职

续表 8

序号	姓名	录取学校	录取专业	录取批次	备注
1161	宋先盛	四川文化艺术学院	物流管理	本科二批	统招
1162	罗迎港	四川电子机械职业技术学院	智能产品开发	专科批	高职
1163	周根凤	成都文理学院	英语	本科二批	统招
1164	王成军	成都工业职业技术学院	工业机器人技术	专科批	高职
1165	李　冰	成都工业职业技术学院	焊接技术与自动化	专科批	高职
1166	郭建华	四川水利职业技术学院	环境工程技术	专科批	高职
1167	万　里	四川邮电职业技术学院	通信技术	提前录取	高职单招
1168	刘志秀	乐山职业技术学院	旅游管理	专科批	高职
1169	张金羽	四川商务职业学院	软件技术	提前录取	高职单招
1170	李　茂	民办四川天一学院	会计	提前录取	高职单招
1171	钟朝德	民办四川天一学院	汽车运用与维修技术	提前录取	高职单招
1172	朱　强	重庆科创职业学院	计算机应用技术	专科批	高职
1173	江　沙	莆田学院	工程造价	本科二批	统招
1174	李　志	四川长江职业学院	汽车检测与维修技术	提前录取	高职单招
1175	蒋　强	四川交通职业技术学院	汽车检测与维修技术	专科批	高职
1176	侯金菊	四川文轩职业学院	学前教育	专科批	高职
1177	郝中玲	四川信息职业技术学院	会计	专科批	高职
1178	黄　莉	四川护理职业学院	助产	专科批	高职
1179	郭小敏	四川旅游学院	建筑电气与智能化	本科二批	统招
1180	王洪卫	成都信息工程大学银杏酒店管理学院	财务管理	本科二批	统招
1181	陆永强	西南交通大学希望学院	工业设计	本科二批	统招
1182	杜华才	四川工业科技学院	财务管理	本科二批	统招
1183	李小燕	山东城市建设职业学院	建筑工程技术	专科批	高职
1184	苏　航	成都工贸职业技术学院	汽车运用与维修技术	专科批	高职
1185	刘家兰	成都学院	小学教育	本科二批	统招
1186	张　婷	四川商务职业学院	会计	提前录取	高职单招
1187	张仪婷	眉山职业技术学院	汉语	专科批	高职
1188	彭媛媛	四川职业技术学院	物流管理	提前录取	高职单招
1189	张　敏	民办四川天一学院	旅游管理	提前录取	高职单招
1190	胡恩铭	成都纺织高等专科学校	环境工程技术	专科批	高职
1191	苏育杰	四川商务职业学院	会计	提前录取	高职单招
1192	刘　瑞	成都文理学院	会计学	本科二批	统招
1193	贺　芳	四川职业技术学院	数学教育	专科批	高职
1194	古安全	四川商务职业学院	软件技术	提前录取	高职单招
1195	陈礼云	四川幼儿师范高等专科学校	学前教育	提前录取	高职单招
1196	鞠朝仪	眉山职业技术学院	畜牧兽医	提前录取	高职单招
1197	何宝钰	四川航天职业技术学院	旅游管理	提前录取	高职单招
1198	陈经纬	四川科技职业学院	计算机网络技术(智能网络技术)	专科批	高职
1199	周志红	成都职业技术学院	计算机网络技术	专科批	高职
1200	刘　建	四川幼儿师范高等专科学校	食品营养与检测	专科批	高职
1201	向荣琼	眉山职业技术学院	食品检测技术	专科批	高职
1202	陈延杰	四川希望汽车职业学院	汽车制造与装配技术(汽车装配与调试)	专科批	高职
1203	吴　雨	成都职业技术学院	计算机网络技术	专科批	高职
1204	杨　琳	阿坝师范学院	电气工程及其自动化	本科二批	统招
1205	杨　浩	西南石油大学	建筑环境与能源应用工程	本科一批	统招

续表 8

序号	姓名	录取学校	录取专业	录取批次	备注
1206	邵方桥	四川中医药高等专科学校	护理	专科批	高职
1207	饶应鹏	达州职业技术学院	小学教育	提前录取	高职单招
1208	郑志强	四川水利职业技术学院	环境监测与控制技术	提前录取	高职单招
1209	严春岚	四川商务职业学院	金融管理	提前录取	高职单招
1210	杨凤娇	绵阳师范学院	化学类	本科二批	统招
1211	李远强	四川工业科技学院	电子商务	本科二批	统招
1212	熊　燕	重庆工贸职业技术学院	工程造价	专科批	高职
1213	李燕武	阿坝师范学院	旅游管理与服务教育	本科二批	统招
1214	付朝琼	民办四川天一学院	护理	提前录取	高职单招
1215	李天亮	四川希望汽车职业学院	汽车检测与维修技术(汽车维修)	专科批	高职
1216	周德容	四川职业技术学院	数学教育	专科批	高职
1217	詹　其	成都中医药大学	医学检验技术	专科批	高职
1218	朱子玲	宜宾学院	数学与应用数学	本科二批	统招
1219	吴国微	乐山职业技术学院	会计	专科批	高职
1220	黄　敏	武汉学院	会计	专科批	高职
1221	刘志成	成都工业职业技术学院	会计信息管理	专科批	高职
1222	詹贝成	成都纺织高等专科学校	电梯工程技术	提前录取	高职单招
1223	宋　洪	四川机电职业技术学院	信息安全与管理	专科批	高职
1224	张蜀襄	四川司法警官职业学院	司法信息安全	专科批	高职
1225	刘　剑	四川工商学院	财务管理	专科批	高职
1226	胡　涛	四川电子机械职业技术学院	电子信息工程技术	专科批	高职
1227	莫周林	宜宾职业技术学院	新能源汽车技术	专科批	高职
1228	潘　健	四川文理学院	计算机科学与技术	本科二批	统招
1229	黄培芹	宜宾学院	数学教育	专科批	高职
1230	范庆元	宜宾职业技术学院	酿酒技术	提前录取	高职单招
1231	吴　凯	成都职业技术学院	软件技术	专科批	高职
1232	詹承骏	四川建筑职业技术学院	数字媒体应用技术	专科批	高职
1233	孙文科	四川交通职业技术学院	地下与隧道工程技术	专科批	高职
1234	邓正健	宜宾职业技术学院	建筑装饰工程技术	提前录取	高职单招
1235	黄朝友	河南检察职业学院	法律事务	专科批	高职
1236	杨　林	四川职业技术学院	旅游英语	提前录取	高职单招
1237	聂梦萍	四川传媒学院	计算机网络技术	专科批	高职
1238	潘　艳	四川幼儿师范高等专科学校	学前教育	提前录取	高职单招
1239	张智恒	四川司法警官职业学院	法律事务	提前录取	高职单招
1240	何　林	成都职业技术学院	市场营销	专科批	高职
1241	彭元英	泸州职业技术学院	市场营销	专科批	高职
1242	赵　玉	广安职业技术学院	小学教育	提前录取	高职单招
1243	闫本英	西华师范大学	地理科学(宜宾市)	免费师范本科	统招
1244	黄旭敏	四川托普信息技术职业学院	建筑室内设计	专科批	高职
1245	曾　敬	四川电子机械职业技术学院	网络营销	专科批	高职
1246	李云超	四川民族学院	园艺	本科二批	统招
1247	刘　冬	川南幼儿师范高等专科学校	学前教育	专科批	高职
1248	余　春	巴中职业技术学院	小学教育	专科批	高职
1249	廖彩羽	成都医学院	预防医学	本科二批	统招
1250	黄润明	四川司法警官职业学院	刑事执行	专科批	高职

续表 8

序号	姓名	录取学校	录取专业	录取批次	备注
1251	王　静	六盘水职业技术学院	护理	专科批	高职
1252	陶春林	宜宾职业技术学院	建筑工程技术	专科批	高职
1253	李世耀	四川邮电职业技术学院	计算机网络技术	专科批	高职
1254	田升鸿	成都工贸职业技术学院	汽车营销与服务	专科批	高职
1255	李燕利	西南石油大学	财务管理	本科二批	统招
1256	李　敏	四川电子机械职业技术学院	市场营销	专科批	高职
1257	罗术元	西南科技大学城市学院	建设工程管理类	专科批	高职
1258	李　清	四川民族学院	动物医学	本科二批	统招
1259	单朝锐	成都学院	生物工程	本科二批	统招
1260	何思分	四川文理学院	小学教育	本科二批	统招
1261	梁仕其	民办四川天一学院	护理	专科批	高职
1262	李永林	四川建筑职业技术学院	道路桥梁工程技术	专科批	高职
1263	陈　鑫	乐山师范学院	市场营销	本科二批	统招
1264	李　品	成都纺织高等专科学校	汽车检测与维修技术	专科批	高职
1265	黄文昌	西南交通大学希望学院	土木工程	本科二批	统招
1266	郝加西	西华大学	应用物理学	本科二批	统招
1267	苏有会	四川卫生康复职业学院	护理	专科批	高职
1268	刘　炜	四川交通职业技术学院	云计算技术与应用	提前录取	高职单招
1269	王　琴	乐山职业技术学院	临床医学	专科批	高职
1270	李田华	西安交通工程学院	会计	专科批	高职
1271	詹　洁	泸州职业技术学院	语文教育	专科批	高职
1272	黄方付	四川工商职业技术学院	机电一体化技术	专科批	高职
1273	苏小方	四川工程职业技术学院	园林工程技术	提前录取	高职单招
1274	左俊峰	重庆资源与环境保护职业学院	环境工程技术	专科批	高职
1275	方　萍	四川信息职业技术学院	智能控制技术	专科批	高职
1276	段　毅	巴中职业技术学院	护理	专科批	高职
1277	罗　宇	成都工业职业技术学院	铁道机车	专科批	高职
1278	陈　燕	川北幼儿师范高等专科学校	数学教育	专科批	高职
1279	吴效玲	四川护理职业学院	护理	专科批	高职
1280	周　奎	江苏医药职业学院	医学检验技术	专科批	高职
1281	罗洪宇	四川工程职业技术学院	铸造技术	提前录取	高职单招
1282	金　锐	贵州警察学院	安全防范技术	专科批	高职
1283	贾　凯	重庆资源与环境保护职业学院	互联网金融	专科批	高职
1284	何甜甜	绵阳职业技术学院	应用英语	专科批	高职
1285	饶峻华	西南交通大学希望学院	城市轨道交通运营管理	专科批	高职
1286	胡龙兵	重庆资源与环境保护职业学院	互联网金融	专科批	高职
1287	张　进	重庆建筑工程职业学院	财务管理	专科批	高职
1288	杨志成	乐山职业技术学院	物联网应用技术	提前录取	高职单招
1289	刘传林	泸州职业技术学院	应用电子技术	专科批	高职
1290	陈兴华	成都工贸职业技术学院	数字媒体应用技术	专科批	高职
1291	汤旭芬	广安职业技术学院	英语教育	专科批	高职
1292	陈思思	川南幼儿师范高等专科学校	科学教育	专科批	高职
1293	刘光付	成都职业技术学院	软件技术	专科批	高职
1294	刘　桔	四川传媒学院	传播学	本科二批	统招
1295	李柱敏	四川民族学院	小学教育(宜宾市)	专科提前批	高职

续表 8

序号	姓名	录取学校	录取专业	录取批次	备注
1296	徐春霞	雅安职业技术学院	口腔医学技术	提前录取	高职单招
1297	宋坤宁	成都工贸职业技术学院	数字媒体应用技术	专科批	高职
1298	聂　浩	乐山职业技术学院	临床医学	专科批	高职
1299	彭　英	泸州职业技术学院	酿酒技术	专科批	高职
1300	廖永付	四川汽车职业技术学院	汽车检测与维修技术	专科批	高职
1301	郑华利	四川化工职业技术学院	工业过程自动化技术	专科批	高职
1302	龚　喜	四川工程职业技术学院	铸造技术	提前录取	高职单招
1303	杨小宇	四川理工学院	应用化学	本科二批	统招
1304	宋坤芬	雅安职业技术学院	中医骨伤	专科批	高职
1305	刘成艳	泸州职业技术学院	机械制造与自动化	专科批	高职
1306	罗仲良	江苏农牧科技职业学院	畜牧兽医	专科批	高职
1307	张吉祥	乐山职业技术学院	光伏材料制备技术	提前录取	高职单招
1308	周富鑫	重庆文理学院	生物技术	本科二批	统招
1309	周　艳	绵阳职业技术学院	人力资源管理	专科批	高职
1310	何　敏	泸州职业技术学院	机械制造与自动化	专科批	高职
1311	何　彬	乐山职业技术学院	光伏材料制备技术	专科批	高职
1312	朱小富	四川警察学院	交通管理工程	本科提前批	统招
1313	胡思雨	四川职业技术学院	商务英语	专科批	高职
1314	罗　宇	四川华新现代职业学院	城市轨道交通运营管理	专科批	高职
1315	邓江海	宜宾职业技术学院	财务管理	专科批	高职
1316	刘德星	西昌学院	风景园林	本科二批	统招
1317	易　宏	四川航天职业技术学院	飞行器制造技术	提前录取	高职单招
1318	朱健伟	云南财经大学	金融数学	本科二批	统招
1319	范志鑷	四川护理职业学院	药学	专科批	高职
1320	周兴义	广安职业技术学院	英语教育	专科批	高职
1321	余镇洋	四川电子机械职业技术学院	应用电子技术	专科批	高职
1322	胡　兰	达州职业技术学院	临床医学	专科批	高职
1323	张　李	达州职业技术学院	临床医学	专科批	高职
1324	张昱鑫	上海健康医学院	医疗器械维护与管理(医疗器械检测技术方向)	专科批	高职
1325	赵孝梅	重庆科创职业学院	会计	专科批	高职
1326	李吉林	四川长江职业学院	市场营销	提前录取	高职单招
1327	朱晓旭	新疆维吾尔医学专科学校	医学检验技术	专科批	高职
1328	周全昭	民办四川天一学院	汽车运用与维修技术	提前录取	高职单招
1329	李　青	川南幼儿师范高等专科学校	学前教育	专科批	高职
1330	刘　波	四川工程职业技术学院	电子信息工程技术	专科批	高职
1331	刘　欢	四川电子机械职业技术学院	软件技术	专科批	高职
1332	黄山山	四川电子机械职业技术学院	软件技术	专科批	高职
1333	张腾松	四川电子机械职业技术学院	移动互联应用技术	专科批	高职
1334	杨　鑫	四川希望汽车职业学院	汽车检测与维修技术(汽车维修)	专科批	高职
1335	何　静	四川航天职业技术学院	数字媒体应用技术	专科批	高职
1336	何小玉	四川幼儿师范高等专科学校	智能产品开发	专科批	高职
1337	孙　铭	四川电子机械职业技术学院	电子信息工程技术	专科批	高职
1338	刘伟林	四川工程职业技术学院	汽车检测与维修技术	提前录取	高职单招
1339	贺月兰	四川文化产业职业学院	出版商务	专科批	高职
1340	詹　敏	四川建筑职业技术学院	建筑工程技术	专科批	高职

续表 8

序号	姓名	录取学校	录取专业	录取批次	备注
1341	徐盈秋	广安职业技术学院	数学教育	专科批	高职
1342	郑丽君	川北医学院	医学检验技术	本科二批	统招
1343	闫海燕	雅安职业技术学院	数学教育	专科批	高职
1344	张梦军	重庆科创职业学院	汽车检测与维修技术	专科批	高职
1345	吴　林	民办四川天一学院	汽车运用与维修技术	提前录取	高职单招
1346	詹　林	四川职业技术学院	软件技术	提前录取	高职单招
1347	江沅洁	四川大学锦江学院	会计学	本科二批	统招
1348	王　虹	四川电子机械职业技术学院	物流管理	专科批	高职
1349	邵芳萍	广安职业技术学院	动漫制作技术	专科批	高职
1350	叶美灵	四川中医药高等专科学校	临床医学	专科批	高职
1351	郭　润	川南幼儿师范高等专科学校	学前教育	专科批	高职
1352	徐舒婷	湖北幼儿师范高等专科学校	学前教育	专科批	高职
1353	任国彬	成都文理学院	会计学	本科二批	统招
1354	张　渐	乐山职业技术学院	临床医学	专科批	高职
1355	宋坤连	成都信息工程大学银杏酒店管理学院	物流工程	本科二批	统招
1356	陈 菲	四川华新现代职业学院	文秘	专科批	高职
1357	陈小琴	四川文轩职业学院	高速铁路客运乘务	专科批	高职
1358	游　二	川南幼儿师范高等专科学校	学前教育	专科批	高职
1359	周雨欣	西南交通大学希望学院	机械设计制造及其自动化	本科二批	统招
1360	贾馥婷	石家庄人民医学高等专科学校	口腔医学	专科批	高职
1361	刘云凤	成都医学院	药物制剂	本科二批	统招
1362	聂壮华	重庆科创职业学院	汽车制造与装配技术	专科批	高职
1363	韦代永	民办四川天一学院	汽车运用与维修技术	提前录取	高职单招
1364	曹　宁	四川电力职业技术学院	机电一体化技术	专科批	高职
1365	朱莉萍	四川工程职业技术学院	景区开发与管理	专科批	高职
1366	黄仕帅	上海健康医学院	医疗器械维护与管理(医疗器械检测技术方向)	专科批	高职
1367	潘高友	四川卫生康复职业学院	康复治疗技术	专科批	高职
1368	徐圆梦	四川卫生康复职业学院	中药学	专科批	高职
1369	黄章燕	西南财经大学天府学院	会计	专科批	高职
1370	肖文音	成都纺织高等专科学校	数字媒体应用技术	专科批	高职
1371	赵　航	四川职业技术学院	旅游管理	提前录取	高职单招
1372	徐上勇	乐山职业技术学院	工商企业管理	专科批	高职
1373	杨　阳	宜宾职业技术学院	计算机网络技术	专科批	高职
1374	闫俊义	重庆大学	生物科学	本科一批	统招
1375	刘世强	四川建筑职业技术学院	物业管理	提前录取	高职单招
1376	范志鑫	眉山职业技术学院	建筑工程技术	提前录取	高职单招
1377	代怀良	四川艺术职业学院	图书档案管理	专科批	高职
1378	黄　亮	雅安职业技术学院	机电一体化技术	提前录取	高职单招
1379	张　磊	雅安职业技术学院	汽车检测与维修技术	提前录取	高职单招
1380	吴　杰	四川职业技术学院	汽车营销与服务	提前录取	高职单招
1381	周　俊	四川幼儿师范高等专科学校	智能产品开发	专科批	高职
1382	陈科桥	四川三河职业学院	汽车运用与维修技术	专科批	高职
1383	张云丽	川南幼儿师范高等专科学校	学前教育	专科批	高职
1384	宋　敏	四川工商学院	会计	专科批	高职
1385	郭德会	四川职业技术学院	会计	提前录取	高职单招

续表 8

序号	姓名	录取学校	录取专业	录取批次	备注
1386	苏旭东	民办四川天一学院	财务管理	提前录取	高职单招
1387	钟　艳	四川文化产业职业学院	市场营销	专科批	高职
1388	郭南江	泸州职业技术学院	英语教育	专科批	高职
1389	苏玉婷	泸州职业技术学院	学前教育	专科批	高职
1390	周莉丽	四川电影电视学院	文化市场经营管理	专科批	高职
1391	周　琴	成都师范学院	英语	本科二批	统招
1392	张　刚	四川交通职业技术学院	土木工程检测技术	专科批	高职
1393	王　鑫	西安欧亚学院	电子信息工程	本科二批	统招
1394	陶俊雨	四川水利职业技术学院	饲料与动物营养	提前录取	高职单招
1395	胡　畔	电子科技大学成都学院	通信技术	专科批	高职
1396	叶　铸	四川西南航空职业学院	空中乘务	专科批	高职
1397	李清扬	四川长江职业学院	计算机网络技术	提前录取	高职单招
1398	毛　鑫	四川应用技术职业学院	汽车检测与维修技术	专科批	高职
1399	王茂霖	四川工商学院	互联网金融	专科批	高职
1400	李　烨	成都理工大学	生物工程	本科二批	统招
1401	郭术其	四川汽车职业技术学院	汽车检测与维修技术	专科批	高职
1402	李科华	乐山职业技术学院	财务管理	专科批	高职
1403	杨　东	成都信息工程大学	生物医学工程	本科二批	统招
1404	聂钰珊	民办四川天一学院	会计	提前录取	高职单招
1405	占　洁	四川国际标榜职业学院	医学美容技术	专科批	高职
1406	朱　江	四川文化艺术学院	宝石及材料工艺学	本科二批	统招
1407	刘小琴	四川文轩职业学院	学前教育	专科批	高职
1408	李艳敏	达州职业技术学院	精细化工技术	专科批	高职
1409	赵永鑫	成都职业技术学院	计算机应用技术	专科批	高职
1410	徐长红	四川机电职业技术学院	数控技术	专科批	高职
1411	罗　杰	四川长江职业学院	互联网金融	专科批	高职
1412	谭子毅	电子科技大学成都学院	影视多媒体技术	专科批	高职
1413	刘　荣	四川信息职业技术学院	物联网应用技术	提前录取	高职单招
1414	何　旭	四川理工学院	国际经济与贸易	本科一批	统招
1415	吴俊陶	成都中医药大学	眼视光学	本科二批	统招
1416	李晓红	四川建筑职业技术学院	市政工程技术	专科批	高职
1417	周一刚	四川托普信息技术职业学院	汽车营销与服务	专科批	高职
1418	王　俊	内江师范学院	土木工程	本科二批	统招
1419	母先润	雅安职业技术学院	护理	专科批	高职
1420	周祥义	四川工业科技学院	汽车制造与装配技术	专科批	高职
1421	王清霞	重庆工业职业技术学院	化工技术类	专科批	高职
1422	周裕厚	宜宾职业技术学院	通信技术	专科批	高职
1423	郭梦英	西华师范大学	生物科学(宜宾市)	免费师范本科	统招
1424	李　浩	齐鲁医药学院	口腔医学	专科批	高职
1425	刘君山	四川科技职业学院	数控技术	专科批	高职
1426	刘加奇	四川电子机械职业技术学院	机械设计与制造	专科批	高职
1427	刘　静	成都工业学院	信息工程	本科二批	统招
1428	廖元帅	四川民族学院	数学与应用数学	本科二批	统招
1429	王绍槐	四川托普信息技术职业学院	计算机应用技术	专科批	高职
1430	柳明湘	四川职业技术学院	电气自动化技术	专科批	高职

续表 8

序号	姓名	录取学校	录取专业	录取批次	备注
1431	肖棋培	宜宾职业技术学院	汽车运用与维修技术	专科批	高职
1432	郑　建	成都工业职业技术学院	建筑智能化工程技术	专科批	高职
1433	单朝铠	成都航空职业技术学院	数控技术	专科批	高职
1434	李金松	山东英才学院	计算机网络技术	专科批	高职
1435	周　浚	四川管理职业学院	铁道车辆	专科批	高职
1436	夏明玉	乐山职业技术学院	临床医学	专科批	高职
1437	余　霞	四川文化艺术学院	公共事业管理	本科二批	统招
1438	赵　鸿	成都工业学院	信息工程	本科二批	统招
1439	柳川云	西华大学	土木工程	本科一批	统招
1440	叶　茂	四川西南航空职业学院	民航安全技术管理	专科批	高职
1441	唐川云	四川信息职业技术学院	市场营销	专科批	高职
1442	李加英	西南科技大学城市学院	金融学类	本科二批	统招
1443	万苏炜	天津现代职业技术学院	物联网应用技术	专科批	高职
1444	李梦瑶	四川交通职业技术学院	建筑工程技术	专科批	高职
1445	王仕顺	四川汽车职业技术学院	汽车检测与维修技术	专科批	高职
1446	罗　欢	四川航天职业技术学院	汽车制造与装配技术	提前录取	高职单招
1447	付兴巧	成都师范学院	小学教育(宜宾市)	专科提前批	高职
1448	王伟健	四川电子机械职业技术学院	会计	专科批	高职
1449	罗智元	四川司法警官职业学院	司法信息技术	专科批	高职
1450	毛志越	四川城市职业学院	工程造价	提前录取	高职单招
1451	卢星其	宜宾职业技术学院	数字媒体艺术设计	提前录取	高职单招
1452	张　丽	广安职业技术学院	小学教育	专科批	高职
1453	胡　超	四川城市职业学院	城市轨道交通运营管理	专科批	高职
1454	江　奇	四川民族学院	动物医学	本科二批	统招
1455	黄　欣	四川托普信息技术职业学院	会计	专科批	高职
1456	付丽菲	广安职业技术学院	语文教育	专科批	高职
1457	平小芹	四川幼儿师范高等专科学校	学前教育	提前录取	高职单招
1458	杨　锐	四川西南航空职业学院	高速铁路客运乘务	专科批	高职
1459	陈晓勇	四川希望汽车职业学院	汽车检测与维修技术(汽车维修)	专科批	高职
1460	文　敏	成都纺织高等专科学校	会计	专科批	高职
1461	刘　秋	四川旅游学院	烹饪与营养教育	本科二批	统招
1462	平静雯	四川科技职业学院	应用英语	提前录取	高职单招
1463	聂昌朴	成都工业学院	环境科学与工程	本科二批	统招
1464	金小凤	乐山职业技术学院	康复治疗技术	专科批	高职
1465	王　钰	泸州职业技术学院	环境艺术设计	专科批	高职
1466	谢　飞	四川交通职业技术学院	城市轨道交通车辆技术	专科批	高职
1467	张　杰	乐山职业技术学院	数控技术	提前录取	高职单招
1468	郭桃松	成都工业学院	环境科学与工程	本科二批	统招
1469	罗　静	绵阳师范学院	生物制药	本科二批	统招
1470	谭远航	宜宾职业技术学院	数字媒体艺术设计	提前录取	高职单招
1471	任　伟	成都工业职业技术学院	汽车制造与装配技术	专科批	高职
1472	姚智强	成都东软学院	物联网工程	本科二批	统招
1473	舒　伟	四川工商学院	电子商务	本科二批	统招
1474	王　伟	乐山职业技术学院	药学	专科批	高职
1475	刘　虹	西昌学院	化学(宜宾市)	免费师范本科	统招

续表 8

序号	姓名	录取学校	录取专业	录取批次	备注
1476	詹　静	西华大学	机械设计制造及其自动化	本科一批	统招
1477	张　铃	成都航空职业技术学院	空中乘务	提前录取	高职单招
1478	钟炬青	成都文理学院	建筑学	本科二批	统招
1479	杨　洁	宜宾学院	工业分析技术	专科批	高职
1480	黄　涛	川北医学院	医学检验技术	本科二批	统招
1481	郭德荣	西华大学	铁道交通运营管理	专科批	高职
1482	赵远华	四川护理职业学院	护理	专科批	高职
1483	宋孟林	四川财经职业学院	移动商务	提前录取	高职单招
1484	李俊华	四川托普信息技术职业学院	软件技术	专科批	高职
1485	廖已文	四川科技职业学院	软件技术(前端开发技术)	专科批	高职
1486	胡　颖	四川中医药高等专科学校	临床医学	专科批	高职
1487	杨欣雨	四川卫生康复职业学院	助产	专科批	高职
1488	张煜坤	四川交通职业技术学院	电气自动化技术	专科批	高职
1489	应芙蓉	四川文化艺术学院	物流管理	本科二批	统招
1490	胡　钞	四川中医药高等专科学校	临床医学	专科批	高职
1491	张　林	绵阳职业技术学院	机械设计与制造	专科批	高职
1492	李欣忆	西华师范大学	环境科学	本科二批	统招
1493	詹成亮	宜宾职业技术学院	机电一体化技术	专科批	高职
1494	周莉华	四川长江职业学院	会计	提前录取	高职单招
1495	周山茂	四川文理学院	工程造价	本科二批	统招
1496	王　菊	成都医学院	生物制药	本科二批	统招
1497	詹宸霁	四川交通职业技术学院	汽车运用与维修技术	专科批	高职
1498	黄紫妍	四川护理职业学院	药学	专科批	高职
1499	赵健雄	四川托普信息技术职业学院	软件技术	专科批	高职
1500	冯吉均	成都理工大学	市场营销	本科二批	统招
1501	韩　英	西南财经大学天府学院	金融管理	专科批	高职
1502	刘忠元	成都中医药大学	临床医学	本科提前批	统招
1503	苏　超	西南科技大学城市学院	机械类	本科二批	统招
1504	钟师强	四川信息职业技术学院	信息安全与管理	专科批	高职
1505	高兴宇	四川华新现代职业学院	计算机应用技术	专科批	高职
1506	赵宋涛	达州职业技术学院	小学教育	专科批	高职
1507	李　耀	四川商务职业学院	软件与信息服务	专科批	高职
1508	刘　苹	宜宾学院	制药工程	本科二批	统招
1509	钟　淋	西华师范大学	化学(宜宾市)	免费师范本科	统招
1510	陈正义	西南科技大学	矿物加工工程	本科一批	统招
1511	袁长林	成都工业职业技术学院	汽车检测与维修技术	专科批	高职
1512	周　霞	成都文理学院	法学	本科二批	统招
1513	韦静静	西南交通大学希望学院	交通运输	本科二批	统招
1514	叶　莉	西昌学院	园艺	本科二批	统招
1515	王子璇	重庆电子工程职业学院	工程造价	专科批	高职
1516	朱　芮	四川水利职业技术学院	环境监测与控制技术	专科批	高职
1517	熊刚霞	四川中医药高等专科学校	医学影像技术	专科批	高职
1518	闫秋萍	川北医学院	医学影像技术	本科二批	统招
1519	邓　钊	四川民族学院	计算机科学与技术	本科二批	统招
1520	鞠春兰	四川理工学院	环境工程	本科二批	统招

续表 8

序号	姓名	录取学校	录取专业	录取批次	备注
1521	詹　茂	成都学院	生物工程	本科二批	统招
1522	郑秀琴	四川中医药高等专科学校	临床医学	专科批	高职
1523	王　伟	攀枝花学院	土木工程	本科二批	统招
1524	郝川云	成都师范学院	人文地理与城乡规划	本科二批	统招
1525	郭瑞全	西昌学院	园艺	本科二批	统招
1526	范栩伽	海南师范大学	生物科学	本科一批	统招
1527	谢皓翔	四川卫生康复职业学院	临床医学	专科批	高职
1528	董郑均	乐山师范学院	数学与应用数学	本科二批	统招
1529	胡　洁	四川旅游学院	人力资源管理	本科二批	统招
1530	惠泽议	电子科技大学成都学院	计算机应用技术	专科批	高职
1531	陈重豪	四川工商学院	土木工程	本科二批	统招
1532	陶鹏羽	西南交通大学希望学院	税收学	本科二批	统招
1533	熊陆义	攀枝花学院	新能源材料与器件	本科二批	统招
1534	罗霖翼	西南石油大学	测控技术与仪器	本科一批	统招
1535	余泽波	湖南工程学院	测控技术与仪器	本科二批	统招
1536	张倬睿	四川司法警官职业学院	司法信息安全	专科批	高职
1537	吴凌莉	西昌学院	小学教育	本科二批	统招
1538	黎小雨	四川理工学院	工程造价	本科二批	统招
1539	周越千	成都师范学院	工程造价	本科二批	统招
1540	母中岑	成都信息工程大学	会计学	地方专项	统招
1541	詹志伟	成都中医药大学	临床医学	本科提前批	统招
1542	张　伟	成都中医药大学	藏药学	本科二批	统招
1543	杨　兰	川南幼儿师范高等专科学校	学前教育	专科批	高职
1544	朱小玲	成都信息工程大学	电子科学与技术	本科一批	统招
1545	严　倩	四川大学锦城学院	英语	本科二批	统招
1546	詹亚立	毕节医学高等专科学校	临床医学	专科批	高职
1547	文耀桦	四川文理学院	数字媒体技术	本科二批	统招
1548	周亚兰	成都中医药大学	药学	本科一批	统招
1549	周晓春	成都师范学院	数学与应用数学	本科二批	统招
1550	张　鑫	西华大学	工商管理	本科一批	统招
1551	黄　波	成都师范学院	心理学	本科二批	统招
1552	王　垒	四川长江职业学院	电子商务技术	提前录取	高职单招
1553	蒋　敏	西南石油大学	石油工程	本科一批	统招
1554	郭德芝	西南科技大学	电子商务	本科一批	统招
1555	赵小芹	西藏大学	工商管理	本科二批	统招
1556	熊　刚	四川大学锦江学院	计算机应用技术	专科批	高职
1557	李　燕	成都文理学院	英语	本科二批	统招
1558	罗旭红	西南石油大学	电子与计算机工程	本科二批	统招
1559	刘晓春	西南石油大学	财务管理	本科二批	统招
1560	杨雨航	厦门城市职业学院	工业机器人技术	专科批	高职
1561	胡琦鑫	四川工商学院	会计学	本科二批	统招
1562	罗洪梅	西南科技大学城市学院	工商管理类	本科二批	统招
1563	江双燕	四川师范大学	特殊教育（宜宾市）	免费师范本科	统招
1564	王　玲	成都中医药大学	医学检验技术	本科一批	统招
1565	熊勇财	四川工商学院	财务管理	专科批	高职

续表 8

序号	姓名	录取学校	录取专业	录取批次	备注
1566	王绍敏	西昌学院	制药工程	本科二批	统招
1567	张 琳	西华大学	信息工程	本科一批	统招
1568	叶言雄	成都师范学院	工程造价	本科二批	统招
1569	赵小莉	运城学院	化学	本科二批	统招
1570	吴婷婷	乐山师范学院	学前教育	本科二批	统招
1571	罗 庚	宜宾学院	软件工程	本科二批	统招
1572	付泽坤	成都医学院	生物技术	本科二批	统招
1573	丁 伟	四川中医药高等专科学校	临床医学	专科批	高职
1574	黄思宇	西南交通大学希望学院	物流工程	本科二批	统招
1575	张 攀	四川工程职业技术学院	材料成型与控制技术	专科批	高职
1576	王正清	成都师范学院	电子科学与技术	本科二批	统招
1577	杨 田	西南石油大学	新能源材料与器件	本科一批	统招
1578	谢羽欣	川南幼儿师范高等专科学校	学前教育	专科批	高职
1579	肖明凤	四川农业大学	水利水电工程	本科一批	统招
1580	林 虹	宜宾学院	材料化学	本科二批	统招
1581	郭 睿	四川现代职业学院	会计	提前录取	高职单招
1582	周恒宇	西南科技大学	信息与计算科学	本科一批	统招
1583	胡 润	西昌学院	机械电子工程	本科二批	统招
1584	朱安林	西南石油大学	电子与计算机工程	本科二批	统招
1585	向 横	宜宾职业技术学院	数控技术	提前录取	高职单招
1586	赵 宇	广西大学	计算机类	本科一批	高校专项
1587	郝从思	西南交通大学希望学院	人力资源管理	本科二批	统招
1588	徐 源	四川师范大学	生物技术	本科一批	统招
1589	刘宗晴	西南财经大学天府学院	物流管理	本科二批	统招
1590	张春兰	重庆理工大学	审计学	本科一批	统招
1591	唐 浪	成都文理学院	应用统计学	本科二批	统招
1592	何 洋	成都理工大学	勘查技术与工程	本科一批	统招
1593	余 鑫	四川农业大学	社会工作	地方专项	统招
1594	肖丁山	成都中医药大学	临床医学	本科提前批	统招
1595	罗 勇	成都信息工程大学	电气工程及其自动化	本科一批	统招
1596	李帮芹	成都师范学院	英语	本科二批	统招
1597	刘春兰	四川理工学院	会计学	本科一批	统招
1598	林莉萍	四川农业大学	经济学	本科一批	统招
1599	熊明江	西南科技大学	信息安全	本科一批	统招
1600	詹婷婷	天津理工大学	化学工程与工艺	本科二批	统招
1601	王雪梅	成都师范学院	化学	本科二批	统招
1602	周燕栖	苏州大学文正学院	通信工程	本科二批	统招
1603	舒 敏	江西理工大学	物联网工程	本科一批	统招
1604	万代理	四川旅游学院	食品质量与安全	本科二批	统招
1605	郑会才	西华师范大学	应用化学	本科一批	统招
1606	李鸿廷	四川农业大学	人力资源管理	本科一批	统招
1607	贺俊超	天津职业技术师范大学	车辆工程	本科二批	统招
1608	郝建军	成都学院	临床医学	本科二批	统招
1609	李 林	四川传媒学院	国际经济与贸易	本科二批	统招
1610	周玉鑫	川北医学院	药学	本科二批	统招

续表 8

序号	姓名	录取学校	录取专业	录取批次	备注
1611	刘　巍	成都学院	计算机科学与技术	本科二批	统招
1612	王知一	西华大学	工业工程	本科一批	统招
1613	罗郁茜	西华师范大学	电子信息科学与技术	本科二批	统招
1614	赵　强	北京林业大学	土木工程	本科一批	统招
1615	王　涵	西南财经大学天府学院	工程管理	本科二批	统招
1616	郑思雨	四川师范大学	法学	本科一批	统招
1617	周　璇	四川师范大学	数学与应用数学	地方专项	统招
1618	陈俊霖	西华大学	房地产开发与管理	本科二批	统招
1619	刘双熊	成都理工大学	工程力学	本科一批	统招
1620	卿小凤	西南科技大学	环境工程	本科一批	统招
1621	郑　颖	西华大学	材料成型及控制工程	本科一批	统招
1622	曾子力	宜宾学院	英语	本科二批	统招
1623	刘停停	成都师范学院	物理学	本科二批	统招
1624	倪晓玲	成都理工大学	工商管理	本科一批	统招
1625	李　凯	宜宾学院	电子信息科学与技术	本科二批	统招
1626	许紫威	西南科技大学	制药工程	本科一批	统招
1627	袁一荣	湖南大学	建筑环境与能源应用工程	本科一批	统招
1628	郝　鹏	南京信息工程大学	物理学	本科一批	统招
1629	谢金洋	西南医科大学	口腔医学	本科一批	统招
1630	张　勇	上海交通大学	电子信息类	本科一批	高校专项
1631	徐行鹏	西安交通大学	工科试验班(机类)	本科一批	高校专项
1632	刘雪梅	四川师范大学	环境工程	本科一批	统招
1633	罗立宏	四川警察学院	侦查学	本科提前批	统招
1634	罗　玲	东华大学	纺织类	本科一批	统招
1635	徐天佑	中南大学	工程管理	本科一批	高校专项
1636	王兴伟	空军工程大学	航空管制与领航工程(航空管制)	本科提前批	统招
1637	周志鹏	武汉理工大学	计算机类	本科一批	高校专项
1638	郑导野	中山大学	光电信息科学与工程(工学)	本科一批	统招
1639	黄胜兴	四川大学	过程装备与控制工程	本科一批	高校专项
1640	朱　义	燕山大学	无机非金属材料工程	本科一批	统招
1641	汪　杰	西南交通大学	电子信息工程	本科一批	统招
1642	李昱乎	四川大学	经济学类	本科一批	统招
1643	侯宗武	北京科技大学	矿业类	本科一批	统招
1644	吴绣钰	西华师范大学	计算机科学与技术	本科一批	统招
1645	宋明明	成都中医药大学	中西医临床医学	本科一批	统招
1646	杨中源	四川农业大学	工商管理	本科一批	统招
1647	颜愉鸿	四川师范大学	数学与应用数学	本科一批	统招
1648	彭　煜	新疆大学	软件工程	本科一批	统招
1649	黄思宇	西南科技大学	动物科学	本科一批	统招
1650	李永其	西南大学	电气工程及其自动化	本科一批	统招
1651	江烊州	第三军医大学	医学检验技术(临床检验医师)	本科提前批	统招
1652	吴　多	北京中医药大学	护理学	本科一批	统招
1653	张　洁	南昌大学	电子信息类	本科一批	统招
1654	肖文洁	成都中医药大学	针灸推拿学	本科一批	统招
1655	李峙岐	成都理工大学	会计学	本科一批	统招

续表 8

序号	姓名	录取学校	录取专业	录取批次	备注
1656	李佳华	西南交通大学	经济与贸易类	本科一批	统招
1657	任　洪	安徽大学	化学工程与工艺	本科一批	统招
1658	何月颖	吉林大学	计算机科学与技术	本科一批	统招
1659	罗天越	复旦大学	软件工程	本科一批	高校专项
1660	范庆科	川北医学院	麻醉学	本科一批	统招
1661	徐靓薇	南京农业大学	食品科学与工程类	本科一批	统招
1662	彭璐璐	西南交通大学	环境科学与工程类	本科一批	统招
1663	黄　鑫	复旦大学医学院	基础医学	本科一批	高校专项
1664	周渝川	电子科技大学成都学院	审计学	本科二批	统招
1665	张智超	西华大学	能源与动力工程	本科一批	统招
1666	胡言钊	昆明理工大学	采矿工程	本科二批	统招
1667	詹虎成	成都学院	电气工程及其自动化	本科二批	统招
1668	陈治宇	成都师范学院	金融数学	本科二批	统招
1669	高邦耀	邵阳学院	电气工程及其自动化	本科二批	统招
1670	万翔林	西南财经大学天府学院	会计	专科批	高职
1671	黄筱静	西华大学	交通工程	本科一批	统招
1672	刘峻有	成都理工大学	应用统计学	本科二批	统招
1673	郭　琴	西南科技大学	工程力学	本科一批	统招
1674	周廷柱	川北幼儿师范高等专科学校	建筑经济管理	专科批	高职
1675	杨彦洁	四川大学锦城学院	会计学	本科二批	统招
1676	沈江伟	成都师范学院	数学与应用数学	本科二批	统招
1677	黄成武	成都纺织高等专科学校	机械设计与制造	专科批	高职
1678	詹林钢	绵阳师范学院	机械电子工程	本科二批	统招
1679	李祥伟	四川建筑职业技术学院	园林工程技术	专科批	高职
1680	周　涛	宜宾学院	食品质量与安全	本科二批	统招
1681	曾　华	中央司法警官学院	法学(司法行政方向)	本科提前批	统招
1682	陈　浪	四川理工学院	自动化	本科二批	统招
1683	龚柄忠	乐山师范学院	物理学(宜宾市)	免费师范本科	统招
1684	刘小春	四川外国语大学成都学院	汉语国际教育	本科二批	统招
1685	徐健宝	四川师范大学	物理学(宜宾市)	免费师范本科	统招
1686	陈昶宇	乐山师范学院	计算机科学与技术	本科二批	统招
1687	朱仕成	四川师范大学	化学(宜宾市)	免费师范本科	统招
1688	徐梦林	成都师范学院	计算机科学与技术	本科二批	统招
1689	朱荣杰	绵阳师范学院	计算机类	本科二批	统招
1690	罗茂林	西华大学	建筑学	本科一批	统招
1691	陈俊鸿	西南交通大学希望学院	工程造价	本科二批	统招
1692	李　庚	成都中医药大学	卫生检验与检疫	本科二批	统招
1693	刘春東	成都学院	车辆工程	本科二批	统招
1694	谭　杰	四川师范大学	环境工程	本科一批	统招
1695	肖永秋	成都学院	会展经济与管理	本科二批	统招
1696	李恭贺	成都学院	车辆工程	本科二批	统招
1697	母先波	四川师范大学	土木工程	本科一批	统招
1698	李　红	四川旅游学院	会展经济与管理	本科二批	统招
1699	郑　洪	川北医学院	麻醉学	本科一批	统招
1700	秦超荣	南华大学	电气工程及其自动化	本科二批	统招

续表 8

序号	姓名	录取学校	录取专业	录取批次	备注
1701	詹伍生	四川大学	土木类	本科一批	高校专项
1702	赖家彬	成都学院	电气工程及其自动化	本科二批	统招
1703	吴双琼	绵阳师范学院	会计	专科批	高职
1704	辛朝玉	四川师范大学	化学(宜宾市)	免费师范本科	统招
1705	李 婷	成都师范学院	物理学	本科二批	统招
1706	刘 铭	西华大学	化学	本科二批	统招
1707	李 芳	四川旅游学院	会展经济与管理	本科二批	统招
1708	郭余芹	西华师范大学	应用化学	本科一批	统招
1709	文 倩	成都文理学院	会计学	本科二批	统招
1710	龙 玲	电子科技大学成都学院	计算机类	本科二批	统招
1711	付泽星	攀枝花学院	会计学	本科二批	统招
1712	胡 英	成都中医药大学	中医养生学	本科二批	统招
1713	邹玉婷	西华大学	生物工程	本科一批	统招
1714	李 洪	西华师范大学	环境科学	本科二批	统招
1715	余 玲	内江师范学院	化学类	本科二批	统招
1716	肖 容	四川师范大学	数学与应用数学(宜宾市)	免费师范本科	统招
1717	杨浩瑜	成都师范学院	化学	本科二批	统招
1718	吴丽红	西华大学	物流工程	本科二批	统招
1719	何 兰	成都医学院	预防医学	本科二批	统招
1720	向浩东	四川职业技术学院	电气自动化技术	专科批	高职
1721	张琦琦	电子科技大学成都学院	大数据技术与应用	专科批	高职
1722	李国庆	天津理工大学	航海技术	本科提前批	统招
1723	李秋冬	雅安职业技术学院	数学教育	专科批	高职
1724	舒 文	西昌学院	制药工程	本科二批	统招
1725	谢仁杰	四川中医药高等专科学校	临床医学	专科批	高职
1726	赵 鑫	四川工商学院	物联网工程	本科二批	统招
1727	张 前	成都理工大学工程技术学院	建筑环境与能源应用工程	本科二批	统招
1728	杨坤强	西南交通大学希望学院	电气工程及其自动化	本科二批	统招
1729	李桂林	成都纺织高等专科学校	连锁经营管理	专科批	高职
1730	李子涵	达州职业技术学院	中医学	专科批	高职
1731	赵国木	成都工业职业技术学院	信息安全与管理	专科批	高职
1732	袁 李	四川文理学院	物理学	本科二批	统招
1733	陈昌明	内江职业技术学院	汽车检测与维修技术	专科批	高职
1734	龙安全	四川建筑职业技术学院	道路桥梁工程技术	专科批	高职
1735	杨 浩	四川工商学院	经济与金融	本科二批	统招
1736	潘正银	西华大学	物联网工程	本科一批	统招
1737	朱 麒	四川化工职业技术学院	软件技术	提前录取	高职单招
1738	周青华	四川师范大学	财务管理	地方专项	统招
1739	陈 欣	四川建筑职业技术学院	铁道供电技术	专科批	高职
1740	郭青泉	成都学院	车辆工程	本科二批	统招
1741	周显宏	成都学院	物联网工程	本科二批	统招
1742	黄 成	成都文理学院	会计	专科批	高职
1743	詹友生	成都工业学院	环境科学与工程	本科二批	统招
1744	杨清山	四川中医药高等专科学校	中医养生保健	专科批	高职
1745	邹志贤	雅安职业技术学院	药学	专科批	高职

续表 8

序号	姓名	录取学校	录取专业	录取批次	备注
1746	詹双志	四川建筑职业技术学院	地下与隧道工程技术(盾构施工技术)	专科批	高职
1747	郑伟伟	内江职业技术学院	焊接技术与自动化	专科批	高职
1748	谭宇然	南充职业技术学院	汽车检测与维修技术	专科批	高职
1749	王进军	四川理工学院	工程管理	本科二批	统招
1750	汤　涛	成都中医药大学	医学信息工程	本科二批	统招
1751	吴明芹	乐山师范学院	数学教育	专科批	高职
1752	曹宾燕	四川工商学院	文秘	专科批	高职
1753	杨朝银	成都医学院	生物制药	本科二批	统招
1754	杨小芹	绵阳师范学院	生物科学	本科二批	统招
1755	陶永净	成都师范学院	工程造价	本科二批	统招
1756	王启顺	西南交通大学希望学院	交通运输	本科二批	统招
1757	牟　芳	川南幼儿师范高等专科学校	学前教育	专科批	高职
1758	沈　超	宜宾学院	工业分析技术	专科批	高职
1759	张国林	达州职业技术学院	临床医学	专科批	高职
1760	刘　洁	泸州职业技术学院	英语教育	专科批	高职
1761	叶元芹	川南幼儿师范高等专科学校	小学教育	专科批	高职
1762	王　芹	西昌学院	畜牧兽医	专科批	高职
1763	黄会英	成都医学院	预防医学	本科二批	统招
1764	郭术芹	眉山职业技术学院	小学教育	专科批	高职
1765	谢正聪	四川中医药高等专科学校	中医养生保健	专科批	高职
1766	薛　芳	成都师范学院	学前教育	本科二批	统招
1767	李兰馨	四川工商学院	财务管理	本科二批	统招
1768	黄　艺	成都信息工程大学银杏酒店管理学院	人力资源管理	本科二批	统招
1769	熊莉婷	乐山师范学院	小学教育(宜宾市)	免费师范本科	统招
1770	彭茂婷	西华大学	材料成型及控制工程	本科一批	统招
1771	王开林	达州职业技术学院	护理	专科批	高职
1772	王金花	西安医学院	药学	本科二批	统招
1773	阮玲莉	达州职业技术学院	工程造价	专科批	高职
1774	周庭锋	宜宾学院	数学与应用数学	本科二批	统招
1775	张　琴	泸州职业技术学院	语文教育	专科批	高职
1776	闫本金	四川化工职业技术学院	机械产品检测检验技术	提前录取	高职单招
1777	周向鑫	西南科技大学城市学院	计算机类	本科二批	统招
1778	李容书	广安职业技术学院	小学教育	专科批	高职
1779	张良琼	江苏农林职业技术学院	食品营养与检测	专科批	高职
1780	周玉林	四川化工职业技术学院	环境工程技术	提前录取	高职单招
1781	潘　敏	四川希望汽车职业学院	汽车营销与服务(汽车营销)	专科批	高职
1782	饶义强	成都纺织高等专科学校	国际经济与贸易	专科批	高职
1783	邓绍均	江苏农林职业技术学院	机械设计与制造	专科批	高职
1784	谢　钢	川南幼儿师范高等专科学校	学前教育	专科批	高职
1785	陈友安	广东科学技术职业学院	数控技术	专科批	高职
1786	刘　奎	成都农业科技职业学院	作物生产技术	专科批	高职
1787	胡海涛	四川司法警官职业学院	司法警务	专科批	高职
1788	陈　萍	川北幼儿师范高等专科学校	数学教育	专科批	高职
1789	罗永松	四川化工职业技术学院	会计	提前录取	高职单招
1790	蒋玲俐	四川卫生康复职业学院	护理	专科批	高职

续表 8

序号	姓名	录取学校	录取专业	录取批次	备注
1791	胡　梅	民办四川天一学院	护理	提前录取	高职单招
1792	李　庆	绵阳职业技术学院	汽车检测与维修技术	专科批	高职
1793	潘艳辉	川北幼儿师范高等专科学校	语文教育	专科批	高职
1794	饶苏华	广安职业技术学院	小学教育	提前录取	高职单招
1795	龚运山	乐山职业技术学院	会计	专科批	高职
1796	周锦花	湖南高速铁路职业技术学院	铁道信号自动控制	专科批	高职
1797	何　佳	达州职业技术学院	酒店管理	提前录取	高职单招
1798	朱民英	达州职业技术学院	学前教育	提前录取	高职单招
1799	许　敏	四川工程职业技术学院	模具设计与制造	提前录取	高职单招
1800	罗付全	民办四川天一学院	护理	提前录取	高职单招
1801	胡言奎	宜宾职业技术学院	电子信息工程技术	专科批	高职
1802	袁家琪	民办四川天一学院	汽车运用与维修技术	提前录取	高职单招
1803	周　顺	四川化工职业技术学院	模具设计与制造	提前录取	高职单招
1804	先　英	广安职业技术学院	小学教育	提前录取	高职单招
1805	吴　林	宜宾职业技术学院	新能源汽车技术	专科批	高职
1806	饶伟平	民办四川天一学院	建筑装饰工程技术	提前录取	高职单招
1807	刘　涛	四川化工职业技术学院	计算机网络技术	提前录取	高职单招
1808	冯　洪	民办四川天一学院	护理	提前录取	高职单招
1809	陈梦林	荆州职业技术学院	药学	专科批	高职
1810	刘自臣	四川国际标榜职业学院	工程造价	提前录取	高职单招
1811	张九长	宜宾职业技术学院	机械制造与自动化	提前录取	高职单招
1812	李青青	南充职业技术学院	建筑工程技术	专科批	高职
1813	罗大华	四川科技职业学院	工业机器人技术	专科批	高职
1814	李　芹	南充职业技术学院	英语教育	提前录取	高职单招
1815	土仕润	南充职业技术学院	小学教育	提前录取	高职单招
1816	杨　松	民办四川天一学院	护理	提前录取	高职单招
1817	郝中建	绵阳职业技术学院	汽车检测与维修技术	专科批	高职
1818	高　阳	达州职业技术学院	学前教育	提前录取	高职单招
1819	文国芹	泸州职业技术学院	汽车电子技术	专科批	高职
1820	饶　锂	安阳职业技术学院	医学影像技术	专科批	高职
1821	平胜银	四川国际标榜职业学院	会计	提前录取	高职单招
1822	卜洪飞	湖北国土资源职业学院	物联网应用技术	专科批	高职
1823	郑　洁	民办四川天一学院	护理	提前录取	高职单招
1824	聂华夏	民办四川天一学院	护理	提前录取	高职单招
1825	袁陆玲	宜宾职业技术学院	畜牧兽医	专科批	高职
1826	郑　顺	四川国际标榜职业学院	会计	提前录取	高职单招
1827	师银昌	宜宾职业技术学院	数字媒体艺术设计	提前录取	高职单招
1828	王　铭	四川化工职业技术学院	食品生物技术	专科批	高职
1829	吕邦艳	川南幼儿师范高等专科学校	学前教育	专科批	高职
1830	郑　洁	民办四川天一学院	护理	提前录取	高职单招
1831	潘　芹	四川文化传媒职业学院	学前教育	提前录取	高职单招
1832	李桂权	四川文化传媒职业学院	学前教育	提前录取	高职单招
1833	郝中平	宜宾职业技术学院	酿酒技术	提前录取	高职单招
1834	文　敏	民办四川天一学院	护理	提前录取	高职单招
1835	郭江龙	四川希望汽车职业学院	汽车检测与维修技术(汽车维修)	专科批	高职

续表 8

序号	姓名	录取学校	录取专业	录取批次	备注
1836	向小青	贵州农业职业学院	动物医学	专科批	高职
1837	李玲玲	达州职业技术学院	医学影像技术	提前录取	高职单招
1838	苟志华	民办四川天一学院	汽车运用与维修技术	提前录取	高职单招
1839	闵书豪	民办四川天一学院	汽车营销与服务	提前录取	高职单招
1840	闫剑敏	民办四川天一学院	护理	提前录取	高职单招
1841	刘应芹	四川国际标榜职业学院	工程造价	提前录取	高职单招
1842	张国均	民办四川天一学院	护理	提前录取	高职单招
1843	徐长钦	民办四川天一学院	护理	提前录取	高职单招
1844	任永聪	四川文化传媒职业学院	学前教育	提前录取	高职单招
1845	李明乾	民办四川天一学院	计算机应用技术	提前录取	高职单招
1846	谢　萍	宜宾职业技术学院	商务管理	提前录取	高职单招
1847	贺新雨	宜宾职业技术学院	机械制造与自动化	提前录取	高职单招
1848	陈延刚	宜宾职业技术学院	建筑装饰工程技术	提前录取	高职单招
1849	万　亮	民办四川天一学院	护理	提前录取	高职单招
1850	李永芝	民办四川天一学院	护理	提前录取	高职单招
1851	赵雨枫	雅安职业技术学院	会计	专科批	高职
1852	邓健飞	成都工贸职业技术学院	工业机器人技术	专科批	高职
1853	闵　帅	民办四川天一学院	汽车运用与维修技术	提前录取	高职单招
1854	王小兰	民办四川天一学院	护理	提前录取	高职单招
1855	周　洁	宜宾职业技术学院	酿酒技术	提前录取	高职单招
1856	金小会	四川文化传媒职业学院	学前教育	提前录取	高职单招
1857	聂　琿	巴中职业技术学院	小学教育	专科批	高职
1858	朱　玲	四川文化传媒职业学院	学前教育	提前录取	高职单招
1859	詹成玖	四川化工职业技术学院	高分子材料工程技术	提前录取	高职单招
1860	郑　彬	民办四川天一学院	汽车运用与维修技术	提前录取	高职单招
1861	杨世泽	成都医学院	护理	专科批	高职
1862	毛付莉	宜宾职业技术学院	商务管理	提前录取	高职单招
1863	刘伟明	四川西南航空职业学院	民航空中安全保卫	专科批	高职
1864	郭莹松	四川长江职业学院	工程造价	提前录取	高职单招
1865	王　清	四川化工职业技术学院	计算机应用技术	提前录取	高职单招
1866	刘　梦	南充职业技术学院	语文教育	提前录取	高职单招
1867	汤　恒	民办四川天一学院	护理	提前录取	高职单招
1868	赵友林	民办四川天一学院	软件技术	提前录取	高职单招
1869	黄登旭	四川科技职业学院	护理	专科批	高职
1870	彭　旭	安阳职业技术学院	医学影像技术	专科批	高职
1871	杨　清	四川文化传媒职业学院	学前教育	提前录取	高职单招
1872	何家钱	西南医科大学	医学检验技术	本科一批	统招
1873	饶成勇	四川大学锦江学院	通信工程	本科二批	统招
1874	潘　秋	绵阳职业技术学院	计算机网络技术	专科批	高职
1875	吴　菲	四川工业科技学院	电子信息工程	本科二批	统招
1876	蒋松林	攀枝花学院	机械设计制造及其自动化	本科二批	统招
1877	谭壮然	宜宾学院	化学	本科二批	统招
1878	何庆江	四川工业科技学院	电子信息工程	本科二批	统招
1879	罗宁羽	四川中医药高等专科学校	临床医学	专科批	高职
1880	周　杰	四川工业科技学院	电子信息工程	本科二批	统招

续表 8

序号	姓名	录取学校	录取专业	录取批次	备注
1881	周宝玉	阿坝师范学院	电子信息工程	本科二批	统招
1882	朱凯国	成都中医药大学	生物技术	本科二批	统招
1883	刘光伟	四川理工学院	工程管理	本科二批	统招
1884	周小茏	四川邮电职业技术学院	会计	专科批	高职
1885	陈　镇	四川理工学院	通信工程	本科二批	统招
1886	游　松	四川理工学院	通信工程	本科二批	统招
1887	熊程华	成都信息工程大学	生物医学工程	本科二批	统招
1888	段泽洪	眉山职业技术学院	现代农业技术	专科批	高职
1889	周雪芹	西南医科大学	临床医学	本科一批	统招
1890	徐宗萍	嘉兴学院	网络工程	本科二批	统招
1891	毛智千	四川大学	管理科学	本科一批	统招
1892	钟启鹏	成都东软学院	网络工程	本科二批	统招
1893	曾琅环	阿坝师范学院	学前教育	本科二批	统招
1894	黄国语	四川农业大学	会展经济与管理	地方专项	统招
1895	李　然	成都医学院	儿科学	本科二批	统招
1896	范小燕	锦州医科大学	临床医学	本科二批	统招
1897	秦柯尼	四川司法警官职业学院	行政执行	专科批	高职
1898	任　森	四川文理学院	物联网工程	本科二批	统招
1899	林　彬	四川农业大学	设施农业科学与工程	本科一批	统招
1900	黄　义	福建中医药大学	临床医学	本科二批	统招
1901	曾碧笙	北京理工大学珠海学院	计算机科学与技术(2+3,网络金融方向)	本科二批	统招
1902	牟志豪	湖北医药学院药护学院	麻醉学	本科二批	统招
1903	何　静	中国矿业大学	化工与制药类(矿物加工与化学工程及过程装备)	本科一批	统招
1904	龚虹剑	西华大学	环境工程	本科二批	统招
1905	杨抗洪	成都东软学院	英语	本科二批	统招
1906	郝梦玉	重庆师范大学	应用心理学	本科二批	统招
1907	赵炳睿	西南科技大学	信息对抗技术	本科一批	统招
1908	何　焓	四川水利职业技术学院	水利工程	专科批	高职
1909	邵　飞	宜宾学院	计算机科学与技术	本科二批	统招
1910	杨　竟	四川工商学院	应用英语	专科批	高职
1911	邹基玄	四川警察学院	禁毒学	本科提前批	统招
1912	严友能	四川中医药高等专科学校	临床医学	专科批	高职
1913	魏国钱	重庆三峡医药高等专科学校	临床医学	专科批	高职
1914	周　欣	西南医科大学	临床医学	本科提前批	统招
1915	古皓瑜	西华师范大学	环境科学	本科二批	统招
1916	詹小清	四川商务职业学院	软件与信息服务	专科批	高职
1917	王　好	西南交通大学希望学院	工程造价	本科二批	统招
1918	钟启华	西南科技大学	机械设计制造及其自动化	本科一批	统招
1919	詹祥生	四川大学	水利类	本科一批	统招
1920	陈延卓	西南交通大学希望学院	人力资源管理	本科二批	统招
1921	聂　鑫	西南科技大学	建筑环境与能源应用工程	本科一批	统招
1922	李国贤	武警警官学院	数学类(武警执勤分队指挥)	本科提前批	统招
1923	彭俊凯	西南石油大学	物联网工程	本科一批	统招
1924	王　凯	西华大学	机电一体化技术	专科批	高职
1925	章　举	西南医科大学	康复治疗学	本科一批	统招

续表 8

序号	姓名	录取学校	录取专业	录取批次	备注
1926	范锦雯	昆明理工大学	建筑类	本科一批	统招
1927	毛玉亮	河海大学	数学类	本科一批	高校专项
1928	严　芸	四川农业大学	水产养殖学	本科一批	统招
1929	胡　林	西南科技大学	特种能源技术与工程	本科一批	统招
1930	钟梦江	四川农业大学	烟草	本科一批	统招
1931	罗鸿业	成都理工大学	化工与制药类	本科一批	统招
1932	汤　鑫	西南政法大学	法学	本科一批	统招
1933	高健豪	长安大学	计算机类	本科一批	高校专项
1934	张艺芊	西华大学	建筑学	本科一批	统招
1935	何　茜	复旦大学	航空航天类	本科一批	高校专项
1936	刘小清	南京航空航天大学	材料科学与工程	本科一批	统招
1937	任子怡	四川农业大学	城乡规划	本科一批	统招
1938	张　新	南京审计大学金审学院	税收学	本科二批	统招
1939	李孟腾	四川师范大学	电子信息工程	本科一批	统招
1940	罗义贵	四川大学	高分子材料与工程	本科一批	统招
1941	罗　邦	四川农业大学	农学	本科一批	统招
1942	林小月	重庆大学	数学类	本科一批	统招
1943	高玉兰	成都文理学院	会计	专科批	高职
1944	舒　圣	成都学院	车辆工程	本科二批	统招
1945	牟德松	成都职业技术学院	软件技术	专科批	高职
1946	詹　旭	成都师范学院	物理学	本科二批	统招
1947	汪家宇	四川师范大学	特殊教育(德阳市)	免费师范本科	统招
1948	牟羽生	厦门理工学院	软件工程	本科二批	统招
1949	张林威	成都学院	软件工程	本科一批	统招
1950	王　鑫	成都师范学院	金融数学	本科二批	统招
1951	钟　玉	宜宾学院	生物工程	本科二批	统招
1952	胡　煜	达州职业技术学院	护理	专科批	高职
1953	罗雁飞	成都文理学院	工商管理	本科二批	统招
1954	任燕梅	四川理工学院	劳动与社会保障	本科二批	统招
1955	胡　刚	重庆大学	建筑环境与能源应用工程	本科一批	高校专项
1956	刘欣磊	重庆理工大学	电子信息类(中外合作办学)	本科一批	统招
1957	刘星辰	太原理工大学	信息与计算科学	本科一批	统招
1958	李燕羽	华中科技大学	土木类	本科一批	统招
1959	潘明辉	上海工程技术大学	机械电子工程	本科一批	统招
1960	罗雨荷	四川师范大学	环境工程	本科一批	统招
1961	王梓鉴	成都信息工程大学	计算机科学与技术	本科一批	统招
1962	王艺儒	西南大学	植物生产类	本科一批	统招
1963	詹成皓	四川大学锦城学院	软件工程	本科二批	统招
1964	潘　佳	攀枝花学院	汉语言文学	本科二批	统招
1965	蒋安强	西南石油大学	新能源材料与器件	地方专项	统招
1966	杨思雨	西南科技大学	环境工程	本科一批	统招
1967	汤茜茜	川北医学院	临床医学	本科一批	统招
1968	李静杉	武汉城市职业学院	商务英语	专科批	高职
1969	黄骧原	四川师范大学	安全工程	本科一批	统招
1970	邓林强	四川工商学院	会计学	本科二批	统招

续表 8

序号	姓名	录取学校	录取专业	录取批次	备注
1971	曾　丽	四川农业大学	设施农业科学与工程	本科一批	统招
1972	范仰春	四川师范大学	材料化学	本科一批	统招
1973	何　建	成都文理学院	法学	本科二批	统招
1974	王笑语	西南林业大学	园林	本科二批	统招
1975	周旭君	成都信息工程大学	信息安全	本科一批	统招
1976	杨　平	西南石油大学	过程装备与控制工程	地方专项	统招
1977	朱熙君	西昌学院	制药工程	本科二批	统招
1978	詹　军	四川师范大学	电气工程及其自动化	本科一批	统招
1979	彭雅琴	四川工商学院	市场营销	本科二批	统招
1980	张世鑫	成都中医药大学	市场营销	本科二批	统招
1981	曹昕钰	重庆幼儿师范高等专科学校	学前教育	专科批	高职
1982	刘　娜	云南大学	生物技术	本科一批	统招
1983	杨大玲	西南医科大学	康复治疗学	本科一批	统招
1984	杨古荣	成都理工大学工程技术学院	工程造价	专科批	高职
1985	袁萍萍	内江职业技术学院	城市轨道交通运营管理	专科批	高职
1986	母小朋	四川工程职业技术学院	电气自动化技术	专科批	高职
1987	杨　珂	成都航空职业技术学院	建筑工程技术	专科批	高职
1988	苏　锐	西南财经大学天府学院	财务管理	本科二批	统招
1989	肖均伟	四川应用技术职业学院	电子商务	专科批	高职
1990	罗媛媛	四川国际标榜职业学院	医学美容技术	专科批	高职
1991	杨　梅	西华大学	旅游管理	专科批	高职
1992	郑　钦	眉山职业技术学院	学前教育	专科批	高职
1993	李温豪	成都理工大学工程技术学院	道路桥梁工程技术	专科批	高职
1994	何　松	西华大学	机械电子工程	本科一批	统招
1995	刘训荣	四川工商学院	电子信息工程	本科二批	统招
1996	邓航宇	东北石油大学	油田化学应用技术	专科批	高职
1997	邱　敏	四川旅游学院	文化产业管理	本科二批	统招
1998	陈皖筠	宜宾学院	农学	本科二批	统招
1999	吴　江	上海外国语大学贤达经济人文学院	国际经济与贸易	本科二批	统招
2000	周潮丁	四川工商学院	电子商务	专科批	高职
2001	张　玲	成都纺织高等专科学校	会计	专科批	高职
2002	王柏林	西华大学	信息安全	本科二批	统招
2003	李兰兰	天津农学院	人力资源管理	本科二批	统招
2004	詹传芹	四川理工学院	材料科学与工程	本科二批	统招
2005	刘乾莉	天津财经大学珠江学院	财务管理	本科二批	统招
2006	黄玉婷	绵阳师范学院	物理学	本科二批	统招
2007	何昌礼	安徽中医药大学	药学	本科二批	统招
2008	石停停	西华师范大学	化学	本科一批	统招
2009	詹青松	四川托普信息技术职业学院	动漫制作技术	提前录取	高职单招
2010	张　璇	四川外国语大学成都学院	西班牙语	本科二批	统招
2011	徐壬鑫	成都医学院	临床医学	本科提前批	统招
2012	张晓清	乐山师范学院	环境工程	本科二批	统招
2013	刘　彬	四川理工学院	会计学	本科一批	统招
2014	胡　毅	天津天狮学院	医学技术类	本科二批	统招
2015	詹钧碧	上海对外经贸大学	物流管理与工程类(中外合作办学)	本科一批	统招

续表 8

序号	姓名	录取学校	录取专业	录取批次	备注
2016	刘　飞	成都师范学院	小学教育	本科二批	统招
2017	饶仁宾	重庆三峡医药高等专科学校	药品质量与安全	专科批	高职
2018	吴　江	成都职业技术学院	计算机应用技术	专科批	高职
2019	韦梦萍	西华大学	生物工程	本科一批	统招
2020	杨清双	四川建筑职业技术学院	地下与隧道工程技术(盾构施工技术)	专科批	高职
2021	聂　川	成都理工大学工程技术学院	核工程与核技术	本科二批	统招
2022	郑　方	成都信息工程大学	环境科学	本科一批	统招
2023	黄宇航	四川职业技术学院	工程造价	专科批	高职
2024	王　政	重庆医科大学	卫生检验与检疫	本科二批	统招
2025	胡浩南	四川农业大学	环境工程	本科一批	统招
2026	范庆平	中国矿业大学(北京)	地质类	本科一批	统招
2027	陈俊池	成都职业技术学院	计算机网络技术	专科批	高职
2028	梁　飞	四川文轩职业学院	文化市场经营管理	专科批	高职
2029	罗　鹏	石家庄医学高等专科学校	中医骨伤	专科批	高职
2030	丁　平	宜宾学院	应用生物科学	本科二批	统招
2031	熊　霞	四川外国语大学成都学院	国际商务	本科二批	统招
2032	莫站春	广安职业技术学院	数学教育	专科批	高职
2033	刘志函	攀枝花学院	财务管理	本科二批	统招
2034	张洪波	西南交通大学希望学院	土木工程	本科二批	统招
2035	先小俊	西华师范大学	信息管理与信息系统	本科二批	统招
2036	王海洋	空军航空大学	飞行技术(航空飞行与指挥)	本科提前批	统招
2037	郑其川	宜宾学院	工程管理	本科二批	统招
2038	周　伟	四川大学	计算机类	本科一批	统招
2039	徐　涛	四川农业大学	给排水科学与工程	地方专项	统招
2040	师远江	川北医学院	眼视光医学	本科一批	统招
2041	罗　灿	成都航空职业技术学院	电子信息工程技术	专科批	高职
2042	张永琴	浙江工商大学杭州商学院	电子商务	本科二批	统招
2043	杨　云	成都医学院	临床医学	本科一批	统招
2044	熊　志	四川理工学院	通信工程	本科二批	统招
2045	张　淞	内江师范学院	土木工程	本科二批	统招
2046	黄　英	成都文理学院	学前教育	本科二批	统招
2047	赵　themselves	四川文理学院	化学	本科二批	统招
2048	母虎忠	潍坊科技学院	软件工程	本科二批	统招
2049	母光均	南通大学杏林学院	市场营销	本科二批	统招
2050	周小芳	成都学院	制药工程	本科二批	统招
2051	方永森	西华师范大学	计算机应用技术	专科批	高职
2052	郑兴华	宜宾学院	计算机科学与技术	本科二批	统招
2053	陈　玲	四川护理职业学院	医学检验技术	专科批	高职
2054	李　微	成都文理学院	学前教育	本科二批	统招
2055	季鑫明	东华大学	物理学类(光电与能源新技术)	本科一批	统招
2056	刘　欢	西昌学院	数学与应用数学	本科二批	统招
2057	余燕丽	四川建筑职业技术学院	工程造价	专科批	高职
2058	周小秋	西北师范大学知行学院	电子信息工程(通信方向)	本科二批	统招
2059	胡　林	西南石油大学	能源与环境系统工程	本科二批	统招
2060	陶　林	四川民族学院	数学与应用数学	本科二批	统招

续表 8

序号	姓名	录取学校	录取专业	录取批次	备注
2061	吴旭敏	湖南工程学院	化学工程与工艺	本科二批	统招
2062	田富贵	西华师范大学	物理学	本科一批	统招
2063	刘成芹	成都师范学院	电子科学与技术	本科二批	统招
2064	鞠朝婷	乐山师范学院	工程造价	本科二批	统招
2065	贺　耀	成都航空职业技术学院	电气自动化技术	专科批	高职
2066	郭昀昊	四川大学锦城学院	表演	本科一批	统招
2067	邹　婷	四川电影电视学院	播音与主持	专科批	高职
2068	林元琴	达州职业技术学院	学前教育	提前录取	高职单招
2069	刘茂青	宜宾职业技术学院	畜牧兽医	专科批	高职
2070	向云慧	四川电影电视学院	音像技术	专科批	高职
2071	惠义杭	四川职业技术学院	数字媒体艺术设计	专科批	高职
2072	万元兴	成都文理学院	广告设计与制作	专科批	高职
2073	詹成双	四川电影电视学院	播音与主持	专科批	高职
2074	陈延红	四川艺术职业学院	室内艺术设计	专科批	高职
2075	毛丽君	南充职业技术学院	小学教育	提前录取	高职单招
2076	严宇航	四川艺术职业学院	产品艺术设计	专科批	高职
2077	何俊香	内江师范学院	数学类	本科二批	统招
2078	袁梦欣	四川文轩职业学院	高速铁路客运乘务	专科批	高职
2079	李　雪	南充职业技术学院	畜牧兽医	专科批	高职
2080	单雯静	四川文化产业职业学院	游戏设计	专科批	高职
2081	潘梦涵	湖北幼儿师范高等专科学校	音乐制作	专科批	高职
2082	韦　兆	民办四川天一学院	建筑工程技术	提前录取	高职单招
2083	罗　清	成都师范学院	音乐学	本科一批	统招
2084	舒小峰	宜宾职业技术学院	建筑装饰工程技术	专科批	高职
2085	彭　欣	四川理工学院	美术学	本科一批	统招
2086	周　知	四川幼儿师范高等专科学校	旅游管理	提前录取	高职单招
2087	赵钎钧	达州职业技术学院	学前教育	专科批	高职
2088	周　叶	四川师范大学	通信工程	本科一批	统招
2089	邬钦青	四川汽车职业技术学院	电子商务	专科批	高职
2090	刘明聪	四川理工学院	市场营销	本科二批	统招
2091	刘电勇	云南艺术学院	视觉传达设计	本科提前批	统招
2092	徐红梅	阿坝师范学院	工商企业管理	专科批	高职
2093	苏　镜	四川文化艺术学院	汉语国际教育	本科二批	统招
2094	曾科宇	成都艺术职业学院	动漫设计	专科批	高职
2095	詹小禹	四川化工职业技术学院	会计	提前录取	高职单招
2096	杨　坪	四川艺术职业学院	产品艺术设计	专科批	高职
2097	谢正淋	四川艺术职业学院	环境艺术设计	专科批	高职
2098	胡　飞	成都文理学院	视觉传达设计	本科一批	统招
2099	饶　锐	成都艺术职业学院	动漫设计	专科批	高职
2100	闫治平	北海艺术设计学院	摄影	本科一批	统招
2101	赵德洋	四川艺术职业学院	室内艺术设计	专科批	高职
2102	熊健宇	西南财经大学天府学院	数字媒体艺术设计	专科批	高职
2103	陈钰新	四川传媒学院	影视多媒体技术	专科批	高职
2104	黄钰洁	南京财经大学红山学院	金融学	本科二批	统招
2105	陈翰韬	成都体育学院	体育教育	本科一批	统招

续表 8

序号	姓名	录取学校	录取专业	录取批次	备注
2106	罗　涛	成都体育学院	体育教育	本科一批	统招
2107	闫本秋	西华师范大学	体育教育	本科一批	统招
2108	张恩杰	天津公安警官职业学院	公共安全管理	专科批	高职
2109	王崇榆	四川长江职业学院	市场营销	提前录取	高职单招
2110	罗有杨	四川水利职业技术学院	计算机网络技术	专科批	高职
2111	刘　奎	四川国际标榜职业学院	社会体育	专科批	高职
2112	潘万权	成都艺术职业学院	社会体育	专科批	高职
2113	蒋远江	重庆资源与环境保护职业学院	环境工程技术	专科批	高职
2114	王正辉	成都体育学院	休闲体育	本科一批	统招
2115	罗春林	四川电子机械职业技术学院	电子信息工程技术	专科批	高职
2116	董治峰	四川工业科技学院	社会体育指导与管理	本科一批	统招
2117	罗忠成	四川工业科技学院	体育类	专科批	高职
2118	汪兆华	乐山职业技术学院	光伏材料制备技术	提前录取	高职单招
2119	王　伟	南昌职业学院	社会体育	专科批	高职
2120	朱小熊	成都师范学院	工程造价	本科二批	统招
2121	周　燕	四川工业科技学院	社会体育指导与管理	本科一批	统招
2122	廖　彬	四川汽车职业技术学院	建设工程管理	专科批	高职
2123	张　兴	四川汽车职业技术学院	电子商务	专科批	高职
2124	杨大鹏	陕西警官职业学院	司法信息安全	专科批	高职
2125	李峻岭	雅安职业技术学院	计算机应用技术	提前录取	高职单招
2126	陈　林	成都工贸职业技术学院	应用电子技术	专科批	高职
2127	张　启	川北幼儿师范高等专科学校	体育教育	专科批	高职
2128	苏　宇	四川汽车职业技术学院	汽车检测与维修技术	专科批	高职
2129	谢子秋	成都学院	体育教育	本科一批	统招
2130	杨永洪	四川机电职业技术学院	连锁经营管理	专科批	高职
2131	付小飞	四川汽车职业技术学院	电子商务	专科批	高职
2132	杨富祥	四川汽车职业技术学院	汽车检测与维修技术	专科批	高职
2133	何元园	四川城市职业学院	工程造价	专科批	高职
2134	王元宵	宜宾职业技术学院	财务管理	提前录取	高职单招
2135	李道伟	成都工业职业技术学院	工业机器人技术	专科批	高职
2136	曾饶明	西华师范大学	体育教育	本科一批	统招
2137	吴顺先	西华师范大学	体育教育	本科一批	统招
2138	沈芹荣	四川工业科技学院	社会体育指导与管理	本科一批	统招
2139	周　奎	成都信息工程大学银杏酒店管理学院	休闲体育	本科一批	统招
2140	杜雪刚	阿坝师范学院	体育教育	本科一批	统招
2141	毛孝芹	成都信息工程大学银杏酒店管理学院	休闲体育	本科一批	统招
2142	罗　燕	南充职业技术学院	石油化工技术	专科批	高职
2143	张承龙	成都职业技术学院	计算机应用技术	专科批	高职
2144	张　铭	宜宾学院	社会体育指导与管理	本科一批	统招
2145	杨　梅	四川司法警官职业学院	司法信息安全	专科批	高职
2146	余丽霞	四川民族学院	社会体育指导与管理	本科一批	统招
2147	胡　艳	四川电子机械职业技术学院	会计	专科批	高职
2148	胡　均	四川工商职业技术学院	汽车检测与维修技术	专科批	高职
2149	郭松松	四川文化产业职业学院	会计	专科批	高职
2150	陈　航	广安职业技术学院	医学检验技术	专科批	高职

续表 8

序号	姓名	录取学校	录取专业	录取批次	备注
2151	罗良兵	成都信息工程大学银杏酒店管理学院	休闲体育	本科一批	统招
2152	韩宝磊	成都文理学院	风景园林	本科二批	统招
2153	李世伟	南昌工学院	社会体育指导与管理	本科一批	统招
2154	聂会宁	西昌学院	体育教育	本科一批	统招
2155	罗茂志	西华大学	体育教育	本科一批	统招
2156	赵　鹏	云南体育运动职业技术学院	体育教育	专科批	高职
2157	刘一梅	四川护理职业学院	护理	专科批	高职
2158	殷远林	四川职业技术学院	工程造价	本科二批	高职
2159	任佳琴	四川水利职业技术学院	财务管理	提前录取	高职单招
2160	聂山钦	四川城市职业学院	环境艺术设计	提前录取	高职单招
2161	李东恒	四川航天职业技术学院	计算机应用技术	提前录取	高职单招
2162	陈相银	四川商务职业学院	软件技术	本科二批	高职
2163	黄仕凤	成都职业技术学院	应用电子技术	提前录取	高职单招
2164	石欣平	四川幼儿师范高等专科学校	计算机信息管理	提前录取	高职单招
2165	何雨星	成都职业技术学院	连锁经营管理	提前录取	高职单招
2166	郭　燕	四川西南航空职业学院	民航安全技术管理	本科二批	高职
2167	张丽君	乐山师范学院	酒店管理	本科一批	统招
2168	兰　艳	四川中医药高等专科学校	中药学	提前录取	高职单招
2169	欧国群	四川卫生康复职业学院	助产	本科二批	高职
2170	魏思卓	四川三河职业学院	护理	本科二批	高职
2171	潘春晓	四川护理职业学院	护理	提前录取	高职单招
2172	王渝净	雅安职业技术学院	药学	提前录取	高职单招
2173	张晓丽	成都艺术职业学院	室内艺术设计	提前录取	高职单招
2174	张欣建	四川中医药高等专科学校	中药学	提前录取	高职单招
2175	高竹欣	四川护理职业学院	护理	提前录取	高职单招

附　　录

筠连县人民政府
关于公布筠连县第六批非物质文化遗产名录及代表性传承人的通知

（筠府发〔2017〕47号）

各乡（镇）人民政府，县级各部门（单位）：

经研究，批准县教育文广局申报的筠连县第六批非物质文化遗产名录（共计6项）及代表性传承人（共计12人）名单，现予以公布（名单附后）。

各乡（镇）、县级各部门（单位）要充分认识做好非物质文化遗产保护工作的重要性，严格按照《中华人民共和国非物质文化遗产法》有关规定，认真贯彻"保护为主、抢救第一、合理利用、传承发展"的工作方针，坚持科学保护理念，采取切实有效措施，全力做好非物质文化遗产保护工作。

筠连县人民政府

2017年11月21日

筠连县第六批非物质文化遗产名录一览表

表9

序号	非物质文化遗产名称	所属类别	申报地区（单位）	保护单位
1	筠连苗家牛灯	民俗	筠连县教育和文化广电局	筠连县文化馆
2	筠连月饼	传统技艺	筠连县教育和文化广电局	筠连县文化馆
3	筠连苗家黄牛干巴制作工艺	传统技艺	筠连县教育和文化广电局	筠连县文化馆
4	筠连应氏正骨技艺	传统技艺	筠连县教育和文化广电局	筠连县文化馆
5	筠连蛋圆子	传统技艺	筠连县教育和文化广电局	筠连县文化馆
6	筠连九大碗	传统技艺	筠连县教育和文化广电局	筠连县文化馆

筠连县第六批非物质文化遗产代表性传承人名单一览表

表10

序号	传承人姓名	非物质文化遗产名称	类别	传承人级别
1	郭绍文	筠连苗家牛灯	民俗	县级
2	郭昭云	筠连苗家牛灯	民俗	县级
3	曾宪英	筠连月饼	传统技艺	县级
4	刘方勇	筠连月饼	传统技艺	县级
5	陶光贵	筠连苗家黄牛干巴	传统技艺	县级
6	陶　舣	筠连苗家黄牛干巴	传统技艺	县级
7	应元森	筠连应氏正骨技艺	传统技艺	县级
8	范　荣	筠连蛋圆子	传统技艺	县级
9	范腾川	筠连蛋圆子	传统技艺	县级
10	杨振明	筠连九大碗	传统技艺	县级
11	杨绍宽	筠连九大碗	传统技艺	县级
12	刘一平	筠连红茶制作工艺	传统技艺	县级

筠连县2017年国民经济和社会发展统计公报

（筠统计发〔2018〕27号）

2017年是筠连县深入推进“十三五”规划，全面落实县第十三次党代会确定的发展目标，推进脱贫攻坚决战决胜和产业转型的关键一年。一年来，全县上下以习近平新时代中国特色社会主义思想为指导，以供给侧结构性改革为主线，创新发展理念，深挖县域经济发展潜力，破解发展难题，全县经济实现稳中向好发展，社会和谐稳定，民生持续改善。

一、综合

经省统计局审定，全年实现地区生产总值（GDP）131.96亿元，按可比价计算，比2016年增长8.8%。其中：第一产业增加值21.07亿元，增长3.9%；第二产业增加值73.24亿元，增长9.9%；第三产业增加值37.64亿元，增长9.3%。三次产业对经济增长的贡献率分别为7.2%、68.1%、24.8%，分别拉动GDP增长0.6、6.0、2.2个百分点；三次产业占GDP的比重为16.0: 55.5:28.5。全年人均地区生产总值(GDP)39674元，比2016年增加2939元，增长8.7%。

全年，实现民营经济增加值86.83亿元，增长9.7%，占GDP的比重为65.8%，比2016年提高0.4个百分点。其中，第一产业增加值7.39亿元，增长6.2%；第二产业增加值57.71亿元，增长9.8%；第三产业增加值21.73亿元，增长11.2%。

筠连县2017年主要经济指标完成情况一览表

表11

指标名称	绝对值	增长±%
GDP(亿元)	131.96	8.8
人均GDP(按平均常住人口计算)(元)	39674	8.7
规模以上工业增加值(亿元)	—	11.2
服务业增加值(亿元)	37.64	9.3
全社会固定资产投资(亿元)	109.37	14.1
社会消费品零售总额(亿元)	42.77	13.1
建筑业总产值(亿元)	13.0	37.8
地方公共财政预算收入(亿元)	6.53	8.9
招商引资到位资金(亿元)	65.97	4.7
城镇居民人均可支配收入(元)	31025	8.8
农村居民人均可支配收入(元)	14060	9.5

二、农业

全年，实现农林牧渔业总产值36.1亿元，同比增长3.75%。

（一）农业。农业实现产值15.46亿元，增长6.18%；全年粮食作物总播种面积34413公顷，增长0.17%；其中，大春粮食作物播种面积23622公顷，增长0.26%；小春粮食作物种植面积10791公顷，下降0.03%。粮食产量156846吨，增长1.19%，其中，大春粮食产量131869吨，增长1.34%；小春粮食产量24977吨，增长0.39%。茶园面积达13587公顷，生产茶叶11500吨；烤烟移栽面积1734公顷，收购烤烟3250吨。

2017年主要农作物播种面积一览表

表12

指标名称	单位	播种面积	增长±%
粮食作物	公顷	34413	0.17
#小春粮食	公顷	10791	-0.03
大春粮食	公顷	23622	0.26
谷物	公顷	20643	-0.4
#稻谷	公顷	6130	-0.1
小麦	公顷	1258	-9.56
玉米	公顷	13255	0.43
豆类	公顷	958	13.24
折粮薯类	公顷	12812	0.23
#洋芋	公顷	10860	-0.18
油料作物	公顷	2156	0.61
茶园	公顷	13587	3.14
烤烟(未去梗烤烟叶)	公顷	1734	0.1

2017年主要农产品产量一览表

表13

指标名称	单位	2017年	增长±%
粮食	吨	156846	1.19
#稻谷	吨	42535	-0.01
小麦	吨	2528	9.59
玉米	吨	70065	2.45
油料	吨	3052	0.63
#花生	吨	881	0.11
油菜籽	吨	2131	0.8
烤烟	吨	3250	-3.2
茶叶	吨	11500	8.47
#绿茶	吨	7111	13
红茶	吨	2316	1.0
苦丁茶	吨	2073	2.7

(二)林业。林业实现产值1.56亿元,增长5.28%;全年义务植树80.2万株,完成营造林面积12.46万亩,其中,人工造林4.5万亩,封山育林4.56万亩,森林抚育2万亩,低产低效林改造1.4万亩。全县新增森林面积2.46万亩,林地保有量87.34万亩,森林蓄积276.6万立方米,全县森林面积达102.2万亩,森林覆盖率达54.25%。

(三)畜牧业。畜牧业实现产值18.7亿元,增长1.67%;出栏肉猪36.94万头,下降4.9%;出栏肉牛4.4万头,下降1.3%;羊出栏0.8万只,增长2.6%;家禽出栏232.4万只,增长0.1%。肉类总产量3.51万吨,下降3.6%,其中,猪肉产量2.61万吨,下降4.4%;牛肉产量0.54万吨,增长1.9%;禽蛋产量0.18万吨,与2016年持平。年末生猪存栏24.44万头,牛存栏9.66万头,羊存栏1.05万只,兔存栏13.25万只。

2017年主要畜产品产量和牲畜存栏情况一览表

表14

指标名称	单位	2017年	增长±%
猪出栏	万头	36.94	–4.9
牛出栏	万头	4.4	–1.3
家禽出栏	万只	232.4	0.1
猪存栏	万头	24.44	–2.2
牛存栏	万头	9.66	7.1
肉类总产量	万吨	3.51	–3.6
#猪肉产量	万吨	2.61	–4.4
牛肉产量	万吨	0.54	1.9
禽蛋产量	万吨	0.18	0.0

(四)渔业。实现渔业产值0.25亿元,增长6.2%;水产品产量1729吨,同比增长6.4%。

(五)农业生产条件。年末有效灌溉面积达到12.78千公顷,本年综合治理水土流失面积1.9千公顷;累计治理水土流失面积92.2千公顷;本年解决农村安全饮水人口0.72万人,累计安全饮水人口35.56万人;年末农业机械总动力14.85万千瓦。全年农村用电量9000万千瓦时。农用化肥施用量(折纯)4238吨。年末实有耕地36983公顷(与国土部门数据接轨)。

三、工业和建筑业

全年,全部工业实现增加值69.27亿元,同比增长9.7%;全县规模以上工业企业44户,其中煤炭企业18户。规模以上工业增加值同比增长11.2%;实现主营业务收入65.62亿元,同比增长29.06%;实现利润总额7.27亿元,同比增长53.28%;实现利税总额11.85亿元,同比增长41.39%。

年末,具有资质等级独立核算的建筑企业9个,其中:施工总承包和专业承包企业9个。施工总承包和专业承包企业全年完成建筑业现价总产值13.0亿元,同比增长37.8%;房屋建筑施工面积121.6万平方米,同比下降8.3%;房屋建筑竣工面积25.9万平方米,同比下降28.0%。

四、固定资产投资

全年,全社会固定资产投资完成109.37亿元,同比增长14.1%;其中,固定资产投资96.5亿元,同比增长9.7%。

从产业投资结构看:第一产业完成投资7.58亿元,同比增长451.6%,占总投资的6.9%;第二产业完成投资50.5亿元,同比增长36.2%,占总投资的46.2%;第三产业完成投资51.3亿元,同比下降10.7%,占总投资的46.9%。

全年房地产开发投资完成11.27亿元,同比增长77.1%;其中,住宅投资8.27亿元,增长97.7%;商业营业用房投资2.09亿元,增长34.8%;其他投资0.91亿元,增长46.7%。商品房施工面积148.8万平方米,增长11.6%,商品房销售面积16.59万平方米,增长15.7%。

五、国内贸易、旅游和招商引资

全年实现全社会消费品零售总额42.77亿元,同比增长13.1%。其中,城镇市场实现零售额29.68亿元,增长13.8%;乡村市场实现零售额13.09亿元,增长11.6%。本年退出限上单位8个,新增12个,现有限额以上贸易单位(含个体户)46个,其中限上贸易个体户6户。

全年旅游接待200.64万人次,同比增长20.49%;实现旅游收入14.03亿元,增长30.03%。

全年招商引资到位资金65.97亿元,同比增长4.7%;其中,省外到位资金42.39亿元,同比增长0.6%;全年新签亿元以上项目20个,履约20个,履约率100%。

六、交通、邮电业

(一)交通运输业。年末,境内公路总里程1600千米,其中等级公路1250千米。公路旅客周转量41825万人/千米,货运周转量48547万吨/千米;城市客运公交车24辆,出租汽车30辆。

(二)邮电业。全年邮电主营业务收入21981万元,比2016年下降1.32%。年末拥有固定电话用户43078户(含宽带用户),移动电话用户295497户,互联网注册上网用户67351户。

七、财政、金融

全年,财政总收入9.04亿元,同比下降4.24%;地方公共财政预算收入6.53亿元,同比增长8.94%。其中,非税收入完成4.05亿元,增长23.91%;基金收入完成0.57亿元,下降66.23%。财政总支出27.2亿元,增长0.85%;地方公共财政预算支出24.92亿元,增长1.75%。

全年金融机构各项存款余额85.93亿元,比年初增长6.04%;金融机构各项贷款余额51.11亿元,比年初增长10.94%。

八、科学技术、教育

(一)科学技术事业。全年,共申报省、市、县科技项目16个,其中申报省级项目6个,市级项目10个;申请各类专利151件,其中发明专利25件。

(二)教育事业。年末,全县有小学10所(不含村小),普通中学34所(含九年一贯制24所,初级中学8所,完全中学2所),职业学校1所,特殊教育1所,幼儿园73所(其中公办幼儿园4所)。在校学生60511人(含特殊教育103人),其中:小学34790人(含特殊教育91人),初中16672人(含特殊教育12人),普通高中5929人,职业高中在校学生3120人。小学招生5982人,普通中学招生5853人,初中阶段升学率85.48%;普通高中招生1993人,职业高中招生2005人。全年2486人参加高考,本科上线人数934人,本科上线率为37.57%,其中,重点本科上线人数212人。拥有中小学专任教师3035人,全年引进教师22人,公招教师139人,安置免费师范生16人,按期转正特岗教师9人。

九、文体、广电和卫生事业

(一)公共文化。全年,县内共有26个幸福美丽乡村农家文化院坝,68个贫困村村级文化活动室;22个电子阅报屏;19个市级示范农家书屋。

年末,有图书馆1个,藏书量8.85万册,其中,纸质图书藏书量3.35万册,电子图书5.5万册;有农家书屋243个,其中市级示范农家书屋19个。

(二)体育事业。年末,全县有各级各类体育协会21个,各级社会体育指导员1079人,各类健身活动站点268个;全年培训三级社会体育指导员203名,二级社会体育指导员12名。

(三)广电事业。年末,有线广播电视用户数26833户,其中数字电视用户26833户;广播综合覆盖率99%,电视综合覆盖率99%;有线广播电视传输干线网络总长720千米。

(四)卫生事业。年末,全县有医疗卫生机构386个,编制病床1196张,卫生技术人员1460人,其中,执业(助理)医师483人。

十、人民生活和环境保护

(一)城镇居民。全年城镇居民人均可支配收入31025元,同比增长8.8%。其中:人均工资性收入13440元,增长13.7%;人均经营净收入11346元,增长4.7%;人均财产净收入2580元,增长4.0%;人均转移净收入3660元,增长8.1%。全县城镇居民人均消费支出18668元,增长5.6%;八大类消费中:食品烟酒、衣着、居住、生活用品及服务、交通通信、教育文化娱乐、医疗保健、其他用品和服务类消费人均支出分别为6757元、1832元、3552元、1367元、2299元、1452元、845元、564元。城镇居民恩格尔系数36.2%。

(二)农村居民。全年,农村居民人均可支配收入14060元,同比增长9.5%。其中,人均工资性收入4253元,增长10.6%;人均经营净收入7255元,增长9.2%;人均财产净收入397元,增长10.5%;人均转移净收入2155元,增长5.9%。全县农村居民人均消费支出10730元,同比增长10.9%。八大类消费中:食品烟酒、衣着、居住、生活用品及服务、交通通信、教育文化娱乐、医疗保健、其他用品和服务类消费人均支出分别为4385元、672元、2206元、700元、1304元、447元、734元、280元。农村居民恩格尔系数40.9%。

(三)环境保护。年末,县辖区内的环境空气质量状况均达到《环境空气质量标准》(GB 3095-1996)二级标准。县境内出境断面水质均满足《地表水环境质量标准》(GB 3838-2002)III类标准。区域环境噪声均符合《声环境质量标准》(GB 3096-2008)。

全年,二氧化硫削减3.98吨;化学需氧量削减173.67吨;氨氮削减14.71吨;氮氧化物削减1691.32吨。饮用水源水质达标率100%;城镇生活垃圾无害化处理率100%;城镇污水集中处理率81.8%。

全县有省级生态村4个、市级生态村224个、县级生态村236个,命名生态家园55490户。

十一、人口、就业和社会保障

公安户籍统计资料显示,全县年末户籍总户数122049户,总人口451779人。其中,城镇人口131590人,乡村人口320189人;男性人口236734人,女性人口215045人,男女性别比为110.1:100。全县出生人数4355人,人口出生率10.17‰;死亡人数2588人,死亡率6.04‰;人口自然增长率4.12‰,符合政策生育率97.54%。

年末常住人口33.27万人,其中,城镇常住人口12.98万人,城镇化率达39.02%。

年末,城镇全部单位从业人员3.93万人,其中,城镇非私营单位从业人员1.45万人,城镇私营单位从业人员2.48万人。

年末,城镇新增就业人员5621人,城镇登记失业人员1437人,登记失业率3.88%。

年末,全县有农村敬老院14所,社会救助福利中心和光荣院各1所,床位1082张;民办非营利性养老机构1所,床位60张;民办营利性养老机构2所,床位170张;养老机构床位合计1312张。全县共有农村特困供养人员1011人,城市特困供养人员373人;城镇居民最低生活保障人数4729人,农村居民最低生活保障人数9838人。

年末,全县基本医疗保险参保人数39.12万人,其中,城乡居民参保37.22万人,城镇职工参保1.9万人;城乡居民社会养老保险参保11.95万人;工伤保险参保职工11801人;生育保险参保职工10501人;失业保险参保人数6896人。

年末，全县住房公积金缴存总额105429.30万元，同比增长20.68%，住房公积金缴存职工人数13808人，当年住房贷款发放额7438.8万元，同比增长58.55%；当年住房公积金提取额13171.29万元，同比增长53.03%。

注：1.地区生产总值、各产业增加值和人均地区生产总值绝对数按当年价格计算，增长速度按可比价格计算。2.地区生产总值、各产业增加值为上级统一修订后数据。3.公报中农产品产量、畜产品产量为快年报数据，正式数据以市统计局最终公布数据为准。4.部分数据因四舍五入的原因，存在着分项与合计不等的情况。5.按照新的《国民经济行业分类》和《三次产业划分规定》，第一产业是指农、林、牧、渔业（不含农、林、牧、渔服务业）；第二产业是指工业（不含开采辅助活动，金属制品、机械和设备修理业）和建筑业；第三产业即服务业，是指除第一产业、第二产业以外的其他行业。6.公报中农业机械化、林业、交通运输、邮政、电信、旅游、招商引资、交通、财政、金融、保险、教育、科技、文化和广电、卫生、体育、环境保护、人口、就业、社会保障、住房公积金等数据来源于各相关部门。

筠连县统计局

2018年6月6日

筠连县2017年行政区划统计一览表

表15

	社区(个)	居民小组(个)	村委会(个)	村民小组(个)
筠连县	14	108	243	1578
筠连镇	5	75	33	224
腾达镇	1	4	16	119
巡司镇	2	8	22	151
双腾镇	1	3	15	92
沐爱镇	1	4	18	140
维新镇	–	–	15	112
大雪山镇	1	6	22	89
镇舟镇	1	4	7	30
蒿坝镇	1	2	15	111
武德乡	1	2	17	128
塘坝乡	–	–	7	45
龙镇乡	–	–	8	60
孔雀乡	–	–	11	58
乐义乡	–	–	8	62
高坎乡	–	–	8	43
团林苗族乡	–	–	8	45
联合苗族乡	–	–	8	35
高坪苗族乡	–	–	5	34

（周娟）

筠连县2017年乡(镇)GDP总量、社会消费品零售总额、农村和城镇居民人均可支配收入统计一览表

表16

乡(镇)	GDP总量(万元)	社会消费品零售总额(万元)	农村居民人均可支配收入(元)		城镇居民人均可支配收入(元)	
			2017年完成	同比增加	2017年完成	同比增加
筠连镇	292720	190928	14495	1258	32304	2667
巡司镇	227399	96987	14222	1234	31863	2550
腾达镇	38080	11005	14092	1223	31114	2543
双腾镇	29944	6491	14165	1241	30791	2464
蒿坝镇	71049	6862	14069	1209	30426	2435
沐爱镇	98526	52408	14042	1218	30982	2480
维新镇	166323	8674	14620	1281	30391	2484
镇舟镇	102091	10384	14492	1257	30541	2496
大雪山镇	36703	13829	13970	1235	30937	2502
武德乡	80359	5484	14014	1204	–	–
塘坝乡	33006	4176	14416	1251	–	–
孔雀乡	24291	2838	13557	1165	–	–
龙镇乡	10609	3556	14017	1204	–	–
乐义乡	39654	5551	14482	1244	–	–
高坎乡	24078	4517	13681	1187	–	–
团林苗族乡	6195	364	13549	1164	–	–
高坪苗族乡	29974	3208	13467	1157	–	–
联合苗族乡	8042	414	13810	1198	–	–

(周娟)

筠连县2017年少数民族中小学学生数统计一览表

表17　　单位:人

少数民族	合计		义务教育						高中		特殊教育学校	
			小计		小学		初中					
	学生数	其中女生	学生数	其中女生	学生数	其中女生	学生数	其中女生	学生数	其中女生	学生数	其中女生
合计	3775	1847	3485	1679	2384	1168	1101	511	288	168	2	–
苗族	3661	1794	3383	1632	2315	1136	1068	496	276	162	2	–
彝族	49	22	46	20	28	10	18	10	3	2	–	–
回族	10	4	8	3	5	3	3	–	2	1	–	–
土家族	14	8	14	8	13	7	1	1	–	–	–	–
壮族	9	6	7	5	5	4	2	1	2	1	–	–
藏族	4	3	3	2	2	1	1	1	1	1	–	–
蒙古族	3	1	2	1	1	1	1	–	1	–	–	–
布依族	3	2	3	2	3	2	–	–	–	–	–	–
哈尼族	3	2	3	2	1	1	2	1	–	–	–	–
傣族	2	–	2	–	1	–	1	–	–	–	–	–
其他民族	17	5	14	4	10	3	4	1	3	1	–	–

（袁春焰）

中共筠连县委 2017 年主要文件目录

表 18

文件名称	发文字号	发文机关	发布日期	施行日期
关于推进农业供给侧结构性改革激发农业农村发展活力的意见	筠委发〔2017〕1 号	县委 县政府	6 月 20 日	6 月 20 日
关于严肃党内政治生活严格党内监督持续巩固发展良好政治生态的决定	筠委发〔2017〕4 号	县委	3 月 13 日	3 月 13 日
关于建立《筠连县环境保护＂党政同责 一岗双责＂责任制》的通知	筠委发〔2017〕5 号	县委 县政府	3 月 24 日	3 月 24 日
关于认真学习宣传贯彻省第十一次党代会精神的通知	筠委发〔2017〕7 号	县委	6 月 6 日	6 月 6 日
关于印发《筠连县法治政府建设实施方案(2017–2020)》的通知	筠委发〔2017〕8 号	县委 县政府	6 月 6 日	6 月 6 日
关于印发《筠连县国有林场改革实施方案》的通知	筠委发〔2017〕9 号	县委 县政府	6 月 27 日	6 月 27 日
关于新形势下进一步加强和改进人民政协工作的实施意见	筠委发〔2017〕10 号	县委	6 月 29 日	6 月 29 日
关于创建第十一届四川省双拥模范县的决定	筠委发〔2017〕11 号	县委 县政府 人武部	8 月 2 日	8 月 2 日
关于 2017 年党风廉政建设和反腐败工作的意见	筠委发〔2017〕12 号	县委 县政府	8 月 3 日	8 月 3 日
关于印发《中共筠连县委工作运行规则》的通知	筠委发〔2017〕13 号	县委	8 月 31 日	8 月 31 日
关于深化供销合作社综合改革的实施意见	筠委发〔2017〕14 号	县委 县政府	9 月 11 日	9 月 11 日
关于实施全面两孩政策改革完善计划生育服务管理的意见	筠委发〔2017〕15 号	县委 县政府	9 月 16 日	9 月 16 日
关于旗帜鲜明讲政治进一步加强领导班子思想政治建设的意见	筠委发〔2017〕17 号	县委	10 月 17 日	10 月 17 日
关于认真学习宣传贯彻党的十九大精神的通知	筠委发〔2017〕18 号	县委	11 月 8 日	11 月 8 日

（徐田）

筠连县人民政府 2017 年主要文件目录

表 19

文件名称	发文字号	发文机关	发布日期	施行日期
关于印发《筠连县全民健身实施计划(2016-2020)》的通知	筠府发〔2017〕5 号	县人民政府	1 月 5 日	1 月 5 日
关于改善政府工作部门有关工作的通知	筠府发〔2017〕21 号	县人民政府	6 月 10 日	6 月 10 日
关于加快推进国家地理标志保护产品产业化的实施意见	筠府发〔2017〕31 号	县人民政府	8 月 7 日	8 月 7 日
关于鼓励和引导开设 " 筠连小吃铺 "" 筠连名优农特产品直营店 "" 筠连茶叶体验馆 "" 筠连黄牛体验馆 " 的实施意见	筠府发〔2017〕36 号	县人民政府	8 月 22 日	8 月 22 日
关于印发《筠连县创建地理标志产品保护省级示范区工作实施方案》的通知	筠府发〔2017〕41 号	县人民政府	9 月 26 日	9 月 26 日
关于印发《筠连县深化医药卫生体制综合改革试点方案》的通知	筠府发〔2017〕43 号	县人民政府	10 月 18 日	10 月 18 日
关于印发《筠连县突发公共事件总体应急预案》的通知	筠府发〔2017〕45 号	县人民政府	11 月 6 日	11 月 6 日
关于促进建筑业和房地产业发展的实施意见	筠府发〔2017〕48 号	县人民政府	11 月 21 日	11 月 21 日
关于进一步加强和完善审计工作的意见	筠府发〔2017〕51 号	县人民政府	12 月 12 日	12 月 12 日
关于进一步加强农村留守儿童关爱保护工作的实施意见	筠府发〔2017〕52 号	县人民政府	12 月 13 日	12 月 13 日
筠连县人民政府关于深化县属国有企业董事会改革建立专职外部董事队伍的意见	筠府发〔2017〕55 号	县人民政府	12 月 20 日	12 月 20 日
筠连县人民政府关于鼓励和支持企业利用多层次资本市场发展壮大的意见	筠府发〔2017〕58 号	县人民政府	12 月 26 日	12 月 26 日
筠连县人民政府办公室关于印发《乡村教师支持计划实施细则(2015-2020)》的通知	筠府办发〔2017〕2 号	县政府办公室	1 月 5 日	1 月 5 日
关于印发《全域绿化筠连行动实施方案》的通知	筠府办发〔2017〕9 号	县政府办公室	1 月 20 日	1 月 20 日
关于印发《筠连县财政预决算公开工作实施方案》的通知	筠府办发〔2017〕26 号	县政府办公室	4 月 10 日	4 月 10 日
关于印发《筠连县林业综合行政执法改革实施方案》的通知	筠府办发〔2017〕30 号	县政府办公室	4 月 18 日	4 月 18 日
关于印发《筠连县 " 十三五 " 卫生计生事业发展规划》的通知	筠府办发〔2017〕58 号	县政府办公室	5 月 31 日	5 月 31 日
关于印发《筠连县中医药健康服务发展规划(2016-2020)》的通知	筠府办发〔2017〕59 号	县政府办公室	5 月 31 日	5 月 31 日
关于印发《绿色筠连标准化体系建设行动方案(2017-2021)》的通知	筠府办发〔2017〕93 号	县政府办公室	7 月 18 日	7 月 18 日

（邱枫玲）

筠连县2017年党政群团机关及其工作部门领导人员名录

说明：一、本年鉴所载领导人名录，除县领导机关外，其余县级部门（含参公管理的事业单位）刊载正科局级单位的正、副职，副科局级单位的正职；二、2017年任职情况无变化的，不单独注明；三、排名不分先后；四、干部所任职务及任职时间不作为干部任职及档案依据。

（一）县级领导机关

中国共产党筠连县委员会

书　记　王　萍（女）
副书记　刘朝平
　　　　李小林（3月起）
　　　　王　涛（下派挂职）
常　委　肖　利
　　　　李小林（3月前）
　　　　詹　立
　　　　李　勇（7月起）
　　　　贾圣君
　　　　李　刚
　　　　雷　敏（女）
　　　　李培辉（侗族）
　　　　罗吉义

筠连县人民代表大会常务委员会

主　任　何　跃
副主任　古有奎
　　　　刘乐君（女）
　　　　郑世筠
　　　　代　屏

筠连县人民政府

县　长　刘朝平
副县长　李小林（分管政府常务工作，3月前）
　　　　李　勇（分管政府常务工作，8月起）
　　　　王永红（苗族，女）
　　　　郑　云（8月前）
　　　　何俊锋
　　　　钟声远
　　　　徐劲松
　　　　郭创锋（下派挂职，11月前）
　　　　邓　伟（下派挂职）
　　　　唐　勇（8月起）

中国人民政治协商会议四川省筠连县委员会

主　席　黄　静（女）
副主席　韩世全（苗族）
　　　　张　彬
　　　　叶宗勇

（二）纪检、法院、检察院

中共筠连县纪律检查委员会

书　记　肖　利
副书记　万家其
　　　　陈光贤
常　委　邓正平（女）
　　　　黄　毅
　　　　周国彬
　　　　黄　枚（女）

办公室
主　任　杨　涵（女）

案件审理室
主　任　詹婷婷（女，3月起）

信访室
主　任　周国彬

党风政风监督室
主　任　黄　枚（女）

第一纪检监察室
主　任　黄　毅（3月前）
　　　　姚　华（3月起）

第二纪检监察室
主　任　陈　波（3月起）

第三纪检监察室
主　任　蒋　伟

中共筠连县委巡察工作领导小组办公室（简称县委巡察办）

主　任　宋金培（3月起）
副主任　刘　杰（3月起）

秦　波(3月起,兼)

县委第一巡察组

组　长　李　骏(3月起)

副组长　张　椿(3月起,兼)

县委第二巡察组

组　长　安　平(3月起)

副组长　唐情述(女,3月起,兼)

县委第三巡察组

组　长　张　嵩(3月起)

副组长　陆　英(女,3月起,兼)

筠连县人民法院

党组书记　伍崇辉

纪检组长　曹正楷

院　长　伍崇辉

副院长　杨文龙

陈志勇

李　华

专职委员　吴　永

政治处

主　任　练小玲(女)

筠连县人民检察院

党组书记　张　科

纪检组长　杜　涛(女)

检察长　张　科

副检察长　周勇军

周玉均

谢　华

专职委员　詹成刚

政治处

主　任　曾仁英(女,7月前)

曾　强(7月起)

反贪局

局　长　吴成洪(7月前)

反渎职侵权局

局　长　王劲松

(三)党政群团机关及其工作部门

中共筠连县委办公室

主　任　罗吉义

副主任　彭镜礼

宗德瑚(7月前)

王明刚(3月起)

王泽阳(7月起)

县委农工办

主　任　陈　旭(2月前)

邓　朝(3月起)

县委政策研究室

主　任　宗德瑚(3月起)

县委群众工作局(县信访局)

局　长　彭镜礼

副局长　周国强(3月前)

罗玉忠(女)

袁月良(3月起)

县委防范办

主　任　余定和(3月起)

县委机要局

局　长　李　强

副局长　刘小强

县党史研究室

主　任　刘道强(3月起)

副主任　刘道强(3月前)

县委保密办(县保密局)

主任(局长)刘谋清(女)

县委县政府接待办

主　任　王明刚(3月前)

县党政网管理中心

主　任　陶　凯(3月起)

中共筠连县委组织部

部　长　李　刚

副部长　王　玉(女)

何兴军(3月前)

王贵才(2月前)

段四海

李　烈(3月起)

杨　明(3月起)

章兆伟(3月起)

部务委员　刘　辉(3月起)

县委党建办公室

主　任　段四海(2月前)

杨　明(3月起)

副主任　牟永立(3月起)

县委老干部局

局　长　王　玉(女)

县人才办

主　任　何兴军(3月前)

章兆伟(7月起)

副主任　徐元金

县委党员教育中心

主　任　张伯筠

县委“两新”党工委

书　记　杨　明(3月起)

专职副书记　肖开友(7月起)

县委组织部干部监督室

主　任　　秦　波(3月起)

中共筠连县委统战部

部　长　　贾圣君

副部长　　李国田(3月前)

石永莉(女)

韩　亮(苗族,3月起)

县委台湾工作办公室(县政府台湾事务办公室)

主　任　　石永莉(女,8月前)

严维烨(8月起)

县非公有制经济组织工作委员会

专职副书记　周金保(12月前)

县民族宗教事务局

局　长　　郭　刚(3月前)

韩　亮(苗族,3月起)

副局长　　罗安世(12月起)

中共筠连县委政法委

书　记　　詹　立

副书记　　裴人强(2月前)

陈　践(女)

高智飞(3月起)

县综治办公室

副主任　　王贵均(3月前)

纪工委

书　记　　罗晓鸣

县国安办

主　任　　裴人强(2月前)

高智飞(3月起)

副主任　　邱　明

中共筠连县直属机关工作委员会

书　记　　罗吉义

常务副书记　付　强(12月前)

刘小芹(女,12月起)

副书记　　李文勋

机关纪工委书记　汤　洁(女,5月起)

中共筠连县委党校

校　长　　李　刚

常务副校长　刘敬远(3月前)

刘　均(3月起)

副校长　　熊学江

中共筠连县委编办

主　任　　王贵才(2月前)

李　烈(3月起)

副主任　　杨佳琪(3月前)

县事业单位登记管理局

局　长　　周德强

共青团筠连县委员会

书　记　　苏　丹(女,12月起)

副书记　　苏　丹(女,12月前)

周淞玮(5月起)

罗　毅(12月起,挂职)

筠连县妇女联合会

主　席　　刘谢润(女)

副主席　　余家琼(女,5月前)

曹彦昌(女,6月起)

中共筠连县委宣传部

部　长　　雷　敏(女)

副部长　　霍　娟(女,3月前)

谢国刚(2月前)

汪富永(3月起)

曹　章(女,3月起)

县委对外宣传办公室(县人民政府新闻办公室)

主　任　　谢国刚(2月前)

曹　章(女,3月起)

副主任　　张择君(12月前)

《绿色煤都》编辑部

主　编　　余定和(3月前)

汪富永(3月起)

副主编　　胡柏川(12月前)

姚明沁(12月起)

县精神文明建设办公室

主　任　　罗均伟

县互联网信息办公室

主　任　　霍　娟(女,3月前)

曹　章(女,3月起)

县文学艺术界联合会

主　席　　冯　勇

专职副主席　张择君(12月起)

筠连县科学技术协会

主　席　　刘泽慧(女)

副主席　　罗光友

筠连县总工会

主　席　　贾圣君(1月起)

常务副主席　曾志钧

副主席　　朱永宽(5月前)

许宗莹(女,5月前)

胡成洋(5—12月)

吴长先(女,5月起)

筠连县工商业联合会

党组书记　　李国田(3月前)

石永莉(女,3月起)

副书记　　黄永军(12月前)

主　席　　叶宗勇

常务副主席　黄永军(12月前)

唐晓莉(女,12月起)

专职副主席　唐晓莉(女,3月起)
　　　　　　蒋新荣(3月前)
　　　　　　唐　洪(3月前)
兼职副主席　陈　蓉(女)
　　　　　　龙　武
　　　　　　李文杰
　　　　　　李幼兰
秘书长　　　蒋新荣(3月前)

(四)县人大常委会机关

筠连县人大常委会办公室
主　任　任永生
副主任　何　凯(3月起)
县人大常委会财经工委
主　任　徐　勇
副主任　余维刚
县人大常委会法社工委
主　任　徐元永
副主任　姜　群(女)
县人大常委会人事代表工委
主　任　石　均
副主任　汤庭兰(女)
县人大常委会农业工委
主　任　李清卫(3月起)
副主任　李清卫(3月前)

(五)县人民政府系统

筠连县人民政府办公室
主　任　郭　刚
副主任　徐劲松(2月前)
　　　　唐　敏(女,3月前)
　　　　刘振华(8月前)
　　　　陈　旭(2月起)
　　　　李　彬(3月起)
　　　　李加强(3—12月)
　　　　王化府(12月起)
　　　　周晓芳(女,12月起)
县政府政务服务中心
主　任　申　宏
副主任　钟志琳(女,5月起)
县公共资源交易中心
主　任　申　宏
副主任　黄丽梅(女)
　　　　胡凤金(12月前)
　　　　李彦苇(女,12月起)
县政府法治办公室
主　任　许银锋
副主任　李利常(3月前)
县地方志办公室
主　任　张会权(12月前)
　　　　李加强(12月起)
县人民政府应急管理办公室
主　任　苏孝清(3月前)
　　　　彭绍华(3月起)
县委、县政府目标督查室(目标办)
主　任　唐　敏(女)
副主任　阳　军
县机关事务管理办公室
主　任　张忠伟(12月起)

筠连县发展和改革局
党组书记　李泽明
纪检组长　李加强(3月前)
　　　　　陆　英(女,3月起)
局　长　李泽明
副局长　许　奎(8月前)
　　　　汤香蔺
　　　　郑学彬
县以工代赈办公室
主　任　颜亨尧(3月前)
　　　　胡旭刚(4月起)
县物价局
局　长　李泽明

筠连县扶贫和移民工作局
党组书记　陈　旭(2月起)
纪检组长　徐　琴(女,3月起)
局　长　陈　旭(2月起)
副局长　陈世其
　　　　郝　猛
总会计师　余加琼(女,5月起)

筠连县统计局
党组书记　段利勇(2月前)
局　长　段利勇(2月前)
　　　　余清羽(女,2月起)
副局长　李　平(女)
　　　　魏云刚
总统计师　曹世禾(女)

筠连县经济商务信息化和科学技术局
党委书记　周先虎(2月前)
　　　　　段利勇(2月起)
党委副书记　詹庚一
纪委书记　邓　忠

局　长　周先虎(2月前)
段利勇(2月起)
副局长　廖　华(2月前)
李　建
王维忠(3月前)
董　熠(3月起)
唐　洪(3月起)
总经济师　王顺华

县知识产权局
局　长　周先虎(2月前)
段利勇(2月起)

筠连县投资促进局
局　长　安　平(2月前)
卜薪智(2月起)
副局长　陈　华(女,3月前)
胡　健(5月前)
林　伟(3月起)
吴　钊(5月起)

筠连县人力资源和社会保障局
党组书记　段四海(2月起)
纪检组长　周和龙(3月前)
局　长　段四海(2月起)
副局长　涂传华(3月前)
叶家琼(女,3月前)
杨　明(4月前)
周和龙(3月起)
龚文涛(3月起)
周国强(3月起)

县公务员局
局　长　段四海(2月起)

县就业促进局
局　长　詹团结

县社会保险局
局　长　何　敏

县医疗保险局
局　长　毛　芸(女)

筠连县财政局
党组书记　段　毅(女,2月前)
熊　平(土家族,2月起)
纪检组长　陈白玉(女,7月前)
苏端炯(7月起)
局　长　段　毅(女,2月前)
熊　平(土家族,2月起)
副局长　喻　鸿(2月前)
章兆伟(8月前)
黄祖蓉(女,8月前)
叶明方(3月起)
胡　兵(12月起)
总会计师　叶明方(3月前)
吴天志(4月起)

县国资公司
副经理　欧阳煜
张跃均(7月起)
叶　茂(7月起)

筠连县卫生和计划生育局
党委书记　胡天顺
党委副书记　王　将
纪委书记　郑德勤
局　长　胡天顺
副局长　张　莉(女,5月前)
聂昌河(3月前)
刘　平(女)
李品华(3月起)
杨小彬(女,5月起)

县红十字会
名誉会长　刘朝平
会　长　王永红(苗族,女)
常务副会长　胡天顺
秘书长　王　将

县疾病预防控制中心
主　任　魏　燃

县人民医院
院　长　张　杰

县中医医院
院　长　李　洪

筠连县审计局
党组书记　熊　平(土家族,2月前)
兰　湘(2月起)
纪检组长　赵　敏(女,3月前)
周启飞(5月起)
局　长　熊　平(土家族,2月前)
兰　湘(2月起)
副局长　杨科伟
赵　敏(女,3月起)
总审计师　潘玉霞(女,4月起)

筠连县农业局
党组书记　秦建军
纪检组长　黄琦疆(3月前)
局　长　秦建军
副局长　刘汉勇(3月起)
张远伦(3月前)
汤朝秋(女)
总农艺师　张　芹(女,4月起)

筠连县水务局

党委书记　陈　叙
党委副书记　汪富永(3月前)
李　艳(女,3月起)
纪委书记　汪富永(3月前)
李　艳(女,3月起)
局　长　陈　叙
副局长　袁　武
高智飞(3月前)
黄祖华
周　季(3月起)
总工程师　徐德秋

筠连县林业局

党委书记　饶　永
党委副书记　何忠云
纪委书记　何忠云
局　长　饶　永
副局长　游光定
张　强(8月前)
刘　奎(8月起)
总工程师　曾青松(4月起)

县森林公安局

局　长　周　华
政　委　邹远勇

筠连县畜牧水产局

党组书记　刘后林
纪检组长　唐情述(女)
局　长　刘后林
副局长　邓文松(4月前)
唐亚军(3月起)
杨　勇(苗族,4月起)

筠连县粮食局

党组书记　卜薪智(2月前)
廖　华(2—8月)
付　强(12月起)
纪检组长　许宗莹(女,3月起)
局　长　卜薪智(2月前)
廖　华(2—8月)
付　强(12月起)
副局长　秦　奋
詹秋生(女)

筠连县安全生产监督管理局

党组书记　陈正富(彝族)
纪检组长　王化府(12月前)
王　俊(12月起)
局　长　陈正富(彝族)
副局长　胡定华
刘远波(4月起)
总工程师　张兴权

筠连县档案局

党组书记　周德琼(女)
局　长　周德琼(女)
副局长　程晓玲(女)
李　兵(3月起)

筠连县供销社

党组书记　刘　华
主　任　刘　华
副主任　胡　涛(3月前)
庄　亮(4月起)
严　熠(女,8月起)

筠连县教育和文化广电局

党委书记　王贵才(2月起)
党委副书记　杨占国(3月前)
林付强(5月起)
纪委书记　程全美(女)
局　长　王贵才(2月起)
副局长　曹　章(女,3月前)
杨启全
林付强(5月前)
唐有琼(女,5月起)
总督学　胡立川(4月起)

县旅游和外事侨务局

局　长　王贵才(2月起)

筠连县体育局

党组书记　黄　伟
局　长　黄　伟
副局长　郑如均(12月前)

筠连县交通运输局

党委书记　邓世坤(2月前)
喻　鸿(2月起)
党委副书记　江剑波
纪委书记　罗新欣(3月起)
局　长　邓世坤(2月前)
喻　鸿(2月起)
副局长　陈利华(3月前)
袁　力(3月起)

县交通战备办公室(保护通信线路安全办公室)

主　任　陈利华(3月前)
喻　鸿(3月起)

县公路运输管理所

所　长　陈晓东(3月前)
何　钰(4月起)

县公路路政管理大队

大队长　陈光清(3月前)
陈晓东(3月起)

筠连县国土资源局

党组书记　李贵聪
纪检组长　刘　辉
局　长　李贵聪
副局长　彭　略
　　曾　涛
　　李春奇

县国土资源执法监察大队

大队长　苏端义

县不动产登记局

局　长　李贵聪

县不动产登记中心

主　任　陈　波

筠连县住房城乡规划建设和城镇管理局

党组书记　裴人强(2月起)
党组副书记　刘汉勇(3月前)
纪检组长　李　兵(3月前)
　　罗　勇(3月起)
局　长　裴人强(2月起)
副局长　唐有琼(女,5月前)
　　许　虎(3月前)
　　胡　健(5月起)
　　唐新伦(5月起)
总工程师　郭　军

县房产管理局

局　长　苏　强(4月起)

县城市投资有限责任公司

经　理　邹小川(5月起)
副经理　邹小川(5月前)
　　刘新琏(5月起)
　　韦　凌(5月起)
　　刘　乔(5月起)

筠连县环境保护局

党组书记　胡殿华
局　长　胡殿华
副局长　唐晓莉(女,3月前)
　　陈　宏
　　胡　涛(3月起)
总工程师　应爱武(女)

筠连县民政局

党组书记　曹良伟
纪检组长　周　松
局　长　曹良伟
副局长　徐　华
　　李灵书(女)

县老龄办

主　任　彭绍华(3月前)
　　聂昌河(3月起)

筠连县残疾人联合会

理事长　李文忠
副理事长　冯丹丹(女,4月起)

筠连县监察局

局　长　兰　湘(2月前)
　　万家其(2月起)
副局长　宋金培(3月前)
　　邓正平(女,3月起)
　　黄　毅(3月起)

筠连县司法局

党组书记　李章权(2月前)
　　谢国刚(2月起)
纪检组长　余宋敏(女,3月前)
　　王贵均(3月起)
局　长　李章权(2月前)
　　谢国刚(2月起)
副局长　张　嵩(3月前)
　　范仕均(3月前)
　　许　虎(3月起)
　　余宋敏(女,3月起)

筠连县公安局

党委书记　郑　云(8月前)
　　唐　勇(8月起)
副书记　唐　勇(8月前)
　　曹立华(女)
　　向　波(12月起)
纪委书记　曹立华(女)
政　委　唐　勇(12月前)
　　向　波(12月起)
局　长　郑　云(8月前)
　　唐　勇(8月起)
副局长　陈正明(3月前)
　　曹　旺(5月前)
　　钟学华(4月起)
　　彭　杰(4月起)
　　陈旭波(5月起)

政治处

主　任　张运梅(女,5月起)

国保大队

大队长　许　华(3月前)
　　周平富(5月起)
教导员　徐　武(5月起)

指挥中心(办公室)

主　任　陈旭波(5月前)
　　孙　琼(女,5月起)
教导员　易元彬

政工监督室
　　主　任　张运梅(女,5月前)
警务保障室
　　主　任　李云娟(女,5月起)
法治大队
　　大队长　徐泽华(5月前)
　　　　　　刘　杰(5月起)
交警大队
　　大队长　唐　伟(3月前)
　　　　　　许　华(3月起)
　　教导员　袁　青
经侦大队
　　大队长　赵　错
　　教导员　谭　杰(5月前)
　　　　　　李　平(满族,5月起)
治安大队
　　大队长　闵　涛(5月起)
　　教导员　邹小平(7月起)
刑侦大队
　　大队长　彭　杰(3月前)
　　　　　　吴　伟(5月起)
　　教导员　贾廷伟
禁毒大队
　　大队长　韩　科(5月前)
　　　　　　徐泽华(5月起)
　　教导员　徐　武(5月前)
　　　　　　周　彪(7月起)
网安大队
　　大队长　张龙永(5月前)
　　　　　　程建军(5月起)
　　教导员　张龙永(5月起)
看守所
　　所　长　聂　坤
　　教导员　杨　梅(女,7月起)
筠连镇派出所
　　所　长　钟学华(3月前)
　　　　　　韩　科(5月起)
　　教导员　赖智华(5月起)
腾达镇派出所
　　所　长　郝　勇(5月起)
巡司镇派出所
　　所　长　周平富(5月前)
　　　　　　叶　东(5月起)
　　教导员　赵志刚(5月起)
维新镇派出所
　　所　长　闵　涛(5月前)
　　　　　　彭丛飞(5月起)
蒿坝镇派出所
　　所　长　叶　东(5月前)
　　　　　　陈代金(5月起)
双腾镇派出所
　　所　长　詹　吉
大雪山镇派出所
　　所　长　刘　杰(5月前)
　　　　　　黄　欣(5月起)
沐爱镇派出所
　　所　长　吴　伟(5月前)
　　　　　　李晓强(5月起)
镇舟镇派出所
　　所　长　赵志刚(5月前)
　　　　　　马　波(5月起)
乐义乡派出所
　　所　长　曾文峰
塘坝乡派出所
　　所　长　郑　旺(5月起)
龙镇乡派出所
　　所　长　李松武(5月起)

筠连县食品药品监督管理局
　　党组书记　沈辅君
　　纪检组长　刘家兴
　　局　长　沈辅君
　　副局长　李　骖(3月前)
　　　　　　温　涛
　　　　　　王元辉(苗族)
　　安全总监　杨小彬(女,5月前)
县食品安全委员会办公室
　　主　任　沈辅君
县食品药品监督稽查大队
　　大队长　廖世均

筠连县工商行政管理局
　　党组书记　雷　霆
　　局　长　雷　霆
　　副局长　严树君
　　　　　　文建桥
经检大队
　　大队长　向光富
城关工商所
　　所　长　李　勇
景阳工商所
　　所　长　周　忠
巡司工商所
　　所　长　田小虎(7月起)
沐爱工商所
　　所　长　李　鑫(7月起)

双腾工商所

所　长　郑艳春(女)

落木柔道工商所

所　长　罗晓琴(女,7月起)

筠连县质量技术监督局

党组书记　李再强

纪检组长　张　椿

局　长　李再强

副局长　周启飞(5月前)

刘　聪(女)

(六)政协筠连县委员会工作部门

筠连县政协委员会

秘书长　陈　敏(女)

县政协办公室

主　任　陈　敏(女)

副主任　陈洪吉

黄丽萍(女)

县政协调研室

主　任　汤正平

县政协提案工作办公室

主　任　张洪彬

县政协经济和社会办公室

主　任　陈　薇(女)

(七)县园区管委会工作部门

筠连县工业园区管理委员会

党工委书记　王　萍

第一副书记　刘朝平

副书记　罗吉义(5月起)

韩　亮(3月前)

邓　林(3月起)

主　任　刘朝平

常务副主任　罗吉义(5月起)

副主任　罗吉义(5月前)

程先恒

纪工委书记　郑世筠(5月前)

党政办公室

主　任　杨　浩

企业服务中心

副主任　肖　会(女,12月前)

李自荣

章毕琴(女,12月起)

监察审计局

局　长　邓　林(3月前)

徐元金(4月起)

副局长　杨如翠(女,12月起)

经济发展策划局

局　长　易定海

副局长　龚文涛(3月前)

投资服务局

局　长　陈琪英(女)

副局长　陆　英(女,3月前)

规建环保局

局　长　田　勇

(八)军　事

筠连县人民武装部

政　委　李培辉

部　长　崔永平(12月起)

副部长　干代武

军事科

科　长　干代武(7月前)

覃　强(7月起)

政工科

科　长　查志敏

保障科

科　长　蔡大均(7月前)

唐　正(7月起)

中国人民武装警察部队筠连县公安消防大队

教导员　郑修强(8月前)

赵勇明(8月起)

大队长　严　政

参　谋　杜洪宇

刘亚东(9月前)

木文耀(9月起)

中国人民武装警察部队四川省总队宜宾市支队三大队筠连县中队

指导员　章华智

中队长　罗升甫

(九)金融保险

中国人民银行筠连县支行

党组书记　陈元明(3月前)

钟　健(3月起)
党组成员　应元海
李玲龙
纪检组长　应元海
行　长　陈元明(3月前)
钟　健(3月起)
副行长　应元海
李玲龙

中国农业银行筠连县支行
党委书记　张家宇
行　长　张家宇
副行长　李泽君(6月前)
唐宜孟(6月起)
苏向平

中国农业发展银行筠连县支行
行　长　伍　强
副行长　何　浩

中国工商银行股份有限公司筠连支行
行　长　袁光荣
副行长　罗　亮

四川筠连农村商业银行股份有限公司
党委书记　杨佳林
纪委书记　丰维连(女)
董事长　杨佳林
行　长　刘 军
副行长　陈小波
朱　疆
监事长　丰维连(女)

宜宾市商业银行股份有限公司筠连支行
行　长　龙树权
副行长　徐英杰

中国邮政储蓄银行筠连县支行
行　长　王　莉(女)
副行长　龚　艳(8月起)
朱小芹(女)

筠连中成村镇银行
行　长　李启云
副行长　罗　真

中国人民财产保险股份有限公司筠连支公司
经　理　母小宇

中国人寿保险股份有限公司筠连县支公司
经　理　杨朝勇
副经理　周　勋

中国太平洋财产保险股份有限公司筠连支公司
经　理　李孝超

中华联合财产保险股份有限公司筠连支公司
经　理　刘　筠(9月前)
陈永兴(9月起)

(十)直属和其他部门

筠连县国家税务局
党组书记　唐　智
纪检组长　刘宏宇(6月前)
陈　伟(6月起)
局　长　唐　智
副局长　徐秀云(女,10月前)
李　静(女,10月起)
张克非
何　宏

巡司分局
分局长　罗　磊

沐爱分局
分局长　黄晓霞(女)

筠连县地方税务局
党组书记　郑　刚
纪检组长　余世均
局　长　郑　刚
副局长　黄文俊
游　杰
机关党委书记　黄绍东

宜宾市住房公积金管理中心筠连县管理部
主　任　左　强(5月前)
副主任　张　莉(女,5月起主持工作)

筠连县气象局
局　长　韩家盛
副局长　黄祖伟

筠连县烟草专卖局(分公司)
党支部副书记　赵　伟
局长(经理)　龚小平
副局长　赵　伟
副经理　杨　岳
谢召明

四川省盐业总公司筠连县支公司
经　理　李　权

筠连县自来水有限责任公司
支部书记　陈白强
经　理　江　敏(女)

副经理　陈白强
王子健(8月起)
副董事长　韦世坤(12月起)

筠连县邮政分公司

党支部书记　韩焱能(6月前)
谭天赠(6月起)
总经理　韩焱能(6月前)
谭天赠(6月起)
副总经理　王　芳(女,6月前)
曹　刚(6月起)
分工会主席　王　芳(女,6月前)
曹　刚(6月起)

四川能投筠连县电力有限公司

党委书记　汪元春
副书记　熊筠汉(6月前)
梁　斌(7月起)
纪委书记　熊筠汉
执行董事　汪元春
总经理　汪元春(6月前)
梁　斌(6月起)
副总经理　詹竹筠(7月前)
蒋道川
郑万强
工会主席　熊筠汉

中国联合网络通信有限公司筠连县分公司

经　理　曾　宇(1月前)
周　强(2月起)

中国移动通信集团四川有限公司筠连县分公司

经　理　成　斌

中国电信股份有限公司筠连县分公司

经　理　张春熊
副经理　谭　建
黄　涛

中国铁塔股份有限公司宜宾市分公司筠连办事处

经　理　刘宇强(7月前)
詹　剑(7月起)

索　　引

说明：

一、本索引采用内容分析索引法，按索引条目的汉语拼音字母顺序排列；对标点符号或年份开头的索引条目，以其后的第一个汉字拼音字母为顺序排列。

二、索引目后的数字表示内容所在的页码。

A

B

C

D

F

G

H

J

K

L

M

N

P

Q

R

S

T

W

X

Y

Z